JN287399

COST ACCOUNTING

原価計算

六訂版

一橋大学名誉教授
東京国際大学名誉教授

岡本 清 著

国元書房

To H.

著者近影

六 訂 版 序

　五訂版を公刊してからすでに六年近くの歳月がたち，その間に多くの読者からいつ改訂版が出るのかと問い合わせをいただいた。著者は今年の3月で七十歳になる。この老齢の身で，私の著書を読んでくださる読者が多数おられることは，まことに幸せと思う。

　六訂版では，「第11章　企業予算―利益計画と利益統制」，「第18章　経営戦略の策定と遂行のための原価計算」の2章を追加した。

　企業予算は原価計算と異なる会計技法であるため，これまで本書に収録しなかったが，原価計算ときわめて密接な関係にあり，とりわけ総合予算はあらゆる企業が短期利益計画と利益統制の手段として利用する重要な手法なので，この新版に加えることにした。予算編成と予算統制の計算例を解くことにより，読者は企業全体の収益と費用，収入と支出の相互関係を理解できるはずである。

　この改訂版でもっとも力を入れて書いたのが，第18章である。企業環境の激変で，持続的競争優位を確保する経営戦略の策定と遂行が，現代企業にとって最重要課題となっている。ここでは，経営戦略の本質を考察し，それに役立つ原価計算技法の内容を検討した。たとえば原価企画ではマーケティング，エンジニアリングおよび原価計算の三者の観点を統合して，品質機能展開マトリックスや機能原価分析表を作成し，量産体制以前における目標原価の作りこみをどのようにして行なうかを，一貫した計算例によって明らかにした。また原価維持，原価改善の方法を論じたうえで，小集団活動によって行われる原価改善活動の経済的効果金額測定方法，とりわけ現金支出を伴わぬ設備故障停止ロスの改善金額測定方法について，その理論的枠組みを解明し，具体的な計算例によってその内容の検証を試みた。活動基準原価計算ではなぜ部門ではなくて活動なのかという視点から，顧客にとっての付加価値活動を重視する活動基準原価計算の基本理念を明らかにしたのちに，その方法を計算例により説明した。活動基準管理についても活動分析に重点を置いて説明し，わが国の製造工

場において TPM 活動の一環として行われる活動分析の実例を紹介し，その成果が全社的な顧客応答時間の短縮となって実現する意義を強調した。さらに経営戦略の遂行上不可欠となる業績評価基準についてバランス・スコアカードを取り上げ，また株主価値を重視する経済付加価値の基本思考とその計算方法を明らかにした。

　本改訂版では，上記のほか，全体を見直し随所で削除，訂正，加筆を行なった。まず原価計算とは何かについて，著者は永年，原価計算をはじめて学ぶ人々にたいし，要領よく教える方法に苦慮してきたが，この問題についての著者なりの答えを本版の導入部分「原価計算の意義」に取り入れることができたと思う。また教室で教えながら著者自身考え抜いてみた事柄が多い。たとえば，設備投資の意思決定において，年々のキャッシュ・フローを資本コスト率で割り引いて投資案の正味現在価値を計算するが，その割引計算はどのような意味をもつのか。これは，正味現在価値の計算が，なぜ差額原価収益分析といえるのか，という問題につながる。これについても本版で，著者なりの考え方を解説として書き加えた。資本コストの測定においても，留保利益を設備投資の資金源泉とする場合の配当割引モデル（DCF 法）の適用可能性について，旧版では，わが国の証券市場の特殊性から，これを不適当としたが，最近では企業間の株式持合いが次第に解消されてきたため，DCF 法の適用も可能とする論旨に書き改めた。さらに JIT 生産方式を採用し，期末在庫品がほとんどない工場で採用可能なバックフラッシュ原価計算をも，この版では取り上げた。このようにして改訂に改訂を重ねてきたが，原価計算理論と原価計算技法との統合こそ本書の見果てぬ夢であり，達成目標である。

　六訂版の表紙には，著者の母校，一橋大学兼松講堂の写真を使用させていただいた。これは，講堂の正面外壁を，著者自身が Nikon F 5 で写したものである。マーキュリーの校章を見上げると，過ぎ去った暗く，そして栄光に満ちた私の学生時代を想い出す。大学へ登校するたびにこのあこがれの校章を見上げながら，図書館へ赴き，ただひたすら勉強したのであった。尊敬する教授や友人たちに囲まれ，肺結核に冒され，東京女子大学の学生と恋愛し（それが今の家内であるが），苦悩の末に研究者の道を歩むことにした青春の日々である。

ところで欧米の書物では，著者の写真が表紙の裏などに掲載されている。私も読者にたいするご挨拶として，この改訂版に載せようかなといったら，家内が髪の毛がなくならないうちに撮っておいたほうがよいかもねというので，F5で撮ってもらった。思えば教職について40年間ひたすらに原価計算を勉強してきた。本書は，私のいかに生きてきたかの証である。

　六訂版が陽の目を見ることができたのは，東京国際大学のご支援の賜物である。四年前の2月，漏電で真夜中に拙宅が全焼し，蔵書を全部焼失した。途方に暮れた著者を，金子泰雄学長，故泉　暹学長補佐，越知　隆商学研究科長，荒井孝昌商学部長，その他商学部教授会の諸先生が温かく励ましてくださった。また金子教育団の山田俊正事務局長，大学の吉野秀昭事務局長，その他の方々からいただいたご支援にも，心から感謝している。一橋を退官し東京国際大学に奉職したとき，これほどお世話になるとは夢にも思わなかった。このご恩は一生忘れることはできない。

　最後に国元書房の國元義孝社長に心からの御礼を申しあげたい。本書は改訂するごとに厚くなったので，六訂版では，総論や数学，統計学の詳しい注を大幅に減らした。そのためにこれまでのうちで，一番の大改訂となり，編集や校正作業で國元社長および東行社の古友孝兒氏に多大の手数をおかけした。しかしそのお蔭で，現代原価計算書としては満足のいく水準の書物を公刊することができたと自負している。本書により，一人でも多くの読者が，原価計算の魅力を理解してくださされば，著者のこれに過ぎる歓びはない。

　2000年1月1日

著　　　者

五訂版序

　四訂版を公刊してからすでに三年余りの歳月がたち，その間に企業環境が激変し，原価計算も大きく変わりつつある。その変化の方向はまだ明確ではないが，そうした新しい原価計算の動向を本書で扱わないのは，読者にたいし申し訳ないと考え，五訂版を公刊することにした。

　五訂版では，最後の２章を追加した。すなわち第16章を，企業環境の激変と原価計算の変貌　と題して，最近における企業環境の変化とわが国製造企業の対応，日本的経営の基礎を構築する小集団活動と5S，TQC，TPM，職能別原価の拡大とライフサイクル・コスティング，品質原価計算，原価企画，原価維持，原価改善，さらに活動基準原価計算をとりあげた。

　また最終章である第17章では，原価計算の過去，現在，将来　と題して，これまで原価計算が歩んできた道を振り返り，過去から現在に至る原価計算の発展を著者がどのように理解しているかを述べ，また現在における原価計算理論体系の全貌を明らかにしたうえで，原価計算理論研究の現代的課題を指摘して本書の結びとした。これらのほか，活動基準原価計算との関係で，伝統的な材料副費の計算を簡略にし，また全部原価計算の損益分岐分析を追加する改訂を行なった。

　昨年三月末に，著者は32年間奉職した一橋大学を定年制により退官し，名誉教授の称号を授与され，四月からは東京国際大学に奉職している。これは，著者にとっても環境激変であったが，幸い，金子泰雄学長，泉　暹学長補佐，三代川正一商学研究科長，越知　隆商学部長，吉野秀昭教学事務部長その他の方々のご好意によって，大変恵まれた研究・教育環境を与えられ，一橋におけると同様，充実した日々を過ごさせて頂いている。この度，五訂版を公刊できたのも，東京国際大学の関係教職員各位のお蔭と，心から感謝している。

また，国元書房の國元義孝社長，編集の佐々木英一氏，その他の方々にも厚く御礼を申し上げたい．本書の表紙には，四訂版のときと同様に，母校，一橋大学の図書館の外壁を著者自身が Nikon F4 で写した写真を使用させて頂いた．思えば，学生として入学してから退官するまで，45 年もの歳月が流れ去っている．

　1994 年 3 月

　　　　　　　　　　　蓼科山荘にて　　　著　　　者

四 訂 版 序

　著者は，本年三月で還暦を迎える。いつまでも若いつもりでいても，もう六十歳か，というのが，偽らざる感想である。そこでこれを機に四訂版を公刊することにした。四訂版で改訂した内容は，次のとおりである。

1. 旧版でもっとも陳腐化していた第14章　設備投資の経済計算　を全面的に書き直し，これを資本予算として2章に分割し増補した。第14章では資本予算総説，意思決定モデルおよびキャッシュ・フローの予測を，第15章では資本コストと資本配分を扱った。この改訂により，資本予算の領域において重要であるにもかかわらず，あまり論じられていないキャッシュ・フローの予測と資本コストの測定問題を詳述することができた。

2. 第8章　損益分岐分析とCVP分析もすべて書き直し，原価・営業量・利益関係の分析　と改めた。説明の基礎とした計算例の計算条件が旧版では適切でなかったので，これを改め，オペレイティング・レバレッジや多品種製品のCVP分析も加えた。

3. 日本企業の原価計算として独特な地位を占める直接経費の問題，とくに外注加工賃の計算と処理について，旧版ではほとんど扱わなかったので，この問題を詳述した。

4. その他，随所で加筆，訂正，削除を行なった。実際原価計算では，製造原価明細書を加え，製造間接費元帳の様式を修正し，部門別原価計算の新動向を指摘した。また総合原価計算では番場方式を解説し，工程別組別総合原価計算の一部を削除した。標準原価計算では，標準総合原価計算における減損と仕損を加え，原価計算基準における標準原価差異の会計処理につき，その理論的根拠を明確にした。直接原価計算では，全部原価計算による営業利益と直接原価計算による営業利益との関係を，簡潔で明瞭に説明するための工夫を試みた。また最近では貢献利益的接近方法が重視さ

れ，貢献利益の用語のほうが，限界利益の用語よりも一般的に使用されるようになったので，これを改めた。さらに差額原価収益分析では，在庫管理のための経済的発注量モデルと「かんばん」方式についても解説を加えた。

5. 原価計算の学習では，実際に計算問題を自分で解いてみることが重要である。そこで日本商工会議所の簿記検定試験において，著者が直接関係した1級および2級の原価計算および工業簿記の試験問題を，練習問題として大幅に取り入れた。

以上の改訂によって本書は，現代原価計算の理論的水準を一応維持できたと思うが，なお多くの欠陥をもっていることを，著者自身意識せざるをえない。今後とも御批判を得て改訂を続けることにしたい。

顧みれば，著者が第2次世界大戦の終結とともに東京陸軍幼年学校から復員し，自宅で放心状態にあったとき，一橋を受験するように勧めてくれたのは，著者の母であった。一橋の学生時代，不幸にして肺結核を患い，病床にあって懊悩するうちに再起を決意し，鈍才の身をもかえりみず会計学者の道を目指したとき，慈父のごとく導いて下さったのは，一橋大学名誉教授　松本雅男先生であった。まことに著者が今日あるのは，松本雅男先生のお蔭である。先生御夫妻が御健在でおられることは，まことに喜ばしいかぎりである。

かくして著者は一橋大学において，吉田良三，太田哲三，松本雅男，番場嘉一郎といった偉大な学者の学問的遺産を受け継ぎ，第5代の原価計算講座の担当教官として，母校において29年間講義を行なってきた。これら先人達の学問的業績は，いずれも豪華絢爛たるものがあり，それを思えばまことに恥ずかしく，穴にでも入りたい気持ちである。しかしながら著者は幸いなことに，廣本敏郎，尾畑　裕という若い優秀な後継者に恵まれ，安心して両君にバトンタッチをすることができる。幸いといえば，一橋大学の会計学部門のスタッフには，森田哲彌，中村　忠，安藤英義，伊藤邦雄といった錚々たる学者が顔を揃えている。会計学上思い悩んだ問題をこれらの人たちに訊ねれば，超一流の

答えが即座に返ってくる。こうした環境のなかで，今まで研究を続けてこられたことは，著者にとってまことに有難いことであった。親愛なる同僚諸兄の今後の御活躍と御健康とを，心から祈っている。

本書は，國元　誠氏の多年にわたる鄭重な督促によって，昭和48年にようやく日の目を見たものである。同氏の長年にわたる御尽力にたいして，心から感謝している。この四訂版の公刊にさいしては，国元書房の國元義孝社長に種々御世話になった。同社長に特別に頼みこみ，本書の表紙には，母校図書館の外壁を著者自身がNikon F4sで写した写真を使用してもらった。国元書房の佐々木英一氏，その他の関係者の方々にも，心から御礼を申しあげたい。

　1990年3月

著　　　者

〔付記〕　本版では，増刷を機にP.167の〔解説〕段取時間の賃金を書き直した。今後とも絶えざる改訂を心掛けるつもりである。読者の御了承を乞う。

三 訂 版 序

　本書は，公刊以来好評のうちに版を重ねてきた。しかしながら著者にとって本書は意に満たぬ点が多く，また原価計算そのものも，近年急速に展開しつつあるので，このほど二訂版を大幅に改訂することにした。

　この三訂版では，新たに独立の章として，第9章　原価予測の方法，第11章　事業部の業績測定，第12章　営業費計算の3章を設けた。また各章において重要と思われる問題を加筆した。すなわち原価計算と責任会計（第1章第8節），全部原価計算における基準操業度の操業度差異の再検討（第4章第8節9および10），補助部門の配賦と責任会計（第5章第7節），修正パーシャル・プランによる標準原価計算の方法と，シングル・プランにおける作業屑の処理（第7章第3節2および4），直接原価計算制度における固定費調整の方法，価格決定と直接原価計算（第10章第3節4および6），自製か購入かの意思決定（第13章第2節2）などである。さらに一橋大学において本書を数年にわたり講義で使用した経験から，不適当と思われる計算例は，商業簿記的工業会計の計算例から設備取替にかんする意思決定の計算例にいたるまで，あるものは修正し，他のものは作り直した。その結果，ページ数が大幅に増加したため，二訂版の第10章は特殊問題であるため割愛することにした。このような大改訂によって本書は，一応の水準に到達したものと考えられるが，なお多くの欠陥が存在することを著者自身意識している。原価計算の研究者や実務家の方々からの御批判を得て，今後とも改訂を続けることとしたい。

Acknowledgments

　　Since I studied abroad some fifteen years ago I have received many valuable ideas, suggestions, and comments from professors of accounting in the United States. Among them, I am particularly grateful to the following:
　　Professor R. Lee Brummet, University of North Carolina, currently

president of the National Association of Accountants, and one of my professor when I was at The University of Michigan. I have learned much from his pioneering spirit, which is evident in his studies on accounting for human resources and corporate social performance.

Professor Emeritus Adolph Matz, University of Pennsylvania. In 1962 I sent Professor Matz an article of mine, and he reciprocated with a copy of his famous text "Cost Accounting." Whatever skill I may have in writing cost accounting texts, I have learned from him. When I visited him at his home in Ambler, Pennsylvania, he told me that he had begun to revise his text the day after the first edition went to press.

Professor Charles T. Horngren, Stanford University, also generously gave me a copy of the fourth edition of his masterpiece, which I consider to have attained an "unattainable, ideal standard."

I gratefully acknowledge the influence of these of authorities on this edition.

なお本版から，読者にとって読みやすいように，色刷とした。印刷代その他出版費の高騰という厳しい状況の中にあって，著者の無理な注文を快く受入れ，恐らくはわが国では最初の，色刷の原価計算書を作って下さったことにたいし，国元書房社長國元孝治氏，専務取締役國元　誠氏，その他の関係者の方々に心からの御礼を申し上げる。

１９８０年１月１日

著　　　者

〔付記〕　本35版において，第４章第５節　直接経費の計算と記帳手続の一部分を修正した。この節についても，いずれ機会をみて詳細に書き直すつもりである。

序

　原価計算は，企業の経営管理者が企業活動を計画し統制するための不可欠の用具として，年々飛躍的な発展を遂げてきた。本書は，一橋大学における筆者の10余年にわたる原価計算の講義内容を収録したものである。筆者自身，その内容がまだまだ不完全なものであることを充分承知している。しかし学問研究の長い登り坂の途中で暫く休息し，これまで登ってきた山道を振り返り，さらに新たな登りにかかるための準備の意味で，講義録を公刊することにした。

　先人達による多くのすぐれた原価計算書の中にあって，本書は次のような特徴をもっている。

　まず第1に，本書においては原価計算の理論と技術が，その歴史的発展に即して記述されているということである。筆者は幸いにも，恩師一橋大学名誉教授松本雅男先生から，原価計算の歴史的研究について，数限りない貴重な指導を賜った。実は筆者自身も，物事を歴史的に観察することが好きである。ある1つの原価概念なり計算技法が，突如として発生したものではなく，原価計算の利用目的との関連において，すでにそれ以前に存在した原価概念なり計算技法なりが，少しずつ巧妙に変形され改造された結果であることを発見した時，探偵小説で遂に犯人を発見した時と同様のスリルを感ずるのである。多くの原価計算書では，原価計算生成以前の，いわば原価計算という計算技法を生み出す母体となった商業簿記的工業会計（いわゆる井勘定方式の工業会計）や，原価計算の原始的な形態である見積原価計算は少しも取り扱われていない。しかしながら現代の原価計算をよりよく理解するためには，原価計算の過去を知り，先人達の営々とした努力によって築きあげられた原価計算の現在と過去との繋がりを知ることが有益である。あるいはまた，多くの原価計算書では，経営科学や統計学の領域で開発された線型計画法，整数計画法，管理図表などの技法についてふれていない。電子計算機による情報処理技術の発展に伴い，原価計

算がしだいに企業における全社的情報システムの中核となり，他のサブシステムを結合する役割を果たすことが期待されつつある現在において，原価計算研究者は自己以外の領域にも眼を向け，それら隣接諸科学において工夫された新しい理論や技術と，既存の原価計算とを結合させる努力を払わねばならない。以上述べた考え方から本書では，原価計算生成以前の工業会計から記述を始め，その歴史的発展の理由を明確にしながら，価格決定および期間損益計算のための原価計算，原価管理のための原価計算，利益管理のための原価計算，さらに経営意思決定のための原価計算を説明し，最後は投資の経済計算で利用されるにいたった最新の技法である整数計画法でその記述を結んでいる。したがって本書により読者は，原価計算の過去および現在を理解し，さらに将来の発展方向をも洞察することができよう。

第2に，本書の全体を通じて，原価データや利益データの集計手続を詳細に説明するとともに，それらの分析や利用方法についても充分解説を加えたことである。昔の原価計算書では，その記述の重点は原価データの認識，測定，分類，要約の手続きに置かれることが多く，いわば計算手続的接近方法 (mechanical-procedural approach) が採用されていた。しかしながら最近の原価計算書では，それらの手続的説明ができるだけ省略され，むしろ原価計算の生み出す原価データや利益データをいかに分析し利用するかに，その記述の重点が移行し，いわば経営管理へ役立ちを強調する経営管理的接近方法 (managerial emphasis or managerial approach) がとられている。私見によれば，原価計算の論理と技術を深く理解するためには，両接近方法とも不可欠である。すなわち利用目的を無視した原価集計手続の説明は無意味であるのみならず有害でさえもあるが，他方，原価や利益データの認識，測定，分類，要約に関する詳細な手続を知らずして，それらを経営管理のために駆使することもできない。またこのような技術的側面を疎かにした研究は，その根本から覆ることになるであろう。したがって本書では，これら両側面にバランスのとれた記述を行なうように，とくに配慮した。

第3に，筆者は本書において，現代原価計算の高度の理論的水準を確保しな

がらも，できるだけわかりやすく解説するように努力したことである。筆者は学生時代に，ジョージ・ガモフ全集を読んだが，難解な物理学がこれほどまでにやさしく，しかも面白く理解できるものかと，驚歎したことがある。本書はガモフの名著には遠く及ばぬまでも，鈍才の筆者に理解できることは，他の誰にも必ず理解して貰うことができるという信念で書かれている。したがって本書では，可能なかぎり図解し，不要と思われるほど解説を加え，注意事項を指摘した。ただ読者に注意してほしいことが1つある。それは，原価計算は書物を読むだけでは深く理解することは不可能であって，自分で計算し確認する作業を繰り返してはじめて充分理解することができる，ということである。筆者の説明については必ず，読者自ら計算し納得するようにおすすめしたい。

　本書は，多数の人々の指導や助言に負うところが大である。とりわけ慈父のように学生時代から導いて下さった恩師松本先生には，捧げるべき感謝の言葉も見当たらない。ただ深く，頭を下げるのみである。また恩師のお蔭で筆者は専任講師時代に，中西寅雄教授を委員長とし，一流の学者や実務家からなる日本生産性本部中小企業原価計算委員会に参加することができた。この委員会を通じて筆者は，多くの工場を実際に見て歩き，恩師をはじめ諸先生から徹底的な批判と指導を受けることができた。この時，筆者の原価計算の知識は飛躍的に向上したと信じている。なお筆者は母校一橋大学に奉職する関係上，会計学部門の主任教授であった番場嘉一郎名誉教授から受けた強烈な学風を忘れることができない。さらに畏友森田哲彌教授や中村忠教授，俊才大成節夫助教授に負うところが大である。

　本書の出版にさいしては，国元書房社長の國元孝治氏をはじめ，同書房関係者の方々のなみなみならぬ御協力を得た。とりわけ専務取締役國元　誠氏の多年にわたる鄭重な督促がなければ，本書はいまだに日の目を見なかったに違いない。ゲラ刷りの校正は，横浜市立大学商学部助手野々山隆幸および一橋大学商学研究科博士課程学生小林啓孝の両氏に多大の労苦を煩わし，また有益な助言を得た。ここに深く感謝の意を表したい。なお本書には，筆者の思わぬ欠陥が存在するかもしれない。それについては，識者の御叱正を賜れば幸いである。

原価計算の書物としては当然加えられるべき内容が，本書では少なくとも2章分欠落している。それは，営業費計算の章と，投下資本利益率，内部振替価格，社内金利などによる経営管理者の業績評価の章である。筆者はこの欠陥を充分意識しているのであるが，浅学のため内外の文献を調べても，まだ筆者自身の納得が得られていない。しかも実務家との研究会を通じて知るところによれば，これらの問題については，わが国の企業実務における処理方法のほうが，文献を通じて知る欧米の企業における処理方法よりもすぐれているようにも考えられる。したがって本書では意識的にこれらの問題を扱わず，今後ともいっそう研究を深め，本書を改訂するさいにつけ加えたいと考えている。

　最近わが国は，経済大国になったといわれる。しかし筆者には，それが少しも実感を伴って感じられない。妻子をつれて1年間アメリカに留学し生活した経験からすると，わが国民の生活水準はまだ低いように思われる。原価計算の知識の普及を通じて，本書が少しでも，わが日本国民の経済的な生活水準の向上に役立ち，祖国の発展に寄与することを願っている。

　1973年3月

岡 本 　 清

二 訂 版 序

　本書を公刊した同じ年に，著者は思いもかけず学生部長に任命され，そのために任期2年間は，原価計算の研究を諦めざるをえなかった。しかしこのほどようやくその任期が満了したので，本書につき，とりあえず最小限の改訂を施した。すなわち第8章第5節の一部を削除し，第10章を新たに設け，第12章第3節の一部を書き直し，同章第6節を新たに設けた。本書には著者の意に満たぬ点がまだ多く存在するが，それらの改訂は他日を期したい。

　1976年2月

著　　　者

目　　　次

第 1 章　原価計算の基礎知識 …………………………………… 1

第 1 節　原価計算の意義 ……………………………………… 1
1. 企業の経済的データ処理システムとしての原価計算 ………… 1
2. 情報処理システムとしての原価計算の特徴 …………………… 2
3. 原価計算の目的——原価計算が生み出す経済的情報は
　　何に使われるか ………………………………………………… 3
4. 異なる目的には，異なる原価を …………………………………… 5
5. 原価計算の定義 …………………………………………………… 7
6. 本書の読者に期待すること ……………………………………… 7

第 2 節　原価の一般概念 ……………………………………… 8
1. 原価計算基準における原価の一般概念——原価計算
　　制度上の一般原価概念および非原価項目 …………………… 8
2. アメリカ会計学会による原価の一般概念 ……………………… 10
3. 広義における原価の一般概念および支出原価と機会原価 …… 11

第 3 節　原価の基礎的分類 …………………………………… 12
1. 形態別分類 ………………………………………………………… 13
2. 製品との関連における分類 ……………………………………… 13
3. 製造原価，販売費，一般管理費，総原価 ……………………… 14
4. 具体例 ……………………………………………………………… 15

第 4 節　コスト・フローと原価計算の手続 ………………… 17
1. 経営活動におけるコスト・フロー ……………………………… 17
2. 費目別，部門別，製品別計算 …………………………………… 18

第 5 節　原価単位と原価計算期間 …………………………… 20
1. 原価単位 …………………………………………………………… 20
2. 原価計算期間 ……………………………………………………… 21

第 6 節　原価計算の種類と形態 ……………………………… 21
1. 原価計算の種類 …………………………………………………… 21
　(1) 原価計算制度と特殊原価調査 ……………………………… 21
　(2) 全部原価計算と直接原価計算 ……………………………… 22

		(イ) 伝統的接近方法 ………………………………………………………………	22
		(ロ) 貢献利益的接近方法 …………………………………………………………	24
	(3)	実際原価計算, 見積原価計算, 標準原価計算 ………………………………	26
	2.	原価計算の形態 ……………………………………………………………………	28
		(1) 個別原価計算 ……………………………………………………………………	28
		(2) 総合原価計算 ……………………………………………………………………	29

第 7 節　原価計算と責任会計 ……………………………………………………… 32

  1.　企業組織と責任センター ……………………………………………………… 32
  2.　責任会計の定義 …………………………………………………………………… 34
  3.　責任会計における報告システム ……………………………………………… 35
  4.　勘定科目分類表と会計データの多元的分類 ………………………………… 37
  5.　原価の管理可能性にもとづく分類──管理可能費と
　　　管理不能費 ………………………………………………………………………… 44
  6.　営業量の変化にもとづく原価の分類──変動費と固定費 …… 47
    (1)　コスト・ビヘイビアー …………………………………………………… 47
    (2)　コスト・ビヘイビアーの類型 …………………………………………… 48
      (イ) 変　動　費 ………………………………………………………… 48
      (ロ) 固　定　費 ………………………………………………………… 48
      (ハ) 準　変　動　費 …………………………………………………… 50
      (ニ) 準　固　定　費 …………………………………………………… 50
    (3)　アクティビティ・コストとキャパシティ・コスト ………………… 51
    (4)　責任会計における費目別勘定分類とコスト・ビヘイビアー ……… 51

第 2 章　商的工業会計──原価計算以前の工業会計── …… 57

第 1 節　商的工業会計の計算原理 ………………………………………………… 57

  1.　商品勘定における売上原価と売上総利益の計算方法 ………… 57
  2.　製造企業における丼勘定方式 ………………………………………… 58

第 2 節　商的工業会計の計算例 …………………………………………………… 60

第 3 節　商的工業会計の欠陥と原価計算の誕生 ……………………………… 64

  1.　商的工業会計の長所と短所 …………………………………………………… 64
    (1)　長　　　　所 ……………………………………………………………… 64
    (2)　短　　　　所 ……………………………………………………………… 64
  2.　原価計算の誕生 …………………………………………………………………… 66

第 3 章　見積原価計算 ……………………………………………… 69

第 1 節　見積原価計算の計算原理 …………………………………… 69
1. 丼勘定方式における原価見積の必要性 ……………………… 69
   (1) 原価見積と見積原価の区別 ………………………………… 69
   (2) 丼勘定方式と原価見積との関係 …………………………… 69
2. 丼勘定方式から見積原価計算へ ……………………………… 70
   (1) 不正確な原価見積から生ずる破綻 ………………………… 70
   (2) 原価見積の正確性を検証する方法 ………………………… 70

第 2 節　見積原価計算の長所と短所 ………………………………… 74
1. 長　　　所 ……………………………………………………… 74
2. 短　　　所 ……………………………………………………… 75

第 3 節　見積原価計算から実際原価計算へ ………………………… 77

第 4 章　実際原価計算総説および実際単純個別原価計算 ……………………………………………………… 79

第 1 節　実際原価計算総説 …………………………………………… 79
1. 実際原価計算の目的 …………………………………………… 79
2. 実際原価の本質 ………………………………………………… 79
3. 歴史的原価と歴史的原価計算 ………………………………… 80
4. 実際正常原価と実際正常原価計算 …………………………… 80
5. 製品原価と期間原価 …………………………………………… 82

第 2 節　実際単純個別原価計算とその方法 ………………………… 85
1. 製造指図書と原価計算票 ……………………………………… 85
2. 製造直接費の直課と製造間接費の配賦 ……………………… 87
3. 原価記録と財務記録 …………………………………………… 89

第 3 節　材 料 費 会 計 ………………………………………………… 99
1. 材料と材料費の分類 …………………………………………… 99
2. 材料の購入，検収および記帳手続 …………………………… 101
3. 材料購入原価の計算 …………………………………………… 105
   (1) 理論上の材料購入原価 ……………………………………… 105
   (2) 実務上の材料購入原価 ……………………………………… 105
4. 材料費の計算 …………………………………………………… 106

5．材料実際消費量の把握……………………………………………106
　　　(1) 継続記録法……………………………………………………106
　　　(2) 棚卸計算法……………………………………………………107
　　6．材料実際消費単価の計算…………………………………………108
　　　(1) 先入先出法……………………………………………………109
　　　(2) 移動平均法……………………………………………………112
　　　(3) 月次総平均法…………………………………………………113
　　　(4) 継続的後入先出法……………………………………………115
　　　(5) 期間的後入先出法……………………………………………117
　　7．材料消費単価計算方法の比較……………………………………118
　　8．材料の出庫および記帳手続………………………………………122
　　9．材料の管理…………………………………………………………124
　　　(1) 材料の会計管理………………………………………………124
　　　　(イ) 会計管理の意味……………………………………………124
　　　　(ロ) 材料の実地棚卸……………………………………………125
　　　　(ハ) 帳簿残高と実際残高との照合……………………………125
　　　　(ニ) 棚卸差額の会計処理………………………………………126
　　　(2) ＡＢＣ分析……………………………………………………127
　　　(3) 経済的発注量…………………………………………………129
第4節　労務費会計……………………………………………………………131
　　1．労務費の分類………………………………………………………132
　　　(1) 支払形態による分類…………………………………………132
　　　　(イ) 労務主費……………………………………………………132
　　　　(ロ) 労務副費……………………………………………………133
　　　(2) 消費形態による分類…………………………………………134
　　　　(イ) 直接労務費…………………………………………………134
　　　　(ロ) 間接労務費…………………………………………………134
　　2．支払賃金の計算と記帳手続………………………………………135
　　3．消費賃金の計算と記帳手続………………………………………137
　　　(1) 直接工の消費賃金の計算と記帳手続………………………137
　　　　(イ) 直接労務費の計算…………………………………………137
　　　　(ロ) 直接工の消費賃率…………………………………………137
　　　　(ハ) 直接工の作業時間測定とその記録………………………138
　　　　(ニ) 直接工の消費賃金の記帳手続……………………………140
　　　(2) 間接工の消費賃金の計算と記帳手続………………………143
第5節　直接経費の計算と記帳手続…………………………………………147
　　1．直接経費の内容……………………………………………………147

2．外注加工賃の処理方法 …………………………………147
(1) 外注加工賃の定義 ………………………………………147
(2) 外注の当事者 ……………………………………………147
(3) 外注加工の行なわれる理由 ……………………………147
(4) 外注加工の形態とその会計処理 ………………………148
　(イ) 無償支給の場合 ………………………………………148
　(ロ) 有償支給の場合 ………………………………………150

第 6 節　製造間接費会計——その実際発生額の費目別把握 ……152
1．製造間接費統制勘定と製造間接費元帳 …………………153
2．間接経費の種類とその把握方法 …………………………153
(1) 支 払 経 費 ………………………………………………153
(2) 月 割 経 費 ………………………………………………153
(3) 測 定 経 費 ………………………………………………156
(4) 発 生 経 費 ………………………………………………156
3．実際製造間接費の記帳手続 ………………………………156

第 7 節　製造間接費の製品別配賦基準 ………………………157
1．製品別配賦基準の種類 ……………………………………157
(1) 価 値 的 基 準 ……………………………………………157
(2) 物 量 基 準 ………………………………………………157
2．製品別配賦基準選択の一般原則 …………………………158
(1) 価値移転的原価計算の場合 ……………………………158
(2) 価値回収的原価計算の場合 ……………………………159
3．製品別配賦基準の比較 ……………………………………159
(1) 直接材料費基準 …………………………………………159
(2) 直接労務費基準 …………………………………………160
(3) 直接作業時間基準 ………………………………………160
(4) 機械作業時間基準 ………………………………………160
4．製品別配賦基準によって配賦される製造間接費の範囲 ……161

第 8 節　製造間接費の正常配賦 ………………………………161
1．製造間接費の実際配賦とその欠陥 ………………………161
2．製造間接費正常配賦の理論 ………………………………163
3．正常生産量と基準操業度 …………………………………164
(1) 操 業 水 準 ………………………………………………164
　(イ) 理論的生産能力 ………………………………………164
　(ロ) 実際的生産能力 ………………………………………164
　(ハ) 平 均 操 業 度 …………………………………………165

　　　　㈡　期待実際操業度 …………………………………………… 165
　　　　(2)　基準操業度の変遷 ………………………………………… 165
　　4．製造間接費予算 ……………………………………………………… 166
　　　　(1)　固定予算と変動予算 ……………………………………… 166
　　　　(2)　公式法変動予算と実査法(多桁型)変動予算 …………… 168
　　　　　㈡　公式法変動予算 ………………………………………… 168
　　　　　㈹　実査法変動予算 ………………………………………… 169
　　5．正常配賦計算例のための計算条件 ………………………………… 171
　　　　(1)　操業水準にかんする条件 ………………………………… 171
　　　　(2)　公式法変動予算 …………………………………………… 172
　　6．実際的生産能力基準の正常配賦 …………………………………… 173
　　　　(1)　実際的生産能力基準の正常配賦率 ……………………… 173
　　　　(2)　正常配賦額の計算 ………………………………………… 175
　　　　(3)　正常配賦額と実際発生額との比較 ……………………… 176
　　　　(4)　補充率とその欠陥 ………………………………………… 177
　　　　(5)　配賦差額の原因分析 ……………………………………… 177
　　　　　㈡　固定予算を使用する場合 ……………………………… 177
　　　　　㈹　変動予算を使用する場合 ……………………………… 179
　　　　(6)　配賦差額の処理 …………………………………………… 184
　　7．平均操業度基準の正常配賦 ………………………………………… 186
　　　　(1)　平均操業度基準の正常配賦率 …………………………… 186
　　　　(2)　正常配賦額の計算 ………………………………………… 186
　　　　(3)　正常配賦額と実際発生額との比較 ……………………… 187
　　　　(4)　配賦差額の原因分析──変動予算を使用する場合 …… 187
　　　　(5)　配賦差額の処理 …………………………………………… 189
　　8．期待実際操業度基準の正常配賦 …………………………………… 190
　　9．基準操業度の選択 …………………………………………………… 193
　　10．操業度差異の再検討 ………………………………………………… 194
　　　　(1)　固定費率の性格 …………………………………………… 194
　　　　(2)　伝統的操業度差異の欠陥 ………………………………… 194
　　　　(3)　操業度差異の改善 ………………………………………… 196
　　　　　㈡　物的資料にもとづく操業度差異分析 ………………… 196
　　　　　㈹　機会原価にもとづく操業度差異分析 ………………… 197

第 5 章　実際部門別個別原価計算 …………………………………… 207

第 1 節　部門別原価計算の目的 ………………………………………… 207
第 2 節　原価部門の設定 ………………………………………………… 211

第 3 節　製造部門と補助部門……………………………………212
第 4 節　部門個別費と部門共通費………………………………213
第 5 節　部門共通費の配賦基準…………………………………214
第 6 節　補助部門費の配賦………………………………………216
第 7 節　複数基準配賦法…………………………………………217
第 8 節　補助部門間の用役の授受………………………………224
　　1．直接配賦法……………………………………………………226
　　2．相互配賦法……………………………………………………229
　　　(1)　要綱の相互配賦法…………………………………………230
　　　(2)　連続配賦法…………………………………………………233
　　　(3)　連立方程式法………………………………………………237
　　3．階梯式配賦法…………………………………………………239
第 9 節　部門別製造間接費正常配賦率の計算…………………243
第 10 節　部門別製造間接費の正常配賦…………………………243
第 11 節　実際製造間接費の部門別集計…………………………245
第 12 節　部門別製造間接費配賦差額の分析……………………248
第 13 節　部門別原価計算の新動向………………………………253

第 6 章　実際総合原価計算……………………………………263

第 1 節　単一工程単純総合原価計算……………………………263
　　1．仕掛品の進捗度と完成品換算量……………………………264
　　　(1)　月初，月末仕掛品のない場合の計算法…………………264
　　　(2)　月初仕掛品はないが，月末仕掛品のある場合の計算法…264
　　　(3)　月初および月末仕掛品のある場合の計算法……………268
　　2．平均法…………………………………………………………269
　　　(1)　平均法とは何か……………………………………………269
　　　(2)　平均法の計算例題…………………………………………270
　　　(3)　平均法による総合原価計算表……………………………271
　　　(4)　平均法の特徴………………………………………………272
　　3．先入先出法……………………………………………………273
　　　(1)　先入先出法とは何か………………………………………273
　　　(2)　先入先出法の計算例題……………………………………276
　　　　　(イ)　修正先入先出法…………………………………………276

　　　　　(ロ) 純粋先入先出法……………………………………………278
　　　(3) 先入先出法による総合原価計算表……………………………281
　　　(4) 先入先出法の特徴……………………………………………281
　4. 後 入 先 出 法………………………………………………………283
　　　(1) 後入先出法とは何か…………………………………………283
　　　　　(イ) 月初仕掛品換算量＝月末仕掛品換算量の場合………………283
　　　　　(ロ) 月初仕掛品換算量＜月末仕掛品換算量の場合………………284
　　　　　(ハ) 月初仕掛品換算量＞月末仕掛品換算量の場合………………285
　　　(2) 後入先出法の計算例題………………………………………285
　　　(3) 後入先出法による総合原価計算表……………………………286
　　　(4) 後入先出法の特徴……………………………………………286
　5. 減 損 と 仕 損……………………………………………………288
　　　(1) 減損と仕損の内容……………………………………………288
　　　(2) 正常発生額と異常発生額の処理原則…………………………289
　　　　　(イ) 正常発生額の処理…………………………………………289
　　　　　(ロ) 異常発生額の処理…………………………………………289
　　　(3) 正常減損費の処理方法………………………………………290
　　　　Ⅰ 正常減損度外視の方法………………………………………290
　　　　　(イ) 正常減損が工程の始点または途中で発生した場合の計算……292
　　　　　(ロ) 正常減損が工程の終点で発生した場合の計算………………294
　　　　Ⅱ 正常減損非度外視の方法……………………………………295
　　　　　(イ) 正常減損が工程の始点で発生した場合の計算………………295
　　　　　(ロ) 正常減損が工程の終点で発生した場合の計算………………297
　　　　　(ハ) 正常減損が工程の途中の一定点で発生した場合の計算………299
　　　　　(ニ) 正常減損が工程を通じ平均的に発生した場合の計算…………302
　　　　　(ホ) 正常減損率が安定している場合の計算……………………304
　　　　　(ヘ) 月初仕掛品と先入先出法…………………………………308
　　　(4) 正常仕損と異常仕損…………………………………………311
　　　　　(イ) 正常仕損度外視の方法……………………………………312
　　　　　(ロ) 正常仕損非度外視の方法…………………………………313
　6. 異質的原材料の投入………………………………………………316
第 2 節 工程別単純総合原価計算……………………………………317
　1. 全原価要素工程別単純総合原価計算………………………………317
　　　Ⅰ 累　　加　　法………………………………………………317
　　　(1) 累加法とは何か………………………………………………317
　　　(2) 累加法の計算例………………………………………………318
　　　(3) 追加投入原材料と前工程費…………………………………324
　　　(4) 追加投入原材料による製品の増量……………………………327

Ⅱ　非　累　加　法……………………………………………330
　　　　　⑴　非累加法とは何か………………………………………330
　　　　　⑵　非累加法の計算例………………………………………332
　　　2．加工費工程別単純総合原価計算………………………………335
　　　　　⑴　加工費法の適用される生産形態………………………335
　　　　　⑵　加工費工程別単純総合原価計算の計算例……………335
　第 3 節　組別総合原価計算……………………………………………342
　　　1．組別総合原価計算の方法………………………………………342
　　　2．単一工程組別総合原価計算の方法……………………………343
　　　3．加工費工程別組別総合原価計算の方法………………………346
　　　4．全原価要素工程別組別総合原価計算の方法…………………346
　第 4 節　等級別総合原価計算…………………………………………347
　　　1．等級別総合原価計算の方法……………………………………347
　　　　　⑴　等　級　製　品…………………………………………347
　　　　　⑵　等価係数と等価比率……………………………………348
　　　　　⑶　単純総合原価計算に近い等級別総合原価計算と組別総合
　　　　　　　原価計算に近い等級別総合原価計算……………………349
　　　2．等級別総合原価計算の計算例…………………………………352
　第 5 節　連産品の原価計算……………………………………………359
　　　1．連産品と連結原価………………………………………………359
　　　2．連産品原価の計算方法…………………………………………361
　　　　　⑴　連結原価と分離後の個別費……………………………361
　　　　　⑵　連結原価の按分計算とその計算目的…………………361

第 7 章　標準原価計算……………………………………………………377

　第 1 節　標準原価計算総説……………………………………………377
　　　1．実際原価計算の欠陥……………………………………………377
　　　　　⑴　実際原価の変動性………………………………………378
　　　　　⑵　「ころがし」計算をする実際原価計算…………………379
　　　2．標準原価計算の誕生……………………………………………380
　　　　　⑴　能率測定尺度としての標準原価………………………380
　　　　　⑵　非通算方式の採用………………………………………382
　　　3．標準原価計算の手続概要とコスト・コントロール・
　　　　　サイクル……………………………………………………………383
　　　4．標準原価の種類…………………………………………………385

(1) 当座標準原価と基準標準原価 ································· 385
　　　(2) 原価標準設定の基礎水準 ······································· 386
　　　(3) 理想標準原価,正常標準原価,現実的標準原価 ············· 387
第 2 節　原価標準の設定 ··· 390
　1. 原価標準の設定と標準原価委員会 ······························· 390
　2. 標準原価カード ·· 391
　3. 直接材料費標準の設定 ·· 391
　　　(1) 材料消費量標準の設定 ··· 391
　　　(2) 材料価格標準の設定 ·· 392
　4. 直接労務費標準の設定 ·· 393
　　　(1) 標準作業時間の設定 ·· 393
　　　(2) 標準賃率の設定 ·· 394
　5. 直接経費標準の設定 ··· 394
　6. 製造間接費標準の設定 ·· 394
　　　(1) 原価管理標準と製品原価標準 ································ 394
　　　(2) 原価管理標準 ··· 395
　　　　(イ) 変　動　予　算 ·· 395
　　　　(ロ) 固　定　予　算 ·· 396
　　　(3) 製品原価標準 ··· 396
第 3 節　標準原価計算の方法 ··· 398
　1. パーシャル・プランの計算例
　　　　――その1（月初仕掛品のない場合）······················· 400
　2. 修正パーシャル・プランの計算例
　　　　――その2（月初仕掛品のある場合）······················· 419
　3. シングル・プランの計算例 ·· 431
　4. シングル・プランと作業屑の処理 ······························· 439
　5. 標準総合原価計算における減損と仕損 ························· 441
　6. 配合差異と歩留差異の計算例 ···································· 448
第 4 節　標準原価差額の原因分析 ····································· 458
　1. 標準原価差額の会計的分析と技術的分析 ····················· 458
　2. 特別調査と経常的調査 ··· 458
　3. 標準原価差額発生原因 ··· 460
　4. 統計的品質管理と結合した標準原価差額分析 ··············· 462
　　　(1) 正常な差異と異常な差異 ····································· 462
　　　(2) ベル型をなす偶然的差異 ····································· 463
　　　(3) 標　準　偏　差 ··· 464

　　　　(4) 統計的管理図表の原理……………………………………466
　　　　(5) 統計的管理図表の例………………………………………467
　　　　(6) 統計的管理図表と標準原価との結合……………………470
　第 5 節　標準原価差額の会計処理…………………………………471
　　1．標準原価主義者の主張……………………………………471
　　2．原価計算基準における原価差異の会計処理……………472
　第 6 節　標 準 の 改 訂………………………………………………474
　　1．旧標準が正しかった場合…………………………………475
　　　　(1) 期中における新標準の採用………………………………475
　　　　(2) 期末における新標準の採用………………………………476
　　2．旧標準が誤りであった場合………………………………477

第 8 章　原価・営業量・利益関係の分析……………………481

　第 1 節　短期利益計画のための会計情報…………………………481
　　1．企業予算と大綱的短期利益計画…………………………481
　　2．希望利益の算定……………………………………………482
　　3．短期利益計画に不適当な伝統的損益計算書……………483
　　4．原価・営業量・利益の関係………………………………484
　第 2 節　損 益 分 岐 図 表………………………………………………485
　　1．損 益 分 岐 図 表……………………………………………485
　　2．貢献利益の重要性…………………………………………488
　第 3 節　損益分岐分析の計算公式…………………………………492
　　1．損益分岐点の売上量………………………………………493
　　2．損益分岐点の売上高………………………………………494
　　3．希望営業利益を獲得する売上高…………………………495
　　4．売上高の一定の割合の希望営業利益をあげる売上高…495
　　5．安　　全　　率……………………………………………496
　　6．経営レバレッジ係数………………………………………496
　第 4 節　損益分岐分析の仮定………………………………………500
　第 5 節　損益分岐分析の特殊問題…………………………………500
　　1．営業量の測定基準…………………………………………500
　　2．営業外損益の取扱…………………………………………501

第 6 節　CVP の感度分析 …… 502
1. 不確実性と感度分析 …… 502
2. 感度分析の計算例 …… 502

第 7 節　多品種製品の CVP 分析 …… 505
1. セールス・ミックス一定の仮定 …… 505
2. 多品種製品の CVP 分析計算例 …… 506

第 8 節　全部原価計算の損益分岐分析 …… 508
1. 伝統的損益分岐分析モデルの仮定 …… 508
2. 貢献利益を使用する方法 …… 509
3. 売上総利益を使用する方法 …… 511

第 9 章　原価予測の方法──原価の固変分解 …… 515

第 1 節　原価予測方法の基本的分類 …… 515
第 2 節　IE 法 …… 516
第 3 節　過去の実績データにもとづく予測法 …… 517
1. 過去の実績データの取扱 …… 517
2. 費目別精査法 …… 518
3. 高低点法 …… 519
4. Y 軸との交点の意味 …… 520
5. スキャッター・チャート法 …… 522
6. 回帰分析法 …… 522
   (1) 単純回帰と多重回帰 …… 522
   (2) 最小自乗法 …… 523
   (3) 単純回帰分析の計算例 …… 528
   (4) 回帰直線の信頼度と決定係数 …… 529

第 10 章　直接原価計算 …… 533

第 1 節　直接原価計算の本質 …… 533
1. 直接原価計算の定義 …… 533
2. 直接原価計算の特徴 …… 533

第 2 節　直接原価計算の生成 …… 536
1. 製造間接費正常配賦の難点 …… 536
2. 全部原価計算の複雑性──売上高と比例して増減しない

　　　　　営業利益……………………………………………………………537
　　3．全部原価計算による営業利益と直接原価計算による
　　　　　営業利益……………………………………………………………541
第 3 節　直接原価計算の発展…………………………………………546
　　1．セグメント別損益計算…………………………………………… 546
　　2．固定費の段階的差引計算と貢献利益法………………………… 550
　　　(1)　個別固定費，共通固定費およびセグメント・マージン………… 550
　　　(2)　マネジド・コストとコミッテッド・コスト……………………… 552
　　　(3)　管理可能固定費，管理不能固定費および管理可能利益………… 554
　　　(4)　結　　　　　　び………………………………………………… 556
　　3．直接原価計算論争………………………………………………… 557
　　　(1)　マープルによる未来原価回避説の提唱…………………………… 558
　　　(2)　直接原価計算論争の問題点………………………………………… 560
　　　(3)　全部原価計算と直接原価計算との調整…………………………… 562
　　4．直接原価計算制度における固定費調整の方法………………… 564
　　　(1)　固定費調整の一般式………………………………………………… 564
　　　(2)　直接実際原価計算制度における固定費調整の方法……………… 564
　　　　　(イ)　「ころがし」計算法……………………………………………… 564
　　　　　(ロ)　一　括　調　整　法……………………………………………… 569
　　　(3)　直接標準原価計算制度における固定費調整の方法……………… 570
　　　(4)　固定費調整の勘定処理……………………………………………… 570
　　5．直接標準原価計算………………………………………………… 572
　　　(1)　直接標準原価計算の本質…………………………………………… 572
　　　(2)　直接標準原価計算における予算・実績差異分析………………… 573
　　6．価格決定と直接原価計算………………………………………… 582
　　　(1)　全部原価基準による価格決定……………………………………… 583
　　　　　(イ)　価　格　決　定　方　法………………………………………… 583
　　　　　(ロ)　全部原価基準による価格決定方法の長所……………………… 584
　　　　　(ハ)　全部原価基準による価格決定方法の短所……………………… 585
　　　(2)　損益分岐分析による価格決定……………………………………… 586
　　　　　(イ)　価　格　決　定　方　法………………………………………… 586
　　　　　(ロ)　損益分岐分析による価格決定方法の長所……………………… 587
　　　　　(ハ)　損益分岐分析による価格決定方法の短所……………………… 588
　　　(3)　直接原価基準による価格決定……………………………………… 589
　　　　　(イ)　価　格　決　定　方　法………………………………………… 589
　　　　　(ロ)　直接原価基準による価格決定方法の長所……………………… 590
　　　　　(ハ)　直接原価基準による価格決定方法の短所……………………… 592

　　　　　(4) 結　　　び……………………………………………………594
　第 4 節　直接原価計算の新展開――直接原価計算と
　　　　　リニァー・プログラミングとの結合………………………594
　　1. 最適セールス・ミックスの決定……………………………594
　　2. リニァー・プログラミングとは何か………………………597
　　3. グラフによる解法……………………………………………598
　　4. 計算による解法の大筋………………………………………602
　　　(1) 不等式を等式に変換……………………………………602
　　　(2) シンプレックス法………………………………………604
　　　(3) シンプレックス表………………………………………605

第 11 章　企業予算――利益計画と利益統制――……………623

　第 1 節　企業予算総説……………………………………………623
　　1. 企業予算とは何か……………………………………………623
　　2. 予算管理システムのプロセス………………………………624
　　3. 予算管理システムの役割……………………………………625
　　　(1) 計　画　職　能…………………………………………625
　　　(2) 統　制　職　能…………………………………………626
　　　(3) 調整, コミュニケーション, インセンティブ誘発職能……626
　　4. 予算管理システムの体系……………………………………627
　第 2 節　基本予算の構成とその編成手続………………………627
　　1. 基本予算の構成………………………………………………627
　　2. 全部原価計算方式による基本予算編成手続………………628
　第 3 節　基本予算編成例題………………………………………631
　第 4 節　予算統制の計算例題――予算・実績差異分析………639
　第 5 節　売上高の予算・実績差異分析…………………………649

第 12 章　事業部の業績測定……………………………………661

　第 1 節　事業部の本質……………………………………………661
　　1. 職能部門制組織と事業部制組織……………………………661
　　2. 利益センターと投資センター………………………………662
　第 2 節　事業部長の業績と事業部の業績………………………663

第 3 節　事業部長の業績測定尺度………………………………………665
　　　1.　事業部損益計算書………………………………………………… 665
　　　2.　管理可能営業利益………………………………………………… 666
　　　3.　管理可能投下資本利益率………………………………………… 666
　　　4.　税引前管理可能残余利益………………………………………… 667
　第 4 節　事業部の資本コスト率……………………………………………669
　第 5 節　事業部自体の業績測定尺度………………………………………669
　第 6 節　事業部投資額の決定における諸問題……………………………670
　　　1.　事業部投資額に含まれる資産の範囲…………………………… 670
　　　　(1)　管理可能投資額……………………………………………… 670
　　　　(2)　総 投 資 額…………………………………………………… 671
　　　　(3)　本部保有資産の事業部への配分…………………………… 671
　　　2.　事業部固定資産の評価…………………………………………… 672
　　　　(1)　再調達時価(取替原価)……………………………………… 672
　　　　(2)　取 得 原 価 総 額…………………………………………… 673
　　　　(3)　正 味 簿 価………………………………………………… 673
　第 7 節　内部振替価格………………………………………………………674
　　　1.　内部振替価格の問題……………………………………………… 674
　　　2.　市　価　基　準…………………………………………………… 676
　　　3.　全 部 原 価 基 準………………………………………………… 678
　　　4.　差額原価基準(限界原価または変動費基準)…………………… 679
　　　5.　全部標準原価加算基準…………………………………………… 681
　　　6.　標準差額原価加算基準(標準限界原価または変動費
　　　　　加算基準)…………………………………………………………682
　　　7.　二 重 価 格 基 準………………………………………………… 683
　　　8.　数 学 的 計 画 法………………………………………………… 684
　　　9.　内部振替取引の会計処理………………………………………… 684

第 13 章　営　業　費　計　算………………………………………691

　第 1 節　営業費の意義………………………………………………………691
　　　1.　営業費の内容……………………………………………………… 691
　　　2.　増大した営業費計算の重要性…………………………………… 691
　　　3.　営業費と製造原価との比較……………………………………… 692

4．営業費計算の主要問題 ………………………………………… 693
　第 2 節　営業費の分類 ……………………………………………………… 693
　　　1．営業費の分類基準 …………………………………………………… 693
　　　2．営業費の分類例 ……………………………………………………… 694
　第 3 節　販売費の機能別分類とその管理 ……………………………………… 697
　　　1．注文獲得費と注文履行費 …………………………………………… 697
　　　2．注文獲得費の管理 …………………………………………………… 697
　　　3．注文履行費の管理 …………………………………………………… 699
　第 4 節　販 売 費 の 分 析 …………………………………………………… 700
　　　1．販売費のセグメント（業務区分）別分析 ………………………… 700
　　　2．製品品種別分析 ……………………………………………………… 701
　　　　(1)　純　　益　　法 ……………………………………………………… 701
　　　　(2)　貢 献 利 益 法 ……………………………………………………… 703
　　　3．販売地域別分析 ……………………………………………………… 709

第 14 章　差額原価収益分析 ……………………………………………… 715

　第 1 節　差額原価収益分析とは何か ………………………………………… 715
　　　1．非反復的意思決定 …………………………………………………… 715
　　　2．意思決定における関連原価，差額原価および埋没原価 ……… 716
　　　3．時間価値と差額原価収益分析 ……………………………………… 718
　第 2 節　時間価値を考慮しない差額原価収益分析の計算例 …… 718
　　　1．注文引受可否の意思決定 …………………………………………… 718
　　　2．自製か購入かの意思決定 …………………………………………… 723
　　　3．在庫管理のための経済的発注量についての意思決定 ………… 730

第 15 章　資本予算――総説，意思決定モデルおよび
　　　　　　　　　キャッシュ・フローの予測 …………………………… 739

　第 1 節　資本予算総説 ……………………………………………………… 739
　　　1．資本予算における意思決定計算の基本的枠組 …………………… 739
　　　　(1)　冒険企業の損益計算 ……………………………………………… 739
　　　　(2)　現代企業の損益計算 ……………………………………………… 740
　　　　(3)　設備投資プロジェクトの損益計算 …………………………… 741
　　　2．設備投資案の分類 …………………………………………………… 742

目　　次　xxxi

　　　3．時間価値とその基本公式…………………………………………743
　　　　(1)　複利計算と終価係数（利殖係数；複利元利率）……………743
　　　　(2)　割引計算と現価係数…………………………………………744
　　　　(3)　年金と年金終価係数…………………………………………745
　　　　(4)　年金現価係数…………………………………………………747
　　　　(5)　減債基金係数…………………………………………………748
　　　　(6)　資本回収係数…………………………………………………749
　　　　(7)　キャッシュ・フローの期末型と期首型の違い……………750
　　　4．資本予算の問題領域………………………………………………751
　　　　(1)　設備投資の意思決定モデルの問題…………………………751
　　　　(2)　設備投資のキャッシュ・フローを予測する問題…………751
　　　　(3)　資本コストの問題……………………………………………752
　　　　(4)　資本配分の問題………………………………………………752
　　　　(5)　その他の問題…………………………………………………752
　第 2 節　設備投資の意思決定モデル……………………………………753
　　　1．正味現在価値法……………………………………………………753
　　　2．内部利益率法………………………………………………………756
　　　3．収益性指数法………………………………………………………759
　　　4．正味現在価値法，内部利益率法，収益性指数法の比較………760
　　　　(1)　独立投資案の採否を決定する場合…………………………760
　　　　(2)　相互排他的投資案を選択する場合…………………………760
　　　　(3)　資本配分を決定する場合……………………………………765
　　　5．その他の意思決定モデル…………………………………………765
　　　　(1)　単純回収期間法………………………………………………765
　　　　(2)　単純投下資本利益率法………………………………………765
　第 3 節　設備投資に伴うキャッシュ・フローの予測…………………766
　　　1．予想増分キャッシュ・フロー……………………………………766
　　　2．増分キャッシュ・フローと会計上の純利益……………………766
　　　3．予測の基本的前提条件の確認……………………………………768
　　　4．投資実施段階別キャッシュ・フローの予測……………………768
　　　　(1)　投資額の見積…………………………………………………768
　　　　(2)　年々のキャッシュ・フローの見積…………………………769
　　　　(3)　投資終了時の見積……………………………………………770
　　　5．新規大規模投資におけるキャッシュ・フローの予測…………771
　　　6．取替投資のキャッシュ・フロー予測と意思決定………………775
　　　7．設備投資と損益分岐点の生産・販売量…………………………778

8．リースか購入かの意思決定 …………………………………………… 781
　　9．設備投資とインフレーション ………………………………………… 785
　　　(1) インフレーションの投資利益率に及ぼす影響 ……………………… 785
　　　(2) 名目利率と実質利率 …………………………………………………… 785
　　　(3) インフレーションの下でのキャッシュ・フローの予測と
　　　　　資本コスト ……………………………………………………………… 786
　　　(4) インフレ下の設備投資計算例題 ……………………………………… 787

第 16 章　資本予算——資本コストと資本配分 …………………… 791

第 1 節　資本コストの意義と種類 ………………………………… 791
　　1．資本コストとは何か …………………………………………………… 791
　　2．資本コストの構成要素と影響要因 …………………………………… 791
　　　(1) 一般的経済状態，戦争，災害など …………………………………… 791
　　　(2) 企業業種の特性 ………………………………………………………… 792
　　　(3) 企業経営者の経営および財務上の意思決定 ………………………… 792
　　　(4) その企業の資本需要の規模 …………………………………………… 792
　　3．資本コストの種類 ……………………………………………………… 793
　　　(1) 調達資本コストと運用資本コスト …………………………………… 793
　　　(2) プロジェクト別資本コストと全社的資本コスト …………………… 794
　　　(3) 加重平均資本コストの論理 …………………………………………… 794

第 2 節　調達源泉別資本コストと加重平均資本コストの
　　　　　　測定法 ……………………………………………………… 796
　　1．負債の資本コスト ……………………………………………………… 796
　　2．留保利益の資本コスト ………………………………………………… 796
　　　(1) 配当割引モデルによる留保利益の資本コスト測定法 ……………… 797
　　　(2) 資本資産評価モデルによる留保利益の資本コスト測定法 ………… 800
　　3．普通株発行による資金の資本コスト ………………………………… 803
　　　(1) 配当割引モデルによる普通株発行の資本コスト …………………… 803
　　　(2) *CAPM* による普通株発行の資本コスト …………………………… 804
　　4．加重平均資本コスト …………………………………………………… 804

第 3 節　資　本　配　分 ……………………………………………… 805
　　1．予算制約のある資本配分問題を解く簡便法 ………………………… 805
　　2．限界資本の加重平均資本コストと資本配分 ………………………… 806

第17章　企業環境の激変と原価計算の変貌……821

第 1 節　企業環境の変化とわが国製造企業の対応……821
1. 生産志向的環境から市場志向的，国際競争的経済環境へ…821
2. わが国製造企業の生産革命……822

第 2 節　日本的経営の基礎を構築する小集団活動と 5S，TQC，TPM……823
1. 小集団活動と 5S……823
2. T Q C……826
3. T P M……827

第 3 節　職能別原価の拡大とライフサイクル・コスティング……829
1. 上流からの管理の重視──研究・開発費の登場……829
2. ライフサイクル・コスティング……830
3. ソーシャル・コストと環境会計……832
4. 結　　び……833

第 4 節　品質原価計算の現状と問題点……834
1. 品質原価計算とPAFアプローチ……834
2. 品質原価計算の特徴……835
   - (1) 品質保証活動原価の把握……835
   - (2) 品質原価計算の目的……836
3. 品質原価計算の課題……837
   - (1) 品質原価に含める原価の範囲とその測定方法……837
   - (2) 品質原価計算の基本思考──短期最適思考……837
   - (3) 日本企業における品質管理……838
   - (4) アメリカの品質管理の変貌と品質原価計算の新たな課題……838

第 5 節　バックフラッシュ原価計算……839
1. バックフラッシュ原価計算とは何か……839
2. 期末在庫品ゼロの場合のバックフラッシュ原価計算……839
3. 期末在庫品が残る場合のバックフラッシュ原価計算……840
4. バックフラッシュ原価計算の変り種……842

第18章　経営戦略の策定と遂行のための原価計算……845

第 1 節　企業環境の激変と経営戦略のための会計情報……845
第 2 節　経営戦略の本質と種類……846

　　　　1．経営戦略とは何か……………………………………………………846
　　　　2．経営戦略のレベル……………………………………………………847
　　　　3．製品のライフ・サイクルとその段階別戦略………………………847
　　　　4．個別事業の一般戦略…………………………………………………848
　　　　5．コア・コンピタンス(競争力の中核)………………………………849
　第 3 節　プロダクト・ポートフォリオ・マトリックス
　　　　　（PPM）……………………………………………………………850
　　　　1．ボストン・コンサルティング・グループの取り組んだ
　　　　　　問題……………………………………………………………………850
　　　　2．全社的資金の望ましい流れ…………………………………………851
　　　　3．プロダクト・ポートフォリオ・マトリックスの内容……………852
　　　　4．PPM の評価…………………………………………………………854
　　　　　(1)　PPM の長所……………………………………………………854
　　　　　(2)　PPM の短所……………………………………………………854
　第 4 節　戦略的コスト・マネジメント……………………………………855
　　　　1．標準原価計算の原価管理機能低下…………………………………855
　　　　2．戦略的コスト・マネジメント──原価企画・原価維持・
　　　　　　原価改善の相互関係…………………………………………………856
　第 5 節　原　価　企　画……………………………………………………857
　　　　1．原価企画の本質………………………………………………………857
　　　　　(1)　顧客重視の市価主導型原価計算………………………………858
　　　　　(2)　源　流　管　理…………………………………………………858
　　　　　(3)　量産体制以前における目標原価の作り込み…………………860
　　　　　(4)　原価削減の方法としての価値工学……………………………860
　　　　　(5)　職能横断的チーム活動…………………………………………861
　　　　　(6)　価値連鎖とライフサイクル・コスティング…………………861
　　　　2．原価企画の実施プロセス……………………………………………862
　　　　3．目標原価計算の計算例………………………………………………863
　　　　　(1)　クロス・ファンクショナル・チームによる新商品構想の樹立……863
　　　　　(2)　顧客の求める製品特性とその相対的重要性…………………864
　　　　　(3)　目標原価の決定…………………………………………………864
　　　　　(4)　目標原価と成行原価との差額の計算…………………………865
　　　　　(5)　品質機能展開マトリックスの作成……………………………866
　　　　　(6)　機　能　原　価　分　析………………………………………867
　　　　　(7)　目標原価と成行原価との構成部品別または機能別比較…………869

目　次　xxxv

　　　　(8) ブレーン・ストーミングによる原価削減方法の探求…………870
　　　　(9) 目標原価の達成と未達成…………………………………………871
　　　　(10) 目標原価計算の計算プロセス要約………………………………871
　第 6 節　原　価　維　持……………………………………………………876
　　1．原価維持の方法………………………………………………………876
　　　　(1) 標準化の進め方……………………………………………………876
　　　　(2) 変動費の管理………………………………………………………877
　　　　(3) 準変動費および固定費の管理……………………………………877
　　　　(4) 自由裁量固定費の管理……………………………………………877
　　2．設備管理と標準原価計算との結合…………………………………878
　　　　(1) 脱皮を必要とする標準原価計算…………………………………878
　　　　(2) 設備総合効率の意義………………………………………………879
　　　　(3) 標準原価計算にたいする設備総合効率の導入…………………882
　第 7 節　原価改善とその経済的効果測定…………………………………885
　第 8 節　活動基準原価計算…………………………………………………891
　　1．活動基準原価計算の生成……………………………………………891
　　　　(1) 活動基準原価計算(ABC)とは何か………………………………891
　　　　(2) 企業環境の激変と原価構造の変化………………………………893
　　　　(3) 原価構造の変化による伝統的原価計算の陳腐化………………895
　　2．活動基準原価計算の方法……………………………………………897
　　　　(1) なぜ活動なのか──顧客思考と価値連鎖………………………897
　　　　(2) 企業活動の構造──価値連鎖プロセス，経営プロセス，活動
　　　　　　およびタスク………………………………………………………900
　　　　(3) コスト・ドライバー──資源ドライバーと活動ドライバー…900
　　　　(4) 支援活動の階層とコスト・ドライバー…………………………903
　　　　(5) 活動基準原価計算の手続…………………………………………904
　　3．活動基準原価計算の例題……………………………………………905
　第 9 節　活　動　基　準　管　理…………………………………………911
　　1．活動基準管理（ABM）とは何か……………………………………911
　　2．経営プロセスにおける活動分析……………………………………913
　　3．非付加価値活動の例示………………………………………………914
　　4．活動分析の例示………………………………………………………914
　第 10 節　ABC と ABM のまとめ…………………………………………917
　　1．ABC と ABM の相互関係──原価割当視点とプロセス
　　　　視点…………………………………………………………………917

2．ABCとABMの評価……………………………………918
　　　(1) ABCの提供する製品戦略情報………………………918
　　　(2) 持続的競争優位を確保するためのABM………………919
　　　(3) 問題の鍵は設定する活動の精粗……………………919
　　　(4) ABCは経常計算か特殊原価調査か…………………920
　第11節　バランス・スコアカード……………………………921
　　1．バランス・スコアカードとは何か……………………921
　　2．ビジョンと戦略を4つの視点へ転換…………………921
　　3．顧客の視点におけるターゲット，価値提案プログラム
　　　および業績評価指標……………………………………923
　　4．4つの視点の結合関係…………………………………923
　第12節　経済付加価値(EVA)——新しい企業環境と業績
　　　　　評価基準………………………………………………925
　　1．投資資金のボーダレス化とアメリカン・スタンダードの
　　　浸透………………………………………………………925
　　2．企業の資金調達方法の変化—間接金融から直接金融へ………926
　　3．株式市場における企業の格付けと株価の重要性……………926
　　4．従来の企業業績測定方法の欠陥………………………926
　　5．株主重視の業績評価指標………………………………927
　　6．経済付加価値(EVA^R)の計算方法……………………927
　　7．わが国の有力企業におけるEVAの浸透………………931

第19章　原価計算の過去，現在，将来……………………933

　　1．主要な原価計算目的の変遷と原価計算技法の変化………933
　　2．われわれはどこにいるのか？——原価計算理論の現状
　　　認識………………………………………………………934
　　　(1) ホーングレン教授による原価計算理論の歴史的発展段階説………934
　　　(2) 筆者による原価計算理論の歴史的発展にたいする認識…………936
　　3．「異なる目的には，異なる原価を」の理論体系……………937
　　4．原価計算理論研究の現代的課題………………………939
　　　(1)「経営戦略の策定と遂行のための原価計算」の理論的枠組の
　　　　構築………………………………………………………939
　　　(2) 経営戦略と環境会計…………………………………941
　　　(3) 利益配分のための原価計算…………………………943
　　5．結　び——原価計算の将来……………………………945

付録 Ⅰ 現 価 係 数 表……………………………947
　　　Ⅱ 年金現価係数表……………………………948
　　　Ⅲ 原 価 計 算 基 準……………………………949
和 文 索 引……………………………969
欧 文 索 引……………………………982

第 1 章　原価計算の基礎知識

第 1 節　原価計算の意義

1.　企業の経済的データ処理システムとしての原価計算

　原価計算（cost accounting : Kostenrechnung）は，複式簿記とともに，企業の会計情報システムを形成する。会計情報システムは，企業活動によって発生するさまざまな大量の財務データを，複式簿記と原価計算という企業会計独特の方法で処理し，それらを稀少資源の配分に役立つ情報（これを経済的情報 economic information という。）として企業外部の利害関係者（株主，債権者など）や企業内部の経営管理者に提供する。これらの関係を，図 1-1 で示した。この図から明らかなように，複式簿記と原価計算とは，企業会計がもつ独特の経済的情報処理システムなのである。

図 1-1　会計情報システム

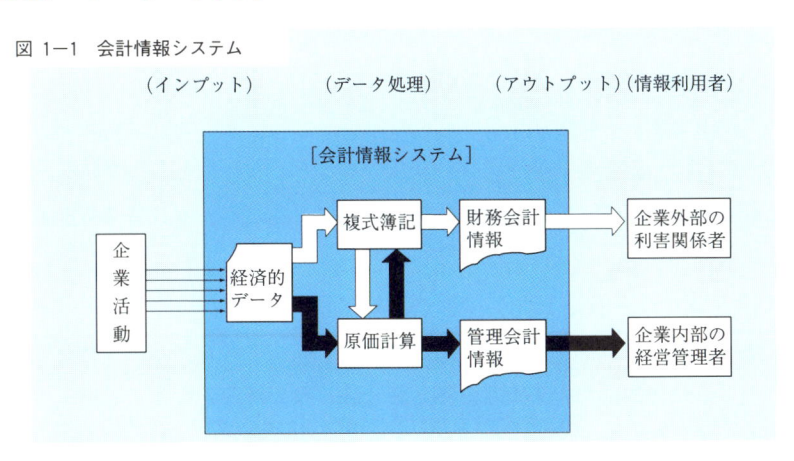

　図 1-1 で，もう 1 つ注意してほしい点がある。それは，複式簿記と原価計算は，会計情報システムの中で協力し合って財務会計情報も管理会計情報も提

供しているが，どちらかといえば，複式簿記は財務会計情報と密接に結びついているが，原価計算は管理会計情報と強く結びついているという点である。それは，それぞれの情報処理システムとしての特徴に由来する。

2. 情報処理システムとしての原価計算の特徴

　企業は，生産・販売活動上さまざまな経済的資源（たとえば，原材料，労働力，電力，機械・設備など）を消費するが，このような経済的資源の消費額を原価という。原価計算を初めて勉強する人が誤解するのは，原価計算は原価を計算する技術だ，と考えがちなことである。原価計算は原価だけを計算するわけではない。この点をはっきりと理解することが大切である。

　いま製造工場を例にとって考えてみよう。図1−2で示したように，製造工場では，企業外部から購入した原材料，労働力，電力，ガス，水道，機械・設備などの経済的資源を製造活動に投入し，消費する。消費すると原価が発生する。しかし原価を無目的で発生させたわけではなく，製品というアウトプットを得るために発生させたわけである。したがって原価だけを把握しても，それは経済的情報にならない。どれだけの原価を投入し，その結果，どれだけの製品を製造できたかが問題である。いわば原因（インプットとしての原価）と結果（アウトプットとしての製品）との比較が必要になる。会計学や経営学では，企業活動のアウトプットを給付という。原価計算は，企業における特定の経済活動単位についての，原価と給付との比較計算であるという特徴をもっている。同じ意味であるが，原価を給付にかかわらせて把握するのが原価計算である，という表現も使われる。

　図1−2では，工場（全体）の製造活動を例にとったが，工場の中の鋳造部門，鍛造部門，機械加工部門などでも，それぞれインプットとアウトプットがあり，さらに鋳造部門の中でも，第1鋳造課，第2鋳造課などにおいて，またそれぞれインプットとアウトプットとがある。原価計算は，こうした部分，部分の活動を計算単位とし，原価と給付との比較計算を詳細に行うのである。したがって給付とは，最終完成品のみではなく，部門給付をも意味すると理解す

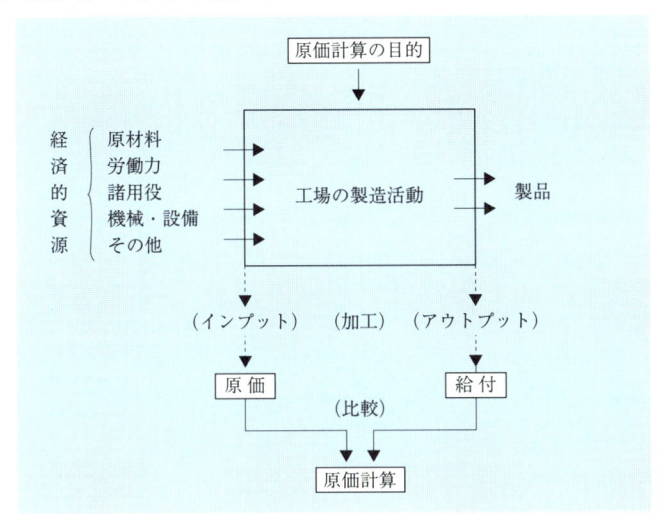

図 1-2　原価（インプット）と給付（アウトプット）との比較計算

べきである。[注1]

3. 原価計算の目的—原価計算が生み出す経済的情報は何に使われるか

　それでは，原価計算の生み出す経済的情報は，どのような目的に使用されるのか。原価計算の主要目的は，それぞれの時代の企業利害関係者，とりわけ経営管理者の情報要求によって，大きく変化して今日にいたっている。

　そもそも原価計算は，産業革命の一産物といわれる。つまり動力機械の発明という生産技術上の画期的な変革を基軸として，工業経営の生産形態が，問屋制家内工業や手工業的経営から，機械制大工場へと移行した。このような近代的工場制度を採る企業が，製品を製造するために，実際にかかった原価を測定する技法として，1870年ころのイギリスに誕生した。その後の経過を簡単な図で示せば，図 1—3 のようになろう。

(注 1)　複式簿記の情報処理システムとしての特徴は，企業全体の経済活動を，会計期間に関係づけて，収益と費用とを期間的に比較する点にある。

図1−3　原価計算目的と原価計算技法の変遷

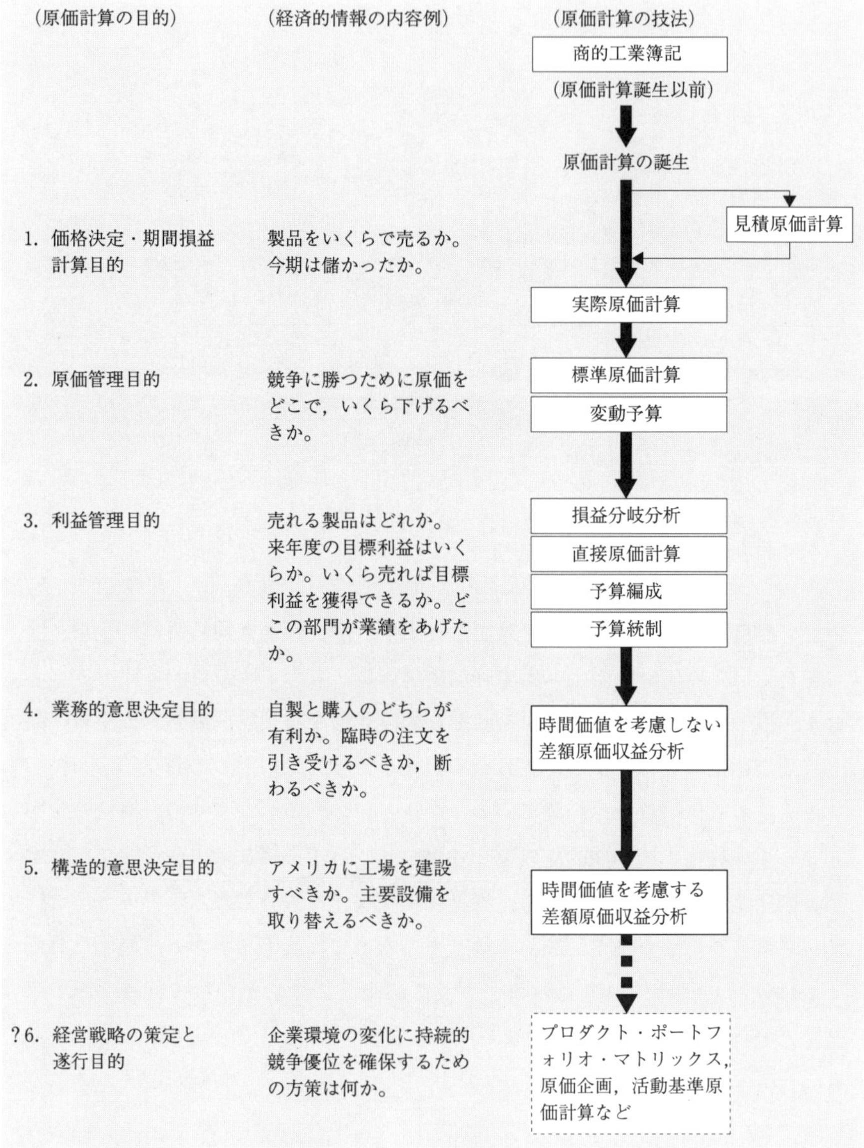

（原価計算の目的）	（経済的情報の内容例）	（原価計算の技法）
		商的工業簿記
		（原価計算誕生以前）
		↓
		原価計算の誕生
1. 価格決定・期間損益計算目的	製品をいくらで売るか。今期は儲かったか。	見積原価計算
		↓
		実際原価計算
2. 原価管理目的	競争に勝つために原価をどこで，いくら下げるべきか。	標準原価計算
		変動予算
3. 利益管理目的	売れる製品はどれか。来年度の目標利益はいくらか。いくら売れば目標利益を獲得できるか。どこの部門が業績をあげたか。	損益分岐分析
		直接原価計算
		予算編成
		予算統制
4. 業務的意思決定目的	自製と購入のどちらが有利か。臨時の注文を引き受けるべきか，断わるべきか。	時間価値を考慮しない差額原価収益分析
5. 構造的意思決定目的	アメリカに工場を建設すべきか。主要設備を取り替えるべきか。	時間価値を考慮する差額原価収益分析
?6. 経営戦略の策定と遂行目的	企業環境の変化に持続的競争優位を確保するための方策は何か。	プロダクト・ポートフォリオ・マトリックス，原価企画，活動基準原価計算など

図1―3で，最後の5から6への移行は，筆者の現状認識であって，かならずしも一般に容認されていないので，？をつけてある。以上の説明から原価計算は，企業の経営管理に不可欠な経済的情報を提供してきたこと，そして将来も重要な役割が期待されている事実が明らかになったことと思う。まことに企業経営において原価計算がなければ，暗夜を手探りで進むに等しい。それからもう1つ，ここで指摘しておきたい。原価計算を初めて学ぶ人は，原価計算というと，製品の原価を計算する技法と誤解しがちである。もちろん原価計算では，製品の原価を計算する。しかし製品原価計算は，原価計算の扱う領域の一部分にすぎない。現代の観点から原価計算の目的を整理すれば，図1―4のようになる。なおこの図では，経営戦略の策定と遂行目的は除いてある。

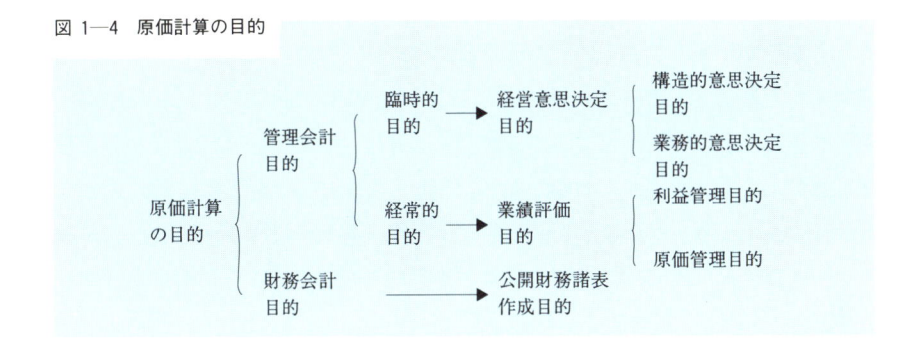

図1―4 原価計算の目的

```
                   ┌ 臨時的 → 経営意思決定 ─┬ 構造的意思決定目的
         ┌ 管理会計 ┤  目的      目的        └ 業務的意思決定目的
原価計算 ┤  目的   │                       ┌ 利益管理目的
の目的   │        └ 経常的 → 業績評価    ┤
         │          目的      目的        └ 原価管理目的
         └ 財務会計 ─────→ 公開財務諸表
            目的                 作成目的
```

4. 異なる目的には，異なる原価を

図1―2では，最上部に「原価計算の目的」とある点に注意してほしい。原価計算では，計算目的がすべてを支配する。次に簡単な例をあげよう。

原価計算の目的が財務諸表作成目的であるとする。その場合は，原価を計算する単位（会計単位）は製品である。製品別に，実際にかかった製造原価を集計することが重要となる。販売した製品の製造原価は，売上原価として損益計算書へ計上するが，売れ残った製品の製造原価は，期末に貸借対照表における棚卸資産の部に計上することとなる。これにたいし原価計算の目的が原価管理目的であるとする。この場合は，製品別に計算した原価は役に立たない。工場

長が月末に各工程の部長を集め，A製品の今月の原価は先月よりも100円高くなったと指摘しても，皆は自分の責任ではないというであろう。原価を管理するためには，原価は発生の場所で，責任者別に集計しなければならない。工場長が月末に原価会議を開き，その席上，鍛造部の今月発生した実際原価は，予算を100万円超過したぞと指摘すれば，鍛造部長はその原因と対策を明らかにしなければならない。したがって原価管理目的のための原価を集計する単位（会計単位）は，原価責任センターである。

　上に述べた例では，原価計算目的によって会計単位が異なることを指摘した。しかし原価計算目的によって会計期間も異なる。財務諸表作成目的であれば半年，または1年の期間ごとに区切って計算し，報告すればよい。しかし原価管理目的では，会計期間は短いほどよく，毎日，毎週，毎月の原価を計算し報告する必要がある。さらに原価計算目的によって，その目的に適切な原価・利益概念も異なる。原価についていえば，財務諸表作成目的には，製品原価と期間原価の概念の区別が重要であるが，原価管理目的には，管理者にとって管理可能費か管理不能費かが問題となる。そして最後に，原価計算目的によって会計技法も異なる。財務諸表作成目的には実際全部原価計算が適切な技法であるが，原価管理目的には標準原価計算こそ適切な技法である。以上をまとめると，図1—5のようになる。

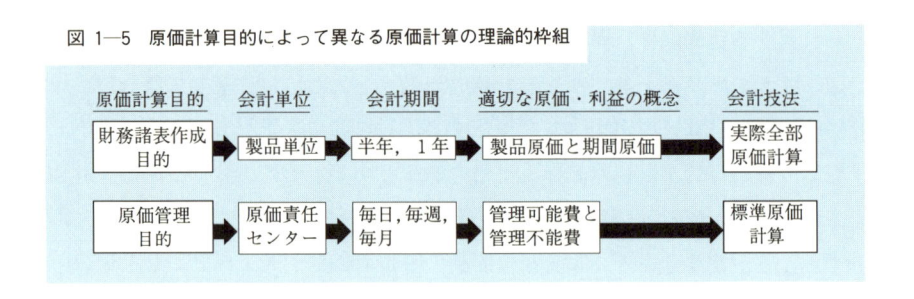

図1—5　原価計算目的によって異なる原価計算の理論的枠組

原価計算目的	会計単位	会計期間	適切な原価・利益の概念	会計技法
財務諸表作成目的	製品単位	半年，1年	製品原価と期間原価	実際全部原価計算
原価管理目的	原価責任センター	毎日,毎週,毎月	管理可能費と管理不能費	標準原価計算

　またこれらの内容を簡単な言葉で表現すれば，「異なる目的には，異なる原価を」(different costs for different purposes)というのである。

5. 原価計算の定義

原価計算とは何か。この問題にたいしては，本書の全体によって答えなければならないが，ここで筆者による一応の定義を示しておこう。

「原価計算とは，企業をめぐる利害関係者，とりわけ経営管理者にたいして，企業活動の計画と統制および意思決定に必要な経済的情報を提供するために，企業活動から発生する原価，利益などの財務的データを，企業給付にかかわらしめて，認識し，測定し，分類し，要約し，解説する理論と技術である。」

6. 本書の読者に期待すること

原価計算は現在もダイナミックな発展を続けている。したがって有能な若人が研究するに充分値する，きわめて面白い学問領域である。しかしながらくれ

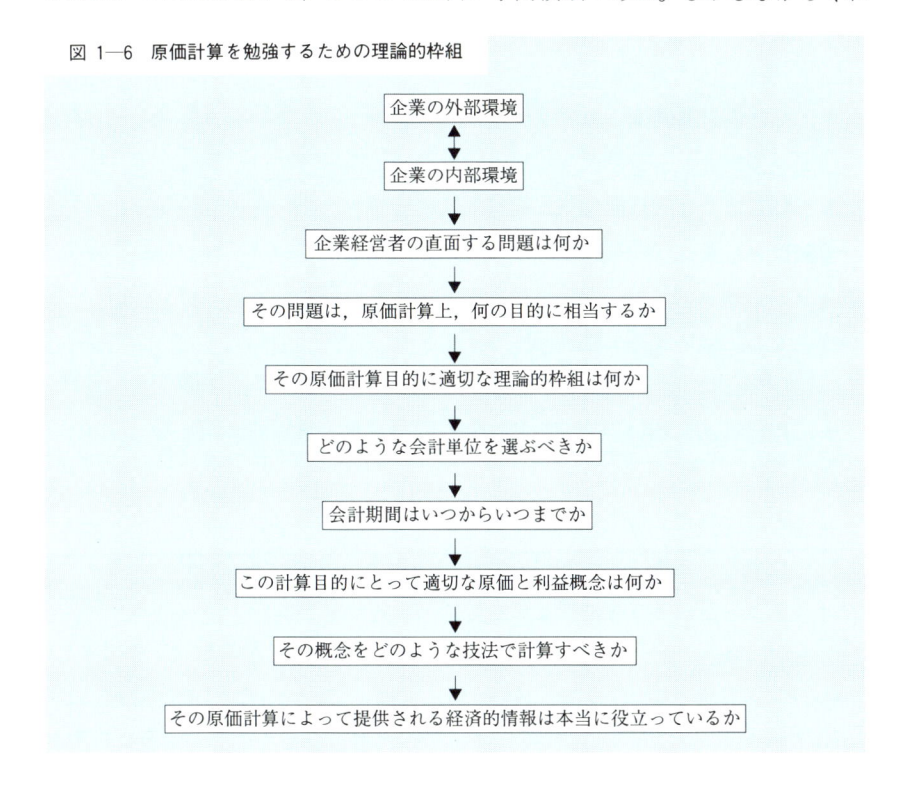

図 1—6　原価計算を勉強するための理論的枠組

```
企業の外部環境
    ↕
企業の内部環境
    ↓
企業経営者の直面する問題は何か
    ↓
その問題は，原価計算上，何の目的に相当するか
    ↓
その原価計算目的に適切な理論的枠組は何か
    ↓
どのような会計単位を選ぶべきか
    ↓
会計期間はいつからいつまでか
    ↓
この計算目的にとって適切な原価と利益概念は何か
    ↓
その概念をどのような技法で計算すべきか
    ↓
その原価計算によって提供される経済的情報は本当に役立っているか
```

ぐれも勉強の方法や内容を間違わないようにしてほしい。よく見うける誤った勉強の仕方は，原価計算の計算技法だけを丸暗記するやり方である。このような方法は役立たない。すでに繰り返し指摘したように，原価計算の計算技法は，計算目的に依存する。計算目的は，企業の置かれた内外の環境によって変化する。したがって計算技法を丸暗記しても，企業環境が変わり，必要とされる原価計算目的が変化すると，せっかく丸暗記した計算技法がまったく役立たなくなってしまう。そこで図1—6で示したような原価計算を勉強するための理論的枠組をたえず意識して勉強してほしい。

第 2 節 原価の一般概念

原価計算では，原価を扱う。それでは，原価とは何であろうか。

1. 原価計算基準における原価の一般概念————原価計算制度上の一般原価概念および非原価項目

原価計算は，複式簿記機構と有機的に結びつき，常時継続的に行われる原価計算制度と，複式簿記機構から離れて，必要なときに臨時に行われる特殊原価調査とからなっている。原価計算基準では，原価計算制度における原価の一般概念につき，次のように述べている。

「原価とは，経営における一定の給付にかかわらせて，把握された財貨または用役（以下これを『財貨』という。）の消費を，貨幣価値的に表したものである。」

これについて，少し説明をしておこう。

(1) 原価は，有形，無形の「経済的価値のある財貨」を「消費」したときに発生する。したがって(イ)消費しても経済的価値のないもの（たとえば通常の空気）であれば，原価とはならないし，(ロ)経済的価値のある財貨であっても消費しなければ，それは資産であって原価とはならない。たとえば，工場用敷地として土地を購入しても，それは消費しないので，原価とはならず固定資産に属する。

(2) 経営活動において財貨を消費すると，その財貨に含まれた経済価値は，財貨費消によって作り出された給付（部門活動としての部門給付，仕掛品，半製品，製品としての給付）に乗り移るものと考えるのである。そこで原価は，経営給付との関連で把握される。

(3) 原価は上述したように，財貨消費額を経営給付にかかわらしめて把握したものであるが，この財貨費消は，その企業の製品の生産と販売という目的のための財貨費消でなければならない。したがって生産と販売以外の活動である財務活動（資本の調達，返還，利益処分などの活動）上発生するコスト，たとえば資本の調達のさいに要する株式発行費や社債発行費，他人資本提供者にたいする成果分配としての支払利子などはいずれも，原価計算制度上は，非原価（営業外費用）となる。

原価計算制度上，財務費を原価から除外するのは，生産と販売という企業の本来の業務である経営活動から発生する原価および利益（営業利益）を，その他の原価や利益から明確に区別したいためである。「基準」では原価計算制度上の一般原価概念を問題にしているのであり，特殊原価調査で使用する原価を除外している。特殊原価調査をも含めて，原価の一般概念を論ずるのであれば，財務費用は原価に含める必要がある。

(4) 原価は，正常な経営活動上発生した正常な財貨消費額にかぎられる。たとえば製造上発生する仕損をとって考えてみよう。製品 100 kg を製造するために一定量の原価財（すなわち原材料，労働力、諸用役など製品の生産上必要な財貨）を工程に投入すると，通常製品は 98 kg しかできず，2 kg 分はいつも仕損になるとする。この場合，製品 2 kg 分の仕損費は原価であり，その仕損費は良品 98 kg が平等に負担しなければならない。ところがある日台風がやってきて機械が浸水し，50 kg 分の仕損が発生したとする。このように異常な原因によって生じた 50 kg の仕損は異常仕損であって，その仕損費は非原価となる。

原価は正常的なものと，原価計算の初期から定められていたわけではない。最初は正常な仕損であろうと異常な仕損であろうと，すべて原価のなかに含めて計算したのであるが、前述のような異常仕損費を原価に含めると，計算した

完成品の単位原価は、驚くほど巨額となり、それは価格決定目的に使用できなければ、期間損益計算目的にも使えない。つまり役にたたない原価となってしまうので、原価は質的にも量的にも正常額にかぎるという考え方に到達したのである。

原価計算上原価に算入しない項目を非原価項目という。これには，(イ)経営目的に関連しない価値の減少（投資資産である不動産の管理費，支払利息などの財務費用その他），(ロ)異常な状態を原因とする価値の減少（異常仕損，火災，風水害などの偶発事故による損失など），(ハ)税法上とくに認められている損金算入項目（租税特別措置法による償却額のうち通常の償却範囲をこえる額など），(ニ)その他の利益剰余金に課する項目（配当金など）がある。

2. アメリカ会計学会による原価の一般概念

アメリカ会計学会 (American Accounting Association) の 1955 年度「原価概念および基準」委員会では，原価の一般概念を次のように定義している。

「企業目的にとって原価とは，有形・無形の経済財を取得し，または作り出す場合に，目的意識的に放出された（または放出される見込の）価値の評価額にたいする一般的な用語である。」[注 2]

この定義では，原価を価値の放出額 (release of value) としているのであり，次の点が注目される。

(1)「基準」では，財貨は消費されないと原価にはならない，としているが，この定義では，財貨の取得のために放出した価値も原価のなかに含めている。通常，生産および販売という経営活動において，生産とは購買と製造ないし加工（狭義の生産）からなっている。材料を購入したとき，その購入原価を計算するが，この計算は原価計算のなかで扱われるのが普通である。したがって原価の一般概念には，購買原価も含まれると解してよかろう。

(2) 価値の放出額は，通常，その貨幣犠牲額（現金支出額）で測定されるが，

(注 2) *The Accounting Review*, April 1956, p.183.

受贈固定資産の減価償却費のように，現金支出を伴わないで，資産を取得し，さらにこれを消費した場合，あるいはプロジェクトの意思決定の場合には，原価は現金支出額以外の金額で測定される。

(3) なお同委員会は，上述の定義における貨幣犠牲額につき，もしその購買力が変化した場合には，なんらかの共通単位に修正することを妨げないと述べている。

以上考察してきたように，アメリカ会計学会の定義は，「基準」の定義より広い意味の，原価の一般概念を述べているのである。

3. 広義における原価の一般概念および支出原価と機会原価

以上考察してきたように，わが国の原価計算基準では，特殊原価調査を除外し，原価計算制度のみに適用される，いわば狭い意味での原価の一般概念を規定しているのにたいし，アメリカ会計学会の定義は，原価計算制度のみならず，特殊原価調査をも含めた，広い意味での原価の一般概念を述べている。

そこで本書では，広義における原価の一般概念を，次のように定義する。

「原価とは，特定の目的を達成するために，犠牲にされる経済的資源の，貨幣による測定額をいう。」

原価は，物量的尺度ではなく，貨幣的尺度により，金額 (dollar amount) として測定されるが，さらにその測定方法によって，支出原価 (outlay costs) と機会原価 (opportunity costs) とに分けることができる。

支出原価とは，犠牲にされる経済的資源を，それらの取得のために支払った現金支出額 (cash outlay) によって測定した原価のことである。材料，労働力，諸用役などは，貨幣との交換によって取得されるのが通常であるから，これらの原価財の消費額を，現金支出額で測定すれば，その原価は検証可能であり，客観性をもっている。したがって外部報告のための原価記録は，原則として支出原価によって行なわれる。

これにたいし機会原価とは，犠牲にされる経済的資源を，他の代替的用途にふりむけたならばえられるはずの最大の利益額，すなわち最大の逸失利益額

(the maximum contribution foregone) で測定した原価のことである。

たとえば工場敷地の片隅に空き倉庫があるとする。この倉庫は現在利用されていないが，利用方法としては，(1)毎月，倉庫業者へ 50 万円支払って保管してもらっている部品 A を，この空き倉庫へ保管すれば，月々 50 万円の支払賃借料が節約できる。(2)この空き倉庫を他企業へ貸し倉庫として賃貸しすれば，月額 30 万円の賃貸料がえられる。その他の利用方法はない，としよう。この場合は，(1)と(2)の利用方法からえられるはずの利益を断念して空き倉庫にしているわけである。いうまでもなく(1)の利用方法によって原価を節約することは，経済的にはそれだけの利益を獲得することと同じである。したがって原価計算担当者としては，(1)と(2)の逸失利益のうち，最大の逸失利益額 50 万円をこの空き倉庫の機会原価とし，経営者にたいし月々 50 万円の利益がえられる機会を断念して，この倉庫を遊ばせているという事実を報告すると，経営者は驚いて是正措置をとることになる。(注 3)

以上の説明から明らかなように，機会原価は意思決定用の原価 (costs for decision making) である。なんらかの稀少資源を，特定の目的に使用する意思決定を行なえば，その資源の代替的用途からえられるはずの利益を断念しなければならない。この断念する利益のうちの最大の利益額を機会原価というのである。したがってこの原価には，1 円の支出も行なわれておらず，いわば，頭のなかだけでかかっているわけである。したがって機会原価は，外部報告目的には適さない。

第 3 節　原価の基礎的分類

前節では，原価計算上扱うさまざまな種類のすべての原価に共通する性質を抜き出したところの原価の一般概念を理解した。そこでわれわれは，原価にはどのような種類のものがあるかをみておこう。

(注 3)　空き倉庫を支出原価で測定すれば，この建物の減価償却費，電灯料，水道料，固定資産税などの費目別にそれぞれの金額を計算することになる。

さて原価の分類を考察するにあたり，ここでは，さしあたり必要となる最小限の原価分類だけを説明しておきたい。^(注 4)

1. 形態別分類 (classification by nature)

原価を，その発生形態によって分類すると，材料費，労務費，経費という3種類のもっとも基礎的な原価に分けられる。これは，何を消費することによって発生するか，による原価の分類である。つまり，

　　物品を消費することによって発生する原価　──────→　材　料　費
　　労働力を消費することによって発生する原価──────→　労　務　費
　　物品，労働力以外の原価財を消費することに──────→　経　　　　費
　　よって発生する原価

となる。上の分類において注意を要するのは，経費の概念規定の仕方である。経費は，材料費，労務費「以外」の原価というように，いわば消極的に規定され，どのような原価財を消費するかという，具体的，積極的な規定の仕方ではない。

2. 製品との関連における分類

　　　　(classification of costs in their relation to the product)

次に原価は，生産された一定単位の製品との関連で，その発生が直接的に認識されるか否かにより，直接費と間接費とに分けられる。

たとえば，木製家具の製造工場において，木材を消費して机という製品を作る場合，木材の消費によって発生する原価は物品の消費であるから材料費であり，しかもこの材料費は，どの机を作るために発生したか，いかほど発生したか，を直接に認識し計算することができる。したがってこの材料費は直接費である。これにたいして，この製造工場における門衛の給料は，労働力を消費す

(注 4) 本節では，読者の理解を容易にするために，主として価格決定および期間損益計算上必要となる原価の分類について説明する。企業活動の計画と統制，ならびに意思決定上必要となる重要な原価の分類（すなわち，変動費と固定費，管理可能費と管理不能費，差額原価と埋没原価など）については，それらの分類が直接に必要とされる場合に説明する。

るので労務費であり，しかも机を1つ生産するのに門衛の給料がどれほどかかるかは，直接に認識し計算できないので，間接費である。

　直接費と間接費は，前述の形態別分類と組み合わせることによって，直接材料費（direct materials），直接労務費（direct labor），直接経費（direct expenses），間接材料費（indirect materials），間接労務費（indirect labor），間接経費（indirect expenses）となる。

　[注意事項]
　(1) ある原価が直接費に分類されるためには，その原価の発生が，(イ)製品との関連で，直接的に認識できるのみならず，(ロ)その原価を直接的に把握することが重要であり，(ハ)しかも経済的に，その製品に跡づけられるという条件も必要である。たとえば，ニカワなどの接着材料や木ねじは，机の実体を構成するから，これらの材料費を，製品に直接的に跡づけることは不可能ではないとしても，それほどの重要性をもたず，しかもこれらを直接的に把握することは経済的ではない。したがってこれらは，間接材料費として扱うのが通常である。
　(2) 材料を加工するための原価を，加工費（conversion costs）という。加工費の内容は業界によって異なる。つまり，
　　(イ) 直接労務費と製造間接費とを合わせて加工費という（この場合は，加工費中に直接経費は含まれない。）業界もあれば，
　　(ロ) 直接材料費以外の製造原価を加工費という（この場合は，加工費中に直接経費が含まれる。）業界もある。
　　どちらの加工費概念を採用すべきかは，その業界の慣習に従えばよい。
　(3) 形態別分類によれば異なる原価要素となるものを，その消費目的が同一であるために，それらをまとめて1つの費目とすることがある。これを，複合経費という。たとえば修繕のために消費した材料費（修繕材料費），労務費（修繕工の賃金），経費（外部者に委託した支払修繕料）を修繕費とする。動力費，運搬費，検査費などはいずれも原価財の消費をその目的から分類した複合経費の例である。

3. 製造原価，販売費，一般管理費，総原価

　製品の製造に要する原価を製造原価（manufacturing costs ; factory costs），製品の販売に要する原価を販売費（distribution costs ; selling costs）という。管理費（administrative expenses）は，これを製造活動の管理費（たとえば，製造部長の給料）と販売活動の管理費（たとえば，販売部長の給料）とに分け，前者は製造原価に，後者は販売費に含める。しかしながら，製造と販売とのいずれにも分けられない管理費（たとえば，社長の給料）を，一般管理費（general administrative expenses）という。販売費と一般管理費とを合わせて，営業費（non-manufacturing costs；commercial expenses）という。これらつまり製造原価，販売費および一般管理費のすべてを合計すると，総原価（total costs）となる。かくして製品1単位当たりの総原価に営業利益を加えると，製品の販売価格となる。以上の関係を図示すれば，図 1—7 のとおりである。

図 1—7

		営業利益	
	販売費		製品の販売価格
	一般管理費	営業費	
間接材料費	製造間接費	総原価	
間接労務費			
間接経費			
直接材料費	製造原価		
直接労務費	製造直接費		
直接経費			

4．具 体 例

これまでの説明で，総原価はどのような原価から構成されているか，を理解できたと思う。このような各種原価の構成関係をはっきりと理解することが，原価計算を理解する第1歩である。それと同時に，たとえば工場で使用する作業用手袋は，どの費目に属するか，という判断が，できなければならない。

次に示したのは，スパナ，ドライバー，レンチなどの作業工具（hand tools）を製造する工場における製造原価要素の分類表である。(注5)

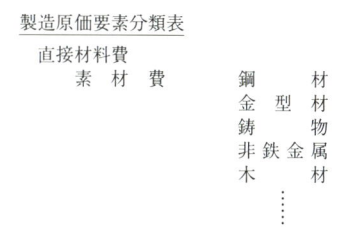

製造原価要素分類表
　直接材料費
　　素 材 費　　　鋼　　　　材
　　　　　　　　　金　型　　材
　　　　　　　　　鋳　　　　物
　　　　　　　　　非 鉄 金 属
　　　　　　　　　木　　　　材
　　　　　　　　　　　⋮

（注5）　この表は，日本生産性本部中小企業原価計算委員会「作業工具製造業の原価計算」（日本生産性本部，昭和 36 年）における製造原価要素分類表を修正したものである。

買入部品費　　ビス・ナット
　　　　　　　ベアリング
　　　　　　　スプリング
　　　　　　　口　　　金
　　　　　　　木　製　品
　　　　　　　　⋮

直接労務費　　鍛造工賃金
　　　　　　　機械工賃金
　　　　　　　熱処理工賃金
　　　　　　　仕上工賃金
　　　　　　　メッキ工賃金
　　　　　　　塗装工賃金
　　　　　　　組立工賃金
　　　　　　　包装工賃金
　　　　　　　　⋮

直 接 経 費　　外注加工賃
　　　　　　　特許権使用料
　　　　　　　　⋮

製造間接費
　　間接材料費　補助材料費（溶接材，メッキ材，補修用鋼材など）
　　　　　　　　工場消耗品費（ベルト，ロープ，砥石，ウエス，軍手，作業服，サンドペーパー，油刷毛類，切削油，機械油，グリス，電球，石鹸，掃除用品など）
　　　　　　　　消耗工具器具備品費[注6]（使用可能期間1年未満または相当価額未満の，工具，器具，備品，たとえば，スパナ，ドライバーなどの一般工具，ドリル，タップ，ダイス，バイトなどの切削工具，各種測定器具，検査器具，机，椅子，戸棚，黒板，計算尺，自転車，リヤカー，消化器などの備品）
　　間接労務費　直接工間接賃金（直接工が間接作業に従事したさいの賃金）
　　　　　　　　間接工賃金（修理工，運搬工，倉庫係，雑役などの賃金）
　　　　　　　　給　　　料（製造関係の技術職員および事務職員の給料，ただし基本給のほかに加給金を含む。以下同じ）
　　　　　　　　賞 与 手 当（製造関係の従業員に支給される賞与の月割額および諸手当，諸手当とは，作業に直接関係のない家族手当，住宅手当，通勤手当など）
　　　　　　　　退職給付引当金繰入額（正規の規定に従い，退職給付引当金勘定に繰り入れる額で，製造関係の従業員にたいするもの，ただし月割額）
　　　　　　　　法定福利費（健康保険法，厚生年金法，労働災害補償保険法，雇用保険法による会社負担額で，製造関係の従業員にたいするもの）
　　間 接 経 費　減価償却費（製造関係の固定資産の減価償却費月割額）

（注 6）　法人税法施行令第133条を参照されたい。相当価額はときおり改正されるが，本版の発行時においては10万円である。

賃　借　料（製造関係の動産および不動産の賃借料月割額）
保　険　料（製造関係の建物，機械装置，車両運搬具などに関する火災保険料その他の損害保険料月割額）
修　繕　料（製造関係の建物，機械装置などに関する支払修繕料）
電灯電力料
ガ　ス　代
水　道　料
租 税 公 課（製造関係の固定資産税，都市計画税，自動車税，印紙税などの租税および公共的出費である課金）
保　管　料
旅費交通費
棚卸減耗費（材料の保管または運搬中に生ずる破損，漏洩，蒸発，変質などによる減耗費）
　　　　⋮
雑　　　　費

第 4 節　コスト・フローと原価計算の手続

1.　経営活動におけるコスト・フロー

　原価計算は，経営活動におけるコスト・フロー（原価の流れ）を追跡し，記録し計算する。このような流れは，期間損益計算との関係で，どのようになるか，あるいは別のいいかたをすれば，原価計算制度における原価の流れは，どのようになるか，を図解すれば，図 1—8 のようになる。^(注 7)

　まず企業外部から，材料，労働力，諸用役など，いろいろな原価財を購入する。そして製品を製造するために原価財を消費すると，直接材料費，直接労務費，直接経費および製造間接費が発生する。これらの原価要素は，原材料が加工されて，仕掛品，製品と変化するにつれ，それぞれの関係の製品の上に集計されていく。製品原価までは，これらのコストは資産（assets）である。つまり資産とは，利益を生み出すために行なった努力（efforts）のうち，まだ利益という成果（accomplishments）を生み出さずに，将来利益を獲得する潜在的能

(注 7)　この図は，伝統的な原価計算（すなわち全部原価計算）を前提としたコスト・フローを示している。

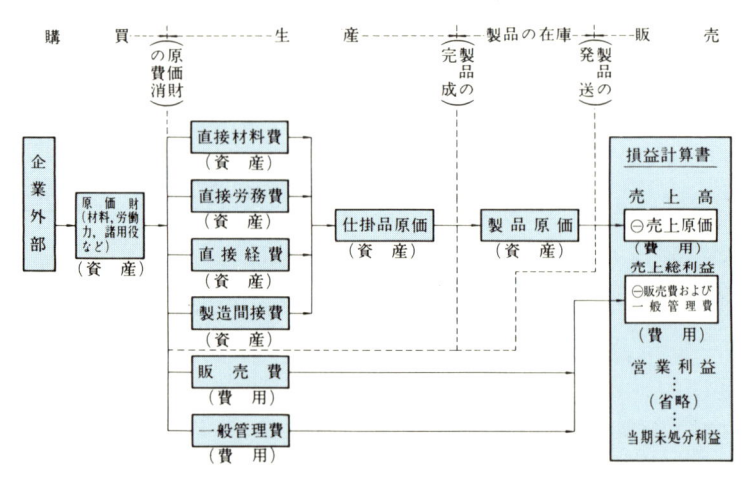

図 1—8　経営活動におけるコスト・フロー

力（service potential）をもつ，いわば利益を生み出そうとして待機中の，生ける原価（unexpired costs）である。製品が販売されると，製品原価は費用（expense）に転化する。つまり費用とは，利益獲得に立派に貢献した死せる原価（expired costs）のことである。販売費および一般管理費は，製品へ集計されずに，発生したその期の費用となる。経常的に行なわれる原価計算制度では，このようなコストの流れを追跡するのである。

[注意事項]　前節では，製品の製造原価に販売費および一般管理費を加えると総原価になる，と説明した。総原価は，製品の販売価格を全部原価にもとづいて定める場合に，計算される原価である。つまり製品の販売価格＝総原価＋（総原価にたいする一定割合の）利益により定められる。これにたいし本節におけるコスト・フローの説明では，製品原価はその製品の製造原価だけで計算され，販売費および一般管理費は，製品に集計されていない。これは，計算の目的が価格決定でなく，期間損益計算にあるからである。期間損益計算では，なぜ製品の総原価が計算されないか，については，第4章第1節5. 製品原価と期間原価の項を参照されたい。

2. 費目別，部門別，製品別計算

さて原価計算では，このようなコスト・フローを追跡する場合，原価の認識，測定，分類，集計は，

(注 8)　利益獲得に貢献せずに消滅したコストを損失（loss）という。

第 1 章 原価計算の基礎知識　19

費目別計算 → 部門別計算 → 製品別計算

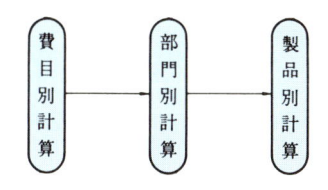

の3段階の手続をへて行なわれるのが原則である。

　費目別計算 (Kostenartenrechnung) とは，製造および販売のために消費した財貨用役の種類による認識，測定，分類の手続である。この分類は，原価を，形態別分類を基礎として，直接費，間接費とに大別し，さらに必要に応じて機能別分類などを加味して，たとえば前節4.具体例で述べたように分類する。費目別計算は，一般会計と原価会計とを結合させる計算という意味で重要であるのみならず，企業の原価構成を吟味し，原価全体のなかで占める個々の費目の重要性を知り，また同じ産業における他企業の原価構成と比較して，問題点をつかむうえにおいても重要である。

　部門別計算 (Kostenstellenrechnung) とは，費目別計算で把握された原価要素を，原価発生の場所別に分類集計する手続である。この計算は，製品別計算を正確に行なうために，原価を発生場所に集め，その場所で加工され，次の場所へと通過していく製品へ，合理的な方法で場所別原価を割り当てるために行なわれる。部門別計算の重要性は，上述した合理的な製品別計算の前段階としての意義をもつのみならず，原価管理のため，原価責任者別に原価を集計する意味で，重要性をもっている。部門別計算で注意を要するのは，たんに原価を発生場所別に分類集計することではなく，費目別，部門別に計算することである。たとえば補助材料費の部門別計算を例にとると，倉庫から補助材料を出庫させるために，出庫票が発行される。この出庫票の上に，たとえば第1製造部門で消費される補助材料100個と明示される。つまり原価の認識，測定，分類が，ほとんど同時に，費目別，部門別に行なわれる。したがってこの場合は，費目別に原価を分類し，そのあとでもう一度部門別に分類し直すというよりも，両分類が同時に行なわれる。そこで部門別計算は，正確にいえば，費目

別，部門別の結合計算（eine kombinierte Kostenstellen-Kostenarten-Rechnung）である，といわれる。

製品別計算（Kostenträgerrechnung）は，原価の負担者である製品の一定単位ごとに原価要素を集計し，製品の製造単位原価を算定する手続である。製品の未完成段階にある仕掛品につき，原価を計算することがあるが，これも製品原価計算に属する。製品別計算は，外部報告目的の期間損益計算，内部報告目的の利益管理などにとって，重要な原価情報を提供する計算手続である。

第 5 節　原価単位と原価計算期間

1. 原　価　単　位

原価単位（cost unit；costing unit；Leistungseinheit）とは，発生する原価を関係づける給付量（つまり作業量や製品量）の量的な単位のことであって，原価計算単位ともいわれる。原価単位は，最終完成品，部品，製造部門，補助部門ごとに異なる単位を選択しなければならぬことが多い。なぜならばこの単位は，売価を決定するために最終完成品の原価を計算する目的で使用されるのみならず，各部門における作業の業績を測定する目的にも使用されるからである。前者の目的からは，最終完成品の性質や取引上の慣習にもとづき，製品1個，1ダース，1箱，1,000ポンド，1キログラムなど，業種業態によって適切な原価単位が選択される。後者の目的からは，部門給付の性質にもとづき，たとえば塗装部門であれば塗装1平方フィート，電力部門であれば供給電力1キロワット時などが原価単位として選ばれる。また鉄道の原価計算では，給付量を，貨物ならば1トンの貨物を1キロ運ぶ量を単位としてトンキロと称し，旅客であれば，1人の旅客を1キロ運ぶ量を単位として人キロと称する。いずれにしても，この単位を，あまり大きい単位にすると，原価の発生関係が平均化されてしまい，原価計算を行なうこと自体が無意味になるし，反対にあまりに小さな単位を選ぶと，原価計算それ自体に費用がかかりすぎることになるの

(注9)　C. Gillespie, *Cost Accounting and Control* (N.J.: Prentice-Hall, Inc., 1959), p.17.

で，業種業態にそくして適切な単位を選定しなければならない。

2. 原価計算期間

　原価計算期間とは，原価計算制度において正規の原価報告を行なうための一定の間隔のことである。原価計算を採用しない工場の会計では，財務会計上の期間（半年ないし1年）ごとにしか原価にかんする情報がえられない。原価計算は，経営管理に役立つカレントな原価情報を経営者に提供しなければならないので，原価計算期間は1か月とするのが通常である。この場合1か月というのは，1月1日から1月31日というように暦月の1か月をとることが多いが，6月16日から7月15日までとすることもある。しかしこのように暦月の1か月をとると，大の月，小の月があって，原価の期間比較上問題があるので，4週間を1か月とし，1年間を13期とするほうがよい，とする主張が古くから行なわれているが，実務的にはこの方法はあまり行なわれていない。

　　［注意事項］　原価計算期間は，通常は1か月である。しかし原価計算に要する手数を簡略にし，経費を節約するために，たとえば製靴業の見積原価計算では，3か月をもって原価計算期間とすることがある。また製糸業の原価計算では，原料である繭（マユ）の値段は，たとえば春繭は7月後半から8月に行なわれる掛目協定で定まるので，6月，7月には，原料の原価が不明である。そこで春夏秋の蚕期ごとに原料費の計算を行なう工場が多い。

第 6 節　原価計算の種類と形態

　原価計算は種々の視点から分類される。

1. 原価計算の種類

(1) 原価計算制度と特殊原価調査

　従来原価計算は，複式簿記と結合して常時継続的に記録計算が行なわれるか否かによって，原価計算制度（cost accounting system）と特殊原価調査（special cost studies）とに分類されてきた。原価計算制度とは，複式簿記と結合して行

なわれる原価計算であり，これは，正式の会計帳簿にコスト・データを組みこまない非正式計算としての原価計算 (costing) と，複式簿記にもとづき企業の正式な計算として行なわれる一般会計 (general accounting) とを結合して作られた原価計算であるために，原価会計ともいわれる。これにたいし特殊原価調査は，複式簿記機構の外で，必要あるごとに，原価計算制度では使用されない特殊な原価概念（たとえば機会原価など）を使用して特別調査のかたちで行なわれる原価計算である。

さて原価計算の目的には，

(イ) 経常的目的（すなわち，いつも必要とされる目的であって，具体的には公開財務諸表作成目的，経営の利益管理目的および原価管理目的がこれにあたる。）

(ロ) 臨時的目的（すなわち，特別な場合に必要となる目的であって，具体的には部品を購入すべきか自製すべきかの意思決定，古い機械を新しい機械に取り替えるべきか否かの意思決定などがこれにあたる。）

とがある。そこで原価計算制度の任務は，上述した経常的目的を果たすことであり，特殊原価調査の任務は，臨時的目的を果たすことにあるわけである。

(2) 全部原価計算と直接原価計算

原価計算は，伝統的接近方法 (traditional approach) を採用するか，あるいは貢献利益的接近方法 (contribution approach) を採用するかによって，伝統的な全部原価計算 (traditional absorption costing; full costing) と直接原価計算 (direct costing; variable costing) とに分類することができる。

(イ) 伝統的接近方法

伝統的な全部原価計算は，次のような特徴をもつ伝統的接近方法によって，原価計算の理論および技術を構築してきた。

ⅰ) 原価の職能別分類の重視

製造企業における主要な経営職能は，生産，販売，一般管理である。これらの職能を遂行するさいに経済的価値のある財貨を消費すれば，それぞれ製造原価，販売費および一般管理費が発生する。さて原価計算は，価格決定目的の原価計算として誕生したために，原価の基礎的な分類として，上述の職能別原価

ii) 収益との関連における原価の同質性

次に伝統的な原価計算にもとづく期間損益計算においては，企業の期間利益を生み出すために行なわれた努力，すなわち原価は，収益との関連においてすべて同質であると考えられ，どの原価も期間利益を生み出すために，同じように貢献したものと考えられている。これが，収益との関連における原価の同質性 (homogeneity of costs in relation to revenue) である。

この点を説明するために，有名な例をあげよう。いま仮にラクダの背にワラを1本ずつ積んでいくとする。ワラの量が多くなると，ラクダはついにその重さに耐えかねて，潰れてしまうが，この場合潰れるという効果を収益の発生と考え，ラクダの背に積むワラをコストと考えると，この潰れるという効果を生み出したのは，潰れる寸前に積んだ1本のワラであると考えるべきであろうか，それとも潰れるまでに積まれたワラの全体であると考えるべきであろうか。

この問題については伝統的な財務会計の権威者たちは，次のように回答する。すなわち，「よりいっそう合理的な答は，この最後に積んだ1本のワラは，そのまえに積んだ仲間のワラと同程度にしか，全体の効果を生み出すのに貢献していない，とするものである」と。(注10) つまり仲間のワラの重さがなければ，最後の1本のワラもラクダを潰さなかったであろう。したがって収益との関係では，あらゆるコストは同質的 (homogeneous) であって，あるコストのほうが他のコストよりいっそう収益を生み出すために貢献したということはなく，したがってあるコストを他のコストより先に収益から回収すべきであるという考え方をとらないのである。

iii) 製品原価と期間原価

したがって伝統的な期間損益計算では，経営上発生するあらゆる原価は製品原価 (product costs) として製品に集計し，その製品が販売されたときに売上高からその製品に集計した原価を差し引いて期間損益を計算するという方法が，

(注10) W. A. Paton and A. C. Littleton, *An Introduction to Corporate Accounting Standards* (American Accounting Association, Monograph No. 3, 1940), p.69.

もっとも望ましい方法であり，利害の対立するどの利害関係者グループからも納得される方法であるとする。

しかしながら上述のような期間損益計算は実際には不可能なのである。なぜならば経営上発生する原価は，製品へ合理的に集計できる原価（その内容は，製品の製造原価である。）と，製品へ合理的に集計できない原価（その内容は，販売費，一般管理費などである。）からなっている。したがって前者については製品原価とするが，後者についてはやむをえず期間原価（period costs）という原価分類を設定し，これは製品へ結びつけずに発生した期間の収益から回収するという方法が採られるのである。製品原価と期間原価については，実際原価計算の章で詳しく述べる。

伝統的全部原価計算は以上述べた特徴をもつ伝統的接近方法を採用するために，製品にたいして製造活動上発生するあらゆる原価，すなわち全部製造原価を集計する。そこでこのような原価計算を，伝統的全部（製造）原価計算と称する。また伝統的期間損益計算は上述した伝統的全部原価計算にもとづいて期間損益を計算するために，まず売上高と売上原価（すなわち販売した製品の製造原価）を対応させて売上総利益を計算し，次いで売上総利益と販売費および一般管理費の期間原価とを対応させて営業利益を計算するのである。

(ロ) 貢献利益的接近方法

これにたいして新しく誕生した直接原価計算は，次のような特徴をもつ貢献利益的接近方法を採る。

ⅰ) コスト・ビヘイビァーによる原価分類の重視

直接原価計算は元来，短期利益計画のために工夫された原価計算である。そこで経営活動の量（business volume）が変化したときに，原価はどのように反応するかという観点から，変動費，固定費の分類が，ここでは重視される。

ⅱ) 収益との関連における原価の異質性

直接原価計算では，前述のラクダの背に積むワラの例において，常に追加される1本のワラの与える効果を重視する。すなわち，伝統的な接近方法では収益にたいする原価の同質性を考えるため，それぞれのワラの与える効果は平均

的に考えられるのにたいし，貢献利益的接近法では限界思考が採られるわけである。

　なぜそのような思考方法を採るかについては，次のように説明できるであろう。すなわち，変動費は主として現金支出（を伴う）原価（out-of-pocket costs）からなり，短期的に回収されなければ経営は破綻をきたす。たとえば直接材料費は変動費であり，これを回収しなければ，再生産のための材料を購入することができなくなる。したがってそれは，短期原価（short-run costs）である。これにたいして固定費は，短期原価もないわけではないが，その主たる部分は減価償却費のように長期原価（long-run costs）からなり，これをある期に回収しなくとも，経営が直ちに行き詰まるわけではない。したがって短期利益計画の観点からすれば，原価は収益との関連において異質的であって，先に回収されるべき変動費と，あとで回収してもよい固定費からなる，と考えても大過はない。

iii) 固定費の回収と利益の獲得にたいする貢献

　そこで売上高からまず変動費を回収し，その残額にたいして貢献利益と名づける。貢献利益こそ，固定費を回収し利益を獲得するための貢献額（contribution to fixed costs and profit）にほかならない。つまり貢献利益的接近方法では原価の異質性を認め，原価のうち一部分を先に回収し，その残額は残りの原価の回収と利益獲得にたいする貢献というかたちで期間損益計算を行なうのである。かくして伝統的な期間損益計算とはまったく異なる直接原価計算方式の期間損益計算が生ずる。

　［解　説］　全部原価計算と部分原価計算について
　　　ドイツでは職能別原価の全部を計算対象とするか，あるいはそのうちの一部を特定の目的（とくに計画や意思決定目的）から除外するかによって，原価計算を全部原価計算（Vollkostenrechnung）と部分原価計算（Teilkostenrechnung）とに分類する。たとえば販売地域別に販売費計算を行なう場合，各地域別にすべての販売費を集計すれば，それは全部販売費計算である。これにたいし販売地域別の収益性を判断したり，あるいは販売地域別責任者の業績評価を行なう目的で，各販売地域別に直接に跡づけられる（つまり配賦計算をしないで直課できる）販売費だけを集計すれば，それは部分販売費計算である。
　　　シュマーレンバッハによって提唱された限界原価計算（Grenzkalkulation）は，価格政策な

いし操業政策の目的をもって，一定の間隔で操業を増加（または減少）させた場合，生産量の増加（または減少）部分について，差額原価（Differenzkosten）のみで，その単位原価を計算するものであって，それは一種の部分原価計算である。アメリカの直接原価計算もまた，部分原価計算の一例である。なお注意を要するのは，製造原価に販売費および一般管理費を加えた総原価（total costs）のことを全部原価（full costs）ということはなく，またたとえば製造原価は総原価の一部分であるから部分原価であるともいわない，ということである。全部原価というのは，職能別原価の全部つまり製造原価の全部，あるいは販売費の全部という意味であり，部分原価というのは，計画や意思決定の必要上，たとえば変動費，限界原価，差額原価といったかたちで，職能別原価の一部のみを計算対象とする場合の原価をさすのである。

(3) 実際原価計算，見積原価計算，標準原価計算

原価は，製造を行なったのちに算定するか，あるいは製造を行なうまえに，あらかじめ予定するかによって，実際原価（actual costs ; historical costs）と予定原価（predetermined costs）とに分類される。予定原価はさらに，その予定の仕方が，科学的であるか否かによって，標準原価（standard costs）と見積原価（estimate costs）とに分類することができる。そこで原価計算もまた，このような原価基準（cost basis）の相違によって，

$$\left\{\begin{array}{l}実際原価計算 \\ 予定原価計算\left\{\begin{array}{l}見積原価計算 \\ 標準原価計算\end{array}\right.\end{array}\right.$$

に分類されるわけである。製造原価計算についていえば，実際原価計算では，製品の製造に実際に要した原価を計算する。これにたいして見積原価計算は，次の手続よりなる。

(イ) 原価見積（cost estimate）を設定する。ここで原価見積とは製品1単位を製造するに要するであろう実際製造原価を勘によって見積った原価である。[注11]

(ロ) 原価見積に期中における製品の実際生産量を乗じて，完成品の見積原価を計算する。

(注 11) 製品原価はかならずしも1単位当たりに計算するとはかぎらず，たとえば1,000個を原価計算の単位とすることもあるので，正しくは原価単位（costing unit）当たりの実際製造原価を見積るというべきである。このことは，標準原価計算の場合にもあてはまる。

(ハ) 期中に発生した実際原価を集計する。
(ニ) 原価計算期末に，見積原価と実際原価とを比較し，見積原価差額を計算する。
(ホ) 見積原価差額の発生した原因を分析し，それが実際原価の見積誤りによって生じた差額であれば，見積原価を実際原価に修正し，次期の計算に備えて原価見積を修正する。

他方，標準原価計算も，同じような手続よりなる。
(イ) 原価標準の設定
(ロ) 標準原価の計算（＝原価標準×実際生産量）
(ハ) 実際原価の計算
(ニ) 標準原価と実際原価との比較，標準原価差額の計算
(ホ) 標準原価差額の原因分析

以上説明したように，見積原価計算も標準原価計算も，見積原価または標準原価だけを計算するものではなく，これらと実際原価とをそれぞれ比較し，差額を計算し，差額の発生原因を分析する計算である。しかしながら両計算には，次の点で重大な差異がある。

すなわち見積原価は実際原価を勘で予定した原価（will cost）であるのにたいし，標準原価は科学的手法で設定した達成目標となるべき規範原価（should cost）である。したがって実際原価と見積原価との差額は，主として見積誤りからなるために，見積原価は実際原価に修正されることになる。これにたいして実際原価と標準原価との差額は，主としてどれほど目標に到達しなかったか（不利な差異の場合），あるいはどれほど目標を超過したか（有利な差異の場合）を示す。そこでこの資料は，原価管理者の原価業績を審査する資料とされる。(注12)

(注12) 原価計算は，原価算定の時点にもとづき事前原価計算と事後原価計算とに分類される。前述の原価見積あるいは原価標準の計算は事前原価計算に属するが，見積原価や標準原価の計算は事後原価計算に属する。なぜならば見積原価や標準原価は，原価見積ないし原価標準に実際生産量を乗じて計算した原価であり，実際生産量が確定しなければ，計算されないからである。この意味において，アメリカにおける実際原価計算と予定原価計算との区別は，やや厳密性を欠いた分類であるといえよう。

2. 原価計算の形態

　経営における製品の生産形態が異なると，原価計算もこれに対応して，異なる製品別計算の形態をとらなければならない。原価計算の形態 (types of cost system) には，次のような類型がある。

$$
\left\{
\begin{array}{l}
\text{個別原価計算} \\
\text{総合原価計算} \left\{
\begin{array}{l}
\text{単純総合原価計算} \\
\text{等級別総合原価計算} \\
\text{組別総合原価計算}
\end{array}
\right.
\end{array}
\right.
$$

(1) 個別原価計算

　個別原価計算 (job-order cost system) は，1単位の製品（たとえば建設業において建設する1棟のビルディング，造船工業において建造する1艘の船舶，機械工業において製造する1台の機械など），あるいはバッチ (batch) ないしロット (lot) として製造される一定数量単位の製品（たとえば作業工具製造業においてモンキー・レンチを1回に3,000本ずつ生産する場合の，3,000本という製品のロット，あるいはねじ製造業において50,000個ずつのねじを製造する場合の，50,000個というバッチなど）にたいし，製造指図書 (production order) を発行し，製造原価を指図書別に集計する原価計算の方法である。

　そこで個別原価計算が適用される経営の生産形態は，(イ)製造過程を通じて，ある製品が他の製品と相互に区別され加工されること，および(ロ)同一の製品がふたたび生産されることはないか，あるいはふたたび生産されるかどうかは予測しがたいこと，を特徴とする生産形態である。

　このような生産形態をとる経営の代表的な例は，顧客の注文に応じて製品を製造する受注生産経営(注13)である。この場合には，顧客のそれぞれの注文に応じて，どの材料をどのような方法で，いかなるかたちに加工するかなどを詳細に指定した顧客別の仕様書 (specifications) に従って製品を製造するために，特定製品製造指図書 (special production order) が発行される。製造原価は，この指図書ごとに区別して把握できる製造直接費と，区別して把握できない製造間接

(注 13)　アメリカでは，この種の経営をjob shopという。

費とに分けられ,製造直接費は各指図書に直課し,製造間接費は各指図書に配賦することによって,各指図書別の製造原価を計算する。受注生産経営では,ある顧客の注文品と別の顧客の注文品とは,仕様が異なるので明確に区別して生産され,しかもそのような仕様の製品をふたたび生産するかどうかは,受注するまで不明である。したがって製造原価は,各注文品ごとに発行される製造指図書ごとに区別して集計されなければならない。このような意味から,個別原価計算は指図書別原価計算(specific order cost system ; production order cost system)ともいわれる。また1製造指図書が代表する製品が1単位の製品ではなく,1ロットの製品である場合には,その個別原価計算を,ロット別個別原価計算(job-lot costing ; lot costing)という。なお個別原価計算には,製造間接費について部門別計算を行なわない中小企業向きの単純個別原価計算と,部門別計算も行なう大企業向きの部門別個別原価計算とがある。

(2) 総合原価計算

総合原価計算(process cost system)は,同じ規格の製品を大量に生産する場合,一定期間における製品の総生産量でもって,その期間生産量に関係する総製造原価を割ることにより,その製品の単位当たり平均製造原価を求める原価計算の方法である。総合原価計算が適用される経営は,標準規格製品の大量生産(mass production)か,あるいは石油精製工場にみられるように「流れ」生産(flow production)を行なう経営であって,その生産形態は,(イ)製品が同じ規格の製品であるため,製造過程を通じて同じように加工されること,および(ロ)同じ規格の製品が反復して生産されること,を特徴とする生産形態である。このような生産形態をとる経営は,顧客の注文に応じて製品を製造するのではなく,市場生産(見込生産)をする経営であって,たとえば紡績,製糖,製粉,石油精製,製紙,セメント,硝子,化学薬品,鉱業,ガス,電力などさまざまな業種の経営をあげることができる。

総合原価計算の特徴は,(イ)量産品1単位当たりの平均原価(average unit costs)を求めることにこの計算の主眼があること,(ロ)原価集計の単位は,製造指図書の指示する製品生産量ではなく,1原価計算期間に生産された同種製品

の生産量，つまり期間生産量であること，にある。つまり量産経営における製品は，標準規格の製品であり，その製造方法も標準化されているため，個々の製品は同じように加工され，したがって製造原価もすべて同額ずつかかっていると考えられる。したがって経営者としては1原価計算期間に生産された同じ製品の単位当たり平均製造原価さえ知ればよく，個々の製品を区別してそれぞれの製造原価を求める必要はないわけである。また総合原価計算を採用する経営においても，生産計画どおりに作業を進めるため，製品の品名，品目，製造数量，製造着手日，製造完成日などを指示した継続製造指図書 (continuous production order; process production order) を発行するのが通常であるが，原価計算上は，この指図書によって生産された製品の生産量ではなく，1原価計算期間に生産された同種製品の総生産量が，原価を関係づける数量とされる。つまり個別原価計算では，製造指図書ごとに異なる規格の製品が製造されるため，指図書別の原価の違いが重要であるが，総合原価計算では，1種もしくは数種の標準規格製品が量産されているために，同一種類の製品であり，しかも同じ期間に生産された製品であるかぎり，製造原価を指図書別に区別して把握する必要がないのである。たとえば農機具製造工場において製造指図書が次のように発行され，生産指示量と実際生産量が下記のとおりであったとする。

製 品 品 種	製造指図書番号	生産指示量 (実際数量)	着 手 日	完 成 日
16型動力脱穀機	No. 16-1	100台	1/ 5	1/15
18型動力脱穀機	No. 18-1	50台	1/10	1/15
16型動力脱穀機	No. 16-2	100台	1/16	1/26
16型動力脱穀機	No. 16-3	100台	1/27	2/ 6

この例では2種（16型と18型）の製品が量産されているが，総合原価計算では製造原価を，No. 16-1，No. 18-1，といった製造指図書別に集計しない。総合原価計算上区別されるべきは，16型か18型かの製品の種類別と，さらにどの原価計算期間に生産されたか，という区別である。そこで16型動力脱穀機についていえば，No. 16-1，No. 16-2，No. 16-3，という区別は無視される。もしNo. 16-3において1/31までに完成品に換算して40台が生産されたとすると，1月中に生産された16型動力脱穀機の総量は，100台＋100台＋40

台＝240台であって，これが16型動力脱穀機の原価を関係づける数量となる。

　総合原価計算の方法は，(イ)量産する製品の種類，(ロ)工程別計算の有無，(ハ)各工程に集計する原価要素の範囲，(注14)という観点から分類される。

　原価計算基準では，「製品別計算の形態」において総合原価計算を上述の(イ)の観点から，

　　ⅰ）単純総合原価計算
　　ⅱ）等級別総合原価計算
　　ⅲ）組別総合原価計算

に3分している。

単純総合原価計算とは，同種製品で，しかもたった1種類の製品を量産する企業，たとえば製氷，製糖，セメント製造，ビール醸造会社などに適用される総合原価計算である。単純総合原価計算には，工程別計算を行なう計算と行なわない計算とがあるが，このうち工程別計算を行なわない方法をとくに，純粋総合原価計算（single product, single process costing）という。

等級別総合原価計算とは，同一工程において，同一の原材料を使用し，同種製品を連続生産するが，その製品を形状，大きさ，品位などによって等級に区別する場合に適用される総合原価計算である。たとえば合板を製造する工場においては，ラワン材から厚さ 3.0 m/m，4.0 m/m，5.2 m/m，5.5 m/m など種々の厚さの合板を製造する。これらはすべて同じ工程で製造される同種製品であり，ただ厚さが異なるのみである。このような場合には，たとえば厚さ 3.0 m/m の品種を基準製品とし，他の厚さの合板の生産量を，この基準製品の生産量に換算することによって，期間の製造費用を各品種に按分する計算が行なわれるのである。

組別総合原価計算とは，異種製品を組別に連続生産する生産形態に適用される総合原価計算である。たとえば農機具製造工場において，耕耘機と脱穀機とを製造している場合，これらの製品を種類，機構などにもとづき，4 PS 牽引

(注 14)　総合原価計算では，製造部門（manufacturing department）のことを工程（process）と称する。

型耕耘機, 6 PS 牽引型耕耘機, 45cm駆動型耕耘機, 60 cm 駆動型耕耘機, 16 型動力脱穀機, 18 型動力脱穀機などの組を設定し, これらの組ごとに製造原価を集計するのである.

以上の説明は, あくまでも原則的な区別であって, これらの原価計算が実際の工場において適用される場合には, 同一の工場内において, 原価要素別に, あるいは工程別に, 異なる計算方法が採用されることも少なくない.

たとえば洋食器製造工場において, 直接材料費については, ナイフ, フォーク, スプーンなどの組別に総合原価計算を行ない, 加工費については等級別総合原価計算を採用することがある. また陶磁器製造工場において, 原料から坏土品ができるまでの工程では単純総合原価計算を, 坏土品から生素地品ができるまでの工程には組別総合原価計算を, さらに生素地品から素焼品ができるまでの工程には等級別総合原価計算を採用するというぐあいである.

第 7 節　原価計算と責任会計

原価計算は本質的には経営管理の用具であり, 経営管理者にたいし, 利益管理や原価管理用の重要な情報を提供することは, すでに繰り返し強調したところである. このようなプランニングとコントロール用の計算は, 企業の組織と結びつかなければ, その効果を発揮することはできない. そこで企業の組織構造との結合を強調した業績管理会計が提唱されるようになった. これが責任会計である. 本節では, 現代の会計情報システムにおける責任会計の内容と, 責任会計における原価の分類を中心に考察する.

1. 企業組織と責任センター

企業規模が拡大すると, 経営管理上の権限と責任は, 多くの管理者に委譲され, 各管理者は委譲された権限にもとづきさまざまな意思決定を行ない, その職務を遂行するようになる. この組織は, 組織便覧 (organization manual) に規定され, 組織図 (organization chart) により, その組織構造が図表化される. こ

れらは，企業における各階層の経営管理者の職務内容，権限と責任を定めたものである。各管理者の権限と責任が不明確であったり，重複しているような組織である場合には，いくら精緻な会計情報システムを導入しても無益である。

さて，企業の組織構造は，上級，中級，現場管理者から構成されており，各管理者はそれぞれの権限と責任とにもとづき意思決定を行なうので，企業組織は，種々の意思決定センター（decision center）または責任センター（responsibility center）からなりたっていると考えられる。

各責任センターの範囲の定め方は，企業によってさまざまであり，部門別に設定されることもあれば製品品種別に設定されることもあり，あるいは地域別に設定されることもある。しかし責任センターを会計の見地から分類すれば，

(イ) 原価（責任）センター（cost center）
(ロ) 利益（責任）センター（profit center）
(ハ) 投資（責任）センター（investment center）

(注15)
に分類することができる。

原価センターとは，1人の管理者が，その責任範囲内における経営活動の遂行上，発生する原価にたいしてのみ，責任を負う責任センターのことである。通常，原価センターは鍛造部，組立部，修繕部というように部門別に設定されるが，たとえば機械加工部という原価センターがさらに細分され，旋盤部，研摩部といったいくつかの原価センターに分割されることもある。

利益センターとは，1人の管理者が，その責任範囲内における経営活動の遂

(注15) 企業によっては収益センター（revenue center，収益にのみ責任をもつセンター）を設定することがある。たとえばマーケティング活動を担当する部署であって，そこで発生するコストが原価計算上把握されない場合に，これを収益センターとする。後述する活動基準原価計算（ABC）が採用され，マーケティング活動のコストが把握され，この部署に集計されるようになれば，収益センターは利益センターに転化する。

収益センターでは，もしそのセンターで製品の販売価格を設定する権限があれば，その業績測定基準は売上高ではなく，売上高から標準売上原価を差し引いた標準売上総利益を採用すべきである。しかしもし製品の販売価格が本社レベルで決定されるのであれば，収益センターは販売量と売上品構成割合にたいし責任を負うこととなる。

R.S. Kaplan and A.A. Atkinson, *Advanced Management Accounting* (N.J.: Prentice Hall, Inc., 3rd ed., 1998) p.295.

行上，原価のみならず，収益にたいしても責任を負う責任センターのことである。たとえば，東京地区営業所長は，東京地区で発生する販売費のみならず，売上高についても責任をもつために，東京地区の営業利益にたいして責任をもっている。

投資センターとは，1人の管理者が，その責任範囲内における経営活動の遂行上，発生する原価および収益にたいして責任を負うのみならず，設備投資の決定権をもつために，投資額にたいしても責任を負う責任センターのことである。投資決定権を委譲された事業部長の事業部は投資センターを形成し，その業績は投下資本利益率（return on investment）または残余利益（residual income）によって測定される。実務上は投資センターという用語はあまり普及しておらず，前述の利益センターと区別されずに，投資決定権をもつ事業部も，利益センターと呼ばれることが多い。

2. 責任会計の定義

責任会計（responsibility accounting）とは，企業組織内における責任センター（原価センター，利益センターおよび投資センター）を識別し，各センターの業績を明らかにするために，各センターにたいし，それぞれが責任をもつ特定の原価，収益，投資額を割り当て，各センター別に，計画と実績，および差異にかんする財務情報を提供する会計システムである。

会計情報は，これを利用できる管理者に提供しなければ無意味である。つまりその会計情報のもたらす内容にかんして，直ちに意思決定を行ない，実際に行動を起こす権限をもつ管理者に提供しなければならない。他方，会計情報を利用する管理者からすれば，おびただしい情報の渦のなかに巻きこまれては，情報を効果的に利用することができない。したがって責任会計では，管理者別に権限と責任を識別し，管理可能な原価，収益，投資額にその管理者の注意を惹きつけるため，注意喚起情報（attention directing information）を，予算（または標準）と実績，その差異というかたちで，各管理者に提供するのである。

なおここで，責任会計の建設的な役割を強調しておきたい。責任会計は，と

もすれば，上級管理者が下級管理者の業績を審査する手段であり，もっぱら強制し，束縛し統制する手段であると誤解されがちである。そうではなくて責任会計は，業績を審査する管理者に役立つ情報を提供するのみならず，業績を審査される管理者にも役立つ情報を提供するのである。下位の管理者は，企業全体の目標との整合性を保持しつつ，その責任範囲にある組織単位の活動を計画するが，この計画に役立つ会計情報を責任会計は提供する。次いでその業務活動の実績を測定し，計画をどの程度達成したか，どこに欠陥があったか，改善されるべき点は何か，について，責任会計では情報をフィード・バックさせる。このように責任会計の役割は二面的であって，上位の管理者にたいし，下位の管理者を管理する情報を提供するのみならず，下位の管理者が自己の活動を管理する情報をも提供するのである。

3. 責任会計における報告システム

図 1—9 では，責任会計における報告システムを示した。ここでは，原価責任にかんするフィード・バックを例にとっている。原価業績報告書は，各階層の責任センターにおける管理可能費についての予算・実績および差異を示し，より上級の管理者にこの報告書が提供されるほど，その内容が要約されていく点に注意してほしい。

なお図 1—9 では，原価業績報告書の内容は，各管理者の管理可能費のみに限定されている。この点については論争があるので，次にその要点を指摘しておこう。

責任会計の多くの支持者たちは，次のように主張する。すなわち，各責任センターへ提供する業績報告書には，その管理者にとって管理可能な項目のみを記載すべきであって，管理不能な項目は除くべきであると。したがってこのような見解に従えば，工場における現場管理者の業績報告書には，減価償却費，火災保険料，固定資産税などの費目は記載されないことになる。

上記の主張にたいし，次のような反論がある。すなわち各責任センターへ提供する業績報告書には，管理可能と不能とを明確に区別したうえで，管理不能

な項目をも記載すべきであると。その理由は，管理不能な項目も含めることによって，その責任センターの管理者の眼が，自分の責任センターのみならず，全社的な組織とその原価にむけられる，ということにある。つまり，自分の責任センターが活躍するためには，その背後にあってささえる組織が存在し，そのために管理不能な原価が発生することを，各責任センターの管理者が意識するようになる，という理由である。

どちらの主張を採用すべきかは，企業の実情にそくして決定すべきであろ

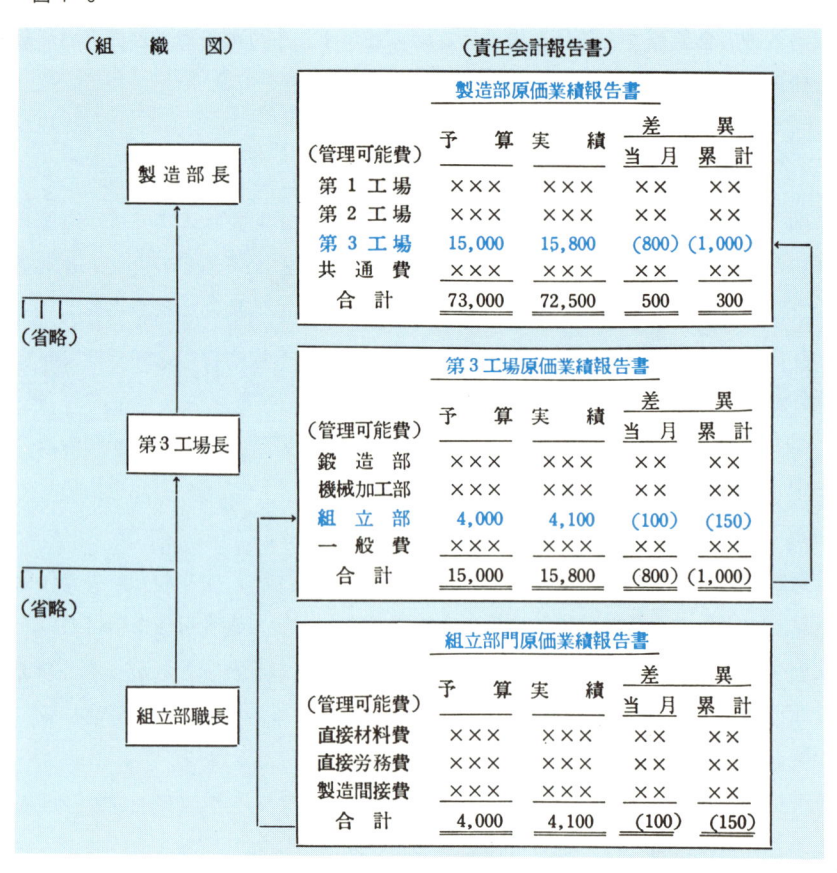

図1-9

(組織図) ／ (責任会計報告書)

製造部原価業績報告書

(管理可能費)	予算	実績	差異 当月	累計
第1工場	×××	×××	××	××
第2工場	×××	×××	××	××
第3工場	15,000	15,800	(800)	(1,000)
共通費	×××	×××	××	××
合計	73,000	72,500	500	300

第3工場原価業績報告書

(管理可能費)	予算	実績	差異 当月	累計
鍛造部	×××	×××	××	××
機械加工部	×××	×××	××	××
組立部	4,000	4,100	(100)	(150)
一般費	×××	×××	××	××
合計	15,000	15,800	(800)	(1,000)

組立部門原価業績報告書

(管理可能費)	予算	実績	差異 当月	累計
直接材料費	×××	×××	××	××
直接労務費	×××	×××	××	××
製造間接費	×××	×××	××	××
合計	4,000	4,100	(100)	(150)

組織図：製造部長 ← 第3工場長 ← 組立部職長（間に(省略)あり）

う。ただ一般的にいえば，第一線の現場管理者には管理可能費のみに限定した予算・実績比較の業績報告書を提供し，より上級のレベルの管理者には全社的な配慮を求めるために，管理可能項目と管理不能項目とを区別した，予算・実績比較の業績報告書を提供するのが適切と思われる。

4． 勘定科目分類表と会計データの多元的分類

　責任会計では，さまざまな責任センターに原価，収益，投資額を集計し，それらを責任センターの長にとって管理可能な項目と管理不能な項目に分類して報告する。このように会計データを責任センターに集計するためには，会計情報システムの骨格を形成する勘定科目分類表（chart of accounts）を，企業の組織構造に合わせて作成すべきであり，さらに各責任センターの管理者の情報要求を確認し，それらの情報要求を満足させるような会計資料の多元的分類（multidimensional classification of accounting data）を工夫しながら，勘定科目の分類を考えなければならない。

　さて，勘定科目分類表とは，その企業で使用するすべての勘定を分類し明記した表である。勘定は複式簿記における記録集計の単位であり，計算の単位であるから，1つの勘定に集計される取引データは，できるかぎり同質のものでなければならない。原価を例にとるならば，原価分類の最小単位となる各費目別の勘定は，できるかぎり，同種の性質の作業から発生する原価で，同じコスト・ビヘイビャーを示し，しかも同一の原価管理者の管理下にある原価を集計する単位であることが望ましい。勘定科目分類表には，各勘定の名称とその勘定に集計する取引内容を詳細に説明した勘定便覧が必要となる。

　勘定科目分類表における諸勘定は，貸借対照表勘定と損益計算書勘定とに大別される。最近では，財務データは電子計算機によって処理されるため，勘定分類は，数字コーディング・システム（numerical coding system）によることが多い。この場合，貸借対照表勘定は，2桁または3桁の数字により分類される。次に示すのは，3桁の数字を使用した例である。

貸借対照表勘定（100-299）
資　　　　産（100-199）
　流　動　資　産（100-139）
　　100　当　座　資　産
　　　　101　預　　　　　金
　　　　102　現　　　　　金
　　　　103　小　口　現　金
　　　　104　受　取　手　形
　　　　105　売　掛　　金
　　　　108　貸　倒　引　当　金
　　　　109　有　価　証　券
　　110　棚　卸　資　産
　　　　111　製　　　　　品
　　　　117　半　　製　　品
　　　　120　仕掛品—直接材料費
　　　　121　仕掛品—直接労務費
　　　　122　仕掛品—直接経費
　　　　123　仕掛品—変動製造間接費
　　　　124　仕掛品—固定製造間接費
　　　　125　原　　材　　料
　　　　128　貯　　蔵　　品
　　　　129　棚卸減耗引当金
　　130　その他資産
　　　　131　前　　渡　　金
　　　　132　前　払　費　用
　　　　133　未　収　収　益
　　　　139　仮　　払　　金
　固　定　資　産（140－189）
　　140　有形固定資産
　　　　141　建　　　　　物
　　　　142　機　械　装　置
　　　　143　車　両　運　搬　具
　　　　144　土　　　　　地
　　　　　　⋮　　　　　　⋮
　　160　減価償却累計額

　　　　161　建　　　　物
　　　　　　　減価償却累計額
　　　　162　機　械　装　置
　　　　　　　減価償却累計額
　　　　　　　⋮　　　⋮
　　170　無 形 固 定 資 産
　　　　171　特　　許　　権
　　　　172　営　　業　　権
　　180　投資その他の資産
　　　　181　子 会 社 株 式
　　　　182　長 期 貸 付 金
　　　　183　長 期 前 払 費 用
　繰　延　資　産 (190－199)
負債および資本 (200－299)
　　流　動　負　債 (200－219)
　　　　200　支　払　手　形
　　　　201　買　　掛　　金
　　　　202　短 期 借 入 金
　　　　203　未　　払　　金
　　　　204　未　払　費　用
　　　　205　前　　受　　金
　　固　定　負　債 (220－239)
　　　　220　社　　　　　債
　　　　221　長 期 借 入 金
　　　　222　退職給与引当金
　　　　223　特別修繕引当金
　　資　　　　本 (240－299)
　　　　240　資　　本　　金
　　　　250　資 本 準 備 金
　　　　260　利 益 準 備 金
　　　　270　その他の剰余金

　次に損益計算書勘定は，より多くの桁数を使用し，たとえば6桁または7桁の数字により分類される。次に示すのは，7桁の数字を使用し，直接標準原価計算制度を想定した例である。^(注 16)

　まず最初の3桁は，貸借対照表勘定コード番号に続いて，次のようになって

いる。

損益計算書勘定（300－999）
売　　上　　高（300－309）
　　300　総　売　上　高
売上高控除項目（310－349）
　　310　売　上　値　引
　　320　売　上　戻　り
　　330　売　上　割　戻
　　340　売　上　割　引
変動売上原価（350－389）
　　350　直　接　材　料　費
　　360　直　接　労　務　費
　　370　直　接　経　費
　　380　変動製造間接費
賃　金・給　料（390－399）
製　造　間　接　費（400－499）
　　400　製造間接費統制
　　499　配　　　　　賦
　　　　 変動製造間接費
原　価　差　異（500－599）
　　500　標準変動費差異
　　510　購入材料価格差異
　　520　材料数量差異
　　530　労働賃率差異
　　540　労働時間差異
　　550　製 造 間 接 費
　　　　 予　算　差　異
　　560　製 造 間 接 費
　　　　 能　率　差　異
販売費および一般管理費（600－799）
　　600　販　売　費　統　制
　　700　一般管理費統制

(注 16)　本例は，次の文献を参考にして作成したものである。
　　R. Beyer and D. J. Trawicki, *Profitability Accounting for Planning and Control* (N. Y.: The Ronald Press, 2nd ed., 1972), pp.55–80；A. Matz and M. F. Usry, *Cost Accounting, Planning and Control* (Cincinnati：South–Western Publishing Co., 6th ed., 1976), pp.63–64.

次に，売上高，売上高控除項目，変動売上原価の諸勘定のコード番号において，

4桁目の数字は販売責任の単位である利益センターを示す。

　　　　　×××　　1×　　××　　第1営業所
　　　　　×××　　2×　　××　　第2営業所
　　　　　×××　　3×　　××　　（省　略）

5桁目の数字は顧客の種類を示す。

　　　　　×××　　×1　　××　　小　　売
　　　　　×××　　×2　　××　　卸　　売
　　　　　×××　　×3　　××　　特　約　店
　　　　　×××　　×4　　××　　（省　略）

6桁目，7桁目の数字は製品の種類を示す。

　　　　　×××　　××　　01
　　　　　×××　　××　　02

したがってたとえば，

　　　　300　　　　23　　　　04　　第2営業所における製品種類No.4の特約店に
　　　　　　　　　　　　　　　　　　たいする総売上高
　　　　320　　　　12　　　　05　　第1営業所における製品種類No.5の卸売業者
　　　　　　　　　　　　　　　　　　からの売上戻り高

というようになる。

　また賃金・給料，製造間接費，原価差異，販売費および一般管理費の諸勘定のコード番号において，4桁目および5桁目の数字は，原価の責任単位である原価センターを示す。たとえば次のとおりである。

　　　　　×××　　10　　××　　第1製造部門
　　　　　×××　　11　　××　　第1製造部門第1原価中心点
　　　　　×××　　12　　××　　第1製造部門第2原価中心点
　　　　　×××　　40　　××　　補助経営部門
　　　　　×××　　41　　××　　動　力　部
　　　　　×××　　42　　××　　修　繕　部
　　　　　×××　　43　　××　　運　搬　部
　　　　　×××　　50　　××　　工場管理部門
　　　　　×××　　51　　××　　工場事務部

×××	52	××	労　務　部
×××	53	××	企　画　部
×××	61	××	第1営業所
×××	62	××	第2営業所
×××	63	××	第3営業所
×××	67	××	広告宣伝部
×××	68	××	販売調査部
×××	69	××	販売事務部
×××	70	××	財　務　部
×××	75	××	経　理　部
×××	80	××	技　術　部
×××	85	××	研究開発部
×××	90	××	総　務　部

また6桁目および7桁目の数字は，たとえば次のような内訳を意味する。もし該当しなければ00としておく。

原価差異原因

×××	××	01	未熟な作業
×××	××	02	作業手順の誤り
×××	××	03	使用材料の誤り
×××	××	04	機械整備不良
×××	××	19	生産方法の変更──標準未改訂

材料・消耗品

×××	××	20	補助材料費
×××	××	21	工場消耗品費
×××	××	22	消耗工具器具備品費

賃金・給料

×××	××	40	管理者給料
×××	××	41	職　員　給　料
×××	××	50	直接工間接賃金
×××	××	51	間接工賃金
×××	××	52	従業員手当
×××	××	59	法定福利費

そ　の　他

×××	××	60	減価償却費
×××	××	61	貸　借　料

第 1 章　原価計算の基礎知識　　43

×××	××	62	保　険　料
×××	××	63	固定資産税
×××	××	70	修　繕　費
×××	××	71	電　力　料
×××	××	72	ガ　ス　代
×××	××	73	水　道　料
×××	××	74	旅費交通費
×××	××	75	通　信　費
×××	××	76	交　際　費
×××	××	77	棚卸減耗費
×××	××	80	貸倒引当金繰入額
×××	××	81	返品差損費
×××	××	97	雑　　　費
×××	××	98	振替部門費
×××	××	99	配賦変動製造原価

したがってたとえば，

400	12	20	第1製造部門第2原価中心点における補助材料費
540	11	01	第1製造部門第1原価中心点において，工具の未熟な作業から発生した労働時間差異
600	61	76	第1営業所の交際費

というようになる。

　上述した勘定科目分類表は，たんなる例示にすぎず，それぞれの企業における実情にそくし，経営管理者の情報要求に合わせて，作りあげなければならない。ただここで注意しておきたいのは，この分類表における基本的な狙いは，データの多元的分類により，財務会計目的と管理会計目的の両方に役立つような情報システムを作ることにある，という点である。これまでの会計組織は，もっぱら企業外部の投資家や債権者のために，営々として公開財務諸表の作成に専念してきた。原価計算についていえば，公開財務諸表作成に必要な製品原価計算に専念してきたわけである。なるほど，このような財務会計情報は，企業外部の利害関係者間の利害調整機能を果たすために，きわめて重要である。しかしそれは，1年に1回，または半年に1回提供すれば足りる。しかも財務

会計情報は利益分配には役立つが，利益獲得には不適当であり，経営活動の計画と統制，さらに経営意思決定には役立たない。したがってむしろ会計情報システムは，基本的には管理会計用の情報提供に主眼をおいて設計し，会計年度末にそれらのデータを外部報告用に調整する仕組を考えるほうが，はるかに賢明である。

前述の勘定科目分類表における，124 仕掛品—固定製造間接費勘定は，月次に内部目的の直接標準原価計算を実施しているため，製品，半製品，仕掛品は変動製造原価だけで計算されており，したがって外部目的の必要上，固定製造間接費をこれらの棚卸資産に付加して，全部製造原価に修正するための勘定である。

内部目的にも種々の目的がある。そこで会計データの分類を多元的に行ない，データの基本単位を抽出し配列する仕方を変えれば，異なる目的ごとに適切な情報がえられるようにしておけばよい。たとえば，売上高や売上高控除項目は，利益センターのみならず，顧客の種類別，製品品種別に集計し直すことができる。それらのデータを分析すれば，販売政策のための有益な情報がえられるであろう。

しかし，ここで指摘しておかなければならないことは，責任会計においては，会計のデータ・ベースは責任センター別に保持される，ということである。つまり利益計画のための CVP 分析や外部報告目的の製品原価計算は，重要ではあっても，毎日行なわれるわけではない。日々の会計データの処理は，責任センターにおける予算と実績とを比較できるように，責任センター別に集計されるのである。

5. 原価の管理可能性にもとづく分類——管理可能費と管理不能費

責任センター別に集計される会計データは，コントロール（利益統制と原価統制）目的から，管理可能と管理不能な項目とに分けられる。したがって原価，収益，投資額のいずれも，管理可能と管理不能とに分類されるわけであるが，ここでは原価についての分類，すなわち管理可能費と管理不能費について説明

しよう。

　管理可能費（controllable costs）とは，ある責任センターで発生する（またはその責任センターに配賦される）原価につき，その責任センターの管理者が，一定期間内に，その費目の発生額にたいし，実質的に影響を及ぼすことができる費目のことをいい，しからざるものを管理不能費（uncontrollable costs）という。

　上に述べた定義において，次の点に注意を要する。

　まず第1に，ある費目がその本来の性質上管理可能とか不能とかいった性質をもつわけではなく，特定の責任センターの管理者にとって管理可能か不能かが問題になる，ということである。およそあらゆる原価は，いつかは，企業内の誰かにより，管理可能となる。たとえば機械の減価償却費は，現場管理者にとって管理不能であっても，機械にかんする投資や除却の決定権をもつ，上級の管理者にとっては管理可能である。論者によってはこの点を重視し，管理可能費のことを自己管理可能費（costs controllable by me），管理不能費のことを他人管理可能費（costs controllable by others）と称している。

　第2に，ある費目が管理可能か不能かは，業績測定期間の長短によって異なる，ということである。業績測定期間が短ければ短いほど，特定の管理者にとって，管理可能費は少なくなる。

　第3に，管理可能性は程度の問題であって，1人の管理者が完全に影響を及ぼすことのできる費目は少ない，ということである。1人の管理者が，原価財の取得とその使用の両方について権限をもつ場合には，その原価財の消費から発生する原価は，その管理者にとって完全な管理可能費である。しかしながら直接材料費を例にとれば，主材料の取得は購買部門によって行なわれ，その消費は工場の製造部門で行なわれる。したがって工場の現場管理者にとっては，主材料の価格は管理不能である。このような場合には，標準原価計算の章で述べるように，工場への主材料の出庫単価は，実際単価によらず，標準単価ないし予定単価を使用し，現場管理者の原価業績は，もっぱら主材料の消費能率の良否によって判断されるのである。他方，主材料の価格は，購買部門の長にとって完全に管理可能かといえば，かならずしもそうではない。価格は，購買

活動の良否にも左右されるであろうが，企業外部の市況の変化によって，大きく左右されるであろう。しかしながらここで重要なことは，管理可能費か否かの認定は，責任センターの管理者が，その原価の発生額にたいして，完全な影響力（complete influence）をもつことではなく，重要な影響力（significant influence）をもっているか否かによる，ということである。ある費目にたいし，企業内部におけるどの管理者が，他の管理者よりも，もっとも影響を及ぼすことができるか，が問題なのである。したがって主材料の価格については，購買部門の長が責任をもつことになる。

　第4に，各責任センターごとに，その発生が個別的に認識される原価を個別費（specific costs；traceable costs）といい，2つ以上の責任センターにまたがって発生する原価を共通費（common costs）というが，管理可能費は個別費のなかに多くみられるということである。個別費がすべて管理可能費になるとはかぎらない。しかし自己の責任範囲内で発生したことが跡づけられる費目については，その管理者は影響力を行使できる可能性が高い。他方，共通費は，とりわけ製品原価計算の必要から，なんらかの基準により責任センターに配賦されるが，共通費の配賦額は，その責任センターの長にとって，一般には管理不能である。したがって責任会計上は，できるかぎり原価を個別費としてとらえることが望ましい。

　たとえば，工場全体に1つのメーターしか備えられていない場合には，電力料は工場内部にある各部門にとっては共通費である。工場全体で使用した電力料を，たとえば機械価額の割合などで各部門へ配賦したとすると，この配賦額は，各部門にとって管理不能である。なぜならばこの配賦額は，各部門の長の意思決定や行為によるよりも，むしろ配賦の計算式によって左右されるからである。しかしこの場合，部門別にメーターを設置すれば，電力料は各部門にとって個別費となる。各部門は，自己の部門における電力の実際消費量を知ることができ，したがって電力料は管理可能費となる。

　なお共通費の配賦額も，配賦の方法を工夫すれば，管理可能費となることがある。これについては第5章における補助部門費の配賦において説明しよう。

6. 営業量の変化にもとづく原価の分類──変動費と固定費

　原価の管理可能性にもとづく分類は，コントロールのためであったが，ここでは主としてプランニングのための原価の分類について述べる。責任会計では，責任センター別に予算と実績を比較する。予算は計画であり，目標である。したがって責任会計では，統制用の情報のみならず，計画用の情報をも提供しなければならない。

(1)　コスト・ビヘイビャー (cost behavior)

　経営活動の量，すなわち営業量 (business volume, 業務量といってもよい。) の変化に応じて，原価がどのように反応するかを，コスト・ビヘイビャーないし原価態様という。

　営業量は，測定される原価対象に従い，さまざまな尺度によって測定される。たとえば，企業全体が対象であれば製品の販売量または売上高，工場全体であれば製品の生産量，1部門であれば直接労務費，直接作業時間，機械作業時間などの測定尺度が選ばれる。そこでグラフの横軸に，上述したなんらかの測定尺度をとり，縦軸に原価の発生額をとって営業量の増減に伴う個々の原価（つまり費目）の推移を観察すれば，ある費目は営業量の増減と比例的に増減し，また別の費目は営業量の増減にたいしてまったく反応しないことがわかる。

　各費目ごとのコスト・ビヘイビャーを知ることは，短期利益計画上，きわめて重要である。なぜならば，コスト・ビヘイビャーが判明していれば，次期における業務量の予測にもとづき，発生する原価を予測することができ，したがって利益を予測することができるからである。

　もしこれらの予測が正確に行なえれば，その予測値を利益統制上の目標値（予算）あるいは原価管理上の標準として使用することができる。

　このように，営業量の変化による原価の分類 (cost-volume classification ; cost classification with changes in activity) は，利益管理，原価管理，経営意思決定にとって不可欠であり，さらには外部報告目的の期間損益計算にも必要であることから，最近の原価計算書では，原価の分類基準として，最初に説明するよう

になってきた。「原価計算基準」では，この分類を「操業度との関連における分類」と称しているが，各費目の推移を示すグラフの横軸には，操業度 (percentage of capacity ; Beschäftigungsgrad) をとり，業務量の増減をパーセントで示してもよいが，前述したように生産量，直接作業時間などの測定尺度をとってもよいわけである。

(2) コスト・ビヘイビャーの類型 (cost behavior patterns)

さて，営業量の変化により原価を分類すれば，次のようなコスト・ビヘイビャーの類型に分類することができる。

(イ) 変動費 (variable costs)

営業量の増減に応じて，総額において比例的に増減する原価を，変動費という。その典型的な例は，製品の直接材料費や出来高給による直接労務費である。図 1—10 における P と R は変動費直線の例であり，Q は変動費曲線の例であるが，多くの場合は，直線が仮定される。

変動費には，技術的変動費と自由裁量変動費とがある。技術的変動費 (engineered variable costs) とは，製品の原材料のように，原価財の技術的ないし物的性質上，製品を製造すればするほど，それに応じて原価財の消費量が増加するために変動費となるものをいう。この種の変動費は，原価財の投入量と製品の産出量との間に最適な関係が存在する場合に現われる。これにたいして自由裁量変動費 (discretionary variable costs) とは，広告費や試験研究費予算を売上高の一定のパーセントと定めることにより，経営管理者の方針によって人為的に変動費とされたものをいう。このような変動費は，その本来の性質によって変動費に分類されるわけではないので，経営管理者の方針が変更されれば，固定費になることもある。

(ロ) 固定費 (fixed costs)

営業量の増減とは無関係に，総額において一定期間変化せずに発生する原価を，固定費という。その典型的な例は，職員の給料，定額法による減価償却費，固定資産税，火災保険料，賃借料などである。図 1—11 は，固定費のビヘイビャーを示す。なお固定費は，営業量の増減とは無関係で，常に一定額発

第 1 章 原価計算の基礎知識　49

図 1—10

原価

（変動費）

P

Q

R

営業量

図 1—11

原価

（固定費）

営業量

図 1—12

原価

正常操業圏

営業量

図 1—13

原価

（変動費部分）

（固定費部分）

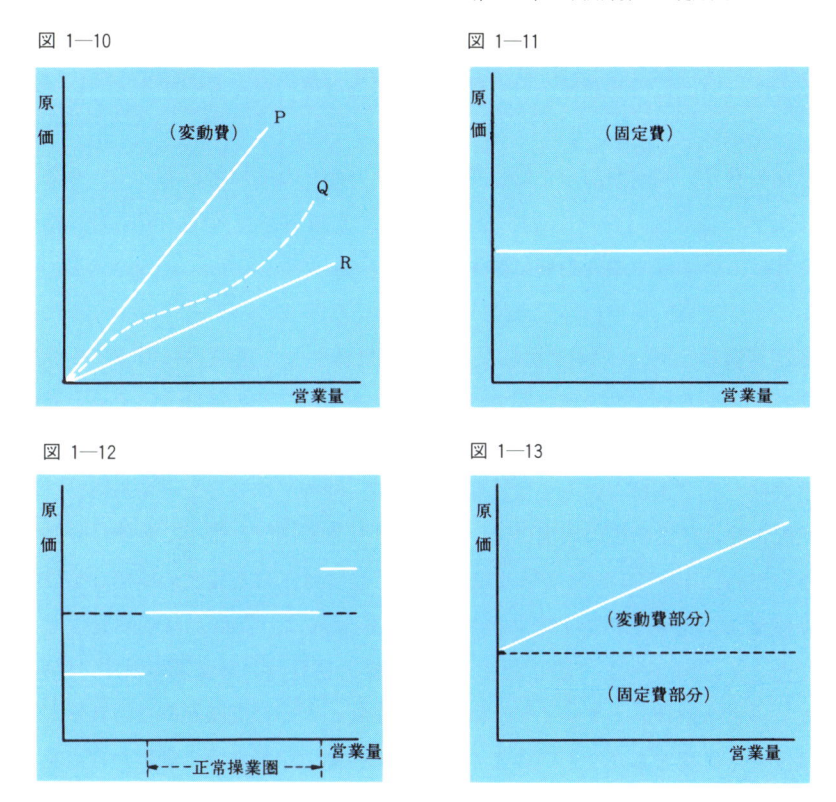

営業量

生するとはいっても，毎年同額ずつ発生するとはかぎらない。翌期には，給料の値上げ，固定資産の税率や火災保険料の料率の変更があって，固定費の発生水準が上昇することもあるからである。また図 1—12 に示すように，固定費の発生額は，正常操業圏 (normal range of activity ; relevant range) の範囲内では変化しないが，いちじるしい不況や好況によって，この範囲をこえると，その発生額は変化することがある。たとえば不況によって一部の職員をレイ・オフ（一時帰休）したり，上級管理者の給料を削減したり，あるいは一部の倉庫や事務所の賃借を中止したりすることがあるからである。

固定費は，その計画と統制上，自由裁量固定費 (discretionary fixed costs ;

managed or programmed fixed costs）と拘束固定費（committed fixed costs）とに分類するのがよい。この問題については，直接原価計算の章で説明する。

　(ハ)　準変動費（semi-variable costs ; mixed costs）

　準変動費は，固定費部分と変動費部分の両方からなる原価であって，そのビヘイビァーは，図1—13に示した。電力料，水道料，ガス代，電話料，修繕費などは，いずれも準変動費に属する。

　(ニ)　準固定費（semi-fixed costs ; step costs）

　準固定費は，図1—14で示したように，全体として階段状に増減する原価であって，ある一定の操業区間では固定費であるが，その区間をこえると急激に増加し，ふたたび一定の操業区間中は固定費の状態を保つ原価である。準固定費の例としてあげられるのは，職長の給料，検査工の賃金などである。

　準固定費は，業務量の増加に伴い，投入される原価財が微小な単位に分割できないために生ずる。したがって実際問題としては，ほとんどの原価は階段状に増減する。しかし，もしその階段の幅が狭ければ，実務上は変動費扱される。たとえば図1—15で示したように，直接労務費は，業務量の増加に伴い，1人分の賃金だけふえていくが，階段の幅が狭いために直線とみなされる。これは便宜上直線とみなすというよりも，その労働力を最大限に利用する点を結んで，標準原価や予算原価として統制目的に使用するためである。もし階段の

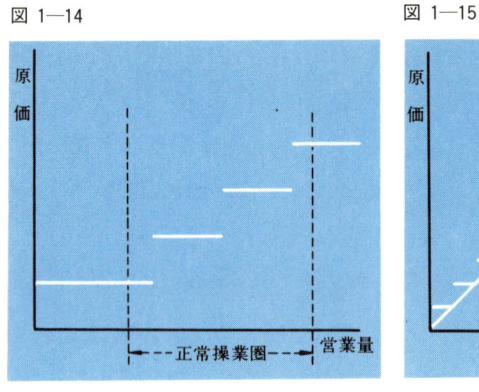

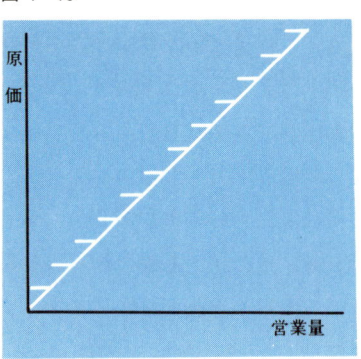

幅が広ければ，図1—14のように準固定費として扱われ，さらに階段の幅が広くなり，正常操業圏内で固定していれば，すでに図1—12で示したように固定費扱される。たとえば直接労務費であっても，正常操業圏内では，たとえ業務量が減少しようとも，工員の人数をへらさないという方針が堅持されており，しかも利用目的が利益計画であれば，直接労務費は支払形態から固定費として扱われる。

なお論者によっては，上述の準変動費と準固定費の両方を含めて，準変動費と称することがあるので注意を要する。

(3) アクティビティ・コストとキャパシティ・コスト

最近では，変動費のことをアクティビティ・コスト（activity costs），固定費のことをキャパシティ・コスト（capacity costs）と称することが多い。これは同じ内容を，異なる観点からみたものである。つまりコスト・ビヘイビャーから原価を分類すれば変動費と固定費に分類され，原価の発生源泉（origin of costs）から分類すれば，アクティビティ・コストとキャパシティ・コストに分類されるのである。

電話料を例にとって考えてみよう。電話料は基本料金と通話料からなっている。コスト・ビヘイビャーの観点からすれば，基本料金は固定費であり，通話料は変動費である。しかし基本料金と通話料は，どこから発生するか，あるいはなんのために発生するかを考えてみると，基本料金は実際に電話をかけようとかけまいと，電話をかける能力を保持しようと思えば，これを払わなければならない。したがって能力維持のためのキャパシティ・コストである。他方，通話料は電話をかければ発生し，かけなければ発生しない。つまり業務活動から発生するアクティビティ・コストなのである。

(4) 責任会計における費目別勘定分類とコスト・ビヘイビャー

責任会計における勘定科目の分類方法については，すでに分類表の一例をあげて説明した。この分類表における製造間接費，販売費および一般管理費の各費目別勘定は，変動費，固定費，準変動費などに分類されていない点に注意してほしい。

理想的にいえば，各費目別勘定は1つのコスト・ビヘイビャーのみを示す最小単位に分割しておくほうがよい。たとえば補助材料費という準変動費の勘定は作らずに，これを2分して，補助材料費の変動費部分を集計する変動補助材料費勘定と，補助材料費の固定費部分を集計する固定補助材料費勘定とを別個に設けておくのである。しかしながら日々のコスト・データの集計においては，コストは補助材料費としてとらえられるにすぎない。これをいちいち変動費部分と固定費部分とに分割することは，非常に困難であるのみならず，それだけの手数をかけるメリットもえられない。各費目の固変分解が必要になるのは，新会計年度にはいるまえの予算編成の過程においてであり，またその会計年度にはいってからは，月末における予算・実績比較と月次損益計算の段階においてであって，毎日必要というわけではない。したがって各費目の日々の記録と集計は，変動費，固定費などのコスト・ビヘイビャーを区別せず，第1製造部門の補助材料費，工場消耗品費，というように，費目別，責任センター別になされるわけである。

[練習問題 1−1] 原価計算基準における原価計算の目的を説明しなさい。

[練習問題 1−2] 原価計算制度において原価と非原価とを区分する基準について述べなさい。(解答は別紙に十行以内に横書にすること)　　　　　　　　　　　(公認会計士2次，昭33)

[練習問題 1−3] 次の算式を完成しなさい。
　(1)　総 原 価 ＝ _____ ＋ 販売費および _____
　(2)　製 造 原 価 ＝ _____ ＋ _____
　(3)　製造間接費 ＝ _____ ＋ _____ ＋間接経費

[練習問題 1−4] 下記の項目について，原価計算制度上，非原価とされる項目には0，原価に算入され，しかも製造原価となる項目には1，販売費となる項目には2，一般管理費となる項目には3を，それぞれの項目の〔　〕の中に記入しなさい。
　　〔　〕工場の運転資金として必要な，銀行借入金にたいする支払利息
　　〔　〕工場の運動会において，授与する賞品の購入費用
　　〔　〕会社の役員に支払われる賞与金
　　〔　〕本社建物の減価償却費
　　〔　〕新製品発表会に必要なお茶代
　　　　　　　　　　　　　　　　　　　　　　　　　　　　　　(日商2級試験問題)

[練習問題 1−5] 次の項目は，原価計算制度上，原価となるかならないか。理由をつけて答えなさい。

(1) 女子工員のための華道講師料
(2) 通常の程度をこえて発生した仕損費
(3) 銀行借入金にたいする支払利息
(4) 会社の支払う法人税
(5) 取締役社長の給料
(6) 機械工の賃金
(7) 火災による工場設備の除却損
(8) 工場の機械にかけられる固定資産税
(9) 工場の機械購入額
(10) 工場の土地購入代金

[練習問題 1—6] 次に示す費目は，総原価構成図のなかの，どれに相当するかを答えなさい。
(1) 工場従業員の募集費
(2) 工具の退職給付引当金繰入額
(3) 基礎技術の研究費
(4) 新製品発表会の費用
(5) 製造工程間で仕掛品を移動させるために使用する木箱，ポリ箱
(6) 工場の運動会の費用
(7) 本社で使用する文房具
(8) 工員の健康保険料の会社負担分
(9) 外部から購入した部品の消費額
(10) 工場内で使用する消火器

[練習問題 1—7] 次の項目のうちで，変動費は○印，固定費は□印，準変動費は△印，非原価は×印を，それぞれの項目番号の頭につけなさい。
(1) 配　当　金
(2) 外 注 加 工 賃
(3) 原　料　費
(4) 電　力　料
(5) 工員の残業手当
(6) 建物減価償却費
(7) 買 入 部 品 費
(8) 建物火災保険料
(9) 販 売 員 手 数 料
(10) 支　払　利　息

[練習問題 1—8] 下記の当年度の資料から，全部実際正常原価計算による製造間接費勘定，仕掛品勘定および損益計算書を作成し，税引前当期純利益を計算しなさい。なお原価差異の会計処理は「原価計算基準」によること。
1. 素材費　期首有高400万円，当期購入代価3,400万円，当期引取費用60万円(内　50万円は未払)，期末帳簿残高600万円，期末実際残高590万円。素材は，すべて直接材料として使用された。期末帳簿残高と実際残高との差額は正常な差額である。
2. 工場補修用鋼材　期首有高30万円，当期仕入高350万円，期末有高50万円
3. 工場の修理工賃金　当期要支払額180万円

4. 工場固定資産税 19 万円
5. 工員募集費 40 万円
6. 機械工および組立工賃金　前期未払高 600 万円, 当期賃金・手当支給総額 2,400 万円（内源泉所得税, 社会保険料など控除額 360 万円), 当期直接工直接作業賃金 2,300 万円, 当期直接工間接作業賃金 260 万円, 当期手待賃金 4 万円, 当期定時間外作業割増賃金 16 万円, 当期未払高 740 万円, なお当期の消費賃金および期首, 期末の未払高は, 手当を含む予定平均賃率で計算されている。
7. 製造用切削油, 機械油, 電球, 石鹸などの当期消費額 175 万円
8. 工場倉庫係の賃金　当期要支払額 140 万円
9. 製造間接費予算差異 4 万円（貸方差異）
10. 製造関係の事務職員給料　当期要支払額 190 万円
11. 本社企画部費 25 万円
12. 新技術基礎研究費 100 万円
13. 製造用の使用可能期間 1 年未満または取得価額 10 万円未満の工具, 測定器具 215 万円
14. 重役室費 35 万円
15. 工員用社宅, 託児所など福利施設負担額 50 万円
16. 工場の机, 椅子, 黒板, 自転車など 122 万円
17. 広告費 40 万円
18. 工場従業員のための茶道, 華道講師料 40 万円
19. 外注加工賃（材料は無償支給。納入加工品は直ちに消費した。) 140 万円
20. 工場技術職員の給料　当期要支払額 290 万円
21. 製造間接費操業度差異 45 万円（借方差異）
22. 当期における工場用土地の取得原価 7,000 万円
23. 工場火災による当期仕損費 1,111 万円
24. 製品期首有高 780 万円, 製品期末有高 840 万円
25. 本社役員給料 300 万円
26. 本社役員賞与 500 万円
27. 工員訓練費 30 万円
28. 掛売集金費 30 万円
29. 出荷運送費 20 万円
30. 受取利息 35 万円
31. 営業所長給料 174 万円
32. 工場電力料・ガス代・水道料 90 万円
33. 本社事務員給料 190 万円
34. その他の販売費 30 万円
35. その他の一般管理費 60 万円
36. 受取配当金 12 万円
37. 売上高 10,969 万円
38. 販売員給料 230 万円
39. 支払利息および割引料 70 万円
40. 工場減価償却費 930 万円（内　長期休止設備の減価償却費 80 万円）
41. 当社の株主にたいする配当金 400 万円

42. 有価証券の売却損 20 万円
43. 当期における工場設備の取得原価 1,500 万円
44. 仕掛品期首有高 490 万円, 仕掛品期末有高 29 万円

(日商簿記 1 級工業簿記試験問題, 一部修正)

(注) 役員賞与の会計処理について
1. 役員賞与とは何か
　　取締役, 会計参与, 監査役および執行役 (以下合わせて「役員」という。)にたいする賞与を役員賞与という。
2. 「原価計算基準」における処理
　　「原価計算基準」では, **役員賞与を非原価とした**(第 1 章　5 非原価項目 (4) 3。その理由は, これまでわが国では, 役員報酬 (役員の給料) はたとえ企業利益がなくとも, 役員の職務執行にたいする対価なので, それは一般管理費として支払われるが, 役員賞与 (役員にたいするボーナス) は企業利益をあげた功労に報いるため, **利益の分配**として支給され, 利益処分により未処分利益の減少として会計上処理されてきたためである。
3. 新会社法および企業会計基準第4号による処理
　　しかしながら新たに**会社法 (平成 17 年法律第 86 号)** が公布されたため, 企業会計基準委員会は実務対応報告第 13 号「役員賞与の会計処理に関する当面の取扱い」を廃止し, 企業会計基準第 4 号「役員賞与に関する会計基準」(平成 17 年 11 月 29 日) を新たに公表した。新しい会社法では, 役員賞与と役員報酬は, どちらも**職務執行の対価**として, 同じ条文で同一の手続により支給されるものと規定している。そこでこの第 4 号では,「役員賞与は, 発生した会計期間の費用として処理する。」とした。したがって今後は, **役員賞与を「原価計算基準」に従って非原価 (利益の分配) として処理することはできず, 役員賞与はその期の一般管理費として処理しなければならない**。具体的には, 役員賞与が期末後に開催される株主総会の決議事項である場合には, 決議事項とする役員賞与の額またはその見込額について引当金処理をし, 損益計算書の販売費及び一般管理費に「役員賞与引当金繰入額」, 貸借対照表の流動負債に「役員賞与引当金」を計上することになる。

第 2 章　商的工業会計
―― 原価計算以前の工業会計 ――

　原価計算の出発点は，商的工業会計である。商業資本主義の時代には，各商企業は複式簿記によってその企業活動の内容を記録し，その成果を計算していた。ところが産業革命によって工場制企業が台頭してくると，新たな計算理論と技法によって，生産物の製造・販売につきその原価を記録し計算する必要が生じてくる。しかしながら原価計算はまだ工夫されていない段階では，製造会社の業務活動はやはり従来から使用してきた商業簿記によって記録し計算するほかはない。このように，商業簿記の計算記録方法を，そのまま工企業にあてはめた会計が，商的工業会計である。

　商的工業会計といえば聞えはよいが，これは通称「丼勘定方式」といわれる原始的な工業簿記である。わが国の中小企業で原価計算を採用していない工企業は，すべてこの方法にたよっている。そこで本章では丼勘定方式の計算原理を理解することによって，その長所と短所とを確認し，とくにその欠陥から，なぜ原価計算が工夫されるにいたったか，を理解することにしよう。

第 1 節　商的工業会計の計算原理

1.　商品勘定における売上原価と売上総利益の計算方法

　商業簿記で商品の売上原価や売上総利益を計算するもっとも簡単な方法は，混合勘定として商品勘定を利用する方法である。商品勘定では，商品は資産であるから資産の増加は借方に，減少は貸方に記入される。

図 2—1

(借方)	商　　品	(貸方)
増　加　高　×××		減　少　高　×××

　さて，いま期首商品有高 100 円，期中商品仕入高 900 円，期末商品有高 300

円とすれば，その売上原価は次の算式によって計算できる。

期首有高 100 円＋当期仕入高 900 円－期末有高 300 円＝売上原価 700 円

この計算は，商品勘定の上では，次のように記録される。

図 2—2

商　　　品	
期 首 有 高　　100円 当 期 仕 入 高　　　900 　　　　　　　　1,000円	売 上 原 価　　700円 期 末 有 高　　300 　　　　　　　1,000円

上記の勘定において，期末有高 300 円が貸方に計上されているのは，借方合計額から差し引くという意味にほかならない。

もし同じ条件で，売上高が 1,200 円であるとし，商品勘定で売上総利益を計算したければ，図 2—3 のように，売上高を貸方に計上すればよい。

図 2—3

商　　　品	
期 首 有 高　　100円 当 期 仕 入 高　　　900 売 上 総 利 益　　500 　　　　　　　1,500円	売 上 高　　1,200円 期 末 有 高　　300 　　　　　　　1,500円

その理由は，貸方の売上高と期末有高とを入れ換えた，図 2—4 を見れば明らかであろう。

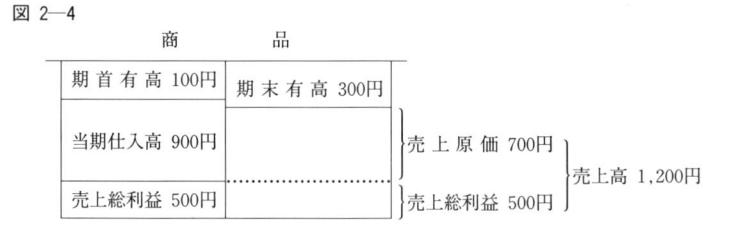

図 2—4

商　　　品	
期首有高 100円	期末有高 300円
当期仕入高 900円	売上原価 700円
売上総利益 500円	売上総利益 500円

（右側：売上原価 700円，売上総利益 500円 → 売上高 1,200円）

2. 製造企業における井勘定方式

これまで検討した商品勘定の記録計算方法を，製造企業の製造活動にそのままあてはめれば，どのようになるだろうか。

まず，勘定の名称は，製造企業であるから「商品」でなく「製造」になる。

期首商品有高に相当する期首有高および期末商品有高に相当する期末有高は，いずれも製造企業であるから，材料，仕掛品および製品の有高となる。当期商品仕入高に相当する部分は，これも製造企業であるから材料仕入高，労務費および経費となる。このようにして，図 2—4 の商品勘定は図 2—5 の製造勘定へと変わる。

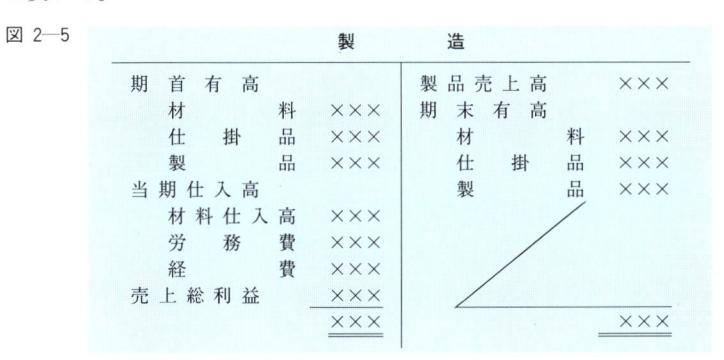

図 2—5

	製	造	
期 首 有 高		製 品 売 上 高	×××
材　　　　料	×××	期 末 有 高	
仕　掛　品	×××	材　　　　料	×××
製　　　　品	×××	仕　掛　品	×××
当 期 仕 入 高		製　　　　品	×××
材 料 仕 入 高	×××		
労　務　費	×××		
経　　　　費	×××		
売 上 総 利 益	×××		
	×××		×××

　このような製造勘定は，丼勘定方式の原型であって，アメリカでは19世紀の後半において，かなり採用されていた証拠がある。[注1]

　現在では，丼勘定方式といっても，図 2—6 のような方法が採られている。つまり，図 2—5 では，製造勘定の借方に，たとえば材料の期首有高と当期材料仕入高が，その貸方に材料期末有高が計上されている。したがってこれらを分離，独立させれば，材料勘定が必要となる。仕掛品，製品についても同様である。

図 2—6

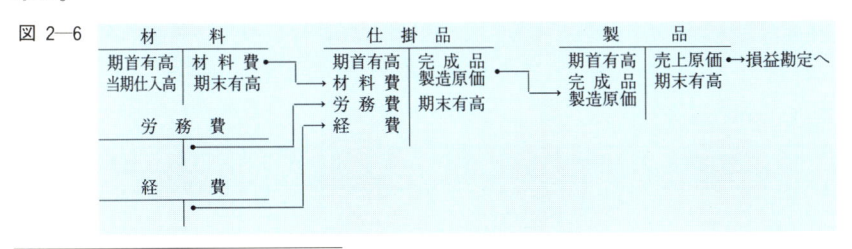

材　　料	仕　掛　品	製　　品	
期首有高　材料費→ 当期仕入高　期末有高	期首有高　完成品 　→材料費　製造原価 　→労務費　期末有高 　→経　費	期首有高　売上原価→ 完成品　期末有高 製造原価	損益勘定へ
労　務　費・			
経　　費・			

(注1)　たとえばグッドウインの簿記書における工業会計の部分を参照されたい。ここでは丼勘定方式の説明があり，1881 年から 1908 年の第 26 版にいたるまで少しも改訂さてれいない。
　　　J. H. Goodwin, *Goodwin's Improved Bookkeeping and Business Manual* (New York: Published by the Author, 1881), 24 ed., 1906, pp.14-16.

図2—5と図2—6とを比較してみれば，図2—6の記録方法のほうが，生産過程に応じて，つまり材料が出庫され，加工され，完成していく順序を追って記録されている点が改良されている。しかしながらその計算方法自体は，図2—5の方法とまったく同じ方法，つまり棚卸計算方法にもとづいている点に注意してほしい。

材料勘定では，材料の（期首有高）＋（当期仕入高）－（期末有高）＝材料費が計算されている。仕掛品勘定では，仕掛品の（期首有高）＋（期中に発生した材料費＋労務費＋経費……これが，仕掛品の期中の仕入高に相当し，当期総製造費用という。）－（期末有高）＝完成品製造原価　が計算されている。製品勘定では，完成品の（期首有高）＋（完成品製造原価……これが製品の期中仕入高に相当する。）－（期末有高）＝売上原価　が計算されている。これらはいずれも，期末棚卸の結果をまって，各勘定の借方合計額から期末棚卸高を差し引くことによって計算されているのである。

第 2 節　商的工業会計の計算例

以上われわれは，商的工業会計の計算原理を理解したので，次に計算例をみておこう。

[例題 2—1]

岡本機械製作所は，製品 A の部品を購入し，これを組み立てて販売している。従業員は 40 名の小企業であるため，原価計算は行なわず，商的工業会計を採用している。部品を購入し，これを組み立てて出荷する過程は，図 2—7 に示すとおりである。

(1)　会計期間は半年であって，19××年 1 月 1 日における期首有高は次のとおり。

　　(イ)　材料（買入部品）　　50,000円
　　(ロ)　仕　　掛　　品　　100,000円
　　(ハ)　製　　　　　品　　300,000円

図 2—7

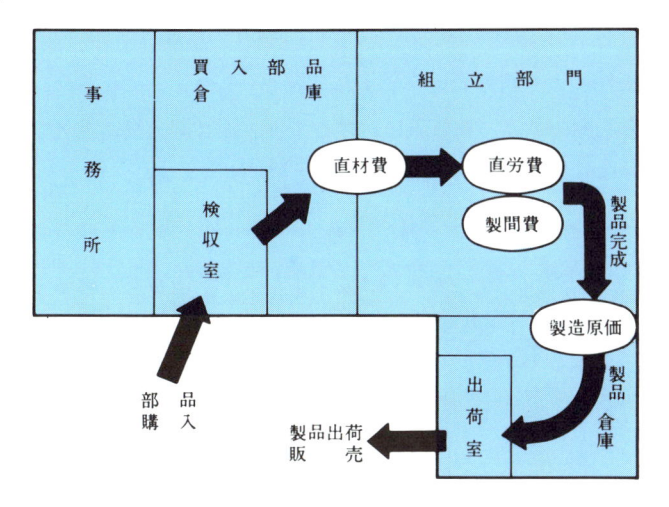

```
┌─────────┬──────────┬──────────────┐
│         │ 買入部品   │  組 立 部 門  │
│  事     │ 倉  庫   │              │
│         │          │ 直材費 → 直労費│
│  務     ├──────┐   │       製間費  │
│         │ 検収 │→  │              │
│  所     │  室  │   │         製造原価│
│         │      │   ├──────┬───────┤
└─────────┴──┬───┘   │ 出荷 │ 製品   │
             │       │ 室   │ 倉庫   │
          部品       │      │       │
          購入    製品出荷← │       │
                  販売      │       │
```

［説 明］直 材 費……直接材料費 ⎫
　　　　　直 労 費……直接労務費 ⎬ 製 造 原 価
　　　　　製 間 費……製造間接費 ⎭

(2) 期中における外部取引については，通常の商業簿記にもとづき記録し，同年6月30日における残高試算表を作成したところ，解答の精算表における整理・振替記入前残高試算表のとおりになった。

(3) 期末有高は次のとおりである。
　　(イ) 材料（買入部品）　　70,000円
　　(ロ) 仕　　掛　　品　　250,000円
　　(ハ) 製　　　　　品　　500,000円

(4) その他，期末整理事項は次のとおり。
　　製造用の機械・設備減価償却費当期分　　90,000円
　　なお，減価償却費については，間接法による減価償却を行なっている。 (注2)

(注2)　直接法では，(借方) 減価償却費×××　(貸方) 機械・設備×××　の仕訳となるが，間接法では，(借方) 減価償却費×××　(貸方) 機械・設備減価償却累計額×××　の仕訳となる。

以上の条件に基づき，精算表を作成しなさい。

[解　答]

問題の条件により精算表を作成すれば表 2—1 のようになる。次にこの表の作成方法を説明しよう。精算表における整理・振替記入欄に記入された○印のついた番号は，以下に述べる説明の番号と対応している。

表 2—1　　　　　　　精　算　表　　　　　　　単位：万円

勘定科目	整理・振替記入前残高試算表		整理・振替記入		整理・振替記入後残高試算表		損益計算書		貸借対照表	
	借方	貸方	借方	貸方	借方	貸方	借方	貸方	借方	貸方
現　　　　金	98				98				98	
売　掛　金	140				140				140	
材　　　　料	130			③ 123	7				7	
仕　掛　品	10		③ 123　④ 110　④ 82	⑤ 300	25				25	
製　　　　品	30		⑤ 300	⑥ 280	50				50	
機械・設備	100				100				100	
機械・設備減価償却累計額		36		① 9		45				45
買　掛　金		96				96				96
資　本　金		220				220				220
売　　　　上		400				400		400		
直接労務費	110			④ 110						
製造間接費	73		② 9	④ 82						
販　売　費	40				40		40			
管　理　費	21				21		21			
	752	752								
減価償却費			① 9	② 9						
売上原価			⑥ 280		280		280			
			913	913	761	761				
当期純利益							59			59
							400	400	420	420

(1)　まず条件(4)にある期末整理事項を整理・振替記入欄に記入する。整理仕訳は次のとおりである。

　　　（減価償却費）90,000 円　　（機械・設備減価償却累計額）90,000 円

(2) 次に減価償却費を，製造間接費勘定へ振り替える記入を行なう。

　　　　　（製 造 間 接 費）　90,000円　（減 価 償 却 費）　90,000円
(3) 買入部品の期首，期末有高についての条件によれば，材料（買入部品）勘定は，次のようになり，棚卸計算の結果，直接材料費は，1,230,000円と計算される。

材　料

期 首 有 高	50,000円	直 接 材 料 費	1,230,000円
当 期 仕 入 高	1,250,000	期 末 有 高	70,000
	1,300,000円		1,300,000円

そこで直接材料費1,230,000円を仕掛品勘定へ振り替える。

　　　　　（仕　　　掛　　　品）1,230,000円　（材　　　　　料）1,230,000円
(4) 直接労務費1,100,000円と，製造間接費(730,000円＋90,000円＝820,000円)とを，仕掛品勘定へ振り替える。

　　　　　（仕　　　掛　　　品）1,100,000円　（直 接 労 務 費）1,100,000円
　　　　　（仕　　　掛　　　品）　820,000円　（製 造 間 接 費）　820,000円
(5) その結果，仕掛品勘定は次のようになり，借方合計額から期末仕掛品有高を差し引いて，完成品製造原価は3,000,000円であることがわかる。

仕　掛　品

期 首 有 高	100,000円	完成品製造原価	3,000,000円
直 接 材 料 費	1,230,000	期 末 有 高	250,000
直 接 労 務 費	1,100,000		
製 造 間 接 費	820,000		
	3,250,000円		3,250,000円

そこで完成品製造原価3,000,000円を製品勘定へ振り替える。

　　　　　（製　　　　　品）3,000,000円　（仕　　　掛　　　品）3,000,000円
(6) これにより製品勘定は次のようになり，借方合計額から期末製品有高を差し引いて，売上原価が2,800,000円であることがわかる。

製　品

期 首 有 高	300,000	売 上 原 価	2,800,000円
当期完成品製造原価	3,000,000	期 末 有 高	500,000
	3,300,000円		3,300,000円

計算した売上原価を製品勘定から売上原価勘定へ振り替える。

（売　上　原　価）2,800,000 円　　　（製　　　品）2,800,000 円

これで，整理記入と振替記入を終わったので，整理・振替記入後残高試算表を作り，これにもとづき損益計算書と貸借対照表を作成する。

第 3 節　商的工業会計の欠陥と原価計算の誕生

1.　商的工業会計の長所と短所

商的工業会計は，これまで検討したように，棚卸計算にもとづく方法である。したがってこの方法の長所と短所も，すべて棚卸計算法の長所と短所に由来する。

(1) 長　　所

この方法にも長所がないわけではない。それは，計算事務に手数がかからず，そのために事務費用が少なくてすむ，という点にある。

たとえば材料費の計算を例にとって考えてみると，当期の材料費は，（期首材料有高）＋（期中材料仕入高）－（期末材料有高）によって計算される。したがって期中に材料が消費されたとき，なんらの記録も計算も行わないのであるから，計算事務に要する手数は非常に節約される。企業の規模が小さい場合には，経営者は自分自身で工場のなかを歩きまわり，作業の状況を観察し，必要な命令を直接くだすことができる。したがってこのような場合には，経費のかかる原価計算を採用しなくとも，経営管理に必要な情報は，直接に目や耳からえられるので，その工業会計は丼勘定方式で十分なのである。

(2) 短　　所

しかしながら企業規模が多少とも大きくなり，製造過程が複雑になると，丼

勘定方式の欠陥は重大なものとなる。これを図 2—8 によって説明しよう。

図 2—8 は，図 2—5 の製造勘定をもとにして作成した図である。丼勘定方式の原型は図 2—5 の製造勘定であって，現在では図 2—6 に示した記録方法に変化しているが，その本質にはまったく変わりがない。図 2—5 の製造勘定において，その借方に，原価財（材料，労働力，諸用役など）の購入が，複式簿記によって正確に記録されている。またその貸方には，売上高が複式簿記によって正確に記録されている。しかしながら調達された原価財が，どのように，いかほどどこで消費されて，どうなったか，という企業内部における価値の移転過程について，なんの記録も行われず，なんの管理も行なわれていない状態である。つまり棚卸計算にもとづいているため，製造勘定における借方側から貸方側へ，原価財がどのように変化し移転したかが，一切不明なのである。売上総利益は，たんに売上高と，企業全体のその期間における売上原価総額とが比較され，計算されているにすぎない。したがって，

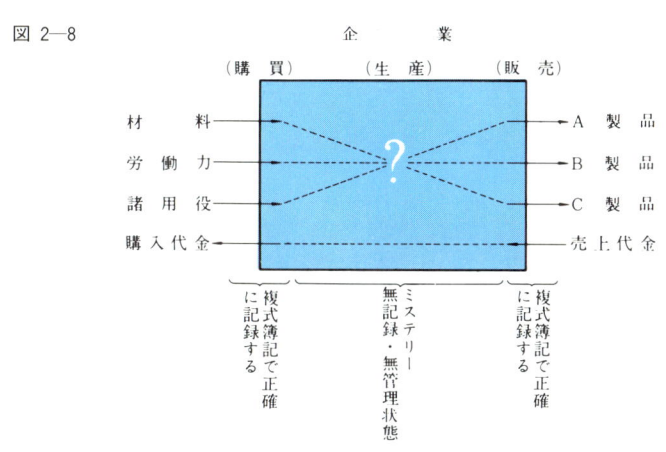

図 2—8

企　業
（購買）　（生産）　（販売）

材　料 → A 製品
労働力 → B 製品
諸用役 → C 製品
購入代金 → 売上代金

複式簿記で正確に記録する　｜　ミステリー・無記録・無管理状態　｜　複式簿記で正確に記録する

(イ)　もし製品別の実際原価がわかれば，これにマージンを加えて，製品の売価をきめることができる。しかしながら丼勘定方式では製品別の実際原価が不明であるから，売価決定に役立つ原価資料がえられない。

(ロ)　会計期間の途中では，企業が儲かっているのかいないのかさえ，経営者にはわからない。それが判明するのは，半年ないし 1 年ごとに行なわれる

(ハ) 原価財がどの部門で，いくら消費されたのかがわからないから，原価管理用のデータがえられない。
(ニ) 製品別の実際原価が不明なので，どの製品が儲かっているのかがわからず，利益計画用のデータがえられない。

というように，重大な欠陥が続出する。

2. 原価計算の誕生

以上述べた欠陥はすべて，経営活動の成果である経営給付に原価を割り当てることによって，経営内部における価値の流れを把握する原価計算が欠除しているためである。とりわけ19世紀後半のイギリスやアメリカの企業経営者が痛感した欠陥は，上述した(イ)と(ロ)の欠陥であった。これらの欠陥を克服するために，原価計算が誕生した。そしてその最初の形態は，価格決定および期間損益計算を主眼とした，見積原価計算および実際原価計算であった。次章ではまず，見積原価計算をとりあげて検討しよう。

[練習問題 2—1] 次に示した勘定連絡図に，条件の数値を記入して，当期純利益（営業利益）を計算しなさい。
[条　件] (1) 期 首 有 高
素　　　　材　　1,000,000円　　仕　掛　品　　2,500,000円
補 助 材 料　　　　50,000円　　製　　　　品　　3,000,000円
(2) 材 料 仕 入 高
素　　　　材　　9,000,000円（素材の消費額は，直接材料費とする。）
補 助 材 料　　　350,000円（補助材料の消費額は，間接材料費とする。）
(3) 当期賃金支払高（当期賃金支払高と当期賃金発生高は等しいとする。）
直　接　工　　5,000,000円（直接工賃金はすべて直接労務費とする。）
間　接　工　　2,000,000円（間接工賃金はすべて間接労務費とする。）
(4) その他諸経費支払・発生高（諸勘定に記入すること。）
間 接 経 費　　2,250,000円
販売費および
一 般 管 理 費　　4,000,000円
(5) 期 末 有 高
素　　　　材　　2,000,000円　　仕　掛　品　　3,000,000円
補 助 材 料　　　150,000円　　製　　　　品　　2,000,000円
(6) 当期売上高（売掛）　29,000,000円

第 2 章 商的工業会計　　67

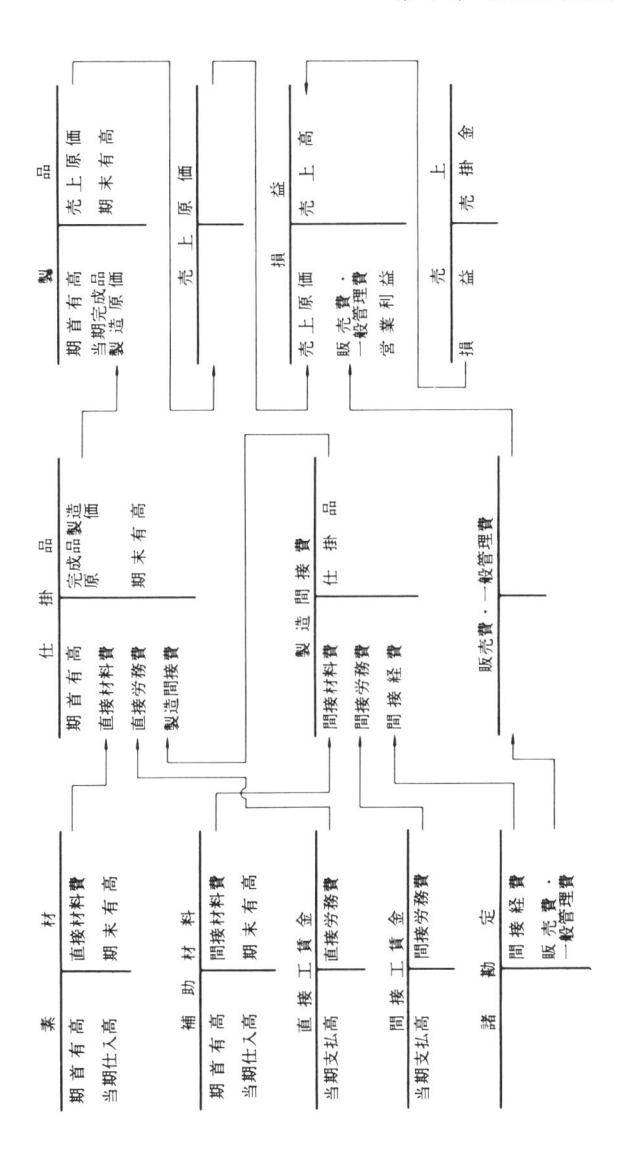

第 3 章　見積原価計算

　見積原価計算（estimated cost accounting system）は，原価計算のもっとも古い形態の1つである。この計算は，複式簿記機構のなかで見積原価と実際原価とを期間的に突き合わせることにより，価格決定および期間損益計算（棚卸資産評価）の基礎となる製品1単位当たりの原価見積の正確性を検証する計算であって，前章で述べた丼勘定方式の計算を，ほんの少し手直しをするだけで実施可能な計算なのである。

第 1 節　見積原価計算の計算原理

1.　丼勘定方式における原価見積の必要性

(1)　原価見積と見積原価との区別

　まず見積原価計算の計算内容にはいるまえに，用語を定義しておきたい。
　原価見積（cost estimate）というのは，原価単位当たりの実際製造原価を，非科学的方法により予定した額である。いま原価単位を製品1単位とすれば，製品1単位を製造すると，製造原価が実際にいくらかかるであろうかを，まったくの勘で見積った額が，原価見積である。これにたいして見積原価（estimate cost）というのは，上に述べた原価見積にその製品の実際生産量を乗じた額をさす。
　たとえばB製品1単位を製造するのに，製造原価は100円かかるであろう，と勘で見積ったとする。この100円は原価見積である。この製品を100個生産したとき，100個の見積原価は，
　　　@ 100円 × 100個 ＝ 10,000 円
と計算される。

(2)　丼勘定方式と原価見積との関係

　前章の終りにおいて，丼勘定方式の計算では，原価財の消費額を追跡しない

ため，製品別の実際原価がわからず，したがって売価決定に役立つ製品別の原価資料がえられない点を指摘した。

この場合でも，価格をきめないわけにはいかないから，製品単位当たりの原価を勘により見積って，この原価見積にマージンを加え，製品の売価をきめていたのである。また期間損益を計算するときも，仕掛品や製品の期末有高を計算しなければならない。この場合，期末仕掛品量や期末製品在庫量は，実地棚卸をしてみれば判明する。しかしこれらに掛ける実際単位原価は，わからないはずである。なぜならばこの単位原価をつかむのが原価計算の任務であり，それを実施していないからである。そこでこの単位原価には，原価見積を使用することになる。こうして，丼勘定方式の計算を実施する場合には，原価見積が不可欠の計算要素なのである。

2. 丼勘定方式から見積原価計算へ

(1) 不正確な原価見積から生ずる破綻

さて，丼勘定方式を採用する企業において，もし原価見積が狂っていたとすれば，どうなるだろうか。まず，売価が正確にきめられないので，儲かっていると思っても，実は損をして売っているかもしれない。さらに仕掛品と製品の期末有高の評価が不正確になるため，期間損益計算もまた不正確になる。

こうして，企業間の競争がしだいに激しくなると，不正確な原価見積のために，破産する企業が続出したのである。そこで経営者の最大の関心は，どうすれば原価見積の正確性をチェックできるか，という点に絞られてきた。

(2) 原価見積の正確性を検証する方法

原価見積の正確性をチェックする方法をしては，2つの方法が考えられる。その1つは，製品の実際製造原価を丹念に追跡し，記録し，集計して，その結果（つまり実際製造単位原価）と，原価見積とを直接に比較する方法である。この方法は次章で述べる実際原価計算にほかならない。もう1つの方法は，丼勘定方式を少し変えるだけで，間接的にチェックする方法であり，これが見積原価計算である。次に計算例で，見積原価計算の計算原理を説明しよう。

[計 算 例]

(イ) B製品原価見積

いま B 製品 1 単位を製造するに要する実際製造原価を勘で見積ったところ，次のようになったとする。

  直 接 材 料 費 5円
  直 接 労 務 費 3
  製 造 間 接 費 <u>2</u>
   製 造 原 価 <u>10円</u>

(ロ) 期首仕掛品，製品はない。

(ハ) 期中に，B製品100単位分の材料を平均的に投入し，期末までに80単位完成し，20単位分は未完成となった。この20単位分の期末仕掛品の進捗度（stage of completion，つまり完成の度合）は50％であった。(注1)

(ニ) 当期の実際原価（当期の発生総額）
  実際直接材料費 468円
  実際直接労務費 260
  実際製造間接費 <u>190</u>
   当期製造費用 <u>918円</u>

以上の条件にもとづいて，丼勘定方式の製造勘定と見積原価計算の製造勘定とをそれぞれ示し，両方法を比較せよ。

（注1） 期末仕掛品の進捗度とは，期末仕掛品の物理的な完成の度合ではなく，完成品原価と比較して，期末仕掛品にどの程度の原価がすでに投入されたかという観点からみた完成の度合である。進捗度 50 ％とは，完成品に投入される原価の半分がすでに投入されたということである。

[解 答]

(イ) 丼勘定方式の製造勘定

	製	造	
実際直接材料費	468円	完成品製造原価	818円
実際直接労務費	260	期末仕掛品原価	100
実際製造間接費	190		
	918円		918円

　これによれば，製造勘定の借方に製造原価の実際発生額を計上し，貸方には，期末に期末仕掛品原価を評価し計上する。

　期末仕掛品量は20単位分で，その進捗度は50％であるから，これを完成品に換算すると，

　　　期末仕掛品量20個×進捗度50％＝完成品換算量10個

となる。つまり期末仕掛品20単位に投入された原価は，完成品に引き直して考えると，完成品10単位分に相当するわけである。したがって，

　　　期末仕掛品原価＝原価見積10円×期末仕掛品の完成品換算量10個
　　　　　　　　　　＝100円

と計算される。

　そこで丼勘定方式のもとでは，

　　　完成品製造原価＝借方総額918円－期末仕掛品原価100円＝818円

というように差額として計算される。

　さて上述の期末仕掛品原価は，原価見積にもとづいて計算した見積原価にほかならない。この原価見積が正確であるか否かをチェックするためには，完成品製造原価を貸借の差額として計算せず，問題となっている原価見積を使って次のように計算すればよい。

(ロ) 見積原価計算の製造勘定

	製	造	
実際直接材料費	468円	完成品製造原価　＠10円×80個 …………	800円
実際直接労務費	260	期末仕掛品原価　＠10円×20個×50％ …	100
実際製造間接費	190	見積原価差額 ………………………………	18
	918円		918円

この製造勘定では完成品製造原価は,

　　原価見積 10 円×実際生産量 80 個＝800 円

として計算されている。したがって, 製造勘定の貸方に計上された完成品製造原価 800 円と, 期末仕掛品原価 100 円とは, いずれも見積原価であるから, 製造勘定は,

製　　造	
実 際 原 価　　918円	見 積 原 価　　900円

となっている。したがってもし,

　i) 借方合計額＝貸方合計額　ならば, 原価見積は正確であった,
　ii) 借方合計額＞貸方合計額　ならば, 原価見積は低すぎた,
　iii) 借方合計額＜貸方合計額　ならば, 原価見積は高すぎた,

と判定するのである。上述の計算例では,

　　借方合計額 918円 ＞ 貸方合計額 900 円

であるから, 見積原価差額 18 円が発生し, 原価見積は低く見積りすぎたことがわかる。いくら低く見積りすぎたかは,

$$誤差率＝\frac{見積原価差額18円}{完成品見積原価800円＋期末仕掛品見積原価100円}=0.02$$

と計算できる。つまり見積原価に 2 ％の誤差が生じたのであるから, もし原価見積を10円とせずに,

　　10 円×（1 ＋0.02）＝10.2 円

として計算したならば, 製造勘定は,

製　　造	
468円	@10.2円×80個…………816円
260	@10.2円×20個×50％……102
190	
918円	918円

となって，貸借の合計額が一致し，見積原価差額が生じなかったはずである。そこで次期の原価見積は，10.2円と改訂し，期末仕掛品と完成品の見積原価を修正したうえで，同様の計算を続けていくことにする。

　以上が見積原価計算の計算原理である。この方法と丼勘定方式とを比較するならば，ごくわずかの手直し，つまり完成品製造原価を貸借の差額として計算するか（丼勘定方式の場合），あるいはこれを，（原価見積）×（実際生産量）によって計算するか（見積原価計算の場合）の違いにすぎない。これだけの手直しによって，複式簿記機構のなかで期間的に原価見積の正確性をチェックすることに成功したのであるから，まことに巧妙な工夫であるといわざるをえない。

　見積原価計算の計算原理は上述のとおりであるが，実際には原価要素別に原価見積の正確性をチェックする方法をとるのが普通である。なぜならば前述の計算例からわかるように，原価見積が10円ではなく，10.2円であったことがわかっても，いったい直接材料費の見積が低すぎたのか，直接労務費の見積が低すぎたのか，あるいは製造間接費の見積が低すぎたのかが，わからない。また場合によっては，直接材料費の見積は高すぎたが，直接労務費の見積は低すぎたというように，見積誤りが相殺されることがある。したがって原価要素別に仕掛品勘定を設定し，それぞれの勘定において同様な計算をするのである。(注2)

第2節　見積原価計算の長所と短所

1. 長　　所

見積原価計算の計算目的は，

(イ)　価格決定および期間損益計算（棚卸資産評価）目的の基礎として使用する原価見積の正確性を，複式簿記機構のなかで期間的に検証すること，

(ロ)　上記(イ)の目的を達成するために，できるだけ計算・記帳の手数を簡略にし，事務経費を節約すること，

(注2)　原価要素別に原価見積の正確性を検証する見積原価計算の計算例題については，この六訂版では割愛した。興味のある方は，五訂版を参照されたい。

にある。われわれはこれまでに，見積原価計算における原価見積の正確性を検証する仕組を理解したのであるが，上記㋺の目的も，この計算にとって重要な目的であることを再確認しておきたい。つまり見積原価計算では，原価計算自体に要する事務量や事務経費の節約を重視するために，井勘定方式の計算原理である棚卸計算法を踏襲したのである。原価見積の正確性検証という目的と，できるだけ計算事務を簡略にするという目的とが，見積原価計算において巧妙に調和せしめられている点が，この計算の長所である。

2. 短　　　所

しかしながら，この長所は同時に短所ともなっている。なぜならば，上記㋑と㋺の目的は，互いに背反する性質をもっているからである。

もし，原価見積の正確性を検証する目的を重視し，この目的の実現を追求していったらどうなるであろうか。たとえば原価要素別に原価見積の正確性を検証する見積原価計算において，直接材料費の原価見積が不正確であったことがわかっても，どの素材，どの買入部品の原価見積を間違えたのか，を知ることができない。また直接労務費にしても，製品がいくつかの部門で加工される場合，どの部門の直接労務費の原価見積を間違えたのか，を知ることができない。そこで見積原価計算の方法は，原価要素別原価見積検証法から，材料種類別，直接賃金部門別原価見積検証法へと移行していった。しかしながらこの段階においても，いく種類かの製品を製造している場合，どの製品の原価見積を間違えたのか，を知ることができない。そこでさらに販売製品の品種を大きく区分した製品種類別原価見積の検証法が工夫されるようになる。こうして原価見積の正確性検証を，細部にわたって精緻に行なおうとすればするほど，見積原価計算のいま1つの主目的である，計算記帳事務の簡略化という目的が果たされなくなるのである。
(注3)

(注3) このような経過について詳しくは，拙稿「米国における前駆的見積原価計算――その生成，発展および衰退――」ビジネス・レビュー，Vol. 9, No. 2, 一橋大学産業経営研究所，ダイヤモンド社，昭和36年10月を参照されたい。

この点について，材料費計算を例にとって考えてみよう。

(1) まず，原価要素別原価見積の正確性を検証する見積原価計算において，直接材料費－仕掛勘定の借方に計上される実際直接材料費は，実は「推定」実際直接材料費にすぎない。なぜならば，材料の消費額を計算するにあたり，消費量を直接に把握せず，材料の（期首有高）＋（当期仕入高）－（期末有高）によって，つまり棚卸計算によって，間接的に把握しているからである。いいかえれば，材料が倉庫に残っていないから，実際に消費したに違いないという推定のもとにたった計算なのである。実際には，倉庫のなかで蒸発してなくなったかもしれないし，材料を出庫するときに，こぼれてなくなったかもしれないし，あるいは盗まれてなくなったかもしれないのである。

次章で述べる実際原価計算では，重要な材料については，その消費量を直接につかむ継続記録法を採用する。この方法のもとでは，材料を倉庫から出すときは，かならず材料倉出請求書（material requisition；出庫票ともいう。）を発行し，これを倉庫に持参しないと，倉庫係は材料を出庫させない方式となっている。そこで発行済の出庫票に記載された数量を集計すれば，材料の消費量を直接につかむことができる。

しかしながら継続記録法は，手数も費用もかかるので，初期の見積原価計算は棚卸計算法を採用したのである。

(2) 次に棚卸計算法によると，直接材料費と間接材料費とを，明確に区別して計算することができない。たとえば素材を製品の製造のために消費すれば直接材料費となるが，その製品の製造に必要な機械が故障し，その修繕のために素材を消費すれば，間接材料費となる。出庫票制度を採用していれば，この区別をすることができるが，棚卸計算法では，素材の消費はすべて直接材料費になるとみなさざるをえない。

(3) 棚卸計算法では，一定期間の材料消費総額を推定するのみで，どの部門で，どの製品のために消費されたか，をつかむことができない。したがって部門別，製品別直接材料費の原価見積の正確性を検証しようとすれば，特殊の場合を除き，出庫票制度にもとづく継続記録法を採用せざるをえなくなる。
(注 4)

以上，材料費計算を例にとって説明したが，労務費計算においても，同じような事情が存在する。直接労務費－仕掛勘定の借方に計上されているのは，直接工賃金の支払高（労働力の購入高）を消費高に等しいとみなして計算した実際直接労務費である。この場合も，労働力をどの部門で，どの製品のために消費したかをつかんでおらず，これをつかむためには，作業時間の測定および記録を行なわなければならない。

第 3 節　見積原価計算から実際原価計算へ

このように原価見積の正確性検証を精緻に行なえば行なうほど，材料費計算においては出庫票制度を採用し，労務費計算においては作業時間記録を行なって，原価財の消費を直接につかむ必要が生じてくる。そしてそのことは見積原価計算の主要な特徴の1つである計算記帳事務の簡素化という性質を喪失させることになる。

他方において，見積原価計算の拠って立つ基盤そのものが，今世紀の初頭において，急速に崩壊していった。というのは，そもそも見積原価計算には，製品の実際原価に一定の利益を加算して売ることができる，という大きな前提が必要である。しかしながらしだいに競争が激化してくると，価格は競争市場ですでに定まっているため，製品の実際原価そのものを下げなければ，その企業は競争から脱落する。そこで何よりもまず製品の実際原価を確定し，これらを期間比較することによって，常に製品の実際原価を管理しなければならない，という考え方が支配的となった。そこで多くの企業では，その原価計算方法を，見積原価計算から実際原価計算へと移行させていったのである。

(注 4)　特殊な場合とは，たとえば，材料 a は A 製品の製造のみに，材料 b は B 製品の製造のみに必要であるというように，製品別に別個の材料を使用する場合である。しかしながら一般には，材料 c は，A 製品にも B 製品にも製造上必要であるというように，共用されることが多い。この場合 A，B の製品別材料 c の実際消費量は，出庫票によって A，B の製品別に把握されなければならない。

[解　説]　実際原価志向的見積原価計算と標準原価志向的見積原価計算

　原価計算の歴史的発展の流れのなかで見積原価計算を位置づければ，2種類の見積原価計算を区別することが必要である。

図 3—1

```
                        ┌─────────────┐
                   ┌──→│ 実際原価志向的│
                   │    │ 見積原価計算  │
┌─────────┐       │    └─────────────┘
│ 商的工業│───────┤
│   会　計│       │    ┌─────────┐    ┌─────────────┐    ┌─────────┐
└─────────┘       └──→│実際原価計算│──→│標準原価志向的│──→│標準原価計算│
                        └─────────┘    │ 見積原価計算  │    └─────────┘
                                        └─────────────┘
```

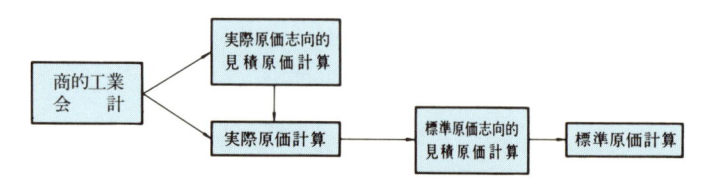

　図 3—1 の示すように，商的工業会計の欠陥から原価計算の必要性が認識され，企業によっては，直ちに実際原価計算を工夫するものもあったが，見積原価計算を工夫し，これを採用するものもあった。この見積原価計算は，実際原価を真実の原価（true costs）と考え，見積原価をできるだけ実際原価に一致させることを眼目にした見積原価計算である。したがってこの種の見積原価計算を，実際原価志向的見積計算と呼ぶことにする。

　本章で述べた見積原価計算は，実際原価志向的見積原価計算であって，期末に見積原価差額が生じた場合，見積原価差額を期末仕掛品，製品，売上原価へ追加配賦することはもちろんのこと，その差額を生ぜしめた原因が将来も持続すると予想されれば，原価見積を修正して，できるかぎり次期における見積原価を実際原価へ一致させようとする。したがってこの計算は，手数と費用のかかる実際原価計算にたいする便宜法なのである。そこで材料費計算には棚卸計算法を採用し，労務費計算では，賃金の支払額を消費額とみなすというように，できるだけ簡略化した方法を採用するのである。しかしながらこの種の見積原価計算は，価格決定および期間損益計算に役立つ計算であり，原価管理目的が重要となるにつれて，しだいに消滅し，その計算は実際原価計算へと移行していった。

　このような実際原価志向的見積原価計算にたいし，標準原価志向的見積原価計算は，実際原価計算が原価管理に役立つ適切な原価情報を提供できないために，精緻な標準原価計算へ移行する前段階として工夫された見積原価計算である。この見積原価計算もまた，原価要素別仕掛品勘定において，実際原価と見積原価とを対比せしめ，期末に見積原価差額を算出するのであり，計算方法の点では，実際原価志向的見積原価計算と変わりがない。ただ，その主眼は原価管理にあるため，期末に算出した見積原価差額は，これを実際原価に一致させることよりも，見積の正しいかぎり，見積原価差額の発生した原因をつきとめ，原価管理用の情報をえることに役立たしめる。

　したがってそのためには，見積原価と対比させる実際原価は，信頼度の高いものでなければならないから，材料費計算においては継続記録法を採用し，労務費計算においては作業時間を測定し記録することによって，原価の実際消費額を正確に把握するのである。

第4章　実際原価計算総説および実際単純個別原価計算

第1節　実際原価計算総説

1. 実際原価計算の目的

実際原価計算 (actual cost accounting; Istkostenrechnung) では，製品の製造および販売のために，実際にかかった原価，すなわち実際原価 (actual costs; Istkosten) を計算する。この計算の狙いとするところは，できるだけ企業における経営活動の実際を，ありのままの姿で示すことにある。

2. 実際原価の本質

原価が実際にいくら発生するかは，原価に影響を及ぼすいろいろの要素の変動ぐあいによって変わってくる。たとえば材料の価格，工員の賃率，作業能率，操業度，生産ロット，プロダクト・ミックスなどは，いずれも原価の発生額に影響を及ぼす要素であるが，製品を製造するとき，たまたま材料の価格が値下がりしていたとか，工員の体の調子がたまたま悪くて作業能率が低下したとか，たまたま不況で操業度が低くなったとかいった要素は，すべて製品の原価発生額を上下せしめる。

したがって実際原価は，昔は実際にその製品のためにかかった原価であるから，真実の原価 (true costs) であると考えられていたが，現在では，上に述べた諸要素の偶然的な変動をすべて反映する偶然的な原価 (accidental costs) であると考えられている。

(注1)　生産ロットとは，1回にまとめて生産する製品の量のことであって，たとえば製品Aを1,000個ずつまとめて生産するとき，1ロットは1,000個であるという。

(注2)　プロダクト・ミックスとは，一定期間における種々の製品の生産量の割合をいう。たとえば当月，A，B，C3種類の製品を，1:2:3の割合で生産するか，3:2:1の割合で生産するかによって，原価の実際発生額が変わってくる。

3. 歴史的原価と歴史的原価計算

実際原価の概念は，歴史的原価（historical costs）から実際正常原価（actual normal costs）へと，その内容が変化してきた。

昔は実際原価といえば，歴史的原価のことをさしていた。つまり原価は，原価財の価格に消費量を掛けて計算される。そこで実際にいくらかかったかを計算するには，価格要素も消費量要素も，厳密にその実際によって計算した。たとえば実際材料費（厳密には歴史的材料費といったほうがよい。）を計算するには，消費したその材料の実際消費単価に，その材料の実際消費量を掛けて計算した。このように価格要素も消費量要素も，「実際」によって計算した原価を，歴史的原価という。

歴史的原価計算では，このような歴史的原価を計算するために，材料費，労務費，経費と費目別に実際発生額をつかみ，これらを各製品別に集計していく。したがっていくつかの部門をへて仕掛品が加工されていく場合，先行部門の歴史的原価を計算し，次にこれを後続部門へと振り替えるという，いわゆる「ころがし」計算が行なわれる。したがってまえの部門の計算が終らなければ，あとの部門は計算をすることができない。このように歴史的原価計算方法の特色は，原価通算の原理（Grundsatz der Kostendurchrechnung）にもとづく計算であるという点にある。

4. 実際正常原価と実際正常原価計算

歴史的原価は，実際にかかった原価であるから真実の原価であると考えられていた。しかしながら，価格要素も消費量要素も，まったくそのときどきの実際によって計算すると，通常生ずる原価財の消費額のみならず，異常事態，たとえば天災，ストライキ，景気変動などに強く影響された異常な原価財の消費額も，ときおり歴史的原価のなかに混入し，そのような歴史的原価は，価格決定目的，期間損益計算目的，原価管理目的など種々の原価計算目的に役立たないことが知られ，原価の正常性（Normalcharakter der Kosten）が認識されるようになった。(注3)

(注3) この点については，すでに本書の第1章第2節1(4)で述べた。

そこで異常な財貨消費額は，あるいは非原価項目として除去し，あるいは数期間に平均化することによって，正常な経営活動から発生した通常の財貨消費額だけを，実際原価として計算するようになった。これが実際正常原価計算である。

原価の正常性を認識させるきっかけを作ったのは，製造間接費を製品へ実際配賦することによって生ずる欠陥である。これについては，製造間接費正常配賦の理論の項で詳しく説明しよう。

現在では，実際原価といえば，実際正常原価をさしていうのが普通である。実際正常原価は歴史的原価と比べて，「正常な経営活動を前提として発生」という制限が新たに加わっているけれども，それは正常な経営活動という枠のなかで，そのときどきの偶然によって発生した偶然的原価なのである。もし実際正常原価が，この偶然的原価としての性質を失ってしまえば，現実の経営過程のありのままの姿を示すという実際原価計算の任務を果たすことができなくなる。実際正常原価が偶然的原価であるがゆえに，1企業の過去の実績を正しく表示しようとする外部報告目的の期間損益計算にとって，この原価はもっとも適切な原価であると，一般に考えられている。

なお実際正常原価計算では，あとで説明するように，製造間接費については，実際発生額を「ころがし」計算せずに，正常配賦率をあらかじめ予定し，これによって正常配賦を行なう。したがってこの点にかんするかぎり，歴史的原価計算における原価通算の原理は，実際正常原価計算では原則として破られることになる。本書では，今後とくに断りのないかぎり，実際原価計算といえば，実際正常原価計算をさすことにする。(注4)

(注4) アメリカでは原価計算制度を，見積原価計算，実際原価計算，標準原価計算に分類するのが通常である。これにたいし，ドイツではこれを実際原価計算（Istkostenrechnung），正常原価計算（Normalkostenrechnung），計画原価計算（Plankostenrechnung）に分類するのが支配的である。

さて上述した製造間接費の正常配賦を行なう計算は，アメリカでは実際原価計算であると考えられているのにたいし，ドイツではそれは正常原価計算であると考えられている。本書では，わが国の通説に従って，これを実際原価計算に含めて説明する。

5. 製品原価と期間原価

実際原価計算は，外部報告目的の期間損益計算にとって，もっとも適切な原価計算であると，一般に考えられている。期間損益計算では，企業の利益を生み出すために行なった努力（すなわち費用）と，それから生れた成果（すなわち収益）とを期間的に対応させることによって，その企業の期間損益を計算する。この費用収益の期間的対応上，必要となる原価概念が，製品原価（product costs）と期間原価（period costs）である。

原価計算基準では，これらの原価は「財務諸表上収益との対応関係に基づく」分類であるとし，「製品原価とは，一定単位の製品に集計された原価をいい，期間原価とは，一定期間における発生額を，当期の収益に直接対応させて，は握した原価をいう。」と説明している（「基準」第1章4(2)）。

製品原価と期間原価の具体的な内容は，伝統的な原価計算（これを全部原価計算 absorption costing という。）と，第2次世界大戦後台頭してきた直接原価計算（direct costing……これについては，第10章で述べる。）では異なる。ここでは，伝統的な全部原価計算における製品原価と期間原価の概念を説明しよう。そのためにはまず，伝統的な期間損益計算の基本思考を理解しておく必要がある。

およそ企業のコストは，企業利益を生み出すために発生させる。利益は主として，製品の製造および販売という業務活動から発生する。そこで利害関係の対立するどの関係者にとっても異論のない公正な期間損益の計算方法は，あらゆるコストをそれぞれの関係する製品へ集計し，その製品が販売されたとき，その売上高からその製品に集計された原価を差し引いて，利益を計算するという方法であろう。このようにすれば，1会計期間の売上高と，売上高という成果をもたらした努力としての原価とを，因果関係のあるもの同士を対応させることによって，正しい期間損益を計算することができる。この考え方が，伝統的な期間損益計算の基本的な考え方である。

さて，製品原価とは，一定単位の製品に集計される原価のことであるから，上述の考え方を別のかたちで表現するならば，伝統的な期間損益計算，したがってそれに役立つ原価資料を提供する伝統的な全部原価計算においては，あら

ゆるコストを，すべて製品原価として計算することが望ましい，ということになる。

しかしながら実際には，あらゆるコストを製品へ合理的に集計することは不可能である。なるほど製品の実際製造原価は，その製品の製造に要した原価であるから，これを関係製品へ合理的に集計することは可能である。しかしながら，販売費および一般管理費のほとんどは，これを製品へ合理的に集計することは困難である。たとえば，販売費の典型的な費目である広告費について考えてみると，投入額（広告費支出額）と産出額（広告による売上高増加額）との間の因果関係は，現在のところわかっていない。常識的に考えると，1期間の広告費の効果は，その期の売上の獲得にも役立っているであろうが，次期以降の売上高の獲得にも役立っていると推定される。しかしながら，当期に発生させた広告費のうち，どれだけが今期に属し，どれだけが次期以降に属するかを合理的に計算することは不可能である。一般管理費における社長の給料や試験研究費についても，同様である。

これを要するに販売費および一般管理費は，(イ)製品へ配賦する合理的な基準がない，(ロ)これらのコストは，毎期ほぼ同額発生する，(ハ)伝統的な保守主義の見地から，棚卸資産は低めに表示するほうがよい，という3つの理由から，伝統的な全部原価計算では，これらのコストを製品原価として製品へ集計することをあきらめ，これらを期間原価として，発生した期間の収益から，直接に回収するという方法をとるのである。したがって伝統的な考え方によれば，あらゆるコストを製品原価としたいけれども，それが不可能であるために，必要悪として，期間原価という原価概念を新たに設定せざるをえないのである。

以上の説明をよりよく理解するために，図4—1を見てほしい(注5)。利益獲得のために行なわれた支出は，資本的支出（capital charges，つまり今期のみならず次期以降の利益獲得のために行なわれた支出）と，収益的支出（income charges，つまり今期の利益獲得のために行なわれた支出）にわかれる。資本的支出は，固定資産

(注5) この図は，*N. A. (C.) A. Bulletin*, Vol. XXVII, No. 18, Section II, May 15, 1946 (*Research Series* No. 7) にある図を一部修正したものである。

図 4—1

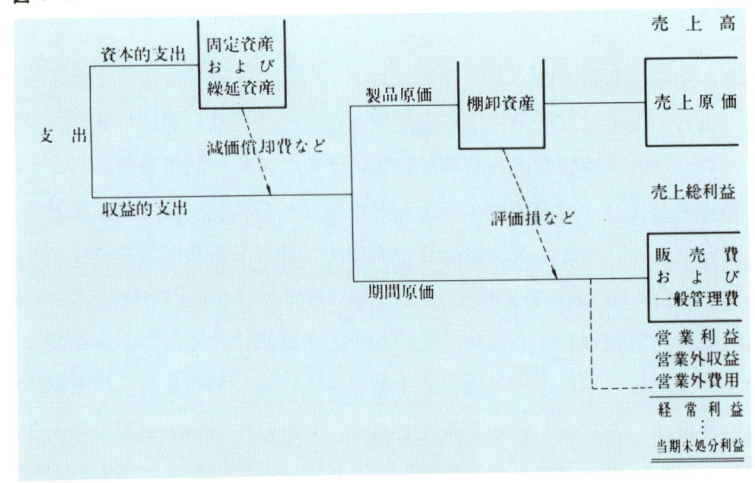

```
                    ┌─ 固定資産
             資本的支出│  および ─ 製品原価 ─ 棚卸資産 ─┐   売上高
             │      └─ 繰延資産         │        │
   支出 ─────┤         減価償却費など              │   売上原価
             │                                    │
             │                          評価損など  │   売上総利益
             └─ 収益的支出 ──────── 期間原価 ─────┤   販売費
                                                  │   および
                                                  │   一般管理費
                                                  │   営業利益
                                                  │   営業外収益
                                                  │   営業外費用
                                                  │   経常利益
                                                  └   当期未処分利益
```

(機械, 建物など) と繰延資産 (創立費, 開業費, 新株発行費など) からなり, これらは償却費というかたちで収益的支出へ落ちていく。収益的支出は, 製品へ合理的に集計できる原価, すなわち製品原価と, 製品へ合理的に集計できない原価, すなわち期間原価にわかれる。製品原価 (その内容は製造原価) は, 仕掛品原価をへて製品原価となり, 棚卸資産というプールで利益獲得のため待機し, 販売されたとき, 売上原価に転化し, 売上高と対応せしめられる。この対応は, 製品を媒介とする費用収益の対応であり, 客体的対応 (product matching), 個別的対応, あるいは原価計算的対応 (matching from cost accounting viewpoint) とも呼ばれる。これにたいし, 販売費および一般管理費を内容とする期間原価は, 発生した期に売上総利益と対応せしめられる。この対応は, 努力と成果との因果関係からみれば, 客体的対応よりも因果関係の薄い対応であり, 発生した期間を媒介とする対応なので, 期間的対応 (period matching) と呼ばれる。なお期間原価の内容は, 正確にいえば, 販売費および一般管理費のほかに, 営業外費用も含まれる。しかしながらこれらのコストは, 本来製品の製造および販売と無

(注 6) 売上原価は, 発生した期の収益に直接に対応せしめられるという意味で, 広義の期間原価である。つまり製品原価は販売によって広義の期間原価に転化するのである。

関係なコストであり，原価計算制度の立場から製品原価との対比の上で考える期間原価としては関係がないので，通常は期間原価の内容は，販売費および一般管理費「など」であると説明されることが多い。

図 4—1 から知られるように，製品原価と期間原価との線を右へたどっていけば，伝統的な損益計算書がえられる。したがって伝統的な損益計算書がこのような計算表示区分をとる背後に，製品原価と期間原価への分類にみられるような，期間損益計算についての基本的な思考が存在する，ということを知っておくことが大切である。(注7)

第 2 節　実際単純個別原価計算とその方法

正式の原価計算は，費目別計算──→部門別計算──→製品別計算というように3つの計算手続をへて行なわれる。しかしながら中小企業においては，原価計算をできるだけ簡略に行なうために，部門別計算を省略して，費目別計算──→製品別計算という手続がとられることが多い。このように部門別計算を省略した個別原価計算のことを，単純個別原価計算という。

さて，原価の実績を費目別に把握するやり方は個別原価計算以外の計算方法においても多くの部分が共通しているので，費目別計算については本節で詳しく説明し，部門別個別原価計算や総合原価計算の方法を説明するさいには，費目別計算については略述するにとどめる。また，中小企業向きの費目別計算は，大企業における費目別計算を簡略化すればよいので，本節ではとくに中小企業向きという点にこだわらずに費目別計算を取り扱うことにする。

1. 製造指図書と原価計算票

製造企業では顧客から製品の注文を受けると，その製品を製造するために生産技術担当部門（技術部，生産管理部など）が製造指図書を作成する。これは製造

(注 7) 費用収益の対応について詳しくは，森田哲弥稿「第二章　費用収益対応の原則」近代会計学体系第2巻を参照。

表 4—1

原 価 計 算 票

製造指図書 No.＿＿＿

得意先名＿＿＿＿＿＿　　　製造指図書発行日＿＿＿＿＿
製　品　名＿＿＿＿＿＿　　　製　造　着　手　日＿＿＿＿＿
仕　　　様＿＿＿＿＿＿　　　製　品　完　成　日＿＿＿＿＿
数　　　量＿＿＿＿＿＿　　　製品引渡予定日＿＿＿＿＿

直接材料費			直接労務費			製造間接費		
日付	出庫票 No.	金額	日付	作業時間票 No.	金額	日付	配賦率	金額
合　　計			合　　計			合　　計		

製造指図書 No.＿＿＿　要約表

	見　積	実　績	差　異
販　売　価　格			
直　接　材　料　費			
直　接　労　務　費			
製　造　間　接　費			
製　造　原　価　計			
販　　売　　費			
一　般　管　理　費			
総　　原　　価			
利　　　　　益			

表 4—2

材料倉出請求書（出庫票）

No.＿＿＿＿

引渡部門＿＿＿＿＿＿＿＿＿＿＿＿＿　　日　付＿＿＿＿＿＿
製造指図書 No.＿＿＿＿＿＿＿＿＿＿　　発行者＿＿＿＿＿＿
製造間接費費目指定 No.＿＿＿＿＿＿

材料品目	請求数量	材料コード No.	摘　要	出庫数量	単　価	金　額

出庫量記入者＿＿＿＿　単価記入者＿＿＿＿　材料受領者＿＿＿＿　受領月日＿＿＿＿

現場にたいする製造命令書であって，これには，製造指図書番号（production order number），製造指図書作成日，製造品目の名称と規格，製造数量，注文主の名称，注文書番号，製造着手日，製品完成日，各種材料所要量（これについては，別に材料仕様書 bill of materials を指図書に添えることが多い。），作業手順（これについても，別に作業仕様書を指図書に添える。）などの必要事項が記載される。原価係は製造指図書の写しを受け取ると，原価計算票（表とも書く）（job cost sheet）を作成する（表 4—1）。

個別原価計算の中心は，この原価計算票にある。つまり製造する製品はその製品の製造指図書番号によって代表され，各製造指図書番号の記載された原価計算票がそれぞれ用意される。そこで特定の製品を製造するために発生した原価は，その製品の製造指図書番号を手がかりに，その指図書番号の記載された原価計算票に集計される。したがって加工中の仕掛品について，その製造原価の発生を管理するには，それぞれの原価計算票に日々集計される原価の発生状況を注意深く観察すればよい。

2. 製造直接費の直課と製造間接費の配賦

個別原価計算では，

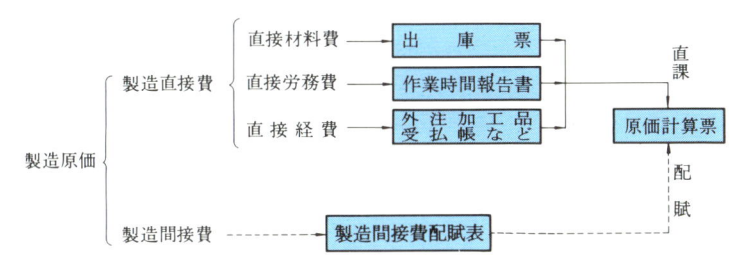

```
              ┌ 直接材料費 ── 出 庫 票 ──┐
              │                              │ 直
製造直接費 ┤ 直接労務費 ── 作業時間報告書 ┤ 課
              │                              │
製造原価 ┤   └ 直接経費 ── 外注加工品   ─┤ ── 原価計算票
              │              受払帳など      │
              │                              │ 配
              └ 製造間接費 ─── 製造間接費配賦表 ── 賦
```

という手続によって，各指図書別の製造原価を計算する。

たとえば製品を製造するために必要な素材を倉庫から出すときには，材料倉出請求書（出庫票）（表 4—2）を使用する。出庫票には，その素材を必要とする製造指図書の番号，素材の品目と出庫量とが記載される。そこで素材の単価に消費量（出庫量）を掛ければ，その指図書のために要した素材費がわかる。これは

直接材料費であるから，この金額をその指図書番号の記載されている原価計算票の直接材料費の欄に，移記すればよい。また，直接労務費は作業時間報告書，直接経費は，それが外注加工賃であれば，外注加工品受払帳によってそれぞれ把握されるが，それらの伝票や帳簿の上に，どの製品の製造のために要したかを明らかにする目的で，指図書番号が記載される。したがって出庫票の場合と同様に，その製造指図書番号を手掛りにして直接労務費と直接経費の金額を，その指図書番号の原価計算票へ移記する。これを製造直接費の直課 (direct charge) という。

これにたいして製造間接費は，その実際発生総額はわかっていても，各指図書別にどれほど要したかを直接に知ることはできない。したがって製造間接費を各指図書別に計算するには，たとえば直接作業時間を基準にして，次の式により製造間接費の実際配賦率 (actual burden rate) を計算する。

$$製造間接費の実際配賦率 = \frac{1か月間の製造間接費実際発生総額}{同期間の実際総直接作業時間}$$

この配賦率は，直接作業時間1時間につき，製造間接費をいくらずつ負担させるかを示す割掛率である。そこで，

$$\begin{pmatrix}特定の製品にたいする\\製造間接費の実際配賦額\end{pmatrix} = \begin{pmatrix}製造間接費の\\実際配賦率\end{pmatrix} \times \begin{pmatrix}その製品の製造に要し\\た実際直接作業時間数\end{pmatrix}$$

によって計算する。これを製造間接費の実際配賦 (actual overhead application) という。

理論上も実務上も，製造間接費の実際配賦は望ましくない。なぜならばこのような実際配賦をすると，手数がかかり計算が遅れるのみならず，月々の配賦率が操業度の変動によって大きく変化するからである。そこで製造間接費は実際額を配賦するのではなく，正常額を配賦するのが普通である。つまり，

$$製造間接費の正常配賦率 = \frac{1年間の製造間接費予算}{同期間の予定総直接作業時間数}$$

により，月々の操業度の変動に関係なく，年間を通じ常に一定の正常ないし予

定配賦率 (normal or predetermined burden rate) を使用することとし，

$$\begin{pmatrix}特定の製品にたいする\\製造間接費の正常配賦額\end{pmatrix} = \begin{pmatrix}製造間接費の\\正常配賦率\end{pmatrix} \times \begin{pmatrix}その製品の製造に要し\\た実際直接作業時間数\end{pmatrix}$$

によって計算するのである。このような配賦計算は，配賦表を作成し，そのうえで行なうこともあれば，配賦表を作成せずに，計算結果を直接に，その指図書の原価計算票における製造間接費欄に記入することもある。かくして製造直接費に製造間接費の配賦額を加えて，その製品の製造原価を計算する。

3. 原価記録と財務記録

原価計算を複式簿記と結合させ，これを原価計算制度として実施する場合には，原価計算の計算結果である原価記録は補助元帳(subsidiary ledger)に記録され，他方工業簿記の計算結果である財務記録は統制勘定 (control account) に記録される。そして補助元帳には内訳記録が，統制勘定にはその合計記録が保持されるという関係で，原価記録と財務記録とは，有機的に結合される。材料から製品が完成するまでの原価記録と財務記録との関係は，次のとおりである。

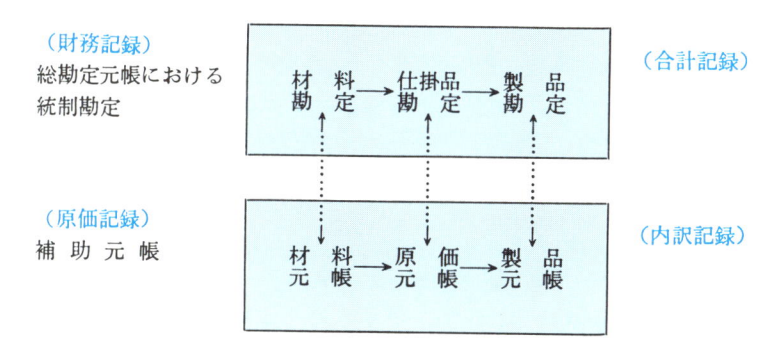

（財務記録）　　　　　　　　　　　　　　　　　　　　（合計記録）
総勘定元帳における　　材　料 → 仕掛品 → 製　品
統制勘定　　　　　　　勘　定　　勘　定　　勘　定

（原価記録）　　　　　　　　　　　　　　　　　　　　（内訳記録）
補　助　元　帳　　　　材　料 → 原　価 → 製　品
　　　　　　　　　　　元　帳　　元　帳　　元　帳

次にこれらの関係を，単純個別原価計算の計算例によって説明しよう。計算条件と図 4—2 とを比較対照しながら，両者の関係を確認されたい。

［計　算　例］

(1) 期首有高（1月1日）

期首における材料，仕掛品および製品の有高は，次のとおりである。

(イ) 材　料

		（単　価）	（数　量）	（金　額）
素　材	a	3,000円	400個	120万円
	b	1,000円	1,000個	100万円
補助材料	c	200円	500個	10万円
合　計				230万円

これらの記録は，材料品目別のカードに記入されており，材料カードが材料元帳をなしている。

(ロ) 仕掛品

仕掛品は，製造指図書 No. 101 のみであるとし，その原価は次のとおりとする。

　　直接材料費　　80万円
　　直接労務費　　60
　　製造間接費　　40
　　合　計　　　 180万円

これは，先月 No. 101 にたいして行なった作業から発生した製造原価であり，No. 101 の原価計算票にすでに記入されている。未完成品にたいする原価計算票がファイルされている補助元帳を 原価元帳 (cost ledger) という。

(ハ) 製　品

製品の在庫は，12 月 20 日に完成した製造指図書 No. 100 のみであって，その製造原価は 700 万円であるとする。製品が完成すると，完成品の原価計算票の記入が締め切られ，原価元帳から引き抜かれて 製品元帳 (finished goods ledger) にファイルされる。

(2) 期首有高にかんする原価記録と財務記録

図 4—2 に示すように，各材料カードにおける期首有高の合計Ⓐが材料勘定の期首有高に，原価元帳における No. 101 の製造原価合計Ⓑが仕掛品勘定の期首有高に，そして製品元帳における No. 100 の製造原価合計Ⓒが製品勘定の期首有高に，それぞれ一致していることを確認されたい。

(3) 製造間接費正常配賦率

予算編成において，きたるべき1年間の予定総直接作業時間は12万時間であり，そのさいの製造間接費予算は2,400万円と見積られた。したがって，

$$\text{製造間接費正常（予定）配賦率} = \frac{2,400万円}{12万時間} = 200円/時$$

と定めた。

(4) 当月材料掛仕入高および消費高

		a (@ 3,000円)		b (@ 1,000円)		c (@ 200円)		合計
		数量	金額	数量	金額	数量	金額	金額
1/1	期首有高	400個	120万円	1,000個	100万円	500個	10万円	230万円
1/5	仕入高	900	270	5,700	570	3,500	70	910
	合計	1,300個	390万円	6,700個	670万円	4,000個	80万円	1,140万円
1/6〜10	消費高	1,000	300	5,700	570	3,500	70	940
1/31	期末有高	300個	90万円	1,000個	100万円	500個	10万円	200万円

当月材料仕入高は，材料品目別カードの受入欄に記入され，それらの合計⑬は材料勘定の借方に910万円と記入される。

材料消費高は出庫票によって把握され，その内訳は次のとおりであったとする。

	材料	直接材料費				間接材料費	合計
		No. 101	No. 102	No. 103	合計		
1/6	a	300万円	—	—	300万円	—	300万円
1/10	b	—	500万円	70万円	570	—	570
1/6	c	—	—	—	—	70万円	70
	合計	300万円	500万円	70万円	870万円	70万円	940万円

出庫票によって把握された各材料の消費高は，各材料カードの払出欄に記入される。なお各材料の消費高は，出庫票の上で，単価に払出量を掛けて計算されるが，素材aおよびbの指図書別消費高は各指図書別原価計算票における直接材料費欄に記入される。他方，総勘定元帳には，次の仕訳をへて，それぞれの統制勘定に記入される。

　　　（仕　掛　品）　870万円　　（材　　　料）　940万円
　　　（製造間接費）　70万円

したがって各材料カードの払出欄に記入された金額（a材料300万円，b材料570万円，c材料70万円）の合計ⓒは，材料勘定の貸方，期中消費の箇所に記入

されるわけであり、各材料カードの期末残高（a材料90万円、b材料100万円、c材料10万円）の合計①は、材料勘定の貸方、期末有高のところに記入される。また各原価計算票の直接材料費欄に、当月に記入された額（No. 101, 300万円, No. 102, 500万円, No. 103, 70万円）の合計Ｆは、仕掛品勘定の借方、直接材料費のところに記入されることも理解できよう。

(5) 当月賃金消費高

直接工の賃率は、800円/時であるとし、各指図書別の実際直接作業時間は、No. 101が2,500時間、No. 102が6,000時間、No. 103が1,000時間、合計9,500時間であることが、作業時間報告書によって判明したとする。この場合には、作業時間報告書上で、賃率に実際直接作業時間を掛けて指図書別の直接労務費を計算し、それらを各指図書の原価計算票における直接労務費欄に記入する。

（賃率）	No. 101		No. 102		No. 103		合計	
	(直接作業時間)	(金額)	(直接作業時間)	(金額)	(直接作業時間)	(金額)	(直接作業時間)	(金額)
800円/時	2,500時	200万円	6,000時	480万円	1,000時	80万円	9,500時	760万円

したがって直接労務費の合計は760万円である。このほか間接工賃金が90万円発生したとすると、賃金消費額合計は850万円（＝760万円＋90万円）である。総勘定元帳には、

（仕　掛　品）760万円　　（賃　　　　金）850万円
（製造間接費）　90万円

の仕訳によって、それぞれの勘定へ記入する。

(6) 製造間接費の正常配賦

すでに述べたように、製造間接費は直接作業時間を基準にして配賦することとし、正常配賦率は200円/時と定められている。そこで仕上がり報告書によって製品の完成が判明したときに、あるいは月末になっても未完成のときは月末に、正常配賦率に作業時間報告書からえた実際直接作業時間を掛けて、製造間接費の正常配賦額を計算する。

仮にNo. 101は1月10日に完成、No. 102は1月25日に完成、No. 103

は月末に仕掛りであったとすると，正常配賦額は次のように計算される。

（日付）	（指図書 No.）	（正常配賦率）	（実際直接作業時間）	（正常配賦額）
1/10	No. 101	200円/時 ×	2,500時間	…… 50万円
1/25	No. 102	200円/時 ×	6,000時間	…… 120万円
1/31	No. 103	200円/時 ×	1,000時間	…… 20万円
	合　計	200円/時 ×	9,500時間	…… 190万円

　これらの指図書別配賦額は，各原価計算票の製造間接費欄に記入する。また配賦額の合計は，

　　　（仕　掛　品）　190万円　　（配賦製造間接費）　190万円

という仕訳によって，それぞれの勘定に記入される。

　図4—2では，図があまりにも複雑になるので図示を省略してあるが，

No. 101 の当月記入直接労務費　200万円
No. 102 の当月記入直接労務費　480万円 ⎫ 760万円→仕掛品勘定の借方
No. 103 の当月記入直接労務費　 80万円 ⎭ 　　　　直接労務費に，

No. 101 の当月配賦製造間接費　 50万円
No. 102 の当月配賦製造間接費　120万円 ⎫ 190万円→仕掛品勘定の借方
No. 103 の当月配賦製造間接費　 20万円 ⎭ 　　　　製造間接費に，

記入されるわけである。

(7)　原価計算票における製造原価の計算

　No. 101 と No. 102 は，完成時に原価計算票を締め切り，合計する。これらの原価計算票は，原価元帳から製品元帳へ移す。No. 103 は月末に仕掛であるから，原価計算票記入額を月末に合計する。

	No. 101 (1月10日完成)			No. 102 (1月25日完成)	No. 103 (1月31日仕掛)
	先 月	当 月	合 計	当 月	当 月
直接材料費	80	300	380	500	70
直接労務費	60	200	260	480	80
配賦製造間接費	40	50	90	120	20
合　　計	180	550	730	1,100	170
	‖				‖
	仕掛品 期首有高			1,830 完成品製造原価	仕掛品 期末有高

そこで次の仕訳により，完成品製造原価⑥を仕掛品勘定から製品勘定へ振り替える。

　　　　　（製　　　品）1,830万円　（仕　掛　品）1,830万円

したがって No. 103 の製造原価合計額⑪が仕掛品勘定における期末有高となる。

(8) 製造間接費，販売費および一般管理費の実際発生額

補助材料費 70 万円，間接工賃金 90 万円以外の製造間接費は，次のとおりであったとする。

　　　給　　　　　料　　10万円
　　　減価償却費など　　 30
　　　合　　　計　　　　40万円

この場合の仕訳は，「減価償却費など」をここでは便宜的に諸勘定で示すことにすると，

　　　　（製 造 間 接 費）40万円　（給　　　　　料）10万円
　　　　　　　　　　　　　　　　　（諸　勘　定）30万円

となる。また販売費および一般管理費の実際発生額は，360 万円であったとする。製造間接費勘定や販売費および一般管理費勘定も統制勘定であって，それぞれ補助元帳をもっているが，ここでは説明を省略する。

(9) 当月売上高（掛売）

　　　No. 100　　　　900万円
　　　No. 101　　　1,100万円
　　　売上高合計　　2,000万円

売上品元帳は設けても設けなくともよい。もし設けるのであれば，No. 100 と No. 101 の原価計算票は，製品元帳から売上品元帳へ移される。No. 102 は期末在庫となって，製品元帳にファイルされたままである(⑱)。No. 100 の製造原価は 700 万円，No. 101 は 730 万円であるから，売上原価⑦は 1,430 万円（= 700 万円 + 730 万円）である。そこで月次損益計算のため，次の仕訳が必

要となる。

(イ) 売上高を記録し，これを月次損益勘定へ振り替える。

　　　　（売　　掛　　金）2,000万円　　（売　　　　上）2,000万円
　　　　（売　　　　　上）2,000万円　　（月　次　損　益）2,000万円

(ロ) 売上原価を，製品勘定から売上原価勘定をへて，月次損益勘定へ振り替える。

　　　　（売　上　原　価）1,430万円　　（製　　　　品）1,430万円
　　　　（月　次　損　益）1,430万円　　（売　上　原　価）1,430万円

(ハ) 販売費および一般管理費を月次損益勘定へ振り替える。

　　　　（月　次　損　益）360万円　（販売費および一般管理費）360万円

かくして月次損益勘定において，当月の営業利益210万円が計算され，これは年次損益勘定へ振り替える。

(10) 製造間接費配賦差額

製造間接費の実際発生額は200万円（＝70万円＋90万円＋40万円）であるのにたいし，正常配賦額は190万円である。この配賦差額10万円は，次の仕訳により，製造間接費勘定において算出され，翌月以降へ繰り延べる。

　　　　（配賦製造間接費）190万円　　（製　造　間　接　費）190万円
　　　　（原　価　差　異）10万円　　（製　造　間　接　費）10万円

以上の説明によって，財務記録（合計記録）と原価記録（内訳記録）の関係，さらに個別原価計算の場合の，原始記録（出庫票，作業時間報告書，予算で設定された製造間接費正常配賦率ないし製造間接費配賦表）からの各指図書別原価計算票への記入関係を理解できたと思う。

次に個別原価計算の手続を，原価要素別に詳しく考察しよう。

図 4—2

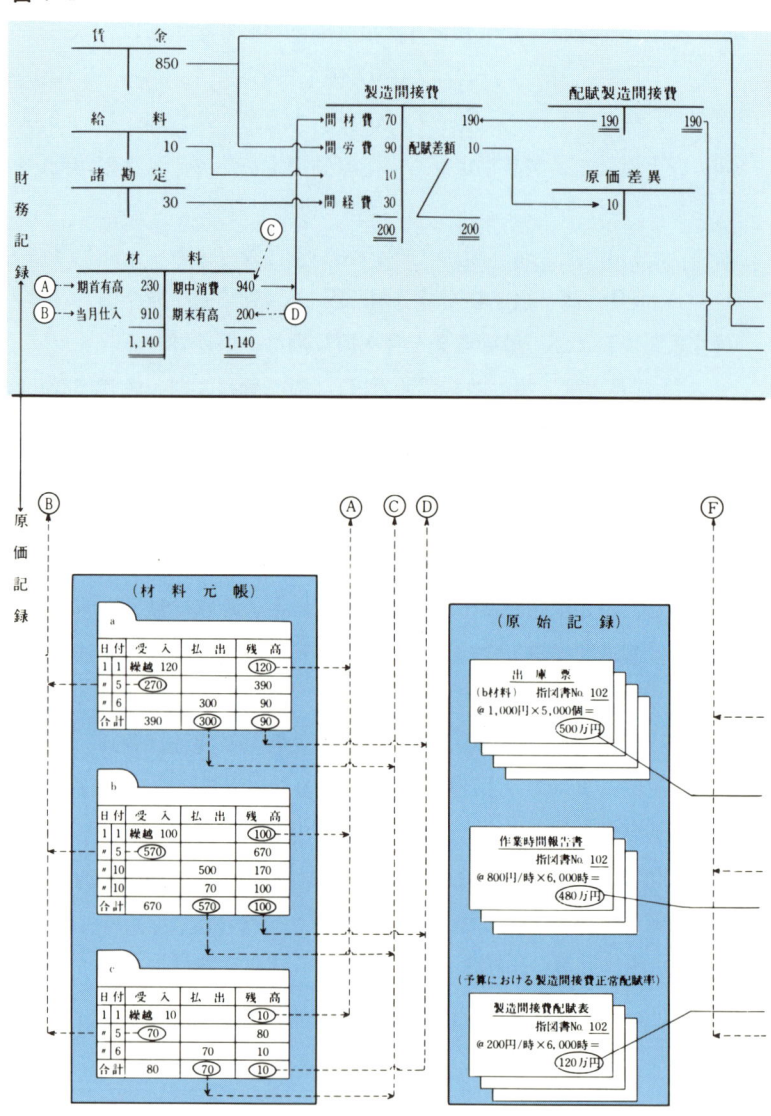

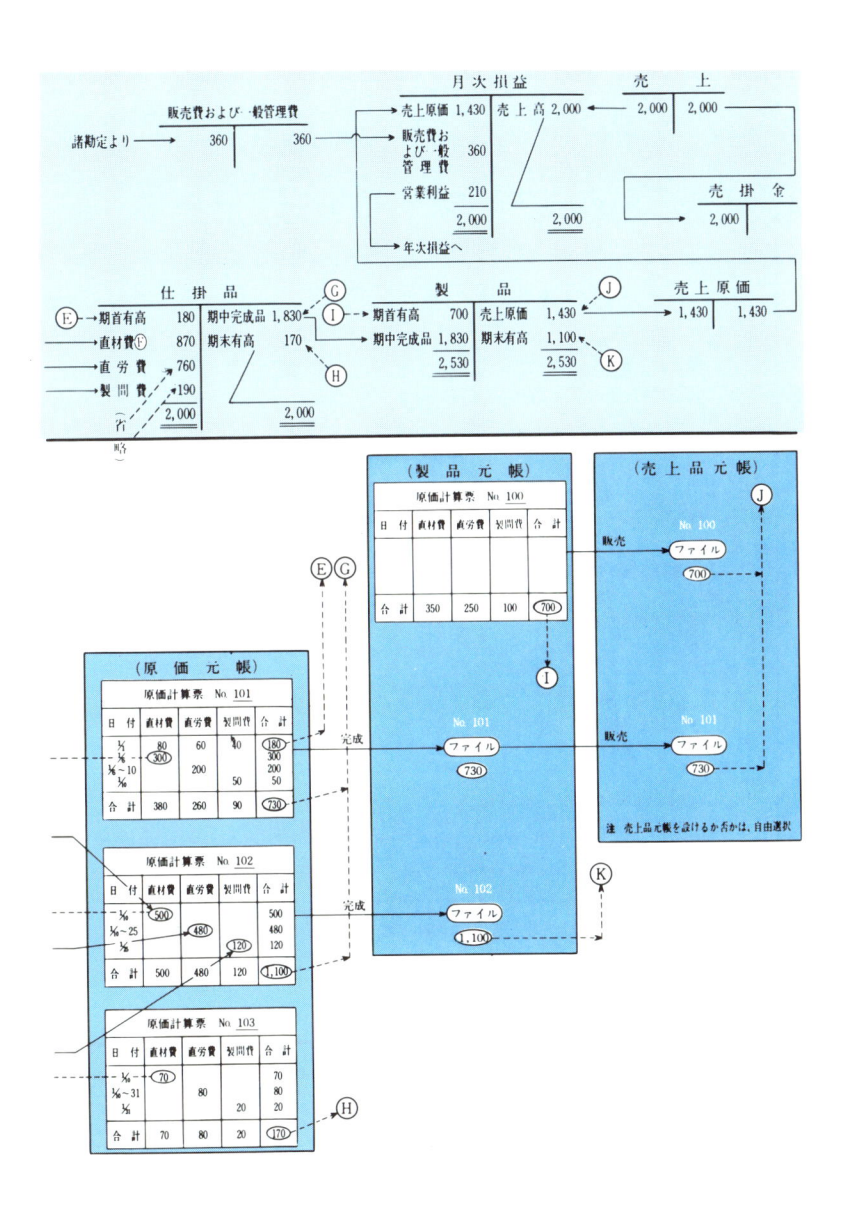

第 4 章　実際原価計算総説および実際単純個別原価計算　　97

[解 説] 製造原価明細書について
　財務諸表等規則第75条②に,「前項第二号の当期製品製造原価については,その内訳を記載した明細書を損益計算書に添付しなければならない」とされている。この規定を受けて,有価証券報告書に記載される損益計算書には,たとえば次のような製造原価明細書が添付されるが,この明細書は,損益計算書における売上原価のなかの当期製品製造原価の内訳表という関係にある。

```
                    製 造 原 価 明 細 書
会社名
                自 ×年×月×日  至 ×年×月×日

Ⅰ  材    料    費
  1. 期首材料棚卸高         ×××
  2. 当期材料仕入高         ×××
        合    計           ×××
  3. 期末材料棚卸高         ×××
        当 期 材 料 費                    ×××
Ⅱ  労    務    費
  1. 賃        金          ×××
  2. 給        料          ×××
        当 期 労 務 費                    ×××
Ⅲ  経        費
  1. 電   力   料          ×××
  2. ガ   ス   代          ×××
        ⋮                   ⋮
        当 期 経 費                       ×××
        当期総製造費用                    ×××
        期首仕掛品原価                    ×××
           合    計                       ×××
        期末仕掛品原価                    ×××
        当期製品製造原価                  (×××)
```

```
                    損 益 計 算 書
会社名
                自 ×年×月×日  至 ×年×月×日

Ⅰ  売    上    高                       ×××
Ⅱ  売  上  原  価
  1. 製品期首棚卸高         ×××
  2. 当期製品製造原価       (×××)
        合    計           ×××
  3. 製品期末棚卸高         ×××            ×××
        売 上 総 利 益                    ×××
        ⋮        (省 略)                  ⋮
```

第 3 節　材 料 費 会 計

材料費会計における主要な問題は，
- (イ)　材料の購入原価の計算と記帳手続，
- (ロ)　材料の消費額の計算と記帳手続，
- (ハ)　材料の管理方法，

である。以下順を追って説明しよう。

1. 材料と材料費の分類

製品の製造上使用される材料は，購入の見地から常備材料と引当材料に分けられる。常備材料とはその名の示すように，たえず使用する必要上常備しておかねばならぬ材料であり，引当材料とは特定の受注品を製造するため，特別にそのために購入する材料である。

これらの物品を製造のために「消費」すれば，材料費が発生する。原価計算係は，工場において材料がいつ消費されるかを，いちいち材料につきそって見届けるわけではない。たとえばそれが受払記録をつけねばならない重要な材料であれば，出庫票によって倉庫から材料が作業現場にたいして出庫されるとき，出庫をもって消費とみなすのである。

材料が製品製造のために消費（加工，変形）され，その製品の主たる実体を構成するとき，それを直接材料費 (direct materials) という。これにたいし，(イ)材料が製品製造のために消費され，その製品の実体を構成するけれども，それは金額的に重要でなく，あるいは製品別にその材料の消費額を計算することが不経済な材料の原価（たとえば家具製造業におけるニカワの原価など），および(ロ)材料が製品の製造上消費されるが，製品の実体を構成しない材料の原価を，間接材料費 (indirect materials) という。

原価計算基準では，直接材料費と間接材料費を次のように分類している。

a．直接材料費

    a—1. 主要材料費（素材費または原料費）
    a—2. 買入部品費
 b. 間接材料費
    b—1. 補助材料費
    b—2. 工場消耗品費
    b—3. 消耗工具器具備品費

　上述の分類において，主要材料費も買入部品費も，製品の実体を主として構成する材料の原価である。たとえば自動車車体工業において，自動車の車体となる鋼板の原価は素材費である。この業界では，自動車のエンジンは外部から購入し，それをそのまま車体に取り付ける。したがってエンジンの原価は買入部品（purchased parts）費である。もし自社で自動車の部品を製造するならば，まずその部品の原価計算をしなければならない。

　このような自製部品（finished parts）の製造原価は，これを材料として自動車の製造のために出庫するとき，それは直接材料費（自製部品費）となる。また化粧品メーカーでは，クリームの原料のみならず，製品の容器費や化粧箱の原価も，直接材料費に含められる。

　間接材料費は内容的にみれば上述したように(イ)と(ロ)にわかれるが，わが国の原価計算基準では，間接材料費を材料管理の見地から細分している。すなわち間接材料のうち，金額的に重要であって，出庫票を使用し受払記録をつけて管理すべき間接材料（たとえば補修用鋼材，溶接棒，酸素，カーバイトなど）の消費額を補助材料費とし，金額的に重要でなく完全な受払記録をつけて管理する必要のない間接材料（たとえば切削油，機械油，グリス，電球，石鹸など）の消費額を工場消耗品費（factory supplies）としている。もしコークス，石炭，石油，重油などの燃料を大量に使用し，したがってそれらが重要な費目であれば補助材料費とは別に，燃料費という分類を設けるのがよい。消耗工具器具備品費とは，耐用年数1年未満または金額にして相当額未満のため，固定資産として処理する必要のない工具（スパナ，ドライバーなど），器具（測定器具，検査器具など），備品（机，椅子，黒板など）の消費額をいう。

2. 材料の購入，検収および記帳手続

製品の製造原価中に占める材料費の割合は，相当の額に達するのが通常である。そこで材料を合理的に購入し，これを消費するシステムを設計しておかなければならない。

材料を購入し，検収し，記帳する手続としては種々の方法があり，そのうちどの方法を採用するかは企業によって異なる。ここではその1つの方法を図4—3によって説明しよう。

(1) 材料購入請求者

常備材料の場合は，材料元帳係が材料カードにもとづき保有材料が減少し注文点に達した事実を知って，その材料の購入を請求する。引当材料の場合は，生産管理部や技術部の担当者がその特殊材料の購入を請求する。あるいはまた，もし機械を修繕するために特定の部品が必要であるならば，その修繕を担当する技師がその部品の購入を請求する。このように必要とする材料によって購入請求者は異なるが，いずれにしても，材料購入請求書 (purchase requisitions) を作成し，これによって請求する。この請求書は3枚作成し，オリジナルのほうは，購入部門の担当者へ送付し，1枚目のコピーは会計部門へ渡し，2枚目のコピーは請求書発行者自身が控として保存しておく。

(2) 購 入 部 門

材料購入請求書を受け取った購入担当者は，材料納入業者を選定し，注文書 (purchase order) を4枚作成する。オリジナルは納入業者へ送り，1枚目のコピーは材料購入請求者へ送って，請求のあった材料を注文した事実を知らせ，2枚目のコピーは会計部門へ渡し，3枚目のコピーは購入担当者自身の控として保存する。

(3) 材料納入業者

注文書を受け取った材料納入業者は，材料を得意先の材料検収部門へ発送し，それとともに送り状 (invoice) を会計部門へ送付する。

(4) 材料検収部門

材料を受け取った検収担当者は，材料の品質と数量とを入念にチェックした

図 4—3 材料の購入,

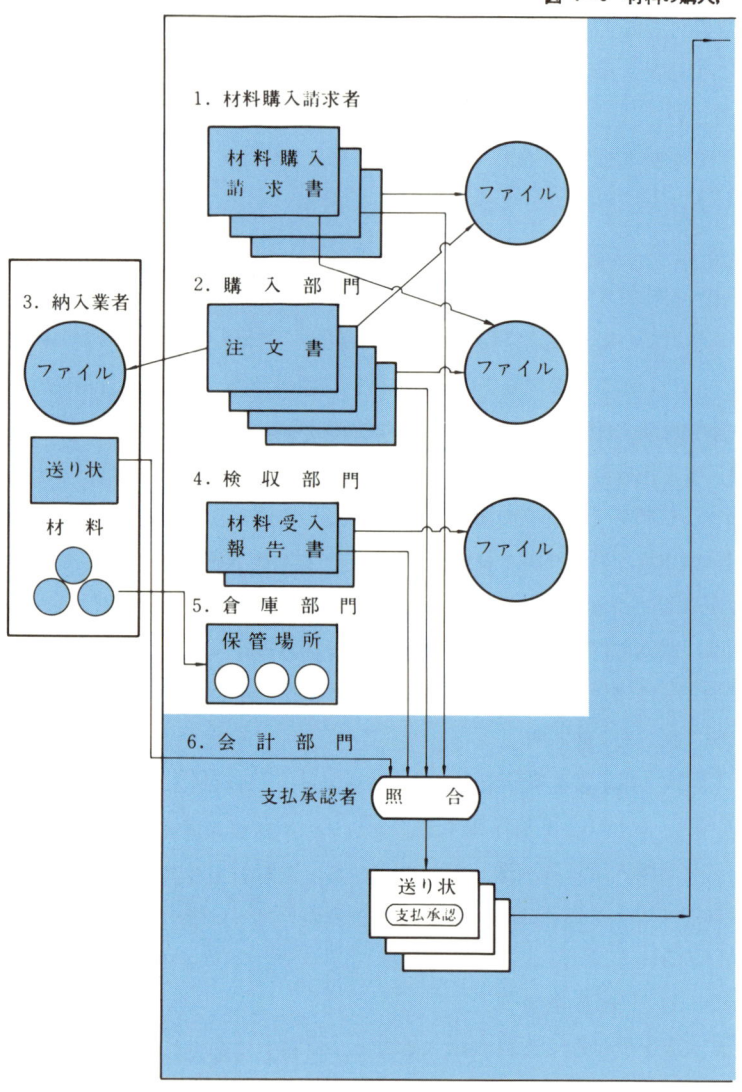

うえで，材料受入報告書 (receiving report) を2枚作成し，1枚を会計部門へ送付し，他は自分の控としてファイルしておく。

検収，記帳手続

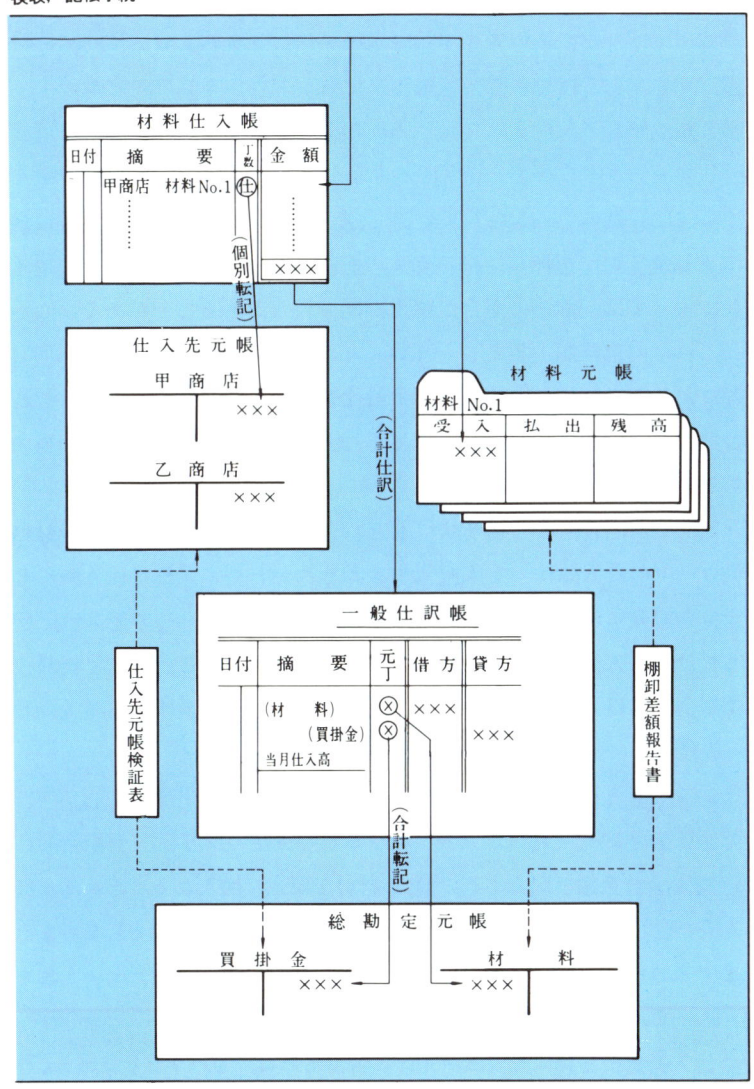

```
                    材 料 仕 入 帳
            ┌──┬──────┬──┬────┐
            │日付│ 摘  要 │J数│金 額 │
            ├──┼──────┼──┼────┤
            │  │甲商店 材料No.1│ ⊕│    │
            │  │……      │  │    │
            │  │        │  │××× │
            └──┴──────┴──┴────┘
                     │(個別転記)
                     ↓
   ┌─────────────┐      ┌──────────────┐
   │   仕 入 先 元 帳   │      │    材 料 元 帳     │
   │     甲 商 店      │      │ 材料 No.1          │
   │            ×××  │      │ 受入│払出│残高    │
   │                  │      │ ×××│    │        │
   │     乙 商 店      │      └──────────────┘
   │            ×××  │
   └─────────────┘
           │(合計仕訳)
           ↓
   ┌──────────────────────┐
   │       一 般 仕 訳 帳             │
   │ ┌──┬──────┬──┬───┬───┐│
   │ │日付│ 摘  要 │元丁│借方│貸方││
   │ ├──┼──────┼──┼───┼───┤│
   │ │  │(材 料) │ ⊗ │×××│   ││
   │ │  │ (買掛金)│ ⊗ │   │×××││
   │ │  │当月仕入高│  │   │   ││
   │ └──┴──────┴──┴───┴───┘│
   └──────────────────────┘
           │(合計転記)
           ↓
   ┌──────────────────────┐
   │       総 勘 定 元 帳             │
   │   買 掛 金          材   料    │
   │       ×××         ×××     │
   └──────────────────────┘
```

(5) 倉 庫 部 門

　倉庫係は材料をいちいちチェックしたうえで，これを受領し，それぞれ適当な場所に保管する。

(6) 会　計　部　門

　会計部門では，支払承認者が支払請求のあった送り状について，(イ)材料購入請求書，(ロ)注文書，(ハ)材料受入報告書を比較し照合する。この比較によって彼は，購入請求があり，注文し，受け入れた材料と，送り状（代金支払請求書）とが合致しているかどうかを，チェックすることができる。これが材料購入手続における内部統制の中心をなしている。送り状に誤りがなければ，彼は送り状の上に支払承認の印を押し，材料受入の記録手続，そして支払手続を進める。

　会社によっては，前述の照合が購入部門で行なわれることがある。しかしながら，これは内部統制上望ましくない。とりわけ，注文書を発行した同じ購入担当者に，その送り状の支払を承認する仕事を与えるべきではない。そこでこの照合は，会計部門で行なうほうが良く，大企業では内部監査課が担当することがある。

　会計部門では照合ずみの送り状にもとづき，材料元帳におけるその材料品目の材料カードの受入欄に，受入記入する。それとともに，材料仕入帳にその材料の代金を記入する。材料仕入帳は特殊仕訳帳であって，その記入は，仕入先元帳における納入業者別の勘定の貸方に，個別転記される。そして材料仕入帳における金額欄の月末合計額は，その月における材料の掛仕入総額を示すから，一般仕訳帳にその月末合計金額でもって，

　　　　　　　（材　　料）　×××　（買　掛　金）　×××

と合計仕訳を行ない，総勘定元帳における材料勘定の借方と，買掛金勘定の貸方に，その合計金額を記入する。もし材料を現金で仕入れることがあれば，材料仕入帳の金額欄を2分して，現金と掛の欄をそれぞれ設ける必要がある。注意を要するのは，総勘定元帳における買掛金勘定と材料勘定は，いずれも統制勘定（control a/c）であって，その内訳はそれぞれ補助元帳（subsidiary ledger）としての仕入先元帳と材料元帳に示される関係にある，ということである。[注8]

（注8）工場における事務用消耗品（office supplies）など，金額が少額であり，数量もさほど多くない物品については，購入＝消費として処理する。これは製造間接費（間接経費）の費目とする。

3. 材料購入原価の計算

(1) 理論上の材料購入原価

　理論的にいえば，材料を倉庫から出庫可能な状態にするまでに要した材料関係の原価はすべて，その材料の購入原価 (cost of materials acquired) とすべきである。これらの原価としては，次のものをあげることができる。

(イ) **材料の購入代価**（これは，その材料の送り状記載価額 invoice price であって，次に述べる材料副費にたいし材料主費といわれる。）

(ロ) **材 料 副 費**

　　a．**材料引取費用** (material purchasing and freight-in costs) 　これは，その材料の買入手数料，引取運賃，荷役費，保険料，関税など，企業外部で発生する材料副費である。

　　b．**材料取扱・保管費** (handling and storage costs) 　これは，その材料の購入事務，検収，整理，選別，手入，保管などに要する，企業内部で発生する材料副費である。

したがって理論上は，

　　材料購入原価 ＝ 材料購入代価 ＋ 材料引取費用 ＋ 材料取扱・保管費

によって計算すべきであるということになる。

(2) 実務上の材料購入原価

　しかしながら実務上は，すべての材料副費を材料の購入代価に算入することが困難であるために，原価計算基準では，いくつかの方法をあげて，その選択適用を認めているが（「基準」第2章11(4)），多くの企業では，次の方法を採用しているといわれる。すなわち，

　　材料購入原価 ＝ 材料購入代価 ＋ 材料引取費用 [注9]

(注 9) アメリカの企業では，（購入代価 － 現金割引 ＋ 引取費用）によって材料の購入原価を計算している。原価計算基準では，材料の値引や割戻については，材料の購入原価から控除する，としているが，材料の購入に伴う現金割引 (cash discount) の処理方法については，明文の規定がない。従来わが国ではこれを財務収益と考え，営業外収益として処理してきた。しかしアメリカでは，材料の購入過程から利益は生じないとし（つまり利益は製品の製造販売から生ずると考え），受けた現金割引額だけ，その材料の購入原価を減らすのが通常の処理方法である。

とし，材料取扱・保管費は，間接経費として，他の製造間接費とともに，直接作業時間などを基準にして，製品へ配賦する方法である。なお部門別計算を行なう場合は，材料取扱・保管費は，購入部門や倉庫部門に集計され，補助部門費として製造部門へ配賦され，製造部門から他の製造間接費とともに製品へ配賦されることになる。

ただし最近では多品種少量生産との関係で，購入部門などの補助部門費を，製造部門を経由させず，直接に製品へ賦課する方法が，次第に採用されるようになってきた。これについては，活動基準原価計算の項を参照されたい。

4. 材料費の計算

素材，買入部品，補助材料のように受払記録を行なう材料については，

材料費＝（その材料の実際消費単価）×（その材料の実際消費量）

によって計算する。受払記録を行なわない材料（工場消耗品など）については，原則としてその原価計算期間における買入額を消費額として計算する（つまり買入額＝消費額とする）。

そこで以下は，受払記録を行なう材料の消費額を計算するために必要な，実際消費量の把握方法と実際消費単価の計算方法について説明しよう。

5. 材料実際消費量の把握

材料の実際消費量を把握する方法としては，継続記録法と棚卸計算法がある。

（1）継続記録法

この方法は，材料品目ごとに材料カードを用意し，受入数量，払出数量をそのカードに記入し，たえず帳簿残高 (book inventory) を明らかにする方法である。これによれば，材料の実際払出量（つまり消費量）は，出庫票または材料仕様書[注10]

(注10) 材料仕様書 (bill of materials) とは，製品の一定の生産量を生産するために要するすべての素材や部品をリストアップした表であり，材料品目の1品ごとに出庫を請求する出庫票ではなく，必要な材料全部を一括して請求する出庫票である。標準原価計算では，標準材料仕様書（表7−2）が使用される。

によって把握される。原価計算基準では,「材料の実際の消費量は,原則として継続記録法によって計算する。」としたのは,この方法によって明らかになった帳簿残高(つまり当然残っているべき残高)と,実地棚卸によって明らかになった実際残高とを比較することにより,材料の会計管理が可能となるからである。

(2) 棚卸計算法

この方法は,材料品目ごとに,

$$1期間の材料実際消費量 = 期首在庫量 + 期中仕入量 - 期末在庫量$$

によって材料の消費量を把握する方法である。継続記録法では,材料を倉庫から払い出すごとに出庫票を使用し,その出庫票にもとづいていちいちその材料カードの払出欄に払出記録をつける。したがって消費量の把握方法としては正確であるがその記録には手数がかかる。棚卸計算法では,このような払出記録を行なわず,受入記録と期末における実地棚卸を行なうのみで,材料の実際消費量が把握される。したがってこの方法は,記帳事務が簡略になるという長所をもつ反面,この方法によって把握された材料の消費量は,(イ)実際消費量というよりも推定消費量にすぎない。つまり盗まれた材料や棚卸減耗分の材料は実地棚卸時に存在しないから,すべて実際消費量のなかに含まれることになる。(ロ)払出(消費)記録が行なわれていないので,何の目的でどこに使用したかはわからず,材料品目ごとの期間総消費量がわかるのみである。そこで棚卸計算法は,継続記録法の実施が困難なもの,あるいは重要ならざる材料について適用される。

なお材料の消費量の把握方法には,逆計算法 がある。この方法は,

$$製品別材料標準消費量 = (製品完成量) \times \begin{pmatrix} 製品1単位の製造に要 \\ する材料標準消費量 \end{pmatrix}$$

により,製品の完成量から材料の標準消費量を逆算するのである。もちろん上式において,製品1単位の製造に要する「標準」消費量の代わりに「見積」消費量を使用して計算すれば,材料見積消費量が計算される。逆計算法により材料の標準消費量を把握するのは,材料消費量の管理のためであり,見積消費量を把握するのは,実際消費量の簡便な把握にあることはいうまでもない。

6. 材料実際消費単価の計算

材料の実際消費単価は，その材料の購入単位原価である。しかし同種材料を異なる購入単価で受け入れた場合には，その消費単価の計算方法として種々の方法がある。

次にこれを計算例によって説明しよう。

［例題 4—1］

4月1日　材料 z の期首有高は次のとおり，

$$\begin{cases} 100個 & @10円 & 1,000円 \\ 200個 & @12円 & 2,400円 \end{cases}$$

4月3日　50個は不良品と判明したので，納入業者に@12円で返品した。

4月6日　仕　　入　500個　@13円　6,500円

4月10日　出　　庫　600個

4月15日　仕　　入　500個　@14円　7,000円

4月24日　出　　庫　400個

4月25日　4月10日出庫分のうち40個が倉庫へ返還された。

以上の条件にもとづき，材料元帳カードの記入を，先入先出法，移動平均法，月次総平均法，後入先出法によって行ないなさい。

*　　　　　　　　*　　　　　　　　*

例題の解答にはいるまえに，種々の消費単価の計算法の基礎である**個別法**(specific identificated method) について説明しておこう。

この方法は，たとえ同種材料でも，購入単価の異なるロットは，倉庫における置場所を区別し，出庫したときは，そのロットの購入単価を消費単価とする方法である。したがって前述の計算例では，@10円のロットと@12円のロットとは区別して保管し，業者に返品するときも使用のため出庫するときも，どのロットから出されたかをいちいち区別し，そのロットの購入単価を計算に使用するのである。したがって例題を個別法によって記帳するためには，前述の計算条件のみでは不足であって，どの単価のロットから出庫され返還されたかを示す条件が必要である。

第 4 章　実際原価計算総説および実際単純個別原価計算　109

さて，個別法の実施は実務上困難であり，後述するようにこの方法には理論的にも難点があるために，以下に述べるような種々の方法が考案されたわけである。それでは例題の解答にはいろう。

　　　　　　　　　＊　　　　　　＊　　　　　　＊

[解　答]

(1)　先入先出法 (first-in, first-out method; Fifo)

この方法は，同じ材料を異なる単価で購入した場合に帳簿記録の上で区別しておき，出庫のときは，先に仕入れたロットから先に出庫するという仮定で計算する方法である。先入先出法によって材料元帳カードを記入すれば，表4—3のようになる。

表 4—3　先 入 先 出 法

日付		受　　　入			払　　　出			残　　　高		
		数量	単価	金額	数量	単価	金額	数量	単価	金額
4	1	繰越								
		① { 100 　　200	10 12	1,000 2,400				{ 100 　200	10 12	1,000 2,400
	3	② **50**	**10**	**500**				{ 50 　200	10 12	500 2,400
	6	500	13	6,500				{ 50 　200 　500	10 12 13	500 2,400 6,500
	10				③ { 50 　　200 　　350	10 12 13	500 2,400 4,550	150	13	1,950
	15	500	14	7,000				{ 150 　500	13 14	1,950 7,000
	24				{ 150 　250	13 14	1,950 3,500	250	14	3,500
	25				④ **40**	**13**	**520**	{ 40 　250	13 14	520 3,500
	30				⑤ 960		12,380			
					繰越 ⑥ 290		4,020			
		1,250		16,400	1,250		16,400			
5	1	繰越								
		{ 40 　250	13 14	520 3,500				{ 40 　250	13 14	520 3,500

[説 明]

① 期首有高は受入欄に繰越として，@10円のロットと@12円のロットを区別して記入する。この意味で先入先出法は，後述する後入先出法とともに，口別法の一種である。数量欄への記入を100個と200個とを合計して300個と記入してはならない。

② 4月3日における納入業者への返品は，受入欄に朱記する。これはマイナス記入を意味する。^(注11) 返品した50個の単価については，Fifoの場合すべて出庫なみに扱い，材料元帳カードの記録上は，先に仕入れたロット（@10円のロット）を返したものとする。

　不良材料を納入業者に返品するときは，借方票（debit memo）と返品発送指図書（return shipping order）を使用する。借方票とは，納入業者にたいし，その買掛金の控除を通知する伝票である。この伝票には，納入材料のうちの不良品の数量，不良の理由，および控除金額が記載され，当方（買手）の帳簿におけるその業者の買掛金勘定の借方に，その不良材料の金額を記入する（つまり買掛金の金額をそれだけマイナスする）ことを，この伝票によって相手（売手）に知らせるわけである。逆に，送り状記載数量よりも多い材料を受け入れたり，送り状に記載されていない別の材料を受け入れたり，あるいは送り状の計算間違いから，買掛金の額をふやさねばならぬときは，貸方票（credit memo）を発行する。返品発送指図書は，購入部門と発送部門に送付して，返送すべき材料を指示する。この指図書のコピーは，納入業者にも送付される。

　さて例題の場合，材料元帳カード上では@10円の材料が50個返品されたものとされ，実際には送り状記載価格を調査して@12円の材料を返品したことが判明したために，次のような仕訳が必要である。

（注11）材料の検収を完全に行なったのちに，材料元帳カードの受入欄に材料の受入記入をする手続が確立されていれば，原則としてこの問題は生じない。つまり返品は検収段階で生ずるので，材料元帳カードの記録と関係がない。

(買　掛　金)　600円　　　(材　　　料)　500円
　@12円×50個　　　　　　　@10円×50個

　　　　　　　　　　　(製 造 間 接 費)　100円
　　　　　　　　　　　　棚卸差額修正

　すなわち，(@12円 − @10円) × 50個 = 100円　は，製造間接費元帳における棚卸差額修正勘定 (inventory adjustment a/c) に貸記する。このような仕訳は，先入先出法のみならず他の方法においても，実際に返品した単価と材料元帳カード上の返品単価とが異なるときは必要となる。

③　4月10日に600個出庫させるときは，4月6日の残高欄を見て，もっとも古いロット@10円を最初に出庫させ (50個)，次に古い@12円のロットを出庫させ (200個)，あとの不足分 600個 − (50個 + 200個) = 350個を@13円のロットから出庫させる。

④　4月25日に現場から倉庫へ戻ってきた材料の単価は，@13円である。なぜならこの戻り材料は，4月10日の出庫分

　　⎧　50個　　@10円　　　500円……先に消費する
　　⎨　200　　　@12　　　2,400　……次に消費する
　　⎩　350　　　@13　　　4,550　……最後に消費する

であるから，消費されずに倉庫へ戻ってきた余剰材料は，@13円のものでなければならないからである。この記入は，払出欄に朱記する。これを受入欄に書いてはならない。またこの40個は，残高欄の最初に記入し，次回の出庫には，最初に出庫させるものとする。

⑤　期末には払出欄を合計する。これにより期中材料消費額は 12,380円であることを知る。

⑥　期末に月末残高を払出欄に記入して合計する。これにより，

　　　　受入欄合計 = 期首有高 + 当期仕入高
　　　　払出欄合計 = 当期消費高 + 期末有高

が計算され，受入欄の合計と払出欄の合計とが一致すれば，計算の正確性が判明する。なおこの検算では，口別計算をする必要はない。

（2） 移動平均法（moving average method；running average method）

この方法は，異なる単価で購入するつど，

　　　（残　高 ＋ 仕入高）÷（残　量 ＋ 仕入量）＝ 新たな加重平均単価

を計算し，この加重平均単価を次の消費単価とする方法である。移動平均法によって材料元帳カードを記入すれば，表4—4のようになる。

表4—4　移動平均法

日付		受　　　入			払　　　出			残　　　高	
		数量	単価	金額	数量	単価	金額	数量	単価	金額
4	1	繰越								
		① 300	11.33	3,400.00				300	11.33	3,400.00
	3	② 50	11.33	566.50				③ 250	11.33	2,833.50
	6	500	13.00	6,500.00				④ 750	12.44	9,333.50
	10				⑤ 600	12.44	7,464.00	⑥ 150	12.44	1,869.50
	15	500	14.00	7,000.00				⑦ 650	13.65	8,869.50
	24				400	13.65	5,460.00	250	13.65	3,409.50
	25				⑧ 40	12.44	497.60	⑨ 290	13.47	3,907.10
	30				960		12,426.40			
					繰越 290		3,907.10			
		1,250		16,333.50	1,250		16,333.50			
5	1	繰越 290	13.47	3,907.10				290	13.47	3,907.10

［説　明］

① （1,000円 ＋ 2,400円）÷（100個 ＋ 200個）≒ 11.33円

② 材料元帳カード上，返品はそのときの加重平均単価で計算する。ただし次の仕訳が必要となる。

　　　　（買　掛　金）　600円　　　（材　　　料）　566.50円
　　　　　@12円 × 50個　　　　　　　　@11.33円 × 50個
　　　　　　　　　　　　　　　　（製 造 間 接 費）　33.50円
　　　　　　　　　　　　　　　　　棚卸差額修正

③ 残高欄の金額は，250個 × @11.33円　によって計算せず，まえの残高3,400円から今回の返品額566.50円を差し引いて2,833.50円を算出する

ほうがよい。その理由については，月次総平均法の説明を参照されたい。
④　(2,833.50円 + 6,500.00円) ÷ (250個 + 500個)
　　　= 12.444666…円 ≒ 12.44円
⑤　7,464.00円 = 600個 × @12.44円
⑥　1,869.50円 = 9,333.50円 − 7,464.00円
⑦　(1,869.50円 + 7,000.00円) ÷ (150個 + 500個) = 13.6453…円
　　≒ 13.65円
⑧　現場からの戻りは，払出欄に朱記（マイナス記入）する。単価は10日出庫分の戻りであるから@12.44円である。
⑨　(3,409.50円 + 497.60円) ÷ (250個 + 40個) = 13.47275…円
　　≒ 13.47円

　この残高の計算は，戻り材料を新たな仕入として計算していることになるので，⑧の記入は払出欄に朱記せず，受入欄に記入すべきであるとする説もある (J. G. Blocker and W. K. Weltmer, *Cost Accounting*, N. Y.: McGraw-Hill Book Co., 1954, pp.69—70)。

(3)　**月次総平均法** (monthly average method)

　この方法は，
　　　(期首有高 + 期中仕入高) ÷ (期首在庫量 + 期中仕入量)
によって，月末に1つの加重平均単価を計算し，この単価にその月の払出総量を乗じて払出総額を計算する方法である。したがって材料元帳カードの受入欄は通常の記入が行なわれるが，期中における払出欄と残高欄の記入は，数量記入のみとなる。月次総平均法によって材料元帳カードを記入すれば，表4—5のようになる。

表 4—5 月次総平均法

日付		受　入			払　出			残　高		
		数量	単価	金額	数量	単価	金額	数量	単価	金額
4	1	繰越 300		3,400.00				300		3,400.00
	3	50	11.33	566.50				250		
	6	500	13.00	6,500.00				750		
	10				600			150		
	15	500	14.00	7,000.00				650		
	24				400			250		
	25				40			③ 290		3,786.30
	30				② 960	13.07	12,547.20			
					繰越 290		3,786.30			
		①1,250	13.07 ④	16,333.50	1,250		16,333.50			
5	1	繰越 290		3,786.30				290		3,786.30

[説　明]

① 月末に1本の加重平均単価を計算する。

16,333.50円 ÷ 1,250個 = 13.0668円 ≒ 13.07円

② 960個 × @13.07円 = 12,547.20円

③ 3,786.30円 = 16,333.50円 − 12,547.20円

　　ここで期末残高を 290個 × @13.07円 で計算せず，上記のように引算で算出するほうがよい理由を述べておこう。表 4—5 で示したように，月間の加重平均単価は四捨五入して @13.07円 と計算されている。そこで，

　　払　出　額　@13.07円 × 960個……　12,547.20円
　　残　　　高　@13.07円 × 290個……　 3,790.30円
　　合　　　計　　　　　　　　　　　　 16,337.50円

と計算すると，この合計額は，期首有高と期中仕入高の合計 16,333.50 円と一致しなくなる。この差額はもちろん，払出単価の四捨五入による誤差である。他方，材料元帳カードの明細記録は，総勘定元帳における材料勘定に統括されている。そこでもし材料が1種しかなく，残高を @13.07円

× 290個 で計算すれば，材料勘定もまた次のようになる。

<table>
<tr><th colspan="2">材　　　料</th></tr>
<tr><td>期 首 有 高　　3,400.00円
期 中 仕 入 高　12,933.50
　　　　　　　16,333.50円</td><td>払　出　額　12,547.20円
期 末 有 高　 3,790.30
　　　　　　16,337.50円</td></tr>
</table>

かくして材料勘定の貸借も一致しなくなる。この場合貸借の差額4円を製造間接費（棚卸差額修正）勘定の貸方に計上すればよいが，そのような処理は面倒なので，期末有高は，16,333.50円 － 12,547.20円 によって，算出するほうが簡単である。

④　なお，移動平均法および総平均法において平均単価を計算すると，端数が生じて割り切れないことがある。この場合，小数点以下何位まで計算すべきかは，四捨五入によって生ずる誤差が，製品単位原価に及ぼす影響を原価計算担当者が判断し，それにもとづいて決定すべきである。

（4）　継続的後入先出法 (perpetual last-in, first-out method；perpetual Lifo)

後入先出法には，継続的後入先出法と定期的後入先出法とがある。継続的後入先出法とは，出庫のつど，いちばん最後に仕入れたロットから先に出庫させるという仮定に立って記帳する方法である。継続的後入先出法によって材料元帳カードを記入すれば，表 4—6 のようになる。

［説　明］

①　後入先出法は先入先出法と同様に口別法の一種であるから，記帳上購入単価の異なるロットは区別する。したがってこの場合300個，3,400円と記帳してはならない。

②　業者への返品は，出庫のときと同様に，いちばん最後に入庫したロットから返すものとする。実際にも＠12円で返品するので，材料元帳カード上の記録とのずれは生じない。

③　600個の出庫は，残高欄を見て，いちばん最後に仕入れた＠13円のロットを最初に出庫させ，不足分100個は次に新しい＠12円のロットから出庫させる。

表 4—8 継続的後入先出法

日付		受入			払出			残高		
		数量	単価	金額	数量	単価	金額	数量	単価	金額
4	1	繰越								
		① { 100	10	1,000				{ 100	10	1,000
		{ 200	12	2,400				{ 200	12	2,400
	3	② 50	12	600				{ 100	10	1,000
								{ 150	12	1,800
	6	500	13	6,500				{ 100	10	1,000
								{ 150	12	1,800
								{ 500	13	6,500
	10				③ { 500	13	6,500	{ 100	10	1,000
					{ 100	12	1,200	{ 50	12	600
	15	500	14	7,000				{ 100	10	1,000
								{ 50	12	600
								{ 500	14	7,000
	24				400	14	5,600	{ 100	10	1,000
								{ 50	12	600
								{ 100	14	1,400
	25				④ 40	12	480	{ 100	10	1,000
								{ 50	12	600
								{ 100	14	1,400
								{ 40	12	480
	30				960		12,820			
					繰越					
					290		3,480			
		1,250		16,300	1,250		16,300			
5	1	繰越								
		{ 100	10	1,000				{ 100	10	1,000
		{ 50	12	600				{ 50	12	600
		{ 100	14	1,400				{ 100	14	1,400
		{ 40	12	480				{ 40	12	480

④ 現場からの戻り材料については，10日出庫分の材料なので，

10日出庫 { 500個 @13円 6,500円……先に消費
         { 100個 @12円 1,200円……あとで消費

という関係にあり，現場で余った材料は @12円の材料ということになる。この40個は，新しい仕入分として，残高欄では最後に記入し，これを次回の出庫にはいちばん先に出庫させてもよいし，あるいは残高欄の@12円の単価の数量50個に加算して90個として処理してもよい。いずれかの処理方法を継続的に適用すればよいわけである。

（5） 期間的後入先出法 (periodic last-in, first-out method; periodic Lifo)

　この方法は，後入先出法を出庫のつど適用せず，ある一定期間（1か月，半年，あるいは1年）をとり，その期末あるいは期末に近い仕入のロットから先に出庫させるという仮定で記帳する方法である。いま月間後入先出法で材料元帳カードを記入すれば，表 4—7 のようになる。

表 4—7　月間後入先出法

日付		受　　　入			払　　　出			残　　高		
		数　量	単価	金　額	数　量	単価	金　額	数　量	単価	金　額
4	1	繰　越								
		{ 100	10	1,000						
		{ 200	12	2,400				300		
	3	50	12	600				250		
	6	500	13	6,500				750		
	10				600			150		
	15	500	14	7,000				650		
	24				400			250		
	25				40			290		
	30				① 960		③12,980			
					繰　越					
					② { 100	10	1,000			
					{ 150	12	1,800			
					40	13	520			
					小計 290		3,320			
		1,250		16,300	1,250		16,300			
5	1	繰　越								
		{ 100	10	1,000						
		{ 150	12	1,800						
		{ 40	13	520				290		

［説　明］

　受入欄はこれまでの方法と同様に，仕入材料の数量，単価，金額を記入するが，期中における払出と残高欄は，数量のみを記入する。

① 当月の純払出量の合計は960個である。
② したがって期末在庫量は290個である。なぜならば，

期首有高	100個	@10円	1,000円
	200	@12	2,400
計	300個		3,400円
業者へ返品	− 50	@12円	− 600
差 引	250個		2,800円
当月仕入	1,000		13,500
計	1,250個		16,300円
払 出	960		
期末有高	290個		

月間後入先出法であるから，

15日仕入分　　@14円　　500個……いちばん先に消費
6日仕入分　　@13円　　460個……次に消費
　　計　　　　　　　　960個

となり，したがって期末有高の290個は，もっとも古いロットから数えて290個，つまり，

@10円	100個	1,000円
@12円	150個	1,800円
@13円	40個	520円
	290個	3,320円

からなっている。

③ そこで期中の払出は，16,300円 − 3,320円 = 12,980円　と計算し，払出の金額欄に記入する。

7. 材料消費単価計算方法の比較

(1) 実際材料消費単価を計算する方法としては，個別法がもっとも正確な方法であると，かつては考えられていた。なぜならば消費する個々の材料ごとの購入単価を消費単価として使用するからである。しかしこの方法は，それに要する手数の点でほとんど実施不可能であり，そのうえ，購入単価がいちじるしく変動するさいは，材料単価の偶然的な変動が製品原価にそのまま影響する。

第 4 章　実際原価計算総説および実際単純個別原価計算　　119

原価加算契約で異なる得意先から注文を引き受けたとき，同じ材料を使用し同じ製品を製造する場合でも，倉庫係がたまたま手にふれた材料につけられている購入単価が，10万円であったり8万円であったりすると，それによって製品の売価が大幅に異なるという不合理が生ずる。したがって個別法は，引当材料には適用できるが，常備材料には不適当な方法である。
(注12)

(2)　先入先出法は個別法の便法である。個別法のように購入した材料の1つ1つに値札をつけるわけにいかないので，先に仕入れた材料から先に使ったものとして計算する。この方法の仮定は，計算上の仮定であるから，現実の材料の消費についても，先に仕入れたものから先に使わなければならないということはない。しかし実際問題としては材料を長く保管していると，破損，変質，蒸発などの事故が生ずる恐れがあるので，物の流れも，先入先出法になることが多い。したがってこの方法によれば金の流れと物の流れとが一致するので，企業活動の現実にそくした方法であると考え，この方法を支持する人々が多い。

(3)　他方，移動平均法と総平均法も，これらの方法によれば材料の購入単価における偶発的な変動を平均化することによって，期間損益計算や価格決定目的に適切な製品原価を計算することができるという理由で，多くの人々の支持を受けている。ただし，期中において材料の購入単価がしばしば変動する場合は，移動平均法によると計算が厄介である。また月次総平均法は，月末になってはじめて消費単価を計算することができるので，個別原価計算の素材や買入部品については，この方法は一般に適用されない。なぜならば，期中に製品が完成した段階で，その直接材料費を計算することができないからである。個別原価計算の場合でも，補助材料にたいしてならばこの方法を使用することができる。補助材料費は，製造間接費の正常配賦というかたちで製品原価に計上されるからである。総平均法も総合原価計算において使用することには問題がない。

(4)　後入先出法を使用する目的は，物価水準が上昇を続けているさいに，こ

────────
(注 12)　原価加算契約（cost-plus contract）とは，買手が注文製品の製造販売に実際に要した原価を補償し，実際原価にたいする一定率のマージンを認める契約をいう。政府機関が民間企業から製品を購入するときは，この方法によることが多い。

図 4—4 材料の出庫,

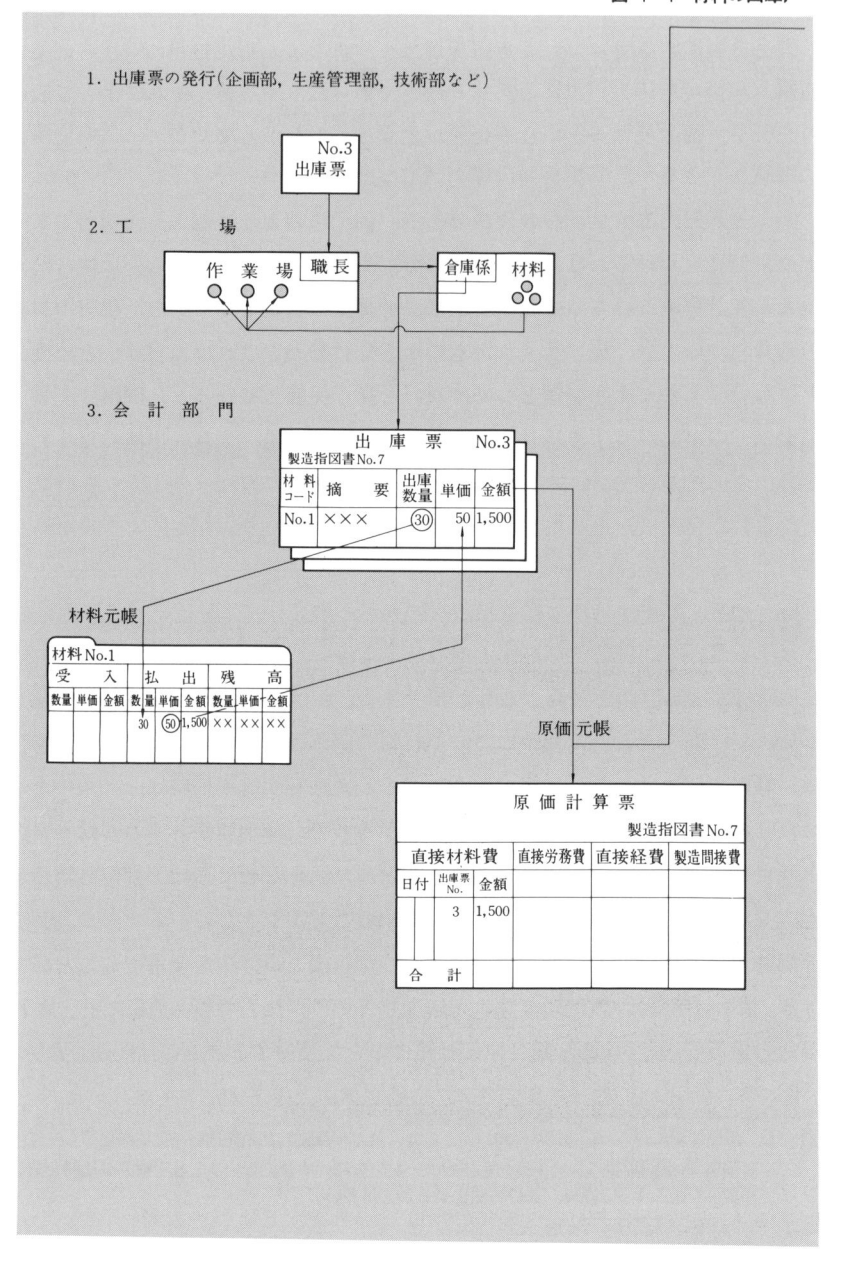

1. 出庫票の発行（企画部，生産管理部，技術部など）

No.3
出庫票

2. 工　　場

作　業　場　　職長　　　倉庫係　　材料

3. 会 計 部 門

出 庫 票　No.3
製造指図書 No.7

材料コード	摘要	出庫数量	単価	金額
No.1	×××	㉚	50	1,500

材料元帳

材料 No.1

受 入			払 出			残 高		
数量	単価	金額	数量	単価	金額	数量	単価	金額
			30	㊿	1,500	××	××	××

原価元帳

原 価 計 算 票
製造指図書 No.7

直接材料費		直接労務費	直接経費	製造間接費
日付	出庫票No.	金額			
	3	1,500			
合　計					

第 4 章 実際原価計算総説および実際単純個別原価計算

記帳手続

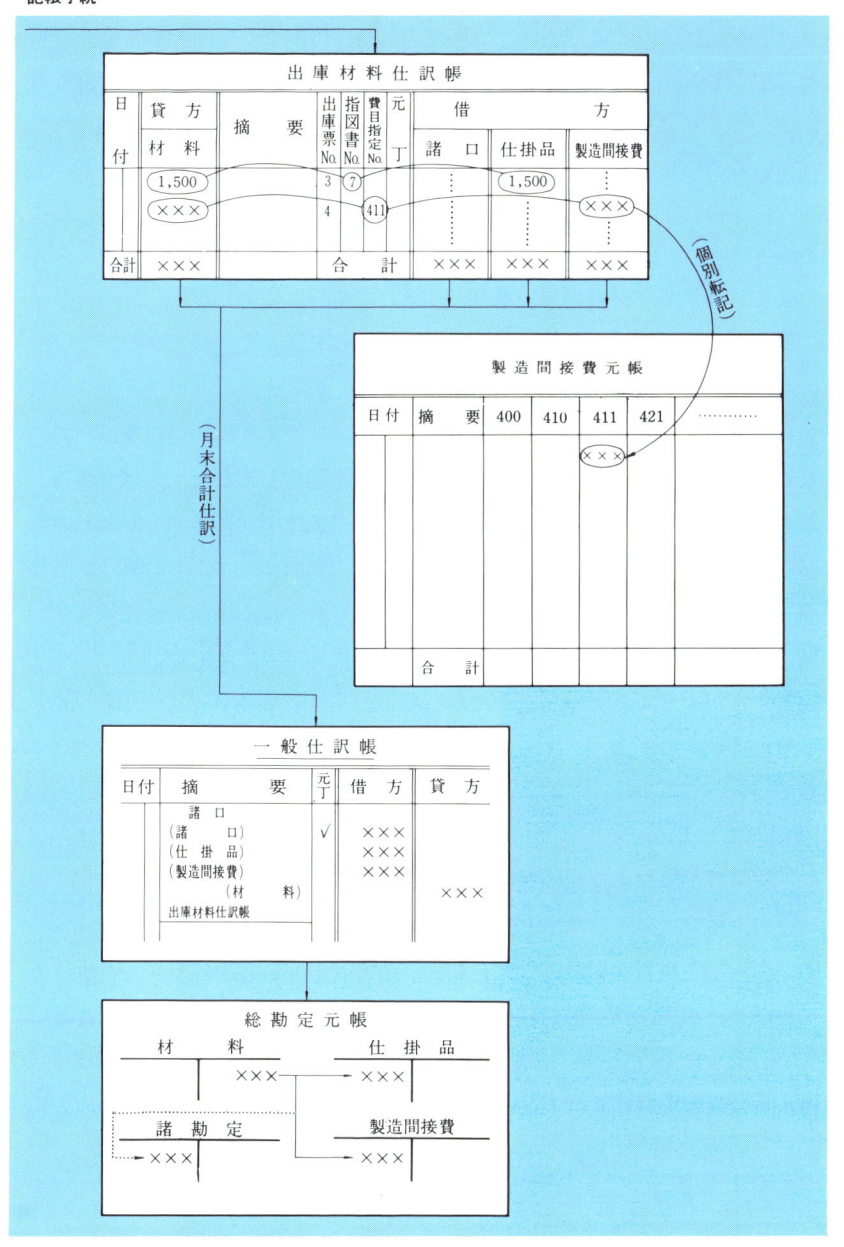

日付	貸方	摘要	出庫票No.	指図書No.	費目指定No.	元丁	借方		
	材料						諸口	仕掛品	製造間接費
	1,500		3	7				1,500	
	×××		4		411				×××
合計	×××	合計					×××	×××	×××

出庫材料仕訳帳

（個別転記）

製造間接費元帳

日付	摘要	400	410	411	421	………
				×××		
	合計					

（月末合計仕訳）

一般仕訳帳

日付	摘要	元丁	借方	貸方
	諸口			
	（諸 口）	√	×××	
	（仕 掛 品）		×××	
	（製造間接費）		×××	
	（材 料）			×××
	出庫材料仕訳帳			

総勘定元帳

材料　　　　　　　仕掛品
　　　｜×××　→×××
諸勘定　　　　　　製造間接費
→×××　　　　　×××

の方法によって価格変動にもとづく架空利益を期間利益から除去する点にある。いいかえれば，この方法は，取得原価主義の枠内で，時価計算の効果を狙った方法である。インフレーションのさいに，先入先出法を使用する場合を考えれば，売上原価中に含まれる直接材料費は，昔仕入れた安い材料単価で計算されているのにたいし，売上高は現在の高い水準の売価で計算されている。したがって課税利益は，物価上昇による水増しされた利益となっており，これに税が課されることになる。そこで後入先出法を使用すれば，売上原価中に含まれる直接材料費が，最近の高い水準で仕入れた材料単価で計算され，その結果，課税利益が価格変動によって水増しされるのを防ぐことができる。

ここで注意すべきは，後入先出法においては，製品の現在の売価と，その製品製造に使用された材料の最近の購入単価によって計算された材料費とを対応させることによって，価格変動による架空損益を除去しようとする点である。したがって，(イ)原材料の価格と製品の価格とが密接な関係にあり，(ロ)製品の製造原価中に占める材料費の割合が大きく，(ハ)後入先出法によって計算した消費単価（出庫時の単価）が，製品の販売時における材料の購入時価にほぼ等しい，という条件がなければ，後入先出法による効果は期待できない。(注13)

以上述べたように各方法はそれぞれの特徴をもっているので，原価計算担当者は自己の判断にもとづき，それぞれの企業に適切な方法を選択しなければならない。

8. 材料の出庫および記帳手続

材料の出庫および記帳手続を図示すれば，図 4—4 のようになる。

(1) 出庫票を発行する部門は，企画部，生産管理部，技術部など，企業によって異なる。出庫票は，製造指図書とともに職長に手渡される。なお1枚の出庫票で，2つ以上の仕事に使用する材料を請求してはならない。たとえば同じ材料を5つの別の仕事に使用する場合には，5枚の出庫票が必要である。これ

(注 13) C. F. Schlatter and W. J. Schlatter, *Cost Accounting* (N. Y.: John wiley & Sons, Inc., 1957), p.229.

は，あとの原価計算上の分類，集計のためである。

(2) 出庫票を受け取った職長は，工員に材料を受け取らせるため，倉庫にいかせる。倉庫係は，材料を引き渡し，出庫票に材料の出庫量を記入してこれを会計部門に送る。

(3) 会計部門では，まず材料元帳係がその材料カードの払出欄に払出量を記入し，先入先出法，移動平均法などの方法によって材料の消費単価を計算し，この消費単価を出庫票に追記し，出庫票の上で材料の出庫額を計算し，これを同票の金額欄に記入する。

次いで原価計算担当者は，出庫材料が素材あるいは買入部品の場合は通常出庫票に製造指図書番号が記載されているので，この番号にもとづき，原価元帳における当該原価計算票の直接材料費欄に，素材あるいは買入部品の出庫額を記入するとともに，出庫材料仕訳帳の借方，仕掛品欄および貸方，材料欄に出庫額を記入する。出庫材料が補助材料の場合には，出庫票に製造間接費費目指定番号 (standing order number) が記入されている。たとえば，勘定科目分類表において，資産勘定には 100—199，負債および資本勘定には 200—299，売上勘定には 300—349，売上原価勘定には 350—499 までの勘定番号がつけられており，製造間接費には 400—499 の番号が次のようにつけられているとする。

```
製造間接費 (400—499)
    400  製造間接費統制
    410  間 接 材 料 費
    411  補 助 材 料 費
    412  工 場 消 耗 品 費
    413  消耗工具器具備品費
    420  間 接 労 務 費
    421  直接工間接賃金
    422  間 接 工 賃 金
     ⋮      ⋮
```

製造間接費については，これらの番号が費目指定番号であり，たとえば補修用の溶接材が出庫されたときは，出庫票の費目指定番号欄に 411 と記入される。そこで出庫票にもとづき，出庫材料仕訳帳の借方，製造間接費欄，貸方，材料欄に材料の出庫額を記入する。なお出庫材料仕訳帳の費目指定 No. 欄には

411と記入し，同時に製造間接費元帳の411補助材料費勘定にその金額を個別転記する。

月末に，出庫材料仕訳帳の合計額にもとづき，一般仕訳帳に合計仕訳を行なって，それらを総勘定元帳の関係各勘定に合計転記を行なう。

9. 材料の管理

現金は大切に扱うが，材料は粗末に扱う者がいる。それは大きな誤りである。また製品の製造原価中に占める材料費の割合は，通常かなりの高率となる。したがって材料の管理はきわめて重要である。そのおもな管理方法には，次の諸方法がある。

(1) 材料の会計管理

(イ) 会計管理の意味

材料を購入したときは，その購入額を材料勘定の借方に計上する。また材料を出庫したときは，その出庫額を材料勘定の貸方に記入する。これらのことは，たんに材料勘定の左側または右側に記入することを意味するものと考えてはならない。

材料勘定の背後には，材料保管担当の責任者がおり，材料勘定の借方に購入額を計上することは，彼の会計上の責任 (accountability) が設定されたことを意味し，この勘定の貸方に出庫額を記入することは，彼の会計上の責任がそれだけ解除されたことを意味する。

材	料
会計上の 責任の設定	会計上の 責任の解除

したがって材料勘定における期末の借方残高については，帳簿残高（すなわち当然残っているべき残高でこれを当在高 Sollbestand という。）と，実地棚卸によって確定した実在高 (Istbestand) とを突き合わせ，もし過不足が発見されたならば，その原因を究明して帳簿記録を訂正し，関係担当者にその責任を明確にさせる必要がある。このような会計の手段によって財産の保全を図るのが，会

計の元来の機能である**会計管理** (accounting control) にほかならない。(注14)

さて，材料の帳簿残高は，材料元帳における各材料カードの残高欄に記録されている。そこで次に材料の実地棚卸について略述する。

(ロ) 材料の実地棚卸

材料の実地棚卸の行なわれる時期は，企業活動の閑散期か会計期末に行なわれる。進歩的な大企業では，実地棚卸のためにとくに担当部門が設定され，担当者は年間棚卸計画に従って，年間を通じて毎日棚卸を行なう場合もある。

実地棚卸にさいしては，材料の実際有高をチェックし，チェックを終った材料保管棚には，二重棚卸の誤りをおかさないために棚卸票 (inventory tag) の上半分を切り取って貼付し，残された下半分は実地棚卸計算表 (inventory sheet) を作成するための資料となる。棚卸表の上半分には，棚卸済の文字が印刷され，棚卸票番号，部品番号，数量，摘要，実地棚卸実施者などを記入する欄がある。この票の下半分は切り取りやすいようにミシン穴があけられており，材料コード，数量，単価，金額，計算担当者名を記入する欄がある。実地棚卸計算表の書式は，表 4—8 に示した。

表 4—8

棚卸票 No.	材料コード No.	摘　要	数　量	単　価	金　額
563	100	機械ボルト 1/8″ × 1″	595	10	5,950
564	101	機械ボルト 3/8″ × 1″	201	5	1,005

実地棚卸計算表　No.＿＿＿
日　付＿＿＿＿＿＿
計算責任者＿＿＿＿＿＿

(ハ) 帳簿残高と実際残高との照合

各材料品目別に帳簿残高と実際残高とを，棚卸差額報告書 (inventory variation

(注 14) 岩田巌「会計士監査」第四篇 内部統制の組織と調査，28「アカウント」・「アカウンタビリティ」・「アカウンティング・コントロール」森山書店，昭和29年。

表 4—9

材料	期末在庫量		帳簿残高に加算			帳簿残高より控除		
コード No.	帳簿残高	実際残高	数量	単価	金額	数量	単価	金額
100	600個	595個				5個	10円	50円
101	200	201	1個	5円	5円			
合　計					5円			50円

差　引： 5
純修正額　45円

report) 上で比較する。その書式は表4—9で示した。いま仮に，材料は企業全体で2種類（材料コード No. 100 と No. 101）しかないとしよう。

　No. 100 は，実際残高よりも帳簿残高のほうが多い。この場合は，棚卸差額報告書の「帳簿残高より控除」欄に超過量と金額を記入するとともに，材料元帳における材料カードの払出欄にその額を記入して，残高欄の記載事項を実地棚卸に一致させる。これにたいして No. 101 は実際残高より帳簿残高のほうが少ない。この場合は棚卸差額報告書の「帳簿残高に加算」欄に不足量と金額を記入するとともに，材料元帳における材料カードの払出欄にその額を朱記（つまり現場から材料の戻入れがあったかのように記入）して，残高欄の記載事項を実地棚卸に一致させるのである。

㈢ 棚卸差額の会計処理

　材料の帳簿残高と実際残高とを比較すると，両者に大きな開きはないが一致しないのが通常である。これは，材料保管中に生ずる材料の変質や蒸発，また材料引渡時に生ずる量りすぎなど，正常な原因から生ずる。このような正常な棚卸減耗費は，製品の製造上やむをえざる損失であるから，製品原価性をもっている。前例の No. 100 と No. 101 との棚卸差額は正常な原因から生じた差額であるとすると，その純修正額45円を次のように仕訳して，製品の製造間接費に計上する。

| （製造間接費） | 45円 | （材　料） | 45円 |
| 棚卸減耗費 | | | |

　もし棚卸差益が生じたときは，これを製造間接費（棚卸減耗費）勘定の貸方に計上する。

　これにたいして材料の帳簿残高と実際残高とが，大きく異なることがある。これは，盗難，火災，水害など異常な原因によって生じた棚卸減耗費であるから，その発生原因を追求し，原因別に適切な措置をとらなければならない。異常な原因にもとづいて発生した棚卸減耗費は，製品原価性をもたず，また異常損失であるから損益勘定へ振り替え，損益計算書上は特別損失の部に計上すべきである。

（2）　ＡＢＣ分析

　材料のなかには，1期間におけるその消費量からいえば相当な数量にのぼるが，金額からいえば少額にすぎない材料があり，逆に数量的にはたいしたことはないが，金額的には巨額にのぼる材料もある。この点に着眼して，材料をＡＢＣの3グループに分類し，それぞれのグループに適した管理方法をとるのが，ＡＢＣ分析（ABC plan）である。

　たとえば，ある会社の扱う材料についての資料は，次のとおりであるとする。

材料コードNo.	1定期間の見積消費量	予想購入単価	同期間の見積消費額
201	20,000個	19円	380,000円
202	15,000	20	300,000
203	12,000	120	1,440,000
204	12,000	10	120,000
205	11,000	200	2,200,000
206	6,000	1,000	6,000,000
207	7,000	200	1,400,000
208	8,000	145	1,160,000
209	4,000	1,250	5,000,000
210	5,000	400	2,000,000

　上記の資料にもとづき，材料のこの期間における見積消費額の多い材料から

少ない材料へ，次のように整理する。

材料コードNo.	一定期間の見積消費量	消費量合計における%		予想購入単価	同期間の見積消費額	消費額合計における%		
206	6,000個	6%	}10%	1,000円	600万円	30%	}55%	A
209	4,000	4		1,250	500	25		
205	11,000	11	}43%	200	220	11	}41%	B
210	5,000	5		400	200	10		
203	12,000	12		120	144	7.2		
207	7,000	7		200	140	7.0		
208	8,000	8		145	116	5.8		
201	20,000	20	}47%	19	38	1.9	}4%	C
202	15,000	15		20	30	1.5		
204	12,000	12		10	12	0.6		
合計	100,000個	100%			2,000万円	100.0%		

上記の表によれば，材料コードNo. 206とNo. 209とは，数量的には全体の10%しか占めないが，金額的には全体の55%も占めている。そこでこれらをAグループとする。材料コードNo. 205からNo. 208までの材料は，材料単価の点からもAグループの材料とは異なり，またNo. 201からNo. 204までの材料とも異なっている。これらの材料は，数量的には全体の43%，金額的には全体の41%を占めている。そこでこれらをBグループとする。最後にNo. 201からNo. 204までの材料は，数量的には全体の47%を占めるが，金額的には4%しか占めていない。これらをCグループとする。すなわち，

　　Aグループ……高価格の材料群
　　Bグループ……中程度の価格の材料群
　　Cグループ……低価格の材料群

である。Aグループの材料には引当材料が多く，これらは在庫量をできるだけ少なくし，引取費をかけても，必要となったときにしばしば購入するほうがよい。購入したらその管理を厳重にし，毎週あるいは毎日見回って，チェックする必要がある。これにたいしてCグループの材料群は，2ビン・システム (two-bin system) をとるのがよい。このシステムは，材料の保管棚を2つに仕切り，両方に材料を入れて保管し，片方の仕切りから消費し始め，その仕切りの材料を全部消費したときに購入の注文をし，残る一方の仕切りの材料を消費し始め

るというやり方である。C材料は低単価の材料であるから，その管理にはできるだけ手数を省くべきであり，その記録は継続記録法によらず，棚卸計算法によるべきである。これにたいして**Bグループは，主として中程度の価格の常備材料からなるため，経済的発注量，安全在庫量，注文点を設定し電子計算機を利用した自動発注システム**（automatic order system）**をとって管理するのがよい。**
(注15)

（3） 経済的発注量

材料を購入し消費するまでに要する費用（これを在庫品関係費用ということにする）は，材料の発注費と保管費からなっている。そこで一定期間に消費する材料を，必要のあるつど購入するとすれば，材料の保管費は安くすむが，しばしば発注するために発注費は高くなる。反対に一定期間に消費する材料全部を一度に購入するとすれば，発注費はたった1回分ですむが，保管費が相当な巨額になるであろう。そこで1回に材料を何単位ずつ購入するのがもっとも経済的か，という問題にわれわれは直面する。これが，経済的発注量（economic lot size）の問題である。

経済的発注量を計算する式としては，種々のものが工夫されているが，この計算に必要な資料が確定値である場合，基本的には次のような式となる。

いま，

C ：年間の在庫品関係費用

Q ：年間の在庫品消費量

L ：1回当たり発注量

P ：1回当たりの発注費

S ：年間の在庫品1単位当たりの保管費

L^*：経済的発注量

C^*：経済的発注量のときの年間の在庫品関係費用

(注 15) Ford Motor Company では，材料を4群に分類し，Aグループ……2日分；Bグループ……5日分；Cグループ……10日分；Dグループ……20日分以上；という在庫方針を設定しているという (C. T. Horngren, *Cost Accounting*, 1967, p.534)。

とすれば，

$$C = \frac{Q}{L} \cdot P + \frac{L}{2} \cdot S$$

となる。つまり，$\frac{Q}{L}$ = 年間の注文回数，したがって，$\frac{Q}{L} \cdot P$ = 年間の発注費 となる。また，$\frac{L}{2}$ = 平均在庫量 であるから $\frac{L}{2} \cdot S$ = 年間の保管費 となる。

そこで経済的発注量 L^* を求めるには，C を最小ならしめる L を求めればよい。そのために C を L について微分してゼロとおく。

$$\frac{dC}{dL} = \frac{-QP}{L^2} + \frac{S}{2} = 0$$

$$\therefore \quad \frac{S}{2} = \frac{QP}{L^2}$$

$$\therefore \quad SL^2 = 2QP$$

$$\therefore \quad L^2 = \frac{2QP}{S}$$

$$\therefore \quad L = \sqrt{\frac{2QP}{S}} = L^*$$

となる。すなわち，

$$\text{経済的発注量} = \sqrt{\frac{2 \times (\text{年間の在庫品消費量}) \times (1回当たりの発注費)}{(\text{年間の在庫品1単位当たりの保管費})}}$$

によって計算される。また経済的発注量 L^* を採用するときは，年間の在庫品関係費用（発注費と保管費の合計）は最小となるわけで，それは，次の式により求められる。

$$C^* = \sqrt{2QPS}$$

なぜならば，

$$C = \frac{Q}{L} \cdot P + \frac{L}{2} \cdot S$$

$$= \frac{QP}{L} \cdot \frac{2L}{2L} + \frac{LS}{2} \cdot \frac{2L}{2L}$$

$$= \frac{2QP}{2L} + \frac{L^2 S}{2L}$$

$$= \frac{2QP + L^2 S}{2L}$$

上式に，$L = \sqrt{\frac{2QP}{S}}$ を代入すれば，

$$C^* = \frac{2QP + \frac{2QP}{S} \cdot S}{2\sqrt{\frac{2QP}{S}}}$$

$$= \frac{4QP}{2\sqrt{\frac{2QP}{S}}} = \frac{2QP}{\sqrt{\frac{2QP}{S}}} = 2QP \cdot \frac{\sqrt{S}}{\sqrt{2QP}}$$

$$= \frac{2QP \cdot \sqrt{S} \sqrt{2QP}}{2QP} = \sqrt{2QPS}$$

となるからである。ただこの意思決定モデルは，会計以外の領域で工夫されたために，この式に使用する会計資料が整備されていない場合が多い。この問題について原価計算担当者自身による研究が望まれる。

第4節　労務費会計

労務費会計における主要な問題は，

(イ)　労働力の購入額の計算，すなわち給与計算と記帳手続

(ロ)　労働力の消費額の計算と記帳手続

である。材料の場合と比較するならば，材料はこれを購入し，次いで消費するのにたいし，労働力は，企業における従業員から提供を受けると同時にこれを消費し，あとでその対価を支払うことになる。このように材料と労働力は，購入（支払）と消費の順序が異なるけれども，両者を区別しなければならない点においては同様である。

したがって，工員の労働にたいして支払われる給与を賃金（wages）という

が，賃金についても，工員の提供する労働力の購入額の計算と，その労働力の消費額の計算とがある。前者を支払賃金の計算といい，後者を消費賃金の計算という。従来，支払賃金の計算は一般会計の扱う問題であり，消費賃金の計算は原価計算の扱う問題であると説明されてきたが，材料の購入額の計算を原価計算の取り扱う問題とする以上，支払賃金の計算も原価計算の扱う問題のなかに含めてさしつかえない。

1. 労務費の分類

(1) 支払形態による分類

労務費はその支払形態によって次のように分類される。

(イ) 労務主費（労働の対価としての費用）

 i) 賃　　　金　これは，工員の提供する労働力にたいして支払われる給与である。その支払方法は，大別して時間給制と出来高給制にわかれ，時間給制には，時間給，日給，月給，日給月給など種々の支払方法(注16)があり，出来高給制についても，単純出来高給，差別出来高給，割増給など種々の支払方法がある。

  賃金は広義においては支払賃金のことをいい，狭義においては基本賃金のことをいう。支払賃金と基本賃金の関係は次のとおりである。

（時間給制の場合）

  支払賃金 ＝ 基本賃金（すなわち，支払賃率 × 実際就業時間）＋ 加給金

（出来高給制の場合）

  支払賃金 ＝ 基本賃金（すなわち，支払賃率 × 実際出来高）＋ 加給金

 ii) 給　　　料　これは，職員および業務担当役員の労働にたいして支払われる給与である。支払方法は，月給制による。

 iii) 雑　　　給　これは，臨時雇やパートタイマーの労働にたいして支

（注 16）日給月給というのは，基本賃金を月額で定め（つまり月給制とし），1日欠勤するごとに，月額の$\frac{1}{25}$を差し引く賃金支払方法をいう。なお企業によっては，工員と職員とを区別せずに社員と称し，工員による労働の対価もすべて給与と称することがある。

払われる給与である。

iv) 加給金　これは，在籍工員の労働にたいし，基本賃金のほかに支払われる給与であって，作業に直接に関係のある手当からなり，たとえば次のようなものがある。

　　a. 定時間外作業（残業）手当（overtime premium）（労働基準法 第37条によれば，定時作業賃金の25%以上である。）

　　b. 夜業手当（night shift bonus）　これは，2交替制以上のときの夜間作業にたいして支払われる加給である。

　　c. 危険作業手当，不快作業手当，不衛生作業手当

　　d. 生産奨励金，能率手当，原価節約報奨金など

v) 従業員賞与・手当　これは，職員，工員などの従業員に支払われる賞与・手当であって，役員賞与を含まない。ここでいう手当とは，作業に直接関係のない手当であって，扶養家族手当，住宅手当，通勤手当などをいう。

(ロ) **労務副費**（労働力の調達・消費に付帯する費用）

　i) 労働力の対価としての性質をもたない手当　たとえば休業手当，現物給与など。

　ii) 退職給付引当金繰入額　これは会社の退職給付規定に従って，支給される退職金にたいする引当金繰入額である。[注17]

　iii) 法定福利費　これは，健康保険法，厚生年金法，労働災害補償保険法，雇用保険法にもとづく社会保険料の会社負担額である。[注18] 従業員本人の負担する社会保険料ではない点に注意すべきである。

上記のほかに，福利施設負担額（会社が従業員のために，学校，病院，託児所，社宅などの福利施設を設け，それらを独立会計で運営させているさいの会社が負担する補助金のことをいう。），厚生費（従業員の医務，衛生，保健，慰安，修養などに要する費

(注17) これについては，企業会計審議会「退職給付に係る会計基準」（平成十年六月十六日）を参照されたい。

(注18) 健康保険料と厚生年金保険料とは，会社と従業員（被保険者）とが折半で負担する。これにたいし労災保険料は，会社が全額負担する。また雇用保険料は労使で負担するか，その負担割合は，従業員の負担よりも会社の負担のほうが多くなっている。

用），従業員募集費，訓練費などは，労務副費とも考えられるが，原価計算基準では，それらが個人別に把握されないので，経費として扱っている。

(2) 消費形態による分類

個別原価計算においては，労務費はその消費形態によって，直接労務費と間接労務費とに分類される。多くの工場では，工員をその職種にもとづいて直接工と間接工とに分けている。**直接工**とは，製品製造のために直接にその加工作業を行なう工員であって，たとえば自動車車体製造工場では，鈑金工，鍛造工，機械工，塗装工，組立工などが直接工である。これにたいして**間接工**とは，前述の直接作業以外の作業（間接作業）に従事する工員であって，たとえば修繕工，運搬工，清掃工などである。検査工は工場によっては，直接工に含められる場合もあれば，間接工に含められる場合もある。

(イ) 直接労務費

直接工が直接作業に従事した場合には，その直接工について計算された基本賃金と加給金は，後述するように個別賃率あるいは平均賃率を通じて直接労務費となる。直接労務費は，製造指図書別に計算されることはいうまでもない。

(ロ) 間接労務費

  i) 間接工が間接作業に従事した場合には，その間接工について計算された基本賃金と加給金は，その原価計算期間に帰属する支払額（後述するように，これを要支払額という。）が間接労務費となる。

  ii) 直接工が本来の直接作業に従事せず，一時的に間接作業に従事した場合には，その間接作業で消費した労務費（基本賃金と加給金）は間接労務費（直接工間接賃金）[注19]となる。

  iii) 給料，雑給，従業員賞与・手当，退職給与引当金繰入額および労務副費は，原則として間接労務費となる。

[**解 説**] 上述の説明は，個別原価計算における直接労務費と間接労務費の分類である。総合原価計算において広義の賃金（基本賃金と加給金）を直接労務費と間接労務費とに区分する場合に

(注19) 中小企業において間接工が直接作業に従事することがある。この場合の労働消費額は理論的には直接労務費（間接工直接賃金）であるが，実務上はこの消費額を把握することは困難である。

は，(イ)直接工の賃金を直接労務費，間接工の賃金を間接労務費とする。あるいは(ロ)製品1単位当たりに予定しうる労務費を直接労務費，予定できない労務費を間接労務費とするのである。

以下賃金の計算記帳手続について説明する。

2. 支払賃金の計算と記帳手続

支払賃金を計算する原始資料は，出来高給制の場合は出来高報告書，時間給制の場合は出勤票である。次に時間給制の場合を例にとって述べる。工員の就業時間は出勤票によって把握する。この就業時間は，常業時間と残業時間とに分けられる。賃金台帳には，工員別の支払賃率が記載されている。そこで給与支給帳において，工員別に次の計算を行なう。

支払賃金 = 支払賃率 × 就業（常業）時間
　　　　　+ 加給金（残業手当，夜業手当など）

給与支給総額 = 支払賃金 + 諸手当（家族手当，通勤手当など）

現金支給額 = 給与支給総額 − 社会保険料控除額（健康保険料，雇用保険
　　　　　　料などの本人負担分）− 所得税等控除額（所得税，住民税，貸
　　　　　　付金返済額など）

賃金支払日に，給与支給帳において上記の計算を行ない，現金を工員別に支給した場合には，次の仕訳を一般仕訳帳に行なう。

（賃　　　　　金）	×××[注20]	（社会保険料預り金）	×××
（従業員諸手当）	×××	（所得税預り金）	×××
		（住民税預り金）	×××
		（従業員貸付金）	×××
		（現　　　　　金）	×××

以上の記帳手続を図示すれば，図 4—5 のようになる。なおこの図では賃金を主に説明してある。総勘定元帳にはこれらの勘定のほかに，給料勘定，雑給勘定などの諸勘定が設けられることはもちろんである。

(注 20) 従業員の賞与については，この仕訳のほかに期末賞与支払見込額の月割額を計上する。

図4—5

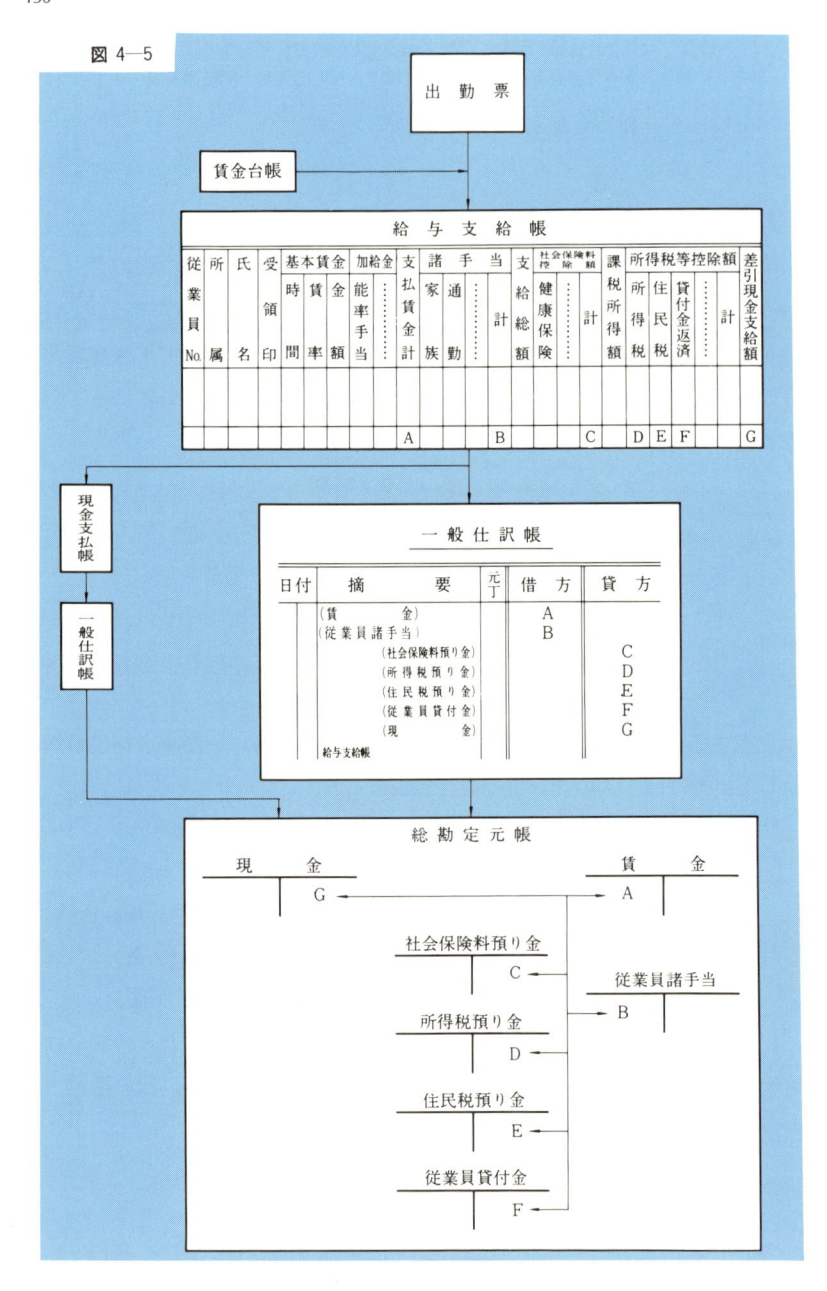

```
                        ┌─────────┐
                        │ 出 勤 票 │
                        └────┬────┘
        賃金台帳 ─────────────┤
                              ▼
┌───────────────────────────────────────────────────────────────────┐
│                         給 与 支 給 帳                              │
├──┬──┬──┬──┬──┬──┬──┬──┬──┬──┬──┬──┬──┬──┬──┬──┬──┬──┬──┬──┬──┤
│従│所│氏│受│基本賃金│加給金│支│諸手当│支│社会保険料│課│所得税等控除額│差│
│業│属│名│領│時│賃│金│能│金│払│家│通│計│給│健│計│税│所│住│貸│計│引│
│員│  │  │印│間│率│額│率│額│賃│族│勤│  │総│康│  │所│得│民│付│  │現│
│No│  │  │  │  │  │  │手│  │金│  │  │  │額│保│  │得│税│税│金│  │金│
│  │  │  │  │  │  │  │当│  │計│  │  │  │  │険│  │  │  │  │返│  │支│
│  │  │  │  │  │  │  │  │  │  │  │  │  │  │料│  │  │  │  │済│  │給│
│  │  │  │  │  │  │  │  │  │  │  │  │  │  │  │  │  │  │  │  │  │額│
├──┼──┼──┼──┼──┼──┼──┼──┼──┼──┼──┼──┼──┼──┼──┼──┼──┼──┼──┼──┼──┤
│  │  │  │  │  │  │  │  │  │A │  │  │B │  │C │  │D │E │F │  │  │G │
└──┴──┴──┴──┴──┴──┴──┴──┴──┴──┴──┴──┴──┴──┴──┴──┴──┴──┴──┴──┴──┘
       │                       │
   現金支払帳              一般仕訳帳
       │                       ▼
       │     ┌─────────────────────────────────────┐
       │     │            一般仕訳帳                │
       │     ├────┬──────────────┬───┬─────┬─────┤
       │     │日付│     摘 要     │元丁│借方 │貸方 │
       │     ├────┼──────────────┼───┼─────┼─────┤
       │     │    │(賃  金)      │   │ A   │     │
       │     │    │(従業員諸手当)│   │ B   │     │
       │     │    │  (社会保険料預り金)│ │     │ C   │
       │     │    │  (所得税預り金)   │ │     │ D   │
       │     │    │  (住民税預り金)   │ │     │ E   │
       │     │    │  (従業員貸付金)   │ │     │ F   │
       │     │    │  (現    金)       │ │     │ G   │
       │     │給与支給帳│          │   │     │     │
       │     └─────────────────────────────────────┘
       │                       │
       ▼                       ▼
┌───────────────────────────────────────────────────────────────────┐
│                         総 勘 定 元 帳                              │
│                                                                    │
│    現      金                           賃      金                 │
│  ──────┬──────                       ──────┬──────                │
│    G  ←│                              │ A                        │
│                                                                    │
│           社会保険料預り金                                          │
│         ──────┬──────        従業員諸手当                          │
│               │ C ←         ──────┬──────                        │
│                                     │ B                           │
│           所得税預り金                                              │
│         ──────┬──────                                             │
│               │ D ←                                               │
│                                                                    │
│           住民税預り金                                              │
│         ──────┬──────                                             │
│               │ E ←                                               │
│                                                                    │
│           従業員貸付金                                              │
│         ──────┬──────                                             │
│               │ F ←                                               │
└───────────────────────────────────────────────────────────────────┘
```

3. 消費賃金の計算と記帳手続

(1) 直接工の消費賃金の計算と記帳手続

(イ) 直接労務費の計算

直接工が直接作業に従事した場合、直接労務費が発生する。直接労務費は次の式によって計算する。

$$直接労務費 = 直接工の消費賃率 \times 実際直接作業時間$$

(ロ) 直接工の消費賃率

直接工の消費賃率には、次の種類がある。

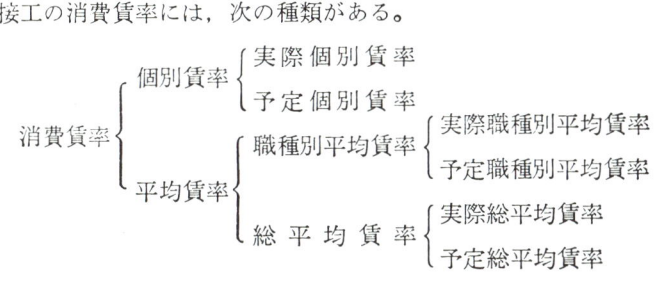

$$消費賃率 \begin{cases} 個別賃率 \begin{cases} 実際個別賃率 \\ 予定個別賃率 \end{cases} \\ 平均賃率 \begin{cases} 職種別平均賃率 \begin{cases} 実際職種別平均賃率 \\ 予定職種別平均賃率 \end{cases} \\ 総平均賃率 \begin{cases} 実際総平均賃率 \\ 予定総平均賃率 \end{cases} \end{cases} \end{cases}$$

まず個別賃率とは、個々の直接工ごとに計算される消費賃率のことである。すなわち、

$$個別賃率 = \frac{特定の直接工の基本賃金 + 加給金}{その直接工の総就業時間}$$

によって計算される。この式の分母、分子を実績で計算すれば実際個別賃率となり、予定値で計算すれば予定個別賃率となる。通常予定個別賃率は使用する意味がなく、また実際個別賃率もほとんど使用されない。個別賃率の使用は、材料消費単価の計算方法における個別法と同様に、手数を要するのみならず、どの直接工も行なうことのできる仕事の場合、たまたまその仕事を引き受けた工員が高い賃率の工員であると、それによって完成した製品の直接労務費が偶然的に高くなるという不合理が生ずるからである。

総平均賃率は、次の式によって計算する。

$$総平均賃率 = \frac{工場全体の直接工の基本賃金合計 + 加給金合計}{工場全体の直接工の総就業時間}$$

総平均賃率によって直接労務費を計算すれば，工場におけるどの職種の直接工が作業しても，同一の消費賃率で計算されることになる。したがって計算の手数は簡略となるが，職種によって消費賃率の異なる場合には，その実態を製品原価計算に正しく反映しないことになる。

職種別平均賃率は，次の式によって計算する。

$$\text{職種別平均賃率} = \frac{\text{同一職種に属する直接工の基本賃金合計} + \text{加給金合計}}{\text{その職種に属する直接工の総就業時間}}$$

職種別平均賃率によって直接労務費を計算すれば，同一職種，たとえば機械工が10人いるとすると，機械工であるかぎり，どの工員が作業しても同一の消費賃率によって直接労務費が計算されることになる。多くの工場では，作業に熟練を要したり困難である職種の支払賃率や加給金は高額となっており，職種別に消費賃率が異なることが多い。また個別原価計算においては，製品が完成した段階で直ちに直接労務費を計算できることが望ましい。したがって実務上は予定職種別平均賃率が多く採用されている。[注21]

(ハ) 直接工の作業時間測定とその記録

直接工の1日の作業時間は，次の内訳からなっている。

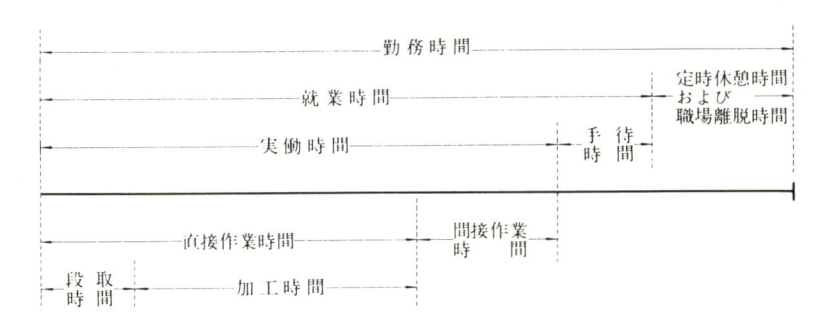

```
|─────────────── 勤 務 時 間 ───────────────|
                                              |定時休憩時間
|──────── 就 業 時 間 ────────|              | および
                                              |職場離脱時間
|────── 実 働 時 間 ──────|手 待|
                         |時 間|
                              
       |── 直接作業時間 ──|間接作業|
                          |時  間|
       |段取|
       |時間|── 加 工 時 間 ──|
```

(注21) 本書では，従来の通説に従って直接工の消費賃率の計算において算入される労務費としては，直接工の基本賃金と加給金であるとした。しかし労務主費が材料の主費と同様に労働の対価であり，労務主費のなかに従業員賞与・手当が加えられるようになってきた以上，直接工の賞与予想月割額および作業に直接関係のない扶養家族手当，住宅手当などの諸手当もまた，直接工の消費賃率の計算に含めてよいと考えられる。

出勤票は，工員が工場の入口に設置されたタイム・レコーダーにより，その出退時刻を記録する原始伝票であり，それによって勤務時間を記録する。勤務時間は拘束時間ともいわれる。

勤務時間から定時休憩時間および職場離脱時間を差し引けば，就業時間となる。もし早出，残業があれば，これらをさらに加えた時間が就業時間となる。職場離脱時間とは，私用外出，面会，診療，争議などで工員が自らの責任において職場を離れた時間であり，この時間は賃金支払の対象とはならない。

就業時間は手待時間（idle time）と実働時間からなっている。手待時間 とは，停電で作業ができないため待機している電気待ちや，工具の手配が不良のために作業ができずに待機している工具待ちなど，工員の責任以外の原因によって作業ができない状態にある遊休時間をいう。手待時間は，すべて賃金支払の対象になる。臨時的，偶発的な原因によって生じた手待時間にたいして支払われた賃金は非原価であるが，経営管理者の管理可能な原因（たとえば材料，工具，機械の手配不良，整備の不良による機械の故障など）によって生じた手待時間にたいし支払う賃金（不働賃金）は，間接労務費となる。手待時間については，手待時間票（不働時間票 idle time card）を発行してその発生時間をつかみ，このような無作業時間をなくすよう対策を講じなければならない。

次に実働時間は，製品の製造に直接に従事する直接作業時間と，それ以外の間接作業時間からなる。直接工が間接作業に従事し，その作業時間にたいして支払われる賃金が直接工間接賃金である。原価管理の1つの要点は，直接工間接時間を把握し，これを発生せしめぬような対策を講ずることにある。

直接作業時間は，段取時間（set-up time）と加工時間からなる。

[解　説]　段取時間の賃金
 (1) 段 取 時 間　段取とは作業準備のことであって，段取時間には，加工開始前の作業準備時間のほか，作業中，別の製品の加工に切り換えるための作業準備時間（機械の調整，ベルトサイズの変更，金型の取替など）からなっている。
 (2) 段取賃金（set-up labor）の性質　段取作業を行なえば，段取時間中に消費される労働力にたいし支払われる賃金，段取に要する電力料などの原価が発生するが，通常はこれらのうちで金額的にもっとも重要な段取賃金のみが段取費（set-up costs）として把握される。段取賃金は，オーダー（ないしロット）固定費であって，通常の固定費ではない点に注意す

べきである。つまり通常の固定費は，製品生産量の増減にかかわらず変動しない原価をいうが，段取賃金は，1オーダーないし1ロットのサイズ（つまり1ロットで製品を何個生産するかの量）にかかわらず，一定額発生する固定費である。たとえば1ロットで製品を100個生産しようと，10,000個生産しようと，段取は1回ですむからである。

(3) 段取時間削減の重要性　消費者の需要が多様化した現代では，企業の製品生産は，単種大量生産から多品種少量生産へと移行してきた。その結果，頻繁に段取替えをしなければならなくなった。たとえば，自動車を製造するプレス工場では，車種が変わると，それに応じてプレス機の金型を取り替えねばならない。1940年代では，ラインの機械をすべて止めて2～3時間かけて段取替えを行なっていたが，これでは多品種少量生産は不可能である。そこで工場現場の小集団活動によって段取作業の短縮に取り組んだり，ワンショット段取替え（ラインの機械をすべて止めずに，加工の流れに従って順次段取替えを行なう）などの工夫によって，1960年代にはわずか2～3分で段取替えができるようになり，段取費が大幅に削減された。

(4) 原価計算上の処理　段取賃金は，各製造指図書ごとに直接に跡づけることができるから，その指図書の直接労務費とすることは可能であるが，そうすると製品の直接労務費と製品生産量との間に比例関係が失われる。そこで全部原価計算では，製品の直接労務費を，段取賃金と加工賃金とに区別して記録すべきである。そうしておけば利益管理や原価管理のために必要な製品の直接労務費予算は，1回当たりの段取賃金×段取回数＋製品1個当たりの加工賃金×生産量　によって計算できる。段取賃金を製造間接費として処理する方法は，少ロットでしばしば段取が必要となる製品品種と，多量のロットで段取が少なくてすむ製品品種の収益性の違いをぼかしてしまうので，望ましくない。

　後述する活動基準原価計算では，製品別の収益性を明らかにするため，段取賃金は段取回数などにもとづき各製品品種に賦課している。

　さて直接工の直接作業時間および間接作業時間は，作業時間報告書（作業時間票 time ticket; job ticket）によって把握される（表 4—10）。これは労働力の消費にかんする重要な原始記録であって，材料の消費における出庫票に相当する。作業時間報告書に，作業の開始および終了時刻を誰が記入するかは，工場によって異なる。工員自身が時計を見て記入することは望ましくない。この原始記録が正確か否かは，原価計算の精度を左右するからである。また職長がこの記録を担当することも望ましくない。職長は現場管理という本来の職務に専念すべきだからである。望ましい方法は，専任の時間記録係（time keeper）に担当させるか，あるいは作業場所にタイム・レコーダーを設置し，工員自身に作業の開始，終了時刻をこの機械によって記録させる方法である。[注22]

(二) 直接工の消費賃金の記帳手続

(注 22) 作業時間報告書に作業の開始や終了時刻を記録し，あるいは消費賃率を乗じて労務費を計算するさいに，分単位の測定は10進法に直して行なわれることが多い。たとえば作業開始が8時13分で終了が10時29分であれば，開始8.2時，終了10.5時，作業時間2.3（＝10.5－8.2）時間と記録し計算するのである。

表 4—10

```
                    作 業 時 間 報 告 書
  作業者名_____        No._____
  作 業 者 No.____                   日 付    年   月   日
  作  業 No._____                 製造指図書 No._____
                                   製造間接費目指定 No._____

  ┌─────────┬────┐              ┌────┬────┬────┐
  │ 終 了 時 刻 │    │              │ 賃 率 │ 金 額 │    │
  │ 開 始 時 刻 │    │              ├────┼────┼────┤
  │ 作 業 時 間 │    │              │    │    │    │
  └─────────┴────┘              └────┴────┴────┘
```

次に直接工の消費賃金の記帳手続を図示すれば，図 4—6 のようになる。

まず作業時間記録係は，毎朝前日の作業時間報告書および不働時間票を工具別に整理し，出勤票からえた就業時間と比較する。工員別に整理した作業時間合計とその就業時間とは一致すべきである。

```
    出  勤  票                      作業時間報告書および不
   による就業時間                   働時間票による作業時間

  午  前……4時間 ⎫              ⎧ 製造指図書 No. 263……7.0 時間
  午  後……4時間 ⎬ 9時間＝9時間 ⎨ 製造指図書 No. 264……1.5 時間
  残  業……1時間 ⎭              ⎩ 手 待 時 間…………………0.5 時間
                                    （不働時間票による）
```

もし就業時間のほうが作業時間合計よりも多ければ手待時間として記録し報告すべきである。しかし多くの会社では，この差を間接作業時間に含めている。またもし就業時間のほうが作業時間合計よりも少なければ，それは測定や記録の誤りであるから，工員本人と職長とを呼んで，その誤りを訂正しなければならない。

この照合のすんだ出勤票は，支払賃金の計算のため，給与計算課にまわされる。これにたいして作業時間報告書は，原価計算課にまわされ，各工員の消費賃率（たとえば職種別予定平均賃率）が作業時間報告書に記入され，この報告書上で消費賃率に実際直接作業時間を乗じて直接労務費が計算される。

図 4—6

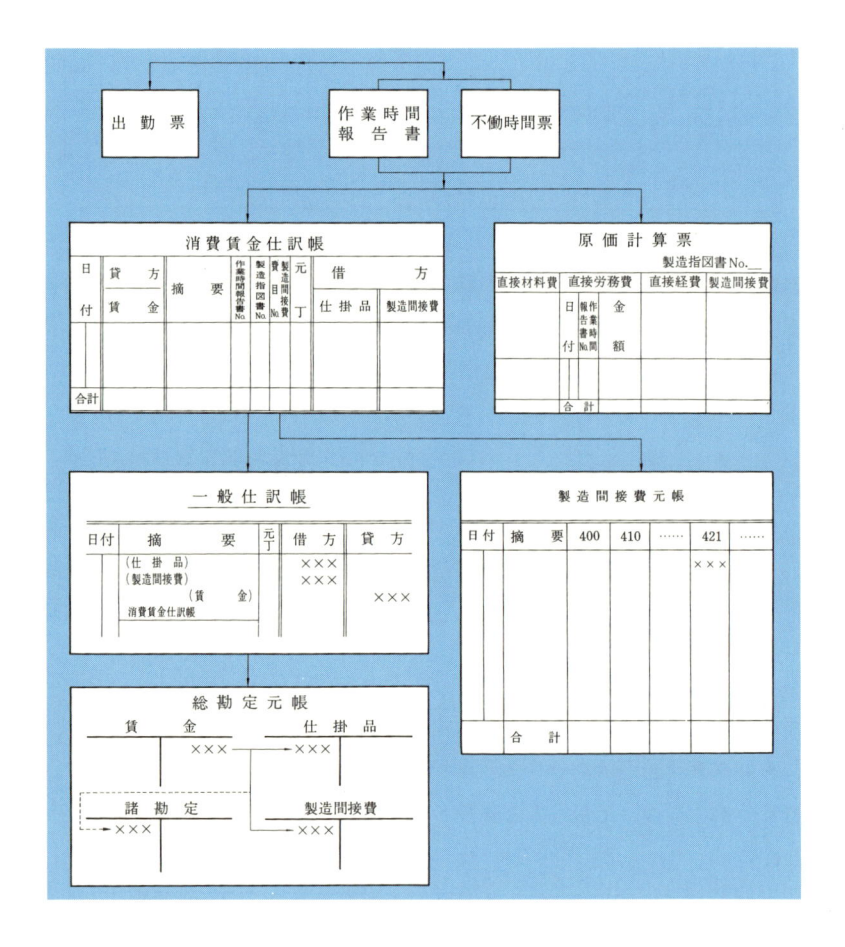

次いで作業時間報告書に記入された直接労務費は，その製造指図書番号の原価計算票の直接労務費欄に移記される。

他方，作業時間報告書から消費賃金仕訳帳が作成される。作業時間報告書に製造指図書番号の記載されたものは直接労務費であるから，消費賃金仕訳帳の貸方賃金欄と，借方仕掛品欄にその金額を記入する。作業時間報告書に製造間接費費目指定番号の記載されたものは間接労務費であるから，消費賃金仕訳帳の貸方賃金欄と，借方製造間接費欄に記入する。なおこの場合，消費賃金仕訳帳の製造間接費費目指定番号欄にその番号を記入するとともに，その金額を製造間接費元帳のその費目指定番号欄に個別転記をする。

月末に，消費賃金仕訳帳にもとづいて，一般仕訳帳に合計仕訳を行ない，総勘定元帳の各口座へ合計転記を行なう。すなわち，

　　　　（仕　　掛　　品）　×××　（賃　　　　金）　×××
　　　　（製 造 間 接 費）　×××

（2）　間接工の消費賃金の計算と記帳手続

間接工についても直接工と同様に，その作業時間を測定することが原価管理上望ましい。したがって重要な間接工については，その作業時間を測定し，実際間接作業時間にその消費賃率を乗じて，間接工賃金を計算すべきである。

しかしながら実務上は，作業時間を測定しこれを記録することは，相当な手数と費用とを必要とするので，直接工についてのみ作業時間を測定し記録する会社が多い。原価計算基準もこの点を考慮し，間接工賃金は「原則として当該原価計算期間の負担に属する要支払額をもって計算する。」としている。[注23]

そこで原価計算期間と給与計算期間との関係および要支払額の意味について説明しておこう。通常，原価計算期間は暦日の1か月間である。たとえば8月なら8月1日から8月31日までの1か月間を区切って，その期間の原価計算を行なうのである。これにたいして給与計算期間（給与を支払う対象とする期間）もまた，原価計算期間に一致していれば，なんら問題は生じない。この場合は，間接工のその月の支払賃金は，そのままその月の消費賃金となる。ところが実

（注23）　原価計算基準第2章12(2)。

務上は，たとえば7月21日から8月20日までを給与計算期間とし，25日に給与を支払うというように，原価計算期間と給与計算期間とは一致しないことが多い（図4—7）。

図 4—7

```
      7/21        8/1              8/20      8/31
        ┌──────────────────────────┐
        │    給 与 計 算 期 間       │
        └──────────────────────────┘
                ┌──────────────────────────┐
                │    原 価 計 算 期 間      │
                └──────────────────────────┘
```

そこでこの場合には，7/21〜8/20の支払賃金を8/1〜8/31の消費賃金とすることは不正確である。したがって，

8/1〜8/31の消費賃金 ＝(7/21〜8/20の実際支払賃金)

－(7/21〜7/31の実際支払賃金)＋(8/21〜8/31の実際支払賃金見込額)

として計算するのがよい。これを，当該原価計算期間の負担に属する間接工賃金の「要支払額」(注24)という。なお給料，雑給なども，要支払額をもって計算するのである。

間接工賃金は，給与支給帳にもとづき要支払額を計算し，消費賃金仕訳帳に，

　　　　（製 造 間 接 費）　　×××　　（賃　　　　　金）　　×××

の仕訳を行なうとともに，製造間接費元帳における間接工賃金勘定口座の借方に，その金額を個別転記する。給料，雑給についても，間接工賃金と同様に処理すればよい。労務副費も，それぞれの費目の実際発生額または引当額を製造間接費に計上する。

[解 説] 原価計算期間と給与計算期間の不一致と賃金勘定等の記録

原価計算期間と給与計算期間とが一致しない場合に，賃金勘定関係の記録は図4—8のようになる。

① まず7/25に6/21〜7/20の賃金が支払われ，7月末には，7/21〜7/31の賃金が未払賃金として，未払賃金勘定の貸方に計上される。そこで8月1日にこれを次の仕訳により賃金勘定の貸方に振り替える。

　　　（未 払 賃 金）　　×××　　（賃　　　　　金）　　×××

② 8/25に，7/21〜8/20の賃金が計算され，次の仕訳を通じて支払われる。

(注 24) 間接工の支払賃率や間接工の就業時間に変化がなく，7/21〜7/31の実際支払賃金と，8/21〜8/31の支払賃金見込額とが等しければ，7/21〜8/20の実際支払賃金をもって，8月の消費賃金とすることができることはいうまでもない。

（賃　　　　　金）	×××	（社会保険料預り金）	×××
（従業員諸手当）	×××	（所得税預り金）	×××
		（住民税預り金）	×××
		（従業員貸付金）	×××
		（現　　　　　金）	×××

③　職種別予定平均賃率にもとづいて計算された 8/1〜8/31 の消費賃金が，次の仕訳により計上される。

|（仕　掛　品）|×××|（賃　　　　　金）|×××|
|（製造間接費）|×××| | |

④　8月末に 8/21〜8/31 の賃金が当月未払となる。これは，8/21〜8/31 の実際就業時間数に職種別予定平均賃率を乗じてその金額を計算し，次の仕訳により未払賃金に計上する。

|（賃　　　　　金）|×××|（未払賃金）|×××|

⑤　賃金勘定においては，その貸借は通常平均しない。これは賃率差異であり，原価差異勘定へ振り替える。図 4—8 では不利な賃率差異が生じた場合である。

|（原価差異）|×××|（賃　　　　　金）|×××|

⑥　なお従業員賞与・手当について説明を加えておきたい。まず従業員賞与については，年度末の賞与予想額の月割分（月次引当額）を製造間接費（間接労務費）とするか，あるいは直接工にたいする年度末賞与予想額の月割分は直接工の職種別予定平均賃率のなかに含める方法がとられる。作業に直接関係のない手当（扶養家族手当，通勤手当など）についても，賃金勘定における処理と同様に，原価計算期間と給与計算期間とが不一致な場合には，当該原価計算期間の負担額を計算して，これを製造間接費とすべきである。しかしながらこの計算は困難であるので，支給額を原価計算期間の負担額とみなすのである。

146

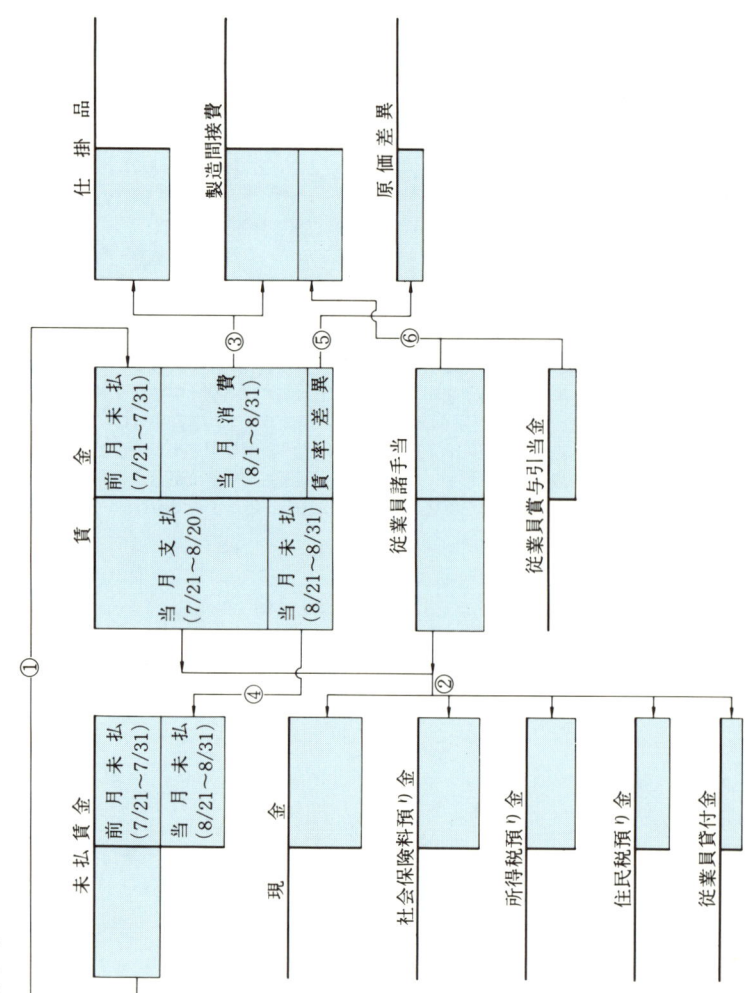

図 4—8

第 5 節　直接経費の計算と記帳手続

1．直接経費の内容

個別原価計算においては，製品の製造上，原価の発生が各製造指図書ごとに直接に認識され把握される経費を，直接経費（direct expense）という。たとえば特定の製品のためにのみ要する外注加工賃，特許権使用料（製品の出来高に比例して支払う場合），特殊機械の賃借料，試作費，仕損費などがある。

2．外注加工賃の処理方法

これらの直接経費のうち，わが国の企業では下請を利用する関係で，外注加工賃が重要な意味をもつことが多い。そこで以下，外注加工賃の処理方法を説明しよう。なお注意すべきは，外注加工賃が常に直接経費となるわけではない，という点である。外注加工の形態によっては，後述するように外注加工賃は部品原価に計上されるなど，直接経費にならない場合があるからである。

(1)　外注加工賃の定義

生産の一部分の仕事（材料または部品の加工や中間製品の組立など）を外部の業者に委託し，その対価として支払うコストを外注加工賃という。

(2)　外注の当事者

発注者を元請，受注者を下請という。とりわけ機械工業では，下請の依存度が高い。

(3)　外注加工の行なわれる理由

内製より外注のほうが有利である理由には，種々の点があげられる。たとえば，(イ)下請工場が中小企業であるため，管理費がかからない。(ロ)加工に特殊の設備を必要とするが，自工場でその設備投資を行なうほどの加工量はなく，しかも手間がかかる仕事なので，その特殊設備を所有する外部の業者に委託加工させるほうが有利である，など。

下請工場の作業は，元請工場の技術指導の下に行なわれ，役員の派遣，品質

管理技法や設備の生産保全技法の教育，さらに場合によっては資金援助も行なわれ，元請企業の運動会に下請企業の従業員が参加するなど，緊密な企業グループを形成するところに日本的経営の1つの特色がみられる。

(4) 外注加工の形態とその会計処理

外注加工の形態には，無償支給と有償支給の場合とがある。

(イ) 無償支給の場合

これは，メッキ加工のように，下請業者に材料を無償で支給し，その加工を委託する場合である。この場合は，外注加工品の受払記録をつけて管理するのはもちろんであるが，加工に失敗して不合格品がでた場合，その損失を双方がどのような割合で負担するかを契約上明確にしておかなければならない。多くの場合この損失は，支給材料分は元請が，加工賃分は下請が負担する。なお不合格品がでた場合も，元請は下請からその支給材料を回収しないと，管理がルーズになるおそれがある。

a. 直接経費として処理される場合

さて材料を外注のため無償支給するときは，あらかじめ通常の出庫票で材料を出庫させておき，その出庫額を関係する原価計算票の直接材料費欄に記入しておく。そしてその材料を下請業者に無償で支給するときに，外注担当者（材料購買係）は，図4—9で示した外注加工品受払帳にその交付記録をつけておく。加工が完了し，加工品が下請業者から納入されたときは，これを検査し，外注加工品受入検査報告書を発行し，外注加工品受払帳に受入記録を行なうとともに，加工品を直ちに製造現場に引き渡す。図4—9で示したように，経理部ではこれらの資料にもとづき，外注加工賃をその原価計算票の直接経費欄に個別転記し，月末に一般仕訳帳で次の合計仕訳を行なう。

　　　　（外注加工賃）　×××　（買　掛　金）　×××
　　　　（仕　掛　品）　×××　（外注加工賃）(注)　×××

b. 部品原価に計上される場合

なお外注品を受け入れたとき，直ちに製造現場へ引き渡さず，いったん部品として倉庫に受け入れる場合は，通常の出庫票でなく外注出庫票により材料を

出庫しておき，外注品を受け入れたときは，次の仕訳により，外注加工賃を材料原価とともに，部品勘定へ振り替える。

　　　　（部　　　品）　×××　（材　　　料）　×××
　　　　　　　　　　　　　　　（外 注 加 工 賃）　×××

この場合は，上の仕訳から明らかなように，外注加工賃という費目は生ずるが，それは直接経費とならず，部品原価を構成することになる。

　（注）　外注加工賃の未払額を計上する勘定科目は，買掛金勘定である。財務諸表等規則取扱要領第117を参照されたい。

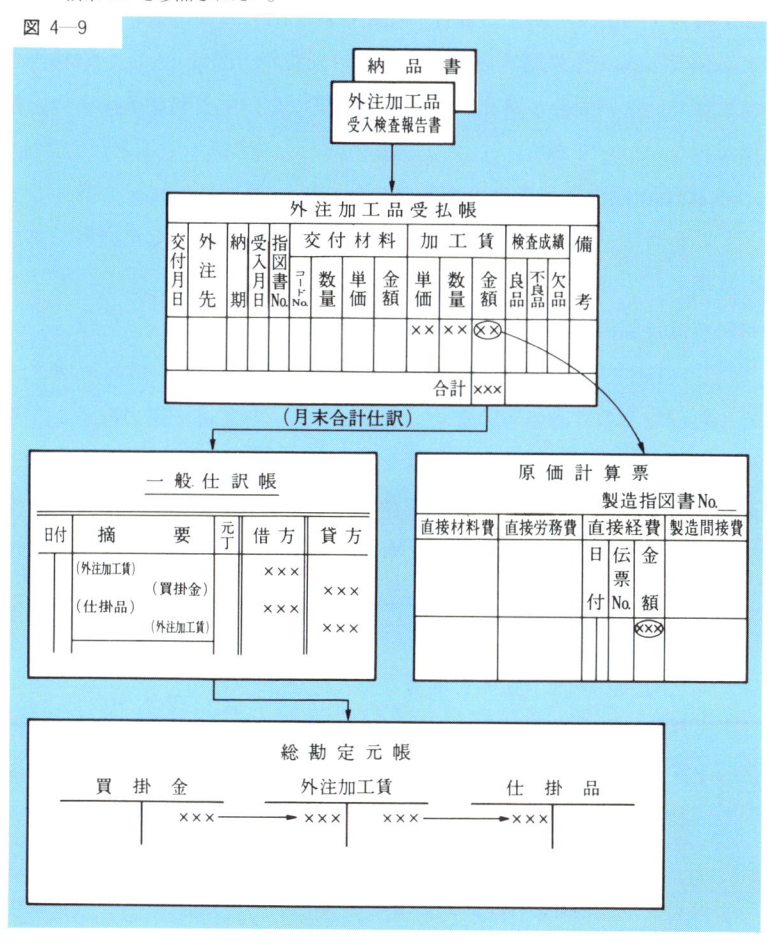

図4—9

(ロ) 有償支給の場合

これは，下請業者に加工する材料を売却し，加工の終った部品や半製品を，元請が下請から買い取るかたちをとる場合である。加工材料を無償で下請に支給するよりも有償で支給するほうが，下請工場に材料消費量の節減に関心をもたせることができ，また下請側としても，売上高に加工賃だけを計上するよりも，材料費分も加えて計上するほうが，企業活動の規模が大きくみられ，社会的信用の点で有利であるという利点がある。

加工材料を有償で支給する場合，支給材料を購入原価で引き渡すことは，経営上不利である。その購入原価には，材料副費の一部分（たとえば材料取扱費）が含まれていない場合が多く，また在庫投資にたいする利益率相当分を見込まねばならないからである。しかし引渡価格をあまり高くすると，下請企業から，それだけ高い材料を加工するのであれば，加工賃をもっと高くしてほしい，といわれる。そこで材料の購入原価に一定率を上乗せした価格，または市価を基準にして双方で協定した価格を用いることが多い。

材料を協定価格で下請に売却した場合，

　　　　（売　掛　金）　×××　（材　料　売　上）　×××

として処理するのは適当ではない。なぜならば，加工品を買い取ることを前提とした有償支給は，通常の売上ではなく，この材料売上高は，加工品を下請から買い取るときにその購入原価で相殺されるべきものであり，この種の擬制的な売上を，製品や副産物の売上とともに，損益計算書において売上高のなかで示すことは，経営活動を不明瞭ならしめるからである。(注25)

そこでこの場合，適当と思われる処理方法を，簡単な例によって示そう。

① b材料 @10円 100個を現金で仕入れた。

　　　　（材　　　　料）　1,000円　（現　　　　金）　1,000円

② 上記のうち，50個を協定価格 @12円で下請業者A製作所に有償支給し，加工を依頼した。

　　　　（A 製 作 所）　600円　（材　　　料）　600円

(注25) 太田哲三「実践原価計算」同文舘，昭和47年，p.167.

この場合，借方（A製作所）600円は，A製作所にたいする債権を示す。人名勘定を使用しなければ，借方は売掛金となる。材料は通常の出庫票ではなく，外注出庫票を使用し，材料元帳は原価で払出・残高を記録するとともに，外注出庫票により，次に示す書式の外注加工品受払帳（表4—11）の交付材料原価欄に出庫単価（@10円），金額を記入する。次に外注協定価格表から，この受払帳における交付材料の差益と支給価額欄にそれぞれの数値を記入する。

表 4—11

交付月日	外注先	納入期	受入月日	指図書No.	交付材料								納入部品									備考
					コードNo.	数量	原価		差益		支給価額		コードNo.	数	加工賃		受入価額		購入原価		検査成績		
							単価	金額	単価	金額	単価	金額			単価	金額	単価	金額	単価	金額	良品	不良品	欠品	

（注） 材料原価＋差 益＝支給価額
　　　支給価額＋加工賃＝受入価額
　　　受入価額－差 益＝部品購入原価

③ 下請業者から加工の終了した部品50個の納品があり，検査の結果，すべて良品であった。加工賃は@3円，したがって受入価額は@15円（＝12円＋3円），50個 750円である。この場合の仕訳は次のようになる。貸方（A製作所）750円は，A製作所にたいする債務を示す。人名勘定を使用しなければ，貸方は買掛金となる。

　　　（部　　　　品）　　750円　　（A　製　作　所）　　750円

④ そこでA製作所にたいする債権，債務を相殺し，その差額（加工賃）を現金で支払った。

　　　（A　製　作　所）　　150円　　（現　　　　金）　　150円

⑤ 材料勘定の貸方には，有償支給時に原価500円でなく，協定価額600円が計上されている。この交付材料差益@2円50個100円を，材料勘定から交付材料差益勘定へ移す。

（材　　　料）　　100円　（交付材料差益）　　100円

⑥　上の仕訳により，材料勘定の残高は原価ベースの 500円（@ 10円 50 個）に修正されたことになる。交付材料差益は，利益というよりも，部品勘定のマイナス勘定である。われわれの例では，外注品はすべて納入されているので，

　　（交付材料差益）　　100円　（部　　　品）　　100円

として処理する。その結果，部品勘定には，外注加工部品が 650円（= 750円 − 100円）の原価で計上されたことになる。

これらの関係を勘定連絡図で示せば，図 4—10 のとおりである。以上の説明から明らかなように，有償支給の場合には，勘定のうえでは外注加工賃という科目も生ぜず，直接経費にもならない。

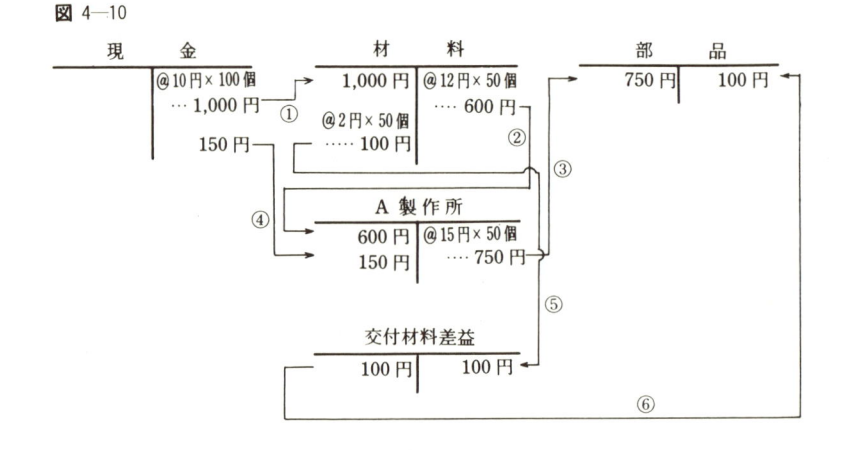

図 4—10

現　金	材　料	部　品
@10円×100個 …1,000円 ①	1,000円 @12円×50個 …600円 ②	750円　100円
150円	@2円×50個 …100円 ③	
	A 製作所	
④	600円 @15円×50個 …750円 ⑤	
	150円	
	交付材料差益	
	100円　100円	
	⑥	

第 6 節　製造間接費会計——その実際発生額の費目別把握

製造間接費会計における主要な問題は，

(イ)　製造間接費の実際発生額の費目別把握

(ロ)　製造間接費の部門別集計

(ハ) 製造間接費の製品別配賦

である。しかし単純個別原価計算では(ロ)の手続を省略することはすでに述べた。製造間接費の部門別集計については第5章で述べる。ここでは，まず(イ)の問題を考察しよう。

1. 製造間接費統制勘定と製造間接費元帳

製造間接費については，総勘定元帳に製造間接費統制勘定（factory overhead control a/c）が設けられ，その内訳をなす製造間接費の各費目は，補助元帳である製造間接費元帳（factory overhead ledger）における各費目別勘定口座に記録される。そしてこれらの各費目には，No. 410 間接材料費，No. 411 補助材料費，……というように，製造間接費費目指定番号がつけられていることはすでに述べた。

2. 間接経費の種類とその把握方法

間接材料費および間接労務費の把握方法については，すでに述べたので，ここでは主として間接経費について説明する。

間接経費は，その把握方法によって次のように分類される。

(1) 支 払 経 費

これは，実際の支払または請求書受入によってその発生額が把握され，しかも支払伝票または支払請求書上に記載された現金支払額または支払請求額が，そのままその原価計算期間の費用となる経費である。たとえば旅費交通費，通信費，事務用消耗品費（購入額＝消費額とする），保管料，雑費などがこれに属する。

(2) 月 割 経 費

これは，その原価計算期間の費用発生額を月割りによって把握する経費である。たとえば減価償却費は，償却計算によって年間の減価償却費を計算し，これをさらに月割りにする。賃借料や保険料も一時に数か月分あるいは数年分を前払し，その支払額は支払伝票によって把握されるが，その月の費用は月割計算によって把握されるので，これらの経費は支払経費ではなく月割経費である。

図 4—11

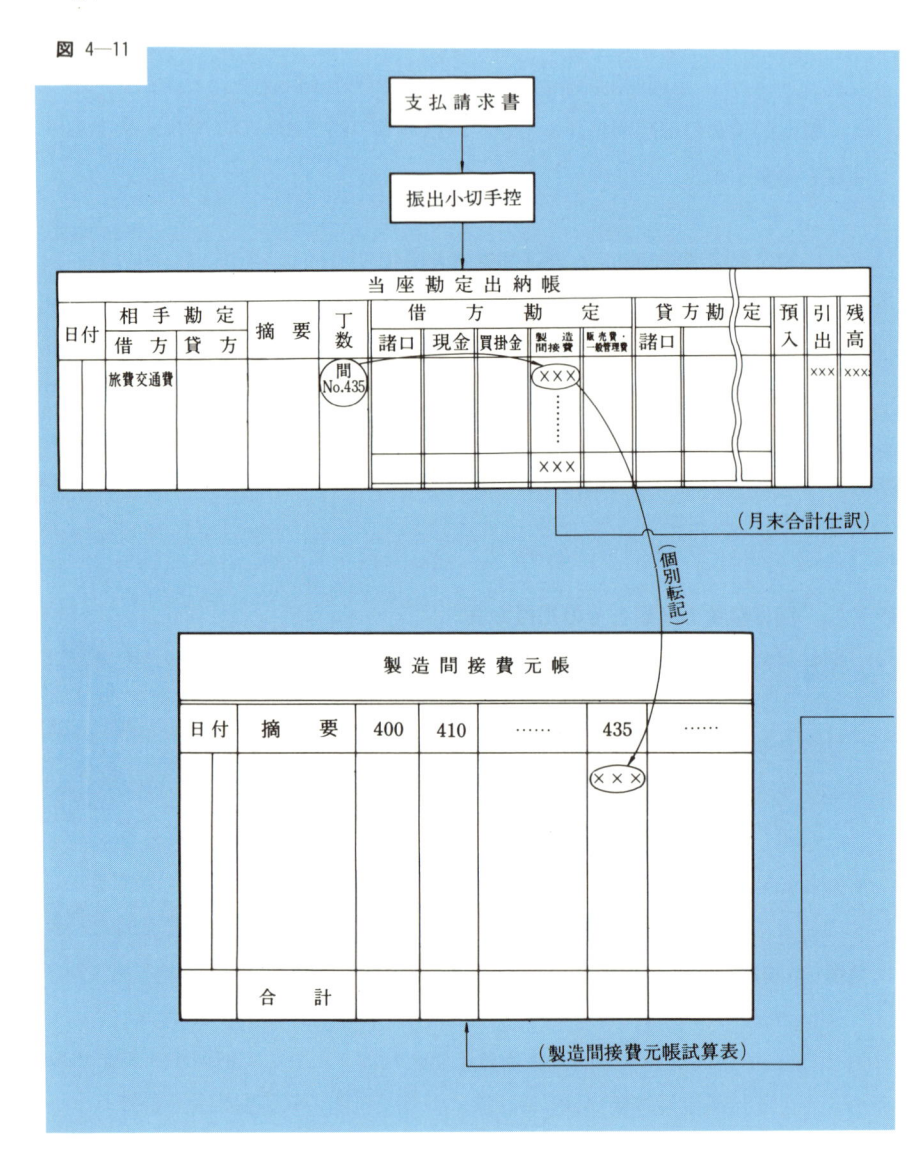

```
          支払請求書
             ↓
          振出小切手控
```

日付	相手勘定 借方	相手勘定 貸方	摘要	丁数	借方勘定 諸口	借方勘定 現金	借方勘定 買掛金	借方勘定 製造間接費	借方勘定 販売費・一般管理費	貸方勘定 諸口	預入	引出	残高
	旅費交通費			間 No.435				×××				×××	×××
								×××					

当座勘定出納帳

（月末合計仕訳）

（個別転記）

製造間接費元帳

日付	摘要	400	410	……	435	……
					×××	
	合計					

（製造間接費元帳試算表）

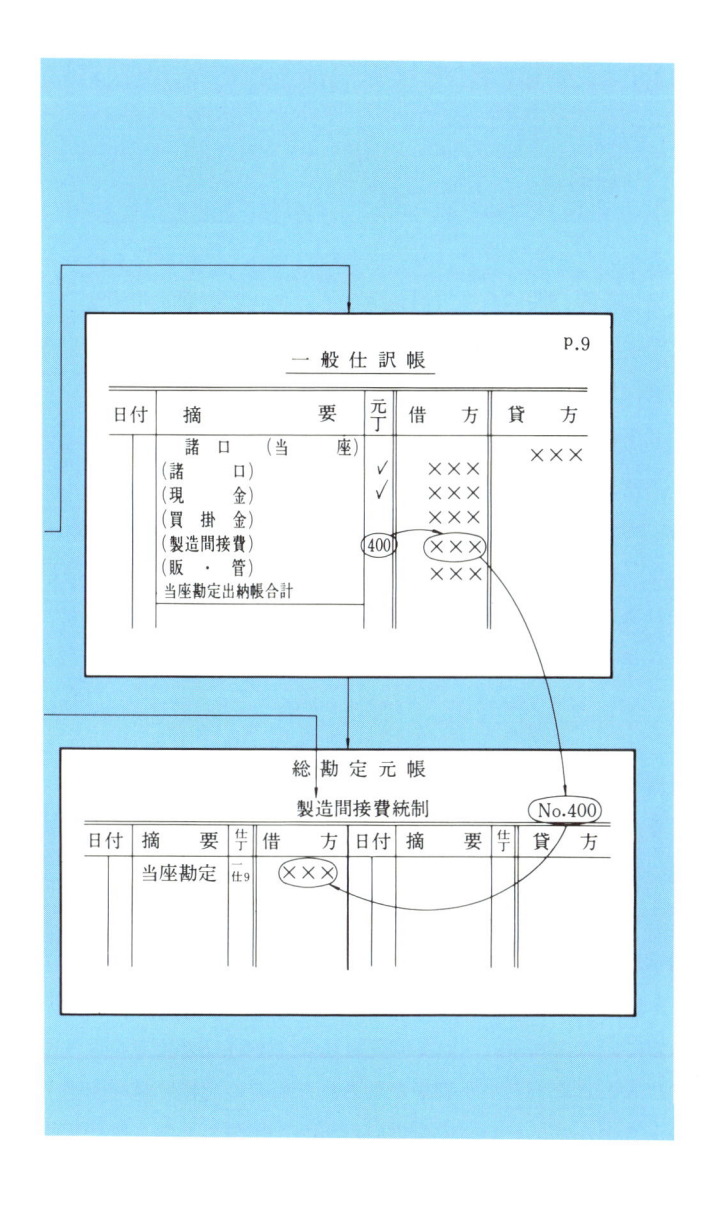

第 4 章　実際原価計算総説および実際単純個別原価計算　　155

```
                                              P.9
            一 般 仕 訳 帳
┌─────┬──────────────┬──┬─────┬─────┐
│ 日付 │    摘    要    │元丁│ 借 方 │ 貸 方 │
├─────┼──────────────┼──┼─────┼─────┤
│     │  諸 口 （当 座） │   │     │ ×××│
│     │  （諸   口）   │ ✓ │ ××× │     │
│     │  （現   金）   │ ✓ │ ××× │     │
│     │  （買 掛 金）   │   │ ××× │     │
│     │  （製造間接費）  │⑷⓪⓪│⟨×××⟩│     │
│     │  （販 ・ 管）   │   │ ××× │     │
│     │  当座勘定出納帳合計│   │     │     │
└─────┴──────────────┴──┴─────┴─────┘

            総 勘 定 元 帳
            製造間接費統制        No.400
┌──┬─────┬──┬─────┬──┬─────┬──┬─────┐
│日付│ 摘 要 │仕丁│ 借 方 │日付│ 摘 要 │仕丁│ 貸 方 │
├──┼─────┼──┼─────┼──┼─────┼──┼─────┤
│   │ 当座勘定 │仕9│⟨×××⟩│   │      │   │      │
└──┴─────┴──┴─────┴──┴─────┴──┴─────┘
```

また修繕費も年間の修繕額を見積り，これを月割りにした引当費用をその月の製造間接費に計上する。月割経費については，月割計算表を作成してその月の発生額を計算する。

(3) 測 定 経 費

これは，電力料，ガス代，水道料など，その月の消費額を測定票にもとづいて，把握する経費である。これらの経費は月々支払われるので支払経費と誤解されがちであるが，原価計算期間における消費量をメーターで内部的に測定し，これに料率を乗じて，その月の費用発生額を支払額とは別個に計算し把握する。

(4) 発 生 経 費

これは，実際発生額をもってその原価計算期間の負担額とする経費であり，棚卸減耗費や仕損費がこれに属すると説明される。(注26) しかし棚卸減耗費にしても仕損費にしても，月々の実際発生額をその月の費用として計上する方法をとるよりも年間の発生額を見積り，これを月割計算して，各月の費用発生額を計上するほうがすぐれた方法である。この場合にはこれらの費用は，月割経費となる。なお棚卸減耗費の実際発生額は棚卸差額報告書，仕損費は仕損報告書によって把握される。

3. 実際製造間接費の記帳手続

以上述べたように，製造間接費の各費目別実際発生額は，出庫票，作業時間報告書，出勤票，支払伝票，月割計算表，測定票，棚卸差額報告書，仕損報告書などの記録にもとづき，製造間接費費目指定番号を手がかりに，製造間接費元帳の各費目別勘定口座の借方に個々に計上される。そして一般仕訳帳，出庫材料仕訳帳などを通じて，費目別実際発生額は，総勘定元帳における製造間接費統制勘定の借方に記入される。　いま旅費交通費（費目指定番号を No. 435 とする）に注目し，これにたいして小切手が切られた場合の記帳手続を図示すれば，図 4—11 のようになる。なお当座勘定出納帳の丁数欄および一般仕訳帳の

(注 26) 松本教授は，これを実査経費と名づけておられる。松本雅男「原価計算」国元書房，昭和 46年, p. 54.

元丁欄には，金額を転記した勘定の元帳におけるページ数を記入するのであるが，この図では勘定口座番号で示した。

なお月末に製造間接費統制勘定と製造間接費元帳との記録を照合し，その記入内容の正確性を検証するために，製造間接費元帳試算表（検証表ともいう）を作成する。すなわち製造間接費元帳における各費目別勘定の借方残高をすべて合計し，その合計額が製造間接費勘定の借方残高に一致するか否かを確かめるわけである。

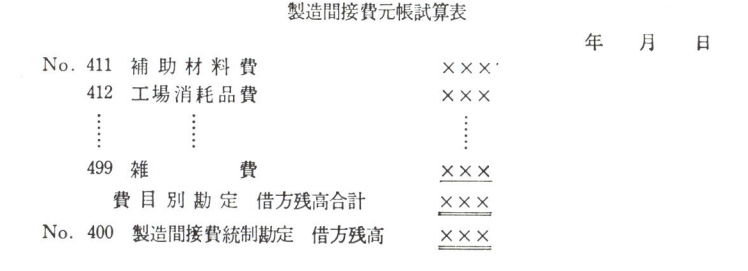

製造間接費元帳試算表

年　月　日

No. 411	補助材料費	×××
412	工場消耗品費	×××
⋮	⋮	⋮
499	雑費	×××
	費目別勘定　借方残高合計	×××
No. 400	製造間接費統制勘定　借方残高	×××

第 7 節　製造間接費の製品別配賦基準

製造間接費を製品へ配賦するときに，まず問題となるのは，どのような配賦基準を選択すべきか，という問題である。

1．製品別配賦基準の種類

製造間接費の製品別配賦基準には，次のようなものがある。

(1) 価値的基準

　(イ) 直接材料費基準

　(ロ) 直接労務費基準

　(ハ) 素価（prime costs, すなわち直接材料費と直接労務費との合計額）基準

(2) 物量基準

　(イ) 生産量（たとえば製品の個数）基準

　(ロ) 重量基準

㈏　直接作業時間基準

　㈡　機械作業時間基準

2. 製品別配賦基準選択の一般原則

　製造間接費を製品別に配賦するときは，上述の配賦基準のなかから，その工場の実情に応じて，それぞれもっとも適当と思われる基準を選択しなければならない。その場合，適当と判断する基準は，次のとおりである。

（1）価値移転的原価計算の場合

　通常の原価計算は，価値移転的原価計算である。たとえば素材を消費して仕掛品を作ると，素材のなかにはいっていた価値が仕掛品へ移転する。仕掛品を消費して製品を作ると，仕掛品のなかにはいっていた価値が製品へ移転すると考える。このように投入と産出の因果関係を重視し，投入された原価財のなかにはいっていた価値が製品へ移転したと考えて，その移転過程をできるだけ正確にとらえるのが，通常の原価計算である。この場合には，

　㈲　製造間接費の発生と比例関係にある配賦基準を選ぶこと，

　㈹　配賦基準の数値を経済的に求めることができること，

という2つの判断基準から，配賦基準を選択すべきである。

　上述の㈹の判断基準は，実務上大切な基準である。これにたいし㈲の判断基準は，理論上大切な基準である。以下㈲について説明しよう。

　たとえば本章第2節2では，直接作業時間を基準にして製造間接費を製品へ配賦する式が例示されている。この工場で直接作業時間基準を選択したということは，ある製品の製造に要する直接作業時間がかかればかかるほど，その製品の製造に必要な製造間接費も余計にかかるものだと判定したことを意味する。したがってもし製造指図書 No. 1 に要した直接作業時間が 100 時間であるのにたいし，製造指図書 No. 2 に要した直接作業時間が 200 時間であれば，No. 1 より No. 2 にたいし2倍の製造間接費が配賦されることになる。

　製造間接費の発生額（y）と配賦基準（x）との間には，原価計算的になんらかの因果関係（つまり質的な相関関係）が認められるとともに，数量的な相関関

係が認められる必要がある。そこで第9章第3節6で説明する決定係数 r^2 を計算すれば，x と y との間に相関関係がどの程度あるかないかが判明するので，配賦基準の選択に決定係数が役に立つ。

（2） 価値回収的原価計算の場合

ごくまれであるが，原価計算を負担力主義にもとづいて行なうことがある。これは，原価を収益性の高い製品へ余分に負担させるものであり，後述する直接材料費基準を使用する根拠になる。この場合には，
(イ) 原価負担能力と比例関係にある配賦基準を選ぶこと，
(ロ) 配賦基準の数値を経済的に求めることができること，
という2つの判断基準にもとづいて，配賦基準を選択すべきである。

3. 製品別配賦基準の比較

（1） 直接材料費基準

直接材料費基準は，材料取扱費を他の製造間接費と区別して，これを別個に製品へ配賦するような場合を除いては，配賦基準としては一般的にいって適当ではない。この基準の欠陥を説明するために，よくあげられる例は，貴金属，宝石加工の例である。たとえばダイヤモンドと真珠の指輪を作る場合，それぞれの指輪の台は，同じ 18 K で，同じデザイン，同じサイズであるとする。ただダイヤモンドの値段は真珠の値段の100倍であるとしよう。この場合，両方の指輪とも加工の難易はほぼ等しいにもかかわらず，直接材料費基準によれば，ダイヤの指輪のほうが真珠の指輪の100倍の製造間接費を負担することになる。建物の減価償却費，固定資産税，電灯料，ガス代，水道料など，真珠の指輪を作るよりもダイヤの指輪のほうが，100 倍もかかるだろうか。このように価値移転的原価計算の立場からすると，製品の直接材料費がかかればかかるほど，製造間接費が余計に発生することはまれであるために，配賦基準として直接材料費は適当ではないといえよう。したがってこの基準を使用する根拠は，売価の高い製品によって製造間接費を多く回収しようとする原価回収政策（価値回収的原価計算）に求められる。

(2) 直接労務費基準

材料を加工し製品を製造するという企業家の観念からすれば，製造間接費は加工費の一部分を構成し，したがってそれは，直接材料費よりも直接労務費のほうに付加しうる性質をもつものと考えられ，直接労務費基準は古くから採用されてきたし，現在でも，もっとも多く採用される基準の1つであるといわれている。

ただしこの基準が不適当な場合もあるので，注意を要する。それは，印刷工場における植字作業のように，ある仕事を熟練工がやってもよければ，不熟練工がやってもよいという場合である。この場合，直接労務費基準を採用し，そして直接労務費の計算に個別賃率を使用すると，賃率の高い熟練工の行なった仕事のほうが，賃率の低い不熟練工の行なった仕事よりも，製造間接費を多く負担する結果になる。これは不合理であって，熟練工よりも不熟練工のほうが，余計に監督費（職長の給料）を必要とし，不慣れのために余分の作業時間がかかるので，それだけ余計に電灯料，水道料，ガス代などを必要とするからである。このような場合には，直接労務費の計算に，熟練工と不熟練工との平均賃率を使用して直接労務費基準を採用するか，あるいは直接作業時間基準に変更するのがよい。

(3) 直接作業時間基準

直接作業時間基準は，製造間接費中の多くの費目（たとえば減価償却費，賃借料，保険料など）が時の経過とともに発生するために採用される。この基準は，機械よりも直接工が主体となって行なう作業，たとえば塗装，仕上，組立などの作業に適している。なお工員の賃率がほとんど同じであれば，直接作業時間基準でも直接労務費基準でも，配賦計算の結果に変わりはない。

(4) 機械作業時間基準

製造工程の機械化が進むにつれて，機械の減価償却費，固定資産税，修繕費，動力費など，機械関係の製造間接費が増加する。この場合，上述のどの方法によっても，製品の製造に使用した機械の質的な差異（たとえば高価な大型機械，自動機械，低廉な小型機械など）や使用時間の差異を配賦計算に反映させるこ

とができない。したがって機械作業の場合には，機械作業時間基準がもっとも適切な基準となる。

4. 製品別配賦基準によって配賦される製造間接費の範囲

製造間接費の製品別配賦において，もっとも簡単な方法は，工場全体の製造間接費を，単一の配賦基準で製品へ配賦する方法である。この場合の配賦率を総括配賦率 (plant-wide rate; blanket rate) という。この方法は簡単ではあるが，製品別配賦額の信頼性は低くなる。

そこで配賦の精度をあげるためには，工場全体の製造間接費を，たとえば材料関係の費目，労務費関係の費目，機械関係の費目といったグループに分類し，それぞれのグループの製造間接費を別個の配賦基準によって製品へ配賦するのがよい。あるいは工場全体の製造間接費を変動費と固定費とに分類し，変動費と固定費とにそれぞれ別個の配賦基準を使用するのである。

さらに配賦の精度をあげるためには，もはや単純個別原価計算の枠内では無理であって，工場全体の製造間接費を各部門に集計し，それぞれの部門ごとに適切な配賦基準を選んで製品へ配賦するか，あるいは部門別に集計した製造間接費をさらに変動費と固定費とに分類し，変動費と固定費とをそれぞれ異なる配賦基準によって配賦するのである。これらについては，次章で述べることにする。

第 8 節　製造間接費の正常配賦

1. 製造間接費の実際配賦とその欠陥

製造間接費の実際発生額を把握し，これを製品別に配賦すると，

(イ) 計算が遅延する，

(ロ) 製品の実際単位原価が操業度の変動によって，いちじるしく変化する，

という2つの困難な問題に直面する。

(イ)については説明を要しないであろう。製造間接費の実際発生額をすべて集

計できるのは，特定の原価計算期間が終了し翌月にはいってからである。したがって月初め，あるいは月半ばに製品が完成しても，その実際製造間接費を集計し，これを各製品へいちいち配賦し，実際製造原価を計算し終るのは，1か月ないし2か月遅れとなる。とりわけ注文生産の工場で原価加算契約による場合には，製品が完成した段階で，直ちに実際製造原価が判明していなければならない。

次に(ロ)の理由について述べよう。製造間接費は，変動費部分と固定費部分からなっている。

したがって，生産量が増加すれば，製品の実際単位原価は低くなり，逆に生産量が減少すれば，製品の実際単位原価は高くなる。このことは，次の簡単な計算例から明白であろう。

[計算例]
製品Aを1単位製造するに要する原価を次のとおりとする。

　　変動製造原価（直接材料費，直接労務費，
　　　直接経費，変動製造間接費）…………………0.1万円
　　固定製造原価（月間の固定製造間接費）…………100.0万円

この場合，各生産量における実際製造単位原価は次のようになる。

生産量 (1)	変動費率 (2)	変動費 (3)=(1)×(2)	固定費 (4)	製造原価計 (5)=(3)+(4)	製品単位原価 (6)=(5)÷(1)
1個	0.1万円	0.1万円	100万円	100.1万円	100.1万円
100個	0.1万円	10.0万円	100万円	110.0万円	1.1万円
1,000個	0.1万円	100.0万円	100万円	200.0万円	0.2万円

このように，生産量の増減は，実際単位原価を激変させるのである。上記の計算例から知られるように，このような現象を引き起こす原因は，固定費にあることはいうまでもない。

さて，経営管理者にとっては計算の遅れはなんとか我慢できる。しかしせっかく苦労して計算した製品の実際製造単位原価が価格決定に役立たないのである。仮に当社は不況にあるとしよう。不景気なので当社の生産は減少し操業度は低い。したがって製造間接費を実際配賦すると，一定額発生する固定製造間

接費を少量の製品で負担するため，製品単位当たりには高い負担額となり，その結果実際製品製造単位原価は高くなる。この原価を基礎として価格を設定すれば，不況で売れ行きが悪いうえに，売価が高く設定されるためなおさら売れなくなるのである。

他方，当社は好況にあるとしよう。好況なので当社の生産は増加し操業度は高い。したがって製造間接費を実際配賦すると，一定額発生する固定製造間接費を多量の製品で負担するため，製品単位当たりには低い負担額となり，その結果実際製品製造単位原価は低くなる。この原価を基礎として価格を設定すれば，好況で売れ行きがよいうえに，売価が低く設定されるためなおさら売れることになるのである。

こうして期間損益計算をすれば，安定的成長を願う経営管理者の気持に反して，好況時には巨額の利益が，そして不況時には莫大な損失が計上されることになる。そこでこのような計算結果は事実だから仕方がないとあきらめるべきか，あるいは計算の方法が間違っているのではないか，という疑惑が今世紀初頭におけるアメリカの原価計算担当者たちの間に生じてきた。

2. 製造間接費正常配賦の理論

製造間接費正常配賦の理論 (theory of normal burden) とは，製品の真実の製造原価は，製造間接費にかんするかぎり，実際配賦額ではなく正常配賦額よりなる，とする理論である。
(注27)

製造間接費中に含まれる固定費部分が，製品の実際単位原価を操業度変動との関連で激変させる原因であることはすでに指摘した。そこで検討されるべきは，固定製造間接費の本質である。これはコスト・ビヘイビャーからいえば固定費であるが，これを発生させる目的からいえば，生産能力の維持費である。その発生額の大きさは，どれほどの生産能力を維持するか，すなわち，生産能力の規模に依存する。つまり製品Xを1万個生産する能力を維持するか，あるいは100万個の生産能力を維持するかによって，固定費の発生額が異なる。他

(注27)「真実の製造原価」というよりも，今日のわれわれの表現によれば，「外部報告目的の期間損益計算にとって適切な製造原価」というべきである。

方，生産能力の規模は，通常どれほどの生産をするか，すなわち正常生産量 (normal volume of production) によって規定される。したがって固定製造間接費は，月々変動する実際生産量に関係があるというよりもむしろ正常生産量と結びついて発生するので，これは正常生産量の製品へ均等に配賦されるべきである，という考え方に到達する。
(注 28)

3. 正常生産量と基準操業度

（1） 操業水準 (volume level; activity level)

ところで正常生産量とは何か。これは，通常どれほどの操業をするのか，ということである。したがって操業の程度，すなわち操業水準にかんする次の区別を知らなければならない。

（イ） 理論的生産能力 (theoretical capacity)

これは，最高の能率でまったく操業が中断されることのない理想的な状態においてのみ達成される操業水準であり，理論上計算できる（実際には達成不可能な）年間の最大生産量によって測定される。これは基準操業度として選択されることは少なく，むしろ次に述べる実際的生産能力を測定する出発点として意義がある。

（ロ） 実際的生産能力 (practical capacity)

これは，理論的生産能力から，機械の故障，修繕，段取，不良材料，工具の欠勤，休暇など，不可避的な作業休止による生産量の減少分を差し引いてえられる，実現可能な年間の最大操業水準である。作業の交替制 (work shift system) をとっている場合には，これを考慮して実際的生産能力を測定する。たとえば8時間勤務の工場における実際的生産能力は，もしこれを3交替制で24時間操業に変更すれば，3倍の実際的生産能力となる。実際的生産能力は，もっぱら生産技術的条件によって左右され，外部の販売可能性によって影響を受けるわけではない。いいかえれば，需要は無限にあると仮定し，製造することだけを

(注 28) 製造間接費の正常配賦は，個別原価計算を採用する受注生産経営においても，総合原価計算を採用する市場生産経営においても必要となる。

考えたさいの，実際に達成可能な最大の操業水準である。

(ハ) 平均操業度 (average capacity; normal activity)

　これは，販売上予想される季節的および景気変動の影響による生産量の増減を，長期的に平均した操業水準である。平均化する期間は1年以上で，5年が多いといわれる。前述の実際的生産能力のある一定のパーセントとして設定されるので，これは生産能力 (production capacity) を示すものではなく，生産能力利用 (capacity utilization) の水準を示すから，その名称には能力という言葉を使うよりも，操業度という言葉を使うほうがよい。原価計算基準では，この操業水準を正常操業度と称している。しかしこれは，なるほど生産能力を示すものではないが，生産と販売の長期的バランスを考慮して設定されるので，その意味では，長期的な生産・販売能力 (capacity-to-make-and-sell) を示すといえる。

(ニ) 期待実際操業度 (expected actual activity)

　これは，次の1年間に予想される操業水準である。したがって年間期待操業度 (expected annual activity) ともいわれる。またこれは，総合予算の基礎となる操業水準であるから，予算操業度 (budgeted activity) ともいわれる。原価計算基準でいう予定操業度に相当する。この操業水準は，その年々によって変化する。景気が良くなれば実際的生産能力水準になるかもしれないし，悪くなれば平均操業度以下になるかもしれない。

(2) 基準操業度の変遷

　さて上述の操業水準のうち，どれかの水準が正常と判断されると，その水準が製造間接費を正常配賦するための基準操業度 (denominator level) となる。ここで基準 (denominator) というのは，正常配賦率を計算する式の分母となる，という意味であり，その操業水準が100％の操業度とされるという意味である。

　今世紀初頭のアメリカでは，まだその資本主義経済が成長期にあったので，生産能力をフルに利用する実際的生産能力が正常 (normal) と考えられていた。したがってこの時代には，実際的生産能力基準の正常配賦が行なわれ，生産能

力の遊休は，経営者の責任と考えられていた。その後 1920 年代になると，遊休生産能力の保有が慢性的となり，生産と販売の長期的バランスを考慮した平均操業度が正常と考えられるようになり，平均操業度基準の正常配賦が行なわれた。現在でも，とりわけ長期安定価格の設定を重視する企業，たとえばアメリカの自動車会社であるフォードやゼネラル・モーターズでは，平均操業度を採用しているという。

しかしながら，現在は不確実性の時代という言葉で象徴されるように，経済状態が不安定で，好況と不況の波を長期的に平均化する平均操業度を予定することは，非常に困難である。また企業予算による業績管理を重視すると，平均操業度は業績測定の基準とはならないという欠点をもつ。そのような理由から多くの企業では期待実際操業度を採用し，これを基準操業度とする正常配賦を行なっているようである。

4. 製造間接費予算

正常配賦率は，会計年度の初めにまず基準操業度を選択し，その基準操業度において発生する製造間接費を予定し，製造間接費の発生予定額を基準操業度で割ることによって設定される。

基準操業度において発生する製造間接費を合理的に予定するためには，製造間接費の各費目をそのコスト・ビヘイビァーに従って，変動費，固定費，準変動費などのパターンに分類しておくのがよい。このような製造間接費の発生予定額は，たんに正常配賦率算定のために使用するばかりではなく，実際に発生する製造間接費をコントロールするための目標ないし標準として使用するのが合理的である。したがって製造間接費の予定は，総合予算ないし計画予算 (planning budget) の一環としての製造間接費予算の設定というかたちで行なうのが望ましい。

予算管理との関係で，製造間接費予算は固定予算と変動予算に分類される。

（1） 固定予算と変動予算

固定予算 (fixed budget; static budget) とは，次期に予想される操業水準につ

き，計画された製造間接費の発生目標額のことであり，この目標額は，予算管理上，実際操業水準が予定操業水準と異なる場合でも，実際操業水準に修正されることなく，そのまま管理標準として使用される。

たとえば，次期においては 10,000 個の製品製造が見込まれ，その予定操業水準で発生する製造間接費は 150 万円と計画されたとする。そして実際に製品を製造してみたところ，7,000 個しか製造せず，製造間接費の実際発生額は 130 万円であったとしよう。固定予算を使用する場合は，実際製造間接費 130 万円について，浪費したのか節約したのかを判断する基準として，150 万円の予算をそのまま使用するのである。したがってこの場合は 20 万円の節約と判断される。しかしこの判断は誤っている。150 万円というのは 10,000 個の製品を製造する場合の予算であり，実際には 7,000 個の製品しか製造しなかったのであるから，実際製造間接費は 150 万円より少なくてすむはずである。固定予算の「固定」とは，予定操業水準における予算を，実際操業水準の予算許容額（budget allowance）に修正しない，という意味である。固定予算は，予定操業度と実際操業度とが一致する場合，あるいは両者がほぼ等しい場合にのみ，管理標準として有効である。

これにたいし変動予算（flexible budget; variable budget）とは，正常操業圏内において，操業水準の変化に応じ，発生すべき製造間接費の予算許容額を自動的に算出できる計算資料のことをいう。固定予算ではたった 1 つの操業水準，すなわち予定操業度において発生すべき製造間接費を予定するにすぎないが，変動予算では，正常操業圏内であれば，いかなる操業度にたいしても，その操業度において発生すべき製造間接費を予定できるわけである。変動予算における「変動」とは，操業水準の変化に対応し，それに見合う予算許容額を算出できることを意味する。(注29)

(注29) 変動予算は，元来，製造間接費の管理標準として工夫された。しかし最近ではその概念が拡張され，変動予算のなかに，直接材料費や直接労務費，さらには売上高まで含められることがある。たとえば予算・実績差異分析において，実際販売量に見合う売上高，変動費，貢献利益の計算が，変動予算の名称のもとに行なわれる。

(2) 公式法変動予算と実査法（多桁型）変動予算

次に，変動予算には，公式法変動予算と実査法変動予算とがある。

(イ) 公式法変動予算 (flexible budget—formula method)

公式法変動予算は，製造間接費における各費目のコスト・ビヘイビァー・パターンを（変動費）^(注30)，固定費，準変動費とする。準変動費は固定費部分と変動費部分とに分解できるので，各費目を積み上げ，種々の操業水準に対応する製造間接費予算許容額は，正常操業圏の範囲にあるかぎり，1次式 $y = a + bx$（y は求める許容額，x はたとえば直接作業時間のように操業水準を示す変数，b は変動費率，a は定数）によって容易に算出することができる。それらの関係は，図4—12 で示した。ウェルシュによれば，次に述べる実査法変動予算よりも公式法変動予算のほうが，実務上いっそう広く使用されているという。^(注31)

図 4—12　公式法変動予算

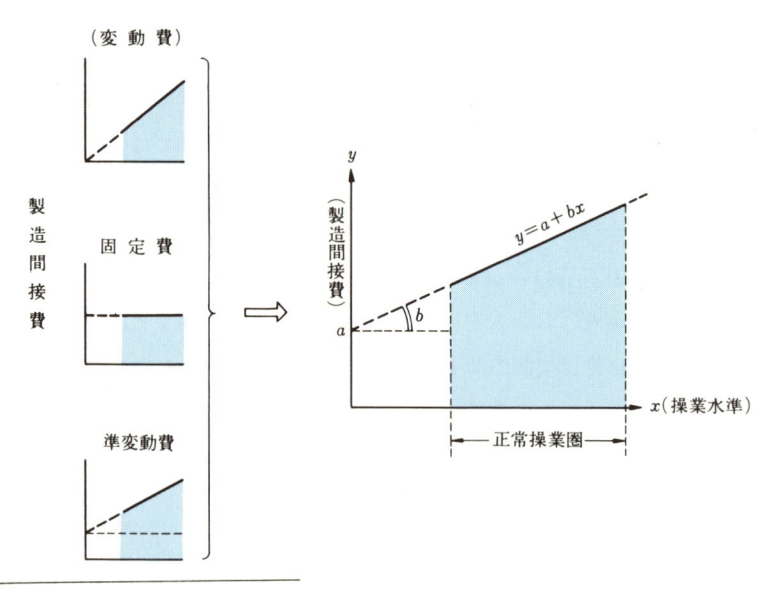

(注 30)　製造間接費中の費目で，純粋に変動費となるものは少ない。

(注 31)　G. A. Welsch, *Budgeting, Profit Planning and Control* (N. J.: Prentice-Hall, 2nd ed., 1964; Modern Asian Edition, 1967), p. 209.

（ロ） 実査法変動予算（多桁型変動予算 flexible budget—columnar type or table method）

原価計算基準では、「実査法による場合には、一定の基準となる操業度（以下これを「基準操業度」という。）を中心として、予期される範囲内の種々の操業度を一定間隔に設け、各操業度に応ずる複数の製造間接費予算をあらかじめ算定列記する。」としている（基準第3章41(3)2(1)）。一例を示せば、表 4—12 のとおりであり、そのために多桁型変動予算ともいわれる。

各操業水準に応ずる製造間接費予算許容額をなぜ多桁に表示するかといえば、それは、許容予算の総額を図 4—12で示したような直線 $y = a + bx$ とは考えず、図 4—13 で示すように、むしろ折線または曲線と考えるためである。

表 4—12 実査法（多桁型）変動予算

(単位：万円)

	月次製造間接費予算許容額					
直接作業時間	5,600	6,400	7,200	8,000	8,800	9,600
操　業　度	70%	80%	90%	100%	110%	120%
補 助 材 料 費	25.6	26.4	27.2	28.0	28.8	29.6
工 場 消 耗 品 費	12.8	13.2	13.6	14.0	14.4	14.8
間 接 工 賃 金	76.0	86.0	86.0	86.0	96.0	96.0
監 督 者 給 料	45.0	45.0	45.0	45.0	55.0	55.0
残 業 手 当	—	—	—	—	10.0	20.0
夜 業 手 当	—	—	—	—	—	20.0
減 価 償 却 費	10.0	10.0	10.0	10.0	10.0	10.0
火 災 保 険 料	5.0	5.0	5.0	5.0	5.0	5.0
そ　の　他	0.8	0.8	0.8	0.8	0.8	0.8
合　　　計	175.2	186.4	187.6	188.8	220.0	251.2

正常直接作業時間　　8,000時間
正 常 配 賦 率　　1,888,000円 ÷ 8,000時間 ＝ 236円/時

図 4―13 実査法（多桁型）変動予算

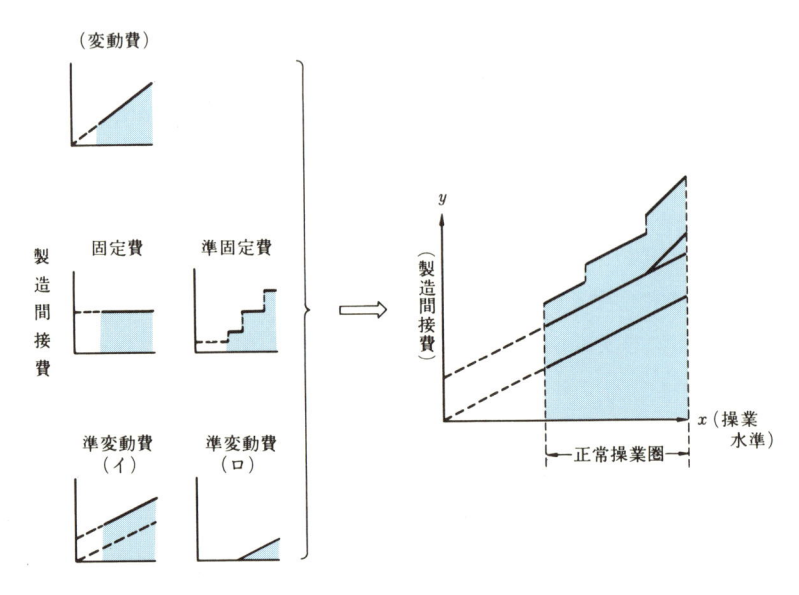

つまり表 4―12 における間接工賃金や監督者給料は準固定費であって，階段状に推移する。また残業手当や夜業手当は，ある一定の操業水準をこえると，図 4―13 における準変動費(ロ)のように発生するからである。このように製造間接費予算総額が直線的に推移しない場合には，公式法よりも実査法変動予算のほうがすぐれている。しかし準固定費の認識は，原価予測の方法（第9章）において説明する技術的分解法（IE 法）によることが多く，相当の費用と手数を要するため，実務上は実査法の変動予算はあまり使用されていない。

さらにつけ加えれば，たとえば水道料，電力料などは，図 4―14 で示したように，過度の消費を抑制するため，料率は割増制となっていることが多い。

図 4―14

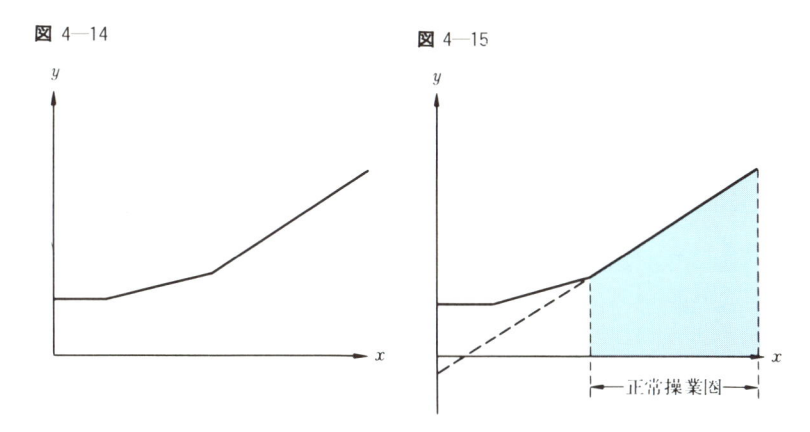

図 4―15

このような場合，原価線を直線と考えることは不正確であるように思われるが，図 4―15 で示すように，もし正常操業圏内では同じ料率のみが適用されるのであれば，合理的に直線と考えることができる。したがってこの例から知られるように，正常操業圏の範囲内では，実査法によらなくとも公式法の変動予算で十分間に合うことがある。したがって公式法と実査法のどちらを採用するかは，業種業態によって判断しなければならない。

5. 正常配賦計算例のための計算条件

次に正常配賦の方法を，計算例によって理解してみよう。それらの計算を通じて，(イ)基準操業度としてどの操業水準を選択するかにより，正常配賦額と配賦差額の内容が異なること，そしてさらに重要なことは，(ロ)正常配賦を巡って，製造間接費を価格決定や期間損益計算のために，製品別に計算するための手段と，製造間接費という原価を管理するための手段とは，まったく異なるということ，を理解することが大切である。

(1) 操業水準にかんする条件

当工場は，主要設備が 17 台の機械からなり，1 日 3 交替制で 24 時間これらの機械を稼動させている。年間の作業可能日数は 300 日であるとすれば，

　　年間の理論的生産能力 ＝ 24時間 × 300日 × 17台 ＝ 122,400時間

と計算される。しかしながら実際にはどれほど整備しても機械が故障しその修繕のため，機械の運転を止めるといった不可避的な作業休止により年間合計 2,400 時間が減少するとしよう。この場合は，

　　年間の実際的生産能力 = 122,400時間 − 2,400時間 = 120,000時間

と計算される。これは，販売可能性を考慮せず，もっぱら生産技術的視点から設定されている。そこでいま景気変動の1サイクルが5年間であるとし，5年間にわたる好況不況の波をならして平均すれば，年間の平均操業度は，実際的生産能力の 80% に相当するものとしよう。この場合は，

　　年間の平均操業度 = 120,000時間 × 80% = 96,000時間

と計算される。

　また次期に期待される操業水準は，そのときどきの状況によって異なるが，ここでは計算を省略するために，平均操業度と等しいと仮定する。そこでそれぞれの操業水準を 12 で割れば，月間の各操業水準が算出される。

　　月間の実際的生産能力 = 10,000時間

　　月間の平均操業度（= 月間の期待実際操業度）= 8,000時間

（2） 公式法変動予算

　次に当工場における変動予算は，表 4—13 のように公式法により設定されているものとする。

第 4 章　実際原価計算総説および実際単純個別原価計算

表 4—13　製造間接費公式法変動予算

	月間固定費	変動費率
間 接 材 料 費		
補 助 材 料 費	9.0万円	12円/時
消耗工具器具備品費	7.0	6
消 耗 品 費	3.2	7
間 接 労 務 費		
間 接 工 賃 金	8.0	
給　　　　料	14.0	
賞 与 ・ 手 当	15.0	
退職給与引当金繰入額	2.0	
法 定 福 利 費	0.8	
間 接 経 費		
厚 生 費	0.1	
減 価 償 却 費	10.0	
賃 借 料	0.3	
保 険 料	0.2	
修 繕 料	3.0	21
電 力 料	2.0	7
ガ ス 代	3.0	13
水 道 料	1.0	4
租 税 公 課	0.6	
旅 費	0.5	
雑 費	0.3	
合　　　　計	80.0万円	70円/時

6.　実際的生産能力基準の正常配賦

（1）　実際的生産能力基準の正常配賦率

さて当工場は，その生産能力をフルに稼動させているのが通常の状態であるとしよう。この場合には，基準操業度として，実際的生産能力が選ばれる。

表 4—13 から，操業度 100%（10,000 機械作業時間）における月間の製造間接費予算は，

　　変 動 費　70円/時 × 10,000時間……700,000円
　　固 定 費　………………………………800,000
　　　　　　合　計　　1,500,000円

である。この 150 万円を製品へ機械作業時間を基準にして配賦するのであるか

ら，実際的生産能力基準の正常配賦率（normal burden rate based on practical capacity; practical capacity rate）は，次のようになる。

  変動費率……700,000円 ÷ 10,000時間……70円/時
  固定費率……800,000円 ÷ 10,000時間……80円/時
  合　計（正常配賦率）………………………150円/時

これらの関係は，図 4—16 で示した。

  製品にたいする正常配賦額 = 150円/時 × その製品に要した実際機械作業時間

により計算される。図 4—16 では，工場全体の実際機械作業時間合計が，5,000 時間，7,500 時間，10,000 時間のそれぞれの場合の正常配賦額を太い矢印の直線で示している。予定どおり 10,000 時間作業をすれば，150 万円の製造間接費予算がすべて配賦され，配賦洩れがなくなることが理解されよう。(注32)

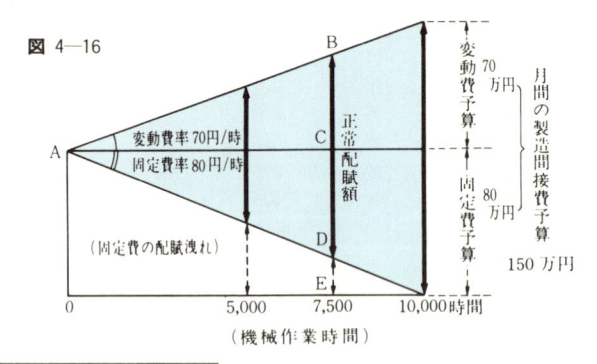

図 4—16

(注32) たとえば実際作業時間が 7,500 時間であるとすると，正常配賦額は，次のように計算される。

  150円/時 × 7,500時 = 1,125,000円
  上式は次のように分解できる。
  150円/時 × 7,500時 =（70円/時 × 7,500時）+（80円/時 × 7,500時）
           =（変動費配賦額525,000円）+（固定費配賦額600,000円）

図 4—16 において，直角三角形 ABC における∠BAC の正接（つまり BC ÷ AC）が変動費率 70 円/時であり，これに三角形の底辺 AC（実際作業時間 7,500 時間）を掛ければ三角形の高さ BC（変動費配賦額 525,000円）が計算される。

同様に，固定費率 $\left(\dfrac{CD}{AC}\right)$ × 実際作業時間（AC）= 固定費配賦額（CD）である。したがって実際作業時間が 7,500 時間の場合の正常配賦額は，BC + CD = BD で示される。この場合固定費 80 万円のうち，CD が配賦され，DE が配賦洩れとなる。

(2) 正常配賦額の計算

さて，当工場の8月の実績は次のとおりであったとする。

(イ) 期首仕掛品　　なし

(ロ) 当月の生産と実際機械作業時間

　　　製造指図書 No. 7 ……………　2,500時間
　　　　　〃　　　No. 8 ……………　1,500
　　　　　〃　　　No. 9 ……………　1,000
　　　実際機械作業時間合計　　5,000時間

(ハ) 製造間接費実際発生額……130万円

この場合，機械作業時間を配賦基準とし製造間接費を実際配賦すれば次のようになる。

$$\text{実際配賦率} = \frac{1{,}300{,}000\text{円}}{5{,}000\text{時間}} = 260\text{円/時}$$

実際配賦額

　　　製造指図書 No. 7　260円/時 × 2,500時間……　650,000円
　　　　　〃　　　No. 8　260円/時 × 1,500時間……　390,000
　　　　　〃　　　No. 9　260円/時 × 1,000時間……　260,000
　　　合　　計　　　　　　　　　　　　　　　　　1,300,000円

実際配賦によれば前述の問題に直面するので，実際的生産能力基準の正常配賦率を使用して，正常配賦額を計算すれば次のようになる。

正常配賦額

　　　製造指図書 No. 7　150円/時 × 2,500時間……　375,000円
　　　　　〃　　　No. 8　150円/時 × 1,500時間……　225,000
　　　　　〃　　　No. 9　150円/時 × 1,000時間……　150,000
　　　合　　計　　　　　　　　　　　　　　　　　　750,000円

実際配賦率 260円/時と正常配賦率 150円/時との関係は，図 4—17 で示した。

これらの正常配賦額は，製造間接費配賦表で各指図書の製品が完成すると同時に計算され，各指図書別正常配賦額はそれぞれの原価計算票における製造間

図 4—17

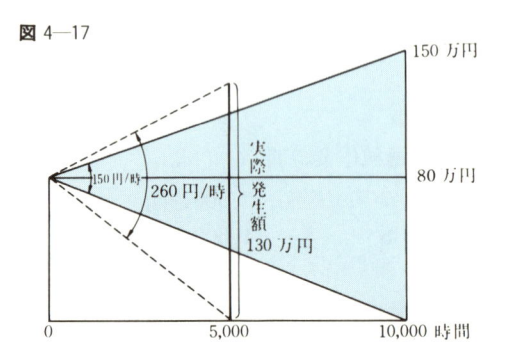

接費欄に記入される。月末に正常配賦額合計は，一般仕訳帳に次のように仕訳される。

　　　　（仕　掛　品）　750,000円　　（配賦製造間接費）　750,000円

（3）　正常配賦額と実際発生額との比較

そして正常配賦額は次の仕訳により，配賦製造間接費勘定から製造間接費勘定に振り替えられる。

　　　　（配賦製造間接費）　750,000円　　（製 造 間 接 費）　750,000円

かくして製造間接費勘定の借方には実際発生額130万円が，貸方には75万円が記入される。この貸借の差額55万円は借方差額（debit variance）ないし不利な差額（unfavorable variance）であって，配賦洩れ製造間接費（underabsorbed burden）といわれる。これまでの勘定記入を示せば，図 4—18 のとおりである。

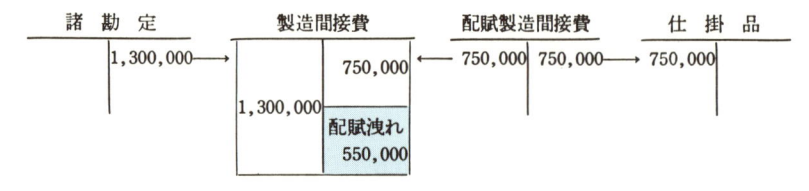

図 4—18

ここで，実際配賦のときには生じなかった新しい問題，すなわち配賦差額の原因分析とその会計上の処理という問題に直面する。

第 4 章 実際原価計算総説および実際単純個別原価計算   177

(4) 補充率とその欠陥

今世紀の初頭において，配賦差額の問題に直面した原価計算担当者たちは，歴史的原価を「真実の原価」と考えて，これを補充率（supplementary rate）により追加配賦した。

$$補 充 率 = \frac{配賦洩れ\ 550{,}000\ 円}{実際機械時間合計\ 5{,}000\ 時間} = 110 円/時$$

追加配賦額

製造指図書 No. 7	110円/時 × 2,500時間	……	275,000円
〃 No. 8	110円/時 × 1,500時間	……	165,000
〃 No. 9	110円/時 × 1,000時間	……	110,000
合　計			550,000円

このように配賦洩れ製造間接費を追加配賦すれば，配賦差額は消失する。しかし他方において，正常配賦をし，さらに追加配賦することは二重の手間であって，実際配賦よりもかえって手数を要し，計算結果である製造原価情報の入手は遅延する。それのみならず，結果的には実際配賦の結果と同じになり，製品の実際製造単位原価は操業度の変動とともに激変し，役に立たない原価となってしまう。そこで原価計算担当者たちは，なぜ配賦差額が生ずるのか，配賦差額は何からなっているかの究明に乗りだしたのである。

(5) 配賦差額の原因分析

(イ) 固定予算を使用する場合

当時はまだ変動予算が工夫されておらず固定予算（fixed budget; static budget）が使用されていた。固定予算とは，製造間接費の次期における発生額を予定し，実際操業度が何％になろうとも，最初設定した予算をそのまま予算許容額，(budget allowance)，つまり製造間接費の実際発生額をコントロールする標準としての予算額として使用する方法である。

われわれの計算例によれば，次のようになる。

i) 製造間接費総差異（overall or net variance）

　　　　　総 差 異 ＝（製造間接費実際発生額 130 万円）
　　　　　　　　　－（正常配賦額 150 円/時 × 5,000時間）＝ 55万円（借方差額）
ii) 予算差異 (burden budget variance)
　　　　　予算差異 ＝（製造間接費実際発生額 130万円）－（予算許容額 150万円）
　　　　　　　　　　　　　(注 33)
　　　　　　　　　＝ － 20万円（貸方差額）
iii) 操業度差異 (volume variance)
　　　　　操業度差異 ＝（正常配賦率 150円/時）
　　　　　　　　　×（月間正常機械作業時間 10,000時間
　　　　　　　　　　　　　　　　　　　　　　　　　(注 34)
　　　　　　　　　－ 当月実際機械作業時間 5,000時間）＝ 75万円 （借方差額）
iv) 検　　証
　　　　　予算差異 ＋ 操業度差異 ＝ －20万円 (Cr.) ＋ 75万円 (Dr.)
　　　　　　　　　＝ 55万円 (Dr.) ＝ 総 差 異

［説　明］

i) 予算差異について

　製造間接費の予算差異は，その実際発生額と，これを管理する標準としての予算許容額とを比較して計算する。固定予算の場合には，実際操業度の増減に応じて，予算許容額をスライドさせない。当初予算 150 万円をそのまま予算許容額とする。この予算差異の計算は原価管理用の予算差異としては誤った計算である。なぜならば，実績（操業度 50%）と予算許容額（操業度 100%）とは，操業度を異にする。上述の計算では，予算差異は貸方差額 (credit variance) が生じ，これは有利な差額 (favorable variance) すなわち予算の節約を意味する。しかし，実際操業度が当初の見込の半分である 50% にしか達しなかったのであるから，実際発生額と操業度 100% のさい

(注 33) マイナスは，標準（予算許容額）より実際発生額が下回ったことを意味し，したがって貸方差額（有利な差額）を意味する。マイナスで有利な差額とはおかしいと考えるならば，算式を逆にし，（予算許容額）－（実際発生額）により計算すればよい。要は，計算した結果が借方差額か，貸方差額かの判定を誤らないことである。

(注 34) 操業度差異 ＝（月間の操業度 100% における製造間接費予算）－（当月正常配賦額）として計算してもよい。

の予算と比較すれば，予算が節約されるのは当然であって喜ぶわけにはいかない。製造間接費を管理するためには，実際発生額と，実際操業度における予算許容額とを比較して，予算差異を計算しなければ意味がない。後者による予算差異の計算が，変動予算による予算差異の計算である。

ii) 操業度差異について

月間正常機械作業時間と当月の実際機械作業時間との差5,000時間は，機械の遊休時間（idle hour）を示す。操業度差異は，生産能力を遊休にしたために，製造間接費をいかほど損したかを計算するものである。生産能力を遊休にして損をする製造間接費は固定製造間接費のみであって，変動製造間接費は無関係である。なぜならば変動費は生産活動をすれば発生し，生産活動をしなければ発生しない。したがって操業度が低下し，機械設備を遊休にしても，それだけ発生額が少なくなるだけである。これにたいして固定製造間接費は，生産活動をするとしないとにかかわらず，一定額発生する。正しい意味での操業度差異は，製造間接費の固定費率に遊休時間を乗ずることによって計算される。ところが前述の計算では遊休時間に，固定費率のみならず変動費率を含んだ正常配賦率を乗じたために，誤った操業度差異の計算となっている。

かくして算出した予算差異と操業度差異を合計し，その合計額が差異分析を行なうまえの総差異に一致することを確かめることによって，計算の正確性を検証できたとしても，この計算の分析方法それ自体が誤りである。

(ロ) 変動予算を使用する場合

製造間接費配賦差額の分析に固定予算を使用することは誤りであることが知られるに及んで，アメリカでは1920年ごろからしだいに変動予算（variable budget; flexible budget）が使用されるようになった。次にわれわれの計算例によって，公式法による月次変動予算を図示すれば，図 4—19 のようになる。

これによれば，操業度が100%のときは150万円（= 変動費 70円/時 × 10,000時間 + 固定費 80万円），80% のときは 136万円（= 変動費 70円/時 × 8,000時間 + 固定費 80万円），60% のときは 122万円（= 変動費 70円/時 × 6,000時間 + 固定費

図 4—19

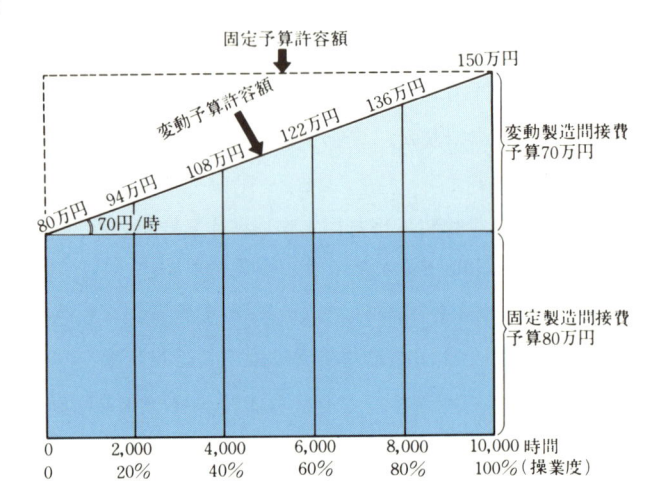

[図: 変動予算と固定予算の関係を示すグラフ。横軸は操業度(0〜10,000時間, 0〜100%)、縦軸は金額。変動予算許容額は 80万円, 94万円, 108万円, 122万円, 136万円, 150万円 と増加。固定製造間接費予算80万円、変動製造間接費予算70万円、変動費率70円/時、固定予算許容額150万円。]

80万円) がそれぞれ変動予算許容額である。この図において実際に意味のあるのは，正常操業圏（たとえば 40％—100％ の内）の範囲内における許容額であることはいうまでもない。これらの許容額と製造間接費の実際発生額とが比較され，予算差異が計算されるわけである。このように許容額が実際操業度とともにスライドするのが変動予算である。固定予算では，次期の予定操業度が 100％ と見込まれると，仮に実際操業度が 80％ であったとしても予算許容額を 136 万円とせずに当初予算 150 万円と実際発生額とを比較するのである。公式法による変動予算によって配賦差額の分析をすれば，次のようになる。

i) 製造間接費総差異

　　総差異 = 130万円 − 150円/時 × 5,000時間 = 55万円 (Dr.)

ii) 予算差異

　　予算差異 = 130万円 − (70円/時 × 5,000時間 + 80万円)

　　　　　　 = 130万円 − 115万円 = 15万円 (Dr.)

iii) 操業度差異

　　操業度差異 = 80円/時 × (10,000時間 − 5,000時間) = 40万円 (Dr.)

iv) 検　　証

予算差異 + 操業度差異 = 15万円 (Dr.) + 40万円 (Dr.)
　　　　　　　　　　= 55万円 (Dr.) = 総 差 異

[説　明]
i)　総差異は，固定予算を使用する場合と異ならない。これをシュラッター=
シュラッターの図を単純化して説明しよう。(注35)

　図 4—20 において，5,000 時間は実際作業時間 (actual hour; AH と略
す) であるから，この点から製造間接費実際発生額 130 万円を上に目盛る
と，AE となる。次に正常配賦額 150円/時 × 5,000時 = 750,000 円は BD
で示される。なぜならば変動費の配賦額 70 円/時 × 5,000時 = 350,000円
は BC で示され，固定費の配賦額 80 円/時 × 5,000時 = 400,000円は CD

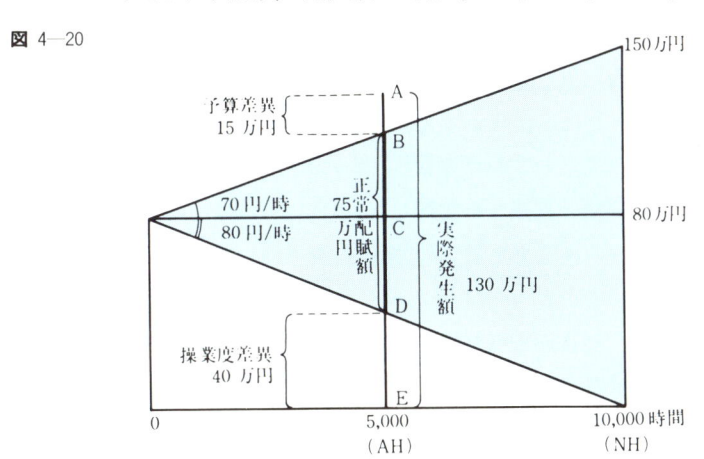

図 4—20

で示されるから，BC と CD の合計 BD が正常配賦額である。換言すれば，
AE が製造間接費勘定の借方に，BD がその貸方に記入されている。した
がって，

　　　総 差 異 = AE − BD = AB + DE

である。

(注 35)　C. F. Schlatter and W. J. Schlatter, *Cost Accounting* (N. Y.: John wiley & Sons, Inc., 2 nd ed.), 1957, p.405.

ii) 製造間接費の実際発生額は AE で示されるのにたいし，5,000 時間における製造間接費の許容額 70 円/時 × 5,000 時 + 800,000 円 = 1,150,000 円は，BE で示される。したがって，

　　　変動予算による予算差異 = AE − BE = AB

である。

　なお予算差異について，次の2点を注意しておきたい。その1は，図4—20 で示した予算差異 AB は，変動費から生ずるものとして示した。しかしまれには固定費から予算差異が生ずることがある。たとえば火災保険料の料率や固定資産税の税率が期中に変更された場合である。これらは，個々の費目別に検討すれば明らかとなり，固定費予算差異を図示したければ，図 4—20 における E 点より下に AE を F 点（図示は省略）まで延長して EF を固定費予算差異，AB を変動費予算差異とすればよい。

　その2は，これがきわめて大切なことであるが，変動予算による予算差異が製造間接費という原価を管理するための手段であり，予算差異は費目別に予算許容額と実績とを比較しなければならない，ということである。

　製造間接費の実際発生額 130 万円の費目別の内訳は，表 4—14 で示したとおりとする。表 4—14 から明らかなように，図 4—20 における予算差異 AB は，費目別予算差異の合計である。費目によっては，予算を超過した不利な差異（借方差異）もあれば，予算を下回った有利な差異（貸方差異）もあり，それらを相殺した純額（合計額）が AB にほかならない。本節では部門別計算をしていないが，製造間接費を管理するためには，責任センター別に予算・実績比較表を作成すべきである。そして費目別に算出した予算差異について，有利な差異は節約を示すと考えて安心し，不利な差異にのみ注目してはならない。有利な差異は，はたして努力によって節約したのか，予算の立て方が不適当であったのか，など原因を確かめる必要がある。このように有利な差異も不利な差異と同様に，異常な差異として注意を払わなければならない。

iii) 月間の正常作業時間 (normal hour; NH と略す) は 10,000 時間であり，

第 4 章 実際原価計算総説および実際単純個別原価計算

表 4—14 予算・実績比較表

	固定費	変動費率	実際作業時間	変動費	許容額	実績	差異	差異率(差異/許容額)
間接材料費								
補助材料費	9.0万円	12円/時 × 5,000時		6.0万円	15.0万円	18.0万円	(3.0)万円	(20)%
消耗工具器具備品費	7.0	6 × 〃		3.0	10.0	14.0	(4.0)	(40)
消耗品費	3.2	7 × 〃		3.5	6.7	8.7	(2.0)	(30)
間接労務費								
間接工賃金	8.0				8.0	14.0	(6.0)	(75)
給料	14.0				14.0	16.5	(2.5)	(18)
賞与・手当	15.0				15.0	15.0		
退職給与引当金繰入額	2.0				2.0	2.0		
法定福利費	0.8				0.8	0.8		
間接経費								
厚生費	0.1				0.1	0.1		
減価償却費	10.0				10.0	10.0		
賃借料	0.3				0.3	0.3		
保険料	0.2				0.2	0.2		
修繕料	3.0	21 × 5,000		10.5	13.5	11.5	2.0	15
電力料	2.0	7 × 〃		3.5	5.5	5.5		
ガス代	3.0	13 × 〃		6.5	9.5	9.0	0.5	5
水道料	1.0	4 × 〃		2.0	3.0	3.0		
租税公課	0.6				0.6	0.6		
旅費	0.5				0.5	0.5		
雑費	0.3				0.3	0.3		
合計	80.0万円	70円/時 × 5,000時		35.0万円	115.0万円	130.0万円	(15.0)万円	

（注） 差異および差異率欄における（ ）は，不利な差異を示す。

当月の実際作業時間は5,000時間であるから，

$$NH - AH = 10,000時 - 5,000時 = 5,000時$$

であり，これは生産能力の遊休時間（idle hour）を示す。実際的生産能力基準の操業度差異は，生産能力を遊休にしたためにこうむる製造間接費の損失（不働費 idle costs）を示す。したがってこの操業度差異は，操業度差異のなかでも特殊な差異，すなわち不働能力差異（idle capacity variance）を示すわけである。

生産能力を遊ばせてこうむる製造間接費の損失は，製造間接費中の固定費であって，変動費は関係がない。そこで操業度差異は，遊休時間に固定費率を掛けて計算する。

$$操業度差異 = 80円/時 \times (NH - AH)$$
$$= (80円/時 \times NH) - (80円/時 \times AH)$$

さて図 4—21 は，図 4—20 の固定費部分を示したものである。この図において，

図 4—21

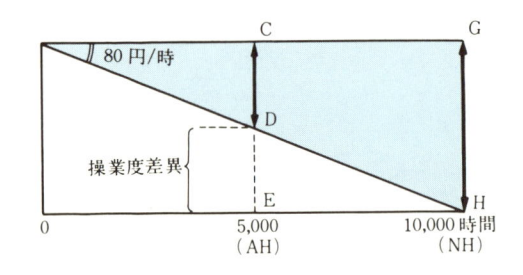

GH = 80円/時 × NH

CD = 80円/時 × AH

であるから，

操業度差異 = GH − CD = DE

で示される。

（6） 配賦差額の処理

配賦差額は会計上どのように処理すべきか。上述の分析は会計上の分析である。予算差異，操業度差異に分析したのち，さらに具体的な原因分析をすることによって，原因別に処理しなければならない。

(イ) 異常な状態によって生じた配賦差額

i) 天災，ストライキなどによって生じた差額

ごくまれにではあるが，風水害や火災によって巨額の修繕費が発生し，予算差異が増加することがある。あるいはストライキやボイラーの爆発などの突発事故によって，操業度差異が多額に発生することがある。このような異常な経営状態によって発生した差額は，損益勘定へ期間外の特別損失として振り替えるべきである。

ii) 正常配賦率の見積誤りによって生じた差額

また製造間接費予算の設定や実際的生産能力の測定を誤ることもまれにはあ

りうる。たとえば月末は別として会計年度末に計算される年間の操業度差異^(注36)はゼロか（実際操業度＝実際的生産能力の場合），あるいは借方差額（実際操業度＜実際的生産能力の場合）が生ずるはずである。したがって年度末に貸方差額が計算された場合は，実際的生産能力の測定を誤ったことになる。この場合には補充率を使用して配賦差額を科目別（総勘定元帳における期末仕掛品，製品および売上原価）および必要があれば指図書別に追加配賦（プラスの追加配賦あるいはマイナスの追加配賦）をしなければならない。

iii）操業度差異

　実際的生産能力基準の正常配賦率を採用する場合には，実際的生産能力（いいかえればフル操業の状態）が正常な状態であり，不働能力差異が生ずるのは異常な状態と考えられている。これは，製品の製造に貢献しなかった損失であるから，月々発生した操業度差異は損益勘定へ振り替える。年度末までには暦日差異は相殺されるので，不働能力差異だけが残る。これは，非原価であるので営業外費用に計上するか，または前述の(イ) i）によって処理する。

(ロ)　正常な状態において生じた配賦差額

　予算差異は，正常な状態において月々発生する。その発生原因は，補助材料の浪費，修繕費の予算超過，電力料金の値上がりなどさまざまである。もし月末に不利な予算差異が生ずれば，工場管理者は翌月以降において，種々の対策を採り，年度末までには予算と実績とを一致させるように努力する。したがって月次の予算差異は，年度末まで繰り延べ，借方差額，貸方差額を相殺すべきである。よく管理された工場では，年度末になお残る予算差異は少額になるはずである。年度末に残る不利な予算差異は，製品の製造上不必要な損失であり，営業外費用に計上すべきであるとする考え方もある。

(注36)　月末には暦日差異（calendar variation）の関係で，貸方の操業度差異が生ずることがある。暦日差異は各月が1年のきっちり $\frac{1}{12}$ でないために生ずる操業度差異であって，次のように計算される。

$$暦日差異 = \left\{\left(年間の実際的生産能力 \times \frac{1}{12}\right) - \left(当月の可働日数から計算した実際的生産能力\right)\right\} \times 製造間接費固定費率$$

しかしながら予算許容額には，上限および下限の許容範囲があり，その範囲内での差異であれば，その差異には製品原価性はなくとも期間原価性はあると考え，売上原価に課するのがよい，とするのが筆者の見解である。

7. 平均操業度基準の正常配賦
(1) 平均操業度基準の正常配賦率

われわれの計算例では，月間の実際的生産能力は 10,000 時間であり，その 80% が将来 5 年間にわたる平均操業度であるから，月間の平均操業度は，10,000 時間 × 80% = 8,000時間 である。この場合の製造間接費予算は変動費は 1 時間について 70 円ずつ発生し，固定費は操業のいかんにかかわらず 80 万円発生するので，次のようになる。

月次製造間接費予算

変 動 費	……70円/時 × 8,000時間……	560,000円
固 定 費	…………………………………	800,000
合 計		1,360,000円

そこで平均操業度基準の正常配賦率 (average capacity rate) は次のように計算される。

変動費率	560,000円 ÷ 8,000時間……	70円/時
固定費率	800,000円 ÷ 8,000時間……	100
計：正常配賦率	…………………………	170円/時

(2) 正常配賦額の計算

製品が完成すると，直ちに正常配賦額を計算し，各指図書別原価計算票へ記入する。

製造指図書	No. 7	170円/時 × 2,500時間……	425,000円
〃	No. 8	170円/時 × 1,500時間……	255,000
〃	No. 9	170円/時 × 1,000時間……	170,000
合 計			850,000円

月末に正常配賦額の合計は，一般仕訳帳に次のように仕訳される。

（仕 掛 品） 850,000円　　（配賦製造間接費） 850,000円

(3) 正常配賦額と実際発生額との比較

次いで正常配賦額は，配賦製造間接費勘定から製造間接費勘定に振り替えられる。

　　　　（配賦製造間接費）　850,000円　　（製造間接費）　850,000円

かくして製造間接費勘定の借方には実際発生額130万円が，貸方には85万円が記入される。この貸借の差額45万円はやはり借方差額である。これまでの勘定記入を示せば，図 4—22 のようになる。

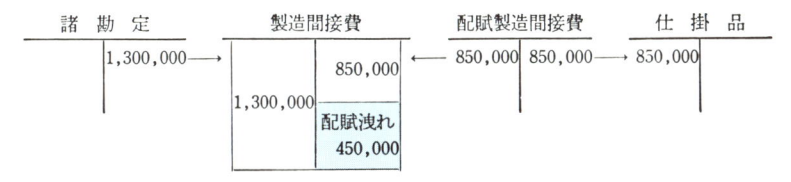

図 4—22

```
  諸 勘 定    │  製造間接費  │ 配賦製造間接費 │   仕 掛 品
│1,300,000─→│       850,000│←850,000 850,000│→850,000
            │1,300,000     │
            │     配賦洩れ │
            │     450,000  │
```

(4) 配賦差額の原因分析——変動予算を使用する場合

固定予算を使用する配賦差額の原因分析法は，理論的には誤りである。したがって変動予算を使用する場合の差額分析法を次に述べる。

(イ) 製造間接費総差異

　　総 差 異 = 130万円 − 170円/時 × 5,000時間 = 45万円（Dr.）

(ロ) 予 算 差 異

　　予算差異 = 130万円 −（70円/時 × 5,000時間 + 80万円）

　　　　　　 = 15万円（Dr.）

(ハ) 操業度差異

　　操業度差異 = 100円/時 ×（8,000時間 − 5,000時間）= 30万円（Dr.）

(ニ) 検　　証

　　予算差異 + 操業度差異 = 15万円（Dr.）+ 30万円（Dr.）

　　　　　　　　　　　　 = 45万円（Dr.）= 総 差 異

［説　明］

i) 図 4—23 では，基準操業度が 10,000 時間ではなく，8,000 時間となっている。その結果正常配賦率が 150 円/時ではなく，170 円/時と変化し

た。これは，固定費率が 80 円/時から 100円/時に変わったためであって，変動費率には変わりがない。

ii) 製造間接費の実際発生額は AF，正常配賦額は BE で示される。したがって，

　　　総差異 = AF − BE = AB + EF

である。

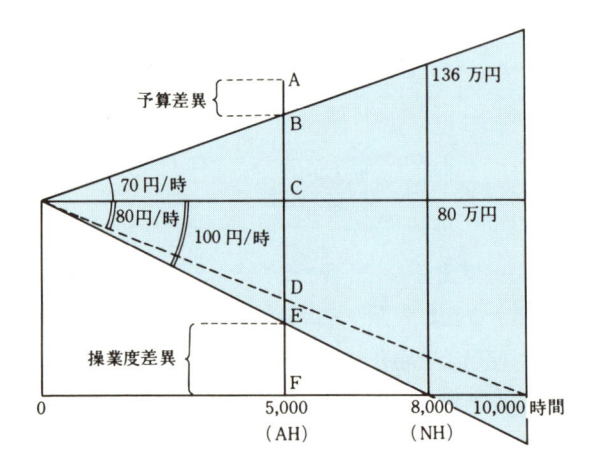

図 4—23

iii) 変動予算による予算差異は，実際的生産能力基準における予算差異と異ならない。すなわち，

　　　変動予算による予算差異 = AF − BF = AB

iv) 次に操業度差異は，実際的生産能力基準における操業度差異とは異なる。

　　　操業度差異 = 固定費率 × (NH − AH)
　　　　　　　　= 100円/時 × (8,000時 − 5,000時)
　　　　　　　　= CF − CE = EF

実際的生産能力基準における操業度差異は，DF であり，その内容は不働能力差異であった。これにたいし平均操業度基準の操業度差異は，平均操業度からの隔たりを示すにすぎない。実際的生産能力基準における会計年度末の操業度差異は，ゼロか借方差額となるのにたいし，平均操業度基

準における会計年度末の操業度差異は，借方差額となることもあれば貸方差額になることもある。平均操業度の算定期間である5年間に，借方差額，貸方差額が同じ程度発生するはずである。そうでなければ，「平均」操業度にならないからである。

v) 操業度差異と正常配賦額（固定費配賦額）とは，表裏の関係にある。実際的生産能力基準では CD が配賦され，DF が操業度差異である。この操業度差異は，不働費の全額を示す。これにたいし平均操業度基準では CE が配賦され，EF が操業度差異である。したがって平均操業度基準の場合には，操業度差異は不働費の全額を示さず，不働費の一部分である DE が製品へ配賦されることになる。

(5) 配賦差額の処理

配賦差額の処理について，実際的生産能力基準の場合と平均操業度基準の場合とで異なるのは，操業度差異の処理法のみである。

平均操業度基準の操業度差異は，平均操業度算定の基礎となった期間（われわれの計算例では5年間）内に借方差額，貸方差額が相殺され，5年度末においてゼロになることが期待される。したがって月々の操業度差異は翌月以降に繰り延べ，年度末に残る操業度差異もまた翌年度以降に繰り延べるのである。この繰り延べて相殺する方法としては，次の2方法がある。(注37)

(イ) 間接費準備金（reserve for burden）に加減する方法

この方法は，貸方差額（配賦超過額）が生じたときにこれを準備金とし，借方差額（配賦不足額）が生じたときに，この準備金に課する方法である。もし最初に貸方差額が生ぜず借方差額が生じた場合，あるいは設定した準備金よりも多い借方差額が生じた場合には，利益剰余金を処分して準備金を設定または補充するのである。

(ロ) 差額勘定として繰り延べる方法

この方法は，借方差額は繰延費用（間接費借方差額勘定）に計上し，貸方差額は繰延収益（間接費貸方差額勘定）に計上するが，年度末には借方差額，貸方差

(注37) 番場嘉一郎「棚卸資産会計」国元書房，昭和38年，pp. 617—621.

額を相殺し，借方残高の場合は繰延費用として貸借対照表の資産の部に，貸方残高の場合は繰延収益として貸借対照表の負債の部に記載する方法である。

いずれの方法をとるにしても，平均操業度算定の基礎となった期間の終りになお残る配賦差額は，主として予定平均生産量と実際生産量との狂いから生じた差額であり，そのうちの一部分は過去の期間の売上原価に，他の部分は最終年度の期末仕掛品，期末製品および売上原価に配分されるべき差額である。準備金に利益剰余金からの繰入額があれば，これを利益剰余金に戻した残高を配分処理すべきである。

平均操業度基準の正常配賦法を採用する場合には，操業度差異は上述したように処理するのが理論的に正しい方法である。しかしながら実務上はこのような処理方法を採用することが困難であるので，当期の売上原価に課するなどの方法が採られる。

8. 期待実際操業度基準の正常配賦

次の1年間に期待される操業度，すなわち期待実際操業度（expected actual volume of production）を基準操業度として予定配賦をする方法は，現在多くの企業によって採用されている。前述の平均操業度は長期平均操業度であるのにたいし，期待実際操業度は，四季の操業水準を平均した操業度という意味で，短期平均操業度といってよい。したがって期待実際操業度（予算操業度）基準の予定配賦方法は，拡張された意味での，一種の正常配賦であるといえよう。

この配賦の方法は，実際的生産能力や平均操業度基準の正常配賦に準じて行なえばよい。ただ異なるのは，操業度差異の内容のみである。この場合の操業度差異は，少額の操業度差異しか生じないことが期待されている。なぜならば，利益計画で設定した目標利益を実現するために，企業は，期待実際操業度（予算操業度）に必達すべく懸命に努力するからである。しかしながら実際問題として期待実際操業度と実際操業度とがぴったりと一致することはまれであり，それによって生ずる少額の操業度差異は，製品原価性は薄弱であるが，期間原価性は認められるので，これは売上原価にプラスあるいはマイナスの処理

をすべきである。これにたいして，多額の操業度差異が発生した場合には，これは主として予測の前提となった諸条件の変化にもとづく実際操業度と期待実際操業度との隔たりから生じた固定製造間接費の配賦洩れあるいは配賦超過額を示し，予測の誤りから生じた差異であるから，補充率を使用して期末の仕掛品，製品の有高および売上原価額を修正し，とくに必要がある場合にのみ当期に関係した指図書別の正常配賦額をも修正すべきである。

[解　説]　原価計算基準による原価差異の会計処理について
　原価計算基準では，製造間接費の配賦差額を含めて，実際原価計算制度における原価差異を，次の方法により処理するものとしている（「基準」第5章47(1)）。
「1.　原価差異は，材料受入価格差異を除き，原則として当年度の売上原価に賦課する。
　2.　材料受入価格差異は，当年度の材料の払出高と期末在高に配賦する。この場合材料の期末在高については，材料の適当な種類群別に配賦する。」
　上記2における材料受入価格差異とは，購入材料を予定単価で受け入れるために，実際単価と予定単価との開きから生ずる差額（購入材料価格差異）である。この差異は，その全額を期間費用とすることはできない。なぜならば，購入材料は会計期末には，期中に消費した材料と期末に残っている材料とにわかれるので，材料受入価格差異も，消費材料価格差異と期末材料価格差異とに分解し，後者，すなわち期末材料価格差異は，予定単価で計算した期末材料有高に付加して，貸借対照表の棚卸資産の部に計上しなければならないからである。
　そこで原価計算基準では，期末材料価格差異を除き，その他の原価差異で少額の原価差異（多額の原価差異については後述の処理方法による。）は，原則として売上原価に賦課するものとしている。
　次に，このような処理をする理由を検討してみよう。その理由は，歴史的原価主義の立場をとるか，あるいは実際正常原価主義の立場をとるかによって異なると考えられる。
　歴史的原価主義の支持者は，歴史的原価こそ外部報告目的のための最良の製品原価と考える。したがってこの立場からすれば，期末仕掛品，期末製品および売上原価が原価差異だけ誤って計算されているので，これらをすべて歴史的原価に修正するために，原価差異を期末仕掛品，期末製品および売上原価に（プラスまたはマイナスの）追加配賦をすべきだ，ということになる。しかしながら通常の場合，期末在庫品（期末仕掛品と期末製品）に追加配賦される額と，売上原価に追加配賦される額とを比較すれば，売上原価に追加配賦されるほうが，圧倒的に多い。したがって原価差異が多額であれば，これを期末在庫品と売上原価とに追加配賦すべきであるが，原価差異が少額であれば，重要性の原則にもとづき，原価差異の処理を簡便に行なうために，原価差異を売上原価のみに賦課することを認めるのである。
　これにたいし実際正常原価主義の支持者は，実際正常原価こそ外部報告目的のための最良の製品原価と考える。しかし原価差異については，次の2つの考え方がある。
　その1は，原価差異を製品の製造販売と関係のない非原価ないし損失と考えるものである。この考え方をとれば，原価差異は損益勘定に振り替え，営業外費用または営業外収益とする。その典型的な例は，不働能力差異を損失として，損益勘定にチャージする場合にみられる。
　その2は，原価差異を期間原価と考えるものである。この考え方によれば，製品原価は実際

正常原価で計算されるべきであるので，原価差異を製品原価とは考えない。しかしそれは非原価とも考えない。つまり実際正常原価は上限と下限をもつ幅であり，原価差異がこの幅のなかにはいって発生しているかぎり，製品の製造販売に必要な原価と考えるのである。この場合には，さらに2つの処理方法がある。すなわち(イ)売上高から実際正常原価で計算した売上原価を差し引いて売上総利益を計算し，この売上総利益に原価差異を加減する方法と，(ロ)実際正常原価で計算した売上原価に原価差異を加減する方法，とである。これら(イ)と(ロ)の処理方法は，いずれも原価差異を期間原価としながらも，(ロ)の処理方法のほうが，原価差異に製品原価性を認める色彩を残しているので，歴史的原価主義の処理方法と調整しやすいことはいうまでもない。

原価計算基準においては，歴史的原価主義と実際正常原価主義（および第7章標準原価計算で説明する標準原価主義）との妥協が図られ，その結果，「原則として当年度の売上原価に賦課する。」という処理方法に落ち着いたものと考えられる。

以上は，原価差異が少額の場合の処理方法である。少額か多額かの判定は，実務上は法人税基本通達5—3—3により，「総製造費用のおおむね1％相当額以内の金額」か否かによることになる。

次に原価差異が多額の場合について，原価計算基準では，次のように規定している。
「3．　予定価格等が不適当なため，比較的多額の原価差異が生ずる場合，直接材料費，直接労務費，直接経費および製造間接費に関する原価差異の処理は，次の方法による。
　⑴　個別原価計算の場合
　　　次のいずれかによる。
　　イ．当年度の売上原価と期末におけるたな卸資産に指図書別に配賦する。
　　ロ．当年度の売上原価と期末におけるたな卸資産に科目別に配賦する。」

上述のイの処理方法は，指図書別の原価計算票記載金額をも修正する方法であり，ロの処理方法は，原価計算票は修正せず，総勘定元帳における期末仕掛品，期末製品の有高および売上原価のみを修正する方法である。

個別原価計算の場合には，原価差異は指図書別に修正するほうが正確な処理方法であるかのように思われがちである。しかしながら指図書別原価にもとづいてすでに売価を定め，これを期中に販売してしまった製品の原価計算票をいちいち修正しても，無益なことが多い。(注 38)

また期末において多額の原価差異の発生することが予想された場合は，これを認識した時点で，直ちに正常配賦率を改訂するなどの措置をとらなければ，有用な原価情報はえられない。したがって政府契約のような実費補償契約の場合は別として，個別原価計算においても総合原価計算の場合と同様に，多額に生じた原価差異は科目別に修正するにとどめるのが通常の処理方法である。
(注 39)

(注 38)　J. G. Blocker and W. K. Weltmer, *Cost Accounting*, 1954, 3 rd ed., p.205.
(注 39)　原価差異の処理については，番場嘉一郎「棚卸資産会計」国元書房，昭和38年，第7章第3節を参照されたい。

9. 基準操業度の選択

われわれは，以上の検討により，基準操業度として実際的生産能力，平均操業度，期待実際操業度のうちのどれを選ぶかによって，固定費率が異なり，したがって正常配賦率が異なること，またその結果，正常配賦額と操業度差異の内容が異なってくることを理解した。それでは，どの操業水準を基準操業度として選択すべきであろうか。

まず，この選択は，多かれ少なかれ，原価計算担当者の主観に左右されることは否定できない。これは，伝統的全部原価計算における1つの弱点ともいえよう。この点を承知のうえで，以下検討をしてみよう。

企業の操業水準がフル操業であることが通常の状態であれば，実際的生産能力を基準操業度として採用すべきである。この基準によれば，固定費率は最小となり，したがって製品の単位原価は低く計算されるから，そのような製品単位原価は，競争力のある価格決定につながる。しかしながら企業の操業水準が必ずしもフル操業でない場合に，実際的生産能力を基準操業度として選択すれば，貸借対照表の製品，仕掛品の有高は低めに表示され，損益計算書上では常に不働能力費が損失として計上されることになる。

次に，経済状態が年々周期的に変動し，好況不況の波が繰り返して打ち寄せてくるような場合には，平均操業度を基準操業度として選択するのがよい。とりわけ主たる原価計算目的が，長期安定価格の設定にある場合には，平均操業度基準が適している。もし実際的生産能力を基準とすれば，好況時の高い操業水準の場合はよいが，不況時の低い操業水準のとき，低い製品単位原価にもとづいて設定された低い価格によっては，固定費の多くを回収することができず，巨額の不働能力費を計上する羽目になる。またもし期待実際操業度を基準とすれば，好況のときには低い価格設定となり，製品はますます売れ，不況のときには高い価格設定となり，製品はますます売れなくなるからである。しかしながらはたして，長期平均操業度がどの程度の精度で予定できるか，という点に，この基準についての大きな問題が存在する。

原価計算の主たる目的が，短期の利益管理にある場合には，期待実際操業度

を基準操業度として選択すべきである。なぜならば期待実際操業度を設定するときの前提条件に変更がないかぎり，期待実際操業水準と実際操業水準との開きは，その年度の達成目標である操業水準とのずれを意味する。平均操業水準と実際操業水準との開き，あるいはフル操業が通常の状態でない場合の実際的生産能力水準と実際操業水準との開きは，いずれも，経営管理者にとってその年度の達成目標である操業水準からの隔たりを意味しないために，業績管理上の意味をもたないからである。

10. 操業度差異の再検討

(1) 固定費率の性格

固定費は，実際に製品を製造しようとしまいと，そうした実際の業務活動とは無関係に，1期間においては一定額まとまって発生する。それは，ある一定の生産能力を維持するための原価である。このような性質をもつ固定費を管理するためには，責任センター別に，固定費の各費目ごとの予算と実績を比較し，差異を計算し，差異の原因分析を行なうべきである。

他方，製品原価計算のためには，なんらかの方法で，製造固定費を製品単位に結びつけなければならない。この場合変動費は，製品1個当たり，あるいは直接作業1時間当たりいくらと判明しているので，製品と容易に結びつく。ところが製造固定費は，1期間一定額まとまって発生するため，そのままのかたちでは製品と結びつかない。そこで製品原価計算上，製造固定費を製品に結びつける手段として工夫されたものが固定費率である。1期間における製造固定費予算を，なんらかの基準操業水準で割ることにより，製品1個当たり，あるいは直接作業1時間当たりいくらというかたちで固定費率が設定される。したがって固定費率は，固定費のビヘイビャーを無視し，製品原価計算のために，固定費をあたかも変動費であるかのように取り扱う手段であり，その意味で，固定費を人為的に変動費化する手段である，といってよい。

(2) 伝統的操業度差異の欠陥

固定費率は，製品原価計算用の手段であるから，これをプランニングやコン

トロールの計算に使用すると，その内容を理解することが非常に困難なものとなる。

伝統的な全部原価計算において操業度差異は，たとえば前例の平均操業度基準における正常配賦では，次のように計算された。

　　　操業度差異 ＝ 100円/時 × (8,000時間 − 5,000時間) ＝ 30万円 (Dr.)

この操業度差異の内容は，実際操業時間が基準操業時間に到達できなかったためにこうむった製造間接費（固定製造間接費）の損失を示す，とわれわれは理解してきた。それはどのような損失かといえば，もし実際操業時間が基準操業時間に到達すれば，製造されたであろう製品にたいし，配賦されたであろう固定製造間接費分にほかならず，これを別の言葉で表現すれば，生産能力をよく利用しなかったためにこうむった損失（あるいはよく利用したために生じた利益）である，と考えられてきた。

しかしながらよく考えてみると，一定の生産能力が与えられているとき，これをよく利用しなかったためにこうむる損失は，固定製造間接費の発生額とは無関係である。生産能力をまったく利用しなくとも，あるいはフル操業をして完全に利用しようとも，固定製造間接費の月々の発生額を変えることはできないのである。

もちろん固定製造間接費はすべて管理不能ということをいっているわけではない。もし固定製造間接費の発生額を管理したければ，各費目別に予算と実績を比較すればよい。予算管理こそ，固定製造間接費を管理するための手段であり，製品原価計算用の固定費率は，原価管理の手段にはならない。操業水準の増減ないし生産能力の利用の良否によって，固定製造間接費の発生額を変えることはできない，ということを指摘しているわけである。固定費率の使用はあくまでも，製品原価の算出にその主眼がある。正常配賦額と操業度差異との関係は，前者，すなわち正常配賦額のほうが主であり，操業度差異が従の関係にある。操業度差異を固定費率で算出するのは，操業度の変動と無関係に，一定額発生する固定製造間接費を，あたかも変動費であるかのように考えて，これを製品に配賦するという，製品原価計算にひきずられた方法なのであって，最

初からプランニングとコントロール目的を主眼として工夫された算出方法ではないことに注意すべきである。(注40)

（3） 操業度差異の改善

（イ） 物的資料にもとづく操業度差異分析

多くの会社では，物的資料（たとえば，製品個数，作業時間数など）のみにもとづいて，操業度差異を正規の会計記録外で，統計的に計算している。

仮に，総合予算編成時において，実際的生産能力を 120,000 個，予算販売量を 100,000 個，実際受注量（これと生産割当量とが等しいとする）を 96,000 個，実際生産量を 93,000 個とすれば，操業度差異は物的資料により次のように分析される。

（総合予算編成時）

| 実際的生産能力 | 120,000個 | 予想遊休能力差異 20,000個 |
| 予 算 販 売 量 | 100,000個 | （プランニング用の操業度差異） |

（期末業績評価時）

実 算 販 売 量　　100,000個　　販 売 差 異
実 際 受 注 量　　　　　　　　　　　4,000個　　コントロール用
（生産割当量）　　96,000個　　　　　　　　　　の操業度差異
　　　　　　　　　　　　　　　　　生 産 差 異　　7,000個
実 際 生 産 量　　 93,000個　　3,000個

上記の差異のうち，予想遊休能力差異はプランニング用の操業度差異である。これは，経営管理者が過去に過大な設備投資をしたためであるかもしれないし，また一般的な経済状態のためであるかもしれず，さらには販売部門が無能なために販売目標が低すぎるのかもしれない。いずれにしても経営管理者は，予想遊休能力を解消するための方策を工夫しなければならない。

販売差異は，販売部門の業績測定用に使用されるコントロール用の操業度差異である。予算販売量は販売部門の達成目標である販売割当量であり，これと

(注40) 伝統的操業度差異の欠陥とその改善方法を提案したのは，ホーングレンである。詳しくは，C. T. Horngren, "*A Contribution Margin Approach to the Analysis of Capacity Utilization*" The Accounting Review, Vol. XLⅡ, No.2, April 1967 を参照されたい。

実際受注量との差が販売差異であるから，この差異が生ずる原因は，予算販売量が適切に設定されているかぎり，販売活動の良否から生じ，販売部長が責任を負うべき差異である。

生産差異は，生産割当量と実際生産量との差異であり，製造部長の業績測定用に使用されるコントロール用の操業度差異である。この差異は，生産計画の良否，生産活動の監督の不適切，不熟練工による作業の不能率などから発生し，不働能力差異と能率差異とが混合した差異であり，管理可能なものについては製造部長が責任を負わなければならない。

(ロ) 機会原価にもとづく操業度差異分析

さて，上記の物的資料によって計算した操業度差異を，金額で評価し，その経済的な影響を判断するには，どのような価格によって評価すべきであろうか。

原価は，支出原価と機会原価とに大別される。伝統的な操業度差異は，支出原価にもとづき固定費率を使用して計算した。しかしながら，生産能力を利用しようとしまいと，固定製造間接費の発生額は変わらないという点で，伝統的な操業度差異の計算は，その弱点をさらけだした。問題なのは，失われた機会 (lost opportunity) である。

一定の生産能力が与えられているとき，1単位の製品を製造すれば，短期的な観点からすると，企業の純利益を，その製品の単位当たり貢献利益（限界利益）だけ増加させる機会が増したことを意味する。したがって生産能力を十分に利用しなかったときは，生産能力を利用すれば生産され，したがって販売されたであろう製品によって，もたらされるはずの貢献利益だけ，純利益を増加させる機会を失ったことを意味する。したがって失われた機会は，機会原価によって評価されるべきである。

もし遊休能力に代替的用途がなければ（つまり遊休能力を遊休にさせておく以外に利用方法がなければ），その機会原価はゼロである。しかしもし遊休能力に代替的用途がある場合には，一般的にいって，遊休能力のもっとも有利な代替的利用は，自社製品の製造販売であるから，その機会原価の概算値として，その

製品1単位当たりの貢献利益を使用することが許されよう。

いま仮に，製品単位当たりの売価を100円，単位当たり変動費を70円，固定費の期間発生総額を180万円とし，予算差異は生じないものとすれば，前述の物的資料による差異分析は次のようになる。

(貢献利益による操業度差異の分析)

		総合予算 100,000個	実　　績 93,000個	操業度差異 7,000個
売 上 高	@ 100円	1,000万円	930万円	70万円
変 動 費	@ 70	700	651	49
貢献利益	@ 30	300万円	279万円	21万円
固 定 費		180	180	－
営業利益		120万円	99万円	21万円

操業度差異内訳
販売差異＝@ 30円/個×(100,000個－96,000個)＝12万円
生産差異＝@ 30円/個×(96,000個－93,000個)＝ 9万円
コントロール用の操業度差異合計＝12万円＋9万円＝21万円

このような差異分析は，もはや全部原価計算制度の枠をこえて，直接原価計算制度における予算・実績差異分析になることは明らかである。したがってこの方法については，第10章第3節5において，直接標準原価計算をとりあげるさいに改めて検討しよう。

[付　記] **個別原価計算における仕損費の計算と処理および作業屑の処理**については，わが国の「原価計算基準」が詳細に規定しているので，ここではその説明を省略する。巻末の付録，「原価計算基準」第2章，第4節，35, 36を参照してほしい。

[練習問題 4-1]
(1) 当工場では，実際個別原価計算制度を採用しており，6月の原価計算にかんするデータは次のとおりである。

製造指図書番号	日　付	直接材料費	直接作業時間	直接労務費	製造間接費	合　計	備　　考
No.200	5/20～5/25	34,000円	60時間				5/20製造着手，5/25完成，6/7販売
No.201	5/26～5/31	21,000円	20時間				5/26製造着手，6/10完成，6/15販売
	6/ 1～6/10	45,000円	80時間				
No.202	6/11～6/22	52,000円	70時間				6/11製造着手，6/22完成，6/30在庫
No.203	6/23～6/30	33,000円	30時間				6/23製造着手，6/30仕掛

(2) 直接工の消費賃率は，1時間当たり 400円，製造間接費予定配賦率は，直接作業時間当たり 200円であって，先月（5月）も同様であった。

上記のデータに基づき，総勘定元帳における下記の2勘定の（　）内に，それぞれ該当する金額を記入しなさい。

仕　掛　品		製　　品	
6/1 繰　越（　　　）	当月完成高（　　　）	6/1 繰　越（　　　）	当月売上原価（　　　）
直接材料費（　　　）	6/30 繰　越（　　　）	当月完成高（　　　）	6/30 繰　越（　　　）
直接労務費（　　　）		（　　　）	（　　　）
製造間接費（　　　）			
（　　　）	（　　　）		

（日商簿記2級試験問題）

［練習問題 4—2］ 実際個別原価計算を採用する当社の下記取引を，付属資料に基づき合計仕訳をしなさい。

〔取　引〕
1. 製造間接費を各製造指図書に予定配賦した。予定配賦率は，直接作業時間1時間当たり，200円である。
2. 月末までに，製造指図書 No. 1, No. 2 および No. 3 が完成したので，完成品の原価計算票を原価元帳から製品元帳へ移した。

〔付属資料〕

製 造 指 図 書	No. 1	No. 2	No. 3	No. 4
実際製造直接費	10万円	9万円	7万円	3万円
実際直接作業時間	120時間	95時間	90時間	45時間

（日商簿記2級試験問題）

［練習問題 4—3］ 次に示すA社の年間の財務資料に基づき，同社の仕掛品勘定および損益計算書を作成しなさい。ただし，製造間接費の予定配賦から生ずる原価差異は，売上原価に課するものとする。

〔財務資料〕　　　　　　　　（単位：円）
1. 直接工賃金当期支払高………… 94,000
2. 直接材料当期仕入高…………… 213,000
3. 製造間接費当期実際発生額……… 75,000
4. 売　　上　　高………………… 600,000
5. 販売費および一般管理費……… 140,000
6. 直接材料期首有高……………… 25,000
7. 直接材料期末有高……………… 29,000
8. 製造間接費当期予定配賦額…… 76,000
9. 仕掛品期首有高………………… 5,000
10. 仕掛品期末有高………………… 15,000
11. 製品期首有高…………………… 10,000
12. 製品期末有高…………………… 19,000

13. 営業外収益……………………… 20,000
14. 営業外費用……………………… 30,000
15. 直接工賃金期首未払高………… 11,000
16. 直接工賃金期末未払高………… 12,000

仕 掛 品　　　　　　（単位：円）

期首有高	□	期末有高	□
	□		□
	□		
	□		
	□		

損 益 計 算 書　　　　　（単位：円）

A社　　自昭和×年1月1日　至昭和×年12月31日

Ⅰ 売　上　高…………………………………………… □
Ⅱ 売　上　原　価
　1. 期首製品有高……………………… □
　2. 当期製品製造原価………………… □
　　　合　　計………………………… □
　3. 期末製品有高……………………… □
　　　差　　引………………………… □
　4. 原　価　差　異…………………（　）□
　　　売上総利益…………………………………………… □
Ⅲ 販売費および一般管理費………………………………… □
　　　営業利益…………………………………………… □
Ⅳ 営業外収益…………………………………………… □
Ⅴ 営業外費用…………………………………………… □
　　　経常利益…………………………………………… □

（注）原価差異については，差引欄で算出した売上原価にたいし加算するならプラス，売上原価から控除するならマイナスの記号を，（　）内に記入しなさい。

（日商簿記2級試験問題）

[解 説]
　　直接労務費＝直接工賃金当期支払高－直接工賃金期首未払高＋直接工賃金期末未払高
　によって計算すること。これは，本章第4節労務費会計で詳説しているように，原価計算期間
　と給与計算期間とがずれている場合である。

[練習問題 4—4] 甲工場では，実際原価計算を採用している。次に示す当月の原価資料に基づき，下記の加工費勘定と仕掛品勘定の（　　）内に，該当する数値を計算し記入しなさい。なお，加工費（原料費以外の製造費用）は，予定配賦している。

〔原価資料〕（単位：円）

1.	原料月初有高	5,000	7.	工場電力当月消費高	9,000
2.	仕掛品月初有高	4,000	8.	工場減価償却費	5,000
3.	賃金・給料前月未払高	2,500	9.	賃金・給料当月未払高	3,500
4.	賃金・給料当月支払高	42,000	10.	原料月末有高	4,000
5.	原料当月仕入高	75,000	11.	仕掛品月末有高	2,000
6.	補助材料当月消費高	8,200	12.	加工費予定配賦額	？

　（注1）　賃金・給料は，実際額で計算しているので，賃率差異は生じない。
　（注2）　加工費予定配賦額は，製造間接費の予定配賦と同様な方法で，次の資料により計算すること。〔計算資料〕：年間予定直接作業時間 6,060 時間，年間加工費予算額 787,800円，当月の実際直接作業時間 500 時間。

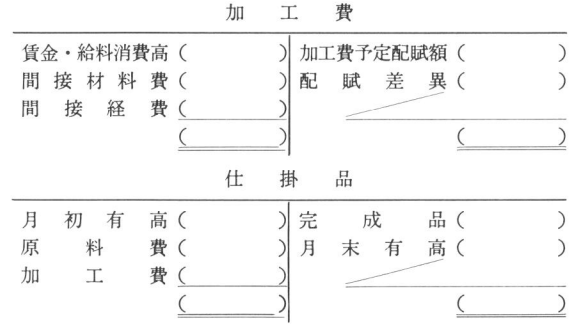

加　工　費

賃金・給料消費高（　　）	加工費予定配賦額（　　）
間 接 材 料 費（　　）	配 賦 差 異（　　）
間 接 経 費（　　）	
（　　　　）	（　　　　）

仕　掛　品

月 初 有 高（　　）	完 成 品（　　）
原 料 費（　　）	月 末 有 高（　　）
加 工 費（　　）	
（　　　　）	（　　　　）

（日商簿記2級試験問題）

[練習問題 4—5] 下記の条件にもとづき，A材料の当月消費額および月末残高を，(1)先入先出法，(2)移動平均法，(3)月次総平均法，(4)継続的後入先出法，(5)月間後入先出法によって，計算しなさい。なお計算は材料カード形式で示すこと。また移動平均法，月次総平均法において，平均単価の計算上生ずる端数は，小数点以下第3位で四捨五入しなさい。

〔条　件〕

		数　量	単　価	金　額
4月1日	期　首　有　高	100 個	@ 10円	1,000円
5日	仕　　　　入	500 個	@ 12円	6,000円
7日	出　　　　庫	400 個	？	？
15日	仕　　　　入	1,000 個	@ 13円	13,000円
20日	出　　　　庫	800 個	？	？
25日	仕　　　　入	500 個	@ 14円	7,000円

[練習問題 4—6]

(1) 買入部品Aに関する6月の記録は次のとおりである。

　　6月1日　繰　　越 ………… 200個　@¥10　¥ 2,000
　　　 5日　掛 仕 入 ……… 1,000個　@¥12　¥12,000
　　　 6日　不良品返品(6月5日仕入分) ………… 100個
　　　 7日　製造指図書No.5 にたいする出庫 ………… 500個
　　　10日　掛 仕 入 ……… 1,000個　@¥15　¥15,000
　　　12日　製造指図書No.6 にたいする出庫 ……… 1,200個
　　　15日　製造機械の修理のため出庫 ……………… 150個
　　　20日　掛 仕 入 ……… 1,000個　@¥20　¥20,000
　　　25日　製造指図書No.7 にたいする出庫 ……… 1,100個
　　　30日　繰　　越 ………………… 150個(帳簿在庫量)

(2) A部品の出庫額は、月間後入先出法でなく、継続的後入先出法(そのつど後入先出法)によって計算している。

(3) 以上の資料に基づき、下記の取引の仕訳をしなさい。ただし使用する勘定科目は、下記の中から適切な勘定を選択すること。

　　使用できる勘定科目……現金，買掛金，材料，賃金，製造間接費，仕掛品(または製造)，製品，売上原価

　　(注) 解答では、上記以外の勘定科目の使用を認めないので、注意すること。

取引		仕訳			
		借方科目	金　額	貸方科目	金　額
1	買入部品Aの6月における掛仕入総額を記帳した。なお掛仕入総額には、返品した不良品の仕入額をも含めるものとする。				
2	6月6日における不良品の返品を記帳した。				
3	6月中の買入部品Aの総消費額(上記データから計算した帳簿上の総消費額)を、直接費と間接費とに分けて記帳した。				
4	6月末の実地棚卸により、実際在庫量は140個と判明した。帳簿在庫量と実際在庫量との差額は正常な範囲内にあるため、この差額を原価に計上した。				

(日商簿記2級試験問題)

[練習問題 4—7] 次の労務費は原価計算上どのように処理するか。
(イ) 段取時間 (set-up time) の賃金
(ロ) 定時外作業賃金 (overtime premium)
(ハ) 不働時間 (idle time) に対して支払った賃金　　　　　　　　（公認会計士2次，昭28）

[練習問題 4—8] 下記の資料および条件にもとづき賃金計算を行い，その結果を賃金勘定，仕掛労務費勘定，製造間接費勘定，賃金差額勘定，未払賃金勘定，預り金勘定，立替金勘定および現金・預金勘定に記入しなさい。

(1) 直接工作業時間票の総括 (10/1～10/31)
　　平均賃率 @ 150円

　　　直 接 作 業 時 間　　17,800時
　　　間 接 作 業 時 間　　 1,020時
　　　手　待　時　間　　　　 50時
　　　　　　　　　　　　　18,870時

(2) 直接工出勤票の総括 (10/1～10/31)
　　　定 時 間 勤 務(10/ 1～10/20)　12,000時
　　　定 時 間 勤 務(10/21～10/31)　 6,720時
　　　定 時 間 外 作 業(10/22, 25, 30)　 150時
　　　　　　　　　　　　　　　　　　18,870時

(3) 直接工給与計算票の総括 (9/21～10/20)
　　支給額は，10/25 支払い。

　　　賃 金 手 当 総 額　　　　　　　2,863,000円
　　　控　　除　　額：
　　　　源 泉 所 得 税　　171,780円
　　　　社 会 保 険 料　　 57,260
　　　　　　計　　　　　　229,040円
　　　　立　替　金　　　　200,960
　　　　　　計　　　　　　430,000円
　　　差引：現金支給額　　　　　　　2,433,000円

(4) 間接作業賃金，手待賃金，定時間外作業割増賃金は，製造間接費として処理する。
(5) 平均時間賃率 @ 150円は，手当を含む賃率である。定時間外作業割賃金は，原価計算上，当該作業時間数に平均賃率の 40% を乗じて計算する。
(6) 未払賃金は，平均時間賃率をもって計算する。10 月末の未払賃金には，定時間外作業割増賃金が含まれていることに留意すること。9月末の未払賃金は，1,095,000円であった。
　　　　　　　　　　　　　　　　　　　　　　　　　　（日商簿記1級試験問題）

[練習問題 4—9] 製造間接費正常配賦の理論の内容とその理論的根拠を述べ，その場合，いかなる基準操業度が現代企業にとって適切かを，簡潔に論じなさい。

[練習問題 4—10] 当工場では実際原価計算を採用し，製造間接費については，直接作業時間を基準にして予定配賦している。製造間接費の各費目は，準変動費と固定費からなる。

(1) 年間の製造間接費予算は，次のとおりである。

　　　直 接 作 業 時 間　　10,000時間　　12,000時間　　14,000時間
　　　製造間接費予算　　1,000,000円　　　？　円　　1,160,000円

(a) 直接作業時間 12,000 時間のとき，製造間接費予算はいくらか。
　(b) 年間の正常直接作業時間が 12,000 時間であるとして，直接作業時間1時間当たりの予定配賦率を計算しなさい。
　　計算した答は，下の □ の中に，それぞれ記入すること。
　　(a) = [　　　　]円　　(b) = [　　　　]円
(2) 当月の実際直接作業時間は 900 時間，製造間接費実際発生額は ¥ 81,700 であった。上記(b)の予定配賦率を使用し，下記の 製造間接費勘定 のうちの □ の部分を計算し，記入しなさい。

製 造 間 接 費

実 際 発 生 額	81,700円	予 定 配 賦 額	[　　]円
		配 賦 差 異	[　　]円

(日商簿記2級試験問題)

[練習問題 4—11] 175 ページの工場の9月における実績は次のとおりであった。
　i) 月初仕掛品　　製造指図書 No. 9
　ii) 当月の生産と実際機械作業時間
　　　製造指図書 No. 9　　　1,500時間（完　　成）
　　　　〃　　　No. 10　　　4,000　　（完　　成）
　　　　〃　　　No. 11　　　3,000　　（完　　成）
　　　　〃　　　No. 12　　　　500　　（月末仕掛）
　　　実際機械作業時間合計　　9,000時間
　iii) 製造間接費実際発生額　　140万円
以上の条件にもとづき，
　(イ) 実際的生産能力基準（10,000時間）の正常配賦を行なう場合
　(ロ) 平均操業度基準（8,000時間）の正常配賦を行なう場合
に分けて，製品勘定を含む関係勘定連絡図を作成し，指図書別正常配賦額，配賦差額合計，予算差異，操業度差異を計算しなさい。
　なお実際的生産能力基準の正常配賦における差異分析を行なうさいは，固定予算を採用する場合と変動予算を使用する場合とに区別して計算すること。

[練習問題 4—12] A工場では，機械稼働時間を基準にして製造間接費を予定配賦している。年間の予定機械稼働時間は 24,000 時間であり，年間の製造間接費予算は，¥ 19,200,000 である。また原価計算期間は暦日の1カ月（1日〜月末）であるのに対し，給与計算期間は，前月の 21 日から当月の 20 日までである。下記のデータに基づき，次の取引を仕訳しなさい。ただし使用する勘定科目は，下記の中から適切な勘定を選択すること。
　　使用できる勘定科目……現金・預金，売掛金，材料，賃金・給料，製造間接費，減価償却累計額，仕掛品（製造），製品，売上原価，原価差異

取引	仕訳			
	借方科目	金 額	貸方科目	金 額
1 補助材料の当月消費額を計上した（補助材料の月初有高 ¥200,000，当月仕入高 ¥800,000，月末有高 ¥300,000）。なお（ ）内のデータは，取引 1，2 および 5 とも，計算のためのデータであって，それらを仕訳する必要はない。				
2 間接工賃金および給料の当月消費額を計上した（前月未払額 ¥160,000，当月支払額 ¥490,000，当月未払額 ¥170,000）。				
3 機械減価償却費 当月分 ¥120,000 を，間接法で計上した。				
4 仕掛品にたいし，製造間接費を予定配賦した。当月，実際機械稼働時間は，1,950 時間であった。				
5 月末に，製造間接費配賦差異を計上した。（なお当月の実際製造間接費合計は，上記取引 1～3 により計上されたもののほか，¥290,000 の間接経費がすでに計上されているものとする。）				

（日商簿記 2 級試験問題）

第 5 章　実際部門別個別原価計算

　原価計算においては，原価は費目別，部門別，製品別の３段階をへて計算するのが正式な手続であることはすでに述べた。とりわけ個別原価計算では，製造間接費を部門別に計算する必要がある(注1)。そこで本章では製造間接費の部門別計算を中心に説明する。

第 1 節　部門別原価計算の目的

　原価を部門別（すなわち 原価発生の場所別，あるいは原価を生ぜしめる職能別）に計算する主たる目的は，
- (イ)　合理的な製品原価の計算（期間損益計算目的 および 製品の 価格決定などの利益計画目的）
- (ロ)　原価管理

である。
　上記(イ)の目的については，個別原価計算における製造間接費の製品別配賦を考えれば，容易に理解されよう。すなわち製造直接費を製品別に正確に計算するには，製造指図書番号を手がかりにそれぞれの原始伝票から各指図書の原価計算票へ製造直接費を直課すればよく，製造直接費をわざわざ部門別に集計してみても原価管理目的には役立つが，製品原価を正確に計算するためには無意味である。これにたいして製造間接費は，製品との関連において間接的であるため，なんらかの配賦基準を使用して各指図書の原価計算票へ配賦しなければならない。この場合，工場全体について１本の配賦率（これを総括配賦率 blanket rate ; plant-wide rate という。）を使用すると，製品別に計算された配賦製造間接

(注 1)　個別原価計算では，直接労務費は，製品の原価を正確に計算するためには，部門別に集計する必要はない。しかしながら原価管理のために，**製造間接費**とともに，直接労務費も部門別に集計することがある。

費は，きわめて不合理な額となる。

　たとえばある工場は機械加工部門と組立部門からなっているとする。機械加工部門で発生する製造間接費の内容は機械関係のベルト，ロープ，切削油，動力費，減価償却費，固定資産税，火災保険料などからなる。これにたいして組立部門では各種工具を使用して熟練工が組立作業を行なうため，この部門で発生する製造間接費の内容は，主として消耗品費，消耗工具器具備品費，従業員賞与手当，建物関係の減価償却費などからなっており，機械設備関係の減価償却費などは少額にすぎない。さて両部門の製造間接費予算および予定操業時間は次のとおりであったとしよう。

	機械加工部門	組立部門	計
月間の製造間接費予算	200万円	100万円	300万円
正常直接作業時間	1万時間	1万時間	2万時間
正常機械作業時間	4万時間	—	—

この場合，直接作業時間を配賦基準とする工場全体の総括配賦率は，

$$総括正常配賦率 = \frac{300万円}{2万時間} = 150円/時$$

である。しかし機械加工部門と組立部門では作業内容が異なり，したがって発生する製造間接費の内容も異なる。そこでこれらの差異を製品別計算に反映させるためには，各部門ごとにそれぞれ適切な部門別配賦率（departmental rate）を使用するのがよい。

　いま両部門とも，直接作業時間を基準にして，部門別正常配賦率を計算すれば，次のようになる。

［直接作業時間基準］

$$機械加工部門の正常配賦率 = \frac{200万円}{1万時間} = 200円/時$$

$$組立部門の正常配賦率 = \frac{100万円}{1万時間} = 100円/時$$

なおこの場合，機械加工部門においては，直接作業時間よりも機械作業時間を基準にして正常配賦を行なう方法が考えられる(注2)。その場合の部門別正常配賦

（注2）製造間接費の配賦基準として，機械作業時間を選択するということは，製造間接費と機械作

率は，次のようになる。

［機械作業時間基準］

$$\text{機械加工部門の正常配賦率} = \frac{200万円}{4万時間} = 50円/時$$

さて，製造指図書 No. 1 と No. 2 の実際作業時間が次のとおりであったとする。

	機械加工部門 直接作業時間	（機械作業時間）	組立部門 直接作業時間	直接作業時間合計
製造指図書 No. 1	7 時間	（28時間）	3 時間	10時間
〃 No. 2	3 時間	（12時間）	7 時間	10時間

この場合，総括配賦率によって指図書別正常配賦額を計算すれば，

製造指図書 No. 1 　@150円/時 × 10時間 = 1,500円
　　〃　　　 No. 2 　@150円/時 × 10時間 = 1,500円

となる。このように製造間接費正常配賦額は，両指図書とも同額となる。しかしながらこれはおかしい。なぜならば製造指図書 No. 1 は高価な機械による加工の多い製品であるのにたいし，No. 2 は，機械加工は少なく，むしろ熟練工が慎重に作業して完成させた製品だからである。この場合には，部門別正常配賦率を使用すべきである。両部門とも，直接作業時間を基準とした部門別正常配賦率を使用すれば，次のようになる。

製造指図書 No. 1	機械加工部門	200円/時 × 7時間 ……	1,400円
	組 立 部 門	100円/時 × 3時間 ……	300
		合　　計	1,700円
製造指図書 No. 2	機械加工部門	200円/時 × 3時間 ……	600円
	組 立 部 門	100円/時 × 7時間 ……	700
		合　　計	1,300円

業時間との間に比例的関係ないし相関関係があると考えることにほかならない。配賦基準として，直接作業時間が適切か，あるいは機械作業時間が適切であるかは，第9章第3節6．回帰分析法のなかで説明する決定係数 r^2 を計算して，どちらの値がより1に近いかを判定すればよい。

このように部門別配賦率による正常配賦のほうが，総括配賦率による正常配賦よりも，合理的な配賦計算となる。

なお，機械加工部門における機械作業時間基準の正常配賦について説明しておこう。

理論的にいえば，機械加工部門で発生する製造間接費は機械との関連で発生するものが多く，したがって機械工の直接作業時間を配賦基準とするよりも，機械作業時間を配賦基準とするほうが適切である。1人の機械工が同時に数台の機械を操作する場合（たとえば紡績機械）もあれば，逆に1台の機械の操作に数人の工員が必要となる場合（たとえば印刷機械）もある。

しかしながら前例のように，機械加工部門における直接作業時間と機械作業時間とが各製品の加工において比例的関係にある場合には，配賦計算の結果は，どちらの基準によっても同じとなる。たとえば，製造指図書 No. 1 の配賦額を，機械加工部門については機械作業時間基準の正常配賦率を，組立部門については直接作業時間基準の正常配賦率を使用して計算すれば，次のようになる。

　　　製造指図書 No. 1　　機械加工部門　50円/時 × 28時間……　1,400円
　　　　　　　　　　　　　組 立 部 門　100円/時 × 3時間……　　 300
　　　　　　　　　　　　　　　　　　　　　　　　　合　計　　　1,700円

したがって，各製品の加工において直接作業時間と機械作業時間とが比例的な関係にある場合には，機械作業時間を基準にする必要はない。しかし，たとえば1人の機械工が同時に4台の機械を操作し，そのうちの1台において製造指図書 No. 1 の加工を，残りの3台において製造指図書 No. 2 の加工をするといったように，直接作業時間と機械作業時間とが比例的な関係にない場合には，機械加工部門では機械作業時間を基準にすべきである。さらにいえば，機械加工部門における使用機械が，たとえば大型機械，小型機械，自動機械というように，その種類が異なり，各製品の加工において使用機械が異なるときは，機械種類ごとに製品原価中心点 (product cost center) を作り，それらの原価中心点別機械時間率 (cost center machine hour rate) によって正常配賦を行な

うほうが，機械加工部門全体で1本の部門別機械時間率(departmental machine hour rate) による正常配賦より，いっそう合理的な配賦を行なうことができる。

㈡の原価管理目的については説明を要しないであろう。原価を管理するためには，原価は発生の場所別，責任者別にその実際発生額を把握し，これと予算あるいは標準と比較して差額を算出し，差額をさらにその責任者にとって管理可能差異と管理不能差異とに分析することが必要である。

第 2 節 原価部門の設定

製造企業では，
(イ) 基本的に異なる製造活動を区分する，
(ロ) 製品の生産の流れを円滑ならしめる，
(ハ) 生産活動にたいし，物量的な管理責任を確立する，

という目的のために，製造活動をいくつかの部門に区分して行なうのが通常である。原価計算システムを設計するさいも，上記の部門に適合するように，原価部門を設定する。原価部門を設定するさいに考慮すべき要素は，次のとおりである。

(1) 職能別業務活動の同種性

上述したように，工場は生産管理の見地から，製品製造の流れにそって，基本的に異なる業務活動は，各職能ごとに区分されている。たとえば鍛造，機械加工，熱処理など異なる作業によって製品の加工が行なわれるさいには，鍛造部，機械加工部，熱処理部などの部門が設定される。原価計算も，これらの製造上の部門に合わせて原価計算上の部門を設定する。この場合，部品や半製品の完成点，副産物の発生点，連産品の分離点が部門を区分するための重要な目安となる。

(2) 職制上の権限と責任

生産活動および原価の発生にたいする権限と責任は，工場の組織図において明確に規定される。原価部門を設定するさいは，この組織図にそくして設定し

なければならない。

(3) 原価部門の数

原価管理を重視し，あるいはできるかぎり正確な製品原価を集計するためには，原価部門を数多く設定することが望ましい。しかし他方においてあまりに多くの原価部門を設定すれば，計算の経済性を害する。

第3節 製造部門と補助部門

工場における部門は，製造部門（producing department）と補助部門（service department）とに分類される。製造部門とは，製品の加工に直接に従事する部門であり，個々の製造部門名は業種・業態によって種々であるが，機械工業における一例を示せば，鋳造部，鍛造部，旋盤部，機械部，組立部などがこれである。なお注意すべきは，これらの製造部門は，さらにコスト・センター（cost center）に細分されることが多い，ということである。コスト・センターの長は職長（foreman）であって，職長はその工場においてコスト・センターという独立の小工場を経営する工場主であるかのようにみなされる。つまりコスト・センターは工場管理における最小の管理単位であって，それは他のコスト・センターから材料および用役を買い入れ，そのセンター内部でそれらを消費し，そこで生産した製品あるいは用役を他のコスト・センターへ売却する。したがって製造原価も，他のコスト・センターとは区別して集計される。

製造部門にたいし補助部門とは，その部門で作り出した用役を，製造部門あるいは他の補助部門の活動を補助するために他部門に提供する部門であって，たとえば修繕部，動力部，材料部，工場管理部などがこれに属する。補助部門はさらに補助経営部門と工場管理部門とに分けられることがある。補助経営部門とは動力部，修繕部，運搬部などのように，自己の部門の用役を製造部門に提供し，生産活動を直接的に補助することを任務とする補助部門である。これにたいし工場管理部門とは，工場事務部，労務部，企画部，試験研究部のように，工場全体の管理事務を担当する補助部門である。

第 4 節　部門個別費と部門共通費

　個別原価計算では製造間接費を部門別に集計する。この場合，製造間接費の各費目ごとに，どの部門で発生したかを直接に認識できる費目，すなわち部門個別費（direct departmental overhead costs）と，2つ以上の部門に共通的に発生するため，どの部門で発生したかを直接に認識できない費目，すなわち部門共通費（indirect departmental overhead costs）とに区分することが必要である。

　たとえば補助材料費は，その補助材料を必要とする部門の責任者がこれを入手するために出庫票を発行するので，出庫票に記載された部門名によって直接に使用部門を認識することができるため，部門個別費である。このほか，各部門の職長の給料，特定部門所属の技師の給料，専属従業員の間接賃金などはいずれも部門個別費である。他方，1つの建物のなかに2つ以上の部門が設けられている場合，その共通建物の減価償却費，固定資産税，火災保険料などは，部門共通費である。

　部門個別費はその発生額を当該部門に直課し，部門共通費は，その発生額を関係部門にたいし，適切な配賦基準によって配賦しなければならない。これまでの手続を部門費の第1次集計という。以上の関係を図示すれば図 5—1 のと

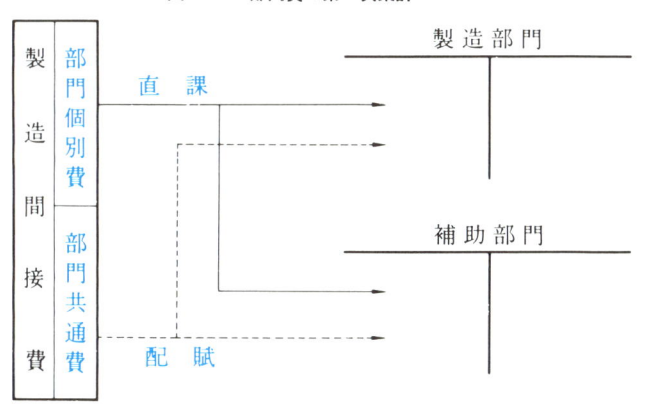

図 5—1　部門費の第1次集計

おりである。この図では，製造部門の勘定と補助部門の勘定が示されているが，「製造部門」や「補助部門」という勘定があるわけではなく，具体的にはたとえば鍛造部門勘定，機械加工部門勘定あるいは修繕部門勘定というように個個の部門名の勘定が設定される。したがって製造部門であろうと補助部門であろうと，部門個別費は当該部門に直課され，部門共通費は各関係部門へ配賦されるわけである。

第 5 節　部門共通費の配賦基準

部門共通費の配賦基準は，(イ)配賦すべき関係部門に共通した基準であること，(ロ)配賦すべき費目と配賦基準とが相関関係にあること，(ハ)配賦基準の資料がたやすくえられること，の諸点を考慮して決定することが必要である。一般的にはたとえば次の配賦基準が使用されることが多い。

部門共通費	配賦基準
建物減価償却費	各部門の占有面積
不動産賃借料	〃
建物保険料	〃
建物固定資産税	〃
建物修繕費	〃
機械保険料	各部門機械帳簿価額
電力費	各部門機械馬力数または各部門の見積消費量(注3)
電灯料（照明用）	各部門の電灯ワット数
材料保管費	各部門への出庫額
試験研究費	各部門の直接作業時間
従業員募集費	各部門の従業員数または直接作業時間
福利費	各部門の従業員数

(注3) 各部門にメーターが設置されていれば，部門別電力消費量が直接に把握されるので，その場合は電力費は部門個別費となる。

[例題 5—1]

次の部門共通費年次予算額を各製造部門および補助部門へ配賦せよ。

部門共通費	年間の予算
福利施設負担額	720万円
建物減価償却費	480万円
機械保険料	120万円
建物保険料	96万円

[配賦基準資料]

| | 合 計 | 製造部門 | | 補助部門 | | |
		切削部	組立部	材料倉庫部	動力部	工場事務部
各部門従業員数	3,000人	900人	1,200人	150人	450人	300人
各部門占有面積	70,000 m²	21,000 m²	21,000 m²	14,000 m²	8,400 m²	5,600 m²
各部門機械帳簿価額	8,000万円	3,600万円	2,400万円	560万円	800万円	640万円

[解　答]

費目別にそれぞれ適切な配賦基準を選択し，配賦基準値の部門比を計算すれば次のようになる。

| 部門共通費 | 配賦基準 | 合 計 | 製造部門 | | 補助部門 | | |
			切削部	組立部	材料倉庫部	動力部	工場事務部
福利施設負担額	各部門従業員数	100%	30%	40%	5%	15%	10%
建物減価償却費	各部門占有面積	100	30	30	20	12	8
機械保険料	各部門機械帳簿価額	100	45	30	7	10	8
建物保険料	各部門占有面積	100	30	30	20	12	8

上記部門比によって年間の各費目別予算を部門別に配分すれば次のとおりである。

| 費 目 | 合 計 | 製造部門 | | 補助部門 | | |
		切削部	組立部	材料倉庫部	動力部	工場事務部
福利施設負担額	720万円	216万円	288万円	36万円	108万円	72万円
建物減価償却費	480	144	144	96	57.6	38.4
機械保険料	120	54	36	8.4	12	9.6
建物保険料	96	28.8	28.8	19.2	11.52	7.68

第 6 節　補助部門費の配賦

部門費の第 1 次集計によって，各補助部門には，その補助部門の個別費および共通費配賦額が集計されている。そこで次に補助部門費を，その補助部門が用役を提供した関係部門にたいし配賦しなければならない。これを部門費の第 2 次集計，または補助部門費の配賦という（図 5—2）。ある補助部門が用役を提供した先の関係部門は，他の補助部門であることもあれば製造部門であること

図 5—2　部門費の第 2 次集計（補助部門費の配賦）

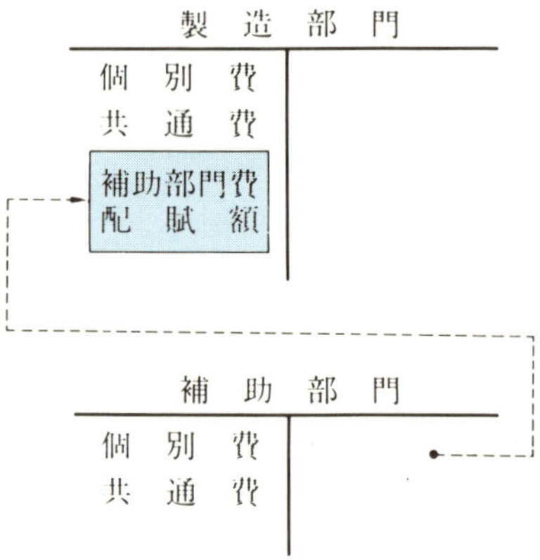

製　造　部　門
個　別　費
共　通　費
補助部門費配　賦　額

補　助　部　門
個　別　費
共　通　費

もある。しかし後述する補助部門費の配賦方法により，補助部門費は終局的には，製造部門へ集計される。

　補助部門費の配賦が必要となる第 1 の理由は，製品原価の合理的な計算である。つまり製品は，製造部門を通過しながら加工され完成されていき，補助部門を通過しない。そこで補助部門費は終局的には製造部門に集計しておく。そして製品は，製造部門において加工を受けた程度に応じてその製造部門費を負担することになるのである。第 2 の理由は，責任会計の見地である。つまり補助部門の用役を消費した部門は，その補助部門の原価をその用役を消費した程度に応じて負担すべきであるということになる。

第 7 節　複数基準配賦法

　補助部門費を関係部門に配賦するさいには，補助部門費を固定費と変動費とに分け，固定費は関係部門がその補助部門の用役を消費する能力の割合（the ratios of their capacity to consume）にもとづいて関係部門へ配賦し，変動費は関係部門がその補助部門の用役を実際に消費した割合（the ratios of their actual consumption）にもとづいて関係部門へ配賦するのが，理論的に正しい方法である。このような補助部門費の配賦方法を，複数基準配賦法（two bases of distribution of service cost; dual method of allocation）という。[注4]

　複数基準配賦法の根拠は次のとおりである。たとえば動力部を例にとって考えてみると，動力部で発生する固定費は動力部における動力供給能力の維持費（capacity costs）であり，その発生額の大きさは，動力供給能力の規模に依存する。動力供給能力の規模は，その動力を消費する関係部門の動力消費能力によって規定される。したがってもし動力部の規模が，動力を消費する関係部門のフル操業時に必要な動力消費量を供給できるように設定されているのであれば，動力部で発生する固定費は，関係消費部門間の動力消費能力の割合によって配賦すべきである。しかしもし動力部の規模が，関係消費部門における長期平均動力消費量に合わせて設定されているのであれば，動力部で発生する固定費は，関係消費部門間の長期平均操業度の割合によって配賦すべきである。そこで動力部固定費の配賦基準としては，関係消費部門の実際的生産能力か，あるいは，実際的生産能力の一定の割合で測定した長期平均操業度が選ばれることになる。このように，動力部における固定費は，動力部が関係部門へ実際にどれほど動力を供給したかとは無関係に発生するわけである。これにたいし動力部で発生する変動費は，動力部が動力を関係部門へ供給すればするほど，換言すれば関係部門が動力部の動力を消費すればするほど発生する。かくして，動力部の固定費と変動費とは，それぞれ別個の適切な基準にもとづいて，関係

（注 4）　Schlatter, C. F.=Schlatter, W. J., *Cost Accounting*, 1957, pp. 362—367.

部門へ配賦すべきであるという結論がえられる。

［例題 5―2］

次の資料により実際動力部門費を複数基準配賦法によって，関係諸部門へ配賦せよ。

［資　料］

(1) 動力部は，その動力を切削部門，組立部門および材料倉庫部門に供給している。これらの部門が100％の操業（実際的生産能力基準）をしたときの，月間の動力消費量は次のとおりである。

切 削 部 門	120万 kw-h
組 立 部 門	60万 kw-h
材料倉庫部	20万 kw-h
合　　計	200万 kw-h

(2) 当月における各部門の動力実際消費量は次のとおりである。

切 削 部 門	40万 kw-h
組 立 部 門	40万 kw-h
材料倉庫部	20万 kw-h
合　　計	100万 kw-h

また当月の実際動力部費は次のとおり。

動力部固定費	210万円
動力部変動費	231万円
合　　計	441万円

［解　答］

(1) 各部門の動力消費能力の割合は次のとおりである。

切 削 部 門	120万 kw-h	60％
組 立 部 門	60万 kw-h	30％
材料倉庫部門	20万 kw-h	10％
合　　計	200万 kw-h	100％

(2) 当月の各部門の動力実際消費割合は次のとおりである。

切削部門	40万kw-h	40%
組立部門	40万kw-h	40%
材料倉庫部門	20万kw-h	20%
合計	100万kw-h	100%

(3) 動力部固定費の配賦計算

210万円 × 0.6 …… 126万円（切削部へ）
210万円 × 0.3 …… 63万円（組立部へ）
210万円 × 0.1 …… 21万円（材料倉庫部へ）
　　　　　計　　210万円

(4) 動力部変動費の配賦計算

231万円 × 0.4 …… 92.4万円（切削部へ）
231万円 × 0.4 …… 92.4万円（組立部へ）
231万円 × 0.2 …… 46.2万円（材料倉庫部へ）
　　　　　計　　231.0万円

(5) 各部門の動力部費配賦額合計

	切削部門	組立部門	材料倉庫部門	合計
動力部固定費	126.0万円	63.0万円	21.0万円	210万円
動力部変動費	92.4万円	92.4万円	46.2万円	231万円
合計	218.4万円	155.4万円	67.2万円	441万円

[解説] **補助部門費の複数基準配賦法と単一基準配賦法**

　補助部門費の配賦を，固定費，変動費の区別なく，関係部門の実際用役消費量の割合で配賦する方法を，単一基準配賦法という。前述の例題を単一基準配賦法で計算すれば次のようになる。

441万円 × 0.4 …… 176.4万円（切削部門へ）
441万円 × 0.4 …… 176.4万円（組立部門へ）
441万円 × 0.2 …… 88.2万円（材料倉庫部門へ）
　　　　　　　　441.0万円

　切削部門にたいする配賦額を例にとって複数基準配賦法と単一基準配賦法との結果を比較してみれば，

　　　　複数基準配賦法の場合　　218.4万円
　　　　単一基準配賦法の場合　　176.4万円
　　　　　　差　　額　　　　　　 42.0万円

である。これは，動力部固定費 210万円 × (0.6 − 0.4) = 42万円　であって，単一基準配賦法によれば，切削部門は生産能力を遊休にすることによって固定費の配賦を 42万円だけ不当に免れたことになる。これにたいし材料倉庫部にたいする配賦額について比較してみると，
　　　　複数基準配賦法の場合　　 67.2万円
　　　　単一基準配賦法の場合　　 88.2万円
　　　　　　差　　額　　　　　　(21.0)万円

である。これは，動力部固定費 210万円 × (0.1 − 0.2) = (21)万円　であって，単一基準配賦法によれば，材料倉庫部門は完全操業をしたのに，動力部固定費を不当に 21万円余分に賦課されたことになる。

　なおここで強調すべき点は，単一基準配賦法によって補助部門費を配賦すると，補助部門の固定費を消費部門にとってあたかも変動費であるかのごとく配賦することになるのにたいし，複数基準配賦法によれば，補助部門の固定費は消費部門にとっても固定費，補助部門の変動費は消費部門にとっても変動費として配賦する，ということである。
(注5)

　また製造部門の変動予算や企業全体の原価・営業量・利益の関係を分析するためにも，補助部門費の配賦は複数基準配賦法によるべきである。

　そこで補助部門費の配賦のための配賦基準の選択にさいしては，補助部門の用役消費能力を示す基準と，実際消費量を示す基準とを区別することが必要である。たとえば動力部の変動費は，関係各部門の動力実際消費量の比によって配分するか，あるいは実際消費量に動力単価を乗じて関係部門に直課する。これにたいして固定費は，関係各部門の完全操業における動力の消費割合を基準にして配賦するか，あるいは各部門の機械馬力数（これは消費能力を示す）を基準にして配賦する。修繕部費は，修繕指図書を発行して修繕個別費を把握し，これを関係部門に直課する。修繕個別費はほぼ変動費と考えてよい。修繕間接費中の変動費は，修繕個別費あるいは修繕作業時間を基準にして関係部門に配賦する。修繕間接費中の固定費は，それが建物修繕費であれば関係部門の建物面積の比によって配分し，それが機械修繕費であれば，関係部門の完全操業時における機械作業時間の比によって配分する。労務部（人事部），福利厚生部，医務部，食堂部，工場事務部の各補助部門費については，その変動費は各部門の実際就業時間数によって配賦するが，これらの部門費のほとんどは固定費であるため，各部門の従業員数（これは消費能力を示す）を基準にして配賦するのがよい。
(注6)

[解　説]　補助部門費の配賦と責任会計
　（1）　補助部門費実際配賦の欠陥
　　実務上補助部門費は，その用役を消費した関係部門にたいし，実際配賦されることが多い。しかしながら補助部門費の実際配賦は，プランニングとコントロール目的にとって役立たず，責任会計の見地から望ましくない。次にこの問題を，簡単な計算例によって説明しよう。

(注 5)　Schlatter=Schlatter, *ibid.*, p. 364.
(注 6)　補助部門費の配賦基準については，Dickey, R. I., (ed.), *Accountants' Cost Handbook* (New York : The Ronald Press Company), 2nd ed., 1960, pp. 8・18—8・46 を参照されたい。

いま1つの補助部門(保全部門)がA, B両製造部門にたいし, 保全(メンテナンス)サービスを提供している。保全部門の変動予算は公式法で設定されており, その変動予算許容額は, 400万円(月額)＋500円/時×(保全作業時間)であらわされるものとする。保全部門における保全サービスを提供する能力は, 長期的な見通しによると, A, B両製造部門とも, 月間5,000時間ずつ, つまり10,000時間のうちの50％ずつの保全作業を必要とするものとして設定されている。

[例1]

さて保全部門における1月の実績は, 次のとおりであった。

　　A部門にたいする実際保全作業時間…… 5,000時間
　　B部門にたいする実際保全作業時間…… 5,000時間
　　　　実際保全作業時間合計……… 10,000時間

実際保全部門費
　　変動費………… 500万円
　　固定費………… 400万円
　　　　合　計……… 900万円

この場合, 実際配賦率および両部門への実際配賦額は, 次のようになる。

$$実際配賦率 = \frac{900万円}{1万時間} = 900円/時$$

　A部門にたいする実際配賦額 ＝ 900円/時 × 5,000時間 ＝ 450万円
　B部門にたいする実際配賦額 ＝ 900円/時 × 5,000時間 ＝ 450万円

次に2月の実績は, 次のとおりであった。

　　A部門にたいする実際保全作業時間…… 5,000時間
　　B部門にたいする実際保全作業時間…… 3,000時間
　　　　実際保全作業時間合計……… 8,000時間

実際保全部門費
　　変動費………… 400万円
　　固定費………… 400万円
　　　　合　計……… 800万円

したがって実際配賦率および両部門への実際配賦額は, 次のようになる。

$$実際配賦率 = \frac{800万円}{8,000時間} = 1,000円/時$$

　A部門にたいする実際配賦額 ＝ 1,000円/時 × 5,000時間 ＝ 500万円
　B部門にたいする実際配賦額 ＝ 1,000円/時 × 3,000時間 ＝ 300万円

以上述べた実際配賦計算について, A部門の長はおかしいと思うにちがいない。なぜならば, A部門では1月も2月も, 同じ5,000時間ずつの保全サービスを受けているのに, 1月は450万円, 2月は500万円の保全費を配賦されたからである。2月に50万円も多くの保全費を負担させられる羽目になったのは, 実はB部門における保全サービスの消費が少なくなったためであり, そのために保全部門の固定費を余計に負担させられることになったわけである。A部門の長としては, 自己の部門の責任で配賦額が多くなるなら承知できようが, 他部門における保全サービスの消費いかんによって配賦額が変化するのでは, たまったものではない。このように補助部門費の実際配賦における第1の欠陥は, 特定の関係消費部門にたいする実際配賦額は, その他の関係消費部門における補助部門用役消費の多少によって左右されることであ

る。

　この欠陥を除くためには，複数基準配賦法によればよい。2月のデータを複数基準配賦法によって，A，B両部門にたいする配賦額を計算すれば，次のようになる。

　　A部門にたいする配賦額
　　　変 動 費　　500円/時 × 5,000時間 ……… 250万円
　　　固 定 費　　400万円 × $\dfrac{5,000時間}{10,000時間}$ ……… 200万円
　　　　　　　　　　　　　　　合　計 ……… 450万円

　　B部門にたいする配賦額
　　　変 動 費　　500円/時 × 3,000時間 ……… 150万円
　　　固 定 費　　400万円 × $\dfrac{5,000時間}{10,000時間}$ ……… 200万円
　　　　　　　　　　　　　　　合　計 ……… 350万円

[例 2]

　上述した[例1]では，保全部門費の1月および2月における実際発生額は，この部門が計画どおりに作業したため，10,000時間および8,000時間にたいするそれぞれの変動予算許容額と一致していたから問題にならなかったが，仮に2月の実際保全作業時間はそのままとし，実際保全部門費が次のとおりであったとしよう。

　　変 動 費 ………… 420万円
　　固 定 費 ………… 400万円
　　　合　計 ……… 820万円

この場合，実際配賦をすれば，次のようになる。

　　実際配賦率 = $\dfrac{820万円}{8,000時間}$ = 1,025円/時

　　A部門にたいする実際配賦額 = 1,025円/時 × 5,000時間 = 512.5万円
　　B部門にたいする実際配賦額 = 1,025円/時 × 3,000時間 = 307.5万円

　しかしこのような配賦方法は，A，B両部門の長にとって納得がいかない方法である。なぜならば，保全部門は8,000時間作業をし，変動費の許容予算額は，500円/時 × 8,000時間 = 400万円　である。これにたいし実際変動費は420万円であるから，保全部門で予算差異が20万円発生し，それが実際配賦率のなかに混入してしまい，その結果，A，B両部門へ配賦されているからである。したがって補助部門費の実際配賦における第2の欠陥は，補助部門の用役を消費する特定の部門にたいする実際配賦額のなかには，補助部門における原価管理活動の良否の影響が混入してしまうことである。この欠陥を除くためには，複数基準配賦法を採用するとともに，変動費の配賦については予定ないし正常配賦率を使用すればよい。2月について計算をすれば，図5－3に示すとおりである。

第 5 章　実際部門別個別原価計算　223

図 5—3

```
          保　全　部                          A 製 造 部
変 動 費   420万円    変動費配賦
                    500円/時×5,000時…250万円 ──→ 250万円
                    500円/時×3,000時…150        200
固 定 費   400       固定費配賦                  B 製 造 部
                    400万円×0.5……… 200    ──→ 150万円
                    400万円×0.5……… 200        200
                    予算差異……………… 20
          820万円                820万円
```

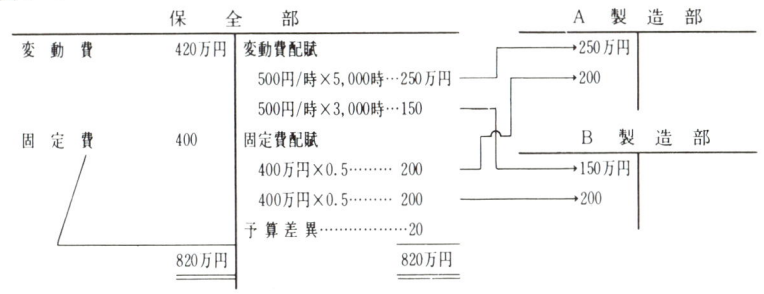

　保全部で算出された予算差異20万円（不利な差異）については，保全部の変動予算を使用して，費目別に予算と実績とを比較し，どの費目を浪費または節約したかを分析しなければならない。実際配賦によると，保全部の責任に属する予算差異20万円が，5,000時間と3,000時間の割合で分割され，A，B両製造部門にそれぞれ負担させる結果になるわけである。

［例 3］
　上述した［例 2］では，保全部門の行なった保全サービス提供活動における能率の良否を考慮しなかった。そこで仮に，2月においてA部門にたいする保全サービスを提供するさいに，保全工が機械の操作を誤ったため，機械が故障し，これを修繕するために30時間だけ，余分にかかったとしよう。つまりA部門にたいする実際保全作業時間は5,000時間であるが，その標準保全作業時間が4,970時間であったとする。B部門にたいする保全サービスの提供には問題がなく，その他の条件は変更なしとしよう。この場合，実際配賦をすれば，［例 2］で計算したように，A部門……512.5万円，B部門……307.5万円がそれぞれ配賦されることになる。しかしその実際配賦額のなかには，保全部の責任に属する保全サービス提供における不能率が混入している。したがって補助部門費の実際配賦における第3の欠陥は，特定の関係消費部門にたいする実際配賦額のなかには，補助部門の用役提供活動における能率の良否の影響が混入してしまうことである。この欠陥を除くためには，変動費の配賦において，予定ないし正常配賦率にたいし，実際配賦基準量を掛けずに，標準配賦基準量を掛ければよい。2月について計算をすれば，図5－4のようになる。

図 5—4

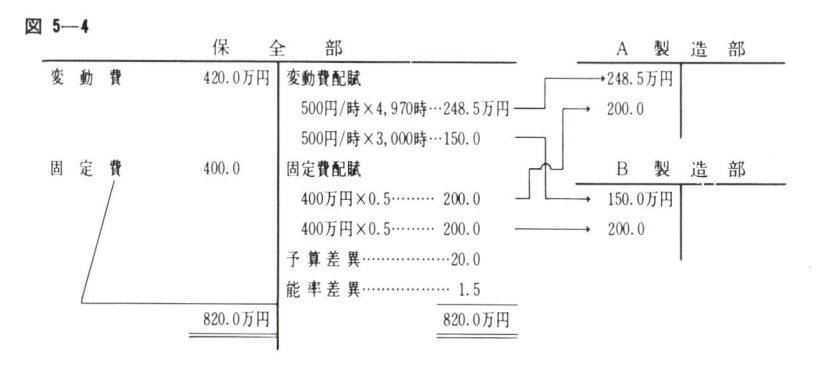

```
          保　全　部                          A 製 造 部
変 動 費   420.0万円   変動費配賦
                     500円/時×4,970時…248.5万円 ──→ 248.5万円
                     500円/時×3,000時…150.0         200.0
固 定 費   400.0      固定費配賦                  B 製 造 部
                     400万円×0.5……… 200.0   ──→ 150.0万円
                     400万円×0.5……… 200.0       200.0
                     予算差異……………… 20.0
                     能率差異……………… 1.5
          820.0万円             820.0万円
```

保全部で算出された能率差異は，500円/時 × (5,000時間 − 4,970時間) = 15,000円(不利な差異) であり，これをA部門に負担させるべきではない。

このように，[例 3]で示した方法が，補助部門費の配賦方法としては，もっとも良い方法である。注意すべきは，[例 3]で示した方法は，もはや実際原価計算ではなく，標準原価計算になっていることである。実際原価計算の範囲内では，[例 2]で示した方法によらざるをえない。

(2) プランニングとコントロールに役立つ補助部門費の配賦方法

以上考察した結果をまとめてみよう。補助部門費の配賦は，計画と統制に役立つためには，次の方法によるのが望ましい。(注7)

(イ) 補助部門についても，製造部門と同様に，できれば変動予算を設定すること。

(ロ) 補助部門費の配賦は，できるかぎり複数基準配賦法によること。

(ハ) 補助部門の変動費は，予定ないし正常配賦率に，各部門における実際用役消費量を掛けて計算すること（実際原価計算の場合）。もしできれば，予定ないし正常配賦率に，各部門における標準用役消費量を掛けて計算すること（標準原価計算の場合）。

(ニ) 補助部門の固定費は，補助部門用役を消費する関係部門の用役消費能力の割合，または長期平均操業度の割合で，その予算額を一括的に関係各部門へ負担させること。

第 8 節　補助部門間の用役の授受

補助部門費の配賦において注意すべきもう1つの点は，補助部門間同士の用役の授受をどのように処理するかという問題である。

たとえば補助部門である動力部と材料倉庫部を例にとって考えてみよう。動力部は製造部門で消費する動力のみならず，材料倉庫部で材料を切断し整理選別するための動力も供給する。完全操業の場合，動力部で生み出した動力の10%を材料倉庫部へ供給する。これにたいし材料倉庫部は，製造部門で消費する材料のみならず，動力部で生産する動力の原料をも供給する。完全操業の場合，材料倉庫部はその出庫額の20%に相当する原料を，動力部に提供する。このように，補助部門間同士で互に自己の部門で生み出した用役を提供しあっている場合に，この用役の流れに従って補助部門費を配賦しなければならないわけであるが，この計算法には次の諸方法がある。

(イ) 直接配賦法

(注7) Horngren, C. T., *Cost Accounting, A Managerial Emphasis* (N. J. : Prentice-Hall, Inc., 4th ed., 1977), p. 501.

(ロ) 階梯式配賦法

(ハ) 相互配賦法

次にこれらの方法を計算例によって説明しよう。

[資 料]

当工場の部門は，2製造部門（切削部および組立部）と3補助部門（材料倉庫部，動力部，工場事務部）よりなっている。実際的生産能力における各部門の操業は次のとおりである。

(イ) 切 削 部　　480,000 機械作業時間
(ロ) 組 立 部　　120,000 直接作業時間
(ハ) 材料倉庫部材料出庫額

切 削 部 へ	3,000万円	50%
組 立 部 へ	1,800万円	30%
動 力 部 へ	1,200万円	20%
合　　　計	6,000万円	100%

(ニ) 動力部動力供給量

切 削 部 へ	1,440万 kw-h	60%
組 立 部 へ	720万 kw-h	30%
材料倉庫部へ	240万 kw-h	10%
合　　　計	2,400万 kw-h	100%

(ホ) 各部門従業員数（工場事務部用役提供量資料）

切 削 部	900人	30%
組 立 部	1,200人	40%
材料倉庫部	150人	5%
動 力 部	450人	15%
工場事務部	300人	10%
	3,000人	100%

(ヘ) 各部門の実際的生産能力における製造間接費の年次予算は (表 5—1) のと

表 5—1 製造間

費　目	合　計	製　造　部				
		切　削　部			組　立	
		固	変	計	固	変
補　助　材　料　費	9,894.00	960.00	4,320.00	5,280.00	360.00	2,400.00
燃　　料　　費	2,280.00	—	—	—	—	—
工　場　消　耗　品　費	1,880.40	168.00	480.00	648.00	240.00	480.00
消　耗　工　具　器　具　備　品　費	659.28	237.60	—	237.60	276.00	—
間　接　工　賃　金	5,774.40	1,440.00	960.00	2,400.00	960.00	720.00
給　　　　　料	4,009.92	1,893.60	—	1,893.60	895.20	—
*福　利　施　設　負　担　額	720.00	216.00	—	216.00	288.00	—
機　械　減　価　償　却　費	840.00	378.00	—	378.00	252.00	—
*建　物　減　価　償　却　費	480.00	144.00	—	144.00	144.00	—
*機　械　保　険　料	120.00	54.00	—	54.00	36.00	—
*建　物　保　険　料	96.00	28.80	—	28.80	28.80	—
修　　繕　　料	2,988.00	456.00	1,440.00	1,896.00	96.00	240.00
旅　費　交　通　費	480.00	—	—	—	—	—
事　務　用　消　耗　品　費	378.00	24.00	—	24.00	24.00	—
部　門　費　合　計	30,600.00	6,000.00	7,200.00	13,200.00	3,600.00	3,840.00

おりである。なおこの表において＊印は部門共通費であり，すでに［例題5—1］において配賦計算をしてある。またこの例題では，次期の予定操業度は好況のため，100％であると仮定する。

1. 直接配賦法 (direct distribution method)

［例題 5—3］

上記の資料にもとづき，直接配賦法によって補助部門費を配賦し，各製造部門の製造間接費予算額を計算せよ。

［解　答］

直接配賦法とは，補助部門費の配賦計算において，補助部門間相互の用役の授受は計算上無視し，製造部門にたいしてのみ用役を提供したかのごとく計算する方法である。たとえば工場事務部は自己以外のすべての製造部門および補助部門にたいして，事務サービスを提供している。工場事務費予算は1,680万円であり，これはすべて固定費であるので，各部門の従業員数を基準にして配

第5章 実際部門別個別原価計算

接費年次予算表 （操業度 100%） 単位：万円

門	補　　助　　部　　門						
部	材　料　倉　庫　部			動　力　部			工場事務部
計	固	変	計	固	変	計	固
2,760.00	174.00	720.00	894.00	240.00	720.00	960.00	—
—	—	—	—	360.00	1,920.00	2,280.00	—
720.00	48.00	180.00	228.00	44.40	240.00	284.40	—
276.00	36.00	—	36.00	73.68	—	73.68	36.00
1,680.00	345.60	180.00	525.60	688.80	480.00	1,168.80	—
895.20	120.00	—	120.00	456.00	—	456.00	645.12
288.00	36.00	—	36.00	108.00	—	108.00	72.00
252.00	58.80	—	58.80	84.00	—	84.00	67.20
144.00	96.00	—	96.00	57.60	—	57.60	38.40
36.00	8.40	—	8.40	12.00	—	12.00	9.60
28.80	19.20	—	19.20	11.52	—	11.52	7.68
336.00	12.00	120.00	132.00	360.00	240.00	600.00	24.00
—	—	—	—	—	—	—	480.00
24.00	6.00	—	6.00	24.00	—	24.00	300.00
7,440.00	960.00	1,200.00	2,160.00	2,520.00	3,600.00	6,120.00	1,680.00

賦するのが適当である。したがって工場事務部費の配賦計算において，他の補助部門にたいする用役の提供を無視せずに計算すれば，各部門にたいする工場事務部費の予算額の配賦は次のようになる。

$$1,680万円 \times \frac{30\%}{90\%} \quad\quad\quad = \quad 560万円\cdots\cdots切\ 削\ 部\ へ$$

$$1,680万円 \times \frac{40\%}{90\%} = 746.6\cdots万円 \fallingdotseq \quad 747万円\cdots\cdots組\ 立\ 部\ へ$$

$$1,680万円 \times \frac{5\%}{90\%} = 93.3\cdots万円 \fallingdotseq \quad 93万円\cdots\cdots材料倉庫部へ$$

$$1,680万円 \times \frac{15\%}{90\%} \quad\quad\quad = \quad 280万円\cdots\cdots動\ 力\ 部\ へ$$

$$計 \quad \underline{1,680万円}$$

(注8) 切削部の人員は全体の 30%（900人÷3,000人）であるという理由で，工場事務部費の切削部にたいする配賦額を 1,680万円×30% として計算してはならない。このように計算すると，1,680万円のうちの10%が工場事務部に配賦されずに残ってしまうからである。したがって工場事務部の人員300人を除いた各部門の人員比で，配賦すべきである。たとえば切削部にたいしては，900人÷（3,000人－300人）の割合あるいは条件で示された比率を使用して，30%÷（100%－10%）の割合で配賦するのである。

しかし直接配賦法は，他の補助部門への用役提供の事実を計算上無視し，補助部門費は製造部門にたいしてのみ配賦をする方法であるから，工場事務部費予算の配賦は次のようになる。

$$1{,}680万円 \times \frac{30\%}{70\%} = 720万円 \cdots\cdots 切削部へ$$

$$1{,}680万円 \times \frac{40\%}{70\%} = \underline{960万円} \cdots\cdots 組立部へ$$

$$計 \quad \underline{1{,}680万円}$$

同様にして動力部，材料倉庫部の部門予算を製造部門にたいしてのみ配賦する。

動力部費予算額の配賦（動力供給量の比による）

固 定 費　$2{,}520万円 \times \dfrac{60\%}{90\%} = 1{,}680万円 \cdots\cdots 切削部へ$

　　　　　$2{,}520万円 \times \dfrac{30\%}{90\%} = \underline{840万円} \cdots\cdots 組立部へ$

　　　　　$計 \quad \underline{2{,}520万円}$

変 動 費　$3{,}600万円 \times \dfrac{60\%}{90\%} = 2{,}400万円 \cdots\cdots 切削部へ$

　　　　　$3{,}600万円 \times \dfrac{30\%}{90\%} = \underline{1{,}200万円} \cdots\cdots 組立部へ$

　　　　　$計 \quad \underline{3{,}600万円}$

材料倉庫部予算額の配賦（材料出庫額の比による）

固 定 費　$960万円 \times \dfrac{50\%}{80\%} = 600万円 \cdots\cdots 切削部へ$

　　　　　$960万円 \times \dfrac{30\%}{80\%} = \underline{360万円} \cdots\cdots 組立部へ$

　　　　　$計 \quad \underline{960万円}$

変 動 費　$1{,}200万円 \times \dfrac{50\%}{80\%} = 750万円 \cdots\cdots 切削部へ$

　　　　　$1{,}200万円 \times \dfrac{30\%}{80\%} = \underline{450万円} \cdots\cdots 組立部へ$

　　　　　$計 \quad \underline{1{,}200万円}$

以上の計算の結果は，次に示す製造間接費予算部門別配賦表を作成し記入する（表5—2）。

表5—2　直接配賦法
製造間接費予算部門別配賦表　平成　　年度　　（単位：万円）

費　目	合計	製　造　部　門						補　助　部　門						工場事務部
		切　削　部			組　立　部			材料倉庫部			動　力　部			
		固	変	計	固	変	計	固	変	計	固	変	計	固
××× ⋮ ×××	×× ⋮ ××	×× ⋮ ××	×× ⋮ ××	×× ⋮ ××	×× ⋮ ××	×× ⋮ ××	×× ⋮ ××	×× ⋮ ××	×× ⋮ ××	×× ⋮ ××	×× ⋮ ××	×× ⋮ ××	×× ⋮ ××	×× ⋮ ××
部門費合計	30,600	6,000	7,200	13,200	3,600	3,840	7,440	960	1,200	2,160	2,520	3,600	6,120	1,680
工場事務部費	1,680	720	—	720	960	—	960							
動力部費	6,120	1,680	2,400	4,080	840	1,200	2,040							
材料倉庫部費	2,160	600	750	1,350	360	450	810							
製造部門費	30,600	9,000	10,350	19,350	5,760	5,490	11,250							

2.　相互配賦法（reciprocal distribution method）

［例題5—4］

同じ資料にもとづき，相互配賦法によって補助部門費を配賦し，各製造部門の製造間接費予算額を計算せよ。

［解　答］

相互配賦法とは，補助部門間相互の用役授受の事実を計算上も認め，補助部門が他の補助部門へ用役を提供するときは，その補助部門費を，用役を消費する補助部門にも配賦する方法である。

相互配賦法には，次の諸方法がある。

$$\begin{cases} \text{純粋の相互配賦法} \begin{cases} \text{連続配賦法（continued distribution method）} \\ \text{試行錯誤法（trial and error method）} \\ \text{連立方程式法（simultaneous equation method）} \end{cases} \\ \text{簡便法としての相互配賦法……製造工業原価計算要綱に規定する相互配賦法} \end{cases}$$

(1) 要綱の相互配賦法

製造工業原価計算要綱に規定する相互配賦法とは，純粋の相互配賦法と直接配賦法とを組み合わせた簡便法である。すなわち第1次配賦においては，純粋の相互配賦法によって次のように計算する。

(1) 第1次配賦（純粋の相互配賦法による）

工場事務部費の配賦

$$1,680万円 \times \frac{30\%}{90\%} = 560万円\cdots\cdots 切削部へ$$

$$1,680万円 \times \frac{40\%}{90\%} ≒ 747万円\cdots\cdots 組立部へ$$

$$1,680万円 \times \frac{5\%}{90\%} ≒ 93万円\cdots\cdots 材料倉庫部へ$$

$$1,680万円 \times \frac{15\%}{90\%} = 280万円\cdots\cdots 動力部へ$$

$$計 \quad \underline{1,680万円}$$

動力部費の配賦

固定費　　$2,520万円 \times 60\% = 1,512万円\cdots\cdots 切削部へ$
　　　　　$2,520万円 \times 30\% = 756万円\cdots\cdots 組立部へ$
　　　　　$2,520万円 \times 10\% = \underline{252万円}\cdots\cdots 材料倉庫部へ$
　　　　　　　　　　計　$2,520万円$

変動費　　$3,600万円 \times 60\% = 2,160万円\cdots\cdots 切削部へ$
　　　　　$3,600万円 \times 30\% = 1,080万円\cdots\cdots 組立部へ$
　　　　　$3,600万円 \times 10\% = \underline{360万円}\cdots\cdots 材料倉庫部へ$
　　　　　　　　　　計　$3,600万円$

材料倉庫部費の配賦
　　固　定　費　　960万円 × 50% ＝ 480万円……切削部へ
　　　　　　　　　960万円 × 30% ＝ 288万円……組立部へ
　　　　　　　　　960万円 × 20% ＝ <u>192万円</u>……動力部へ
　　　　　　　　　　　計　　<u>960万円</u>
　　変　動　費　1,200万円 × 50% ＝　600万円……切削部へ
　　　　　　　　1,200万円 × 30% ＝　360万円……組立部へ
　　　　　　　　1,200万円 × 20% ＝　<u>240万円</u>……動力部へ
　　　　　　　　　　計　　<u>1,200万円</u>

　以上の計算で第1次配賦は終了したわけである。工場事務部は他部門からの配賦額はなく，自部門の部門費1,680万円はすべて他部門へ配賦し終えたので，この部門の配賦計算は完了したことになる。これにたいして動力部は，第1次集計費6,120万円を他部門へ配賦したものの，他部門から固定費472万円と変動費240万円の配賦を受けている。

　したがって純粋の相互配賦法によるならば，またこれらの60%は切削部へ，30%は組立部へ，10%は材料倉庫部へとさらに配賦しなければならない。材料倉庫部の場合も同様である。かくして純粋の相互配賦法によれば，他の補助部門からの配賦額がゼロになるまで，この配賦計算を繰り返さなければならない。しかしこの計算は厄介であるので，要綱の相互配賦法では，第2次配賦において，補助部門相互の用役授受を全部無視する直接配賦法によって計算するのである。

　(2)　第2次配賦（直接配賦法による）
　　動力部費の配賦

表 5—3 要綱の相互配賦法
製造間接費予算部門別配賦表　平成　　年度　　（単位：万円）

費　目	合計	製　造　部　門						補　助　部　門						工場事務部
		切　削　部			組　立　部			材料倉庫部			動　力　部			
		固	変	計	固	変	計	固	変	計	固	変	計	固
××× ： ×××	×× ： ××	×× ： ××	×× ： ××	×× ： ××	×× ： ××	×× ： ××	×× ： ××	×× ： ××	×× ： ××	×× ： ××	×× ： ××	×× ： ××	×× ： ××	×× ： ××
部門費合計	30,600	6,000	7,200	13,200	3,600	3,840	7,440	960	1,200	2,160	2,520	3,600	6,120	1,680
第1次配賦														
工場事務部費	1,680	560	—	560	747	—	747	93	—	93	280	—	280	—
動　力　部　費	6,120	1,512	2,160	3,672	756	1,080	1,836	252	360	612	—	—	—	
材料倉庫部費	2,160	480	600	1,080	288	360	648	—	—	—	192	240	432	
第2次配賦								345	360	705	472	240	712	—
動　力　部　費	712	315	160	475	157	80	237							
材料倉庫部費	705	216	225	441	129	135	264							
製造部門費	30,600	9,083	10,345	19,428	5,677	5,495	11,172							

$$固定費\quad 472万円 \times \frac{60\%}{90\%} = 314.66\cdots 万円 \fallingdotseq 315万円 \cdots\cdots 切削部へ$$

$$472万円 \times \frac{30\%}{90\%} = 157.33\cdots 万円 \fallingdotseq 157万円 \cdots\cdots 組立部へ$$

$$計\quad \underline{472万円}$$

$$変動費\quad 240万円 \times \frac{60\%}{90\%} = 160万円 \cdots\cdots 切削部へ$$

$$240万円 \times \frac{30\%}{90\%} = 80万円 \cdots\cdots 組立部へ$$

$$計\quad \underline{240万円}$$

材料倉庫部費の配賦

$$固定費\quad 345万円 \times \frac{50\%}{80\%} = 215.625万円 \fallingdotseq 216万円 \cdots\cdots 切削部へ$$

$$345万円 \times \frac{30\%}{80\%} = 129.375万円 \fallingdotseq 129万円 \cdots\cdots 組立部へ$$

$$計\quad \underline{345万円}$$

変動費　360万円 × $\dfrac{50\%}{80\%}$ ＝ 225万円……切削部へ

　　　　360万円 × $\dfrac{30\%}{80\%}$ ＝ 135万円……組立部へ

　　　　　計　　　360万円

　この方法による製造間接費予算部門別配賦法は表 5―3 (p. 232) に示すとおりである。

(2) 連続配賦法

　要綱の相互配賦法では，第2次配賦以後の相互配賦計算を省略し，直接配賦法をとったが，連続配賦法では，各補助部門費がゼロになるまで，配賦計算を連続的に繰り返すのである。この方法の手続は，次のとおりである（表5―4参照）。

表 5―4　連 続 配 賦 法
製造間接費予算部門別配賦表　平成　　年度　（単位：万円）

		工場事務部	動 力 部			材料倉庫部			切 削 部			組 立 部		
		固	固	変	計	固	変	計	固	変	計	固	変	計
第1次配賦	工場事務部第1次集計費	1,680	280	―	280	93	―	93	560	―	560	747	―	747
	動力部第1次集計費		2,520	3,600	6,120									
	計		2,800	3,600	6,400	280	360	640	1,680	2,160	3,840	840	1,080	1,920
	材料倉庫部第1次集計費					960	1,200	2,160						
	計		267	312	579	1,333	1,560	2,893	666	780	1,446	400	468	868
第2次配賦	動 力 部		267	312	579	27	31	58	160	187	347	80	94	174
	材料倉庫部		5	6	11	27	31	58	14	16	30	8	9	17
第3次配賦	動 力 部		5	6	11				3	4	7	2	2	4
	合　　　計								3,083	3,147	6,230	2,077	1,653	3,730
	製造部門第1次集計費								6,000	7,200	13,200	3,600	3,840	7,440
	製造部門費								9,083	10,347	19,430	5,677	5,493	11,170

(1) 第 1 次 配 賦

　(イ) 工場事務部固定費の配賦

$$1{,}680万円 \times \frac{30\%}{90\%} = 560万円$$

$$1{,}680万円 \times \frac{40\%}{90\%} ≒ 747万円$$

$$1{,}680万円 \times \frac{5\%}{90\%} ≒ 93万円$$

$$1{,}680万円 \times \frac{15\%}{90\%} = 280万円$$

計 　1,680万円

(ロ) 動力部固定費の配賦

　この場合は，工場事務部から動力部に配賦された固定費280万円と，動力部第1次集計固定費2,520万円の合計2,800万円を関係各部門へ配賦する。

　　2,800万円 × 60％ = 1,680万円
　　2,800万円 × 30％ = 　840万円
　　2,800万円 × 10％ = 　280万円
　　　　　計　　2,800万円

(ハ) 動力部変動費の配賦

　　3,600万円 × 60％ = 2,160万円
　　3,600万円 × 30％ = 1,080万円
　　3,600万円 × 10％ = 　360万円
　　　　　計　　3,600万円

(ニ) 材料倉庫部固定費の配賦

　この場合は，工場事務部よりの配賦額93万円と，動力部よりの配賦額280万円と，材料倉庫部第1次集計固定費960万円の合計1,333万円を関係各部門へ配賦する。

　　1,333万円 × 50％ = 666.5万円 ≒ 666万円 (注9)
　　1,333万円 × 30％ = 399.9万円 ≒ 400万円
　　1,333万円 × 20％ = 266.6万円 ≒ 267万円
　　　　　　　　計　　1,333万円

(注 9)　これを667万円とすると四捨五入による誤差のため，合計額が一致しなくなるので，0.5万円は切り捨てた。

(ホ) 材料倉庫部変動費の配賦

この場合は，動力部よりの配賦額360万円と，材料倉庫部第1次集計変動費1,200万円の合計1,560万円を関係各部門へ配賦する。

　　1,560万円 × 50％ ＝ 　780万円
　　1,560万円 × 30％ ＝ 　468万円
　　1,560万円 × 20％ ＝ 　312万円
　　　　　　　計　　　1,560万円

これで第1次配賦は終了した。

(2) 第 2 次 配 賦

(イ) 工場事務部は他の補助部門よりの配賦額を受け取っていないので，工場事務部費の配賦は，第1次配賦計算で終了する。

(ロ) 動力部固定費の配賦

動力部では2,800万円の固定費を関係部門へ配賦したが，その後267万円の固定費を材料倉庫部から配賦されてしまったので，これを関係各部門へ配賦する。

　　267万円 × 60％ ＝ 160.2万円 ≒ 160万円
　　267万円 × 30％ ＝ 　80.1万円 ≒ 　80万円
　　267万円 × 10％ ＝ 　26.7万円 ≒ 　27万円
　　　　　　　　計　　　267万円

(ハ) 動力部変動費の配賦

変動費についても同様に，3,600万円の動力部変動費はすでに配賦したが，その後材料倉庫部の変動費312万円が配賦されたので，これをまた関係各部門へ配賦しなければならない。

　　312万円 × 60％ ＝ 187.2万円 ≒ 187万円
　　312万円 × 30％ ＝ 　93.6万円 ≒ 　94万円
　　312万円 × 10％ ＝ 　31.2万円 ≒ 　31万円
　　　　　　　　計　　　312万円

(ニ) 材料倉庫部固定費の配賦

$$27万円 \times 50\% = 13.5万円 \fallingdotseq 14万円$$
$$27万円 \times 30\% = 8.1万円 \fallingdotseq 8万円$$
$$27万円 \times 20\% = 5.4万円 \fallingdotseq \underline{5万円}$$
$$計 \quad \underline{27万円}$$

(ホ) 材料倉庫部変動費の配賦

$$31万円 \times 50\% = 15.5万円 \fallingdotseq 16万円$$
$$31万円 \times 30\% = 9.3万円 \fallingdotseq 9万円$$
$$31万円 \times 20\% \fallingdotseq 6.2万円 = \underline{6万円}$$
$$計 \quad \underline{31万円}$$

(3) 第 3 次 配 賦

以下同様にして配賦計算を繰り返す。

(イ) 動力部固定費の配賦

$$5万円 \times 60\% \qquad\quad = 3万円$$
$$5万円 \times 30\% = 1.5万円 \fallingdotseq 2万円$$
$$5万円 \times 10\% = 0.5万円 \fallingdotseq \underline{0万円}^{(注10)}$$
$$計 \quad \underline{5万円}$$

(ロ) 動力部変動費の配賦

$$6万円 \times 60\% = 3.6万円 \fallingdotseq 4万円$$
$$6万円 \times 30\% = 1.8万円 \fallingdotseq 2万円$$
$$6万円 \times 10\% = 0.6万円 \fallingdotseq \underline{0万円}$$
$$計 \quad \underline{6万円}$$

かくして材料倉庫部では配賦すべき原価はなく，補助部門費の配賦計算はすべて終了した。そこで各製造部門別に，第1次集計費を補助部門よりの配賦額に加えれば，製造部門費を計算することができる。

(注 10) この計算では，計算を簡略に行なうために，千円単位で四捨五入してある。上の計算で四捨五入すれば，合計額が6万円になるので，材料倉庫部へ配賦される0.5万円は切り捨てた。もっと正確に計算したければ，第4次，第5次……と配賦計算を繰り返せばよい。

（3） 連立方程式法

この方法は，用役の授受に従って各補助部門費を相互に配賦しあった最終の補助部門費を連立方程式で算出する方法である。いま，

　　a：最終的に計算された工場事務部固定費
　　b：　　　〃　　　　動　力　部　〃
　　c：　　　〃　　　　材料倉庫部　〃
　　a′：最終的に計算された工場事務部変動費
　　b′：　　　〃　　　　動　力　部　〃
　　c′：　　　〃　　　　材料倉庫部　〃

とすれば，次の連立方程式がえられる。

$$\begin{cases} a = 1,680 \\ b = 2,520 + \dfrac{15}{90}a + 0.2\,c \\ c = 960 + \dfrac{5}{90}a + 0.1\,b \end{cases}$$

これを解けば，

　　$b ≒ 3,072$
　　$c ≒ 1,360$ [注11]

をえる。また，

$$\begin{cases} a' = 0 \\ b' = 3,600 + 0.2\,c' \\ c' = 1,200 + 0.1\,b' \end{cases}$$

これを解けば，

　　$b' ≒ 3,918$
　　$c' ≒ 1,592$

をえる。したがって動力部および材料倉庫部の最終的な他部門への配賦額は次のように計算される。

（注 11） これは1,360.5…万円となるが，万円未満はあとの計算の都合上切り捨てることにする。

表 5—5 連立方程式法

製造間接費予算部門別配賦表　平成　年度　（単位：万円）

費　目	合計	製　造　部　門						補　助　部　門						工場事務部
		切　削　部			組　立　部			材料倉庫部			動　力　部			
		固	変	計	固	変	計	固	変	計	固	変	計	固
部　門　費		6,000	7,200	13,200	3,600	3,840	7,440	1,360	1,592	2,952	3,072	3,918	6,990	1,680
工場事務部費		560	—	560	747	—	747	(93)	—	(93)	(280)	—	(280)	
動 力 部 費		1,843	2,351	4,194	922	1,175	2,097	(307)	(392)	(699)				
材料倉庫部費		680	796	1,476	408	478	886				(272)	(318)	(590)	
製造部門費	30,600	9,083	10,347	19,430	5,677	5,493	11,170							

(1) 動力部固定費の配賦

　　3,072万円 × 60% = 1,843.2万円 ≒ 1,843万円
　　3,072万円 × 30% =　921.6万円 ≒　922万円
　　3,072万円 × 10% =　307.2万円 ≒　307万円
　　　　　　　　　　計　　3,072万円

(2) 動力部変動費の配賦

　　3,918万円 × 60% = 2,350.8万円 ≒ 2,351万円
　　3,918万円 × 30% = 1,175.4万円 ≒ 1,175万円
　　3,918万円 × 10% =　391.8万円 ≒　392万円
　　　　　　　　　　計　　3,918万円

(3) 材料倉庫部固定費の配賦

　　1,360万円 × 50% =　　680万円
　　1,360万円 × 30% =　　408万円
　　1,360万円 × 20% =　　272万円
　　　　　　　計　　1,360万円

(4) 材料倉庫部変動費の配賦

　　1,592万円 × 50%　　　 =　　796万円
　　1,592万円 × 30% = 477.6万円 ≒　478万円
　　1,592万円 × 20% = 318.4万円 ≒　318万円
　　　　　　　　　計　　1,592万円

第 5 章　実際部門別個別原価計算　　239

これらの計算の結果を，表 5—5 の製造間接費予算部門別配賦表に記入し，製造部門費を計算すれば，切削部費は 19,430 万円，組立部費は 11,170 万円となる。この計算の結果は，連続配賦法による計算結果と一致する。

3.　階梯式配賦法 (step ladder distribution method)

［例題 5—5］

同じ資料にもとづき，階梯式配賦法によって補助部門費を配賦し，各製造部門の製造間接費予算額を計算せよ。

［解　答］

階梯式配賦法は，補助部門間相互の用役授受について，一部分を無視し，一部分を計算上認める方法である。

この方法によるときは，まず製造間接費予算部門別配賦表に補助部門名を記入する順位を問題にしなければならない。つまり配賦表の最右端に，補助部門のうちでもっとも多く他の補助部門へ用役を提供する補助部門を記入する。どの補助部門がもっとも多く他の補助部門へ用役を提供するかは，他の補助部門への用役提供数がいちばん多い補助部門を捜せばよい。

例題では補助部門間相互の用役授受についてみれば，

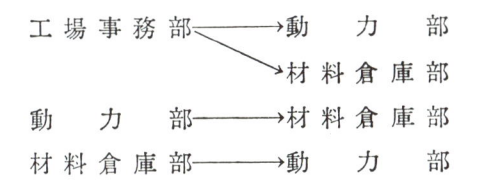

```
工 場 事 務 部 ─────→動　　力　　部
              ╲───→材 料 倉 庫 部
動　　力　　部 ─────→材 料 倉 庫 部
材 料 倉 庫 部 ─────→動　　力　　部
```

の関係にある。したがって工場事務部が他の 2 つの補助部門へ，動力部が他の 1 つの補助部門へ，材料倉庫部が他の 1 つの補助部門にたいして用役を提供している。そこで他の補助部門にたいする用役提供数のいちばん多い補助部門は工場事務部であるから，これを配賦表の最右端に記入する。

次に提供数の多い順から少ない順に，配賦表の補助部門欄に右から左へ記入していく。例題では，動力部と材料倉庫部がともに他の補助部門への用役提供

数は同数（1）である。そこでどちらを先順位とするかは，次のいずれかの方法による。

(イ) 第1次集計費の多い補助部門を先順位とする。動力部の第1次集計費は6,120万円，材料倉庫部は2,160万円であるから，この場合は動力部を先順位とする。

(ロ) あるいは用役提供額の多い補助部門を先順位とする。すなわち，

  動　力　部————→材料倉庫部
  6,120万円 × 10％ = 612万円

  材料倉庫部————→動　力　部
  2,160万円 × 20％ = 432万円

と計算されるので，この場合も動力部を先順位とする。

かくして製造間接費予算部門別配賦表において最右端に工場事務部が記入され，以下左へ動力部，材料倉庫部の順に記入される（表5—6参照）。

次に最右端の工場事務部から，自分より左の部門へ配賦を開始する。

(1) **工場事務部費の配賦**

$$1{,}680万円 \times \frac{30\%}{90\%} = 560万円\cdots\cdots 切\ 削\ 部\ \text{へ}$$

$$1{,}680万円 \times \frac{40\%}{90\%} \fallingdotseq 747万円\cdots\cdots 組\ 立\ 部\ \text{へ}$$

$$1{,}680万円 \times \frac{5\%}{90\%} \fallingdotseq 93万円\cdots\cdots 材料倉庫部\text{へ}$$

$$1{,}680万円 \times \frac{15\%}{90\%} = 280万円\cdots\cdots 動\ 力\ 部\ \text{へ}$$

$$計\quad\underline{1{,}680万円}$$

この配賦は，相互配賦法による第1次配賦と同じである。

(2) **動力部費の配賦**

動力部費を配賦するときは，製造間接費予算部門別配賦表において，<u>自分より右に置かれた補助部門（工場事務部）にたいしもし用役を提供していれば計算上これを無視し</u>（例題では動力部は工場事務部に用役を提供していないので無視する必

要は生じない。)，自分より左に置かれた補助部門（材料倉庫部）にたいし用役を提供する場合は計算上これを採り入れるのである。すなわち次のようになる。

　　固　定　費（＝第1次集計費 2,520万円＋工場事務部よりの配賦額 280万円
　　　　　　　　＝2,800万円）

　　2,800万円 × 60％ ＝ 1,680万円……切　削　部　へ
　　2,800万円 × 30％ ＝ 　840万円……組　立　部　へ
　　2,800万円 × 10％ ＝ 　280万円……材料倉庫部へ
　　　　　　　計　　 2,800万円

　変動費の配賦は，3,600万円を 60％（切削部へ），30％（組立部へ），10％（材料倉庫部へ）の割合で配分してもよいが，後の計算の必要上，正常変動費率によって配賦することにする。

$$正常変動費率 = \frac{3,600万円}{2,400万 \text{kw-h}} = 1.5 円/\text{kw-h}$$

　　1.5円/kw-h × 1,440万 kw-h ＝ 2,160万円……切　削　部　へ
　　1.5円/kw-h × 　720万 kw-h ＝ 1,080万円……組　立　部　へ
　　1.5円/kw-h × 　240万 kw-h ＝ 　360万円……材料倉庫部へ
　　　　　　　計　　 3,600万円

(3)　材料倉庫部費の配賦

　材料倉庫部費を配賦するときは，この配賦表において自分より右に置かれた補助部門（工場事務部と動力部）にたいしもし用役を提供していれば計算上これを無視し（例題では材料倉庫部は工場事務部に用役を提供していないから問題はないが，動力部には用役を提供している。したがって動力部にたいする用役提供は配賦計算においてこれを無視する。），自分より左に置かれた補助部門で用役を提供していれば配賦計算上考慮する。しかし材料倉庫部の場合，自分より左に置かれた補助部門はないので直接配賦法による計算と同じ計算になる。すなわち次のとおりである。

　　固　定　費（＝第1次集計費 960万円＋工場事務部よりの配賦額 93万円
　　　　　　　　＋動力部よりの配賦額 280万円 ＝ 1,333万円）

表 5—6 階 梯 式 配 賦 法
製造間接費予算部門別配賦表　平成　　年度　（単位：万円）

費　目	合計	製 造 部 門 切削部			製 造 部 門 組立部			補 助 部 門 材料倉庫部			補 助 部 門 動力部			工場事務部
		固	変	計	固	変	計	固	変	計	固	変	計	固
××× ×××	×× ⋮ ××	×× ⋮ ××	×× ⋮ ××	×× ⋮ ××	×× ⋮ ××	×× ⋮ ××	×× ⋮ ××	×× ⋮ ××	×× ⋮ ××	×× ⋮ ××	×× ⋮ ××	×× ⋮ ××	×× ⋮ ××	×× ⋮ ××
部門費合計	30,600	6,000	7,200	13,200	3,600	3,840	7,440	960	1,200	2,160	2,520	3,600	6,120	1,680
工場事務部費	1,680	560	—	560	747	—	747	93		93	280	—	280	
動力部費	6,400	1,680	2,160	3,840	840	1,080	1,920	280	360	640	2,800	3,600	6,400	
材料倉庫部費	2,893	833	975	1,808	500	585	1,085	1,333	1,560	2,893				
製造部門費	30,600	9,073	10,335	19,408	5,687	5,505	11,192							

$$1{,}333万円 \times \frac{50\%}{80\%} = 833.125万円 ≒ 833万円……切削部へ$$

$$1{,}333万円 \times \frac{30\%}{80\%} = 499.875万円 ≒ 500万円……組立部へ$$

$$計\quad 1{,}333万円$$

変　動　費（＝第１次集計費 1,200 万円 ＋ 動力部よりの配賦額 360 万円
　　　　　＝ 1,560 万円）

$$正常変動費率 = \frac{1{,}560万円}{3{,}000万円 + 1{,}800万円} = 0.325$$

$$0.325 \times 3{,}000万円 = 975万円……切削部へ$$

$$0.325 \times 1{,}800万円 = 585万円……組立部へ$$

$$計\quad 1{,}560万円$$

　上記の計算では，動力部へ材料出庫予定額 1,200 万円分の用役を提供する事実が計算上無視されていることに注意すべきである。
　以上の計算を行なって，表 5—6 に示した部門別配賦表を作成する。この配賦表では補助部門費の配賦計算が階段状になるため，階梯式配賦法の名がある。
　これを要するに階梯式配賦法では，ある補助部門費の配賦を行なうさいに，配賦表において自分より右に記入された補助部門にたいして行なった用役提供

はこれを無視し，自分より左に記入された補助部門にたいして行なった用役提供はこれを認めて計算する。したがって配賦計算の結果の信頼性は，配賦表に記入する補助部門の順序によって左右されるわけである。直接配賦法や相互配賦法では，配賦表に記入する補助部門の順序や，どの補助部門費の配賦計算から行なうかという順序は，まったく問題にならない。

第 9 節　部門別製造間接費正常配賦率の計算

以上の計算によって製造間接費の製造部門別予算額を計算することができたわけである。そこで補助部門費の配賦を階梯式配賦法によった場合を例にとって，切削部および組立部の各部門別に正常配賦率，すなわち固定費率，変動費率，その合計としての正常配賦率を計算すれば，次のようになる。

　　切　削　部
　　　固 定 費 率　　9,073万円 ÷ 48万時間 = 189.02083333…円/時
　　　　　　　　　　　　　　　　　　　　　≒ 189.0208円/時
　　　変 動 費 率　　10,335万円 ÷ 48万時間 = 215.3125円/時
　　　合　計：正常配賦率　　　　　　　　　= 404.3333円/時
　　組　立　部
　　　固 定 費 率　　5,687万円 ÷ 12万時間 = 473.9166666…円/時
　　　　　　　　　　　　　　　　　　　　　≒ 473.9167円/時
　　　変 動 費 率　　5,505万円 ÷ 12万時間 = 458.75円/時
　　　合　計：正常配賦率　　　　　　　　　= 932.6667円/時

この計算は，通常，製造間接費予算部門別配賦表の最終行に書き加えられる。

第10節　部門別製造間接費の正常配賦

以上のように部門別製造間接費の予算が編成され，実際の操業にはいり，当月の実績データは次のとおりであったとする。

部門名	月間実際的生産能力	実際作業時間	操業度
切削部門	40,000機械作業時間	32,000機械作業時間	80%
		内訳：	
		製造指図書 No. 1…12,000時間	
		〃 No. 2…11,000時間	
		〃 No. 3… 7,000時間	
		〃 No. 4… 2,000時間	
		計 32,000時間	
組立部門	10,000直接作業時間	7,000直接作業時間	70%
		内訳：	
		製造指図書 No. 1… 2,500時間	
		〃 No. 2… 3,000時間	
		〃 No. 3… 1,500時間	
		計 7,000時間	

　この場合には，たとえば製造指図書 No. 1 の部門別製造間接費正常配賦額は，表5—7に示す製造間接費配賦表で計算され，この表を通じて No. 1 の原価計算票に記入される。

表 5—7

製造間接費配賦表

製造指図書 No. 1

日付	部門	配賦基準	配賦基準量	正常配賦率	正常配賦額
	切削部	機械作業時間	12,000時	404.3333円/時	4,851,999.60円
	組立部	直接作業時間	2,500時	932.6667円/時	2,331,666.75円
	合計				7,183,666.35円

　なおこれら製造指図書別正常配賦額の合計は，

切 削 部　　@404.3333円/時 × 32,000時間 ＝ 12,938,665.6円
　　　　　　　　　　　　　　　　　　　　≒ 12,940,000円 (注12)
組 立 部　　@932.6667円/時 × 7,000時間 ＝ 6,528,666.9円
　　　　　　　　　　　　　　　　　　　　≒ 6,530,000円
　　　正常配賦額合計　　　　　　　　　　＝ 19,470,000円

となる。

第11節　実際製造間接費の部門別集計

当月における上記以外の実績データは次のとおりであったとする。

(1) 補助部門の操業データ

部門名	月間実際的生産能力	実際給付量	操業度
材料倉庫部	材料出庫可能額 500万円	実際材料出庫額 450万円	90％
		内訳： 切削部へ 200万円 組立部へ 150万円 動力部へ 100万円 合　計　450万円	
動力部	動力供給可能量 200万 kw-h	実際動力供給量 160万 kw-h	80％
		内訳： 切削部へ 100万 kw-h 組立部へ 40万 kw-h 材料倉庫部へ 20万 kw-h 合　計　160万 kw-h	

(注 12)　予算編成のさいに計算を簡略化するため、補助部門費の配賦計算(階梯式法)において、千円単位で四捨五入した。以下の計算においても、これに合わせて、千円単位で四捨五入することにする。われわれの計算の目的は、計算結果を知ることではなく、計算方法を理解することにあるので、このような粗い計算も許されよう。

(2) 部門別実際製造間接費発生額

　　　切削部　　固定費　　500万円
　　　　　　　　変動費　　485万円
　　　　　　　　合　計　　985万円
　　　組立部　　固定費　　300万円
　　　　　　　　変動費　　222万円
　　　　　　　　合　計　　522万円
　　　材料倉庫部　固定費　80万円
　　　　　　　　　変動費　91万円
　　　　　　　　　合　計　171万円
　　　動力部　　固定費　　210万円
　　　　　　　　変動費　　244万円
　　　　　　　　合　計　　454万円
　　　工場事務部　固定費　140万円

[例題 5—6]

上記の資料により当月の実際製造間接費を部門別に集計せよ。ただしこの計算結果にもとづき部門別製造間接費の予算・実績比較を行なうため，予算編成と同一の方法により，実績の部門別集計を行なうこと。

[解　答]

問題の条件に従って補助部門費の配賦は階梯式配賦方法によることとし，そのさい固定費はその補助部門用役の消費能力の割合により，また変動費はその補助部門の（正常変動費率）×（実際給付量）によって，関係各部門に配賦する。

(1) 工場事務部費の配賦

$$140万円 \times \frac{30\%}{90\%} = 46.6\cdots万円 \fallingdotseq 47万円\cdots\cdots切削部へ$$

$$140万円 \times \frac{40\%}{90\%} = 62.2\cdots万円 ≒ 62万円\cdots\cdots組立部へ$$

$$140万円 \times \frac{5\%}{90\%} = 7.7\cdots万円 ≒ 8万円\cdots\cdots材料倉庫部へ$$

$$140万円 \times \frac{15\%}{90\%} = 23.3\cdots万円 ≒ 23万円\cdots\cdots動力部へ$$

合 計　　140万円

(2) 動力部固定費の配賦

$$(210万円 + 23万円) \times 60\% = 139.8万円 ≒ 140万円\cdots\cdots切削部へ$$
$$(210万円 + 23万円) \times 30\% = 69.9万円 ≒ 70万円\cdots\cdots組立部へ$$
$$(210万円 + 23万円) \times 10\% = 23.3万円 ≒ 23万円\cdots\cdots材料倉庫部へ$$

合 計　　233万円

(3) 動力部変動費の配賦

$$1.5円/kw\text{-}h \times 100万\,kw\text{-}h = 150万円\cdots\cdots切削部へ$$
$$1.5円/kw\text{-}h \times 40万\,kw\text{-}h = 60万円\cdots\cdots組立部へ$$
$$1.5円/kw\text{-}h \times 20万\,kw\text{-}h = 30万円\cdots\cdots材料倉庫部へ$$

合 計　　240万円

(4) 材料倉庫部固定費の配賦

$$(80万円 + 8万円 + 23万円) \times \frac{5}{8} = 69.375万円 ≒ 69万円\cdots\cdots切削部へ$$

$$(80万円 + 8万円 + 23万円) \times \frac{3}{8} = 41.625万円 ≒ 42万円\cdots\cdots組立部へ$$

合 計　　111万円

(5) 材料倉庫部変動費の配賦

$$0.325 \times 200万円 = 65.00万円\cdots\cdots切削部へ$$
$$0.325 \times 150万円 = 48.75万円\cdots\cdots組立部へ$$

合 計　　113.75万円

以上の計算を勘定記入連絡図によって示そう（図5—5）。この図に示したように，製造部門および補助部門別の勘定を総勘定元帳に設定してもよく，あるい

はこれら部門別勘定を設けずに補助簿（実際製造間接費部門別配賦表など）によって内訳を明らかにし，勘定としては製造間接費統制勘定，配賦製造間接費勘定，仕掛品勘定などをおくのみでもよい。

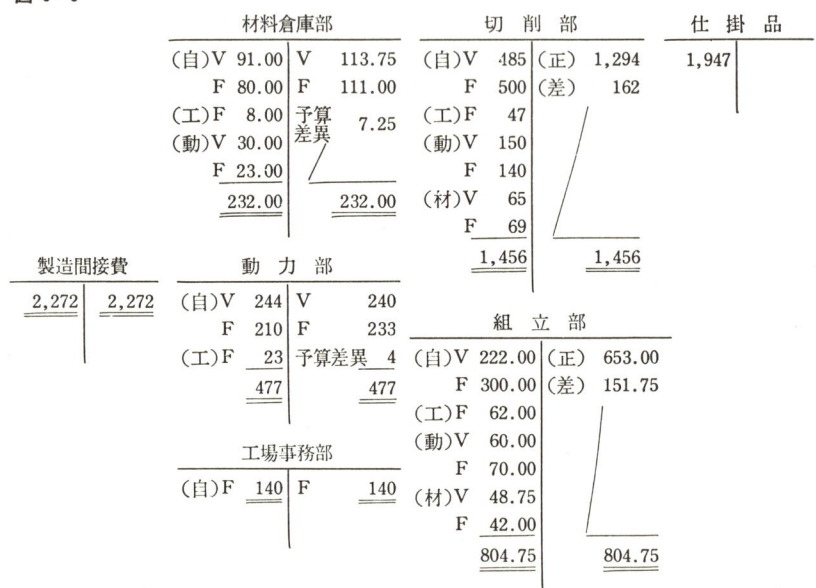

図 5—5

```
          材料倉庫部                    切 削 部              仕 掛 品
      (自)V  91.00 │V   113.75    (自)V  485 │(正) 1,294    1,947 │
         F  80.00 │F   111.00       F   500 │(差)   162
      (エ)F   8.00 │予算       7.25  (エ)F   47 │
      (動)V  30.00 │差異             (動)V  150 │
         F  23.00 │                    F   140 │
         ─────────                  (材)V   65 │
         232.00   232.00                F   69 │
                                      ─────────
   製造間接費      動 力 部          1,456     1,456
   2,272 │2,272  (自)V 244 │V    240
                    F  210 │F    233              組 立 部
                 (エ)F  23 │予算差異 4       (自)V 222.00 │(正) 653.00
                    ───────                  F  300.00 │(差) 151.75
                    477       477           (エ)F  62.00 │
                                             (動)V  60.00 │
                 工場事務部                      F  70.00 │
                 (自)F 140 │F    140        (材)V  48.75 │
                                                F  42.00 │
                                                ─────────
                                                804.75    804.75
```

(注)　F…固定費，V…変動費，(自)自部門第1次集計費，(エ)…工場事務部よりの配賦額
　　　(正)…製造部門別正常配賦額　　　　　　　　(動)…動 力 部よりの配賦額
　　　(差)…製造部門別配賦差額　　　　　　　　　(材)…材料倉庫部よりの配賦額

第12節　部門別製造間接費配賦差額の分析

　図 5—5 で明らかにしたように，切削部門では，製造間接費の実際発生額1,456 万円にたいし，正常配賦額は 1,294 万円であるため，162 万円の配賦差額が生じた。次にこの差異分析の方法を説明しよう。

　階梯式配賦法を説明するさいに示した部門別配賦表（表5—6）は，操業度100％における年間の予算額をあらわしている。この表のすべての数値をそれぞれ12で割れば，操業度100％における月間の予算額をあらわす。いま切削部の箇所

だけを示せば表 5—8 のようになる。

表 5—8

	切　削　部		（操業度 100%）
	固　定　費	変　動　費	合　　計
部 門 費 合 計	500万円	600万円	1,100万円
工場事務部費配賦額	47	—	47
動力部費配賦額	140	180	320
材料倉庫部費配賦額	69	81	150
製 造 部 門 費	756万円	861万円	1,617万円

月間実際的生産能力　40,000 機械作業時間
固定費率　189.0208円/時　　変動費率　215.3125円/時　　正常配賦率　404.3333円/時

[例題 5—7]

切削部における配賦差額を分析せよ。

[解　答]

(1)　総　差　異 ＝ 1,456万円 － 1,294万円 ＝ 162万円（Dr.）
(2)　操業度差異 ＝（40,000時間 － 32,000時間）× 189.0208円/時
　　　　　　　＝ 1,512,166.4円 ≒ 151万円（Dr.）
(3)　予 算 差 異 ＝ 1,456万円 －（756万円 ＋ 215.3125円/時 × 32,000時間）
　　　　　　　＝ 11万円（Dr.）
(4)　検　　証：操業度差異 ＋ 予算差異 ＝ 151万円（Dr.）＋ 11万円（Dr.）
　　　　　　　＝ 162万円（Dr.）＝ 総 差 異

[例題 5—8]

前問では，予算差異は差異総額でしか計算されていない。下記の資料が与えられたとして，切削部の予算・実績比較表を作成せよ。

[資　料]

(1)　切削部月次変動予算表は表 5—9 のとおりである。この表の数値は，表 5—1 に示した製造間接費年次予算表において，切削部の費目別固定費額を 12 で割り，また費目別変動費額を 48 万時間で割れば，月次変動予算表における月間の費目別固定費および費目別変動費率に一致する。
(2)　なお当月の費目別実際発生額を便宜上この表の右端に示した。

表 5—9 切削部月次変動予算表

費 目	固 定 費	変動費率	(実際発生額)
補 助 材 料 費	80.0万円	90円/時	373.0万円
燃 料 費	—	—	—
工 場 消 耗 品 費	14.0	10	47.0
消耗工具器具備品費	19.8	—	19.8
間 接 工 賃 金	120.0	20	184.5
給 料	157.8	—	157.8
福 利 施 設 負 担 額	18.0	—	18.0
機 械 減 価 償 却 費	31.5	—	31.5
建 物 減 価 償 却 費	12.0	—	12.0
機 械 保 険 料	4.5	—	4.5
建 物 保 険 料	2.4	—	2.4
修 繕 料	38.0	30	132.5
旅 費 交 通 費	—	—	—
事 務 用 消 耗 品 費	2.0	—	2.0
合 計	500.0万円	150円/時	985.0万円

[解 答]

　変動予算表を使用し，切削部の実際操業度（80％）における変動予算許容額を算出し，これと実際発生額とを比較すれば表 5—10 のようになる。

　この予算・実績比較表において補助部門費配賦額の予算許容額は，操業度 100％ における切削部にたいする補助部門費予算配賦額（表 5—8）において，固定費はそのままとし，変動費はその 80％ を計算し，固定費および変動費を合計することによって算出されている。すなわち次のとおり。

切削部にたいする補助部門費配賦額　　　（単位：万円）

	固 定 費	変 動 費	合 計
工場事務部費配賦額	47	—	47
動力部費配賦額	140	180 × 80％ ＝ 144	284
材料倉庫部費配賦額	69	81 × 80％ ≒ 65	134
計	256	209	465

　さて切削部予算・実績比較表によれば，切削部の予算差異合計 11 万円の内訳を見ると，切削部で固有に発生した製造間接費（第 1 次集計費）の予算差異は 5 万円であり，切削部にたいする補助部門費配賦額の予算差異は 6 万円である。

表 5—10 切削部予算・実績比較表

費目	80%における許容額			実績	差異
	固定費	変動費	合計		
補助材料費	80.0万円	288.0万円	368.0万円	373.0万円	(5.0)万円
燃料費	—	—	—	—	—
工場消耗品費	14.0	32.0	46.0	47.0	(1.0)
消耗工具器具備品費	19.8	—	19.8	19.8	—
間接工賃金	120.0	64.0	184.0	184.5	(0.5)
給料	157.8	—	157.8	157.8	—
福利施設負担額	18.0	—	18.0	18.0	—
機械減価償却費	31.5	—	31.5	31.5	—
建物減価償却費	12.0	—	12.0	12.0	—
機械保険料	4.5	—	4.5	4.5	—
建物保険料	2.4	—	2.4	2.4	—
修繕費	38.0	96.0	134.0	132.5	1.5
旅費交通費	—	—	—	—	—
事務用消耗品費	2.0	—	2.0	2.0	—
第1次集計費計	500万円	480万円	980万円	985万円	(5)万円
補助部門費配賦額					
工場事務部費	47.0	—	47.0	47.0	—
動力部費	140.0	144.0	284.0	290.0	(6.0)
材料倉庫部費	69.0	65.0	134.0	134.0	—
補助部門費配賦額計	256万円	209万円	465万円	471万円	(6)万円
合計	756万円	689万円	1,445万円	1,456万円	(11)万円

( )は不利な差異を示す。

　責任会計の見地からすれば，切削部長にとって納得できる予算差異は，切削部で発生したことが跡づけられる製造間接費のなかの，管理可能な費目についての予算差異5万円である。この予算差異は，自分の守備範囲である切削部で発生しているので，これについての原価管理責任を問われても，切削部長は文句をいわずに，その発生原因を調査し，なんらかの無駄があれば，これを是正する措置をとるであろう。この計算例では補助材料費を浪費した可能性があり，詳しく原因を調査すべきである。

　他方，補助部門費配賦額から生じた予算差異6万円にたいし，切削部長がどの程度管理責任をとることができるであろうか。ここでは切削部にたいする動力部費の配賦額を例にとって考えてみよう。

動力部費のうち，固定費の配賦には問題がない。なぜならば固定費の実績は予算どおりに発生し，消費能力の割合にもとづいて配賦されているから，予算差異は発生していない。したがって問題なのは，動力部費のうちの変動費配賦額である。切削部にたいする動力部変動費の配賦は，次のように計算されている。

（正常変動費率）　（切削部にたいする動力実際供給量）　（変動費配賦額）
　1.5円/kw-h　×　　　　100万 kw-h　　　　　＝　150万円

上記の計算において，正常変動費率が使用され，実際変動費率が使用されて[注13]いない。したがってこの配賦額のなかには，動力部の責任に属する動力単価の変動から生ずる影響は除かれている。次に，100万 kw-h の動力実際消費量については，切削部が使用したのであるから，一応のところ切削部長が責任を負うべきであるといえよう。

前述の予算差異の計算では，

$$\text{月間操業度80\%における切削部の動力予定消費量} = \frac{200万 \text{kw-h} \times 0.6}{40,000時間} \times 32,000時間$$

$$= 96万 \text{kw-h}$$

$$\text{切削部動力消費差異} = \left(\underset{100万 \text{kw-h}}{\text{実際動力消費量}} - \underset{96万 \text{kw-h}}{\text{予定動力消費量}}\right)$$

$$\times （正常変動費率1.5円/\text{kw-h}）$$

$$= 6万円 \text{ (Dr.)}$$

という分析が可能である。しかしながらこれは，切削部が操業時間の変動とともに動力を消費するという仮定にもとづく分析である。実際原価計算の範囲内にとどまるかぎり，この程度の分析で満足せざるをえない。

(注 13)　実際変動費率 ＝ $\dfrac{\text{動力部変動費実際発生額244万円}}{\text{当月動力実際総供給量160万 kw-h}}$ ＝ 1.525円/kw-h

したがって動力部は，予定より 0.025 円/kw-h だけ，高く動力を生産したわけである。

第 13 節　部門別原価計算の新動向

　部門別原価計算の手続は，部門費の第 1 次集計と第 2 次集計からなり，第 1 次集計では，製造間接費を部門個別費と部門共通費とに分け，部門個別費は製造部門および補助部門に直課し，部門共通費は関係各部門になんらかの適切な基準で配賦する，と説明した。この手続は伝統的な方法であり，計算の主目的は，原価管理よりはむしろ，製品原価の正確な計算にあった。しかしながら最近では，部門別原価計算の主目的は原価管理に最重点が置かれるようになったため，部門別原価計算の第 1 次集計手続に大きな変化がみられる。

　すなわち部門費の第 1 次集計において，製造間接費を部門個別費と部門共通費とに分けずに，部門共通費の分類をなくし，すべて部門個別費として把握する傾向がみられることである。ある原価を部門共通費として捉えると，それは，誰も責任をとらない原価にしてしまうことになる。共通に発生する以上，「どうして私だけの責任になるのか」ということになり，全部の管理者が無責任になる。そこで部門共通費を，部門個別費として捉える必要が生ずる。部門個別費であれば，それは，自分の守備範囲であり，自分が管理責任をもつ部門で発生したことが明らかであるから，責任をもたざるをえないからである。

　部門共通費を部門個別費として把握する方法には，次の方法があるので，これらを組み合わせて，原価計算システムの設計をすることが望ましい。

1. 金をかけて部門共通費を個別費化する方法　　たとえば工場の 1 つの建物に 1 つのメーターしか設置されていなければ，電力料は，その建物のなかにある各コスト・センターにとって，部門共通費となるが，金をかけて，各コスト・センターごとにメーターを設置すれば，電力料は各コスト・センターにとって部門個別費となる。
2. ある費目を 1 部門に責任をもたせる方法　　たとえば福利費を部門共通費とせずに，工場のなかでこの費目をもっとも管理するのに適した部門，たとえば総務課ないし厚生課の個別費とし，そこで工場全体の福利費の予

算管理をさせるのである。そのほか，出張旅費や交際費なども，ある特定の部門の部門個別費として計上し，そこで工場全体の発生額に責任をもたせるわけである。

3. **部門の設定を工夫する方法**　アメリカでは，工場全体の建物の減価償却費，火災保険料，建物の補修費，清掃費などを，「建物」あるいは「建物用役」部門を設定し，その部門の部門個別費としている。各コスト・センターにとって共通の建物であっても，その補修は，どこかの部署が責任をもって行なう以上，その担当部署の部門個別費とすべきである。

[練習問題 5―1]　原価部門は，これを如何なる見地から設定するのが妥当であるか。
(公認会計士2次，昭 30)

[練習問題 5―2]　次の資料にもとづいて，補助部門費の製造部門への配賦を，相互配賦法および階梯式配賦法によって行ないなさい。なお相互配賦法の場合の第2次配賦は直接配賦法によるものとする。(計算上生ずる円位未満は四捨五入)

①

費　　目	合　計	製造部門		補助部門		
		Ⅰ	Ⅱ	甲	乙	丙
直接材料費	5,000円	3,000	2,000			
直接労務費	3,000	1,800	1,200			
製造間接費	2,000	600	400	400	300	300
部門個別費	10,000	5,400	3,600	400	300	300
共　通　費	2,000					
人　員　数	200人	100	60	20	10	10

(注)　部門共通費の各部門への配賦は人員比による。

② 補助部門費の各部門への用役提供割合は次のとおりとする。

補助部門名	製造部門		補助部門		
	Ⅰ	Ⅱ	甲	乙	丙
甲部門費	6	3	―	1	―
乙部門費	4	3	2	―	1
丙部門費	3	2	3	2	―

(公認会計士2次，昭 39)

[練習問題 5—3] 付属資料に基づき，直接配賦法によって，下記の補助部門費配賦表を完成しなさい。

補助部門費配賦表　　　　　　　　（単位：円）

費　目	配賦基準	合　計	製造部門		補助部門		
			切削部	組立部	動力部	修繕部	工場事務部
部門費合計		1,140,000	500,000	400,000	100,000	80,000	60,000
工場事務部費							
修繕部費							
動力部費							
製造部門費							

[付属資料]

	合　計	切削部	組立部	動力部	修繕部	工場事務部
修繕作業時間	200時間	90時間	60時間	30時間	10時間	10時間
従業員数	60人	15人	30人	6人	6人	3人
機械運転時間	4,500時間	1,750時間	1,750時間	800時間	200時間	—

（注）上記付属資料の中から，適切なデータのみを選んで使用すること。

（日商簿記2級試験問題）

[練習問題 5—4] 付属資料に基づき，第1次配賦は相互配賦法，第2次配賦は直接配賦法によって，下記の補助部門費配賦表を完成しなさい。

補助部門費配賦表　　　　　　　　（単位：円）

	合　計	製造部門		補助部門		
		切削部	組立部	材料倉庫部	動力部	工場事務部
部門費	1,700,000	656,689	677,736	118,375	199,680	47,520
第1次配賦						
工場事務部費						
動力部費						
材料倉庫部費						
第2次配賦						
動力部費						
材料倉庫部費						
製造部門費						

〔付属資料〕

	合　計	切削部	組立部	材料倉庫部	動力部	工場事務部
動力供給量 (kw-h)	1,000	700	250	50	—	—
材料出庫額(万円)	50	30	18	—	2	—
従業員数（人）	100	44	50	2	3	1

（注）付属資料のデータは，比率に直さず，このまま分数の形で利用すること。

（日商簿記2級試験問題）

[練習問題 5—5] [例題 5—6]で算出した 組立部門の製造間接費配賦差額 151.75 万円 (Dr.) を分析しなさい。なお四捨五入によって生ずる誤差については，適宜処理すること。

なお組立部の月次変動予算表および当月費目別実際発生額は，次のとおりである。

費　目	固定費	変動費率	（実際発生額）
補　助　材　料　費	30.0万円	200円/時	166.0万円
燃　　料　　費	—	—	—
工　場　消　耗　品　費	20.0	40 ×	49.0
消耗工具器具備品費	23.0	— ×	23.0
間　接　工　賃　金	80.0	60 ×	120.0
給　　　　料	74.6	—	74.6
福　利　施　設　負　担　額	24.0	—	24.0
機　械　減　価　償　却　費	21.0	— ×	21.0
建　物　減　価　償　却　費	12.0	— ×	12.0
機　械　保　険　料	3.0	—	3.0
建　物　保　険　料	2.4	—	2.4
修　　繕　　料	8.0	20 ×	25.0
旅　費　交　通　費	—	— ×	—
事　務　用　消　耗　品　費	2.0	— ×	2.0
合　　　　計	300.0万円	320円/時	522.0万円

[練習問題 5—6] 次のデータおよび条件によって個別原価計算および原価差異の計算を行ない，その結果を答案用紙の

(a) 製造指図書別製造原価総括表および
(b) 原価差異総括表

に記入し，かつ答案用紙の

(c) 製造勘定，製造間接費勘定および原価差異諸勘定に相手科目を明示して記入し，これらの勘定を締切りなさい（ただし一部の相手科目は答案用紙の勘定に指示されている）。5月末現在仕掛製造指図書にすでに集計されている製造原価額および各勘定における「前月より繰越額」は答案用紙に印刷されているとおりとする。

(1) 6月中の原価データは次のとおりである。ただし直接材料費は予定単価によって計算されている。直接労務費は(2)の部門別予定平均賃率によって計算し，製造間接費配賦額は(2)の部門別予定配賦率によって計算する。直接経費は実際額である。

	#1002	#1004	#1005	#1006	#1007	#1008	#1009	合　計
直 接 材 料 費	—	円 400,000		円 700,000	円 300,000	円 500,000	円 230,000	円 2,130,000
直接労働時間数：								
第1製造部門	—	—		時間 400	時間 500	時間 350	時間 100	時間 1,350
第2製造部門		時間 500	時間 800	時間 200		時間 100		時間 1,600
第3製造部門	時間 200	時間 1,000	時間 300	時間 120	—			時間 1,620
直 接 経 費	—	円 200,000			円 100,000			円 300,000
備　　　考	6月10日 完　成	6月15日 完　成	6月25日 完　成	6月20日 完　成	6 月 末 現在仕掛	6月30日 完　成	6 月 末 現在仕掛	

(2) 予定平均賃率（1時間当り）および製造間接費予定配賦率（1直接労働時間当り）は次のとおりである。

　　　部　　門　　　予定平均賃率　　　予定配賦率
　　　第1製造部門　　　120円　　　　　1,000円
　　　第2製造部門　　　100円　　　　　　800円
　　　第3製造部門　　　150円　　　　　　600円

(3) 原価差異を把握するに必要なデータは次のとおりである。

(イ) 6月中の直接材料払出額（実際単価による）の合計 2,020,000円

(ロ) 6月中の直接工実際就業時間数および実際賃金手当額は次のとおりである。？の箇所の金額は各自計算すること。直接工の間接時間労務費は製造間接費実際額に算入する。

	就業時間数	賃金手当額	1時間当り実際平均賃率	実際賃率による直接労務費額	直接工間接時間労務費
第1製造部門	1,500時間	183,000円	？円	？円	？円
第2製造部門	1,700〃	170,000〃	？〃	？〃	？〃
第3製造部門	1,650〃	239,250〃	？〃	？〃	？〃

(ハ) 6月中の製造間接費実際額は次のとおりである。？の箇所の金額は(ロ)で計算される。

	第1製造部門	第2製造部門	第3製造部門	合　　計
間 接 材 料 費	120,000円	130,000円	115,000円	365,000円
直接工間接時間労務費	？	？	？	？
その他の間接労務費	280,000〃	270,000〃	300,000〃	850,000〃
間 接 経 費	750,000〃	800,000〃	500,000〃	2,050,000〃

(4) 完成製造指図書の製品は，完成後直ちに，発注主に引き渡されている。

(公認会計士2次，昭39)

(注) この問題の答案用紙は次のとおりである。

(a)

製造指図書別製造原価総括表（×年6月）

	# 1002	# 1004	# 1005	# 1006	# 1007	# 1008	# 1009	合　計
5 月 末 合 計	円 1,201,000	円 520,000	円 653,000					円 2,374,000
直 接 材 料 費								
直 接 労 務 費：								
第1製造部門								
第2製造部門								
第3製造部門								
直 接 経 費								
製造間接費配賦額：								
第1製造部門								
第2製造部門								
第3製造部門								
6月末合(累)計								
備　　　考	6月10日 完　成	6月15日 完　成	6月25日 完　成	6月20日 完　成	6 月 末 現在仕掛	6月30日 完　成	6 月 末 現在仕掛	

(3) (ロ)

	就業時間数	賃金手当額	1時間当り 実際平均賃率	実際賃率による 直接労務費額	直接工間接 時間労務費
第1製造部門	1,500時間	183,000円			
第2製造部門	1,700 〃	170,000 〃			
第3製造部門	1,650 〃	239,250 〃			
合　　計					

(ハ)

	第1製造部門	第2製造部門	第3製造部門	合　　計
間 接 材 料 費	120,000円	130,000円	115,000円	365,000円
直接工間接時間労務費				
その他の間接労務費	280,000 〃	270,000 〃	300,000 〃	850,000 〃
間 接 経 費	750,000 〃	800,000 〃	500,000 〃	2,050,000 〃
合　　計				

(b)

原価差異総括表（×年6月）

	各製造指図書直課額または配賦額	実 際 額	原 価 差 異
直接材料費			
直接労務費：			
第1製造部門			
第2製造部門			
第3製造部門			
直 接 経 費			
製造間接費：			
第1製造部門			
第2製造部門			
第3製造部門			
合　　　計			

(c) （※印のついた科目は，解答者が自ら記入すべき相手科目である。）

```
         製        造                        製 造 間 接 費
前月繰越 2,374,000  売上原価           材  料      製    造
材    料              ※              賃金給料
賃金給料                                経  費
経    費                                      ※
製造間接費
```

```
      材料価格差異                         賃 率 差 異
前月繰越  60,000    ※                    ※    前月繰越  4,000
     ※                                               ※
```

```
    製造間接費配賦差異
前月繰越 120,000    ※
    ※
```

[練習問題 5—7] 下記のデータおよび条件に基づき実際個別原価計算を行い，その計算結果を，解答用紙の（A）製造指図書別製造原価要約表，（B）原価計算関係勘定 における所定の場所に記入しなさい。ただし前月繰越額は，解答用紙に印刷されている。

(1) 当工場では，直接材料費は予定出庫単価，直接労務費は部門別予定平均賃率，製造間接費は部門別正常配賦率（配賦基準は直接作業時間）によって計算している。また原価計算期間は暦日の1カ月であるが，給与計算期間は，前月の 21 日から当月の 20 日までであって，給与は 25 日に支払われる。

(2) 直接材料は掛けで仕入れ，材料勘定には予定単価で借記される。11 月の直接材料掛仕入額（実際購入単価×実際購入量）は 4,000千円で，その仕入額の材料勘定借記額は 4,015千円である。

(3) 11 月の製造指図書別直接材料費（直接材料出庫額）と直接作業時間数は次のとおりであった。

	#701	#702	#703	#704	#705	#706	合 計
直接材料費(千円)	-	550	980	720	840	240	3,330
直接作業時間数:							
切 削 部(時)	-	-	800	700	400	100	2,000
組 立 部(時)	300	500	-	600	400	-	1,800

(注) #703 と #706 は 11 月末現在仕掛で，その他は 11 月中に完成した。

(4) 本年度の部門別予定平均賃率および部門別正常配賦率は，下記の部門別年間予算データに基づき計算されている。

	賃金・手当予算	製造間接費予算	予定総就業時間	正常直接作業時間
切 削 部	14,000千円	17,640千円	28,000時	25,200時
組 立 部	15,000千円	19,200千円	25,000時	24,000時

(5) 直接工作業時間票の要約 (11/1～11/30)

	切削部	組立部
直接作業時間	2,000時	1,800時
間接作業時間	100	200
合　　計	2,100 時	2,000 時

(6) 直接工出勤票の要約 (11/1～11/30)

	切削部	組立部
定時間内作業		
11/ 1～11/20	1,400 時	1,200 時
11/21～11/30	700	700
定時間外作業		
11/29, 11/30	-	100
合　　計	2,100 時	2,000 時

なお定時間外作業手当は，その時間数に部門別予定平均賃率の 40% を掛けて計算し，原価計算上は，その部門の製造間接費として処理する。したがって部門別正常配賦率の中には，定時間外作業手当の予算額があらかじめ計上されている。

(7) 直接工給与計算票の要約　(10/21～11/20)

	切削部	組立部	合　計
賃金・手当支給総額	1,050千円	1,240千円	2,290千円

(8) 直接工の 10 月末未払賃金・手当総額は 810 千円であり，11 月末未払賃金・手当は，部門別予定平均賃率で計算すること。なお間接工については，実際賃率で計算されているので，間接工の労務費計算からは賃率差異は生じない。したがって間接工賃金・手当の前月未払，当月末未払にかんするデータは省略する。

(9) 11 月の製造間接費実際発生額は，次のとおりであった。

	切削部	組立部	工場管理部
間 接 材 料 費	210千円	140千円	100千円
直接工間接賃金	?	?	—
定時間外作業手当	—	?	—
その他の間接労務費	200	226	180
間 接 経 費	800	540	320
部 門 費 計	? 千円	? 千円	600 千円
補助部門費配賦額	?	?	
製造部門費合計	? 千円	? 千円	
（従業員数	20 人	30 人	5 人）

上記？の部分は，各自計算しなさい。直接工間接賃金は，部門別予定平均賃率で計算すること。また工場管理部費の製造部門にたいする配賦は，実際配賦によっており，配賦基準は従業員数である。

〔解答用紙〕

（A）製造指図書別製造原価要約表（1989 年 11 月）　　　　　（単位：千円）

	#701	#702	#703	#704	#705	#706	合　　計
10 月末合計	680	450	—	—	—	—	1,130
直 接 材 料 費							
直 接 労 務 費							
切　削　部							
組　立　部							
製造間接費配賦額							
切　削　部							
組　立　部							
合　　　計							

（B）原価計算関係勘定

（注）〔　〕には相手勘定科目名または翌月繰越を，（　）内には金額（単位：千円）を記入し，各勘定を締切りなさい。使用できる相手勘定科目名は，買掛金，材料，賃金・手当，製造間接費および製品とする。

```
                    仕  掛  品
    前 月 繰 越  1,130  〔           〕（        ）
    〔           〕（        ）〔           〕（        ）
    〔           〕（        ）
    〔           〕（        ）
                    （        ）        （        ）
```

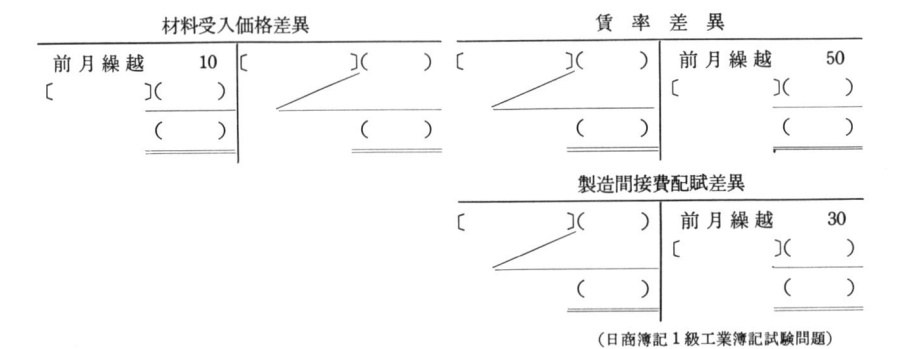

材料受入価格差異			賃率差異	
前月繰越 10 [ ]( )	[ ]( )	[ ]( )	前月繰越 50
	[ ]( )	[ ]( )	
( )	( )	( )	( )

製造間接費配賦差異	
[ ]( )	前月繰越 30
	[ ]( )
( )	( )

(日商簿記1級工業簿記試験問題)

第 6 章　実際総合原価計算

　総合原価計算は，標準規格製品を量産する工場に適用される原価計算の形態である。この原価計算は，(イ)いかなる製品を生産するのか，(ロ)工程別に原価を計算するか否か，(ハ)工程別に原価を計算するさいに，全原価要素を工程別に計算するか，あるいは一部の原価要素のみを工程別に計算するのか，によって，次のような種類に分けることができる。

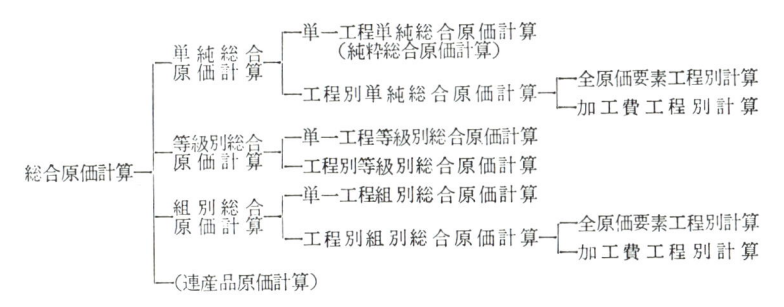

```
総合原価計算─┬─単純総合     ┬─単一工程単純総合原価計算
　　　　　　　│　原価計算　　│　（純粋総合原価計算）
　　　　　　　│              └─工程別単純総合原価計算─┬─全原価要素工程別計算
　　　　　　　│                                          └─加工費工程別計算
　　　　　　　├─等級別総合　┬─単一工程等級別総合原価計算
　　　　　　　│　原価計算　　└─工程別等級別総合原価計算
　　　　　　　├─組別総合     ┬─単一工程組別総合原価計算
　　　　　　　│　原価計算　　└─工程別組別総合原価計算─┬─全原価要素工程別計算
　　　　　　　│                                          └─加工費工程別計算
　　　　　　　└─（連産品原価計算）
```

　さてこれらの総合原価計算の方法を個々にとりあげて説明すると，かなりの部分が重複する。そこでこれらのうち，もっとも基本的な総合原価計算の形態である単一工程単純総合原価計算によって，他のあらゆる総合原価計算に共通して発生する問題を理解し，次いで工程別計算，組別計算，等級別および連産品原価計算の順に，それぞれの方法を検討することにしよう。

第 1 節　単一工程単純総合原価計算

　単一工程単純総合原価計算は，たった1種類の製品を単一の工程において量産する場合，あるいは1種類の製品がいくつかの工程をへて生産される場合でも，それら全体を単一の工程とみなして計算する場合（いいかえれば工程別計算をしない場合）に適用される総合原価計算であり，純粋総合原価計算（single product, single process costing) といわれる。

総合原価計算は，いくつかの要素によって非常に複雑な計算となる。そこで本節では，(イ)月初仕掛品の存在および(ロ)減損・仕損という他の総合原価計算にも共通的にみられる要素をとりあげ，これらの要素によって生ずる問題を考察しよう。

1. 仕掛品の進捗度と完成品換算量

（1） 月初，月末仕掛品のない場合の計算法

いま甲社が，Aという製品の製造を開始したとする。新たに製造を開始したのであるから，月初仕掛品（先月加工したが，未完成であったため，その製造が今月に繰り越されてきた未完成品）はない。そして1か月間に製品Aを100個生産し，そのために要した製造費用の合計は，100万円であったとする。そして月末仕掛品（月末においても，まだ加工中の未完成品）はない。この場合製品A 1個当たりの原価は，つぎのように計算すればよい。

$$\frac{100万円}{100個} = 1万円/個$$

このような場合，つまり月初仕掛品，月末仕掛品はなく，その月に投入した原材料はすべて加工され完成品となった，という場合の計算は，きわめて簡単である。

（2） 月初仕掛品はないが，月末仕掛品のある場合の計算法

(イ) 月末仕掛品の進捗度，完成品換算量および完成品換算総量

しかしながら上のような場合は非常にまれであって，普通の場合は，ある月において投入した原材料の大部分は製品となって完成しても，一部分は月末に未完成品として残ることが多い。たとえば前例において製品A 100個分の原材料を投入し加工した結果，月末までに60個は完成したが，あとの40個分は未完成であったとする。この場合製品A 1個当たりの原価は，

$$\frac{100万円}{60個 + 40個} = 1万円/個$$

と計算してはならない。なぜならばこのように計算すると、完成品1個に負担させる原価と、未完成品1個に負担させる原価とは、同額になってしまう。このような方法は、明らかに不合理である。つまり、もし40個の月末仕掛品がすべて半分程度のできぐあいであれば、完成品1個が負担する原価の半額を、未完成品1個が負担すべきであろう。そのためには、つぎのような計算をすればよい。

$$\frac{100万円}{60個 + 40個 \times 50\%} = 1.25万円/個$$

この式の分母において、50% を月末仕掛品の**進捗度**（stage of completion），月末仕掛品量 40個 × 進捗度 50% = 20個 を月末仕掛品の**完成品換算量** (equivalent production; equivalent unit; effective effort; equivalent effort)，完成品量 60個 + 月末仕掛品の完成品換算量 20個 = 80個 を，その月の**完成品換算総量** (equivalent whole unit) という。(注1)

(ロ) 進捗度と完成品換算量の基本的な考え方

総合原価計算を理解するための1つのキイ・ポイントは、進捗度と完成品換算量の考え方をよく理解することである。総合原価計算では、製品の物量単位（個数，トン数など）を基準にして単位原価を計算するというよりも，製品1単位を完成するために必要な原価投入量（effective effort）を計算単位とし，この投入量を公分母（equivalent unit）として利用することによって，1か月間における完成品量と月末仕掛品量とを完成品換算総量というかたちで合計し，完成品換算総量当たりの原価を計算するのである。

このような計算を可能にするためには、月末仕掛品の進捗度を正確に測定することが大切である。仕掛品の進捗度とは，仕掛品の完成程度を 0%（未加工）から 100%（完成）までのパーセンテージで示したものであるが、ここで注意を要するのは、この完成程度は物理的な完成程度ではなく、原価投入の観点から見た完成程度である、ということである。たとえば、原料を工程の始点ですべて投入し、あとは加工するのみ、という工場にあっては、月末仕掛品の進捗

(注1) 以下の説明において、これを「月末仕掛品換算量」と省略することがある。

度は，製造工程のどの段階に月末仕掛品が残っていようとも，原料費にかんするかぎり，100％完成とみるのである。なぜならば，月末仕掛品には，完成品と同様の原料費がすでに発生してしまっているからである。(注2) 他方，月末仕掛品の直接労務費と製造間接費の進捗度は，同じであることが多い。なぜならば直接労務費と製造間接費は，原料にたいする加工費として発生し，製造間接費は，直接労務費あるいは直接作業時間を基準にして配賦されることが多いからである。このように月末仕掛品の進捗度が原価要素別に異なる場合には，次の例題で示すように原価要素別に区別して，完成品換算総量当たりの原価を計算しなければならない。(注3)

［例題 6―1］

次の資料により，完成品換算総量当たりの原価を計算せよ。

(1) 月初仕掛品　　なし
(2) 当月製造費用　　原　料　費……　500,000円
　　　　　　　　　　直接労務費……　300,000円
　　　　　　　　　　製造間接費……　200,000円
　　　　　　　　　　合　　計　　　1,000,000円

(注2) 原材料の投入が，工程の始点ですべて投入されることもあるが，また一部の原材料が工程の終点で投入されることもある。たとえば罐詰工業において，工程の終点で加工食品を罐に詰め，シールを貼り，包装するという場合である。この場合には，直接材料費中の容器費（空罐，空壜，段ボール）が，工程の終点で発生する。このように原価財が平均的に投入されないことがあるので，進捗度の決定には原価財の投入状況に注意しなければならない。

(注3) 月末仕掛品の進捗度の定め方は，業種業態によって異なる。原価財が平均的に投入される場合，あるいは加工費の進捗度については，完成品に要する直接作業時間または機械作業時間を基準にして，月末仕掛品の進捗度を定めることが多い。また加工工程がきわめて複雑な場合には，各工程の月末仕掛品はすべて $\frac{1}{2}$ 完成あるいは $\frac{1}{3}$ 完成と仮定することもある。またロット別生産を行なう工場では，各ロット（1回分の仕込量）ごとに進捗度を定めると，進捗度について，かなり信頼度の高い資料がえられる。たとえば，ある工程において毎日新たなロットを仕込み，各ロットは3日間でその工程における加工を完了するものとすれば，その工程に残っている期末仕掛品は，$\frac{1}{3}$ 完成のロット，$\frac{2}{3}$ 完成のロット，と定めることができる（Neuner, J. J. W., *Cost Accounting, Principles and Practice*, R. D. Irwin, Inc., 1962, 6 th ed., p. 347）。

(3) 当月製品A完成量……60個
(4) 月末仕掛品量…………40個
　　進　捗　度
　　　原　料　費　100％（原料は工程の始点で投入される。）
　　　直接労務費　　50％
　　　製造間接費　　50％

[解　答]
完成品換算総量当たりの原価を計算すれば，次のようになる。

i) 原　料　費

$$\frac{500,000円}{60個 + 40個 \times 100\%} \cdots 5,000円/個$$

ii) 直接労務費

$$\frac{300,000円}{60個 + 40個 \times 50\%} \cdots 3,750円/個$$

iii) 製造間接費

$$\frac{200,000円}{60個 + 40個 \times 50\%} \cdots 2,500円/個$$

iv) 製　造　原　価……合　計　　11,250円/個

(ハ) 完成品総合原価と月末仕掛品原価の計算法

われわれは，完成品換算総量当たりの原価を計算したので，これにもとづき，完成品に負担させる原価の総額（これを**完成品総合原価**という。）と，月末仕掛品に負担させる原価（これを**月末仕掛品原価**という。）を計算することができる。

[例題 6—2]

[例題 6—1] の資料により，完成品総合原価と月末仕掛品原価とを計算せよ。

[解　答]
i) 完成品総合原価
　　製造原価　　@11,250円/個 × 60個 ………… 675,000円
ii) 月末仕掛品原価

直接材料費　　@5,000円/個 × 40個 × 100％ …… 200,000円
　　　直接労務費　　@3,750円/個 × 40個 × 50％ ……　75,000円
　　　製造間接費　　@2,500円/個 × 40個 × 50％ ……　50,000円
　　　　　合　計（月末仕掛品原価）　　　　　　　　　325,000円

iii) 検　　証

完成品総合原価 675,000円 ＋ 月末仕掛品原価 325,000円

　＝ 当月産出額合計 1,000,000円

　＝ 当月投入額合計（当月製造費用）1,000,000円

[注意事項]

(1) 上の解答で示したように，月末仕掛品原価を計算するときは，原価要素別に進捗度が異なるので，それぞれ原価要素別に計算しなければならない。月末仕掛品原価は，完成品総合原価のように製造原価 @11,250円/個から，一度に計算することはできないのである。

(2) また当月製造費用100万円を発生させて，完成品と月末仕掛品ができたのであるから，完成品総合原価と月末仕掛品原価との合計（これを**産出額合計**という。）が，**投入額合計**100万円になることを確かめる必要がある。投入額合計と産出額合計とが一致しなければ，計算に誤りがあったことになる。

（3）月初および月末仕掛品のある場合の計算法

月末に仕掛品が残れば，それは翌月に繰り越され，月初仕掛品となる。したがって，総合原価計算においては，仕掛品勘定は，図 6―1 のようになるのが普通である。

図 6―1

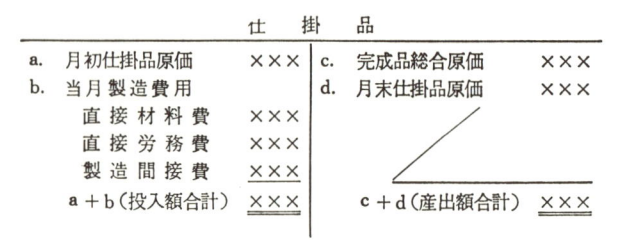

	仕　　掛　　品		
a. 月初仕掛品原価	×××	c. 完成品総合原価	×××
b. 当月製造費用		d. 月末仕掛品原価	×××
直接材料費	×××		
直接労務費	×××		
製造間接費	×××		
a＋b（投入額合計）	×××	c＋d（産出額合計）	×××

つまり月初仕掛品原価と当月製造費用とを投入して（投入額合計），完成品と月末仕掛品とができあがるので，この場合もまた投入額合計は産出額合計と等しくならねばならない。

さて，**期首（月初）に仕掛品があるという条件**が，総合原価計算を複雑にす

る重要な要素の1つである。月初仕掛品が存在する場合,投入額を,完成品総合原価と月末仕掛品原価とに分割する方法としては,

(イ) 平　均　法 (average method; weighted-average method)

(ロ) 先入先出法 (first-in, first-out method)

(ハ) 後入先出法 (last-in, first-out method)

の3方法がある。以下それぞれの方法を説明しよう。

2. 平　均　法

(1) 平均法とは何か

平均法とは,月初仕掛品原価が前月に行なった作業の結果発生した原価であるにもかかわらず,あたかもこれを,今月にその製造を開始し,それによって今月発生した原価であるかのように,計算上取り扱う方法である。つまり,今月行なった作業から発生した原価は,当月製造費用であり,月初仕掛品原価は,前月の作業から発生した原価である。このような差異を無視して,月初仕掛品原価も当月製造費用も,ともに今月行なった作業の結果発生したかのように考えて,両者を合計し,この合計額(投入額合計)を完成品総合原価と月末仕掛品原価とに分割するのである。したがって,計算方法は次のようになる。

$$\text{平均法による完成品換算総量当たりの原価} = \frac{\text{月初仕掛品原価} + \text{当月製造費用}}{\text{完成品量} + \text{月末仕掛品換算量}}$$

$$\text{完成品総合原価} = \frac{\text{月初仕掛品原価} + \text{当月製造費用}}{\text{完成品量} + \text{月末仕掛品換算量}} \times \text{完成品量}$$

$$\text{月末仕掛品原価} = \frac{\text{月初仕掛品原価} + \text{当月製造費用}}{\text{完成品量} + \text{月末仕掛品換算量}} \times \text{月末仕掛品換算量}$$

[注意事項]

(1) 上の計算式は,通常原価要素別に読みかえて計算しなければならない。つまり完成品総合原価も月末仕掛品原価も,原価要素別に区別して計算する必要があるので,たとえば月末仕掛品に賦課される直接材料費は,次の式で計算する。

$$\text{月末仕掛品原価中の直接材料費} = \frac{\text{月初仕掛品の直接材料費} + \text{当月製造費用中の直接材料費}}{\text{完成品量} + \text{月末仕掛品中の直接材料費の完成品換算量}} \times \text{月末仕掛品中の直接材料費の完成品換算量}$$

(2) 完成品総合原価は,まず上の算式により月末仕掛品原価を計算しておき,

月初仕掛品原価 + 当月製造費用 − 月末仕掛品原価 = 完成品総合原価

として算出してもよい。実務的には月末仕掛品原価を計算する場合，実績計算を行なわず便宜的にこれを原価見積で評価したり，あるいは直接材料費の製造原価中に占める割合が多いと，直接材料費のみで月末仕掛品を評価し，次いで，月初仕掛品原価と当月製造費用との合計額から月末仕掛品の評価額を差し引いて，完成品総合原価を算出することがある。このために「期末仕掛品の評価」という言葉が，月末仕掛品原価の計算を意味する言葉として用いられてきたが，月末仕掛品の原価は，評価して算出するというよりも，完成品換算総量当たりの原価に月末仕掛品換算量を乗じて計算するのである。

(2) 平均法の計算例題

[例題 6—3]

製品Xを量産する甲工場は，純粋総合原価計算を行なっている。次の資料により平均法によって当月の，(イ)完成品総合原価，(ロ)完成品製造単価，(ハ)月末仕掛品原価を計算せよ。

[資 料]

i) 月初仕掛品　　10,000 kg
　　直接材料費　50,000円
　　直接労務費　19,000円
　　製造間接費　17,000円
　　合　　計　　86,000円
ii) 当月仕込量（受入量）40,000 kg
iii) 当月製造費用
　　直接材料費　300,000円
　　直接労務費　156,000円
　　製造間接費　123,000円
　　合　　計　　579,000円

iv) 当月製品完成量　30,000 kg
v) 月末仕掛品　　20,000 kg
　　進　捗　度
　　直接材料費　100%
　　直接労務費　25%
　　製造間接費　25%

[解 説]

(1) まず資料を見て，投入量（つまり月初仕掛品量 10,000 kg + 当月仕込量 40,000 kg = 50,000 kg）が産出量（完成品量 30,000 kg + 月末仕掛品量 20,000 kg = 50,000 kg）に等しいことを確かめる。このチェックを行なうことは，資料の内容を理解する意味で重要であり，とくに後述する仕損という条件が加わったときには大切であるから，その習慣をつけておきたい。

(2) 次に月末仕掛品の進捗度が原価要素によって異なるから，計算は原価要素別に行なわなけ

ればならない点に注意する。
(3) 計算条件は平均法であるから，完成品換算総量当たりの単位原価を求める公式は，

$$\frac{月初仕掛品原価 + 当月製造費用}{完成品量 + 月末仕掛品換算量}$$

であることを思い出し，これを原価要素別に計算すればよい，と見当をつける。
(4) 完成品総合原価と月末仕掛品原価とを算出したら，その合計額（産出額合計）が月初仕掛品原価と当月製造費用との合計額（投入額合計）に等しいことを確かめること。

[解　答]

(イ) 完成品換算総量当たりの単位原価

$$直接材料費の単価 \quad \frac{50,000円 + 300,000円}{30,000\,kg + 20,000\,kg \times 100\%} \cdots\cdots @7円/kg$$

$$直接労務費の単価 \quad \frac{19,000円 + 156,000円}{30,000\,kg + 20,000\,kg \times 25\%} \cdots\cdots @5円/kg$$

$$製造間接費の単価 \quad \frac{17,000円 + 123,000円}{30,000\,kg + 20,000\,kg \times 25\%} \cdots\cdots @4円/kg$$

合　計（製造単価）　　　16円/kg

(ロ) 完成品総合原価

　　@16円/kg × 30,000 kg = 480,000円

(ハ) 月末仕掛品原価 = @7円/kg × 20,000 kg × 100%
　　　　　　　　　　+ @5円/kg × 20,000 kg × 25%
　　　　　　　　　　+ @4円/kg × 20,000 kg × 25%
　　　　　　　　　= 185,000円

(ニ) 検　算

仕　掛　品

月初仕掛品原価	86,000円	完成品総合原価	480,000円
当月製造費用	579,000	月末仕掛品原価	185,000
投入額合計	665,000円	産出額合計	665,000円

(3) 平均法による総合原価計算表

以上述べた計算は，総合原価計算表の上で行なう。総合原価計算表の書式は，会社によってまちまちであるが，次にその一例を表 6—1 に示しておく。この表においても，投入量と産出量とが，それぞれ 50,000 kg に等しく，投入額合計と産出額合計とが，それぞれ 665,000 円に等しいことを確認されたい。

表 6—1 平均法による総合原価計算表

項　目 / 原　価	月初仕掛品原価	当月製造費用	合　計	単位原価
I　製　造　原　価				
直　接　材　料　費	50,000円	300,000円	350,000円	7円
直　接　労　務　費	19,000	156,000	175,000	5
製　造　間　接　費	17,000	123,000	140,000	4
投　入　額　合　計	86,000円	579,000円	665,000円	16円
II　生　産　量				
投　　入　　量	10,000 kg	40,000 kg	50,000 kg	
完　成　品　量			30,000 kg	
月末仕掛品量			20,000	
進　捗　度：				
直接材料費				100%
直接労務費および製造間接費				25%
産　　出　　量			50,000 kg	
完成品換算総量	直接材料費	直接労務費および製造間接費		
完　成　品　量	30,000 kg	30,000 kg		
月末仕掛品換算量	20,000	5,000		
合　　　　計	50,000 kg	35,000 kg		
III　完成品総合原価と月末仕掛品原価				
完成品総合原価		(30,000 kg @16円)	480,000円	
月末仕掛品原価				
直　接　材　料　費		(20,000 kg @ 7円)	140,000円	
直　接　労　務　費		(5,000 kg @ 5円)	25,000	
製　造　間　接　費		(5,000 kg @ 4円)	20,000	
月末仕掛品原価合計			185,000円	
産出額合計			665,000円	

(4) 平均法の特徴

　平均法は，後述する先入先出法や後入先出法と比較すると，いちばんやさしい方法である。この点は，平均法の特徴の1つであり，長所でもある。次に，平均法は，その計算方法からして，完成品換算総量当たりの原価のなかには，今月の作業による単位原価のみならず，月初仕掛品中に含まれる，先月の作業による単位原価も混入している。いいかえれば，平均法では，前月の作業能率と今月の作業能率とが平均化されて，完成品換算総量当たりの原価が計算され

るのである。この点が，平均法の特徴である。この特徴を長所とみるか短所とみるかについては，原価計算目的によって異なる。

まず，原価計算の主目的を原価管理におき，これに役立つ単位原価情報を入手しようとするならば，平均法は不適当である。なぜならば平均法によると，今月の作業能率が完成品（換算量当たりの）単位原価に純粋に示されず，月初仕掛品原価の金額いかんによってこの単位原価が大幅な影響を受ける。とりわけ月初仕掛品換算量が当月原材料を投入して完成した量と比較して大であり，原価財の単位原価が急激に変動しつつあるときは，その影響が大である。(注4)

これにたいして経営管理者の主たる関心が価格決定目的や期間損益計算目的にあるとき，これらに役立つ単位原価情報としては，偶然的な原価財の価格や作業能率の変化をならした平均的単位原価が適当であり，そのためには平均法によって計算するのがよい。(注5)

3. 先入先出法
(1) 先入先出法とは何か

われわれはすでに材料費の計算において，材料の消費単価（庫出単価）を計算する一方法として，先入先出法のあることを知っている。その内容は，先に購入した材料から先に消費するという仮定で計算を行なう，というものであった。しかしながらここで先入先出法というのは，そのような内容ではなく，月初仕掛品があれば，これを優先的に，先に加工して完成させ，それが完了したのちに，次の加工分を新たに着手し完成させていく，という計算方法をさすのである。したがってこのような計算仮定は，加工における物の流れにそくした仮定であるといわれる。

それでは，この計算仮定にもとづくと，計算方法はどうなるであろうか。こ

(注 4) Vance, L. L., *Theory and Technique of Cost Accounting* (N. Y.: Holt, Rinehart and Winston, rev. ed., 1958), p. 315.
Schiff, M. and Benninger, L. J., *Cost Accounting* (N. Y.: The Ronald Press Co., 2nd ed., 1963), pp. 312—313.
(注 5) Blocker, J. G. and Weltmer, W. K., *Cost Accounting* (N. Y.: McGraw-Hill Book Co., Inc., 3rd ed., 1954), p. 238; p. 243.

図 6—2　先入先出法における物の流れと原価との関係

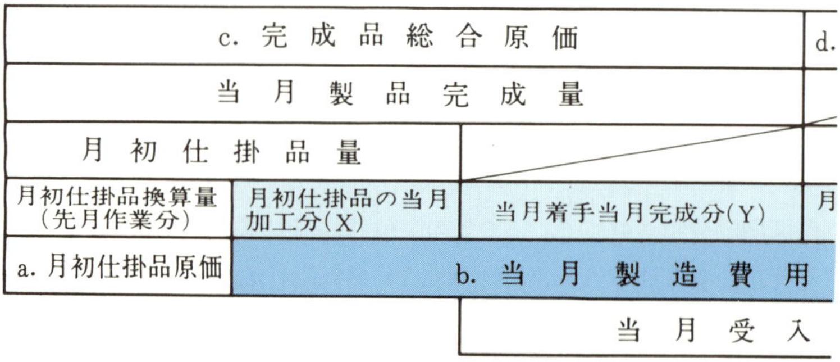

	c. 完 成 品 総 合 原 価		d.
	当 月 製 品 完 成 量		
月 初 仕 掛 品 量			
月初仕掛品換算量 （先月作業分）	月初仕掛品の当月 加工分（X）	当月着手当月完成分（Y）	月
a. 月初仕掛品原価	b. 当 月 製 造 費 用		
		当 月 受 入	

の方法は平均法に比較して複雑であるので，図 6—2 によって説明しよう。

この図は，図 6—1 に示した仕掛品勘定を左に横倒しにして，その借方から貸方へ移る物の流れの因果関係を補った図である。つまり月初仕掛品原価が付着している実体は，月初仕掛品の完成品換算量であって，これは先月の作業分である。先入先出法では，月初仕掛品があれば，これを先に加工して完成させるのであるから，当月製造費用の一部を割いてこれにあてる。この分が付着する実体は，月初仕掛品の当月加工分（X）と示された部分である。そして両者が合わされて，月初仕掛品量となり，これが完成して当月製品完成量の一部分を構成する。月初仕掛品が完成したら，次の加工分を新たに着手し完成させ（Yの部分），月末に仕掛品が残る（Zの部分）。完成品に付着している原価が完成品総合原価であり，月末仕掛品の完成品換算量に付着しているのが月末仕掛品原価である。

さて，この図から次の2点を確認しておこう。

(イ)　通常，当月製造費用（または今月行なったあらゆる作業）は，(X), (Y), (Z)の3つの部分に投入される。^(注6)

(ロ)　したがって，月末仕掛品原価は，通常の場合当月製造費用のみから計算

（注 6）もし月初仕掛品において，その直接材料費は100％完成であるならば，当月製造費用中の直接材料費は，(Y) と (Z) の部分に投入されるのみとなる。さらにこの場合当月新たに着手しても当月完成分がなければ，当月製造費用中の直接材料費は (Z) の部分のみに投入されることになる。

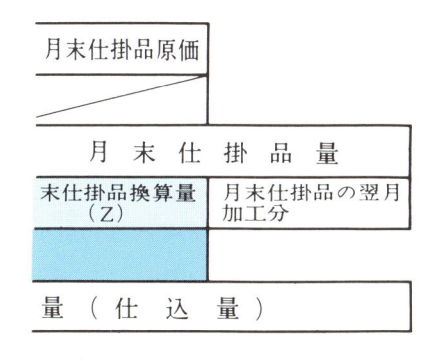

される。平均法では，月末仕掛品原価の計算に月初仕掛品原価も関係したが，先入先出法では月初仕掛品原価は無関係である。なぜならば月初仕掛品原価は，完成品総合原価のなかにはいり込んでしまうからであり，月末仕掛品原価は当月製造費用が投入された (X), (Y), (Z) のうちの (Z) の部分のみに相当するからである。

以上の2点を確認するならば，先入先出法の場合，今月行なった作業について完成品換算総量当たりの原価を計算するには，次の式によればよいことは明白である。

$$\text{今月作業分の完成品換算総量当たりの原価} = \frac{\text{当月製造費用}}{(X)+(Y)+(Z)}$$

この場合，(X)＋(Y)＋(Z) は，今月作業分の完成品換算総量を意味する。(X)＋(Y)＋(Z) を算出するには，次の3方法のうち，どの方法によって算出してもよい。いちばん覚えやすい方法を覚えておけばよい。

[今月作業分の完成品換算総量の算出法]

[第 1 法]

$$(X)+(Y)+(Z) = \underbrace{\text{完成品量} - \text{月初仕掛品換算量}}_{(X)+(Y)} + \underbrace{\text{月末仕掛品換算量}}_{(Z)}$$

[第 2 法]

$$(X)+(Y)+(Z) = \underbrace{\text{月初仕掛品量} \times (1 - \text{月初仕掛品進捗度})}_{(X)}^{\text{(注7)}}$$

$$+ \underbrace{\text{完成品量} - \text{月初仕掛品量}}_{(Y)} + \underbrace{\text{月末仕掛品換算量}}_{(Z)}$$

(注7) 月初仕掛品量×月初仕掛品進捗度＝月初仕掛品換算量 であり，
月初仕掛品量×(1－月初仕掛品進捗度)＝月初仕掛品の当月加工分
となる。

［第 3 法］

$$(X)+(Y)+(Z) = \underbrace{月初仕掛品量 \times (1 - 月初仕掛品進捗度)}_{(X)}$$

$$+ \underbrace{当月受入量 - 月末仕掛品量 \times (1 - 月末仕掛品進捗度)}_{(Y)+(Z)}$$

そこで月末仕掛品原価は，次の式によって計算することができる。

$$月末仕掛品原価 = \frac{当月製造費用}{(X)+(Y)+(Z)} \times (Z)$$

完成品総合原価の計算には，平均法を加味した修正先入先出法（modified Fifo）と，純粋先入先出法（pure Fifo）の区別がある。これらについては，計算例題によって説明しよう。

（2） 先入先出法の計算例題

［例題 6—4］

［例題 6—3］に次の条件を加えて，これを先入先出法によって計算せよ。

［条 件］ 月初仕掛品の進捗度 　直接材料費　　100％

　　　　　　　　　　　　　　直接労務費　　50％

　　　　　　　　　　　　　　製造間接費　　50％

ただし，完成品単位原価の計算に端数が生じたときは，小数点以下4桁目で四捨五入せよ。

（イ） 修正先入先出法

［解　説］

(1) 先入先出法では，月末仕掛品原価は当月製造費用から計算すればよい。そこで，まず月末仕掛品原価の計算を原価要素別に行なう。たとえば直接材料費については，

$$\begin{aligned}&月末仕掛品原価に含まれる直接材料費 \\ &= \frac{当月製造費用中の直接材料費}{完成品量 - 月初仕掛品中の直接材料費の完成品換算量 + 月末仕掛品中の直接材料費の完成品換算量} \times \begin{pmatrix}月末仕掛品中の直接材\\料費の完成品換算量\end{pmatrix}\end{aligned}$$

によって計算する。

(2) 完成品総合原価の計算は，このように計算した月末仕掛品原価を，(月初仕掛品原価＋当月製造費用)から差し引けばよい。もちろんこの計算も原価要素別に行なう。たとえば直接材料費については，

第 6 章　実際総合原価計算

$$\begin{pmatrix}完成品総合原価に含\\まれる直接材料費\end{pmatrix} = \left\{\begin{pmatrix}月初仕掛品原価に含\\まれる直接材料費\end{pmatrix} + \begin{pmatrix}当月製造費用中\\の直接材料費\end{pmatrix}\right\} - \begin{pmatrix}月末仕掛品原価\\中の直接材料費\end{pmatrix}$$

によって計算する。
(3)　あとは，完成品総合原価と月末仕掛品原価とを原価要素別に集計すればよい。

[解　答]

i)　先入先出法による今月作業分の完成品換算総量の計算（第1法による）

　　直接材料費………30,000 kg − 10,000 kg × 100% + 20,000 kg × 100% = 40,000 kg

　　直接労務費 ｝……30,000 kg − 10,000 kg × 50% + 20,000 kg × 25% = 30,000 kg
　　製造間接費

ii)　月末仕掛品原価の計算

　　直接材料費……$\dfrac{300,000円}{40,000 \text{ kg}}$ × 20,000 kg × 100%……　150,000円

　　直接労務費……$\dfrac{156,000円}{30,000 \text{ kg}}$ × 20,000 kg × 25%……　 26,000円

　　製造間接費……$\dfrac{123,000円}{30,000 \text{ kg}}$ × 20,000 kg × 25%……　 20,500円

　　　　　　　　　　　　　　　合　計　　196,500円

iii)　完成品総合原価の計算

　　直接材料費　(50,000円 + 300,000円) − 150,000円……　200,000円
　　直接労務費　(19,000円 + 156,000円) − 26,000円……　149,000円
　　製造間接費　(17,000円 + 123,000円) − 20,500円……　119,500円
　　　　　　　　　　　　　　　　　　　　　　　　　　　　　(注8)
　　　　　　　　　　　　　　　合　計　　468,500円

iv)　完成品単位原価の計算

　　468,500円 ÷ 30,000 kg = 15.61666…円 ≒ 15.617円

さて，このような計算方法を，「平均法を加味した先入先出法」または「修正

─────
(注8)　試験問題を解くために，たんに完成品総合原価の総額を知ろうとするならば，（月初仕掛品原価合計 86,000円）+（当月製造費用合計 579,000円）−（月末仕掛品原価合計 196,500円）= 468,500円と計算するほうが簡単である。

先入先出法」という。これは純粋の先入先出法ではない。なぜならば，図 6—2 から知られるように，

完 成 品 30,000 kg { 月初仕掛品が完成した分 10,000 kg … { 先月の作業分 / 今月の作業分 } / 当月新たに着手完成した分 20,000 kg …… 今月の作業分 }

からなり，したがって月初仕掛品が完成した分と，当月着手完成分の製品単価は，それぞれ異なるはずである。この点を無視し，完成品 30,000 kg はすべて同じ単位原価であるとして計算してしまったので，この方法は平均法が混入した方法なのである。

(ロ) 純粋先入先出法

[解　答]
　i) 直接材料費の計算
　　a. 月初仕掛品の完成品換算量当たりの単価（先月作業分）

$$\frac{50,000円}{10,000 \text{ kg} \times 100\%} = @5円/\text{kg}$$

　　b. 今月作業分の完成品換算総量当たりの単価

$$\frac{300,000円}{30,000 \text{ kg} - 10,000 \text{ kg} \times 100\% + 20,000 \text{ kg} \times 100\%}$$
$$= @7.5円/\text{kg}$$

　　c. 完成品と月末仕掛品の直接材料費

{ 完 成 品 30,000 kg { 月初仕掛品の完成分 10,000 kg…@5円/kg……… 50,000円 / 当月着手完成分 (30,000 kg − 10,000 kg) 20,000 kg…@7.5円/kg…… 150,000円 } / 月末仕掛品 20,000 kg……………………@7.5円/kg…… 150,000円 }

　ii) 直接労務費の計算
　　a. 月初仕掛品の完成品換算量当たりの単価（先月作業分）

$$\frac{19,000円}{10,000 \text{ kg} \times 50\%} = @3.8円/\text{kg}$$

b．今月作業分の完成品換算総量当たりの単価

$$\frac{156,000円}{30,000\text{ kg} - 10,000\text{kg} \times 50\% + 20,000\text{ kg} \times 25\%} = @5.2円/\text{kg}$$

c．完成品と月末仕掛品の直接労務費

$\begin{cases} 完成品 \\ 30,000\text{ kg} \end{cases} \begin{cases} 月初仕掛品の完成分 \\ 10,000\text{ kg} \end{cases} \begin{cases} 先月作業分 5,000\text{ kg}\cdots@3.8円/\text{kg}\cdots\cdots 19,000円 \\ 今月作業分 5,000\text{ kg}\cdots@5.2円/\text{kg}\cdots\cdots 26,000円 \end{cases}$
$\quad\quad\quad\quad\quad$ 当月着手完成分 20,000 kg $\cdots\cdots\cdots\cdots\cdots$@5.2円/kg$\cdots$104,000円
$\quad\quad$ 月末仕掛品 20,000 kg × 25% $\cdots\cdots\cdots\cdots\cdots$@5.2円/kg$\cdots$ 26,000円

iii）製造間接費の計算

a．月初仕掛品の完成品換算量当たりの単価（先月作業分）

$$\frac{17,000円}{10,000\text{ kg} \times 50\%} = @3.4円/\text{kg}$$

b．当月作業分の完成品換算総量当たりの単価

$$\frac{123,000円}{30,000\text{ kg} - 10,000\text{ kg} \times 50\% + 20,000\text{ kg} \times 25\%} = @4.1円/\text{kg}$$

c．完成品と月末仕掛品の製造間接費

$\begin{cases} 完成品 \\ 30,000\text{ kg} \end{cases} \begin{cases} 月初仕掛品の完成分 \\ 10,000\text{ kg} \end{cases} \begin{cases} 先月作業分 5,000\text{ kg}\cdots@3.4円/\text{kg}\cdots\cdots 17,000円 \\ 今月作業分 5,000\text{ kg}\cdots@4.1円/\text{kg}\cdots\cdots 20,500円 \end{cases}$
$\quad\quad\quad\quad\quad$ 当月着手完成分 20,000 kg $\cdots\cdots\cdots\cdots\cdots$@4.1円/kg$\cdots$ 82,000円
$\quad\quad$ 月末仕掛品 20,000 kg × 25% $\cdots\cdots\cdots\cdots\cdots$@4.1円/kg$\cdots$ 20,500円

iv）完成品総合原価，完成品単位原価，月末仕掛品原価の計算

			先月作業分	今月作業分	
完成品 30,000 kg	月初仕掛品の完成分 10,000 kg	直接材料費	50,000円	—	
		直接労務費	19,000円	26,000円	
		製造間接費	17,000円	20,500円	
		合 計	86,000円 +	46,500円 =	132,500円
		132,500円 ÷ 10,000 kg = @13.25円/kg			
	当月着手完成分 20,000 kg	直接材料費	—	150,000円…	@ 7.5円/kg
		直接労務費	—	104,000円…	@ 5.2円/kg
		製造間接費	—	82,000円…	@ 4.1円/kg
		合 計		336,000円…	@16.8円/kg
月末仕掛品	20,000 kg × 100%	直接材料費	—	150,000円…	@ 7.5円/kg
	20,000 kg × 25%	直接労務費	—	26,000円…	@ 5.2円/kg
		製造間接費	—	20,500円…	@ 4.1円/kg
		合 計		196,500円	

表 6—2 先入先出法による総合原価計算表

項目＼原価	製造原価	単位原価
I 製造原価		
月初仕掛品原価		
直接材料費	50,000円	5.0円
直接労務費	19,000	3.8
製造間接費	17,000	3.4
合　計	86,000円	12.2円
当月製造費用		
直接材料費	300,000円	7.5円
直接労務費	156,000	5.2
製造間接費	123,000	4.1
合　計	579,000円	16.8円
投入額合計	665,000円	
II 生産量		
月初仕掛品量	10,000 kg	
進捗度：直接材料費		100%
直接労務費，製造間接費		50%
当月投入量	40,000	
投入量合計	50,000 kg	

	直接材料費	直接労務費，製造間接費
当月作業の完成品換算総量		
完成品量	30,000 kg	30,000 kg
差引：月初仕掛品換算量	10,000	5,000
完成品のうちの当月加工量	20,000 kg	25,000 kg
加算：月末仕掛品換算量	20,000	5,000
完成品換算総量	40,000 kg	30,000 kg
III 完成品総合原価と月末仕掛品原価		
完成品：		
月初仕掛品原価		86,000円
月初仕掛品を完成させるために要した		
当月の直接材料費		0
直接労務費	5,000kg @ 5.20円	26,000
製造間接費	5,000kg @ 4.10	20,500
合計：月初仕掛品完成分の総合原価	10,000kg @13.25	132,500円
当月着手当月完成品の総合原価	20,000kg @16.80	336,000円
完成品総合原価		468,500円
月末仕掛品：		
直接材料費	20,000kg @ 7.50	150,000円
直接労務費	5,000kg @ 5.20	26,000
製造間接費	5,000kg @ 4.10	20,500
月末仕掛品原価合計		196,500円
産出額合計		665,000円

v）検　　算

$$132,500円 + 336,000円 + 196,500円 = 665,000円（産出額合計）$$
$$= 投入額合計$$

以上の計算から明らかなように完成品の製造単価は，月初仕掛品が完成した分については 13.25円/kg，当月着手完成分については 16.8円/kg というように，区別して計算される。

(3) 先入先出法による総合原価計算表

純粋先入先出法によって総合原価計算表を作成すれば，たとえば表 6—2 のような表となる。

(4) 先入先出法の特徴

一般的にいって，月初仕掛品があれば，先にこれを完成させるであろう。したがって先入先出法の計算仮定は，加工の流れを平均法よりもいっそう正確に追跡する計算仮定であり，この方法の特徴は，その計算仮定により，先月の作業能率と今月の作業能率とが，完成品の単位原価を計算するにあたり，きっぱりと区別して計算される点にある。このような特徴から，とりわけ純粋先入先出法は，平均法よりも事実にそくした計算であり，完成品の単位原価は原価管理上有用な情報になる，と考えられている。

しかしながらこのような考え方に問題がないわけではない。

まず第1に，原価管理の見地からすれば，原価は発生の場所別，責任者別に計算されねばならない。本節では単一工程単純総合原価計算をとりあげて検討しているため，工程別計算をその考察対象からはずしている。しかし原価管理のためには工程別計算を行なうべきである。この場合純粋先入先出法を完全に実施するには，各工程においてロット別生産が行なわれ，各ロットごとにどの工程で加工を受けたために発生した原価であるかが区別して記録され，減損や仕損が生ずる場合には，どのロットからいかほど生じたかが区別して記録されなければならない。このことは実務上かなり面倒であるため，次節で述べるような便宜法が採用される。

第2に，なるほど原価管理目的にとっては平均法より先入先出法のほうが適

切な方法ではあるが，先入先出法によって入手した製品の実際単位原価が原価管理目的にとっては不十分な資料にすぎない。というのは，経営管理者は入手した実際単位原価を期間的に比較し，先月の原価より今月の原価が増加したか否かを知り，原価管理に役立てようとするわけである。この場合製品の実際単位原価が，作業能率が良ければ下がり，作業能率が悪ければ上がるというように，実際単位原価の発生額と作業能率との間に一義的な関係があれば，問題はない。この場合には，実際単位原価を期間的に比較することは，原価管理上有意義である。ところが実際製品単位原価は，作業能率の良否ばかりでなく，材料の価格や労働賃率の増減，さらには操業度の変動によっても影響を受ける。したがって製品の実際単位原価を期間比較してみても，どの要因のために単位原価が増減したのかが不明になってしまう。そこでこのような実際原価計算の欠陥を克服するためには，予定価格によって材料費を計算し，予定平均賃率によって労務費を計算する必要があり，さらに製造間接費についても正常配賦率を採用して正常配賦を行なうべきである。総合原価計算においても個別原価計算におけると同様に，正常配賦の必要性は強調されねばならない。

次に工程別実際総合原価計算を行なう場合，先行工程における作業能率の変化は，後述するような累加法によると後続工程における実際製品単位原価に影響を与える。この欠陥を克服するためには，各工程の完成品を次工程に振り替えるさいには，実際単位原価によらず，あらかじめ定めた内部振替価格 (internal transfer price) または標準原価によることが望ましい。そこで完成品を実際原価で計算しないならばさらに一歩進めて，月末仕掛品もあらかじめ定めた標準原価で計算することにしよう。そうすれば仕掛品勘定の借方には実際原価が，その貸方には標準原価が計上されることになり，標準と実績とが比較され，標準原価差額が計算される。この計算はもはや実際原価計算でなく，それは原価管理にもっとも適切な標準原価計算となる。

これを要するに，先入先出法，とりわけ純粋先入先出法によれば，平均法よりも原価管理に適切な実際製品単位原価が得られる。したがって実際総合原価計算の領域内にとどまって，原価管理に役立つ情報をえようとすれば，先入先

出法によることが望ましい。あるいは現実的な方法としては，期間損益計算や価格計算を重視して，平均法によって実際単位原価を計算するとともに，当月投入完成分の単価を純粋先入先出法によって原価要素別に算出し，これを原価管理用のメモとして原価計算表に記載するのが賢明な方法である。

しかし製品の実際単位原価資料そのものが原価管理にとって不十分であるため，純粋先入先出法に固執し，きわめて複雑な工程別計算を原価管理のために行なうのは愚かなことである。この場合には実際総合原価計算の領域から出て，原価管理にとってもっとも適切な標準原価計算を採用すべきである。(注9)

4. 後入先出法

(1) 後入先出法とは何か

先入先出法とはまったく反対に，後入先出法とは，月初仕掛品があればその加工をあとまわしにし，新たなロットの加工に着手しこれを完成させ，なお余力があれば月初仕掛品の完成にふりむける，という計算仮定をもつ方法である。

このような計算仮定にもとづくならば，その計算方法は次のようになる。

(イ) 月初仕掛品換算量＝月末仕掛品換算量の場合

図6—3は，図6—1で示した仕掛品勘定を，図6—2と同様に左に横倒しにした図であるが，ただ a.月初仕掛品原価 と b.当月製造費用 の位置を左右逆にしてある。

さて，月初仕掛品換算量＝月末仕掛品換算量の場合は，当月製造費用を投入して，新たなロットの加工に着手，完成させただけであって，月初仕掛品の加工に当月製造費用をふりむける余力はなかった場合である。この場合には当然のことながら，

月末仕掛品原価＝月初仕掛品原価

となって，わざわざ月末仕掛品原価を計算するにおよばない。なぜならば月初

(注9) Shillinglaw, G., *Cost Accounting : Analysis and Control* (Illinois : R. D. Irwin, Inc., 1961), pp. 336—338 ; Horngren, C. T., *Cost Accounting : A Managerial Emphasis* (N. J.: Prentice-Hall, Inc., 1962), p. 476.

図 6—3 後入先出法における月初仕掛品換算量と月末仕掛品換算量との関係

(イ) 月初仕掛品換算量＝月末仕掛品換算量の場合

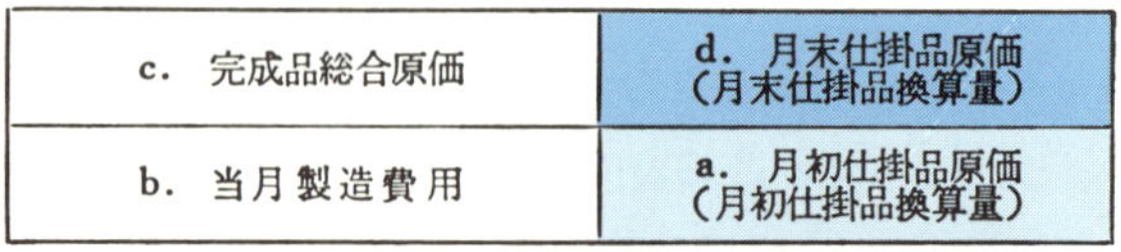

c. 完成品総合原価	d. 月末仕掛品原価 （月末仕掛品換算量）
b. 当月製造費用	a. 月初仕掛品原価 （月初仕掛品換算量）

(ロ) 月初仕掛品換算量＜月末仕掛品換算量の場合

c. 完成品総合原価 （完成品量）	d. 月末 (A)	仕掛品原価（換算量） (B)
b. 当月製造費用	a. 月初仕掛品原価 （月初仕掛品換算量）	

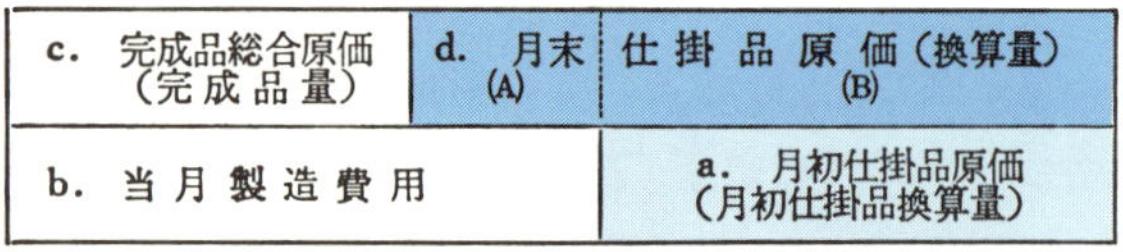

(ハ) 月初仕掛品換算量＞月末仕掛品換算量の場合

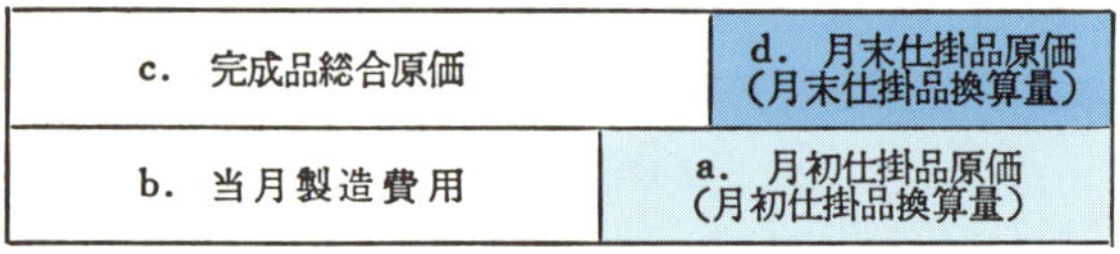

c. 完成品総合原価	d. 月末仕掛品原価 （月末仕掛品換算量）
b. 当月製造費用	a. 月初仕掛品原価 （月初仕掛品換算量）

仕掛品がそのまま，月末仕掛品になったにすぎないからである。

(ロ) 月初仕掛品換算量＜月末仕掛品換算量の場合

この場合は，図6—3で示したように，月末仕掛品換算量は(A)と(B)の部分にわかれる。つまり(B)の部分は，月初仕掛品がそのまま月末に持ち越された部分であるから，

$$(B)＝月初仕掛品原価$$

となる。(A)の部分は，当月製造費用が2つにわかれ，1つは完成品総合原価に，他は(A)にふりむけられたわけである。したがって，

$$(A)＝\frac{当月製造費用}{完成品量＋月末仕掛品換算量－月初仕掛品換算量}×\left(月末仕掛品換算量－月初仕掛品換算量\right)$$

によって計算される。そこで，

$$月末仕掛品原価＝(B)＋(A)$$
$$＝月初仕掛品原価＋\frac{当月製造費用}{完成品量＋月末仕掛品換算量－月初仕掛品換算量}×\left(月末仕掛品換算量－月初仕掛品換算量\right)$$

となる。完成品総合原価は，(月初仕掛品原価 + 当月製造費用) − (月末仕掛品原価) によって算出すればよい。

(ハ) 月初仕掛品換算量 > 月末仕掛品換算量の場合

この場合は図 6—3 で示したように，当月着手完成分のほかに余力があったので，当月製造費用の一部を，月初仕掛品の完成にふりむけ，その結果，月初仕掛品換算量の一部分が完成した場合である。そこで月末仕掛品原価は，月初仕掛品原価から次のようにして計算すればよい。

$$月末仕掛品原価 = \frac{月初仕掛品原価}{月初仕掛品換算量} \times 月末仕掛品換算量$$

この場合も完成品総合原価は，投入額合計から月末仕掛品原価を差し引くことによって計算される。

(2) 後入先出法の計算例題

[例題 6—5]

[例題 6—4] を後入先出法によって計算せよ。

[解 説]

原価要素別に，月初仕掛品換算量と月末仕掛品換算量とを比較し，その結果にもとづいて，前述の公式を使えばよい。

[解 答]

i) 月初仕掛品換算量と月末仕掛品換算量との比較

　　　　　　　　　　　(月初仕掛品換算量)　(月末仕掛品換算量)

　　直接材料費　　　$10,000 \text{ kg} \times 100\% < 20,000 \text{ kg} \times 100\%$

　　直接労務費 ⎫
　　製造間接費 ⎭　$10,000 \text{ kg} \times 50\% = 20,000 \text{ kg} \times 25\%$

ii) 月末仕掛品原価の計算

　　a. 直接材料費

$$= 50,000円 + \frac{300,000円}{30,000 \text{ kg} + 20,000 \text{ kg} \times 100\% - 10,000 \text{ kg} \times 100\%}$$

$$\times (20,000 \text{ kg} \times 100\% - 10,000 \text{ kg} \times 100\%) = 125,000円$$

　　b. 直接労務費 + 製造間接費 = $19,000円 + 17,000円 = 36,000円$

c．月末仕掛品原価合計 ＝ 125,000円 ＋ 36,000円 ＝ 161,000円
　iii）完成品総合原価と単位原価の計算

		（完成品総合原価）	（完成品単価）
直接材料費	50,000円 ＋ 300,000円 － 125,000円 ………	225,000円 ………	@ 7.5円/kg
直接労務費	19,000円 ＋ 156,000円 － 19,000円 ………	156,000円 ………	@ 5.2円/kg
製造間接費	17,000円 ＋ 123,000円 － 17,000円 ………	123,000円 ………	@ 4.1円/kg
	合　計	504,000円 ………	@16.8円/kg

（3）後入先出法による総合原価計算表

　後入先出法による総合原価計算表は，先入先出法による総合原価計算表に準じて作成すればよいので，ここでは省略する。先入先出法の場合と異なるのは，完成品換算総量を記入するまえに，月初仕掛品換算量と月末仕掛品換算量との比較を計算し記入する欄を設ければよい。

（4）後入先出法の特徴

　後入先出法の計算仮定は，実際の加工状態を考えれば，きわめて非現実的である。しかしこの計算仮定によれば，図 6－3 から明らかなように，(イ)の場合（月初仕掛品換算量 ＝ 月末仕掛品換算量の場合）および(ロ)の場合（月初仕掛品換算量 ＜ 月末仕掛品換算量の場合）は，完成品単位原価は当月の製造費用のみから計算される。また(ハ)の場合（月初仕掛品換算量 ＞ 月末仕掛品換算量の場合）は，大部分の完成品の単位原価は当月製造費用から計算される。

　したがって，物価水準が上昇しつつあるときは，完成品単位原価は，カレント・コスト（そのときの物価水準におけるコスト）で計算され，これが売上原価の計算基礎となるので，価格変動による架空損益の除去に役立つことが期待されよう。

[解　説]　先入先出法と番場方式
　　一橋大学名誉教授番場嘉一郎先生は，先入先出法で総合原価計算を行なう場合に，総合原価計算表を使用して，換算量，単価，金額の計算を併行させて行なう，いわゆる番場方式を工夫した。この方式は，先入先出法の場合にきわめて有効な方法である。そこで次に本文の［例題 6－4］を番場方式で純粋先入先出法によって計算すれば，次のようになる。

第 6 章　実際総合原価計算　　287

総合原価計算表

	直接材料費				直接労務費			製造間接費			合計	単価
	換算量	単価	金額	換算量	単価	金額	換算量	単価	金額		
当月製造費用	40,000 kg	②7.5 円	300,000円	⑦30,000 kg	⑧5.2 円	156,000円	30,000 kg	4.1 円	123,000円	579,000円	
月末仕掛品原価	20,000	7.5	③150,000	5,000	5.2	⑨26,000	5,000	4.1	20,500	196,500	
差　引：	20,000 kg	7.5	150,000円	25,000 kg	5.2	130,000円	25,000 kg	4.1	102,500円	382,500円	
月初仕掛品原価	10,000		50,000	5,000		19,000	5,000		17,000	86,000	
合計：完成品総合原価	30,000 kg		200,000円	30,000 kg	⑩4.97円	149,000円	30,000 kg	3.98円	119,500円	468,500円	⑬15.62円
完成品単位原価		④6.67円									
完成品内訳：											
月初仕掛品完成分	10,000 kg	5.0 円	⑤50,000円	10,000 kg	4.5 円	⑪45,000円	10,000 kg	3.75円	⑫37,500円	132,500円	
当月着手完成分	20,000	7.5	⑥150,000	20,000	5.2	104,000	20,000	4.1	82,000	336,000	
合　計	30,000 kg		200,000円	30,000 kg		149,000円	30,000 kg		119,500円	468,500円	⑭16.8 円

[説　明]

① 40,000 kg = 30,000 kg − 10,000 kg + 20,000 kg
② 7.5円/kg = 300,000円 ÷ 40,000 kg
③ 150,000円 = 7.5円/kg × 20,000 kg
④ 6.67円/kg = 200,000円 ÷ 30,000 kg
⑤ 50,000円 = 月初仕掛品直接材料費 + 月初仕掛品にたいする当月直接材料費投入分 = 50,000円 + 0円
⑥ 150,000円 = 7.5円/kg × (30,000 kg − 10,000 kg)
⑦ 30,000 kg = 30,000 kg − 10,000 kg × 0.5 + 20,000 kg × 0.25
⑧ 5.2円/kg = 156,000円 ÷ 30,000 kg
⑨ 26,000円 = 5.2円/kg × 5,000 kg
⑩ 4.97円/kg = 149,000円 ÷ 30,000 kg
⑪ 45,000円 = 月初仕掛品中の直接労務費 19,000円 + 5.2円/kg × 10,000 kg × (1 − 0.5)
⑫ 37,500円 = 17,000円 + 4.1円/kg × 10,000 kg × (1 − 0.5)
⑬ 15.62円は、修正先入先出法による完成品単位原価であって、期間損益計算用の単位原価である。
⑭ 16.8円は、当月着手または加工分の完成品単位原価であって、原価管理用の単位原価である。

5. 減損と仕損

(1) 減損と仕損の内容

　総合原価計算をいちじるしく複雑にする要素の1つは，減損 (waste) と仕損 (spoilage) の問題である。これまでの説明では，1工程の投入量（月初仕掛品量と当月仕込量の合計）と産出量（完成品量と月末仕掛品量の合計）とが，すべて等しい場合であった。しかしながら通常は，減損や仕損によって，産出量のほうが投入量よりも減少する。

　たとえば食品罐詰製造工場では，加工の進むにつれ，原料が歩減りする。このように減損とは，製品の加工中に，原材料が蒸発，粉散，ガス化，煙化などによって消失するか，あるいは製品化しない無価値の原材料部分の発生をさす。したがって消失した原材料のコストのほかに無価値の原材料部分を処理するために，廃棄物処理のためのコストが，減損費として余分に発生することがある。

　またガラス食器製造工場では，加工中にガラスが破損したり，ひび割れが生じたり，変形したりして，検査の段階で不合格となることがある。このように，なんらかの原因で加工に失敗し，品質標準や規格標準に合致しない不合格品の発生が，仕損である。仕損品と仕損費とは区別しなければならない。仕損品は2種類に分けられる。その1つは，仕損の程度が大きいため，屑として売却処分するか廃棄する以外に用途のない仕損品 (spoiled unit) である。仕損品の原価は，不合格とされるまでに，その仕損品に集計された原価であるが，この原価から処分価額 (disposal value; salvage value) を差し引いた残りの額が，仕損費 (net spoiled costs) である。これにたいして，いま1つの仕損品とは，仕損の程度が小さいため，補修によって通常の合格品となるか，あるいは2級品として販売できる仕損品 (defective unit) である。この場合は，その補修費を集計して，仕損費とする。このように補修によって回復する仕損品であるかどうかにより仕損費の計算が変わってくることに注意しなければならない。

　いずれにしても，このような工程損失にたいし，経営管理者はたえず注意をはらうべきである。そのためには，作業能率の指標として，

$$製造歩留り（\%）= \frac{製品産出量}{原材料投入量} \times 100\%$$

を計算し，この歩留りが，正常値の範囲内にあるかどうかを確認する必要がある。

（2） 正常発生額と異常発生額の処理原則

減損にしても仕損にしても，その発生額が正常か異常かによって，原価計算上の処理が異なる。

(イ) 正常発生額の処理

通常不可避的に生ずる減損や仕損は，正常減損（normal waste）ないし正常仕損（normal spoilage）と呼ばれる。この正常発生率をほんのわずかでも引き下げようとするならば，さらに良質の原材料を使用したり，あるいはいっそう入念に時間をかけて加工するなどの措置が必要となるため不経済となり，かえって製品の製造単価が大幅に増加することが多い。したがって経営者にとっては，正常減損や正常仕損は，短期的には管理不能であり，その程度の発生は承知のうえで製造を行なうのであるから，正常減損費や正常仕損費は，良品を製造するために必要な原価である。そこで正常減損費や正常仕損費が発生すれば，原価計算的には，あとに残された良品の単位原価を高める結果をもたらすのである。

(ロ) 異常発生額の処理

これにたいして，減損や仕損が通常の程度をこえて発生することがある。その原因には，短期的に経営者にとって管理可能な原因（たとえば，工員の不慣れ，過失，監督の怠慢，材料の不良，整備不良な機械の故障など）もあれば，あるいはまた経営者にとって管理不能な原因（たとえば，地震，台風などの天災）もあろう。このような減損や仕損を，異常減損（abnormal waste）ないし異常仕損（abnormal spoilage）という。いずれにしても異常発生額の場合は，経営者はその発生原因を追求し，可能ならばなんらかの是正措置を講じなければならない。したがって異常減損費や異常仕損費は，良品の原価に含めてはならず，良品の原価と区別して計算しなければならない。

計算した異常減損費や仕損費については，もしそれが天災など異常な事故に

よるものであると判明すれば，損益勘定へ振り替え，損益計算書上は，特別損失の部に計上すべきである。もしそれが,経営管理者にとって管理可能な原因にもとづくものであれば,その異常減損費や仕損費はまったくの損失であり無駄であるから，営業外費用として処理するか,あるいは経営者の業績を示す意味で，異常減損費ないし仕損費として,営業利益から明示して控除するのが妥当である。

減損費も仕損費も，その処理方法はほとんど同様であるので，以下は，減損費を中心に説明し，必要に応じて補修不能な仕損品（spoiled unit）によって生ずる仕損費の処理にもふれることにする。

(3) 正常減損費の処理方法

正常減損費は，製品原価性をもつために，良品が負担すべきであることは前述したとおりである。この場合良品には，完成品と月末仕掛品とがあるので，

i) 正常減損費を完成品だけが負担すべきか，あるいは完成品と月末仕掛品の両方が負担すべきか，

ii) 両方が負担するとすれば，どのような割合で負担すべきか，つまり対等に負担すべきか，あるいは進捗度に応じて負担すべきか，

が問題になる。この問題にたいしては，正常減損が工程のどの段階で発生するのか，あるいはどのようなぐあいに発生するのか（つまり一定点で発生するのか,全工程を通じて平均的に発生するのか）によって，その処理方法を選択しなければならない。しかしながら，まず正常減損費の処理方法を大別すると，(a)正常減損をまったく無視する方法と，(b)正常減損費を分離して把握したうえで，良品に負担させる方法との2方法に分けることができる。

I. 正常減損度外視の方法

この方法は，度外視の方法（method of neglect）といわれる方法で，計算の簡便性を意図した従来からの通説である。[注10] つまりこの方法では，正常減損をまったく無視することにより，おのずから正常減損費を良品に負担させてしまう方

(注 10) Schiff, M. and Benninger, L. J., *Cost Accounting* (N. Y.: The Ronald Press, 2 nd ed., 1963), p. 313.

法である。

　減損は，工程の始点で発生することもあり，途中で発生することもあれば，終点で発生することもある。そこで従来の通説では，(注11)

(a) 正常減損が工程の始点または途中で発生した場合には，完成品と月末仕掛品の両方が正常減損費を負担する。計算方法としては，その減損分は最初から工程に投入されなかったものとして無視するのである。(注12)

(b) 正常減損が工程の終点で発生した場合には，完成品だけが正常減損費を負担する。計算方法としては，正常減損費を負担しない月末仕掛品原価を計算し，これを月初仕掛品原価と当月製造費用との合計額から控除するという方法をとるのである。(注13)

　通説は簡便法なので，なぜ上記の方法をとるかを明快に説明するのは困難であるが，おおよそつぎの理由にもとづくといえるであろう。

　まず，正常減損がある一定点で発生する場合，そこで発生した正常減損費は，その点をすでに通過した製品に負担させるべきであり，その点をまだ通過していないものには負担させるべきではない。なぜならば，その点を通過していないものからは，減損費はまだ発生していないからである。

　そこで正常減損が工程の終点で発生する場合は，減損発生点は進捗度 100% の段階であるから，当然月末仕掛品はその段階に到達していない。したがってこの場合は，完成品だけが，正常減損費を負担すべきである。

　これにたいし，正常減損が工程の始点で発生する場合は，減損発生点は進捗度 0% の段階であるから，月末仕掛品はその段階を当然通過している。したがってこの場合は，正常減損費を完成品と月末仕掛品の両方が負担すべきである。

　問題になるのは，正常減損が工程の途中で発生する場合である。この場合

(注11) 実際には，検査で「発見」されるため，発見を発生とみなすことが多い。
(注12) Matz, A., Curry, O. J. and Frank, G. W., *Cost Accounting* (Cincinnati : South-Western Publishing Company, 4 th ed., 1967), p. 393.
(注13) 普通，始点または途中で発生した場合に，正常減損を無視する方法を度外視の方法という。しかし終点で発生した場合も，正常減損費を分離計算しないので，本書では終点で発生した場合の計算法も度外視の方法に含めることにする。

は，理論的には正常減損発生点の進捗度と，月末仕掛品の進捗度とを比較して，月末仕掛品がその発生点を通過しているか否かを調べ，通過していれば，正常減損費を完成品と月末仕掛品の両方が負担し，通過していなければ，完成品のみがこれを負担すべきである。しかし通説は計算の便宜上，工程の途中で正常減損が発生した場合はすべて，正常減損発生点の進捗度 ≦ 月末仕掛品の進捗度 とみなし，完成品と月末仕掛品の両方がこれを負担する，という処理方法をとるものと考えられる。

つぎに以上述べた通説による処理方法を，計算例によって確認することにしよう。

[計算条件]

当社は製品Pを量産しており，今月の生産データおよび原価データは，つぎのとおりであった。

[生産データ]

月初仕掛品	なし	
当月受入	2,000 kg	（原料は工程の始点で投入）
正常減損	100	
差引：	1,900 kg	
月末仕掛品	400	（加工費進捗度 $\frac{1}{4}$）
完成品	1,500 kg	

[原価データ]

当月製造費用

原 料 費	57,000円
加 工 費	32,000
合 計	89,000円

(イ) 正常減損が工程の始点または途中で発生した場合の計算

[例題 6—6]

上記の条件において，正常減損 100 kg が，工程の始点または途中で生じたものとし，正常減損度外視の方法によって計算しなさい。

［解　答］

a．原　料　費

$$\frac{57,000円}{1,500\,\text{kg} + 400\,\text{kg}} \times 1,500\,\text{kg} = 45,000円\ （完成品の原料費）$$

$$\qquad\qquad 〃 \qquad\qquad \times\ 400\,\text{kg} = 12,000円\ （月末仕掛品の原料費）$$

b．加　工　費

$$\frac{32,000円}{1,500\,\text{kg} + 400\,\text{kg} \times \frac{1}{4}} \times 1,500\,\text{kg} = 30,000円\ （完成品の加工費）$$

$$\qquad\qquad 〃 \qquad\qquad \times 400\,\text{kg} \times \frac{1}{4} = 2,000円\ \begin{pmatrix}月末仕掛品\\の\ 加\ 工\ 費\end{pmatrix}$$

c．完成品総合原価 = 45,000円 + 30,000円 = 75,000円

d．月末仕掛品原価 = 12,000円 + 2,000円 = 14,000円

e．検　　算　　75,000円 + 14,000円 = 89,000円

［解　説］
(1) 原料は工程の始点で投入されているので，月末仕掛品原料費の進捗度は100％である。
(2) 原料費の計算において，正常減損 100 kg を度外視しなければ，完成品換算総量は，(1,500 kg + 400 kg + 100 kg × 100％) となる。度外視の方法では，正常減損が工程の始点または途中で発生した場合には，正常減損費を完成品と月末仕掛品の両方に負担させるため，100 kg の正常減損分は最初から工程に投入しなかったかのように考えて，原料費の完成品換算総量を，(1,500 kg + 400 kg) とするのである。
(3) 加工費の計算においても，度外視の方法をとらなければ，完成品換算総量は，(1,500 kg + 400 kg × $\frac{1}{4}$ + 100 kg × 正常減損進捗度) となる。度外視の方法では，この正常減損分を無視するのである。
(4) したがって総合原価計算表は，つぎのようになる。

	原 料 費		加 工 費		合 計
	数 量	金 額	数 量	金 額	
月初仕掛品	—	—	—(注14)	—	—
当月受入	2,000 kg	57,000円	1,700 kg	32,000円	89,000円
正常減損	100 kg	—	100 kg	—	—
差 引:	1,900 kg	57,000円	1,600 kg	32,000円	89,000円
月末仕掛品	400 kg	12,000円	100 kg(注15)	2,000円	14,000円
完成品	1,500 kg	45,000円	1,500 kg	30,000円	75,000円

(ロ) 正常減損が工程の終点で発生した場合の計算

[例題 6—7]

[例題 6—6] において正常減損 100 kg が工程の終点で発生したものとし,正常減損度外視の方法によって計算しなさい。

[解 答]

a. 原 料 費

$$\frac{57,000円}{1,500 \text{ kg} + 400 \text{ kg} + 100 \text{ kg}} = 28.5円/\text{kg}$$

28.5円/kg × 400 kg = 11,400円 (月末仕掛品原料費)

57,000円 − 11,400円 = 45,600円 (完成品原料費)

b. 加 工 費

$$\frac{32,000円}{1,500 \text{ kg} + 400 \text{ kg} \times \frac{1}{4} + 100 \text{ kg} \times 100\%} \times 400 \text{ kg} \times \frac{1}{4}$$

≒ 1,882.35円 (月末仕掛品加工費)

32,000円 − 1,882.35円 = 30,117.65円 (完成品加工費)

c. 完成品総合原価 = 45,600円 + 30,117.65円 = 75,717.65円

(注14) 加工費の当月受入数量とは,当月加工分の数量であって,2,000 kg の数量を受け入れたが,このうち当月加工しなかった分は,月末仕掛品 400 kg × $\left(1 - \frac{1}{4}\right)$ である。したがって,2,000 kg − 400 kg × $\left(1 - \frac{1}{4}\right)$ = 1,700 kg である。$\left(1 - \frac{1}{4}\right)$ とは,月末仕掛品の翌月加工分をさすことはいうまでもない。逆に当月加工分を直接に計算して,1,500 kg + 400 kg × $\frac{1}{4}$ + 100 kg = 1,700 kg と考えてもよい。もちろんこの計算も正しくは 100 kg × (正常減損進捗度) とすべきであるが,正常減損進捗度が不明のため,上記の計算となる。

(注15) 400 kg × $\frac{1}{4}$ = 100 kg

d． 月末仕掛品原価 ＝ 11,400円 ＋ 1,882.35円 ＝ 13,282.35円
e． 検　　算　　75,717.65円 ＋ 13,282.35円 ＝ 89,000円

［解　説］
(1) 原料費の計算において，正常減損量 100 kg を含む完成品換算総量 2,000 kg で 57,000 円を割ることによってえた 28.5円/kg は，57,000 円の原料費を，完成品 1,500 kg，月末仕掛品 400 kg および正常減損量 100 kg へ 3 分するさいの kg 当たり単価である。つまり 28.5円/kg は，正常減損費を含まない単価となっている。
(2) 正常減損が工程の終点で発生した場合には，正常減損費は完成品だけが負担し，月末仕掛品は負担しない。そこで正常減損費を含まない単価 28.5円/kg に 400 kg を掛けて算出した月末仕掛品原料費は，正常減損費を含まない。
(3) 正常減損費を含まない月末仕掛品原料費を，当月の原料費（およびもしあれば月初仕掛品の原料費を加算した合計額）から差し引けば，正常減損費を含む完成品原料費が計算される。
(4) 加工費の計算において注意すべき点は，完成品換算総量のなかに，正常減損量を含めること，および正常減損は工程の終点で発生しているので，その進捗度は 100% であることの 2 点である。

II.　正常減損非度外視の方法

　正常減損度外視の方法は簡便法であるからその計算結果は，特定の場合を除き不正確となる。そこで正常減損量にたいしまずその原価を集計して，正常減損費を計算し，そののちに，これを完成品と月末仕掛品に追加配賦するほうが，計算として正確であるのみならず，経営管理者に，たえずその工程の正常減損費を意識させることになる，という見解が，内外の学者から主張されるようになった。(注16) そこでつぎにこの方法を，度外視のさいに使用した同じ計算例にもとづいて解説しよう。

（イ）　正常減損が工程の始点で発生した場合の計算

　これは，原料を工程に投入した直後に正常減損が発生した場合である。減損でなくて仕損ならば，工程に投入するまえに，不良材料としてはねられたか，あるいは第 2 工程以後の工程においては，不合格品としてはねられた場合に相当する。いずれにしてもこの場合は，その工程においては未加工か，あるいはほと

(注 16) 番場嘉一郎「原価計算論」中央経済社，昭 38, pp. 258—287.
　　　　本項は，上記番場教授のすぐれた研究に負うところが大である。
　　　　Schiff, M. and Benninger, L. J. *ibid.*, p. 313; Horngren, C. T., *Cost Accounting, A Managerial Emphasis* (N. J.: Prentice-Hall, Inc., 2 nd ed., 1967), pp. 663—664.

んど加工されていない状態であるので、正常減損費は原材料費のみか、あるいは、第2工程以後の工程であれば当工程の始点で投入される原材料費のほかに前工程費が正常減損費となるのみであって、加工費は正常減損費を構成しない。

[例題 6—8]

前述の条件において、正常減損 100 kg が工程の始点で発生したものとし、正常減損非度外視の方法によって計算せよ。

[解 答]

1. 原 料 費

(1) 正常減損原料費を分離する計算

$$\frac{57,000円}{1,500\,\text{kg} + 400\,\text{kg} + 100\,\text{kg}} \times 1,500\,\text{kg} = 42,750円（完 成 品）$$

$$\qquad\qquad\qquad〃 \qquad\qquad \times \quad 400\,\text{kg} = 11,400円（月末仕掛品）$$

$$\qquad\qquad\qquad〃 \qquad\qquad \times \quad 100\,\text{kg} = \ \ 2,850円（正常減損費）$$

[解 説] 上記の計算において、

  完成品換算総量 = 1,500 kg + 400 kg + 100 kg

とし、正常減損量をそのなかに含めれば、正常減損原料費が分離される。

(2) 正常減損原料費の追加配賦

$$\frac{2,850円}{1,500\,\text{kg} + 400\,\text{kg}} \times 1,500\,\text{kg} = 2,250円（完成品負担分）$$

$$\qquad\qquad\quad〃 \qquad\qquad \times \quad 400\,\text{kg} = \ \ 600円（月末仕掛品負担分）$$

[解 説]
 (1) 正常減損は工程の始点で発生しているので、正常減損原料費は、完成品も月末仕掛品も、ともに負担する。
 (2) 両方がこれを負担する割合は、対等（つまり完成品1kgと月末仕掛品1kgは、1:1の割合で負担すること）であって、月末仕掛品の進捗度 $\frac{1}{4}$ を考慮し、完成品は1、月末仕掛品は 0.25 の割合で正常減損原料費を負担するのではない。これは、正常減損発生点が工程の始点という一定点で発生するのみで、そのあとでは発生しないからである。したがって正常減損発生点を通過したものは、完成品であろうと未完成品であろうと、加工進捗度に関係なく、正常減損原料費を対等に負担するわけである。
 (3) 対等に負担させるには、2,850円を、1,500 kg と 400 kg との割合で配分すればよい。この場合、月末仕掛品の進捗度を考慮して、

$$\frac{2,850円}{1,500\,\text{kg} + 400\,\text{kg} \times \frac{1}{4}}$$

というように計算してはならない。

(3) 完成品と月末仕掛品の原料費

　　完　成　品 ＝ 42,750円 ＋ 2,250円 ＝ 45,000円

　　月末仕掛品 ＝ 11,400円 ＋ 　600円 ＝ 12,000円

2．加　工　費

$$\frac{32,000円}{1,500\,\text{kg} + 400\,\text{kg} \times \frac{1}{4} + 100\,\text{kg} \times 0} \times 1,500\,\text{kg} = 30,000円$$

$$\qquad\qquad〃\qquad\qquad \times\ 400\,\text{kg} \times \frac{1}{4} = 2,000円$$

[解　説] 加工費については，正常減損発生点の進捗度はゼロであるから，正常減損加工費はゼロである。

3．合　　計

	完成品	月末仕掛品	正常減損	合　　計
原　料　費	42,750円	11,400円	2,850円	57,000円
正常減損追加配賦	2,250	600	(2,850)	－
小　　計	45,000円	12,000円	0円	57,000円
加　工　費	30,000	2,000	0	32,000
合　　計	75,000円	14,000円	0円	89,000円

[注意事項] 上記の計算結果と，度外視による計算結果（[例題6—6]の解答結果）とを比較するならば，両方の結果は同じである。したがって計算の正確性という観点のみからすれば，正常減損が工程の始点で発生した場合は，度外視の方法によってもよい，という結論がえられる。しかしながら使用原料の変更，使用機械の変更など経営意思決定の観点からすれば，正常減損費を明示すること自体に重要な意義がある。

(ロ)　正常減損が工程の終点で発生した場合の計算

[例題 6—9]

前述の例題において正常減損 100 kg が，工程の終点で発生したものとし，正常減損非度外視の方法によって計算せよ。

[解　答]
1. 原　料　費
(1) 正常減損原料費を分離する計算

$$\frac{57{,}000\text{円}}{1{,}500\text{ kg} + 400\text{ kg} + 100\text{ kg}} \times 1{,}500\text{ kg} = 42{,}750\text{円（完　成　品）}$$

$$〃 \times 400\text{ kg} = 11{,}400\text{円（月末仕掛品）}$$

$$〃 \times 100\text{ kg} = 2{,}850\text{円（正常減損費）}$$

(2) 正常減損原料費の負担計算

完成品原料費 = 42,750円 + 2,850円 = 45,600円

[解　説]　正常減損が工程の終点で発生しているので，完成品のみが，2,850円の正常減損原料費を負担する。

2. 加　工　費
(1) 正常減損加工費を分離する計算

$$\frac{32{,}000\text{円}}{1{,}500\text{ kg} + 400\text{ kg} \times \frac{1}{4} + 100\text{ kg} \times 100\%} \times 1{,}500\text{ kg}$$

$$≒ 28{,}235.30\text{円（完　成　品）}$$

$$〃 \times 400\text{ kg} \times \frac{1}{4}$$

$$≒ 1{,}882.35\text{円（月末仕掛品）}$$

$$〃 \times 100\text{ kg}$$

$$≒ 1{,}882.35\text{円（正常減損費）}$$

(2) 正常減損加工費の負担計算

完成品加工費 = 28,235.30円 + 1,882.35円 = 30,117.65円

[解　説]　原料費と同様，1,882.35円の正常減損加工費は完成品のみが負担する。

3. 合　　計

	完 成 品	月末仕掛品	正常減損	合　　計
原 料 費	42,750.00円	11,400.00円	2,850.00円	57,000.00円
正常減損原料費	2,850.00	—	(2,850.00)	—
小　　計	45,600.00円	11,400.00円	0円	57,000.00円
加 工 費	28,235.30円	1,882.35円	1,882.35円	32,000.00円
正常減損加工費	1,882.35	—	(1,882.35)	—
小　　計	30,117.65円	1,882.35円	0円	32,000.00円
合　　計	75,717.65円	13,282.35円	0円	89,000.00円

［注意事項］　上記の計算結果と，度外視による計算結果（［例題6—7］の解答結果）とを比較するならば，両方の結果は同じである。したがって計算の正確性という観点のみからすれば，正常減損が工程の終点で発生した場合は，始点で発生した場合と同様に，通常の度外視の方法によってもよい，という結論がえられる。両方法の結果が異なるのは，次に説明する場合，つまり正常減損が工程の途中で発生した場合である。

（ハ）　正常減損が工程の途中の一定点で発生した場合の計算

i)　月末仕掛品進捗度＜正常減損進捗度の場合

［例題6—10］

前述の例題において正常減損100 kg が，工程の50% の進捗度の点で発生したものとして，非度外視法により計算せよ。

　［解　説］　月末仕掛品の進捗度は25%，正常減損発生点の進捗度は50% である。したがってこの場合は月末仕掛品は正常減損費を負担せず，完成品のみがこれを負担する。

［解　答］

1. 原　料　費

(1) 正常減損原料費を分離する計算

$$\frac{57,000円}{1,500\,\text{kg} + 400\,\text{kg} + 100\,\text{kg}} \times 1,500\,\text{kg} = 42,750円$$

$$\qquad\qquad \textit{"} \qquad\qquad\quad \times \quad 400\,\text{kg} = 11,400円$$

$$\qquad\qquad \textit{"} \qquad\qquad\quad \times \quad 100\,\text{kg} = 2,850円$$

(2) 正常減損原料費の負担計算

完成品原料費 = 42,750円 + 2,850円 = 45,600円

2. 加 工 費

(1) 正常減損加工費を分離する計算

$$\frac{32,000円}{1,500\,\text{kg} + 400\,\text{kg} \times \frac{1}{4} + 100\,\text{kg} \times \frac{1}{2}} \times 1,500\,\text{kg} \fallingdotseq 29,090.91円$$

$$\prime\prime \qquad \times 400\,\text{kg} \times \frac{1}{4} \fallingdotseq 1,939.39円$$

$$\prime\prime \qquad \times 100\,\text{kg} \times \frac{1}{2} \fallingdotseq 969.70円$$

(2) 正常減損加工費の負担計算

完成品加工費 = 29,090.91円 + 969.70円 = 30,060.61円

3. 合　　計

	完 成 品	月末仕掛品	正常減損	合　　計
原 料 費	42,750.00円	11,400.00円	2,850.00円	57,000.00円
正常減損原料費	2,850.00	—	(2,850.00)	—
小　計	45,600.00円	11,400.00円	0円	57,000.00円
加 工 費	29,090.91円	1,939.39円	969.70円	32,000.00円
正常減損加工費	969.70	—	(969.70)	—
小　計	30,060.61円	1,939.39円	0円	32,000.00円
合　計	75,660.61円	13,339.39円	0円	89,000.00円

ii) 月末仕掛品進捗度 ≧ 正常減損進捗度の場合

[例題 6―11]

　前述の例題において，正常減損は 25% の点で発生し，月末仕掛品の進捗度は 50% であるとして，非度外視法により計算せよ。

　　[解　説]　この場合は，完成品も月末仕掛品も，ともに正常減損発生点を通過しているので，正常減損費を両方が対等に負担する。

[解 答]
1. 原 料 費
(1) 正常減損原料費を分離する計算

$$\frac{57,000円}{1,500\,\text{kg} + 400\,\text{kg} + 100\,\text{kg}} \times 1,500\,\text{kg} = 42,750円$$

$$\prime\prime \qquad \times \quad 400\,\text{kg} = 11,400円$$

$$\prime\prime \qquad \times \quad 100\,\text{kg} = 2,850円$$

(2) 正常減損原料費の追加配賦

$$\frac{2,850円}{1,500\,\text{kg} + 400\,\text{kg}} \times 1,500\,\text{kg} = 2,250円$$

$$\prime\prime \qquad \times \quad 400\,\text{kg} = 600円$$

(3) 完成品と月末仕掛品の原料費

完 成 品 = 42,750円 + 2,250円 = 45,000円

月末仕掛品 = 11,400円 + 600円 = 12,000円

2. 加 工 費
(1) 正常減損加工費を分離する計算

$$\frac{32,000円}{1,500\,\text{kg} + 400\,\text{kg} \times \frac{1}{2} + 100\,\text{kg} \times \frac{1}{4}} \times 1,500\,\text{kg} \fallingdotseq 27,826.09円$$

$$\prime\prime \qquad \times 400\,\text{kg} \times \frac{1}{2} \fallingdotseq 3,710.14円$$

$$\prime\prime \qquad \times 100\,\text{kg} \times \frac{1}{4} \fallingdotseq 463.77円$$

(2) 正常減損加工費の追加配賦

$$\frac{463.77円}{1,500\,\text{kg} + 400\,\text{kg}} \times 1,500\,\text{kg} \fallingdotseq 366.13円$$

$$\prime\prime \qquad \times \quad 400\,\text{kg} \fallingdotseq 97.64円$$

(3) 完成品と月末仕掛品の加工費

完 成 品 = 27,826.09円 + 366.13円 = 28,192.22円

月末仕掛品 = 3,710.14円 + 97.64円 = 3,807.78円

3. 合　計

完成品総合原価 = 45,000円 + 28,192.22円 = 73,192.22円

月末仕掛品原価 = 12,000円 + 3,807.78円 = 15,807.78円

[注意事項]　以上の計算から明らかなように，正常減損が工程の一定点で発生した場合には，月末仕掛品がこの発生点を通過していなければ，正常減損費を完成品だけが負担するのにたいし，月末仕掛品がこの発生点にあるか，あるいはこの点を通過していれば，正常減損費を完成品と月末仕掛品とが対等に負担するのである。通説の度外視の方法では，これらをすべて，「工程の途中で発生」と考えて，正常減損発生点の進捗度を計算に反映させることができないのである。

(二)　正常減損が工程を通じ平均的に発生した場合の計算

[解　説]　これまでの計算は，すべて正常減損が，工程の始点，終点，または途中の一定点（たとえば進捗度 50% の点）というように，ある一定点で発生し，それ以後には発生しない，という場合の計算であった。これにたいして正常減損が，工程の始点から終点にいたるすべての間で，平均的に発生する場合がある。この場合には，分離して計算した正常減損費を，完成品と月末仕掛品の両方が負担すべきであるのみならず，その負担の割合は，その加工進捗度に応じて負担すべきであって，一定点で発生した場合のように，対等に負担してはならない。

[例題 6—12]

前述の例題において，正常減損 100 kg は，工程を通じ平均的に発生したものとし，非度外視法により計算せよ。月末仕掛品の進捗度は 25% とする。

[解　答]

1. 原　料　費

(1) 正常減損原料費を分離する計算

$$\frac{57,000円}{1,500\,\text{kg} + 400\,\text{kg} + 100\,\text{kg}} \times 1,500\,\text{kg} = 42,750円$$

$$\qquad\qquad\qquad　〃　\qquad\qquad \times \ \ 400\,\text{kg} = 11,400円$$

$$\qquad\qquad\qquad　〃　\qquad\qquad \times \ \ 100\,\text{kg} = \ \ 2,850円$$

(2) 正常減損原料費の追加配賦

$$\frac{2,850円}{1,500\,\text{kg} + 400\,\text{kg} \times \frac{1}{4}} \times 1,500\,\text{kg} = 2,671.875円$$

$$\frac{2,850円}{1,500\,\mathrm{kg} + 400\,\mathrm{kg} \times \frac{1}{4}} \times 400\,\mathrm{kg} \times \frac{1}{4} = 178.125円$$

[解 説] 上記の計算のように，原料は始点投入であるから，正常減損原料費 2,850 円の計算は，これまでの計算と同様である。ただ 2,850 円を完成品と月末仕掛品に負担させるさいは，正常減損は工程を通じ平均的に発生しているので，加工進捗度が進めば進むほど正常減損原料費を多く負担すべきである。したがってこの例題では，完成品 1 kg と月末仕掛品 1 kg は，1：0.25 の割合で，正常減損原料費を負担するのである。

(3) 完成品と月末仕掛品の原料費

完 成 品 ＝ 42,750円 ＋ 2,671.875円 ＝ 45,421.875円

月末仕掛品 ＝ 11,400円 ＋ 178.125円 ＝ 11,578.125円

2. 加 工 費

(1) 正常減損加工費を分離する計算

$$\frac{32,000円}{1,500\,\mathrm{kg} + 400\,\mathrm{kg} \times \frac{1}{4} + 100\,\mathrm{kg} \times \frac{1}{2}} \times 1,500\,\mathrm{kg} ≒ 29,090.909\,円$$

$$\qquad\qquad\qquad\prime\prime \qquad\qquad\qquad \times 400\,\mathrm{kg} \times \frac{1}{4} ≒ 1,939.394\,円$$

$$\qquad\qquad\qquad\prime\prime \qquad\qquad\qquad \times 100\,\mathrm{kg} \times \frac{1}{2} ≒ 969.697\,円$$

[解 説] 上式の分母で，$100\,\mathrm{kg} \times \frac{1}{2}$ とあるのは，100 kg の減損は，工程を通じて平均的に散らばっているという考え方で，進捗度を 50% としたのである。

(2) 正常減損加工費の追加配賦

$$\frac{969.697円}{1,500\,\mathrm{kg} + 400\,\mathrm{kg} \times \frac{1}{4}} \times 1,500\,\mathrm{kg} ≒ 909.091円$$

$$\qquad\qquad\prime\prime \qquad\qquad \times 400\,\mathrm{kg} \times \frac{1}{4} ≒ 60.606円$$

(3) 完成品と月末仕掛品の加工費

完 成 品 ＝ 29,090.909円 ＋ 909.091円 ＝ 30,000円

月末仕掛品 ＝ 1,939.394円 ＋ 60.606円 ＝ 2,000円

3. 合　計

	完 成 品	月末仕掛品	正常減損	合　　計
原 料 費	42,750.000円	11,400.000円	2,850.000円	57,000.000円
正常減損原料費 追 加 配 賦	2,671.875	178.125	(2,850.000)	—
小　計	45,421.875円	11,578.125円	0円	57,000.000円
加 工 費	29,090.909円	1,939.394円	969.697円	32,000.000円
正常減損加工費 追 加 配 賦	909.091	60.606	(969.697)	—
小　計	30,000.000円	2,000.000円	0円	32,000.000円
合　　計	75,421.875円	13,578.125円	0円	89,000.000円

[**注意事項**]　加工費の計算にかんするかぎり，上記の計算の結果と，度外視の計算の結果とは同じである。したがって計算の正確性という観点のみからすれば，正常減損が工程を通じ平均的に発生する場合には，加工費については度外視の方法でよく，原料費については減損量の負担する原料費だけを減損費とし，これを加工等価量 $\left(\text{上例では，} 1,500\,\text{kg} + 400\,\text{kg} \times \dfrac{1}{4}\right)$ で，完成品と月末仕掛品とに負担させればよい。
(注 17)

(ホ)　正常減損率が安定している場合の計算

[**解　説**]　正常減損が工程を通じて平均的に発生する場合の計算方法については，すでに述べたとおりである。この場合は，正常減損は工程のどの段階においても発生する可能性があり，その発生する量は，そのときどきの偶然で増減するが，平均すればある一定量の正常減損が発生するという場合である。これにたいして，正常減損の発生の仕方が，もっと安定していて，加工が進むにつれて正常減損発生量がふえていくという場合がある。たとえば図 6—4 をみてほしい。これは，工程始点で 1,000 kg の原料を投入すると，進捗度が 25％，50％，75％，100％と進むにつれ，工程始点で 100％ あった原料は，97.5％，95％，92.5％，90％ と減少し，結局

図 6—4

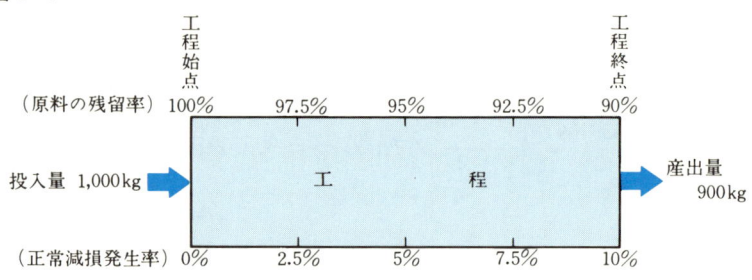

	工程始点				工程終点
（原料の残留率）	100％	97.5％	95％	92.5％	90％
投入量 1,000 kg →		工　　　　程			→ 産出量 900 kg
（正常減損発生率）	0％	2.5％	5％	7.5％	10％

(注 17)　番場教授によれば，「なお減損費と加工費を月末仕掛品と工程完了品とに配分する場合に用いる等価生産量は同一であるから，減損費(減損分の材料費および前工程費)は，これを加工費に加算した上で，減損費込の加工費を月末仕掛品と工程完了品とに配分してもよいのである。」と。前掲書, pp. 262—263.

投入量の 10% が減少して 900 kg が産出量となるという場合である。したがって正常減損は，工程始点の 0% から出発して，進捗度がふえるにつれて発生し，工程終点では始点投入量の 10% に達することになる。このような場合の計算を次に説明する。

[例題 6—13]

[生産データ]

月初仕掛品	なし	完 成 品	
当 月 受 入（工程始点投入）		第 1 バッチ	900 kg
第 1 バッチ (注18)	1,000 kg	第 2 バッチ	900
第 2 バッチ	1,000	合 計	1,800 kg
第 3 バッチ	1,000	月末仕掛品	
合 計	3,000 kg	第 3 バッチ	940 kg （進捗度 $\frac{3}{5}$）

[原価データ]

当 月 原 料 費	135,000 円
当 月 加 工 費	93,600
当 月 製 造 費 用	228,600 円

上の条件により完成品総合原価と月末仕掛品原価を計算せよ。なお正常減損は加工の進捗に応じて発生し，工程終点では，原料の始点投入量の 10% にまで達するものとする。計算上の端数は，小数点以下 1 位で四捨五入せよ。

[解　答]

問題の条件にある生産データを図示すれば，図 6—5 のようになる。

図 6—5

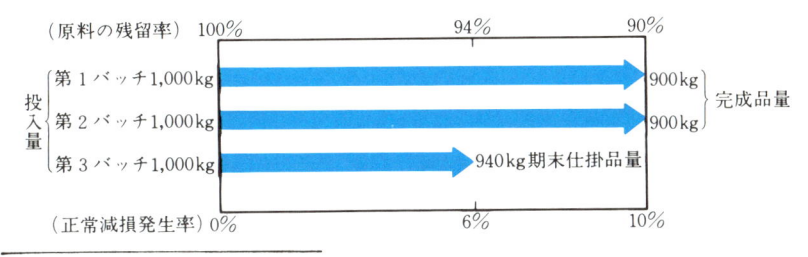

(原料の残留率) 100%　　　94%　　　90%
投入量　{ 第1バッチ1,000kg → 900kg
　　　　　第2バッチ1,000kg → 900kg　} 完成品量
　　　　　第3バッチ1,000kg → 940kg 期末仕掛品量
(正常減損発生率) 0%　　　6%　　　10%

────────────────

(注 18)　バッチ (batch) とは，まとめて加工する 1 回の分量のことである。

この図から明らかなように，正常減損は，第1バッチから100kg，第2バッチから100kg，第3バッチから60kg発生したことになる。したがって200kg分の正常減損費は完成品が，60kg分の正常減損費は月末仕掛品が負担すればよい。

1. 原 料 費

(1) 正常減損原料費を分離する計算

$$\frac{135,000円}{3,000\,\mathrm{kg}} \times 1,800\,\mathrm{kg} = 81,000円\text{（完 成 品）}$$

$\qquad\qquad〃 \quad \times \quad 940\,\mathrm{kg} = 42,300円\text{（月末仕掛品）}$

$\qquad\qquad〃 \quad \times \quad 200\,\mathrm{kg} = 9,000円 \begin{pmatrix}\text{完成品の負担する}\\\text{正常減損原料費}\end{pmatrix}$

$\qquad\qquad〃 \quad \times \quad 60\,\mathrm{kg} = 2,700円 \begin{pmatrix}\text{月末仕掛品の負担す}\\\text{る正常減損原料費}\end{pmatrix}$

(2) 完成品と月末仕掛品の原料費

$\qquad$完 成 品 $= 81,000円 + 9,000円 = 90,000円$

$\qquad$月末仕掛品 $= 42,300円 + 2,700円 = 45,000円$

2. 加 工 費

(1) 正常減損加工費を分離する計算

$$\frac{93,600\,円}{1,800\,\mathrm{kg} + 940\,\mathrm{kg} \times \frac{3}{5} + 200\,\mathrm{kg} \times \frac{1}{2} + 60\,\mathrm{kg} \times \frac{3}{5} \times \frac{1}{2}} \times 1,800\,\mathrm{kg}$$

$\qquad\qquad\qquad\qquad\qquad\qquad\qquad ≒ 67,881円\text{（完 成 品）}$

$\qquad\qquad〃 \qquad\qquad \times 940\,\mathrm{kg} \times \frac{3}{5} ≒ 21,269円\text{（月末仕掛品）}$

$\qquad\qquad〃 \qquad\qquad \times 200\,\mathrm{kg} \times \frac{1}{2} ≒ 3,771円 \begin{pmatrix}\text{完成品の負担する}\\\text{正常減損加工費}\end{pmatrix}$

$\qquad\qquad〃 \qquad\qquad \times 60\,\mathrm{kg} \times \frac{3}{5} \times \frac{1}{2} ≒ 679円 \begin{pmatrix}\text{月末仕掛品の負担す}\\\text{る正常減損加工費}\end{pmatrix}$

[解 説] 正常減損の加工費換算量は，工程を通じて徐々に発生するため，右図の青い三角形の面積が示すように，正常減損量 $\times \frac{1}{2}$ によって計算する。

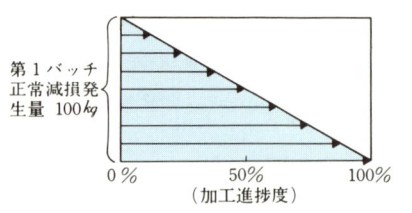

(2) 完成品と月末仕掛品の加工費

　　完　成　品 = 67,881円 + 3,771円 = 71,652円
　　月末仕掛品 = 21,269円 + 　679円 = 21,948円

3. 完成品総合原価と月末仕掛品原価

　　完　成　品 = 90,000円 + 71,652円 = 161,652円
　　月末仕掛品 = 45,000円 + 21,948円 = 　66,948円

[解　説]　上述の計算は，非度外視の方法であるが，これを次のように，度外視の方法によって計算することも可能である。

Ⅰ．終点量に直して計算する方法　　月末仕掛品 940 kg を完成させれば，さらに正常減損が発生して，いくらの完成品になるかを計算すると，

$$940 \text{ kg} \times \frac{90}{94} = 900 \text{ kg （図 6—5 参照）}$$

そこで原料費は，完成品 1,800 kg と月末仕掛品の終点量 900 kg との割合で負担すればよい。

(1) 原　料　費

$$\frac{135,000円}{1,800 \text{ kg} + 900 \text{ kg}} \times 1,800 \text{ kg} = 90,000円 （完　成　品）$$

$$〃 \qquad \times \ 900 \text{ kg} = 45,000円 （月末仕掛品）$$

(2) 加　工　費　　同様に加工費は，1,800 kg と，$900 \text{ kg} \times \frac{3}{5}$ との割合で負担する。

$$\frac{93,600円}{1,800 \text{ kg} + 900 \text{ kg} \times \frac{3}{5}} \times 1,800 \text{ kg} = 72,000円 （完　成　品）$$

$$〃 \qquad \times 900 \text{ kg} \times \frac{3}{5} = 21,600円 （月末仕掛品）$$

(3) 完成品総合原価と月末仕掛品原価
　　完　成　品 = 90,000円 + 72,000円 = 162,000円
　　月末仕掛品 = 45,000円 + 21,600円 = 　66,600円

Ⅱ．始点量に直して計算する方法　　完成品 1,800 kg を工程の始点投入量に戻して考えれば，

$$1,800 \text{ kg} \times \frac{100}{90} = 2,000 \text{ kg}$$

月末仕掛品の始点量は，

$$940 \text{ kg} \times \frac{100}{94} = 1,000 \text{ kg}$$

となる。そこでこの割合を利用して計算する。

(1) 原　料　費

$$\frac{135,000円}{3,000 \text{ kg}} \times 2,000 \text{ kg} = 90,000円 （完　成　品）$$

$$〃 \quad \times 1,000 \text{ kg} = 45,000円 （月末仕掛品）$$

(2) 加　工　費

$$\frac{93,600円}{2,000\,\text{kg} + 1,000\,\text{kg} \times \frac{3}{5}} \times 2,000\,\text{kg} = 72,000円$$

$$\qquad\qquad\qquad〃\qquad\qquad\quad \times 1,000\,\text{kg} \times \frac{3}{5} = 21,600円$$

(3) 完成品総合原価と月末仕掛品原価
　　完　成　品 ＝ 90,000円 ＋ 72,000円 ＝ 162,000円
　　月末仕掛品原価 ＝ 45,000円 ＋ 21,600円 ＝ 66,600円
　　以上の2方法は，正常減損費を分離しないという意味で度外視の方法にほかならない。これらの計算の結果は，加工費換算量の計算が不正確なために，非度外視の方法の結果と一致しない。

(ヘ) 月初仕掛品と先入先出法

　正常減損のこれまでの計算例は，説明をわかりやすくするために，月初仕掛品のない場合を仮定してきた。もし月初仕掛品があれば，正常減損という条件のほかに，先入先出法，平均法，後入先出法という条件が加わることになる。次に月初仕掛品が存在し，先入先出法を採用する場合の注意事項を述べよう。

[例題 6—14]

[条　件]　　　　　　　　　　　　原料費　　加工費　　合　計
　月初仕掛品　　$100\,\text{kg}\left(\frac{1}{2}\right)$　　1,100円　　475円　　1,575円
　当 月 受 入　　1,900　　　　　19,000　　16,470　　35,470
　合　　　計　　2,000 kg　　　　20,100円　16,945円　37,045円
　正 常 減 損　　　20 kg
　月末仕掛品　　180　$\left(\frac{1}{3}\right)$
　完　成　品　1,800
　合　　　計　2,000 kg

なお原料は工程の始点で投入される。( )は加工費の進捗度を示す。以上の条件にもとづき，先入先出法で完成品総合原価と月末仕掛品原価を計算せよ。ただし正常減損は工程の終点で発生したものとして計算すること。

　[解　説]　正常減損は工程の終点で発生したのであるから，正常減損費は完成品のみが負担する。この場合，正常減損度外視の方法と非度外視の方法とに分けて計算することにより，度外視の方法の計算仮定を理解してみよう。

[解　答]
[正常減損度外視の方法]
1. 原　料　費

$$月末仕掛品原料費 = \frac{19,000円}{1,800\,\text{kg} - 100\,\text{kg} + 180\,\text{kg} + 20\,\text{kg}} \times 180\,\text{kg}$$
$$= 1,800円$$

完成品原料費 = (1,100円 + 19,000円) − 1,800円 = 18,300円

2. 加　工　費

月末仕掛品加工費

$$= \frac{16,470円}{1,800\,\text{kg} - 100\,\text{kg} \times \frac{1}{2} + 180\,\text{kg} \times \frac{1}{3} + 20\,\text{kg}} \times 180\,\text{kg} \times \frac{1}{3} = 540円$$

完成品加工費 = (475円 + 16,470円) − 540円 = 16,405円

3. 完成品総合原価と月末仕掛品原価

	完成品	月末仕掛品	合　計
原 料 費	18,300円	1,800円	20,100円
加 工 費	16,405	540	16,945
合 計	34,705円	2,340円	37,045円

完　成　品　@34,705円 ÷ 1,800 kg = 19.280555…円

[解　説]　上述の計算では，正常減損 20 kg が，月初仕掛品の加工分から生じたのか，当月着手分から生じたのか，あるいは両方から生じたのか，という区別をとくに考えなかった。しかしながら非度外視の方法では，この点の条件が明確にされないと，計算することができない。いま仮に，正常減損 20 kg が，すべて当月作業分から生じたものとして非度外視の方法で計算してみよう。

[正常減損非度外視の方法]
1. 原　料　費

```
          ┌ 完 成 品 　1,800 kg ┌ 月初仕掛品の完成分 100kg @11円/kg 1,100円
          │                    └ 当月着手完成分 1,800 kg − 100 kg
          │                              =1,700kg @10円/kg 17,000円
          │ 正 常 減 損 　20 kg　@10円　　200円
          └ 月末仕掛品　　180 kg　@10円　1,800円
```

[解説] 月初仕掛品が完成した分の原料費単価は，1,100円 ÷ 100 kg = @11円/kg である。これにたいし，当月の作業分の原料費単価は次のようになる。

$$\frac{19,000円}{(1,800\,\mathrm{kg} - 100\,\mathrm{kg}) + 180\,\mathrm{kg} + 20\,\mathrm{kg}} = @10円/\mathrm{kg}$$

2．加 工 費

$$\begin{cases}完成品\\1,800\,\mathrm{kg}\end{cases}\begin{cases}月初仕掛品の\\完成分100\,\mathrm{kg}\end{cases}\begin{cases}先月の作業\quad 100\,\mathrm{kg} \times \dfrac{1}{2}\\\qquad\qquad\quad = 50\,\mathrm{kg}\quad @9.5円/\mathrm{kg}\quad 475円\\今月の作業\quad 100\,\mathrm{kg} \times \left(1 - \dfrac{1}{2}\right)\\\qquad\qquad\quad = 50\,\mathrm{kg}\quad @9円/\mathrm{kg}\quad 450円\end{cases}$$

当月着手完成分　1,800 kg − 100 kg
　　　　　　　　 = 1,700 kg　@9円/kg　15,300円

正常減損　20 kg　@9円/kg　180円

月末仕掛品　180 kg × $\dfrac{1}{3}$ = 60 kg　@9円/kg　540円

[解説] 月初仕掛品完成分の先月作業の加工費単価は，475円 ÷ $\left(100\,\mathrm{kg} \times \dfrac{1}{2}\right)$ = 9.5円/kg である。これにたいし，当月作業分の加工費単価は次のようになる。

$$\frac{16,470円}{1,800\,\mathrm{kg} - 100\,\mathrm{kg} \times \dfrac{1}{2} + 180\,\mathrm{kg} \times \dfrac{1}{3} + 20\,\mathrm{kg}} = @9円/\mathrm{kg}$$

3．修正先入先出法による完成品総合原価と月末仕掛品原価

		完 成 品	月末仕掛品	合　　計
原 料 費	先 月 分	1,100円	—	1,100円
	今 月 分	17,000	1,800円	18,800
	正常減損	200	—	200
	小　計	18,300円	1,800円	20,100円
加 工 費	先 月 分	475円	—	475円
	今 月 分	450 15,300	540円 —	990 15,300
	正常減損	180	—	180
	小　計	16,405円	540円	16,945円
	合　計	34,705円	2,340円	37,045円

この計算の結果は，正常減損度外視の方法の結果に一致する。いいかえれば，度外視の方法は，正常減損は当月作業分から生じたものという計算仮定にもとづく計算を行なっているのである。

4. 純粋先入先出法による完成品総合原価と月末仕掛品原価

	完成品				月末仕掛品		合計
	月初仕掛品完成分		当月着手完成分				
原料費	100kg @11円	1,100円	1,700kg @10円	17,000円	180kg @10円	1,800円	19,900円
正常減損	—		(20kg @10円)	200			200
小計	100kg @11円	1,100円	1,700kg @10.117647円	17,200円	180kg @10円	1,800円	20,100円
加工費							
先月分	50kg @ 9.5円	475円	—		—		475円
今月分	50kg @ 9.0円	450	1,700kg @ 9円	15,300円	60kg @ 9円	540円	16,290
正常減損	—		(20kg @ 9円)	180			180
小計	100kg @ 9.25円	925円	1,700kg @ 9.105882円	15,480円	60kg @ 9円	540円	16,945円
合計	100kg @20.25円	2,025円	1,700kg @19.223529円	32,680円	180kg	2,340円	37,045円

先入先出法を理論的に一貫させようとすれば，上のような純粋先入先出法による計算を行なうべきである。しかしながら多くの工場では正常減損を，月初仕掛品の加工分からどれほど生じたか，当月着手分からどれほど生じたか，というように区別して把握していない。そこで正常減損は当月作業分から生じたものとして計算するのが通常である。この場合，わざわざ純粋先入先出法を採用することによって，期間損益計算のための製品原価計算の正確性がどれほど増加するかを考えてみると，純粋先入先出法の実務上の意義は疑問である。

(4) 正常仕損と異常仕損

正常減損費もしくは正常仕損費は，良品の原価に算入するが，異常減損費もしくは異常仕損費は，良品の原価から分離させねばならない。つぎに正常仕損と異常仕損がともに発生し，それぞれ処分価額をもつ場合の計算を例示しよう。

[例題 6—15]

[生産データ]　月初仕掛品　　　　100個 $\left(\frac{3}{4}\right)$
　　　　　　　　当月受入　　　　1,900個
　　　　　　　　　合　計　　　　2,000個
　　　　　　　差引：正常仕損　　20個 $\left(\frac{2}{5}\right)$
　　　　　　　　　異常仕損　　　60個 $\left(\frac{2}{3}\right)$
　　　　　　　　月末仕掛品　　420個 $\left(\frac{1}{2}\right)$　500個
　　　　　　　　完成品　　　　　　　　1,500個

材料は工程の始点で投入。（　）内は加工費の進捗度。正常および異常仕損は（　）内に示された進捗度の点で発生し，それらはすべて当月作業分から生じたものとする。

[原価データ]　月初仕掛品原価　　6,200円
　　　　　　　当月製造費用
　　　　　　　直接材料費　　　114,000
　　　　　　　加　工　費　　　 84,150
　　　　　　　　合　計　　　　204,350円

正常仕損品の処分価額総額は 80 円，異常仕損品の処分価額総額は 400 円である。完成品と月末仕掛品への原価の配分は，先入先出法によることとし，完成品総合原価，月末仕掛品原価および異常仕損費を計算せよ。

[解　答]

(イ)　正常仕損度外視の方法

[解　説] 正常仕損は，工程の途中 $\left(\text{加工進捗度}\frac{2}{5}\right)$ で発生しているので，通説では，正常仕損費を完成品と月末仕掛品（と異常仕損品）とに負担させるため，正常仕損を度外視して計算する。この場合，正常仕損品の処分価額は，もしその価値が主として材料の価値であれば，あらかじめ当月の直接材料費からマイナスし，もしその価値が，主として加工によって生じたものであれば，当月の加工費からマイナスして計算する。仮に，正常仕損品の処分価額 80 円が，主として材料の価値であるものとして，つぎに計算してみよう。

i) 直接材料費の計算

$$\frac{114{,}000円 - 80円}{1{,}500個 - 100個 + 420個 + 60個} \times (1{,}500個 - 100個)$$
$$\fallingdotseq 84{,}834.04円（当月着手完成品）$$
$$\qquad \qquad \qquad '' \qquad \times 420個 \fallingdotseq 25{,}450.21円（月末仕掛品）$$
$$\qquad \qquad \qquad '' \qquad \times 60個 \fallingdotseq 3{,}635.75円（異常仕損品）$$

〔解 説〕 上述の計算で，完成品換算総量は，$(1{,}500個 - 100個 + 420個 + 60個)$ となっており，正常仕損 20 個は無視されている。したがって，正常仕損品の負担すべき直接材料費はおのずから，当月着手完成品と月末仕掛品と異常仕損品が負担してしまうことになる。この場合，正常仕損の直接材料費を異常仕損品は負担すべきではないという考え方に立てば，完成品換算総量のなかに正常仕損 20 個を含め，あとで述べる非度外視の方法によって計算するよりほかはない。

ii) 加工費の計算

$$\frac{84{,}150円}{1{,}500個 - 100個 \times \frac{3}{4} + 420個 \times \frac{1}{2} + 60個 \times \frac{2}{3}} \times \left(1{,}500個 - 100個 \times \frac{3}{4}\right)$$

$\fallingdotseq 71{,}590.30円$（当月着手完成品）

$$\qquad \qquad \qquad '' \qquad \qquad \times 420個 \times \frac{1}{2}$$

$\fallingdotseq 10{,}550.15円$（月 末 仕 掛 品）

$$\qquad \qquad \qquad '' \qquad \qquad \times 60個 \times \frac{2}{3}$$

$\fallingdotseq 2{,}009.55円$（異 常 仕 損 品）

iii) 合　　計

	完 成 品	月末仕掛品	異常仕損品
直接材料費	84,834.04円	25,450.21円	3,635.75円
加 工 費	71,590.30	10,550.15	2,009.55
合　計	156,424.34円	36,000.36円	5,645.30円
差引：処分価額			400.00
			5,245.30円
加算：月初仕掛品原価	6,200.00		
合　計	162,624.34円		

iv) 検　　算

　　　$162{,}624.34円 + 36{,}000.36円 + 5{,}245.30円 + 400.00円 + 80.00円$
　　　　$= 204{,}350.00円 = 投入額合計$

(ロ)　**正常仕損非度外視の方法**

問題の条件において，正常仕損，異常仕損，完成品，月末仕掛品の加工進捗

度を図示してみれば，図 6—6 のようになる。

図 6—6

```
         2/5    1/2   2/3
  0%     正     月    異          100%
         常     末    常           完
         仕     仕    仕           成
         損     掛    損           品
         発     品    発
         生           生
```

したがって月末仕掛品，完成品，異常仕損品はすべて正常仕損発生点を通過しているので，正常仕損費を対等に負担すべきである。このように考えれば，計算はつぎのようになる。

i) 直接材料費の計算

$$\frac{114,000円}{1,500個 - 100個 + 420個 + 20個 + 60個} \times (1,500個 - 100個)$$

$$= 84,000円（当月着手完成品）$$
$$〃 \times 420個 = 25,200円（月末仕掛品）$$
$$〃 \times 20個 = 1,200円（正常仕損品）$$
$$〃 \times 60個 = 3,600円（異常仕損品）$$

ii) 加工費の計算

$$\frac{84,150円}{1,500個 - 100個 \times \frac{3}{4} + 420個 \times \frac{1}{2} + 20個 \times \frac{2}{5} + 60個 \times \frac{2}{3}} \times \left(1,500個 - 100個 \times \frac{3}{4}\right)$$

$$= 71,250円（当月加工分）$$

$$〃 \times 420個 \times \frac{1}{2}$$

$$= 10,500円（月末仕掛品）$$

$$〃 \times 20個 \times \frac{2}{5}$$

$$= 400円（正常仕損品）$$

$$〃 \times 60個 \times \frac{2}{3}$$

$$= 2,000円（異常仕損品）$$

iii) 正常仕損費の配賦

正常仕損費 = 1,200円 + 400円 − 80円 = 1,520円

$$\frac{1,520円}{(1,500個 - 100個) + 420個 + 60個} \times (1,500個 - 100個) ≒ 1,131.92円（当月着手完成品）$$
$$〃 \times 420個 ≒ 339.57円（月末仕掛品）$$
$$〃 \times 60個 ≒ 48.51円（異常仕損品）$$

iv) 合　　　計

	完成品	月末仕掛品	正常仕損品	異常仕損品
直接材料費	84,000.00円	25,200.00円	1,200.00円	3,600.00円
加工費	71,250.00	10,500.00	400.00	2,000.00
小　計	155,250.00円	35,700.00円	1,600.00円	5,600.00円
差引：処分価額	—	—	80.00	400.00
小　計	—	—	1,520.00円	5,200.00円
加算：正常仕損費	1,131.92	339.57		48.51
小　計	156,381.92円	36,039.57円		5,248.51円
加算：月初仕掛品原価	6,200.00			
合　計	162,581.92円			

v) 検　　　算

162,581.92円 ＋ 36,039.57円 ＋ 5,248.51円 ＋ 480.00円

＝ 204,350.00円 ＝ 投入額合計

［解　説］　上述の計算から明らかなように，仕損品に処分価額が存在する場合には，正常仕損非度外視の方法によると，正常仕損品の原価および異常仕損品の原価をまず集計し，つぎにそれぞれの処分価額をこれから控除することができるので，この点においても，正常仕損度外視の方法より正確な計算となる。

　論者によっては，正常仕損費は良品を製造するための原価（cost of good product）であるから，異常仕損品は正常仕損費を負担すべきではない，とする者がある。このような考え方からすれば，その計算はつぎのようになる。

（正常仕損費の配賦）

$$\frac{1,520円}{(1,500個-100個)+420個} \times (1,500個-100個) \fallingdotseq 1,169.23円（当月着手完成品）$$

$$\qquad\qquad 〃 \qquad\qquad \times \quad 420個 \quad \fallingdotseq \quad 350.77円（月末仕掛品）$$

（合　　計）

	完成品	月末仕掛品	正常仕損品	異常仕損品
直接材料費と加工費の合計	155,250.00円	35,700.00円	1,600.00円	5,600.00円
差引：処分価額	—	—	80.00	400.00
小　計	—	—	1,520.00円	5,200.00円
加算：正常仕損費	1,169.23	350.77		
小　計	156,419.23円	36,050.77円		
加算：月初仕掛品原価	6,200.00			
合　計	162,619.23円			

（検　算）　162,619.23円 ＋ 36,050.77円 ＋ 5,200.00円 ＋ 480.00円 ＝ 204,350.00円

　しかしながらこの例題のように，正常仕損発生点を通過して異常仕損が発生したときは，異常仕損品も正常仕損費の一部分を負担すべきであると思う。

6. 異質的原材料の投入

これまでの計算例では，原材料の投入量と製品の産出量とは，同じ物量的測定単位（キログラム，ポンドなど）で測定されることを前提としてきた。しかしながら工場によっては，さまざまな原料を使用するために，投入量と産出量の測定単位が異なることがある。このような場合にも，製品原価を計算する目的にとっては，なんら困難な問題は生ぜず，たんに製品の産出量を示す物量データさええられればよい。たとえば原料A，B，Cから製品Xを製造するものとし，次のようなデータがある月にえられたとする。

	実際消費量	単　　価	金　　額
原　料　A	10,000 kg	10円/kg	100,000円
原　料　B	15,000リットル	40円/リットル	600,000
原　料　C	5,000ポンド	6円/ポンド	30,000
原料費合計			730,000円

製品X実際生産量　　10,000リットル

そこで製品の原料費単価は，73円/リットルと計算される。この場合従来の計算例と異なるのは，仕損量ないし減損量が判明しないという点である。というのは，原料AとCとは原料Bのなかで溶解され，液体としての製品Xが製造されるので，各種原料は工程に投入されれば，もはやそれぞれの原料としての性質を失ってしまう。したがってたとえば原料Aがどれほど製品とならずに消滅したかは，知ることはできない。もちろんすべての原料をなんらかの統一的物量尺度で換算し，それによって減損量を計算できないわけではないが，そのような計算をする意味はほとんどない。[注19] というのは，原料のこのような損失は，単位原価に反映されるからである。たとえば前例において，もし歩留りが悪く製品Xの実際生産量が 10,000 リットル以下になれば，単位原価は 73 円以上になり，もし歩留りが良く製品Xの実際生産量が 10,000 リットル以上になれば，単位原価は 73 円以下になる。

このような事情から仕損量や減損量が判明しない場合には，産出量を，どれか1つの重要な原料消費量に関連づければ，原価管理用のデータがえられる。

(注 19) Shillinglaw, G., *Cost Accounting, Analysis and Control* (Illinois: R. D. Irwin, Inc., 1961), p. 345.

たとえば前例の場合，製品Xの実際生産量を原料Bの実際消費量で割って歩留りを計算し，このデータを期間的に観察してその趨勢を分析すれば，その結果は製品単位原価の期間的増減を分析するための重要な補助資料として使用できる。しかしながらこの分析をいっそう完全に行なうためには，原料別投入量と製品の産出量についての標準が設定されていなければならない。これについては，標準原価計算の章で，配合差異と歩留差異として説明しよう。

第 2 節　工程別単純総合原価計算

工程別単純総合原価計算とは，1種類の標準製品を量産する工場において，製品の製造原価を工程別に計算する総合原価計算の形態である。本節における問題の中心は，原価をどのようにして工程別に計算するかという点にある。この場合，全原価要素を工程別に計算する方法と加工費のみを工程別に計算する方法とがある。

1.　全原価要素工程別単純総合原価計算

総合原価計算において，原価（全原価要素であれ，加工費のみであれ）を工程別に計算する方法には，累加法（cumulative method）と非累加法（non-cumulative method）とがある。したがって累加法と非累加法の内容やそれらの差異を，ここで説明しておこう。

I.　累　　加　　法
（1）　累加法とは何か

累加法とは，各工程における完成品を次工程に振り替えるさいに，その工程の完成品原価でもって振り替える工程別計算の方法をいう。すなわち，第1工程で投入された原価は，第1工程完成品原価と第1工程月末仕掛品原価とに分けられる。第1工程の完成品はその総合原価でもって第2工程へ振り替えられるが，第2工程ではこれを前工程費として受け入れ，第2工程自体で発生した原価とともに，それらを第2工程完成品原価と第2工程月末仕掛品原価とに分

け，第2工程完成品をその総合原価でもって第3工程へ引き渡すのである。このように累加法によれば，各工程の完成品は，前工程費と当工程費とを背負って次工程へ振り替えられていく，いわば雪ダルマ式の計算となる。

（2） 累加法の計算例

［例題 6—16］

［生産データ］

	第1工程	第2工程	第3工程
月初仕掛品量	2,000ポンド$\left(\frac{1}{2}\right)$	3,000ポンド$\left(\frac{1}{3}\right)$	2,000ポンド$\left(\frac{1}{4}\right)$
当月投入量	38,000	36,000	35,000
合計	40,000ポンド	39,000ポンド	37,000ポンド
差引：月末仕掛品量	4,000 $\left(\frac{1}{2}\right)$	4,000 $\left(\frac{1}{4}\right)$	3,000 $\left(\frac{1}{3}\right)$
完成品量(振替量)	36,000ポンド	35,000ポンド	34,000ポンド

原料は第1工程の始点で投入。（ ）内の分数値は加工費進捗度を示す。

［原価データ］

	第1工程	第2工程	第3工程
月初仕掛品原価			
原料費(前工程費)	20,000円	45,000円	48,000円
加工費	5,500	8,200	4,000
当月製造費用			
原料費	418,000	—	—
加工費	222,000	280,000	345,000
合計	665,500円	333,200円	397,000円

以上の資料にもとづき，先入先出法で累加法による工程別計算を行ないなさい。

［解答］

1. 第1工程

(1) 原料費の計算

$$月初仕掛品に含まれる原料費単価 = \frac{20,000円}{2,000ポンド} = 10円/ポンド$$

$$当月作業の原料費単価 = \frac{418,000円}{36,000ポンド - 2,000ポンド + 4,000ポンド}$$
$$= 11円/ポンド$$

したがって,

$$\begin{cases} 完成品 \\ 36,000ポンド \end{cases} \begin{cases} 月初仕掛品完成分 \\ 2,000ポンド & @10円 & 20,000円 \\ 当月着手完成分 \\ 34,000ポンド & @11円 & 374,000 \end{cases}$$

計　394,000円

月末仕掛品
4,000ポンド　　　　　@11円　44,000

合　計　438,000円

となる。

(2) 加工費の計算

$$月初仕掛品に含まれる加工費単価 = \frac{5,500円}{2,000ポンド \times \frac{1}{2}} = 5.5円/ポンド$$

$$当月作業の加工費単価 = \frac{222,000円}{36,000ポンド - 2,000ポンド \times \frac{1}{2} + 4,000ポンド \times \frac{1}{2}}$$

$$= 6円/ポンド$$

したがって,

完成品 36,000ポンド
- 月初仕掛品完成分 2,000ポンド
  - 先月作業分 1,000ポンド　@5.50円　5,500円
  - 当月作業分 1,000ポンド　@6.00円　6,000
  - @5.75円　11,500円
- 当月着手完成分 34,000ポンド　@6.00円　204,000

計　215,500円

月末仕掛品　4,000ポンド × $\frac{1}{2}$　@6.00円　12,000

合　計　227,500円

となる。

(3) 第1工程総合原価計算表

	原　料　費			加　工　費			合　　　計	
	数　量	単価	金　額	数　量	単価	金　額	金　額	（単　価）
月初仕掛品	2,000ポンド	10円	20,000円	(注20) 1,000ポンド	5.5円	5,500円	25,500円	
当月受入	38,000	(注22) 11	418,000	(注21) 37,000	(注22) 6.0	222,000	640,000	
投入合計	40,000ポンド		438,000円	38,000ポンド		227,500円	665,500円	
完　成　品								
月初仕掛 　品完成分	2,000ポンド	10	20,000円	2,000ポンド	5.75	11,500円	31,500円	(@15.75円)
当月着手 　完 成 分	34,000	11	374,000	34,000	6.00	204,000	578,000	(注22) (@17.00円)
計	36,000ポンド		394,000円	36,000ポンド		215,500円	609,500円	(注23) (@16.93円)
月末仕掛品	4,000	11	44,000円	2,000	6.00	12,000	56,000	(注24) (@14.00円)
産出合計	40,000ポンド		438,000円	38,000ポンド		227,500円	665,500円	

2. 第 2 工 程

(1) 前 工 程 費

　第2工程では第1工程完成品を 36,000 ポンド（609,500円）受け入れたわけである。この 36,000 ポンドは，最初の 2,000 ポンドと次の 34,000 ポンドとは単価が異なるので，先入先出法を厳格に実施しようとすれば，次のように計算しなければならない。

```
              ┌ 第2工程月初仕掛品完成分         (注25)
              │             3,000ポンド    @15.00円   45,000円
   完 成 品  ┤
   35,000ポンド│             ┌ 2,000ポンド  @15.75円   31,500
              └ 当月着手完成分┤
                32,000ポンド  └30,000ポンド @17.00     510,000
                                          計        586,500円
   月末仕掛品    4,000ポンド   @17.00円    68,000
                                          合　計    654,500円
```

(注 20)　$1{,}000ポンド = 2{,}000ポンド \times \frac{1}{2}$

(注 21)　$37{,}000ポンド = 36{,}000ポンド - 2{,}000ポンド \times \frac{1}{2} + 4{,}000ポンド \times \frac{1}{2}$

(注 22)　原料費単価 @11円，加工費単価 @6円およびその合計 @17円は，当月作業に対応する単価であるから，原価管理用の実際単価であって，期間比較に使用される。

(注 23)　@16.93円 ≒ 609,500円 ÷ 36,000ポンド　この単価は，第2工程へ振り替えるさいの単価（製品原価計算用の単価）として通常使用される。

(注 24)　@14.00円 = 56,000円 ÷ 4,000ポンド

(注 25)　@15.00円 = 45,000円 ÷ 3,000ポンド

第 6 章　実際総合原価計算

しかしながらこのような計算は面倒なので，第1工程から受け入れた製品については，通常加重平均単価を使用する。すなわち，

$$\frac{609,500円}{35,000ポンド - 3,000ポンド + 4,000ポンド} = \frac{609,500円}{36,000ポンド}$$
$$= 16.930555\cdots 円/ポンド ≒ 16.93円/ポンド$$

したがって，前工程費の計算は次のようになる。

$$\begin{cases} 完成品 \\ 35,000ポンド \end{cases} \begin{cases} 月初仕掛品完成分 & @15.00円 & 45,000円 \\ 3,000ポンド & & \\ 当月着手完成分 & @16.93円/ポンド & 541,780 \text{(注26)} \\ 32,000ポンド & & \\ & 計 & 586,780円 \end{cases}$$

月末仕掛品　　4,000ポンド　　@16.93円/ポンド　　67,720

　　　　　　　　　　　　　　　　　合　計　　654,500円

(2) 加 工 費

$$\frac{280,000円}{35,000ポンド - 3,000ポンド \times \frac{1}{3} + 4,000ポンド \times \frac{1}{4}} = 8円/ポンド$$

したがって，加工費の計算は次のようになる。

完成品 35,000ポンド
　月初仕掛品完成分 3,000ポンド
　　先月作業分　1,000ポンド　@8.20円　　8,200円
　　当月作業分　2,000ポンド　@8.00円　 16,000
　　　　　　　　　　　　　　　@8.07円　 24,200円
　当月着手完成分 32,000ポンド　@8.00円　256,000
　　　　　　　　　　　　　計　　　　　280,200円
月末仕掛品　4,000ポンド×1/4　@8.00円　　8,000
　　　　　　　　　　　　　合　計　　　288,200円

(注 26)　541,780円 = 609,500円 - 67,720円 ≒ @16.93円/ポンド × 32,000ポンド
　なお第2工程月末仕掛品の負担する前工程費を計算するさいに，@16.93円/ポンド × 4,000ポンド × $\frac{1}{4}$　というように第2工程の進捗度を乗じてはならない。なぜならば第2工程月末仕掛品は第1工程としては完成しているからである。あるいは，前工程費は第2工程始点投入原材料費と同じであるから100％完成と考えてもよい。

(3) 第2工程総合原価計算表

	前工程費			加工費			合計	
	数量	単価	金額	数量	単価	金額	金額	(単価)
月初仕掛品	3,000ポンド	15.00円	45,000円	1,000ポンド	8.20円	8,200円	53,200円	
当月受入	36,000	16.93	609,500	35,000	8.00	280,000	889,500	
投入合計	39,000ポンド		654,500円	36,000ポンド		288,200円	942,700円	
完成品								
月初仕掛品完成分	3,000ポンド	15.00	45,000円	3,000ポンド	8.07	24,200	69,200円	(@23.07円)
当月着手完成分	32,000	16.93	541,780	32,000	8.00	256,000	797,780	(@24.93円)
計	35,000ポンド		586,780円	35,000ポンド		280,200円	866,980円	(@24.77円)
月末仕掛品	4,000	16.93	67,720	1,000	8.00	8,000	75,720	(@18.93円)
産出合計	39,000ポンド		654,500円	36,000ポンド		288,200円	942,700円	

3. 第3工程

(1) 前工程費

$$\frac{866,980\text{円}}{34,000\text{ポンド}-2,000\text{ポンド}+3,000\text{ポンド}} = \frac{866,980\text{円}}{35,000\text{ポンド}}$$

$$= 24.770857\cdots\text{円} \fallingdotseq 24.77\text{円}/\text{ポンド}$$

したがって,

完成品 34,000ポンド
- 第3工程月初仕掛品完成分 2,000ポンド @24.00円 48,000円
- 当月着手完成分 32,000ポンド @24.77円 792,670

計 840,670円

月末仕掛品 3,000ポンド @24.77円 74,310

合計 914,980円

となる。

(2) 加工費

$$\frac{345,000\text{円}}{34,000\text{ポンド}-2,000\text{ポンド}\times\frac{1}{4}+3,000\text{ポンド}\times\frac{1}{3}}$$

$$= \frac{345,000\text{円}}{34,500\text{ポンド}} = 10\text{円}/\text{ポンド}$$

したがって,

第6章 実際総合原価計算

$$
\begin{cases}
完成品\\34,000ポンド
\begin{cases}
第3工程月初仕掛品\\完成分\ 2,000ポンド
\begin{cases}
先月作業分\ 500ポンド & @\ 8.00円 & 4,000円\\
当月作業分\ 1,500ポンド & @10.00円 & \underline{15,000}\\
計 & @\ 9.50円 & 19,000円
\end{cases}\\
当月着手完成分\ 32,000ポンド & @10.00円 & \underline{320,000}\\
& 計 & 339,000円
\end{cases}\\
月末仕掛品\ \ \ 3,000ポンド\times\dfrac{1}{3} & @10.00円 & \underline{10,000}\\
& 合\ \ 計 & \underline{\underline{349,000円}}
\end{cases}
$$

となる。

(3) 第3工程総合原価計算表

	前工程費			加工費			合計	
	数量	単価	金額	数量	単価	金額	金額	(単価)
月初仕掛品	2,000ポンド	24.00	48,000円	500ポンド	8.00円	4,000円	52,000円	
当月受入	35,000	24.77	866,980	34,500	10.00	345,000	1,211,980	
投入合計	37,000ポンド		914,980円	35,000ポンド		349,000円	1,263,980円	
完成品								
月初仕掛品完成分	2,000ポンド	24.00	48,000	2,000ポンド	9.50	19,000円	67,000円	(@33.50円)
当月着手完成分	32,000	24.77	792,670	32,000	10.00	320,000	1,112,670	(@34.77円)
計	34,000		840,670円	34,000		339,000円	1,179,670円	(@34.70円)
月末仕掛品	3,000	24.77	74,310	1,000	10.00	10,000	84,310	(@28.10円)
産出合計	37,000ポンド		914,980円	35,000ポンド		349,000円	1,263,980円	

4. 工程別総合原価計算表

	第 1 工程		第 2 工程		第 3 工程	
	数　量	金　額	数　量	金　額	数　量	金　額
月初仕掛品原価						
原　料　費 （前工程費）	2,000ポンド	20,000円	3,000ポンド	45,000円	2,000ポンド	48,000円
加　工　費	—	5,500	—	8,200	—	4,000
計		25,500円		53,200円		52,000円
当月製造費用						
原　料　費 （前工程費）	38,000ポンド	418,000円	36,000ポンド	609,500円	35,000ポンド	866,980円
加　工　費	—	222,000	—	280,000	—	345,000
計		640,000円		889,500円		1,211,980円
投入額合計	40,000ポンド	665,500円	39,000ポンド	942,700円	37,000ポンド	1,263,980円
完成品総合原価 （単価）	36,000ポンド	609,500円 (@16.93円)	35,000ポンド	866,980円 (@24.77円)	34,000ポンド	1,179,670円 (@34.70円)
月末仕掛品原価	4,000	56,000	4,000	75,720	3,000	84,310
産出額合計	40,000ポンド	665,500円	39,000ポンド	942,700円	37,000ポンド	1,263,980円

（3） 追加投入原材料と前工程費

前述の計算例では，原料は第1工程において投入されるのみで，第2，第3工程では，前工程の完成品に加工を加えるのみであった。しかしながら前工程の完成品にたいし，当工程で新たに原材料を投入し加工を加える場合も多い。このような場合には，前工程費と，当工程で投入した原材料費の計算とは，別個に行なうのが通常である。なぜならば，それぞれの原価ごとに完成品換算総量が異なるからである。次にこの点を，計算例によって示そう。

［例題 6—17］

当工程では，製品Xを製造しており，その主原料は前工程の完成品である原料Aである。当工程では，工程の始点で原料Bを投入し，原料Cを工程を通じて平均的に投入し，工程の終点で原料Dを投入することによって，製品Xが生産される（図6—7）。

図 6—7

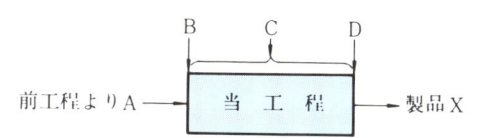

```
         B    C    D
          ↓   ↓   ↓
前工程よりA ─→ │ 当 工 程 │ ─→ 製品X
```

(1) 月初仕掛品　　製品X　700ガロン　　進捗度 $\frac{1}{2}$

　　　前 工 程 費　　原料A　500ガロン　　@40円　20,000円
　　　当 工 程 費　　原料B　300ポンド　　@30円　　9,000
　　　　　　　　　　原料C　100 kg　　　@20円　　2,000
　　　　　　　　　　　　　　　　　　　　計　　31,000円

(2) 当月原料費

　　　前 工 程 費　　原料A　4,200ガロン　@42円　176,400円
　　　当 工 程 費　　原料B　2,400ポンド　@29円　　69,600
　　　　　　　　　　原料C　1,600 kg　　 @20円　　32,000
　　　　　　　　　　原料D　　700ガロン　@11円　　 7,700
　　　　　　　　　　　　　　　　　　　　計　　285,700円

(3) 完 成 品　　製品X　5,000ガロン

(4) 月末仕掛品　　製品X　1,000ガロン　　進捗度 $\frac{1}{4}$

以上の資料にもとづき，完成品原料費，完成品原料費単価，および月末仕掛品原料費を平均法によって求めよ。

[解　答]

(1) 原料費の完成品換算総量

　　原料AおよびB……5,000ガロン + 1,000ガロン = 6,000ガロン

　　原料C……………5,000ガロン + 1,000ガロン × $\frac{1}{4}$ = 5,250ガロン

　　原料D……………5,000ガロン

　原料AとBは，当工程の始点で一緒に投入されるので，その完成品換算総量は等しい。また一緒に投入されれば，原料AとBとの区別もなくなってしまう

ので，前工程費（原料A）と原料Bの原価とをそれぞれ区別して計算する必要はない。

(2) 完成品換算総量当たりの原料費単価の計算

(イ) 前工程費と原料B

$$\frac{20,000円 + 9,000円 + 176,400円 + 69,600円}{5,000ガロン + 1,000ガロン} = \frac{275,000円}{6,000ガロン}$$
$$= 45.8333\cdots円 ≒ 45.83円$$

(ロ) 原料C

$$\frac{2,000円 + 32,000円}{5,000ガロン + 1,000ガロン \times \frac{1}{4}} = \frac{34,000円}{5,250ガロン} = 6.4761\cdots円$$
$$≒ 6.48円$$

(ハ) 原料D

$$\frac{7,700円}{5,000ガロン} = 1.54円$$

(3) 月末仕掛品原料費の計算

前工程費と原料B……@45.83円 × 1,000ガロン…………45,830円

原料C………………@6.48円 × 1,000ガロン × $\frac{1}{4}$…… 1,620

原料D………………@1.54円 × 1,000ガロン × 0 ……   0
$$\overline{47,450円}$$

(4) 完成品原料費および単価

前工程費と原料B……275,000円 － 45,830円…… 229,170円

原料C……………… 34,000円 － 1,620円…… 32,380

原料D…………………………………………………   7,700
$$\overline{269,250円}$$

269,250円 ÷ 5,000ガロン = @53.85円

(5) 総合原価計算表（原料費のみ）

月初仕掛品原料費

前工程費	原料A		20,000円
当工程費	原料B		9,000
	原料C		2,000
	計		31,000円

当月原料費

前工程費	原料A		176,400円
当工程費	原料B		69,600
	原料C		32,000
	原料D		7,700
	計		285,700円
	投入額合計		316,700円

完成品原料費

前工程費および原料B	229,170円
原料C	32,380
原料D	7,700
計	269,250円

月末仕掛品原料費

前工程費および原料B	45,830円
原料C	1,620
計	47,450円
産出額合計	316,700円

（4） 追加投入原材料による製品の増量

　第1工程は別として，それ以後の工程において原材料を追加投入すると，それによって製品の生産量が増加しない場合と増加する場合とがある。

　たとえば玩具製造工場において，第2工程や第3工程などで玩具の本体を着色するため塗料を投入したり，部品を取り付けたりして，材料を追加投入するが，それによって玩具の生産量がふえるわけではない。これにたいして塗料の

製造工場においては，第1工程よりあとの工程で，原料の油，ペンキの乾燥を促進させるための乾燥剤（マンガン，鉛，コバルトなど），一定の色を与えるための顔料などを追加投入すると，製品である塗料の生産量それ自体が増加する。[注27]

このような追加投入材料によって，製品の生産量が増加しなければ問題はないが，もし製品の生産量が増加すると，原価計算的には，正常仕損と逆の現象が生ずる。つまり正常仕損が生ずると良品の単位原価を高める影響をもたらすわけであるが，第1工程よりあとの工程における追加投入原材料による製品の増量は，前工程費の単位原価を逆に低くする影響をもたらすことになる。この点を例題によって確かめておこう。

［例題 6—18］

［条　件］

第2工程における当月の資料は次のとおりである。

(1) 第1工程より，第1工程完成品5,000ポンド（@7.00円，35,000円）を受け入れた。

(2) 月初仕掛品はない。

(3) 第2工程の始点で原料2,000ポンドを追加投入した。

(4) 第2工程費は次のとおり。

　　　原　料　費　　　28,000円
　　　直接労務費　　　58,500
　　　製造間接費　　　39,000
　　　　計　　　　　 125,500円

(5) 第2工程完成品量　　6,000ポンド

(6) 月末仕掛品量　　　1,000ポンド

　　　進　捗　度　　原　料　費　　100%
　　　　　　　　　　直接労務費　　 50%
　　　　　　　　　　製造間接費　　 50%

(注 27) Neuner, J. J. W., *Cost Accounting, Principles and Practice* (Illinois: Richard D. Irwin, Inc. 1964), p. 378.

以上の条件で第2工程における完成品総合原価と月末仕掛品原価とを計算しなさい。

[解　答]

1. 前工程費修正

　　35,000円 ÷ (5,000ポンド + 2,000ポンド) = 5円/ポンド

[解　説]

　　第2工程では，

　　　第1工程より　5,000ポンド ｝投入──産出 ｛ 完　成　品　6,000ポンド
　　　第2工程始点　2,000ポンド 　　　　　　　 ｛ 月末仕掛品　1,000ポンド

であるから，追加投入原料によって製品の生産量は増加した。このために，前工程費35,000円の負担者が 5,000ポンドから 7,000ポンドにふえ，その結果，前工程費の単価は @7円から @5円に低められたことになる。上記の計算を，35,000円 ÷ (6,000ポンド + 1,000ポンド) としてもよい。あるいは前工程費と第2工程原料費とを合算して，ポンド当たり9円の単価を計算することもできる。

2. 第2工程費の単価

　　原　料　費　28,000円 ÷ (6,000ポンド + 1,000ポンド) ……………… 4円/ポンド
　　直接労務費　58,500円 ÷ (6,000ポンド + 1,000ポンド × 50%) …… 9
　　製造間接費　39,000円 ÷ (6,000ポンド + 1,000ポンド × 50%) …… 6
　　　　　　　　　　　　　　　　　　　　　　　　合　計　　19円/ポンド

3. 完成品総合原価

　　(5円/ポンド + 19円/ポンド) × 6,000ポンド = 144,000円

4. 月末仕掛品原価

　　前 工 程 費　@5円/ポンド × 1,000ポンド ……………… 5,000円
　　原 　料 　費　@4円/ポンド × 1,000ポンド ……………… 4,000
　　直接労務費　@9円/ポンド × 1,000ポンド × 50%…… 4,500
　　製造間接費　@6円/ポンド × 1,000ポンド × 50%…… 3,000
　　　　　　　　　　　　　　　　　　　　合　計　　16,500円

5. 検　　算

　　144,000円 + 16,500円 = 160,500円（産出額合計）
　　　　　　　　　　　　　= 投入額合計（35,000円 + 125,500円）

II. 非累加法

(1) 非累加法とは何か

　非累加法とは，工程別計算において最終完成品の負担する各工程費を直接に計算し，それらを合計して完成品原価を計算する方法である。次にこの方法を図解しよう。

　図 6—8 は累加法を示す。説明を簡単にするため，この図では2工程からなる場合を示している。第2工程においても，

$$完成品総合原価 = \begin{pmatrix} 月初仕掛品 \\ 原 \quad 価 \end{pmatrix} + \begin{pmatrix} 当月製造 \\ 費 \quad 用 \end{pmatrix} - \begin{pmatrix} 月末仕掛品 \\ 原 \quad 価 \end{pmatrix}$$

によって計算されるが，この計算のどの項目も，前工程費と自工程費からなっていることに注意してほしい。第2工程の月初仕掛品は，第1工程費と第2工程費を背負っており，当月製造費用も前工程費（第1工程費）と自工程費（第2工程費）からなる。これらを投入して産出される完成品と月末仕掛品もまた，第1工程費と第2工程費とを背負うことになる。工程の数が増えても，この事情は変わらない。累加法では，ある工程の完成品は，それ以前の工程費と自工程費を背負って，次工程へ振り替えられ，雪ダルマ式に増えていく。したがってある工程の月初，月末仕掛品もまた，それ以前の工程費と自工程費とを背負っているわけである。

図 6-8 累 加 法

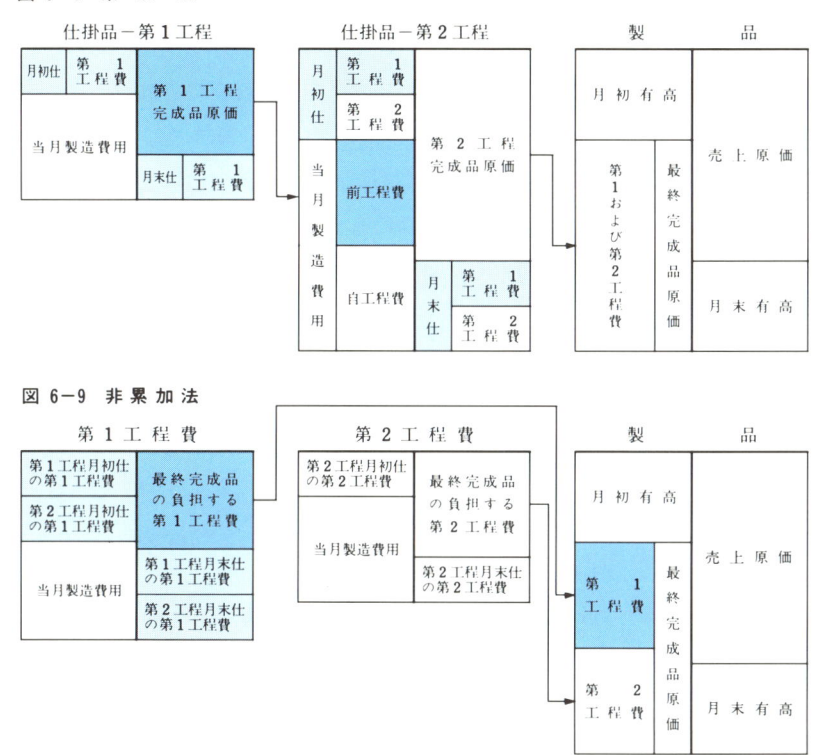

図 6-9 非累加法

図 6-10 非累加法（3工程からなる場合）

これにたいし図 6—9 は，最終完成品の負担する各工程費を，直接に計算する非累加法を示す。例えば，最終完成品の負担する第1工程費を計算するには，どうすればよいであろうか。図 6—8 の累加法における第1工程完成品原価を，第2工程に振り替えず，直接に製品勘定へ振り替えても駄目である。なぜならば，累加法で計算する第1工程完成品原価は，最終工程（この場合は第2工程）の完成品が負担する第1工程費ではなく，第1工程の加工のみを終了した第1工程完成品（つまり中間製品）の負担する第1工程費を計算したものだからである。したがって図 6—9 で示したように，

$$\begin{pmatrix}\text{最終完成品の負担}\\ \text{する第1工程費}\end{pmatrix}$$
$$= \left\{\begin{pmatrix}\text{第1工程月初仕掛品の}\\ \text{負担する第1工程費}\end{pmatrix} + \begin{pmatrix}\text{第2工程月初仕掛品の}\\ \text{負担する第1工程費}\end{pmatrix}\right\}$$
$$+ \begin{pmatrix}\text{第1工程の}\\ \text{当月製造費用}\end{pmatrix}$$
$$- \left\{\begin{pmatrix}\text{第1工程月末仕掛品の}\\ \text{負担する第1工程費}\end{pmatrix} + \begin{pmatrix}\text{第2工程月末仕掛品の}\\ \text{負担する第1工程費}\end{pmatrix}\right\}$$

によって計算しなければならない。ただし第2工程は最終工程なので，

$$\begin{pmatrix}\text{最終完成品の負担}\\ \text{する第2工程費}\end{pmatrix} = \begin{pmatrix}\text{第2工程月初仕掛品の}\\ \text{負担する第2工程費}\end{pmatrix} + \begin{pmatrix}\text{第2工程の}\\ \text{当月製造費用}\end{pmatrix}$$
$$- \begin{pmatrix}\text{第2工程月末仕掛品の}\\ \text{負担する第2工程費}\end{pmatrix}$$

により計算すればよい。以上の説明から明らかなように，非累加法では，最終完成品の負担する各工程費は，自工程はもちろんのこと，それ以後の工程にある月初，月末仕掛品中に含まれるすべての自工程費を，自工程の当月製造費用にプラス，マイナスしなければ計算できない。図6—10は，非累加法で，3工程からなる場合の，最終完成品が負担する第1工程費の計算を示す。

(2) 非累加法の計算例
［例題 6—19］
［生産データ］

	第 1 工程	第 2 工程	第 3 工程
月初仕掛品	400ポンド $\left(\frac{1}{4}\right)$	360ポンド $\left(\frac{1}{3}\right)$	120ポンド $\left(\frac{1}{2}\right)$
当月受入	2,600	2,800	3,000
計	3,000ポンド	3,160ポンド	3,120ポンド
月末仕掛品	200 $\left(\frac{1}{2}\right)$	160 $\left(\frac{3}{4}\right)$	420 $\left(\frac{2}{3}\right)$
完成品	2,800ポンド	3,000ポンド	2,700ポンド

原料は第1工程の始点で投入される。（ ）内の数値は，加工費進捗度である。

［原価データ］

	第 1 工程		第2工程	第3工程	
	原料費	加工費	加工費	加工費	合 計
第1工程月初仕掛品原価	3,000円	600円	—	—	3,600円
2 〃 〃	2,000	800	1,000円	—	3,800
3 〃 〃	1,000	200	400	150円	1,750
計	6,000	1,600	1,400	150	9,150
当月製造費用	20,800	19,600	30,000	14,600	85,000
計	26,800円	21,200円	31,400円	14,750円	94,150円

以上の資料にもとづき，非累加法により最終完成品の負担する各工程の製造単価およびそれらの累積単価を計算せよ。ただし完成品と月末仕掛品への原価の配分は先入先出法を使用すること。また各工程の製造単価は，小数点以下6位で四捨五入すること。

［解 説］ 非累加法で先入先出法による計算と，累加法で先入先出法による計算結果とを最終的に一致させるには，次ページの工程別総合原価計算表に示すように，当月製造費用にたいし，工程の順序に，月末仕掛品原価を差し引き，月初仕掛品原価を加えればよい。各自，累加法で先入先出法による計算を行ない，両方法の最終結果が一致することを確認されたい。

[解 答]　　　**工程別総合原価計算表（非累加法，先入先出法）**

	第 1 工 程 費				第 2 工 程 費		第 3 工 程 費	
	原 料 費		加 工 費		加 工 費		加 工 費	
	数 量	金 額	数 量	金 額	数 量	金 額	数 量	金 額
当月製造費用	ポンド 2,600	20,800.0円	(注30) ポンド 2,800	19,600.0円	(注33) ポンド 3,000	30,000.0円	(注35) ポンド 2,920	14,600.0円
第 1 工 程 月末仕掛品原価	200	(注28) 1,600.0	100	(注31) 700.0				
差 引：	2,400	19,200.0	2,700	18,900.0				
第 1 工 程 月初仕掛品原価	400	3,000.0	100	600.0				
合 計：	2,800	22,200.0	2,800	19,500.0				
第 2 工 程 月末仕掛品原価	160	(注29) 1,268.6	160	(注32) 1,114.3	120	(注34) 1,200.0		
差 引：	2,640	20,931.4	2,640	18,385.7	2,880	28,800.0		
第 2 工 程 月初仕掛品原価	360	2,000.0	360	800.0	120	1,000.0		
合 計：	3,000	22,931.4	3,000	19,185.7	3,000	29,800.0		
第 3 工 程 月末仕掛品原価	420	3,210.4	420	2,686.0	420	4,172.0	280	(注36) 1,400.0
差 引：	2,580	19,721.0	2,580	16,499.7	2,580	25,628.0	2,640	13,200.0
第 3 工 程 月初仕掛品原価	120	1,000.0	120	200.0	120	400.0	60	150.0
合計：完成品 総合原価	ポンド 2,700	20,721.0円	ポンド 2,700	16,699.7円	ポンド 2,700	26,028.0円	ポンド 2,700	13,350.0円
完成品工程別単価	@7.67444円		@ 6.18507円		@ 9.64000円		@ 4.94444円	
完成品累積単価	@7.67444円		@13.85952円		@23.49952円		@28.44396円	

（注28）　20,800円 ÷ 2,600ポンド × 200ポンド = 1,600円

（注29）　22,200円 ÷ 2,800ポンド × 160ポンド ≒ 1,268.6円

（注30）　2,800ポンド − 400ポンド × $\frac{1}{4}$ + 200ポンド × $\frac{1}{2}$ = 2,800ポンド

（注31）　19,600円 ÷ 2,800ポンド × 200ポンド × $\frac{1}{2}$ = 700円

（注32）　19,500円 ÷ 2,800ポンド × 160ポンド ≒ 1,114.3円

　　　　160ポンドは，第1工程の加工を完了しているので，進捗度 $\frac{3}{4}$ を掛けてはならない。

（注33）　3,000ポンド − 360ポンド × $\frac{1}{3}$ + 160ポンド × $\frac{3}{4}$ = 3,000ポンド

（注34）　30,000円 ÷ 3,000ポンド × 160ポンド × $\frac{3}{4}$ = 1,200円

（注35）　2,700ポンド − 120ポンド × $\frac{1}{2}$ + 420ポンド × $\frac{2}{3}$ = 2,920ポンド

（注36）　14,600円 ÷ 2,920ポンド × 420ポンド × $\frac{2}{3}$ = 1,400円

[注意事項] 累加法では，各工程の完成品（つまり第1工程は2,800ポンド，第2工程は3,000ポンド，第3工程は2,700ポンド）がそれぞれ負担する完成品総合原価を計算する。これにたいし非累加法で計算する完成品総合原価は，最終完成品（つまり第3工程完成品2,700ポンド）についての，各工程原価負担額である。したがって非累加法で完成品工程別単位原価を計算するさいは，どの工程であろうと，2,700ポンドで工程別完成品総合原価を割らなければならない。

2. 加工費工程別単純総合原価計算

（1） 加工費法の適用される生産形態

加工費工程別総合原価計算（加工費法ともいわれる）とは，原材料費を工程別に計算せず，加工費のみを工程別に計算する方法である。この方法は，原材料が最初の工程の始点で投入され，あとの工程ではこれを加工するのみであるような生産形態をとる業種，たとえば伸銅工業，紡績業などで採用される方法である。伸銅工業では，銅板，銅線などを製造しており，原料地金である銅の価格は国際的にたえず大幅に変動する。したがって工場では毎朝，製造部長と販売部長とが協議し，原料地金の時価と製品の売価とを勘案して，その日の製品生産量を定めることが多い。原価管理についていえば，原料費はむしろ購買活動の良否によって左右されるため，原価管理の中心はむしろ加工費にある。したがってこのような業界では，原材料費と加工費とは明確に区別し，原材料費については工程別計算を省略し，加工費についてのみ工程別計算を行なうのが合理的なのである。

（2） 加工費工程別単純総合原価計算の計算例

[例題 6—20]

次の資料にもとづき，純粋先入先出法および累加法を使用して，加工費工程別総合原価計算を行ないなさい。

[生産データ]

	第 1 工程	第 2 工程
月初仕掛品	300 kg $\left(\frac{2}{3}\right)$	200 kg $\left(\frac{3}{5}\right)$
当月受入	4,700	4,540
投入量合計	5,000 kg	4,740 kg
月末仕掛品	420 kg $\left(\frac{1}{3}\right)$	500 kg $\left(\frac{2}{5}\right)$
正常減損	40 $\left(\frac{1}{2}\right)$	50 $\left(\frac{1}{2}\right)$
完成品	4,540	4,190
産出量合計	5,000 kg	4,740 kg

（　）内は加工費進捗度。原料はすべて第1工程の始点で投入される。正常減損は進捗度$\left(\frac{1}{2}\right)$の点で発生した。

[原価データ]

(1) 月初仕掛品原価

　　原　料　費　　　　　　　70,000円
　　加　工　費　第1工程　　11,000
　　　　　　　　第2工程
　　　　　　　　　前工程費　12,000
　　　　　　　　　自工程費　 5,760
　　　　　　　　計　　　　　98,760円

(2) 当月製造費用

　　原　料　費　　　　　　　705,000円
　　加　工　費　第1工程　　270,000
　　　　　　　　第2工程
　　　　　　　　　自工程費　214,750
　　　　　　　　計　　　　1,189,750円

[解　答]

加工費の工程別計算の方法は，これまで考察してきた方法と変わりがない。

したがって加工費の工程別計算から先に述べよう。

(1) 第1工程加工費の計算

まず,第1工程で発生した正常減損加工費は,どれに負担させるべきかを考えよう。月初仕掛品は正常減損発生点 $\left(\frac{1}{2}\right)$ をすでに通過している。したがって月初仕掛品から発生した正常減損加工費はすでに先月分の計算に算入され,それは月初仕掛品加工費のなかに含まれている。他方月末仕掛品はまだ正常減損発生点に到達していないので,月末仕掛品からは正常減損加工費は発生していない。したがって当月の正常減損加工費は,当月着手完成分から生じたものである。そこで次のように計算される。

```
           ┌月初仕掛品完成分 ┌先月分 300 kg × 2/3 = 200 kg  (注37)@55円  11,000円
           │   300 kg       │
完 成 品   │                └今月分 300 kg × 1/3 = 100 kg  (注38)@60円   6,000
  4,540 kg │                                                   計     17,000円
           │当月着手完成分  4,240 kg ·················· @60円    254,400
           │正 常 減 損    40 kg × 1/2 = 20 kg ········ @60円      1,200
           │                                                   計    255,600円
           └月末仕掛品    420 kg × 1/3 = 140 kg ········ @60円      8,400
                                                         合  計    281,000円
```

したがって第1工程加工費計算表は次のようになる。

第1工程加工費計算表

	完　成　品			月末仕掛品	正常減損	合　計
	月初仕掛品完成分	当月着手完成分	計			
	300 kg	4,240 kg	4,540 kg			
月初仕掛品加工費	11,000円	—	11,000円	—	—	11,000円
当 月 加 工 費	6,000	254,400円	260,400	8,400円	1,200円	270,000
正常減損加工費	—	1,200	1,200		(1,200)	—
合　　　　計	17,000円	255,600円	272,600円	8,400円	0円	281,000円
完成品加工費単価	@56.667円	@60.283円	@60.044円			

(注37) 11,000円 ÷ 200 kg = @55円/kg

(注38) $\dfrac{270,000円}{4,540 \text{ kg} - 300 \text{ kg} \times \frac{2}{3} + 420 \text{ kg} \times \frac{1}{3} + 40 \text{ kg} \times \frac{1}{2}} = \dfrac{270,000円}{4,500 \text{ kg}} =$ @60円/kg

(2) 第2工程加工費の計算

すでに述べたように，純粋先入先出法で工程別計算を行なう場合にも，前工程費については，前工程月初仕掛品完成分（300 kg）と前工程当月着手完成分（4,240 kg）とを区別せず，第1工程から受け入れた完成品（300 kg + 4,240 kg）はすべて1本の単価（@60.044円）で計算するのが普通である。

(イ) 前工程加工費の計算

これは前工程費の計算であるから，月末仕掛品量や正常減損量などに進捗度を乗じてはならない。

$$\begin{cases} 完成品 \\ 4,190\,kg \end{cases} \begin{cases} 月初仕掛品完成分 \ 200\,kg \quad @60円^{(注39)} \quad\quad\quad 12,000円 \\ 当月着手完成分 \ 3,990\,kg \ @60.044円^{(注40)} \quad 239,576円 \\ 正常減損\cdots\cdots 50\,kg \ @60.044円\cdots 3,002.20円 ≒ 3,002 \\ \quad\quad\quad\quad\quad\quad\quad\quad\quad\quad\quad\quad\quad 計 \quad 242,578円 \end{cases}$$

月末仕掛品……500 kg　@60.044円……………………30,022.00円

(ロ) 自工程費の計算

これは自工程費の計算であるから，月末仕掛品量や正常減損量などには進捗度を乗じなければならない。

$$\begin{cases} 完成品 \\ 4,190\,kg \end{cases}$$

月初仕掛品完成分 200 kg
　先月分　200 kg × 3/5 = 120 kg　@48円$^{(注41)}$　5,760円
　今月分　200 kg × 2/5 = 80 kg　@50円$^{(注42)}$　4,000
　　　　　　　　　　　　　　　　　　　　計　9,760

当月着手完成分　3,990 kg ……………………… @50円　199,500円

正常減損　50 kg × 1/2 = 25 kg ……………… @50円　1,250
　　　　　　　　　　　　　　　　　　　　計　200,750円

月末仕掛品……500 kg × 2/5 = 200 kg ……… @50円　10,000円

(注39)　12,000円 ÷ 200 kg = @60円/kg
(注40)　272,600円 ÷ 4,540 kg ≒ @60.044円/kg
(注41)　5,760円 ÷ 120 kg = @48円/kg
(注42)　$\dfrac{214,750円}{4,190\,kg - 200\,kg \times \dfrac{3}{5} + 500\,kg \times \dfrac{2}{5} + 50\,kg \times \dfrac{1}{2}}$ = @50円

したがって第2工程加工費計算表は次のようになる。

第2工程加工費計算表

	完　　成　　品			月末仕掛品	正常減損	合　計
	月初仕掛品完成分	当月着手完成分	計			
	200 kg	3,990 kg	4,190 kg			
月初仕掛品加工費						
前工程費	12,000円	—	12,000円	—	—	12,000円
自工程費	5,760	—	5,760	—	—	5,760
当月加工費						
前工程費		239,576円	239,576	30,022円	3,002円	272,600
自工程費	4,000	199,500	203,500	10,000	1,250	214,750
計	21,760円	439,076円	460,836円	40,022円	4,252円	505,110円
正常減損加工費	—	4,252	4,252	—	(4,252)	—
合　計	21,760円	443,328円	465,088円	40,022円	0円	505,110円
完成品加工費単価	@108.800円	@111.110円	@110.999円			

(3) 原料費の計算

　原料費については工程別計算を行なわない。そこで第1工程および第2工程の月末仕掛品に含まれる原料費は，(イ)原料は第1工程の始点で投入され，(ロ)各工程の月初仕掛品は完成してしまっているために，第1工程の当月投入分の原料が月末仕掛品1kgにつき同額含まれていると考えられるので，

$$\text{第1工程および第2工程にお} \atop \text{ける月末仕掛品原料費の合計} = \frac{705,000円}{4,700 \text{ kg}} \times (420 \text{ kg} + 500 \text{ kg})$$

$$= 138,000円$$

と計算される。したがって完成品の原料費は，

月初仕掛品原料費	70,000円
当月原料費	705,000
計	775,000円
差引：月末仕掛品原料費	138,000
完成品原料費	637,000円
完成品原料費単価	637,000円 ÷ 4,190 kg ＝ @152.02863…円
	≒ @152.029円

と計算される。

以上の結果をまとめれば，次のようになる。

加工費工程別総合原価計算表

	第1工程加工費	第2工程加工費	原料費	合計（原料費および第2工程加工費）
月初仕掛品				
前工程費	—	12,000円		
自工程費	11,000円	5,760		
小　計	11,000円	17,760円	70,000円	87,760円
当月受入				
前工程費	—	272,600円		
自工程費	270,000円	214,750		
小　計	270,000円	487,350円	705,000	1,192,350
投入額合計	281,000円	505,110円	775,000円	1,280,110円
完成品	272,600円	465,088円	637,000円	1,102,088円
月末仕掛品	8,400	40,022	138,000	178,022
産出額合計	281,000円	505,110円	775,000円	1,280,110円
完成品量	4,540 kg	4,190 kg	4,190 kg	4,190 kg
完成品単価	@60.044円	@110.999円	@152.029円	@263.028円

[解説] 原料費の計算について，いま少し検討してみよう。上述の計算例において，月初仕掛品および当月受け入れた原料費がどのように製品化していくかを考えてみれば，次のようになる。

```
         第 1 工 程                          第 2 工 程
月初仕掛品 300kg ─┬─ 月初仕掛品完成分 300kg   月初仕掛品 200kg ─┬─ 月初仕掛品完成分 200kg
                 ├─ 当月着手完成分 4,240kg                      ├─ 当月着手完成分 300kg
当月受入 4,700kg ─┼─ 正常減損    (40kg)  ─ 前工程より 4,540kg ─┼─ 　　　　　　　　3,690kg
                 └─ 月末仕掛品 420kg                           ├─ 正常減損    (50kg)
                                                                └─ 月末仕掛品 500kg
```

この図から明らかなように，第1工程月末仕掛品に含まれる原料費は，当月受け入れた原料 4,700 kg 中の 420 kg の原価であるから，

$$\frac{705,000円}{4,700 \text{kg}} \times 420 \text{kg} = @150円 \times 420 \text{kg} = 63,000円$$

である。しかし第2工程月末仕掛品に含まれる原料費は，前工程より受け入れた 4,540 kg 中の 500 kg の原価であり，さらに正確にいえば，前工程より受け入れた 4,540 kg のうち，第1工程月初仕掛品完成分 300 kg を除いた 4,240 kg のなかの 500 kg の原価である。この 500 kg の原料費単価は，第1工程当月着手完成分 4,240 kg が第1工程の正常減損量 40 kg の原料費を負担しているため，第1工程の月末仕掛品原料費単価（@150円）よりやや高くなっている

はずである。この事実を計算に反映させるには，次のように計算すればよい。(注43)

[第1法]

当　月　受　入	4,700 kg	705,000.00円	@150円
第1工程月末仕掛品	420	63,000.00(注44)	
	4,280 kg	642,000.00	
第1工程正常減損	40	—	
	4,240 kg	642,000.00円	
第2工程月末仕掛品	500	75,707.55(注45)	
	3,740 kg	566,292.45円	
第2工程正常減損	50	—	
	3,690 kg	566,292.45円	
第1工程月初仕掛品	300 ⎫	70,000.00	
第2工程月初仕掛品	200 ⎭		
第 2 工 程 完 成 品	4,190 kg	636,292.45円	
		@151.8597…円(注46)	

[第2法]
あるいは次のように計算してもよい。すなわち，第2工程月末仕掛品量 500 kg を，第1工程の始点量に換算するのである。前述したようにこの 500 kg は，第1工程当月着手完成分 4,240 kg と正常減損量 40 kg との合計 4,280 kg が加工された結果 4,240 kg となり，そのうちの 500 kg が第2工程月末仕掛品として残ったものである。したがってこの歩留りは，(4,240 kg ÷ 4,280 kg) である。そこで 500 kg をこの歩留りで割ってやれば，第1工程の始点量に換算することができる。

$$500 \text{ kg} \div \frac{4,240 \text{ kg}}{4,280 \text{ kg}} = 504.7169\cdots \text{kg} \fallingdotseq 504.717 \text{ kg}$$

第1工程始点の原料費単価は，@150円であるから，
　　　第2工程月末仕掛品原料費 ＝ @150円 × 504.717 kg ＝ 75,707.55円
と計算される。

これを要するに第1法は原料費の単価を高めることにより，第2法は歩留りを考慮して第2工程月末仕掛品量をふやすことによって，第1工程完成品がその正常減損原料費を負担した事実を反映させたわけである。この計算の結果は，月初仕掛品原料費 70,000円を，第1工程月初仕掛品原料費 42,000円，第2工程月初仕掛品原料費 28,000円に分割し，厳密な純粋先入先出法によって，原料費についても工程別計算を行なってえた第2工程月末仕掛品原価と一致する。すなわち，

(イ) 第1工程原料費の計算

(注 43) 番場嘉一郎「原価計算論」中央経済社，昭和 38 年，p. 197.
(注 44) 63,000円 ＝ @150円 × 420 kg
(注 45) 642,000円 ÷ 4,240 kg ≒ @151.4151円
　　　　@151.4151円 × 500 kg ＝ 75,707.55円
(注 46) 636,292.45円 ÷ 4,190 kg ＝ @151.8597…円

$$\begin{cases} 完成品\ 4,540\,kg \begin{cases} 月初仕掛品完成分 & 300\,kg & @140円 & 42,000円 \\ 当月着手完成分 & 4,240\,kg \\ (正常減損 & 40\,kg) \end{cases} @151.4151円\text{(注47)} & 642,000 \\ & & 計 & 684,000円 \\ 月末仕掛品……420\,kg…………………………@150円 & 63,000円 \end{cases}$$

(ロ) 第2工程原料費の計算

$$\begin{cases} 完成品 \begin{cases} 月初仕掛品完成分 & 200\,kg & @140円 & 28,000.000円 \\ 当月着手完成分 \begin{cases} 300\,kg & @140円 & 42,000.000 \\ 3,690\,kg & (@151.4151円) & 558,721.695 \end{cases} \\ 正常減損 & 50\,kg & @151.4151円 & 7,570.755 \\ & & 計 & 636,292.450円 \end{cases} \\ 月末仕掛品……500\,kg…………………………@151.4151円 & \boxed{75,707.550円} \end{cases}$$

となる。

　したがって前述の第1法または第2法のような修正計算を行なったほうが正確な計算であるとする論者もいれば，このような修正計算は原材料費について工程別計算を行なわない簡便法(注48)としての加工費工程別総合原価計算の趣旨にそわないとする論者も存在する。要は計算の正確(注49)性とそれに要する手数の問題であり，それはこの計算を担当する原価計算担当者の判断にゆだねられるべき問題である。またこの方法を平均法で行なえば，いっそう複雑な計算になるために，通常この方法は先入先出法によって行なわれ，また正常減損費や正常仕損費は完成品のみに負担させるものとするのである。

第3節　組別総合原価計算

1. 組別総合原価計算の方法

　上述の総合原価計算は，1種類の標準製品を量産する工場に適用される原価計算であったが，組別総合原価計算は，同じ生産工程で異種の標準製品を量産する工場に適用される総合原価計算である。したがってこの計算方法は，化学，食品，自動車，電気，機械など各種の産業で広く採用されている。

　すでに述べたように，組別総合原価計算は，工程別計算を行なわないか，あるいは行なうかによって，単一工程組別総合原価計算と工程別組別総合原価計

(注 47) $\dfrac{705,000円}{4,540\,kg - 300\,kg + 420\,kg + 40\,kg} = @150円$

@150円 × (4,240\,kg + 40\,kg) ÷ 4,240\,kg = @151.415094…円 ≒ @151.4151円

(注 48) 番場嘉一郎「前掲書」pp. 198—199.
(注 49) 溝口一雄「最新例解原価計算」中央経済社，昭和46年，pp. 203—204.

算に分類され、さらに後者について、どの範囲の原価を工程別に計算するかによって、加工費工程別および全原価要素工程別の2種類の工程別組別総合原価計算に分類される。

2. 単一工程組別総合原価計算の方法

この原価計算においては、1期間の製造費用を各組製品ごとに直接に集計することができる組直接費と、直接に集計することができない組間接費とに分け、組直接費は各組の製品に直課し、組間接費は適当な配賦基準にもとづいて各組に配賦する。このような手続によって、1期間の製造費用は、組別に把握されるので、次は組ごとに月初仕掛品原価と当月製造費用の合計額を、完成品総合原価と月末仕掛品原価とに分割し、組別の製品単位原価を計算するのである。

なお注意すべき点を指摘しておこう。第1に、組直接費および組間接費は、組別総合原価計算の方法を説明するために用いられる概念で、実務上はたんに製造原価要素を原料費と加工費とに分けたり、あるいは直接材料費、直接労務費、直接経費および製造間接費に分けたりするのである。第2に加工費や製造間接費などの組間接費を各組製品ごとに配賦をするときは、実際原価計算の範囲にとどまるかぎりやはり実際配賦でなく正常配賦をすべきである。それは、製品の単位原価を期間的に比較し、原価管理の資料として使用する場合には、操業度変動が製品の単位原価に及ぼす影響を除去するために、ぜひとも必要である。第3に、組別製品を製造するさいには、通常、生産数量を指示する組別の製造指図書が発行される。これは個別原価計算で使用される特定製品製造指図書（special production order）ではなく、継続的に生産される製品の生産量をロットごとに区切って生産することを指示する指図書であるために、継続製造指図書（continuous production order; process production order）と呼ばれる。注意すべきは、組別総合原価計算における継続製造指図書の果たす役割である。この指図書は、組直接費の集計に利用される。たとえば材料出庫票上の製造指図書番号欄に、組別製品の略号と一連番号がX—123というように記載されている。もしこれが個別原価計算であるならば、X—123の直接材料費、X—124の

直接材料費というように，製造指図書別に直接材料費を集計するわけであるが，実際組別総合原価計算では，直接材料費を製造指図書別に計算するのではなく，1原価計算期間における組製品Xの総生産量について直接材料費を計算するのである。したがって材料費集計表の直接費欄は，表6—3に示すようにX, Y, Zといった組製品別の欄が設けられ，X—123, X—124, といった指図書別の欄が設けられるわけではない。(注50)

表6—3

費目 \ 分類 組製品	直接費			直接費合計	間接費	合計
	X	Y	Z			
素　　　材						
買 入 部 品						
（省　　略）						
合　　計						

平成　年　月

以上の計算手続を，勘定連絡図で示せば図6—11のようになる。

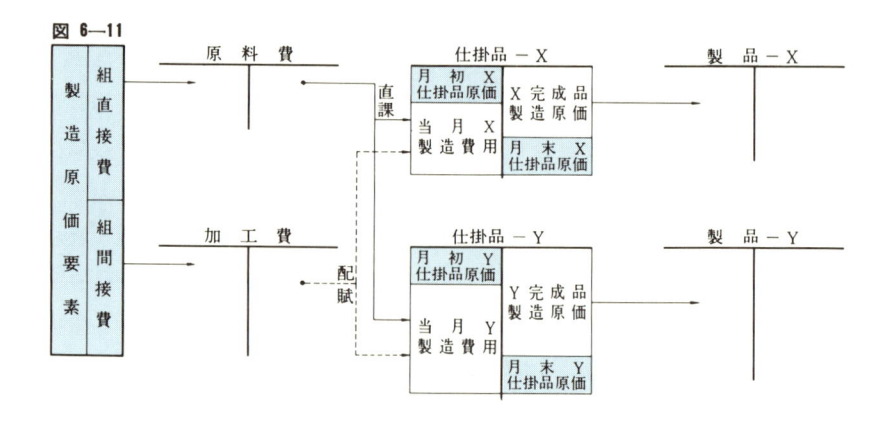

図6—11

(注50) 後述するように，シングル・プランの標準原価計算では，組別のみならず指図書別にも実績が集計され，標準と比較される。

第 6 章 実際総合原価計算

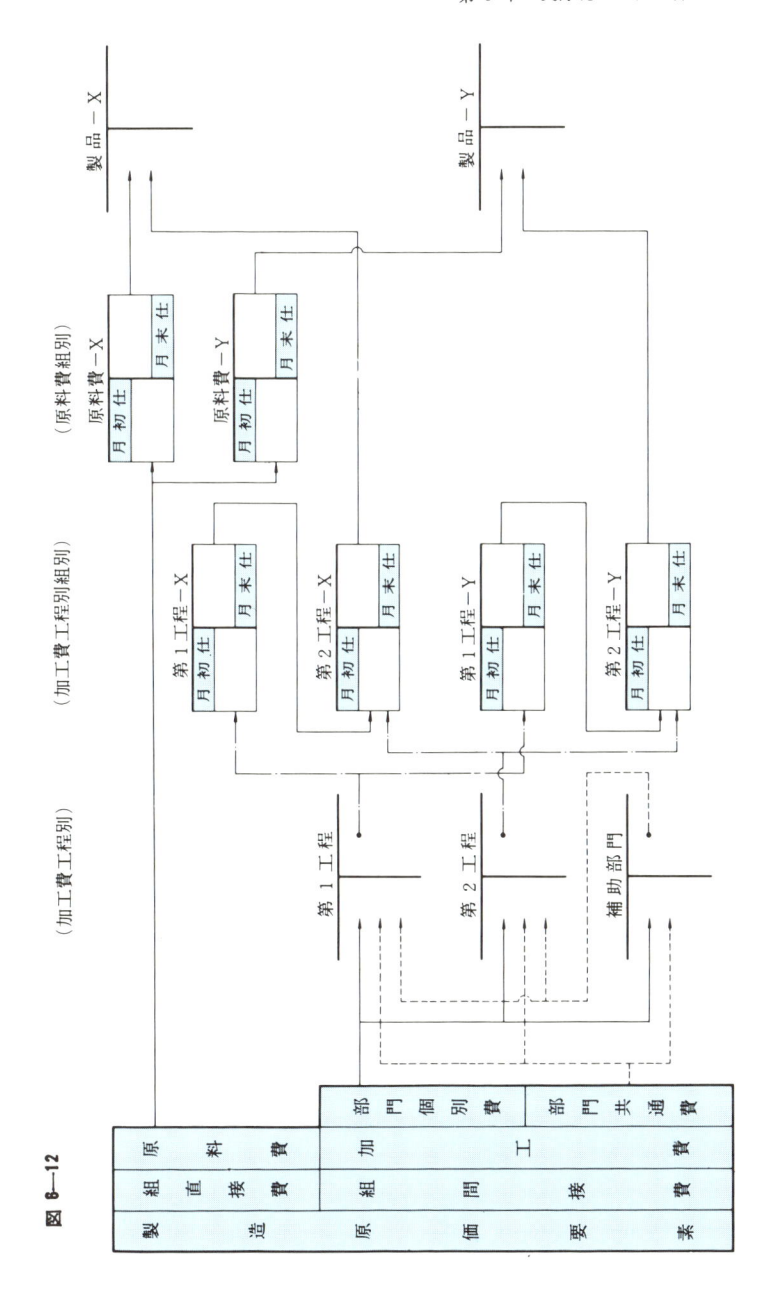

図 6−12

(原料費組別) (加工費工程別組別) (加工費工程別)

製品−X、製品−Y

原料費−X、原料費−Y（月初仕／月末仕）

第1工程−X、第2工程−X、第1工程−Y、第2工程−Y（月初仕／月末仕）

第1工程、第2工程、補助部門

部門個別費　部門共通費
原　料　費　　加　　工　　費
組直接費　　　組間接費
製　造　原　価　要　素

3. 加工費工程別組別総合原価計算の方法

この方法は，加工費を工程別しかも組別に計算する総合原価計算である。すなわち原料費または直接材料費（および場合によっては直接経費）についてはこれを工程別に計算せず，工場全体を通じて組別に，完成品と月末仕掛品とに分割するのみとし，加工費についてはこれを部門個別費と部門共通費に分け，部門個別費は関係工程および補助部門に直課し，部門共通費は適当な配賦基準にもとづいて関係工程および補助部門へ配賦する。次いで補助部門費の配賦を行なって，補助部門に集計された加工費は関係工程に集められる（加工費の工程別集計）。さらに各工程に集計された加工費は，それぞれ適当な配賦基準にもとづいて各組製品に配賦される（加工費の工程別組別集計）。ここまでの手続によって，当月加工費は，工程別組別に集計されるので，あとは累加法または非累加法によって工程別計算を組別に行なうのである。

以上の手続を，累加法の場合を例にとって図示すれば，図6—12のようになる。

4. 全原価要素工程別組別総合原価計算の方法

この方法は，加工費のみならず全原価要素を，工程別しかも組別に計算する方法である。そこで組直接費は，工程別組別に直課されるのにたいし，組間接費は，加工費工程別組別総合原価計算で説明した手続により工程別組別に集計される。したがって組別総合原価計算の方法としては，この方法がもっとも複雑であり，正確な計算結果がえられることになる。この方法の手続を累加法によって図示すれば，図6—13のとおりである。

図 6—13

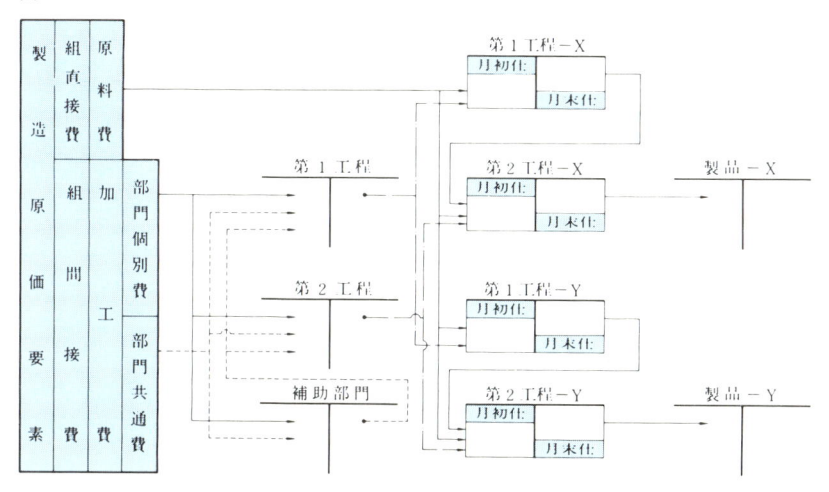

第 4 節　等級別総合原価計算

1. 等級別総合原価計算の方法

(1) 等 級 製 品

　等級別総合原価計算は，同一工程において同種製品を連続生産するが，それらの製品を形状，大きさ，品位などによって等級に区別できる場合に適用される総合原価計算である。

　たとえば，製鋼工場で製造される種々の厚さの異なる鋼板，合板製造工場でラワン材を重ねて作った厚さの異なる各種合板，鋳物工場で製造される形状や重量の異なる各種鋳造品などは，いずれも同じ工程で連続的に生産される同種製品である。次節で述べる連産品とは異なり，これらの同種製品は，それぞれ別個に生産できるので，正確にその製造原価を算定するためには，組別総合原価計算を適用すべきであり，またこれを適用することが可能である。しかしこれらの製品は同種製品であり，製品相互間の差異は，ただ厚さが異なるとか，重量が異なるとか，あるいは口径が異なるのみであるから，製品相互間の製造

原価発生額の差異は，なんらかの物量的基準の差異，たとえば製品単位当たりの重量，厚さ，長さ，面積，容積，純分度，熱量，硬度，あるいは投入する原料や労働力の消費量の差異と合理的に関係づけることが可能な場合がある。また場合によっては一定量を試作（test run）することによって，各種製品の標準原材料費や標準加工費をつかみ，これらの差異と，製造原価の差異とを合理的に関係づけることが可能な場合がある。このような場合の同種製品を等級製品という。等級製品の製造原価は，次に述べる等価係数（Äquivalenzziffern）を用いて，1期間の製造費用を各等級製品に按分して計算するほうが，組別総合原価計算を適用するよりも，合理的に手数を省略して計算することができる。

(2) 等価係数と等価比率

等級製品の製造原価を計算するためには，等価係数を等級製品ごとに設定し，等価比率（積数の比ともいわれる）を計算する必要がある。

たとえば等級製品甲，乙，丙，丁を製造する工場において，ある月の実際生産量はそれぞれ，400個，700個，500個，750個であり，その月の工場全体の加工費は700万円であったとする。ところでこれらの等級製品の加工費は，一定量を試作（test run）してみたところ，製品の重量と関係があり，重ければ重いほど加工費がかかることがわかった。この場合乙製品の重量を標準つまり1とすれば，甲製品は1.5，丙製品は0.8，丁製品は0.4という関係にある。そこでこれらの数値を等価係数として，各等級製品の加工費単価を計算すれば，次のようになる。

(イ) 等価比率の計算

等級製品	等価係数	等級製品生産量	積　数	等価比率
甲	1.5	400個	600個	30%
乙	1.0	700	700	35
丙	0.8	500	400	20
丁	0.4	750	300	15
合　計			2,000個	100%

上述の計算において，各等級製品ごとに設定された等価係数に各等級製品の実際生産量を乗じて積数が計算されている。この積数は共通の原価計算単位を意味する。たとえば甲製品は当月実際には400個生産したが，標準製品である

乙製品に換算すると，600個分に等しいことになる。このように等価係数とは，等級製品の生産量を共通の原価計算単位に換算するための係数であり，等価比率とは，積数の合計に占める各等級製品の積数の割合である。

(ロ) 等価比率による原価の按分計算

そこで当月における工場全体の加工費700万円は，次のように各等級製品に按分し，各等級製品別の加工費単価を計算することができる。

	等価比率	按分金額	等級製品生産量	等級製品別加工費単価
	30% →	2,100,000 ÷	400個 =	5,250円
7,000,000円	35 →	2,450,000 ÷	700 =	3,500
	20 →	1,400,000 ÷	500 =	2,800
	15 →	1,050,000 ÷	750 =	1,400
	100%	7,000,000円		

もちろん等価比率を計算せずに，等価係数を使用して積数の合計 (2,000個) を計算し，共通の原価計算単位当たり加工費単価

$$\frac{7,000,000円}{2,000個} = 3,500円/個$$

を計算し，次のように計算してもよい。(注51)

等級製品	(1) 共通の原価計算 単位当たり単価	(2) 共通の原価 計算単位	(3) = (1) × (2) 配分金額	(4) 等級製品 生産量	(5) = (3) ÷ (4) 等級製品別 加工費単価
甲	3,500円/個	600個	2,100,000円	400個	5,250円/個
乙	3,500	700	2,450,000	700	3,500
丙	3,500	400	1,400,000	500	2,800
丁	3,500	300	1,050,000	750	1,400
		2,000個	7,000,000円		

(3) 単純総合原価計算に近い等級別総合原価計算と組別総合原価計算に近い等級別総合原価計算

前項においては，月初および月末仕掛品が存在しない場合，1期間の製造費用を等価係数を用いて各等級製品へ按分する計算方法を説明した。しかしながら一般には月初および月末仕掛品が存在するわけであり，この場合には，等級別総合原価計算をどのように行なうかを検討しよう。

(注51) 理論的には，この種の計算はむしろ配賦計算であり，どちらかといえば，等価比率による按分計算のほうが，等級別原価計算にふさわしい計算法であるといえよう。

原価計算基準第2章第4節22では,「等価係数の算定およびこれに基づく等級製品原価の計算は,次のいずれかの方法による」として,2種の方法を規定している。第1法は,各等級製品ごとに設定した等価係数に各等級製品の1期間における生産量を乗じて計算した積数の比をもって,「一期間の完成品の総合原価を一括的に各等級製品にあん分してその製品原価を計算し,これを製品単位に均分して単位原価を計算する。」とする。しかしこの規定の内容を理解することは困難である。まず,月初および月末仕掛品が存在しない場合には,当月の製造費用がそのまま完成品の総合原価になるので問題はない。しかし月初仕掛品がなく,したがって先入先出法,平均法,後入先出法の区別がない月末仕掛品のみが存在するという単純な場合に,上述の基準の規定に従えば,どのような計算方法になるであろうか。

たとえば等級製品A,B,Cの等価係数がそれぞれ1, 0.8, 0.6であるとし,当月の生産データは次のとおりであったとする。

等級製品	A	B	C	合計
完成品量	1,000個	1,500個	500個	3,000個
月末仕掛品量	200	200	100	500
月末仕掛品進捗度	$\frac{1}{2}$	$\frac{1}{2}$	$\frac{1}{2}$	$\frac{1}{2}$

この場合,当月の製造費用を完成品総合原価と月末仕掛品原価とに分割するために必要な完成品換算総量は,

(イ) $3{,}000個 + 500個 \times \frac{1}{2} = 3{,}250個$

(ロ) $\left(1{,}000個 + 200個 \times \frac{1}{2}\right) + \left(1{,}500個 + 200個 \times \frac{1}{2}\right) \times 0.8$
$+ \left(500個 + 100個 \times \frac{1}{2}\right) \times 0.6 = 2{,}710個$

のいずれによるべきかは,基準に明文の規定がないので明らかでない。上述の(イ)によれば,完成品総合原価のみを等価係数を使用して等級製品ごとに按分し,月末仕掛品原価は等級製品ごとに計算せず,一括的に計算されるにとどまる。

私見によれば，等級別総合原価計算は，組別総合原価計算の便宜法，ないし簡便法である。したがってこの方法には，理論的に確立された方法はなく，計算の正確性と簡便性との兼ね合いで，具体的な計算手続が定められるべき性質のものである。上述の(イ)と(ロ)とを比較すれば，明らかに(イ)によって計算するほうが不正確な計算となるが，簡便法なのであるから，(イ)によることも誤りであるとはいいがたい。むしろ基準が仕掛品の計算にふれない点を考慮すると，(イ)の方法を規定していると解すべきである。(注52)

　基準の規定する第2法は，1期間の製造費用を構成する各原価要素または原

(注52) 現行「原価計算基準」の作成に重要な役割を果たされた鍋島 達教授から直接にうかがったところによれば，本例の場合，第1法によって計算すれば，上述の(イ)の完成品換算量を使用し，次のようになる。

[計算条件の追加]
　　期首仕掛品原価　　　　－円
　　当月製造費用　　　650,000
　　合　計　　　　　　650,000円

[第1法による等級製品原価の計算]

$$\frac{650{,}000円}{3{,}000個 + 500個 \times \frac{1}{2}} \times 3{,}000個 = 600{,}000円（完成品総合原価）$$

$$\frac{650{,}000円}{3{,}000個 + 500個 \times \frac{1}{2}} \times 500個 \times \frac{1}{2} = 50{,}000円（月末仕掛品原価）$$

等級製品	完成品数量	等価係数	積　数	積数の比
A	1,000個	1.0	1,000個	40%
B	1,500個	0.8	1,200	48
C	500個	0.6	300	12
計			2,500個	100%

[完成品総合原価の按分と単位原価の計算]
　A……600,000円 × 0.4 ＝ 240,000円
　　　　240,000円 ÷ 1,000個 ＝ @240円/個
　B……600,000円 × 0.48 ＝ 288,000円
　　　　288,000円 ÷ 1,500個 ＝ @192円/個
　C……600,000円 × 0.12 ＝ 72,000円
　　　　72,000円 ÷ 500個 ＝ @144円/個

　この場合，月末仕掛品原価は，等級製品別に計算されない。なお「原価計算基準」の第1法および第2法の区別は，等価係数の算定の仕方が，アウトプットのもつ性質によって算定するか，インプットと関連のある物量数値にもとづいて算定するかの区別に対応するものであるという。

価要素群ごとに等価係数を設定し，それらにその期間における各等級製品の生産量を乗じた積数の比でもって，各原価要素または原価要素群を各等級製品に按分する。そしてそのように計算した等級製品別製造費用と各等級製品の月初仕掛品原価との合計額を，各等級製品の完成品総合原価と月末仕掛品原価とに分割するという方法である。

これを要するに等級別総合原価計算は，単純総合原価計算と組別総合原価計算との中間に位する簡便法である。したがって各等級製品相互間の差異の正確な把握よりも計算の簡便性を重視すれば（あるいは同じことであるが製造工程の個別事情を考慮し，えられる計算結果が合理的であると判断すれば），基準の第1法のような単純総合原価計算に近いかたちの等級別計算となり，反対に計算の簡便性よりも各等級製品相互間の差異の正確な把握に重点をおいて計算すれば，基準の第2法のような組別総合原価計算に近い等級別計算となるのであって，その間にはいくつかの等級別計算の変形が存在しうるわけである。(注53)

2. 等級別総合原価計算の計算例

［例題 6—21］

等級製品 X, Y を製造する当工場の今月の資料は次のとおりである。

(注53) アメリカで class cost system といわれる方法は，個別原価計算でも総合原価計算でも使用される方法である。この方法は，製品品種が多く，たとえば300種類に及ぶ製品の製造原価を計算するさい，製品品種を大別して20クラスに分け，各クラスごとに直接費は直課し，間接費は配賦して，クラス別の製造原価を計算する。そしてこのクラス別製造原価を，そのクラスに所属する品種のその期における単純な完成品量合計で割って単価を計算するか，あるいは各品種ごとに weight ないし point を設定し，これに各完成量を掛けた積数の合計を算出し，クラス別製造原価を積数合計で割って共通の原価計算単位当たり単価を計算するのである。したがってこの方法は，製品品種を大別したうえで，組別総合原価計算ないし個別原価計算と等級別計算とを併用する原価計算であるといえよう。Dickey, R. I. (ed.), *Accountants', Cost Handbook* (N. Y.: The Ronald Press, 2 nd ed., 1960), pp. 11・20—21. 参照。

[生産データ]

等級製品	X	Y
月初仕掛品	2,000個 $\left(\frac{1}{4}\right)$	3,000個 $\left(\frac{2}{3}\right)$
当月受入	38,000	36,000
投入量合計	40,000個	39,000個
完成品	35,900個	35,800個
正常仕損	100 $\left(\frac{1}{2}\right)$	200 $\left(\frac{1}{2}\right)$
月末仕掛品	4,000 $\left(\frac{2}{5}\right)$	3,000 $\left(\frac{3}{5}\right)$
産出量合計	40,000個	39,000個

材料は工程の始点で投入される。（　）内は加工費進捗度を示す。

[原価データ]

等級製品	X	Y
月初仕掛品		
直接材料費	27,500円	25,140円
加工費	5,120	6,033
計	32,620円	31,173円
当月製造費用		
直接材料費	1,015,360円	
加工費	590,547	
計	1,605,907円	

（当月製造費用はXとYの合計）

[その他の条件]

(1) 等価係数

等級製品	X	Y
直接材料費	1 :	0.8
加工費	1 :	0.6

(2) 完成品と月末仕掛品への原価の配分は，平均法によること。

(3) 正常仕損は工程の $\frac{1}{2}$ で発生し，これについては非度外視法によって計算せよ。ただし正常仕損品には残存価値はない。

(4) 計算途上生ずる端数は，円位未満で四捨五入せよ。なお完成品の単価については，小数点以下5位で四捨五入すること。

[**解説**] 問題の条件には，直接材料費と加工費の別に等価係数が定められているので，直接材料費と加工費の別に等級別計算を平均法によって計算するわけであるが，この場合にも，2つの方法が考えられる。第1の方法は，XとYの月初仕掛品原価と当月の製造費用の合計を，等価係数を使用したXとYの完成品量，月末仕掛品換算量，正常仕損換算量へ配分していく方法である。これにたいし第2の方法は，当月の製造費用をまずXとYとに按分し，各等級製品ごとに，月初仕掛品原価と当月製造費用の合計を，完成品量，月末仕掛品換算量，正常仕損換算量へ配分していくやり方である。第1の方法はどちらかといえば単純総合原価計算に近く，第2の方法は当月の製造費用をまず等級製品ごとに分割してしまうという意味において組別総合原価計算に近い方法であるといってよかろう。

[解答その1]

1．直接材料費の計算

$$\frac{27,500円 + 25,140円 + 1,015,360円}{(35,900個 + 4,000個 + 100個) + (35,800個 + 3,000個 + 200個) \times 0.8}$$

$$= \frac{1,068,000円}{71,200個} = 15円/個$$

@15円/個 × 35,900個	……………………	538,500円
〃 × 4,000個	……………………	60,000
〃 × 100個	……………………	1,500
〃 × 35,800個 × 0.8	……………………	429,600
〃 × 3,000個 × 0.8	……………………	36,000
〃 × 200個 × 0.8	……………………	2,400
	計	1,068,000円

製品Xの正常仕損直接材料費 1,500円は，製品Xの完成品のみが負担すべきである。

538,500円 + 1,500円 = 540,000円

製品Yの正常仕損直接材料費 2,400円は，製品Yの完成品と月末仕掛品とが対等に負担すべきである。

$$\frac{2,400円}{35,800個 + 3,000個} \times 35,800個 = 2,214.432\cdots円 \fallingdotseq 2,214円$$

$$\qquad\qquad 〃 \qquad\quad \times 3,000個 = 185.567\cdots円 \fallingdotseq 186円$$

429,600円 + 2,214円 = 431,814円

36,000円 + 186円 = 36,186円

2. 加工費の計算

$$\frac{5,120円 + 6,033円 + 590,547円}{\left(35,900個 + 4,000個 \times \frac{2}{5} + 100個 \times \frac{1}{2}\right) + \left(35,800個 + 3,000個 \times \frac{3}{5} + 200個 \times \frac{1}{2}\right) \times 0.6}$$

$$= \frac{601,700円}{60,170個} = 10円/個$$

@10円/個 × 35,900個 ·················· 359,000円

〃 × 4,000個 × $\frac{2}{5}$ ·················· 16,000

〃 × 100個 × $\frac{1}{2}$ ·················· 500

〃 × 35,800個 × 0.6 ·················· 214,800

〃 × 3,000個 × $\frac{3}{5}$ × 0.6 ··········· 10,800

〃 × 200個 × $\frac{1}{2}$ × 0.6 ··········· 600

計　601,700円

製品Xの正常仕損加工費500円は，製品Xの完成品のみが負担すべきである。

359,000円 + 500円 = 359,500円

製品Yの正常仕損加工費600円は，製品Yの完成品と月末仕掛品とが対等に負担すべきである。

$$\frac{600円}{35,800個 + 3,000個} \times 35,800個 = 553.6082\cdots円 ≒ 554円$$

〃 × 3,000個 = 46.3917…円 ≒ 46円

214,800円 + 554円 = 215,354円

10,800円 + 46円 = 10,846円

3. 等級別総合原価計算表

	X			Y			合計
	直接材料費	加工費	計	直接材料費	加工費	計	
月初仕掛品原価	27,500円	5,120円	32,620円	25,140円	6,033円	31,173円	63,793円
当月製造費用 (注54)	572,500	370,380	942,880	442,860	220,167	663,027	1,605,907
投入額合計	600,000	375,500	975,500	468,000	226,200	694,200	1,669,700
完成品総合原価	540,000	359,500	899,500	431,814	215,354	647,168	1,546,668
月末仕掛品原価	60,000	16,000	76,000	36,186	10,846	47,032	123,032
産出額合計	600,000円	375,500円	975,500円	468,000円	226,200円	694,200円	1,669,700円
当月完成量			35,900個			35,800個	
完成品単価			@25.0557円/個			@18.0773円/個	

[解答その2]

1. 当月直接材料費の等級別按分計算

$$\text{当月加工分の完成品換算総量} = (35{,}900\text{個} - 2{,}000\text{個} + 4{,}000\text{個} + 100\text{個})$$
$$+ (35{,}800\text{個} - 3{,}000\text{個} + 3{,}000\text{個} + 200\text{個}) \times 0.8$$
$$= 38{,}000\text{個} + 28{,}800\text{個} = 66{,}800\text{個}$$

これは、先入先出法で使用する当月作業分の完成品換算総量である。したがって次のように計算してもよい。

$$2{,}000 \times (1-1) + (35{,}900 - 2{,}000) + 100 + 4{,}000$$
$$+ \{3{,}000 \times (1-1) + (35{,}800 - 3{,}000) + 200 + 3{,}000\} \times 0.8$$
$$= 66{,}800\text{個}$$

そこで等級別に按分計算を行なう。

$$1{,}015{,}360\text{円} \div 66{,}800\text{個} = 15.2\text{円}$$

@15.2円 × 38,000個 …… 577,600円 (X の当月直接材料費)
@15.2円 × 28,800個 …… 437,760 (Y の当月直接材料費)
　　　　　　　計　　1,015,360円

2. 当月加工費の等級別按分計算

(注54) この当月製造費用の行の数値は各列ごとに(産出額合計－月初仕掛品原価)によって逆算したものである。

$$\begin{aligned}\text{当月加工分の}\atop\text{完成品換算総量} &= \left(35,900\text{個} - 2,000\text{個} \times \frac{1}{4} + 4,000\text{個} \times \frac{2}{5} + 100\text{個}\right.\\ &\left. \times \frac{1}{2}\right) + \left(35,800\text{個} - 3,000\text{個} \times \frac{2}{3} + 3,000\text{個} \times \frac{3}{5} + 200\text{個} \times \frac{1}{2}\right)\\ &\times 0.6 = 37,050\text{個} + 21,420\text{個} = 58,470\text{個}\end{aligned}$$

同様に次のように計算してもよい。

$$\begin{aligned}&\left\{2,000 \times \left(1 - \frac{1}{4}\right) + (35,900 - 2,000) + 100 \times \frac{1}{2} + 4,000 \times \frac{2}{5}\right\}\\ &+ \left\{3,000 \times \left(1 - \frac{2}{3}\right) + (35,800 - 3,000) + 200 \times \frac{1}{2} + 3,000 \times \frac{3}{5}\right\}\\ &\times 0.6 = 58,470\end{aligned}$$

そこで等級別に按分計算を行なう。

  590,547円 ÷ 58,470個 = 10.1円/個

   @10.1円/個 × 37,050個 …… 374,205円（X の当月加工費）
   @10.1円/個 × 21,420個 …… 216,342 （Y の当月加工費）

      計 590,547円

3. 等級製品 X の計算

(1) 直接材料費の計算

$$\frac{27,500\text{円} + 577,600\text{円}}{35,900\text{個} + 4,000\text{個} + 100\text{個}} \times 35,900\text{個} \cdots\cdots 543,077\text{円}$$

     〃   × 100個 …… 1,513 （正常仕損 直接材料費）

        計 544,590円（完成品 直接材料費）

     〃   × 4,000個 …… 60,510円（月末仕掛品 直接材料費）

       合 計 605,100円

(2) 加工費の計算

$$\frac{5,120円 + 374,205円}{35,900個 + 4,000個 \times \frac{2}{5} + 100個 \times \frac{1}{2}} \times 35,900個 \cdots\cdots 362,657円$$

$$\qquad\qquad\qquad // \qquad\qquad \times 100個 \times \frac{1}{2} \cdots\cdots\quad 505 \quad \begin{pmatrix}\text{正常仕損}\\ \text{加 工 費}\end{pmatrix}$$

$$\qquad\qquad\qquad\qquad\qquad\qquad\qquad 計 \quad 363,162円 \begin{pmatrix}\text{完 成 品}\\ \text{加 工 費}\end{pmatrix}$$

$$\qquad\qquad\qquad // \qquad\qquad \times 4,000個 \times \frac{2}{5} \cdots 16,163円 \begin{pmatrix}\text{月末仕掛}\\ \text{品加工費}\end{pmatrix}$$

$$\qquad\qquad\qquad\qquad\qquad\qquad 合 \quad 計 \quad \underline{379,325円}$$

4. 等級製品 Y の計算

(1) 直接材料費の計算

$$\frac{25,140円 + 437,760円}{35,800個 + 3,000個 + 200個} \times 35,800個 \cdots\cdots 424,918円$$

$$\qquad\qquad // \qquad\qquad \times\ 3,000個 \cdots\cdots\ \ 35,608$$

$$\qquad\qquad // \qquad\qquad \times\quad\ 200個 \cdots\cdots\quad 2,374$$

$$\qquad\qquad\qquad\qquad\qquad 合 \quad 計 \quad \underline{462,900円}$$

正常仕損直接材料費の配賦計算

$$\frac{2,374円}{35,800個 + 3,000個} \times 35,800個 \cdots\cdots 2,190円\ (完 成 品 負 担 額)$$

$$\qquad\qquad // \qquad\qquad \times\ 3,000個 \cdots\cdots \underline{\quad 184\quad}\ (月末仕掛品負担額)$$

$$\qquad\qquad\qquad\qquad 合 \quad 計 \quad \underline{2,374円}$$

$$424,918円 + 2,190円 = 427,108円\ (完成品直接材料費)$$

$$35,608円 +\quad 184円 =\ 35,792円\ (月末仕掛品直接材料費)$$

(2) 加工費の計算

$$\frac{6,033円 + 216,342円}{35,800個 + 3,000個 \times \frac{3}{5} + 200個 \times \frac{1}{2}} \times 35,800個 \cdots\cdots 211,168円$$

$$\quad\quad\quad \prime\prime \quad\quad\quad \times 3,000個 \times \frac{3}{5} \cdots\; 10,617$$

$$\quad\quad\quad \prime\prime \quad\quad\quad \times\; 200個 \times \frac{1}{2} \cdots\quad 590$$

$$\text{合 計} \quad \underline{222,375円}$$

正常仕損加工費の配賦計算

$$\frac{590円}{35,800個 + 3,000個} \times 35,800個 \cdots\cdots 544円 \text{（完成品負担額）}$$

$$\quad\quad\quad \prime\prime \quad\quad\quad \times\; 3,000個 \cdots\cdots \underline{\;46\;} \text{（月末仕掛品負担額）}$$

$$\text{合 計} \quad \underline{590円}$$

211,168円 ＋ 544円 ＝ 211,712円（完成品加工費）

10,617円 ＋ 46円 ＝ 10,663円（月末仕掛品加工費）

5. 等級別総合原価計算表

	X			Y			合 計
	直接材料費	加工費	計	直接材料費	加工費	計	
月初仕掛品原価	27,500円	5,120円	32,620円	25,140円	6,033円	31,173円	63,793円
当月製造費用	577,600	374,205	951,805	437,760	216,342	654,102	1,605,907
投入額合計	605,100円	379,325円	984,425円	462,900円	222,375円	685,275円	1,669,700円
完成品総合原価	544,590円	363,162円	907,752円	427,108円	211,712円	638,820円	1,546,572円
月末仕掛品原価	60,510	16,163	76,673	35,792	10,663	46,455	123,128
産出額合計	605,100円	379,325円	984,425円	462,900円	222,375円	685,275円	1,669,700円
当月完成量			35,900個			35,800個	
完成品単価			@25.2856円/個			@17.8441円/個	

第 5 節　連産品の原価計算

1. 連産品と連結原価

　豚を1頭仕入れてきて，これを殺すと，豚肉の上肉，中肉，並肉，ラードがとれ，また豚皮や豚の毛がとれる。豚肉はさらに加工をすれば，ロースハム，

ベーコン，ソーセージなどの食品がえられる。あるいは原油を精製装置にかけると，ガソリン，ジェット燃料，パラフィン，ナフサ，灯油，軽油，重油などの製品がえられる。このように，<u>同一工程（単一ないし連続する同じ工程）において，同一原料から，相互に重要な経済的価値をもつ２種以上の製品が，必然的に生産される場合，これらの異種製品を連産品（joint products）といい，各種製品に分離されるまでに共通に発生した原価を連結原価（joint costs）という</u>。^(注55)

連産品の１つの特徴は，２種以上の製品が同時に，あるいは必然的に生産される点にある。上例でいえば，豚の上肉だけを生産するわけにはいかない。豚を殺せば，必然的に，上肉のほかに，中肉も，並肉も，ラードも，豚皮も，豚の毛も生産せざるをえない。もっとも，この点だけでは，連産品と副産物（by-products）とを区別することはできない。副産物も主製品（main products）を生産する場合には，必然的に生産されるからである。たとえば製糸工場では，カイコがサナギのときにこもった繭（マユ）を煮て，それから糸をひき生糸を製造する。この場合必然的に，サナギやキビソ（生皮苧，生糸を繰るとき，緒糸を捜し出す杓子帚や手先などにつく糸屑を集め，乾燥させたもの）が生ずる。生糸は主製品であるが，サナギやキビソは副産物である。そこで連産品と副産物との差異は必然的に生じた異種製品相互間の，相対的価値に求められる。

したがって，どの程度相対的価値が低ければ副産物となるかを明確に規定することは不可能である。ある工場で，副産物として処理している製品を，他の工場では連産品として処理していることもある。その処理方法の選択は，経営者の判断にゆだねられるが，その判断の基準は，同時に生産される異種製品間の相対的価値である。したがって原価計算基準では，必要がある場合には，連産品の１種または数種の価額を副産物に準じて計算することを認めている（第2章第4節29）。

(注55) 最近では，連結原価の概念は拡張されて使用されることがある。たとえば減価償却会計において，固定資産の要償却額（取得原価－残存価額）は，耐用年数の全期間にわたる連結原価であるというような使い方である。しかし本節では，連結原価の概念を連産品の連結原価に限定することにする。

2. 連産品原価の計算方法

(1) 連結原価と分離点後の個別費

連産品原価の計算においては，図6—14で示したように，連結原価（joint costs）と分離点後の個別費（cost beyond split-off point）とを区別することが必要である。すなわち同一の原材料から同一の工程で必然的に異種製品が生産されるが，各種製品へ分離したときにそれらはまだ販売可能な状態になっていないため，さらに加工費をかけて完成させることが多い。そこで連産品原価の計算

図 6—14

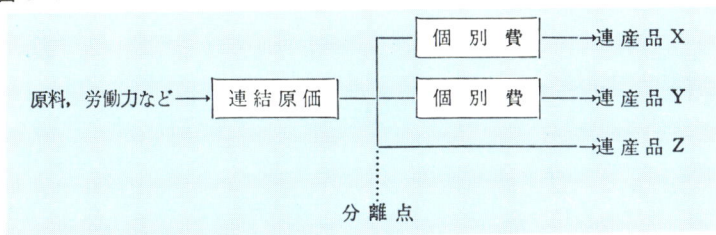

[図：原料，労働力など → 連結原価 → 個別費 → 連産品X／個別費 → 連産品Y／連産品Z（分離点）]

においては，分離点後の個別費は，連産品ごとに個々に把握すべきであるが，各連産品に共通に結合して発生する連結原価（原材料費および分離点までの加工費）は，各連産品へ按分ないし配賦計算をしなければならない。

(2) 連結原価の按分計算とその計算目的

連結原価を各種連産品へ按分するには，

(イ) 連産品の産出量を統一的物量尺度で測定し，これを基準に連結原価を各種連産品に按分する方法，

(ロ) 純分度，カロリー，比重などにもとづく等価係数を連産品ごとに設定し，これらの等価係数にそれぞれの連産品の産出量を乗じた積数の比でもって，連結原価を各種連産品に按分する方法，

(ハ) 各種連産品の正常市価（分離点後の個別費があれば，正常市価から分離点後の正常個別費を差し引いた純正常市価）にもとづく等価係数を連産品ごとに設定し，これらの等価係数ごとにそれぞれの連産品の産出量を乗じた積数の比でもって，連結原価を各種連産品へ按分する方法，

がある。これらの方法のうち(イ)は，たとえば連産品A 1 kgとB 1 kgとは同等

に製造原価がかかるという仮定にもとづく単純平均単位原価計算方法である。(ロ)は，各種連産品の製造原価発生額の差異は，なんらかの物量的要素の差異と関係があるという仮定にもとづく方法であって，この場合に設定される等価係数は，等級別総合原価計算における等価係数に相当する。(ハ)は市価の高い連産品にはそれだけ余計に連結原価を負担させるという負担力主義にもとづく方法である。

等級製品の製造原価を計算するさいには，各種等級製品は別々に生産することができるので，手数と費用さえかければ組別総合原価計算を実施できる。これにたいして連産品は，意識的に別々に生産することはできず，必然的に2種以上の主副の区別のない製品が生産されるので，どれほど手数と費用をかけても，組別総合原価計算を実施することは不可能である。現行の原価計算は，価値移転的原価計算（つまり製品を製造するために発生した原価をできるだけ正確に跡づけ，それらを積み上げていく計算）であって，負担力主義の原価計算ではない。したがって価値移転的原価計算の観点からすれば，等級製品の製造原価は正確に計算しようと思えばそれは可能であるが，連産品の製造原価は連結原価のために元来正確に計算することは不可能である。したがって等級製品の原価計算に採用される等価係数は，製造原価発生と関係のあるなんらかの基準であるべきであり，負担力主義にもとづく正常市価基準であってはならない。しかし連産品原価の計算では，元来各種連産品ごとに製造原価を計算すること自体が不可能なのであるから，正常市価基準で連結原価を各種連産品へ按分ないし配賦することが例外として認められるわけである。

次に例題によって連結原価の配賦を説明しよう。

［例題 6—22］

A工程で連産品XおよびYが生産される。連結原価，各製品の生産量および販売価額は次のとおりであるとして，連結原価を，(イ)生産量を基準にする場合と，(ロ)生産の正常販売金額を基準にする場合とに分けて，製品XとYとに配賦せよ。なお販売単価は正常市価であり，また実際市価でもあったと仮定する。

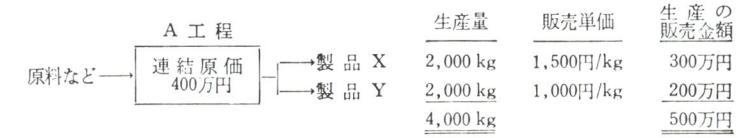

	A 工程		生産量	販売単価	生産の販売金額
原料など →	連結原価 400万円	→ 製品 X	2,000 kg	1,500円/kg	300万円
		→ 製品 Y	2,000 kg	1,000円/kg	200万円
			4,000 kg		500万円

また，会計期末にXは生産量の30％が売れ残ったとし，Yは生産量の10％が売れ残ったものとして，製品別損益計算書を作成せよ。

[解　答]

1. 生産量基準

400万円の連結原価を，生産量を基準にして配賦すれば，次のようになる。

製　　品	生　産　量		連結原価配賦額
X	2,000 kg	400万円 × $\dfrac{2,000\ \text{kg}}{4,000\ \text{kg}}$ =	200万円
Y	2,000 kg	400万円 × $\dfrac{2,000\ \text{kg}}{4,000\ \text{kg}}$ =	200万円
合　　計	4,000 kg		400万円

[注意事項]　連結原価は，各種の連産品に，ジョイントに発生する原価であって，製品Xにいくら，Yにいくらというように，各製品別に別個に発生する原価ではない。したがってどのような配賦基準を用いても，連結原価を正確に各連産品へ配賦することは不可能である。なぜならば事実に反した計算だからである。

もし会計期末に，連産品XもYも，すべて販売されてしまえば，

	X	Y	合　計
売　上　高	300万円	200万円	500万円
売　上　原　価 （連結原価）	—	—	400
			100万円

となって，連結原価を各製品へ配賦する必要がない。したがって連結原価を各製品に配賦する必要が生ずるのは，会計期末に連産品の在庫が残った場合に，その在庫品の評価を行なって貸借対照表を作成するとともに，売上原価を計算して損益計算書を作成する必要からである。この場合には，連結原価の各製品別配賦は，その配賦結果が不正確になることを承知のうえで行なうのである。

いま会計期末に製品Xが生産量の30％，Yが生産量の10％売れ残ったとすれば，損益計算書は，次のようになる。

	X			Y			合 計
売 上 高	1,400 kg	@1,500円/kg	210万円	1,800 kg	@1,000円/kg	180万円	390万円
連 結 原 価：							
製 造 原 価	2,000 kg		200万円	2,000 kg		200万円	400万円
差引：期末有高	600		60	200		20	80
売 上 原 価	1,400 kg		140万円	1,800 kg		180万円	320万円
売 上 総 利 益			70万円			0円	70万円
売上総利益率			$33\frac{1}{3}\%$			—	17.95%

これによれば，製品Yはまったく収益力のない製品であるかのような印象を受ける。しかしその印象は誤りであり，元来製品別に分離できない連結原価を，X 1 kgを生産するに要する原価と，Y 1 kgを生産するに要する原価とは等しいという仮定を導入して，配賦した結果がそうなったというだけのことである。

2. 生産の正常販売金額（正常市価）基準

連結原価は，各種連産品別にその発生を跡づけることができないのであるから，各連産品の正常市価から逆算して，各連産品の原価を計算する方法が，多く行なわれる。この方法は，各連産品の原価負担能力に応じて連結原価を配賦する方法であるということはすでに指摘した。生産の正常販売金額基準によって連結原価を配賦すれば，次のようになる。

製　品	生産の正常販売金額		連結原価配賦額
X	300万円	$400万円 \times \dfrac{300万円}{500万円} =$	240万円
Y	200万円	$400万円 \times \dfrac{200万円}{500万円} =$	160万円
合　計	500万円		400万円

また問題の条件に従って損益計算書を作れば，次のとおりである。

第 6 章　実際総合原価計算　365

	X			Y			合　計
売　上　高	1,400 kg	@1,500円/kg	210万円	1,800 kg	@1,000円/kg	180万円	390万円
連　結　原　価：							
製　造　原　価	2,000 kg		240万円	2,000 kg		160万円	400万円
差引：期末有高	600		72	200		16	88
売　上　原　価	1,400 kg		168万円	1,800 kg		144万円	312万円
売　上　総　利　益			42万円			36万円	78万円
売　上　総　利　益　率			20%			20%	20%

[注意事項]　この場合，連産品 X も Y も，売上総利益率が等しい点に注意すべきである。そもそも正常市価基準では，連結原価を各連産品の原価負担能力に応じて配賦するのであるから，売上総利益率が等しくなるのは当然である。

[例題 6—23]

次の条件にもとづき，正常市価基準によって連結原価を連産品に配賦せよ。また会計期末に製品 X は生産量の 30%，製品 Y は生産量の 10% が売れ残ったものとして，製品別損益計算書を作成せよ。

[条　件]

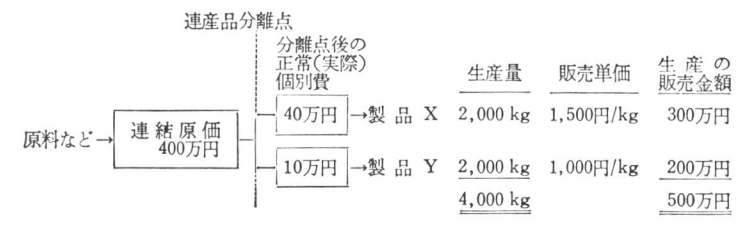

```
                  連産品分離点
                      │
                  分離点後の
                  正常（実際）              生産量    販売単価    生産の
                   個別費                                      販売金額
                    ┌───┐
                    │40万円│→製品 X   2,000 kg   1,500円/kg   300万円
     連結原価       ├───┤
原料など→ 400万円  │10万円│→製品 Y   2,000 kg   1,000円/kg   200万円
                    └───┘
                                     4,000 kg                500万円
```

[解　答]

1. 連結原価の配賦

製　品	生産の正常 販売金額	分離点後の 正常個別費	分離点における推 定正常販売金額		連結原価 配賦額
X	300万円	40万円	260万円	400万円 × $\dfrac{260万円}{450万円}$ ≒	231.1万円
Y	200万円	10万円	190万円	400万円 × $\dfrac{190万円}{450万円}$ ≒	168.9万円
合　計	500万円	50万円	450万円		400.0万円

2. 製品別損益計算書

	X	Y	合　計
売　上　高	210 万円	180 万円	390 万円
売上原価：			
連　結　原　価	231.1万円	168.9万円	400 万円
分離点後の実際個別費	40	10	50
製　造　費　用　計	271.1万円	178.9万円	450 万円
差引：期末有高	81.3	17.9	99.2
売　上　原　価	189.8万円	161.0万円	350.8万円
売　上　総　利　益	20.2万円	19.0万円	39.2万円
売　上　総　利　益　率	9.62%	10.56%	10.05%

[解説] 上例で示したように，正常市価マイナス分離点後の正常個別費（ないし加工費）にもとづく連結原価の配賦が，通常の方法である。正常市価基準で連結原価を配賦すれば，製品別売上総利益率はすべて等しくなるはずであり，分離点後の個別費が存在する場合には，その分だけ売上総利益率が等しくならないのである。

以上述べたように，各種連産品の製造原価計算は，財務諸表を作成する目的で行なわれる原価計算であって，短期利益計画や経営意思決定のための計算ではない。したがって連産品を生産する企業で直面する問題，たとえば特定の連産品をそのまま販売するか，あるいはさらに加工して別の製品として販売するほうが有利か（sell, or process further）といった意思決定のためには，別の計算が必要である。これについては差額原価収益分析の章で説明しよう。

[練習問題 6—1—①] 製品Zを量産する当工場は純粋総合原価計算を行なっている。当月のデータは，次のとおりである。

		原　料　費	加　工　費	合　計
月初仕掛品	200 kg(1/4)	36,000円	5,900円	41,900円
当 月 受 入	3,800	760,000	585,000	1,345,000
投 入 合 計	4,000 kg	796,000円	590,900円	1,386,900円
完　成　品	3,600 kg			
月末仕掛品	400　(1/2)			
産 出 合 計	4,000 kg			

原料は工程の始点で投入される。（　）内は加工費の進捗度を示す。
以上の資料にもとづき，平均法によって(イ)完成品総合原価，(ロ)完成品単位原価および月末仕掛品原価を計算しなさい。

[練習問題 6—1—②] [練習問題 6—1—①]の資料にもとづき，純粋先入先出法によって，(イ)完成

品総合原価，(ロ)月末仕掛品原価，(ハ)月初仕掛品完成分の完成品単位原価，(ニ)当月着手または加工分の完成品単位原価を計算しなさい。

[練習問題 6―1―③] [練習問題 6―1―①]の資料にもとづき，後入先出法によって，(イ)完成品総合原価，(ロ)完成品単位原価，(ハ)月末仕掛品原価を計算しなさい。

[練習問題 6―2] 次の資料から，(1)平均法によって総合原価計算表を完成しなさい。(2)また，後入先出法によれば，月末仕掛品原価合計（月末仕掛品の原料費と加工費の合計）はいくらになるか，を計算しなさい。

[製品Cの当月生産データ]

月初仕掛品	200 kg (1/4)
当月投入	4,000
投入量合計	4,200 kg
差引：月末仕掛品	400　(1/2)
完成品	3,800 kg

なお，原料は工程の始点で投入される。上記仕掛品の（　）内は，加工費の進捗度である。

(1) 平　均　法

総合原価計算表

昭和59年6月（単位：円）

	原料費	加工費	合計
月初仕掛品原価	10,200	1,805	12,005
当月製造費用	220,800	174,195	394,995
合　　　計			
差引：月末仕掛品原価			
完成品総合原価			
完成品単位原価			

(2) 後入先出法による月末仕掛品原価合計 ＝ □ 円　　（日商簿記2級試験問題）

[練習問題 6―3] 次の資料により，工程別総合原価計算表を完成しなさい。ただし，第1工程は平均法により，第2工程は先入先出法によること。なお第2工程の先入先出法において完成品単位原価を算出するときは，月初仕掛品完成分と当月投入完成分との単位原価を，区別する必要はない。また完成品単位原価は，原価要素別にも算出しなさい。

[製品Dの当月生産データ]

	第1工程	第2工程
月初仕掛品	1,000 kg (1/2)	4,000 kg (1/2)
当月投入	50,000	49,000
投入量合計	51,000 kg	53,000 kg
差引：月末仕掛品	2,000　(1/4)	4,000　(3/4)
完成品	49,000 kg	49,000 kg

なお，原料はすべて第1工程の始点で投入される。上記仕掛品の（　）内は，加工費の進捗度である。

工程別総合原価計算表　　昭和59年11月（単位：円）

	第 1 工 程			第 2 工 程		
	原料費	加工費	合計	前工程費	加工費	合計
月初仕掛品原価	5,800	950	6,750	36,900	11,900	48,800
当月製造費用	300,200	98,050	398,250		175,000	
合計						
差引：月末仕掛品原価						
完成品総合原価						
完成品単位原価						

（日商簿記2級試験問題）

[練習問題 6—4] B工場では，工程別実際総合原価計算を行っている。下記の資料に基づき，(1)第1工程は，平均法により単純総合原価計算を，(2)第2工程は，加工費については等級別計算を行って，工程別総合原価計算表を作成しなさい。

[資料] 第1工程では，直接材料を工程の始点で投入し，中間製品Xを生産する。第2工程では，工程の始点でXを投入し，これを加工して，等級製品YとZを生産する。当月の生産データは，次のとおり。

	第1工程	第 2 工 程		
	製品X	製品Y	製品Z	合計
月初仕掛品	200個(1/2)	—	—	—
当月投入	1,000	400個	400個	800個
投入量合計	1,200個	400個	400個	800個
差引：月末仕掛品	400 (1/2)	—	—	—
完成品	800個	400個	400個	800個

上記第1工程仕掛品の（　）内は，加工費の進捗度である。第2工程では，Xの製造原価を前工程費として受入れる。前工程費については等級別計算を行わない。第2工程加工費については等級別計算を行い，製品Yと製品Zとの加工費等価係数は，1.0と1.5である。当月の第2工程加工費発生総額は，¥500,000であった。

工程別総合原価計算表　　昭和60年11月（単位：円）

| | 第 1 工 程 ||| 第 2 工 程 ||||||
| | 製 品 X ||| 製 品 Y ||| 製 品 Z |||
	直接材料費	加工費	合計	前工程費	加工費	合計	前工程費	加工費	合計
月初仕掛品原価	118,000	38,200	156,200	—					
当月製造費用	602,000	361,800	963,800						
合　　　　計	720,000	400,000	1,120,000						
差　引：月末仕掛品原価				—					
完成品総合原価									
完成品単位原価									

（日商簿記2級試験問題）

[練習問題 6—5] 製品 P を量産する Q 社では，実際総合原価計算を行っている。次の資料に基づき，当月の損益計算書を作成しなさい。

[当月の資料]
(1) 生産量と販売量
　　　月初製品在庫量………　400 kg
　　　当月製品生産量………　1,190 kg
　　　当月製品販売量………　1,100 kg
　　なお，月初，月末仕掛品はなかった。
(2) 当月実際製造費発生額
　　　直 接 材 料 費………¥　535,500
　　　直 接 労 務 費………¥　416,500
　　　製 造 間 接 費………¥　241,000
　　　合　　　　計………¥ 1,193,000
(3) 製造間接費については，生産量を基準にして予定配賦している。年間の正常生産量は14,400 kg であり，年間の製造間接費予算は，¥ 2,880,000 である。
　　製造間接費の配賦差異は，年度末まで繰り延べずに，月々の売上原価に賦課するものとする。
(4) 製品の倉出単価（したがって売上原価）の計算は後入先出法による。
(5) 製品 1 kg あたり売価………¥ 1,600
(6) 実際販売費および一般管理費
　　　変動販売費　　製品 1 kg あたり……………¥ 80
　　　固定販売費および一般管理費月額………¥ 335,000

月次損益計算書　　　　　　　　（単位：円）

売　上　高…………………………………………………………（　　　）
売上原価
　　直接材料費…………………………………（　　　）
　　直接労務費…………………………………（　　　）
　　製造間接費予定配賦額……………………（　　　）
　　　小　　　計………………………………（　　　）
　　製造間接費配賦差異………………………（　　　）
　　　売上原価合計…………………………………………………（　　　）
売上総利益…………………………………………………………（　　　）
販売費および一般管理費
　　変動販売費…………………………………（　　　）
　　固定販売費および一般管理費……………（　　　）
　　販売費・一般管理費合計……………………………………（　　　）
営業利益……………………………………………………………（　　　）

　（注）（　）内に，計算した金額を記入しなさい。

（日商簿記2級試験問題）

[練習問題 6—6] 製品Zを量産する乙工場では，実際単純総合原価計算を採用している。当月の資料に基づき，下記の総合原価計算表と月次損益計算書を完成しなさい。

[当月の資料]
1. Zの製造に必要なA材料は工程の始点で投入し，B材料は包装材料なので工程の終点で投入する。
2. 総合原価計算表の数量欄に付した（　）は，加工費の進捗度を表す。
3. 完成品と月末仕掛品への原価の配分は，平均法による。
4. 月初製品有高は，100個，@95円，9,500円であった。
5. 当月の製品Zの販売単価は130円，販売量は800個であった。
6. 売上原価の計算は，先入先出法による。
7. 月額，変動販売費は8,000円であり，固定販売費・一般管理費は11,237円であった。

(1)

総合原価計算表　　　　　（単位：円）

	数　　量	A材料費	B材料費	加工費	合　計
月初仕掛品	200個(1/2)	7,800	—	1,900	9,700
当月投入	1,000	45,000	29,700	20,100	94,800
投入合計	1,200	52,800	29,700	22,000	104,500
差引：月末仕掛品	300　(1/3)	(　　)	(　　)	(　　)	(　　)
完　成　品	900個	(　　)	(　　)	(　　)	(　　)
完成品単位原価		@(　　)	@(　　)	@(　　)	@(　　)

(2)
月次損益計算書　　　　　（単位：円）
売　上　高……………………………………………（　　　）
売　上　原　価………………………………………（　　　）
　売　上　総　利　益………………………………（　　　）
　変　動　販　売　費………………（　　　）
　固定販売費・一般管理費…………（　　　）　（　　　）
　営　業　利　益……………………………………（　　　）

（日商簿記2級試験問題）

[練習問題 6—7] A社は，製品Pを製造・販売し，実際総合原価計算を採用している。次に示す当月のデータにもとづき，(1)月末仕掛品原価，(2)完成品総合原価および(3)完成品単位原価を先入先出法により計算しなさい。ただし完成品単位原価は，(a)月初仕掛品完成分，(b)当月着手完成分とに分けて計算し，さらに(c)当月完成品全体の加重平均単位原価をも計算すること。

[生産データ]
月初仕掛品量　　　100 kg(40%)
当月仕込量　　　　900
投入量合計　　　1,000 kg
差引：月末仕掛品量　200　(60%)
完成品量　　　　　800 kg

（注）（　）内は，加工費の進捗度を示す。原料は，工程の始点で投入される。

[原価データ]
月初仕掛品原価　原　料　費　　19,000円
　　　　　　　　加　工　費　　　5,840
　　　　　　　　小　　　計　　24,840円
当月製造費用　　原　料　費　　180,000円
　　　　　　　　加　工　費　　132,000
　　　　　　　　小　　　計　　312,000円
投入額合計　　　　　　　　　　336,840円

[練習問題 6—8] 某化学工業会社は単一の製品を連続したA，B2工程によって製造し，総合原価計算を実施している。本月末の仕掛品勘定の記入は次のようになる。

仕掛品—工程A

期首棚卸高	35,000円	仕掛品—工程B	?
原　料　費	750,000	期末棚卸高	?
労　務　費	403,500		
製造間接費	336,250		

仕掛品—工程B

期首棚卸高	137,100円	製　　品	?
労　務　費	292,100	期末棚卸高	?
製造間接費	304,800		
仕掛品—工程A	?		

生産高報告は次のとおりである。
　工　程　A：
　　　期首棚卸高（製造50％完成）……………　　500ポンド
　　　工程への仕込高………………………16,000ポンド
　　　工程Bへの振替高………………………12,500ポンド
　　　期末棚卸高（40％完成）………………　3,000ポンド
原料はこの工程の初めにおいて投入されるものとする。
　工　程　B：
　　　期首棚卸高（70％完成）………………　1,000ポンド
　　　工程Aよりの振替高……………………12,500ポンド
　　　完成し入庫した量………………………12,000ポンド
　　　期末棚卸高（80％完成）………………　　500ポンド
以上の資料をもととして上記2勘定中？をもって示した金額を算出しなさい。但し，
1．工程Aの仕損1,000ポンドはこの工程の途中において発生した。これを期中の完成品と期末仕掛品とに按分する。
2．工程Bの仕損1,000ポンドはこの工程の終りにおいて発生した。これを期末の製品のみに吸収させる。
3．仕損品の残存価値はないものとする。
4．仕損はすべて正常な仕損である。　　　　　　　　　　　（公認会計士2次，昭30）

[練習問題 6—9] B社は，製品Qを製造・販売し，実際総合原価計算を採用している。次に示す当月のデータにもとづき，(1)月末仕掛品原価，(2)完成品総合原価および(3)完成品単位原価を修正先入先出法により計算しなさい。ただし正常仕損は当月着手分から発生し，その計算と処理は，通説の正常仕損度外視法によること。

[生産データ]
　　　月初仕掛品量　　　　100 kg (50％)
　　　当月仕込量　　　　4,900
　　　　投入量合計　　　5,000 kg
　　　差引：月末仕掛品量　　160　(25％)
　　　　正常仕損品　　　　　40　（終点で発生）
　　　完成品量　　　　4,800 kg
　　　　（注）（　）内の％は，加工費の進捗度を示す。原料は工程の始点で投入する。

[原価データ]
　　　月初仕掛品原価　　原　料　費　　　51,600円
　　　　　　　　　　　　加　工　費　　　18,000
　　　　　　　　　　　　小　　　計　　　69,600円
　　　当月製造費用　　　原　料　費　　2,646,000円
　　　　　　　　　　　　加　工　費　　1,738,800
　　　　　　　　　　　　小　　　計　　4,384,800円
　　　投入額合計　　　　　　　　　　4,454,400円

第 6 章　実際総合原価計算　　373

[練習問題 6—10]　A社は，製品Pを製造・販売し，実際総合原価計算を採用している。次に示す当月のデータにもとづき，純粋先入先出法および正常仕損度外視の方法によって，(1)月末仕掛品原価，(2)完成品総合原価および(3)完成品単位原価を計算しなさい。

[生産データ]

月初仕掛品量		100 kg(40%)
当月仕込量		900
投入量合計		1,000 kg
差引：正常仕損量	10 kg	
月末仕掛品量	90　(50%)	100
完成品量		900 kg

（注）原料は，工程の始点で投入。（　）内は加工費の進捗度。正常仕損は工程の終点で発生し，それらはすべて当月作業分から生じた。

[原価データ]

月初仕掛品原価	原料費	48,600円
	加工費	14,733
当月製造費用	原料費	450,000円
	加工費	343,536

なお正常仕損品の処分価額総額は1,234.5円で，その価値は主として加工によって生じたものとする。

[練習問題 6—11]　製品Fを量産し，工程別実際総合原価計算を採用する当工場の今月のデータは次のとおりである。

(1)　生産データ（単位：個）

	第1工程	第2工程
月初仕掛品	10,000(1/4)	8,000(1/2)
当月投入	40,000	40,000
合計	50,000	48,000
差引：正常仕損品	—	10(1/2)
異常仕損品	—	60(1/3)
月末仕掛品	10,000(3/4)	6,000(1/4)
完成品	40,000	41,930

（注1）上記（　）は，仕掛品，正常仕損品および異常仕損品の加工進捗度を示す。
（注2）正常仕損品，異常仕損品は，すべて当月着手分から生じ，処分価額はない。

(2)　原価データ（加工費のみを示す。単位：円）

	第1工程	第2工程
月初仕掛品原価		
前工程費	—	384,000
加工費	120,000	98,000
当月製造費用		
加工費	2,340,000	1,025,830
合計	2,460,000	1,507,830

（注3）上記の前工程費とは，第2工程へ振り替えられた第1工程完成品の負担する，第1工程加工費のことである。

上記のデータにもとづき，累加法および正常仕損非度外視法によって，第1工程および第2工程の完成品総合原価，月末仕掛品原価および第2工程については異常仕損品原価を計算しなさい。ただし加工費の完成品と月末仕掛品への配分は，(修正)先入先出法によるものとする。

[練習問題 6—12] H社の東京工場では，製品Qを製造している。その製造過程は，まず第1工程の始点でA素材を投入し，これを加工して第2工程へ振り替える。第2工程では，工程の始点でB部品を投入し，これを加工し組立てて完成する。製品Qの製造原価計算は，累加法の実際工程別総合原価計算である。そこで次に示す当月のデータに基づき，各工程の(1)月末仕掛品原価，(2)完成品総合原価および(3)完成品単位原価を計算しなさい。ただし完成品と月末仕掛品への原価の配分は，第1工程では平均法，第2工程では先入先出法によることとし，第2工程の完成品単位原価は，(a)月初仕掛品完成分，(b)当月着手完成分とに分けて計算し，さらに(c)当月完成品全体の加重平均単位原価をも計算しなさい。

[生産データ]

	第1工程	第2工程
月初仕掛品量	2,000個(60%)	4,000個(50%)
当月投入量	10,000	10,000
投入量合計	12,000個	14,000個
差引：月末仕掛品量	1,880 (50%)	5,000 (50%)
正常仕損量	120	—
完成品量	10,000個	9,000個

(注)( )内は，加工費の進捗度を示す。

[原価データ]

	第1工程	第2工程
月初仕掛品原価		
前工程費		2,848,000円
当工程費		
A素材費	1,011,280円	—
B部品費	—	1,274,000
加工費	248,256	334,000
小計	1,259,536円	4,456,000円
当月製造費用		
前工程費	—	?
当工程費		
A素材費	5,000,000円	—
B部品費	—	3,500,000円
加工費	1,972,000	1,501,000
小計	6,972,000円	?円
合計	8,231,536円	?円

なお第1工程の正常仕損は，工程の途中で発生し，その処分価額は1個当たり50円であって，その価値は主として加工によって生じたものである。

(注) 解答にあたっては計算過程を明らかにしなさい。計算上もし割り切れなければ，小数点以下第2位で四捨五入しなさい。

[解答用紙]
 [計算過程]　　　　　　　　　　　［解　答］
　　　　　　　　　　　　　　　　　〔第1工程〕
　　　　　　　　　　　　　　(1)　月末仕掛品原価＝ □ 円
　　　　　　　　　　　　　　(2)　完成品総合原価＝ □ 円
　　　　　　　　　　　　　　(3)　完成品単位原価＝ □ 円
　　　　　　　　　　　　　　　〔第2工程〕
　　　　　　　　　　　　　　(1)　月末仕掛品原価＝ □ 円
　　　　　　　　　　　　　　(2)　完成品総合原価＝ □ 円
　　　　　　　　　　　　　　(3)　完成品単位原価
　　　　　　　　　　　　　　　(a)　月初仕掛品完成分＝ □ 円
　　　　　　　　　　　　　　　(b)　当月着手完成分＝ □ 円
　　　　　　　　　　　　　　　(c)　加重平均単位原価＝ □ 円
　　　　　　　　　　　　　　　　　　　　　　　　（日商簿記1級原価計算試験問題）

[**練習問題 6—13**]　加工費工程総合原価計算（略して加工費法）の意味を述べ，この方法が如何なる製造条件の工場で利用されるかをなるべく例をあげて説明しなさい。　（公認会計士2次，昭26）

[**練習問題 6—14**]　等級別総合原価計算の手続についてのべなさい。　（公認会計士2次，昭38）

[**練習問題 6—15**]　次の資料により製品原価の計算を等級別総合原価計算により行ないなさい。但し仕掛品の評価は後入先出法による。（計算上生ずる端数は円位まで乃至小数点以下1位まで計算し，以下は4捨5入とする。）

（期首仕掛品）
　　数　　　　量 …………………… 160コ
　　同上完成度合
　　　直接材料費　　　　　　90％
　　　加　工　費　　　　　　70％
　　直接材料費　　　　　　50,000円
　　加　工　費
　　　直接労務費　　　　　20,000
　　　間　接　費　　　　　10,000
（当期費用）
　　直接材料費　　　　　150,000円
　　加　工　費
　　　直接労務費　　　　　60,000
　　　間　接　費　　　　　40,000
（完成品数量）
　　1,000コ（A品 500コ，B品 300コ，C品 200コ）

(期末仕掛品)
　仕　掛　数　量 ………………………… 200コ
　同上完成度合
　　直接材料費　　　　　　　80%
　　加　工　費　　　　　　　50%
(等　価　係　数)

	直接材料費	直接労務費	間接費
A品	1.0	1.0	1.0
B品	0.8	0.9	0.9
C品	0.6	0.8	0.9

(公認会計士2次，昭 40)

[解　説] この問題では，期首仕掛品量160個と期末仕掛品量200個の等級製品 A，B，C 別の内訳が示されていない。したがって等級製品別の内訳を無視し，後入先出法によって直接材料費，直接労務費および間接費ごとに完成品総合原価を計算し，原価要素別完成品総合原価を各等価係数を使用して等級製品へ按分すればよい。

[練習問題 6—16] 連産品と等級製品の異同　　　　　　　　　(公認会計士2次，昭 42)

[練習問題 6—17] 甲工場は連産品甲，乙，丙3製品を生産し，更にこれらをそれぞれ加工の上販売している。
次の資料にもとづき連産品甲，乙，丙3製品のポンド当り売上原価を計算しなさい。

製品名	生産数量	正常売価(1ポンドにつき)	各連産品分離後に個別的に要する正常加工費
	(ポンド)	(円)	(円)
甲	50,000	60	1,000,000
乙	20,000	30	200,000
丙	40,000	50	400,000

ただし，(1) 一般管理及び販売費は零と仮定する。
　　　　(2) 当工場における個別加工費を含む製造原価合計（実際額）は，4,500,000 円であった。
　　　　(3) 甲，乙2製品の個別加工費の実際額は，正常額と同額であったが，丙製品の個別加工費の実際額は正常額よりも 100,000 円すくなかった。
　　　　(4) 生産高は全部販売済である。
　　　　　　　　　　　　　　　　　　　　　　　　　　(公認会計士2次，昭 31)

第 7 章　標準原価計算

第 1 節　標準原価計算総説

　標準原価計算（standard cost accounting; Plankostenrechnung）は，実際原価計算が原価管理に役立つ適切な原価情報を提供することができないので，この欠陥を克服するために工夫された原価計算方式である。そこで現在の原価計算では，原価管理にもっとも適切な原価計算方式といえば，直ちに標準原価計算を思い浮かべるようになっており，さらに最近では原価管理にたいする役立ちのほかに，原価低減や経営計画設定にたいする役立ちの側面が重視されるようになってきた。

　さて以上述べたような次第であるから，標準原価計算を理解するためには，まず実際原価計算の欠陥を知る必要がある。

1.　実際原価計算の欠陥

　従来「原価計算」といえば，それは製品の実際原価を計算することであり，実際原価は，製品の製造のため実際に要した原価であるから，それは「真実の原価」である，と考えられていた。そこで企業間の競争が激しくなり，経営管理者は製品原価を引き下げる必要に迫られると，まず経営者の頭のなかに浮かんだ考えは，製品の真実の原価をつかむこと，そしてそれらを期間的に比較してみることであった。たとえばA製品の1月における単位原価は100円であり，2月における単位原価は120円であったというような資料を受け取ると，経営者は驚いて工場長を呼び，叱りつけるというぐあいである。今日でも，このような方法で，原価情報を原価管理に役立たせようとしている会社が多いが，この方法は，実際には原価管理にあまり役立たないのである。それはなぜだろうか。

（1） 実際原価の変動性

　実際原価は，厳密にいうならば，原価財（材料，労働力，諸用役など）の実際価格に実際消費量を乗じて計算される。たとえば直接材料費であるならば，その材料の実際払出価格に，実際消費量を乗じて計算されるし，直接労務費であるならば，その作業を行なった工員の実際賃率に実際作業時間（または実際出来高）を乗じて計算される。その結果はどうなるだろうか。

　周知のように，材料の市場価格は常に変動している。したがって価格が偶然に上がったり下がったりすると，それがそのまま，実際直接材料費の額に影響し，実際直接材料費が偶然に上がったり下がったりする。また，工員がたまたま朝夫婦喧嘩をやって，むしゃくしゃしながら製品の製造に従事していたため，a材料を製品1単位を製造するために，通常は約10個必要とするのを，1個仕損じて，11個必要としたとしよう。この場合，巨額の仕損でないとすると，実際直接材料費を計算する場合，材料の実際消費量は11個で計算されるのである。あるいは逆に，家庭円満で，気分が爽快である場合，実際消費量は9個ですむかもしれない。例をあげればきりがないが，これを要するに，実際原価計算では価格や作業能率の偶然的変化が，すべてそのまま，製品の実際単位原価に影響を及ぼすのである。したがって，まったく同じ製品を製造しても，製造するごとに，まったく異なる実際原価が計算されるわけである。このように実際原価に影響を及ぼすのは，なにも，価格や作業能率ばかりではない。1回の生産量（ロット），製品組合せその他，種々の要素が影響を及ぼすが，なかでも操業度，あるいは生産量の増減の及ぼす影響が，きわめて重大なのである。

　製造原価のなかには直接費のほかに製造間接費があり，企業規模が大きくなればなるほど，製造原価中に占める製造間接費の割合は大きくなってくる。ところで，製造間接費は，生産量の増減に伴って，変化する原価（すなわち変動費）と，変化しない原価（すなわち固定費）からなっている。たとえば，固定資産税，火災保険料などは，製品を100個作ろうと，1,000個作ろうと，生産設備が一定であるかぎり，あるいはまた税率や保険料の料率が変化しないかぎり，一定額しか発生しないので，これらは固定費である。そこで仮に今，経済界は不況

であるとしよう。不況であるから生産量は低い。すると，固定費は生産量のいかんにかかわらず，常に一定額発生しているから，これを少数の製品で負担せねばならず，その結果，製品の実際単位原価は高くなる。逆に好況であれば生産量は高くなり，この場合も，製造間接費中の固定費は一定額しか発生しないから，一定額の固定費を多数の製品で負担するので，その結果，製品の実際単位原価は低くなる。

以上の説明から明らかなように，製品の実際単位原価のなかには，価格，能率，操業度，その他原価に影響を及ぼす要素のあらゆる偶然的変動がそのまま混在しているのである。原価計算学者が，実際原価のことを，偶然的原価 (accidental costs) と呼ぶのは，このような理由からなのである。

さて，話をまえに戻して，実際原価資料を原価管理に使用する場合を考えてみよう。この場合は，実際原価を期間的に比較する方法をとることはすでに述べた。この場合，比較する原価も，比較される原価も，偶然的原価なのである。なるほど期間比較によって，実際原価が高くなったか，低くなったかを知ることができる。しかし，高くなったからといって，それは製造部長や工員の責任であろうか。あるいはこの場合，不況で製造単価が高くなったかもしれない。あるいは材料の市価が上昇したのかもしれない。逆に，実際製造単価が低くなったからといって，それは製造部長や工員の努力の賜であろうか。必ずしもそうではない。これを要するに，実際原価が作業能率の良否や，経営管理者の原価管理業績の良否だけで変化するならば，それは原価管理に役立つ資料となるのであるが，さまざまな要素の総合的所産であるために，実際原価資料はそのまま，原価管理に使えないのである。

(2) 「ころがし」計算をする実際原価計算

実際原価計算では，実際原価を計算するが，その計算方法たるや，最初の費目別計算の段階から最後の製品別計算にいたるまで，通算，つまり「ころがし」計算によって行なう。これが実際原価計算方法の特質である。したがって，製造間接費を例にとって考えれば明らかなように，月末になって，実際発生額が判明しなければ，原価計算にかかれず，費目別計算がすまなければ，製品別計

算はできないし，第1工程の原価計算が終らなければ，第2工程の原価計算をするわけにはいかない。その結果，大変な労力と日数を要し，計算が遅れることになる。ある月の実際原価資料は，1か月後，あるいは2か月後でなければ判明しないことも，まれではない。こうした計算の遅れは，原価管理にとって，致命的である。原価管理に役立つためには，原価資料を提供するタイミングが重要である。昨日の資料は今日，午前の資料はその日の午後に，というぐあいに職長の手元へ原価資料が提出されれば，職長は興味をもって一生懸命，これを利用するに違いない。ところが，2か月もまえにやった仕事の原価が，3か月前にやった仕事の原価に比べて，10円高くなったといわれても，職長としては原価計算係を怒鳴りつけたくなるだけの効果しかないのである。

2. 標準原価計算の誕生

実際原価計算の欠陥を克服するために，実際原価計算の枠のなかでさまざまな方策がとられた。たとえば予定価格を導入することにより計算を迅速ならしめたり，あるいは正常配賦率を導入することによって，操業度変動が製品単位原価に与える影響を除去しようとした。しかしそれでもなお，原価管理用具としては不完全であることが痛感されたのである。しからばいったい，どのような対策を講ずればよいだろうか。

(1) 能率測定尺度としての標準原価

実際原価資料を原価管理に使用するときは期間比較をするのであり，しかも比較する実際原価も，比較される実際原価も，ともに偶然的原価であるから，原価管理に適切な情報を提供できない。それならば，そのうち一方を能率測定の尺度となる原価に替え，この原価と実際原価とを比較するならば，能率の良否が判明するではないか。このような考え方が，1910年ごろアメリカの能率技師たちの間に生れてきたのである。この考え方は，F. W. テイラーを始祖とする科学的管理法に根ざすものである。そこで原価財の投入量と，それから生ずる製品の産出量との間の標準的な物的因果関係を，統計的，科学的方法によって調査し，そうすることによってえられた産出量単位当たりの物量標準に，原

価財の予定価格あるいは正常価格を乗じて，まず原価標準を計算する。次いで原価標準にたいして実際生産量を乗じて計算した原価を標準原価と称し，これを能率測定の尺度としたのである。

以上の説明から明らかなように，ここで注意すべき点は，次の3点である。

第1に，実際原価計算では，実際原価と実際原価とを期間的に比較して原価管理に利用しようとするが，標準原価計算では，達成目標である標準原価と実際原価とを比較し，その差異を分析することによって原価管理に役立たせようとする。したがってこれは，例外管理 (management by exception) を行なおうとするわけである。つまり，標準と実績とを突き合わせ，差異が多くでた箇所に注目し，その原因が管理可能なものであれば，改善策を考えるべきであり，差異が少ない箇所には，管理者の注意を向けなくともよいわけである。そこで標準原価計算では，標準原価だけを計算するのではなく，実際原価も計算し，両者を突き合わせることが必要なのである。

第2に，原価を原価管理に使おうとするのであるから，能率測定尺度となる原価は，誰もが納得のいくような科学的調査にもとづいて，設定されねばならない。とりわけ製品を製造するに必要な材料や労働の消費量は，技術家が慎重に統計的,科学的方法によって決定しなければならない。このことの重要性は，強調しすぎることはないのであって，もし測定尺度自体が信頼できなければ，標準原価計算は根本から覆ることはいうまでもない。

第3に，原価標準 (cost standard) と標準原価 (standard cost) とを区別すべきである。原価標準とは，製品単位当たりの製造に必要な原価であって，たとえば仮にこれを 10円としよう。今月の生産量は 1,000 個であったとすれば，@10円×1,000個 によって計算した 10,000 円が実際生産量1,000個にたいする標準原価である。原価標準は製品を製造する以前に，あらかじめ決定されているので，それは事前原価であるが，標準原価は実際生産量が確定してはじめて計算されるので，それは事後原価の性質をもっている。前述の例でいえば，実際に製品を 1,000 個製造したが，これは 10,000 円で作るべきであったのである。

(2) 非通算方式の採用

　実際原価計算のいま1つの欠陥は,「ころがし」計算による計算の遅延であった。下の図 7—1 が示すように，勘定間はすべて実績を計算し，これを次へ

図 7—1　実際原価計算の場合

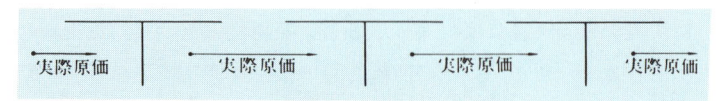

```
 ┌─────────┬─────────┬─────────┬─────────┐
 │ 実際原価 │ 実際原価 │ 実際原価 │ 実際原価 │
```

振り替えていくのである。さて，計算の遅延の原因が，このような通算方式にあるのであるから，これを克服するには通算しなければよい。図 7—2 に示すように，標準原価計算では，勘定のどこかの点で実際原価の流れを切断する。

図 7—2　標準原価計算の場合

```
 ┌─────────┬─────────┬─────────┬─────────┐
 │ 実際原価 │ 標準原価 │ 標準原価 │ 標準原価 │
          差　異
```

　つまり，どこかの点で，実際原価を標準原価に置き替え，以後は標準原価で計算していくのである。どこで，どのような方法で置き替えるかにより，実際には，いろいろの標準原価計算の方法が生じてくる。これについては後述しよう。ここでは，次の点が大切である。つまり，非通算方式では，一方において実際原価を計算していくが，他方において実際原価の計算の最終結果を待たず標準原価を同時併行的に計算して次へこれを振り替えていくことができる。したがって計算が迅速になるという点である。そして実績が判明すれば，標準と実績とを突き合わせ，差異を把握するのである。

　かくして実際原価計算は能率測定尺度としての標準原価と，非通算方式とを組み合わせることによって作り変えられた。こうして新たに誕生したのが標準原価計算である。

3. 標準原価計算の手続概要とコスト・コントロール・サイクル

標準原価計算の手続は，おおむね次の手続からなっている。

(イ)　原価標準の設定と指示

(ロ)　標準原価の計算

(ハ)　実際原価の計算

(ニ)　標準原価と実際原価との比較による，標準原価**差額の計算**

(ホ)　標準原価差額の差異分析

(ヘ)　原　価　報　告

なおこのほか，外部報告会計との関係上，標準原価差額の会計処理が問題になる。

上記の手続から，標準原価計算が現代において，原価管理にもっとも適した原価計算方法であるといわれる理由が明らかとなろう。

まず第1に，原価を管理するためには，原価が発生してしまったあとではもはやあとの祭りであって，原価が発生するまえに，有効な措置を講ずるべきである。標準原価計算では，まず原価標準を現場の管理者をも加えて**科学的**手法により設定する。そうすることによって現場管理者の納得のいく目標を設定し，彼の原価形成的ないし原価目標達成の意欲をふるい起こさせるのである。これは，事前原価管理 (motivation cost control) といわれる。

次に，日々の作業を実施するさいに，主として物量データによる標準と実績，およびその差異を，原価計算担当者は現場**管理者に報告**する。現場管理者はその情報にもとづき，日々の作業をたえず目標に向かって指導し規制する。これは，日常的原価管理 (current cost control) といわれる。最後に月末になって原価計算担当者は，現場管理者別に，標準原価と実際原価，および標準原価差額とその発生原因を，中級管理者と現場管理者に報告する。中級管理者はその情報にもとづき彼の指揮下にある現場管理者の原価業績を審査し，他方現場管理者はその情報にもとづいて改善措置を提案することになる。これは，事後ないし原因別原価管理 (post or causal cost control) といわれる。もし標準原価差額分析の結果，標準そのものが不適当であると判明すれば，原価標準を改訂し

なければならない。かくして標準原価計算は，事前，日常，事後とあらゆる段階を通じて，原価管理に役立つ情報を提供するのであり，原価管理は，このようなサイクルをなして行なわれるのである。

なおここで，原価管理（cost control）と原価低減（cost reduction）との差異を説明しておこう。原価はただむやみに引き下げればよいというものではない。一定の品質や規格を保った製品を生産するという前提を満たしたうえで，原価の発生を一定の幅のなかにおさえていくのが原価管理である。標準原価は，原価発生の許容される上限と下限との間の平均にほかならない。これにたいして原価低減は，製品の品質を確保しながら，これまで使用してきた高価な材料を安い材料に変更したり，あるいは性能の良い新しい機械に変えて生産するなど，経営者の意思決定によって，標準の設定される作業条件そのものを変更し，標準原価自体を引き下げることをいう。

原価標準を設定するときは，使用材料，製造方法などを標準化しなければ，これを設定することができない。したがって作業条件を標準化するさい，よりいっそう有利な作業条件の可能性を探求せざるをえず，原価低減が行なわれることになる。また事後原価管理の過程で標準原価差異分析のデータがえられると，経営者はどこに原価低減を有効に実施しうるかを知ることが多い。

[解 説] 標準原価計算制度における計算・記帳手続の簡略化と迅速化

原価計算基準では，標準原価算定の目的として，(1)原価管理目的，(2)財務諸表作成目的，(3)予算管理目的，(4)記帳の簡略化，迅速化目的をあげている（「基準」第3章 40）。ここでは，前記(4)の目的について解説しておこう。

標準原価計算では，標準原価のみならず，実際原価も計算する。したがって実際原価のみを計算する実際原価計算よりも，標準原価計算のほうが2倍の手間がかかると考えがちであるが，それはまったくの誤解である。なるほど標準原価計算制度においては，原価標準の設定と改訂には，相当の労力，時間および費用を必要とする。しかしいったん新標準が設定されると，その後の計算および記帳手続は，実際原価計算制度と比べて，いちじるしく簡略化され迅速化される。したがって計算・記帳手続の簡略化と迅速化は，標準原価計算制度の役立つ重要な目的の1つである。

標準原価計算制度における計算・記帳手続の簡略化と迅速化が，具体的にはどのように行なわれるかは，パーシャル・プランの標準原価計算の場合と，シングル・プランの標準原価計算の場合とでは異なる。したがって以下の解説は，後述するパーシャル・プランとシングル・プランの計算方法を理解した後に読まれるよう，おすすめしたい。

（パーシャル・プランの場合）

　単純総合原価計算を採用する企業がパーシャル・プランの標準原価計算制度を利用する場合には，仕掛品勘定において，実際原価計算制度の場合のように，原価の実際発生額を製品と月末仕掛品とに配分する複雑な手続を必要としない。標準原価計算制度においては実際原価をも計算するとはいっても，その実際原価とは，費目別，部門別の実際発生額のことであって，製品別に実際原価を計算するわけではない。なぜならば製品別には，原価標準というかたちで，すでに設定されているからである。したがってパーシャル・プランにおいては，当月の製品完成量と月末仕掛品の完成品換算量とに，それぞれ製品原価標準を掛ければ，完成品と月末仕掛品の標準原価が直ちに計算されるので，計算・記帳手続は非常に簡略化されるわけである。

（シングル・プランの場合）

　個別原価計算や組別総合原価計算を採用する企業がシングル・プランの標準原価計算制度を利用する場合には，パーシャル・プランの場合よりも，手数がかかるけれども，実際原価計算制度を採用する場合と比較すれば，計算・記帳手続は簡略化され迅速化される。たとえば実際個別原価計算の場合，製品の完成時点と，製造指図書別原価計算票への記入完了時点との間には，相当の時間を要することが多い。つまり製品が完成しても，その実際原価を集計し，原価計算票の記入を締め切るまでに，かなりの時間を必要とする。これにたいしてシングル・プランを採用する場合には，指図書別の出庫票，作業時間報告書および原価計算票には，あらかじめ標準数値を記入しておく。そして作業中に材料や労働力を標準よりも使いすぎたときには，それらの超過量だけを超過材料倉出請求書や超過作業時間報告書に記入し，ついでこれらを材料数量差異，作業時間差異などの差異計算表ならびに指図書別の標準原価計算表の差異額欄に記入しておく。したがって製品が完成したときは，指図書別の標準原価計算票に記載された数値を合計し締め切るだけでよい。

　このように，標準原価計算制度を採用することによってえられる計算・記帳手続の簡略化と迅速化の利点は，この計算制度からえられる有益な原価管理情報と相まって，標準原価の設定と改訂，差異分析などに要する労力や費用を補って余りあるわけである。

4．標準原価の種類

　標準原価といっても，これにはいろいろな種類があるので，簡単にその内容を見ておこう。

（1）当座標準原価と基準標準原価

　標準原価は設定後これをしばしば改訂するのか，あるいは改訂せずに固定しておくのかという見地から，これを当座標準原価（current standard cost）と，基準標準原価（basic standard cost）とに分けることができる。

　当座標準原価は，それが使用される期間において達成されるべき目標を示す標準原価であって，原価管理に使用されるとともに，期間損益計算目的にも使用しうるように，計画期間の実状に合わせて設定される。そこで毎期（たとえ

ば6か月ごと，あるいは1年ごと），その標準原価が実状にそくしているか否かを検討し，必要があれば改訂するのである。この種の標準原価は，製品の仕様，製造方法など，経営の基礎構造が変化した場合はもちろんのこと，価格や能率の水準が変化した場合も，計画期間の実状に合わせて改訂する。現在では標準原価といえば，通常は当座標準原価をさすと考えてよい。

これにたいして基準標準原価は，測定尺度標準原価 (bogy standard cost)，静態的ないし固定的標準原価といわれ，実際原価の変動傾向を知る尺度ないし指数の役割を果たす標準原価である。したがってこの種の標準原価は，インフレーションのさいなどに使用され，経営の基礎構造が変化しないかぎり，価格や賃金などの水準が変化しても，改訂されないのである。

(2) 原価標準設定の基礎水準

原価標準を設定するさいは，当座標準原価であろうと，基準標準原価であろうと，原価標準を構成する価格，能率および操業度にかんする基礎水準を仮定しなければならない。

(イ) 価格水準 (price level)

i) 理想価格水準 (ideal price level)

これは，材料費，労務費および経費の価格要素について，もっとも有利な価格水準である。たとえば標準材料費を設定するさい，消費材料の価格は，購入できる最低価格を採用するのである。標準労務費を計算するさいも，その労働を行なうことのできる工員の最低の賃率を使用するのである。

ii) 正常価格水準 (normal price level)

これは，将来の数年間にわたる1景気変動期間全体を通じて予期される，平均的価格水準である。

iii) 当座価格水準 (current price level)

これは，次期に予想される価格水準であって，予定価格水準ともいわれる。

(ロ) 能率水準 (performance level)

これは，標準の厳格度 (tightness) ともいわれる。

i) 理想能率水準 (ideal performance level)

これは，工場における現在の設備をもってして，達成可能な最高の能率水準であり，能率改善の最高目標である。したがってそれは，減損，仕損，無作業時間などにたいする許容額を含まず，実際には達成しうると期待されていない理想的能率水準であり，達成の最終目標である。

ii) 正常能率水準 (normal performance level)

これは，正常価格水準と同様，将来の数年間にわたって，平均的に期待される能率水準である。

iii) 達成可能高能率水準 (attainable good performance level)

これは，標準が適用される期間中に除去されない程度の不能率は許容額として含められるが，高能率のさいにのみ達成可能な能率水準である。

iv) 期待実際能率水準 (expected actual performance level)

これは，過去の平均能率にもとづき，次期において無理なく実現しうる合理化から生ずる能率の上昇を考慮にいれた能率水準である。

(ハ) 操業水準 (output level)

i) 理論的生産能力水準 (theoretical capacity level)
ii) 実際的生産能力水準 (practical capacity level)
iii) 平均操業水準 (average capacity level)
iv) 期待実際操業水準 (expected actual volume level)

これらについては，すでに製造間接費の正常配賦の項で説明した。

(3) 理想標準原価，正常標準原価，現実的標準原価

さて，上述した価格，能率，操業度にかんするさまざまの水準を組み合わせることによって，われわれは，さまざまなタイプの原価標準を設定することができるし，したがって，原価標準によりさまざまの標準原価を計算することができる。

たとえばある学者は，価格水準としては当座価格水準を，能率水準として達成可能高能率水準を，操業水準としては実際的生産能力水準を採用して，原価標準を設定すべきだと考えており，また別の学者は，すべて次期に期待される，当座価格水準，期待実際能率水準および期待実際操業水準を組み合わせる

ことが望ましいとする。しかし実際上，もっとも多く用いられる標準原価のタイプは，次の3種類である。^(注1)

(イ) 理想標準原価 (ideal standard cost)

これは，理想価格水準，理想能率水準，実際的生産能力水準を組み合わせて設定した，もっともきびしい標準原価である。標準原価計算の初期において，能率技師たちの設定した原価管理用の標準原価は，この理想標準原価であった。しかしこの種の標準原価は，期間損益計算には適しない。

(ロ) 正常標準原価 (normal standard cost)

これは，正常価格水準，正常能率水準，平均操業水準を組み合わせて設定した標準原価であり，原則として，平均の算定基礎となった期間中は，改訂されない。

この種の標準原価は，とくに経済状態が安定している場合，期間損益計算目的にもっとも適しており，また原価管理にも使用される。

(ハ) 現実的標準原価 (expected actual standard cost)

これは，当座価格水準，達成可能高能率水準（もしくは期待実際能率水準），さらに期待実際操業水準を組み合わせて設定した標準原価であって，比較的短期間における条件にもとづいて設定されるから，これらの条件の変化に伴い，しばしば改訂される。

現実的標準原価は，経済状態が必ずしも安定していない現在では，原価管理にもっとも適するのみではなく，利益管理や棚卸資産価額の決定のためにも使用される。したがって現実的標準原価は，これら3種類の標準原価のうちもっとも重要な標準原価であり，標準原価計算制度における標準原価といえば，通常この種の標準原価をさすと解釈してよい。

なお標準原価として，実務上予定原価が意味される場合がある。予定原価

(注1) 原価計算基準では，理想標準原価，正常（標準）原価および現実的標準原価の3つの標準原価をあげ，標準原価計算制度として用いられる標準原価は，正常（標準）原価と現実的標準原価であるとしている（「基準」第1章4(1)2）。
　　　理想標準原価はあまりにきびしい達成目標であるため，期間損益計算に適さないばかりか，原価管理上のモチベーションを失わせるために，今日では原価管理にも不適当であると考えられている。

は，当座価格（予定価格）水準，期待実際能率水準および期待実際操業水準を組み合わせて設定した原価である。標準原価と予定原価との差異は，製品単位当たりの財貨消費量（すなわち原単位）の予定の仕方にある。標準原価においては，科学的・統計的調査にもとづき，能率の尺度となるように予定するのにたいし，予定原価は，将来における財貨の実際消費量を見積って，これを定める。したがって予定原価は見積原価にほかならない。

以上の関係をまとめれば，次のようになる。

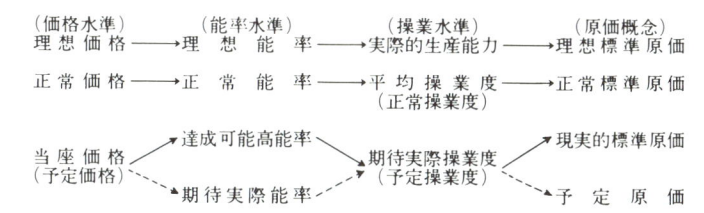

```
(価格水準)      (能率水準)      (操業水準)           (原価概念)
理 想 価 格 ──→ 理 想 能 率 ──→ 実際的生産能力 ──→ 理想標準原価

正 常 価 格 ──→ 正 常 能 率 ──→ 平 均 操 業 度  ──→ 正常標準原価
                              (正常操業度)

                 ┌→達成可能高能率┐
当 座 価 格                    ├→期待実際操業度──→ 現実的標準原価
(予定価格) ──────┤              (予定操業度)
                 └→期待実際能率 ┘                 予 定 原 価
```

なおここで，標準原価計算と期間損益計算との関係について，一言説明しておきたい。期間損益計算には，内部報告目的，つまり経営管理に役立てる期間損益計算と，外部報告目的，つまり企業外部の投資家や債権者がその結果を利用する期間損益計算とがある。まず，内部報告目的の期間損益計算についてであるが，標準原価によって月次損益計算を行なえば，たとえば次のような月次損益計算書を作成することができる。

月次損益計算書

		借方	貸方
売　上　高	××××		
差引：売上原価（標準）	×××		
売上総利益（〃）	×××		
標準原価差額調整			
材料価格差異			××
〃 数量差異		××	
労働賃率差異		××	
〃 時間差異		××	
製造間接費予算差異			××
〃 能率差異		××	
〃 操業度差異		××	

総　差　異	××
売上総利益（実際）	×××
差引：販売費および一般管理費	××
営　業　利　益	××

　上掲の損益計算書において，標準原価で計算した売上総利益は，生産活動が標準で行なわれたならばえられたであろう売上総利益を示すから，販売部長の業績を知る手がかりとなる。また標準原価差額調整の箇所において，生産実績がいかなる理由で標準から離れたかを知ることができるため，それらは製造部長の業績を知る手がかりとなる。

　次に外部報告目的の期間損益計算についてであるが，標準原価は製品原価性の認められていない異常損失を最初から除去してある一種の正常原価であり，外部報告目的の期間損益計算に適切な実際正常原価に接近する。したがってその代用として使用することが認められている。さらに論者によっては，標準原価を超過する実際原価の部分は浪費であり，製品原価から回収しえない損失であるから，標準が科学的に設定されているかぎり，標準原価こそ真実の原価であると主張する。この点にかんする論争は，いぜんとして未解決の状態にある。

第 2 節　原価標準の設定

1.　原価標準の設定と標準原価委員会

　標準原価計算を実施するための出発点は，原価標準の設定である。原価標準は，(1)標準原価カードと(2)部門別の製造間接費予算，とくに変動予算の２つからなる。

　標準原価計算が成功するか否かは，まず第１に設定された原価標準が正確であり，かつ信頼できるものであるか否かにかかっている。したがって原価標準は，まず技術部門が製品やその製造工程について詳細な統計的，科学的調査を行ない，その結果に会計記録からえられた過去の経験を加味して，慎重に決定

しなければならない。

原価標準設定にさいしては，標準原価委員会を設定するのが望ましい。この委員会は，技術部門，製造部門，生産管理部門，購買部門および原価計算担当部門からそれぞれ代表者が集まって作られる。まず技術部門が製品の設計を担当し，これにもとづいて関係諸部門が必要な原価財の消費量標準と価格標準にかんする資料を提出し，標準原価委員会がこれらを検討して原価標準を設定する。このさい，当座標準原価であれば原価標準の適用期間を考慮して設定すべきである。多くの会社では，向こう6か月ないし1か年間をその適用期間としている。

2. 標準原価カード

標準直接材料費，直接労務費，直接経費および製造間接費は，表7—1に例示するような標準原価カード (standard cost card) に記載され，ファイルされる。このカードは，製品1単位（正しくは1原価計算単位）を製造するに要する原価財の標準消費額を原価要素別，部門別に示したカードであり，その内訳は，さらに標準材料仕様書（表7—2），標準作業手順表などの補助カードに示される。

3. 直接材料費標準の設定

(1) 材料消費量標準の設定

材料消費量標準は，通常技術部門の作成した標準材料仕様書にもとづいて設定する。もしそれが新製品であれば，技術部門あるいは試験研究部門が使用すべき材料の種類，品質および消費量について試験的方法によって決定するが，過去に同種製品の製造を行なった経験がある場合には，過去における一定の正常な期間における実績を平均し，その結果をも勘案する。

材料標準消費量の中に，正常減損量や正常仕損量を含めるべきか否かについては，それらを含める方法（第1法）と含めない方法（第2法）とがある。第2法は，正常減損量や正常仕損量を含めないで計算した正味標準原価に，いわば特別費として加算する方法であって，一般的にいえば，第2法のほう

表 7—1

	材料コード	標準消費量	標準単価	部門 1	部門 2	部門 3	部門 4	合計
直接材料費								
	直接材料費計							
	作業番号	標準時間	標準賃率					
直接労務費								
	直接労務費計							
	標準時間	標準配賦率						
製造間接費								
	製造間接費計							
製品単位当たり標準製造原価計								

が正確な計算結果がえられる。これら二つの方法については，あとで計算例によって説明しよう。

（2） 材料価格標準の設定

材料価格標準は，通常購買部門と原価部門とが協力して設定する。材料価格は，企業外部の影響によって変動するので，その標準設定は困難であるが，できるだけ現在の市価および将来（たとえば今後1年間）における価格の動向を予想し，経済的購入量や引取方法を勘案して決定する。価格標準は，購買部門の

表 7—2

標準材料仕様書							
製品名_____ No.___						設計 No._____	
標準ロット_____						日付_____	
素　　材			部　　品				
素材No.	摘　要	標準ロット所 要 量	部品No.	摘　要	1単位当たり所 要 量	標準ロット所 要 量	

業績審査の手段として使用するとともに，価格変動が企業の原価と利益に及ぼす影響を測定するために使用される。価格は常に変動しているのが通常であるが，異常な変動が生じないかぎり，価格標準は会計期間中修正されない。

4. 直接労務費標準の設定
(1) 標準作業時間の設定

　標準作業時間を測定するさいには，作業条件が標準化されていなければならない。標準作業時間の設定は，動作研究および時間研究を担当する技術専門家が行なう。測定された標準作業時間のなかには，工員自身の責に帰しえない疲労，生理的要求，遅延などのための時間を含めるのはもちろんである。しかし段取り，手待，機械の故障などによって生ずる時間は，標準作業時間中に含めず，これを製造間接費のなかで考慮するのが通常である。問題になるのは，作業能率の水準ないし厳格度をどの程度に定めるかであるが，これは達成不可能なきびしい水準でも，不当にゆるい水準でもよくない。正常な状態において普通の技量を備えた工員が，努力すれば達成可能な高能率水準であるべきである。[注2]

(注2)　作業者が未経験の新しい作業を行なう場合には，習熟曲線(learning curve)を考慮しなければならない。これについては，拙稿「標準原価計算の諸問題」黒沢　清，番場嘉一郎監修「体系制度会計V製造原価」中央経済社，昭和 53 年，pp. 257—258 を参照されたい。

(2) 標準賃率の設定

賃率は，会社の賃金支払方法いかんに左右される。標準賃率は，多くの場合，労働組合との団体交渉によって定められた賃率にもとづいて原価部門により決定される。出来高給制のさいは，製品1単位当たりの出来高賃率がそのまま直接労務費標準となる。時間給制のさいは，標準の使用期間における予定給与総額を予定作業時間で除して，1時間当たりの標準賃率を職種別ないし等級別に決定する。

5. 直接経費標準の設定

特許権使用料，外注加工賃，特殊機械の賃借料などを直接経費として計上するさいには，契約条件が直接経費標準設定の基礎となる。その他型代，試作費，設計製図費などについては，原価部門が関係部門と協議して定める。

6. 製造間接費標準の設定

(1) 原価管理標準と製品原価標準

製造直接費標準の設定を述べるさいに，われわれは原価管理用の標準と製品原価計算用の標準とを，とくに区別しなかった。というのは，製造直接費は通常変動費であるために，製造直接費標準は，標準の厳格度さえ同じであるかぎりそれがそのまま，原価管理用にも，また製品原価計算にも使用することができるからである。これにたいして製造間接費は固定費部分と変動費部分からなるために，これらの目的にたいして別個の標準を設定しなければならない。

次に製造間接費標準の設定において，なぜ原価管理標準と製品原価標準との区別が必要となるかについて，計算例により説明しよう。

仮に製品Xという1種類の製品を量産する工場があるとする。この工場の工員数を51人，1日の作業時間を8時間，年間の作業可能日数を300日，製品X1個を製造するに要する標準作業時間を2時間とすれば，

$$\text{年間の理論的生産能力} = 1日8時間 \times 300日 \times 51人 \div 2時/個$$
$$= 61,200個$$

第7章 標準原価計算　395

となる。また年間の，不可避的な作業休止による生産量の減少を 1,200 個とすれば，

　　　年間の実際的生産能力 = 61,200個 − 1,200個 = 60,000個

である。これは，時間に直せば，120,000 時間である。さらに説明を簡単にするために，平均操業度と期待実際操業度とは等しく，それらは，実際的生産能力の 80% であるとする。この場合は，

　　　平均操業度（= 期待実際操業度）= 60,000個 × 80% = 48,000個

である。

（2）　原 価 管 理 標 準

　製造間接費を管理するための標準は，固定予算でなく，変動予算として設定することが望ましく，変動予算には公式法の変動予算と実査法の変動予算との区別があることは，すでに第4章第8節で説明した。

(イ)　変 動 予 算

　いま仮に製造間接費を費目別に原価分解した結果が，製造間接費の正常配賦を説明するさいに使用した表 4—13 (p. 173) と同じになったとする。さて，この表が与えられていれば，任意の操業度における製造間接費予算許容額を算出することができる。製造間接費の管理標準は，実際操業度に対応する費目別の変動予算許容額であり，表 4—14 (p. 183) で示した予算・実績比較表を月々作成すべきである。しかしここでは製品原価標準と対比させるために，年間の変動予算（図 7—3）を考えてみよう。

　図 7—3 では，年間の実際的生産能力（12 万時間）を基準操業度（100%）とし，年間の固定費予算 = 月間の固定費予算 80 万円 × 12 = 960万円，年間の変動費予算 = 70円/時 × 12万時間 = 840万円 となっている。この図における操業度 0% に対応する 960 万円と，操業度 100% に対応する 1,800 万円とを結ぶ右上がりの斜線が変動予算線であり，任意の実際操業度に対応するこの斜線上の点が，その操業度に対応する変動予算許容額を示す。

図 7—3

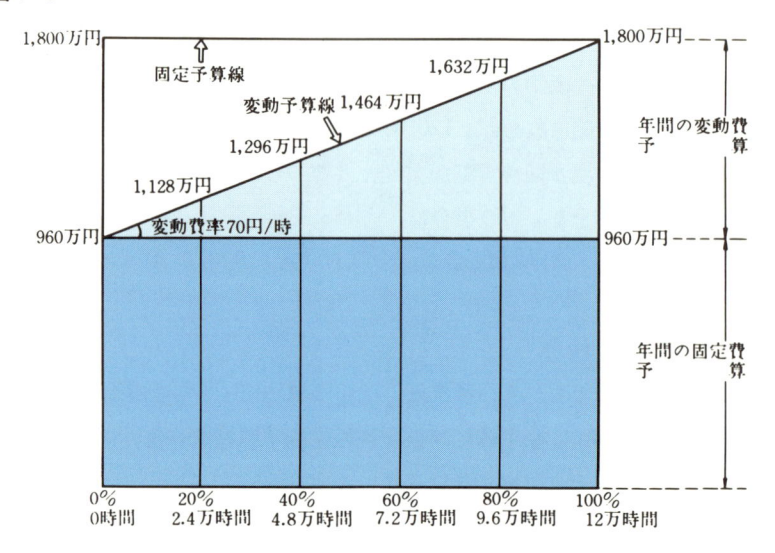

1,800万円　固定予算線　1,800万円
1,632万円
変動予算線 1,464万円
1,296万円
1,128万円
変動費率70円/時
960万円　　　　　　　　　　960万円

年間の変動費予算
年間の固定費予算

0%　20%　40%　60%　80%　100%
0時間　2.4万時間　4.8万時間　7.2万時間　9.6万時間　12万時間

(ロ) 固 定 予 算

ある1つの予定操業度（たとえば年間12万時間）についてのみ製造間接費予算を設定し，この予算額（1,800万円）をあらゆる操業度にたいして管理標準として適用しようとするのが固定予算である。

（3） 製品原価標準

図 7—3 から知られるように，各操業度における製造間接費予算許容額は，次のとおりである。

生　産　量	12,000個	24,000個	36,000個	48,000個	60,000個
操　業　度	20%	40%	60%	80%	100%
固　定　費	960万円	960万円	960万円	960万円	960万円
変　動　費	168	336	504	672	840
合計（予算許容額）	1,128万円	1,296万円	1,464万円	1,632万円	1,800万円

そこで製品1個当たりの標準製造間接費は，各操業度における予算許容額をそれぞれの生産量で割ることによって計算される。われわれは，次に各操業度における固定費と変動費とを別々に生産量で割って計算してみよう。

第 7 章 標準原価計算　397

操　業　度	20%	40%	60%	80%	100%
製品1個当たり固定費負担額 $\left(\dfrac{\text{固定費}}{\text{生産量}}\right)$	800円	400円	266.7円	200円	160円
製品1個当たり変動費負担額 $\left(\dfrac{\text{変動費}}{\text{生産量}}\right)$	140円	140円	140.0円	140円	140円
合計（製品1個当たり標準製造間接費）	940円	540円	406.7円	340円	300円

　この計算から知られるように，製品1単位当たりでは，操業度が変化するごとに，まったく異なる標準製造間接費が計算される。これは常に一定額発生する固定費（960万円）の影響にほかならない。図7—4 はこの関係を図示したものである。年間の固定費予算は960万円であって，これを100%の生産量（6万個）で割れば，製品1個当たりに負担すべき固定費160円を計算しうる。われわれの計算例では製品1単位の製造に必要な標準作業時間は2時間であるから，1時間当たりの固定費率（1個当たりの固定費率ではない）は，160円/個 ÷ 2時間/個 = 80円/時　である。次に年間の固定費予算960万円を80%の生産量（4.8万個）で割れば，固定費率は200円となる。以下同様に，操業度の低下するに応じて，図7—4 の矢印で示した固定費率の大きさが増大するのである。

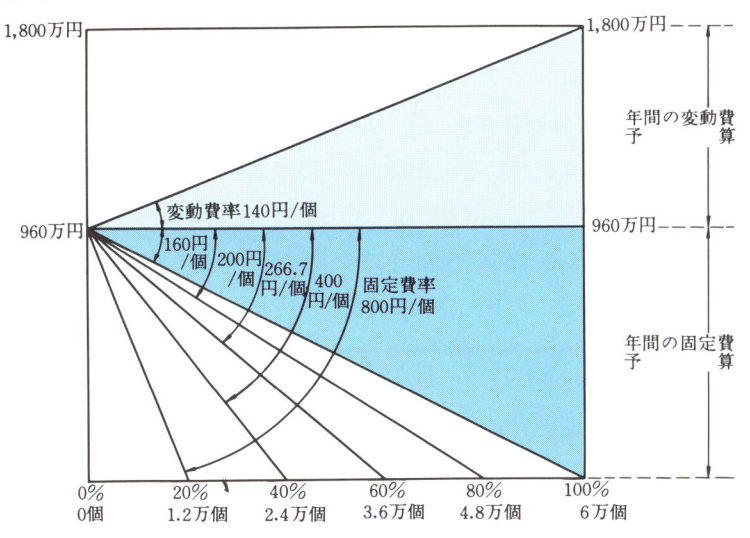

図 7—4

さて経営者は，製品原価資料を，製品の売価決定のために，あるいは期間損益計算のために利用しようとする。この場合彼としては，同じ種類の製品であるかぎり，月々の生産量がどのように変わろうとも，たった1つの典型的な製品標準原価を知りたいわけである。そのためには製造固定費を常に同じ固定費率によって製品へ配賦する必要があり，そうするためには，その企業にとって正常と考えられる操業水準（基準操業度）を，あらかじめ予定しておかなければならない。

(イ) 実際的生産能力基準の標準製造間接費

正常操業水準として実際的生産能力を選択したとすれば，操業度の変動いかんにかかわらず，製造間接費は常に1時間当たり150円の標準配賦率（変動費率70円＋固定費率80円）で製品へ配賦される。標準原価計算では，標準配賦率に標準作業時間を乗じて配賦額を計算する。そこで実際的生産能力基準の製品1単位当たり標準製造間接費は300円（標準配賦率150円×製品1単位の標準作業時間2時間）である。

(ロ) 平均操業度基準および期待実際操業度基準の標準製造間接費

正常操業水準として平均操業度（80%）を選択したとすれば，製品1単位当たり標準製造間接費は340円となる。期待実際操業度基準の標準製造間接費については，もはや説明を要しないであろう。

これを要するに，製品原価標準（製品1単位当たりの製造間接費標準）は，標準配賦率に製品1単位の製造に必要な標準作業時間を乗ずることによって計算されるのであり，標準配賦率は，正常操業水準を予定することによって算出される。このように，製造間接費の管理と配賦とはまったく異なる手続であり，したがって管理目的と配賦目的の標準もまたそれぞれ異なることを知るべきである。

第3節　標準原価計算の方法

標準原価計算には種々の方法があるが，これを大別すれば次のようになる。

(イ) 標準原価計算制度　　(ロ) 統計的標準原価計算

(イ)の方法は，標準原価計算を複式簿記機構と結合させ，常時継続的に行なう

方法であり，(ロ)の方法は，標準原価計算を複式簿記機構から取りはずし，これを統計的補助記録のなかで行なう方法である。標準原価計算制度はさらに，標準原価をどの計算段階で複式簿記機構のなかに組み入れるかによって，パーシャル・プラン (partial plan) と，シングル・プラン (single plan) とに大別される。パーシャル・プランと称するのは，実際生産量（製品の完成量と期末仕掛品の完成品換算量）に原価標準を乗じて標準原価を計算し，これを複式簿記機構に組み入れる方法であり，シングル・プランと称するのは，原価財の消費について標準原価を計算し，これを複式簿記機構のなかに組み入れる方法である。その結果，それぞれの方法における仕掛品勘定は次のようになる。

（パーシャル・プラン）		（シングル・プラン）	
仕 掛 品		仕 掛 品	
実際原価	標準原価	標準原価	標準原価

さて，上述した諸方法のいずれを採用すべきかは，個々の会社の実情にそくして，慎重に決定しなければならない問題である。しかし一般的にいって，各方法は次のような特徴をもっている。すなわちパーシャル・プランでは，期末に実際生産量に原価標準を乗じて，その標準原価を計算する。そこで標準原価差額は，原価計算期末まで判明しない。というのは，その期間の実際原価と対比される標準原価は，期中の完成品量と期末仕掛品の完成品換算量との合計に原価標準を乗じて計算されるからである（このような差額計算法をアウトプット法という）。さらにその標準原価差額の原因を分析するためには，会計記録以外の統計的資料を必要とする。したがってパーシャル・プランは，原価計算自体に要する計算事務量は僅少であるという長所をもっているが，他面において，不能率の防止上，標準原価差額の把握がおそすぎるという短所をもっている。そこでこの方法は，生産工程が複雑でなく，詳細な標準原価差額分析をしばしば必要としない量産経営において，原価計算に要する計算事務量を最小限におさえながら標準原価計算を実施しようとする企業に適している。

これにたいしてシングル・プランでは，原価財の投入時点において，実際投入額と標準投入額とが比較され，差額が計算される（このような差額計算法をイ

ンプット法という)。したがってこの方法は,標準原価差額の把握と分析を迅速に行なうことができるという長所をもっているが,相当の計算事務量を必要とするという短所をもっている。そこでこの方法は,ロット別個別生産や組別生産経営のように,個々の投入量ごとに,標準投入量が判明しうる企業であって,しかもたえず詳細な標準原価差額分析を必要とする企業に適している。

パーシャル・プランおよびシングル・プランのいずれを採用するにしても,標準原価は正規の会計機構に組み入れられる。多くの専門家たちは,そうすることによって原価記録の正確性が保持され,標準原価計算の真の長所が発揮されると主張する。しかし会社によっては,これを統計的補助記録のなかで行なうほうが有益だと考えている会社もある。

次にわれわれは,標準原価計算制度を中心に標準原価計算の方法を理解しよう。というのは,これが理解できれば統計的標準原価計算の方法は,たやすく理解できるからである。

1. パーシャル・プランの計算例——その1（月初仕掛品のない場合）

［例題 7—1］

岡本機械製作所は,たった1種のXという製品を量産しており,パーシャル・プランの標準原価計算を採用している。原価計算関係の資料は次のとおりである。

(1) 製品X標準原価カード

```
標準原価カード                     標準設定期日：19_年1月1日
製品：X                           標準改訂期日：

直接材料費
   主要材料費    (標準価格) (標準消費量)
                 100円   ×   5kg  ………………    500円
直接労務費
                (標準賃率) (標準作業時間)
                200円/時  ×  2時間 ………………   400円
製造間接費
                (標準配賦率)(標準作業時間)
                150円/時  ×  2時間 ………………   300円
              製品X1個当たりの標準製造原価 …………………  1,200円
              販売単価                                  1,500円
```

製品X1個を製造するに要する標準原価は，標準原価カードに記載されている。

(2) 製造間接費については，公式法により変動予算が作成されている(表7—3)。これは前述した年間の変動予算を12で割って月間の変動予算に直し，操業度100%における月次予算を示したものである。

表7—3 製造間接費変動予算表および月次予算

	固定費	変動費率	正常作業時間 月間1万時間	変動費	月次予算
間接材料費					
補助材料費	9.0万円	12円/時	×10,000時間	12万円	21.0万円
消耗工具器具備品費	7.0	6	× 〃	6	13.0
消耗品費	3.2	7	× 〃	7	10.2
間接労務費					
間接工賃金	8.0				8.0
給料	14.0				14.0
賞与・手当	15.0				15.0
退職給与引当金繰入額	2.0				2.0
法定福利費	0.8				0.8
間接経費					
厚生費	0.1				0.1
減価償却費	10.0				10.0
賃借料	0.3				0.3
保険料	0.2				0.2
修繕料	3.0	21	×10,000	21	24.0
電力料	2.0	7	× 〃	7	9.0
ガス代	3.0	13	× 〃	13	16.0
水道料	1.0	4	× 〃	4	5.0
租税公課	0.6				0.6
旅費	0.5				0.5
雑費	0.3				0.3
合計	80.0万円	70円/時	×10,000時間	70万円	150.0万円

(3) 月間の取引は次のとおりである。

(イ) 材料掛買

  主材料 @98円 20,000kg 196万円
  補助材料   14
            210万円

(ロ) 材料実際消費額（出庫票により把握）
　　主要材料費　　　@98円　17,400 kg　170.52万円
　　補助材料費　　　　　　　　　　　　 23.00
　　　実際材料費計 ……………………… 193.52万円

(ハ) 実際賃金消費額
　　直　接　工　　実際賃率　×　実際直接作業時間 …… 147万円
　　　　　　　　　　@210円/時　　　7,000時間
　　間　接　工　　　　　　　　　　　　　　　　　　　　　8
　　　実際賃金計 ……………………………………… 155万円

(ニ) 製造間接費実際発生額（ただし前述の補助材料費および間接工賃金を除く）
　　間　接　材　料　費
　　　消耗工具器具備品費　　12.0万円
　　　消　耗　品　費　　　　 8.0
　　間　接　労　務　費
　　　給　　　　　　料　　　14.0
　　　賞　与・手　当　　　　15.0
　　　退職給与引当金繰入額　 2.0
　　　法　定　福　利　費　　 0.8
　　間　接　経　費
　　　厚　　生　　費　　　　 0.1
　　　減　価　償　却　費　　10.0
　　　賃　　借　　料　　　　 0.3
　　　保　　険　　料　　　　 0.2
　　　修　　繕　　料　　　　18.0
　　　電　　力　　料　　　　 7.7
　　　ガ　　ス　　代　　　　12.2
　　　水　　道　　料　　　　 3.4
　　　租　税　公　課　　　　 0.6
　　　旅　　　　　費　　　　 0.5
　　　雑　　　　　費　　　　 0.3
　　　　　　　　　　　　　 105.1万円

したがって実際製造間接費の発生総額は，136.1万円である。

(ホ) 期中完成品　　3,000個

(ヘ) 仕　掛　品

　　期首なし

　　期　末　製　品　400個分　　進捗度　直接材料費　100%

　　　　　　　　　　　　　　　　　　　直接労務費 ⎱
　　　　　　　　　　　　　　　　　　　製造間接費 ⎰ 50%

(ト) 期中売上（現金売）　　@1,500円 × 2,800個……420万円

(チ) 販売費および一般管理費実際発生額　　20万円

以上の資料により，パーシャル・プランの標準原価計算を行ないなさい。

［解　説］　パーシャル・プランの方法は，見積原価計算における原価見積を原価標準に代えて計算すればよい。すなわち原価要素別の仕掛品勘定を設定し，各仕掛品勘定の借方に原価要素別の実際原価を集計し，その貸方に当月完成品の標準製造原価（＝ 製品原価標準 × 当月製品完成量）を計上するとともに，月末に月末仕掛品の標準製造原価（＝ 製品原価標準 × 月末仕掛品換算量）を計上する。そして借方合計額と貸方合計額とを比較することによって，原価要素別の標準原価差異総額を計算し，この差異総額を価格差異，数量差異などの各種差異に分析するのである。次にこの場合の，直接材料費—仕掛勘定を示す。

直接材料費—仕掛

実際直接材料費	(直接材料費の製品原価標準)×(当月製品完成量)＝ 当月完成品の標準直接材料費
	(直接材料費の製品原価標準)×(月末仕掛品直接材料費換算量)＝ 月末仕掛品の標準直接材料費
	直接材料費差異総額（借方差額の場合）

なお解答中に示した仕訳については，図7—11（p.418）をも同時に参照されたい。

［解　答］

(1) 購入材料の実際原価を記録する。

　　（材　　　　料）2,100,000円　　（買　　　掛　　　金）2,100,000円

(2) 出庫材料の実際原価を記録する。

　　（直接材料費—仕掛）1,705,200円　　（材　　　　料）1,935,200円
　　（製 造 間 接 費）　230,000円

(3) 実際賃金を記録する。

　　　（直接労務費―仕掛）1,470,000円　　（賃　　　　金）1,550,000円
　　　（製　造　間　接　費）　80,000円

(4) その他の実際製造間接費を製造間接費勘定に集計する。

（製　造　間　接　費）　1,051,000円	（消耗工具器具備　品　費）	120,000円
	（消　耗　品　費）	80,000円
	（給　　　　料）	140,000円
	（賞　与・手　当）	150,000円
	（退職給与引当金繰　入　額）	20,000円
	（法　定　福　利　費）	8,000円
	（厚　生　費）	1,000円
	（減　価　償　却　費）	100,000円
	（賃　借　料）	3,000円
	（保　険　料）	2,000円
	（修　繕　料）	180,000円
	（電　力　料）	77,000円
	（ガ　ス　代）	122,000円
	（水　道　料）	34,000円
	（租　税　公　課）	6,000円
	（旅　費）	5,000円
	（雑　費）	3,000円

(5) 実際製造間接費を製造間接費―仕掛勘定に振り替える。

　　　（製造間接費―仕掛）1,361,000円　　（製　造　間　接　費）1,361,000円

(6) 期中完成品を標準原価で製品勘定に振り替える。

　　　（製　　　品）3,600,000円　　（直接材料費―仕掛）1,500,000円
　　　　　　　　　　　　　　　　　　（直接労務費―仕掛）1,200,000円
　　　　　　　　　　　　　　　　　　（製造間接費―仕掛）　900,000円

つまり期中完成品は3,000個であるから，3,000個の標準原価は，

標準直接材料費　＠500円 × 3,000個 …… 1,500,000円
標準直接労務費　＠400円 × 3,000個 …… 1,200,000
標準製造間接費　＠300円 × 3,000個 ……　 900,000
　　　　　　　　　　　　　計　　3,600,000円

と計算されるので前ページの仕訳となる。

(7) 期末仕掛品を標準原価で期末仕掛品勘定に振り替える。

（期 末 仕 掛 品）　340,000円　　（直接材料費―仕掛）　200,000円
　　　　　　　　　　　　　　　　（直接労務費―仕掛）　 80,000円
　　　　　　　　　　　　　　　　（製造間接費―仕掛）　 60,000円

つまり期末仕掛品は，400個であり，直接材料費については100%完成，その他については50%完成している。したがってその標準原価は，次のように計算されるので上の仕訳となる。

標準直接材料費　＠500円 × 400個　　　　 ＝ 200,000円
標準直接労務費　＠400円 × 400個 × 50% ＝ 　80,000
標準製造間接費　＠300円 × 400個 × 50% ＝ 　60,000
　　　　　　　　　　　　　　　　　　計　　 340,000円

(8) 売上品を標準原価で売上原価勘定に振り替える。

（売 上 原 価）　3,360,000円　　（製　　　　　品）　3,360,000円

つまり売上品の標準原価は，＠1,200円 × 2,800個 ＝ 3,360,000円 である。

(9) 売上品の標準製造原価を月次損益勘定に振り替える。

（月 次 損 益）　3,360,000円　　（売　上　原　価）　3,360,000円

(10) 期中の売上高を記録する。

（現　　　　　金）　4,200,000円　　（売　　　　　上）　4,200,000円

(11) 売上高を月次損益勘定に振り替える。

（売　　　　　上）　4,200,000円　　（月　次　損　益）　4,200,000円

(12) 販売費および一般管理費を記録する。

（販売費および
　一般管理費）　200,000円　　（諸　　勘　　定）　200,000円

(13) 販売費および一般管理費を月次損益勘定に振り替える。

　　　　　（月　次　損　益）　200,000円　　（販売費および　）　200,000円
　　　　　　　　　　　　　　　　　　　　　　　一般管理費

(14)　直接材料費の差異分析と仕訳

　われわれは以上の仕訳記入によって，直接材料費—仕掛勘定の借方には，実際材料費 1,705,200 円を記入し，貸方には完成品の標準材料費 1,500,000 円と期末仕掛品の標準材料費 200,000 円，計 1,700,000 円を記入した。そこで借方合計額と貸方合計額とを比較すれば，5,200 円の借方差額が発生したことを知る。これが直接材料費の総差異である。通常これを，価格差異と数量差異とに分析する。

　いま，　AP を実際材料単価
　　　　　SP を標準材料単価
　　　　　AQ を実際材料消費量
　　　　　SQ を標準材料消費量
　　　　　PV （material-price variance）を材料価格差異
　　　　　QV （material-quantity variance）を材料数量（消費量）差異

とすれば，

$$PV = (AP - SP) \cdot AQ$$
$$QV = (AQ - SQ) \cdot SP$$

によって計算しうる。

　この計算法を図 7—5 で説明しよう。

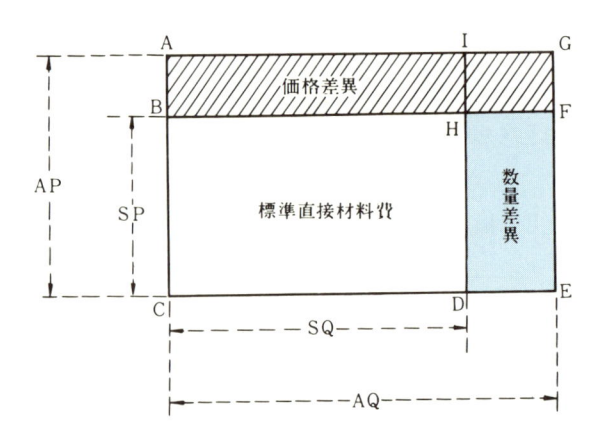

図 7—5

まず実際材料費は，AP × AQ で計算されるから，それは □ACEG で示される。これにたいし標準材料費は，SP × SQ で計算されるから，それは □BCDH で示される。したがって総差異（AP × AQ − SP × SQ）は，斜線で示された面積（□ABFG と □DEFH）からなっている。

さて価格差異は，材料単価の実際と標準との開き（すなわち，AP − SP）から生じた差異であり，数量差異は材料消費量の実際と標準との開き（すなわち，AQ − SQ）から生じた差異である。そこで（AP − SP）× AQ で計算した □ABFG の部分を価格差異とし，(AQ − SQ) × SP で計算した □DEFH の部分を数量差異と称する。それでは価格差異の計算にさいして，なぜ AQ を乗じ，SQ を乗じないのか。理論的には，材料の総差異は次のように3分される。すなわち，

　　　価格差異 = (AP − SP)・SQ
　　　数量差異 = (AQ − SQ)・SP
　　　価格・数量の混合差異（joint variance）= (AP − SP)(AQ − SQ)

この場合第3の差異は価格差異と数量差異の両方が影響している差異であって，図 7—5 の □FGIH の部分である。しかし一般的にいって，価格差異は管理不能な企業外部の要因によって発生することが多いのにたいし，数量差異は管理可能な企業内部の要因によって発生することが多い。したがって原価管理の見地からすれば，原価責任を問いうる数量差異のほうをむしろ厳密に把握する必要がある。そこで通常は，混合差異の部分を，価格差異のなかに含めて計算するのである。

以上述べた算式を使用して，仮設例を計算すれば，次のようになる。

(イ) 総　差　異 = 1,705,200円 − (1,500,000円 + 200,000円)
　　　　　　　　= 5,200円（借方差異）

(ロ) 価 格 差 異
　　　主　材　料（98円 − 100円）× 17,400 kg = − 34,800円（貸方差異）

(ハ) 数 量 差 異
　　　主　材　料（17,400 kg − 5 kg × 3,400個）× 100円
　　　　　　　　= 40,000円（借方差異）

つまり標準消費量を計算するさいの3,400個は，完成品3,000個と期末仕掛品400個×進捗度100%の合計（完成品換算総量）である。

(ﾊ) 検 証： －34,800円（貸方差異）＋40,000円（借方差異）
　　　　　　＝5,200円（借方差異）＝総差異

そこで仕訳は次のようになる。

　　（材料数量差異）　　40,000円　　（直接材料費―仕掛）　　5,200円
　　　　　　　　　　　　　　　　　　（材料価格差異）　　　34,800円

(15) 直接労務費の差異分析と仕訳

直接労務費―仕掛勘定の借方には，実際直接労務費1,470,000円，その貸方には完成品の標準直接労務費1,200,000円と期末仕掛品の標準直接労務費80,000円，計1,280,000円が記入されている。したがって借方合計額と貸方合計額を比較すれば，190,000円の借方差額が発生したことを知る。これが直接労務費の総差異である。通常これを，労働賃率差異と労働時間差異とに分析する。

　いま，ALR を実際賃率
　　　　SLR を標準賃率
　　　　AH　を実際直接作業時間
　　　　SH　を標準直接作業時間
　　　　LRV（labor-rate variance）を労働賃率差異
　　　　LHV（labor-hour variance）を労働時間差異

とすれば，

$$LRV = (ALR - SLR) \cdot AH$$
$$LHV = (AH - SH) \cdot SLR$$

によって計算しうる。この計算法は，図7―5のAPをALR，SPをSLR，AQをAH，SQをSHに置き換えれば，容易に理解されよう。われわれの仮設例は，次のようになる。

　(イ) 総 差 異 ＝ 1,470,000円 － (1,200,000円 ＋ 80,000円)
　　　　　　　＝ 190,000円（借方差異）

　(ロ) 労働賃率差異

(210円 − 200円) × 7,000時間 = 70,000円（借方差異）

(ハ) 労働時間差異

{7,000時間 − (2時間 × 3,000個 + 2時間 × 400個 × 50%)} × 200円

= 120,000円（借方差異）

(ニ) 検　　証：70,000円（借方差異）+ 120,000円（借方差異）

= 190,000円（借方差異）= 総 差 異

そこで仕訳は次のようになる。

　　（労 働 賃 率 差 異）　　70,000円　　　（直接労務費―仕掛）　　190,000円
　　（労 働 時 間 差 異）　120,000円

(16) 製造間接費の差異分析と仕訳

製造間接費―仕掛勘定の借方には、実際製造間接費 1,361,000 円、その貸方には製造間接費の完成品にたいする標準配賦額 900,000円と、期末仕掛品にたいする標準配賦額 60,000円、計 960,000円が記入されている。したがって借方合計額と貸方合計額を比較すれば、401,000 円の借方差額が発生したことを知る。これが製造間接費の総差異であって、その差異分析法には、次の諸方法がある。

(イ) 変動予算（公式法）と3分法

この方法は総差異を変動予算を使用して、予算差異、操業度差異および能率差異に3分する方法である。これを図 7—6 で説明しよう。図 7—6 では横軸 NQ に月間の正常作業時間、縦軸 NC に月間の固定費予算、CA に月間の変動費予算が目盛られている。こうすれば、∠BCJ の正接 (tan) は変動費率を、∠JCQ の正接は固定費率を示し、両者の合計は1時間当たりの標準配賦率を示す。
(注3)

いま実際作業時間 7,000 時間を示す点 P から、実際製造間接費 1,361,000 円を上に目盛り、これを F とすれば PF は実際製造間接費を示す。次に仕掛品へ

（注 3）　∠BCJ の正接 = $\dfrac{\text{月間の変動費予算70万円}}{\text{月間の正常作業時間1万時間}}$ = 70円/時（変動費率）

　　　　　∠JCQ の正接 = $\dfrac{\text{月間の固定費予算80万円}}{\text{月間の正常作業時間1万時間}}$ = 80円/時（固定費率）

　　　　　両者の合計 = $\dfrac{\text{月間の製造間接費予算150万円}}{\text{月間の正常作業時間1万時間}}$ = 150円/時（標準配賦率）

図 7—6

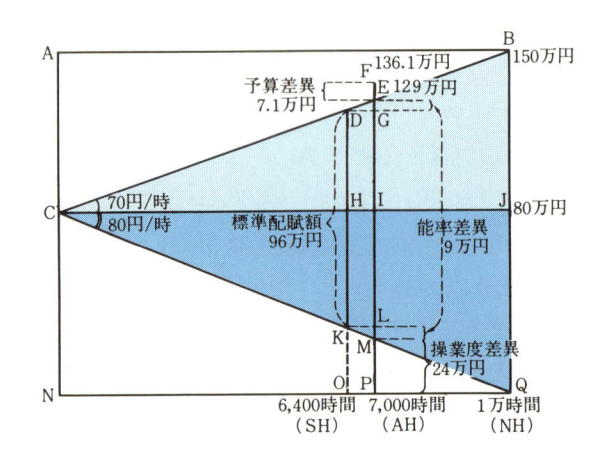

の標準配賦額は，(標準配賦率 150 円) × (標準作業時間 6,400 時間) = 960,000 円 であって，これは DK で示される。(注4)

したがって，

製造間接費の総差異 = 実際製造間接費 1,361,000 円 (FP)
　　　　　　　　　− 標準配賦額 960,000 円 (DK) = 401,000 円 (FG + LP)

である。そこでこれから，(FG + LP) の部分からなる総差異を分析する。

i) 予算差異 (budget variance)

まず，製造間接費の実際発生額と，実際直接作業時間に許容された製造間接費予算との差異を，予算差異という。

予算差異 = 実際製造間接費 1,361,000 円 (FP) − 実際直接作業時間に許容された製造間接費予算 (800,000 円 + 70 円/時 × 7,000 時間)(EP) = 71,000 円 (FE)

FE は予算超過額を示す借方差異であり，もし FP < EP であれば，その差異は節約額を示す貸方差異である。(注5)

(注 4) 70 円/時 × 6,400 時間 = ∠BCJ の正接 × CH = DH = 448,000 円 (変動費の標準配賦額)
　　　 80 円/時 × 6,400 時間 = ∠JCQ の正接 × CH = HK = 512,000 円 (固定費の標準配賦額)
　　　 150 円/時 × 6,400 時間 = DH + HK = 960,000 円 (製造間接費の標準配賦額)

(注 5) 予算差異は通常変動費から生ずるが，ときには固定費から生ずることがある。たとえば火災保険料の料率が改訂された場合である。このようなときは，固定費予算を次期に修正しなければならない。

なお，上に算出した予算差異 71,000 円は，製造間接費の各費目ごとに算出した予算差異の，借方差異，貸方差異を相殺した結果である。このことは，表7—4 に示す製造間接費予算・実績比較表から明らかであろう。製造間接費を管理するときは，この比較表で示したように，各費目ごとに，実際直接作業時間にたいする許容額と，実際発生額とを比較し，その差異の原因を分析することが必要である。

表 7—4 製造間接費予算・実績比較表

	固定費	変動費率	実際作業時間	変動費	許容額	実 績	差 異
間接材料費							
補助材料費	9.0万円	12円/時	× 7,000時間	8.4万円	17.4万円	23.0万円	5.6万円
消耗工具器具備品費	7.0	6	× 〃	4.2	11.2	12.0	0.8
消耗品費	3.2	7	× 〃	4.9	8.1	8.0	(0.1)
間接労務費							
間接工賃金	8.0				8.0	8.0	—
給　　　料	14.0				14.0	14.0	—
賞与・手当	15.0				15.0	15.0	—
退職給与引当金繰入額	2.0				2.0	2.0	—
法定福利費	0.8				0.8	0.8	—
間接経費							
厚　生　費	0.1				0.1	0.1	—
減価償却費	10.0				10.0	10.0	—
賃　借　料	0.3				0.3	0.3	—
保　険　料	0.2				0.2	0.2	—
修　繕　費	3.0	21	× 7,000	14.7	17.7	18.0	0.3
電　力　料	2.0	7	× 〃	4.9	6.9	7.7	0.8
ガ　ス　代	3.0	13	× 〃	9.1	12.1	12.2	0.1
水　道　料	1.0	4	× 〃	2.8	3.8	3.4	(0.4)
租税公課	0.6				0.6	0.6	—
旅　　費	0.5				0.5	0.5	—
雑　　費	0.3				0.3	0.3	—
合　　計	80.0万円	70円/時	× 7,000時間	49.0万円	129.0万円	136.1万円	7.1万円

ii) 操業度差異 (volume variance)

月間の固定費80万円は，生産設備や組織の維持費であって，実際に操業が行なわれると否とにかかわらず発生する。もし実際直接作業時間が正常作業時間に達しなければ，それだけ生産能力が遊休になったわけであり，そのために不働費が発生する。これを操業度差異という。操業度差異は次のようにして計算する。

操業度差異 ＝（正常作業時間 10,000 時間 － 実際作業時間 7,000 時間）
　　　　　　× 固定費率 80円/時 ＝ 240,000円（借方差異）(注6)

これを図 7—6 で説明すれば，

　正常作業時間 10,000時間 × 固定費率 80円/時……JQ
　実際作業時間　7,000時間 × 固定費率 80円/時……IM

したがって，操業度差異 ＝ JQ － IM ＝ MP によって示される。(注7)

なおここで，実際的生産能力基準の標準配賦率を使用したさいの操業度差異と，平均操業度基準の標準配賦率を使用したさいの操業度差異との違いについて説明しておきたい。

実際的生産能力基準では，固定費率は 80円/時である $\left(\dfrac{80万円}{1万時間}\right)$。これにたいし平均操業度基準では，固定費率は 100円/時となる $\left(\dfrac{80万円}{0.8万時間}\right)$。この関係は図 7—7 で示すとおりである。したがって平均操業度基準の操業度差異は，

　100円/時 ×（8,000時間 － 7,000時間）＝ 100,000円

と計算され，それは RP で示される。実際的生産能力基準で算出した操業度差異 MP は，不働費の全額を示すのにたいし，平均操業度基準で算出した操業度

図 7—7

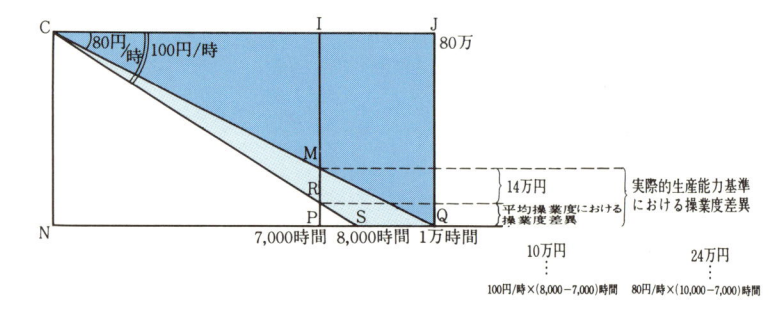

(注6) 操業度差異の計算においては，変動費は関係がない。変動費は操業をすれば発生し，操業をしなければ発生しない。したがって 3,000 時間の不働時間につき，損失をこうむるのは，固定費だけであるため，不働時間に 80円/時 の固定費率を乗じて操業度差異を計算するのである。

(注7) 操業度差異は固定費の配賦洩れであるという見地から，
　　　（正常作業時間 － 標準作業時間）× 固定費率
　　で計算する論者も存在する。この場合は，操業度差異は KO で示される。

差異 RP はたんに平均操業度からの隔たりを示すにすぎず，不働費のうちの一部分 RP を示すにすぎない。

iii) 能率差異 (efficiency variance)

実際作業時間 7,000 時間をかけて行なった仕事の量は，完成品に換算して 3,200 個分（完成品 3,000 個 + 期末仕掛品 400 個 × 進捗度 50%）である。そこでこの仕事量にたいする標準作業時間は，3,200 個 × 2 時間/個 = 6,400 時間 であるから，600 時間（つまり，7,000 時間 − 6,400 時間）だけ不能率が発生したわけである。この不能率のために，製造間接費がどれほど無駄になったかを示すのが，能率差異である。能率差異は，次のようにして計算する。

能率差異 =（実際作業時間 7,000 時間 − 標準作業時間 6,400 時間）
× 標準配賦率 150 円/時 = 90,000 円（借方差異）

これを図 7—6 で説明すれば，

実際作業時間 7,000 時間 × 標準配賦率 150 円/時……EM
標準作業時間 6,400 時間 × 標準配賦率 150 円/時……DK

したがって，

能率差異 = EM − DK = EG + LM

によって示される。かくして総差異 (FG + LP) は，FE の予算差異と，MP の操業度差異と，(EG + LM) の能率差異とに分析されたわけである。

検　証：

71,000 円（借方差異）+ 240,000 円（借方差異）+ 90,000 円（借方差異）
= 401,000 円（借方差異）= 総　差　異

そこでこれを仕訳すれば，次のようになる。

（予　算　差　異）　　71,000 円　　（製造間接費—仕掛）　　401,000 円
（操　業　度　差　異）　240,000 円
（能　率　差　異）　　90,000 円

(ロ) 変動予算（公式法）と 2 分法

変動予算と 3 分法では，能率差異が変動費の部分 (EG) と固定費の部分 (LM) からなっており，固定費部分は管理不能であるから，これを操業度差異に含め，

他方予算差異と能率差異の変動費部分とを合わせて、管理可能差異 (controllable variance) とするのが2分法である。すなわちこの方法によれば、図7—8の示すように、

$$\text{管理可能差異} = \underset{1,361,000円}{実際製造間接費} - \underset{予算(80万円 + 70円/時 \times 6,400時間)}{標準作業時間に許容された製造間接費}$$

$$= 113,000円（借方差異）$$

$$\text{操業度差異} = \left(\underset{10,000時間}{正常作業時間} - \underset{6,400時間}{標準作業時間}\right) \times 固定費率80円/時$$

$$= 288,000円（借方差異）$$

と分析され、両差異を合計すれば、総差異の 401,000 円になる。しかし後述するように、2分法で示す管理可能差異は、すべてが管理可能というわけではなく、他方3分法における能率差異の固定費部分は、まったく管理不能というわけでもない。そこで理論的には、次に示すように総差異を4分すべきである。

図 7—8

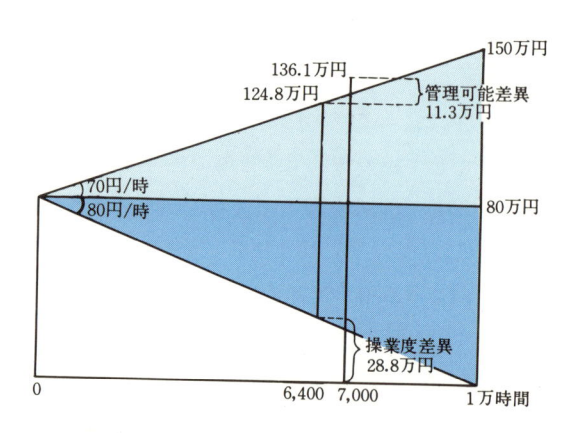

(ハ) 変動予算（公式法）と4分法

この方法は図 7—6 の FE を予算差異または支出差異 (spending variance)、EG を変動費能率差異 (variable efficiency variance)、LM を固定費能率差異 (fixed efficiency variance; effectiveness variance)、MP を不働能力差異 (idle capacity variance) とする方法であって、図 7—9 に示すとおりである。

図 7—9

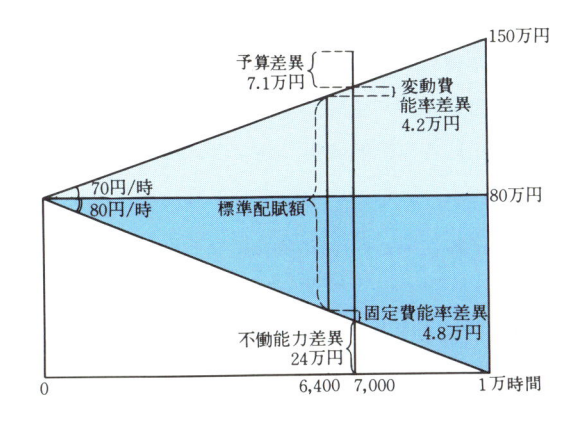

[図：製造間接費差異分析図。予算差異 7.1万円、変動費能率差異 4.2万円、固定費能率差異 4.8万円、不働能力差異 24万円、標準配賦額、70円/時、80円/時、150万円、80万円、6,400時間、7,000時間、1万時間]

$$\text{予算差異} = \begin{matrix}\text{実際製造間接費}\\ 1,361,000円\end{matrix} - \begin{matrix}\text{実際直接作業時間に許容された}\\ \text{製造間接費予算 } 1,290,000円\end{matrix}$$

$$= 71,000円 \text{（借方差異）}$$

$$\text{変動費能率差異} = \left(\begin{matrix}\text{実際直接作業時間}\\ 7,000時間\end{matrix} - \begin{matrix}\text{標準直接作業時間}\\ 6,400時間\end{matrix}\right)$$

$$\times \text{変動費率 } 70円/時 = 42,000円 \text{（借方差異）}$$

$$\text{固定費能率差異} = \left(\begin{matrix}\text{実際直接作業時間}\\ 7,000時間\end{matrix} - \begin{matrix}\text{標準直接作業時間}\\ 6,400時間\end{matrix}\right)$$

$$\times \text{固定費率 } 80円/時 = 48,000円 \text{（借方差異）}$$

$$\text{不働能力差異} = \left(\begin{matrix}\text{正常直接作業時間}\\ 10,000時間\end{matrix} - \begin{matrix}\text{実際直接作業時間}\\ 7,000時間\end{matrix}\right)$$

$$\times \text{固定費率 } 80円/時 = 240,000円 \text{（借方差異）}$$

検　証：

71,000円（借方差異）＋ 42,000円（借方差異）＋ 48,000円（借方差異）

＋ 240,000円（借方差異）＝ 401,000円（借方差異）＝ 総 差 異

なお，ここで固定費能率差異の内容について，一言説明しておこう。現場管理者はその管理下にある生産設備やスペースを有効に利用する責任をもっている。固定費能率差異とは，生産能力を実際に利用したが，現場管理者の監督が不十分であったために有効に利用しなかったことから生じた固定製造間接費の損失をいうのである。

しかしながら第4章第8節10. 操業度差異の再検討において説明したように，固定費率は元来製品別計算のための手段である。生産能力を有効に利用しようとしまいと，固定費の発生額は変わらない。したがって変動予算（公式法）と4分法が，製造間接費の差異分析のための方法として，もっとも精緻であるかのように思われるが，固定費率を使用して算出した固定費能率差異と不働能力差異の有効性については，疑問が残らざるをえない。

(二) 固定予算と3分法

最後に固定予算を使用するさいの差異分析について，簡単に説明しておきたい。図7—10の示すように，変動予算線 CB が不明であるから，予算差異は，実際製造間接費と，正常作業時間における予算とを比較して算出せざるをえない。すなわち，

予算差異 = 1,361,000円 − 1,500,000円 = −139,000円（貸方差異）

となり，それは，FF′ で示される。真の予算差異は FE であることはいうまでもない。

次に操業度差異は，固定費率が不明であるため，不働時間に標準配賦率を乗じて計算せざるをえない。すなわち，

操業度差異 = (10,000時間 − 7,000時間) × 150円/時
= 450,000円（借方差異）

となる。10,000時間 × 150円/時 は BQ，7,000時間 × 150円/時 は EM で示されるから，この操業度差異は BE′ + M′Q で示される。かくして，固定予算における操業度差異は，変動費部分 BE′ をも含むために，正しい操業度差異を示さない。

能率差異は変動予算と3分法における能率差異と同様である。すなわち，

能率差異 = (7,000時間 − 6,400時間) × 150円/時 = 90,000円（借方差異）

以上の差異を合計すれば，総差異 401,000 円となる。

(17) パーシャル・プランの原価計算関係勘定連絡図

以上の結果を，原価計算関係勘定連絡図で示せば図7—11のようになる。なおここで，原価管理の観点から注意すべき点を指摘しておきたい。第1に，わ

図 7—10

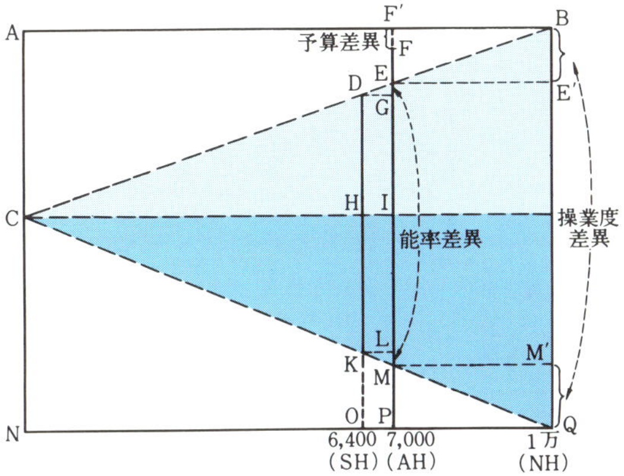
F′
A
B
予算差異
F
D
E
E′
G
C
H
I
操業度
差異
能率差異
L
K
M
M′
O
P
N
Q
6,400
(SH)
7,000
(AH)
1 万
(NH)

れわれの計算例は理解しやすいようにきわめて簡単に設定してあるが，実際にはコスト・センターごとに，原価要素別仕掛品勘定を設定して，コスト・センターごとに上述の会計的差異分析を行なうべきである，ということである。第 2 に，会計的差異分析の資料は，経営管理者に問題点の所在を知らしめる手がかりを提供するにすぎない，ということである。多くの会社では，毎月 1 回，原価会議を開いている。そこには製造部長，工場長などの製造担当首脳も出席しており，コスト・センターの責任者たちはその席上で自己の受持範囲内で発生した標準原価差異の原因について説明し，必要があれば改善措置を提案することになる。このように会計的差異分析の資料は，原価会議の開催というかたちを通じて，はじめて原価管理上有効に利用されるのである。

418

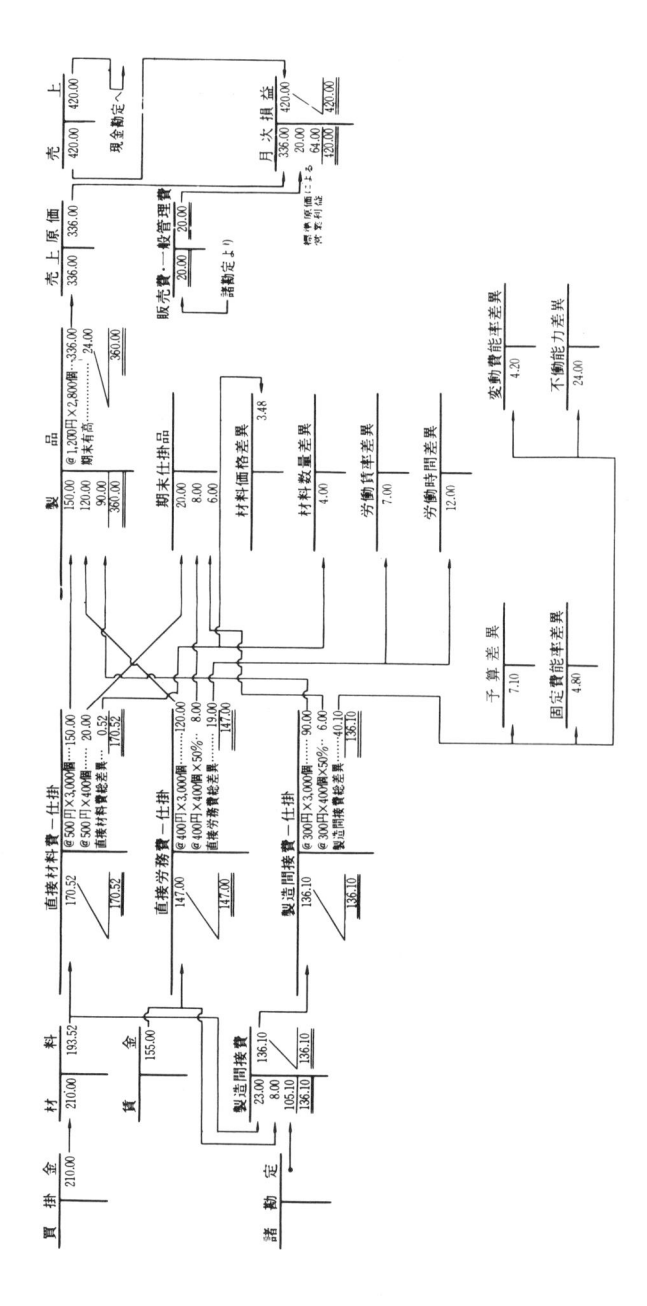

図 7-11 パーシャル・プランの原価計算関係勘定連絡図（単位：万円）

2. 修正パーシャル・プランの計算例——その 2（月初仕掛品のある場合）

[解 説]
1. 月初仕掛品の処理について

標準原価計算において月初仕掛品がある場合には，月初仕掛品を標準原価で，原価要素別仕掛品勘定の借方に計上すればよい。次に直接材料費を例にとって，その処理方法を示す。

直接材料費—仕掛

（直接材料費の製品原価標準）×（月初仕掛品直接材料費換算量）＝月初仕掛品の標準直接材料費	当月完成品の標準直接材料費
当月の実際直接材料費	月末仕掛品の標準直接材料費
	直接材料費差異総額（借方差額の場合）

このようにすれば，月初仕掛品の標準直接材料費は，この勘定の貸方から控除されることになるので，借方の「当月の実際直接材料費」と比較される貸方の金額は，

　　（完成品量 － 月初仕掛品換算量 ＋ 月末仕掛品換算量）× 直接材料費の原価標準
　　　　＝ 当月の作業量に見合う標準直接材料費

となって，この勘定の貸借差額は，直接材料費の差異総額を示すことになる。

2. 修正パーシャル・プラン（modified partial plan; basic plan）について

修正パーシャル・プランとは，直接材料費および直接労務費の各仕掛品勘定の借方に，直接材料と直接労働の実際消費量を実際価格でなく，標準価格で評価した金額を計上する方法である。主材料を例にとると，材料購入時に，材料勘定には標準単価で実際購入量を受け入れる。したがってそのさいに購入材料価格差異（材料受入価格差異）が算出される。主材料の出庫は標準単価で行なうから，直接材料費—仕掛勘定の借方には，（主材料の標準単価）×（主材料の実際消費量）によって計算した金額が計上される。その結果月末には，直接材料費—仕掛勘定には，主材料の数量差異だけが残ることになる。これらの関係を勘定連絡図で示せば，次のようになる。

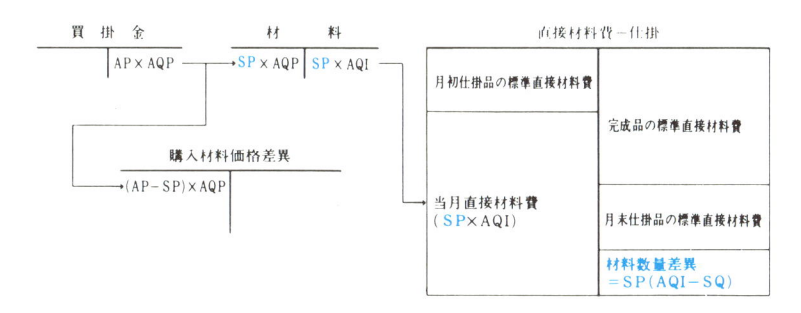

```
     買 掛 金            材  料              直接材料費—仕掛
    ┌─────┐       ┌─────┐         ┌──────────────┐
    │AP×AQP│──→│SP×AQP│SP×AQI│    月初仕掛品の標準直接材料費     │
    └──┬──┘       └─────┘         ├──────────────┤
       │                                   │     完成品の標準直接材料費       │
       │       購入材料価格差異            ├──────────────┤
       └─→(AP－SP)×AQP                  │    当月直接材料費    │
                                           │    （SP×AQI）      │月末仕掛品の標準直接材料費│
                                           │                     ├──────────────┤
                                           │                     │  材料数量差異          │
                                           │                     │ ＝SP(AQI－SQ)          │
                                           └──────────────┘
```

(注)　AP：材料の実際購入単価（actual unit price）
　　　SP：材料の標準単価（standard unit price）
　　　AQP：材料の実際購入量（actual quantity purchased）
　　　AQI：材料の実際出庫量（実際消費量）（actual quantity issued）
　　　SQ：材料の標準消費量（standard quantity）

責任会計の見地からすれば，各工程の管理者にとって，材料の価格差異や労働の賃率差異は管理不能であるために，これらの差異を各工程の原価業績報告書に含めることのない修正パーシャル・プランは，前述のパーシャル・プランよりもすぐれた方法であるということができる。

[例題 7-2]

[条　件]

当社は，製品Zを量産し，修正パーシャル・プランの工程別総合原価計算を行なっている。

(1) 製品Zの標準原価カード

標準設定日___年___月___日				製品Z標準原価カード				
	材料品目コード	標準消費量	標準単価	第1工程		第2工程		
				第1作業	第2作業	第3作業	第4作業	
直接材料費	DM-1	1 kg	200円	200円				
	DM-2	3	50		150円			
	DM-4	1	125				125円	
						標準直接材料費		475円
	作業番号	標準時間	標準賃率	第1工程		第2工程		
				第1作業	第2作業	第3作業	第4作業	
直接労務費	DL-1	0.15時	350円/時	52.5円				
	DL-2	0.05	350		17.5円			
	DL-3	0.06	1,000			60円		
	DL-4	0.04	2,000				80円	
						標準直接労務費		210円
	配賦基準	標準時間	標準配賦率	第1工程		第2工程		
				第1作業	第2作業	第3作業	第4作業	
製造間接費	機械時間	0.15	400円/時	60円				
	〃	0.05	400		20円			
	直接作業時間	0.06	600			36円		
	〃	0.04	600				24円	
						標準製造間接費		140円
				製品Z1個当たりの標準製造原価				825円

製品Zの製造は，第1工程（第1作業と第2作業）および第2工程（第3作業と第4作業）において行なわれ，補助部門として動力部が設けられている。動力部のほかに，材料購買部，工場管理部などの補助部門が当然存在するわけであるが，計算例を単純にするために，これらの補助部門は省略する。

直接材料 DM-1 は第1作業の始点で，DM-2 は第2作業の始点で，また DM-4 は第4作業の始点で，それぞれ投入される。

(2) 公式法による月間の変動予算

費　目	第1工程 固定費	第1工程 変動費率（機械作業時間当たり）	第2工程 固定費	第2工程 変動費率（直接作業時間当たり）	動力部 固定費	動力部 変動費率（kw-h当たり）
管理可能費						
補助材料費	300,000円	40円	250,000円	50.00円	10,000円	0.3
燃料費	—	—	—	—	15,000	1.2
工場消耗品費	200,000	30	200,000	31.43	25,000	0.1
間接工賃金	600,000	20	500,000	110.00	20,000	0.4
管理可能費計	1,100,000	90	950,000	191.43	70,000	2.0
管理不能費						
給料	1,200,000		900,000		100,000	
減価償却費	1,300,000		600,000		200,000	
火災保険料	300,000		200,000		20,000	
その他（内訳省略）	20,000		30,000		10,000	
管理不能費計	2,820,000		1,730,000		330,000	
補助部門費配賦額　動力部費配賦額	280,000	10	120,000	8.57		
合計	4,200,000	100	2,800,000	200.00	400,000	2.0
月間正常機械作業時間	14,000時					
月間正常直接作業時間			7,000時			
月間正常 kw-h					100,000 kw-h	
変動費率		100円/時		200円/時		
固定費率		300		400		
合計：標準配賦率		400円/時		600円/時		

動力部費の各工程にたいする配賦は，次の方法による。まず動力部の固定費は，第1工程と第2工程における動力消費能力の割合（70％と30％とする）で各工程に配賦し，変動費は 1 kw-h 当たり2円で，各工程の実際動力消費量に応じて配賦する。

(3) 当月生産データ

	第1工程	第2工程
月初仕掛品量	4,000個①	1,000個③
当月投入量	70,000	71,000
投入量合計	74,000個	72,000個
完成品量	71,000個	68,000個
月末仕掛品量	3,000 ②	4,000 ④
産出量合計	74,000個	72,000個

①は第1作業を完了し，DM-2は投入せず，第2作業には着手していない。

②は第1作業の途中にあり，直接労務費と製造間接費の進捗度は50％である。

③は第3作業の途中にあり，直接労務費と製造間接費の進捗度は50％である。

④は第4作業の途中にあり，直接労務費と製造間接費の進捗度は50％である。

(4) 直接材料の当月における購入と消費

材料品目コード	月初在庫量	当月実際購入量	合計	当月実際消費量	月末在庫量	当月実際単価
DM-1	4,000 kg	70,000 kg	74,000 kg	70,040 kg	3,960 kg	201.0円
DM-2	10,000	210,000	220,000	213,200	6,800	50.0
DM-4	4,000	72,000	76,000	72,050	3,950	124.4

なお月初在庫量については，価格差異は生じなかったものと仮定する。

(5) 当月実際直接労務費

作業番号	実際賃率	実際機械(直接)作業時間	実際直接労務費
DL-1	355円/時	10,300時	3,656,500円
DL-2	360	3,600	1,296,000
計		13,900時	4,952,500円

DL-3	1,010	4,300時	4,343,000円
DL-4	2,000	2,805	5,610,000
	計	7,105時	9,953,000円

(6) 当月実際製造間接費

費　　目	第 1 工程	第 2 工程	動 力 部	合　　計
補助材料費	860,000円	610,000円	40,000円	1,510,000円
燃 料 費	—	—	145,000	145,000
工場消耗品費	616,000	425,000	35,000	1,076,000
間接工賃金	900,000	1,300,000	60,000	2,260,000
給 料	1,230,000	920,000	100,000	2,250,000
減価償却費	1,300,000	600,000	200,000	2,100,000
火災保険料	300,000	200,000	20,000	520,000
そ の 他	20,000	30,000	10,000	60,000
合　　計	5,226,000円	4,085,000円	610,000円	9,921,000円
動力実際消費量	69,500 kw-h	30,500 kw-h	(100,000 kw-h)	

(7) 当月売上高

期首製品在庫量	当期完成品量	合　　計	当期販売量	期末在庫量	販売単価
2,000個	68,000個	70,000個	69,000個	1,000個	1,000円

期首製品は，製品勘定に標準製造原価で計上されている。当月の売上は，すべて掛売とする。

(8) 当月販売費および一般管理費……7,245,000円

以上の資料にもとづき，修正パーシャル・プランによる工程別総合原価計算（累加法）を行ない，その結果を勘定連絡図で示しなさい。

[解　答]

計算した結果を勘定連絡図で示せば，図 7—12 のようになる。ただしこの図では，材料および賃金勘定には，それぞれ直接材料費と直接労務費のみを示し，間接材料費と間接労務費の表示は，図が煩雑になるので省略した。また製造間接費の差異分析は，変動予算と 3 分法によっている。

図7-12 修正パーシャル・プラン勘定連絡図

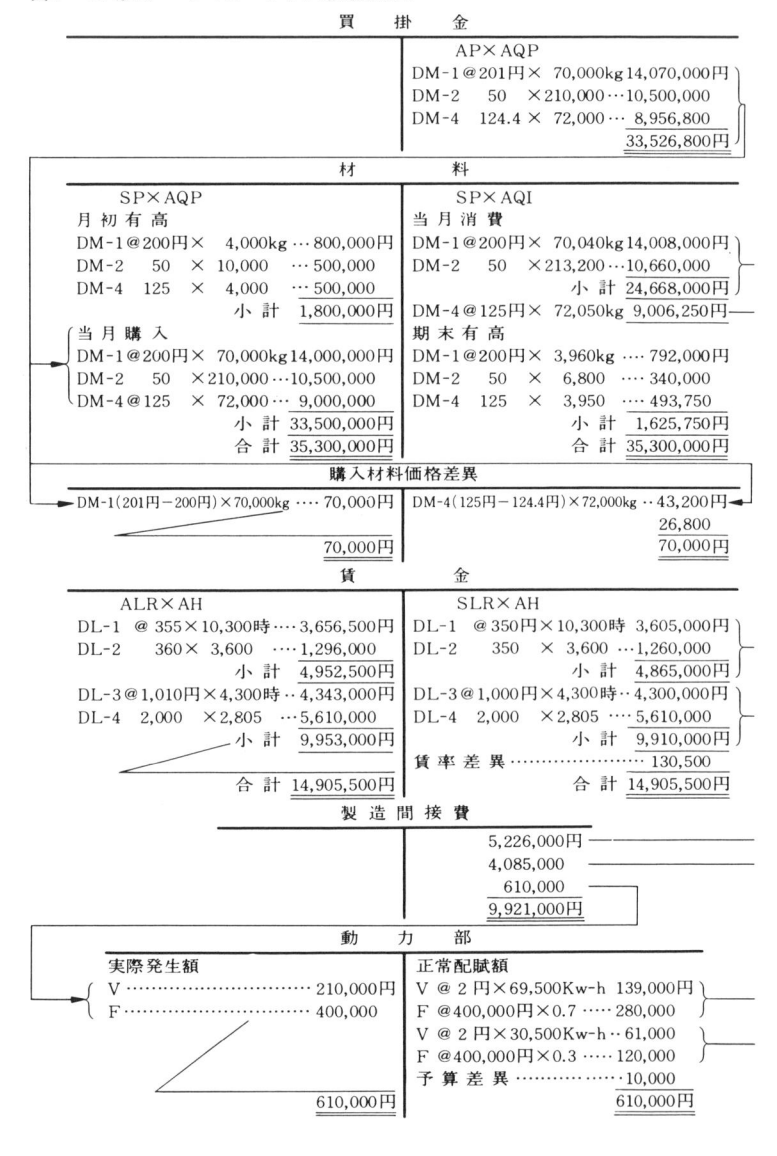

```
                          買      掛      金
                          ─────────────────────────────────────────
                                   │ AP×AQP
                                   │ DM-1 @201円× 70,000kg 14,070,000円 ⎫
                                   │ DM-2    50 ×210,000 … 10,500,000   ⎬
                                   │ DM-4  124.4× 72,000 …  8,956,800  ⎭
                                   │                        33,526,800円
```

```
                          材      料
   ─────────────────────────────────────┬─────────────────────────────────────
      SP×AQP                            │   SP×AQI
      月初有高                           │   当月消費
      DM-1 @200円×  4,000kg …  800,000円 │   DM-1 @200円× 70,040kg 14,008,000円 ⎫
      DM-2    50 × 10,000 …   500,000   │   DM-2    50 ×213,200 … 10,660,000   ⎬
      DM-4   125 ×  4,000 …   500,000   │            小 計   24,668,000円      ⎭
              小 計   1,800,000円        │   DM-4 @125円× 72,050kg  9,006,250円
      当月購入                           │   期末有高
      DM-1 @200円× 70,000kg 14,000,000円 │   DM-1 @200円×  3,960kg …  792,000円
      DM-2    50 ×210,000 … 10,500,000  │   DM-2    50 ×  6,800 …   340,000
      DM-4 @125 × 72,000 …  9,000,000  │   DM-4   125 ×  3,950 …   493,750
              小 計  33,500,000円        │            小 計    1,625,750円
              合 計  35,300,000円        │            合 計   35,300,000円
```

```
                          購入材料価格差異
   ─────────────────────────────────────┬─────────────────────────────────────
      DM-1(201円－200円)×70,000kg … 70,000円│ DM-4(125円－124.4円)×72,000kg … 43,200円
                                           │                                26,800
                              70,000円     │                                70,000円
```

```
                          賃      金
   ─────────────────────────────────────┬─────────────────────────────────────
      ALR×AH                             │   SLR×AH
      DL-1 @355×10,300時 … 3,656,500円    │   DL-1 @350円×10,300時 3,605,000円 ⎫
      DL-2   360× 3,600 … 1,296,000      │   DL-2   350 × 3,600 … 1,260,000   ⎬
              小 計  4,952,500円          │            小 計  4,865,000円      ⎭
      DL-3 @1,010円×4,300時 … 4,343,000円 │   DL-3 @1,000円×4,300時 4,300,000円 ⎫
      DL-4  2,000 ×2,805 … 5,610,000    │   DL-4  2,000 ×2,805 … 5,610,000   ⎬
              小 計  9,953,000円          │            小 計  9,910,000円      ⎭
                                           │   賃率差異 ……………………… 130,500
              合 計 14,905,500円          │            合 計 14,905,500円
```

```
                          製  造  間  接  費
                          ─────────────────────────────────────────
                                    5,226,000円
                                    4,085,000
                                      610,000
                                    9,921,000円
```

```
                          動      力      部
   ─────────────────────────────────────┬─────────────────────────────────────
      実際発生額                          │   正常配賦額
      V ……………………………  210,000円           │   V @ 2円×69,500Kw-h  139,000円 ⎫
      F ……………………………  400,000             │   F @400,000円×0.7 …  280,000   ⎬
                                           │   V @ 2円×30,500Kw-h   61,000   ⎬
                                           │   F @400,000円×0.3 …  120,000   ⎭
                                           │   予算差異 ……………………  10,000
                              610,000円    │                       610,000円
```

第 7 章 標準原価計算　　425

[第 1 工 程]

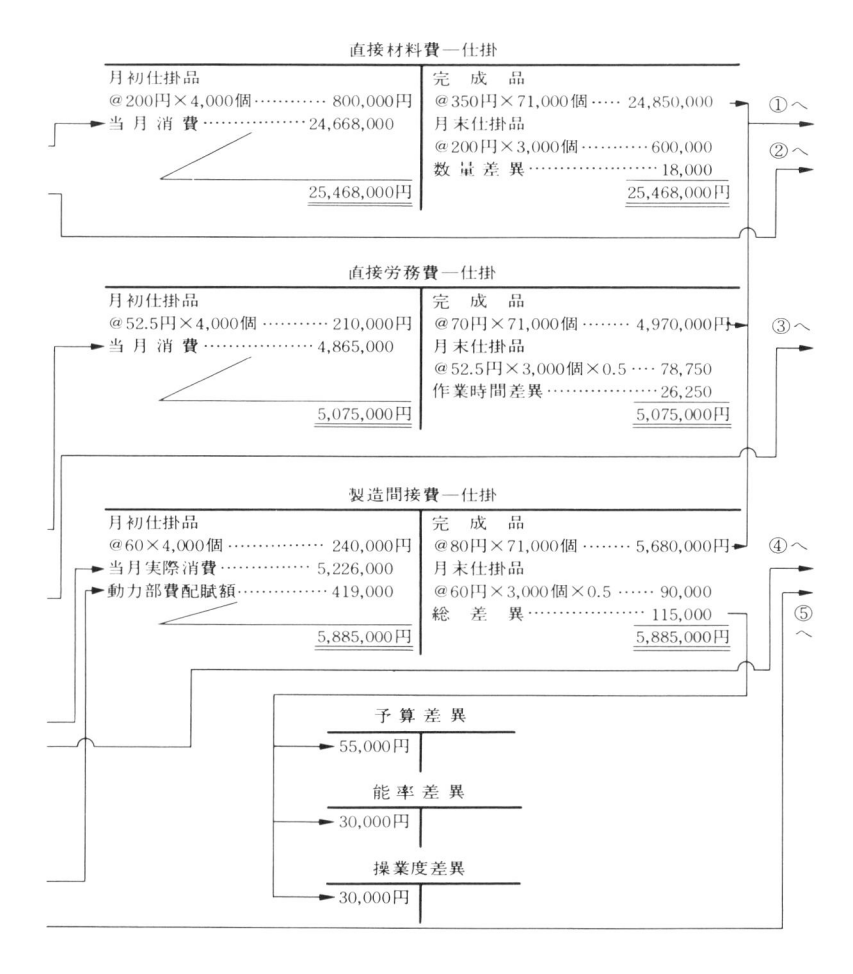

直接材料費―仕掛

月初仕掛品	完成品
@200円×4,000個 ……… 800,000円	@350円×71,000個 ……24,850,000 ①へ
当月消費 …………… 24,668,000	月末仕掛品
	@200円×3,000個 ……… 600,000 ②へ
	数量差異 …………………… 18,000
25,468,000円	25,468,000円

直接労務費―仕掛

月初仕掛品	完成品
@52.5円×4,000個 ……… 210,000円	@70円×71,000個 ……… 4,970,000円 ③へ
当月消費 ……………… 4,865,000	月末仕掛品
	@52.5円×3,000個×0.5 ……78,750
	作業時間差異 ……………… 26,250
5,075,000円	5,075,000円

製造間接費―仕掛

月初仕掛品	完成品
@60×4,000個 ……… 240,000円	@80円×71,000個 ……… 5,680,000円 ④へ
当月実際消費 …………… 5,226,000	月末仕掛品
動力部費配賦額 ………… 419,000	@60円×3,000個×0.5 …… 90,000
	総　差　異 ……………… 115,000 ⑤へ
5,885,000円	5,885,000円

予算差異

55,000円

能率差異

30,000円

操業度差異

30,000円

426

[第 2 工 程]

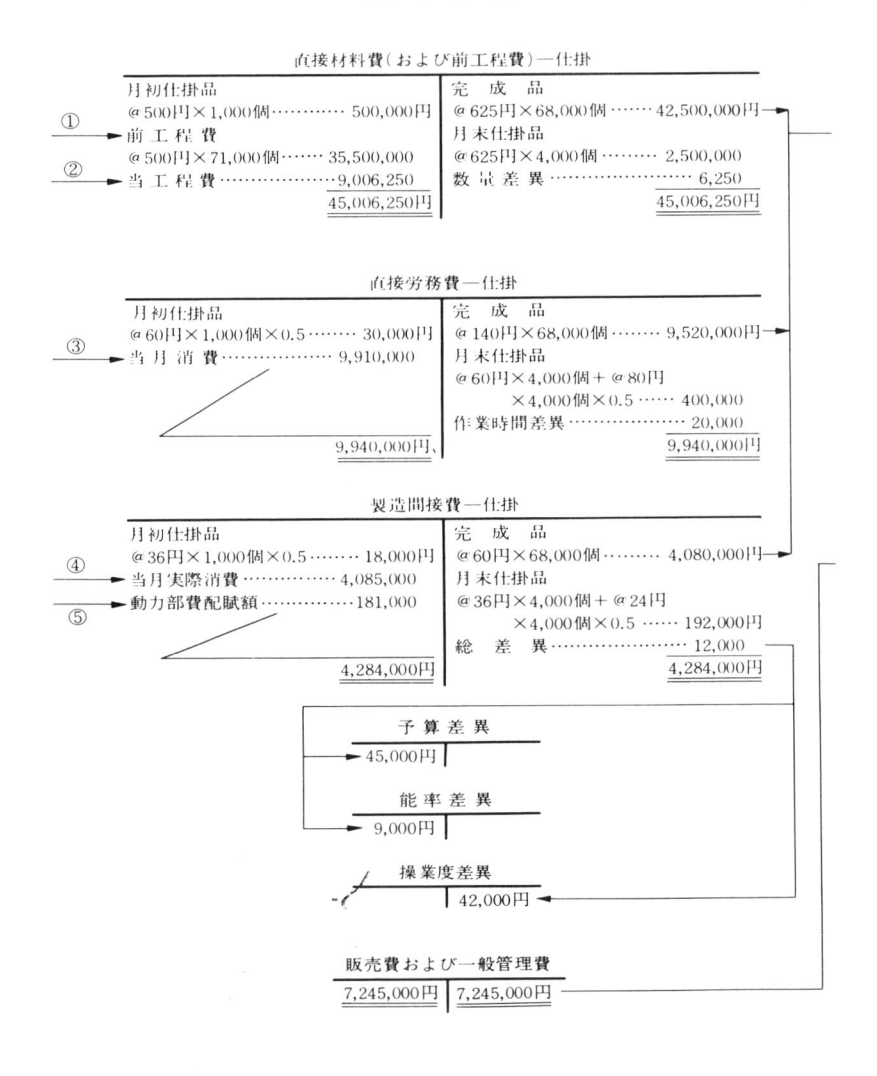

```
         直接材料費（および前工程費）―仕掛
    月初仕掛品                    完 成 品
    @500円×1,000個……… 500,000円    @625円×68,000個……42,500,000円
①→ 前 工 程 費                    月末仕掛品
    @500円×71,000個…… 35,500,000   @625円×4,000個……… 2,500,000
②→ 当 工 程 費 ………………  9,006,250  数 量 差 異 ……………………  6,250
                     45,006,250円                 45,006,250円
```

```
              直接労務費―仕掛
    月初仕掛品                    完 成 品
    @60円×1,000個×0.5 … 30,000円   @60円×68,000個……… 9,520,000円
③→ 当 月 消 費 ……………… 9,910,000  月末仕掛品
                                @60円×4,000個＋@80円
                                  ×4,000個×0.5 …… 400,000
                                作業時間差異 …………………… 20,000
                     9,940,000円                9,940,000円
```

```
              製造間接費―仕掛
    月初仕掛品                    完 成 品
    @36円×1,000個×0.5 … 18,000円   @36円×68,000個……… 4,080,000円
④→ 当月実際消費 ……………… 4,085,000  月末仕掛品
⑤→ 動力部費配賦額 ……………181,000    @36円×4,000個＋@24円
                                  ×4,000個×0.5 …… 192,000円
                                総 差 異 ………………… 12,000
                     4,284,000円                4,284,000円
```

```
          予 算 差 異
        → 45,000円
```

```
          能 率 差 異
        → 9,000円
```

```
          操 業 度 差 異
          42,000円 ←
```

```
      販売費および一般管理費
    7,245,000円 | 7,245,000円
```

製　　品

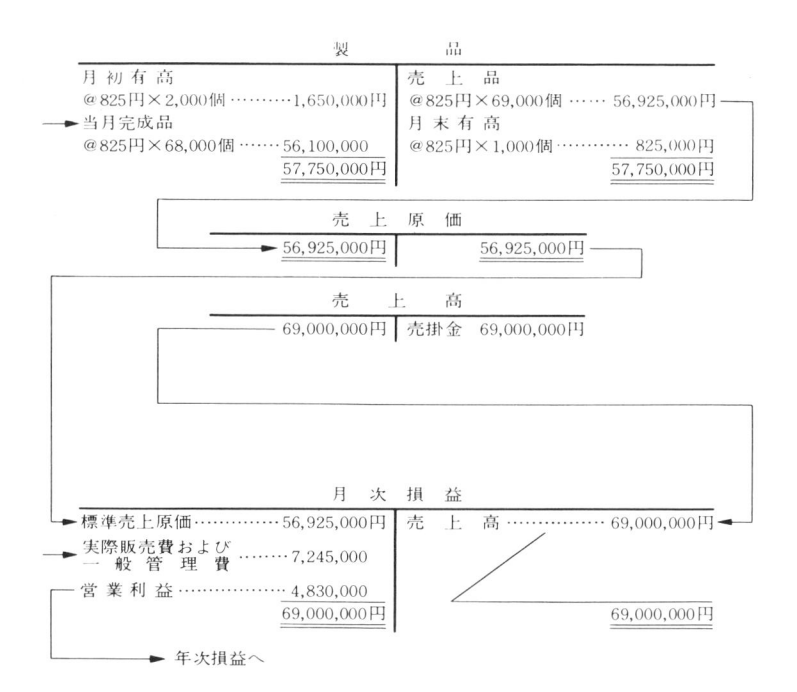

月初有高		売上品	
@825円×2,000個 ……… 1,650,000円		@825円×69,000個 …… 56,925,000円
→当月完成品		月末有高	
@825円×68,000個 …… 56,100,000		@825円×1,000個 ……… 825,000円
	57,750,000円		57,750,000円

売　上　原　価

→ 56,925,000円	56,925,000円 ←

売　上　高

69,000,000円	売掛金　69,000,000円

月　次　損　益

→標準売上原価 ……… 56,925,000円		売上高 ……… 69,000,000円 ←
→実際販売費および 　一般管理費 ……… 7,245,000			
┌営業利益 ……… 4,830,000			
│	69,000,000円		69,000,000円
└→年次損益へ			

[解 説] 計算の手順は次のようになる。
1. 月初有高の計算と記帳　材料の月初有高は，(標準単価)×(月初在庫量)　で材料勘定の借方に計上する。仕掛品の月初有高は，工程別，原価要素別の仕掛品勘定の借方に，標準原価で計上する。同様に，製品の月初有高も標準原価で計上する。
2. 当月購入材料の計算と記帳　当月購入の材料は，材料勘定の借方に，(標準単価)×(実際購入量)で計上する。この金額と買掛金勘定の貸方計上額，すなわち，(実際単価)×(実際購入量)との差から，購入材料価格差異が算出される。購買担当者は，購入のつど，購入材料価格差異を算出し，p.459 表7－6で示した報告書によって，価格差異が生じた原因を明らかにしなければならない。購入材料価格差異は，さらにこれを，消費材料価格差異と期末材料価格差異とに分けることができるが，そのためには計算条件が必要となるので省略した。
3. 直接材料費の計算と記帳　直接材料の消費額は，(標準単価)×(実際消費量)によって計算し，材料勘定の貸方から各工程の直接材料費―仕掛勘定の借方に振り替える。
4. 直接賃金の計算と記帳　直接賃金については，賃金勘定の借方に，(実際賃率)×(実際作業時間)　で計上し，その貸方には，(標準賃率)×(実際作業時間)　で計上するため，賃金勘定における貸借の差額 130,500 円は賃率差異であって，その内訳は次のとおり。

　　　　　DL-1　　(355円 － 350円)×10,300時…………51,500円
　　　　　DL-2　　(360円 － 350円)× 3,600時…………36,000円
　　　　　DL-3　　(1,010円 － 1,000円)× 4,300時……43,000円
　　　　　DL-4　　(2,000円 － 2,000円)× 2,805時……　　　0
　　　　　　　　　　　　　　　合　計　　130,500円（借方差異）

　　直接賃金の消費額は，賃金勘定の貸方から各工程の直接労務費―仕掛勘定の借方へ振り替える。
5. 製造間接費の計算と記帳　製造間接費については，その実際発生額を，製造間接費勘定の貸方から各工程の製造間接費―仕掛勘定の借方へ振り替える。
　　動力部については，この勘定の借方に実際発生額，貸方には正常配賦額が計上され，配賦差額 10,000 円が生ずる。この例では，月間 100,000 kw-h の電力を供給する予定であり，実際にも 100,000 kw-h の電力を供給したので，操業度差異は現われない。しかし仮に予定と実際の供給量に差が生じたとしても，動力部の固定費は，各工程の消費能力の割合で予算どおりに配分されているので，固定費の配賦過不足は生ぜず，操業度差異は生じない。また問題の条件において，能率差異を分離するデータは与えられていない。したがって，動力部勘定の配賦差額は，すべて予算差異となる。
6. 第1工程費の計算　直接材料費―仕掛勘定における貸借差額 18,000 円は，材料の数量差異であって，その内訳は次のとおり。
　　　　DM-1　　200円 ×｛70,040 kg －(71,000個 － 4,000個
　　　　　　　　　　　　　　　　　　＋3,000個)×1 kg/個｝…………8,000円（借方差異）
　　　　DM-2　　50円 ×｛213,200 kg －(71,000個 － 4,000個
　　　　　　　　　　　　　　　×0 ＋3,000個×0)×3 kg/個｝……10,000円（借方差異）
　　　　　　　　　　　　　　　　　　　　　合　計　　18,000円（借方差異）

直接労務費—仕掛勘定における貸借差額 26,250 円は，作業時間差異であって，その内訳は次のとおり。

DL-1　350円 × {10,300時 − (71,000個 − 4,000個
　　　　　　　　　　　　+ 3,000個 × 0.5) × 0.15時/個}……8,750円（借方差異）
DL-2　350円 × {3,600時 − (71,000個 − 4,000個
　　　　　　　　　　　　× 0 + 3,000個 × 0) × 0.05時/個}……17,500円（借方差異）
　　　　　　　　　　　　　　　　　　合　計　　26,250円（借方差異）

製造間接費—仕掛勘定における総差異 115,000 円の分析は，次のとおりである。
　イ．予算差異 = (5,226,000円 + 419,000円) − (@100円/時 × 13,900時
　　　　　　　　+ 4,200,000円) = 55,000円（借方差異）
　ロ．能率差異 = (13,900時 − 13,825時) × 400円/時 = 30,000円（借方差異）
　ハ．操業度差異 = (14,000時 − 13,900時) × 300円/時 = 30,000円（借方差異）

上記能率差異の計算で，13,825 時間とあるのは，次のように，DL-1 と DL-2 の標準時間の合計である。

　DL-1 の標準時間　　(71,000個 − 4,000個
　　　　　　　　　　　　+ 3,000個 × 0.5) × 0.15時/個……10,275時
　DL-2 の標準時間　　(71,000個 − 4,000個
　　　　　　　　　　　　× 0 + 3,000個 × 0) × 0.05時/個…… 3,550時
　　　　　　　　　　　　　　　　　　　合　計　　13,825時

7. **第2工程費の計算**　直接材料費（および前工程費）—仕掛勘定における完成品の標準単価 625 円は，第1工程完成品の標準単価 500 円と，DM-4 の製品当たり標準単価 125 円の合計である。その他の計算は，第1工程の場合と同様であるので省略する。
8. **原価業績報告書**　なお原価会議で提出される原価業績報告書の一例を，次に示しておく。

表 7—5 における製造間接費の費目別予算許容額は，変動予算にもとづいて算出されている。また最下行の総計における標準（予算）額 35,018,750 円は，次のように当月の作業に見合う標準原価にほかならない。

　（第1工程完成品の標準原価 35,500,000円）−（月初仕掛品の標準原価 800,000円
　　+ 210,000円 + 240,000円）+（月末仕掛品の標準原価 600,000円 + 78,750円
　　+ 90,000円）= 35,018,750円

表 7—5　　　　　　　第1工程原価業績報告書　　平成　　年　　月　　日

	当月			累計		
	標準(予算)	実績	差異	標準(予算)	実績	差異
直接材料費						
DM-1	14,000,000円	14,008,000円				
数量差異			(8,000円)			
DM-2	10,650,000	10,660,000				
数量差異			(10,000円)			
直接材料費合計	24,650,000円	24,668,000円	(18,000円)			
直接労務費						
DL-1	3,596,250円	3,605,000円				
作業時間差異			(8,750円)			
DL-2	1,242,500	1,260,000		(省		
作業時間差異			(17,500円)			
直接労務費合計	4,838,750円	4,865,000円	(26,250円)			
製造間接費						
管理可能予算差異						
補助材料費	856,000円	860,000円	(4,000円)			
燃料費	—	—	—			
工場消耗品費	617,000	616,000	1,000			
間接工賃金	878,000	900,000	(22,000円)			
小計	2,351,000円	2,376,000円	(25,000円)			
管理不能予算差異						
給料	1,200,000円	1,230,000円	(30,000円)			
減価償却費	1,300,000	1,300,000	—	略)		
火災保険料	300,000	300,000	—			
その他	20,000	20,000	—			
小計	2,820,000円	2,850,000円	(30,000円)			
動力部費配賦額	419,000円	419,000円	—			
中計	5,590,000円	5,645,000円				
予算差異			(55,000円)			
能率差異	(30,000円)		(30,000円)			
操業度差異	(30,000円)		(30,000円)			
製造間接費合計	5,530,000円	5,645,000円	(115,000円)			
総計	35,018,750円	35,178,000円	(159,250円)			

(注)　( )は借方差額を示す。

3. シングル・プランの計算例
[例題 7—3]

松本機械製作所は，標準規格製品 Y—1，Y—2，Y—3 をロット別に生産し，これにたいしてシングル・プランの標準原価計算制度を採用している。原価計算関係の資料は次のとおりである。

(1) 標準原価カード

製品 Y—1，Y—2 および Y—3 の原価標準は，標準原価カードに記載されており，その内容は次のとおりである。

	Y—1	Y—2	Y—3
標準直接材料費 　主要材料費	500円×3kg…1,500円	500円×2kg…1,000円	500円×1kg……500円
標準直接労務費	200円/時×6時間 ……1,200円	200円/時×3時間 ……600円	200円/時×4時間 ……800円
標準製造間接費	150円/時×6時間 ……900円	150円/時×3時間 ……450円	150円/時×4時間 ……600円
1個当たりの 標準製造原価	3,600円	2,050円	1,900円

(2) 製造間接費予算

製造間接費については，[例題 7—1]のパーシャル・プランと同じ変動予算が設定されているものとする。

(3) 月間の取引

(イ) 材料掛買

　　主　材　料　　@501円 × 4,300 kg …… 2,154,300円
　　補助材料　　@115円 × 2,100 kg ……　 241,500円
　　　　　　　　　　　　　　　　　計　　2,395,800円

(ロ) 材料実際消費量

当月，Y—1，Y—2 および Y—3 のそれぞれを1ロットずつ生産するため，製造指図書♯1，♯2および♯3を発行した。各指図書別の主材料実際消費量は次のとおり。

	♯1 (Y—1)	♯2 (Y—2)	♯3 (Y—3)	計
主　材　料	1,553 kg	1,990 kg	250 kg	3,793 kg

なお補助材料は 2,000 kg 消費した。

(ハ) 超過材料庫出請求書と材料戻入票

各製造指図書別の主材料の超過材料庫出請求書および材料戻入票は，次のとおりであったとする。

	超過材料庫出請求書による超過材料消費量	材料戻入票による材料戻入数量
♯1	53 kg	—
♯2	—	10 kg
♯3	—	—

(ニ) 直接工実際賃金消費額

	♯1 (Y—1)	♯2 (Y—2)	♯3 (Y—3)	計
実際作業時間	3,300時間	3,060時間	640時間	7,000時間
実 際 賃 率	201円	201円	201円	201円
実際直接労務費	663,300円	615,060円	128,640円	1,407,000円

(ホ) 製造間接費実際発生額

これは，すべて［例題 7—1］のパーシャル・プランと同様であるとする。

(ヘ) 生　　産

♯1 のロットは 500 個，♯2 のロットは 1,000 個であって期中に完成し，♯3 のロットは 250 個であって，期末に直接材料費については 100% 完成，直接労務費および製造間接費については，60% 完成している。なお期首仕掛品はなかったものとする。

(ト) 期中売上（現金売）

　　♯1　　@5,000円 ×　　500個……　2,500,000円
　　♯2　　@2,600円 × 1,000個……　2,600,000円
　　　　　　　　合　　計　　5,100,000円

(チ) 販売費および一般管理費実際発生額　200,000円

以上の資料により，シングル・プランの標準原価計算を行ないなさい。

［解　答］

(1) 直接材料費の計算・記帳手続と会計的差異分析

第 7 章　標準原価計算　433

直接材料費の処理方法には，次の 3 方法がある。

(イ) 第 １ 法

この方法は，購入材料を実際単価で受け入れ，これを出庫するさいに消費材料の価格差異を，製品の製造中または完成時に数量差異を計算する方法である。次に主材料関係の勘定連絡図を示す（図 7―13）。

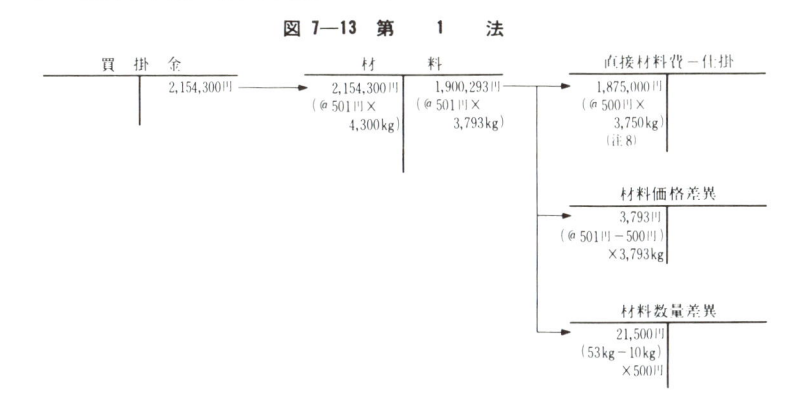

図 7―13　第　１　法

```
  買　掛　金            材　　　料            直接材料費―仕掛
  2,154,300円 ──→  2,154,300円 │ 1,900,293円 ──→ 1,875,000円
                    (@501円×    (@501円×      (@500円×
                     4,300kg)     3,793kg)      3,750kg)
                                                 (注8)

                                                材料価格差異
                                                 3,793円
                                                (@501円−500円)
                                                 ×3,793kg

                                                材料数量差異
                                                 21,500円
                                                (53kg−10kg)
                                                 ×500円
```

図から明らかなように，**この方法では主材料の受払はすべて実際単価で行なわれる**。したがってその材料元帳は実際原価計算における材料元帳とまったく同様であり，この方法によっては，計算記帳事務の簡略化という標準原価計算の長所を生かすことができない。また**算出された材料価格差異は，出庫材料の価格差異**であって，購入材料のすべてにたいする価格差異でないため，購買活動の能率を判断する資料としては不十分である。

(ロ) 第 ２ 法

この方法は，購入材料を標準単価で受け入れるとともに，購入材料価格差異を算出し，製品の製造中または完成時に数量差異を計算する方法である（図 7―14）。

(注 8)　標準消費量 3,750 kg は次のように計算する。
　　　　＃ 1　完　成　量　　500 個 × 3 kg ……　1,500 kg
　　　　＃ 2　完　成　量　1,000 個 × 2 kg ……　2,000
　　　　＃ 3　期末仕掛量　　250 個 × 1 kg ……　　 250
　　　　　　　　　　　　　合　計　　　　　　　3,750 kg

図7―14 第 2 法

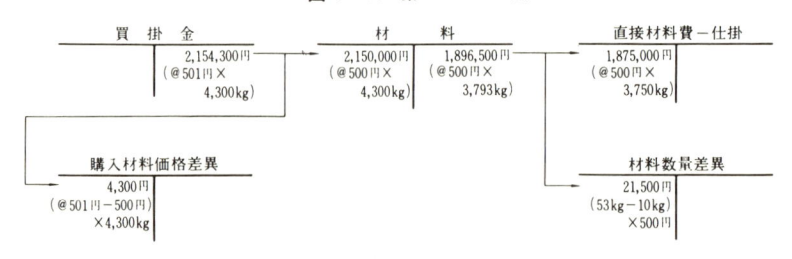

```
    買 掛 金              材       料           直接材料費―仕掛
       2,154,300円    2,150,000円  1,896,500円      1,875,000円
       (@501円×      (@500円×   (@500円×        (@500円×
        4,300kg)       4,300kg)    3,793kg)         3,750kg)

    購入材料価格差異                           材料数量差異
       4,300円                                   21,500円
       (@501円－500円)                           (53kg－10kg)
       ×4,300kg                                 ×500円
```

この方法によれば，材料の受払はすべて標準単価で行なわれる。したがって材料元帳には材料受払の数量のみを記録すればよく，実際払出単価を計算し記録する必要がないから，計算記帳事務はいちじるしく簡略化される。また購入材料を受け入れるつど，購入材料価格差異（材料受入価格差異）が算出され，この差異について，購買担当者はその発生原因を説明しなければならず，管理可能な差異について責任を問われるので，第2法による購入材料価格差異の算出は，購買活動の管理に役立つのである。

なおここで，材料数量差異の計算法につきパーシャル・プランの場合とシングル・プランの場合との違いを説明しておきたい。パーシャル・プランでは原価計算期末にその期間の産出量（完成品量と期末仕掛品換算量）を知ってはじめて，直接材料費の総差異を把握し，これを材料価格差異と材料数量差異とに分析した。このような差異の把握方法をアウトプット法という。これにたいしシングル・プランではたとえば♯1の製造指図書が発行されると，出庫票にもとづき，♯1の製造に要する標準消費量相当分の材料だけが，まず出庫される。もし作業者が不注意のためこれを仕損じ，標準消費量以上の材料を必要とする場合は，その理由を職長に釈明し，新たに交付された超過材料庫出請求書によって，必要な材料を入手しなければならない。この請求書は，通常ピンク色の伝票になっている。したがって材料の数量差異は，材料投入の時点で超過材料庫出請求書によって把握された超過材料消費量にその標準単価を乗じて直接に計算されるわけである。このような差異の把握方法をインプット法という。

(ハ) 第 3 法

　第2法で算出した購入材料価格差異は，購入材料のすべてにたいする価格差異である。そこで購入材料価格差異を，実際に出庫した材料にたいする価格差異（消費材料価格差異）と期末に残っている材料にたいする価格差異とに分割するのが第3法である。第3法における購入材料価格差異と材料数量差異との計算記帳は，第2法の場合とまったく同様である。そこで下図（図7—15）では，第2法と異なる部分だけを示す。

図 7—15　第　3　法

購入材料価格差異	消費材料価格差異
4,300円 　　　　　3,793円 ——→	3,793円
(@501円 － 500円)	
× 3,793 kg	
507円	
4,300円 　　　　　4,300円	

　以上われわれは直接材料費の処理方法を検討したので，第3法によって補助材料費をも含めた材料費関係の勘定連絡図を作れば図7—16のようになる。

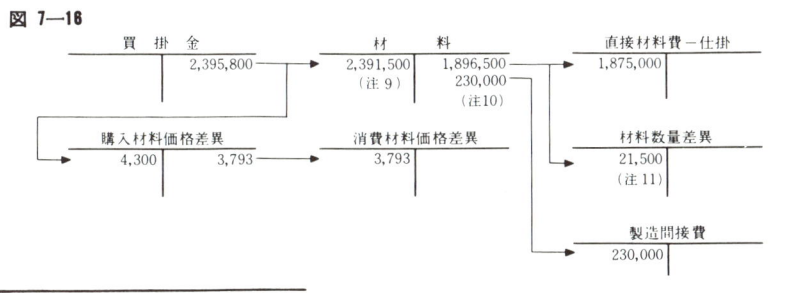

図 7—16

買　掛　金	材　　料	直接材料費―仕掛
2,395,800 →	2,391,500　1,896,500 →	1,875,000
	（注9）　230,000	
	（注10）	
購入材料価格差異	消費材料価格差異	材料数量差異
4,300　3,793 →	3,793 →	21,500
		（注11）
		製造間接費
		230,000

（注 9）　購入材料の標準原価（ただし補助材料のみは実際原価）
　　　　　@500円 × 4,300 kg …… 2,150,000円
　　　　　@115円 × 2,100 kg ……　 241,500円
　　　　　　　　　　　　　　　　　 2,391,500円

（注10）　補助材料の処理方法には2法ある。
　　　　　第1法は，主材料と同様に材料購入時に標準単価で受け入れる方法である。これによれば，補助材料の価格差異は，主材料と同様に，購入材料価格差異勘定に計上される。
　　　　　第2法は，補助材料を実際購入単価で受払し，その実際消費額を製造間接費勘定に振り替える方法である。この方法によれば，補助材料の価格差異は，製造間接費の予算差異のなかに現われる。ここでは，第2法によって処理している。

(2) 直接労務費の計算・記帳手続と会計的差異分析

　直接労務費についても，パーシャル・プランの場合と異なり，シングル・プランでは，ロット別ないし指図書別に，賃率差異と時間差異とを計算することができる。

(イ) 賃率差異

　　　　　（実際賃率 － 標準賃率）× 実際作業時間 ＝ 賃率差異
　♯1　　（201円　－　200円）×　3,300時間………　3,300円
　♯2　　（201円　－　200円）×　3,060時間………　3,060円
　♯3　　（201円　－　200円）×　　640時間………　　640円
　　　　　　　　　　　　　　　合　計　　7,000円（Dr.）

(ロ) 労働時間差異

　　　　　（実際作業時間 － 標準作業時間）× 標準賃率 ＝ 労働時間差異
　♯1　　(3,300時間 － 6時間 ×　　500個)　×　200円………60,000円
　♯2　　(3,060時間 － 3時間 × 1,000個)　×　200円………12,000円
　♯3　　(640時間 － 4時間 × 250個 × 60%) ×　200円……… 8,000円
　　　　　　　　　　　　　　　合　計　　80,000円（Dr.）

(ハ) 総差異

　　実際直接労務費1,407,000円 － 標準直接労務費1,320,000円 ＝ 87,000円
　　　＝ 賃率差異7,000円 ＋ 労働時間差異80,000円

　なお標準直接労務費の計算は，次のとおりである。

(注 11) 指図書別材料数量差異の計算

　　超過材料庫出請求書および戻入票によって把握したデータにもとづき，各指図書別の数量差異を次のように計算することができる。

　　　♯1 主 材 料　　53 kg × 500円……26,500（Dr.）
　　　♯2 主 材 料　　10 kg × 500円…………………………… 5,000（Cr.）
　　　　　　　　　合　計　　26,500（Dr.）　　5,000（Cr.）
　　　　　　　　　差　引　　21,500（Dr.）

	（標準賃率）	（標準作業時間）	（標準直接労務費）
♯1	200円	×6時間× 500個 …………	600,000円
♯2	200円	×3時間×1,000個 …………	600,000円
♯3	200円	×4時間× 250個×60% ……	120,000円
		合　計	1,320,000円

以上の関係を勘定記入連絡図で示せば，図7—17のようになる。なお間接賃金 80,000 円を，賃金勘定から製造間接費勘定へ振り替えておく。またこの場合，［例題7—2］で示したように，労働賃率差異を賃金勘定で算出する方法をとるほうがよい。

図 7—17

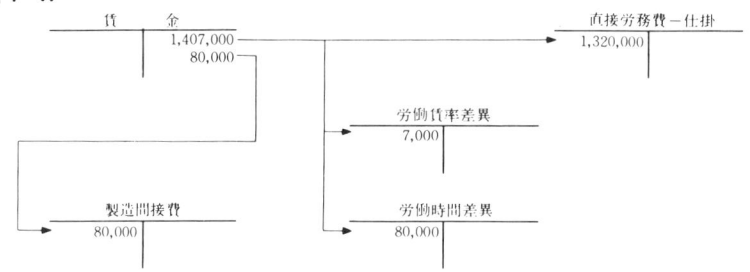

```
        賃      金                    直接労務費―仕掛
     1,407,000 ─────────────────→ 1,320,000
        80,000 ┐
               │         労働賃率差異
               ├──────→   7,000
               │
     製造間接費 │         労働時間差異
        80,000 ┘──────→  80,000
```

(3) 製造間接費の計算・記帳手続と会計的差異分析

(イ) 製造間接費の標準配賦額の計算

	（標準配賦率）	（標準作業時間）	（標準配賦額）
♯1	150円/時	×6時間× 500個 …………	450,000円
♯2	150円/時	×3時間×1,000個 …………	450,000円
♯3	150円/時	×4時間× 250個×60% ……	90,000円
		合　計	990,000円

(ロ) 製造間接費の総差異

　　実際発生額1,361,000円 − 標準配賦額990,000円 ＝ 総差異371,000円

(ハ) 製造間接費の差異分析

パーシャル・プランでは，原価計算期末に総差異を把握し，これを分析した。これにたいし，シングル・プランでは，製造指図書の完成時に直ちに能率差異

を計算することができ，その他の差異はパーシャル・プランと同様原価計算期末に計算する。いま変動予算（公式法）と3分法によって差異を計算することとし，能率差異を計算すれば，次のようになる。

　　　　　（実際作業時間）（標準作業時間）（標準配賦率）（能率差異）
♯1　（3,300時間 − 6時間 ×　　500個）　× 150円/時 ……… 45,000円（Dr.）
♯2　（3,060時間 − 3時間 × 1,000個）　× 150円/時 ………　9,000円（Dr.）
♯3　（640時間 − 4時間 × 250個 × 60%）× 150円/時 ………　6,000円（Dr.）
　　　　　　　　　　　　　　　　　　　　　　合　計　　60,000円（Dr.）

これは，作業の不能率が，製造間接費をいかほど浪費させたかを各指図書別に示したものであり，現場管理者をして原価管理意欲を湧きたたせる資料となる。予算差異および操業度差異は，パーシャル・プランにおけると同様，それぞれ 71,000 円および 240,000 円である。これらを合計すれば，371,000 円となり，総差異の額と一致する。以上の関係を勘定記入連絡図で示せば，図 7—18 のようになる。

図 7—18

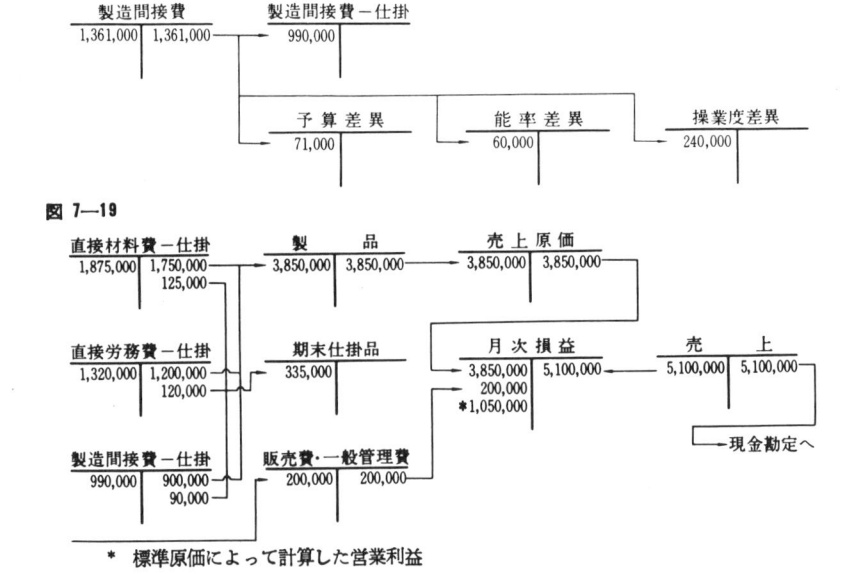

製造間接費	製造間接費−仕掛		
1,361,000｜1,361,000	990,000		

予算差異	能率差異	操業度差異
71,000	60,000	240,000

図 7—19

直接材料費−仕掛	製　　品	売 上 原 価	
1,875,000｜1,750,000	3,850,000｜3,850,000	3,850,000｜3,850,000	
125,000			

直接労務費−仕掛	期末仕掛品	月 次 損 益	売　　上
1,320,000｜1,200,000	335,000	3,850,000｜5,100,000	5,100,000｜5,100,000
120,000		200,000	
		＊1,050,000	
			└─現金勘定へ

製造間接費−仕掛	販売費・一般管理費		
990,000｜900,000	200,000｜200,000		
90,000			

　　＊ 標準原価によって計算した営業利益

第 7 章　標準原価計算　　439

(4) 完成品の受払と月次損益計算

これについては，もはや説明を要しないであろう。そこで関係勘定の記入連絡図を示しておく（図 7—19）。

なお完成品と期末仕掛品の要素別標準原価の計算を次に示しておく。

	＃1	＃2	完成品合計	＃3（期末仕掛）
標準直接材料費				
主要材料費	750,000円	1,000,000円	1,750,000円	125,000円
標準直接労務費	600,000	600,000	1,200,000	120,000
標準製造間接費	450,000	450,000	900,000	90,000
標準製造原価	1,800,000	2,050,000	3,850,000円	335,000円

4. シングル・プランと作業屑の処理

[例題 7—4]

当社では，鋼板を正方形に剪（セン）断し，丸く型抜きして部品 A を製造する。

(1) 原 価 標 準

型抜きずみ完成部品1個の重量	1.0 kg
標準型抜作業屑の重量（完成部品重量の 10％）	0.1
剪断，型抜前の重量	1.1 kg
1 kg 当たりの価格	90.0円
直接材料費総額	99.0円
差引：作業屑正常処分価額 5 円/kg × 0.1 kg	0.5
部品1個当たり標準直接材料費	98.5円

(2) 当月，5,000 個の部品を製造するため，鋼板 5,500 kg を出庫し，4,998 個に剪断した。

(3) 4,998 個のうち，4,900 個について型抜きを行ない，部品倉庫へ納入した。

(4) 型抜作業で 480 kg の作業屑を回収し，1 kg 当たり 4.50 円現金で売却した。

上記の処理をシングル・プランの勘定連絡図によって示しなさい。

[解 答]

勘定連絡図は，図 7—20 に示した。

図 7—20

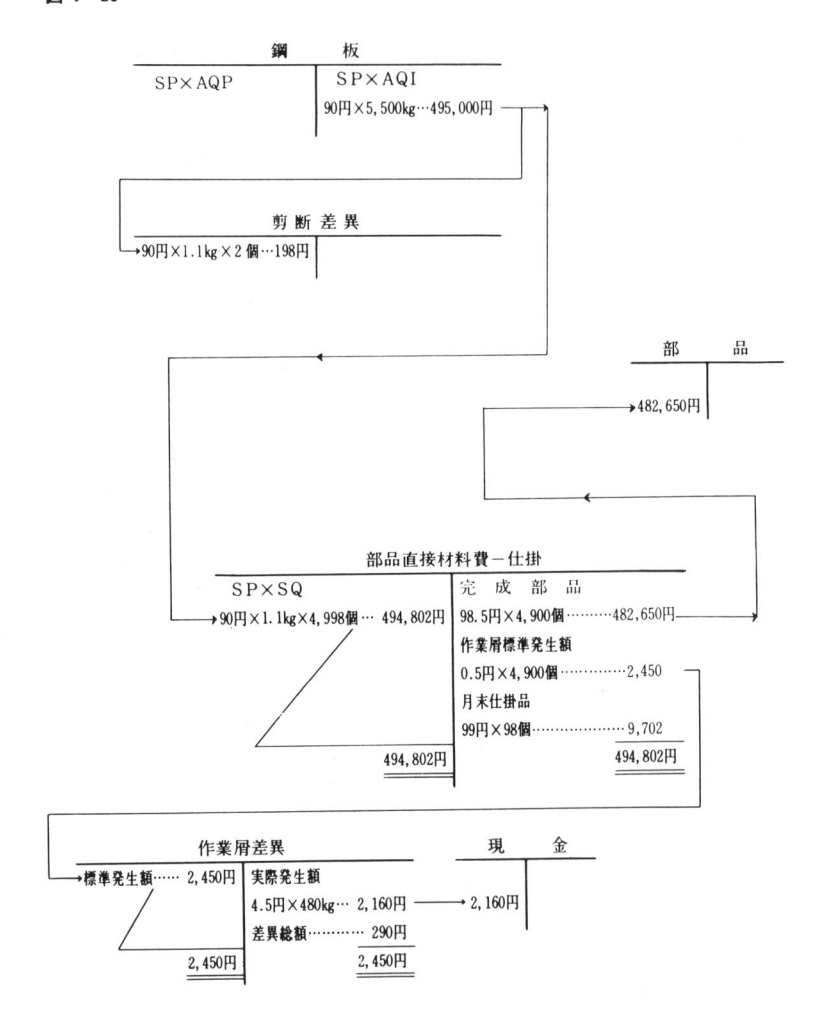

```
            鋼      板
  SP×AQP   │ SP×AQI
            │ 90円×5,500kg…495,000円

            剪 断 差 異
  90円×1.1kg×2個…198円

                        部      品
                              482,650円

        部品直接材料費－仕掛
  SP×SQ              │ 完 成 部 品
  90円×1.1kg×4,998個…494,802円 │ 98.5円×4,900個………482,650円
                              │ 作業屑標準発生額
                              │ 0.5円×4,900個…………2,450
                              │ 月末仕掛品
                              │ 99円×98個………………9,702
            494,802円              494,802円

        作業屑差異              現     金
  標準発生額……2,450円 │ 実際発生額
                    │ 4.5円×480kg… 2,160円 → 2,160円
                    │ 差異総額…………290円
            2,450円              2,450円
```

[解 説]
1. シングル・プランであるから，部品直接材料費―仕掛勘定の借方には，(標準単価)×(標準消費量) で計上し，鋼板勘定の貸方には，(標準単価)×(実際出庫量) を計上する。両者の差額が剪断差異であり，この場合は，5,000 個に剪断すべきところを，4,998 個にしか剪断できなかったので，90円 × 1.1 kg × (5,000個 − 4,998個) = 198円 の不利な差額が生じた。
2. 部品Aの完成品は，部品直接材料費―仕掛勘定の貸方から部品勘定の借方へ振り替える。
3. 4,900 個の完成部品について，その作業屑標準発生額を，部品直接材料費―仕掛勘定の貸方から作業屑差異勘定の借方へ振り替える。他方，作業屑差異勘定の貸方には，(実際売却単価)×(作業屑実際回収量) を計上する。したがって作業屑差異勘定の残高 290 円 は，作業屑 の 価格差異 (5円 − 4.5円) × 480 kg = 240円 (貸方差異) と，作業屑の 数量差異 (490 kg − 480 kg) × 5円 = 50円 (借方差異) との合計額である。
4. 型抜作業前の部品の月末在庫量は，作業屑処分価額差引前の 標準直接材料費総額 で評価し，部品直接材料費―仕掛勘定の貸方に計上する。

5．標準総合原価計算における減損と仕損

標準総合原価計算において正常減損と異常減損，あるいは正常仕損と異常仕損が発生する場合の処理方法につき，例題によって説明しよう。

[例題 7―5]

OK 工業では，製品Aを量産し，パーシャル・プランの標準総合原価計算を採用している。製品Aの原価標準は，次のとおりである。

$$
\begin{aligned}
&主 材 料 費 \quad 1,500円/m^2 × 4 m^2 \cdots\cdots\cdots\cdots\cdots\cdots\cdots\cdots 6,000円\\
&加 工 費\\
&\quad 変 動 費 \quad 800円/時 × 2 時間 \cdots\cdots\cdots 1,600円\\
&\quad 固 定 費 \quad 1,200円/時 × 2 時間 \cdots\cdots\cdots \underline{2,400} \quad \underline{4,000}\\
&\quad 1 個当たり正味標準製造原価 \cdots\cdots\cdots\cdots\cdots\cdots\cdots\cdots\cdots \underline{10,000円}
\end{aligned}
$$

なお固定加工費率 1,200 円は (月間固定加工費予算 3,600,000 円) ÷ (月間正常機械稼働時間 3,000 時) によって計算されている。

さて製品Aの生産には，上記の原価のほかに正常減損が工程の終点で発生する。正常減損率は良品にたいし 2% である。この場合，正常減損費を原価標準に組み込むには，どのようにすればよいであろうか。

[解 答]

正常減損費を製品原価標準に組み込むためには，次の 2 方法がある。

［第1法］

主 材 料 費　1,500円/m² × 4.08 m² ……………………… 6,120円
加　工　費
　変　動　費　　800円/時 × 2.04時間………1,632円
　固　定　費　1,200円/時 × 2.04時間………2,448　　4,080
　　1個当たり標準製造原価合計……………………………10,200円

［第2法］

主 材 料 費　1,500円/m² × 4 m² …………………………… 6,000円
加　工　費
　変　動　費　　800円/時 × 2時間………1,600円
　固　定　費　1,200円/時 × 2時間………2,400　　4,000
　　1個当たり正味標準製造原価……………………………10,000円
　正 常 減 損 費　10,000円 × 0.02………………………………200
　　1個当たり総標準製造原価………………………………10,200円

　第1法は，原価要素別の標準消費量を，それぞれ2%ずつ増やすことによって，正常減損費分を原価標準に含めるのにたいし，第2法は，正常減損費を含まない正味標準製造原価に，いわば特別費としてその2%を加える方法である。一般的にいえば，第2法のほうが，正確な計算結果がえられる。次にこの点を計算例によって確認しよう。

［例題 7—6］

　［例題 7—5］の企業において，当月の資料は，次のとおりであった。

1. 当月の生産（単位：個）

　　　　期 首 仕 掛 品　　　　　　200（1/4）
　　　　当 月 投 入　　　　　　　1,300
　　　　　合　　　計　　　　　　　1,500
　　　　完　成　品　　1,200
　　　　正 常 減 損　　　　24

異 常 減 損　　　　16　　1,240
期 末 仕 掛 品　　　　　　　260(3/4)

主材料は，工程の始点で投入される。( )内は加工費の進捗度。正常減損および異常減損は，ともに工程の終点で発生した。正常減損費は，異常減損に負担させないものとする。

2．当月の実際製造費用

主 材 料 費　1,510円/m²×5,260 m² ……………　7,942,600円
変 動 加 工 費………………………………………　2,245,600
固 定 加 工 費………………………………………　3,590,000
　　　　　　　　　　　合　　計…………13,778,200円

3．当月の実際機械稼働時間……　2,800時間
4．当社では，仕掛品勘定は原価要素別に分割しておらず，工場全体で，1つの仕掛品勘定を使用している。

上記の資料にもとづき，[例題 7—5]の原価標準を使用して仕掛品勘定を作成し，標準原価差異分析を行ないなさい。

[解　答]

[第1法の原価標準を採用する場合]

1．分離不可能な正常減損費

本問の計算条件によれば，正常減損は工程の終点で発生するので，完成品のみが正常減損費を負担すべきであり，月初および月末仕掛品は，正常減損費を負担すべきではない。しかし第1法の原価標準を採用する場合は，製品原価標準の各原価要素別標準消費量のなかに，正常減損分があらかじめ組み入れられているので，正常減損費を分離して把握できない。したがってこの場合は，月初および月末仕掛品原価のなかにも，正常減損費を計上せざるをえなくなるわけである。

2．当月作業の完成品換算総量

当月作業の完成品換算総量は，次のようになる。

主 材 料 費……1,200個 － 200個 ＋ 260個 ＝ 1,260個

加　　工　　費……1,200個 － 200個 × 1/4 ＋ 260個 × 3/4

＝ 1,345個

　上記完成品換算総量のなかに，正常減損量と異常減損量が含まれていない点に注意すべきである。正常減損量は，製品原価標準の各原価要素別標準消費量のなかにあらかじめ組み入れられているので，これを完成品換算総量のなかに入れてはならない。また異常減損量を完成品換算総量のなかに含めると，正常減損費を異常減損量にも負担させる結果になる。したがって第1法の原価標準を採用することは，正常減損度外視の方法による計算を行なうことになるといえよう。

　3．仕掛品勘定の作成

仕　掛　品

月初仕掛品原価		完成品原価	
主 材 料 費 6,120円/個 × 200個		10,200円/個 × 1,200個	
………………………	1,224,000円	………………………	12,240,000円
加　工　費 4,080円/個 × 200個 × 1/4		月末仕掛品原価	
………………………	204,000	主 材 料 費 6,120円/個 × 260個	
計	1,428,000円	………………………	1,591,200円
当月実際製造費用		加　工　費 4,080円/個 × 260個 × 3/4	
主 材 料 費………………	7,942,600円	………………………	795,600
変 動 加 工 費………………	2,245,600	計	2,386,800円
固 定 加 工 費………………	3,590,000	標準原価差異総額………………	579,400円
計	13,778,200円		
合　計……	15,206,200円	合　計……	15,206,200円

　上記仕掛品勘定の貸方に計上された標準原価差異総額のなかには，異常減損費が含まれている点を見逃してはならない。

　4．標準原価差異分析

　(1)　差　異　総　額 ＝ 579,400円（借）

　(2)　主材料価格差異 ＝ (1,510円/m² － 1,500円/m²) × 5,260 m²

＝ 52,600円（借）

　(3)　主材料数量差異 ＝ {5,260 m² － (1,200 － 200 ＋ 260) × 4.08 m²}

$$\times 1,500円/m^2 = 178,800円（借）$$

(4) 変動加工費予算差異 $= 2,245,600円 - (800円/時 \times 2,800時)$
$= 5,600円（借）$

(5) 固定加工費予算差異 $= 3,590,000円 - 3,600,000円$
$= -10,000円（貸）$

(6) 加工費能率差異 $= \{2,800時 - (1,200 - 200 \times 1/4 + 260 \times 3/4)$
$\times 2.04時\} \times 2,000円/時 = 112,400円（借）$

(7) 操業度差異 $= (3,000時 - 2,800時) \times 1,200円/時$
$= 240,000円（借）$

(8) 検証：差異合計 $= 579,400円（借）=$ 標準原価差異総額

[第2法の原価標準を使用する場合]

1. 分離可能な正常減損費

第2法の原価標準を使用する場合は，正常減損費を含まない正味標準製造原価と，正常減損費を加算した総標準製造原価とが区別されているので，正常減損費を分離して把握し，それをさらに関係する良品に負担させることができる。

2. 当月作業の完成品換算総量

当月作業の完成品換算総量は，次のようになる。

主 材 料 費……1,200個 − 200個 + 260個 + 24個 + 16個 = 1,300個
加 工 費……1,200個 − 200個 × 1/4 + 260個 × 3/4 + 24個
$+ 16個 = 1,385個$

上記完成品換算総量のなかに，正常減損量と異常減損量が含まれている点に注意してほしい。そうすることによって，正常減損費や異常減損費を含まない月初および月末仕掛品原価を計上し，正常減損費は完成品のみに負担させ，正常減損費を含まない異常減損費を計算することができる。したがって第2法の原価標準を採用することは，正常減損非度外視の方法による計算を行なうことになるといえよう。

3. 仕掛品勘定の作成

仕　掛　品

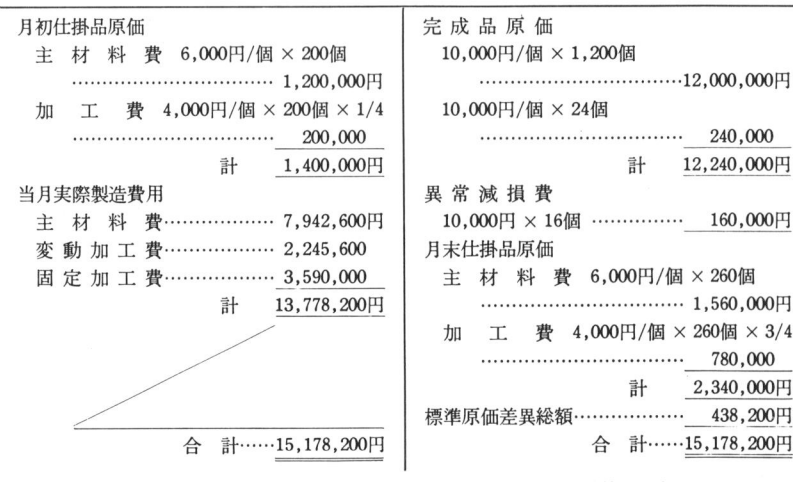

月初仕掛品原価	完成品原価
主 材 料 費　6,000円/個 × 200個	10,000円/個 × 1,200個
…………………………… 1,200,000円	……………………………12,000,000円
加　工　費　4,000円/個 × 200個 × 1/4	10,000円/個 × 24個
…………………………… 200,000	…………………………… 240,000
計　1,400,000円	計　12,240,000円
当月実際製造費用	異常減損費
主 材 料 費………… 7,942,600円	10,000円 × 16個 ………… 160,000円
変動加工費………… 2,245,600	月末仕掛品原価
固定加工費………… 3,590,000	主 材 料 費　6,000円/個 × 260個
計　13,778,200円	…………………………… 1,560,000
	加　工　費　4,000円/個 × 260個 × 3/4
	…………………………… 780,000
	計　2,340,000円
	標準原価差異総額…………… 438,200
合　計……15,178,200円	合　計……15,178,200円

（注）完成品原価は、10,200円/個 × 1,200個 = 12,240,000円と計算してもよい。

4. 差　異　分　析

(1) 差 異 総 額 = 438,200円（借）

(2) 主材料価格差異 = (1,510円/m² − 1,500円/m²) × 5,260 m²
　　　　　　　　= 52,600円（借）

(3) 主材料数量差異 = {5,260 m² − (1,200 − 200 + 260 + 24 + 16)
　　　　　　　　× 4 m²} × 1,500円/m² = 90,000円（借）

(4) 変動加工費予算差異 = 2,245,600円 − (800円/時 × 2,800時)
　　　　　　　　　= 5,600円（借）

(5) 固定加工費予算差異 = 3,590,000円 − 3,600,000円
　　　　　　　　　= − 10,000円（貸）

(6) 加工費能率差異 = {2,800時 − (1,200 − 200 × 1/4 + 260 × 3/4
　　　　　　　　+ 24 + 16) × 2 時} × 2,000円/時
　　　　　　　= 60,000円（借）

(7) 操 業 度 差 異 = (3,000時 − 2,800時) × 1,200円/時
　　　　　　　= 240,000円（借）

(8) 検証：差異合計 = 438,200円（借）= 標準原価差異総額

　上記の差異分析と第1法の場合の差異分析とを比較するならば，主材料数量差異と加工費能率差異には，異常減損費が混入しておらず，不能率による数量差異が正しく把握されていることがわかる。

［例題 7—7］

　［例題 7—6］の第2法の原価標準を使用する場合で，正常および異常減損を，それぞれ正常および異常仕損であるとし，それらの仕損品は1個当たり1,000円の正味売却価値をもつとする。この正味売却価値を，製品原価標準に組み入れるものとして，その場合の製品原価標準と，仕掛品勘定とを示しなさい。

［解　答］

1.　製品原価標準

　　主　材　料　費　　1,500円/m² × 4 m² 6,000円
　　加　　工　　費
　　　変　動　費　　　800円/時 × 2時間 1,600円
　　　固　定　費　　　1,200円/時 × 2時間 .... 2,400　　4,000
　　　　1個当たり正味標準製造原価 10,000円
　　正　常　仕　損　費　（10,000円 － 1,000円）× 0.02 180
　　　　1個当たり総標準製造原価 10,180円

2. 仕 掛 品 勘 定

仕　掛　品

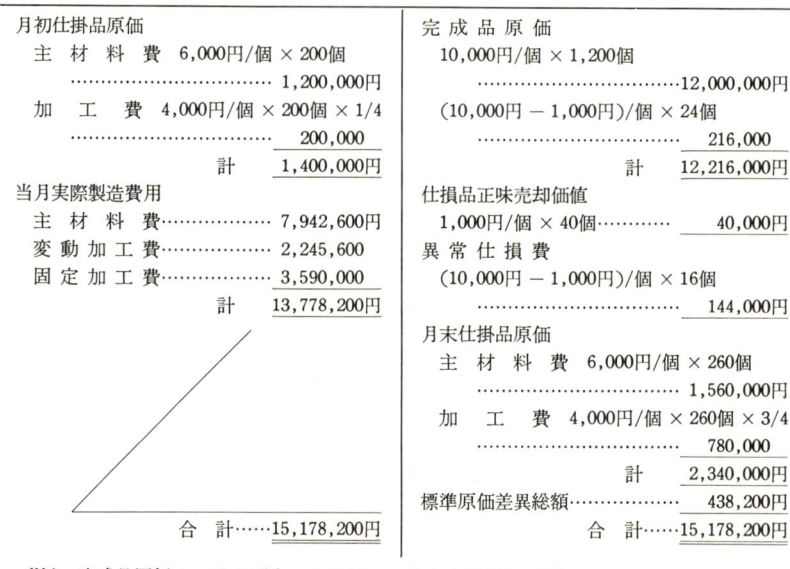

月初仕掛品原価		完成品原価	
主 材 料 費　6,000円/個 × 200個		10,000円/個 × 1,200個	
………………………	1,200,000円	………………………	12,000,000円
加　工　費　4,000円/個 × 200個 × 1/4		(10,000円 − 1,000円)/個 × 24個	
………………………	200,000	………………………	216,000
計	1,400,000円	計	12,216,000円
当月実際製造費用		仕損品正味売却価値	
主 材 料 費………………	7,942,600円	1,000円/個 × 40個…………	40,000円
変 動 加 工 費………………	2,245,600	異 常 仕 損 費	
固 定 加 工 費………………	3,590,000	(10,000円 − 1,000円)/個 × 16個	
計	13,778,200円	………………………	144,000円
		月末仕掛品原価	
		主 材 料 費　6,000円/個 × 260個	
		………………………	1,560,000円
		加　工　費　4,000円/個 × 260個 × 3/4	
		………………………	780,000
		計	2,340,000円
		標準原価差異総額………………	438,200円
合　計……	15,178,200円	合　計……	15,178,200円

（注）　完成品原価は，10,180円 × 1,200個 = 12,216,000円と計算してもよい。

6. 配合差異と歩留差異の計算例

　これまでわれわれの考察してきた標準原価差異分析の方法は，ごく一般的な差異分析の方法であった。しかしながら紡績，ゴム，化学薬品などの業界では，配合差異と歩留差異の計算が必要となる。

　まず原料配合差異(material mix or blend variance) から説明しよう。特定の製品を製造するために，幾種類かの原料を配合する必要があるとき，各種原料の標準配合割合は，技術的テストによって定められる。この標準配合割合が安定している業種では問題はないが，なんらかの原因によって原料間に代替関係が生じ，実際の原料配合割合と標準配合割合とが異なる業種が存在する。また同じ原料でも購入する時期や産地によって原料の品質に差がみられるとき，それらの実際配合割合と標準配合割合とが異なることがある。たとえば綿織物業界では，世界各地で産出される綿を，どのような割合で混ぜるかによって，製

品の質が異なり，したがって原価や利益も変わってくる。そこで原価管理のためにも，また利益管理のためにも，

(イ) 標準購入単価，実際歩留および標準配合にもとづいて計算した標準原料費と，

(ロ) 標準購入単価，実際歩留および実際配合にもとづいて計算した標準原料費，

との差から原料配合差異を計算するのである。

これにたいして原料の歩留は，次の式から算出される。

$$原料歩留（\%）= \frac{製品産出量}{原料投入量} \times 100$$

原料歩留についても，技術的テストによって標準歩留が定められているが，なんらかの原因から，

(イ) 標準購入単価，標準配合および標準歩留にもとづいて計算した標準原料費と，

(ロ) 標準購入単価，標準配合および実際歩留にもとづいて計算した標準原料費，

との間に差が生ずる。これを原料歩留差異 (material yield variance) という。したがって直接労務費や製造間接費にも歩留差異が生ずる。これらの差異の発生原因を調査し，原因別に適切な措置をとる必要がある。

［例題 7—8］

Matz 製造株式会社では，製品 Trean を製造しており，標準原価計算制度を採用している。

(1) 原 価 標 準

(イ) 原 料 費

製品 Trean は，原料 X, Y, Z から作られるが，この製品 9 kg を製造するに必要な各種原料の標準配合は次のとおりである。

原　料　X	6 kg	@70円	420円
原　料　Y	3	@60	180
原　料　Z	1	@30	30
投入原料計	10 kg		630円
	↓		↓
製品 Trean	9 kg		630円

したがって投入原料 1 kg 当たりの標準原料費は 63円/kg（= 630円 ÷ 10 kg）であり，製品 1 kg 当たりの標準原料費は 70円/kg（= 630円 ÷ 9 kg）である。

(ロ) 直接労務費

上記 10 kg の原料を 9 kg の製品に加工するためには，

@270円/時 × 2 時間 = 540円

の直接労務費を必要とする。したがって製品 1 kg 当たりの標準直接労務費は 60円/kg（= 540円 ÷ 9 kg）である。

(ハ) 製造間接費

月間の正常製造間接費………900,000円

月間の正常直接作業時間………5,000時間

標準配賦率（直接作業時間基準）　固　定　費　率……100円/時

変　動　費　率…… 80円/時

(計)標準配賦率……180円/時

したがって製品 1 kg 当たりの標準製造間接費は 40円/kg（= 180円/時 × 2 時間 ÷ 9 kg）である。

(ニ) 製品 1 kg 当たりの原価標準

標 準 原 料 費………… 70円/kg

標準直接労務費………… 60

標準製造間接費………… 40

標準製造原価計　　170円/kg

(2) 当月における原料記録

	(イ)期首在庫量	(ロ)当月購入量	(ハ)=(イ)+(ロ)合　計	(ニ)期末在庫量	(ホ)=(ハ)-(ニ)当月実際消費量	当月実際購入単価
X	400 kg	12,500 kg	12,900 kg	500 kg	12,400 kg	68円/kg
Y	200 kg	6,000 kg	6,200 kg	300 kg	5,900 kg	62円/kg
Z	300 kg	1,600 kg	1,900 kg	200 kg	1,700 kg	33円/kg
合　計	900 kg	20,100 kg	21,000 kg	1,000 kg	20,000 kg	

なお原料は標準購入単価で受け入れ記帳を行なう。

(3) 当月の実際直接作業時間および実際直接労務費

　　　実際直接作業時間………… 4,300時間

　　　実際直接労務費……… 1,204,000円

(4) 当月実際製造間接費……… 910,000円

(5) 当月製品実際生産量……… 17,505 kg

以上の資料により，標準原価計算を行なって，配合差異および歩留差異を計算し，標準原価計算関係勘定連絡図を作成せよ。

[解　答]

1. 原料費の差異分析

(1) 当月実際購入原料費

　　　X　　@68円/kg × 12,500 kg……　　850,000円

　　　Y　　@62円/kg ×　6,000 kg……　　372,000円

　　　Z　　@33円/kg ×　1,600 kg……　　 52,800円

　　　　　　　　　合　計　　1,274,800円

(2) （原料標準単価）×（当月実際購入量）の計算

　　　@70円/kg × 12,500 kg……　　875,000円

　　　@60円/kg ×　6,000 kg……　　360,000円

　　　@30円/kg ×　1,600 kg……　　 48,000円

　　　　　　　　合　計　　1,283,000円

(3) 購入原料価格差異

X　850,000円 − 875,000円……−25,000円 (Cr.)
Y　372,000円 − 360,000円……　12,000円 (Dr.)
Z　　52,800円 −　48,000円……　 4,800円 (Dr.)
　　　　合　計　　　　　− 8,200円 (Cr.)

もちろん次のように計算してもよい。

	(イ)実際購入量	(ロ)実際購入単価	(ハ)標準購入単価	(ニ)=(ロ)−(ハ)単価の差異	(ホ)=(イ)×(ニ)購入原料価格差異
X	12,500 kg	68円	70円	−2	−25,000円 (Cr.)
Y	6,000 kg	62円	60円	2	12,000円 (Dr.)
Z	1,600 kg	33円	30円	3	4,800円 (Dr.)
				合　計	− 8,200円 (Cr.)

なお，購入原料価格差異は消費原料価格差異と期末在庫原料価格差異とに分けるべきであるが，そのための条件が問題に示されていないので，購入原料価格差異の計算にとどめておく。

(4)　原料配合差異

原料 X について考えてみると，当月は 12,400 kg の原料を実際に消費した。しかしながら標準配合によると，原料 X は投入原料全体の 60% を占めるべきである。したがって，当月の原料消費量合計 20,000 kg × 60% = 12,000 kg を消費すれば，標準配合どおりに消費したことになる。そこで実際には 400 kg だけ（= 12,400 kg − 12,000 kg）標準配合より余計に消費したことになる。これを標準単価 70円/kg で評価した額が，原料 X の配合差異（不利な差異，すなわち借方差異）である。この計算は，12,400 kg も，また 12,000 kg も，ともに実際原料消費量であるため，実際歩留にもとづく計算である。原料 Y および Z についても同様に計算すればよい。

X　{12,400 kg − (20,000 kg × 0.6)} × 70円/kg……　28,000円 (Dr.)
Y　{ 5,900 kg − (20,000 kg × 0.3)} × 60円/kg……−　6,000円 (Cr.)
Z　{ 1,700 kg − (20,000 kg × 0.1)} × 30円/kg……−　9,000円 (Cr.)
　　　　　　　　　　　　　　　　合　計　　　　13,000円 (Dr.)

なお，勘定連絡図を作成する必要上，上記配合差異の計算において，{ } を

はずした計算をしておくと，次のようになる。

X	12,400 kg × 70円…… 868,000円	20,000 kg × 0.6 × 70円…… 840,000円
Y	5,900 kg × 60円…… 354,000円	20,000 kg × 0.3 × 60円…… 360,000円
Z	1,700 kg × 30円…… 51,000円	20,000 kg × 0.1 × 30円…… 60,000円
	合　計 1,273,000円	合　計 1,260,000円

もちろん上記の計算において，たとえば原料 X については，(868,000円 − 840,000円) により配合差異 28,000円が計算されるわけである。

(5) 原料歩留差異

当月の実際完成品量は 17,505 kg である。この生産に必要なはずの原料標準総消費量を標準歩留で計算すれば，次のとおりである。

17,505 kg ÷ 0.9 = 19,450 kg

そこで原料は全体として 19,450 kg 必要であったわけであるが，これを標準配合にもとづき原料別に計算すれば次のようになる。

X　19,450 kg × 0.6…… 11,670 kg
Y　19,450 kg × 0.3…… 5,835 kg
Z　19,450 kg × 0.1…… 1,945 kg
　　　合　計　　19,450 kg

さて，原料 X を例にとって考えてみると，当月の原料実際総消費量は 20,000 kg であり，標準配合によれば原料 X は，20,000 kg × 0.6，すなわち 12,000 kg 消費したはずである。この 12,000 kg は，原料の実際総消費量にもとづいて計算しているので，実際歩留 (actual yield) にもとづく数値であり，しかも，20,000 kg × 0.6 によって計算しているので，標準配合にもとづく数値である。

これにたいし前述の計算において，19,450 kg × 0.6 によって計算した 11,670 kg は，製品の実際生産量から逆算して，標準歩留ならば，必要であった原料総消費量 19,450 kg をまず計算し，次いで標準配合にもとづき，19,450 kg × 0.6 によって計算した数値である。

つまり，

実際歩留，標準配合……20,000 kg × 0.6

標準歩留，標準配合……17,505 kg ÷ 0.9 × 0.6

である。したがって両者の差に原料 X の標準原料購入単価を乗ずれば，原料 X の歩留差異が計算される。原料 Y および Z についても同様に計算すればよい。ここで注意すべきは，原料歩留差異は，原料の標準単価，標準配合を前提としたうえで，実際歩留と標準歩留との差から計算されるという点である。すなわち，

X {(20,000 kg × 0.6) − 11,670 kg} × 70円……23,100円 (Dr.)
Y {(20,000 kg × 0.3) − 5,835 kg} × 60円…… 9,900円 (Dr.)
Z {(20,000 kg × 0.1) − 1,945 kg} × 30円…… 1,650円 (Dr.)
　　　　　　　　　　　　　　　　合　計　　34,650円 (Dr.)

となる。この場合はいずれの原料も，実際歩留による消費量のほうが標準歩留による消費量よりも多いので，不利な差異，すなわち借方差異となっている。

なお勘定連絡図を作成する必要上，上記の計算において{ }をはずした第2項の合計額を計算すれば次のとおりである。

11,670 kg × 70円……　816,900円
 5,835 kg × 60円……　350,100円
 1,945 kg × 30円……　 58,350円
　　合　計　　1,225,350円

この数値は，原料の標準投入量というインプットのサイドから計算したものであるが，製品の産出量というアウトプットのサイドから，

実際生産量 17,505 kg × 70円/kg（製品1kgに要する標準原料費）
　　= 1,225,350円

として計算した数値に等しいことはいうまでもない。

(6) 原料費関係勘定連絡図

そこで原料関係の計算はすべて終了したので，その勘定連絡図を作成すれば，図7—21のようになる。

図 7—21

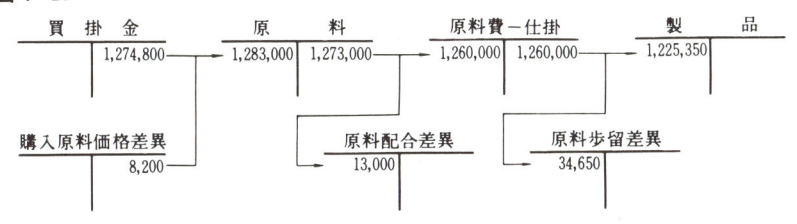

```
   買  掛  金           原      料           原料費―仕掛              製    品
        1,274,800 → 1,283,000 │ 1,273,000 → 1,260,000 │ 1,260,000 → 1,225,350

   購入原料価格差異              原料配合差異              原料歩留差異
             8,200                  13,000                  34,650
```

この勘定連絡図から明らかなように，原料を受け入れるさいは標準購入単価を使用することによって，**購入原料価格差異**を計算し，次いで原料費―仕掛勘定に受け入れるさいは，標準購入単価，標準配合，実際歩留を使用することによって原料配合差異を計算し，最後に製品勘定に受け入れるさいは，標準購入単価，標準配合，標準歩留を使用することによって原料歩留差異を計算するのである。

2. 直接労務費の差異分析

(1) 労働賃率差異

$$
\begin{array}{ll}
\text{実際直接労務費} & 1,204,000\text{円} \\
\text{標準賃率 } 270\text{円/時} \times \text{実際直接作業時間 } 4,300\text{時間} & 1,161,000\text{円} \\
\text{差 引} & \underline{\quad 43,000\text{円}}\ (\text{Dr.})
\end{array}
$$

(2) 労働能率差異

労働能率差異は，実際直接作業時間と標準直接作業時間との差から不能率時間を計算し，これに標準賃率を乗じて計算する。ただこの場合標準直接作業時間は，通常の方法によれば，

$$完成品\ 17,505\,\text{kg} \times \frac{2\text{時間}}{9\,\text{kg}} = 3,890\text{時間}$$

と計算されるわけであるが，20,000 kg の原料を実際に消費したので，これから標準歩留によって完成されるはずの製品に要すべき標準時間とする。すなわち，

$$20,000\,\text{kg} \times \frac{9\,\text{kg}}{10\,\text{kg}} \times \frac{2\text{時間}}{9\,\text{kg}} = 4,000\text{時間}$$

とするのである。したがって労働能率差異は,

$$270円/時 \times (4{,}300時間 - 4{,}000時間) = 81{,}000円 \text{ (Dr.)}$$

となる。

(3) 労働歩留差異

これは前述の4,000時間と3,890時間との差から生ずる差異である。

$$270円/時 \times (4{,}000時間 - 3{,}890時間) = 29{,}700円 \text{ (Dr.)}$$

同じことであるが、次のように計算してもよい。完成品 1 kg 当たりの標準直接労務費は 60 円であるから,

$$60円/kg \times 20{,}000\,kg \times \frac{9}{10} \cdots\cdots 1{,}080{,}000円$$

$$60円/kg \times 17{,}505\,kg \cdots\cdots\cdots\cdots\cdots \underline{1{,}050{,}300円}$$

$$\text{差 引} \quad \underline{29{,}700円} \text{ (Dr.)}$$

となる。

かくして、通常の方法による労働能率差異は,

$$270円/時 \times (4{,}300時間 - 3{,}890時間) = 110{,}700円 \text{ (Dr.)}$$

であり、これは、労働能率差異 81,000 円 (Dr.) と労働歩留差異 29,700 円 (Dr.) との合計額に等しい。

(4) 直接労務費関係勘定連絡図

図 7—22

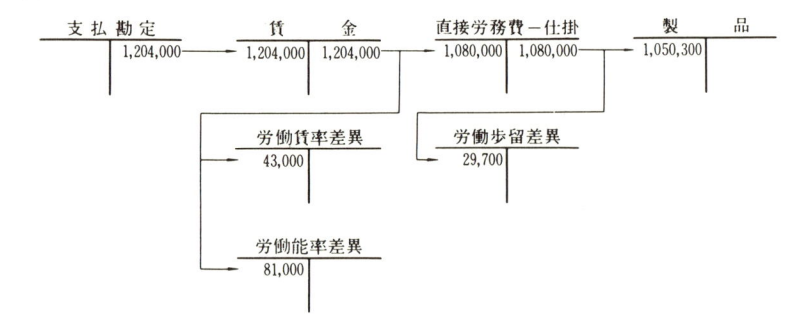

```
支 払 勘 定      賃     金       直接労務費―仕掛        製    品
   1,204,000 ──→ 1,204,000  1,204,000 ──→ 1,080,000  1,080,000 ──→ 1,050,300
                         │                       │
                         │  労働賃率差異         │  労働歩留差異
                         └──→ 43,000            └──→ 29,700
                         │
                         │  労働能率差異
                         └──→ 81,000
```

3. 製造間接費の差異分析

(1) 消費差異

実際製造間接費	910,000円
実際直接作業時間にたいする 製造間接費変動予算許容額	
変動費　80円/時 × 4,300時間 … 344,000円	
固定費　100円/時 × 5,000時間 … 500,000円	844,000円
差　引	66,000円（Dr.）

(2) 不働能力差異

100円/時 ×（5,000時間 − 4,300時間）＝ 70,000円（Dr.）

(3) 製造間接費能率差異

これは，変動予算と3分法による能率差異を例にとって計算してみよう。

180円/時 ×（4,300時間 − 4,000時間）＝ 54,000円（Dr.）

(4) 製造間接費歩留差異

180円/時 ×（4,000時間 − 3,890時間）＝ 19,800円（Dr.）

あるいは，製品1kg当たりの標準製造間接費は40円であるから，

$$40円/kg \times 20{,}000\,kg \times \frac{9}{10} \cdots\cdots\cdots\cdots 720{,}000円$$

$$40円/kg \times 20{,}000\,kg \times \frac{17{,}505\,kg}{20{,}000\,kg} \cdots\cdots 700{,}200円$$

差　引　　19,800円（Dr.）

とも計算することができる。また通常の能率差異は，

180円/時 ×（4,300時間 − 3,890時間）＝ 73,800円（Dr.）

であり，これは能率差異 54,000円（Dr.）と歩留差異 19,800円（Dr.）の合計である。

(5) 製造間接費関係勘定連絡図

図 7—23

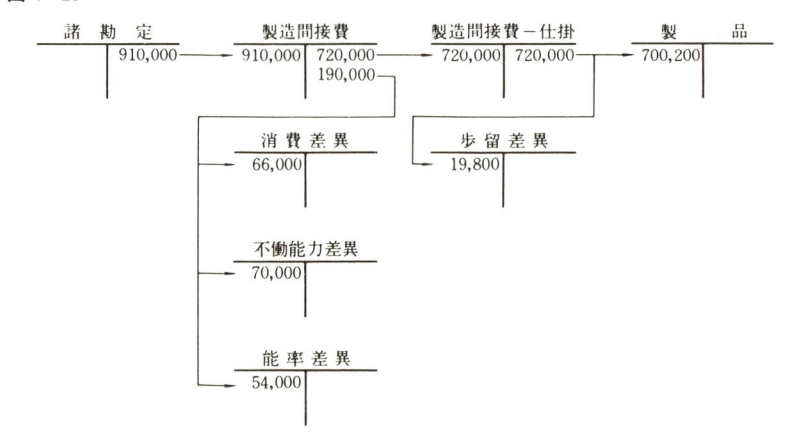

```
諸  勘  定        製造間接費        製造間接費ー仕掛        製  品
   910,000  ─→  910,000  720,000  ─→  720,000  720,000  ─→  700,200
                          190,000

                          消 費 差 異        歩 留 差 異
                          66,000             19,800

                          不働能力差異
                          70,000

                          能 率 差 異
                          54,000
```

第 4 節 標準原価差額の原因分析

1. 標準原価差額の会計的分析と技術的分析

　パーシャル・プランでは，標準原価差額を，材料の価格差異と数量差異，労働賃率差異と時間差異などに分析した。ここで注意を要するのは，この種の分析は会計的分析であって，会計的分析の役割は，経営管理者の注意を喚起することにあり，差額の発生した原因を調査する出発点をさし示すことにある，ということである。したがって，たとえば標準直接材料費の差額を，価格差異と数量差異に分析しただけで満足してはならない。差額の発生原因をつきとめるには，職長や技師などの助力をえて，技術的分析をしなければならないのである。

2. 特別調査と経常的調査

　標準原価差額の発生原因を調査する方法として，特別調査と経常的調査の2方法がある。すでに前節で述べたように，パーシャル・プランではたとえば材料の総差異を原価計算期末に把握し，これを価格差異と数量差異とに分け，もし価格差異が異常に大きければ，その原因を明らかにするために，特別調査を

開始するのである。パーシャル・プランがこのような方法をとるのは，計算・記帳事務を簡略化するためであることは，すでに述べた。したがってこの場合は，発生原因を知るためには標準原価計算の資料以外の資料を必要とするのである。これにたいしシングル・プランでは，価格差異はどのように把握されるかというと，表7—6に示すように，個々の材料仕入ごとに，標準価格と実際価格とを突き合わせ，価格差異が生じた原因を，材料の購買担当者が報告する仕組になっているのである。

したがってこの場合は，標準原価計算の資料から，差額の発生原因が常に明らかにされており，個々の仕入ごとに発生した価格差異を積み上げて，材料受入価格差異（購入材料価格差異）の総額が計算されるのである。

表 7—6

平成＿＿年＿＿月＿＿日　　材料受入価格差異報告書　　　　　責任者＿＿＿＿

送り状日付	注文書番号	支払証憑番号	仕入先	材料コード	購入量	実際原価 単価	実際原価 金額	標準原価 単価	標準原価 金額	差異 単価	差異 金額	差異率（差異／標準）	差異発生原因
4月1日	180	520	甲商店	205	個 1,000	円 501	円 501,000	円 500	円 500,000	円 1	1,000	0.2%	市価の変動
3	181	530	乙商店	208	100	300	30,000	250	25,000	50	5,000	20%	緊急の割込注文を受けたため，材料の緊急仕入を行なった。
5	185	535	甲商店	200	40	1,000	40,000	800	32,000	200	8,000	25%	市価の変動，標準の改訂が必要である。

（以下省略）

材料数量差異，労働時間差異，その他についても同様であって，パーシャル・プランでは原価計算期末に，まず差異総額を知って，必要があれば差異の生じた原因調査にとりかかるが，シングル・プランでは，差異の生じたそのときどきに，発生原因を明らかにしつつ，差異総額を積み上げて計算するのである（ただし製造間接費の予算差異と操業度差異は月末に分析せざるをえない）。

この点はきわめて重要なので，いま1つ例をあげて説明しておこう。たとえば労働時間差異についてはシングル・プランでは作業時間報告書上に，(イ)標準作業時間，(ロ)実際作業時間，(ハ)差異および，(ニ)差異の発生原因を，いちいち記

録するのが通常行なわれている方法であって，この作業時間報告書にもとづき，表7—7のような労働時間差異分析日報が，毎日作成され，現場の係長，職長，課長へ提出され，原価管理の資料となる。

表 7—7　　　　　　　　労働時間差異分析日報

平成＿＿年＿＿月＿＿日　　部門 No.＿＿＿　　＿＿番方　　　　作成者＿＿＿＿＿＿

責任者＿＿＿＿＿＿

作業番号	製品出来高	標準時間	実際時間	差異	標準賃率	労働時間差異 借方差異	労働時間差異 貸方差異	差異発生原因
1	100	300	310	10	200	2,000		工具甲が不熟練工であるための不能率による。
2	100	300	302	2	200	400		機械♯12953が不調のため調整。
3	100	300	280	(20)	200		4,000	作業方法が変更さる。標準の改訂を要す。

(以下省略)

この日報にもとづいて月報が原因別に作成され，部長，工場長，社長に提出されるのである。この場合，差異の発生原因は，さらに現場管理者にとって管理可能か不能かに分類される。

3. 標準原価差額発生原因

標準原価差額の発生原因を調査してみれば，それにはさまざまの原因があげられよう。したがってここでは，次の例示をあげるにとどめたい。

(1) 材料価格差異

　(イ) 管理不能な原因

　　i) 市価の変動

　　ii) 緊急の割込注文を受け，材料の緊急手配を行なった。

　　iii) 企業外部の事情により，標準(経済的)購買量に達しない少量の仕入を行なった。

　(ロ) 管理可能な原因

　　i) 購買先決定が不適当であった。

　　ii) 注文書の発送が遅れたため，材料の緊急仕入を行なった。

　　iii) 仕入送状の承認が遅れたため，仕入現金割引が受けられなくなっ

た。
(2) 材料数量差異
　　(イ) 管理不能な原因
　　　　i) 製品の仕様，生産方法などが変更され，標準の改訂が遅れている。
　　　　ii) 製品品質検査がきびしすぎる。
　　(ロ) 管理可能な原因
　　　　i) 工員の失敗で仕損がでた。
　　　　ii) 機械工具の整備状態が不良であった。
　　　　iii) 使用すべき材料規格以外の材料を間違えて使用した。
(3) 労働賃率差異
　　(イ) 管理不能な原因
　　　　i) 賃率を変更したが，標準が未改訂である。
　　　　ii) 企業外部の事情により，特定の作業に不相応の高い賃率の工員を使用せざるをえなかった。
　　(ロ) 管理可能な原因
　　　　i) 人員配置計画の不手際から，特定の作業に不相応の高い賃率の工員を使用した。
　　　　ii) 機械当たり標準人員以上の工員が配置されている。
(4) 労働時間差異
　　(イ) 管理不能な原因
　　　　i) 作業方法を変更したが，標準が未改訂である。
　　　　ii) 時間標準がきびしすぎる。
　　(ロ) 管理可能な原因
　　　　i) 監督の怠慢。
　　　　ii) 工員の怠慢，努力不足。
　　　　iii) 工員が作業方法を間違えた。
(5) 操業度差異
　　(イ) 管理不能な原因

i) 需要減退にもとづく受注不足。
　　　ii) 企業外部の事情による材料不足，労働力の不足，電力不足。
　　(ロ) 管理可能な原因
　　　i) 保繕が悪いために生じた機械の故障。
　　　ii) 現場監督者の管理が不良であった。
　　　iii) 生産計画編成上の失敗から，不働時間が生じた。
(6) 予算差異
　　(イ) 管理不能な原因
　　　消耗品費，間接労務費などにおける単価や賃率が，企業外部の事情によって変動した。
　　(ロ) 管理可能な原因
　　　i) 補助材料，消耗品，電力などの浪費および節約。
　　　ii) 設備の取扱や保全不良のため，故障が多く，修繕費が予算を超過した。
(7) 能率差異
　　この発生原因は，労働時間差異と同じである。このことは，能率差異の算出方法を考えてみれば，明らかである。

4. 統計的品質管理と結合した標準原価差額分析

(1) 正常な差異と異常な差異

　これまでの説明では，標準原価計算においては標準と実績とを比較し，標準原価差額が生ずれば，その原因を分析するものとしてきた。しかしながら，標準原価差額が生ずれば，いつでもその発生原因を分析するかといえば，そうではない。実際問題として，標準と実績とが，ピタリと一致するほうがまれであり，むしろ差額の生ずるほうが通常である。そうとすれば，少額の差額ならば無視してもよく，多額の差額ならば調査をしなければならないことになる。したがって問題は，どの程度の差額を少額と判断すべきかということであり，こ

の点は，従来現場管理者の経験や判断にまったくゆだねられてきた。(注12)

ところで，この問題は原価計算の領域においてよりも，むしろ品質管理の領域において研究されてきた。つまり一定の製造条件のもとで一定の製品を製造すると，製品の品質には，常にある程度のバラツキが生ずる。このバラツキには，特定の原因 (assignable cause) から生ずる多額の異常な差異も含まれるが，それとは別に，まったくの偶然 (random cause) から，常に少額ずつ発生する正常な偶然的差異 (chance variance) も含まれる。品質管理の領域では，早くからこの事実を知り，統計的管理図表 (statistical control chart) を作成して，それにより無視してもよい正常な差異と調査を要する異常な差異とを区別してきたのである。

そこで次に，統計的管理図表を理解するための必要最小限の統計学的知識を解説しておこう。

(2) ベル型をなす偶然的差異

いま仮に，ある工場において特定の部品1個を製造するために要した実際直接作業時間につき，50回観測したところ，次のような結果がえられたとする。

部品製造に要した時間（変量 X）	その発生回数（度数 f）
14.0分	1回
13.5	2
13.0	6
12.5	10
12.0	12
11.5	11
11.0	5
10.5	2
10.0	1
合　計	50回

(注12) NAA の調査報告書によると，ある会社においては部門別直接作業時間の標準と実績の差額を原因別に記入し報告するさいに，差額が 10% 以内であれば，発生原因はなし (No reason) としていた。つまりこの会社の経営者は，標準時間の 10% 以内の差額は，発生原因を追求しても求められないことを経験的に知っていたのであろう。

N.A.A. Research Report No. 22 (The Analysis of Manufacturing Cost Variances, August, 1952), p. 12, Exhibit 1.

上記の観測結果にもとづき度数分布図表を作成すれば，図 7—24 のようになる。この表は，発生回数が 5 回であれば，卌 というように，発生回数を長さで示している。

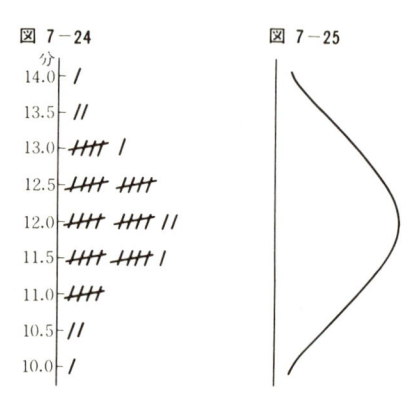

図 7—24

分	
14.0	/
13.5	//
13.0	卌 /
12.5	卌 卌
12.0	卌 卌 //
11.5	卌 卌 /
11.0	卌
10.5	//
10.0	/

図 7—25

このように同じ作業を反復して行なうと，通常は 12 分でできる仕事であるが，まれには 14 分もかかることがあれば，10 分しかかからずにできることもあるというように，実際の結果にはバラツキが見られる。もしこのバラツキがまったくの偶然的差異のみからなるとすれば，この度数分布図表はどのようなかたちになるであろうか。観測回数をふやしていけば，その結果はある一定の中心的代表値（たとえば 12 分）に集中していくのが通常である。したがって度数分布図表のかたちは，図 7—25 のようなきれいなベル型，つまり左右対称の山型になるはずである。このような分布を正規分布 (normal distribution) という。

（3）標準偏差

一口に左右対称な曲線といっても，そのかたちには図 7—26 の示すように，それらのバラツキが曲線の中心的代表値（算術平均値）Ma にきわめて集中し，したがって曲線の山の勾配が急になっている a 曲線もあれば，逆にバラツキが中心的代表値から遠く離れ，したがって山の勾配がなだらかな b 曲線もある。この図において山の高さは，発生回数（度数）を意味する。したがって，a 曲線において，山の中心に近いほど高くなっているということは，各変量が平均 Ma に近いところで，多く発生していることを示す。

図 7—26

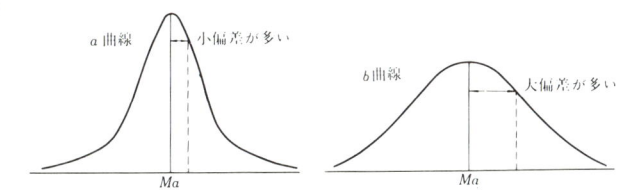

そこで各変量が代表値にどの程度集中しているかを，図表ではなく1つの数値で表現するのが，標準偏差（standard deviation）であり，これを通常 σ（シグマ）であらわし，その公式は，次のとおりである。

$$\sigma = \sqrt{\frac{\Sigma f(X-M)^2}{\Sigma f}}$$

ここで X は変量（実際作業時間の観測値），f は変量の度数（発生回数），M は変量 X の度数を考慮した平均値,つまり，$M = \Sigma fX \div \Sigma f$ である。上述の例で M を計算すれば，次のようになる。

X	f	fX
14.0	1	14.0
13.5	2	27.0
13.0	6	78.0
12.5	10	125.0
12.0	12	144.0
11.5	11	126.5
11.0	5	55.0
10.5	2	21.0
10.0	1	10.0
合 計	50(Σf)	600.5(ΣfX)

$$M = \frac{\Sigma fX}{\Sigma f} = \frac{600.5}{50} = 12.01$$

次に各変量 X と平均 M との差，すなわち $(X-M)$ を偏差（deviation）という。これは，各観測値が平均値からどれほど離れているかを示す。ところで平均 M の基本的性質の1つとして，「各変量 X と平均 M との差，つまり偏差の自乗の総和は，他の任意の値（これを G としよう。）を基準に測った場合よりも小さい。」という性質がある。これについては，第9章第3節6 (2) における最小自乗法の解説において詳しく説明する。

さてこの平均の性質は，各変量と度数からなる数値の集団の特徴を，図ではなくなんらかの1つの数値で表現するための基準として，非常に便利である。

もし偏差の自乗の総和を逆に大きくするのであれば，基準となる数値に平均Mを使わず，各変量から遠い数値を選べば選ぶほど，その総和を大きくすることができるので際限がないからである。

われわれの例では各変量に度数がついているので，偏差の自乗$(X-M)^2$に度数を乗じた値，すなわち，$f(X-M)^2$の総和を考えることにしよう。この総和$\Sigma f(X-M)^2$は，変量の項数が多くなると，それに応じて大きくなってしまって都合が悪いので，

$$\frac{\Sigma f(X-M)^2}{\Sigma f}$$

というように，度数の合計Σfで割っておくほうがよい。また$(X-M)^2$の計算によって，測定単位が自乗されているので，測定単位をもとに戻す必要上，その平方根$\sqrt{}$を求める。このようにして計算した値，

$$\sigma = \sqrt{\frac{\Sigma f(X-M)^2}{\Sigma f}}$$

が標準偏差である。われわれの計算例では，次のように計算される。

X	$X-M$	$(X-M)^2$	f	$f(X-M)^2$
14.0	1.99	3.9601	1	3.9601
13.5	1.49	2.2201	2	4.4402
13.0	0.99	0.9801	6	5.8806
12.5	0.49	0.2401	10	2.4010
12.0	-0.01	0.0001	12	0.0012
11.5	-0.51	0.2601	11	2.8611
11.0	-1.01	1.0201	5	5.1005
10.5	-1.51	2.2801	2	4.5602
10.0	-2.01	4.0401	1	4.0401
			$\Sigma f(X-M)^2 =$	33.2450

$$\sigma = \sqrt{\frac{33.2450}{50}} = \sqrt{0.6649} \fallingdotseq 0.8154140052 \text{ (分)}$$

（4） 統計的管理図表の原理

さて標準偏差は，平均Mからの距離を測る単位として利用できる。図 7—27 で示したように，Mを中心として左右に，$\pm\sigma$, $\pm 2\sigma$, $\pm 3\sigma$ という距離を考

える。統計学者の計算によると，±σ の範囲には全面積の 68.27% が含まれ，±2σ の範囲には全面積の 95.45% が含まれ，さらに ±3σ の範囲には全面積の 99.73% が含まれる，ということが知られている。われわれはこの結果を，品質管理や原価管理に利用することができる。つまり平均 M を管理標準とする。そしてこれを中心として，±3σ の幅をもつ帯を考え，その上限を管理標準の上限 (upper control limit) とし，その下限を管理標準の下限 (lower control limit) とすれば，まったくの偶然から生ずる正常な差異は，ほとんどその全部

図 7—27

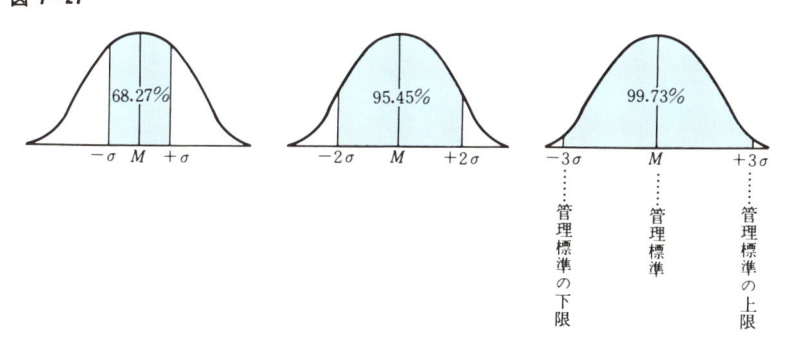

(99.73%) がこの幅のなかで発生するはずである。したがってこの幅をこえて実績が発生した場合，それはまさしく異常な差異であり，その発生原因を調査すべき差異である。このような考え方から作成される図表が，統計的管理図表である。

(5) 統計的管理図表の例

ある工場において特定の部品を組み立てるに要した時間を，午前と午後に 2 回ずつ計 1 日当たり 4 回，サンプル調査し，20 日間観測した結果，表 7—8 のようなデータがえられたとしよう。なお作業時間の単位は分である。

表 7—8

サンプル番号	部品組立に要した実際直接作業時間(X)				$\overline{X}$	R
	午　前		午　後			
1	12.50	11.50	11.00	12.50	11.875	1.50
2	10.50	12.50	11.50	12.00	11.625	2.00
3	12.00	11.50	12.00	13.00	12.125	1.50
4	12.50	10.00	11.50	12.00	11.500	2.50
5	11.50	12.50	12.50	12.00	12.125	1.00
6	13.50	12.00	11.50	11.00	12.000	2.50
7	11.50	10.50	12.00	12.00	11.500	1.50
8	12.00	12.50	13.50	11.50	12.375	2.00
9	14.00	11.50	12.50	13.00	12.750	2.50
10	12.50	11.00	12.00	12.00	11.875	1.50
11	12.50	12.00	13.00	12.50	12.500	1.00
12	12.00	12.50	12.00	12.00	12.125	0.50
13	13.00	13.50	11.50	11.00	12.250	2.50
14	12.00	11.50	12.50	12.00	12.000	1.00
15	11.00	12.00	11.50	12.00	11.625	1.00
16	12.00	13.00	12.50	12.00	12.375	1.00
17	12.50	11.50	12.00	13.00	12.250	1.50
18	11.50	12.50	10.00	11.50	11.375	2.50
19	10.50	11.50	11.50	12.00	11.375	1.50
20	11.50	10.50	12.50	12.00	11.625	2.00
				合　計	239.250	33.00

この表において，各サンプルごとに観測値の平均（$\overline{X}$，エックス・バーと読む）と変動幅 R（観測値の最大値と最小値との差）を計算する。たとえばサンプル番号1番では，

$$\overline{X} = \frac{12.50 + 11.50 + 11.00 + 12.50}{4} = 11.875$$

$$R = 12.50 - 11.00 = 1.50$$

と計算される。各サンプルごとに同様の計算を行なったのち，$\overline{X}$ の合計 (239.250) と R の合計 (33.00) を計算し，最後に $\overline{X}$ の平均 $\overline{\overline{X}}$ (grand arithmetic mean) と R の平均 $\overline{R}$ を次のように計算する。

$$\overline{\overline{X}} = 239.250 \div 20 = 11.9625$$

$$\overline{R} = 33.00 \div 20 = 1.65$$

さて，以上の資料にもとづき，3σ を計算するわけであるが，この計算は非常

に面倒である。しかしながら幸いなことに $\overline{X}$ と $\overline{R}$ と，各サンプルにおける観測回数がわかっているとき，3σ を簡単に計算できる係数表（表7-9）を利用する(注13)ことができる。

表 7-9

$\overline{X}$ 図表および R 図表のための 3σ 管理限界を $\overline{R}$ から計算する係数表

サブグループにおける観測回数 n	$\overline{X}$ 図表の係数 A_2	R 図表の係数	
		管理限界の下限 D_3	管理限界の上限 D_4
2	1.88	0	3.27
3	1.02	0	2.57
4	0.73	0	2.28
5	0.58	0	2.11
6	0.48	0	2.00
7	0.42	0.08	1.92
8	0.37	0.14	1.86
9	0.34	0.18	1.82
10	0.31	0.22	1.78
⋮	⋮	（省略） ⋮	⋮
20	0.18	0.41	1.59

この表によれば，われわれの例では1日4回の観測であるから，$n=4$ の行を右に見ていくと，$A_2=0.73$，$D_3=0$，$D_4=2.28$ であることがわかる。そこで，

[$\overline{X}$ の管理図表のための計算]

  管理標準 $\overline{\overline{X}} = 11.9625 \fallingdotseq 12.00$（分）

  管理標準の上限 $= \overline{\overline{X}} + A_2\overline{R} = 11.9625 + 0.73 \times 1.65$

        $= 13.1670 \fallingdotseq 13.20$（分）

  管理標準の下限 $= \overline{\overline{X}} - A_2\overline{R} = 11.9625 - 0.73 \times 1.65$

        $= 10.7580 \fallingdotseq 10.80$（分）

[R の管理図表のための計算]

  管理標準 $\overline{R} = 1.65$

  管理標準の上限 $= D_4\overline{R} = 2.28 \times 1.65 = 3.7620 \fallingdotseq 3.76$（分）

(注13) Grant, E., *Statistical Quality Control* (N. Y.: McGraw-Hill Book Company, Inc., 3rd ed., 1964), p. 563.

$$\text{管理標準の下限} = D_3 \overline{R} = 0 \times 1.65 = 0$$

と計算される。したがって，図 7−28 のように $\overline{X}$ の管理図表と図 7−29 のように R の管理図表を作成することができる。仮に実際の観測値が前述の観測値に一致したものとしてサンプル番号10まで記入してみよう。

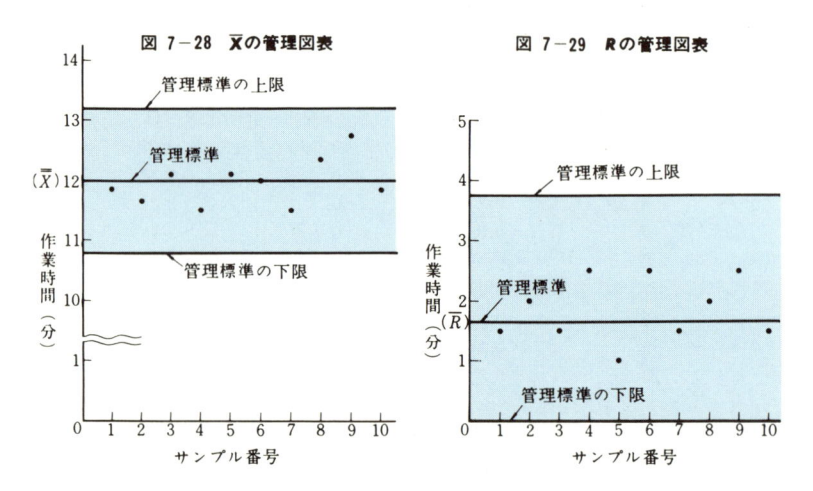

図 7−28　$\overline{X}$ の管理図表

図 7−29　R の管理図表

この管理図表でみるかぎり，各サンプルは，$\overline{X}$ も R もすべて管理標準の上限と下限の帯のなかで発生しており，したがって良好に管理されていることがわかる。この帯の幅をこえて発生する実績データが，調査の対象とされるわけである。

(6) 統計的管理図表と標準原価との結合

統計的品質管理におけるこのような技法は，管理不能な偶然的原因にもとづく差異の発生する確率を考慮することによって，差異が生じたさいに調査すべきか否かの意思決定にとっての科学的基礎を提供する。標準原価計算の領域に，この手法を採り入れるならば，当然のことながら達成不可能な理想標準原価と統計的管理図表とは両立しえない[注14]。なぜならば，ここで使用される標準は「統計的平均」の概念であるから，普通の工具が努力すれば達成可能なレベ

(注 14) Horngren, C. T., *Cost Accounting, A Managerial Emphasis* (N. J.: Prentice-Hall, Inc., 2nd ed., 1962), p. 812.

ルの標準でなければならないからである。したがって統計的管理図表は，現実的標準原価と結合させて使用することができる。またある標準が使用されているさいに，統計的管理図表を適用すれば，標準自体が非現実的な理想標準であるかどうかが判明するだろう。つまり作業者がいかに努力しても，実績が常に標準の幅をこえて発生することになるからである。このように考えてくると，われわれは会計以外の関連領域，とりわけ統計学の領域における発展にも，たえず注目していなければならない。(注15)

第 5 節　標準原価差額の会計処理

標準原価差額は，会計年度末に外部報告目的との関連において，これを実際原価に調整すべきか否かが問題になる。

1. 標準原価主義者の主張

基準標準原価計算における原価差額を実際原価に調整すべきことは一般に認められている。しかし当座標準原価計算における原価差額の会計処理については，いまだ見解の一致がみられない。標準原価計算の支持者は，標準が科学的に設定されているかぎり，標準を超過する実際（正しくは管理可能差異）は，避けられる無駄であり損失であるから，製品原価性がなく，当該期間の収益から回収されるべきであって，製品を通じて回収されるべきではない，と主張する。この場合，価格差異などの管理不能差異については，大多数の論者は製品原価性を認め，この差異は実際原価に修正すべきであるとするのである。なお，操業度差異については，いかなる基準操業度にもとづいて標準配賦率を算定しているかにより，その処理方法が異なる。実際的生産能力基準で算定された操業度差異は不働費であって損失であるから，これは非原価として営業外または期間外損失に計上すべきである。平均操業度基準で算定された操業度差異

(注15) 原価計算に統計的手法を採り入れる試みについては，Bierman, H. Jr. and Dyckman, T. R., *Managerial Cost Accounting* (N. Y.: The Macmillan Co., 1971), Chapter 2 and 3 などを参照されたい。

は，平均操業度からの隔たりを示し，平均算定の基礎となった期間内で相殺されるべく，次年度へ繰り越すのが理論的である。期待実際操業基準では，予定に誤りのないかぎり，操業度差異が多額に発生するはずがない。もし多額に発生すれば，予定を間違えたのであるから，実際に修正すべきである。

2. 原価計算基準における原価差異の会計処理

大蔵省企業会計審議会の中間報告である原価計算基準では，次の方法によって原価差異を処理するとしている（「基準」第5章47(2)）。

(1) 「数量差異，作業時間差異，能率差異等であって異常な状態に基づくと認められるものは，これを非原価項目として処理する。」

この規定は，原価の正常性から当然の規定であって，発生した原価差額の原因を調査し，天災，ストライキなど異常な状態にもとづいて発生した差異であることが判明すれば，これは特別損失として処理するのである。

(2) 「前記1の場合を除き，原価差異はすべて実際原価計算制度における処理方法に準じて処理する。」

ここで実際原価計算制度における処理方法とは，「原価差異は，材料受入価格差異を除き，原則として当年度の売上原価に賦課する。」という処理方法である。材料受入価格差異は，シングル・プランの第3法で説明したように，当年度における材料の払出高と期末有高とに配分することはいうまでもない。

それでは，なぜ原価計算基準は，標準原価差異を原則として当年度の売上原価に賦課すると規定したのか。その理由は，次のように考えられる。

まず第1に，原価計算基準の考えている標準原価は，標準原価計算制度上の標準原価であって，現実的標準原価または正常（標準）原価なのである。それは理想標準原価ではないために，標準が正しく設定されているかぎり，正常な状態では多額の原価差異が生ずるはずがないと考えているのである。第2に，歴史的原価主義者と標準原価主義者との妥協の所産と解されることである。すなわち歴史的原価主義者の立場からすれば，期間損益計算のためには，実際原価こそ真実の原価であるから，標準原価差異は，期末仕掛品，期末製品および売

上原価に追加配賦されるべきである。しかし売上原価に追加配賦される額は，期末仕掛品および製品に追加配賦される額よりも，圧倒的に多いのが通常である。そこで標準原価差異総額が少額であれば，重要性の原則により，売上原価のみに賦課することを認めるのである。これにたいし標準原価主義者の立場からすれば，標準が正しく設定されているかぎり，標準原価差異のなかに含まれる管理可能差異は無駄であり損失であるから，製品原価性をもたない。そこで管理可能差異は，営業外費用に計上すべしとする主張があるが，「基準」はこの立場を採らない。むしろ実際原価計算と標準原価計算とを比較してみると，標準原価計算のメリットは，その期の生産損益と販売損益とを分離して示す点にある。標準原価計算によって明らかにされた生産の不能率から生じた損失を，もし期末在庫品に追加配賦すると，当期の生産の不能率を次期以降に繰り延べてしまい，当期の業績と次期以降の業績とを混合してしまう。したがってその期の生産業績を明らかにするため，管理可能差異は，その期の収益にチャージしなければならない。

このチャージの仕方には，売上原価にチャージするか，売上総利益にチャージするという2つの方法があり，標準原価主義者としては，どちらの方法でもよいわけである。しかし売上原価にチャージする方法は，上述したように歴史的原価主義の立場からも容認できるので，標準原価主義者もこの方法を支持するにいたったと考えられる。

このような理由から，標準原価差異を売上原価に賦課し，**損益計算書**を作成すれば，たとえば次のようになろう。

```
売　上　高                              ×××
売　上　原　価
　期首製品標準棚卸高        ×××
　当期製品標準製造原価      ×××
　　合　　計               ×××
　期末製品標準棚卸高        ×××
　標準売上原価             ×××
　原　価　差　額           ×××         ×××
売　上　総　利　益                       ×××
販売費および一般管理費                   ×××
営　業　利　益                           ×××
```

しかし標準の設定が不適当であって，多額の原価差異が生じたときは，当年度の売上原価，期末製品有高および期末仕掛品有高に原価差異を追加配賦しなければならない。この場合，どれほどの原価差異を多額と解するかが問題になる。法人税基本通達5—3—3 によれば，「原価差額が少額（総製造費用のおおむね一％相当額以内の金額）である場合において，法人がその計算を明らかにした明細書を確定申告書に添付したときは，原価差額の調整を行わないことができるものとする。……」とし，また同基本通達5—3—4 では，「原価差額が事業の種類ごと又は製品の種類の異なるごとの総製造費用のおおむね一％相当額を超える場合においても，法人が原価差額の調整単位を更に工場ごとに細分しているときは，各工場における当該調整単位ごとの原価差額のうちにそれぞれの総製造費用の一％相当額以内のものについては，五—三—三に準じて調整を行わないことができるものとする。」と規定されている。したがって，標準原価差額が少額か多額かの判定は，総製造費用のおおむね1％相当額以内の金額か否かによることになる。

第6節 標準の改訂

　標準原価計算において，標準そのものが誤っていたり，あるいは工場の実態をもはや反映しなくなっていては，差異分析が無意味になってしまう。したがってたえず原価標準が正しいか否かに注意をはらわなければならない。

　標準の改訂については，使用している標準原価が基準標準原価であるか，あるいは当座標準原価かによって，事情が異なる。しかし現在では一般に当座標準原価が使用されているので，その改訂について説明しよう。

　原価標準は定期的にこれを点検し，それが不適当であると判明したときに改訂すべきである。作業方法の変更など重大な変化が原価標準に生じたときは，会計期間の途中においても原価標準を改訂しなければならない。しかしながら多くの会社では，年度末の決算にさきだって原価標準の点検を行なっている。

　原価計算の見地からすれば，標準の改訂において，旧標準が正しかったか否か，また新標準を期中に採用するか期末に採用するかが問題であり，それによ

って会計上の処理方法が異なる。

1. 旧標準が正しかった場合
(1) 期中における新標準の採用

期中において新作業方法を採用したために、原価標準に重大な変化が生じた場合を例にとれば明らかなように、旧標準そのものは正しかったが、新たな事態に適合せず、新標準を期中において採用することがある。この場合会計上の処理方法には、次の方法がある。

(イ) 2組の仕掛品勘定を使用する方法

この方法は、すでに生産工程に仕込んだ製品分については旧標準を使用し、今後仕込む製品分については新標準を使用するために、新旧2組の仕掛品勘定を暫定的に使用し、旧標準使用の製品が完成したとき、旧仕掛品勘定を締め切り、それ以後は新標準による新仕掛品勘定のみを使用する、という方法である。[注16]

(ロ) 原価標準改訂差異勘定を使用する方法

この方法をギレスピーの例によって説明しよう。新作業方法を採用したために、製品1単位につき直接労務費を 0.20 ドルから 0.18 ドルに引き下げることに成功し、期中に標準を改訂した場合の会計処理方法は、図 7—30 のとおりである。

図 7—30

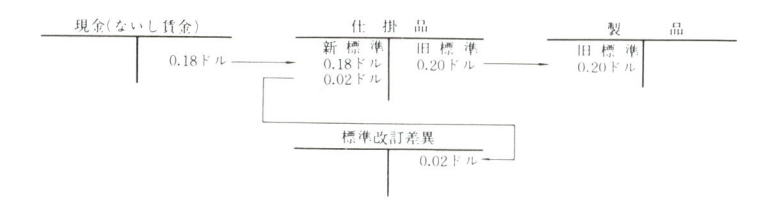

現金(ないし賃金)	仕 掛 品		製 品
	新標準	旧標準	旧標準
0.18ドル →	0.18ドル 0.02ドル	0.20ドル →	0.20ドル
	標準改訂差異		
	0.02ドル		

すなわち期末に仕掛品勘定から新旧標準の差異額が標準改訂差異勘定(change

(注16) Hay, L. E., "*Setting Standard Costs*" in Dickey, R. I. (ed.), *Accountants' Cost Handbook* (N.Y.: The Ronald Press Company, 1960), p. **15**・36.

of standards variance a/c) に振り替えられる。これは，新作業方法による原価低減を示す。
(注17)

(2) 期末における新標準の採用

会計期末に原価標準を点検し，旧標準の正しかったことが確認されたが，次期においては，予想される諸条件のためにこれを新標準に改訂しなければならない場合には，それまでに行なった計算や勘定記録をなんら修正する必要はなく，期末棚卸資産も旧標準にもとづいて関係諸勘定に計上すればよい。

しかしながら次期の計算に備えて，棚卸資産の内訳を示す補助元帳の記録を新標準に改訂する場合には，統制関係を保つために，その統制勘定も修正するのが通常である。

図 7—31

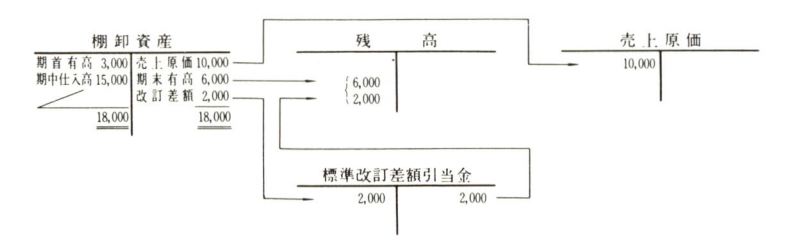

```
    棚 卸 資 産              残    高           売 上 原 価
期首有高  3,000 売上原価 10,000 ─────┐         10,000
期中仕入高 15,000 期末有高  6,000 ──┐ │
             改訂差額  2,000 ──┐│ │  6,000
                          ││ │  2,000
       18,000      18,000  ││ │
                          │└─┤
                          │  │
                   標準改訂差額引当金
                     2,000    2,000
```

この修正は，標準改訂差額引当金勘定を使用して行なう。いま期末棚卸資産有高が旧標準では 8,000 円，新標準によると 6,000 円であって，2,000 円引き下げられるものとすれば，図 7—31 のように処理する。

このような処理方法によれば，当期の売上原価は，旧標準による期末有高 8,000 円で計算された場合と同様に 10,000 円となり，他方，棚卸資産期末有高は，すでに新標準に改訂されている補助元帳の金額と一致することになる。この場合，残高勘定から作られる貸借対照表には，標準改訂差額引当金勘定を棚卸資産勘定にたいする付加勘定として扱うのである。次期になって，この棚卸資産がすべて販売されたときは，この 2,000 円を売上原価勘定に借記する。

(注 17) Gillespie, C., *Cost Accounting and Control* (N. J.: Prentice-Hall, Inc., 1959), pp. 486—487.

そうすることによってこの棚卸資産の売上原価は，正しい旧標準で計上されたことになる。(注18)

2. 旧標準が誤りであった場合

旧原価標準が誤りであったことが発見されるのは，多くの場合期末においてである。この場合は，期末仕掛品，期末製品の有高，売上原価がすべて旧標準で計上されているのみならず，標準原価差異もまた誤った旧原価標準で計算されていたことになる。したがってこれらをすべて新原価標準で計算し直すことが必要となる。

[練習問題 7—1] partial plan と single plan の方法と特質を，簡単に比較しなさい。

[練習問題 7—2] 標準原価計算制度を採用する場合，材料価格差異の計算には，(1)材料購入の時に計算する方法と (2)材料消費の時に計算する方法がある。両方法の長短を比較しなさい。
(公認会計士2次，昭32)

[練習問題 7—3] C製作所では，製品Dを量産し，パーシャル・プランの標準原価計算を採用している。直接労務費関係の資料は，次のとおりである。
(1) 製品D1個の標準直接労務費 = 標準賃率 800円/時 × 標準直接作業時間3時間 = 2,400円
(2) 当月の生産データ。（ ）内は，仕掛品の進捗度を示す。

月初仕掛品	300個(40%)	完成品量	5,100個
当月投入量	5,000	月末仕掛品	200 (10%)
投入量合計	5,300個	産出量合計	5,300個

(3) 当月実際直接労務費 = 実際賃率 830円/時 × 実際直接作業時間 15,070時間
   = 12,508,100円

上記の資料により，当月直接労務費の(1)総差異，(2)労働賃率差異，(3)労働時間差異を計算しなさい。

[練習問題 7—4] 製品Rを量産するC社は，パーシャル・プランの標準原価計算制度を採用している。下記の条件にもとづき，製造間接費の(1)総差異，(2)予算差異，(3)変動費能率差異，(4)固定費能率差異，(5)操業度差異を計算しなさい。
[計算条件]
1. 製品R1個当たりの標準直接作業時間は，5時間である。
2. 年間の正常直接作業時間は 60,000 時間であって，そのさいの製造間接費予算（年額）は，変動費 48,000,000円, 固定費 72,000,000円, 合計 120,000,000円であった。
3. 当月の生産データ　月初仕掛品量　なし
　　　　　　　　　　当月仕込量　840個

(注18) Dickey, *Ibid.*, p. 16・24.
番場嘉一郎「棚卸資産会計」国元書房，昭和38年, pp. 370—371.

　　　　　　当月完成品量　　800個
　　　　　　月末仕掛品量　　40個（加工進捗度 50%）
　4．当月の実際製造間接費発生額は，9,400,000円であった。
　5．当月の実際直接作業時間は4,300時間であった。

[練習問題 7—5] 下記の条件により，パーシャル・プランの標準製造間接費総差異を，変動予算と5分法（変動費予算差異，固定費予算差異，変動費能率差異，固定費能率差異，操業度差異に分析する方法）により分析しなさい。
　1．製品Gの製造間接費標準：標準直接作業時間 0.5時/個 × 標準配賦率 4,000円/時
　　　　　　　　　　　　　　　　　　　　＝ 2,000円/個
　2．製造間接費公式法月次変動予算：Y = 4,140万円 + 2,200円/時 × 直接作業時間
　　　　ただし，月間正常直接作業時間 = 23,000時間
　3．当月実績データ
　　(1) 生産データ（単位：個）

　　　　　　　　　　　　第1工程
　　　　月初仕掛品　　10,000(1/4)
　　　　当月投入　　　40,000
　　　　合　　計　　　50,000
　　　　月末仕掛品　　10,000(3/4)
　　　　差引：完成品　40,000

　　(2) 実際直接作業時間　22,580時間
　　(3) 変動製造間接費　　4,955.3万円
　　　　固定製造間接費　　4,183.2
　　　　合　　計　　　　　9,138.5万円

[練習問題 7—6] K工業の大阪工場では，製品Pを製造し，パーシャル・プランによる標準原価計算の導入を検討中であり，標準製造間接費関係の資料は，次のとおりである。
　(1) 製品Pの1kg当たりの標準製造間接費（以下，原価標準と言う）
　　　　変動製造間接費　100円/時間 × 2 直接作業時間 ……… 200円
　　　　固定製造間接費　150円/時間 × 2 直接作業時間 ……… 300円
　　　　合　　計　　　　　　　　　　　　　　　　　　……… 500円
　(2) 月間の正常直接作業時間 ……… 2,000時間（基準操業度）
　(3) 固定製造間接費月次予算 ……… 300,000円
　(4) 当月生産データ　　月初仕掛品　　200 kg(50%)
　　　　　　　　　　　　当月投入　　1,000 kg
　　　　　　　　　　　　合　　計　　1,200 kg
　　　　　　　　　　　　月末仕掛品　　220 kg(25%)
　　　　　　　　　　　　減　　損　　　 30 kg(100%)
　　　　　　　　　　　　完　成　品　　950 kg
　　　（注）（　）内は加工進捗度を示す。

第 7 章 標準原価計算　479

(5) 当月実際製造間接費
　　　変動製造間接費…………… 190,000円
　　　固定製造間接費…………… 296,000円
　　　合　　　計 …………… 486,000円
(6) 当月の実際直接作業時間…………… 1,885時間

さて，上記データをふまえて，尾畑工場長と中村経理課長との会話は，次のとおりであった。

尾畑「製品Pの製造では，正常減損率は完成した良品にたいし 2% だね。原価計算上，正常減損にたいする許容額を原価標準に含めるには，原価標準における原価要素別標準投入量をそれぞれ 2% ずつ増やす方法と，原価標準の合計額にその 2% を加える方法とがあるが，前者を第1法，後者を第2法と呼ぶことにすると，どちらの方法が良いだろうか。」

中村「第 (a) 法が良いと思います。なぜなら第 (b) 法では正常減損費が分離されません。その上，当工場では正常減損は工程の終点で発生しますが，第 (b) 法では正常減損費が (c) にも計上されることになり，勘定記録が正常減損発生の実状に合わず，期間損益計算上も適当ではないと思います。」

尾畑「なるほど。それでは君の言うように，第 (a) 法を採用しよう。」

上記の資料に基づき，(a)，(b)，(c) の中に適切な数字または文字を入れ，次いで中村経理課長の提案した方法により標準製造間接費計算を行って，標準製造間接費の総差異を，(1)変動予算を使用した変動費予算差異　(2)固定費予算差異　(3)(変動費および固定費を含む)能率差異　(4)操業度差異に分析した上で，解答用紙の「仕掛品―製造間接費」勘定およびその他の勘定記入を行って，製造間接費関係勘定連絡図を完成しなさい。なお，計算過程を明示すること。

[解答用紙]
1. 下記の□の中に，適切な数字または文字を記入しなさい。
　(a) ＝ 第 □ 法　　(b) ＝ 第 □ 法　　(c) ＝ □

2. 製造間接費関係勘定連絡図
　　下記の□の中に適切な名称を，また借方または貸方の（　）の中に計算した金額を記入しなさい。(単位：円)

仕掛品—製造間接費

月初仕掛品原価 （　　）	完成品製造原価 （　　）→製品勘定へ
当月実際製造間接費	正　常　減　損　費 （　　）
変　動　費　　（　　）	月末仕掛品原価 （　　）
固　　定　　費　（　　）	
	総　　差　　異　（　　）

変動製造間接費　　　固定製造間接費
予　算　差　異　　　予　算　差　異　　　能　率　差　異
（　　）（　　）　　（　　）（　　）　　（　　）（　　）

操　業　度　差　異
（　　）（　　）　　（　　）（　　）

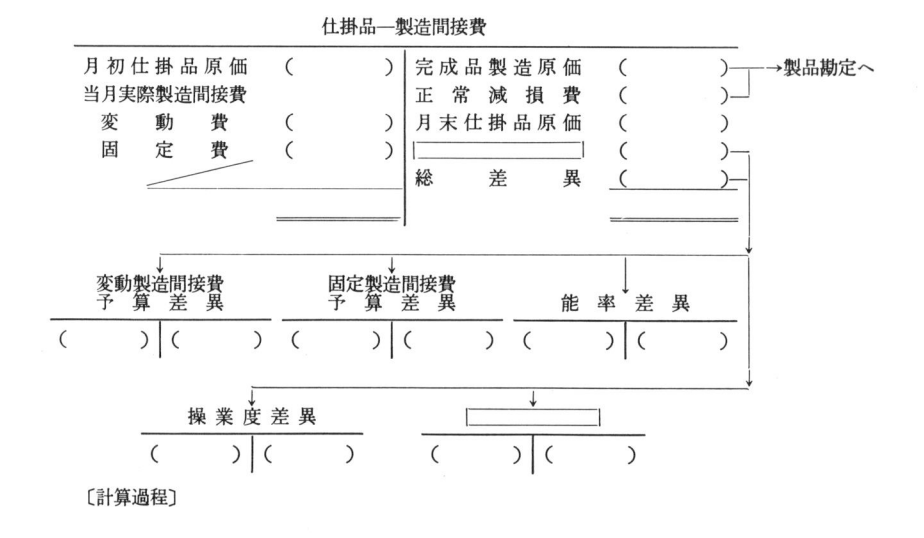

〔計算過程〕

（日商簿記１級工業簿記試験問題）

[**練習問題 7—7**] 標準原価差異の会計処理方法を論じなさい。

第 8 章　原価・営業量・利益関係の分析

第 1 節　短期利益計画のための会計情報

1.　企業予算と大綱的短期利益計画

標準原価計算によれば，経営管理者は原価管理に役立つ情報を入手することができる。しかしながら原価を管理しても，利益を獲得できなければ，企業は潰れてしまう。そこで企業経営者は，長期経営計画にもとづき，短期（すなわち翌年度）の利益計画を策定し，その計画にしたがって利益を統制するようになる。利益計画と利益統制の手法として企業が正式に採用する管理制度は，企業予算であり，企業予算は，予算編成と予算統制の2つの過程からなる。さらに前者の予算編成は，次のようなステップからなるといえよう。

(1)　長期経営計画を策定する。これはたとえば，将来5年後の企業のあるべき姿ないし企業のビジョンを構想する計画である。
(2)　大綱的短期利益計画を策定する。これは，長期経営計画の一環として，第1年目（翌年度）のための大まかな利益計画であって，どれほどの利益をえたいか，そのためには製品をいくら製造し，販売すればよいか，などを計画する。
(3)　社長が，予算編成方針を企業の各部門に示達する。これは，大綱的短期利益計画にもとづき，社長が，翌年度の事業活動の進むべき方向，重点的施策などの枠組みを指示するものである。
(4)　各部門が，社長によって指示された予算編成方針の枠組みに沿って，翌年度の基本予算（損益予算と財務予算）案を策定する。
(5)　常務会が各部門予算案を調整し，社長が正式の来年度予算（すなわち来年度の達成目標）を決定する。

さて本章では，上記企業予算の編成過程における第2ステップの大綱的短期利益計画を立案するさい，多くの企業が利用する原価・営業量・利益関係

(cost-volume-profit relationship; 頭文字をとって CVP の関係ともいわれる) の分析手法を説明することにしよう。この分析手法は，古くは損益分岐点分析 (break-even point analysis) から始まった。しかし分析上，損益分岐点だけが問題ではなく，売上高をいくら増やせば原価はどうなるか，利益はいくらになるか，というように，原価と営業（業務）量と利益の三者の全体の関係が重要であるということから，CVP 分析 (cost-volume-profit analysis) といわれるようになった。したがって CVP 分析は，損益分岐分析を含む広い概念である。

2. 希望利益の算定

「来年度は，いくらの利益が欲しいか」が，大綱的短期利益計画（以下，たんに短期利益計画ということにする）の出発点である。希望利益の算定は，1年後の決算を予想し，そのさいの利益金処分計算書の各項目ごとに，その所要額を計算して行なう。

　税引前希望当期利益額
　　＝（資本金 × 目標配当率 ＋ 内部留保額 ＋ 役員賞与金 － 前期繰越利益）
　　　$\times \dfrac{1}{1 - 法人税率}$

なお，上記内部留保額は，法定準備金，任意積立金および次期繰越利益金からなる。あるいは大まかな計画なので，次のように算定してもよい。

$$税引前希望当期利益額 = \dfrac{資本金 \times 目標配当率}{計画配当性向} \times \dfrac{1}{1 - 法人税率}$$

上式の配当性向は，年間配当金 ÷ 税引後当期利益 × 100 であって，企業は，期間利益に占める配当金の割合を，財務方針によりあらかじめ定めている。

次いで希望利益額を総資本で割って予想総資本利益率を計算し，競争企業と比較して，予想総資本利益率が満足のいく水準にあるか否かを検討する。もしその率が満足のいくものであれば，この希望利益を獲得するための手段を計画するために，CVP 分析を行なう。

3. 短期利益計画に不適当な伝統的損益計算書

CVP 分析に入るまえに，伝統的な全部原価計算にもとづく損益計算書は，短期利益計画に役立たないことを，まず理解する必要がある。

いま仮に，次期の短期利益計画を策定するにあたり，経営管理者は次のような損益計算書を入手したとする（表 8—1）。この損益計算書は，外部報告用の普通の損益計算書である。さらに前述の方法でこの経営者が，次期の希望営業利益を 270 万円と計算したとしよう。この場合，希望営業利益を達成するには，来年度は製品をいくら売ればよいであろうか。

表 8—1

伝統的な全部原価計算にもとづく外部報告用の損益計算書

自 ×年×月×日
至 ×年×月×日

売　上　高	@ 500円 × 16,000 kg		800万円(100.0%)
売　上　原　価			
原　料　費	@ 100円 × 16,000 kg	160万円	
加　工　費	@ 170円 × 16,000 kg	272万円	
計		432万円	432万円(54.0%)
売　上　総　利　益			368万円(46.0%)
販　売　費		88万円	
一　般　管　理　費		100万円	
計		188万円	188万円(23.5%)
営　業　利　益			180万円(22.5%)

この問題，つまり来年度の希望営業利益を達成するには，いくら製品を販売すればよいかという問題は，短期利益計画上きわめて基本的な問題である。ところが伝統的損益計算書を資料とするかぎり，このような簡単な問題を解くことができない。なぜならば伝統的な損益計算書の示す内容は，特定の売上高（800万円）のときに，そのなかに占める原価と利益の発生額と構成割合がどうなっているかに関する情報だけであって，もし売上高が1割増加したら，原価や利益も1割増加するかといえば，そう簡単にはいかない。原価のなかには，売上高の増加に伴って比例的に増加する原価もあれば，全然変化しない原価もあるからである。このように売上高が増加あるいは減少したときに，原価と利益がどう変化するかについては，伝統的な損益計算書はなんの情報も提供して

くれないのである。

4. 原価・営業量・利益の関係

　伝統的損益計算書は外部報告用であるために，原価については企業の職能，すなわち製造，販売，一般管理という職能別に原価の分類がなされている。しかしこの分類だけでは，短期利益計画には役立たない。短期利益計画においては，経営者にとって経営活動の量（生産・販売活動の量：business volume；これを営業量といっておく）(注1)が，操作可能な重要な要素である。そこで営業量を変化させたときに，原価がどう変動するかを予測できれば，予想売上高から予想原価を差し引いて，営業利益を予測できる。したがって短期利益計画に役立つ適切な会計情報は，原価・営業量・利益の三者の相互関係についての情報である。そしてそのなかでも，利益は原価と営業量の関係から結果として予測できるので，原価と営業量の関係こそ，短期利益計画にとって核心的な情報であるといえよう。

　以上の説明から明らかなように，短期利益計画にとっては，原価は営業量の変化に応じてどのように反応するかという観点，つまり原価態様（cost behavior）の観点から，変動費および固定費に分類されねばならない。原価を変動費と固定費に分類しておけば，売上高がたとえば 10％ 増加したとき，売上高に比例して 10％ 増加する原価（変動費）と，全然変化しない原価（固定費）が判明し，簡単に予測できるからである。また利益についていえば，売上高から変動費を差し引いた残りを貢献利益（contribution margin）(注2)というが，貢献利益こそ，短期利益計画にとって適切な利益概念である。この点については，後述する。

(注1) 営業量は，具体的には売上高，売上量，生産高，生産量，操業度など，さまざまな尺度で測定される。CVP の関係を，原価・「売上高」・利益の関係という者もいるが，それは間違いではないものの，正確な表現とはいいがたい。
(注2) 貢献利益は，以前は限界利益（marginal profit）といわれた。両者は同じものである。ただ貢献利益は，利益獲得に貢献する側面を強調する言葉であるのにたいし，限界利益は，営業量の増減に応じて増減する限界部分の利益を強調する言葉である。

第2節 損益分岐図表

1. 損益分岐図表

さて，前述の表8—1の損益計算書は，CVP の関係を示さないから，短期利益計画に役立たないことがわかった。そこで表8—1の損益計算書中の原価部分が下記のように変動費と固定費とに分解できたとしよう（分解方法については，第9章で説明する）。

	変　動　費	固定費	合　計
原 料 費	@ 100円 × 16,000 kg …… 160万円	—	160万円
加 工 費	@ 80円 × 16,000 kg …… 128万円	144万円	272万円
販 売 費	@ 20円 × 16,000 kg …… 32万円	56万円	88万円
一般管理費	—	100万円	100万円
合　計	@ 200円 × 16,000 kg …… 320万円	300万円	620万円

上記データにもとづき，表8—2で示したように，貢献利益を算出するために損益計算書の形式を改めて，売上高から変動費を差し引いて貢献利益を計算し，貢献利益から固定費を差し引いて営業利益を計算する方式を採用することにする。またこれらの数値は，次の1年間に予想されるデータであるとしよう。

表8—2

予定損益計算書

自 ×年×月×日
至 ×年×月×日

売　上　高　@ 500円 × 16,000 kg ………………………		800万円(100%)
変動売上原価		
原 料 費　@ 100円 × 16,000 kg ………… 160万円		
加 工 費　@ 80円 × 16,000 kg ………… 128万円		
計 ……………………… 288万円		
変 動 販 売 費　@ 20円 × 16,000 kg ………… 32万円		
変動費合計 ……………………… 320万円	320万円(40%)	
差引：貢献利益 ………………………………………………	480万円(60%)	
固　　定　　費		
製造固定費 ……………………………… 144万円		
販売・一般管理固定費 ……………………… 156万円		
固定費合計 ……………………… 300万円	300万円	
差引：営業利益 ………………………………………………	180万円	

表 8—2 の情報を入手すれば，われわれは図 8—1 の 損益分岐図表 (break-even chart) を描くことができる。

この図表は，横軸に売上高を，縦軸に収益・費用をとっている。もし縦軸と横軸の目盛りを同じ縮尺にすれば（たとえば横軸の 10 cm のところに売上高 1,000 万円をとり，縦軸の 10 cm のところに 収益ないし原価の 1,000万円をとれば）売上高＝収益であるから，図の売上高線 S は，原点から 45 度の勾配をもつ線として引くことができる。次にこの会社の固定費総額は 300万円であるから，縦軸に 300万円の点をとり，その点から横軸に平行線を引けば，F の固定費線となる。さらに横軸の売上高 800万円の点から上に登り，固定費線を通過する点から変動費の合計額 320万円（＝ 288万円 ＋ 32万円）だけ上がった点と，縦軸の 300万円の点とを結ぶと，V の変動費線を引くことができる。この変動費線は，固定費も含めて考えれば，総原価の線（TC）といってもよい。

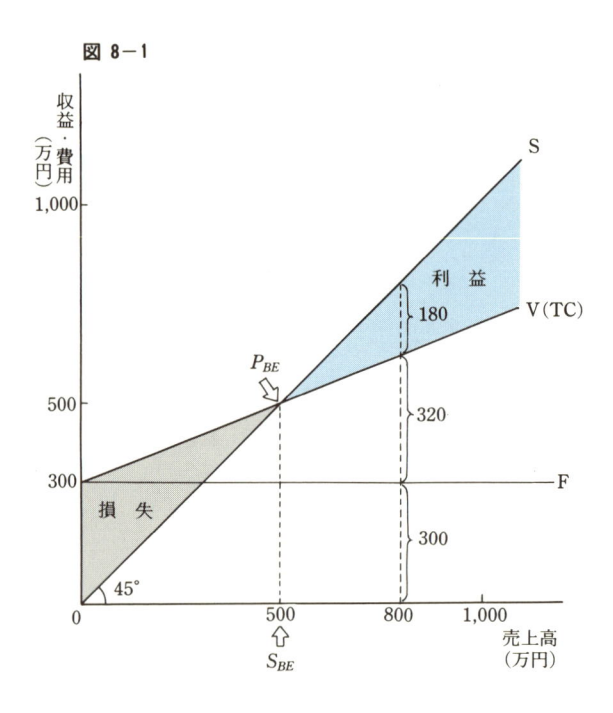

図 8—1

図 8−2

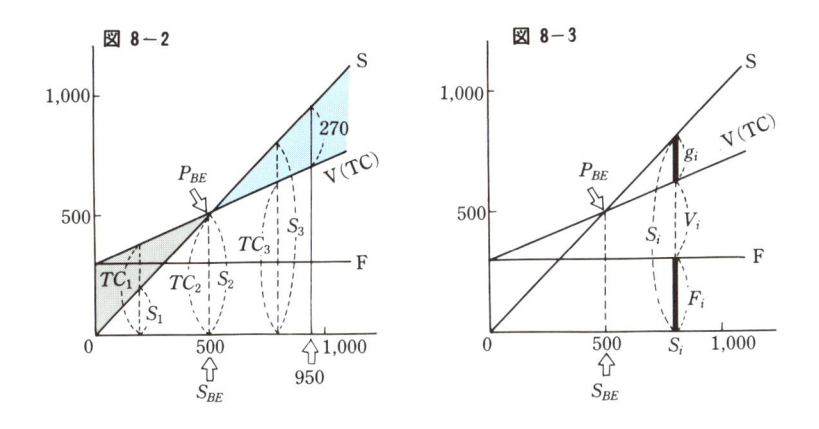

図 8−3

さて，売上高線と総原価線との交わる点が，損益分岐点（break-even point；この点を P_{BE} であらわすことにしよう）であり，この点から垂線を下ろして横軸に到達した点（売上高 500万円の点）が，損益分岐点の売上高（break-even sales；この点を S_{BE} であらわすことにする）といわれる。なぜならば図 8−2 で示したように，損益分岐点以前の任意の売上高 S_1 をとってみれば，収益 S_1 ＜ 総原価 TC_1 であるから，$(TC_1 - S_1)$ だけ損失が生ずる。これにたいして損益分岐点以後の任意の売上高 S_3 をとってみれば，収益 S_3 ＞ 総原価 TC_3 であるから，$(S_3 - TC_3)$ だけ利益が生ずる。損益分岐点の売上高のときは，売上高と総原価とが等しく（$S_2 = TC_2$），損失も利益も生じない。かくして損益分岐点の売上高を境として，売上高を増加させていけば，損失のゾーンから利益のゾーンへと移るわけである。そこでこの図の利益のゾーンに，希望営業利益 270万円をとり，そこから横軸に垂線を下ろせば，希望営業利益 270万円を達成する売上高 950万円を求めることができる。このことから知られるように損益分岐図表は，売上高が増減したとき，原価はどのように変化し，利益はどうなるか，という CVP の関係を示す図表である。伝統的損益計算書は，たった1つの売上高における原価と利益の割合しか示さない，いわば静態的損益計算書であるのにたいし，損益分岐図表は，動態的損益計算書である といってよかろう。

2. 貢献利益の重要性

図 8—3 は，固定費線の上に変動費線をのせて書いた通常の損益分岐図表である。しかしこの図は，損益分岐図表としては良くない。なぜならばこの図では，任意の売上高 S_i における貢献利益は，図における売上高 S_i の点から垂線を上げて書いた F_i と g_i の部分で示される。なぜならば売上高 S_i における貢献利益は，S_i から V_i を差し引いた残りだからである。この図では，貢献利益が2つの部分に分離されてしまって見にくい。そこで図 8—4 に変えることにしよう。

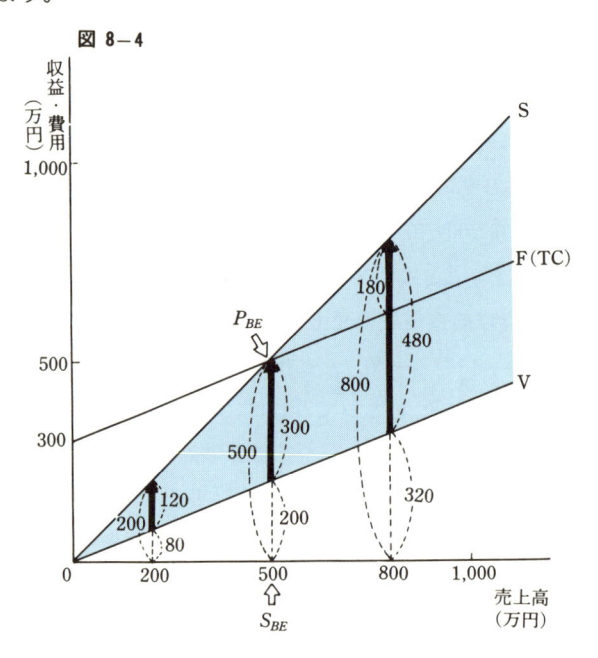

図 8-4

縦軸: 収益・費用（万円）, 横軸: 売上高（万円）

主なラベル: S, F(TC), V, P_{BE}, S_{BE}

数値: 1,000, 500, 300, 200, 120, 80, 500, 300, 200, 800, 480, 180, 320

図 8—4 は，固定費線の上に変動費線をのせずに，逆に変動費線を先に書き，その上に平行な帯として固定費線をのせて書いた図である。図 8—3 では，変動費線が総原価線になっているのにたいし，図 8—4 では，固定費線が総原価線になっている点に注意されたい。損益分岐図表としては，図 8—4 のほうが，はるかに良い図である。なぜ良いかは，次のように考えてこの図を見

ればよい。

　まず原価を原価態様から分類すれば，変動費と固定費とに分類される。しかし原価を原価発生源泉（origin of costs；原価は，どこからなんのために発生するか）という観点から，変動費，固定費を見直してみよう。そうすると変動費は，業務活動（生産活動と販売活動）を行なえば発生し，行なわなければ発生しない原価であることがわかる。変動費の典型的な例は，原材料費である。原材料費は，製品を製造すれば発生し，製造しなければ発生しない。したがって変動費は，業務活動原価（activity costs）であるといえる。これにたいして固定費は，業務活動を行なおうと，行なうまいと，一定の生産・販売能力を維持しようとするかぎり，業務活動とは無関係に発生する原価である。固定費の典型的な例は，定額法による設備の減価償却費である。この原価は，生産を全然しなくとも，その設備を保有するかぎり，毎月同額ずつ発生する。したがって固定費は，キャパシティ・コスト（capacity costs；能力原価）であるといえよう。

　さて経営者の立場からすると，変動費と固定費のうち，どちらの原価を売上高から先に回収したいと思うであろうか。

　変動費は業務活動原価であり，通常それは短期現金支出原価（short-run, out-of-pocket costs）である。つまり変動費は，直接材料費や直接労務費の例から考えてわかるように，即座か，あるいは近い将来に現金で支払わねばならない原価からなっている。したがって反復して生産・販売活動を続けようとするかぎり，売上高からまず変動費を回収しなければならない。早い話が，直接材料費を回収しないと，再生産のための材料を購入できないからである。これにたいして固定費はキャパシティ・コストであり，その大部分は長期非現金支出原価（long-run, non-out-of-pocket costs）からなっている。耐用年数10年の機械の減価償却費を例にとれば，その取得原価から残存価額を差し引いて計算した要償却額を，10年間かかって回収すればよいわけであって，ある月の減価償却費を回収できなかったからといって，その会社が直ちに潰れてしまうわけではない。かくして企業経営者にとっては，変動費は先に回収すべき原価であり，固定費は後回しにして回収してもよい原価である。

そこで売上高から先に回収すべき変動費を差し引き，その残り，すなわち貢献利益によって，固定費を回収して利益をあげる，とするのが経営者の考え方である。いい換えれば，売上高そのものは頼りにならない。売上高から変動費を差し引いた残り（貢献利益）が頼りになると考えるのである。かくして貢献利益こそ，短期利益計画において中心的役割を果たす利益概念であり，それは，固定費を回収し，利益を生み出すための貢献額 (contribution to fixed costs and profit) にほかならない。実は，この考え方を損益計算書にしたものが表 8—2 であって，この方式の損益計算書を直接原価計算方式の損益計算書または貢献損益計算書 (contribution income statement) という。直接原価計算については，第 10 章で詳しく論ずることにしよう。ここでは，上で述べた内容の要点を，念のためまとめておくことにする。

直接原価計算方式の損益計算書

売　上　高
－）変　動　費 …→生産・販売活動を行 …→内容的には短期 …→先に回収すべき原価
　　　　　　　　　なえば発生する原価　　現金支出原価

貢　献　利　益 …→固定費を回収し，利益獲得に貢献する利益

－）固　定　費 …→生産・販売能力の …→内容的には主と …→回収を後回しにしてよい原価
　　　　　　　　　維持費　　　　　　　して長期非現金
　　　　　　　　　　　　　　　　　　　支出原価

営　業　利　益

さて表 8—2 をもう一度見てほしい。この会社の場合，売上高を 100% とすると，そのなかに占める変動費の割合（これを変動費率； variable-cost percentage という）は，40% である。したがって売上高中に占める貢献利益の割合（これを貢献利益率； contribution margin ratio あるいは C/M 比率という）は，60% ということになる。これらの点を頭において，図 8—4 を見よう。(注3)

図 8—4 では，各売上高における貢献利益は，ブルーに塗られたゾーンで示されている。いま売上高 200万円を見ると，そのうちの 40%，つまり 80万円は変動費であるが，その 60% つまり 120万円が貢献利益である。図のなかの

(注 3) この比率は，P/V 比率 (marginal profit ratio) ともいう。

第 8 章　原価・営業量・利益関係の分析　　491

　太い矢印で示した 120万円の貢献利益は，300万円の平行な固定費の帯を 120万円だけ回収した事実を示している。売上高 500万円を見ると，その 40％，200万円は変動費，その 60％，300万円が貢献利益である。この場合，貢献利益の額がちょうど，固定費の額に等しい。ということは，固定費の帯を，貢献利益で全額回収し終った事実を示し，500万円の売上高が損益分岐点の売上高であることがわかる。さらに 800万円の売上高を見ると，その 40％，320万円が変動費，その 60％，480万円が貢献利益である。ということは，480万円の貢献利益から 300万円の固定費を差し引いて，180万円の営業利益がえられたことを示している。このように，ある1日，あるいはある1週間の売上高が判明すると，その売上高に貢献利益率を掛ければ，直ちにその期間の貢献利益がわかる。そしてその売上高が損益分岐点以前の売上高であれば，その貢献利益は固定費の帯をどれほど回収したかを示し，もしその売上高が損益分岐点以後の売上高であれば，その貢献利益から固定費を差し引いた額だけ，営業利益がえられたことを示すのである。

　貢献利益の重要性を明確に示すために，図 8—4 を変形して，図 8—5 を作ってみよう。これは貢献利益図表と呼ばれる。この図は，横軸に売上高（売上

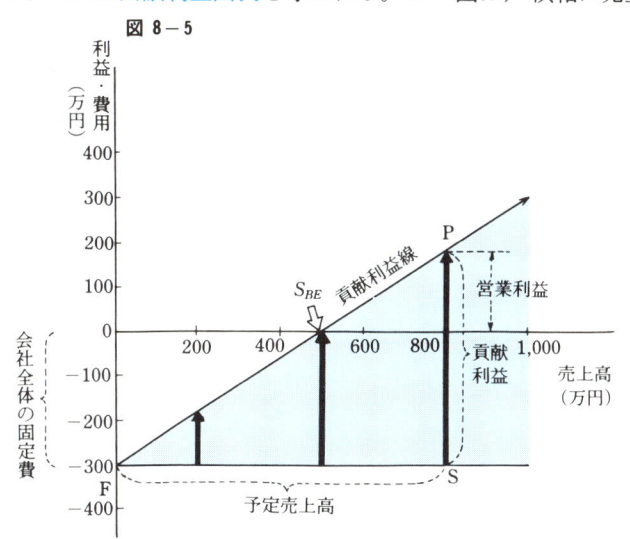

図 8—5

量でもよい）をとり，縦軸に利益・費用をとる。まず会社全体の固定費 300万円の点Fから出発して，横軸に平行に予定売上高 800万円の点Sまで移動し，Sからそのときの貢献利益 480万円だけ上へ移動し，点Pに到達する。そこでFとPとを結ぶ線を引く。この線が貢献利益線である。

この図は，次のように考えてみればよい。すなわち，われわれは今，海底深く潜って，300 m の底にいる。このままでいれば，窒息するばかりである。したがってなんとか海面（横軸の示す水平線）まで浮かび上がらねばならない。この浮上は，販売して貢献利益だけ浮かび上がるというかたちで行なわれる。たとえば 200万円販売すれば 120 m 浮かび上がり，500万円販売すれば 300 m 浮かび上がって，ぽっかりと海面に顔をだし（固定費の全額回収），800万円販売すれば勢い余って体が海面よりとびだす（利益の獲得）のである。このように海面に浮上する力は貢献利益率で示され，貢献利益線の勾配が急なほど，その会社の収益力が高いことを示す。もし貢献利益図表を会社全体ではなく，製品品種別の貢献利益線を記入した図表にすれば，製品品種別の収益性を図示できるわけである。

第 3 節　損益分岐分析の計算公式

われわれは前節において，希望営業利益 270万円をあげる売上高を求めるために，損益分岐図表を描き，グラフから解を求めた。本節では，計算によって求めてみよう。そのために，表 8—2 で使用した計算例を利用するとともに，次のように記号を定める。

p：製品の販売単価（= 500円）

x：製品の販売量

S：売上高（$S = p \cdot x$）

V：変動費（$V = v_1 \cdot x = v_2 \cdot S$）

v_1：製品単位当たり変動費（unit variable costs; $V/x = 200$円）

v_2：変動費率（variable-cost percentage; $V/S = 40\%$）

F：固定費（＝300万円）
　　　g：営業利益
　　　X_{BE}：損益分岐点の売上量
　　　S_{BE}：損益分岐点の売上高

1. 損益分岐点の売上量

[例題 8—1]

損益分岐点の売上量を求める公式を導き出し，その式にもとづき表 8—2 の計算例における損益分岐点の売上量を計算しなさい。

[解　答]

　　　売上高 ＝ 変動費 ＋ 固定費 ＋ 営業利益

であるから，上記の記号を使えば，

　　　$p \cdot x = v_1 \cdot x + F + g$

である。X_{BE} のとき，$g = 0$ であるから，

　　　$p \cdot X_{BE} = v_1 \cdot X_{BE} + F$

　∴　$X_{BE}(p - v_1) = F$

　∴　$X_{BE} = \dfrac{F}{p - v_1}$

この場合 $p - v_1$ は，製品単位当たり貢献利益（unit contribution margin）であるから，求める公式は次のようになる。

$$損益分岐点の売上量 = \frac{固定費}{製品単位当たり貢献利益}$$

さてわれわれは，損益分岐点の売上量を求める公式を導き出すことができた。しかしこの公式は，次のように考えて導き出したほうが損益分岐分析の基本思考に沿ったやり方である。すでに前節の「貢献利益の重要性」において説明したように，貢献利益は，固定費を回収し，利益を生み出すための貢献額である。損益分岐点の売上高は，貢献利益で固定費をちょうど回収し終る売上高であり，貢献利益と固定費とがちょうど等しくなる売上高である。このことは，図 8—4 で説明した。同様に損益分岐点の売上量は，そのときの貢献利益

と固定費とが等しくなる売上量である。損益分岐点の貢献利益は，損益分岐点の売上量に製品単位当たり貢献利益を掛ければ計算される。したがって次の式が成立する。

$$X_{BE} \cdot (p - v_1) = F$$

$$\therefore \quad X_{BE} = \frac{F}{p - v_1}$$

このような説明の仕方は，損益分岐分析やCVP分析の基礎にある貢献利益的接近方法 (contribution margin approach) にほかならない。

表 8—2 のわれわれの計算例では，

$$X_{BE} = \frac{300万円}{(500円 - 200円)/\text{kg}} = 1万 \text{ kg}$$

である。

2. 損益分岐点の売上高

［例題 8—2］

損益分岐点の売上高を求める公式を導き出し，その式にもとづき表 8—2 の計算例における損益分岐点の売上高を計算しなさい。

［解　答］

損益分岐点の売上高は，売上高中に占める貢献利益の額と固定費の額が等しくなる売上高であり，貢献利益の額は売上高に貢献利益率（＝貢献利益÷売上高）を掛けて計算される。また貢献利益率は，われわれの記号を使用してあらわせば $1 - v_2$ となる。したがって次の式がえられる。

$$S_{BE}(1 - v_2) = F$$

$$\therefore \quad S_{BE} = \frac{F}{1 - v_2}$$

かくして損益分岐点の売上高を求める公式は，次のようになる。

$$損益分岐点の売上高 = \frac{固定費}{貢献利益率}$$

表 8—2 のわれわれの計算例では，

$$S_{EB} = \frac{300万円}{1-0.4} = 500万円$$

である。なお損益分岐点の売上高を求める公式は，上の式と同じことであるが，次のようにあらわされることも知っておいたほうがよい。

$$S_{BE} = \frac{F}{1-V/S}$$

3．希望営業利益を獲得する売上高
［例題 8—3］
希望営業利益 g を獲得する売上高 S_g を求める公式を導き出し，その式にもとづき，表 8—2 の計算例における希望営業利益 270万円を獲得する売上高を計算しなさい。

［解　答］
希望営業利益 g を獲得する売上高 S_g は，そのときの貢献利益が，g と F との合計額に等しい。したがって，

$$S_g = \frac{F+g}{1-V/S} = \frac{300万円 + 270万円}{1-0.4} = 950万円$$

と計算される。

［検　証］

売　上　高（100%）	950万円
変　動　費（ 40%）	380
貢　献　利　益（ 60%）	570万円
固　定　費	300
営　業　利　益	270万円

4．売上高の一定の割合の希望営業利益をあげる売上高
［例題 8—4］
売上高の 10% の利益をあげる売上高を求めよ。

[解　答]

売上高の $r\%$ の希望営業利益をあげる売上高を S_r とすれば，

$$S_r = \frac{F}{1-(V/S+r/100)}$$

である。したがって，

$$S_{10\%} = \frac{300万円}{1-(0.4+0.1)} = 600万円$$

となる。上の公式の導き方や検算は，各自試みられたい。

5. 安全率 (margin of safety; M/S)

予想売上高が，損益分岐点の売上高をこえ，しかも損益分岐点の売上高から離れていればいるほど安全である。そこでどれほど離れているかを，予想売上高を基準にして % で示した指標を，安全率という。

$$\text{M/S}(\%) = \frac{S-S_{BE}}{S} \times 100 = \frac{800万円-500万円}{800万円} \times 100 = 37.5\%$$

上の 37.5% は，不況のため予想売上高が 37.5% 減ると，損益分岐点の売上高に落ちてしまうことを意味する。したがって安全率は，不況に強いか，弱いかを知る指標になる。なおわが国で損益分岐点比率と呼ばれるのは，100% から安全率を差し引いた数である。

$$損益分岐点比率 = \frac{S_{BE}}{S} \times 100 = \frac{500万円}{800万円} \times 100 = 62.5\%$$

6. 経営レバレッジ係数 (degree of operating leverage; operating leverage factor)

近年，企業経営は大幅な設備投資を行なっており，とりわけオートメーションの導入やロボットの使用が盛んである。その結果，経営の原価構造は固定費の占める割合がいちじるしく増大した。経営レバレッジ係数は，企業経営における固定費の利用を測定する尺度であり，その計算式は次のとおりである。

第 8 章 原価・営業量・利益関係の分析

$$経営レバレッジ係数 = \frac{貢献利益}{営業利益}$$

経営レバレッジ係数の意味とその利用方法を計算例によって説明しよう。いま売上高と営業利益は同じであるが，原価構造が異なる A, B 2 社があるとする。

	A 社		B 社	
	金額(万円)	(％)	金額(万円)	(％)
売　上　高	600	(100)	600	(100)
変　動　費	240	(40)	480	(80)
貢　献　利　益	360	(60)	120	(20)
固　定　費	300	(50)	60	(10)
営　業　利　益	60	(10)	60	(10)
S_{BE}	300万円 ÷ 0.6		60万円 ÷ 0.2	
	＝ 500万円		＝ 300万円	

両社を比較すると，A社は固定設備が多く，原価総額に占める固定費の割合が多い企業（資本集約的企業）であるのにたいし，B社は固定設備が少なく，原価総額に占める固定費の割合が少ない企業（労働集約的企業）である。これら2社の貢献利益図表を図 8—6 に示した。

この図から明らかなように，固定費を多く利用するA社の貢献利益線は，損益分岐点の売上高 500万円 の位置を支点とした「てこ」(leverage) のかたちを

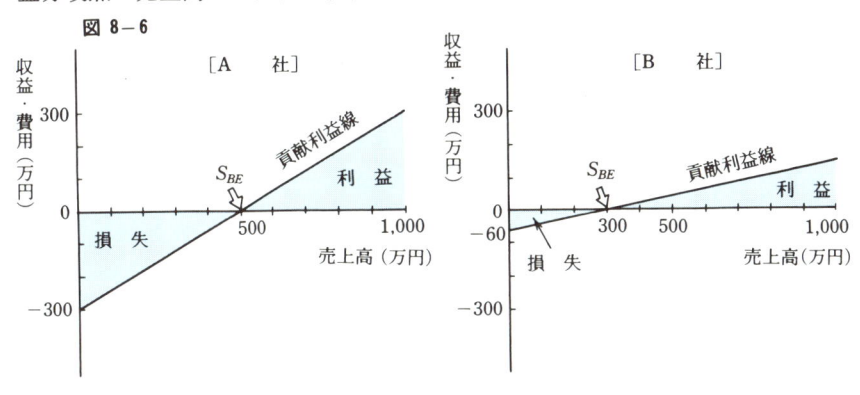

図 8—6

しており，損益分岐点の売上高は，B社に比べて高いが，その勾配は急である。ということは，売上を少し伸ばせば，利益は急増することを意味し，逆に売上が少し落ちれば，利益も急落することになる。他方，固定費の利用が少ないB社の貢献利益線は，損益分岐点の売上高の位置は 300万円で，A社に比べて低いが，その勾配は緩やかである。ということは，売上を少し伸ばしてもあまり利益は増加しないが，逆に売上が少し減っても利益はそれほど減少しないことを意味する。このような現象，つまり固定費の利用の程度により，売上高の増減が営業利益に及ぼす影響が異なるという現象を，経営レバレッジ (operating leverage) という。

仮に次期は好況で，両社の売上高がそれぞれ 20％ ずつ増加すると予想されたとしよう。売上高が 120万円（＝600万円×20％）増加すると，A, B 両社の営業利益はいくら増加するであろうか。各社の貢献利益率を使用すれば，営業利益の予想増加額は次のように計算できる。

　　　　　（売上の増加額）　（貢献利益率）　（営業利益の増加額）
　A　社……120万円　×　　60％　　＝　　72万円
　B　社……120万円　×　　20％　　＝　　24万円

しかしながら上の計算は，経営レバレッジを意識した計算ではない。そこで両社の経営レバレッジ係数を計算してみれば，次のようになる。

　A　社……360万円 ÷ 60万円 ＝ 6
　B　社……120万円 ÷ 60万円 ＝ 2

経営レバレッジ係数は，固定費の利用度が高いほど大となる。なぜならばこの係数の分子の貢献利益は，固定費と営業利益との合計だからである。そこで次のように計算すれば，経営レバレッジ係数を使用して，売上高が 20％ 増加したときの予想営業利益を簡単に計算することができる。

　　　（営業利益）　（売上の増加率）　（経営レバレッジ係数）　（営業利益増加額）
　A　社……60万円　×　　20％　　×　　6　　＝　　72万円
　B　社……60万円　×　　20％　　×　　2　　＝　　24万円

上の計算では，（売上の増加率）×（経営レバレッジ係数）＝（営業利益増加

率）の関係にあることに注意してほしい。

たとえばA社の場合は,

$$20\% \times \frac{360万円}{60万円} = \frac{20\% \times 360万円}{60万円} = \frac{貢献利益増加額}{営業利益}$$

$$= \frac{営業利益増加額}{営業利益} = 営業利益増加率$$

$$= 1.2 \ (= 120\%)$$

となるからである。したがって売上が 20% 増加すると，営業利益は 120%（= 20% × 6）増加する。金額にしてみれば 72万円（= 60万円 × 120%）の営業利益が増加すると予想される。逆に売上が 20% 減少すると，営業利益は 120% 減少するであろう。これにたいしB社の場合は売上が 20% 増加すると，営業利益は 40%（= 20% × 2）しか増加しない。金額にして営業利益は 24万円（= 60万円 × 40%）しか増加しないことになる。

これを要するに，この計算の長所は，（売上の増減率）×（経営レバレッジ係数）=（営業利益増減率） の関係を利用しつつ，経営レバレッジを念頭におきながら，損益計算書を作成しなくとも，すばやく営業利益の増減額を予想できる点にあるといえる。

ただしこの計算は，一定の売上高水準をベースにするという制約があることに注意すべきである。なぜならば経営レバレッジ係数は，損益分岐点の売上高に近いほど大きく，損益分岐点の売上高から離れれば離れるほど小さくなるからである。このことは次に示すように，A社の売上高（$S_{BE} = 500万円$）と経営レバレッジ係数の変化の例（金額の単位は万円）から明らかであろう。

売　上　高	600	800	1,000
変　動　費	240	320	400
貢　献　利　益	360	480	600
固　定　費	300	300	300
営　業　利　益	60	180	300
経営レバレッジ係　　　数	360 ÷ 60 = 6	480 ÷ 180 = 2.7	600 ÷ 300 = 2

第 4 節 損益分岐分析の仮定

以上考察してきたように,損益分岐分析は非常に簡単でわかりやすく,実務上も広く使用されている。しかしながらこの手法は,次のような仮定ないし前提のうえに立脚している。

(1) 伝統的な損益分岐分析のモデルは,確定モデル (deterministic model) である。すなわち将来の企業活動によって生ずる収益および費用は,確実に予測できることを仮定している。

(2) 伝統的な損益分岐分析は,直線下の損益分岐分析 (linear break-even analysis) である。すなわち収益線および総原価線は,直線を仮定する。収益線についていえば,製品の販売量が増減しても販売単価には変化が生じないことを仮定し,総原価線についていえば,正常操業圏内では直線的に推移することが仮定されている。

(3) 原価計算制度としては直接原価計算の採用を仮定する。あるいは原価計算制度として全部原価計算を採用する場合は,生産量と販売量とが等しいことを仮定する。

第 5 節 損益分岐分析の特殊問題

1. 営業量の測定基準

損益分岐分析で直面するむずかしい問題の1つは,原価分解の前提となる営業量の測定基準の選択である。たった1種の製品を製造販売する企業の営業量は,その製品の販売量によって測定される。しかし数種類の製品を扱う企業においては,総売上高から売上戻り額,値引額などを控除した純売上高 (net sales dollars) を測定基準とする以外に,営業量を統一的に測定する尺度はない。この場合の純売上高は,一定のセールス・ミックスを前提とすることになる。

部門別に変動予算を設定している企業では,部門別固定費および変動費を積

み上げて，全社的な固定費および変動費の額を決定し，それを損益分岐分析に使用する。この場合，部門別に設定された営業量の測定基準と，企業全体の営業量の測定基準とが異なるという問題に直面する。たとえば，第1製造部門は直接作業時間，第2製造部門は機械作業時間，第3製造部門は完成品キログラム数，動力部は生産した動力のキロワット・アワー数，販売部門は売上高というぐあいである。その結果，ある部門にとって変動費であっても，それは別の部門では固定費となる費目が生ずる。たとえば燃料は，動力部にとっては動力を生み出す原料であり，変動費であるが，もし燃料の一部が製造部門において暖房用に消費されると，むしろそれは固定費となる。このような困難な問題が生ずるが，実務上は，部門別業務量の測定基準と全社的な営業量の測定基準との間には，分析に使用できる程度の相関関係があると仮定し，部門別固定費を合計して全社的固定費を算出し，総原価から固定費を差し引いて，その残りを変動費とする方法が通常行なわれる。(注4)

2. 営業外損益の取扱

損益分岐分析において営業外損益をどのように取り扱うべきであろうか。営業外損益は営業量とは無関係であるから，損益分岐分析からは除外されるべき性質の損益である。しかしながら，もしこれを損益分岐分析に含めねばならないのであれば，営業外収益マイナス営業外費用によって計算した純差額を固定費からマイナス（純差額が営業外利益の場合）するか，あるいは固定費にプラス（純差額が営業外損失の場合）する方法が行なわれる。(注5)

(注4) Welsch, G. A., *Budgeting : Profit Planning and Control* (N. J. : Prentice-Hall, Inc., 2nd ed., 1964; Tokyo : Tuttle, C. E. Company, Modern Asian Edition, 1967), p. 338. なお部門別測定基準と全社的測定基準との間に相関関係があるかないかは，統計学における決定係数を計算してみればよい。

(注5) 銀行などが行なう外部分析の場合には，営業外収益を売上高にプラスし，営業外費用を固定費にプラスして，損益分岐点の売上高を計算することがある。

第 6 節　CVP の感度分析

1．不確実性と感度分析

　伝統的損益分析のモデルは，将来の企業活動によって生ずる収益や費用は確実に予測できることを仮定したうえで，分析を行なう確定モデルである。しかし現実にはこれらの実際発生額は，予測額とは異なって生ずるほうが通常である。こうした不確実性に対処するために，計画計算に確率をいれた複雑な計算をすることもあるが，最初の予測データが変化したら，その結果はどうなるか，という感度分析 (sensitivity analysis; "what-if" analysis) を行なうことが，実務上広く用いられている。CVP の感度分析とは，製品の販売価格，販売量，変動費，固定費，セールス・ミックス（売上品の構成割合）が変化したら，営業利益はどうなるか，を分析することである。将来の予測計算には，このような感度分析はきわめて重要であるので，次にその計算方法を説明しよう。

2．感度分析の計算例

　われわれの計算例である表 8—2 を利用して，感度分析の方法を検討する。次に表 8—2 の要点をもう一度まとめておこう。

［条　件］

予 定 損 益 計 算 書

売　　上　　高　@ 500円 × 1.6万 kg………………	800万円
変　　動　　費　@ 200円 × 1.6万 kg………………	320
貢　献　利　益　@ 300円 × 1.6万 kg………………	480万円
固　　定　　費………………………………………………	300
営　業　利　益………………………………………………	<u>180万円</u>

［例題 8—5］

　他の条件に変化はなく，製品の販売価格だけを 10% 引き上げたら，営業利益はいくらになるか。

[解　答]

製品の販売価格は 500 円であり，これを 10％ 引き上げれば 550 円（＝ 500 円 × 1.1）になる。そこで次のように計算される。

予定損益計算書

売　　上　　高　＠ 550 円 × 1.6 万 kg ……………… 880 万円
変　　動　　費　＠ 200 円 × 1.6 万 kg ……………… 320
貢　献　利　益　＠ 350 円 × 1.6 万 kg ……………… 560 万円
固　　定　　費 ………………………………………… 300
営　業　利　益 ………………………………………… 260 万円

上の計算を損益計算書の形式でなく，次のように数式で計算してもよい。この数式は，貢献利益 － 固定費 ＝ 営業利益　の式であり，われわれの記号を使えば，

$$(p - v_1)x - F = g$$

となる。したがって，

　　(500 円 × 1.1 － 200 円) × 1.6 万 kg － 300 万円 ＝ 260 万円

である。

[例題 8—6]

他の条件に変化はなく，製品の販売量だけを 10％ 増したら，営業利益はいくらになるか。

[解　答]

　　(500 円 － 200 円) × 1.6 万 kg × 1.1 － 300 万円 ＝ 228 万円

[例題 8—7]

製品の販売単価を 10％ 値下げすると，販売量は 20％ 増加すると予測された。その場合の営業利益はいくらになるか。

[解　答]

[例題 8—5] および [例題 8—6] では，製品の販売価格あるいは販売量だけを，単独に変化させた場合を考えたが，現実には，販売価格と販売量とは，本問のように密接に関係する。この場合の計算は，

$$(500円 \times 0.9 - 200円) \times 1.6万\text{kg} \times 1.2 - 300万円 = 180万円$$

となり，営業利益は変わらないことがわかる。

[例題 8—8]

原材料価格が値上がりしたので，製品単位当たり変動費だけが，10％ 増加する見込みである。その場合の営業利益は，いくらになるか。

[解　答]

$$(500円 - 200円 \times 1.1) \times 1.6万\text{kg} - 300万円 = 148万円$$

したがって 32万円だけ，営業利益が減少することになる。

[例題 8—9]

他の条件に変化はなく，固定費だけが 10％ 増加したら，営業利益はいくらになるか。

[解　答]

$$(500円 - 200円) \times 1.6万\text{kg} - 300万円 \times 1.1 = 150万円$$

[例題 8—10]

大綱的短期利益計画の策定上，この企業の経営管理者は次のような情報を入手した。

(1) 競争相手が売価を値下げしたので，当社も従来の販売量を維持するために，販売単価を 5％ 値下げせざるをえない。

(2) 労働組合との交渉により，賃金ベースアップのため，製品単位当たり変動費は 4％ 増加する見込みである。

(3) しかしながら 100万円の設備投資をすれば，材料および労働力の消費が節約されて，製品単位当たり変動費は 10％ 減少すると期待される。したがってこの節約分と，賃金ベースアップの影響とを相殺すれば，製品単位当たり変動費の純変化は，6％ の減少となるであろう。

(4) 現在の経営資本は 1,000万円であるが，上記 100万円の設備投資を行ない，経営資本を増加させると，減価償却費などの固定費が年間 10万円増加する。

以上の条件にもとづき，予想営業利益と予想経営資本営業利益率を計算しな

[解　答]

予 定 損 益 計 算 書

売　　上　　高　＠ 500円 × 0.95 × 1.6万 kg ……………　760.0万円
変　　動　　費　＠ 200円 × 0.94 × 1.6万 kg ……………　300.8
貢　献　利　益　＠ 287円　　　× 1.6万 kg ……………　459.2万円
固　　定　　費　300万円 ＋ 10万円 …………………………　310
営　業　利　益 ………………………………………………………　149.2万円

$$\text{予想経営資本営業利益率} = \frac{149.2\text{万円}}{1{,}100\text{万円}} \times 100 \fallingdotseq 13.6\%$$

第 7 節　多品種製品の CVP 分析

1. セールス・ミックス一定の仮定

　これまで述べてきた CVP 分析は，製品が 1 種類という前提にもとづいてきた。しかし 1 種類の製品しか扱わない企業はまれである。そこで多品種製品の場合は，どのように CVP 分析を行なえばよいであろうか。

　仮に製品Aと製品Bの 2 種類の製品を製造・販売する企業があり，固定費は，全社的共通固定費のみ発生するという簡単な場合を考察してみよう。この場合の営業利益は，次の式で示すように，各製品品種別の単位当たり貢献利益に販売量を掛け，その合計額から固定費を差し引いて求められる。

$$g = (p_a - v_{1a})x_a + (p_b - v_{1b})x_b - F$$

　この場合の損益分岐点の販売量は，上の式において(1)Bを販売せず，Aのみを販売する場合の $g = 0$ とするA製品の販売量，(2)Aを販売せず，Bのみを販売する場合の $g = 0$ とするB製品の販売量，さらに(3)A，B 両方を販売する場合の，$g = 0$ とするA製品の販売量とB製品の販売量との組合わせからなる。(1)と(2)の場合は，製品が 1 種類の損益分岐分析にほかならないが，(3)の場合は，$g = 0$ とするA製品の販売量とB製品の販売量との組合わせは，かなり多く存

在する可能性がある。(注6)したがってこのままでは，解が多すぎて，短期利益計画に役立たない。そこでこの問題に対処するために，製品が多品種の場合のCVP分析では，製品の販売量が増減しても，そのなかに占める各製品の構成割合，すなわちセールス・ミックスは一定という仮定を導入して分析するのである。次にその方法を，計算例で説明しよう。

2. 多品種製品の CVP 分析計算例

[例題 8―11]

下記の当社の財務データにもとづき，製品Xと製品Yとの販売量を，6：4で販売するさいの，当社の損益分岐点の販売量を求めよ。

製 品	X	Y	計
販 売 単 価	300円	200円	500円
単位当たり変動費	240	100	340
単位当たり貢献利益	60円	100円	160円
月間共通固定費総額		152万円	

[解 答]

製品Xと製品Yとの販売量を，6：4で販売するのであるから，製品Xが6個，製品Yが4個それぞれ入った製品Z1箱を考えよう。

図 8―6

製品Z1箱

X	X	Y	Y
X	X	Y	Y
X	X		

Z1箱の貢献利益

$= 60円 \times 6個 + 100円 \times 4個 = 760円$

したがって製品Zの損益分岐点の販売量は，

$$X_{BE} = \frac{152万円}{760円/箱} = 2,000 箱$$

そこで損益分岐点における製品Xと製品Yの販売量は，次のようになる。

2,000箱 × 6個 = 12,000個（X）

2,000箱 × 4個 = 8,000個（Y）

(注6) この場合の，A製品の販売量とB製品の販売量との最適な組合わせの決定は，第10章 直接原価計算とリニアー・プログラミングとの結合 の項で説明する。

[検　算]

	製　品　X		製　品　Y		合　計
売　上　高	300円 × 12,000個	……360万円	200円 × 8,000個	……160万円	520万円
変　動　費	240 × 12,000	……288	100 × 8,000	…… 80	368
貢　献　利　益	60円 × 12,000個	…… 72万円	100円 × 8,000個	…… 80万円	152万円
固　定　費					152
営　業　利　益					0万円

[例題 8—12]

下記の財務データにもとづき，製品 A, B, C の売上高の割合を，5：3：2 とするとき，当社の損益分岐点の売上高を求めよ。

製　　品	A	B	C	合　計
売　上　高	500万円	300万円	200万円	1,000万円
（構　成　割　合	50％	30％	20％	100％　）
変　動　費	400	210	120	730
貢　献　利　益	100万円	90万円	80万円	270万円
貢　献　利　益　率	20％	30％	40％	27％
固　定　費				162万円

[解　答]

製品 A, B, C の売上高の割合を，5：3：2 とするのであるから，問題の財務データに示されているように，1,000万円の売上高のうち，500万円がA，300万円がB，200万円がC製品の売上高である。その場合の加重平均貢献利益率は 27% である。したがって，

$$S_{BE} = \frac{162万円}{0.27} = 600万円$$

をえる。そこで，

　　　　600万円 × 0.5……………300万円（A製品売上高）
　　　　600万円 × 0.3……………180万円（B製品売上高）
　　　　600万円 × 0.2……………120万円（C製品売上高）

となる。

[検　算]

製品品種	製品売上高	貢献利益率	貢献利益
A	300万円	20%	60万円
B	180	30%	54
C	120	40%	48
	合　計		162万円
	差引：固定費		162
	営　業　利　益		0万円

[例題 8—13]

[例題 8—12]の企業が，製品品種 A, B, C を 2：3：5 のセールス・ミックスで，800万円の総売上高のとき，営業利益はいくらになるであろうか。

[解　答]

	(1)	(2)	(3) ＝ (1) × (2)
	製品別売上高	貢献利益率	貢献利益
800万円 × 0.2……160万円		20%	32万円
800万円 × 0.3……240万円		30%	72万円
800万円 × 0.5……400万円		40%	160万円
	合　計		264万円
	差引：固定費		162
	営　業　利　益		102万円

第 8 節　全部原価計算の損益分岐分析

1. 伝統的損益分岐分析モデルの仮定

伝統的損益分岐分析モデルは，原価計算制度としては直接原価計算制度の採用を仮定するか，あるいは全部原価計算制度を採用する場合は，生産量＝販売

量を仮定している。そこで全部原価計算制度を採用し，しかも生産量≠販売量の場合の損益分岐分析モデルはどうなるかについて，製品が1種類の場合の損益分岐点の販売量を求める計算方法を説明しよう。その方法には，2つの方法がある。

2. 貢献利益を使用する方法

次のように記号を定める。

X_{BE} ：損益分岐点の販売量
$@CM$ ：製品単位当たり貢献利益
F_{mfg} ：当期に発生する製造固定費
$F_{s\&a}$ ：当期に発生する固定販売費・一般管理費
I_b ：期首製品在庫量
P ：当期製品生産量
I_e ：期末製品在庫量
X ：当期製品販売量
$@f$ ：製品単位当たり製造固定費

さて X_{BE} とは，その時の貢献利益総額が，固定費総額に等しい販売量である。なぜならば貢献利益で固定費を回収するわけであり，貢献利益で固定費を全部回収する販売量の場合，損失も利益も生じないからである。このことは，全部原価計算であろうと直接原価計算であろうと，同様である。そこで次の式がえられる。

損益分岐点の販売量のさいの貢献利益（$@CM \cdot X_{BE}$）

= 全部原価計算の場合，その期間に計上される固定費総額

= 売上原価に含まれる固定費 + 販売費・一般管理費に含まれる固定費

= $(I_b + P - I_e) \times @f + F_{s\&a}$

= $P \times @f + (I_b - I_e) \times @f + F_{s\&a}$

= $F_{mfg} + F_{s\&a} + (I_b - I_e) \times @f$ ……………………①

他方，期首・期末在庫量，生産量，販売量の間には，次の関係がある。

$$I_b + P = X + I_e$$

この関係は X が X_{BE} の場合でも成り立つので，

$$I_b + P = X_{BE} + I_e$$

となり，この式を変形すれば，

$$I_b - I_e = X_{BE} - P \quad \cdots\cdots\cdots\cdots\cdots\cdots\cdots\cdots\cdots\cdots\cdots\cdots ②$$

である。②を①に代入すれば，

$$@CM \cdot X_{BE} = F_{mfg} + F_{s\&a} + (X_{BE} - P) \times @f$$

をえる。したがって次の公式を導くことができる。

$$X_{BE} = \frac{F_{mfg} + F_{s\&a} + (X_{BE} - P) \times @f}{@CM}$$

なおこの式は，期首・期末製品に含まれる製品単位当たり製造固定費が等しいことを仮定している。また①式だけでは解けず，②式を代入する理由は，期末製品在庫量（I_e）は，X_{BE} が確定しないと定まらないからである。

[例題 8—14]

当社は製品Aの製造・販売を行なっている。来年度の予算データは，下記のとおりである。

(1) 製品Aの原価標準

　　変動製造原価……………20円
　　固定製造原価……………　5
　　合　　　計……………　25円

(2) 年間正常生産量……………240,000個

(3) 来年度計画生産・販売量

　　期首製品在庫量……………　10,000個
　　計 画 生 産 量……………220,000個
　　計 画 販 売 量……………200,000個

（期首・期末仕掛品は無視する。）

　　来年度は不況なので，正常生産量より少なく生産するが，製造間接

費の配賦は，正常生産量を基準にして行ない，予定操業度差異を予算に計上する。

(4) 販売費・一般管理費予算

　　変 動 販 売 費 ……………………… 2円/個

　　固定販売費・一般管理費 ……… 966,000 円

(5) 製 品 販 売 単 価 ……………………… 40円/個

上記の条件にもとづき，当社が全部標準原価計算を採用しているものとして，損益分岐点の販売量を求めよ。

[解　答]

$$X_{BE} = \frac{1,200,000 \text{円} + 966,000 \text{円} + 5 \text{円/個} \times (X_{BE} - 220,000 \text{個})}{(40 \text{円} - 22 \text{円})/\text{個}}$$

$$= \frac{1,066,000 \text{円} + 5X_{BE}}{18\text{円/個}}$$

$$13X_{BE} = 1,066,000 \text{円}$$

$$X_{BE} = 82,000 \text{個}$$

3.　売上総利益を使用する方法

全部標準原価計算では，製造固定費は製品へ正常生産量を基準にして予定配賦される。そこで製品1個当たりの売上総利益（＝販売単価－売上品の製造単位原価）からさらに製品1個当たりの変動販売費を差し引いた差額を，1種の貢献利益であると考えてみよう。そしてこの貢献利益で回収すべき固定費は，販売費・一般管理費に含まれる固定費と予定配賦の結果生ずる操業度差異である。1期間に発生する製造固定費は，全部原価計算では予定配賦額と操業度差異からなる。前者は資産として製品原価に含まれるので，製造固定費のうち期間費用として回収しなければならないのは，後者のみである。したがって次の公式をえる。

$$X_{BE} = \frac{\text{固定販売費・一般管理費} + \text{操業度差異}}{\text{製品単位当たり（売上総利益} - \text{変動販売費）}}$$

前述の例題をこの式で解けば，次のようになる。

[解 答]

$$X_{BE} = \frac{966,000 \text{円} + 5\text{円/個} \times (240,000 \text{個} - 220,000 \text{個})}{(40\text{円} - 25\text{円} - 2\text{円})/\text{個}}$$

$$= \frac{1,066,000 \text{円}}{13 \text{円/個}}$$

$$= 82,000 \text{個}$$

[練習問題 8—1] 表 8—2 の損益計算書のデータにもとづき，次の設問に答えなさい。
(1) 予想営業利益 180万円の 2 倍の営業利益をあげる売上高を求めよ。
(2) 製品を 5,000 kg 販売したら，営業利益はいくらになるか。
(3) 製品を 12,000 kg 販売したら，営業利益はいくらになるか。
(4) 製品を 400万円販売したら，営業利益はいくらになるか。
(5) 製品を 700万円販売したら，営業利益はいくらになるか。
(6) 270万円の営業利益をえるには，製品を何 kg 販売すればよいか。
(7) 売上高の 20% の営業利益をあげる売上高は，いくらか。
(8) 損益分岐点に到達する以前の 100万円の売上高，および到達後の 100万円の売上高の獲得は，その企業にとって，それぞれ何を意味するか。

[練習問題 8—2] 次に示す数字は，東京工業株式会社の最近の実績による 1 か月分の平均値である。

　　売　上　高……………………12,720,000円
　以下この売上高に対応する費用
　　直 接 材 料 費……………… 4,520,000円（変動費）
　　直 接 工 賃 金……………… 1,762,000円（うち 296,000円は固定費）
　　間 接 工 賃 金………………　 777,000円（うち 195,000円は変動費）
　　その他の労務費………………　 514,000円（固定費）
　　製　造　経　費……………… 1,899,000円（うち 414,000円は変動費）
　　販　　売　　費………………　 854,000円（うち 296,000円は変動費）
　　一 般 管 理 費………………　 783,000円（固定費）
　　営 業 外 費 用………………　 360,000円（うち 105,000円は変動費）

(1) 上記の資料にもとづいて当社の損益分岐点を売上高（月額）で示しなさい（計算の過程を併せて明らかにすること）。
(2) なお，当社が今後所要利益を獲得するために目標とすべき売上高（月額）はいかほどであるか，これを下記の資料によって示しなさい（計算の過程を併せて明らかにすること）。

　　　自己資本現在高……………………………50,000,000円
　　　目標自己資本利益率……………………………18%（年率）

　　（注）自己資本利益率はここでは $\dfrac{税引後純利益}{自己資本額}$ を意味する。

　　　純利益にたいする課税率……………………………40%

製造経費に含まれる減価償却費および固定資産税について今後月額 172,000円（両者の合計額）の増加が見込まれる。　　　　　　　　　　（公認会計士2次，昭44）

[解　説]　営業外費用は「営業外」なのであるから，それは変動費でも固定費でもありえないはずである。しかしこの問題では他の原価と同様に，営業外費用も変動費部分と固定費部分とに分割することを要求しているので，その条件に従って計算すればよい。

[練習問題 8—3]　製品AおよびBを製造・販売するK社につき，下記の条件により設問に答えなさい。
(1)　19×1 年度の計画財務データ
　①　製品1個当たりの資料

	製品A	製品B
販売価格	2,000円	2,500円
製造原価		
原料費	800円	1,000円
変動加工費	700円	820円
固定加工費	100円	140円
変動販売費	40円	50円

なお両製品とも，年間の正常生産量は 10,000 個である。
　②　年間営業固定費予算
　　　固定販売費……………………1,145,000円
　　　一般管理費（すべて固定費）……2,644,020円
　　上記固定費は，固定加工費同様，A, Bにとって共通固定費である。
　③　製品AおよびBの販売量の割合は，1:1 とする。
(2)　19×2 年度の利益計画にさいし，予想される事項は，次のとおりである。
　①　製品Aの需要はかなり減少し，製品Bの需要はやや増加する見込みなので，製品1個当たりの販売価格を，Aは 4% 値下げし，Bは 2% 値上げする。
　②　製品AおよびBの販売量の割合は，2:3 と定める。
　③　輸入原料費が値下がりしたので，A, Bとも1個当たりの原料費はそれぞれ 8% 減少する。
　④　電力料金が値下がりしたので，製品1個当たりの変動加工費はAが 4%，Bが 5% 減少すると考えられる。
　⑤　運賃が値上がりしたので，A, Bとも1個当たりの変動販売費は 3% 増加する。
　⑥　19×2 年度の年間固定加工費予算総額は，2,756,000円である。
　⑦　賃借料などが値上がりしたので，固定販売費予算は 197,000円だけ，前年度より増加する見込みである。
　⑧　営業外収益は 225,812.7円，営業外費用は 296,346円発生すると予想される。
　⑨　期首，期末の仕掛品，製品有高は無視する。
　⑩　年間の平均使用総資本は 14,400,000円で，法人税等の税率は 40% である。
　上記のデータに基づいて，
　　[問1]　19×1 年度における A, B両製品の，損益分岐点の販売量を求めよ。
　　[問2]　19×2 年度の税引後の目標総資本経常利益率（＝税引後年間目標経常利益÷年間

平均使用総資本×100）が18%であるとして，この目標を達成する(a)税引前年間目標経常利益額ならびに(b)製品AおよびBの年間目標販売量を求めよ。ただし営業外費用収益は，固定費の修正項目とする。

(注) 〔問1〕，〔問2〕とも，計算過程を明示すること。

〔解答用紙〕

〔問1〕 19×1年度における A, B 両製品の，損益分岐点の販売量 = ☐ 個

〔問2〕 19×2年度の，税引後総資本経常利益率 18% の目標を達成する

　　　　(a) 税引前年間目標経常利益額 = ☐ 円

　　　　(b) Aの年間目標販売量 = ☐ 個

　　　　　　Bの年間目標販売量 = ☐ 個

（日商簿記1級原価計算試験問題）

〔練習問題 8—4〕 〔例題 8—12〕の計算条件で，製品 A，B，C の売上高の割合を，1：2：3 とするとき，当社の損益分岐点の売上高を求めよ。

第 9 章 原価予測の方法——原価の固変分解

第 1 節 原価予測方法の基本的分類

　原価を，変動費，固定費，準変動費などに分解することは，原価予測（cost estimation）のために必要である。企業が激烈な競争に生き抜くためには，生産量や販売量を増減させたときに，原価はどう変化するかについての正確な情報をもっていなければならない。この原価情報は，第 8 章で述べた損益分岐分析および CVP 分析，さらに次章で述べる直接原価計算を採用して，短期利益計画と利益統制に役立たせるために大切である。また経営意思決定のための差額原価を計算するためにも，この情報は必要である。さらにもし原価予測を正確に行なうことができれば，その情報を標準原価管理における原価標準として使用することもできる。したがって原価計算担当者は，原価データを分析し，たえずコスト・ビヘイビャーについての正確な情報をつかんでいなければならない。時の経過とともに，コスト・ビヘイビャーを決定したときの前提条件が変化すれば，その原価情報が不正確となり，企業を倒産させるような誤った意思決定を経営管理者にとらせるかもしれないからである。

　原価予測の方法は，基本的には IE 法（技術的予測法 industrial-engineering method; engineering method）と過去の実績データにもとづく予測法とに大別され，後者はさらに，いくつかの方法に分類される。すなわち次のとおりである。

$$\begin{cases}\text{(A)} & \text{I E 法} \\ \text{(B)} & \text{過去の実績データ} \\ & \text{にもとづく予測法}\end{cases} \begin{cases}\text{B-1} & \text{費目別精査法} \\ \text{B-2} & \text{高低点法（数学的分解法）} \\ \text{B-3} & \text{スキャッター・チャート法} \\ \text{B-4} & \text{回帰分析法（最小自乗法）}\end{cases}$$

　上述の（A）と（B）とでは，それぞれの方法によってえられる原価予測値の質

がまったく異なる。IE法によれば，原価がいくら発生すべきかを示す規範値がえられるのにたいし，過去の実績データにもとづく予測法によれば，実績データの平均値がえられる。

第2節　IE　　　法

　製造工程は，一定の原材料，労働力，諸設備などの組合せを投入することにより，一定量の製品が産出されるように設計されている。IE法は，これらの投入量と産出量との技術的な関係にもとづき，発生すべき原価を予測する方法である。

　この方法の長所は，動作研究や時間研究を通じて，投入量と産出量との最適な関係により，不能率を除去した原価の発生目標を予定することができる点にあり，したがってこの方法は，標準原価計算における原価標準の設定に適している。とりわけ投入量と産出量との因果関係が直接に跡づけられる直接材料費や直接労務費の予定には，IE法は効果的に採用される。

　しかしながらこの方法は，投入量と産出量との因果関係が間接的で把握しがたい場合には，その効果が薄れるという短所をもっている。そこで標準原価計算では，製造直接費の予定には IE 法が使用され，製造間接費の予定には，過去の実績データにもとづく予測法が採用されるのが通常であった。しかし近年，製造間接費の変動予算の設定に，IE 法の適用が試みられた。(注1) それによれば，たとえば事務員給与の原価予測を行なうために，まず事務員の職務分析を行ない，各職務の事務作業の作業量を測定し，これらを管理要素単位（control factor unit）に変換し合計する。そして管理要素単位を業務量の共通測定尺度とし，この部門における操業度がゼロのさいに保有する要員とその給与から出発して，事務員を1名ずつ増員することによって増加する事務作業能力と給与とを予測するのである。このような試みからも明らかなように，IE 法は製造活

（注1）詳しくは，拙稿「バイヤーの変動予算論」一橋論叢，79 巻 3 号，昭和 53 年 3 月を参照されたい。

動のみに限定されることなく，販売活動や一般管理活動の原価予測にも適用される道が残されている。ただしこの方法の採用には，かなりの手数と費用とを必要とする。

第 3 節　過去の実績データにもとづく予測法

1. 過去の実績データの取扱

次に過去の実績データにもとづく予測法を考察する。この場合には，実績データを注意深く観察し，以下の点に注意して取り扱うことが大切である。

(イ) 実績データに会計方針が重大な歪みを与えていないかどうか。たとえば，ある種の材料について，購入＝消費　として会計処理をしているため，業務量と原価発生額とが同一期間に属さないことがある。また固定費が配賦によって変動費化されていることがあるなど。

(ロ) 実績データがすべて同質的であるかどうか。たとえば生産条件の変更，ストライキの発生など，業務量以外の要素の変化が原価の実績データに影響を及ぼし，異常値となっていることがある。業務量以外の要素とは，生産販売能力，製造方法，経営組織，作業能率，原価財の価格，経営方針，会計処理方法，プロダクト・ミックス（セールス・ミックス）などであって，これらの要素は変化しないという前提で，原価予測を行なうのである。したがってたとえば，材料の消費能率がよい新機械を導入すれば，変動費は減少し，固定費は増加するかもしれない。その場合材料費について，機械を導入するまえの実績データと，導入したあとの実績データとは異質的であり，それらを一緒にして原価予測を行なってはならない。

(ハ) 原価の発生額（従属変数）の変化を説明する適切な独立変数（たとえば直接作業時間，直接労務費，機械作業時間など）が選択されているかどうか。この点は，次に述べる費目別精査法以外のすべての方法において問題となる。

独立変数を選択するときは，1つの独立変数を選ぶか，あるいは2つ以上の独立変数を選ぶかを決定しなければならない。また1つの独立変数を

選択する場合にも，予測する費目の実績データをグラフに記入し，原価の推移が直線的か，曲線的か，あるいは無関係かを，眼で確かめるのが賢明である。

実務上は，独立変数を1つとし，原価の推移を直線とみなして，原価予測の単純化を図ることが多い。これは，図9—1 の示すように，正常操業圏 (normal range of activity; relevant range of volume) の範囲では，合理的に直線とみなすことができるためである。

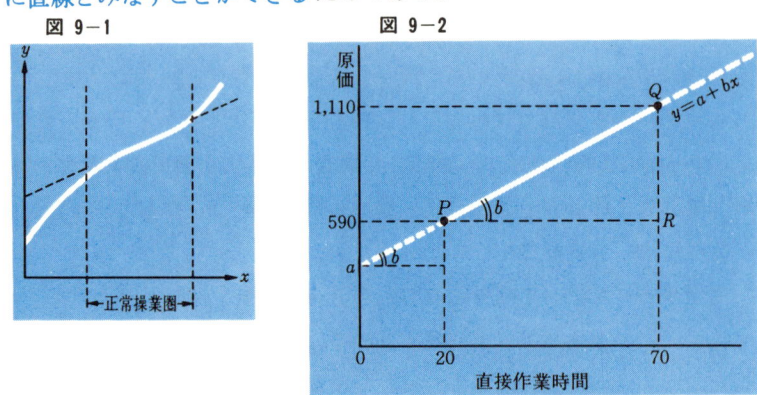

図9—1

図9—2

2. 費目別精査法

費目別精査法 (account classification method) は，勘定科目精査法，会計的方法 (accounting method) ともいわれる。この方法は，過去の経験にもとづき，費目分類表を精査して，費目ごとに変動費か固定費かに帰属させる方法である。手続が簡単であるために，この方法は実務上多く採用されるが，固変分解は主観的であり，準変動費はより変動的であるか固定的であるかによって，変動費または固定費のいずれかに無理に分類されるので，その結果は信頼性に乏しい。したがってこの方法は，過去の経験から，純粋の変動費または固定費であることが明らかな費用をまず選び出し，あとに残された費目（準変動費または準固定費）を，他の方法によって分解するために，原価分解を要しない費目と要する費目とに篩い分けをする方法として使用するのが適当である。

3. 高 低 点 法

高低点法 (high-low point method) は，数学的分解法の一種であり，過去の実績データのうち，その費目の最高の業務量のときの実績データと最低の業務量のときの実績データから，原価の推移を直線とみなし，原価直線の勾配（変動費率）と縦軸との交点とを計算する方法である。

たとえば直接作業時間（x）と補助材料費（y）にかんする1年分の実績データが，次のとおりであったとする。

	直接作業時間（x）	補助材料費（y）		
1月	20 時間	590	万円	（低点）
2	30	740		
3	20	600		
4	50	910		
5	40	830		
6	70	1,110		（高点）
7	60	960		
8	40	800		
9	60	1,040		
10	30	690		
11	40	760		
12	50	870		

これらの実績データをグラフに記入すれば，6月が最高点，1月が最低点となる。これらの2点を P, Q とし，図 9—2 で示したように，P, Q の2点を結ぶ線を延長し，Y 軸と交わる点を a とし，この直線の勾配を b とすれば，

$$b = \frac{RQ}{PR} = \frac{1,110万円 - 590万円}{70時間 - 20時間} = \frac{520万円}{50時間} = 10.4万円/時$$

$$a = 590万円 - 10.4万円/時 \times 20時間 = 382万円$$

と計算される。したがって補助材料費の予測額は，次の式により求められる。

図 9—3　図 9—4

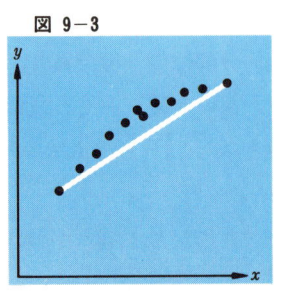

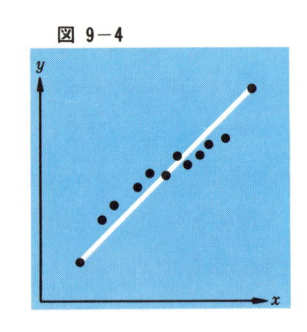

$$y = 382万円 + 10.4万円/時・x$$

しかしながらこの方法は，たった2点でもって，全体の原価の推移を把握することに無理がある。図 9—3 で示したように，全体として曲線的に推移している場合には予測誤差は大きくなり，また直線的に推移している場合でも，図 9—4 に示したように，正常操業圏の最高点と最低点とは異常値である可能性が大きいので，この方法の使用は一般にはすすめられない。この方法を採用するのであれば，上から2番目に高い点と，下から2番目に低い点とを結ぶ方法 (next-high, next-low point method) のほうがよいとする論者もいる。

4. Y 軸との交点の意味

ここで原価直線が Y 軸と交わる点の意味を検討しておこう。図 9—2 における a であるが，従来の原価計算書はこの点を深く考えずに，これを固定費部分 (fixed-cost component) として説明してきた。しかしながら a は，高低点法にあっては実績データの2点 P, Q を結ぶ直線の延長が Y 軸と交わる点を意味するにすぎない。また後述するように，回帰分析法にあっては，実績データの平均線（これを回帰直線といい，y' で表わすことにしよう）の延長が Y 軸と交わる点を意味するにすぎず，それは固定費部分を示すものではない。

そもそも，実績データにもとづく予測法では，$x = 0$（工場の操業休止状態）から正常操業圏の最下限に達するまでの低操業段階における原価の実績データはないのが普通である。したがってもし特別にこの低操業区間における原価の発生を IE 法によって調査してみれば，図 9—5 における×印のように推移す

図 9-5　　　　　　　　　　　図 9-6

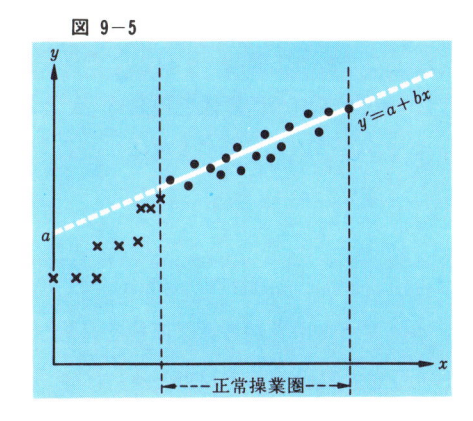

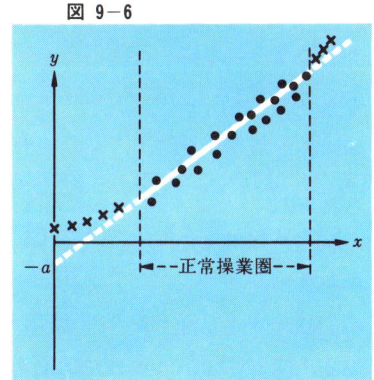

　るかもしれない。

　このように a の意味は，原価予測の方法によって変わることを知るべきである。原価の実績データにもとづく予測法を採用するときは，a はたんに原価直線の延長が Y 軸と交わる点を意味するにすぎない。$y' = a + bx$ によって原価の発生を有効に予測できるのは，正常操業圏の範囲内に限られる。これにたいして IE 法によって求めた a は，操業ゼロにおいても発生する絶対固定費を示す。たとえば工場の操業を休止しても，解雇しない重要な管理者，技術者さらに保安要員の給料，処分しない主要設備の減価償却費，固定資産税，火災保険料などからなる。

　なおここで，a の値がマイナスになったらどうか，を考えてみよう。実務上，このような平均原価直線を採用すべきではない，とするのが通説であった。なぜならば，操業がゼロのさいに固定費がマイナスになることはありえないからである。a がマイナスになるのは，異常値にもとづく分析，実績記録の誤り，営業量測定尺度が不適切，曲線的に推移する原価にたいし無理に直線をあてはめるなどの理由が考えられるからである。しかしながら実績データにもとづき統計的に予測する場合には，統計的手法の適用に問題がないかぎり，正

(注 2) Welsch, G. A., *Budgeting : Profit Planning and Control* (N. J. : Prentice-Hall, Inc., 3 rd ed., 1971), pp. 332—333.

常操業圏内における原価予測を目的とする以上，正常操業圏外にある a がマイナスになることは，一向にさしつかえないのである。図 9—6 は，この関係を示している。したがって後述するように，原価予測の信頼性を検討するときは，a の信頼性は重要でなく，b の信頼性を確かめることが重要になる。[注3]

5. スキャッター・チャート法

スキャッター・チャート法 (scatter-chart method; visual fit method) は，原価の実績データをグラフに記入し，それらの点の真中を通る原価直線を目分量で引く方法である。この方法は簡単であり，また高低点法とは違って，すべての実績データの点を利用して原価直線を決定するという長所をもつが，目分量で原価直線を決定するために客観性に欠ける短所をもつ。

6. 回帰分析法

(1) 単純回帰と多重回帰

実績データを利用して原価予測を行なう方法のうち，理論的にもっともすぐれた方法は回帰分析法 (regression analysis; 最小自乗法 method of least squares ともいわれる。) である。この方法には，単純回帰分析 (simple regression analysis) と，多重回帰分析 (multiple regression analysis) とがある。

単純回帰分析は，原価の推移を，1つの独立変数（たとえば直接作業時間）の変化に関係づけられる直線または曲線と考え，最小自乗法によってサンプル・データの平均線，すなわち回帰線 (regression line) を求めるものである。たとえば直線の場合の実績データは，

$$y = a + bx + u$$

であらわされる。y は従属変数（たとえば補助材料費），x は独立変数（たとえば直接作業時間）であって，$(a+bx)$ の部分を体系的部分 (systematic part) と呼び，この部分が回帰線 y' となる。他方，u は残差項と呼ばれる確率的部分 (ran-

---

(注 3) Horngren, C. T., *Cost Accounting, A Managerial Emphasis* (N. J.: Prentice-Hall, Inc., 4 th ed., 1977), pp. 792—793.

dom part) である。

これにたいし多重回帰分析では，原価の推移を2つ以上の独立変数によって説明しようとする。たとえばその実績データは，

$$y = a + bx_1 + cx_2 + dx_3 + \cdots\cdots + u$$

で表わされる。この式における x_1, x_2, x_3……が独立変数であって，たとえば x_1 が直接作業時間，x_2 が機械作業時間，x_3 が製品のロット数，x_4 が夏か冬かといった区別などであり，u が残差項である。多重回帰分析のためには，多くの手数と費用を要するうえ，この方法では2つ以上の独立変数間に相関関係がない（多元共線性 multicollinearity がない）ことが仮定されており，この仮定が実際の適用上大きな問題となる。したがって以下では，単純回帰分析，それも直線への回帰を中心に検討する。

(2) 最小自乗法

単純回帰分析を理解するためには，統計学における最小自乗法を知らなければならない。というのは，スキャッター・チャート法では，n 個の実績データをグラフに記入し，それらの点の真中を通る原価の平均線を目分量で引いたが，この平均線を計算で求めるのが回帰分析法であり，その計算方法が最小自乗法だからである。

図9—7では，10個の実績データが記入されている。仮にこれらの点の平均線を引くことができたとしよう。この平均線と実績データとの距離を偏差というが，偏差をすべて合計するとゼロになり，また偏差を自乗して合計すると最小になるという性質をもっている。これを式で書けば，次のようになる。

いま実績データを y，平均線（回帰直線）を y' とすれば，

$$\Sigma(y - y') = 0$$

$$\Sigma(y - y')^2 = \text{minimum}$$

となる。したがって逆にいえば，偏差を自乗して合計した値が最小になるように，a と b の値をきめれば，平均線が求められることになる。そのような a と b は，次に示す2つで1組の正規方程式を解けば求めることができる。

$$\begin{cases} \Sigma y = na + b\Sigma x \quad (n\text{はサンプル数}) \\ \Sigma xy = a\Sigma x + b\Sigma x^2 \end{cases}$$

[解 説] **平均の性質と最小自乗法**

いま,4個の数 4, 5, 7, 8 の算術平均 M を計算し,それによって平均の性質を調べてみよう。M は次のように計算される。

$$M = \frac{4+5+7+8}{4} = 6$$

したがって一般に,n 個の変量 X ($X_1, X_2, \cdots\cdots X_n$) の平均 M は,

$$M = \frac{X_1 + X_2 + \cdots\cdots + X_n}{n} = \frac{\Sigma X}{n}$$

となることは容易に理解できよう。Σ はシグマと読み,$X_1, X_2, \cdots\cdots X_n$ を合計するという意味である。

さて平均 M は次の性質をもっている。

(1) 平均 M と項数 n との積は,変量 X の総和に等しい。

われわれの例でいえば,$6 \times 4 = 4+5+7+8$ となる。これは当然であって,

$$M = \frac{\Sigma X}{n}$$

であるから,$nM = \Sigma X$ となる。

(2) 平均 M と各変量 X との差(偏差)の総和はゼロである。

われわれの例でいえば,

$$\begin{array}{r} 4-6 = -2 \\ 5-6 = -1 \\ 7-6 = 1 \\ 8-6 = 2 \\ \hline \text{合計}0 \end{array}$$

となる。これを記号で書けば,

$$\begin{array}{r} X_1 - M \\ X_2 - M \\ \vdots \\ +)\, X_n - M \\ \hline \Sigma X - nM \end{array}$$

ところで,$nM = \Sigma X$ であるから,$\Sigma X - nM = 0$ となる。かくして,$\Sigma(X-M) = 0$ という性質をもつ。

(3) 平均 M と各変量 X との差(偏差)の自乗の総和は,他の値 G を基準に測ったそれよりも小さい。

われわれの例でいえば,

$$\begin{array}{r} (4-6)^2 = 4 \\ (5-6)^2 = 1 \\ (7-6)^2 = 1 \\ (8-6)^2 = 4 \\ \hline \text{合計}10 \end{array}$$

となり，他の値 G，たとえば，$G = 5$ とすると，

$(4-5)^2 = 1$
$(5-5)^2 = 0$
$(7-5)^2 = 4$
$(8-5)^2 = \underline{9}$
合計　$\underline{14}$

となって，各変量と平均 M との偏差の自乗の総和である 10 が，各変量と他の値 5 との偏差の自乗の総和 14 より小さいという性質をもつ。これを一般式で書けば，

$$\Sigma(X-M)^2 < \Sigma(X-G)^2$$

という性質をもつ。Σ の式がわかりにくければ，下記のような計算を行なう。

$$
\begin{array}{cc}
(X_1-M)^2 & (X_1-G)^2 \\
(X_2-M)^2 & (X_2-G)^2 \\
\vdots & \vdots \\
+)\ (X_n-M)^2 & +)\ (X_n-G)^2 \\
\hline
\Sigma(X-M)^2 & < \quad \Sigma(X-G)^2
\end{array}
$$

最小自乗法は，平均の第 3 番目の性質を利用した方法なのである。

以上われわれは 4 個の数で平均の性質を調べたわけであるが，えられた結論は，推移する値としての直線についてもあてはまる。

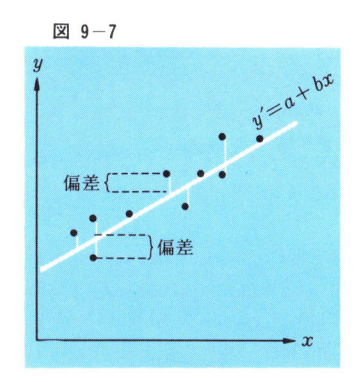

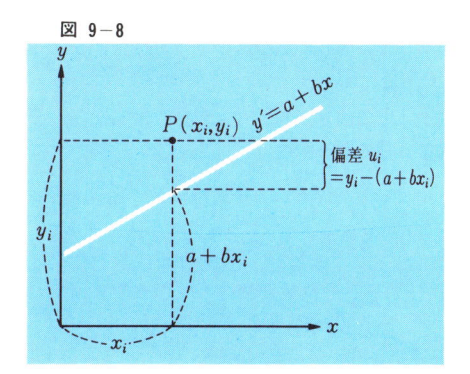

図 9-7

図 9-8

[解　説]　最小自乗法における正規方程式

いま，ある費目について n 個の実績データを観察し，それが直線的に推移すると判断された場合は，それらの実績データの回帰直線を求めればよい。この回帰直線を，$y' = a + bx$ とし，任意の実績データの 1 点を P，その点の座標を x_i, y_i とし，点 P からこの直線までの距離，すなわち偏差を u_i とすれば，図 9-8 からも明らかなように，

$$u_i = y_i - (a + bx_i)$$

である。実績データは P 点ばかりではなくて，n 個あり，この直線の上側のみならず下側にも散在している。そこで偏差をすべて自乗し合計した値は，最小になるはずである。すなわち，

$$\sum_{i=1}^{n} u_i^2 = \sum_{i=1}^{n} [y_i - (a + bx_i)]^2 \longrightarrow \min. \quad \cdots\cdots\cdots\cdots\cdots ①$$

となるような，a, b を求めれば，この回帰直線を求めることができる。このためには，①式を偏微分してゼロとおけばよい。この計算は次のようになる。

$$\frac{\partial \sum u_i^2}{\partial a} = \frac{\partial [u_1^2 + u_2^2 + \cdots + u_n^2]}{\partial a}$$

$$= \frac{\partial u_1^2}{\partial a} + \frac{\partial u_2^2}{\partial a} + \cdots + \frac{\partial u_n^2}{\partial a}$$

$$= \sum_{i=1}^{n} \frac{\partial u_i^2}{\partial a}$$

$$= \sum_{i=1}^{n} \frac{\partial u_i^2}{\partial u_i} \cdot \frac{\partial u_i}{\partial a}$$

$$= \sum_{i=1}^{n} 2u_i \cdot (-1) = 0 \cdots\cdots ②$$

$$\frac{\partial \sum u_i^2}{\partial b} = \sum_{i=1}^{n} \frac{\partial u_i^2}{\partial b}$$

$$= \sum_{i=1}^{n} \frac{\partial u_i^2}{\partial u_i} \cdot \frac{\partial u_i}{\partial b}$$

$$= \sum_{i=1}^{n} 2u_i \cdot (-x_i) = 0 \cdots\cdots ③$$

②と③より，

$$\begin{cases} \sum_{i=1}^{n} (-2)[y_i - (a + bx_i)] = 0 \cdots\cdots ④ \\ \sum_{i=1}^{n} (-2x_i)[y_i - (a + bx_i)] = 0 \cdots\cdots ⑤ \end{cases}$$

④を整理して，

$$\sum_{i=1}^{n} [y_i - (a + bx_i)] = 0 \cdots\cdots ⑥$$

⑤を整理して，

$$\sum_{i=1}^{n} [x_i y_i - (ax_i + bx_i^2)] = 0 \cdots\cdots ⑦$$

⑥と⑦より，

$$\begin{cases} \sum_{i=1}^{n} y_i = na + b\sum_{i=1}^{n} x_i \cdots\cdots ⑧ \\ \sum_{i=1}^{n} x_i y_i = a\sum_{i=1}^{n} x_i + b\sum_{i=1}^{n} x_i^2 \cdots\cdots ⑨ \end{cases}$$

さて，⑧と⑨を正規方程式といい，この連立方程式を解いて，a, b を求めればよい。この正規方程式は以上述べたような計算によって導き出せるわけであるが，記憶の仕方としては，次のように考えればよい。

$y = a + bx$ の式に，

(イ) 各項に Σ をつけた式を作る（a の係数は 1 であるから）。すなわち，

$$\Sigma y = \Sigma a + \Sigma bx$$

$$\therefore \Sigma y = na + b\Sigma x \longrightarrow ⑧$$

(ロ) 各項に x を掛けて Σ をつけた式を作る（b の係数が x であるから）。
$$xy = ax + bx^2$$
$$\Sigma xy = a\Sigma x + b\Sigma x^2 \longrightarrow ⑨$$
というように導き出すと記憶するのが便利である。

——— × × × ——— × × × ———

表 9—1

(1) x	(2) y	(3) x^2	(4) xy	(5) $y' = 400 + 10x$	(6) $(y - y')$
20	590	400	11,800	600	-10
30	740	900	22,200	700	40
20	600	400	12,000	600	0
50	910	2,500	45,500	900	10
40	830	1,600	33,200	800	30
70	1,110	4,900	77,700	1,100	10
60	960	3,600	57,600	1,000	-40
40	800	1,600	32,000	800	0
60	1,040	3,600	62,400	1,000	40
30	690	900	20,700	700	-10
40	760	1,600	30,400	800	-40
50	870	2,500	43,500	900	-30
$\Sigma x = 510$	$\Sigma y = 9,900$	$\Sigma x^2 = 24,500$	$\Sigma xy = 449,000$		

(7) $(y - y')^2$	(8) $(y - \bar{y})$	(9) $(y - \bar{y})^2$
100	-235	55,225
1,600	-85	7,225
0	-225	50,625
100	85	7,225
900	5	25
100	285	81,225
1,600	135	18,225
0	-25	625
1,600	215	46,225
100	-135	18,225
1,600	-65	4,225
900	45	2,025
$\Sigma(y - y')^2 = 8,600$		$\Sigma(y - \bar{y})^2 = 291,100$

$$\begin{cases} \bar{x} = \dfrac{510}{12} = 42.5 \\ \bar{y} = \dfrac{9,900}{12} = 825 \end{cases}$$

(3) 単純回帰分析の計算例

高低点法の説明のさいに使用した直接作業時間(x)と補助材料費(y)にかんする年間のデータを使用して，その回帰直線を計算してみよう。

正規方程式を解くためには，$\Sigma x, \Sigma y, \Sigma xy, \Sigma x^2$ を計算しなければならない。そのために表 9—1 の(1)列から(4)列までの計算を行なう。その計算結果を正規方程式に代入すれば，

$$\begin{cases} 9,900 = 12a + 510b \\ 449,000 = 510a + 24,500b \end{cases}$$

となり，これを解けば，

$$\begin{cases} a = 400 \\ b = 10 \end{cases}$$

となる。したがって求める補助材料費の回帰直線 y' は，

$$y' = 400 + 10x$$

である。

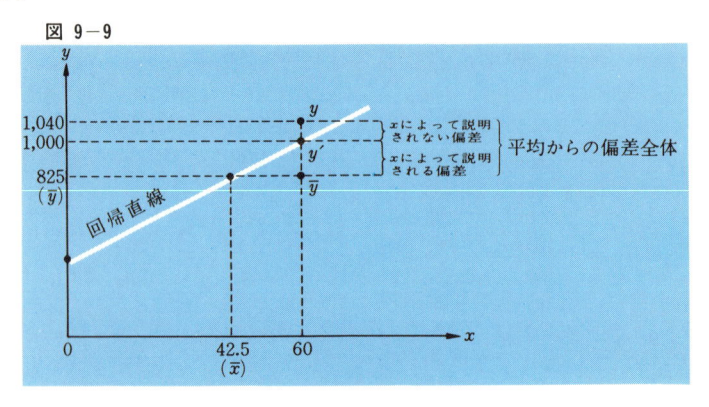

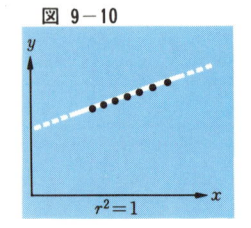

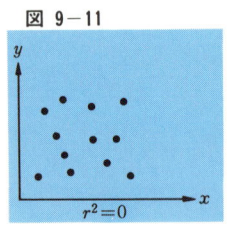

図 9−9

図 9−10

図 9−11

(4) 回帰直線の信頼度と決定係数

補助材料費の回帰直線は求められたが，それがどの程度信頼できるであろうか。回帰直線の信頼度を知るためには，その決定係数 (coefficient of determination) を計算してみるのがよい。

たとえば 9 月の実績データは，$x = 60$ のとき $y = 1,040$ である。$x = 60$ のときの回帰直線 y' の値は，$y' = 400 + 10 \times 60 = 1,000$ である。表 9—1 の左端で計算したように，x の平均を $\bar{x}$, y の平均を $\bar{y}$ とすれば，$\bar{x} = 42.5$, $\bar{y} = 825$ である。図 9—9 で示したように，x と y との平均値は，いわばこれら 2 変数の代表値であって，$x = 42.5$ のときは，$y = 825$ となるのが普通の状態である。たまたま 9 月の実績データは，x が 42.5 から 60 に増加したので，y も 825 から 1,000 までふえることは，不思議ではない。つまり図 9—9 における 1,000 と 825 との開き，記号で書けば $(y' - \bar{y})$ は，x によって説明できる偏差である。ところがそのときの実績データ y は，1,040 であった。そこで 1,040 と 1,000 との開き，記号で書けば $(y - y')$ は，x によって説明しきれずに残る偏差，すなわち残差である。

したがって平均からの偏差全体 $(y - \bar{y})$ 中に占める残差 $(y - y')$ の割合が大きければ大きいほど，この回帰直線の説明力は弱く，したがってこの直線による原価予測の信頼性は弱いといえる。

ところでこの関係は，$x = 60$ のときのみならず，12 個のサンプル・データのすべての点について計算し合計してみる必要があるし，偏差にはプラスの偏差もマイナスの偏差もあり，たんに偏差を合計してはゼロになるので，偏差を自乗して分散のかたちにするのがよい。すなわち，

$$\frac{\Sigma(y - y')^2}{\Sigma(y - \bar{y})^2} = \frac{x によって説明のつかない差異}{全体の差異}$$

この式を 1 から引いたものが決定係数 r^2 である。

$$r^2 = 1 - \frac{\Sigma(y - y')^2}{\Sigma(y - \bar{y})^2}$$

なぜ 1 から引くかといえば，回帰直線における y の変化を完全に x の増減に

よって説明できる場合，r^2 の値を1にし，逆に y の変化を完全に x の増減によって説明できない場合，r^2 の値をゼロにしたいためである。

図 9—10 で示したように，すべての実績データが回帰直線上にぴったりと並ぶときは，x の増減によって y の変化を完全に説明できる場合である。これは完全相関の場合であって，回帰直線の予測能力は完全である。この場合は，$\Sigma(y-y')^2$ はゼロとなり，$r^2=1$ となる。図 9—11 で示したのはその反対の場合であって，y の実績データが x の変化とまったく無関係に散らばっている。このときは，$\dfrac{\Sigma(y-y')^2}{\Sigma(y-\bar{y})^2}=1$ となり，$r^2=0$ となる。r^2 が1に近ければ近いほど，その回帰直線が信頼できることを意味する。なお，r^2 の平方根 r を相関係数 (coefficient of correlation) という。

われわれの計算例では，サンプル数が少ないので自由度で調整することが問題になるが，ここでは前述の式に従って，r^2 を計算してみよう。そのためには表 9—1 における(5)列から(9)列まで計算し，その結果を r^2 の式に代入すれば次のようになる。

$$r^2 = 1 - \frac{8{,}600}{291{,}100} \fallingdotseq 0.9705$$

ということは，補助材料費の変化は，直接作業時間の増減によって，ほぼ 97％説明できる，ということを意味する。

[付 記] **直接労務費は変動費か固定費か**

　　第8章および次章の計算例では，便宜上，直接労務費をすべて変動費として例示したが，わが国の場合，業種業態により，また原価計算目的によって，かならずしも変動費として扱われているわけではない。

　　まず装置工業では，直接工が存在せず，間接労務費しか発生しないので，この問題は生じない。ただし間接労務費は変動費か固定費かという問題は，本質的には同じ問題である。

　　直接工が存在する業種においては，直接工の給与は，出来高払よりも月給制，あるいは日給月給制によって支払われることが多く，したがって支払形態からすれば，それは固定費の性格を強くもっている。とりわけ原価計算目的が短期利益計画にあるとき，あるいは資金予算を編成する場合には，直接工の給与は固定費としなければ，CVP分析を正しく行なうことができない。清涼飲料を生産するある工場では，売上高から原料費，包装材料費，容器費などを差し引いて貢献利益を計算し，貢献利益から自由裁量固定費としての労務費やその他の拘束固定費などを差し引いて営業利益を計算している。

　　直接工の給与を固定費として扱うことは，一定の直接工の労働力を，業務量の増減とはかかわりなく保有するという経営管理者の方針を反映している。それでは直接工の労働力は，管理

不能として手放しでほっておいてよいかといえば，そういうわけにはいかない。直接工の労働力は作業時間とともに消費され，製品生産量の増減とともに変動する。したがって消費形態からみれば，それは変動費の性格を強くもっている。そこで企業によっては，短期利益計画上はこれを固定費として扱い，労働力の管理は作業時間の標準・実績比較というかたちで，物量管理のみを行なっているところもある。しかし直接工の部門別消費賃率は必ずしも同じではないので，物量管理には限界がある。したがって企業によっては，原価管理目的からこれを変動費とするところもみられる。

このように一見矛盾するような直接労務費の取扱い方，つまり利益計画上は固定費として取り扱い，原価管理上は変動費として取り扱うのを，1つの管理システムのなかで統合することは可能である。

たとえばあるコスト・センターにおける直接労務費関係の資料は，次のとおりであったとする。

(1) 直接工1人当たり月額給与21万円×5人＝105万円。なお業務量が増減しても正常操業圏内では，5人の直接工を保有する方針である。
(2) 直接工1人1か月間の作業能力175時（＝1日7時間×25日）×5人＝875時間
(3) 予定消費賃率＝105万円÷875時＝1,200円/時
(4) 当コスト・センターでは，製品Pを製造し，製品1個当たりの標準作業時間は2時間である。
(5) 当月の予算操業時間…800時間
(6) 当月の製品P実際生産量…350個
したがって標準作業時間は700時間である。
(7) 当月の実際作業時間…760時間
(8) 直接工の月額給与105万円の予算を，実際にも当月において同額支払った。

以上の条件において利益管理上は，直接労務費を固定費として取り扱い，次のような予算・実績比較となる。

(固 定 費)	予　算	実　績	差　異
直接労務費	105万円	105万円	―

しかしながら原価管理上は，次のような標準原価差異分析を行なう。

1. 総　差　異＝(実際直接労務費1,050,000円) －(標準直接労務費 1,200円/時
　　　　　　×700時＝840,000円) ＝210,000円 (Dr.)
2. 能率差異(作業時間差異) ＝ 1,200円/時×(760時－700時) ＝72,000円 (Dr.)
3. 操業度差異＝ 1,200円/時×(875時－760時) ＝138,000円 (Dr.)
　　内訳： 1,200円/時×(875時－800時) ＝90,000円 (Dr.) …予想遊休能力差異
　　　　　(これは，経営者の人事ないし経営方針によって生ずる差異)
　　　　　1,200円/時×(800時－760時) ＝48,000円 (Dr.) …予算操業度差異
　　　　　(これは，実際操業時間が予算操業時間に達しなかったために生じた差異)
4. 検　　証：能率差異72,000円 (Dr.) ＋操業度差異138,000円 (Dr.)
　　　　　　＝210,000円 (Dr.) ＝総差異

以上の分析を図示すれば，図 9—15 のとおりである。

図 9—15

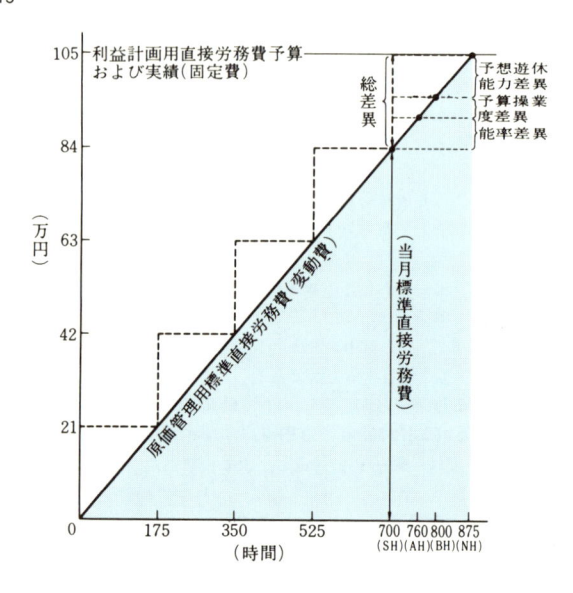

グラフ：縦軸「（万円）」、横軸「（時間）」。縦軸の目盛は 21, 42, 63, 84, 105。横軸の目盛は 175, 350, 525, 700, 760, 800, 875（それぞれ SH, AH, BH, NH）。

- 利益計画用直接労務費予算および実績（固定費）：105
- 原価管理用標準直接労務費（変動費）
- 当月標準直接労務費
- 総差異
- 予想遊休能力差異
- 予算操業度差異
- 能率差異

[練習問題 9—1] 製品 X を量産する B 社の正常操業圏は，製品 X の月産30,000個を基準操業度（100％）とすると，60％から120％の範囲である。製品 X の販売単価は 200 円で，過去 6 か月間の生産・販売量にかんする実績データは，次のとおりであった。

	生産・販売量	総 原 価
1月	20,000個	4,460,000円
2	10,000	3,100,000
3	29,000	5,433,000
4	33,000	5,863,000
5	35,000	6,080,000
6	30,000	5,540,000

(1) 製品 X の総原価を，高低点法によって原価分解を行ない，(a)製品 1 個当たりの変動費と，(b)月間固定費を計算しなさい。
(2) 原価分解の結果を利用し，当社の損益分岐点の売上高（月額）を求めなさい。
(3) 当社の総資本は，5,760 万円であるとして，税引後総資本利益率（＝税引後利益÷総資本）が 20％（年率）となる目標売上高（月額）を求めなさい。ただし法人税率は 40％，営業外収益，費用はないものとする。また月間の固定費は，来月から 184,800 円増加する見込みである。

第10章 直接原価計算

第1節 直接原価計算の本質

1. 直接原価計算の定義

直接原価計算(direct costing; variable costing)とは,原価(製造原価,販売費および一般管理費)を変動費と固定費とに分解し,売上高からまず変動費を差し引いて貢献利益を計算し,貢献利益から固定費を差し引いて営業利益を計算することによって,正規の損益計算書上に,短期利益計画に役立つ原価・営業量・利益の関係を明示する損益計算の1方法である。したがって直接原価計算による損益計算書は次のようになる。

売　上　高		5,000万円
差引:変動売上原価		2,750
変動製造マージン		2,250万円
差引:変動販売費		1,200
貢　献　利　益		1,050万円
差引:		
製 造 固 定 費	540万円	
固定販売費お 　よび一般管理費	410	950
営　業　利　益		100万円

2. 直接原価計算の特徴

直接原価計算の特徴について,原価を変動費と固定費に区分する点を強調する見解や,製品原価として変動製造原価のみを製品に集計する部分原価計算で[注1]

(注1) Neikirk, W.W., "*How Direct Costing Can Work for Management*", 1951 in Marple, R.P. (ed.), *National Association of Accountants on Direct Costing* (N.Y.: The Ronald Press Company, 1965), p. 83.

ある点を強調する見解などがある。これらの見解は傾聴に値するけれども，その本質的特徴をついた見解であるとはいいがたい。原価を固定費および変動費に区分することは，全部原価計算においても行なわれるし，また製品に変動製造原価のみを集計するため，この計算は直接原価計算というよりも変動原価計算 (variable costing) と呼ぶべきであるとする見解もあるが，製品に変動製造原価のみを集計してみても，それだけではなんら役に立つわけではない。

　直接原価計算の特徴は，原価計算の1方法というよりもむしろ損益計算の1方法である，という点にある。すなわち，第2次世界大戦後，利益計画がきわめて重要になってきた時期に，アメリカの企業は経常的な計算制度としては，原価管理用の標準原価計算制度を採用し，短期利益計画のためには必要に応じて原価計算制度の枠外で，損益分岐分析を行なっていたが，この種の分析は非常に「時間もかかり費用もかかる」(time consuming and costly)(注2) ため，特別調査的に行なってきた原価・営業量・利益関係の分析を，正式の会計記録 (formal accounting records) のなかに採り入れ，この種の分析を経常的に行なえるような原価計算を工夫した。これが直接原価計算である。(注3) したがってそれは原価計算ではあるけれども，貢献利益を計算しない直接原価計算はありえず，CVP の関係を見ない直接原価計算もありえないのである。したがってむしろ CVP の関係を正規の会計記録のなかで分析するための一種の損益計算方式であるというべきである。

　直接原価計算を採用する企業の勘定連絡図は，たとえば図10—1のようになる。原価はすべて変動費と固定費とに分解されており，たとえば実際に発生した燃料費 (間接材料費) はあらかじめ定められた固定費と変動費率によって分解され，変動費部分は変動製造間接費勘定に，固定費部分は固定製造間接費勘定に集計される。製品勘定には完成品の変動製造原価のみが集計され，売上品の

(注2) Shillinglaw, G., *Cost Accounting: Analysis and Control* (Illinois: R.D. Irwin, Inc., 1961), p. 611.

(注3) N.A.A. の調査報告書も，「直接原価計算は，損益分岐図表によって図示される原価・営業量・利益関係の原理を，そのまま製造原価報告書に適用するものである」と述べている。
　　N.A.A., *Current Application of Direct Costing, Research Report 37*, Jan. 1, 1961, p. 6. 藤田・森藤共訳「直接原価計算」日本生産性本部，昭和 38 年, p. 19.

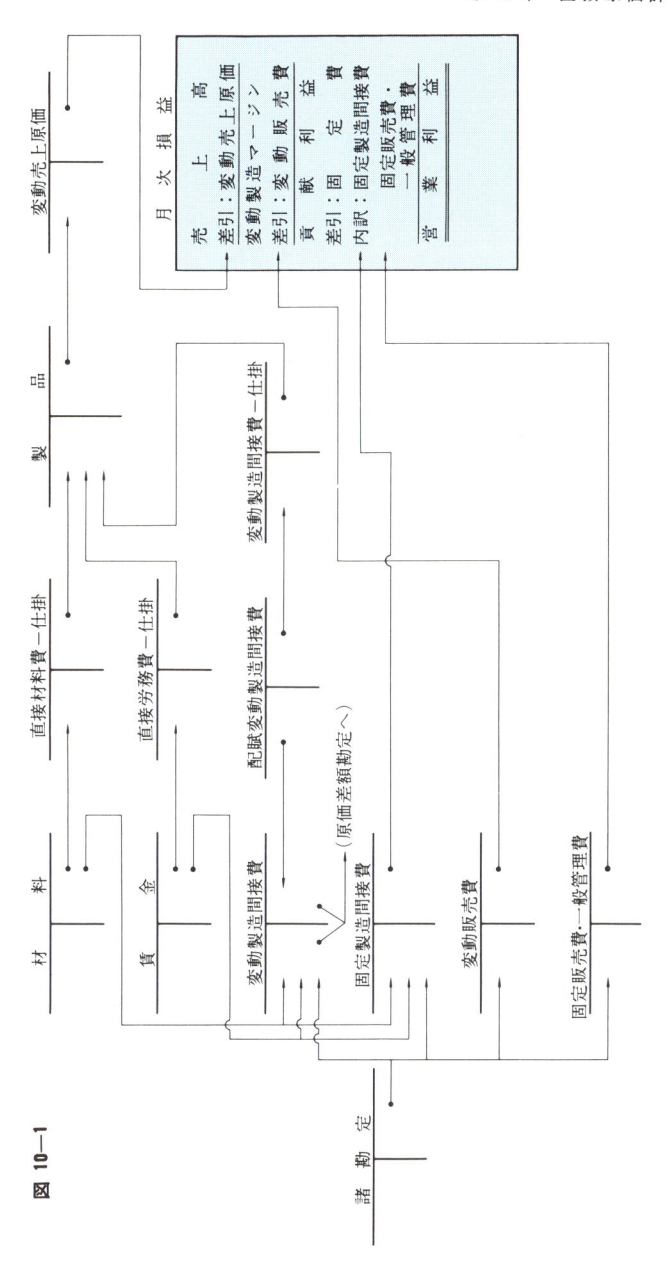

第 10 章 直接原価計算

図 10—1

勘定連絡図（直接原価計算）

主要な勘定：
- 諸勘定
- 材料 / 賃金 / 変動製造間接費 / 固定製造間接費 / 変動販売費 / 固定販売費・一般管理費
- 直接材料費—仕掛 / 直接労務費—仕掛 / 配賦変動製造間接費
- （原価差額勘定へ）
- 変動製造間接費—仕掛
- 製品
- 変動売上原価

月次損益：
- 売上高
- 差引：変動売上原価
- 変動製造マージン
- 差引：変動販売費
- 貢献利益
- 差引内訳：固定製造間接費
    固定販売費・一般管理費
- 営業利益

変動製造原価は変動売上原価勘定をへて月次損益勘定へ振り替えられる。

　固定製造間接費や，固定販売費および一般管理費は，その期の発生額を直接に月次損益勘定へ賦課する。全部原価計算の場合と異なり，直接原価計算では，固定製造間接費が仕掛品勘定をへて製品勘定へと集計されていない点，すなわちプロダクト・コストとして扱われていない点に注意すべきである。さて，直接原価計算はその生成以来たえず変貌を続けているので，各時代によってその利用目的や問題点が異なる事実にも注意しなければならない。そこでわれわれは，その発展段階にそくして問題点を理解することにしよう。

第2節　直接原価計算の生成

1. 製造間接費正常配賦の難点

　製造間接費正常配賦の理論の項で説明したように，製造間接費を製品に実際配賦すると，計算が遅れるのみならず，操業度の変動によって製品の実際単位原価が非常に変動するという欠陥が生ずる。そこでこの欠陥を克服するために，製造間接費の配賦は正常操業度を基準とする正常配賦へと移行した。しかしながらこの正常配賦には，(イ)いかなる操業水準を正常操業度として選択すべきか，すなわち実際的生産能力，平均操業度，予算操業度など各種の操業水準が考えられ，それぞれ異なる正常配賦率，正常配賦額，そして配賦差額がえられるが，これらのうちどれを正常操業度とすべきか，(ロ)さらに配賦差額をどのように処理すべきか，という困難な問題に直面する。

　このような問題に直面したそもそもの原因は，大多数の原価計算担当者が，製造間接費も製造直接費と同様に，製品の製造のために発生し，製品の価値形成に役立っている以上，製品原価の一部分を立派に構成すると考えたからである。そこでこうした基本的な接近方法は正しいと考え，製造間接費の実際配賦から生ずる欠陥，すなわち製品の実際単位原価を大きく変動させる犯人である不働費を製品原価から除去するために，正常配賦を採用したわけである。

　これにたいして，製造間接費の正常配賦を行なうためには，製造間接費を変

動費と固定費に分解しなければならない。そこで原価計算担当者のなかには，製造間接費中の固定費は，製品を実際に製造すると否とにかかわらず発生する事実に注目し，それはキャパシティ・コストないし，生産準備費 (stand-by costs) であり，時間の経過とともに発生する原価 (time costs) であるから，製品原価の一部分を構成しない，とする着想が早くから生れ，正常配賦の困難さを痛感するにつれて，しだいにこの考え方が高まってきた。
(注4)

2. 全部原価計算の複雑性——売上高と比例して増減しない営業利益

原価計算史上，直接原価計算の先駆者たちが現われてくるのは，1936年—1937年ごろのことである。これら先駆者たちの主張を検討してみると，前述の
(注5)
正常配賦に伴う困難な問題点 のほかに，彼らは伝統的全部原価計算の複雑性 (complexity of absorption costing) を非難し，直接原価計算が経営管理者にとって理解しやすい点 (ease of understanding by management) を強調していたことに気がつく。

この点を次に計算例で説明しよう。

いま，ある会社の社長が，次のような年次損益計算書を経理部長から渡されたとする(表 10—1)。この表は，次の条件にもとづき，伝統的な全部原価計算により作られている。すなわち計算例を単純にするために，この企業は単種量産経営であり，製品の標準製造原価と実際製造原価とは，操業度差異が生ずるのみであって，操業度差異は売上原価に賦課するものとする。さらに販売費および一般管理費は，すべて固定費であって，年々同額であるとする。
(注6)

(注 4) A. H. チャーチは，このような直接原価計算の主張が存在することを指摘し，これを誤りであるとした。
　　Church, A. H., *Production Factors in Cost Accounting and Works Management* (N. Y.: The Engineering Magazine, 1910), p. 184.
(注 5) Harris, J. N., "*What Did We Earn Last Month?*" N.A.C.A. Bulletin, 1936; Kohl, C. N., "*What Is Wrong With Most Profit and Loss Statement?*" N.A.C.A. Bulletin, 1937.
(注 6) 価格差異，数量差異，賃率差異，時間差異などが生ずる計算例にしてもよいが，これらの差異は，全部原価計算にも直接原価計算にも，同額生ずるので，これらの差異は計算条件から除外した。

[資　料]

(1) 製品1単位の標準原価

直 接 材 料 費　　1.20円　（変動費）
直 接 労 務 費　　1.50　（変動費）
変動製造間接費　　0.30
固定製造間接費　　1.00 $\left(=\dfrac{\text{固定製造間接費予算額}100\text{万円}}{\text{正常生産量}100\text{万個}}\right)$
　　計　　　　　　4.00円

(2) 製品1単位の売価　6.00円

(3) 販売費および一般管理費　100万円

(4) 製品の生産量と販売量（注7）（単位：万個）

	1期	2期	3期	4期	合計
期首在庫量	—	—	60	20	—
当期生産量	100	150	70	100	420
当期販売量	100	90	110	110	410
期末在庫量	—	60	20	10	10

表 10—1　全部原価計算による損益計算書　（単位：万円）

	1期	2期	3期	4期	合計
売 上 高	600	540	660	660	2,460
差引：売上原価					
期首製品有高	—	—	240	80	—
当期完成品製造原価	400	600	280	400	1,680
計	400	600	520	480	1,680
期末製品有高	—	240	80	40	40
売上原価	400	360	440	440	1,640
製造間接費配賦差額	—	(50)*	30†	—	(20)
修正売上原価	400	310	470	440	1,620
売上総利益	200	230	190	220	840
差引：販売費および一般管理費	100	100	100	100	400
営業利益	100	130	90	120	440

（注 7）計算条件を単純にするために期首，期末に仕掛品は存在しないものとする。

	＊　固定製造間接費				†　固定製造間接費	
実際発生額	100万円	正常配賦額		実際発生額	100万円	正常配賦額
配賦超過額	50	@1円×150万個…150万円				@1円×70万個… 70万円
	150万円		150万円			配賦不足額　30
					100万円	100万円

[表10—1の説明]

第2期を例にとって表10—1を説明しよう。

(1) 売上高 ＝ @6円 × 90万個 ＝ 540万円

(2) 期首製品有高 ＝ @4円 × 0個 ＝ 0円

(3) 当期完成品製造原価 ＝ @4円 × 150万個 ＝ 600万円

　　なお期首，期末に仕掛品は存在しないので，当期製造費用と完成品製造原価とは一致する。

(4) 期末製品有高 ＝ @4円 × 60万個 ＝ 240万円

(5) 売上原価 ＝ 600万円 － 240万円 ＝ 360万円

(6) 製造間接費配賦差額については，上記＊印の固定製造間接費勘定を参照されたい。これによれば，50万円の配賦超過であり，それだけ売上原価が多すぎることになるので，売上原価360万円 － 製造間接費配賦差額50万円 ＝ 修正売上原価310万円　となる。第3期における配賦差額は†印の固定製造間接費勘定を参照のこと。

(7) 売上総利益 ＝ 540万円 － 310万円 ＝ 230万円

(8) 営業利益 ＝ 売上総利益 230万円 － 販売費および一般管理費 100万円
　　　　　　＝ 130万円

となる。

さて表10—1を渡された社長は，会計的素養がないので，この表を見て呆気にとられてしまった。その理由は簡単である。経営者の感覚としては，製品を製造しても利益は生じない。つまり利益は販売によって生ずると考えるのである。しかるに伝統的な全部原価計算によれば，売上高と営業利益との関係は，次のようになっている。

(単位:万円)

	1期	2期	3期	4期
売 上 高	600	540	660	660
営 業 利 益	100	130	90	120

この結果によれば,第2期は第1期より売上高が減少しているにもかかわらず,営業利益は第1期より第2期のほうが増加し,第3期は第2期より売上高は増加しているにもかかわらず,営業利益は第2期より第3期のほうが減少しているのである。このように経営者の感覚に合わない損益計算書は,計算方法が間違っているのではなかろうか,と直接原価計算主義者は主張する。

そこで経理部長は,同じ条件にもとづき,直接原価計算による損益計算書(表10—2)を作成し,社長に提出した。

表 10—2　直接原価計算による損益計算書　　(単位:万円)

	1期	2期	3期	4期	合 計
売 上 高	600	540	660	660	2,460
差引:変動売上原価					
期首製品有高	—	—	180	60	—
当期完成品変動製造原価	300	450	210	300	1,260
計	300	450	390	360	1,260
期末製品有高	—	180	60	30	30
変動売上原価	300	270	330	330	1,230
貢 献 利 益	300	270	330	330	1,230
差引:固定費					
製 造 固 定 費	100	100	100	100	400
固定販売費および一般管理費	100	100	100	100	400
固 定 費 計	200	200	200	200	800
営 業 利 益	100	70	130	130	430

[表10—2の説明]

第2期を例にとって説明しよう。

(1)　売上高 = @6円 × 90万個 = 540万円

(2)　直接原価計算であるから,製品の期首,期末製品有高は,変動製造単位原価(1.20円 + 1.50円 + 0.30円 = 3円)で計算する。そこで売上原価は,変動製造原価のみで計算され,固定製造間接費は期間原価とされる。

(3) 期首製品有高 = @3円 × 0個 = 0円
(4) 当期完成品変動製造原価 = @3円 × 150万個 = 450万円
(5) 期末製品有高 = @3円 × 60万個 = 180万円
(6) 変動売上原価 = 450万円 − 180万円 = 270万円
(7) 貢献利益 = 540万円 − 270万円 = 270万円
(8) 製造固定費と固定販売費および一般管理費は，条件により年々100万円ずつ，計200万円である。
(9) 営業利益 = 270万円 − 200万円 = 70万円

さて表10—2を受け取った社長は大喜びである。売上高と営業利益との関係は，次のようになっている。

(単位：万円)

	1期	2期	3期	4期
売 上 高	600	540	660	660
営 業 利 益	100	70	130	130

これによれば，売上高が減少すれば営業利益も減少し（第2期），売上高が増加すれば営業利益も増加している（第3期）からであり，売上高が同じならば営業利益の額も同じとなっている（第3期と第4期）。もちろん売上高の増減と正比例して増減するのは貢献利益までであり，それから一定額の固定費を差し引くため，売上高と営業利益とは，正比例して増減するわけではない。

3. 全部原価計算による営業利益と直接原価計算による営業利益

それでは，全部原価計算による営業利益と直接原価計算による営業利益とは，どのような原因で差異が生じてくるのであろうか。

問題の中心は，製造固定費をいつ期間費用に落とすか，というタイミングの問題である。つまりこれを発生した期間の収益に対応させるのが直接原価計算方式であり，これをいったん製品へ結びつけ，製品原価のなかに含めておいて，その製品が販売されたときに，売上原価のなかに入れて，売上高と対応させるのが，全部原価計算方式である。

この点を明らかにするために，いま次のように記号を定める。

P_a：全部原価計算の営業利益
P_d：直接原価計算の営業利益
v_p：製品1個当たりの変動製造原価
f_p：製品1個当たりの固定製造原価
I_b：期首製品在庫量
X_p：当期製品生産量
I_e：期末製品在庫量
v_s：製品1個当たりの変動販売費
$F_{S\&A}$：固定販売費および一般管理費
S：売上高

このように記号を定めれば，

当期製造固定費：$f_p \cdot X_p$
販　売　量：$I_b + X_p - I_e$
売　上　原　価：$(v_p + f_p)(I_b + X_p - I_e)$
変　動　販　売　費：$v_s(I_b + X_p - I_e)$

によってあらわすことができる。したがって全部原価計算の営業利益と，直接原価計算の営業利益は，次の式でそれぞれ求められる。

$$P_a = S - (v_p + f_p)(I_b + X_p - I_e) - v_s(I_b + X_p - I_e) - F_{S\&A}$$
$$= S - (v_p + f_p + v_s)(I_b + X_p - I_e) - F_{S\&A}$$
$$P_d = S - \{v_p(I_b + X_p - I_e) + v_s(I_b + X_p - I_e)\} - (f_p \cdot X_p + F_{S\&A})$$
$$= S - (v_p + v_s)(I_b + X_p - I_e) - (f_p \cdot X_p + F_{S\&A})$$

したがって $P_a - P_d$ は，次のようになる。

$$P_a - P_d = -f_p(I_b - I_e)$$
$$\therefore \quad P_a - P_d = f_p(I_e - I_b) \quad \cdots\cdots\cdots\cdots\cdots ①$$
$$\therefore \quad P_a = P_d + f_p \cdot I_e - f_p \cdot I_b \quad \cdots\cdots\cdots\cdots\cdots ②$$

上の①式は，全部原価計算の営業利益と直接原価計算の営業利益の差は，期末在庫量と期首在庫量との差に，製品1単位当たり固定費を掛けた額に等しい

ことを意味する。したがって直接原価計算の営業利益を全部原価計算の営業利益に修正するには、②式により，

$$\begin{matrix}全部原価計算\\の営業利益\end{matrix} = \begin{matrix}直接原価計算\\の営業利益\end{matrix} + \begin{matrix}期末在庫品中\\の製造固定費\end{matrix} - \begin{matrix}期首在庫品中\\の製造固定費\end{matrix}$$

によって修正すればよい。われわれの計算例における第3期を例にとれば，

$$90万円 = 130万円 + 20万円 - 60万円$$

となり，②式が成立していることが確かめられる。

以上の考察から，次の結論を導き出すことができる。

(イ) 生産量＝販売量 であるならば，あるいは同じことであるが，期首在庫量＝期末在庫量 であれば，両方式による営業利益に差は生じない（第1期）。

(ロ) 両方式の営業利益が異なる場合は，生産量＝販売量 でない場合，あるいは，期首在庫量＝期末在庫量 でない場合である。したがって長期的にみれば，生産量＝販売量 となるはずであり（ならなければ，その会社は潰れている），したがって年々の営業利益を数期間合計して比較してみれば，両方式の営業利益合計額に大差は生じない（4期間の営業利益合計をみよ）。大差が生ずるのは，生産量＝販売量 でない場合，つまり短期の営業利益においてである。直接原価計算支持派の考える営業利益（短期利益計画およびその統制用の利益）は，元来短期の営業利益であり，通常その期間は1年間，あるいは半年，3か月，1か月，あるいは1週間でさえもある。

第8章第2節の表8—2の計算例でいえば，

販売単価	500円/kg
変動費	200
貢献利益	300円/kg

という情報が，直接原価計算方式を採用している企業では利用可能である。したがって，ある1週間に製品 1,000 kg を販売したときは，300円/kg × 1,000 kg ＝ 30万円 だけ貢献利益がえられたわけである。もしこの会社の操業水準が，損益分岐点の売上量以前であれば，固定費を 30万円回

収した事実が明らかとなり，もし損益分岐点の売上量以後であれば，営業利益が 30万円増加した事実が判明する。

(ハ) もし，生産量＞販売量 であれば，期首在庫量＜期末在庫量 となる。この場合，当期の収益に対応させられる製造固定費は，$f_p(I_e - I_b)$ だけ全部原価計算方式のほうが少なく，したがって直接原価計算による営業利益よりも全部原価計算による営業利益のほうが多くなる（第2期）。この点は，直接原価計算支持派の人々が，全部原価計算を痛烈に非難する論点の1つである。つまり，不況期に製品の売れ行きがはかばかしくないとき，売れない製品を作れば作るほど，全部原価計算方式によれば営業利益が増加する。そんな馬鹿な話があろうか。全部原価計算は，客に製品を売ることによって利益をえるのではなく，売れない製品を倉庫へ売りつけることにより，換言すれば，「在庫品へ製造間接費を売りつける」("selling overhead to inventory") ことによって利益をえたような錯覚におちいっているのだ，と非難する。

もし，生産量＜販売量 ならば，期首在庫量＞期末在庫量 となる。したがってこの場合は，当期の利益に対応させられる製造固定費は，$f_p(I_b - I_e)$ だけ全部原価計算方式のほうが多く，したがって直接原価計算による営業利益のほうが全部原価計算による営業利益よりも多くなる（第3期および第4期）。

次に，両方式の営業利益の間に差異が生ずるいま1つの原因としては，全部原価計算方式における操業度差異の処理方法がある。表10—1は，4年分の損益計算書と考えたが，これら全体を1年間の損益計算書であるとし，各期は4半期であるとしよう。この場合，操業度差異は年度末まで繰り延べられ相殺されるのが通常の処理方法である。この方法によれば，表10—3のようになる。

第 10 章　直接原価計算

表 10—3　全部原価計算による修正損益計算書　（単位：万円）

	第1四半期	第2四半期	第3四半期	第4四半期	年間合計
売上高	600	540	660	660	2,460
差引：売上原価					
期首有高	—	—	240	80	—
当期製造費用	400	600	280	400	1,680
計	400	600	520	480	1,680
期末有高	—	240	80	40	40
売上原価	400	360	440	440	1,640
売上総利益	200	180	220	220	820
差引：販売費および一般管理費	100	100	100	100	400
営業利益	100	80	120	120	420
製造間接費配賦差額	—	50	(30)	—	20
年間営業利益合計					440

表10—3によれば，各四半期の営業利益は売上高の増減と同じ方向に増減している。

さて，全部原価計算方式において，実際的生産能力を基準とする標準配賦率を使用すれば，操業度差異は毎月の損益勘定に計上されるべきであり，もし5年間の平均操業度を基準とする標準配賦率を使用すれば，操業度差異は5年度末まで繰り延べられ相殺されるべきであり，またもし予算操業度を基準とする標準配賦率を使用すれば，操業度差異は年度末まで繰り延べられ相殺されるべきである。したがって直接原価計算の営業利益と全部原価計算の営業利益との間に差異が生ずる原因は，

(1)　生産と販売との相互関係 (注8)

(2)　全部原価計算における操業度差異の処理方法

の2つの要素をあげることができる。

(注 8)　われわれの計算例は，棚卸資産評価に標準原価を使用するという仮定にもとづいている。したがって両方式による営業利益は，（製品単位当たりの標準固定製造間接費）×（期首在庫量－期末在庫量）だけの差異が生ずるという一般的な結論がえられたわけである。この仮定には，根拠がある。なぜならば直接原価計算は，直接実際原価計算よりも直接標準原価計算（direct standard costing）の形態をとるほうが，はるかに有用であり，直接原価計算の生成期においても，Harris の主張した直接原価計算は，direct standard cost manufacturing plan であったからである。

第 3 節　直接原価計算の発展

1. セグメント別損益計算

　1930年代の半ばに生成した直接原価計算は，あまり世人の注目をひくことなく1940年代を過ぎ，1950年代になって，急速に台頭した。わが国の企業においても，直接原価計算制度を採用する企業が増加しつつある。その理由は，直接原価計算がCVP分析上有用な情報を提供することができる点にある。しかしここで注意すべきは，直接原価計算が企業全体のCVP分析を可能にするのみならず，企業を構成する部分（segment）ごとにCVP分析を可能ならしめる，ということである。とりわけ直接原価計算によれば，セグメント別の損益計算を行なうことによって，企業全体の利益にたいし，各セグメントがどれほど貢献しているか，すなわちセグメント別の収益性を正しく判断できるという長所をもっている。次にこの点を例解しよう。

　いまある会社の社長が，表10—4の製品品種別損益計算書を経理部長から渡されたとする。^(注9)

　短期利益計画においては，まずどの製品品種がもっとも収益力に富むか，あるいはどの製品品種の収益力がもっとも悪いかを判定し，収益力に富む品種の販売に力を入れ，収益力の悪い品種は，原価管理その他の手段によってその収益性を向上せしめるか，あるいはもし見込がなければ，その製造販売を中止すべきである。

　さて，表10-4を見た社長は，会社全体の売上高営業利益率がわずかに7.3%にすぎないことを知り，その主たる原因はB製品の営業利益がゼロであること，つまりB製品がなんら会社全体の利益にたいして貢献していないことによると判断した。したがって短期利益計画の主たる対策は，B製品の利益改善に

(注 9) この表では，期首，期末の仕掛品，製品はないと仮定されている。固定製造間接費1,600万円は直接労務費を，固定販売費および一般管理費600万円はそれぞれの売上高を基準にして，各製品品種へ配賦されている。これらの固定費は，いずれも各品種に共通に発生する固定費である。

表 10—4 全部原価計算による製品品種別損益計算書　（単位：万円）

製 品 品 種	A	B	C	合 計
売　上　高	1,000	2,000	3,000	6,000
差引：売 上 原 価				
直 接 材 料 費	300	400	600	1,300
直 接 労 務 費	100	300	400	800
変動製造間接費	150	200	300	650
固定製造間接費	200	600	800	1,600
売 上 原 価 計	750	1,500	2,100	4,350
売 上 総 利 益	250	500	900	1,650
差引：販売費および一般管理費				
変 動 販 売 費	110	300	200	610
固定販売費および一般管理費	100	200	300	600
販売費および一般管理費計	210	500	500	1,210
営 業 利 益	40	0	400	440
売上高営業利益率	4%	0%	13.3%	7.3%

集中せしめられるべきであり，場合によってはその製造販売の中止を決意することも考えられるとした。

　しかしながらこのような判断は，きわめて危険である。なぜならば，固定製造間接費1,600万円と固定販売費および一般管理費600万円とは，各製品品種に共通に発生する共通固定費（common fixed costs; joint capacity costs）であるため，これらの固定費は，どの品種にいかほど要するかを正しく計算することは不可能な一種の連結原価である。したがってこれらを直接労務費や売上高を基準にして配賦すると，その計算結果は信頼性に乏しい数値になってしまうからである。

　直接原価計算ではこの点をきびしく批判し，企業全体の利益にたいする製品品種別の貢献度を，これら共通固定費を各品種に配賦することなく，貢献利益または貢献利益率にもとづいて判断すべきであると主張する。直接原価計算によって製品品種別損益計算書を作成すれば，表10—5のようになる。

表 10—5 直接原価計算による製品品種別損益計算書　（単位：万円）

製品品種	A	B	C	合計
売上高	1,000	2,000	3,000	6,000
差引：変動売上原価				
直接材料費	300	400	600	1,300
直接労務費	100	300	400	800
変動製造間接費	150	200	300	650
変動売上原価計	550	900	1,300	2,750
変動製造マージン	450	1,100	1,700	3,250
差引：変動販売費	110	300	200	610
貢献利益	340	800	1,500	2,640
差引：固定費				2,200
内訳：固定製造間接費				1,600
固定販売費および一般管理費				600
営業利益				440
C/M 比率	34%	40%	50%	44%

表10—5によれば，企業全体の利益にたいする各品種の貢献順位は，第1位がC，第2位がB，第3位がAとなり，まずどの品種よりも先に改善されるべきはA品種であることが判明する。この点は，マッツ・カリー・フランクに従って，製品品種別の貢献利益図表図10—2を作成してみれば，明確に示される。
(注10)

図10—2は，貢献利益図表を製品品種別に画いた図である。すなわちまず横軸に売上高をとる。次に会社全体の固定費2,200万円の点から出発して，P/V比率の大きい品種から図に書き入れていく。まずそれはC品種であるから，Cの売上高3,000万円を底辺とし，C製品の貢献利益1,500万円を高さとする直角三角形を画く。その斜辺がC製品の貢献利益線である。このようにしてB，Aをも記入し，最初の出発点Fと最後の到達点Pとを結べば，A B C 3種の品種を 1：2：3 の割合で販売するときの貢献利益線がえられる。

図10—2は，各品種の会社全体の利益440万円を獲得するための貢献度を明確に示している。すなわちわれわれは，海底深く2,200mの底にいると考えよう。C製品によって，1,500m浮上し，B製品によって800m浮上したために

(注10) Matz, A., O. J. Curry, and G. W. Frank, *Cost Accounting* (Cincinnati: South-Western Publishing Company, 4 th ed., 1967), p.831.

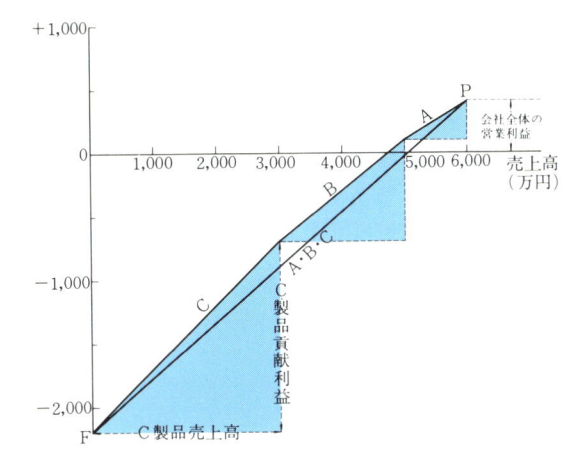

図 10—2 製品品種別貢献利益図表

固定費の全額を回収し，100万円の利益（= 1,500 + 800 − 2,200）を獲得し，最後に A 製品によってさらに 340 万円の利益を追加することができたのである。かくして，B 製品の営業利益ゼロという情報は誤りであり，この品種は固定費を回収し利益を獲得するために 800 万円の貢献をしている。全部原価計算は元来外部報告の期間損益計算用であって，経営管理者のための短期利益計画用の計算ではないことを忘れてはならない。

以上われわれは，直接原価計算が短期利益計画に役立つ CVP にかんする情報のみならず，企業を構成するセグメント別の損益計算によって，各セグメントが企業全体としての利益獲得に，どのように貢献しているかにかんする情報を提供することができるために，1950年ごろから急速に台頭してきた事情を理解した。

上例ではセグメントは製品品種（product lines）であったが，このほか事業部（divisions），顧客（customers），販売地域（sales territories），販売経路（channels of distribution）なども，セグメントの例である。したがって事業部制をとっている企業において直接原価計算制度を採用すれば，各事業部が企業全体としての利益を獲得するためにどの程度貢献しているかを，正しく判断することができる。

2. 固定費の段階的差引計算と貢献利益法
(1) 個別固定費, 共通固定費およびセグメント・マージン

　直接原価計算の初期においては，固定費はまったくの管理不能費であるという考え方が支配的であった。したがって製品品種別の損益計算を直接原価計算方式によって行なうさいも，各品種別に貢献利益を算出することによってそれぞれの収益性を判断し，次いで固定費総額を一括して，品種別貢献利益の合計額から差し引き，営業利益に及ぼす固定費の圧迫という事実を示そうとした。ところがこのようなセグメント別損益計算を行なってみると，固定費は次の2種類からなることが明らかとなった。

$$\text{固 定 費} \begin{cases} \text{個別固定費} \\ \text{共通固定費} \end{cases}$$

　すなわち個別固定費 (direct fixed costs; traceable fixed costs; specific capacity costs) とは，なるほど固定費ではあるが，各セグメントに直接に跡づけられるコストである。たとえばセグメントを製品品種とするとき，特定の品種のみの製造に必要な特殊機械の減価償却費，あるいはセグメントを事業部とすれば，特定の事業部の部長の給料などをあげることができる。これにたいして共通固定費 (common fixed costs) とは，各セグメントに共通して発生する固定費であって，本社の建物の減価償却費や固定資産税などがその例である。

　そこで固定費を貢献利益合計から一括的に差し引かずに，次のような計算が工夫されるようになった (表10—6)。

表 10—6　直接原価計算方式による事業部別損益計算書

(単位：万円)

	合　計	A事業部	B事業部
売　上　高	5,000	2,000	3,000
差引：変　動　費	2,800	1,000	1,800
貢　献　利　益	2,200	1,000	1,200
差引：個 別 固 定 費	500	400	100
事 業 部 利 益 (セグメント・マージン)	1,700	600	1,100
差引：共 通 固 定 費	500	200	300
営　業　利　益	1,200	400	800
P/V	44%	50%	40%

表10—6では，貢献利益のほかに事業部利益（segment margin）が計算されている。これら2つの利益の役割の差異を説明しよう。まず期間的利益計画（periodic profit planning）において，A，B両事業部の存続を前提としたうえで，どちらの事業部に重点を注ぐべきかを検討中であるとする。(注11)

もしA事業部を廃止するのであれば，A事業部の変動費はもちろんのこと，その個別固定費の発生も回避することができる。しかしA，B両事業部とも存続させることを決意すれば，両事業部とも，その個別固定費の発生はやむをえざるものとして覚悟しなければならない。したがって期間的利益計画では，個別固定費を差し引くまえの貢献利益の段階で，各事業部の収益力を判断すべきである。A事業部のP/V比率は50%，B事業部のそれは40%であるから，明らかにA事業部の収益力がまさっており，この事業部のほうに資金，資材，労働力を傾注すれば，会社全体の利益を増加させることができる。したがって貢献利益は，短期の期間的利益計画用の利益である。

これにたいして事業部利益は，各事業部の売上高から各事業部で固有に発生する変動費と固定費とを差し引くことによって計算された事業部固有の利益である。この利益は，その事業部が各事業部に共通的に発生する固定費を回収しさらに利益を獲得するためにどれほど貢献するかを示す額（contribution to common fixed costs and profit）にほかならない。表10—6では，A事業部の事業部利益はB事業部の半分に近く，売上高事業部利益率についていえば，A事業部は30%，B事業部は約36.7%である。したがってA事業部は，そのP/V比率は高いが，事業部利益率は低い。したがって事業部利益額または事業部利益率が低いということは，なんらかの対策をとらねばならぬことを示す。この場合は個別固定費がA事業部において多額に発生していることが問題である。そこでその内容を調査し，遊休設備があれば処分したり，固定費の予算統制を厳重にするなどの措置をとるべきである。このように事業部利益は，問題提起用

(注 11) 既存事業部の廃止，新規事業部の新設は，個別的利益計画（project profit planning）ないし経営意思決定（management decision-making）の問題である。この問題については差額原価収益分析の章を参照されたい。

の利益であるといってよい。表10—6は，事業部別の損益計算書であるために，事業部利益という名称を用いたが，このような損益計算書を販売地区別に作成すれば，各地区別の貢献利益から各地区固有の個別固定販売費を差し引いた額を，地区別貢献利益 (district contribution to common fixed costs and profit) と称することができ，あるいはまた製品品種別損益計算書を作成すれば，同様な利益を製品貢献利益 (product contribution to common fixed costs and profit) と称することができる。いずれにしても，各セグメント固有の利益であり，各セグメントに共通して発生する固定費を回収したうえで利益を獲得するための貢献額 (segment contribution to common fixed costs and profit) であるから，セグメント・マージンと称せられる。

なお表10—6で注意すべきは，共通固定費が各事業部に配賦されていることである。共通固定費を各セグメントに配賦してしまっては，信頼性の乏しい配賦計算をできるかぎり避けるという直接原価計算の基本的思考に反し，全部原価計算と変わりがないように思われるであろう。しかし直接原価計算の配賦計算は，次の点で全部原価計算の配賦計算と異なっている。すなわち全部原価計算では配賦計算をもって正確な計算であり，その結果は信頼できると考えるのにたいし，直接原価計算では配賦計算を正確な計算とは考えず，共通固定費をどのセグメントからいかほど回収すべきかという経営者の方針を示すための計算と考えている。したがってたとえば製品品種別損益計算書を作成する場合，全部原価計算では個別固定費であれ共通固定費であれ，その製造原価部分をプロダクト・コストとして各製品単位にまで配賦するが，直接原価計算では個別固定費を一括的に各製品品種へ直課し，共通固定費もまた各製品品種へまとまった金額で割り当てるのみで，製品単位にまで配賦することはないのである。

（2） マネジド・コストとコミッテッド・コスト

短期利益計画のためにはセグメント別個別固定費をさらに，

(注12) Keller, W., and W. L. Ferrara, *Management Accounting for Profit Control* (N. Y.: McGraw-Hill Book Company 2 nd ed., 1966), p.722.

セグメント別個別固定費 { マネジド・コスト（自由裁量固定費）
コミッテッド・コスト（拘束固定費）

に分類するのが有用である。コミッテッド・コスト (committed costs) とは，物的生産販売設備や基礎的組織の維持費であって，減価償却費，固定資産税，長期契約の賃借料,重要な職員の給料などがその代表的な例である。これらのコストは，長期の生産販売能力にかんする意思決定によって発生し，いったん投資にふみきると，耐用年数の全期間に結合して発生するという意味で長期原価 (long-run costs) であり，耐用年数の初期には，重大な損失をこうむることなしにその発生を回避することはできない。したがってコミッテッド・コストの有効な管理は，投資の段階と除却の段階で合理的な意思決定をすることにその大半がかかっており，その途中の時期では，生産販売能力を遊休にしないよう努力する以外に方法はない。

これにたいしてマネジド・コスト (managed costs) は，プログラムド・コスト (programmed costs) あるいは自由裁量固定費 (discretionary fixed costs) といわれる原価であって，その原価の投入とそれによって生ずる効果との最適な関係が不明なために，経営管理者がそれぞれの方針によってその発生額を年度予算のなかで定めざるをえない原価である。広告費，試験研究費，従業員訓練費，交際費などをその例としてあげることができる。たとえば広告費にしても，どれほどかければどのくらい売上が増すかというインプットとアウトプットの最適な関係がわからないために，年間の広告費は経営者がその方針にもとづいて決定する。したがってこれらのコストはコミッテッド・コストと異なり，短期原価 (short-run costs) であり，万一不況にでもなれば短期間に大幅に削減することも可能である。マネジド・コストは，固定予算で管理せざるをえず，また予算どおりコストをかけたからそれでよいというわけでもない。とりわけ下位のレベルでは，企業の能率や利益を大切にする雰囲気を高めるとともに，マネジド・コストの予算を使用することによって，利用可能な企業資産が有効に使

(注 13) McFarland, W. B., *Concepts for Management Accounting* (N.Y.: National Association of Accountants, August 1966), p. 53; Horngren, C. T., *Cost Accounting, A Managerial Emphasis* (N. J.: Prentice-Hall, Inc., 2nd ed., 1967), pp. 197—199.

用されたか否かを，有能な経営管理者が個別的ないし直接的管理（face-to-face control）方式によって確かめる必要がある。

そこで短期利益計画にさいしては，次のような損益計算書(表10—7)を作成し，セグメント別個別固定費（個別キャパシティ・コスト）をマネジド・コストとコミッテッド・コスト，つまり短期的に変化せしめうるコストと変化せしめえないコストとに分けておけば，きわめて有用な短期利益計画用の情報がえられることになる。

表 10—7 セグメント別短期利益計画用損益計算書

	合計	セグメント（製品品種など)		
		A	B	C
売 上 高	6,000	1,000	2,000	3,000
差引：変動製造販売費	3,360	660	1,200	1,500
貢 献 利 益	2,640	340	800	1,500
差引：個別キャパシティ・コスト				
プログラムド・コスト	780	100	250	430
コミッテッド・コスト	1,000	150	300	550
計	1,780	250	550	980
セグメント・マージン	860	90	250	520
共通キャパシティ・コスト配賦額	420	70	140	210
営 業 利 益	440	20	110	310

（3） 管理可能固定費，管理不能固定費および管理可能利益

次に短期利益統制のためには，セグメント別固定費はそのセグメントの長にとって管理可能か不能かという視点から，

$$\text{セグメント別個別固定費} \begin{cases} \text{管理可能固定費} \\ \text{管理不能固定費} \end{cases}$$

とに分類されるべきである。すなわち事業部別損益計算や販売地区別損益計算においては，表10—8 に示すような予算・実績比較計算が利益統制上有益な情報をもたらす。

表 10—8　ステレオ事業部業績評価用損益計算書

	予算	実績	差異
売　上　高	5,000	4,700	300
差引：変動売上原価および変動販売費	2,600	2,500	100
貢　献　利　益	2,400	2,200	200
差引：管理可能個別固定費	300	290	10
管　理　可　能　利　益	2,100	1,910	190
差引：管理不能個別固定費	400	400	—
事　業　部　利　益	1,700	1,510	190
差引：共通固定費配賦額	500	500	—
事　業　部　営　業　利　益	1,200	1,010	190

　表10—8で計算された管理可能利益 (controllable profit) は，この事業部長の業績測定のために計算された利益である。すなわち，売上高はこの事業部長の責任であり，変動売上原価および変動販売費，管理可能個別固定費はすべて管理可能原価 (controllable costs) である。したがってそれまでの計算過程において，

　　　管　理　可　能　収　益
　　　差引：管理可能原価
　　　管　理　可　能　利　益

の計算が行なわれている。それ以後の計算で現われる原価すなわち，その事業部で発生したが，事業部長にとって管理不能な固定費（管理不能個別固定費）および共通固定費の当事業部にたいする配賦額は，すべてこの事業部長にとって責任を負うことのできない原価であるから，これらの原価を差し引いて計算した事業部純利益の金額の多少によって事業部長の業績を測定することはできない。したがって事業部長の業績は，管理可能利益を算出し，これから管理可能投資額にたいする資本コストを差し引いて計算した税引前の管理可能残余利益 (controllable residual income before taxes) の予算・実績比較にもとづいて測定されるべきである。事業部長の業績測定については，第12章で検討する。

　なおここで注意すべきは，マネジド・コストとコミッテッド・コストおよび管理可能固定費と管理不能固定費の関係である。まずこれら2つの固定費グル

ープは，分類の基準が異なる点に注意しなければならない。そこでマネジド・コストはそのセグメントの長の方針によって定められるという意味で管理可能固定費である。しかしコミッテッド・コストは必ずしも管理不能固定費であるとはかぎらない。たとえば，事業部長がその事業部における特定の設備について，投資の決定権および使用権をともにもつ場合，その設備から生ずるコミッテッド・コストは，その事業部長にとって管理可能固定費となる。

さらに管理可能利益 (controllable profit) も，一種の貢献利益であることに注意してほしい。管理可能利益は，管理不能個別固定費および共通固定費配賦額を回収し，全社的利益を生み出すための，事業部長の貢献額 (contribution to direct non-controllable fixed costs, allocated common fixed costs and profit) を示している。

(4) 結　　　び

以上の考察では，直接原価計算の枠のなかで，短期利益計画用に限界利益を計算するとともに，他方個別固定費を短期利益計画のみならず，その他の目的にも有益な情報がえられるように分類し直し，段階的な差引計算を行なうことによって，それぞれの段階で異なる意味をもつ各種の貢献利益を計算するにいたった点を検討した。換言すれば，元来が短期利益計画用に工夫された直接原価計算を，多目的に利用しようとする努力の現われとして，以上の内容を理解できよう。

次に述べる直接原価計算論争は，内部目的のために工夫された直接原価計算を外部目的（外部報告目的の期間損益計算）にも使用しようとする主張から生じた論争であり，直接標準原価計算は利益管理のみならず原価管理にも役立つ統合原価計算を目ざす計算である。したがっていずれも，直接原価計算の多目的利用の線にそって理解することができる現象であり，多目的利用をいかにして成功させるかが，直接原価計算の直面する現代的課題の1つとなっている。

なお直接原価計算と意思決定との関係について一言述べておきたい。

次章で説明するように経営意思決定のための計算は，その意思決定によって影響を受ける収益と原価との比較計算（差額原価収益分析）であり，それは臨時

計算であって制度上行なわれる計算ではない。これにたいし直接原価計算は，正規の会計報告書上で CVP 分析を可能ならしめる計算であり，経常的に行なわれる制度計算である。(注14)

また原価の分類を例にとると，直接原価計算においては変動費と固定費の分類，経営意思決定においては差額原価と埋没原価の分類が適切な分類であり，両者は異なる原価分類を採用する。したがって理論的には，直接原価計算は経営意思決定目的にそのままでは役立たないというべきである。しかしながら次の事実を見のがしてはならない。すなわち経営意思決定の計算上必要な差額収益および差額原価は，全部原価計算制度から入手したデータからも，あるいはまた直接原価計算制度から入手したデータからも，そのどちらからでも計算することができる。しかし通常意思決定は，切迫した時間内で行なわなければならず，また費用の点でも限られた枠のなかでともかくも意思決定をしなければならないことが多い。このような場合は，直接原価計算から入手したデータにもとづいて差額収益や差額原価を計算するほうが，全部原価計算から入手したデータにもとづいて計算するよりも，はるかに迅速に，費用をかけずに計算できる，という事実である。したがって差額原価収益分析のための出発点として，あるいは迅速にその概算を行なうことができるという意味において，直接原価計算は経営意思決定にとってきわめて有用な情報を提供することができるというべきである。(注15)

3. 直接原価計算論争

直接原価計算は，内部報告目的のためにきわめて有益な情報を提供することができる。このことが一般に認められるようになると，直接原価計算支持者たちは，この計算方式を，外部報告目的にも使用できるのではないかと考え，さ

(注14) 論者によっては，複式簿記機構と離れて行なわれる直接原価計算を直接原価分析と称することがある。しかしこの種の分析の本質は，意思決定のための差額原価収益分析の代用であることが多く，直接原価計算は制度計算として利用するほうが，その性能を生かした使い方であるというべきである。

(注15) Keller=Ferrara, *ibid.*, pp. 706—707.

らに一歩進んで，全部原価計算方式よりも直接原価計算方式のほうが，外部報告上も理論的に正しい計算方式である，と主張した。この問題をめぐって1950年代の半ばから約10年間にわたって，後世から直接原価計算論争 (the direct costing controversy) として知られる論争が，直接原価計算派と全部原価計算派との間で行なわれた。ここでは，その要点だけを簡単にまとめておくことにする。
(注16)

(1) マープルによる未来原価回避説の提唱

　直接原価計算論争の口火を切ったのは，アメリカ会計士協会 (National Association of Accountants) のマープル (Raymond P. Marple) である。すでに述べたように，伝統的な原価計算では，製造原価は変動費であろうと固定費であろうと，すべて製品に集計する。これにたいしてマープルは，全部固定費株式会社という計算例において伝統的な全部原価計算を痛烈に批判し，直接原価計算が理論的に外部報告にも適切な原価計算であるとする根拠を明らかにした。
(注17)

　彼の計算例は次のとおりである。すなわち時は1975年，全部固定費株式会社が操業を開始した。この会社は，ある川の沿岸にあって，空気と川の水から合成肥料を製造し，製品を長期の販売価格契約で販売している。その名称の示すとおり，この会社のコストは，すべて固定費だけであって変動費はない。従業員としては少数のスタッフをかかえるのみで，すべて年俸契約で雇われている。生産量の増減は，コントロール・パネルのダイヤルを2，3調節すればよい。さて操業開始後の1か月後および2か月後の資料は，次のとおりである。

(注16) 詳しくは，拙稿「第5章直接標準原価計算の外部報告機能」溝口・青木・岡本共著「責任会計「新しい会計学」第4巻，日本経営出版会，1970年を参照されたい。

(注17) Marple, R. P., *"Try This on your Class, Professor"*, The Accounting Review, Vol. XXXI, No. 3 (July 1956). 山辺六郎稿「マープルの直接原価計算支持論」産業経理，21巻1号，1961年1月。

	1か月目	2か月目
販　売　量	10,000トン	10,000トン
生　産　量	20,000トン	ゼロ
販売単価	30ドル/トン	30ドル/トン
原価（すべて固定費）		
製造原価	280,000ドル	280,000ドル
一般管理費	40,000ドル	40,000ドル

上記資料において，この会社が2か月目にまったく生産をしなかったのは，貯蔵中に製品の質がやや低下することに経営者が気づき，販売に見合うだけしか生産しない方針に変えたからである。したがって1か月目から繰り越された製品10,000トンを2か月目に販売したわけである。

さて，全部原価計算によって両月の損益計算書を作れば，次のようになる。

1か月目の損益計算書		2か月目の損益計算書		
売　上　高	300,000ドル(注18)	売　上　高		300,000ドル
売上原価	140,000	売上原価		140,000
売上総利益	160,000ドル	売上総利益		160,000ドル
		配賦洩れ製造原価	280,000ドル	
一般管理費	40,000	一般管理費	40,000	320,000
純利益	120,000ドル	純損失		160,000ドル

マープルによれば，両月とも売上は同額であり，原価も同額発生しているから，両月の損益は等しいはずであるのに，全部原価計算によれば，1か月目は120,000ドルの純利益，2か月目は160,000ドルの純損失になるとは，おかしいではないか，これは計算方法が狂っているからだ，というのである。

同じ条件にもとづき，直接原価計算による損益計算書を作成すれば，両月とも次のようになる。

1か月目（2か月目）の損益計算書		
売　上　高		300,000ドル
変動売上原価		0
限界利益		300,000ドル
固　定　費		
製造固定費	280,000ドル	
一般管理費	40,000	320,000
純損失		20,000ドル

(注18) 20,000トン生産して製造原価が280,000ドルである。当月の販売は10,000トンであるから製造原価の半分が売上原価となる。

次に，第1か月末の 10,000 トンの在庫製品は，貸借対照表上どのように表示されるべきであろうか。原価はすべて固定費であるから，直接原価計算ではそれらはピリオド・コストとして処理される。したがって第1か月末において製品は実際に 10,000 トン存在するけれども，その評価額は，変動製造原価が皆無であるために，ゼロとなる。マープルは，そのように処理する正当性を，次のように主張した。すなわち，第1か月目において，販売のために 10,000 トン製品を生産するだけでよかったのに，さらに10,000 トンを追加生産した。それならば，追加生産された「10,000 トンの在庫肥料は，全部固定費株式会社にとって，なんら価値をもたないとするのが，論理的ではなかろうか。第1か月目において追加分を生産するために，なんら原価がそれだけ余計にかかったわけではなく，またこれを第1か月目に生産しても，それによって第2か月目に発生する原価をなんら節約しなかったわけである。

会社にとって在庫品がもつ唯一の価値は，将来節約される原価によって測定されるとするのが，論理的ではなかろうか」と。(注19)

(2) 直接原価計算論争の問題点

上述のマープルの主張を契機として賛成反対の激しい論争が続くわけであるが，彼の計算例には，いくつかの基本的な問題点が含まれている。

(イ) 第1か月目および第2か月目の期間損益は等しくなければならないとする直接原価計算派の主張の背後には，期間利益は販売によって生ずるという基本的な考え方が存在する。すでに本章第2節で指摘したように，全部原価計算によると，期間利益が売上高とともに比例的に増減しない点が直接原価計算支持者たちによって批判されたことを考えれば，この点は明らかであろう。

これにたいし全部原価計算派は，期間利益は生産活動と販売活動の両方の結果として生ずると考えている。マープルの計算例では，第1か月目は 20,000 トンの肥料を生産した。したがって生産設備の利用は，きわめて良好に行なわれたわけである。これにたいして第2か月目は生産量はゼロで

(注 19) Marple, *ibid.*, p. 495.

あり，生産設備をまったく利用しなかった。したがって売上高が同額であっても両月の期間損益に大差が生ずるほうが正しい計算方法である，と全部原価計算派は主張する。

(ロ) 伝統的な会計理論によれば，資産の本質はサービス・ポテンシャルであり，その内容は未来収益稼得能力と考えられている。そこで製造原価は変動費であれ固定費であれ，その原価を発生させることによって製品が製造され，製品は未来収益稼得能力をもつ以上，すべて製品原価とされなければならない。したがってマープルの計算例において第1か月目には，製造原価のうち半分を当期の収益に対応させ，あとの半分を期末在庫品にチャージし，これを翌月に繰り延べるのが正しい処理方法ということになる。

これにたいしマープルは，資産の本質を未来原価回避能力にあるとしたのである。すなわち通常の企業では，製品の製造のためにはたとえば原材料を必要とする。この原材料費（変動費）は，新たに製品を製造するならば別であるが，原材料費を発生させたその製品にかんするかぎり，もはや将来原材料費を発生させることはない。これにたいし製造固定費は，今期に計上したからといって，次期に計上せずにすむという性質のものではない。製造固定費は月々，束になって，製品の製造とは無関係に発生する。したがって変動製造原価は未来原価回避能力をもつが，固定製造原価は未来原価回避能力をもたないために，変動製造原価のみが，製品原価を構成する，と主張するのである。

これら両者の差異は，伝統的な会計理論が資産の本質を表側から見たのにたいし，マープルはこれを裏側から見たために生じたものといってよかろう。なぜならば，資産の概念では物理的属性よりも経済的属性が重要であり，将来利益を獲得する能力と将来発生する原価を節約する能力とは，その経済的効果において等しいからである。

(ハ) 上述した(イ)と(ロ)の点で真向から対立する原因は，製品原価について全部原価計算派が長期平均思考に立脚するのにたいし，直接原価計算派が短期限界思考に立脚して議論を展開するからである。

全部原価計算においては，固定製造間接費を生産設備の予定耐用年数の全期間に生産される全製品にたいし，正常配賦率によって均等に割りふろうとする。これは，長期平均思考にもとづく製品原価概念が支持されているためである。またブラメットは，期間損益が販売の関数か生産の関数かの問題について，企業の全生涯をとって考えてみれば，その純利益が生産および販売の2つの活動の総合された結果にほかならないと考えるのが正しく，純利益を計算する期間を短縮させていっても，計算される純利益はなおこの2つの活動の関数であると主張する。[注20] この理由づけは，まさしく全部原価計算支持者たちが，長期的見地に立脚していることを示すものである。

　さらに本章第2節3において，全部原価計算による営業利益と直接原価計算による営業利益とに差異が生ずるのは，その期間の生産量と販売量とが等しくない場合であり，長期的に見れば両者は一致するはずであることを指摘した。そしてそのさいに直接原価計算は，短期の利益を問題にすることにも言及した。これは，直接原価計算のそもそもの狙いが短期利益計画に役立つ CVP 分析用資料の提供にある点に由来する。マープルがその計算例において，第1か月目の在庫品 10,000 トンの評価額がゼロである理由について，この会社は販売に見合う 10,000 トンを生産すれば十分であったのに，さらに追加的に 10,000 トンを生産したが，その追加分 (additional) にたいしては原価は少しもかかっていない，と述べた点に注目してほしい。直接原価計算では，発生した原価をけっして平均的に製品へ割りふらず，製品を製造すれば，それに応じて発生する増分額だけを製品へ負担させるのである。

（3） 全部原価計算と直接原価計算との調整

　両派の主張にはそれぞれ理論的な根拠があるために，両派は深刻に対立せざるをえない。しかしながらこの対立にたいして，きわめて納得のいく解決方法を示したのは，マックファーランドらの NAA 調査計画委員会の報告書である。

(注 20) Brummet, R. L., *Overhead Costing* (Ann Arbor: University of Michigan, 1957), pp. 55—56. 染谷恭次郎訳「間接費計算」森山書店，昭和34年，pp. 77—78.

これによれば，経営管理用の損益計算書を外部報告用の損益計算書に改めるため，次のような段階的差引計算を提案している。(注21)

NAA調査計画委員会が提案する損益計算書

売　上　高 …………………………………………	110,000ドル
変動売上原価（製造および販売）…………………	55,000
限界利益すなわちキャパシティ・コストおよび利益にたいする貢献額………………………………	55,000ドル
当期に直接に跡づけられるキャパシティ・コスト（たとえば給料，広告費，保修費）………………	30,000
短期利益すなわち長期キャパシティ・コストにたいする貢献額…………………………………………	25,000ドル
長期キャパシティ・コストの当期配分額（たとえば減価償却費，減耗償却費，前払保険料経過分）……	10,000
長期営業利益にたいする貢献額……………………	15,000ドル
加算：次期以降への当期キャパシティ・コストの繰延額と，前期キャパシティ・コストの当期への賦課額との差額…………………………	(2,000)
長期営業利益にたいする当期純貢献額……………	13,000ドル
その他の損益	
法　人　税……………………………(6,000)ドル	
その他の利益…………………………… 1,000	5,000
長期利益にたいする当期の純貢献額	8,000ドル

この損益計算書は，前半が直接原価計算方式の損益計算書であり，後半の部分は固定費調整（すなわち期首および期末の在庫品増減額中に含まれる固定費の加算もしくは減算）を行なって，全部原価計算の損益に一致せしめている。このような損益計算書を作成すれば，次の長所がえられる。

(イ)　損益計算書の前半が直接原価計算方式となっているため，この会社の原価構造（変動費と固定費の区別）と利益構造（貢献利益，短期利益など）が示され，企業外部の利害関係者はこれらの資料によって，将来の利益を予測しやすくなる。

(ロ)　この損益計算書ではキャパシティ・コスト（固定費）を，短期キャパシティ・コストと長期キャパシティ・コストに区分し，これらを段階的に差し引くことによって，客観性が比較的大であり，信頼しうる計算技術によって計算した短期利益（short-run margin）と，主観性が比較的大であり，信

(注21) McFarland, W. B., *Concepts for Management Accounting* (N. Y.: National Association of Accountants, 1966), p. 152.

頼性の乏しい計算技術によって計算した長期利益とを区別して表示することができる。

(ハ) この損益計算書では，固定費調整により結果的には全部原価計算による純利益が計算される。したがって処分可能利益の計算や課税利益の計算にこの純利益を結びつけることができる。

4. 直接原価計算制度における固定費調整の方法
（1） 固定費調整の一般式

企業内部の経営管理目的で直接原価計算制度を採用し，それによって計算した月次営業利益の合計を，会計年度末に，外部報告目的のため全部原価計算による年間の営業利益に修正するには，基本的には次の式によればよい。

$$\begin{pmatrix}直接原価計算\\による月次営\\業利益の合計\end{pmatrix} + \begin{pmatrix}会計期末において仕掛\\品および製品中に含め\\るべき固定製造原価\end{pmatrix} - \begin{pmatrix}会計期首における仕掛\\品および製品中に含ま\\れる固定製造原価\end{pmatrix}$$

$$= \begin{pmatrix}全部原価計算によ\\る年間の営業利益\end{pmatrix}$$

調整計算が継続的に行なわれている場合には，最初の期を除き，期首仕掛品および製品中に含まれる実際固定製造原価はすでに判明しているので，結局この調整計算の核心は，期末仕掛品および製品中に含めるべき実際固定製造原価をいかにして計算するか，という問題に帰着する。

（2） 直接実際原価計算制度における固定費調整の方法

直接実際原価計算制度における固定費調整の方法は，

 (イ) 「ころがし」計算法

 (ロ) 一括調整法

の2つの方法に分けることができる。

（イ） 「ころがし」計算法

いま次のように記号を定める。

  P_a……全部原価計算による営業利益

  P_d……直接原価計算による営業利益

F_c……当期の固定製造原価

F_b……期首製品中に含まれる固定製造原価

I_b……期首製品在庫量

I_e……期末製品在庫量

S……当期の販売量

M……当期の生産量

また期首および期末仕掛品はないと仮定する。この場合，全部原価計算による営業利益と直接原価計算による営業利益との差額 ($P_a - P_d$) は，棚卸資産原価配分方法の違いによって，次の式で示される。

[平　均　法]　　$P_a - P_d = \dfrac{F_b + F_c}{S + I_e} \cdot I_e - F_b$

[先入先出法]　　$P_a - P_d = \dfrac{F_c}{M} \cdot I_e - F_b$

[後入先出法]

$S < M$ の場合　　$P_a - P_d = \left\{ F_b + \dfrac{F_c}{M}(I_e - I_b) \right\} - F_b$

$S > M$ の場合　　$P_a - P_d = \dfrac{F_b}{I_b} \cdot I_e - F_b$

[例題 10-1]

当社は，製品 Q を製造販売しており，下記の資料を入手したとする。

1) 実際製造費用

	（第 1 年度）	（第 2 年度）
変　動　費		
直接材料費	1,260,000円	1,500,000円
直接労務費	660,000	800,000
製造間接費	600,000	700,000
計	2,520,000円	3,000,000円
固　定　費		
製造間接費	810,000	1,000,000
合　計	3,330,000円	4,000,000円

2) 第1年度および第2年度の両年度とも，期首仕掛品および期末仕掛品はない。
3) 製品 Q の生産量と販売量

	（第1年度）	（第2年度）
期首製品在庫量	1,000個	2,000個
期中製品生産量	9,000	10,000
期中製品販売量	8,000	9,000
期末製品在庫量	2,000	3,000

4) 第2年度の製品販売単価は500円である。
5) 第2年度の実際販売費および一般管理費

変動（販売）費　　90,000円
固　定　費　　　210,000円

6) 棚卸資産原価の配分法（製品の倉出単価の計算法，したがって売上原価の計算法）は，先入先出法による。

上記の条件にもとづき，

(1) 当社の第2年度における年間の損益計算書を，全部実際原価計算方式によって作成し，実際営業利益を計算しなさい。

(2) 当社の第2年度における年間の損益計算書を，直接実際原価計算方式によって作成し，実際営業利益を計算しなさい。

(3) 上記(2)で作成した直接原価計算方式の損益計算書において，直接原価計算による実際営業利益に固定費調整を行ない，(1)で計算した全部原価計算による実際営業利益に修正しなさい。

［解　答］

(1) 全部実際原価計算による損益計算書

売　上　高　＠500円/個 × 9,000個……………………… 4,500,000円
売　上　原　価
　　期首製品　＠370円/個① × 2,000個… 740,000円
　　期中製品　＠400円/個② × 10,000個… 4,000,000
　　　　　　　　　　合　計……… 4,740,000円
　　期末製品　＠400円/個 × 3,000個　1,200,000
　　　　　　　　　　差　引……… 3,540,000円　3,540,000③
売上総利益………………………………………………… 960,000円
販売費および一般管理費………………………………… 300,000
　　実際営業利益……………………………………… 660,000円

（注）① 第2年度の期首製品2,000個は，第1年度の期末製品2,000個である。先入先出法であるから，この2,000個は，第1年度において期中生産9,000個のうちの2,000個が売れ残ったものである。したがってその単位原価は，3,330,000円 ÷ 9,000個 ＝ ＠370円/個　である。
　　② 期中完成品の単位原価は，4,000,000円 ÷ 10,000個 ＝ ＠400円/個　である。
　　③ 先入先出法であるから，
　　　　期 首 製 品 ＠370円/個…… 2,000個 …………… ｝期中販売量
　　　　期中完成品 ＠400円/個……10,000個 { 7,000個… 期中販売量
　　　　　　　　　　　　　　　　　　　　　 3,000個…… 期 末 製 品
　　となる。したがって売上原価は，＠370円/個 × 2,000個 ＋ ＠400円/個 × 10,000個 － ＠400円/個 × 3,000個 ＝ ＠370円/個 × 2,000個 ＋ ＠400円/個 × 7,000個 ＝ 3,540,000円　である。

(2)　直接実際原価計算による損益計算書

売　上　高　＠500円/個 × 9,000個……………… 4,500,000円
変動売上原価
　　＠280円/個④ × 2,000個……… 560,000円
　　＠300円/個⑤ × 7,000個……… 2,100,000
　　　　　　　　合　計……… 2,660,000円⑥　2,660,000
変動製造マージン………………………………………… 1,840,000円
変動販売費
　　＠10円/個⑦ × 9,000個 ……………………… 90,000

貢献利益 …………………………………… 1,750,000円
固定費
　製造固定費 …………………… 1,000,000円
　販売および一般管理固定費 … 　210,000
　　　　合　計 ……… 1,210,000円　　1,210,000
　実際営業利益 ………………………………… 　540,000円

(注)④　2,520,000円 ÷ 9,000個 = @280円/個
　　⑤　3,000,000円 ÷ 10,000個 = @300円/個
　　⑥　先入先出法であるから，第2年度では，
　　　　期首製品　@280円/個…… 2,000個 ……………⎫期中販売量
　　　　期中完成品　@300円/個……10,000個 ⎰7,000個…⎱
　　　　　　　　　　　　　　　　　　　⎱3,000個……期末製品
　　　　となり，変動売上原価は，@280円/個 × 2,000個 + @300円/個 × 7,000個 = 2,660,000円　である。
　　⑦　90,000円 ÷ 9,000個 = @10円/個

(3) 固定費調整

先入先出法の場合，全部原価計算による営業利益と直接原価計算による営業利益との差は，

$$P_a - P_d = \frac{F_c}{M} \cdot I_e - F_b$$

である。したがって，

$$P_a = P_d + \frac{F_c}{M} \cdot I_e - F_b$$

となる。いま，

$$\frac{F_c}{M} \cdot I_e = \frac{1,000,000円}{10,000個} \times 3,000個 = @100円/個 \times 3,000個$$

$$= 300,000円$$

$$F_b = \frac{810,000円}{9,000個} \times 2,000個$$

$$= 90円/個 \times 2,000個 = 180,000円$$

である。したがって直接原価計算方式による損益計算書の末尾に，次の固定費調整を行なえばよい。

第10章　直接原価計算

```
直接原価計算による実際営業利益……  540,000円
＋）期末製品中の固定製造原価…………   300,000
                    計………  840,000円
－）期首製品中の固定製造原価…………   180,000
  全部原価計算による実際営業利益……  660,000円
```

（ロ）　一 括 調 整 法

「ころがし」計算法は，製造工程や製品品種の数が多くなると非常に複雑な計算となり，実務上その適用は，ほとんど不可能である。したがって，直接実際原価計算制度を採用する場合は，一括調整法（簡便調整法）によらざるをえない。これは，当期に発生した固定製造原価を，売上品と期末在庫品に一括的に追加配賦する方法である。この場合，当期の固定製造原価を，売上原価，期末製品および期末仕掛品の科目別に調整するほうが有益な情報がえられよう。追加配賦の基準としては科目別の変動製造原価が考えられるが，期末仕掛品中に含まれる原材料費と固定製造原価とは進捗度が異なるため不適切な追加配賦となる危険がある。したがって追加配賦基準としては，変動加工費や実際作業時間などがよい。変動加工費基準の場合，たとえば期末仕掛品に含めるべき固定製造原価は，次の式による。(注22)

$$\begin{pmatrix}期末仕掛品に含める\\べき固定製造原価\end{pmatrix} = \frac{(当期の固定製造原価)}{\begin{pmatrix}売上品の\\変動加工費\end{pmatrix}+\begin{pmatrix}期末製品の\\変動加工費\end{pmatrix}+\begin{pmatrix}期末仕掛品の\\変動加工費\end{pmatrix}} \times \begin{pmatrix}期末仕掛\\品の変動\\加工費\end{pmatrix}$$

(注22)　税務上原価差額の調整を一括調整法によって行なうさいに，期末棚卸資産に一括計上された調整額は，翌期には計算の簡素化のため，その全額をその事業年度の損金に算入することができる（法人基通 5—3—7）。つまり仕掛品や製品原価の計算上，先入先出法，平均法，後入先出法のいずれの方法を採用しようとも，期末棚卸資産に一括計上された原価差額は，先入先出法的な考え方にもとづいて，翌期には，その全額を売上原価に課することが認められている。したがって税務当局の承認をえて，このような簡便的処理方法によって期首棚卸資産にたいし計上された固定製造原価調整額を処理する場合には，上記の期末仕掛品に含めるべき固定製造原価を求める算式の分母は，次のように修正しなければならない。

$$\begin{pmatrix}売上品の\\変動加工費\end{pmatrix}-\begin{pmatrix}期首製品の\\変動加工費\end{pmatrix}-\begin{pmatrix}期首仕掛品の\\変動加工費\end{pmatrix}+\begin{pmatrix}期末製品の\\変動加工費\end{pmatrix}+\begin{pmatrix}期末仕掛品の\\変動加工費\end{pmatrix}$$

(3) 直接標準原価計算制度における固定費調整の方法

標準原価差額が少額であり，これを売上原価に課すことにすると，この場合の固定費調整は，きわめて簡単である。

いま製品単位当たり標準固定製造原価を f_p とし，前述の記号を使用すれば，

$$P_a - P_d = f_p(I_e - I_b)$$

である。本章第2節3, p. 542 で説明した ① は，この式にほかならない。[注23]

(4) 固定費調整の勘定処理

以上の説明から明らかなように，期首および期末在庫品中に含まれる固定製造原価さえ算出できれば，固定費調整を行なうことは容易である。その場合の勘定処理を，次に説明しよう。

[例題 10—2]

[例題 10—1] の条件にもとづき，固定費調整の勘定処理を，仕訳および勘定連絡図によって示しなさい。

[解　答]

勘定処理の方法には，いくつかの方法が考えられるが，次に示すのはその一例である。

(注23) 標準原価差額が多額の場合の固定費調整方法については，日本会計研究学会特別委員会報告「原価計算基準の研究」1979 年を参照されたい。

図 10—3

```
     繰延固定製造間接費
   期首  18万円  │ 18万円
      → 30      │
```

```
         固定費調整
        12万円  │  12万円
```

```
     固定製造間接費
   → 当期100万円 │ 100万円
```

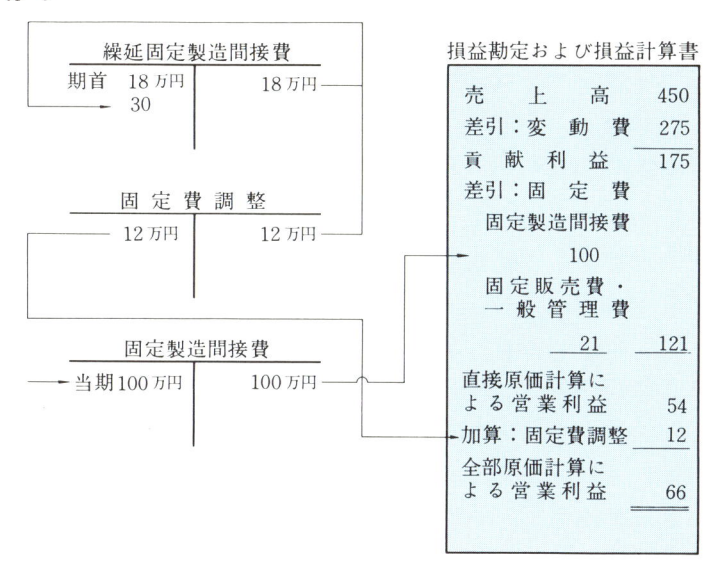

損益勘定および損益計算書

売　上　高		450
差引：変　動　費		275
貢　献　利　益		175
差引：固　定　費		
固定製造間接費		
	100	
固定販売費・		
一　般　管　理　費		
	21	121
直接原価計算に		
よる営業利益		54
加算：固定費調整		12
全部原価計算に		
よる営業利益		66

図10—3に示すように，期首在庫品中に含まれる固定製造間接費は，繰延固定製造間接費勘定の借方に計上しておく。期末に，期末在庫品中に含まれる固定製造間接費を計算し，次の仕訳を行なう。

　　（繰延固定製造間接費）　　30万円　　（繰延固定製造間接費）　　18万円
　　　　　　　　　　　　　　　　　　　　（固　定　費　調　整）　　12万円

当期に発生した固定製造間接費は，これを全額損益勘定に賦課し，直接原価計算方式による損益計算書を作成する。その後に，

　　（固　定　費　調　整）　　12万円　　（損　　　　　　益）　　12万円

の仕訳によって，直接原価計算による営業利益に12万円を加算し，全部原価計算による営業利益に修正する。

すでに述べたように，期首在庫品に含まれる固定製造間接費 ＜ 期末在庫品に含まれる固定製造間接費　ならば，両者の差額を直接原価計算による営業利益に加算することによって，全部原価計算による営業利益に修正することができる。これにたいして，期首在庫品に含まれる固定製造間接費 ＞ 期末在庫品

に含まれる固定製造間接費 ならば，両者の差額を，直接原価計算による営業利益から控除することによって，全部原価計算による営業利益に修正することができる。

5. 直接標準原価計算
（1） 直接標準原価計算の本質

直接標準原価計算 (direct standard costing) は，原価管理用の標準原価計算と利益管理用の直接原価計算とを結合させて作り上げた統合原価計算 (integrated cost system of profit planning and control) である。1936 年に，J. N. ハリスの提唱した直接原価計算は，直接「実際」原価計算ではなく，直接「標準」原価計算であった。したがって直接原価計算は，その生成当初から直接標準原価計算の形態をとっていたのであるが，その当時から 1950 年代までは，もっぱら伝統的な全部原価計算と新しく誕生した直接原価計算との対比が関心の的とされ，直接原価計算と標準原価計算との結合が強く意識されるようになったのは，1960 年代になってからのことである。(注24)

直接原価計算は元来原価管理用に工夫された原価計算ではない。直接原価計算では CVP の関係を分析するために，原価は変動費と固定費とに分類されている。これにたいし原価管理のためには，原価は特定の原価責任者にとって管理可能費 (controllable costs; costs controllable by me) と管理不能費 (uncontrollable costs; costs controllable by others) とに分類されなければならない。したがって理論的には分類基準が異なるために，直接原価計算は原価管理に適切な情報を提供することができない，というべきである。しかし他方において次の点を見のがしてはならない。

(イ) 原価管理は第 1 線の現場管理者である職長のレベルで行なわれる。このレベルでは，変動費はほぼ管理可能費に相当し，固定費は管理不能費であ

(注 24) ギレスピーとライトの著書の出版により，この点が裏づけられる。
　　　 Gillespie, C., *Standard and Direct Costing* (N. J.: Prentice-Hall, Inc., 1962);
　　　 Wright, W., *Direct Standard Costs for Decision Making and Control* (N. Y.: McGraw-Hill Book Company, 1962).

ると考えてよい。

(ロ) 変動費の管理方法と固定費の管理方法とは異なる。変動費は，標準を設定し標準原価差額の発生を抑制し除去する方法で管理される。これにたいし固定費の効果的な管理は，上級ないし中級管理者による意思決定もしくは計画によって行なわれる。すなわち固定費のうちのコミッテッド・コストは，設備の新設，拡張，縮小，廃棄のときに合理的な意思決定を行なうことによって，その発生額を効果的に変えることができる。したがってこのときに，設備投資にかんする意思決定権をもつ管理者にとって，この種の原価は管理可能費となる。これにたいしプログラムド・コストは，上級もしくは中級管理者が予算編成を行なうさいに多かれ少なかれ変更しうるコストである。この種の原価は固定予算によって管理され，予算と実績の比較が行なわれ，不足差異（節約差異）は超過差異と同様に，当該経営管理者の関心をひきつけることになる。

(ハ) 原価の変動費と固定費への分類は，原価管理のための変動予算を設定するために不可欠である。理論的には利益計画のための固定費と変動費への分類と，原価管理のための固定費と変動費への分類とは異なるが，損益分岐分析のさいに述べたように，実務上は各部門別に設定された変動予算における原価分解を利用し，それらを積み上げて利益計画用の全社的な固定費・変動費の分類とすることが多い。

以上述べた理由から，直接原価計算は原価管理のための標準原価計算および責任会計と結合しやすい性質をもっている。そこでこれらの性質を利用し，利益管理にも原価管理にも，ともに役立つ情報を提供するように工夫されたのが直接標準原価計算である。

(2) 直接標準原価計算における予算・実績差異分析

直接標準原価計算は，予算と結びつけて利用される。その差異分析の方法を，計算例によって説明しよう。

［例題 10—3］

当社では，製品 A, B を製造販売し，直接標準原価計算制度を採用している。

(1) 製品単位当たり売価と標準原価

製　品	A	B
予算販売単価	100円	200円
標準変動費		
直接材料費	a材料@5円×5個……25円	b材料@6円×10個……60円
直接労務費	15円/時×1時……15	10円/時×2時……20
製造間接費	10円/時×1時……10	10円/時×2時……20
販　売　費	10	40
標準変動費計	60円	140円
標準貢献利益	40円	60円

(2) 製造間接費，販売費および一般管理費の部門別予算

製　品	製造部門 A	B	計	販売部門 A	B	計	管理部門
変動費率	—	—	10円/時	10円/個	40円/個	—	—
個別固定費	40,000円	30,000円	70,000円	30,000円	50,000円	80,000円	—
共通固定費	—	—	100,000円	—	—	90,000円	60,000円

(3) 利益計画

　　期首において，次のような利益計画が決定された。この利益計画は，製品別予算販売量のデータに，前述の製品単位当たり売価と標準原価および部門別予算の資料を使用して作成されたものである。

製　品	A	B	合　計
予算販売量	10,000個	5,000個	—
予算売上高	1,000,000円①	1,000,000円	2,000,000円
標準変動費			
製造原価	500,000円②	500,000円	1,000,000円
販　売　費	100,000　③	200,000	300,000
標準変動費計	600,000円	700,000円	1,300,000円
標準貢献利益	400,000円④	300,000円	700,000円
個別固定費⑤			
製造間接費	40,000円	30,000円	70,000円
販　売　費	30,000	50,000	80,000
計	70,000円	80,000円	150,000円
製品貢献利益	330,000円	220,000円	550,000円
共通固定費⑥			
製造間接費			100,000円
販　売　費			90,000
一般管理費			60,000

第 10 章 直接原価計算　575

計	250,000円
予算営業利益	300,000円
売上高営業利益率	15%

（注）① A製品予算売上高＝＠100円/個×10,000個＝1,000,000円
　　② A製品標準変動製造原価＝＠50円/個（＝25円＋15円＋10円）×10,000個
　　　　　　　　　　　　　　＝500,000円
　　③ A製品標準変動販売費＝＠10円/個×10,000個＝100,000円
　　④ A製品標準貢献利益＝1,000,000円－600,000円＝400,000円
　　⑤ 個別固定費は，部門別予算のとおりである。
　　⑥ 共通固定費も，部門別予算のとおりである。

(4) 期末における実績データは，次のとおりである。

(イ) 販売部門

製　　品	A	B	合　計
売　　価	108円	195円	—
販　売　量	11,000個	4,800個	—
変動販売費	132,000円	192,000円	324,000円
個別固定費	36,000円	54,000円	90,000円
共通固定費			96,000円

(ロ) 製造部門

製　　品	A	B	合　計
生　産　量	11,000個	5,500個	—
直接材料費	a材料＠4.9円×55,500個 ……271,950円	b材料＠6円×55,100個 ……330,600円	602,550円
直接労務費	15.1円/時×11,200時 ……169,120円	10円/時×11,100時 ……111,000円	280,120円
変動製造間接費			216,500円
個別固定製造間接費	41,000円	30,000円	71,000円
共通固定製造間接費			100,000円

(ハ) 管理部門
　一般管理費（共通固定費）　　　　　　　　　　　　　　　　68,000円

以上の資料にもとづき，直接標準原価計算による実際営業利益を計算するとともに，営業利益の予算・実績差異分析を行ないなさい。

[解　答]

1. 標準変動費差異の計算

実際営業利益を計算するためには，製造部門および販売部門における標準変動費差異を計算し，これを分析しておく必要がある。

(1) 製品A 直接材料費
  1) 総 差 異 = 標準直接材料費（5.0円 × 5個 × 11,000個）
            − 実際直接材料費（4.9円 × 55,500個）
           = 275,000円 − 271,950円 = 3,050円（Cr.）
  2) 価 格 差 異 =（5.0円 − 4.9円）× 55,500個 = 5,550円（Cr.）
  3) 数 量 差 異 =（11,000個 × 5個 − 55,500個）× 5円/個
            = −2,500円（Dr.）
  4) 検   証：5,550円（Cr.）− 2,500円（Dr.）= 3,050円（Cr.）

(2) 製品B 直接材料費
  1) 総 差 異 = 標準直接材料費（6円 × 10個 × 5,500個）
            − 実際直接材料費（6円 × 55,100個）
           = 330,000円 − 330,600円 = −600円（Dr.）
  2) 価 格 差 異 =（6円 − 6円）× 55,100個 = 0円
  3) 数 量 差 異 =（10個 × 5,500個 − 55,100個）× 6円 = −600円（Dr.）
  4) 検   証：0円 − 600円（Dr.）= −600円（Dr.）

(3) 製品A 直接労務費
  1) 総 差 異 = 標準直接労務費（15円/個 × 11,000個）
            − 実際直接労務費（169,120円）
           = 165,000円 − 169,120円 = −4,120円（Dr.）
  2) 賃 率 差 異 =（15円/時 − 15.1円/時）× 11,200時 = −1,120円（Dr.）
  3) 時 間 差 異 =（11,000時 − 11,200時）× 15円/時 = −3,000円（Dr.）
  4) 検   証：−1,120円（Dr.）− 3,000円（Dr.）= −4,120円（Dr.）

(4) 製品B 直接労務費
  1) 総 差 異 = 標準直接労務費（20円/個 × 5,500個）
            − 実際直接労務費（111,000円）
           = 110,000円 − 111,000円 = −1,000円（Dr.）
  2) 賃 率 差 異 =（10円/時 − 10円/時）× 11,100時 = 0円
  3) 時 間 差 異 = ｛2時/個 × 5,500個 − 11,100時｝× 10円/時

$\qquad = -1{,}000\text{円 (Dr.)}$

4) 検　　証：$0\text{円} - 1{,}000\text{円 (Dr.)} = -1{,}000\text{円 (Dr.)}$

(5) 変動製造間接費

1) 総　差　異 ＝ 標準変動製造間接費配賦額

$\qquad \{10\text{円/時} \times (1\text{時/個} \times 11{,}000\text{個} + 2\text{時/個} \times 5{,}500\text{個})\}$

$\qquad -\text{実際変動製造間接費}\ (216{,}500\text{円})$

$\qquad = 220{,}000\text{円} - 216{,}500\text{円} = 3{,}500\text{円 (Cr.)}$

2) 予算差異 ＝ 変動製造間接費変動予算許容額

$\qquad \{10\text{円/時} \times (11{,}200\text{時} + 11{,}100\text{時})\} - \text{実際変動製造間}$

$\qquad \text{接費}\ (216{,}500\text{円})$

$\qquad = 223{,}000\text{円} - 216{,}500\text{円} = 6{,}500\text{円 (Cr.)}$

3) 能率差異 ＝ $10\text{円/時} \times \{(11{,}000\text{時} - 11{,}200\text{時}) + (11{,}000\text{時} - 11{,}100\text{時})\}$

$\qquad = -3{,}000\text{円 (Dr.)}$

4) 検　　証：$6{,}500\text{円 (Cr.)} - 3{,}000\text{円 (Dr.)} = 3{,}500\text{円 (Cr.)}$

(6) 変動販売費差異

製品A　$10\text{円/個} \times 11{,}000\text{個} - 132{,}000\text{円} = -22{,}000\text{円 (Dr.)}$

製品B　$40\text{円/個} \times 4{,}800\text{個} - 192{,}000\text{円} = 0\text{円}$

(7) 要　　約

材料価格差異

製　品　A		5,550円 (Cr.)	
製　品　B		0	
計		5,550円 (Cr.)	5,550円 (Cr.)

材料数量差異

製　品　A		－2,500円 (Dr.)	
製　品　B		－　600円 (Dr.)	
計		－3,100円 (Dr.)	－3,100円 (Dr.)

労働賃率差異

```
                製 品 A    − 1,120円 (Dr.)
                製 品 B            0
                   計    − 1,120円 (Dr.)    − 1,120円 (Dr.)
        労働時間差異
                製 品 A    − 3,000円 (Dr.)
                製 品 B    − 1,000円 (Dr.)
                   計    − 4,000円 (Dr.)    − 4,000円 (Dr.)
        予 算 差 異                          6,500円 (Cr.)
        能 率 差 異                         − 3,000円 (Dr.)
            製造変動費差異合計                 830円 (Cr.)
        販 売 費 差 異                      −22,000円 (Dr.)
            標準変動費差異合計              −21,170円 (Dr.)
```

2. 実際営業利益の計算

標準変動費差異を算出したので，次に，直接標準原価計算による実際営業利益を，次のように計算する。

<u>実績損益計算書</u>

```
売  上  高
    製 品 A  @108円 × 11,000個 …………… 1,188,000円
    製 品 B  @195円 ×  4,800個 ……………   936,000
          計                           2,124,000円   2,124,000円
標 準 変 動 費
    製造原価  製 品 A  @50円/個 × 11,000個 ……  550,000円
             製 品 B  @100円/個 × 4,800個 ……  480,000
          計                           1,030,000円
    販 売 費  製 品 A  @10円/個 × 11,000個 ……  110,000円
             製 品 B  @40円/個 ×  4,800個 ……  192,000
          計                             302,000円
    標準変動費合計                       1,332,000円   1,332,000
標 準 貢 献 利 益                                      792,000円
標準変動費差異                                         21,170
実 際 貢 献 利 益                                      770,830円
個 別 固 定 費
    製 造 間 接 費                        71,000円
    販  売  費                           90,000
```

	計	161,000円	161,000
	製品貢献利益		609,830円
	共通固定費		
	製造間接費	100,000円	
	販売費	96,000	
	一般管理費	68,000	
	計	264,000円	264,000
	実際営業利益		345,830円

3. 予算・実績比較損益計算書の作成

予算営業利益と実際営業利益との差異を分析するために，予算・実績比較損益計算書を作成する。

予算・実績比較損益計算書

	(1) 利益計画	(2) 業績測定予算	(3) 実績	差異 (2)−(1) 販売量差異	差異 (3)−(2) 価格差異，能率差異および予算差異
販売量					
製品A	10,000個	11,000個	11,000個		
製品B	5,000個	4,800個	4,800個		
販売単価					
製品A	100円	100円	108円		
製品B	200円	200円	195円		
売上高	2,000,000円	2,060,000円	2,124,000円	60,000円	64,000円
標準変動費					
製造原価	1,000,000円	1,030,000円	1,030,000円	30,000円	—
販売費	300,000	302,000	302,000	2,000	—
計	1,300,000円	1,332,000円	1,332,000円	32,000円	—
標準貢献利益	700,000円	728,000円	792,000円	28,000円	64,000円
標準変動費差異	—	—	21,170	—	21,170
実際貢献利益	700,000円	728,000円	770,830円	28,000円	42,830円
個別固定費					
製造間接費	70,000円	70,000円	71,000円	—	1,000円
販売費	80,000	80,000	90,000	—	10,000
計	150,000円	150,000円	161,000円	—	11,000円
製品貢献利益	550,000円	578,000円	609,830円	28,000円	31,830円
共通固定費					
製造間接費	100,000円	100,000円	100,000円	—	—
販売費	90,000	90,000	96,000	—	6,000円
一般管理費	60,000	60,000	68,000	—	8,000
計	250,000円	250,000円	264,000円	—	14,000円
営業利益	300,000円	328,000円	345,830円	28,000円	17,830円

この表の(1)列には，利益計画の数値を移記する。(2)列は，業績測定予算 (performance budget) であって，これは，広義における変動予算である。すなわち利益計画における予算販売量（製品A 10,000個と製品B 5,000個）と実際販売量（製品A 11,000個と製品 B 4,800個）とは異なるので，実績の良し悪しを判断するための，業績測定基準となる予算は，実際販売量に見合う予算でなければならない。そこで業績測定予算では，

売上高予算

（予算販売単価）×（実際販売量）$\begin{pmatrix}実際販売量に見\\合う売上高予算\end{pmatrix}$

製品 A　100円 × 11,000個……　1,100,000円
製品 B　200円 × 4,800個……　　960,000円
　　　　　　　計……………　2,060,000円

と計算される。同様に標準変動費も実際販売量に見合う標準変動費予算が計上される。個別および共通固定費予算は，実際販売量に影響されないので，利益計画における予算額と同額の予算が計上される。

(3)列には，すでに計算した実績損益計算書の数値を移記する。

さて，(2)列の数値から(1)列の数値を差し引けば，販売量差異 (activity variance) が計算され，(3)列の数値から(2)列の数値を差し引くと，価格差異 (price variance), 能率差異 (efficiency variance), および予算差異ないし支出差異 (spending variance) が算出される。

[解 説]　**販売量差異と販売価格差異について**
(1) 販売量差異（または業務量差異 activity variance）
　　販売量差異の算式は，次のとおりである。
　　販売量差異＝（実際販売量－予算販売量）×（製品単位当たり予算貢献利益）
　　本例題では，予算・実績比較損益計算書において，販売量差異は28,000円と計算されたが，その内訳は次の計算によって明らかである。
　　　　製 品 A　(11,000個 － 10,000個) × 40円/個 ……… 40,000円
　　　　製 品 B　(4,800個 － 5,000個) × 60円/個 ………(12,000円)
　　　　販売量差異合計 ……………………………………… 28,000円
　　つまり製品Aは，予算より1,000個多く販売し，そのことによって，1,000個分の予算貢献

利益40,000円だけ予算営業利益にプラスの影響をもたらしたが，製品Bは，予算より200個少なく販売したため，その予算貢献利益12,000円だけ予算営業利益にマイナスの影響をもたらしたことになり，結局差引，28,000円だけ予算営業利益にプラスの影響をもたらしたわけである。

(2) 販売価格差異（selling price variace）

販売価格差異の算式は，次のとおりである。

販売価格差異＝（実際販売価格－予算販売価格）×実際販売量

本例題では，予算・実績比較損益計算書の売上高の行の最右端（差異欄）に64,000円と算出されているが，その内訳は次のとおりである。

製 品 A （108円－100円）× 11,000個 ……… 88,000円
製 品 B （195円－200円）× 4,800個 ………（24,000円）
販売価格差異合計 ………………………………… 64,000円

上記の分析によって，経営管理者に次の分析表を提出することができる。

営業利益の差異分析表

(1) 予算営業利益 ……………………………… 300,000円
(2) 販売活動差異
　a．販売量差異
　　　製　品　A ………… 40,000円
　　　製　品　B …………（12,000円）
　　　　計 ……………… 28,000円
　b．販売価格差異
　　　製　品　A ………… 88,000円
　　　製　品　B …………（24,000円）
　　　　計 ……………… 64,000円
　c．販売費差異
　　　変　動　費 …………（22,000円）
　　　個別固定費 …………（10,000円）
　　　共通固定費 …………（ 6,000円）
　　　　計 ………………（38,000円）
　　　販売活動差異合計 ……………………… 54,000円
(3) 製造活動差異（前述したので内訳は省略）
　a．材料価格差異 ……… 5,550円

　　　　b．材料数量差異…………（ 3,100円）
　　　　c．労働賃率差異…………（ 1,120円）
　　　　d．労働時間差異…………（ 4,000円）
　　　　e．製造間接費予算差異……　6,500円
　　　　f．製造間接費能率差異……（ 3,000円）
　　　　　　変動費差異計…………　　830円
　　　　g．固定製造間接費予算差異
　　　　　　個別固定費……………（ 1,000円）
　　　　　　　製造活動差異合計………………………（　　170円）
　(4)　一般管理活動差異………………………………（ 8,000円）
　(5)　実際営業利益……………………………………　345,830円
　　　(注)（　）は不利な差異を示す。

6．価格決定と直接原価計算

　直接原価計算の短所として，全部原価計算主義者からしばしば指摘されるのは，直接原価計算によって価格決定を行なうと，全部原価を回収できない危険がある，という点である。この批判は，正当であろうか。また全部原価計算によって価格決定を行なうと，全部原価を回収できる保証があるのであろうか。

　価格決定（pricing decision）は，経営意思決定の問題である。企業は，自己の製品の価格を自分で決定できる場合もあれば，できない場合もある。たとえばその製品が新製品ないし特殊な製品であったり，あるいはその企業が業界において価格決定上指導的役割を果たす企業であれば，製品の価格を自分で決定することができる。この場合には，原価情報は価格決定にたいし有益な指針となる。

　しかしながらこの場合，原価は，その製品の価格を定めるさいに考慮すべき重要な要素ではあるが，唯一の要素ではない。業種の特殊性，競争の状態，需要の弾力性，景気の動向，製品の機能とデザイン，代替製品の価格などの諸要素が，価格決定に密接な関連をもつ。また新製品を導入するさいに，企業は価

格戦略として，「すくい取り戦略」(skimming strategy) をとることがある。これは，競争企業が市場に参入するまえに，あらかたの利益をすくい取ってしまうために，意識的に高価格を設定するのである。逆に企業は，「浸透戦略」(penetration strategy) をとることもある。これは，比較的低価格を設定することによって，顧客の誰にでも買いやすくするとともに，競争企業が市場に参入するのを断念させるためである。

　他方において，企業は自分から価格を設定できない場合，つまり価格は市場で定まっている場合がある。この場合には，与えられた市場価格の範囲内で，企業はどのような方法で製品を製造販売すべきか，既存の製品の製造を中止すべきか，セールス・ミックスをどのように改善すべきか，注文を引き受けるべきか否か，部品を購入すべきか，あるいは自製すべきか，といった意思決定に，原価情報は利用される。

　このように価格決定は，多くの複雑な問題をはらんでいるので，ここでは，前述の全部原価計算主義者からの批判を中心とし，全部原価計算との対比において，価格決定と直接原価計算の問題を検討することにしよう。

(1) 全部原価基準による価格決定

(イ) 価格決定方法

　さて，当社は新製品 R を年間 10 万個製造販売する計画をもっており，この製品の製造販売に要する投下資本は 2,000 万円，目標投下資本利益率は税引前で 20 %，新製品Rの原価は次のとおりであるとする。

	製品1個当たり	10万個
直 接 材 料 費	60円	600万円
直 接 労 務 費	50	500
変動製造間接費	40	400
固定製造間接費	100	1,000
変 動 販 売 費	50	500
固定販売費および一般管理費	60	600
合計（総原価）	360円	3,600万円

したがって総原価に所要利益を加えれば，目標価格（target price）は，次のように設定される。

目標価格＝製品単位当たり総原価＋所要利益

$$=360円+\frac{2,000万円\times 0.2}{10万個}=400円$$

しかしながら全部原価基準による価格決定方法としては，総原価よりも製造原価を基準にして価格を決定する方法のほうが，多く行なわれているといわれる。

すなわち（売上総利益）÷（売上原価）により，目標マーク・アップ率を定める。仮に当社では，経験により目標マーク・アップ率が60％であるとすると，

目標価格＝製品の製造原価×（1＋目標マーク・アップ率）
　　　　＝　　　250円　　×　　　（1＋0.6）
　　　　＝400円

と決定するのである。

㈡　全部原価基準による価格決定方法の長所

全部原価基準による価格決定は，実務上広く採用されている。その理由は，おそらく次の3点に要約することができるであろう。

まず第1は，製品にたいする需要曲線が不明という理由である。経済学では，市場における製品の価格は，完全競争の場合，需要曲線と供給曲線との交点で定まると説明する。しかしながら経営者にとっては，自分の製品の価格と需要量との関係が必ずしも明確でない。そこでまず，全部原価基準により価格を定め，顧客の反応を見，それによって価格を修正する，というような試行錯誤的価格決定をせざるをえない。このような試行錯誤的価格決定の出発点として，全部原価が選ばれるものと考えられる。第2は，この方法は，配賦固定費を含む全部原価と所要利益を回収するため，長期的見地に立つ価格決定（long-run pricing）という特徴をもつ。つまり不働能力を稼働させるため，短期的見地から価格決定を行なうと，競争企業が次々と値下げをして共倒れになる危険がある。したがって正常全部原価基準の価格決定は，業界の競争を安定させるのに

役立つ。第3は，正常全部原価に加算する利益さえ公正なものであれば，全部原価と公正な利益の回収は，企業者の正当な行為として，社会的な承認がえられることである。

(ハ) **全部原価基準による価格決定方法の短所**

この価格決定方法には，次のような短所がある。まず第1に，この方法によると，共通固定費を必ずしも合理的でない基準によって，無理に各製品へ配賦するために，価格決定基準となる原価データに信頼性が欠け，各製品固有の収益性が不明確になる，という点である。全部原価計算では，配賦基準の合理性がたえず議論の的となることは，説明するまでもなかろう。第2に，この方法の基礎には，全部原価こそ正しい原価であるとする考え方があるため，販売価格ないし受注価格は，少なくとも全部原価を上回らなければならない，とする考え方があり，その結果，価格決定を硬直的，非弾力的にすることである。不況時に不働能力をかかえた企業の場合，受注価格が低く，全部原価を回収できないからといって，そのような注文をすべて断ってしまうと，引き受けたほうが有利な注文まで断ってしまう危険がある。第3に，この方法については，販売価格ないし受注価格が全部原価を上回るかぎり，すべての原価が回収され，損失が回避される，という誤った安心感がつきまとっていることである。この誤解は，原価を変動費と固定費とに区別せず，全部原価にたいする一定のマーク・アップ率を加算することに由来する。前例でいえば，製品Rを1個当たり400円で販売すれば，全部原価が回収されると思いがちである。しかし，

$$\text{損益分岐点における販売量} = \frac{\text{固定費総額　1,600万円}}{\text{製品1個当たりの貢献利益　200円}} = 8万個$$

である。仮に原価が予想どおり発生したとしても，製品Rが8万個以上売れなければ，全部原価は回収されないわけである。したがって全部原価を基準にして価格を設定するかどうかということよりも，むしろ重要なのは，製品Rが何個売れるか，という販売予測の正確性である。製品Rが年間7万個しか売れ

(注26) このためには，次期の予想販売量でなく，長期的な正常販売量を基準にして，価格決定をしなければならない。

なければ，全部原価は回収されずに営業損失が生じ，年間9万個売れれば，全部原価は回収されるが，目標投下資本利益率を達成するだけの営業利益は生ぜず，年間11万個売れれば，全部原価を回収するのみか，目標投下資本利益率を上回る営業利益がえられることになろう。

この簡単な例から明らかなように，全部原価基準による価格決定は，堂々巡りの問題に直面せざるをえない。つまりこの方法では，製品単位当たりの総原価または総製造原価を定めるためには製造・販売量を予定しなければならないが，製造・販売量はまさに決定しようとする販売価格によって左右される，という問題である。

(2) 損益分岐分析による価格決定

全部原価基準による価格決定の短所は，固定費を製品単位へ無理に配賦することから生ずる。そこで原価を変動費と固定費とに分解し，損益分岐図表を作成して価格を決定する方法がある。

(イ) 価格決定方法

たとえば，製品Rについて，販売価格と予想販売量との関係は，次のように予測されたとする。

(販売単価)	(予想販売量)
@ 350円	12万個
@ 370	11
@ 400	10
@ 418	9
@ 435	8

製品Rの1個当たり変動費は200円，固定費総額は1,600万円であるから，図10—4のような損益分岐図表を作成することができる。

この損益分岐図表では，まず変動費線（V）を記入し，その上に1,600万円の固定費線を引くと，それは固定費線でもあれば，総原価線でもあるので，TC（F）で示している。売上高線は，販売単価@ 350円の売上高線がS_{350}，@ 400円の売上高線がS_{400}，@ 435円の売上高線がS_{435}で示さている。それぞれの

売上高線における予想販売量を結んだ曲線が，製品Rについての一種の需要曲線（D）となっている。したがって，この需要曲線と総原価線との距離が営業利益を示すので，その額が最大となる販売単価を求めるのである。各販売単価の場合の営業利益を計算すれば，次のとおりである。

（販売単価）	予 想 販売量	（売 上 高）	（変 動 費）	（固 定 費）	（総 原 価）	（営業利益）
350円	12万個	4,200万円	2,400万円	1,600万円	4,000万円	200万円
370	11	4,070	2,200	1,600	3,800	270
400	10	4,000	2,000	1,600	3,600	400
418	9	3,762	1,800	1,600	3,400	362
435	8	3,480	1,600	1,600	3,200	280

図10-4

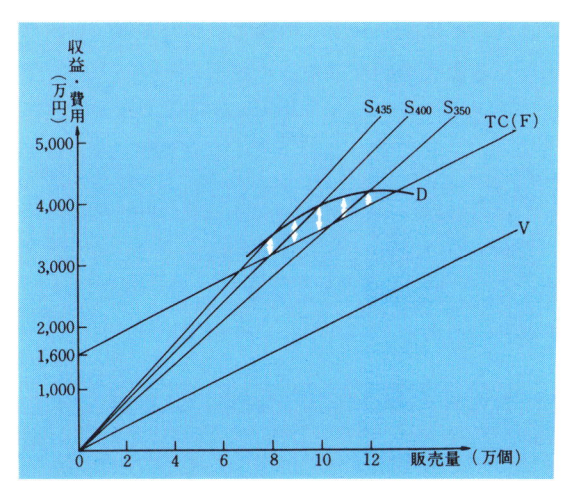

この場合，販売量の予測は必ずしも正確ではないので，販売単価は @400円～@418円の幅のなかで選択されることになろう。

　㈡　損益分岐分析による価格決定方法の長所

　この方法の長所は，まず第1に，これによると製品単位原価を計算する必要がなく，固定費を無理に製品へ配賦しなくともすむことである。第2に，この方法は，損益分岐分析に慣れた経営管理者にとって，わかりやすいことである。第3に，この方法の基礎には，製品を通じて，すべての原価を回収しようとはせずに，各製品の貢献利益によって，固定費総額を回収しようとする考え方が

あることである。われわれの計算例では、それぞれの販売単価の場合、貢献利益は次のように計算される。

（販売単価）	（販売量）	（売上高）	（変動費）	（貢献利益）
350円	12万個	4,200万円	2,400万円	1,800万円
370	11	4,070	2,200	1,870
400	10	4,000	2,000	2,000
418	9	3,762	1,800	1,962
435	8	3,480	1,600	1,880

そこで、この方法による価格決定は、むしろ図10—5に示したように、貢献利益図表（C/M chart）に、それぞれの販売単価の場合の貢献利益線を引き、営業利益が最大となる販売単価を求めるのがよい。

図 10—5

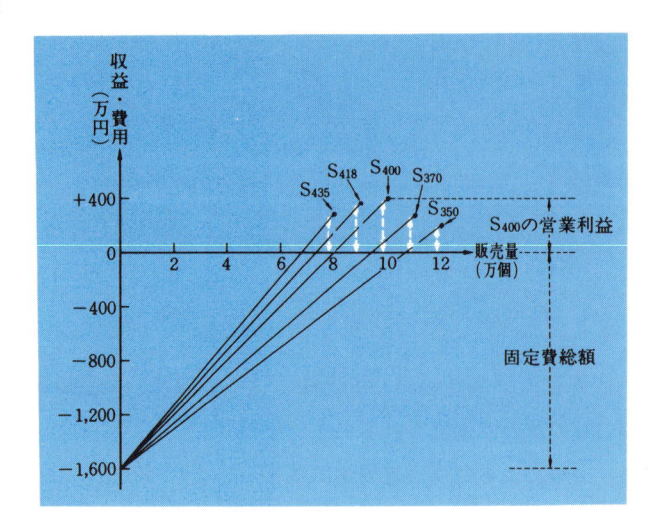

(ハ) 損益分岐分析による価格決定方法の短所

　この方法の採用上、最大の障害となるのは、各製品別の需要曲線を予測することが、きわめてむずかしい、ということである。

　特定の製品にたいする需要は、顧客の心理状態に左右される。たとえば化粧

品の価格にみられるように，顧客は，製品の品質を価格によって判断することがある。この場合は，名声価格（prestige prices）といわれ，低価格よりも高価格のほうが，需要量が大きい（図10—6）。また奇数価格（odd prices）といわれる現象があり，奇数価格のほうが，それより低い偶数価格よりも販売量が多くなるといわれ，また，たとえば，40,000円という価格よりも，39,800円という端数価格のほうが販売量が増加するといわれる。さらに製品には心理的価格（psychological prices）があって，販売価格がある臨界点に達すると，それ以上の価格では，需要量が急激に減少するといわれる（図10—7）。

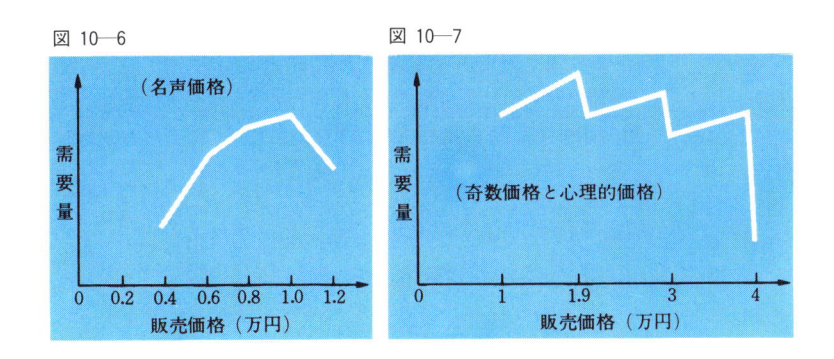

図 10—6　（名声価格）　需要量　販売価格（万円）

図 10—7　（奇数価格と心理的価格）　需要量　販売価格（万円）

上記は，ほんの一例であるが，顧客の複雑な心理的反応を見きわめながら，また他方において製品のライフサイクル（導入期，成長期，成熟期，衰退期）を勘案しつつ，販売価格と販売量の関係を予測することは，きわめて困難である。そこでやはり，なんらかの原価基準によって価格を設定し，顧客の反応をみるという，試行錯誤的方法に頼らざるをえなくなる場合もあろう。次に述べる直接原価基準は，原価基準による価格決定方法の一種ではあるが，損益分岐分析による価格決定方法の長所を受けついでいる。

(3) 直接原価基準による価格決定

(イ) 価格決定方法

直接原価計算における価格決定は，基本的には次の方法による。

［標準規格製品の場合］

$$目標価格 = \begin{pmatrix} 製品単位当 \\ たり変動費 \end{pmatrix} + \begin{pmatrix} 製品単位当たり \\ 目標貢献利益 \end{pmatrix}$$

$$= \begin{pmatrix} 製品単位当 \\ たり変動費 \end{pmatrix} + \left(\frac{固定費 + 投下資本 \times 目標投下資本利益率}{予想販売量} \right)$$

前例を使用すれば，次のようになる。

$$目標価格 = 200円 + \frac{1,600万円 + 2,000万円 \times 0.2}{10万個} = 400円$$

また，基本的には同じであるが，表現の仕方が異なるものとして，次の方法がある。

$$目標価格 = \frac{製品単位当たり変動費}{1 - 目標売上高貢献利益率}$$

または，

$$目標価格 = 製品単位当たり変動費 \times (1 + 目標マーク・アップ率)$$

これらの式を使用するときは，前者については目標売上高貢献利益率（＝目標貢献利益÷売上高）および目標マーク・アップ率（＝目標貢献利益÷変動費）を，利益計画においてあらかじめ設定しておくのである。

［個別受注製品の場合］

$$目標価格 = \begin{pmatrix} 製品単位当 \\ たり変動費 \end{pmatrix}$$

$$+ \left(\frac{固定費 + 投下資本 \times 目標投下資本利益率}{年間直接（または機械）作業時間} \right)$$

$$\times \begin{pmatrix} その製品の単位当たり直 \\ 接または機械作業時間 \end{pmatrix}$$

㈡　**直接原価基準による価格決定方法の長所**

この価格決定方法には，次のような長所がある。まず第1に，この方法は，損益分岐分析による価格決定の思考を受けついで，各製品の貢献利益によって固定費を回収する，とする考え方をもっており，したがって各製品固有の収益

性が明確になる，という点である。各製品はその特性によって，またライフサイクルの時期によって，あるいは市況によって，それぞれ収益力が異なっている。したがって固定費を，すべての製品が均等に負担しなければならないわけではない。そこで第2に，この方法によれば各製品の収益力に応じて，固定費を回収し利益を獲得するような，弾力的な価格決定を行なうことができる。次に示すのは，製品の収益力に応ずる原価回収の順序である。

1) 第1順位

　　変動製造原価 $\begin{cases} 直接材料費 \\ 直接労務費 \\ 直接経費 \\ 変動製造間接費 \end{cases}$

　　変動販売費（とりわけ注文履行費）

2) 第2順位

　　　変動販売費（とりわけ注文獲得費）

3) 第3順位

　　個別固定費 $\begin{cases} 固定製造間接費 \\ 固定販売費 \end{cases}$

4) 第4順位

　　共通固定費 $\begin{cases} 固定販売費および一般管理費 \\ 技術研究費 \end{cases}$

したがって不況時に，収益力の弱い製品は，自己の変動費だけを回収する最低価格で売られることも，やむをえない。

　　　　最低価格＝製品単位当たり変動費

しかし，やや収益力のある製品は，その製品の製造販売に，固有にかかる原価は少なくとも回収すべきである。この場合には，

$$製品の固有費を回収する価格 = \left(製品単位当たり変動費\right) + \left(\frac{個別固定費}{予想販売量}\right)$$

となり，この価格以上で売れれば，この製品は，共通固定費の回収に貢献する

ことになる。好況時，あるいは成長期にあって収益力の高い製品については，共通固定費と目標利益とを，それぞれの分に応じて負担させるのである。

$$
目標価格 = \begin{pmatrix} 製品単位当 \\ たり変動費 \end{pmatrix} + \begin{pmatrix} \dfrac{個別固定費＋共通固定費の負担分＋目標利益}{予想販売量} \end{pmatrix}
$$

第3に，この方法によれば，CVP分析が可能となる。これは重要な長所であるが，これについてはもはや，説明を要しないであろう。

(ハ) 直接原価基準による価格決定方法の短所

この方法の短所は，次のとおりである。まず第1に，この方法は原価基準の価格決定方法であるため，単位原価を決定するためには製造・販売量を予定しなければならないが，販売量は販売価格によって左右される，という堂々巡りの問題から免れられない。ただ全部原価基準による価格決定方法とは異なり，変動費と固定費とを分離したかたちで価格決定の計算を行なうために，全部原価基準の場合よりも，この批判は薄れるといえよう。第2に，この方法は短期的，弾力的な価格決定を可能にするために，その反面，長期的には競争を激化させる危険性をもっている。

最後に，この価格決定方法によるデータを，直接原価計算をよく理解しない者が扱うと，部分原価（変動費）だけを回収すればよいと考えて，低い価格を設定しがちであり，全部原価を回収しそこなう危険があることである。この点は，きわめて大切であるので，誤解のないように説明しておきたい。直接原価基準による価格決定方法を採用する場合でも，原価はすべて回収されなければならない。ただ収益力の異なる各製品が，同じ割合で原価を回収する必要はない，と考えているのである。したがって直接原価基準による価格決定方法を採用する場合には，月々の固定費回収状況につき，予算と実績を比較して，たえず注目していなければならない。

[資 料]

月	予算		実績	
	直接作業時間	1時間当たり貢献利益	直接作業時間	1時間当たり貢献利益
1	6,000時間	400円	8,000時間	600円
2	4,000	300	5,000	500
3	6,000	500	6,000	300
4	9,000	600	10,000	400
5	10,000	700	10,000	700
6	10,000	800	10,000	700
⋮	⋮	(省略)	⋮	⋮

　図10—8に示したのは，個別受注生産経営において，四季の変化により繁忙期と閑散期があり，そのために直接作業時間当たり貢献利益が月々異なる状況のもとにおいて，予定貢献利益線にたいし実際貢献利益線を記入して，受注価格決定に役立たせようとした図表である。

図10—8

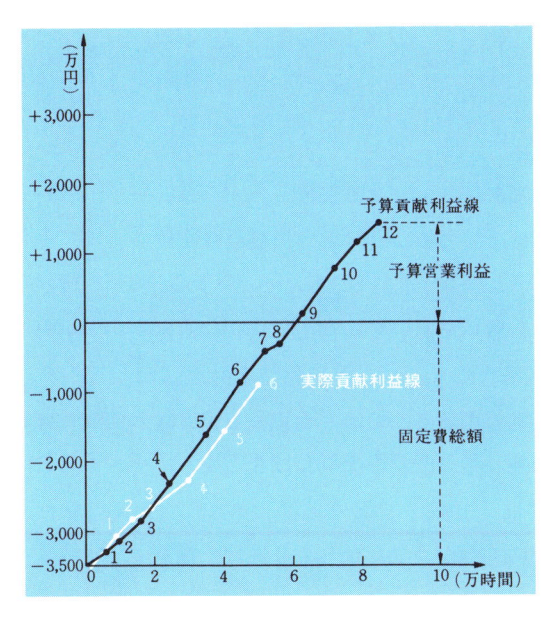

　この図によれば，販売部門の努力によって，1月，2月は目標を上回る価格と数量の注文を獲得したが，3月から6月にかけて，数量的には累計で目標を上回ったけれども，販売価格は目標を下回ったため，このままでいけば，予定

どおりに固定費の回収は進まず，予算営業利益の達成はむずかしい。そこで経営管理者としては，予定どおりのコースに軌道を修正するため，販売員にたいし，受注量をへらしても，より高い価格で受注するように指導すべきか否かなど，種々の対策を検討しなければならない。

(4) 結　び

全部原価基準による価格決定がよいか，あるいは直接原価基準による価格決定がよいか，という問題の設定の仕方はきわめて短絡的な物の考え方である。それぞれの方法には，長所もあれば短所もある。また両方法とも，原価にもとづく価格決定方法であり，価格は原価のみによって定まるものでもない。さらに価格決定には，短期的および長期的な価格決定がある。したがって各方法の長所および短所を十分理解したうえで，これらを使い分けるべきであろう。

第 4 節　直接原価計算の新展開——直接原価計算とリニヤー・プログラミングとの結合[注27]

1. 最適セールス・ミックスの決定

直接原価計算によってセグメント別損益計算を行なえば，短期利益計画に役立つCVPにかんする情報がえられ，またセグメント別の収益性が判明するので，どのセグメントに重点をおいて経営活動を行なえばよいかが明らかとなる。そこでこのような情報にもとづき予想利益を計算したところが，希望利益を下回った場合，経営管理者としては，予想利益の計算の前提となっている諸要素を再検討し，予想利益の改善を図らねばならない。そのためには，個々の問題についての改善策（project）をとりあげ，それについての意思決定をする必要に迫られる。その1つが，これからとりあげる最適セールス・ミックスの決定問題である。[注28]

(注 27)　本節は一橋大学名誉教授大成節夫先生に負うところが大である。心からの謝意を表明したい。

(注 28)　最適セールス・ミックス決定の問題は，プロジェクトの意思決定にかんする問題であり，その意味では差額原価収益分析の章でとりあげるべき問題であるが，直接原価計算と密接な関連をもつので，本節で取り扱うことにする。

たとえば，当社では2種類の製品 X_1，および X_2 の製造販売に従事しており，直接原価計算を採用しているため，経営管理者は次の情報を入手したとする。

表10—9　予定損益計算書（予算原案）

	合　計	X_1 (4,000個)		X_2 (4,000個)	
売　上　高	800万円	@1,000円	400万円	@1,000円	400万円
差引：変動費	440	@ 500	200	@ 600	240
貢　献　利　益	360万円	@ 500円	200万円	@400円	160万円
差引：固定費	205				
営　業　利　益	155万円				
C/M 比　率	45％	50％		40％	
（セールス・ミックス）	(100％)	(50％)		(50％)	

表 10—9 による予算原案では，予想営業利益は155万円であり，希望利益に及ばなかったため，経営管理者はセールス・ミックスの変更によって，営業利益の改善を試みたとしよう。

予算原案では，X_1 と X_2 のセールス・ミックス（売上量合計に占める X_1 と X_2 の各売上量の割合）は，50％と50％である。各製品の C/M 比率をみれば，X_1 は50％，X_2 は40％であるから，収益力は X_1 のほうがまさっている。そこで企業が所有する資源を X_1 の生産販売のほうに重点的に配分すれば，予想営業利益はさらに増加することが期待される。早い話が，X_2 よりも X_1 の収益力がまさっているため，企業全体で8,000個の製品を製造販売するのであれば，X_2 の製造販売は中止し，X_1 のみを8,000個製造し販売すれば，次のようになって営業利益は，予算原案より40万円増加する。

表 10—10

	合　計	X_1 (8,000個)		X_2 (0個)	
売　上　高	800万円	@1,000円	800万円	@1,000円	—
差引：変動費	400	@ 500	400	@ 600	—
貢　献　利　益	400万円	@ 500円	400万円	@ 400円	—
差引：固定費	205				
営　業　利　益	195万円				
C/M 比　率	50％	50％		—	
（セールス・ミックス）	(100％)	(100％)		(0％)	

しかしながら実際には，企業内外の制約条件があるために，話はこのように簡単にはいかない。いま仮に，

(イ)　製品1個を完成するために要する機械作業時間は，X_1 は2時間，X_2 は

1時間である。

(ロ) X_1 および X_2 の製造に共通的に使用する機械の年間総作業時間は 12,000 時間である。

(ハ) X_1 の年間の総需要量は 8,000 個, X_2 のそれは 5,000 個である。つまりそれ以上製造しても売れない。

という制約があるとしよう。表 10—10 は, X_1 の需要の制約条件を満たしているが, X_1 を年間 8,000 個製造するためには, 16,000 時間機械を稼働させねばならず, 機械能力を上回るために, このままでは実行不可能な案である。そこで上記 3 つの制約条件を満足させつつ, しかも最大の営業利益がえられるようなセールス・ミックス, すなわち最適セールス・ミックス (optimum sales mix) を求めなければならない。

ところで, われわれの計算例は非常に簡単なので, 特別の技法を用いなくとも解くことができる。まず, X_1 および X_2 の製造販売量をそれぞれ x_1 個および x_2 個とすれば, x_1 と x_2 の増減によって固定費 205 万円自体は変化しないから, 営業利益を最大にする問題は, 貢献利益を最大にする問題に置き換えることができる。貢献利益を最大にするためには, 希少資源を有効に配分すればよく, この場合の希少資源は機械作業時間であるから, 機械作業時間当たりの貢献利益が大なる製品のほうに, 企業の資源を多く配分するほうがよい。つまり,

製 品 品 種	X_1	X_2
製品1個当たりの貢献利益	500円	400円
製品1個の加工に要する機械時間	2時間	1時間
機械時間当たり貢献利益	250円	400円

となって, 年間 12,000 時間の稼働能力をもつ機械をフルに利用して貢献利益を最大にするには, X_2 を需要限度 (5,000 個) 生産し, 残りの機械能力 7,000 時間 (＝12,000 時間－5,000 個×1 時間/個) を X_1 の生産にふりむければ, X_1 は 3,500 個 (＝7,000 時間÷2 時間/個) 生産すればよい。このときの予定営業利益は表 10—11 のようになる。

表 10—11　予定損益計算書（予算改訂案）

	合　計	X_1 (3,500個)		X_2 (5,000個)	
売　上　高	850万円	@1,000円	350万円	@1,000円	500万円
差引：変動費	475	@　500	175	@　600	300
貢　献　利　益	375万円	@　500円	175万円	@　400円	200万円
差引：固定費	205				
営　業　利　益	170万円				
（セールス・ミックス）	(100％)		(41.2％)		(58.8％)

　このように制約条件が簡単であればよいが，実際には1日に使用できる原料消費量の制約，労働力の制約，倉庫の保管能力の制約など多数の制約条件が加わってくると，もはや直接原価計算の手法のみではこの問題を解決することができなくなってくる。そこで登場するのが，経営科学の領域で開発されたリニャー・プログラミングであり，直接原価計算とリニャー・プログラミングとは結合して利用されてはじめて，経営計画にとって有力な用具となる。

2.　リニャー・プログラミングとは何か

　リニャー（linear）とは「直線の」という意味であり，代数では1次式をさす。プログラミング（programming）とは「計画すること」である。したがってリニャー・プログラミングとは，線型計画（法）と訳され，その頭文字をとってLPともいわれる。

　LPの手法は，第2次世界大戦中イギリスやアメリカで軍事計画に使用する目的で工夫されたわけであるが，現在では経済学，経営学そして管理会計においても，希少資源の最適配分の問題を解く手法として使用されるようになった。これらの問題は，いくつかの制約条件のもとで利益を最大にするか，あるいは原価を最小にする変数の値を求める問題である。この場合，制約条件は連立1次方程式または不等式のかたちで与えられ，最大または最小にする目的関数（objective function）も1次式で示されるとき，その最適解（optimal solution）を求めるというのが，LPの問題である。

　前述の最適セールス・ミックスを求める問題を数式で書き直せば，次のようになる。

[問題]

① $\begin{cases} 2x_1 + x_2 \leq 12{,}000 \cdots\cdots 機械能力の制約条件 \\ x_1 \qquad\quad \leq 8{,}000 \cdots\cdots 製品 X_1 の需要量の制約条件 \\ \qquad\quad x_2 \leq 5{,}000 \cdots\cdots 製品 X_2 の需要量の制約条件 \end{cases}$

② $x_1 \geq 0, \ x_2 \geq 0$ ……製造販売量の性質による非負条件

という条件のもとで,

③ $\max Z = \max \ (500 x_1 + 400 x_2)$

次に上記の式の意味を解説しよう。③式は目的関数であり,これをZとすれば,営業利益を最大にすることは貢献利益を最大にすることに等しく,X_1 を x_1 個,X_2 を x_2 個製造販売すれば,そのときの貢献利益は,$500 x_1 + 400 x_2$ である。したがってこれを最大にする x_1 および x_2 を求めるのが,われわれの問題である。

①および②式は制約条件を表わす式である。X_1 を1個製造するためには機械を2時間,X_2 を1個製造するためには機械を1時間必要とするので,X_1 および X_2 を x_1 および x_2 個製造すれば,全体の機械使用時間は,

2時間/個×x_1 個 + 1時間/個×x_2 個 = $2x_1 + x_2$

であり,これが年間の機械能力 12,000 時間に等しいか,それよりも小でなければならない。需要量の制約条件の式については説明を要しないであろう。また x_1 および x_2 は,ゼロかプラスの符号をもつ数でなければならないので,②式の制約条件が必要となる。

さて,これらの式は制約条件も目的関数も1次式で示されており,簡単な LP の問題である。この問題の解答はすでにわかっているけれども,LP の手法を理解するために,この問題を LP によって解いてみよう。

3. グラフによる解法

この問題は,変数が x_1 と x_2 の2つであるため,平面図形を画いて解くことができる。図 10-9 は,x_1 および x_2 の非負条件と,需要量の制約条件を記入した図である。これらの条件のすべてを満足する解は,青く塗られた領域内に

ある。つまり，$x_1 \geq 0, x_2 \geq 0$ であるから，グラフの第1象限に解の存在領域は限られる。次に，$x_1 \leq 8,000$ であるから，$x_1 = 8,000$ の線上およびその左側の領域に解が存在し，$x_2 \leq 5,000$ であるから，$x_2 = 5,000$ の線上およびその左側の領域に解が存在する。したがってそれらの条件をすべて満足する領域は，青く塗られた領域である。

次にこの領域にたいし，機械能力の制約条件 $2x_1 + x_2 \leq 12,000$ を記入したのが図10—10である。したがってこれらすべての条件を満足させる解は，図10—10で青く塗られた台形OABCの領域内にある。

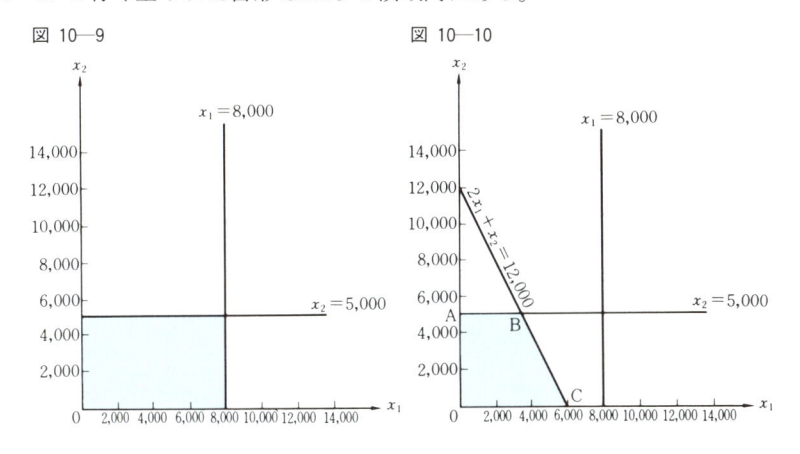

図 10—9　　　　　　　　　　　図 10—10

さて，制約条件のすべてを満足せしめる解を可能解（feasible solution）といい，可能解の全体を可能領域（feasible region）という。台形OABCは可能領域であり，OABCの線上の点や内部の点はすべて可能解である。われわれの目的は，目的関数 $500 x_1 + 400 x_2$ を最大にする可能解（これを最適解 optimal solutionという。）を求めることである。

最適解は台形OABCの内部にないことは明らかである。なぜならば，目的関数は $500 x_1 + 400 x_2$ であるため，x_1 および x_2 の値が大であればあるほど目的関数の値は大となる。そこで図10—11に示したようにたとえばOABCの内部の点D (2,000, 2,000) をとって考えれば，$x_1 = 2,000$ をそのままとし，x_2 を増加させて，線上の点Eまで移動させれば，$x_2 = 5,000$ となる。この場合は明

らかにDよりEのほうが目的関数の値を大にする。あるいは，$x_2=2,000$ をそのままとし，x_1 を増加させて線上の点Fまで移動させれば，$x_1=5,000$ となる。したがってDよりFのほうが，目的関数の値を大にする。

　念のためOABCの各点の座標を調べれば次のとおりである。

　　　点O　　　(0，0)
　　　点A　　　(0，5,000)
　　　点B　　　(3,500，5,000)
　　　点C　　　(6,000，0)

したがってOよりはA，AよりはBのほうが目的関数の値は大となる。また目的関数をみれば，点Aよりも点Cのほうが，目的関数の値が大となる。したがって最適解はBC線上になければならない。

図 10—11

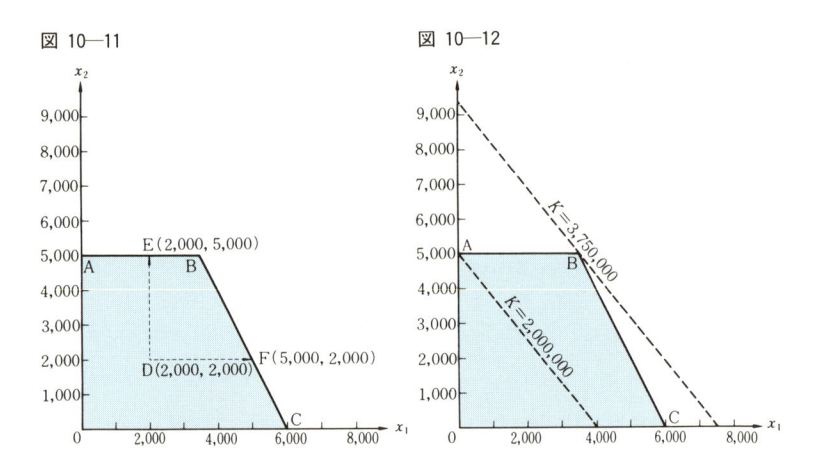

図 10—12

図 10—12 は，最適解を求めるために，目的関数の値を K とおいた，

　　　$500\,x_1 + 400\,x_2 = K$　（K は定数）

という直線を書きこんだ図である。たとえば，$K=200$ 万とすれば，（$x_1=4,000$，$x_2=0$）の点と，（$x_1=0$，$x_2=5,000$）の点を結ぶ線分となる。つまり K に任意の値を入れて線を図 10—12 に書き入れれば，$-\dfrac{5}{4}$ の勾配をもつ多くの平行線となるが，K の値を増すにつれてその線分は原点Oから遠ざかる。

そこでこの線分を K の値をふやしながら原点 O から遠ざかるよう平行移動させ，この線分と台形 OABC とが共有点をもつぎりぎりの限界を捜せば，それは台形の1つの頂点（これを端点 extreme point という。）B である。そのときの K の値は 375 万（B の座標である $x_1=3,500$，$x_2=5,000$ を目的関数に代入して計算すれば 375 万円となる。）である。これ以上 K の値をふやすと，この線分と台形 OABC とは共有点をもたなくなり，したがって制約条件を満足させる可能領域から外へ出てしまうことになる。したがって端点 B こそ最適解にほかならない。参考までに他の端点の場合の目的関数の値を計算すれば，次のようになる。

　　端点 O……$500 \times 0 + 400 \times 0 = 0$

　　端点 A……$500 \times 0 + 400 \times 5,000 = 2,000,000$

　　端点 C……$500 \times 6,000 + 400 \times 0 = 3,000,000$

したがって端点 B における座標 $x_1=3,500$，$x_2=5,000$ こそ目的関数の値を最大にすることがわかる。

以上の考察から，われわれは2つの重要な結論を確認しておかなければならない。その第1は，可能領域のかたちは凸集合 (convex set) といって，凹んでいる部分のない集合となるということである。われわれの計算例では，台形 OABC が可能領域であり凹んでいる部分はなかった。変数が3つ，4つと増加していっても，高次元の凸多面体になるのである。その第2は，最適解がある場合には，それは可能領域の端点で達せられるということである。われわれの計算例では，台形 OABC の内部には最適解はなく，それは台形の頂点の1つにあったわけである。変数が増加してもこの事実に変わりはない。もちろん以上の2つの結論を導き出すためには，数学的な証明が必要であり，それはすでに数学者によって証明されている。したがってわれわれとしては，次のように理解すれば十分である。

すなわち，変数が2つのときは，平面図形を画き，これに制約条件を記入して可能領域を限定していくと，可能領域のかたちは凸多角形となる。そして最適解がある場合には，かならずそれはどこかの端点で達せられる。変数が3つ

のときは，空間図形を画き，これに制約条件を記入して可能領域を限定していくと，可能領域のかたちは凸多面体となる。そして最適解がある場合には，かならずそれはどこかの端点で達せられる。さらに変数の数が 4 つ，5 つと増加していくと，われわれは 4 次元，5 次元の世界へとはいり，図形を画くことはできない。しかし頭のなかで想像して画き，これに制約条件を記入すれば，可能領域のかたちはやはり凹んでいる部分のない凸集合となっており，最適解がある場合には，どこかの端点で達せられる。したがって最適解を求めるには，端点だけを選び出し，その 1 つ 1 つをあたってそれが最適解かどうかを調べていけばよいということになる。

4. 計算による解法の大筋

LP の問題をグラフで解くことができるためには，変数の数が 2 つである必要がある。そこで変数の数が多くなると，計算で解かなければならない。

(1) 不等式を等式に変換

われわれの問題は，

① $\begin{cases} 2x_1 + x_2 \leqq 12,000 \\ \quad x_1 \quad\quad \leqq 8,000 \\ \quad\quad\quad x_2 \leqq 5,000 \end{cases}$

② $x_1 \geqq 0, \ x_2 \geqq 0$

のもとで，

③ $\max Z = \max\ (500\,x_1 + 400\,x_2)$

であった。①式は不等式であるため計算上不便である。そこでたとえば，

$$2x_1 + x_2 \leqq 12,000$$

において，この辺の右辺と左辺との差を x_3 という変数で表わせば，この式は，

$$2x_1 + x_2 + x_3 = 12,000$$

という等式に直すことができる。この場合 x_3 は非負である。もし不等号の向きが逆であって，$2x_1 + x_2 \geqq 12,000$ となっているときは，$(x_3 = 左辺 - 右辺)$ とし，$2x_1 + x_2 - x_3 = 12,000$ とすればよい。もちろん，$x_3 \geqq 0$ である。このよ

うな変数を**スラック変数**（slack variable）という。

スラック変数 x_3, x_4, x_5 を用いてわれわれの問題を書き直せば，次のようになる。

④ $\begin{cases} 2x_1 + x_2 + x_3 = 12{,}000 \\ x_1 + x_4 = 8{,}000 \\ x_2 + x_5 = 5{,}000 \end{cases}$

⑤ $x_1 \geqq 0$, $x_2 \geqq 0$, $x_3 \geqq 0$, $x_4 \geqq 0$, $x_5 \geqq 0$

のもとで，

⑥ $\max Z = \max\,(500\,x_1 + 400\,x_2 + 0\,x_3 + 0\,x_4 + 0\,x_5)$

つまり，われわれの最初の問題（①，②，③）は2次元の世界の問題であったが，不等式がはいっていて計算上不便であるので，この問題を解くために，3つのスラック変数を導入して等式に直し，5次元の世界の問題（④，⑤，⑥）として解こうというのである。なぜならば，2次元ベクトルの集合における端点 O，A，B，C のそれぞれの点の解（端点解）を1つ1つ調べていくということは，5次元ベクトルの集合における端点 O′，A′，B′，C′ のそれぞれの点の解（これを基底可能解という。）を1つ1つ調べていくことに等しいからである（図10—13）。つまり計算上不等式を扱うのは不便なので，スラック変数を導入することにより，2次元の世界から5次元の世界へと問題を移し，5次元の世界

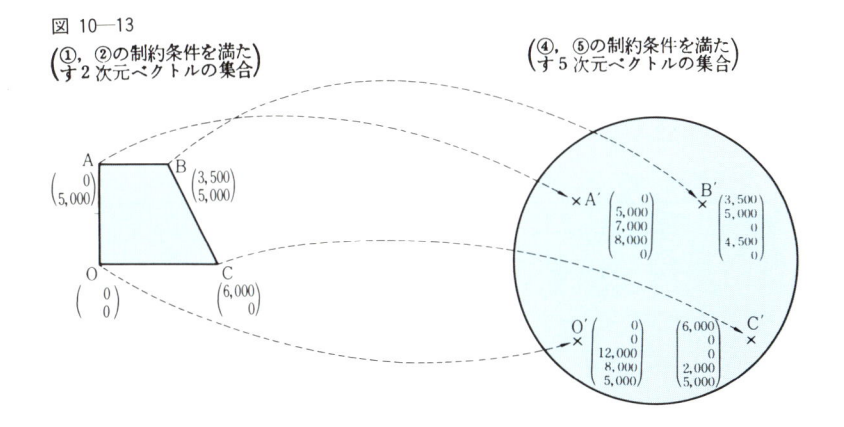

図 10—13

で，基底可能解を 1 つずつ最適解かどうかを調べていけばよいというわけである。これを実行する方法が，次に述べるシンプレックス法にほかならない。[注 29]

(2) シンプレックス法

LP の問題を解くために Dantzig らの工夫したシンプレックス法（simplex method）は，

　ⅰ）まず基底可能解を 1 つ見つける。

　ⅱ）その基底可能解が最適解であるかどうかを判定する。

　ⅲ）もしそれが最適解でなければ，目的関数をより大きく（最大問題の場合）あるいはより小さく（最小問題の場合）するように，その基底可能解を改め，別の基底可能解を求める。

　ⅳ）新たな基底可能解が最適解であるかどうかを判定する。以下同様の手続を繰り返す。

という方法である。

さてわれわれの計算例では，制約条件の④式は，5 つの変数 x_1, x_2, x_3, x_4, x_5 にかんする 3 つの連立方程式からなっている。そこで変数の数と比較して方程式の数が 2 つ足りないので，このままでは変数の値は定まらない。しかしどれか 2 つの変数の値をゼロとおけば，残りの 3 つの変数の値は簡単に定まる。したがってまず方程式の数と同じ個数の 3 つの基底変数を選び，それらの変数を残りの非基底変数であらわすかたちに変形し，非基底変数をゼロとおけば，基底変数の値を求めることができる。このようにしてえられた解を基底解という。つまり④において，

　　　基底変数：x_3, x_4, x_5

　　　非基底変数：x_1, x_2

とし，④を次のように変形する。

(注 29) 詳しくは岡本・大成「直接原価計算とリニァー・プログラミング」企業会計，昭和46年10月号参照。

⑦ $\begin{cases} x_3 = 12{,}000 - 2x_1 - x_2 \\ x_4 = 8{,}000 - x_1 \\ x_5 = 5{,}000 - x_2 \end{cases}$

そこで⑦において，$x_1 = 0$，$x_2 = 0$ とおけば，

⑧ $\begin{cases} x_1 = 0 \\ x_2 = 0 \\ x_3 = 12{,}000 \\ x_4 = 8{,}000 \\ x_5 = 5{,}000 \end{cases}$

がえられる。この基底解は，④のみならず⑤をも満足するので，基底可能解の1つである。この場合，目的関数 Z の値は⑥より，$Z = 0$ である。なおこの基底可能解は，図10―13における O′ の解にほかならない。この基底可能解 O′ を出発点とし，O′ が最適解か否かを判断する。最適解でなければ O′→C′→B′ というように，別の基底可能解へ移って探していくのである。

(3) シンプレックス表

さて上記の計算は，そのために工夫されたシンプレックス表 (simplex tableau) によって行なうのが便利である。この表による計算は，黒板で書きながら口頭で説明すれば，難なく理解できるのであるが，これを文章で説明するとなると，きわめて厄介である。そこでわれわれは，シンプレックス表のなかの特定の場所を適確に示すために，(1), (2), (3)……の記号を使うことにしよう。いままでの計算で，①，②，③などは式の番号を示した。したがってたとえば①は式の番号を，(1)はシンプレックス表のなかの位置を示すのであるから，両者を混同しないでほしい。

さてシンプレックス表は，まず見出しから記入していく。

表10―12において，まず変数を記入する場所は，(1)―(5)までである。(1)の場所に x_1，(2)の場所に x_2，というように x_5 まで記入する。

次に C_j というのは，目的関数における各変数の係数（われわれの場合は貢献

利益)を意味する。そこで(6)の場所には x_1 の係数 500 を，(7)の場所には x_2 の係数 400 を，(8)の場所から(10)の場所までは，それぞれ x_3, x_4, x_5 の目的関数における係数ゼロを記入する。なお C_j というのは，j 番目の変数 x_j の係数であることを意味し，$C_1=500$, $C_2=400$, $C_3=0$, $C_4=0$, $C_5=0$ となる。

表 10—12 シンプレックス表

C_i	基底変数	基底可能解	C_j 変数	500 (6) x_1 (1)	400 (7) x_2 (2)	0 (8) x_3 (3)	0 (9) x_4 (4)	0 (10) x_5 (5)	θ_i (20)
0 (14)	x_3 (11)	12,000 (17)							
0 (15)	x_4 (12)	8,000 (18)							
0 (16)	x_5 (13)	5,000 (19)							

今度は，場所(11), (12), (13)に最初の基底変数 x_3, x_4, x_5 を記入する。その左の列の C_i は，それぞれの基底変数に対応する目的関数の係数を意味する。したがって場所(14)には x_3 の目的関数における係数 0 を，(15)には x_4 の目的関数の係数 0 を，(16)にも x_5 の目的関数における係数 0 を記入する。式⑧で示したように，$x_1=0$, $x_2=0$ のときは，$x_3=12{,}000$, $x_4=8{,}000$, $x_5=5{,}000$ である。そこで x_3, x_4, x_5 のこれらの基底可能解，12,000, 8,000, 5,000 をそれぞれ場所(17), (18), (19)に記入する。場所(20)には θ_i と記入する。これは，基底可能解を改良するときに，どの変数をどこまでふやすかを計算する欄である。

次に表 10—12 で空欄のままであった場所に記入しよう。表 10—13 において場所(21)から(35)までは，第④式の制約条件における各変数の係数を記入する。第④式を丁寧に書けば，

$$④ \begin{cases} 2\,x_1+1\,x_2+1\,x_3+0\,x_4+0\,x_5=12{,}000 \\ 1\,x_1+0\,x_2+0\,x_3+1\,x_4+0\,x_5=8{,}000 \\ 0\,x_1+1\,x_2+0\,x_3+0\,x_4+1\,x_5=5{,}000 \end{cases}$$

となる。そこで x_1 の係数は，3つの連立方程式を点線にそって縦にみると，2,

1, 0 である。そこで場所(21)に 2, (22)に 1, (23)に 0 を記入する。x_2 の係数は 1, 0, 1 であるから，場所(24)に 1, (25)に 0, (26)に 1 を記入する。以下同様に，x_3, x_4, x_5 の係数を(27)から(35)まで記入する。

表 10—13 シンプレックス表

C_i	基底変数	基底可能解 C_j 変数	500 (6) x_1 (1)	400 (7) x_2 (2)	0 (8) x_3 (3)	0 (9) x_4 (4)	0 (10) x_5 (5)	θ_i (20)
0 (14)	x_3 (11)	12,000 (17)	2 (21)	1 (24)	1 (27)	0 (30)	0 (33)	
0 (15)	x_4 (12)	8,000 (18)	1 (22)	0 (25)	0 (28)	1 (31)	0 (34)	
0 (16)	x_5 (13)	5,000 (19)	0 (23)	1 (26)	0 (29)	0 (32)	1 (35)	
$Z_j - C_j$ (36)		$(Z=0)$ (37)	−500 (38)	−400 (39)	0 (40)	0 (41)	0 (42)	

場所(36)には，$Z_j - C_j$ と記入する。これはシンプレックス基準 (simplex criterion) といい，あとで述べるように，この表において重要な役割を果たす。場所(37)は，基底変数として x_3, x_4, x_5 を選んだときの目的関数 Z の値を計算し記入する場所であって，その計算は，

$$\left.\begin{array}{l}(14) \times (17) \cdots\cdots \text{つまり，} 0 \times 12,000 \\ (15) \times (18) \cdots\cdots \text{つまり，} 0 \times\ 8,000 \\ (16) \times (19) \cdots\cdots \text{つまり，} 0 \times\ 5,000\end{array}\right\} \text{の合計} = 0$$

というように行ない，場所(37)に $(Z=0)$ と記入する。

次に場所(38)には，

$$\left.\begin{array}{l}(14) \times (21) \cdots\cdots \text{つまり，} 0 \times 2 \\ (15) \times (22) \cdots\cdots \text{つまり，} 0 \times 1 \\ (16) \times (23) \cdots\cdots \text{つまり，} 0 \times 0\end{array}\right\} \text{の合計} = 0 \ (\text{これを } Z_1 \text{ と名づける})$$

から，(6)の 500（これは C_1 である）を差し引いた値，つまり，

$$Z_1 - C_1 = (0 \times 2 + 0 \times 1 + 0 \times 0) - 500 = -500$$

と計算し記入する。

場所(39)にも，

$$\left.\begin{array}{l}(14)\times(24)\cdots\text{つまり，}0\times1\\(15)\times(25)\cdots\text{つまり，}0\times0\\(16)\times(26)\cdots\text{つまり，}0\times1\end{array}\right\}\text{の合計}=0\text{ （これを }Z_2\text{ と名づける）}$$

から，(7) の400（これは C_2 である）を差し引いた値，つまり，

$Z_2-C_2=(0\times1+0\times0+0\times1)-400=-400$

と計算し記入する。(40)，(41)，(42)の計算と記入も，同様にしてやればよい。念のため(40)の計算を記せば，

$$\left.\begin{array}{l}(14)\times(27)\cdots\text{つまり，}0\times1\\(15)\times(28)\cdots\text{つまり，}0\times0\\(16)\times(29)\cdots\text{つまり，}0\times0\end{array}\right\}\text{の合計}=0$$

から(8)の 0 を差し引くと，

$Z_3-C_3=(0\times1+0\times0+0\times0)-0=0$

となる。このへんでひとやすみして，今まで計算し記入した数値の会計的意味を考えてみよう。

われわれはスラック変数 x_3，x_4，x_5 を用いて，連立1次不等式①の条件を連立1次方程式④に変換した。これらのスラック変数は，資源の使い残りを意味する。④式において，$2x_1+x_2+x_3=12,000$ としているが，x_3 は利用可能な機械時間の使い残りを意味している。また，$x_1+x_4=8,000$ において，x_4 は製品 X_1 を需要限度（8,000個）まで生産販売しなかった，その需要の残りを意味し，同様に，$x_2+x_5=5,000$ において，x_5 は製品 X_2 を需要限度（5,000個）まで生産販売しなかった，その需要の残りを意味している。そこで最初の基底可能解，

$$O'=\begin{pmatrix}x_1=0\\x_2=0\\x_3=12,000\\x_4=8,000\\x_5=5,000\end{pmatrix}$$

は，製品 X_1 および X_2 をまったく生産せず（$x_1=0, x_2=0$），機械の能力をすべて残し（$x_3=12,000$），両製品の需要もすべて残したとき（$x_4=8,000, x_5=5,000$），その目的関数の値，すなわち貢献利益の値はゼロ（$Z=0$）である。なぜならば，機械の能力や製品の需要（販売可能性）をすべて利用しなければ，なんらの利益をも生まないからである。場所(14), (15), (16)のゼロは，x_3, x_4, x_5 から利益は生じないことを示し，場所(37)の，$Z=0\times12,000+0\times8,000+0\times5,000=0$ は，機械の能力や製品の需要をすべて残したときに貢献利益はゼロになることを示すわけである。

次の場所(1), (21), (22), (23), (38)に注目しよう。(21)の2, (22)の1, (23)の0の意味であるが，これは(1)の x_1 の1単位を生産販売しなければ，x_3 の2単位(21), x_4 の1単位(22), および x_5 の0単位(23)を使わずにすむという意味である（表10—14)。

表10—14

	x_1
x_3	2
x_4	1
x_5	0

いいかえれば，製品 X_1 の1単位を生産販売しなければ，それによって機械作業時間の使い残り（x_3）が2時間，製品 X_1 の需要の残り（x_4）が1単位，製品 X_2 の需要の残り（x_5）が0単位増加することを意味する。場所(24), (25), (26)の1, 0, 1もまったく同様であって，それはもし製品 X_2 を1単位生産販売しなければ，機械作業時間の使い残り（x_3）が1時間，製品 X_1 の需要の残り（x_4）が0単位，製品 X_2 の需要の残り（x_5）が1単位増加することを意味する。

以上の考察にもとづき，われわれは，Z_j-C_j の意味を理解することができる。場所(36)に記入されている Z_j-C_j は，

$Z_1-C_1=-500$……場所(38)

$Z_2-C_2=-400$……場所(39)

$Z_3-C_3=0$　……場所(40)

$$Z_4 - C_4 = 0 \quad \cdots\cdots 場所(41)$$
$$Z_5 - C_5 = 0 \quad \cdots\cdots 場所(42)$$

の見出しである。場所(37)は，$Z_j - C_j$ とは関係がないので，$Z=0$ を（ ）でくくって記入してある。そこでたとえば場所(38)の -500 に注目してみよう。これは，

$$Z_1 = 0 \times 2 + 0 \times 1 + 0 \times 0$$
$$\quad\quad\ \vdots\ \ \ \ \vdots\ \ \ \ \vdots\ \ \ \ \vdots\ \ \ \ \vdots\ \ \ \ \vdots$$
$$\quad\quad\ (14)\ (21)\ (15)\ (22)\ (16)\ (23)$$

と，$C_1 = 500$（…(6)）との差である。この場合の Z_1 とは，x_1 を1単位製造販売しないことにより，機械作業時間の使い残り（x_3）が2時間，製品 X_1 の需要の残り（x_4）が1単位，製品 X_2 の需要の残り（x_5）が0単位ずつ増加するが，それらを使い残すことによってえられる貢献利益を意味する。これにたいし C_1 は，x_1 を1単位生産販売することによってえられる貢献利益を意味する。したがって両者の差 $Z_1 - C_1$ が負数である場合には，x_1 を基底変数のなかに採用しなかったために失われる貢献利益額を示している。場所(39)の -400 も，x_2 を基底変数の組合せのなかに採用しなかったために，x_2 1単位につき400円ずつの貢献利益を失っている事実を示している。

このようにシンプレックス基準 $Z_j - C_j$ は，第 j 変数を基底変数の組合せのなかに採用すればえられたであろう第 j 変数1単位当たりの機会原価（opportunity costs）を表わす。したがってわれわれの例では，場所(38)，(39)，(40)，(41)，(42)で計算されたシンプレックス基準のいずれかが負数であるかぎり，その変数を基底変数のなかに組み入れることによって，目的関数をより大きくするように改良することができるわけであり，逆にシンプレックス基準がゼロまたは正数になれば，それはもはやその変数を基底変数のなかに組み入れても，基底可能解を改良できないことを示す。したがってすべてのシンプレックス基準がゼロまたは正数になれば，われわれはそれによって最適解に到達したことを知るのである。

さて，x_1 および x_2 のシンプレックス基準は -500 と -400 であるから，そのいずれを基底変数のなかに採用しても目的関数の値を増すことができる。し

第 10 章　直接原価計算　　611

たがって，x_1 でも x_2 でもよいわけであるが，負数の絶対値の多い x_1 のほうを先に基底変数のなかに入れてみよう。

　表 10—15 において x_1 の列，すなわち場所(21)，(22)，(23)に注目するために 2，1，0 を点線で囲む。そしてそのなかで正数の値を捜すと，(21)の 2 と(22)の 1 である。

次に，

　　　(17)÷(21)……つまり，12,000÷2＝6,000

　　　(18)÷(22)……つまり，　8,000÷1＝8,000

と計算して，これらの結果を場所(43)と(44)とに記入する。そしてそれらの値の少ないほう，つまり(43)の 6,000 のほうの行に注目する。そのために場所(17)から(33)までの値を，横に点線で囲む。ここまでの手続は，基底可能解を改良するために，x_1 を θ までふやすことにし，そのふやす限度は 6,000 であることを知るまでの手続である。そして点線で囲んだ(21)，(22)，(23)の列と，同じく点線で囲んだ(17)，(21)，(24)，(27)，(30)，(33)の行との交点，つまり場所(21)の値 2 をピボット・エレメント (pivot element) といい，これを丸で囲むことにする。そしてピボットの上の変数 x_1 を基底変数の組合せのなかに入れ，ピボットの左の変数 x_3 を基底変数のなかから追い出して，新たな基底変数の組合せ (x_1, x_4, x_5) による計算（つまり C' の計算）にはいる。

　表 10—15 において場所(45)，(46)，(47)に新たな基底変数 x_1, x_4, x_5 を記入する。場所(48)，(49)，(50)に，それぞれの基底変数に対応する目的関数の係数 500，0，0 を記入する。次に x_1 の行，つまり場所(51)，(52)，(53)，(54)，(55)，(56)に，場所(17)，(21)，(24)，(27)，(30)，(33)に記入されている値を，それぞれピボット・エレメントの値 2 で割った結果を記入する。場所(51)には，12,000÷2＝6,000 を，場所(52)には，2÷2＝1 を，場所(53)には，1÷2＝1/2 を，というようにそれぞれ記入する。

　次に x_4 の行，つまり場所(57)，(58)，(59)，(60)，(61)，(62)に記入する値を計算する。これは，O' における x_4 の行，すなわち場所(18)，(22)，(25)，(28)，(31)，(34)のそれぞれの値から，C' における x_1 の行，つまり場所(51)，(52)，(53)，(54)，(55)，(56)のそれぞれの値に，場所(22)の値 1 を乗じた額を差し引いて計算する。したがってこの

計算は,

$$
\begin{array}{cccccc}
8{,}000 & 1 & 0 & 0 & 1 & 0 \\
-)\,6{,}000\times 1 & -)\,1\times 1 & -)\,1/2\times 1 & -)\,1/2\times 1 & -)\,0\times 1 & -)\,0\times 1 \\
\hline
2{,}000 & 0 & -1/2 & -1/2 & 1 & 0 \\
\downarrow & \downarrow & \downarrow & \downarrow & \downarrow & \downarrow \\
(57) & (58) & (59) & (60) & (61) & (62)
\end{array}
$$

表 10—15 シンプレックス表

	C_i	基底変数	基底可能解 \ C_j	500 (6) x_1 (1)	400 (7) x_2 (2)	0 (8) x_3 (3)	0 (9) x_4 (4)	0 (10) x_5 (5)	θ_i (20)
O′	0 (14)	x_3 (11)	12,000 (17)	② (21)	1 (24)	1 (27)	0 (30)	0 (33)	6,000 (43)
	0 (15)	x_4 (12)	8,000 (18)	1 (22)	0 (25)	0 (28)	1 (31)	0 (34)	8,000 (44)
	0 (16)	x_5 (13)	5,000 (19)	0 (23)	1 (26)	0 (29)	0 (32)	1 (35)	
	$Z_j - C_j$ (36)		($Z=0$) (37)	−500 (38)	−400 (39)	0 (40)	0 (41)	0 (42)	
C′	500 (48)	x_1 (45)	6,000 (51)	1 (52)	1/2 (53)	1/2 (54)	0 (55)	0 (56)	12,000 (75)
	0 (49)	x_4 (46)	2,000 (57)	0 (58)	−1/2 (59)	−1/2 (60)	1 (61)	0 (62)	
	0 (50)	x_5 (47)	5,000 (63)	0 (64)	① (65)	0 (66)	0 (67)	1 (68)	5,000 (76)
	$Z_j - C_j$		($Z=3{,}000{,}000$) (69)	0 (70)	−150 (71)	250 (72)	0 (73)	0 (74)	

となる。

　同様に x_5 の行, つまり(63), (64), (65), (66), (67), (68)に記入する値は, O′ における x_5 の行, すなわち(19), (23), (26), (29), (32), (35)のそれぞれの値から, C′ における x_1 の行, すなわち(51), (52), (53), (54), (55), (56)のそれぞれの値に, 場所(23)の値 0 を乗じた額を差し引いて計算する。したがってこの計算は,

第 10 章 直接原価計算　613

$$
\begin{array}{cccccc}
5,000 & 0 & 1 & 0 & 0 & 1 \\
-)6,000\times 0 & -)1\times 0 & -)1/2\times 0 & -)1/2\times 0 & -)0\times 0 & -)0\times 0 \\
\hline
5,000 & 0 & 1 & 0 & 0 & 1 \\
\downarrow & \downarrow & \downarrow & \downarrow & \downarrow & \downarrow \\
(63) & (64) & (65) & (66) & (67) & (68)
\end{array}
$$

となる。

　このような計算を行なう理由を簡単に説明しておこう。表 10—15 の O' の部分における基底変数 x_3, x_4, x_5 のそれぞれの交点，つまり場所(3)と(11)との交点(27)，場所(4)と(12)との交点(31)，場所(5)と(13)との交点(35)は，表 10—16 で示すようにすべて 1 が記入されており，あとはゼロとなっている。

表 10—16

				x_1	x_2	x_3	x_4	x_5	
O'		x_3	12,000			1	0	0	
		x_4	8,000			0	1	0	
		x_5	5,000			0	0	1	

　このようにしておけば，$x_1=0$, $x_2=0$ としたとき直ちに，$x_3=12,000$, $x_4=8,000$, $x_5=5,000$ という基底可能解が求められる。そこで表 10—15 の C' の部分では，基底変数は x_1, x_4, x_5 に変わったので，x_1 の列，つまり場所(52), (58), (64)の値を 1, 0, 0 にしたいわけである。そうしておけば，$x_2=0$, $x_3=0$ としたとき，直ちに，$x_1=6,000$, $x_4=2,000$, $x_5=5,000$ という基底可能解が求められる。これが上記の計算を行なう理由である。

　次に場所(69)には，(37)の場合と同様な計算で，

$$
\left.\begin{array}{l}
(48)\times(51)\cdots\cdots\text{つまり，} 500\times 6,000=3,000,000 \\
(49)\times(57)\cdots\cdots\text{つまり，} 0\times 2,000=0 \\
(50)\times(63)\cdots\cdots\text{つまり，} 0\times 5,000=0
\end{array}\right\}\text{の合計 } 3,000,000
$$

を計算し，($Z=3,000,000$) と記入する。場所(70)に記入する値は，(38)の場合の計算と同様に，

$$\left.\begin{array}{l}\text{(48)}\times\text{(52)}\cdots\cdots\text{つまり,}\ 500\times 1=500\\ \text{(49)}\times\text{(58)}\cdots\cdots\text{つまり,}\ \ \ \ 0\times 0=\ \ \ 0\\ \text{(50)}\times\text{(64)}\cdots\cdots\text{つまり,}\ \ \ \ 0\times 0=\ \ \ 0\end{array}\right\}\text{の合計}\ 500$$

から(6)の500を差し引いた値0となる。(71)から(74)に記入する値も同様にして計算する。念のため(71)の値の計算を示す。

$$\left.\begin{array}{l}500\times\dfrac{1}{2}=250\\ 0\times\left(-\dfrac{1}{2}\right)=0\\ 0\times 1=0\end{array}\right\}\text{の合計}\ 250-400=-150$$

そこでシンプレックス基準で負数となっているのはx_2の-150であるから,基底変数のなかにx_2を組み入れるべく改良する。x_2の列,つまり場所(53),(59),(65)の列を点線で囲み,そのなかの正数を探し,

$$\text{(51)}\div\text{(53)}\cdots\cdots\text{つまり,}\ 6{,}000\div\dfrac{1}{2}=12{,}000$$

$$\text{(63)}\div\text{(65)}\cdots\cdots\text{つまり,}\ 5{,}000\div 1=5{,}000$$

の値を,それぞれ(75),(76)に記入する。そしてそれらの値のうち,少ないほう,つまり5,000のほうに注目し,その行(63)−(68)までを点線で囲む。かくして(65)の1がピボット・エレメントであり,次回の改良にはx_5を基底変数から追い出し,x_2を入れればよい。そうすればこれからは,新たな基底変数x_1,x_4,x_2によるB′の計算にはいることになる。

以下同様の手続でシンプレックス表を完成させれば,表10—17のようになる。これによれば,最終段階のB′のステップでは,シンプレックス基準はすべて正またはゼロであって負の値はない。したがってこれ以上改良することはできず,求める最適解は,$x_1=3{,}500$個,$x_2=5{,}000$個であり,そのさいの貢献利益は3,750,000円であることを知る。B′のステップで,$x_4=4{,}500$とあるのは,製品X_1を3,500個生産販売するため,需要の残りが,8,000個−3,500個$=4{,}500$個となることを意味する。

表 10—17 シンプレックス表

ステップ	C_i	基底変数	基底可能解 / C_j 変数	500 x_1	400 x_2	0 x_3	0 x_4	0 x_5	θ_i
O′	0	x_3	12,000	②	1	1	0	0	6,000
	0	x_4	8,000	1	0	0	1	0	8,000
	0	x_5	5,000	0	1	0	0	1	
	$Z_j - C_j$		($Z=0$)	−500	−400	0	0	0	
C′	500	x_1	6,000	1	1/2	1/2	0	0	12,000
	0	x_4	2,000	0	−1/2	−1/2	1	0	
	0	x_5	5,000	0	①	0	0	1	5,000
	$Z_j - C_j$		($Z=3,000,000$)	0	−150	250	0	0	
B′	500	x_1	3,500	1	0	1/2	0	−1/2	
	0	x_4	4,500	0	0	−1/2	1	1/2	
	400	x_2	5,000	0	1	0	0	1	
	$Z_j - C_j$		($Z=3,750,000$)	0	0	250	0	150	

またシンプレックス基準をみると，$x_3=250$，$x_5=150$ となっている。この意味を x_5 を例にとって考えてみよう。x_5 は製品 X_2 の需要の残りである。そして最適解で，$x_2=5,000$ であるから X_2 の需要限度いっぱいの生産販売を行なうことになる。そこでもし X_2 の需要限度の制約が X_2 1個分ゆるんで，5,001個になったとする。この場合 X_2 を 5,001 個生産し販売することによってえられる貢献利益は，次のとおりである。

400円/個×5,001個＝2,000,400円

X_2 を 5,001 個生産し販売すると，機械の能力の余りは，

12,000時間−1時間/個×5,001個＝6,999時間

となる。これを X_1 の生産にふりむければ，X_1 は，

6,999 時間÷2 時間/個＝3,499.5 個

生産し販売することができる（製品 X_1 を 0.5 個生産し販売できないわけであるが，計算上許されることにしよう。）。この場合，X_1 の販売によってえられる貢献利益は，

500円/個×3,499.5個＝1,749,750円

となる。したがって X_2 の需要制限が1個ゆるむと，

	X_1	X_2	計
生産・販売量	3,499.5個	5,001個	
＠貢献利益	500円	400円	
貢献利益	1,749,750円	2,000,400円	3,750,150円

となって，全社的な貢献利益合計は3,750,150円となる。これは，最適解のさいの貢献利益と比較すれば，150円だけ増加している。この150円が，シンプレックス表のB′のステップにおける x_5 のシンプレックス基準の場所に記入されているわけである。このように最適解において制限いっぱいに利用された資源は，もしその制限が1単位ゆるむと，貢献利益がいかほど増加するか（あるいは逆に制限が1単位きつくなると，貢献利益がいかほど減少するか）によって，その資源の限界価値を評価することができる。このような価値を，その資源の影の価格（shadow price）あるいは帰属価格（imputed price）という。ここで注意すべきは，最適解において制限いっぱいに利用されていない資源（たとえば表10—17における X_1 の需要の残り x_4) の影の価格はゼロであるという点である。

以上われわれは最適解を求めるために，スラック変数を導入することによって2次元の世界の問題を，5次元の世界の問題に置き換え，シンプレックス法によって基底可能解を，O′→C′→B′ というルートをたどりながら，ついに最適解に到達したわけである。

LPの手法は他の原価計算の領域においても，効果的な分析用具として利用することができる。われわれは，この手法をさらに深く研究すべきである。[注30]

(注30) LPについては，Dantzig, G.B., *Linear Programming and Extentions*, Princeton Univ. Prees, 1963; 小山昭雄「線型計画入門——増補版」日経文庫77, 昭和45年; ガス, S.I. 著, 小山訳「線型計画法——方法と応用」好学社, 昭和45年; 森口繁一「線型計画法入門」日科技連, 昭和44年; 宮川公男「オペレーションズ・リサーチ」春秋社, 昭和45年などの文献がある。

[練習問題 10—1] 直接原価計算の特徴を述べなさい。
[練習問題 10—2] 直接原価計算による価格決定方法の長所と短所とを述べなさい。
[練習問題 10—3] 変動費の管理方法と固定費の管理方法とを対比して論じなさい。
[練習問題 10—4] 当社は，製品Qの製造・販売を行なっている。
 1. 本年度予算データ
  (1) 製品Qの1個当たり原価標準（円）
        変　動　費
         直 接 材 料 費…………… 10
         直 接 労 務 費…………… 6
         製 造 間 接 費…………… 4
        固　定　費
         製 造 間 接 費…………… 5
         合　　　　計…………… 25
  (2) 年間製品正常生産量………………240,000個
  (3) 販売費・一般管理費予算
        変 動 販 売 費…………………… 2円/個
        固定販売費・一般管理費(年間)…960,000円
  (4) 製品販売価格……………………40円/個
 2. 本年度実績データ
  (1) 生産・販売量
        期首製品在庫量……… 10,000個
        期中製品生産量………220,000個
        期中製品販売量………200,000個
       （期首・期末仕掛品は無視する。）
  (2) 原価データ
       本年度の実際原価は，上記標準原価または予算原価に一致した。ただし操業度差異は除く。
   上記の条件にもとづき，次の問いに答えよ。
  [問 1] 全部原価計算により，本年度の損益計算書を作成せよ。なお製造間接費は正常配賦し，
      操業度差異は売上原価に課する。
  [問 2] 直接原価計算により，本年度の損益計算書を作成せよ。
  [問 3] 直接原価計算による損益計算書の末尾に固定費調整を行なって，直接原価計算の営業利
      益を，全部原価計算の営業利益に修正せよ。
  [問 4] 予算データにもとづき，（正常）生産量＝販売量と仮定し，当社の本年度の損益分岐点の
      販売量を，①全部原価計算を採用する場合と，②直接原価計算を採用する場合とに分けて
      計算せよ。
  [問 5] 直接原価計算を採用する場合の，操業度差異の計算方法を説明せよ。

[練習問題 10-5] H社では，3種類の製品X, Y, Zを製造・販売し，直接原価計算制度を採用している。次に示す予算データにもとづき，以下の設問に答えなさい。

(1) 製品単位当たりデータ

製品品種	X	Y	Z
製品単位当たり販売価格	500円	600円	800円
製品単位当たり変動製造原価：			
原料費	280円	300円	400円
変動加工費	120円	170円	224円
製品単位当たり変動製造原価合計	400円	470円	624円
製品単位当たり変動販売費	60円	70円	80円

(2) 月間の固定費

製造固定費	3,456,789円
固定販売費・一般管理費	1,520,939円
固定費合計	4,977,728円

[問1] 大綱的利益計画において，製品X, Y, Zの販売量の割合を1：2：3の割合にする案が検討されている。この案の場合，各製品をそれぞれ何個ずつ販売すれば，H社は損益分岐点に到達するであろうか。

[問2] H社の年間の平均経営資本は30,000,000円であり，年間の税引後の目標経営資本営業利益率（＝税引後年間営業利益÷年間平均経営資本×100）は18％である。この場合，下記の条件を考慮のうえ，月間の製品品種別の目標販売量を求めなさい。
　　(1) X, Y, Zの目標販売量は，[問1]と同様に，1：2：3の割合とする。
　　(2) 今後，製造固定費は，月間79,696円増加する見込みである。
　　(3) 法人税率は40％とする。
　　[問1]，[問2]の計算で割り切れない場合は，分数で計算しなさい。

[練習問題 10—6] 製品Pを製造・販売するH製作所につき，下記の条件により設問に答えなさい。

(1) 製品Pの製造原価は原料費と加工費からなる。原料費については，完成品と月末仕掛品への原料費の配分は先入先出法によることとし，実際総合原価計算を適用している。加工費については，製品生産量を配賦基準として，変動費と固定費とを区別し，それぞれ別個の配賦率により年間を通じて正常配賦している。製品Pの年間正常生産量は48,000kgであり，加工費の年間予算は，変動加工費が9,600,000円，固定加工費が4,800,000円である。

(2) 6月の生産・販売データ

月初仕掛品量	1,000kg(1/2)	月初製品在庫量	1,200kg
当月投入量	4,000kg	当月完成量	3,800kg
投入量合計	5,000kg	合計	5,000kg
月末仕掛品量	1,200kg(2/3)	月末製品在庫量	800kg
当月完成量	3,800kg	当月販売量	4,200kg

　　(注) 原料は工程の始点で投入される。上記（ ）内は加工費の進捗度を示す。

(3) 6月の実際製造原価データ
　1) 月初仕掛品原価
　　　原料費……………………………505,600円
　　　変動加工費配賦額…………………… ？
　　　固定加工費配賦額…………………… ？

2) 当月製造費用
　　原　料　費……………………………1,992,000円
　　変動加工費……………………… 825,000円
　　固定加工費……………………… 412,000円
(4) 6月の実際販売価格および営業費のデータ
 1) 製品販売価格……………………………… 1,500円/kg
 2) 販　売　費
　　変動販売費……………………… 60円/kg
　　固定販売費……………………… 474,000円
 3) 一般管理費（固定費）……………………… 979,000円
(5) 月初製品有高は954,000円であり，製品の倉出単価の計算は先入先出法によること。
(6) 加工費の当月配賦差額は，当月の売上原価に賦課する。

以上の条件に基づき，

(A) 6月の月末仕掛品原価総額を，(A－1) 全部原価計算を採用した場合と，(A－2) 直接原価計算を採用した場合に分けて計算し，次いで

(B) 6月の損益計算書を，(B－1) 全部原価計算を採用した場合と，(B－2) 直接原価計算を採用した場合に分けて作成し，さらに

(C) 上で作成した直接原価計算による損益計算書の末尾に固定費調整を行って，直接原価計算による営業利益を全部原価計算による営業利益に修正しなさい。

　　なお，計算過程を明示すること。

[解答用紙]

(A) 6月の月末仕掛品原価総額

　　　　(A－1) 全部原価計算を採用した場合＝ _____ 円

　　　　(A－2) 直接原価計算を採用した場合＝ _____ 円

(B) 月次損益計算書（単位：円）

　　　　(B－1) 全部原価計算の損益計算書

売　上　高
全部原価計算の営業利益

(B-2)　直接原価計算の損益計算書

```
売　上　高




直接原価計算の営業利益
　(C)　固定費調整




全部原価計算の営業利益
```

(日商簿記1級工業簿記試験問題)

[練習問題 10-7]
[問題1]　大阪工場の直接作業時間（X）と補助材料費（Y）の実績記録は，下記のとおりである。これらはすべて正常なデータである。

月	直接作業時間(X)	補助材料費(Y)
1	80時間	46万円
2	40	24
3	120	54
4	160	76
合計	400時間	200万円

[問1]　補助材料費の原価線は，Y＝a＋bXで表せるものとして，上記のデータにもとづき，高低点法によってa（固定費）とb（変動費率）を計算しなさい。ただし変動費率の計算は割り切れないので，aもbも分数で答えなさい。$\left(例. 13 \div 3 = 4\frac{1}{3}\right)$。

[問2]　同じデータにもとづき，最小自乗法によってa（固定費）とb（変動費率）を求めなさい。計算にあたっては，下記の表を利用するのが便利である。なおこの場合は，変動費率の計算は割り切れるので，分数で答える必要はない。

月	X	Y	X・Y	X^2
1	80	46		
2	40	24		
3	120	54		
4	160	76		
合計	400	200		

[問題2]　OK製作所では，ビデオ・カセット・レコーダーを製造・販売している。製品には，標準モデル（ST）とデラックス・モデル（DX）とがあり，両製品品種の1台当たりの売価と変動費（製造原価，販売費・一般管理費中の変動費）は，下記のとおりである。

	ST	DX
1台当たりの販売価格	50,000円	60,000円
1台当たりの変動費	30,000円	33,000円

また固定費については，個別固定費はなく，月間の共通固定費は724万円である。ST製品とDX製品の販売量は，5：3の割合で販売するものとする。

[問1] 上記の条件にもとづき，ST製品とDX製品について，損益分岐点の月間販売量を求めなさい。

[問2] 同じ条件の下で月間の目標営業利益が905万円であるとする。この場合のST製品とDX製品の目標販売量を求めなさい。

[問題3] 上記OK製作所につき，5：3の割合で販売するという条件および月間の目標営業利益が905万円であるとする条件は削除し，それ以外の条件（すなわち両製品の1台当たりの販売価格と変動費，月間の共通固定費の条件）は有効であるとして，さらに次の条件を追加する。ST製品とDX製品の両品種とも，機械加工部をへて組立部で完成する。両品種の部門別標準作業時間は次のとおりである。

	機械加工部	組立部
ST 1台当たり標準作業時間	2時間	1時間
DX 1台当たり標準作業時間	2時間	2時間
各部門の月間生産能力	1,400時間	900時間

ただしDX製品は，マイクロチップスの入手が困難なため，月間300台までしか生産できない。

[問1] 上記の条件にもとづき，ST製品とDX製品を月間何台ずつ生産・販売すれば，最大の営業利益が得られるか。なおこの最適セールス・ミックスを求めるためには，この問題用紙の末尾に付した図を利用し，簡単なグラフを描いてみると容易に求められるであろう。

[問2] さらに(1)マイクロチップスの入手に努力した結果，DX製品を月間300台でなく，400台まで生産することが可能となった。(2)市場におけるST製品の販売競争が激化し，ST製品の販売価格を1台当たり50,000円から40,000円に引下げざるをえなくなった。以上の条件を追加した場合，ST製品とDX製品を月間何台ずつ生産・販売すれば，最大の営業利益が得られるであろうか。

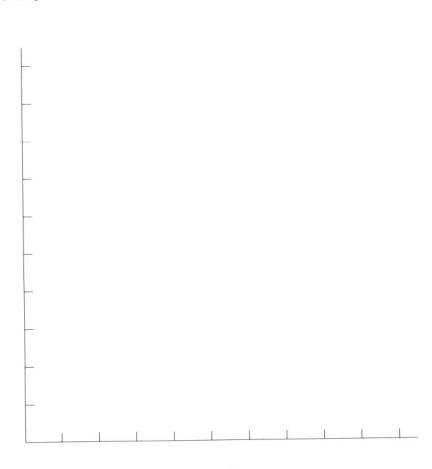

[解答用紙]
[問題 1]
　[問1]　a=　　　　万円　　b=　　　　万円/時
　[問2]　a=　　　　万円　　b=　　　　万円/時
[問題 2]
　[問1]　損益分岐点の販売量
　　　　ST製品=　　　　台　　DX製品=　　　　台
　[問2]　目標営業利益を獲得する販売量
　　　　ST製品=　　　　台　　DX製品=　　　　台
[問題 3]
　[問1]　最適セールス・ミックス
　　　　ST製品=　　　　台　　DX製品=　　　　台
　[問2]　条件変更後の最適セールス・ミックス
　　　　ST製品=　　　　台　　DX製品=　　　　台

（日商簿記1級原価計算試験問題）

第11章　企業予算——利益計画と利益統制——

企業予算（business budget）は，企業活動を計画し統制するために，多くの企業で利用する管理用具である。この管理用具は，原価計算と密接に結びついて利用されるので，本章でこれをとりあげることとする。

第 1 節　企業予算総説

1.　企業予算とは何か

仮に皆さんが仲間と山へハイキングに行く計画を立てたとする。いつ，どこに集まり，どこの山を登るか，昼食はどこでとるかなどを相談することになろう。これらは行動計画（action plan）である。しかし計画としてはこれだけでは不充分であって，「先立つものは金」といわれるように，ハイキングのためには，費用はいくらかかるか，そのお金はどこから調達するかといった，行動を実施するための財務計画（financial plan；これを予算 budget という）が不可欠である。企業経営上もまったく同じであって，経営計画は事業計画と予算（財務計画）からなり，両者は表と裏の関係にある。それらのどちらが欠けても不完全な計画である。その関係を図 11—1 に示した。

図 11—1

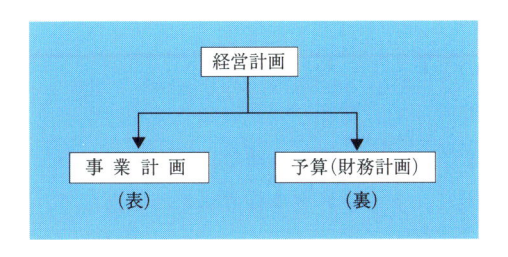

```
           経営計画
          /        \
    事業計画      予算(財務計画)
     (表)           (裏)
```

したがって企業予算とは，企業の最高経営者が将来の一定期間における事業計画について，その財務的側面を計数的に表明した正式の経営計画であるといってよい。

2. 予算管理システムのプロセス

企業予算が現実の企業経営で用いられる場合は，予算管理システム (budgeting system) の形をとる。予算管理システムは，予算編成 (budget planning) と予算統制 (budgetary control) という2つのプロセスからなる。

それらの関係を図 11—2 に示した。

図 11—2

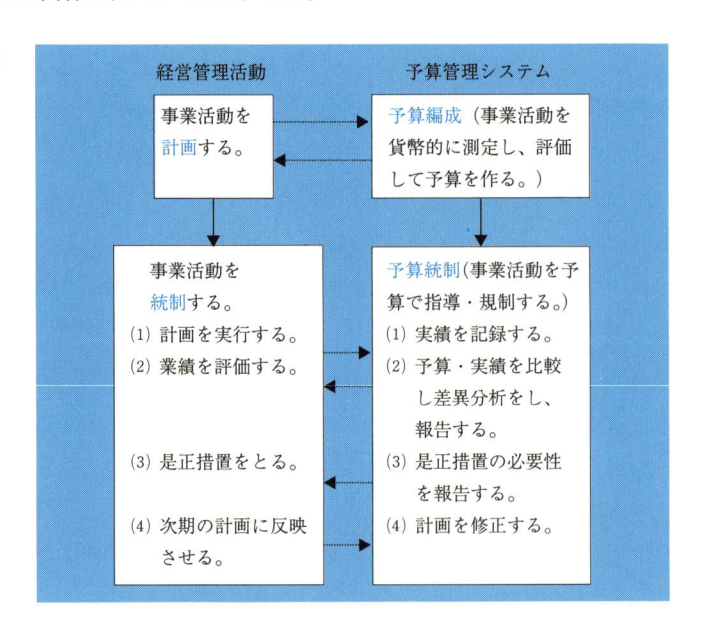

経営管理活動	予算管理システム
事業活動を計画する。	予算編成（事業活動を貨幣的に測定し、評価して予算を作る。）
事業活動を統制する。 (1) 計画を実行する。 (2) 業績を評価する。 (3) 是正措置をとる。 (4) 次期の計画に反映させる。	予算統制（事業活動を予算で指導・規制する。） (1) 実績を記録する。 (2) 予算・実績を比較し差異分析をし、報告する。 (3) 是正措置の必要性を報告する。 (4) 計画を修正する。

なおここで，次の2点を明らかにしておきたい。

第1点は，予算編成，予算統制の担当責任者は誰かという点である。たとえば販売部門における予算編成の担当責任者は販売部長であり，販売部長が翌年度の販売活動を計画し，その予算案を作成するのであって，経理部長や予算課長が予算案を策定するわけではない。つまり経理部長や予算課長は，各部門管

理者が予算案を作るために必要な会計情報を提供し，予算案をとりまとめるなどの専門的サービスを提供するが，会計はスタッフであって，ラインではない。したがって，まずライン管理者がそれぞれの部門の予算案を策定し，それらの案を常務会などで調整し，社長が最終的に次年度予算を決定する。決定された段階で，予算案の案がとれ，予算編成過程が終了し，実行責任が生じ，予算統制過程へ移ることとなる。予算統制においても，担当責任者は各部門のライン管理者であり，最終的には社長が全責任を負う。

第2の点は，予算のカバーする期間についてである。企業予算は短期予算（向こう1年間の企業活動全体についての予算で，総合予算といわれる。）と長期予算（将来の1年以上にわたる予算で，たとえば設備投資予算など）がある。また最近では，転がし予算（rolling budget; revolving budget あるいは継続的予算 continuous budgetともいわれる。）を採用する企業が増えてきた。転がし予算とは，例えば2001年4月から2002年3月までの総合予算を編成しておき，1か月が経過した段階で，2001年4月を落し，2002年4月を追加して，2001年5月から2002年4月までとする予算方式である。

3. 予算管理システムの役割

企業経営上ほとんどの企業は，予算管理システムを採用している。それは，予算管理システムが次に述べる重要な役割を果たすからである。

(1) 計画職能

個人にしても企業にしても，将来の目標を掲げ，その実現に努力することが，成功する重要な秘訣である。企業経営上，計画（planning）とは，その構成員全員の努力を結集して実現しようとする目標を決定し，その目標を達成する方法（いつ，どこで，誰が，何を，いかに実施するか）を，あらかじめ決定することである。企業の基本的目標を考慮し，企業環境の変化をにらみながら，経営戦略を策定し，その戦略を効果的に実現する方策を具体的な計数の形で計画するのが，企業予算の重大な役割である。そのさい企業の所有する稀少資源を競合する利用目的へいかに割り当てるか，どの事業部へどれほどの人，物，資金を配

分するか，といった稀少資源の割当て (allocating resources) を決定しなければならない。

(2) 統制職能

　企業予算は達成目標を明らかにする。したがって予算を決定したならば，予算に従って企業の経営活動を指導し，規制しなければならない。ここで統制 (control) とは，計画によって明らかにされた予算目標とその達成方法に，人々の注意を向け，やる気を起こさせ，その実行を命令し，指導し，規制し，調整し，その実績を予算と比較して差異を分析し，実施者の業績を評価し，必要があれば是正措置をとることである。なお上述したように，統制活動において予算は，経営活動を実行した個々の従業員，部門管理者のみならず，事業部活動や企業活動全体の業績を判断する枠組 (framework for judging performance) としての役割を果たす点に注意すべきである。また当然のことながら，予算編成時の環境が予算統制段階で変化してしまったならば，予算は弾力的に改訂されなければならない。

(3) 調整，コミュニケーション，インセンティブ誘発職能

　企業予算は，計画職能，統制職能と密接に関連して，調整，コミュニケーション，インセンティブ誘発という重要な役割を果たすことも指摘しておきたい。たとえば販売部長は販売部の業績をあげるために，顧客の好みに合わせてできるだけ多くの種類の製品を揃えておきたいと思うであろう。他方，製造部長は製造部の業績を上げるために，できるだけ少ない種類の製品を大量に生産することによって単位当たり製造原価をさげたいと思うであろう。このような部門間のギャップを調整し，各部門の活動を企業全体の共通の目標へ向けてバランスをとるのが，企業予算の調整 (coordination) 職能である。後述するように，予算編成は，販売予算→製造予算→購買予算の順に行なわれ，販売計画に従って製造計画が作られ，製造計画に従って購買計画が作られる。次にコミュニケーション (communication) 職能とは，企業全体の目標や各部門の計画を知らせ，これらを受け入れさせる役割のことである。調整はコミュニケーションなしには成功しない。他部門で何を計画しているかを知らずに，部門間の調整

はできないからである。予算を編成するさいには，予算案というかたちで，他部門の計画を正式に知ることができる。最後にインセンティブ誘発（providing incentives）職能とは，やる気を起こさせる役割のことである。たとえば製造予算編成段階で，その予算によって業績を評価される現場の職長さんも参加させれば，本人の納得のいく予算が作られ，あとでそれにより自分の業績が評価されることを承知しているため，その予算をぜひとも達成しようという意欲が湧くからである。

4. 予算管理システムの体系

予算管理システムは，次に述べる予算から構成されている。
Ⅰ 長期予算（例 設備投資予算，capital expenditure budget）
Ⅱ 短期予算＝総合予算（comprehensive budget）
 Ⅱ－1．基本予算（master budget，総合予算ともいわれる。）
  A．損益予算（operating budget）
  B．財務予算（financial budget）
 Ⅱ－2．付属予算と統計表
  A．変動予算
  B．CVP分析図表
 Ⅱ－3．予算報告書（予算・実績比較報告書）

第2節　基本予算の構成とその編成手続

1. 基本予算の構成

予算管理システムの体系において，その中心をなすものは基本予算（総合予算）である。基本予算は，来たるべき1年間における企業活動について，企業全体およびその構成部分ごとに，達成目標，目標遂行のさいに採られる方針および目標実現のための遂行手段を，企業の最高経営者が計数的に表明した正式の経営計画である。したがって，それは企業全体の総合的，期間的利益計画と利益

統制の用具であって，下記の予算から構成されている。

- A． 損益予算
  1) 収益予算
     ①販売予算
     ②営業外収益予算
  2) 費用予算および有高予算
     ① 製造予算
     ② 直接材料費予算
     ③ 購買予算
     ④ 直接労務費予算
     ⑤ 製造間接費予算
     ⑥ 期末在庫予算
     ⑦ 売上原価予算
     ⑧ 販売費および一般管理費予算
     ⑨ 営業外費用予算
  3) 予算損益計算書および予算利益金処分計算書
- B． 財務予算
  1) 翌年度設備投資予算
  2) 現金収支予算
  3) 予算貸借対照表
  4) 予算キャッシュ・フロー計算書

2．全部原価計算方式による基本予算編成手続

図 11—3 に示したのは，全部原価計算方式による基本予算編成手続である。販売予算から予定キャッシュ・フロー計算書までつけられた番号は，基本予算編成における概略の順序を示す。

第 11 章　企業予算—利益計画と利益統制　　629

図 11—3　基本予算の編成—全部原価計算方式

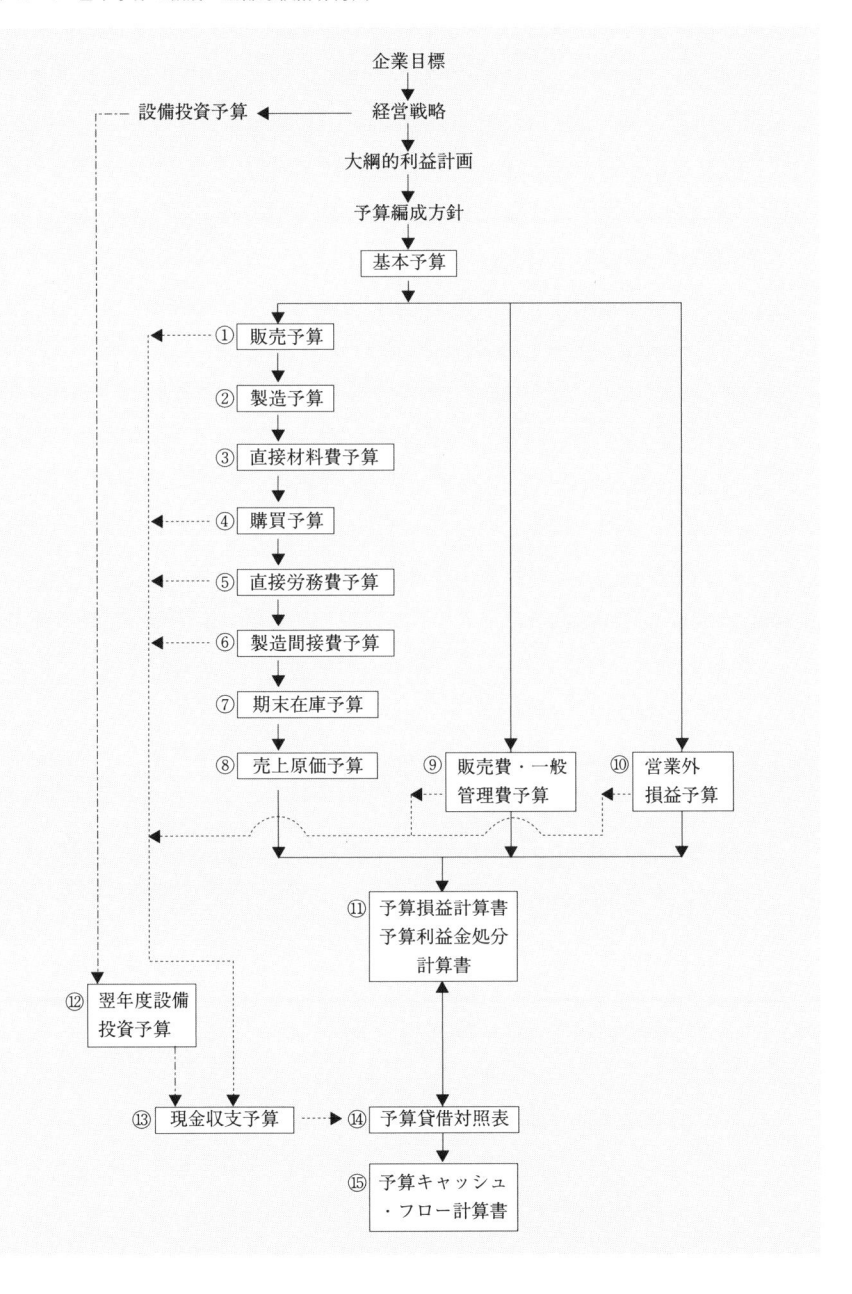

```
                          企業目標
                            ↓
      設備投資予算 ←——— 経営戦略
                            ↓
                        大綱的利益計画
                            ↓
                        予算編成方針
                            ↓
                         基本予算
                            ↓
        ┌───────────┼───────────┐
    ← ① 販売予算     │           │
           ↓         │           │
      ② 製造予算     │           │
           ↓         │           │
      ③ 直接材料費予算 │          │
           ↓         │           │
    ← ④ 購買予算     │           │
           ↓         │           │
    ← ⑤ 直接労務費予算│           │
           ↓         │           │
    ← ⑥ 製造間接費予算│           │
           ↓         │           │
      ⑦ 期末在庫予算  │           │
           ↓         │           │
    ← ⑧ 売上原価予算  ⑨ 販売費・一般  ⑩ 営業外
                       管理費予算     損益予算
                            ↓
                    ⑪ 予算損益計算書
                       予算利益金処分
                         計算書
                            ↓
  ⑫ 翌年度設備
     投資予算
           ↓
     ⑬ 現金収支予算 ····→ ⑭ 予算貸借対照表
                            ↓
                       ⑮ 予算キャッシュ
                         ・フロー計算書
```

短期利益計画は，CVP分析などによる大綱的利益計画から始まる。そして翌年度利益計画の大枠が定まると，社長は予算編成方針，たとえば自動車製造企業の場合は，翌年度における景気動向の見通し，輸出と国内販売の割合，あるいは乗用車とトラックの生産・販売割合，どの車種の生産・販売に重点をおくか，部品原価の30％削減といった社長の次期方針を示して予算編成に入る。

① 基本予算の編成は，販売予算案の策定から始まる。そのためには販売予測が必要となる。販売予測の方法には，マクロ的方法とミクロ的方法とがある。前者は企画部や社長室が採用する方法であって，回帰分析による方法（たとえば住宅建築や家電製品の企業では，新築住宅着工数と業界総売上高との関係を分析するなど），市場占有率の分析法（業界総売上高と自社の占有率の関係から翌年度の自社の総売上高を推定するなど），あるいは市場調査による方法である。後者は販売員や地域別販売管理者の予想からなる。販売部長は，マクロ，ミクロの情報を総合し，翌年度の販売計画案を製品別，販売地域別，四半期別，とりわけ第1四半期は月別に策定する。

② 販売予算案が決定されると，その販売計画に従って製造部長は製造予算を作成する。その内容は，事業所別，製品別計画生産量の決定である。

　　それは次の式で計算する。

　　　　計画生産量＝計画販売量＋期末在庫量－期首在庫量

現代企業では，在庫はできるだけ抑え，売れるだけ作るのが原則である。利益計画では，製品，仕掛品の在庫のみならず，④で述べる原材料の在庫についても，期首在庫量＝期末在庫量として計画を立てることが多い。

③ 直接材料費予算＝製品別単位当り原材料所要消費量×製品別計画生産量
　　　　　　　　×原材料予算単価

により，製品種類別，消費部門別に計算する。

④ 購買予算は次の式で計算する。

　　　　計画購入量＝計画生産量に必要な原材料総消費量
　　　　　　　　　＋期末原材料在庫量－期首原材料在庫量

　　購買予算＝計画購入量×原材料予算単価

②から④の過程で，資材所要量計画（material requirement planning: MRP）という技法が使用される。これは，年間の製品別計画生産量を月別，週別，日別に分解し，仕損率，生産リード・タイムを考慮したうえで，生産ロットを編成し，それらを製品別から原材料別に分類し直して原材料の日単位別総所要量を計画する方法である。

⑤　直接労務費予算＝製品別計画生産量×製品単位当たり直接作業時間
　　　　　　　　　×予算賃率
⑥　製造間接費予算は変動予算を利用して編成する。
⑦　期末在庫予算は，期末製品，仕掛品，原材料の有高予算である。
⑧　以下は，次に述べる計算例題を参照されたい。図 11—3 で特に注意してほしい点は，⑪と⑭の予算損益計算書と予算貸借対照表とは，双方向の矢印で結ばれている点である。つまり予算損益計算書を完成させてから予算貸借対照表を作成するといった関係にはなく，予算損益計算書を中途まで作成したら，現金収支予算や予算貸借対照表の作成へ移り，さらに予算損益計算書の作成へ戻り，最後に予算貸借対照表を完成させるといった相互に密接な関係にあることを示している。これらの点も，計算例題によって確認されたい。

第 3 節　基本予算編成例題

[例題 11— 1]

製品 X を量産する A 社は，全部標準原価計算を採用しており，現在，次期 (20 X 2 年度) の予算を編成中である。そこで下記の条件にもとづき，20 X 2 年度の予算を編成し，予算損益計算書と予算貸借対照表を作成しなさい。

(1)　製品原価標準

　　　直接材料費　　5円/kg×60kg ……………………………300円/個
　　　直接労務費　　200円/時×1時 ……………………………200
　　　製造間接費　　変動費　60円/時×1時……60円

　　　　　固定費　40円/時×1時……40円…………100
　　　　　製造原価合計………………………………600円/個

(2)　20Ｘ１年度　期末貸借対照表(単位：万円)

資　産		負　債	
流　動　資　産		流　動　負　債	
現　　　　金	1,135	買　　掛　　金	410
売　　掛　　金	1,218	未　払　法　人　税　等	400
製　　　　品	150	流　動　負　債　計	810
材　　　　料	139	固　定　負　債	
そ　の　他	983	社　　　　債	2,000
流　動　資　産　計	3,625	負　債　合　計	2,810
固　定　資　産		資　本	
土　　　　地	3,375	資　　本　　金	3,200
建　物・設　備	3,600	利　益　準　備　金	800
減価償却累計額	(600)	任　意　積　立　金	2,090
固　定　資　産　計	6,375	当期未処分利益金	1,100
資　産　合　計	10,000	資　本　計	7,190
		負債・資本合計	10,000

(3)　20Ｘ１年の当期未処分利益は，配当金，役員賞与金を支払った後，100万円を任意積立金とし，残り300万円を次期繰越利益金とする。

(4)　20Ｘ２年度の予算データ

　①　製品年間計画販売量は120,000個，販売単価は870円で製品はすべて掛売である。期首製品在庫量および期末製品在庫量はともに2,500個である。製品Ｘの製造に必要な材料の期首，期末在庫量もともに277,500kgであって，その仕入単価は5円である。材料の購入はすべて掛買いである。材料期末有高の計算では，計算結果について1万円未満は四捨五入しなさい。なお仕掛品の在庫は無視する。

　②　製造間接費予算は，公式法変動予算が設定されている。年間予算操業

度は120,000直接作業時間である。変動予算許容額＝60円/時×直接作業時間＋480万円で計算される。なお480万円の固定費のうち，30万円は減価償却費であって，その他の固定費および変動費はすべて現金支出原価である。

③ 販売費予算についても公式法変動予算が設定されており，その許容額＝50円/個×製品販売量＋780万円で計算される。一般管理費予算は年間840万円ですべて固定費である。なお販売費および一般管理費予算の中に，10万円の減価償却費（固定費）が含まれ，減価償却費以外はすべて現金支出原価である。

④ 予想現金収支（単位：万円）

	四半期				
	1	2	3	4	合計
売掛金回収	2,575	2,593	2,227	2,732	10,127
支払					
材料	823	959	703	1,058	3,543
労務費	740	990	615	1,115	3,460
その他	550	610	520	640	2,320
法人税	400				400
社債利息		80		80	160
機械購入				800	800
配当金	400				400
役員賞与	300				300
合計	3,213	2,639	1,838	3,693	11,383

（注）機械購入は年度末になされるので，その減価償却費は20X2年度の予算には計上されない。

⑤ 各四半期末に保有すべき最低現金残高は，1,000万円である。四半期末の現金残高が1,000万円に満たないと予想される場合には，あらかじめその四半期の期首に，最低必要額を，銀行から年利4％で500万円の

倍数額で借り入れておく。その後各四半期の期末資金に余裕があると予想される場合には，借りた現金はできるだけ早く，500万円の倍数で各四半期末に返済する。なおその場合利息は，返済する元金分の利息だけを，元金とともに支払う。ただし借入金は1年間を超えてはならない。

⑥ 法人税等の税率は，40％とする。

[解　答]
1. 販売予算

製品X　@870円×12万個……………10,440万円

本来なら販売地域別，製品品種別，四半期別，月別に計画するのであるが，これは簡単な計算例題であるので，これで販売予算の編成は終了する。

2. 製造予算（この内容は生産計画である。）

計　画　販　売　量…………12.00万個
期　末　在　庫　量………… 0.25
　　合　　　　計…………12.25万個
期　首　在　庫　量………… 0.25
差引：計画生産量……12.00万個

3. 直接材料費予算

材料計画消費量＝60kg/個×12万個＝720万kg
直接材料費予算＝720万kg×5円/kg＝3,600万円

4. 購　買　予　算

材料期末在庫量……………27.75万kg
材料計画消費量……………720.00
　合　　　　計……………747.75万kg
材料期首在庫量…………… 27.75
差引：計画購買量………720.00万kg
×材料購入予定単価　　　　 5円
材料購買予算……………3,600万円

5. 直接労務費予算

生産量	製品単位当たり 直接作業時間	総直接作業時間	標準賃率	直接労務費予算
12万個	1時間	12万時間	200円/時	2,400万円

6. 製造間接費予算

　変　動　費　60円/時×12万時間………　720万円
　固　定　費　……………………………　 480
　　合計：製造間接費予算……………… 1,200万円

7. 期末在庫予算

　材　　　料　27.75万kg×5円/kg………139万円（←138.75万円）
　製　　　品　2,500個×600円/個　………150万円

8. 売上原価予算

　直 接 材 料 費………………3,600万円
　直 接 労 務 費………………2,400
　製 造 間 接 費………………1,200
　　合計：当期総製造費用……7,200万円
　期 首 製 品 有 高………… 150（＝600円×2,500個）
　　合　　　計：……………7,350
　期 末 製 品 有 高………… 150（＝600円×2,500個）
　　差引：売上原価…………7,200万円

9. 販売費および一般管理費予算

　販売費　50円/個×12万個＋780万円………1,380万円
　一般管理費………………………………… 840
　販売費および一般管理費予算……………2,220万円

10. 予算損益計算書(単位:万円)

売　　上　　高(1)……………………	10,440
売　上　原　価(8)……………………	<u>7,200</u>
売　上　総　利　益……………………	3,240
販売費および一般管理費(9)…………………	<u>2,220</u>
営　業　利　益…………………………	1,020(注)
支　払　利　息(12)……………………	<u>210</u>
経　常　利　益…………………………	810
法　人　税　等(40%)…………………	<u>324</u>
当　期　純　利　益……………………	486
前期繰越利益金…………………………	<u>300</u>
当期未処分利益金………………………	<u><u>786</u></u>

(注) 予算損益計算書の作成はここで中断する。というのは，この次は営業利益から支払利息を差し引き，経常利益を計算するわけであるが，支払利息の金額は，現金収支予算と期末貸借対照表における短期借入金と未払利息の金額を確定しないと定まらないからである。したがって，ここからは現金収支予算の編成へ移る。なお上記予算損益計算書における(　)内の番号は，編成予算の番号を示す。たとえば(1)は販売予算，(8)は売上原価予算を意味し，それぞれの予算から金額を入手したことを示す。

11. 現金収支予算

	四半期				合 計
	1	2	3	4	
期首現金残高	1,135	1,497	1,451	1,325	1,135
期中収入：					
売掛金回収	2,575	2,593	2,227	2,732	10,127
収入合計	3,710	4,090	3,678	4,057	11,262
期中支出：					
材　　料	823	959	703	1,058	3,543
労　務　費	740	990	615	1,115	3,460
そ　の　他	550	610	520	640	2,320
法　人　税	400				400
社　債　利　息		80		80	160
機　械　購　入				800	800
配　当　金	400				400
役　員　賞　与	300				300
支出合計	3,213	2,639	1,838	3,693	11,383
現金過(不足)額	497	1,451	1,840	364	(121)
資金調達					
借　入(期首)	1,000	-	-	③1,500	2,500
返　済(期末)	-	-	①(500)	(500)	(1,000)
利　息(4%)	-	-	②(15)	(20)	(35)
合　　　計	1,000	-	(515)	980	1,465
期末現金残高	1,497	1,451	1,325	1,344	1,344

(注) ① 第3四半期末の余裕資金＝1,840万円－1,000万円＝840万円である．840万円で返せる借入金の元本をPとすれば，元本を返済するとき，その利息（年利率4％で，1年間の3/4だけ借りたのでその分の利息）も返さなければならないため，次の式をえる．

$$P(1+0.04\times 3\div 4)＝840万円$$

この式を解けば P＝815.53…となるが，返済する元本は500万円の倍数でなければならないので，結局，500万円を返済することとなる．

② $500 \times 0.04 \times 3 \div 4 = 15$

③ 期末の最低保有資金は1,000万円である。他方,第1四半期の期首に借りた1,000万円は第3四半期末に500万円返済するので,その第4四半期末の未返済額は500万円である。これは,短期借入金で1年を越すわけにはいかないため,未返済額500万円とその1年分の利息20万円は,第4四半期末に返済しなければならない。第4四半期末の現金残高は364万円である。

したがって

　　　第4四半期期首必要借入額（万円）＝1,000＋520−364＝1,156

である。しかし借入は500万円の倍数でなければならないので,1,156万円の借入ではなく,1,500万円の借入となる。

12. 20X2年度末予算貸借対照表（単位：万円）

資　産		負　債	
流　動　資　産		流　動　負　債	
現　　　　金	1,344	買　掛　金	467
売　掛　金	1,531	短　期　借　入　金	1,500
製　　　　品	150	未　払　利　息	15
材　　　　料	139	未　払　法　人　税　等	324
そ　の　他	983	流　動　負　債　計	2,306
流　動　資　産　計	4,147	固　定　負　債	
固　定　資　産		社　　　　債	2,000
土　　　　地	3,375	負　債　合　計	4,306
建　物・設　備	4,400	資　　　本	
減価償却累計額	(640)	資　本　金	3,200
固　定　資　産　計	7,135	利　益　準　備　金	800
資　産　合　計	11,282	任　意　積　立　金	2,190
		当期未処分利益金	786
		資　本　計	6,976
		負債・資本合計	11,282

（注）
1. 現金1,344＝現金収支予算期末残高
2. 売掛金1,531＝1,218（20X1年度期末貸借対照表）＋10,440（販売予算）
　　　　　　　−10,127（現金収支予算,期中売掛金回収額）

3. 製品 150（期末在庫予算）
4. 材料 139（期末在庫予算）
5. その他 983（20Ｘ１年度期末貸借対照表）
6. 土地 3,375（20Ｘ１年度期末貸借対照表）
7. 建物・設備 4,400＝3,600（20Ｘ１年度期末貸借対照表）＋800（現金収支予算）
8. 減価償却累計額 640＝600（20Ｘ１年度期末貸借対照表）＋40（当期減価償却費，製造間接費予算および販売費・一般管理費予算）
9. 買掛金 467＝410（20Ｘ１年度期末貸借対照表）＋3,600（材料購買予算）－3,543（現金収支予算，期中買掛金支払額）
10. 短期借入金 1,500（現金収支予算，第４四半期期首借入金）
11. 第４四半期の期首に1,500万円借入れ，その利息（1/4年分）が未払いである。したがって未払利息15＝1,500×0.04×1/4を計上する。
12. ここで支払利息を計算できる。支払利息＝社債利息160（現金収支予算）＋支払利息35（現金収支予算）＋未払利息15（上記11で計算）＝210
13. そこで20Ｘ２年度予算損益計算書を完成させる。
14. 未払法人税等 324 （20Ｘ２年度予算損益計算書）
15. 社債 2,000（20Ｘ１年度期末貸借対照表）
16. 資本金 3,200（20Ｘ１年度期末貸借対照表）
17. 利益準備金 800（20Ｘ１年度期末貸借対照表）
18. 任意積立金 2,190＝2,090（20Ｘ１年度期末貸借対照表）＋100（20Ｘ１年度利益処分）
19 当期未処分利益金 786（20Ｘ２年度予算損益計算書）
20. かくして20Ｘ２年度期末貸借対照表の借方合計と貸方合計とが一致することを確かめて，予算貸借対照表の作成を終了する。

第４節　予算統制の計算例題――予算・実績差異分析

[例題 11―2]

製品XをX量産するB社の予算統制関係資料は，下記のとおりである。

(1) 製品Xの製品原価標準

　　直 接 材 料 費　　5円/kg×60kg ……………………… 300円/個
　　直 接 労 務 費　　200円/時×1時 ……………………… 200
　　製 造 間 接 費　　変動費　60円/時×1時……60円
　　　　　　　　　　　固定費　40円/時×1時……40円………… 100
　　　　　　　　　　　製造原価合計………………………………600円/個

(2) 月次部門予算

1) 製造部門製造間接費予算（月間正常直接作業時間 10,000時間）

　　変動製造間接費　　600,000円

　　固定製造間接費　　400,000

　　　合計　　　　　1,000,000円

2) 販売部門予算

　　変 動 販 売 費　　50円/個

　　固 定 販 売 費　　650,000円

3) 一般管理部門予算

　　固定一般管理費　　700,000円

(3) 当月の予算営業利益

予算損益計算書

売上高　＠1,000円×9,000個……………………………9,000,000円

標準売上原価　＠600円×9,000個……………………5,400,000

標準売上総利益＠400円×9,000個……………………3,600,000円

販売費

　　変動費＠50円×9,000個………………450,000円

　　固　　定　　費……………………………650,000

　　販　売　費　計…………………………1,100,000円

　　一 般 管 理 費……………………………700,000

　　販売費・一般管理費合計………………1,800,000円　　1,800,000

　　予算営業利益……………………………………………1,800,000円

(4) 当月実績
 1) 製造部門
  ① 生産　　　月初仕掛品　　　　－
　　　　　　　　当月投入　　　9,800個
　　　　　　　　　計　　　　　9,800個
　　　　　　　　月末仕掛品　　　 100　（進捗度50％）
　　　　　　　　完成品　　　　9,700個
　　月末仕掛品の進捗度は，すべての原価要素に適用される。
　　当月の完成品換算総量＝9,700個＋100個×50％＝9,750個
  ② 直接材料費
　　　　＝実際単価@5.1円×実際消費量585,200kg…………2,984,520円
  ③ 直接労務費
　　　　＝実際賃率@210円×実際直接作業時間9,800時……2,058,000円
  ④ 製造間接費
　　　変動製造間接費……………………………………　　607,600円
　　　固定製造間接費……………………………………　　415,000円
  ⑤ 当月実際総製造費用………………………………　6,065,120円
  ⑥ 当月標準製造原価　@600円×9,750個……………　5,850,000円
  ⑦ 標準原価差額………………………………………　　215,120円
　　この原価差額（借方差額）は，標準売上総利益から控除する。
 2) 販売部門
　　売上高　@980円×9,500個……………………………9,310,000円
　　変動販売費……………………………………………　　484,500円
　　固定販売費……………………………………………　　640,000円
　　　販売費合計…………………………………………　1,124,500円
 3) 一般管理部門　　固定費……………………………　　780,000円
以上のデータにもとづき，当月の実際営業利益を計算し，予算・実績を比較して差異分析をしなさい。

[解答]

1. 予算・実績比較損益計算書(単位:円)

まず当月の実際営業利益を計算し,利益計画上の予算と比較する。

	予算(利益計画)	実　績	差　異
売　上　高	9,000,000	9,310,000	310,000
標準売上原価	5,400,000	5,700,000*	(300,000)
標準売上総利益	3,600,000	3,610,000	10,000
標準原価差異	-	(215,120)	(215,120)
実際売上総利益	-	3,394,880	-
販　売　費			
変　動　費	450,000	484,500	(34,500)
固　定　費	650,000	640,000	10,000
販　売　費　計	1,100,000	1,124,500	(24,500)
一般管理費	700,000	780,000	(80,000)
販売費・一般管理費計	1,800,000	1,904,500	(104,500)
営　業　利　益	1,800,000	1,490,380	(309,620)

*5,700,000円＝@600円×9,500個

以上の計算により,当月の予算営業利益は1,800,000円であるのにたいし,実際営業利益は1,490,380円であったので,予算の営業利益目標に309,620円だけ不足したことが判明した。そこでこの差異分析を試みる。

2. 販売部門の差異分析

販売部門の業績は,売上高(プラス要因)と販売費(マイナス要因)によって判断される。しかし売上高の全部が販売部門の業績ではない。なぜなら売上高の中に売上品の製造原価が含まれているため,金額が膨らんでいるからである。そこで売上高から売上原価を差し引いた売上総利益によってその業績を判断すべきである。その場合,実際売上原価を計算に使用すると,製造部門の能率の良否が混入してしまうから,標準売上原価を使用しなければならない。

このような考え方にもとづいて,予算・実績比較損益計算書の最初の3行,

売上高差異310,000円(有利な差異),標準売上原価差異(300,000円)(不利な差異),標準売上総利益差異10,000円(有利な差異)が計算されている。そこでこれら3行の内容を分析してみよう。なおこの分析を売上総利益差異分析(gross margin analysis)という。

(1) 標準売上総利益差異

まず,予算・実績比較損益計算書の最初の行である売上高差異から分析しよう。いま次のように記号を定める。

   AP:実際販売価格 AQ:実際販売量
   BP:予算販売価格 BQ:予算販売量
   F:有利な差異   U:不利な差異

1) 売上高差異＝実際売上高－予算売上高
    ＝AP×AQ－BP×BQ
    ＝9,310,000円－9,000,000円
    ＝310,000円(F)

次に予算売上高より実際売上高の方が310,000円上回った原因を分析する。

 ① 売上価格差異＝(AP－BP)×AQ
     ＝(980円－1,000円)×9,500個
     ＝－190,000円(U)

売上価格差異は,実際販売量について,製品の実際販売価格が予算よりも高く売ったか,あるいは安く売ったかにより,売上高に及ぼした影響を計算した差異である。実際販売量を基準として計算するので,売上高変動予算差異といってもよい。なぜなら変動予算は実際操業度を基準として製造間接費の予算差異を計算するからである。

この計算例では,予算では製品を1個1,000円で売る計画であったが,実際には20円だけ安い1個980円で9,500個販売したために,予算どおり1個1,000円で売った場合と比べて,190,000円の不利な差異が生じたことを示している。

② 売上数量差異＝(AQ－BQ)×BP

$$= (9,500個 － 9,000個) \times 1,000円/個$$
$$= 500,000円(F)$$

売上数量差異は，予算の販売割当量を実際にどの程度達成したか，あるいは達成しなかったかを，予算で指示された販売価格で売ったものとして計算した差異である。この計算例では，予算の販売割当量より500個余分に販売したので，これを予算の販売価格で売れば生じたはずの有利な差異が500,000円であることを示している。

③ 検証：－190,000円＋500,000円＝310,000円(F)

2) 標準売上原価数量差異

次は予算・実績比較損益計算書の第2行目の差異をとりあげよう。いま製品単位当たり標準製造原価を@SCとすれば，

標準売上原価数量差異＝(BQ－AQ)×@SC

$$= (9,000個 － 9,500個) \times 600円/個$$
$$= －300,000円(U)$$

この差異は，予算の販売割当量より多く（あるいは少なく）売ったために，それだけ標準製造原価が余分に（あるいは少なく）かかり，そのために予算営業利益に不利な（あるいは有利な）影響をもたらした差異である。この計算例では，予算の販売割当量よりも500個余計に販売したので，それだけ売上高は増加したが，増加した売上高全部が販売部門の業績ではなく，それから500個分の標準製造原価300,000円分を差引かなければ，販売部門の業績が明らかにならないことを意味する。

3) 標準売上総利益差異＝売上高差異＋標準売上原価数量差異

$$= 310,000円(F) + (－300,000円)(U)$$
$$= 10,000円(F)$$

以上述べた1)，2)，3)の差異分析を売上総利益差異分析ということは，すでに説明した。なお上記，標準売上原価数量差異にたいし，標準売上原価価格差異があるはずである，と思われるであろう。標準売上原価価格差

異は，予算・実績比較損益計算書の第4行目の標準原価差異にほかならない。そのことは，次の計算から明らかである。いま製品単位当たり実際製造原価を@ACとすれば，

@AC＝当月実際製造原価6,065,120円÷完成品換算総量9,750個
　　＝622.063589743……円

標準売上原価価格差異＝(@BC－@AC)×完成品換算総量
　　　　　　　　　　＝(600円－622.063589743……円)×9,750個
　　　　　　　　　　＝－215,119.99999……円
　　　　　　　　　　＝－215,120円(U)＝標準原価差異

標準原価差異は，後述する製造部門の差異分析でとりあげる。

(2) 販売費差異

1) 販売費総差異＝利益計画の販売費予算－実際販売費
　　　　　　　＝1,100,000円－1,124,500円
　　　　　　　＝－24,500円(U)

上記の算式で，「利益計画の販売費予算」というのは，実際販売量9,500個に見合う販売費予算許容額(変動予算許容額)ではなく，予算編成で計画した9,000個に見合う販売費予算(一種の固定予算)を意味する。

2) 変動販売費差異＝利益計画の変動販売費予算－実際変動販売費
　　　　　　　　＝450,000円－484,500円
　　　　　　　　＝－34,500円(U)

① 変動販売費予算差異＝実際販売量の変動販売費予算－実際変動販売費
　　　　　　　　　　＝製品単位当たり(予算変動販売費－実際変動販売費)×実際販売量
　　　　　　　　　　＝(50円－51円)×9,500個
　　　　　　　　　　＝－9,500円(U)

② 変動販売費数量差異＝(BQ－AQ)×@予算変動販売費
　　　　　　　　　　＝(9,000個－9,500個)×50円/個
　　　　　　　　　　＝－25,000円(U)

③ 検証：①＋②＝－34,500円＝変動販売費差異

3) 固定販売費差異＝利益計画の固定販売費予算－実際固定販売費
$$=650,000円－640,000円$$
$$=10,000円（F）$$

4) 検証：変動販売費差異＋固定販売費差異
$$=－34,500円＋10,000円$$
$$=－24,500円（U）＝販売費総差異$$

3. 製造部門の差異分析

1) 総差異＝標準製造原価－実際製造原価
$$=@600円×9,750個－6,065,120円$$
$$=－215,120円（U）$$

2) 直接材料費差異

① 総差異＝5円/kg×60kg×9,750個－2,984,520円
$$=－59,520円（U）$$

② 価格差異＝(5.0円－5.1円)/kg×585,200kg
$$=－58,520円（U）$$

③ 数量差異＝(@60kg×9,750個－585,200kg)×5.0円/kg
$$=－1,000円（U）$$

④ 検証：②＋③＝①

3) 直接労務費差異

① 総差異＝200円/時×1時/個×9,750個－2,058,000円
$$=－108,000円（U）$$

② 労働賃率差異＝(200円－210円)/時×9,800時
$$=－98,000円（U）$$

③ 労働時間差異＝(9,750時－9,800時)×200円/時
$$=－10,000円（U）$$

④ 検証：②＋③＝①

4) 製造間接費差異
① 総差異＝100円/時×9,750時－(607,600円＋415,000円)
　　　　　＝－47,600円(U)
② 変動費予算差異＝60円/時×9,800時－607,600円
　　　　　　　　＝－19,600円(U)
③ 固定費予算差異＝400,000円－415,000円
　　　　　　　　＝－15,000円(U)
④ 能率差異＝(9,750時－9,800時)×100円/時
　　　　　＝－5,000円(U)
⑤ 操業度差異＝(9,800時－10,000時)×40円/時
　　　　　　＝－8,000円(U)
⑥ 検証：②＋③＋④＋⑤＝①

4. 一般管理部門の差異分析

　固定費差異＝700,000円－780,000円＝－80,000円（U）

　固定費差異を総額で計算しただけでは，管理資料としてあまり意味がない。費目別に予算と実績を比較すべきである。同じことは，製造間接費や販売費の差異についてもいえる。

5. 差異分析総括表
以上の差異分析の結果をまとめれば，次のようになる。

(1) 予算営業利益 …………………………………………… 1,800,000円

(2) 販売部門差異

売上価格差異 ………… (190,000)円

売上数量差異 ………… 500,000

　売上高差異 ……… 310,000円　　　310,000円

売上原価数量差異 ……………………………… (300,000)

　標準売上総利益差異 ……………………… 10,000円

変動販売費予算差異 …… (9,500)円

変動販売費数量差異 …… (25,000)

固定販売費差異 ………… 10,000

　販売費差異 ……… (24,500)円　　　(24,500)

販売部門差異 ……………………………………… (14,500)円　　　(14,500)

(3) 製造部門差異

材料価格差異 ………… (58,520)円

材料数量差異 ………… (1,000)

　直接材料費差異 ……… (59,520)円　　　(59,520)円

労働賃率差異 ………… (98,000)

労働時間差異 ………… (10,000)

　直接労務費差異 ……… (108,000)円　　　(108,000)

変動費予算差異 ………… (19,600)円

固定費予算差異 ………… (15,000)

能率差異 ………… (5,000)

操業度差異 ………… (8,000)

　製造間接費差異 ……… (47,600)円　　　(47,600)

製造部門差異 ……………………………………… (215,120)円　　　(215,120)

(4) 一般管理部門差異 ……………………………………… (80,000)

(5) 実際営業利益 …………………………………………… 1,490,380円

これらの差異分析の結果を業績評価に利用するためには，さらにこれらの差異を担当管理者にとって管理可能差異 (controllable variance) か，管理不能差異 (uncontrollable variance) かに分けなければならない。上例では，実際営業利益が予算営業利益に到達できなかった最大の責任は製造部門にあるように見える。しかし材料価格差異は購買部門の責任であるかもしれず，また労働賃率差異は労務担当役員の責任であるかもしれない。したがって責任の所在を明らかにしたうえで，是正措置の方策を探求すべきである。

第 5 節　売上高の予算・実績差異分析

予算と実績を比較し，その差異分析を行う場合，どの企業にとっても売上高の予算と実績の比較，差異分析は重要である。そこでその方法を例題によってさらに検討してみよう。

[例題 11—3]

OK航空は，東京（成田）－ハワイ（ホノルル）間の旅客運輸業務に従事しており，19X9年2月の予算と実績にかんするデータは，下記のとおりである。なお等級の記号は，Fはファースト・クラス，Cはビジネス・クラス，Yはエコノミー・クラスを表し，航空券の発券枚数は往復切符の枚数であって，片道切符は往復切符に換算してある。

1. 19X9年2月の予算

等級	航空運賃 (千円)	発券枚数 (枚)	セールス・ ミックス(%)	売　上 (千円)
F	220	400	4	88,000
C	140	1,400	14	196,000
Y	60	8,200	82	492,000
合計		10,000	100	776,000

なお業界全体に占めるOK航空の計画市場占有率は，総発券枚数で計算して40％である。

2. 19X9年2月の実績

等級	航空運賃 (千円)	発券枚数 (枚)	セールス・ ミックス(%)	売　上 (千円)
F	200	480	4	96,000
C	100	1,320	11	132,000
Y	40	10,200	85	408,000
合計		12,000	100	636,000

OK航空の実際市場占有率は，50％であった。

さて，次に示すOK航空の社長と経理部長との会話にもとづき，設問に答えなさい。

社長「2月の売上高について，業績はどうなっているかね。」

経理部長「そのためには，等級別売上高の予算・実績総差異を計算しましょう。」

社長「次に，その総差異の発生した原因を知りたい。」

経理部長「総差異は，2つに分解できます。つまり航空運賃の予算と実績との違いと，発券枚数の予算と実績との違いです。前者を等級別航空運賃差異，後者を等級別発券枚数差異と呼ぶことにします。」

社長「等級別航空運賃差異は，航空券を予算より実際には割引して販売したために発生する差異だね。しかし等級別発券枚数差異の発生原因は何だろうか。」

経理部長「等級別発券枚数差異もまた，2つに分解できます。つまり1つは，発券した総枚数のセールス・ミックスについての予算と実績との違いにもとづく差異と，いま1つは当航空が発券した総枚数についての予算と実績との違いです。前者を等級別セールス・ミックス差異，後者を等級別総発券枚数差異と呼ぶことにしましょう。」

社長「等級別セールス・ミックス差異のほうは，私にもわかる。つまり同じ総発券枚数であっても，運賃の高いファースト・クラスやビジネス・クラスの客の割合が増えれば総売上高は増加するし，逆に運賃の安いエコノミー・クラスの客の割合が増えれば総売上高は減少するので，そのことか

ら発生する差異だね。しかし等級別『総』発券枚数差異というのはわかりにくい。それはどういう原因から発生するのかな。前に出てきた『総』のつかない等級別発券枚数差異とは，どう違うのかね。」

経理部長　「等級別『総』発券枚数差異も，２つの発生原因に分けられます。その１つは，当航空の市場占有率の増減によって発生する差異であり，もう１つは市場全体の総需要量が増減したために発生する差異です。前者を市場占有率差異，後者を市場総需要量差異と呼ぶことにします。前に出てきた『総』のつかない等級別発券枚数差異は，いわば等級別の総差異を，価格差異と数量差異に分析した場合の数量差異に相当しますが，『総』のついた等級別総発券枚数差異は，セールス・ミックスの差異の影響を除いた全社的総発券枚数にもとづく差異である点に違いがあるわけです。」

社長　「なるほど。売上高の差異分析は難しいと思ったが，案外やさしいようだ。君はいつも差異を２分している。それは，$a-b=a-b-c+c=(a-c)+(c-b)$ によって分解しているだけで，それでもずいぶん意思決定に有用な情報が得られるね。」

経理部長　「さすがは社長です。」

[問１]　２月の売上高について，等級別売上高の予算・実績総差異を計算しなさい。

[問２]　前問で計算した等級別売上高の予算・実績総差異を，等級別航空運賃差異と等級別発券枚数差異に分解しなさい。

[問３]　次に等級別発券枚数差異を，等級別セールス・ミックス差異と等級別総発券枚数差異に分解しなさい。

[問４]　等級別総発券枚数差異をさらに市場占有率差異と市場総需要量差異に分解しなさい。なおこれらの両差異は，等級別ではなく，全社総額で計算すればよい。

　　（注）　解答は，解答用紙の所定の欄に記入しなさい。

（日本商工会議所簿記検定１級原価計算試験問題）

[解答用紙]
(注) 計算した差異につき，有利な差異は＋，不利な差異は－の記号を（ ）内につけなさい。差異金額は，千円単位で記入すること。

[問1] 等級別売上高の予算・実績総差異

等級	総 差 異（千円）
F	（ ）
C	（ ）
Y	（ ）
合計	（ ）

[問2] 等級別航空運賃差異と等級別発券枚数差異

等級	等級別航空運賃差異（千円）	等級別発券枚数差異（千円）
F	（ ）	（ ）
C	（ ）	（ ）
Y	（ ）	（ ）
合計	（ ）	（ ）

[問3] 等級別セールス・ミックス差異と等級別総発券枚数差異

等級	等級別セールス・ミックス差異（千円）	等級別総発券枚数差異（千円）
F	（ ）	（ ）
C	（ ）	（ ）
Y	（ ）	（ ）
合計	（ ）	（ ）

[問4] 市場占有率差異 ＝ ［（ ）］（千円）
　　　市場総需要量差異 ＝ ［（ ）］（千円）

以上，問題と解答用紙を示したので，その模範解答と解説を明らかにしよう。

〔模範解答〕
[問1] 等級別売上高の予算・実績総差異

等級	総 差 異（千円）	
F	（＋）	8,000
C	（－）	64,000
Y	（－）	84,000
合計	（－）	140,000

[問2] 等級別航空運賃差異と等級別発券枚数差異

等級	等級別航空運賃差異（千円）	等級別発券枚数差異（千円）
F	(−) 9,600	(+) 17,600
C	(−) 52,800	(−) 11,200
Y	(−) 204,000	(+) 120,000
合計	(−) 266,400	(+) 126,400

[問3] 等級別セールス・ミックス差異と等級別総発券枚数差異

等級	等級別セールス・ミックス差異（千円）	等級別総発券枚数差異（千円）
F	( ) 0	(+) 17,600
C	(−) 50,400	(+) 39,200
Y	(+) 21,600	(+) 98,400
合計	(−) 28,800	(+) 155,200

[問4]　市場占有率差異　＝　(+) 186,240　（千円）
　　　　市場総需要量差異＝　(−) 31,040　（千円）

[解　説]

　本問は，2種以上の製品を販売する企業における売上高の予算・実績差異を分析する問題である。

1. 差異分析の体系

　まず，各差異の関係を次に示した。

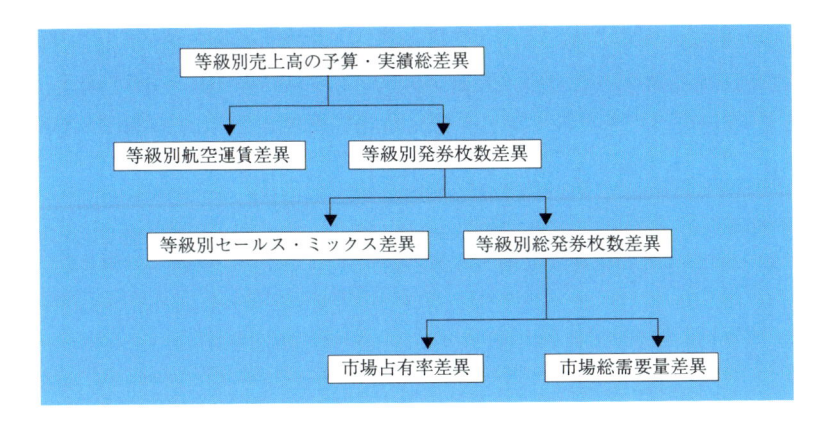

2. 等級別売上高の予算・実績総差異

これは, F (ファースト・クラス), C (ビジネス・クラス), Y (エコノミー・クラス) 別に, 実際売上高から予算売上高を差し引けばよい。たとえばFは次のようになる。

$$96{,}000 - 88{,}000 = 8{,}000 \text{ (千円)}$$

これは有利な差異であるから, +8,000 と記入する。CやYについても同様に計算すればよい。

3. 等級別航空運賃差異と等級別発券枚数差異

これらは, 総差異を価格差異と数量差異に分析したものである。

総差異＝(実際運賃－予算運賃)×実際発券枚数
　　　　＋(実際発券枚数－予算発券枚数)×予算運賃
　　　＝航空運賃差異＋発券枚数差異

Fを例にとれば, 次のようになる。

Fの総差異＝96,000－88,000
　　　　　＝200×480－220×400
　　　　　＝200×480－220×480＋220×480－220×400
　　　　　＝(200－220)×480＋(480－400)×220
　　　　　＝－9,600 (航空運賃差異) ＋17,600 (発券枚数差異)
　　　　　＝8,000 (総差異)

この分析によってファースト・クラスは, 予算運賃 220 千円のところを 200 千円に割引して販売したため, 売上が 9,600 千円減少したが, 発券枚数を予算よりも 80 枚増やしたため, 売上が 17,600 千円増加したので, 結局, 8,000 千円予算よりも売上増となったことがわかる。

4. 等級別総発券枚数差異と等級別セールス・ミックス差異

これらは, 等級別発券枚数差異を次のようにして2つの差異に分解したものである。

等級別発券枚数差異
　　＝実際総発券枚数×(実際セールス・ミックス－予算セールス・ミックス)
　　　×予算運賃＋(実際総発券枚数－予算総発券枚数)
　　　×予算セールス・ミックス×予算運賃
　　＝セールス・ミックス差異＋総発券枚数差異

Cを例にとれば，次のようになる。

Cの発券枚数差異
　　＝(1,320－1,400)×140
　　＝(12,000×0.11－10,000×0.14)×140
　　＝(12,000×0.11－12,000×0.14＋12,000×0.14－10,000×0.14)×140
　　＝12,000×(0.11－0.14)×140＋(12,000－10,000)×0.14×140
　　＝－50,400（セールス・ミックス差異）＋39,200（総発券枚数差異）
　　＝－11,200（発券枚数差異）

　この分析によってビジネス・クラスは，予算では全体の14％を占めるはずであったが，実際には11％しか占めておらず，3％ポイント減少し，それがエコノミー・クラスへ移ってしまった。その結果，売上が50,400千円減少した。しかし総発券枚数が予算よりも実際には2,000枚増加したので，その増加分がもし予算通りのセールス・ミックスで予算どおりの運賃で販売できたのであれば，売上が39,200千円増加したはずである。しかしそれらが相殺されて，結局はビジネス・クラスの売上は予算よりも11,200千円の減少となったことがわかる。

5. 予算セールス・ミックスの予算加重平均運賃

予算運賃で，予算セールス・ミックスの場合，F，C，Yの加重平均運賃は，次のように計算できる。

等級	(1) 予算運賃	(2) 予算セールス・ミックス	(3)=(1)×(2) 加重平均運賃
F	220	0.04	8.8
C	140	0.14	19.6
Y	60	0.82	49.2
		合計	77.6

これは，問題の条件で，19X9年2月の予算に示された売上高合計776,000千円を，計画発券枚数10,000枚で割って計算してもよい。

6. 市場占有率差異と市場総需要量差異

まず，市場総需要量の予算と実績を計算しておこう。予算では当航空の市場占有率は40％であるから，市場全体の予算総需要量は10,000枚÷0.4＝25,000枚である。これにたいし実際の市場占有率は50％であるから，市場全体の実際総需要量は，12,000枚÷0.5＝24,000枚であった。他方，問3で計算した等級別総発券枚数差異の合計は，155,200千円である(解答参照)。この数値は，等級別に計算した値を合計したものであるが，全社一本で計算しようとするなら，(12,000－10,000)×77.6＝155,200として計算できる。したがって等級別総発券枚数差異は，次のように市場占有率差異と市場総需要量差異に分解できる。

等級別総発券枚数差異

　　=（実際総発券枚数－予算総発券枚数）×予算加重平均運賃
　　={実際市場総需要量×（実際市場占有率－予算市場占有率）
　　　+（実際市場総需要量－予算市場総需要量）×予算市場占有率}
　　　×加重平均予算運賃
　　=実際市場総需要量×（実際市場占有率－予算市場占有率）
　　　×加重平均予算運賃+（実際市場総需要量－予算市場総需要量）
　　　×予算市場占有率×加重平均予算運賃
　　=市場占有率差異+市場総需要量差異

具体的な計算は，次のようになる。

等級別総発券枚数差異

　　=（12,000－10,000）×77.6
　　=（24,000×0.5－25,000×0.4）×77.6
　　=（24,000×0.5－24,000×0.4+24,000×0.4－25,000×0.4）×77.6
　　={24,000×（0.5－0.4）+（24,000－25,000）×0.4}×77.6
　　=24,000×（0.5－0.4）×77.6+（24,000－25,000）×0.4×77.6
　　=186,240（市場占有率差異）－31,040（市場総需要量差異）
　　=155,200（等級別総発券枚数差異）

　上の分析により，市場全体の総需要量は実際には1,000枚減少したので，予算どおりなら，売上高が31,040千円減少するはずであったが，エコノミー・クラスの航空券発売を中心に努力したため，市場占有率を伸ばすことができ，そのため売上高が186,240千円増加するはずであった。しかし両方の原因により相殺され，売上高は155,200千円の増加にとどまったことがわかる。

[練習問題 11-1]

製品Xを製造・販売する当社は，直接原価計算制度を採用している。下記の条件にもとづき，当社の19X1年第2四半期の中の7月，8月の予算を編成し，直接原価計算基準の月次予定損益計算書および予定貸借対照表を作成しなさい。

[計算条件]
1. 製品原価基準
　　原　料　費　　30円/kg×10kg/個……300円/個
　　変動加工費　　125円/時×1時/個……125円/個
　　変動製造原価合計……………………………425円/個

2. 貸借対照表　19X1年6月30日（単位：円）

流　動　資　産		流　動　負　債	
現　　　　　金	3,000,000	買　　掛　　金	5,940,000
売　　掛　　金	16,000,000	借　　入　　金	0
製　　　　　品	3,315,000	流 動 負 債 計	5,940,000
原　　　　　料	2,328,000	固　定　負　債	0
流 動 資 産 計	24,643,000	資　　　　　本	
固　定　資　産		資　　本　　金	80,000,000
土　　　　　地	42,557,000	利 益 準 備 金	20,000,000
建　物・設　備	50,000,000	剰　　余　　金	11,260,000
固 定 資 産 計	92,557,000	資　　本　　計	111,260,000
資　産　合　計	117,200,000	負債・資本合計	117,200,000

　　（注）製品は変動製造原価で計上されている。また建物・設備は減価償却累計額差引後の数値である。

3. 19X1年予算データ
　(1) 製品Xの予算販売単価は，500円である。
　(2) 売上高予算　6月（実績）　　@500円×40,000個…20,000,000円
　　　　　　　　　7月　　　　　　@500円×39,000個…19,500,000円
　　　　　　　　　8月　　　　　　@500円×38,000個…19,000,000円
　　　　　　　　　9月　　　　　　@500円×40,000個…20,000,000円
　　　　　　　　　10月　　　　　 @500円×40,000個…20,000,000円
　(3) 売上高の現金売と掛売の割合　月間売上高の20%は現金売で月末に回収，残り80%は掛売で，翌月末に回収する。
　(4) 各月末製品所要在庫量は，翌月製品計画販売量の20%である。
　(5) 各月末原料所要在庫量は，翌月原料計画消費量の20%である。
　(6) 月間原料購入額の50%は購入月末に現金で支払い，残り50%は買掛金として翌月末に現金で支払う。
　(7) 固定加工費の月次予算は1,758,000円で，そのうち400,000円は減価償却費であり，残りは現金支出費用である。変動販売費は製品1個当たり3円であって，固定販売費および一般管理費の月次予算は468,000円であるが，そのうち100,000円は減価償却費で，残りは現金支出費用である。
　(8) 予想現金支出　原料購入代金の支払および資金借入による利子支払を除き，予想される現金支出額（月末払）は次のとおりである（単位：円）。

	7月	8月
材　料　費	2,500,000	2,400,000
労　務　費	3,400,000	3,400,000
経　　　費	793,000	840,000
機　械　購　入	4,900,000	-
合　　　計	11,593,000	6,640,000

(注)　上記機械は7月1日に購入し，その代金は7月末に支払う予定である。この機械の減価償却費は，上記(7)の400,000円の減価償却費の中に含まれている。

(9)　各月末に保有すべき最低の現金残高は，3,000,000円である。

(10)　資金調達と返済　現金が不足する月においては，月末に年利12%でその不足額を借入れる。現金が必要額を超過する月においては，月末にその超過額を借入金の返済に当てる。支払利息は，計算を簡略にするために日割りではなく，月々1か月分の利子を現金で支払うこととする。すなわち月末にその月の未返済額に月利1%を乗じた額を現金で支払う。

(日商簿記1級工業簿記試験問題)

第12章　事業部の業績測定

　第10章においてわれわれは，直接原価計算が，企業におけるセグメント別収益性の測定手段として，きわめて有用であることを理解した。そこで本章では，直接原価計算にかんする知識を前提として，企業における重要なセグメントの1つとしての事業部業績(divisional performance)の測定問題を検討してみよう。

第1節　事業部の本質

1. 職能部門制組織と事業部制組織

　企業における組織を，第1次的に製造部，販売部，資材（調達）部，人事部，経理部というように，職能部門に分類し，これらを基礎として形成する組織を職能部門制組織(functionalized organization)という。企業組織全体を通じて，意思決定権の配分が，比較的上位の管理者に集中している組織(これを集権的組織 centralized organization という。)は，職能部門制組織と結びつきやすい。

　これにたいして，企業における組織を，第1次的に，製品別，地域別あるいは市場別に分類し，それぞれの組織単位（すなわち事業部）が，あたかも独立の企業であるかのように，製造活動，販売活動および場合によっては調達活動をも行なうような組織を，事業部制組織(divisionalized organization)という。集権的組織と対比される組織は分権的組織(decentralized organization)であり，これは，企業組織全体を通じて，意思決定権の配分が，比較的下位の管理者まで分散している組織のことである。集権的組織または分権的組織といっても，それは意思決定権の集中か分散かの区別であり，その区別は程度の問題である。したがって事業部制組織を採用する場合でも，ある企業の場合はより集権的であるのにたいし，別の企業の場合はより分権的であることがある。

しかし事業部制組織の真価を発揮させるためには，企業の基本的な執行活動（製造，販売活動など）についての包括的な意思決定権を委譲した分権的組織としての事業部制がよい。なぜならばその場合には，次のような長所がえられる。

(イ) 本社の社長よりも事業部長のほうが，製品，地域，市場の特殊事情に精通しており，賢明な意思決定を行なうことができる。

(ロ) 事業部長は担当するそれぞれの製品，地域，市場などに専念し，意思決定を行なうので，内外の情況変化に対応して迅速な行動をとることができる。

(ハ) 大幅な自由裁量権を与えられた事業部長は，それだけ責任を感じ，「やる気」を起こす。とりわけ全社的な利益目標にたいし，自己の事業部がどれほど貢献したかが明らかにされれば，そのことは事業部長にとって強力な動機づけとなる。

(ニ) 事業部長にたいし，将来，上級の経営管理者になるための貴重な経験を積ませることができる。

もちろん事業部制組織には次のような短所がある。

(イ) それぞれの事業部が，自己の利益を追求するあまり，事業部の利益と全社的な利益とが一致しないことがある。

(ロ) 分権的な事業部制組織よりも職能部門制組織で集権化したほうが，人事，資材の調達，広告，経理などの費用が安くすむ。

(ハ) とりわけ事業部制組織では，情報の収集，処理のための費用がかさむ。

したがって事業部制組織を採用すべきか否かは，その長所と短所を総合的に勘案して決定しなければならない。事業部制では，分権的な管理単位をなす各事業部の上に，それらを統括する本部が置かれる。

2. 利益センターと投資センター

利益センター（profit center）と投資センター（investment center）とは，実務上区別されずに使用されることが多い。

たとえば販売活動の第一線にある営業所は，販売費のみならず売上高につい

ても責任をもつために，それは利益センターである。事業部もまた原価と収益にたいし責任をもつという意味で，利益センターであるが，通常，分権的組織の長所を発揮させるために，多くの事業部では，

(イ) 利益目標が与えられ，

(ロ) 利益獲得の手段については，程度の差こそあれ，かなりの自由裁量権が認められている。たとえば，資材調達先の選択，製品の販売先の選択，さらに売掛金，棚卸資産，買掛金などの運転資本についての意思決定から，ある一定の限度内で，設備投資の意思決定権が与えられている。

そこで企業組織の観点からすれば，事業部の特徴は，あたかも独立の企業であるかのように，製造活動，販売活動など，企業の基本的執行活動を行なう組織として，職能分化でなく単位分化した組織である点に求められるが，原価計算ないし管理会計の観点からすれば，その特徴は，原価，収益のみならず，投資額についても責任をもつ利益センター，すなわち投資センターである点に求められる。

第 2 節　事業部長の業績と事業部の業績

事業部の業績測定において注意を要するのは，事業部長の業績測定と，事業部それ自体の業績測定とを区別しなければならないという点である。

［例題 12—1］

事業部長の業績測定と，事業部それ自体の業績測定とを，区別する必要性を説明しなさい。

［解　答］

事業部長の業績測定は，(イ)その事業部について設定された予算と実績との比較というかたちで行なわれるべきであり，(ロ)収益，費用および投資額の会計処理において指導的な役割を果たす概念は，事業部長にとっての管理可能性（controllability）である。優秀な管理者であるほど，業績の悪い事業部の事業部長に就任させられがちである。そしてその事業部の収益性は，短期間で好転する

わけはない。この場合，もし新任事業部長の業績を測定する目的で，その事業部の実績と，他の事業部の実績とを単純に比較して，「まだ良くない。」と社長により評価されては，新任事業部長としては，たまったものではない。業績の悪いその事業部について設定された目標としての予算と実績とが比較されなければならない。またそのさいに，新任事業部長にとって，管理不能な原価や投資額についてまで責任を問われても，彼としてはどうするすべもないわけである。

これにたいして，企業は一定の資本を事業部に投下しているので，投資の対象としての事業部の業績を測定する必要が生ずる。このことは，ベンチャー (venture) としての事業部の業績測定といってもよい。事業部にたいし，もっと資本を投下すべきか，あるいは投下資本を引き上げて，別の事業部へ投下すべきか，などのトップ・マネジメントの意思決定目的には，特殊調査による差額原価収益分析を行なわなければならないが，そのような特殊調査を行なうべきか否かを知るために，事業部自体の業績を経常的に測定する必要が生ずるわけである。

事業部それ自体の業績測定は，(イ)他の事業部や他企業の業績との比較というかたちで行なわれることが多く，正しくいえば投資の代替案の収益性との比較として行なわれるべきであり，(ロ)収益，費用および投資額の会計処理において指導的役割を果たす概念は，その事業部にたいする追跡可能性 (traceability) である。この場合には，事業部長にとって管理可能であると否とにかかわらず，特定の事業部にたいし，個別的に跡づけられる収益，費用および投資額は，すべてその事業部に集計されなければならない。また個別的に跡づけられなくとも，合理的に跡づけられる場合には，その事業部に集計されるべきである。たとえば1つのビルを，2つ以上の事業部で使用している場合，各事業部の占有面積は容易に事業部別に跡づけられるので，その建物価額を，占有面積比で各事業部へ割り当て，それらを事業部別投資額のなかに含めるべきである。

第 3 節　事業部長の業績測定尺度

次に事業部長の業績測定問題をとりあげて検討してみよう。この問題を考察するには，あらかじめ事業部損益計算書の形式を理解しておくのが有益である。

1. 事業部損益計算書

[例題 12—2]

事業部損益計算書の形式を示しなさい。

[解　答]

典型的な事業部損益計算書としては，表 12—1 のような形式が考えられる。(注1)

表 12—1　　　　**事業部損益計算書**

売　　上　　高		
外部の顧客にたいする売上高	×××	
市価基準による他事業部への内部振替高	×××	
市価以外の基準による，他事業部 　　への内部振替のための変動費	×××	×××
差引：変動製造販売費		
売上品および内部振替品の変動製造原価	×××	
当事業部変動販売費	×××	×××
貢　献　利　益		×××
加算（または差引）：		
市価以外の基準による，他事業部への（また 　　は他事業部からの）内部振替のための固定費		×××
計		×××
差引：管理可能事業部固定費		×××
管理可能営業利益		×××
加算（または差引）：営業外収益（および費用）		×××
計		×××
差引：管理可能投資額にたいする資本コスト		×××
税引前管理可能残余利益		×××

(注1)　この損益計算書は，基本的にはソロモンズの形式によった。Solomons, D., *Divisional Performance: Measurement and Control* (Illinois: R. D. Irwin, Inc., 1965), p. 82. 本書は，事業部業績測定問題にかんする必読書である。

差引：管理不能事業部関係費		
管理不能事業部固定費	×××	
事業部に合理的に負担させる 　　ことのできる本社費配分額	×××	
管理不能投資額にたいする資本コスト	×××	×××
税引前純残余利益		×××
差引：当事業部の負担する法人税		×××
税引後純残余利益		×××

この損益計算書において残余利益 (residual income; RI) とは，資本コスト差引後に残る利益という意味である。

2. 管理可能営業利益

事業部長の業績測定尺度としてまず考えられるのは，事業部の管理可能営業利益 (controllable operating profit) である。この利益は，前述の事業部損益計算書から明らかなように，

$$\text{管理可能営業利益} = \begin{pmatrix}\text{事業部}\\\text{売上高}\end{pmatrix} - \begin{pmatrix}\text{変動製造原価お}\\\text{よび変動販売費}\end{pmatrix} - \begin{pmatrix}\text{管理可能}\\\text{固定費}\end{pmatrix}$$

によって計算される。しかし投資センターの責任者としての事業部長の業績を，利益額の大小だけで測定するのは良くない。なぜならば，資本を多く使用すれば，利益額は多くなるのは当然だからである。したがって業績測定尺度には，事業部使用資本を考慮しなければならない。

3. 管理可能投下資本利益率

次に考えられる業績測定尺度は，収益性の指標として一般的に使用される投下資本利益率 (rate of return on investment; ROI) であり，この ROI を業績測定尺度とするには，次の式によって計算する。

$$\text{管理可能投下資本利益率} = \frac{\text{管理可能営業利益}}{\text{管理可能投資額}} \times 100$$

この業績測定尺度の特徴は，資本と利益の関係すなわち収益性 (profitability) を比率 (%) で示す点にあり，これは長所ともなれば短所ともなる。まず長所としては，(イ)この測定尺度は，きわめて有益な公分母 (common denominator) で

ある，という点にある。つまり収益性をパーセントで示すから，企業内部における他の事業部や，外部の他企業とも，規模に関係なく比較できる。(ロ)次にROIは，$\dfrac{利益}{資本} = \dfrac{利益}{売上高} \times \dfrac{売上高}{資本} =$（売上高利益率）×「資本回転率」に分解できるので，事業部業績の良かった（あるいは悪かった）理由を，販売のマージンと資本の利用度に分解することができ，さらにそれらの構成要素に分析して有用な情報を入手することができる。

このような長所をもつために，アメリカのデュポン社（E. I. du Pont de Nemours & Company）が提唱して以来，ROI は多くの企業で採用されてきたが，最近では次の短所が強く意識されるようになった。ROI の短所は，(イ)事業部長の関心を，利益額の増大よりも比率の増大へ向けさせること，(ロ)その結果，事業部の利害と全社的な利害が対立し，目標整合性（goal congruence）が失われること，である。そこでアメリカの GE（General Electric）社では，次に述べる残余利益を採用するようになった。

4. 税引前管理可能残余利益

[例題 12—3]

事業部長の業績測定尺度としての投下資本利益率と残余利益とについて，その長所，短所を比較しなさい。

[解　答]

残余利益（RI）は，次の式によって計算する。

$$税引前管理可能残余利益 = \begin{pmatrix}管理可能\\営業利益\end{pmatrix} - \begin{pmatrix}管理可能\\投資額\end{pmatrix} \times \begin{pmatrix}資\ \ \ 本\\コスト率\end{pmatrix}^{(注2)}$$

たとえば A 事業部では，

  (イ)　管理可能営業利益　　1,500万円

  (ロ)　管理可能投資額　　　5,000万円

  (ハ)　資 本 コ ス ト 率　　　10%

(注2)　月次の事業部別損益計算書を作成するさいは，
   （管理可能投資額）×（年間資本コスト率）÷ 12　により資本コストを計算する。

であるとする。この場合，$\text{ROI} = \dfrac{1,500万円}{5,000万円} \times 100 = 30\%$ である。ROI を業績測定尺度に使用すると，A 事業部長は利益額よりも比率を増加させるために，必要以上に使用資本をへらし，企業規模を縮小させるかもしれない。あるいはまた，投資額 1,000 万円，年間予想利益 200 万円，したがって，予想 $\text{ROI} = \dfrac{200万円}{1,000万円} \times 100 = 20\%$ の投資プロジェクトがある場合，全社的見地からすれば，最低所要投下資本利益率である資本コスト率 10% をはるかに上回る有利なこの投資を，A 事業部は採用すべきであるが，A 事業部長はこの投資プロジェクトを採用したがらないであろう。なぜならばこれを採用したのちの，A 事業部の $\text{ROI} = \dfrac{1,500万円 + 200万円}{5,000万円 + 1,000万円} \times 100 \fallingdotseq 28.3\%$ となって，ROI が悪化するからである。このように ROI を業績測定尺度に使用することは，「比率を増大せよ。」と命令することに等しい。

これにたいし A 事業部の残余利益を計算すると，RI ＝ 1,500 万円 － 5,000 万円 × 10% ＝ 1,000 万円 である。上述の投資プロジェクトを採用すれば，RI ＝ (1,500 万円 ＋ 200 万円) － (5,000 万円 ＋ 1,000 万円) × 10% ＝ 1,100 万円 となって，残余利益は 100 万円増加する。したがって RI を業績測定尺度に使用すれば，A 事業部長はこの投資プロジェクトを採用し，そのことは全社的にも望ましいわけである。RI を業績測定尺度に使用することは，「資本コストを上回る利益の金額を増大せよ。」と命令することに等しい。このように残余利益の長所は，(イ)事業部の利益を，使用資本との関連で測定する尺度であること，(ロ)事業部長の関心を，利益率の増大よりも金額の増大へ向けさせること，(ハ)その結果，目標整合性が保たれること，である。他方，残余利益の短所は，事業部長の業績は，資本と利益にかんする収益性という単一の尺度だけで測定できるか，という点にある。これは，残余利益のみに内在する問題ではなく，多元的業績評価指標の問題である。

残余利益の一種であるが，最近において有力企業が続々と採用しつつある新しい業績評価指標に，株主価値を重視する経済付加価値がある。また企業の外部者と内部者の業績評価指標のバランス，企業の長期と短期の業績評価指標のバランスなど，多元的業績評価指標を体系的に組みこんだバランス・スコアカードが登場してきた。これらの新しい戦略的業績評価指標については，第 18 章で取り上げることとする。

第 4 節　事業部の資本コスト率

　RI であれ ROI であれ，その計算やデータの利用上，事業部の資本コスト率が必要となる。資本コスト率の具体的な計算方法の説明は，第 16 章 第 2 節に譲るが，資本コスト率は理論的には，資金の調達源泉別加重平均資本コストに，その事業のリスクを考慮して決定するのがよい。

　事業部制を採用する企業にあっては，全社共通の資本コスト率ではなく，事業部別に異なる資本コスト率を採用すべきである。(注3) というのは，危険な事業部ほど，その資本コスト率を高く設定すべきだからである。わが国の実務では，事業部の流動資産と固定資産にたいし，異なる資本コスト率を適用する方法が行なわれるが，前者には短期資金，後者には長期資金が投下されるためであり，事業部によって流動資産と固定資産の構成比が異なるのは，その事業部の資金調達源泉のみならず，リスクをも反映するものと理解される。

第 5 節　事業部自体の業績測定尺度

　投資の対象，つまりベンチャーとしての事業部自体の業績測定尺度としては，事業部長にとって管理可能であろうと管理不能であろうと，その事業部に合理的に跡づけられるすべての投資額と，それから生じた税引後の純利益との比較が必要であり，

$$\text{ROI} \cdots\cdots \frac{\text{税引後事業部純利益}}{\text{事業部総投資額}}$$

$$\text{RI} \cdots\cdots \text{税引後純残余利益}$$

の 2 つが考えられる。これら 2 つの測定尺度の差は，比率 (ROI) か金額 (RI) かの差であるが，事業部自体の業績測定目的にとっては，業績測定尺度が事業部長にたいして及ぼす影響を考慮する必要はなく，むしろ事業部の規模に関係

(注 3)　Horngren, C. T., *Introduction to Management Accounting* (Englewood Cliffs, N. J. : Prentice-Hall, Inc., 5th ed., 1981), p.289.

なく収益性を測定し比較できる ROI のほうが適していると考えられる。前述した事業部損益計算書において，最終的に算出される税引後残余利益に，管理可能および管理不能投資額にたいする資本コストを加算すれば，税引後事業部純利益が求められる。(注4)

第 6 節　事業部投資額の決定における諸問題

1.　事業部投資額に含まれる資産の範囲

（1）　管理可能投資額

　事業部長の業績測定に使用する管理可能投資額 (controllable investment) は，その事業部に個別的に跡づけられる資産の合計から，事業部長にとって管理不能な資産額を差し引くことにより計算される。

　事業部の固定資産が事業部長にとって管理可能か否かは，事業部長に与えられた権限によって異なる。事業部長が，固定設備についての投資，使用および除却にかんする決裁権をすべてもつ場合には，それは完全な管理可能資産である。しかしながら，投資決裁権を完全にもたない場合でも，事業部にたいする設備投資は，事業部長の提案により行なわれることが多く，また少なくとも事業部長の賛成をえて行なわれるので，固定資産は管理可能資産として扱われることが多い。

　事業部の建設仮勘定は，管理可能資産には含めない。それは事業部における将来の利益獲得に貢献するであろうが，実績利益に関係がないからである。

　事業部の保有する遊休固定資産は，その効果的な利用ないし処分を促進するため，管理可能資産に含める。ただし本部の意向で，保有させられている遊休固定資産は，事業部長にとって管理不能なので，管理可能資産から除外する。

　なお事業部長が買掛金の支払を比較的早くするか遅くするかについて決定権

（注 4）　法人税については，会社全体の法人税を，事業部別課税利益，および本部が利益をあげているときは，本部の課税利益をも基準にして，各事業部および本部に負担させる。この場合赤字の事業部にたいしては，その赤字によって支払を免れた法人税額を，赤字の事業部に配分し，それだけ損失額を少なく計算する。

をもつ場合には，それは管理可能流動負債であるので，これを管理可能資産の総額から控除するのがよい。

(2) 総 投 資 額

事業部自体の業績測定に使用する総投資額 (total investment) は，その事業部に個別的に跡づけられる資産 (traceable assets) および次に述べる本部保有資産の事業部にたいする配分額の合計である。

(3) 本部保有資産の事業部への配分

本部が保有し，本部が使用している資産（たとえば本部の建物）や本部が運用している資産（たとえば子会社株式）は，純粋な本部資産であるから，これらを事業部へ配分する理由はない。

次に，本部が売掛金の管理を集中的に行なっている場合のように，勘定分類を細分化すれば，事業部別に認識できる本部資産がある。これらは，各事業部へ配分し，それぞれの総投資額のなかに含めるべきである。

問題となるのは，各事業部へ用役を提供するために保有している本部資産の取扱である。たとえば現金を本部が集中的に管理している場合がある。これは，現金を事業部別に管理するよりも，少ない現金で効率良く利用するためである。このように，2つ以上の事業部のために共用される本部資産の配分基準として，しばしば提唱される基準は，回避可能性 (avoidability) である。つまりその事業部が存在しなければ，それだけ本部が現金の保有を必要としなくなる現金減少分（換言すれば増分現金需要額 incremental cash demands）がある。その部分は，その事業部へ配分すべきだとする議論である。たとえば A, B, C の3事業部があり，それぞれ独立に現金を管理するとすれば，年間それぞれ6億円，4億円，2億円，合計12億円の現金が必要であるが，これを本部で集中的に管理すると，ある月にA事業部が1億円不足するが，B事業部のほうで1億円の現金が余るというように，事業部相互間で融通できるので，年間12億円の3分の2に相当する8億円ですむことがわかったとする。この場合には，A事業部へ6億円の3分の2，すなわち4億円の現金を配分するのである。ただ実際問題として，この基準の適用は，かなりむずかしいと思われる。

2つ以上の事業部へ用役を提供する例として，研究所や情報処理センターの資産をあげることができる。これらは，事業部別の長期的用役消費量の割合 にもとづいて，各事業部へ配分されるべきである。

次に，これらの資産が事業部別に配分されたとき，それらを事業部長にとって管理可能資産とするか，あるいは管理不能資産とするかについては，議論がわかれる。それらの資産の管理は，事業部長が行なっていないのであるから，管理不能資産とすべきであると考えられる。しかし他方において，各事業部は，それだけ本部からサービスの提供を受けているのであるから，その責任をもつべきであるとも考えられる。このような場合には，もし配分基準が恣意的であると考えられるならば，事業部へ無理に配分すべきではない。またもし配分基準が比較的に合理性をもち，各事業部長が公平に扱われていると感ずるならば，配分方法が不完全でも，管理可能資産とすることについて，事業部長の納得がえられるであろう。

さらにこの場合の解決方法として考えられるのは，内部振替価格を採用する方法である。たとえば情報処理センターは，事業部のデータ処理について，その用役提供を市価で評価してこれを事業部へ振り替えるのである。この場合には，情報処理センターの資産を各事業部へ割り当てる必要はなくなる。内部振替価格の問題については，のちに検討しよう。

2. 事業部固定資産の評価

[例題 12—4]

事業部別投資額の測定において，固定資産は，時価と取得原価とのうち，どちらの基準で評価されるべきか，また取得原価を採用する場合，取得原価の総額（gross book value）がよいか，あるいは総額から減価償却累計額を差し引いた正味簿価（net book value）がよいか，について論じなさい。

[解　答]

（1）再調達時価（取替原価）

インフレーションのさいには，投資額は昔の低い物価水準で測定され，利益

は現在の高い物価水準で測定されるので，たとえば事業部自体の業績測定をROIで行なう場合には，ROIは不当に高くなるであろう。また古い固定資産をかかえる事業部のROIは，新しい固定資産をもつ事業部のROIよりも高くなりがちである。この問題を解決するためには，投資額や費用を再調達時価で計算し直すか，あるいは物価指数で修正するよりほかに方法はない。しかしながらこのような会計情報を入手するには，費用がかかるので，実務上あまり行なわれていない。

(2) 取得原価総額

事業部業績測定尺度としてROIを提唱したデュポン社では，主として次の理由から，取得原価総額を採用している。(注5)

第1の理由は，事業部の固定資産は，その耐用年数の間は，使用可能な最高の状態に維持されているので，事業部長は，減価償却累計額を差し引いた正味の投資額だけから，利益を獲得する責任をもつとは考えられないこと，第2の理由は，投資額を正味簿価で計算すると，減価償却によって投資額はたえず減少するので，たとえ年々の利益が同一であっても，ROIはたえず上昇すること，などである。

(3) 正 味 簿 価

しかしながら投資額を取得原価総額で計算すると，固定資産は使用するにつれ修繕維持費が増大するであろうから，たとえ年々の収益が同一でも，ROIは減少する傾向を示すであろう。また期間損益計算上は，減価償却費の費用計上を認め，投資額の計算上は減価償却累計額の控除を認めないということは，理論的一貫性を欠く。

正味簿価の使用にたいする批判は，主として取得原価主義にたいする批判であり，正味簿価の使用が満足のいく結果をもたらさないというのであれば，むしろ減価償却方法を，定額法や定率法でなく，複利法を採用することによって回避できる。(注6)

(注5) Backer, M., and L. E. Jacobsen, *Cost Accounting, A Managerial Approach* (N. Y.: McGraw-Hill Book Co., 1964), pp. 438—439.
(注6) Solomons, *ibid.*, pp. 135—138.

多くの企業では，公開財務諸表の会計処理と一貫するために，正味簿価を採用している。(注7)

第7節　内部振替価格

1. 内部振替価格の問題

　事業部の業績測定問題を論ずるさいに，欠くことのできないのは，内部振替価格決定の問題（intracompany or transfer pricing problem）である。

　各事業部の活動は，完全に切り離されておらず，部分的に結びついていることが多い。たとえばA事業部の製造した部品Sの一部分を，B事業部が受け入れ，これを加工し製品Tとして外部市場へ販売する，というような場合である。この場合，A事業部を**供給事業部**（selling division），B事業部を**受入事業部**（buying division）ということにしよう。そして部品SをA事業部からB事業部へ引き渡す価格を，内部振替価格という。

　さて，内部振替価格をどのようにして決定するかは，事業部制組織の本質につながる問題である。すでに述べたように，事業部制組織の真価を発揮させるためには，分権的組織としての事業部制がよい。各事業部長には，**大幅な自由裁量権**（autonomy）が与えられており，事業部長は自己の事業部で製造した部品，半製品ないし製品を，外部市場へ販売してもよければ，同じ会社の他の事業部へ提供してもよい。その選択を各事業部長の手にゆだねるのは，そのほうが，すべての意思決定をトップ・マネジメントに集中させるよりも効果的であると考えるからである。したがって事業部制組織においては，各事業部長に大幅な自由裁量権を与える必要があるが，それと同時に，各事業部の利益追求が，全社的な観点からの利益追求につながるという保証がなければならない。

（注7）　アメリカにおける 2,658 社の実態調査によると，そのうちの 73% が正味簿価を，18% が取得原価総額を，わずか 3% が，再調達時価など，取得原価以外の基準を採用しているとのことである。

　　　Mauriel, J. J., and R. N. Anthony, "Misevaluation of Investment Center Performance", *Harvard Business Review* (March—April 1966), p. 100.

事業部の利益と，全社的な利益との不一致すなわちサブオプティマイゼーション (suboptimization) は，極力避けなければならない。

ところで市場において価格の果たす役割を考えれば明らかなように，事業部長は，内部振替価格にもとづいて意思決定を行なう。たとえば受入事業部の部長は，内部振替価格をみて，必要な部品を外部から購入すべきか，他事業部から購入すべきか，あるいは自分の事業部で製造したほうがよいか，などを判断する。またそのことは，設備投資の意思決定にもつながることがあろう。したがって内部振替価格は，事業部長の意思決定に役立つように設定されなければならず，それとともに，その意思決定がサブオプティマイゼーションにならないように，設定されなければならない。

さらに内部振替価格は，供給事業部にとっては売上高となり，受入事業部にとっては必要な材料や部品などの仕入原価となって，それぞれの事業部利益の計算に参加する。したがって内部振替価格は，各事業部の業績を測定するという目的にも役立つように設定されなければならない。

そこで結論から述べれば，単一の内部振替価格によって，意思決定にも役立ち，また業績測定にも役立つというような，万能の内部振替価格は，現在のところ存在しない。内部振替価格の決定基準としては，次に示すように多くの基準をあげることができる。

　　A．市価基準
　　　a．単純市価基準
　　　b．市価差引基準
　　B．原価基準
　　　a．単一価格基準
　　　　(1) 全部原価基準
　　　　(2) 全部原価加算基準
　　　　(3) 差額原価基準[注8]

(注8) 差額原価基準は，限界原価基準 (marginal cost basis) あるいは変動費基準 (variable cost basis) といわれることが多い。

(4) 差額原価加算基準
　　b. 二重価格基準
　C. 数学的計画法

しかしながらこれらのどの基準をとりあげてみても，その適用には多少とも限界があり，この問題の研究は，将来に残されている。紙幅の制約があるので，以下，これらの基準について，その特徴だけを述べることにしよう。

2. 市 価 基 準

[例題 12—5]

いまA事業部は，製造した1,000個の部品SをB事業部へ販売してもよければ，外部の競争市場へ販売してもよく，1個当たりの市価は10円であり，変動費は6円である。B事業部では，この部品Sを加工し，1,000個の製品Tとして外部市場へ販売できる。製品Tの市価は1個17円であり，B事業部での加工に要する変動費は1個5円であるとしよう。

この場合，部品Sの内部振替価格として市価を採用すれば，両事業部の貢献利益はいくらになるか。また市価基準の特徴を説明しなさい。

[解　答]

両事業部の貢献利益（限界利益）は，次のようになる。

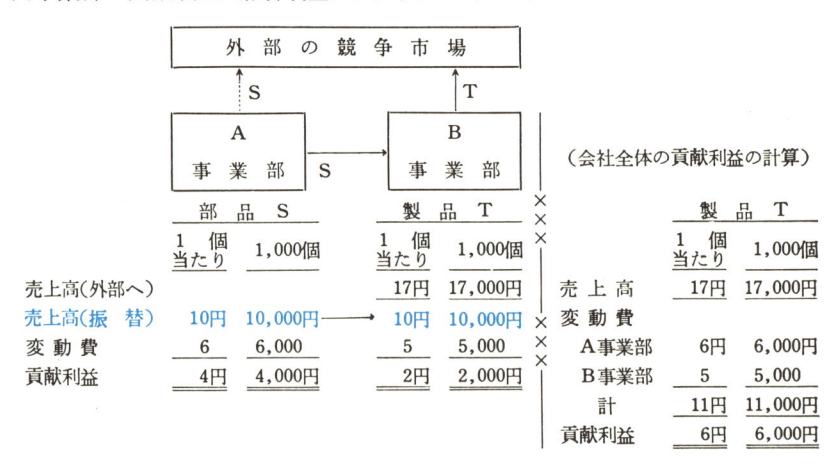

	部品S		製品T			製品T	
	1個当たり	1,000個	1個当たり	1,000個		1個当たり	1,000個
売上高(外部へ)			17円	17,000円	売上高	17円	17,000円
売上高(振替)	10円	10,000円→	10円	10,000円	変動費		
変動費	6	6,000	5	5,000	A事業部	6円	6,000円
貢献利益	4円	4,000円	2円	2,000円	B事業部	5	5,000
					計	11円	11,000円
					貢献利益	6円	6,000円

（会社全体の貢献利益の計算）

振替製品について，外部の競争市場が存在し，その市価 (market price) を利用できるときは，業績測定のためにも，意思決定のためにも，市価は最良の内部振替価格である。

上の計算から明らかなように，会社全体の貢献利益は 6,000 円であり，それは，市価を利用することによって，A事業部の貢献利益 4,000 円とB事業部の貢献利益 2,000 円とに分割される。これらの事業部別貢献利益は，各事業部の業績測定に利用され，税引前管理可能残余利益の算出に使用されるのである。

他方，市価基準の内部振替価格は，事業部長の意思決定にも適している。

たとえば，この例題において，製品Tの市価が1個当たり 14 円であるとする。この場合市価基準による貢献利益は，次のようになる。

	(A事業部)		(B事業部)	
	部品 S		製品 T	
	1個当たり	1,000個	1個当たり	1,000個
売上高(外部へ)			14 円	14,000 円
売上高(振替)	10円	10,000円 ──→	10 円	10,000 円
変動費	6	6,000	5	5,000
貢献利益	4円	4,000円	(1)円	(1,000)円

この計算から明らかなように，製品Tは1個について1円ずつの損失が生ずるので，B事業部長は，部品SをA事業部から購入せず，その加工能力を他の製品の製造販売に利用するであろう。したがってA事業部も，部品Sを外部へ販売することになる。両事業部長がそのように意思決定をすることは，会社全体としても利益が増加することになる。

また仮に部品Sの市価が5円であるとすれば，A事業部長は，部品Sの製造販売を中止するであろう。このように，市価基準は意思決定にも適している。

実務上多く採用される内部振替価格は，単純市価基準または市価差引 (market-price-minus) 基準である。外部の競争市場へ販売せず，他の事業部へ販売するときは，販売費のうち，荷造運送費，掛売集金費，広告費，交際費などの

全部または一部分が不要になるはずである。そこでその不要分を市価から差し引いて，内部振替価格とするのである。

最後に市価基準の弱点を指摘しておこう。市価基準の使用上問題となるのは，内部振替を検討中の品目とまったく同じ品目が，同じような決済条件で扱われる市場が存在しない場合，市価が入手できないことである。あるいは，仮に市場が存在していても，それが完全競争市場でなく，不完全競争市場であると，売り手は現在の市価より低い価格でなければ販売量を増加できないので，現在の市価をそのまま振替価格に使用できないことである。また市価はたえず変動するので，入手した市価が一時的なダンピング価格 (distress or dumping price) であるかもしれない。そのような価格は，反復的な巨額の内部振替取引には適さない。

3. 全部原価基準

振替品が特殊な品であるために，外部の競争市場がなく，したがって市価が利用できないことがある。たとえ市場があっても，需要が低く，振替品を市場へ販売することができずに，事業部が不働能力をかかえていることがある。これらの場合には，なんらかの原価にもとづいて，振替価格を決定しなければならない。

全部原価基準には，(イ)全部実際原価基準と，(ロ)全部標準原価基準とがある。補助部門費の配賦は，広く解すればこれも内部振替価格の問題であり，そこで説明したように，実際原価で内部振替を行なうことは，責任会計上好ましくない。全部標準原価基準を採用すれば，実際原価の場合と異なり，供給事業部における作業能率の良否を，受入事業部へ持ちこむことはないが，次の例が示すように，短期の意思決定に役立たない。

たとえばA事業部には部品Sを1,000個分製造する不働能力があるとする。不働能力があるということは，外部の競争市場における需要が低く，1,000個の部品Sは外部市場へ売れないことを意味する。部品Sの1個当たりの標準変動費は6円，標準固定費は2円である。またB事業部では，部品Sを購入し，

1個当たり5円の標準変動費, 1円の標準固定費をかけて製品Tを製造すれば, 1個当たり13.2円で外部市場へ販売できるとしよう。この場合, 全部標準原価基準を採用すれば, 各事業部の純利益(と会社全体の純利益)は次のようになる。

	(A事業部) 部品S		(B事業部) 製品T	
	1個当たり	1,000個	1個当たり	1,000個
売上高(外部へ)	—	—	13.2 円	13,200 円
売上高(振替)	8円	8,000円 →	8.0	8,000
標準変動費	6円	6,000円	5.0	5,000
標準固定費	2	2,000	1.0	1,000
計	8円	8,000円	14.0	14,000
純利益	0円	0円	(0.8)円	(800)円

この計算から明らかなように, B事業部長は, 部品Sを購入し, これを製品Tに加工し販売すると, 損失をこうむるので, 部品SをA事業部から買わないであろう。しかし全社的観点からすると, 部品Sを加工して製品Tとし販売すべきである。その理由を次に述べよう。

4. 差額原価基準 (限界原価または変動費基準)

前例においてA事業部は, 不働能力をかかえている。A事業部で発生する固定費は, 部品Sを製造してもしなくても, 同額発生する。B事業部で発生する固定費も, 製品Tを製造販売してもしなくても, 同額発生する。そこで全社的な短期の意思決定にとっては, 部品Sを1,000個作り, これを製品Tに加工し販売するために追加的に要する変動費(差額原価)と, 製品Tの売上高(差額収益)とを比較し, 後者のほうが前者よりも大であれば, 差額利益が生ずるので, その場合は, A事業部としては部品Sを製造し, これをB事業部へ振り替えるほうが有利だということになる。いま 変動費＝差額原価 とし, 会社全体

の差額利益を計算すれば，次のようになる。

（会社全体の差額利益）

差　額　収　益		
製品Tの売上高	@13.2円	13,200円
差　額　原　価		
A事業部の変動費	@ 6.0円	6,000円
B事業部の変動費	@ 5.0	5,000
計	@11.0円	11,000円
差　額　利　益	@ 2.2円	2,200円

したがってA事業部が部品Sをまったく製造しない場合と比較すると，部品Sを製造し製品Tに加工して販売するほうが，全社的には2,200円の利益が増加することになる。そこで，A事業部に不働能力が存在する場合には，差額原価（変動費）基準を採用することが，短期の意思決定に役立つ。その場合は，次のようになる。

	（A事業部）部品S		（B事業部）製品T	
	1個当たり	1,000個	1個当たり	1,000個
売上高（外部へ）	—	—	13.2円	13,200円
売上高（振　替）	6.0円	6,000円 →	6.0円	6,000円
変　動　費	6.0	6,000	5.0	5,000
計	—	—	11.0円	11,000円
貢　献　利　益	0円	0円	2.2円	2,200円

このように部品Sを差額原価でB事業部へ振り替えれば，B事業部長は全社的利益との整合性を保ちながら，正しい意思決定を行なうことができる。しかしながらこの基準の欠陥は，A事業部の貢献利益がゼロという点にある。つまり差額原価基準は，業績測定目的にまったく役立たないのである。

5. 全部標準原価加算基準

すでに指摘したように，全部標準原価基準には，目標整合性の点で問題がある。しかしながら実際上は，全部標準原価になんらかの利益を加算した全部標準原価加算（full-standard-cost-plus）基準が，多く採用されているという。おそらく，その主たる理由は，振替品に外部市場が存在しない場合，あるいは類似品に外部市場が存在していても，品質やその他の規格の点でやや異なる場合，全部標準原価に一定の利益を加算した額は，その振替品の市価見積額にほぼ等しい。換言すれば，それは合成市価（synthetic market price）と考えられるためであろう。

[例題 12—6]

部品Qを製造販売する当事業部では，年間 10,000 個製造販売する計画であり，その標準総原価は 168 万円である。部品Q関係の固定資本は 100 万円，変動資本は売上高の 30% であるとして，年間目標経営資本利益率 20% を実現する部品Qの内部振替価格を，全部標準原価加算基準で求めなさい。

[解　答]

生産販売量を x，標準総原価を TC，固定資本を FC，変動資本を VC，目標経営資本利益率を ROI，売上高を S，求める内部振替価格を p とすれば，次の式が求められる。

$$p = \frac{TC + (FC + VC) \times ROI}{x}$$

$$= \frac{TC + FC \times ROI}{x} + \frac{VC \times ROI}{x} \quad \cdots\cdots ①$$

また，$x = \dfrac{S}{p}$ ……………………………………………………②

である。② を ① 式の第2項分母に代入し，整理すれば，次の ③ 式を導き出すことができる。

$$p = \frac{(TC + FC \times ROI) \div x}{1 - \left(\dfrac{VC}{S}\right) \times ROI} \quad \cdots\cdots ③$$

したがって求める内部振替価格は，③ 式にデータを代入し，

$$p = \frac{(168\text{万円} + 100\text{万円} \times 0.2) \div 10,000\text{個}}{1 - (0.3)(0.2)} = 200\text{円}$$

と計算される。

6. 標準差額原価加算基準（標準限界原価または変動費加算基準）

前述の 4. 差額原価基準の計算例において，部品 S を差額原価で B 事業部へ振り替えると，全社的には 2,200 円の利益が増加する。差額原価基準は，全社的な観点による短期の意思決定には役立つが，事業部の業績測定には役立たない。そこで 2,200 円の差額利益を，A, B 両事業部長が協議して分け合い，それにもとづいて内部振替価格を決定するのが，標準差額原価加算（standard-incremental-cost-plus）基準である。したがってこの価格は，一種の 協議価格 (negotiated price) である。

[例題 12—7]

A, B 両事業部長が協議をした結果，2,200 円の差額利益を，標準差額原価（変動費）を基準にして，両事業部で分け合うことにした。この場合の内部振替価格を，標準差額原価加算基準によって計算せよ。

[解　答]

部品 S の標準変動費は 1 個当たり 6 円，これを製品 T に加工するための B 事業部変動費は 1 個当たり 5 円である。したがって，

$$2,200 円 \times \frac{6}{6+5} = 1,200 円（A 事業部貢献利益）$$

$$2,200 円 \times \frac{5}{6+5} = 1,000 円（B 事業部貢献利益）$$

そこで A 事業部では部品 S の内部振替価格を次のように決定する。

　　1 個当たり標準変動費……………………………6.0 円
　　1 個当たり貢献利益　1,200 円 ÷ 1,000 個…… 1.2
　　　　　部品 S 内部振替価格　　7.2 円

この場合，各事業部の貢献利益は，次のようになる。

	（A 事業部）		（B 事業部）	
	部品 S		製品 T	
	1 個当たり	1,000 個	1 個当たり	1,000 個
売上高(外部へ)	—	—	13.2 円	13,200 円

	売上高(振替)	7.2円	7,200円	→	7.2円	7,200円
	変動費	6.0	6,000		5.0	5,000
	計	—	—		12.2円	12,200円
	貢献利益	1.2円	1,200円		1.0円	1,000円

なおA事業部において発生する固定費の一部分は，年間の振替予想額にもとづいて，一括的に，月次または年次に関係事業部に負担させる。この固定費が，事業部損益計算書における貢献利益に加算（または差引）される「内部振替のための固定費」の部分に計上されるわけである。

7. 二重価格基準

二重価格基準 (dual pricing system) では，単一の内部振替価格 (single transfer price) を使用せずに，2つの内部振替価格を使用する。すなわち供給事業部では合成市価（差額原価加算基準または全部原価加算基準）を使用して業績測定に役立たせ，受入事業部では振替品を差額原価（変動費）で受け入れて，全社的な短期意思決定に役立たせるのである。われわれの計算例では，たとえばA事業部は部品Sを1個当たり7.2円（差額原価加算基準）でB事業部へ振り替え，B事業部はこれを1個当たり6円（変動費）で受け入れる。その結果は，次のようになる。

	(A事業部) 部品S		(B事業部) 製品T	
	1個当たり	1,000個	1個当たり	1,000個
売上高(外部へ)	—	—	13.2円	13,200円
売上高(振替)	7.2円	7,200円 →	6.0円	6,000円
変動費	6.0	6,000	5.0	5,000
計	—	—	11.0円	11,000円
貢献利益	1.2円	1,200円	2.2円	2,200円

この場合注意を要するのは，全社的な利益は2,200円であって，両事業部の

利益を合計すると，1,200円は二重計算 (double counting) となることである。したがってこの部分を除去しないと，全社的な利益は計算されない。この方法によると，各事業部長は利益をえて満足するが，会社全体の利益はそれらの合計よりも少ないので，各事業部長の気が緩み，その管理が疎かになりがちであるために，実務上は普及していないといわれる。

8. 数学的計画法

供給事業部の生産能力が低いために，外部の競争市場や他の事業部の需要をすべて賄いきれない場合には，振替品を他の事業部へ振り替えないために，会社全体としてどれほどの損失をこうむるか，といった問題を考えなければならず，それはもはや事業部レベルでは解決できない問題であって，制約条件下における資源の最適配分を，リニァー・プログラミングなどの数学的計画法 (mathematical programming method) によって全社的見地から検討しなければならない。

9. 内部振替取引の会計処理

内部振替価格として，原価以外の市価または原価加算基準を採用すると，内部振替利益が生じ，また棚卸資産が取得原価主義で評価されずに，未実現利益が含まれることになる。したがって外部報告用に合併損益計算書および貸借対照表を作成するさいには，内部振替利益や未実現利益を除去しなければならない。

その方法にはいくつかの方法があるが，ここではその一例を示しておく。(注9)

［部品Sを市価基準で振り替えた場合］

Ⅰ．A事業部における記録

　　1,000個の部品Sを＠10円の市価で，B事業部へ振り替えた。部品Sの変動費は，＠6円である。

(注9) 詳しくは，番場嘉一郎「棚卸資産会計」国元書房，昭和38年，pp. 1,003—1,018を参照されたい。

（内部売掛金―B）　10,000円　　（内　部　売　上）　10,000円
　　　（内部変動売上原価）　6,000円　　（部　　品　　S）　6,000円

Ⅱ．B事業部における記録

(1) 1,000個の部品SをA事業部から仕入れた。

　　　（部　　品　　S）　10,000円　　（内部買掛金―A）　10,000円

(2) 1,000個の部品Sと，当事業部における材料その他の変動費5,000円を消費して，1,000個の製品Tを製造した。

　　　（製　　品　　T）　15,000円　　（部　　品　　S）　10,000円
　　　　　　　　　　　　　　　　　　（材料などの変動費）　5,000円

(3) 800個の製品Tを＠17円で外部の顧客へ掛売りした。

　　　（外　部　売　掛　金）　13,600円　　（外　部　売　上）　13,600円
　　　（変動売上原価―T）　12,000円　　（製　　品　　T）　12,000円

上記の仕訳を，勘定記入連絡図で示せば，次のようになる。

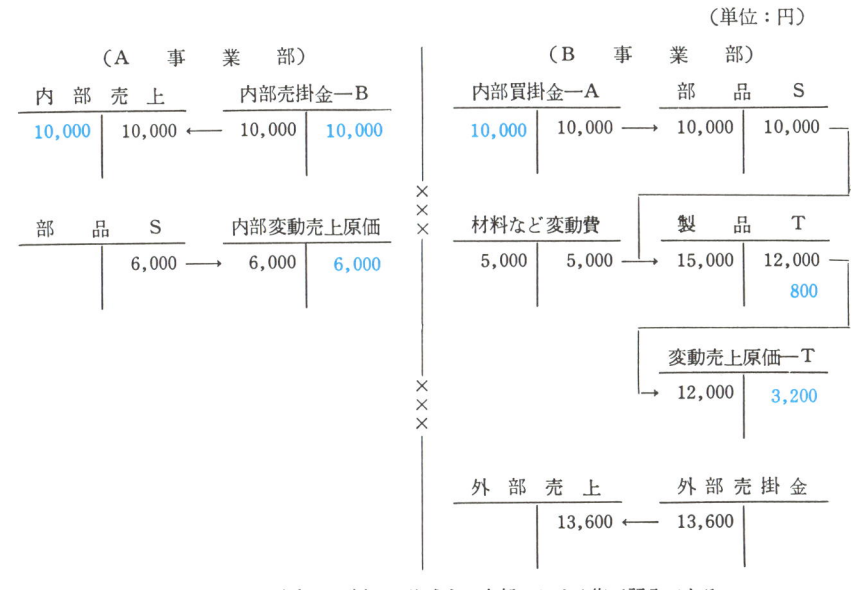

（単位：円）

(A 事 業 部)		(B 事 業 部)	
内 部 売 上	内部売掛金―B	内部買掛金―A	部　品　S
10,000 | 10,000 ←	10,000 | 10,000	10,000 | 10,000 →	10,000 | 10,000
部　品　S	内部変動売上原価	材料など変動費	製　品　T
| 6,000 →	6,000 | 6,000	5,000 | 5,000 →	15,000 | 12,000 　　800
			変動売上原価―T
			→ 12,000 | 3,200
		外 部 売 上	外 部 売 掛 金
		| 13,600 ←	13,600 |

（注）勘定連絡図における青色の金額は，後述する本部における修正記入である。

Ⅲ. 本部における修正記入

さて，この段階で両事業部の合併損益計算書と貸借対照表を作るとすれば，

(1) （内部売掛金―B）と（内部買掛金―A）とは相殺しなければならない。

　　（内部買掛金―A）　10,000円　　（内部売掛金―B）　10,000円

(2) A事業部では，（内部売上）と（内部変動売上原価）との差額4,000円が内部振替利益である。これはB事業部において，

　　4,000円 × 0.8 = 3,200円（変動売上原価―T）

　　4,000円 × 0.2 =　 800円（製品T）

だけ内部振替利益が含まれているので，これらを相殺しなければならない。

　　（内　部　売　上）　10,000円　　（内部変動売上原価）　6,000円
　　　　　　　　　　　　　　　　　　（変動売上原価―T）　3,200円
　　　　　　　　　　　　　　　　　　（製　　品　　T）　　 800円

このような修正記入は，本部においてワーク・シート上で行なう。

［本部におけるワーク・シート］

勘定科目	A, B 両事業部 B/S, P/L 借方	A, B 両事業部 B/S, P/L 貸方	修正記入 借方	修正記入 貸方	合併 B/S 借方	合併 B/S 貸方	合併 P/L 借方	合併 P/L 貸方
（A 事 業 部）								
内部売掛金―B	10,000			10,000				
内　部　売　上		10,000	10,000					
内部変動売上原価	6,000			6,000				
（B 事 業 部）								
外 部 売 掛 金	13,600				13,600			
製　　品　　T	3,000			800	2,200			
内部買掛金―A		10,000	10,000					
外　部　売　上		13,600						13,600
変動売上原価―T	12,000			3,200			8,800	

かくして内部振替取引の影響は，すべて除去されたわけである。

[練習問題 12-1]

K社は，ハンバーガーを主力製品とするファースト・フード・レストランを経営する会社である。国内で20の支店をもっているが，なかでも東京の新宿店と渋谷店の成長はめざましく，両店とも料理の種類にピザを加える可能性を検討中である。

1. 両支店のピザ導入前の年次貸借対照表と損益計算書（単位：万円）

	新宿店	渋谷店
年次貸借対照表		
流 動 資 産	8,000	4,000
固 定 資 産	32,000	8,000
資 産 合 計	40,000	12,000
流 動 負 債	5,000	3,000
固 定 負 債	11,000	1,800
負 債 合 計	16,000	4,800
資 本	24,000	7,200
負債・資本合計	40,000	12,000
年次損益計算書		
売 上 高	48,000	18,000
費 用	40,000	15,000
税 引 前 利 益	8,000	3,000

2. 新宿店または渋谷店にピザを導入する場合の共通のデータ

(1) ピザの製造・販売に要する月間の原価予測（単位：万円）

製造・販売量	4,000枚	8,000枚
材料費：生地	20.0	40.0
サラミ	12.0	24.0
チーズ	22.0	44.0
トマト	14.0	28.0
燃 料 費	25.2	36.4
料 理 人 給 料	36.0	36.0
設備減価償却費	150.0	150.0
修 繕・維 持 費	6.8	7.6
雑 費	4.0	4.0
合 計	290.0	370.0

(2) ピザ導入に要する投資額は，8,000万円であって，その内訳は，流動資産500万円，固定資産7,500万円であり，資本源泉では流動負債100万円，固定負債3,100万円，資本4,800万円を当てる予定である。

(3) ピザの販売単価は800円であり，月間の予想販売量は6,000枚である。

3. 法人税率と資本コスト率

この計算上，法人税率は40％とする。またK社の全社的資本構成と資本調達源泉別の資本コスト率は下記のとおりである。

資本源泉	構成割合	源泉別資本コスト率
負　債	40%	8%（支払利子率）
資　本	60%	10%
	100%	

上記の条件に基づき，次の問いに答えなさい。

[問1]　ピザの製造・販売に要する月間の原価予測データの原価分解を行なって，月間の原価予想総額（Y）を $Y=a+bX$ の形で答えなさい。ただし，a ＝月間の固定費，b ＝変動費率，X ＝ピザの製造・販売枚数とする。

[問2]　ピザ1枚の販売単価は800円である。ピザの月間の損益分岐点販売量を求めなさい。

[問3]　ピザ投資案の年間投資利益率を，税引後利益を用いて計算しなさい。以下，投資利益率の計算では，すべて税引後利益で計算すること。

[問4]　ピザの年間投資利益率が21.6%になるような月間のピザ販売量は何枚か。

[問5]　新宿店と渋谷店について，ピザ投資案を導入する前と導入した後の年間投資利益率を計算しなさい。

[問6]　下記はK社の社長と常務との会話である。この文の中の①から⑩までの□□□の中の不要な文字を消すか，あるいは適切な文字または数値を記入して文章を完成しなさい。

社長「支店の業績を評価する尺度として，投資利益率を採用してきたが，この尺度に問題はないだろうか。」

常務「現在，新宿店と渋谷店では，ピザ投資案の採否を検討中です。もしピザ投資案を採用すると，新宿店の投資利益率は①|増加，減少|しますが，渋谷店の投資利益率は②|増加，減少|します。したがって新宿店長はピザ投資案を③|採用する，採用しない|が，渋谷店長はこれを④|採用する，採用しない|でしょう。しかし全社的に見れば，ピザ投資案はかなり⑤|有利，不利|な投資案です。全社と支店との目標整合性の観点からすると，支店の業績評価は，投資利益率よりも残余利益によるほうがよいと思われます。」

社長「なるほど。しかしわが社の資本コスト率はいくらだろうか。」

常務「当社の調達源泉別加重平均資本コスト率は，⑥□□□%です。最近，残余利益法の一種である経済的付加価値法が注目されています。この方法では，支店の税引後の利益から，支店の資金使用資産総額（つまり固定資産額と運転資本の合計額）に全社の加重平均資本コスト率を掛けて計算した資本コストを差し引いて経済的付加価値額を計算します。この方法によれば，ピザ投資案を採用する場合，新宿店の資金使用資産総額は，⑦□□□万円，経済的付加価値額は⑧□□□万円となり，渋谷店の資金使用資産総額は，⑨□□□万円，経済的付加価値額は⑩□□□万円となるので，どちらもピザ投資案を採用するでしょう。」

[1級原価計算　解答用紙]

[問1]
　　月間の原価予想額＝ ☐ 円＋ ☐ 円/枚×ピザ製造・販売量

[問2]
　　月間の損益分岐点販売量＝ ☐ 枚

[問3]
　　ピザ投資案の年間投資利益率＝ ☐ ％

[問4]
　　年間投資利益率が21.6％になる月間のピザ販売量＝ ☐ 枚

[問5]

	新宿店	渋谷店
ピザ投資案導入前　投資利益率	☐ ％	☐ ％
ピザ投資案導入後　投資利益率	☐ ％	☐ ％

[問6]　（注）①，②，③，④，⑤は，不要な文字を消しなさい。

① 増加, 減少　　　　　⑥ ☐ ％

② 増加, 減少　　　　　⑦ ☐ 万円

③ 採用する, 採用しない　⑧ ☐ 万円

④ 採用する, 採用しない　⑨ ☐ 万円

⑤ 有利, 不利　　　　　⑩ ☐ 万円

(日商簿記1級原価計算試験問題)

（注）経済(的)付加価値については，第18章第12節で詳しく説明する。

第13章　営業費計算

第1節　営業費の意義

1. 営業費の内容

　営業費 (commercial expenses; non-manufacturing costs) とは，販売費 (selling expenses; distribution costs; marketing costs) および一般管理費 (general administrative expenses) のことである。人によって用語は異なるが，販売費および一般管理費のほかに支払利息・割引料などの財務費 (financial costs) をも含めて，営業費 (あるいは非製造原価) ということがある。ただし財務費は，特殊原価調査において扱われるが，原価計算制度上は，営業外費用 (non-operating expense) として計算対象から除外されることは，すでに説明した。

2. 増大した営業費計算の重要性

　原価計算の主目的が公開財務諸表の作成にあるときは，営業費計算はあまり注目されなかった。なぜならば，営業費は期間損益計算上，期間原価 (period costs) として処理され，製品や仕掛品に割り当てられることはないので，たんに費目別実際発生額を把握すればよかったからである。

　ところが，複雑な現代の経済社会においては，人々の価値観が多様化し，その生活様式や嗜好も急速に変化するので，企業における製品のライフサイクルが，いちじるしく短縮されてきた。したがって企業の経営管理者は，顧客のニーズを測定し，たえず新製品を開発し，新市場を創造し，他企業との競争関係において，差別的優位性を確保し，これを発展させなければならない。そのために，広告費，販売促進費，研究開発費，電算機による情報処理費などがいちじるしく増加してきた。そこでこれらの営業費とりわけ販売費を，製品品種別，販売地域別，顧客別，販売ルート別などに分析し，収益性の改善を図らな

ければならない。

このようにして，営業費計算は人々の注目を集めるようになったのであるが，製造原価と異なり，営業費はきわめて特異な性質をもつ原価であるために，営業費をどのようにして管理すべきか，経営管理者の意思決定に役立つように，営業費をどのように分析すべきかは，きわめて難解な問題であって，それは原価計算担当者にたいする重大な挑戦となっている。

3. 営業費と製造原価との比較

［例題 13—1］

製造原価との比較において，営業費の特異な性質を明らかにしなさい。

［解　答］

(1) 決定的な影響をもたらす顧客の心理的要因

製造は，工場という特定の場所で，特定の従業員により，機械的な反復作業によって行なわれる。これにたいして販売は，各地に散在する多少とも不特定多数の顧客を相手にして行なわれる。これら不特定多数の顧客が，自社製品にたいしどのように反応するかを予測することは，いちじるしく困難である。しかも顧客の心理的要因こそ，販売活動に決定的影響を及ぼす要素である。

(2) 販売方法の多様性と変動性

特定の製品を製造する方法は，企業によって本質的に異なることはなく，各社とも基本的には同一の原材料，同種の機械設備を使用する。これにたいして販売方法は，顧客の心理的要因に合わせて選択しなければならないので，どの販売方法でなければならないということはなく，直接的な戸別訪問販売から複雑な流通機構を利用する方法まで，各社各様に行なってさしつかえない。一企業にとって，仮に最良と思われる流通方法があったとしても，顧客のニーズはたえず変化し，また技術の進歩によって，製品の保管，取扱，運送方法などもたえず変化するので，昨日の最良の方法は，今日の最良の方法ではないかもしれない。

(3) 困難な因果関係の測定

　工場では，通常，原価財の投入量と，それによって生ずる製品の産出量との関係は，比較的正確に測定できる。しかし販売活動では，たとえば広告費の投入によって，販売量がどれだけ増加するかを測定することは，至難の業である。というのは，広告は顧客の心理に訴えて販売に影響をもたらす一要素にすぎず，製品の特徴，価格，包装，流通方法，競争企業の活動，季節的要因，経済環境の変化などが，相互に影響しあって，販売量の変化に結びつくからである。

　また一般管理活動で重要なウエイトを占めつつある研究開発活動についても，研究開発プロジェクトが成功する可能性は，きわめて少ないといわれる。したがって，研究開発努力とそれから生じた成果とを，因果関連的に測定することは困難である。

　これらの特異な性質のために，製造原価と比較して，営業費の管理と分析手法の開発は，いまだに不十分であり，今後の研究にまたなければならない。

4. 営業費計算の主要問題

　営業費計算における主要な問題は，

(1) 営業費の分類

(2) 営業費の管理

(3) 営業費の分析

である。以下，これらの問題を順次検討するが，営業費の管理と分析については，販売費を中心に考察する。

第2節　営業費の分類

1. 営業費の分類基準

　営業費は，公開財務諸表作成目的，原価管理および利益管理目的，さらに意思決定目的にも，できるかぎり役立つように，種々の基準から分類する必要がある。原価計算基準では，(イ)形態別分類（給料，賃金，消耗品費など），(ロ)機能別

分類（広告宣伝費，出荷運送費，倉庫費など），(ハ)直接費と間接費（販売品種等の区別に関連して），(ニ)固定費と変動費，(ホ)管理可能費と管理不能費の分類基準をあげている（第2章第5節 37）。

2. 営業費の分類例

すでに第1章第7節において，責任会計における勘定科目分類表の一例を示した。そこでは7桁のコードにより，販売費および一般管理費が分類されている。したがってここでは，別の分類例，すなわち4桁のコードを使用し，販売費について機能別分類を強調した分類例を示そう。なおこの分類表におけるゴシック体は総勘定元帳に設定された統制勘定を示し，その内訳は補助元帳における費目を示す。

<u>販売費および一般管理費分類表</u>

6,000　販　　売　　費
　　（注 文 獲 得 費）
6,100　　　広告および販売促進費（advertising and sales promotion）
　6,101　　　給　　　　料
　6,104　　　賞 与・手 当
　6,105　　　退職給付引当金繰入額
　6,106　　　法 定 福 利 費
　6,108　　　事務用消耗品費
　6,110　　　減 価 償 却 費
　6,116　　　水　道　料
　　⋮　　　　　⋮
　6,130　　　見　　本　　費
　6,131　　　Ｔ Ｖ 広 告 料
　6,132　　　ラジオ広告料
　6,133　　　新 聞 広 告 料
　6,134　　　雑 誌 広 告 料
　6,135　　　委託販売手数料
　6,136　　　販売店助成費
　6,137　　　アフター・サービス費
　6,138　　　販売員教育訓練費
　　⋮　　　　　⋮

6,200　直 接 販 売 費（現場販売費 direct selling expense; field selling）
　6,201　給　　　料
　6,203　雑　　　給
　6,204　賞　与・手　当
　　⋮
　6,218　旅 費 交 通 費
　6,219　通　信　費
　　⋮
　6,240　販 売 員 手 数 料
　6,241　接　待　費
　　⋮

6,300　市 場 調 査 費（market research expense）
　6,301　給　　　料
　6,303　雑　　　給
　6,304　賞　与・手　当
　　⋮
　6,350　委 託 調 査 料
　6,351　資　料　費
　　⋮

(注 文 履 行 費)

6,400　倉　庫　費（warehousing expense）
　6,401　給　　　料
　6,404　賞　与・手　当
　　⋮
　6,412　保　険　料
　6,413　修　繕　料
　6,414　電 灯・電力料
　6,415　ガ　ス　代
　6,416　水　道　料
　6,417　租　税　公　課
　　⋮
　6,420　支 払 保 管 料
　6,421　棚 卸 減 耗 費
　　⋮

6,500　運　送　費（transportation expense）
　6,501　給　　　料

6,502	賃　　　金	
6,503	雑　　　給	
⋮	⋮	
6,560	荷造包装材料費	
6,561	ガソリン代	
⋮	⋮	
6,565	運賃，荷扱料	
6,600	**掛売集金費**	(credit and collection expense)
6,601	給　　　料	
6,604	賞与・手当	
⋮	⋮	
6,670	取立手数料	
6,671	貸倒引当損	
6,675	法律顧問料	

（共　通　費）

6,700	**販売事務費**	(general accounting for marketing; marketing administration expense)
6,701	給　　　料	
6,704	賞与・手当	
⋮	⋮	
6,708	事務用消耗品費	
6,709	厚　生　費	
6,710	減価償却費	
⋮	⋮	
6,729	雑　　　費	
7,000	**一般管理費**	
7,100	総　務　部	
7,101	給　　　料	
⋮	⋮	
7,200	経　理　部	
7,201	給　　　料	
⋮	⋮	
7,300	財　務　部	(注1)
7,301	給　　　料	
⋮	⋮	

（注1）財務部の費用は，支払利子などの財務費のなかに含めず，一般管理費のなかに含める。

第3節　販売費の機能別分類とその管理

前述の分類例では，販売費は，注文獲得費，注文履行費，および両者に共通的に発生する販売事務費とに機能別に分類されている点に，注意してほしい。

1. 注文獲得費と注文履行費

[例題13—2]

注文獲得費と注文履行費の内容，および受注とこれらの費用との因果関係を説明しなさい。

[**解　答**]

注文獲得費（order-getting costs）とは，注文獲得のために要する費用であって，それは，広告宣伝費，販売促進費（販売促進活動に要する費用で，委託販売手数料，販売店助成費，販売員教育訓練費，アフター・サービス費など），直接販売費（販売員が顧客と直接に接触して注文を獲得するために要する費用），販売調査費からなる。

これにたいして注文履行費（order-filling costs; logistics costs）とは，注文を履行するために要する費用であって，それは，倉庫費，運送費，掛売集金費からなる。

受注との関連で，注文獲得費と注文履行費とは，次のような因果関係にある。

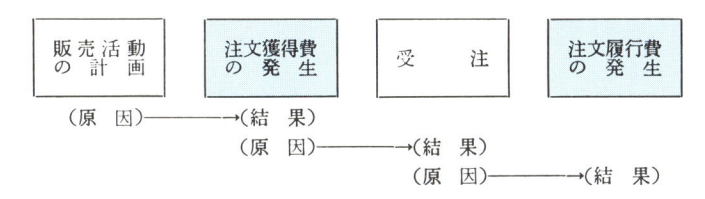

```
┌─────────┐   ┌─────────┐   ┌─────┐   ┌─────────┐
│販売活動 │   │注文獲得費│   │ 受注 │   │注文履行費│
│の 計 画 │   │ の 発 生 │   │     │   │ の 発 生 │
└─────────┘   └─────────┘   └─────┘   └─────────┘
  （原　因）───→（結　果）
              （原　因）───→（結　果）
                          （原　因）───→（結　果）
```

2. 注文獲得費の管理

注文獲得費を発生させると，それが原因となって，受注という結果が生ず

る。したがって注文獲得費は節約すればよいという性質のコストではなく，これを多額に発生させても，それだけ多くの受注が実現すれば，このコストを発生させる目的は達成される。しかしながら受注をもたらすのは，注文獲得費だけが原因となっているわけではなく，製品の機能，価格，デザイン，包装，季節的要因その他多くの要素が複雑にからみあい，顧客の心理に影響を及ぼした結果である。そこで注文獲得費の効果測定はきわめて困難であり，これをいかほど発生させるべきかは，明確に把握できないために，その発生額は，経営者が方針で定めざるをえず，その管理方法は，注文獲得費予算を割当予算（appropriation budget）のかたちで設定し，その予算と実績との比較によらざるをえない。

注文獲得費予算を，次期における予算売上高にたいする一定の比率で定めるのは，賢明な方法ではない。そのような設定方法をとれば，好況時には注文獲得費予算は増加する。しかし不況で製品の売行きが低下しているときこそ，この予算を増加させるべきであり，好況時にはむしろ，この予算のなかには削減してもよい費目があるかもしれない。しかし経験の教えるところによれば，好況時にも不況時にも，販売促進活動を維持する企業のほうが，ある時期に注文獲得費予算をかなり減少させたことのある企業よりも，競争力が強く，売上高も順調に伸びる傾向にあるとされている。したがって予算割当額は，販売活動計画にもとづいて設定されなければならない。

次に予算と実績との比較は詳細に行なわれなければならないが，注文獲得費は，これを予算どおりに使ったから，それでよいという性質のものでもない。たとえば販売員が旅費交通費を予算どおりに使ったとしても，顧客の注文を獲得できなければ意味がないからである。しかもこの種の割当予算の多くは，自由裁量固定費（discretionary fixed costs）の性質をもち，それらは，通常予算どおりに使用され，予算差異はほとんど生じない。したがって注文獲得費の管理は，コントロールの段階よりもプランニングの段階のほうがはるかに重要であり，日常のコントロールにおいては，会計による管理よりも，むしろ有能な管理者による人間的接触，心と心の触れ合いによる管理のほうが有効である。

3. 注文履行費の管理

これにたいして注文履行費は，製品の保管，包装，出荷，運送，売掛金の集金など，多少とも機械的，反復的な作業から発生する。したがってこれらについては，標準原価ないし変動予算による管理が可能となる。そのためには，反復作業について，その作業量を測定するための 管理要素単位 (control factor unit) を選定する。その例をあげれば次のとおりである。

　　　（管理する費目）　　　（標準設定の基礎となる管理要素単位）
　　　包装作業の労務費………１時間当たりの製品包装個数
　　　運送トラックへの
　　　積込作業の労務費………１時間当たり積込製品の重量
　　　運送トラックのガ
　　　ソリン代　　　………トラック走行距離数
　　　納品書作成作業の
　　　労務費　　　　………１時間当たり納品書作成数

選定した管理要素単位について，動作研究，時間研究にもとづき，標準を設定する。たとえば，納品書１通作成に要する標準時間を次のように設定する。

　　　（納品書作成作業）　　　　　　　　　（所要標準時間）
(1) 顧客の注文書を選び出す……………………………………0.10分
(2) 新しい納品書をタイプライターにセットする……………0.18
(3) 納品書の宛名をタイプする…………………………………0.29
(4) 納品書の本文（平均的長さのもの）をタイプする………1.33
(5) 納品書をタイプライターから取り出す……………………0.06
(6) 封筒をとって，タイプライターにセットする……………0.08
(7) 封筒に宛名をタイプする……………………………………0.30
(8) 封筒をタイプライターから取り出す………………………0.06
(9) タイプの打ち間違いの修正，リ
　　ボンの交換のための余裕時間　……………………………0.25
　　　　　小　　計………………………………………………2.65分
(10) 疲労その他の余裕時間………………………………………0.35
　　　納品書１通作成のための標準時間…………………………3.00分

したがって1時間当たりの納品書標準作成数は，20通である。このようなデータにもとづき，この作業の労務費予算を設定する。そして納品書の実際作成数に見合う予算許容額と実績とを比較し，差異分析を行なうのである。

第4節 販売費の分析

1. 販売費のセグメント（業務区分）別分析

販売費は，製造間接費とは異なり，経常的に製品へ配賦されることはない。それは，一般管理費とともに，期間原価として当期の収益に課せられる。したがって販売費の計算では，販売費会計（marketing cost accounting）とはいわずに，販売費分析（marketing cost analysis）というほうが普通である。

さて販売費分析においては，販売費管理のために費目別および機能別に把握された販売費を，販売セグメント別に分析をする。一般的に行なわれる販売セグメント別分析には，次のようなものがある。

(1) 製品品種別分析
(2) 販売地域別分析
(3) 顧客種類別分析（たとえば卸売業者，小売業者，政府，学校，病院などの顧客の種類別分析）
(4) 注文規模別分析
(5) 販売経路別分析

販売セグメント別分析は，経常的分析と臨時的分析に分けることができる。[注2]前者は，各セグメントの業績を測定し，問題点を探索するための一般的な分析である。したがってそのためには，実績データを各セグメント別に分析し，予算と実績を比較するというかたちをとる。これにたいし後者は，たとえば注文規模別の経常的分析において，月間平均受注量が100個以下の顧客については赤字となっていることが判明した場合，このような小規模の注文をする顧客を

(注2) 松本教授は，ここでいう経常的分析を「統制型貢献利益法」，臨時的分析を「個別計画型貢献利益法」と名づけておられる。松本雅男「原価計算」国元書房，昭和46年，pp. 256—257.

断るべきか否か，といった意思決定のために行なう個別的分析である。そのためには，実績データは不適当であり，未来の予測データにもとづく差額原価収益分析が必要となる。差額原価収益分析については，次章で考察することとし，ここでは，経常的な販売セグメント別分析を検討することにしよう。

2. 製品品種別分析

販売費を製品品種別に分析し，各製品品種ごとの収益性を判断する製品品種別分析（product-line analysis）は，広く行なわれている。この方法には，純益法（net profit approach）と貢献利益法（contribution approach）とがある。

(1) 純　益　法

この方法は，全部原価計算思考にもとづく方法であり，製造原価，販売費および一般管理費のすべてを各製品品種に割り当て，製品品種別の純利益を計算することにより，各品種の収益性を判断する方法である。

計算手続としては，販売直接費は各製品品種に直課し，販売間接費（および一般管理費）は，各製品品種へなんらかの基準にもとづいて配賦する。

販売直接費の例としては，次のものがある。製品品種別の広告費，製品品種別の見本費，特定の製品品種だけの販売を担当する販売員の給料，販売員手数料，特定の製品のみを保管する倉庫費などである。

しかしながら会社全体のイメージ・アップを狙った広告費，数種の製品品種を同時に販売して歩く販売員の給料や旅費交通費，数種の製品品種を保管する倉庫の費用などは販売間接費となる。販売間接費の一般的な配賦基準としては，次のものがあげられよう。

（機能別販売費）　　　　（配賦基準の例）

広告および販売促進費……製品品種別売上高（これは，合理的な基準ではなく，便宜的基準であって，実際または予算売上高が用いられる。）

直　接　販　売　費……………製品品種別売上高，販売員の報告書に記載された製品品種別の接客時間数，多数の販売担当者

市 場 調 査 費……………製品品種別売上高

倉　　庫　　費……………製品品種別占有容積×保管日数，在庫品の平均価額，取扱品の個数，重量

運　　送　　費……………製品品種別売上高，売上品の個数，重量，（トラック運送の場合の）製品品種別トンキロ数

掛 売 集 金 費……………製品品種別売上高，製品品種別顧客数または送状数

販 売 事 務 費……………製品品種別送状数，売上高，売上原価

なお一般管理費は製品品種別売上高または売上原価で配賦されることが多い。こうして表13－1に示すような製品品種別損益計算書が作成される。

表13－1　製品品種別損益計算書

	合　計		A 製品		B 製品	
	金額	%	金額	%	金額	%
売　上　高	8,000万円	100%	6,000万円	100%	2,000万円	100%
売 上 原 価	4,800万円	60%	3,480万円	58%	1,320万円	66%
売 上 総 利 益	3,200万円	40%	2,520万円	42%	680万円	34%
販　売　費：						
広告および販売促進費	460万円	6%	300万円	5%	160万円	8%
直 接 販 売 費	780	10	600	10	180	9
販 売 調 査 費	80	1	60	1	20	1
倉　庫　費	260	3	240	4	20	1
運　送　費	200	2	180	3	20	1
掛 売 集 金 費	220	3	180	3	40	2
販 売 事 務 費	80	1	60	1	20	1
販　売　費　計	2,080万円	26%	1,620万円	27%	460万円	23%
一 般 管 理 費	400万円	5%	300万円	5%	100万円	5%
（純）営 業 利 益	720万円	9%	600万円	10%	120万円	6%

　純益法の長所および短所は，全部原価計算の長所および短所に由来する。ある企業では，毎年1回，実績データにもとづき，上述のような純益法による製品品種別損益計算書を作成しているという。この企業の経営者によれば，企業の支出したあらゆる原価は，どれかの製品の原価のなかに含められ，その製品

の売上高によって回収されなければならない。あらゆる原価を各製品品種へ配賦し，品種別の純益を計算すると，すべての原価が回収された事実を確認することができる，と。

なるほど，純益法による製品品種分析データは，あらゆる原価の回収を図るという意味において，長期の価格決定に役立つ資料となる。しかしこの方法によってえられた製品品種別の収益性にかんする情報が信頼できるか否かは，品種別配賦基準の合理性に依存する。販売費中に占める販売直接費の部分が多く，また販売間接費が合理的な基準によって配賦されているならば，この分析の信頼度は高い。しかしながらもし，売上高や売上原価など，便宜的，恣意的な配賦基準が多く用いられると，この分析の信頼度は低くなる。さらにまた，この方法によると，製品品種に割り当てられた，すべての原価を回収する能力がなければ，直ちにそれは，会社全体の利益にまったく貢献していないかのように，誤解する危険がある。したがってもし販売セグメントが責任センターであるとき，純益法は，責任センターにおける管理者の業績測定には不適当であるといわなければならない。

(2) 貢献利益法

この方法は，直接原価計算思考にもとづく方法であり，各製品品種別売上高から変動費（製造および販売）を差し引いて貢献利益を計算し，貢献利益から品種別の個別固定費（製造および販売）を差し引いて，製品貢献利益 (product contribution) を計算する。製品貢献利益は，各品種別の売上高から，各品種別に直接に跡づけられる原価を差し引いた，その製品品種固有の利益，すなわちセグメント・マージンにほかならない。それは，共通固定費を回収し，利益獲得に貢献する利益である。したがって製品貢献利益にもとづいて，各製品品種の収益性を判断するのが，この貢献利益法である。

さて製品品種別分析においては，各品種相互間の収益性を比較するのみならず，同一品種について期間比較を行なう。次にその計算例を示そう。(注3)

(注3) 本例は，バッカーらの計算例にもとづき，不適当と思われる点を修正して作成した。
　　　Backer, M., and L. E. Jacobsen, *Cost Accounting, A Managerial Approach* (N. Y.: McGraw-Hill Book Co., 1964), pp. 585—592.

[例題 13—3]

当社のC製品にかんする2年間の資料は、次のとおりである。これらの資料にもとづき、製品貢献利益および個別資本製品貢献利益率が減少した原因を分析しなさい。

[資 料]

	19×1年	19×2年
期首製品在庫量	2,000個	4,000個
年間生産量	60,000個	56,000個
年間販売量	58,000個	50,000個
期末製品在庫量	4,000個	10,000個
平均販売単価	100円	120円
売上高	5,800,000円	6,000,000円
(市場の総需要量に占める当社販売量の比率	25%	22%)
変動売上原価	2,494,000	2,700,000
変動製造マージン	3,306,000円	3,300,000円
変動販売費	696,000	900,000
貢献利益	2,610,000円	2,400,000円
(C/M比率	45%	40%)
個別固定費		
製造固定費	686,000円	600,000円
販売固定費	474,000	480,000
計	1,160,000円	1,080,000円
製品貢献利益	1,450,000円	1,320,000円
個別投下資本	2,416,000円	2,550,000円
個別投下資本製品貢献利益率	60.02%	51.76%

[解 答]

C製品貢献利益　　19×2年　　1,320,000円
　　　　　　　　　19×1年　　1,450,000
　　　　　　　　　差引：　　 － 130,000円

C製品個別投下資本製品貢献利益率
　　　　　　　　　19×2年　　 51.76％
　　　　　　　　　19×1年　　 60.02
　　　　　　　　　差引：　　 － 8.26％

上記のようにC製品の収益性は悪化している。その原因を分析すれば，次のとおりである。

1. 製品貢献利益が減少した原因

   (1) 市場における総需要量の減少による売上高の減少

   　　19×2年の総需要量　50,000個 ÷ 0.22 ……… 227,273個
   　　19×1年の総需要量　58,000個 ÷ 0.25 ……… 232,000
   　　　差引：総需要量の減少 …………………………… － 4,727個
   　　19×1年の当社比率 …………………………… ×　 0.25
   　　　総需要量の減少による当社販売量の減少 …… － 1,182個
   　　19×1年の平均販売単価 ……………………… ×　 100円
   　　　　　　　　　　　　　　　　　　　　　　　 － 118,200円

   (2) 当社市場占拠率の減少による売上高の減少

   　　19×2年の総需要量（上記のとおり） ……… 227,273個
   　　市場占拠率の減少 (0.22 － 0.25) …………… × － 0.03
   　　　市場占拠率の減少による販売量の減少 …… － 6,818個
   　　19×1年の平均販売単価 ……………………… ×　 100円
   　　　　　　　　　　　　　　　　　　　　　　　 － 681,800円

   (3) 販売価格の増加による売上高の増加

   　　販売価格の増加 (120円 － 100円) …………… 　　 20円
   　　19×2年の販売量 ……………………………… ×　50,000個
   　　　　　　　　　　　　　　　　　　　　　　　 ＋ 1,000,000円

(4) 販売量の減少による変動販売費の減少

　　19×1年の製品単位当たり変動販売費
　　　　696,000円 ÷ 58,000個…………　　12円
　　販売量の減少 （50,000個 － 58,000個）………×　8,000個
　　　　　　　　　　　　　　　　　　　　　（＋）96,000円

（注）変動販売費の減少は，製品貢献利益にたいしプラスの影響をもたらす。

(5) 製品単位当たり変動販売費の増加による変動販売費の増加

　　19×2年の製品単位当たり変動販売費
　　　　900,000円 ÷ 50,000個…………　　18円
　　19×1年の製品単位当たり変動販売費 ………　　12
　　差引：製品単位当たり変動販売費の増加……　　6円
　　19×2年の販売量 ………………………………×　50,000個
　　　　　　　　　　　　　　　　　　　　　（－）300,000円

（注）変動販売費の増加は，製品貢献利益にたいしてマイナスの影響をもたらす。

(6) 販売量の減少による変動売上原価の減少

　　19×1年の製品単位当たり変動売上原価
　　　　2,494,000円 ÷ 58,000個…………　　43円
　　販売量の減少 （50,000個 － 58,000個）………×　8,000個
　　　　　　　　　　　　　　　　　　　　　（＋）344,000円

(7) 製品単位当たり変動売上原価の増加による変動売上原価の増加

　　19×2年の製品単位当たり変動売上原価
　　　　2,700,000円 ÷ 50,000個…………　　54円
　　19×1年の製品単位当たり変動売上原価 ……　　43
　　差引：製品単位当たり変動売上原価の増加…　　11円
　　19×2年の販売量 ………………………………×　50,000個
　　　　　　　　　　　　　　　　　　　　　（－）550,000円

(8) 個別固定費の減少

　　 19×2年個別固定費　　1,080,000円
　　 19×1年個別固定費　　1,160,000
　　　　差引：　　　　　　(＋)80,000円

(9) 以上の計算の検算

　　 －118,200－681,800＋1,000,000＋96,000－300,000＋344,000
　　 －550,000＋80,000 ＝ －130,000(円) ＝ C製品貢献利益減少額

2. 個別投下資本製品貢献利益率が減少した原因

一般に，投下資本利益率は，次のように分解される。

$$投下資本利益率（ROI）= \frac{利益}{投下資本} \times 100$$

$$= \left(\frac{利益}{売上高} \times 100 \right) \times \left(\frac{売上高}{投下資本} \right)$$

$$=（売上高利益率）\times「投下資本回転率」$$

したがって個別投下資本製品貢献利益率も，売上高貢献利益率と「個別資本回転率」とに分解される。

(1) 売上高貢献利益率の減少による個別投下資本製品貢献利益率の減少

　　 19×2年売上高貢献利益率
　　　　　1,320,000円 ÷ 6,000,000円 × 100……　22％
　　 19×1年売上高貢献利益率
　　　　　1,450,000円 ÷ 5,800,000円 × 100……　25
　　　　　差引：　　　　　　　　　　　　－ 3％
　　 19×2年の「個別資本回転率」
　　　　　6,000,000円 ÷ 2,550,000円…………× 2.353回転
　　　　　　　　　　　　　　　　　　　－ 7.06％

(2) 「個別資本回転率」の低下による個別投下資本製品貢献利益率の減少

19×2年の「個別資本回転率」……………　2.353回転

19×1年の「個別資本回転率」

　　　5,800,000円 ÷ 2,416,000円……　2.401

　　　　　　　　　　　　　差引：　− 0.048回転

19×1年の売上高貢献利益率……………×　　25%

　　　　　　　　　　　　　　　　　　− 1.20%

(3) 以上の計算の検算

$$-7.06\% - 1.20\% = -8.26\% = \text{個別投下資本製品貢献利益率の減少}$$

[解説]　売上高の差異分析について

　上述の例題において，製品貢献利益が減少した諸原因のうち，売上高の増減をもたらした 1. (1), (2), (3) の差異分析方法を説明しておこう。

　いま次のように記号を定める。

　　P_1 および P_2……第1年度および第2年度の平均販売単価
　　Q_1 および Q_2……第1年度および第2年度の販売量
　　r_1 および r_2……第1年度および第2年度の市場占拠率

$$
\begin{aligned}
(\text{第2年度の売上高}) - (\text{第1年度の売上高}) &= P_2 \cdot Q_2 - P_1 \cdot Q_1 \\
&= P_2 \cdot Q_2 - P_1 \cdot Q_2 + P_1 \cdot Q_2 - P_1 \cdot Q_1 \\
&= \underbrace{(P_2 - P_1) \cdot Q_2}_{\text{販売価格差異}} + \underbrace{(Q_2 - Q_1) \cdot P_1}_{\text{販売量差異}}
\end{aligned}
$$

　上記の販売価格差異が，1. (3) で計算した差異（販売価格の増加による売上高の増加）である。他方，販売量差異は，さらに次のように分解できる。

$$
\begin{aligned}
(Q_2 - Q_1) \cdot P_1 &= \left(Q_2 - \frac{Q_2}{r_2} \cdot r_1 + \frac{Q_2}{r_2} \cdot r_1 - Q_1 \right) \cdot P_1 \\
&= \left\{ \left(\frac{Q_2}{r_2} \cdot r_2 - \frac{Q_2}{r_2} \cdot r_1 \right) + \left(\frac{Q_2}{r_2} \cdot r_1 - \frac{Q_1}{r_1} \cdot r_1 \right) \right\} \cdot P_1 \\
&= \underbrace{\left\{ \frac{Q_2}{r_2}(r_2 - r_1) \cdot P_1 \right\}}_{\substack{\text{市場占拠率差異} \\ \| \\ \text{(2) 当社市場占拠率の} \\ \text{減少による売上高の} \\ \text{減少}}} + \underbrace{\left\{ \left(\frac{Q_2}{r_2} - \frac{Q_1}{r_1} \right) \cdot r_1 \cdot P_1 \right\}}_{\substack{\text{市場総需要量差異} \\ \| \\ \text{(1) 市場における総需} \\ \text{要量の減少による売} \\ \text{上高の減少}}}
\end{aligned}
$$

　このように，[例題 12—3] における差異分析は，(8)個別固定費の減少を除き，すべて

$$
\begin{aligned}
ab - cd &= ab - bc + bc - cd \\
&= (a - c)b + (b - d)c
\end{aligned}
$$

によって分析されていることが理解されよう。なお $(P_2 \cdot Q_2 - P_1 \cdot Q_1)$ の分析は，$(P_2 - P_1) \cdot Q_1 + (Q_2 - Q_1) \cdot P_1 + (P_2 - P_1) \cdot (Q_2 - Q_1)$ に三分し，第3項の混合差異を前二者の差異に分解するほうが，より正確になろう。

以上述べたＣ製品の差異分析結果にもとづき，Ｃ製品の販売を担当する支配人は，次の事項を検討しなければならない。

(1) Ｃ製品の総需要量が減少した原因は何か。この傾向は，将来（来年，3年後，5年後）も，持続するであろうか。
(2) 当社の市場占拠率が低下した原因は何か。これを回復する手段は何か。
(3) そのためには，来年，新たな設備投資が必要か。
(4) 来年度において，販売単価の改訂を計画すべきか。
(5) 製品単位当たり変動販売費が増加した理由は何か。将来もこの傾向が続くとすれば，その対策は何か。
(6) これらの問題を総合的に検討した結果，次期におけるＣ製品の予想貢献利益および予想個別投下資本製品貢献利益率は，いくらになるか。

3. 販売地域別分析

製品品種別分析と並んで，もっとも多く行なわれる販売費分析は，販売地域別分析（analysis by territories）である。販売費にたいする責任者は，通常，営業所長など利益センターの責任者であるから，販売費管理の良否は，その責任センターの売上高との関連において判断されなければならない。そこで次に，特定の販売地域を担当する営業所長の業績測定，および営業所自体の収益性判定に使用する損益計算書の内容を考察してみよう。

この分析においても，純益法が使用されることがある。しかしすでに指摘したように，責任センターの業績測定には，純益法は適さない。次ページに示すのは，直接原価計算方式ではないが，一種の貢献利益法による損益計算書である。

この損益計算書において注意を要するのは，次の4点である。

まず第1に，この損益計算書は直接原価計算方式を採用せず，売上高から標準売上原価（すなわち売上品の全部製造原価）が差し引かれている点である。営業所の営業活動が会社全体にたいして貢献したのは，売上高総額でなく，売上高から売上品の製造原価（売上原価）を控除した額である。このように売上原

B地区担当営業所損益計算書

製品品種	X 製品	Y 製品	合 計	
販 売 量	30万個	20万個		
売 上 高	6,000万円	2,000万円	8,000万円	100.0%
差引：標準売上原価	3,480	1,320	4,800	60.0
標準売上総利益	2,520万円	680万円	3,200万円	40.0%
差引：当営業所管理可能販売費				
販売員手数料			220	2.8
接　待　費			200	2.5
旅費交通費			10	0.1
通　信　費			5	―
事務用消耗品費			50	0.6
営業所長貢献利益			2,715万円	34.0%
差引：当営業所管理不能販売費				
給　　　料			240	3.0
法定福利費			30	0.4
減価償却費			400	5.0
固定資産税			45	0.6
当営業所貢献利益			2,000万円	25.0%

価を控除しておかないと，販売活動の担当者は，自分の業績を過大に評価する危険がある。また営業所長にとっては，工場における製造能率の良否は無関係である。これら2つの理由から，この損益計算書においては，売上高から標準売上原価が差し引かれている。

　第2に，標準売上総利益から，営業所長にとって管理可能な販売費が差し引かれ，営業所長の貢献利益（sales manager's profit contribution）が計算されている点である。この利益は，営業所長の管理可能利益であるが，この利益の役割は，当営業所で発生する管理不能販売費および，各営業所に共通の販売費や一般管理費の回収に貢献し，さらにそれらの原価を回収したのちは，会社全体の利益獲得に貢献する利益である。

　第3に，営業所長の貢献利益から，当営業所で発生するが，営業所長にとっては管理不能な販売費が差し引かれ，当営業所ないし当販売地域の貢献利益（district profit contribution）が計算されている点である。この利益は，営業所長の業績測定用の利益ではなく，当営業所ないし当販売地区自体の収益性を，他の地区との比較において判断するための利益である。

第4に，上記損益計算書の金額欄は，予算，実績，差異，の各欄にわかれているのであるが，ここでは紙幅の都合上，省略したことである。

表13—2で示した損益計算書の様式は，利益統制用にはよいが，利益計画には適さない。利益計画にも利益統制にも役立つためには，直接標準原価計算方式の損益計算書のほうがよい。直接標準原価計算における全社的な予算・実績比較損益計算書の様式については，すでに［例題10—3］における解答で示した。この例題における数値を少し変えて，営業所予算・実績比較損益計算書の様式を例示しよう。

表13—3

D地区担当営業所
予算・実績比較損益計算書

	(1) 利益計画	(2) 業績測定予算	(3) 実績	差異 (2)−(1) 販売量差異	差異 (3)−(2) 価格差異，能率差異および消費差異
[製品P]					
単位当たり					
販売価格	100円	100円	108円	—	8円
変動製造原価	50	50	50	—	—
変動販売費	10	10	12	—	(2)
貢献利益	40	40	46	—	6
販売量	10,000個	11,000個	11,000個	1,000個	—
売上高	1,000,000円	1,100,000円	1,188,000円	100,000円	88,000円
変動売上原価	500,000	550,000	550,000	(50,000)	—
変動製造マージン	500,000	550,000	638,000	50,000	88,000
変動販売費	100,000	110,000	132,000	(10,000)	(22,000)
貢献利益	400,000	440,000	506,000	40,000	66,000
[製品Q]					
単位当たり					
販売価格	200円	200円	195円	—	(5)円
変動製造原価	100	100	100	—	—
変動販売費	40	40	41	—	(1)
貢献利益	60	60	54	—	(6)
販売量	5,000個	4,800個	4,800個	(200)個	—
売上高	1,000,000円	960,000円	936,000円	(40,000)円	(24,000)円
変動売上原価	500,000	480,000	480,000	20,000	—
変動製造マージン	500,000	480,000	456,000	(20,000)	(24,000)
変動販売費	200,000	192,000	196,800	8,000	(4,800)
貢献利益	300,000	288,000	259,200	(12,000)	(28,800)
全製品貢献利益	700,000円	728,000円	765,200円	28,000円	37,200円

管理可能固定販売費					
接　待　費	100,000円	100,000円	110,000円	—	(10,000)円
旅費交通費	20,000	20,000	16,000	—	4,000
電　話　料	30,000	30,000	32,000	—	(2,000)
事務用消耗品費	10,000	10,000	9,000	—	1,000
計	160,000円	160,000円	167,000円	—	(7,000)円
営業所長貢献利益	540,000円	568,000円	598,200円	28,000 円	30,200 円
管理不能販売固定費					
給　　料	100,000円	100,000円	104,000円	—	(4,000)円
減価償却費	50,000	50,000	50,000	—	—
固定資産税	5,000	5,000	5,000	—	—
計	155,000円	155,000円	159,000円	—	(4,000)円
D地区貢献利益	385,000円	413,000円	439,200円	28,000 円	26,200 円

（注）　差異欄における（　）は，不利な差異を示す。

上記損益計算書において，営業所長貢献利益は営業所長の業績測定用の利益であり，D地区貢献利益は，当営業所ないし当地区自体の業績測定用の利益である。

営業所長の貢献利益を見れば，

　　　実績貢献利益……………… 598,200円
　　　予算（利益計画）貢献利益…… 540,000円
　　　　貢献利益の増加………… 58,200円

であって，当営業所長は，目標を上回る利益をあげた。その原因は，上記損益計算書によって明白である。すなわち次のとおり。

(1)　販売量差異

　　　製品Pを1,000個多く販売したことによる貢献利益の増加 …………………… 40,000 円

　　　製品Qを200個少なく販売したことによる貢献利益の減少 ………………… (12,000)

　　　　　　　　　　　　計……… 28,000 円

(2) 販売価格差異

  製品Pの販売単価を8円多く売ること
ができたことによる貢献利益の増加 …………… 88,000 円

  製品Qの販売単価を5円少なく売
ったことによる貢献利益の減少 ………………… (24,000)

            計……… 64,000 円

(3) 変動販売費差異

  製品Pの変動販売費を予算より多く
使用したことによる貢献利益の減少 …………… (22,000) 円

  製品Qの変動販売費を予算より多く
使用したことによる貢献利益の減少 …………… (4,800)

            計……… (26,800) 円

(4) 管理可能固定販売費差異

  接待費の超過による貢献利益の減少 ………………(10,000) 円

  旅費交通費の節約による貢献利益の増加 ………… 4,000

  電話料の超過による貢献利益の減少 ……………… (2,000)

  事務用消耗品費の節約による貢献利益の増加 …… 1,000

            計……… (7,000) 円

(5) 以上の差異の合計 ………………………………………… 58,200 円

なおこの損益計算書は，販売を担当する営業所の業績測定用であるので，変動売上（製造）原価は，実績欄においても標準原価で記入され，したがって価格差異，能率差異および消費差異欄には，何も記入されない点に注意してほしい。

第14章　差額原価収益分析

第 1 節　差額原価収益分析とは何か

1. 非反復的意思決定

　企業経営上，経営管理者が経常的に必要とする情報は，利益管理，原価管理および公開財務諸表作成にかんする情報である。これらの情報を提供するためには，原価計算は複式簿記と結合した経常的な計算制度の形態をとる。これにたいし経営管理者は特殊の非反復的な意思決定（special nonrecurring decision）に迫られることがある。

　この意思決定は，その内容にもとづいて，構造的意思決定（capacity decision）と業務的意思決定（operating decision）とに分けることができる。前者は，経営の基本構造にかんする意思決定であって，(1)経営給付の内容（いかなる製品の製造販売に従事するか）についての意思決定，(2)経営立地（たとえば工場を川崎に建設すべきか，あるいは和歌山に建設すべきか）についての意思決定，(3)物的生産設備（すなわち主要設備）の新設，取替，廃棄についての意思決定，(4)経営組織構造（たとえば事業部制を採用するか否か）についての意思決定，などがその例である(注1)。これにたいして後者は，与えられた経営構造の基礎のうえに，常時反復的に展開される業務活動の個々の部分（segment）についての意思決定であって，生産販売能力を変更しないような，(1)新規注文の引受可否の決定，(2)部品の自製か購入かの意思決定，(3)製品をそのまま販売するか，あるいはさらに加工して別の製品として販売するか，(4)一部の既存製品品種の生産販売中止についての意思決定，などがその例である。これらの意思決定には，経常的な原価計算

(注 1)　原価計算基準では，この意思決定を「基本計画」と称している。「基準」第1章1原価計算の目的を参照。なお，構造的意思決定の内容には，戦略的意思決定が含まれるので，将来，概念的な整理が必要となろう。

制度からえられる情報だけでは不十分であって，特殊調査（special studies）のかたちで適切な情報を入手しなければならない。

次に，これらの意思決定はいずれも問題解決（problem solving）という性格をもっており，次のプロセスからなる。

(イ)　問題の確認

(ロ)　問題を解決するための諸代替案（alternative course of action; available alternatives）の列挙

(ハ)　諸代替案の数量化

(ニ)　諸代替案の比較検討および最有利案の選択

(ホ)　数量化しえない要素の考慮

(ヘ)　権限をもつ経営管理者による裁決

2. 意思決定における関連原価，差額原価および埋没原価

非反復的意思決定のための原価計算（costing for nonrecurring decision）は，差額原価収益分析（differential cost and revenue analysis; differential and comparative cost analysis）といわれる。この意思決定は，将来採りうる代替的コースの選択であるから，この分析に関連する原価（relevant costs）は，諸代替案のもとで，その発生額の異なる未来原価である。(注2)

収益や投資額についても同様である。すなわちこの分析では，特定の意思決定によって影響を受ける，あるいは変化する（増加あるいは減少する）原価，収益，投資が問題になる。特定の意思決定によって，まったく影響を受けない原価は無関連原価（irrelevant costs）であり，埋没原価（sunk costs）といわれる。

いま仮に彼女と映画を見にいくさいに，電車に乗っていくか,マイカーに乗っていくかの意思決定に迫られたとする。この場合，電車でいくというコースと，マイカーでいくというコースに分けて，それぞれの代替案を採用した場合に発生すると予想される原価を拾ってみる。この原価は，過去原価（past costs）で

(注2)　Horngren, C. T., G. L. Sundem, and W. O. Stratton, *Introduction to Management Accounting* (N.J.: Prentice Hall International, Inc., 11th ed., 1999) p.166.

あってはならず，電車の運賃が改正されたあとであるならば，当然改訂料金で計算しなければならない。電車賃，ガソリン代，駐車料金は，いずれも利用可能な代替案を採用したときに異なる原価であるから関連原価である。これにたいして映画館の入場料は，電車でいこうとマイカーでいこうと異ならないため，無関連原価であり，埋没原価であるといってよい。したがってこの種の原価を分析計算に計上すれば，手数と費用とがかかるため，分析計算から除外することができる。食事代は，電車でいこうとマイカーでいこうと同じレストランで同じ料理を食べるのであれば，無関連原価である。しかしマイカーでいくときは，駐車の関係で，別の場所で食事をし，しかも料金が異なるのであれば，関連原価である。このように代替案ごとに関連原価を列挙し，各費目ごとに求めた差額（および費目別差額の合計額）を差額原価 (differential costs; incremental costs) という（表 14−1）。

表14−1

	（電　車）	（マイカー）	（差額原価）
関連原価：			
電　車　賃	×××	—	×××
ガソリン代	—	×××	(×××)
駐　車　料　金	—	×××	(×××)
食　事　代	×××	×××	(×××)
⋮	⋮	⋮	⋮
合　　　計	×××	×××	(×××)
無関連原価：			
入　場　料	×××	×××	—

　一般に差額原価収益分析では，もしその問題が収益額や投資額に変化をもたらさない性質のものであれば，差額原価のみを計算し，差額原価合計によって原価節約額 (cost saving) が判明するので，代替案のうち，どれがもっとも有利な案（原価がかからない案）であるかが明らかとなる。またその問題が投資額に変化をもたらさず，収益と原価に影響をもたらす性質のものであれば，差額収益 (differential revenue) から差額原価を差し引いて差額利益 (differential profit) を計算し，他の事情が等しければ差額利益のもっとも多い案を選択することに

なる。あるいはまたその問題が収益，原価，投資額のすべてに変化をもたらす性質のものであれば，（必要があれば時間価値を考慮した）差額投下資本利益率などを計算し，その大小によって意思決定を行なうのである。

3. 時間価値と差額原価収益分析

現在100万円もらうのと，1年後に100万円もらうのと，どちらが有利かといえば，もちろん現在もらうほうが有利である。なぜならばその100万円を銀行に預金すれば，100万円のほかに利子だけ増加するからである。このように資本は時間の経過に伴ってその価値が増殖する性質をもっている。これが時間価値（time value）である。差額原価収益分析は，その分析手法から分類すれば，

(1) 時間価値を考慮しない差額原価収益分析
(2) 時間価値を考慮する差額原価収益分析

からなる。前者は，意思決定の効果の及ぼす期間が1年以内であるか，あるいは1年以上であっても，年々同額の効果が予想されるために，時間価値を分析計算上考慮する必要がない意思決定のために行なわれる分析であって，この方法は主として業務活動の執行にかんする意思決定に使用される。これにたいして後者は設備投資のように，その意思決定の効果の及ぼす期間が1年以上にわたり，しかも年々異なるパターンで効果が生ずることが予想されるために，時間価値を分析計算上考慮しなければならない意思決定のために行なわれる分析であって，この方法は主として構造的意思決定に使用される。後者については次章で扱うことにし，以下本章では，前者について説明しよう。

第2節　時間価値を考慮しない差額原価収益分析の計算例

1. 注文引受可否の意思決定

[例題 14—1]

(1) 当社は，製品Sの製造販売に従事しており，製造原価，販売費および一般管理費について，次のような多桁式変動予算を設定している。

変動予算 (単位：万円)

操 業 度	60%	70%	80%	90%	100%
固 定 費					
製 造 原 価	8.0	8.0	8.0	8.0	8.0
販 売 費	1.0	1.0	1.0	1.0	1.0
一 般 管 理 費	3.0	3.0	3.0	3.0	3.0
計	12.0	12.0	12.0	12.0	12.0
準 固 定 費					
製 造 原 価	3.5	4.0	4.0	4.5	4.7
販 売 費	0.5	0.8	0.8	1.3	1.8
一 般 管 理 費	1.0	1.2	1.2	1.2	1.5
計	5.0	6.0	6.0	7.0	8.0
変 動 費					
製 造 原 価	16.2	18.9	21.6	24.3	27.0
販 売 費	1.8	2.1	2.4	2.7	3.0
計	18.0	21.0	24.0	27.0	30.0
合計 (総原価)	35.0	39.0	42.0	46.0	50.0
生 産 量	6,000個	7,000個	8,000個	9,000個	10,000個
平均単位原価(注3)	@58.3円	@55.7円	@52.5円	@51.1円	@50円

(2)　業界全体の競争はきわめて激しく，当社の現在の操業度は80％であり，製品Sの販売単価は@55円である。

(3)　このような状況のもとで，新規の顧客から当社の製品2,000個の引合いがあった。ただし注文価格は，@49円である。

(4)　前記変動予算の変動販売費の内訳は次のとおりである。

	(変動費率)	(操業度100％予算の許容額)
変動販売費		
販売員手数料	1.0円/個	10,000円
製品積送費	2.0円/個	20,000円
	3.0円/個	30,000円

　買手から，安い注文価格の代償として，製品積送費は買手の側で負担するという申入れがあった。またこの新規注文は，会社にたいして直接になされたものであるため，新規注文2,000個にたいする販売員手数料は発生しない。

(5)　以上の条件にもとづき，当社はこの新規注文を引き受けるべきか否かを

(注3)　平均単位原価＝総原価÷生産量

判断せよ。

[解　答]

(1) 当社の現在の操業度は80％である。そこでもしこの注文を引き受ければ，現在の生産量8,000個＋新規注文2,000個＝10,000個となり，そのさいの操業度は100％になる。変動予算によれば，操業度100％のさいの平均単位原価は@50円であり，受注価格は@49円であるから，これを引き受ければ損失が生ずる，と考えてはならない。

(2) これは非反復的意思決定の問題であるから，この問題につき，関連する収益と原価だけを拾い出し，差額収益と差額原価との比較によって差額利益を計算し，それによって判断すべきである。

結果をすばやく知りたければ，差額法で差額収益と差額原価だけを表14－2のように計算し，それによって差額利益を計算すればよい。

表14－2

[差　額　法]

```
差　額　収　益　　　@49円×2,000個‥‥‥‥‥‥‥‥　　98,000円
差　額　原　価
　操業度100％における総原価‥‥‥‥‥‥‥‥‥500,000円
　差引：操業度100％における変動販売費
　　　　30,000円と操業度80％における
　　　　変動販売費24,000円との差額‥‥‥‥‥‥　6,000
　注文引受の場合の総原価‥‥‥‥‥‥‥‥‥‥　494,000円
　差引：操業度80％における総原価‥‥‥‥‥‥‥420,000
　　　　差　額　原　価‥‥‥‥‥‥‥‥‥‥‥‥　74,000　　74,000
差　額　利　益‥‥‥‥‥‥‥‥‥‥‥‥‥‥‥‥‥‥‥‥‥　24,000円
```

[説　明]

i) 操業度80％における売上高（@55円×8,000個＝440,000円）は，注文を引き受けようと断ろうと変化しないので，無関連収益である。したがってこれは計算から除外する。

ii) 注文を引き受ければ発生し，断れば発生しない収益，すなわち差額収益は，@49円×2,000個＝98,000円　のみである。

iii) 注文を引き受ければ操業度は100％となる。しかし操業度100％における総原価500,000円が，注文を引き受けたときに発生すると予想される原

価ではない。問題の条件にあるように，新規注文2,000個については，積送費は買手側が負担するし，販売員手数料も不要である。したがって，

  操業度100％における総原価……………………500,000円
  差引：変動販売費@3.0円×2,000個…………… 6,000
  注文を引き受けたときの総原価   494,000円

となる。この6,000円は，前述の計算のように，

  操業度100％における変動販売費…………………30,000円
  差引：操業度80％における変動販売費……………24,000
                  6,000円

と計算してもよい。

iv) 他方この注文を断れば，原価は操業度80％における総原価が発生する。そこで差額原価は，

  注文を引き受けたときに発生すると予想される総原価…………494,000円
  差引：注文を断ったときに発生すると予想される総原価………420,000
              差額原価……… 74,000円

と計算される。

v) 差額収益98,000円から差額原価74,000円を差し引けば，差額利益24,000円が計算される。このことは，注文を引き受ければ，従来の営業利益よりも24,000円の営業利益が増加することを意味する。したがってこの注文のもたらす直接の経済的影響だけを考えれば，この注文は引き受けるべきであるという結論に到達する。

(3) 差額利益は上述したように差額収益と差額原価から直接に計算することができる。しかしながら問題によっては注文を引き受ける場合と，断った場合とに分けて計算し，各項目ごとに差額を計算して示すほうが，経営管理者にとってわかりやすいことがある。このような方法を総額法という（表14−3）。

差額欄においてゼロとなる項目は，無関連収益および無関連原価である。したがってこれらの項目が，注文を引き受けようと断ろうと，意思決定によって変化しない事実が明白であれば，分析計算からこれらを除外することが望ましい。しかしながら分析計算に計上し，どちらに意思決定をしようと変化しないことを経営管理者に明示したい場合，あるいは経営管理者がそのような分析計

算の報告書を希望する場合には，これらの無関連項目を無理に除外する必要はない。要は，意思決定によって変化するという意味での関連収益および関連原価を拾い出し，その差から差額収益と差額原価を比較するという計算に誤りのないかぎり，無関連項目をその計算のなかに含めようと含めまいと，情報利用者によって理解しやすい報告書であるほうがよいことになる。

なお注文を断った場合にえられる営業利益20,000円は注文を引き受けるという意思決定にとって機会原価となる。つまり将来採りうる代替的コース（注文を引き受けるか断るか）の選択において，もし引き受ければ，断った場合にえられる営業利益20,000円を断念しなければならない。この断念する利益が機会原価であり，それは，注文を引き受けるという代替的コースにとって，コストとしてかかっている。したがって44,000円から20,000円を差し引く（コストとして差し引く）ことにより，差額利益24,000円を計算するわけである。

表14–3
[総額法]

	注文を引き受ける		注文を断る		差額
売　　上　　高	@55円 × 8,000個……440,000円		@55円 × 8,000個……440,000円		—
	@49円 × 2,000個…… 98,000円		—		98,000円
	売上高計　　538,000円			440,000円	98,000円
差引：売上原価					
変　動　費	270,000円		216,000円		54,000円
準固定費	47,000		40,000		7,000
固　定　費	80,000		80,000		—
売上原価計	397,000円	397,000円	336,000円	336,000円	61,000円
売上総利益		141,000円		104,000円	37,000円
差引：販売費					
変　動　費	24,000円		24,000円		—
準固定費	18,000		8,000		10,000円
固　定　費	10,000		10,000		—
販売費計	52,000円		42,000円		10,000円
一般管理費					
準固定費	15,000円		12,000円		3,000円
固　定　費	30,000		30,000		—
一般管理費計	45,000円		42,000円		3,000円
販売費および一般管理費計	97,000円	97,000円	84,000円	84,000円	13,000円
営　業　利　益		44,000円		20,000円	24,000円

(4) しからば本当に，この新規注文を引き受けるほうが有利であろうか。この点については，経営管理者の判断が必要であり，そのためには経常的な原価計算制度外の情報が必要である。けだし上述の差額原価収益分析は，重要な仮定，つまり将来，この注文より有利な注文はえられないことを仮定している。またこの注文を引き受けようと断ろうと，従来から生産販売している8,000個については，今までどおり，@55円でお馴染みの得意先に売ることができる，という仮定に立脚している。同じ製品を，しかも新規の得意先に@49円で販売した事実が知られると，常得意から苦情を申し込まれ，経営者は窮地に立つ恐れがある。新規の得意先が，当社の市場とは異なる市場において販売したり，原価に影響を及ぼさない範囲内で製品のデザインを変更する場合には，問題がないかもしれない。

(5) もしこの新規注文を引き受けると，そのことによって従来の8,000個の販売単価@55円が値下がりする恐れが予想される場合には，その収益減少見込額をマイナスの差額収益として分析計算に計上すべきである。その結果受注が不利ならば，新規得意先と交渉して受注価格をある程度引き上げるか，あるいは値下がりが生じないような手段——たとえば広告費の増額を図ることも考えられる。この場合，広告費によって値下がりを防ぐとすれば，その増額限度は，もちろん差額利益24,000円までである。

2. 自製か購入かの意思決定

経営管理者は，製品製造に必要な特定の部品につき，これを自製すべきか，あるいは購入すべきかの意思決定 (make or buy decision) に直面することがある。

この場合には，次の点に注意しなければならない。まず第1に，この問題には質的要素（計測不可能な要素）と量的要素（計測可能な要素）との両方が存在することである。場合によっては，質的要素のほうが決定的に重要であることがある。たとえば，高い精度を要求される部品の場合，もし外部から粗悪な部品を購入し，その結果，製品の故障が続出する恐れがあるときは，どうしても信頼できる自社製の部品を使用させるをえないといった場合である。しかし質的

要素と量的要素との両方を勘案して意思決定をしなければならないことも少なくない。この場合の質的要素とは，良質の部品の必要量を，長期安定的に，自製または購入できるかどうかという問題である。たとえば部品供給企業がストライキをした場合に，その部品の必要量を確保できるか，あるいはその部品の購入を中止し，自製に切り換えた場合，部品供給企業はどのような反応を示すか，なんらかの報復措置を招くかどうか，などの点を検討する必要がある。また同品質の部品を外部から購入できる場合には，この問題は，設備保有水準と密接な関係をもっている。部品製造のため必要以上の設備投資をすると，不況のさいは，巨額の遊休設備をかかえていなければならない。したがって多くの企業では，設備の拡張はできるだけ抑え，不況のさいは部品の必要量をすべて自製し，好況のさいは自社で生産しきれない部品を外部から購入する，という方針をとっている。第2に，この問題は，遊休生産能力をもっているか否かによって，意思決定の内容がいちじるしく異なるということである。もし自製のための必要な生産設備をもたないか，あるいは生産能力が不足している場合には，自製か購入かの意思決定は，設備投資にかんする意思決定の問題となる。そうではなくて，もし自製のための機械設備，スペース，労働力などを十分保有している場合には，その遊休生産能力の利用にかんする意思決定の問題となる。

次に，遊休生産能力を保有している場合，自製か購入かの意思決定における量的要素（すなわちこの意思決定から直接に生ずる経済的影響）についての計算を，計算例によって説明しよう。

[例題 14-2]

(1) 当製造部門における月間の変動予算は，次のとおりである。

（製造間接費）	（変動費率）	（月間固定費）
補助材料費	80円/時	400,000円
工場消耗品費	50	320,000
間接工賃金	120	700,000
給料	—	1,200,000

減 価 償 却 費	—	700,000
火 災 保 険 料	—	150,000
そ の 他	—	30,000
合　　計	250円/時	3,500,000円

　　月間正常機械作業時間……………………10,000時間

$$正常配賦率 = \frac{250円/時 \times 10,000時 + 3,500,000円}{10,000時} = 600円/時$$

　なお当製造部門では，部品Aを製造しており，部品Aを1個製造するに要する機械作業時間は2時間である。したがって部品Aの製造原価は，次のように予定されている。

　　　　　部品Aの1個当たり製造原価
　　直接材料費………………………………………… 4,000円
　　直接労務費　1,000円/時 × 2時/個……………… 2,000
　　製造間接費　　600円/時 × 2時/個……………… 1,200
　　　　　　　合　　　計　　　　　　　　　　7,200円

(2) 予算編成にさいし，当製造部門において部品Aを製造するのみでは，機械に月間1,000時間の遊休時間が発生することが見込まれた。そこでこの遊休時間を利用して，部品Bを自製すべきか，あるいは1,000時間はそのまま遊休にして，部品Bを外部から購入すべきかが問題となった。

(3) 原価計算担当者の調査によると，部品Bの月間必要量は1,000個であり，1個の製造には1機械作業時間を必要とする。この場合，機械作業時間数と直接作業時間数とは等しいものとする。また部品を自製するときは，直接工の労働力には余裕がないので，臨時工（700円/時）を雇うこととし，前述の変動予算における固定費の発生額に影響はないことが判明した。そこで原価計算担当者は，部品Bの製造原価を次のように見積った。

　　　　　部品B1個当たりの製造原価
　　直接材料費……………………………………… 2,200円
　　直接労務費　700円/時 × 1時/個……………　 700

製 造 間 接 費　600円/時 × 1 時/個…………　　600
　　　　　　合　　　計　　　　　　　　　　　3,500円

(4) これにたいし購買部門は，部品Bの購入原価を次のように見積った。
　　　1個当たり購入代価　　　　　　　　　　3,220円
　　　1個当たり発注費，検収費の追加発生額　　　30
　　　　　　合　　　計　　　　　　　　　　　3,250円

したがって購買部門としては，自製するよりも，1個当たり250円ずつ安く入手できるので，購入すべきであると主張した。

上記の条件にもとづき，自製と購入のどちらが有利であるかを判断しなさい。

[解　答]

原価計算担当者による部品Bの見積原価の計算は，外部報告目的の期間損益計算用の計算であって，業務的意思決定用の計算ではない。

自製か購入かの意思決定のためには，差額原価収益分析が適切であり，部品B1,000個を自製すれば，追加的に生ずる差額原価と，これを外部から購入すれば，新たに生ずる差額原価（購入代価と差額購入副費）とを比較し，前者が後者より安ければ，自製のほうが有利と判断すればよい。したがって意思決定のための計算は，部品B1,000個分につき，次のように自製の場合と購入の場合との差額原価を比較すればよい。

	自　製	購　入	差　額
直接材料費			
2,200円/個×1,000個	2,200,000円	－	2,200,000円
直接労務費			
700円/時×1時/個×1,000個	700,000	－	700,000
変動製造間接費			
250円/時×1時/個×1,000個	250,000	－	250,000
購入代価			
3,220円/個×1,000個		3,220,000円	(3,220,000)
差額購入副費			
30円/個×1,000個		30,000	(30,000)
合　　　計	3,150,000円	3,250,000円	(100,000)円

したがって自製のほうが購入よりも100,000円安く，有利である。なおここで，次の点に注意しなければならない。

(1) 当部門の固定費月間3,500,000円は，部品Bを自製する場合も購入する場合も，いぜんとして同額発生する。それは埋没原価であるから，この意思決定に無関連である。もちろん，企業が利益をえるためには，この固定費を全額回収しなければならない。しかしながらその回収の方法は，部品Aと部品Bとが，機械作業時間1時間当たり同額ずつ回収しなければならない，と定まっているわけではない。部品AとBから作られた製品の貢献利益によって，この固定費の総額を回収すればよい。

(2) 次にこの比較計算では，購入の場合，1,000時間の遊休時間は，遊休のままにしておくという仮定で計算されていることに注意を要する。購入の場合には，この遊休時間を別の部品の製造に利用したり，あるいは賃貸したりするなど，種々の代替案が考えられる。この点については［例題14－4］を参照されたい。

[例題 14－3]

前述の［例題14－2］に示された条件のほかに，次の条件を仮定する。部品Bを自製する場合には，特殊機械が必要であって，その月間賃借料は，90,000円である。この場合，部品Bの月間必要量が何個以上であれば，自製（または購入）のほうが有利であるか。

[解　答]

部品Bの月間必要量を x 個とすれば，次の式がえられる。

購　　入	自　　製	差　　額
$3,250\,x$	$3,150\,x + 90,000$	$100\,x - 90,000$

この差額がプラスとなる x の範囲を求めれば，

$$100\,x - 90,000 > 0$$
$$x > 900$$

となる。したがって月間必要量が901個以上であれば，購入の場合の差額原価よりも，自製の場合の差額原価のほうが安くて有利である。

なお本例題のように個別固定費が関係する場合には，製造単価は生産量によって変化する。したがって単純に，部品の購入単価と製造単価とを比較して意思決定を行なうことは，計算を誤る恐れがあり，危険である。

[例題 14－4]

前述の［例題14－3］に示された条件のほかに，次の条件を追加する。

(1) 部品Ｂの購入案では，部品Ｂを購入するとともに，1,000時間の遊休時間を，部品Ｃの製造に利用するものとする。
(2) 部品Ｃは，1個当たり0.8機械作業時間を必要とし，月間の必要量は1,000個であって，遊休時間1,000時間のうち，0.8時/個×1,000個＝800時間を利用し，残りの200時間は遊休とする。
(3) 部品Ｃの市価は，1個当たり，1,820円である。
(4) 部品Ｃの製造には，特殊機械を必要とせず，その見積差額原価は，次のとおりである。

	１個当たり	1,000個
直 接 材 料 費	800円	800,000円
直 接 労 務 費		
700円/時 × 0.8時/個	560	560,000
変動製造間接費		
250円/時 × 0.8時/個	200	200,000
合　　　計	1,560円	1,560,000円

かくして問題は，部品Ｂを自製するか，あるいは部品Ｂを購入し，その遊休時間を部品Ｃの製造にふりむけるか，の選択となる。どちらの案が有利かを計算しなさい。

第 14 章　差額原価収益分析

[解　答]

	部品B自製案	部品B購入（および部品C自製）案			差　　額
		Bの購入	Cの自製	合　　計	
直 接 材 料 費	2,200,000円	—	800,000 円	800,000	1,400,000円
直 接 労 務 費	700,000	—	560,000	560,000	140,000
変動製造間接費	250,000	—	200,000	200,000	50,000
固定製造間接費	90,000	—	—	—	90,000
購 入 代 価	—	3,220,000円	—	3,220,000	(3,220,000)
差 額 購 入 副 費	—	30,000	—	30,000	(30,000)
部 品 C 売 上 高	—	—	(1,820,000)	(1,820,000)	1,820,000
合　　　　計	3,240,000円	3,250,000円	(260,000)円	2,990,000円	250,000円

したがって250,000円だけ，部品B自製案の差額原価が多く，この場合は，部品B購入および部品C自製案のほうが有利となる。

[解　説]

上記の比較計算では，

$$\begin{pmatrix}部品B購入案 \\ の差額原価\end{pmatrix} = \begin{pmatrix}部品Bの購入代価 \\ ＋差額購入副費\end{pmatrix} - \begin{pmatrix}部品Cの \\ 貢献利益\end{pmatrix}$$

という計算を行なうことによって，部品Bの自製の場合と購入の場合の差額原価を比較している。つまり部品Cを製造することによってえられるメリットを，部品Cを製造販売することによってえられる貢献利益によって測定し，これを部品Bの購入費から差し引くことによって，部品Bを購入する場合の差額原価を計算したわけである。

部品Cは月間1,000個必要なのであるから，当部門において部品Bを自製する場合には，部品Cを購入しなければならない。したがって部品Bの自製か購入かの比較計算は，部品Bを自製して部品Cを購入する案と，部品Bを購入して部品Cを自製する案との比較計算と考え，次のように計算しても，同じ結果がえられる。

	部品Bを自製し部品Cを購入する案			部品Bを購入し部品Cを自製する案			差　　額
	Bの自製	Cの購入	合　計	Bの購入	Cの自製	合　計	
直 接 材 料 費	2,200,000円	—	2,200,000円	—	800,000円	800,000	1,400,000円
直 接 労 務 費	700,000	—	700,000	—	560,000	560,000	140,000
変動製造間接費	250,000	—	250,000	—	200,000	200,000	50,000
固定製造間接費	90,000	—	90,000	—	—	—	90,000
購 入 代 価	—	1,820,000	1,820,000	3,220,000円	—	3,220,000	(1,400,000)
差 額 購 入 副 費	—	—	—	30,000	—	30,000	(30,000)
	3,240,000円	1,820,000円	5,060,000円	3,250,000円	1,560,000円	4,810,000円	250,000円

ただしこの計算では，部品Cの購入に要する差額原価と，部品Cの売上高とが等しいことを仮定している。以上の計算で，部品Bを購入し，部品Cを自製するほうが有利であると判断された。しかし，1,000時間の遊休時間の利用方法については，さらに別の案も考えられよう。したがって遊休生産能力をもつ場合には，自製か購入かというよりも，この問題は，本質的には，利用可能資源の最適配分の問題にほかならないことを知るべきである。

3. 在庫管理のための経済的発注量についての意思決定

すでに第4章第3節9 材料の管理 の項で，経済的発注量を求める計算式(これを経済的発注量モデル economic order quantity model; EOQ model という。)について説明した。そこでこのモデルによる計算例をみておこう。

[例題 14—5]

OK工業では，在庫管理のために，H材料の経済的発注量を知る必要が生じ，材料係が原価計算係のところへ相談にやってきた。「H材料の年間予定総消費量は，1日当たりの平均消費量が84個，年間の操業日数が250日なので，21,000個と思われます。そこでもし21,000個を1度に購入すれば，発注費は1回分ですむけれども，相当量の材料をかかえこむため，材料の保管費が高くなるし，そうかといって1回に1日分の消費量しか購入しなければ，毎日発注する羽目となり，たとえ保管費はかからなくとも発注費が巨額に発生することになる。そこでH材料の，年間の発注費と保管費の合計額が，もっとも少なくてすむ，1回当たりの発注量(経済的発注量)を知りたいのです。」と材料係が言った。そこで原価計算係は，次のデータを集めた。

(1) H材料1個当たりの購入価格(送り状記載価格) ……………… 4,900円
(2) H材料1個当たりの引取運賃 ……………………………………… 100円
(3) 材料課長の給与月額(残業はない。) ……………………………40,000円
(4) H材料発注1回に要する郵便料金など ……………………… 2,500円
(5) H材料発注1回に要する事務用消耗品費 ……………………… 1,000円
(6) H材料発注1回に要する受入材料積下ろし作業賃金支払額…… 9,500円
   (これは外部業者に支払われ，原価計算上は製造間接費に計上している。)
(7) 材料倉庫の減価償却費月額 ………………………………………80,000円
(8) 材料倉庫の電灯料月額 ……………………………………………29,000円
(9) 保管するH材料1個当たりの年間火災保険料 ………………… 100円
(10) H材料1個当たりの年間保管費の中には，H材料にたいする投資額の8%(年利率)を，資本コストとして計上する。

原価計算係は，上記データをよく検討してみると，この計算目的に適切なデー

タと，まったく無関係なデータとが混在していると考えた。さらにこの経済的発注量の計算においては，異常時のために備える安全在庫量や在庫切れの機会損失は考慮外とし，1回当たりの発注費は定額であって，それは発注回数に比例して発生し，また材料の年間保管費は，材料の平均在庫量に比例して発生するものとして計算することとした。

以上の資料と計算条件に基づき，下記の問いに答えなさい。

[問1] 経済的発注量を求める計算は，次に示す原価計算目的のどれに属するか，を答えなさい。
　　(1) 製品原価計算と財務諸表作成目的　　(2) 原価管理目的
　　(3) 利益管理目的　　(4) 業務的意思決定目的
　　(5) 戦略的意思決定目的

[問2] 経済的発注量を求める計算にとって適切な原価は，次の原価のうちのどれか，を答えなさい。
　　(1) 標準原価　　(2) 変動費　　(3) 差額原価
　　(4) 直接原価　　(5) 総合原価

[問3] 経済的発注量を計算するために，(1)H材料の1回当たりの発注費，および(2)H材料1個当たりの年間保管費を計算しなさい。

[問4] H材料の経済的発注量を求めなさい。ただしこの材料は，50個単位で購入可能なので，経済的発注量は50個の倍数とする。なおこの計算の答えは，試行錯誤で求めてもよく，あるいは経済的発注量の公式を使用して求めてもよい。

[解答用紙]

[問1] 該当する原価計算目的の番号に〇印をつけなさい。
　　(1) 製品原価計算と財務諸表作成目的　　(2) 原価管理目的
　　(3) 利益管理目的　　(4) 業務的意思決定目的
　　(5) 戦略的意思決定目的

[問2] 適切な原価の番号に○印をつけなさい。
　　　　(1) 標準原価　　(2) 変動費　　(3) 差額原価
　　　　(4) 直接原価　　(5) 総合原価

[問3] 経済的発注量を計算するための
　　　　(1) H材料の1回当たりの発注費　＝ [　　　　] 円
　　　　(2) H材料1個当たりの年間保管費＝ [　　　　] 円

[問4] H材料の経済的発注量　＝ [　　　　] 個

（日商簿記1級原価計算試験問題）

[解　答]

[問1] (1) 製品原価計算と財務諸表作成目的　　(2) 原価管理目的
　　　　(3) 利益管理目的　　④ 業務的意思決定目的
　　　　(5) 戦略的意思決定目的

[問2] (1) 標準原価　　(2) 変動費　　③差額原価
　　　　(4) 直接原価　　(5) 総合原価

[問3] (1) H材料の1回当たりの発注費　＝ 13,000 円
　　　　(2) H材料1個当たりの年間保管費＝ 500 円

[問4] H材料の経済的発注量　＝ 1,050 個

（[問3]および[問4]の計算過程）

[問3]

原価データは，次のように分類できる。

1．H材料1回当たりの発注費
　(4) 郵便料金など……………………………………… 2,500円
　(5) 事務用消耗品費…………………………………… 1,000円
　(6) 受入材料積下ろし作業賃金支払額……………… 9,500円
　　　　　　　　　　　　　　　　　　　合計…… 13,000円

2. H材料1個当たり取得原価（H材料にたいする投資額）
   (1) H材料購入価格（送り状記載価格）…………… 4,900円
   (2) H材料引取運賃……………………………………　 100円
   　　　　　　　　　　　　　　　　　合計…… 5,000円
3. H材料1個当たり年間保管費
   (9) 火災保険料………………………………………　 100円
   (10) H材料投資額に対する資本コスト　5,000円×8％　 400円
   　　　　　　　　　　　　　　　　　合計……　 500円
4. 無　関　連　原　価
   　　(3), (7), (8)は，この意思決定にとっては，埋没原価である。

[問4]
1. 経済的発注量モデルによる解答
   (1) L^* を求める経済的発注量，Q を年間の予定消費量，P を1回当たり発注費，S を1個当たり年間保管費とすれば，L^* は次の式で求められる。

   $$L^* = \sqrt{\frac{2 \cdot QP}{S}} = \sqrt{\frac{2 \times 21,000個 \times 13,000円}{500}}$$

   $= 1,044.988……個 ≒ 1,045個$

   (2) H材料は，50個単位で購入できるので，1,000個または1,050個のうちの，発注費と保管費の年間合計額の少ないほうが，求める答えである。

L	$Q/L \cdot P$	$L/2 \cdot S$	合　　計
1,000個	273,000円	250,000円	523,000円
1,050個	260,000円	262,500円	522,500円

2. 試行錯誤による解答

L	$Q/L \cdot P$	$L/2 \cdot S$	合　　計
500個	546,000円	125,000円	671,000円
1,000個	273,000円	250,000円	523,000円
1,500個	182,000円	375,000円	557,000円

そこで1,000個を中心に，50個ずつ増減させて探してみる。

950個	287,368円	237,500円	524,868円
1,050個	260,000円	262,500円	522,500円
1,100個	248,182円	275,000円	523,182円

かくして1,050個が求める答えである。

[解 説] 経済的発注量モデルと「かんばん」方式

1. 経済的発注量モデルの実務上の適用

 [例題 14−5] は簿記検定試験問題であるために，経済的発注量は，1,050個という単一の解が要求されている。しかし経済的発注量モデルを実務上適用する場合，経済的発注量の決定には，ある程度の判断が必要となる。

 いま上例において，1回の発注量は200個，400個……2,000個と変化させたとき，発注費と保管費，および両者の合計である在庫品関係費用を計算してみれば，次のようになる。

1 回 の 発 注 量(個)	200	400	600	800	1,000
年 間 発 注 費(円)	1,365,000	682,500	455,000	341,250	273,000
年 間 保 管 費(円)	50,000	100,000	150,000	200,000	250,000
合 計(円)	1,415,000	782,500	605,000	541,250	523,000
1 回 の 発 注 量(個)	1,200	1,400	1,600	1,800	2,000
年 間 発 注 費(円)	227,500	195,000	170,625	151,667	136,500
年 間 保 管 費(円)	300,000	350,000	400,000	450,000	500,000
合 計(円)	527,500	545,000	570,625	601,667	636,500

 そこでこれらのデータを，図14−1でグラフによって示した。この図を見ると，1回の発注量が800個から1,400個まで，在庫品関係費用の額がそれほど変わらないことに気がつく。実務上重要なのは，原価の最小点よりはむしろ原価の最小範囲である。そこで材料の入手状況が問題になるが，戦争中と違って，材料はいつでも容易に入手できるとすれば，在庫はできるかぎり少ないほうが望ましい。そうとすれば1回の発注量は800個がよい，という結論がえられる。この結論は，原価の最小範囲や材料の入手状況にかんする判断に依存するから，材料購買担当者によってはかならずしも800個という結論にはならないかもしれない。しかし考え方は，この計算例によって理解してもらえたと思う。

図 14—1

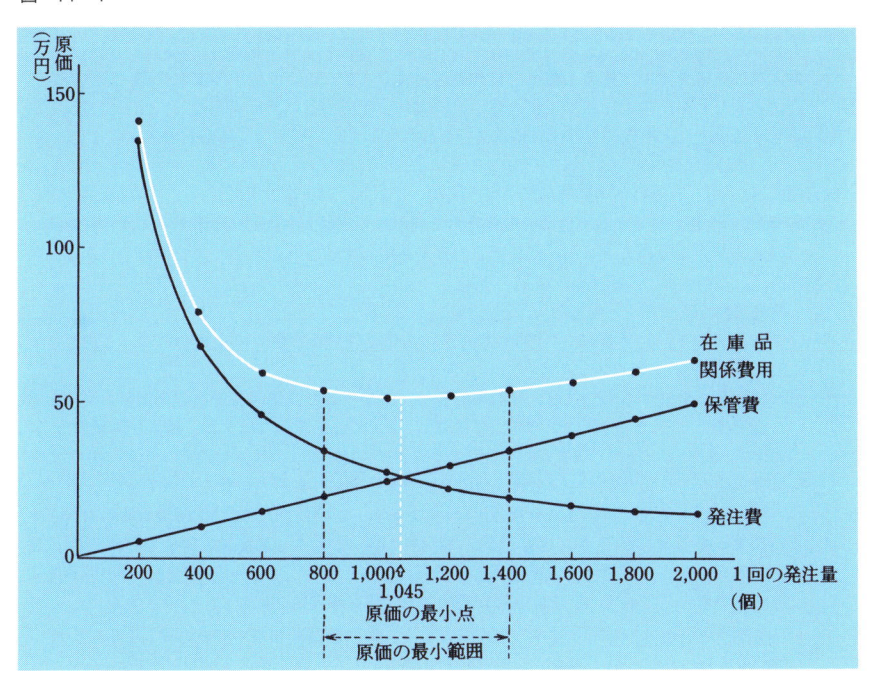

(縦軸: 原価 万円、横軸: 1回の発注量 個)

曲線ラベル:
- 在庫品関係費用
- 保管費
- 発注費

1,045 原価の最小点
800〜1,400 原価の最小範囲

2. 経済的発注量モデルと「かんばん」方式の基本思考の違い

　経済的発注量モデルの基本的な考え方は，製造および販売活動を円滑に行なうためのクッションとして，適正な在庫品を保有することは必要であると考える点にある。すなわち製造および販売を担当する各部門が，あまり精緻なスケジュールで結ばれていると，予想せざる事故や計画の誤りなどのため，在庫品がまったくないと，業務活動がストップする恐れがあるから，ある程度の在庫品をもつことは必要と考えるのである。したがってこの場合には，在庫品にたいする最適投資額をめぐる諸問題が主たる関心事となる。

　これにたいしトヨタグループの「かんばん」方式の基本的な考え方は，在庫品を保有することはまったくの無駄であり，損失であるとして，経済的発注量モデルとは正反対の考え方をしている。この方式では，製造上必要とする材料や部品は，工程内に設けられた看板で指定した時点に，指定量を指定の場所に直接搬入させる方式を採っているので，材料や部品の在庫はゼロである。筆者の見たトヨタの工場では，工場の現場に看板があり，それには，時間単位で搬入すべき部品の種類と量を指定したカードが掛けられており，部品納入業者は，そのカードを取り，その指定にもとづいて部品を納入していた。この方式はアメリカでも，just-in-time approach（JIT）として注目されている。しかしながらここで注意しなければならぬのは，この方式は，生産の合理化にたいする日々の異常な努力なしには採用できないことである。

　この方法を採用するためには，製造および販売の各部門活動が，精緻なスケジュールで完全に結ばれる必要がある。そのためには，元来，見込み生産であった自動車の製造を，コンピュー

タで営業所と工場とを結ぶことにより受注生産化させ，同一ラインで異なる車種を少量生産できるようにシングル段取りの方法を開発し，TPM（Total Productive Maintenance；全員参加の生産保全）活動により，工場現場の各小集団が機械のチョコ停を徹底的に退治し，設備効率を最大限に発揮させ，工程と工程とを自動搬送装置で結び，いわゆる１個流し生産（原材料を工程に投入したら，スムーズに工程から工程に流れ，仕損じゼロで最終完成品になる生産）を実現させるように，徹底的な経営合理化が行なわれてはじめて採用できるからである。

[練習問題 14-1] H製作所の切削部門では，次期（１年間）の生産計画において，設備稼働能力に2,000時間の余裕が見込まれた。この遊休能力を利用し，部品Xを当部門で製造すべきか，あるいはこの遊休能力はそのままとし，部品Xを外部から購入するほうが有利か，を検討中である。検討資料は，次のとおりである。

1. 部品Xにかんするデータ
   (1) 部品Xの年間必要量は，4,000個である。これを外部から購入する場合には，１個当たり6,500円で入手できる。
   (2) 部品Xを製造する場合には，その主材料は，DM－１で，部品X１個の製造にDM－１を１kg必要とする。主材料の年間購入契約量が，3,000kgを超える場合は，購入契約量のうち，3,000kgまでは１kg当たり3,000円で購入するが，3,001kg以上は，前記購入単価の10％引きで購入できる。したがって，全購入契約量の購入単価が10％引きになるわけではない。
   (3) 部品Xの１個当たりの加工時間は0.5時間であり，１時間当たり2,800円の賃率の直接工を投入する必要がある。しかし現在手不足の状態にあるので，もし部品Xを製造するのであれば，上記賃率の40％に相当する残業手当も支払わねばならない。なお残業手当は，この計算では直接労務費として処理し，また直接作業時間と設備稼働時間とは等しいものとする。
   (4) 当部門では製造間接費は標準配賦が行われており，製造間接費の変動費率は1,680円/時，固定費率は1,400円/時である。なお部品Xを製造しても，固定費の発生額に影響はない。
   (5) 部品Xを製造するには新たに特殊設備が必要であり，その年間リース料は，生産量とは関係なく，196万円と見積もられた。
2. 部品Yにかんするデータ
   部品Xを外部から購入する場合，2,000時間の遊休能力をそのまま遊ばせないで，この時間を，従来購入していた部品Yの製造に利用する案も考えられる。部品Yの資料は次のとおりである。
   (1) 部品Yの購入価格は，１個当たり10,000円である。
   (2) 部品Yの年間必要量は，2,000個である。なおこの部品を製造する場合は，１個当たりの加工時間は１時間である。
   (3) 部品Yの主材料はDM－２で，部品Y１個の製造にDM－２を１kg必要とする。その購入価格は，4,000円/kgで，数量割引はない。
   (4) 直接工の賃率や残業手当，および製造間接費にかんする条件は上記と同様である。ただしこの部品の製造には，特殊設備は不用であり，したがってリース料は発生しない。
3. その他
   本問の解答にあたっては，数量化不可能な要素や，長期的な考慮は除外する。
   以上の条件にもとづき，次の問いに答えなさい。

[問1] 本問は，自製か購入かの短期的意思決定の問題であるが，この問題を解決するための最も適切な原価を，下記の原価の中から1つ選びなさい。

(1) 変動費　(2) 標準原価　(3) 予算原価　(4) 差額原価　(5) 固定費
(6) 製品原価　(7) 管理可能費　(8) 売上原価　(9) 見積原価
(10) 直接原価

[問2] 部品Xの年間必要量が4,000個の場合，切削部門で部品Xを自製（内製）する案をA案，2,000時間の遊休時間はそのままとし，外部からこれを購入する案をB案とすると，両案を比較して，どちらの案が原価が低く有利であろうか。

[問3] 前問では，部品Xの年間必要量を4,000個としたが，4,000個以下に減少する可能性も考えられる。そこで部品Xの年間必要量4,000個の条件を一応度外視し，部品Xを自製する案をA案，購入する案をB案とし，両案を比較して，部品Xの年間必要量が何個以上であれば，どちらの案が有利であろうか。

[問4] 部品X4,000個を外部から購入し，しかも2,000時間の遊休時間を2,000個の部品Yの内製に利用する案をC案とすると，上記[問2]のA案（部品X4,000個を自製し，部品Y2,000個を購入する案）とC案とを比較して，どちらの案が原価が低く有利であろうか。ただし，部品Yの市場における購入価格と販売価格とは等しいものとする。

(注) [問2]，[問3]，[問4] とも，計算過程を解答用紙に明示しなさい。計算過程の記入のない答案は採点されないので，注意すること。

[解答用紙]
(注) 下記の ☐ 内に，該当する文字または数字を記入し，高い，低いおよび不利，有利のいずれか不用のものを消しなさい。

[問1] この問題を解決するもっとも適切な原価は ☐ 原価である。

[問2] A案のほうが，B案よりも原価が ☐ 万円 {高い／低い} ので，A案のほうが {不利／有利} である。

[問3] 部品Xの年間必要量が ☐ 個以上ならば，{A案／B案} のほうが有利である。

[問4] A案のほうが，C案よりも原価が ☐ 万円 {高い／低い} ので，A案のほうが {不利／有利} である。

（日商簿記1級原価計算試験問題）

第15章　資本予算——総説，意思決定モデルおよびキャッシュ・フローの予測

第1節　資本予算総説

1. 資本予算における意思決定計算の基本的枠組

　資本予算における「資本」とは，固定資産のことである。したがって資本予算 (capital budgeting) とは，生産・販売に使用される固定資産にたいする投資，つまり設備投資にかんする財務的計画と統制を意味する。設備投資は，将来の長期間にわたり，その企業の業績に重大な影響をもたらすので，設備投資にかんする合理的かつ賢明な意思決定は，企業の命運を左右する重大な鍵になる。本章では，主として設備投資の意思決定に使用される計算方法を明らかにしよう。

　資本予算では，個々の設備投資案 (investment project) ごとに，その投資損益を計算し，それによって投資案相互の優劣を比較し，その採否を決定することになる。したがってまず何よりも，この計算の基本的枠組を理解する必要があるが，そのためには，この計算と冒険企業の損益計算や現代企業の損益計算とを比較するとわかりやすい。

(1) 冒険企業の損益計算

　中世イタリアで十字軍の遠征が行なわれ，ベニスやフローレンスが軍需物資の輸送基地となったため，それらの都市に巨額の金が支払われた。商人や銀行家がその資金を出し合って船を一隻仕立て，東洋に冒険航海し，その地の珍しい産物を仕入れ，帰国して積荷を売却し，大儲けして解散したのが，ここでいう冒険企業である。この場合の損益計算では，会計単位は個々の冒険企業である。冒険企業は，1航海で解散する1回限りの企業である。そこでその損益計算は，企業が設立してから解散するまでの全期間を会計期間とする全体損益計

算を行なえばよく，その方法は簡単であって，たんに収入と支出とを全部記録し，収入の合計から支出の合計を差し引き，さらにその残額から醵出(キョシュツ)資本を差し引けば，全体損益が計算される。

(2) 現代企業の損益計算

現代企業は，1回限りの企業ではない。その損益計算を行なうにあたっては，企業実体 (business entity) の存在を仮定し，これを会計単位とする。企業実体とは，企業の所有者とは離れた別個の存在であり，それ自身があたかも独立の人間であるかのように，企業目的達成のためにゆだねられた資産をもち，権利や義務をもつ経済的，社会的実体を意味する。たとえば岡本清兵衛が所有し経営する八百屋「八百清」の損益計算をする場合，その所有者である清兵衛個人の家計と「八百清」の損益計算とを，記録・計算上明確に分離しておかねば，「八百清」という企業の業績を純粋に把握できない。これがいわゆる，店と奥との分離である。したがって企業会計では，清兵衛個人とは離れた別個の存在としての「八百清」という企業実体の存在を仮定し，「八百清」を会計上の計算単位とするのである。現代の典型的企業は株式会社形態をとっているが，株式会社の所有者は株主である。この場合も，株主から離れた別個の存在である××株式会社という企業実体の存在を仮定し，それを会計単位とするのである。

この会計単位は，現代企業の場合，見通しうる将来において，解散するとは考えられない継続企業 (going concern) である。そこで継続企業の損益計算は，継続的に遂行される事業活動の流れを，半年とか1年という会計期間で人為的に区切って，期間損益計算を行なうことになる。その場合の期間利益は，企業のその期の業績を測定する尺度とならねばならない。そのためには単純に1期間の収入と支出とを比較しても，その期の業績測定尺度となる期間利益は計算されない。たとえば新設された企業が，第1期に設備投資のため1,000億円の現金支出をしたとし，その1,000億円を第1期の損益計算に全額をマイナス計上したとすれば，第1期の利益は，その期の業績を示さないことは明白である。なぜならばもしその設備の耐用年数が10年であるならば，1,000億円を

10年間にわたって，減価償却費として各期の期間損益計算に計上するほうが合理的だからである。そこで現代の財務会計では，発生主義会計（accrual basis of accounting）という仕組みを工夫し，利益をあげるために行なった努力と，その努力からえられた成果とを表わす費用・収益という概念を導入し，努力と成果との因果関係のあるものを期間的に比較するという費用・収益の期間的対応（periodic matching cost with revenue）を，期間損益計算の方法として採用している。

(3) 設備投資プロジェクトの損益計算

さて，設備投資の意思決定では，損益計算上の会計単位は，各投資案である。次に，この会計単位のもつ性質であるが，ある設備投資案は，設備投資をすれば，やがてはその固定資産は除却されるときがくるので，1回限りという性質をもっている。特定の固定資産が，永久に使用されることはないからである。したがってその損益計算は，10年間もつ設備ならば，10年間の全期間にわたる全体損益を計算すればよい。そうなると設備投資プロジェクトの損益計算の方法は，どちらかといえば，現代企業の損益計算よりも冒険企業の損益計算に近いといえる。この計算では，全体損益を計算するのであるから，すべて，現金の入りと出，すなわち収入と支出だけで計算すればよい。しかもこの計算は，将来とりうる代替的コース選択のための意思決定用の計算であるから，すでに発生してしまった過去の現金収支は意思決定にとって無関係である。なぜなら現在の意思決定によって，過去の発生額を変更させることはできないからである。そこで将来発生する現金収支のみが，この計算に関係するわけであるが，すでに前章で学んだように，経営意思決定のための計算は，差額原価収益分析によらねばならないことを，ここで想起してほしい。したがってこの計算では，将来発生する現金収支のうち，ある設備投資案を採用する場合と採用しない場合とを比較して，それぞれ発生すると予想される現金収支の差額，つまり増分現金収支のみが，この計算にとって適切なデータとなる。そしてこの計算では，1年以上の長期間にわたる計算をするので，当然のことながら，貨幣の時間価値（time value of money）を考慮した計算でなければならない。

たとえば現在，ある投資案に 1,000 万円投資すると，1 年後に 1,000 万円，2 年後に 1,000 万円の現金が流入すると予想されたとする。これらは，同じ 1,000 万円でも，それぞれ価値が異なる。なぜならば現在の 1,000 万円は，1 年後には利子分だけ増加するので，1 年後の 1,000 万円よりも現在の 1,000 万円のほうが，価値が大きいからである。したがってこの例の場合，1,000 万円投資すると，2,000 万円現金が流入するので，差し引き 1,000 万円の利益だというように，簡単に足したり引いたりするわけにはいかない。あとで述べるように，この場合は，複利計算またはその反対の割引計算をしたうえで，投資案の損益を計算しなければならない。

かくして設備投資プロジェクトの損益計算の基本的枠組みは，その設備投資案にかんする予想増分現金流入額（expected incremental cash-inflow）と予想増分現金流出額（expected incremental cash-outflow）との時間価値を考慮した比較計算になる。以上の要点をまとめれば，次のとおりである。

［損益計算の基本的枠組の比較］

		現代企業の損益計算	冒険企業の損益計算	設備投資の損益計算
(1)	会計単位	企業実体	冒険企業	設備投資案
(2)	会計単位の性質	継続企業	1 回限り	1 回限り
(3)	会計期間	会計年度	全期間	全期間
(4)	損益計算の内容	期間損益計算	全体損益計算	全体損益計算
(5)	損益計算の方法	費用・収益の期間的対応	収入と支出の比較計算	時間価値を考慮した，予想増分現金流入・流出額の比較計算

2. 設備投資案の分類

設備投資案は，種々の見地から分類される。

(1) 投資目的による分類……新規投資（新製品開発，新市場開拓投資），拡張投資（現製品，現市場の拡張），合理化投資（原価低減），取替投資，政策投資（安全，環境改善投資），その他の投資（社屋，駐車場建設）など。

(2) **投資金額による分類**……(例) 工場長決裁工事 (100 万円以下), 事業部長決裁工事 (1,000 万円以下), 一般工事 (本社決裁1億円以下), 大工事 (1億円超), 戦略投資など。

(3) **設備投資案の相互関係による分類**……独立投資, 従属投資 (相互排他的投資, 補完投資, 前提投資)。

　上記の分類において, (1)と(2)の分類は, 実務上多くみられる。投資を実施するためには, なんのために, 誰の責任で, いくらかかるかを明確にする必要があるからである。これにたいし(3)の分類は, 資本予算の手法を検討するさいに必要となる分類である。たとえば投資案AとBとが相互に無関係で, A案の採用はB案の採否にまったく影響を与えないならば, A案とB案は, それぞれ独立投資案 (independent project) である。そうではなくて両案が, 相互に影響しあう場合は, 従属投資案 (dependent project) という。その場合の影響の仕方により, 従属投資はさらに3つに分類される。たとえば一定の土地に2階建ての工場を建設するか, 3階建ての工場を建設するかという投資案は, どちらかを採用すれば, 他方は不採用となるので, これらの案は, 相互排他的投資案 (mutually exclusive project) である。道路沿いにガソリンスタンドを建てる案と, その隣にレストランを建てる案とは, お互いのキャッシュ・インフローを増加させる効果が期待できるので, これらの案は, 補完投資案 (complementary project) である。また海岸に石油精製工場を建設する案は, その投資以前に港湾設備を設ける案を採用しなければならないので, 後者は前者の前提投資案 (prerequisite project) となる。

3. 時間価値とその基本公式

(1) 複利計算と終価係数 (利殖係数; 複利元利率)

　現在時点 (年度初め) を T_0, 1年度末を T_1, 2年度末を T_2, ……, n 年度末を T_n としよう。いま現在時点で資金 P_0 円を銀行に年利 $r\%$ の複利で預ければ, n 年後の元利合計 (S_n) は, 次の式で計算される。

$$S_n = P_0(1 + r)^n$$

[説 明]

$$
\begin{array}{l|l}
T_0 & P_0 \\
T_1 & S_1 = \underset{(元金)}{P_0} + \underset{(利子)}{P_0 \times r} = \underset{(元利合計)}{P_0(1+r)^1} \\
T_2 & S_2 = \underset{(元\ \ 金)}{P_0(1+r)^1} + \underset{(利\ \ \ \ 子)}{P_0(1+r)^1 \times r} = \underset{(元利合計)}{P_0(1+r)^2} \\
\vdots & \vdots \\
T_n \downarrow & S_n = P_0(1+r)^n
\end{array}
$$

複利計算（compounding）では，通常の場合，利子は年度末に一度，元金に繰り入れられる。上で示したように，現在の資金 P_0 円は，1年後には，元金が P_0 円で，その利息が $P_0 \times r$ 円，したがって元利合計 S_1 は，$P_0(1+r)^1$ 円となる。これを第2年度に元金として預ければ，2年度末には元金が $P_0(1+r)^1$ 円，その利息が $P_0(1+r)^1 \times r$，したがって元利合計は，$P_0(1+r)^2$ となる。これをさらに続ければ，n 年後の元利合計，すなわちこの資金の終価（terminal value）は，元金 P_0 に $(1+r)^n$ を掛ければ計算される。ここで，$(1+r)^n$ を終価係数（terminal value factor）といい，利殖係数，複利元利率ともいわれる。

[例題 15—1]

現在保有する 1,000 万円の資金を，年利 10% の複利で運用すると，3年後の元利合計は，いくらになるか。

[解 答]

$$S_3 = 1,000万円 \times (1+0.1)^3 = 1,000万円 \times 1.331 = 1,331万円$$

T_0	T_1	T_2	T_3
1,000			→ 1,331

(2) 割引計算と現価係数

複利計算とはまったく逆に考えて，n 年後に貰う金（S_n）を，現在貰うとすればいくらに相当するか，というように，その現在価値（present value; PV）を計算するのを，割引計算（discounting）という。その答えは，n 年後の金に，終価係数の逆数を掛ければよい。終価係数の逆数 $1/(1+r)^n$ を現価係数（discount

第 15 章 資本予算——総説, 意思決定モデルおよびキャッシュ・フローの予測

factor) という。

$$PV = S_n \times \frac{1}{(1+r)^n} = P_0(1+r)^n \times \frac{1}{(1+r)^n} = P_0$$

[説　明]

$$
\begin{array}{ll}
T_0 & S_0 = PV = P_0 \\
T_1 & S_1 = P_0(1+r)^1 \\
T_2 & S_2 = P_0(1+r)^2 \\
\vdots & \vdots \\
T_n & S_n = P_0(1+r)^n
\end{array}
$$

[例題 15-2]

3年度末に 1,000 万円貰う金を, 現在貰ってしまうとすれば, いくらになるか。ただし資本の年利率は 10% とし, 割引計算をしなさい。

[解　答]

$$1,000 万円 \times \frac{1}{(1+0.1)^3} = 1,000 万円 \times 0.7513 = 751.3 万円$$

なお $1/(1+0.1)^3 = 0.7513$ は, 巻末の付録 I「現価係数表」において, $n = 3$, $r = 10\%$ の行列の交点を見れば, 簡単に求められる。

```
T_0      T_1      T_2      T_3
751.3←———————————1,000
```

(3)　年金と年金終価係数

毎年一定額ずつ受け取る給与を年金という。いま毎年末に P_M 円ずつ, n 年間にわたって受け取る年金があるとし, この年金を, 年利 $r\%$ の複利で運用すれば, n 年後の元利合計 (S_n) は, 次の式で求められる。

$$S_n = P_M \times \frac{(1+r)^n - 1}{r}$$

上式で, $\{(1+r)^n - 1\}/r$ を年金終価係数 (uniform series final worth factor) という。

[説明]

```
T₀    T₁    T₂    T₃ ………    Tₙ
```

$P_M \longrightarrow$	$P_M(1+r)^{n-1}$
$P_M \longrightarrow$	$P_M(1+r)^{n-2}$
$P_M \longrightarrow$	$P_M(1+r)^{n-3}$
$\longrightarrow$	………
$\longrightarrow$	$P_M(1+r)^1$
	P_M

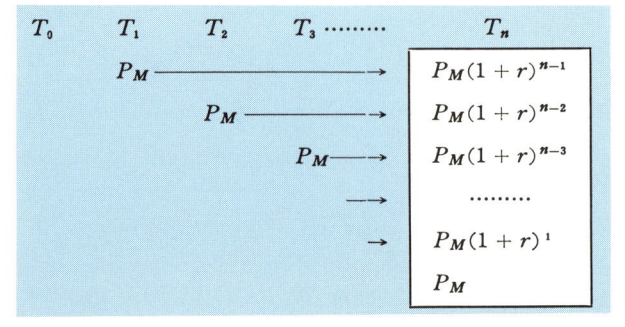

第1年度末に貰う P_M を n 年度末まで複利で運用すれば，その元利合計は，$P_M(1+r)^{n-1}$ 円となる。第2年度末に貰う P_M 円の n 年度末における元利合計は，$P_M(1+r)^{n-2}$ 円となる。以下同様にして，$n-1$ 年度末に貰う P_M 円の n 年度末における元利合計は $P_M(1+r)^1$ 円，最後に n 年度末に P_M 円を貰って終りとなる。そこでこれらを合計すれば，この年金の終価がえられるわけであり，それは次の式であらわすことができる。

$$S_n = P_M\{1 + (1+r)^1 + (1+r)^2 + \cdots\cdots + (1+r)^{n-2} + (1+r)^{n-1}\}$$

ここで，{ } のなかは，初項が 1，公比が $1+r$，n 項までの等比級数の和であるから，等比級数の和を求める公式を利用すれば，年金終価係数が求められる。[注1]

[例題 15-3]

毎年末に 1,000 万円ずつ 3 年間貰う金を，年利10％ の複利で運用した場合

(注1) 初項が a，公比が r，n 項までの等比級数の和 S_n を求める公式は次のように導出される。
$S_n = a + ar + ar^2 + \cdots\cdots + ar^{n-1} \cdots\cdots$ ①
　①×r
$S_n r = ar + ar^2 + ar^3 + \cdots\cdots + ar^n \cdots\cdots$ ②
　①－②
$S_n - S_n r = a - ar^n$
$S_n(1-r) = a(1-r^n)$
したがって，
$S_n = a(1-r^n)/(1-r)$ （ただし $r \neq 1$）
が求める公式である。そこでこの公式を使用して，年金の終価を求めれば次のようになる。
$$S_n = P_M \times \frac{1\{1-(1+r)^n\}}{1-(1+r)}$$
$$= P_M \times \frac{(1+r)^n - 1}{r}$$

の第3年度末の元利合計を求めよ。

[解　答]

$$S_3 = 1{,}000万円 \times \frac{(1.1)^3 - 1}{0.1} = 3{,}310万円$$

```
T₀        T₁        T₂           T₃
         1,000 ─────────────→  1,210   = 1,000 × (1.1)²
                   1,000 ────→  1,100   = 1,000 × (1.1)¹
                                1,000
                        合計   3,310
```

(4) **年金現価係数** (present value interest factor for an annuity)

毎年末に P_M 円ずつ，n 年間にわたって受け取る年金を，年利 $r\%$ で割り引いた年金の現在価値合計 S_0 は，次の式で求められる。

$$S_0 = P_M \times \frac{(1+r)^n - 1}{r(1+r)^n} = P_M \times \frac{1 - (1+r)^{-n}}{r}$$

上式で P_M に掛ける $\{(1+r)^n - 1\}/r(1+r)^n$ または $\{1 - (1+r)^{-n}\}/r$ を**年金現価係数**という。

[説　明]

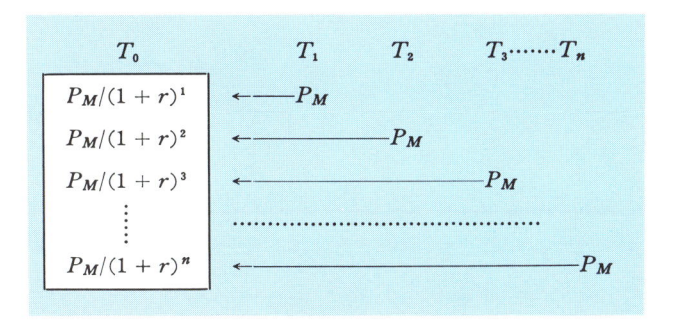

```
             T₀              T₁        T₂        T₃……Tₙ
   ┌─────────────┐
   │ P_M/(1+r)¹  │ ←──── P_M
   │ P_M/(1+r)²  │ ←──────────── P_M
   │ P_M/(1+r)³  │ ←──────────────────── P_M
   │     ⋮       │ ……………………………………………………
   │ P_M/(1+r)ⁿ  │ ←──────────────────────────── P_M
   └─────────────┘
```

上の図から明らかなように，各年度末に貰う年金の現在価値合計 S_0 は，次の式で求められる。

$$S_0 = \frac{P_M}{(1+r)^1} + \frac{P_M}{(1+r)^2} + \frac{P_M}{(1+r)^3} + \cdots\cdots + \frac{P_M}{(1+r)^n}$$

$$= P_M\left[\frac{1}{(1+r)^1} + \frac{1}{(1+r)^2} + \frac{1}{(1+r)^3} + \cdots\cdots + \frac{1}{(1+r)^n}\right]$$

さて，[ ]のなかは，初項が $1/(1+r)$，公比が $1/(1+r)$，n 項までの等比級数の和であるから，等比級数の和を求める公式を利用すれば，上述した年金現価係数が求められる。

[例題 15-4]

毎年末に 1,000 万円ずつ，3 年間貰う金の現在価値を求めよ。ただし年利 10% とする。

[解 答]

$$S_0 = 1{,}000\text{万円} \times \frac{(1.1)^3 - 1}{0.1(1.1)^3} = 1{,}000\text{万円} \times 2.4869 = 2{,}486.9\text{万円}$$

なお $\{(1.1)^3 - 1\}/0.1(1.1)^3 = 2.4869$ は，巻末の付録 II「年金現価係数表」において，$n = 3$，$r = 10\%$ の交点を見れば，簡単に求められる。

	T_0	T_1	T_2	T_3
$1{,}000/(1.1)^1 =$	909.1	←1,000		
$1{,}000/(1.1)^2 =$	826.4		←1,000	
$1{,}000/(1.1)^3 =$	751.3			←1,000
合計	2,486.8*	*0.1万円は，四捨五入による誤差		

(5) 減債基金係数 (sinking fund factor)

これは，年金終価係数の逆数である。年金終価係数の場合は，年金から，その年金の終価を求めたが，減債基金係数の場合は，年金終価 S_n があらかじめ判明していて，それを均等の年金で受け取るさいの年金 P_M の額を求める係数である。したがって次のようになる。

$$P_M = S_n \times \frac{r}{(1+r)^n - 1}$$

[例題 15-5]

取得原価 100万円,耐用年数 3 年,残存価額 10 万円の固定資産を,減債基金法によって減価償却を行なう場合,年間の減価償却費を求めよ。ただし年利は 5％ とする。

[解　答]

$$\text{年間の減価償却費} = (100\text{万円} - 10\text{万円}) \times \frac{0.05}{(1+0.05)^3 - 1}$$

$$= 28.55\text{万円}$$

したがって第 1 年度末,第 2 年度末および第 3 年度末に,28.55万円の減価償却費を計上し,それとともに同額の資金を減債基金に繰り入れれば,この基金の第 3 年度末における元利合計額は 90 万円となって,この固定資産の要償却額に等しくなる。

T_0	T_1	T_2	T_3
	28.55 ———→		31.48
		28.55 ——→	29.98
			28.55

合計　90.01*

*0.01万円は,四捨五入による誤差

(6) **資本回収係数** (capital recovery factor)

これは年金現価係数の逆数であって,現在の資金を,一定の期間にわたり年金のかたちで,同額ずつの資金に分割する計算に利用する。

年金現価を求める式は,

$$S_0 = P_M \times \frac{(1+r)^n - 1}{r(1+r)^n}$$

であったが,S_0 の値から P_M を求めるためには,上式を P_M によって解くと,

$$P_M = S_0 \times \frac{r(1+r)^n}{(1+r)^n - 1}$$

となる。この場合,$r(1+r)^n/\{(1+r)^n - 1\}$ が**資本回収係数**である。

[例題 15-6]

現在 2,486.9万円の退職金をえた。これを，今後，3年間にわたって各年度末に年金にして受け取る場合，年金の額はいくらか。ただし年利10%とする。

[解　答]

$$P_M = 2{,}486.9万円 \times \frac{0.1(1.1)^3}{(1.1)^3-1} = 2{,}486.9万円 \times \frac{1}{2.4869}$$

$$= 1{,}000万円$$

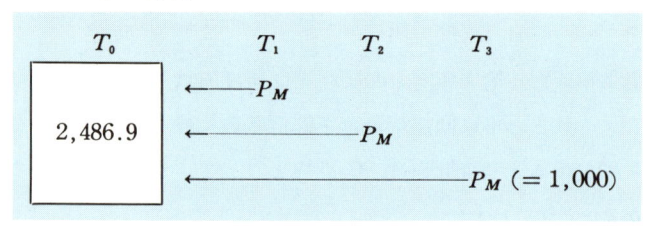

```
        T_0        T_1        T_2        T_3
      ┌────┐
      │    │  ←────P_M
      │2486.9│ ←──────────P_M
      │    │  ←──────────────────P_M (=1,000)
      └────┘
```

(7)　キャッシュ・フローの期末型と期首型の違い

これまでの複利計算や割引計算では，現金の流入や流出は，すべて各年度の期末に発生するものとしてきた。しかしながらたとえば，[例題 15-3] の1,000万円が，期末でなく期首に3年間貰うものとし，それらの金を年利10%の複利で運用した場合，第3年度末の元利合計はどのようにすれば，計算できるであろうか。

この場合は下図の示すように，もう1期分利息がつくことになる。

```
    T_0      T_1      T_2      T_3
  1,000 ─────────────────────→ 1,331   [= 1,000 × (1.1)^3]
           1,000 ──────────── → 1,210   [= 1,000 × (1.1)^2]
                    1,000 ─── → 1,100   [= 1,000 × (1.1)^1]
                              合計 3,641 (= 3,310 × 1.1)
```

したがって [例題 15-3] の答えに，$(1+0.1)$ を掛ければ，期首に貰う3年間の元利合計が求められる。このことからわかるように，期末に貰う年金の元利合計を，期首に貰う年金の元利合計に修正するには，次に示すように，期末型年金終価係数に $(1+r)$ を掛ければよい。

$$S_n = P_M \times \frac{(1+r)^n - 1}{r} \times (1+r)$$

また［例題 15-4］の3年間貰う 1,000万円を，期末でなく期首に貰うものとし，その現在価値を求めれば次のようになる。

	T_0	T_1	T_2	T_3
	1,000.0			
$1,000/(1.1)^1 =$	909.1	←1,000		
$1,000/(1.1)^2 =$	826.4	←――――	1,000	

合計 <u>2,735.5</u> (= 2,486.8 × 1.1)

この場合には，［例題 15-4］の場合と比較すると，1期間だけ，割り引く期間が少なくなる。したがって年金の現在価値を計算する場合，期末型年金現価係数を期首型年金に使用すると，1期間だけ割り引きすぎているので，それを補正するため，次に示すように，$(1+r)$ を掛けなければならない。

$$S_0 = P_M \times \frac{(1+r)^n - 1}{r(1+r)^n} \times (1+r)$$

4. 資本予算の問題領域

資本予算の全体を見渡すならば，次のような問題領域が存在する。

(1) 設備投資の意思決定モデルの問題

これは，投資案の採否を決定するために，どのような投資の意思決定モデル (investment decision model) を使用すべきか，という問題である。いいかえれば，投資案の優劣を，何によって測定し，評価すべきか，という測定ないし評価基準の問題である。また多くの投資案がある場合，投資の有利性の観点から，各案の順位をつけねばならないので，これは順位づけ (ranking) の問題といってもよい。

(2) 設備投資のキャッシュ・フローを予測する問題

これは，投資の意思決定モデルにインプットするデータの問題である。ある

投資案を採用すれば，投資額がいくら必要か，その投資によって，年々いくらの現金が流入するかを，システマティックに，重要な項目を洩らさず予測することが大切である。資本予算のなかでこの問題が，もっともむずかしい問題であろう。意思決定モデルがいくら精緻であっても，そのモデルにインプットするデータが不完全では，その結果が信頼できないからである。

(3) 資本コストの問題

設備投資には資本が必要であり，その資本を調達し利用するにはコストがかかる。そこで**資本コスト** (cost of capital) をどのように計算すべきかを扱うのが，この問題領域である。当然のことながら採用すべき投資案は，**資本コストを上回る利益をもたらす投資**でなければならないから，**資本コストを年利率で**表わした**資本コスト率は**，設備投資の意思決定上，**最低所要投下資本利益率** (minimum desired rate of return) の意味をもち，投資案の採否を決定する場合，不利な投資案を切り捨てるための，**切捨率** (cut-off rate) の役割を果たすことも理解されよう。したがって資本コストの検討もまた，重要な問題領域である。なぜなら，もし資本コスト率を誤って高く設定すると，有利な投資案を棄却する羽目になり，反対に誤って低く設定すると，不利な投資案まで採用し，損失を招くことになるからである。

(4) 資本配分の問題

資本配分 (capital rationing) とは，多くの投資案がある場合，そのうちの，どの案とどの案に資本を割り当てて採用すべきか，を決定する問題である。設備投資に使用する資金には限りがあり，またその資金は，調達源泉によって資本コスト率が変化する。またある設備投資案を分割して採用することはできない。こうした制約条件下で，最大の投資利益がえられるような，**投資案の最適な組合せ**を決定する方法を検討するのが，この問題領域である。

(5) その他の問題

上述した問題のほか，①リスク分析，②プロジェクト・コントロールなどの問題がある。以下，順を追って主要な問題について検討しよう。

第 2 節　設備投資の意思決定モデル

　本節では，設備投資案の優劣を評価する方法，すなわち意思決定モデルを考察する。そのためには，簡単な計算例によるのがわかりやすい。

　いま下記のような A，B，C の 3 つの独立投資案があるとする。これらは，それぞれ異なる新製品の製造・販売計画案であって，たとえばA案は，現在時点で 3,200万円の設備投資をすると，第 1 年度末に，新製品の売上収入から，原材料費，労務費などの現金費用を差し引き，600 万円の純現金収入がえられる。同様に，第 2 年度末に 1,000万円，第 3 年度末に 1,200万円，第 4 年度末に 400万円の純現金収入がえられる見込みであって，それでこの投資は終了する。各案の現在時点での投資額に，（　）がついているのは，現金の流出額を示す。

［計算条件］

（単位：万円）

投資案	T_0	T_1	T_2	T_3	T_4
A	(3,200.00)	600	1,000	1,200	400
B	(3,041.95)	1,000	2,000	1,000	500
C	(2,588.70)	1,000	1,000	1,000	1,000

1.　正味現在価値法

　正味現在価値法（net present value method；NPV）とは，投資によって生ずる年々の純現金収入を資本コスト率で割り引くことによって計算した現在価値合計から，投資に必要な現金支出額を資本コスト率で割り引くことによって計算した現在価値合計を差し引いて，その投資の 正味現在価値（net present value；超過現在価値 excess present value ともいう）を計算し，正味現在価値が正ならば，その投資案は有利であるから採用し，負であればその投資案は不利なので棄却すべきである，と判定する方法である。したがって正の正味現在価値が大なる

投資案ほど，有利と判断される。

　正味現在価値法の一般式を示せば，次のようになる。いまある設備投資案について，投資が分割投資の場合，現在時点での投資額を I_0，第1年度末の投資額を I_1，……第 m 年度末の投資額を I_m，投資からえられる各年度末の純現金収入をそれぞれ，P_1, P_2, …… P_n，資本コスト率を c とすれば，

$$NPV = \left[\frac{P_1}{(1+c)^1} + \frac{P_2}{(1+c)^2} + \cdots\cdots + \frac{P_n}{(1+c)^n}\right]$$
$$- \left[I_0 + \frac{I_1}{(1+c)^1} + \frac{I_2}{(1+c)^2} \cdots\cdots + \frac{I_m}{(1+c)^m}\right]$$
$$= \sum_{t=1}^{n} \frac{P_t}{(1+c)^t} - \sum_{t=0}^{m} \frac{I_t}{(1+c)^t}$$

となる。もしその投資案が分割投資でなく，一括投資であるなら，差し引く投資額は I_0 のみとなることはいうまでもない。

[解　説]　正味現在価値法において，年々のキャッシュ・フローを資本コスト率で割り引いて，正味現在価値を計算することの意味を，明確に理解してほしい。この点を，簡単な計算例で説明しよう。仮に現在1,000万円の現金をもっており，これを投資すると，1年後に1,200万円の現金収入がえられる投資案Zがあるとする。さらにこの1,000万円はどこにでも投資できるわけであるが，計算例を単純にするために，Z以外のもっとも有利な投資先としては，年利10％で銀行に預金する案しかないとする。この場合は，年利10％以上儲かる投資案でなければ，銀行預金にしたほうがよいので，投資案Zの資本コスト率は10％である。そこで投資案Zと銀行預金案とを比較し，Zのほうがどれほど有利かを計算すると，A表のようになる。

A 表（単位：万円）　　　　　　　　B 表（単位：万円）

投資案	T_0	T_1
Z 案	(1,000)	1,200
銀行預金案	(1,000)	1,100
差　額	0	100
	91 ←	

$NPV_Z = \dfrac{1,200}{(1+0.1)^1} - 1,000$

$= 1,200 \times 0.9091 - 1,000$

$\fallingdotseq 91$

　A表から明らかなように，Zは銀行預金にするよりも，1年後に100万円の現金が余分にえられ，これを現在価値に割り引くと約91万円に相当する(注2)。つまりZは銀行預金にするよりも，現在の金で考えて，約91万円有利だということである。他方，Zの正味現在価値を計算すると，B表のようになる。Zの投資利益を計算するとき，1,200万円－1,000万円＝200万円と計算してはならない。なぜなら1,200万円は1年後の金であり，1,000万円は現在の金であって，タイミ

（注 2）　1年後の100万円は，現在にとって約91万円（＝100万円÷1.1＝90.9090…万円）に相当する。

ングが異なるからである。そこで，1年後にえられる1,200万円を資本コスト率10％で現在価値に割り引き，現在時点にタイミングを合わせ，それから現在の投資額1,000万円を差し引いて，その正味現在価値約91万円を計算する。さて，A表とB表の計算は，まったく同じ計算なのである。この計算例では，銀行預金の利子率が資本コスト率（最低必要投下資本利益率）として使用されている。したがって一般的にいえば，投資案の正味現在価値を計算するということは，最低必要投下資本利益率で投資してえられる利益と比較して，どれほど多くの利益（差額利益）がえられるか，を計算することにほかならない。A表とB表のどちらも，Zは銀行預金にするよりも，現在の金で考えて，約91万円有利だということを計算しており，正味現在価値法はこの差額利益91万円を正味現在価値として計算しているのである。

[例題 15−7]

資本コスト率を 10％ とし，付録Ⅱ「年金現価係数表」を利用して，C案を採用すべきか否かを，正味現在価値法によって判断しなさい。

[解　答]

C案の正味現在価値を NPV_C とすれば，

$$NPV_C = \left[\frac{1,000}{(1+0.1)^1} + \frac{1,000}{(1+0.1)^2} + \frac{1,000}{(1+0.1)^3} + \frac{1,000}{(1+0.1)^4}\right]$$
$$- 2,588.70$$
$$= 1,000 \times 3.1699 - 2,588.70$$
$$= 581.20（万円）> 0$$

と計算される。したがってC案は，採用すべきである。

[例題 15−8]

資本コスト率を 10％ とし，付録Ⅰ「現価係数表」を利用して，A案とB案の正味現在価値を計算し，それぞれの案を採用すべきか否かを判断しなさい。

[解　答]

$$NPV_A = \left[\frac{600}{(1+0.1)^1} + \frac{1,000}{(1+0.1)^2} + \frac{1,200}{(1+0.1)^3} + \frac{400}{(1+0.1)^4}\right]$$
$$- 3,200.00$$
$$= [545.46 + 826.40 + 901.56 + 273.20] - 3,200.00$$
$$= 2,546.62 - 3,200.00$$
$$= -653.38 < 0 \text{（万円）}$$

$$NPV_B = \left[\frac{1,000}{(1+0.1)^1} + \frac{2,000}{(1+0.1)^2} + \frac{1,000}{(1+0.1)^3} + \frac{500}{(1+0.1)^4}\right]$$
$$-3,041.95$$
$$= [909.10 + 1,652.80 + 751.30 + 341.50] - 3,041.95$$
$$= 3,654.70 - 3,041.95$$
$$= 612.75 > 0 \text{ (万円)}$$

したがって，A案は不採用，B案は採用すべきである。なお各案の順位をつければ，第1位がB案，第2位がC案，第3位がA案となる。

2. 内部利益率法

内部利益率法 (internal rate of return method; IRR) とは，投資によって生ずる年々の純現金収入の現在価値合計と，その投資に必要な現金支出額の現在価値合計とが，ちょうど等しくなる割引率（これを，内部利益率 IRR という）を求め，内部利益率の大なる投資案を有利な投資案と判定する方法である。内部利益率は，その投資案の時間価値を考慮した本当の投下資本利益率 (time-adjusted, true rate of return) であり，ケインズ経済学の説く資本の限界効率 (marginal productivity of capital) にほかならない。(注3)

内部利益率法を数式で表わせば次のようになる。

$$\left[\frac{P_1}{(1+r)^1} + \frac{P_2}{(1+r)^2} + \cdots\cdots + \frac{P_n}{(1+r)^n}\right]$$
$$= \left[I_0 + \frac{I_1}{(1+r)^1} + \frac{I_2}{(1+r)^2} + \cdots\cdots + \frac{I_m}{(1+r)^m}\right]$$
$$\sum_{t=1}^{n}\frac{P_t}{(1+r)^t} - \sum_{t=0}^{m}\frac{I_t}{(1+r)^t} = 0$$

上式のなかの r が IRR である。内部利益率法では，その投資案の IRR が資本コスト率よりも大であれば，その投資案は有利であるから採用し，資本コスト率よりも小であれば，その投資案は不利であるから棄却すべきであると判

(注3) 正味現在価値法と内部利益率法の総称として，DCF 法 (discounted cash flow method) ということがある。

定することになる。正味現在価値法の場合は，年々のキャッシュ・フローの割引率は資本コスト率であって，その値は計算の最初から，たとえば 10% とわかっていたが，内部利益率法の場合，*IRR は 試行錯誤 で探さねばならない*。次にC案の IRR を求めてみよう。これを $r\%$ とすれば，

$$\left[\frac{1,000}{(1+r)^1}+\frac{1,000}{(1+r)^2}+\frac{1,000}{(1+r)^3}+\frac{1,000}{(1+r)^4}\right]-2,588.70=0$$

となる r である。

C案の場合は，年々の純現金収入が4年間にわたり同額であるから，上式は次のように変形できる。

$$1,000\times[n=4, r\% \text{ の年金現価係数}]=2,588.7$$

$$\therefore\ [n=4, r\% \text{ の年金現価係数}]=2,588.70\div 1,000=2.5887$$

そこで巻末の付録Ⅱの「年金現価係数表」において，$n=4$ の行を横に見ていき，2.5887 を探せば，ちょうど $r=20\%$ のところで発見される。したがってC案の $IRR=20\%$ と判明する。もし年金現価係数表において，求める値がたとえば20%から21%の間にあるのであれば，補間法によって求めればよい。

[例題 15—9]

A案およびB案の IRR を求めよ。また資本コスト率を 10% として，両案を採用すべきか否かを判断しなさい。

[解 答]

A案の IRR は，次の式で求められる。

$$\left[\frac{600}{(1+r)^1}+\frac{1,000}{(1+r)^2}+\frac{1,200}{(1+r)^3}+\frac{400}{(1+r)^4}\right]-3,200=0$$

この場合，$600+1,000+1,200+400=3,200$ なので，$r=0$ である。

次に，B案の IRR は次の式で求められる。

$$\left[\frac{1,000}{(1+r)^1}+\frac{2,000}{(1+r)^2}+\frac{1,000}{(1+r)^3}+\frac{500}{(1+r)^4}\right]-3,041.95=0$$

この場合はC案とは違って，年々の純現金収入は同額ではないから，試行錯誤で IRR を探さねばならない。しかしその場合，$r=1\%$ から入れて探して

いくのは馬鹿げている。それでは，何％から始めたらよいだろうか。

まず年々の純現金収入の平均を求める。

$(1,000 + 2,000 + 1,000 + 500) \div 4 = 1,125$

したがって年々の純現金収入が同額の 1,125万円と考えれば，

$1,125 \times [n=4, r\% \text{ の年金現価係数}] = 3,041.95$

$\therefore [n=4, r\% \text{ の年金現価係数}] = 2.7040$

となるので，巻末の付録Ⅱの「年金現価係数表」から，$n=4$ の r で 2.7040 に近い r を探せば，$r=18\%$ がえられる。しかしB案のキャッシュ・フローは年々同額ではないから，$r=18\%$ ではないことは明らかである。時間価値を無視すれば，4年間で総額 4,500万円が流入するわけであるが，そのキャッシュ・インフローのタイミングが，投資の早い時期に比較的多くの金が流入すれば，r は 18％ より大となり，投資の遅い時期に比較的多くの金が流入すれば，r は 18％ より小となる。たとえば4年間を通じて，4,000, 300, 150, 50 と資金が流入するほうが，50, 150, 300, 4,000 と資金が流入するよりも，資金を余分に再投資できるので，r が大となるわけである。B案のキャッシュ・フローのパターンは，前者のタイプなので，まず $r=19\%$ として計算してみよう。

[$r=19\%$]

```
         T₀         T₁         T₂         T₃         T₄
       840.30 ←――1,000
     1,412.40 ←――――――――2,000
       593.40 ←―――――――――――――――1,000
       249.35 ←――――――――――――――――――――――500
     ─────────
     3,095.45
```

計算の結果は，4年間の純現金収入の現在価値が 3,095.45万円となって，投資額の 3,041.95万円よりも多くなる。このことは，割引率 r が 19％ より大であることを意味する。そこで $r=20\%$ として計算してみよう。

[$r = 20\%$]

	T_0	T_1	T_2	T_3	T_4
	833.30 ←―――	1,000			
	1,388.80 ←―――――――		2,000		
	578.70 ←―――――――――――			1,000	
	241.15 ←―――――――――――――――				500
	3,041.95				

かくして4年間の純現金収入の現在価値合計が，ちょうど投資額に等しくなる。したがってB案の $IRR = 20\%$ である。

資本コスト率が 10% であるから，A案は不採用，B案は採用すべきである。なお順位からすれば，B案とC案はともに IRR が 20% であるので，3案のうちの第1位を占め，A案が第3位となる。

3. 収益性指数法

収益性指数法 (profitability index method; PI) とは，次の式で収益性指数を計算する。

$$収益性指数 = \frac{投資によって生ずる純現金収入を資本コスト率で割り引いて計算した現在価値合計}{投資に必要な現金支出額を資本コスト率で割り引いて計算した現在価値合計}$$

そして計算した収益性指数が1より大であれば，その投資案は有利であるから採用し，1より小であれば，その投資案は不利であるから棄却するという方法である。

次に資本コスト率を 10% とし，C案の収益性指数を計算してみよう。

$$C案の収益性指数 = \frac{1,000 \times 3.1699}{2,588.7} \fallingdotseq 1.22$$

したがって1より大であるから，有利な投資案である。

[例題 15—10]

同様にしてA案とB案の PI を計算し，採否を判定しなさい。

[解 答]

$$\text{A案の収益性指数} = \frac{2,546.62}{3,200} \fallingdotseq 0.7958$$

$$\text{B案の収益性指数} = \frac{3,654.70}{3,041.95} \fallingdotseq 1.20$$

したがって収益性指数が1より小さいA案は不採用，1より大きなB案は採用となる。なお順位をつければ，3案のうちC案が第1位，B案が第2位，A案が第3位となる。

4. 正味現在価値法，内部利益率法，収益性指数法の比較

設備投資の意思決定モデルとしては，どのモデルがもっとも良い方法であろうか。

(1) 独立投資案の採否を決定する場合

各投資案が相互に独立した投資であり，そのキャッシュ・フローが，最初に投資し，その後に投資の純現金収入が続くという通常のパターン（conventional cash flow）の場合に，その投資案の採否をきめる意思決定（accept or reject decision）に使用するのであれば，どの方法を使用してもよい。なぜならば NPV が正となる投資案なら，その IRR は資本コスト率よりも大きく，その PI は1以上となるから，方法によって結論が変わらないからである。

(2) 相互排他的投資案を選択する場合

どの方法を採用すべきかが問題となるのは，相互排他的投資案を選択する場合である。われわれの計算例で，第1順位が，採用する方法によって異なっていたことを思い出してほしい。相互排他的投資では，ある案を採用すれば，他は棄却することになるので，採用する方法によって順位が逆転してしまっては，どの案が本当に有利かがわからなくなってしまうからである。

結論からいえば，相互排他的投資案を選択する場合には，正味現在価値法がもっともすぐれている。投資案の優劣を比較するさい，正味現在価値法は利益金額を判定基準として使用するのにたいし，内部利益率法や収益性指数法は利益率を使用する。わが国の企業経営者が最重要視するのは利益金額であり，正

第 15 章 資本予算——総説，意思決定モデルおよびキャッシュ・フローの予測

味現在価値の大なる投資案を採用すれば，利益金額が大となる。**設備投資予算に制約がある場合，相互排他的投資案を含む投資案の最有利な組合せを決定するために，**IRR**の大きい順に投資案を選択しても，利益金額はかならずしも最大となるとはかぎらないからである。**次にこの点を，計算例によって確認しておこう。

(a) 投資規模の異なる相互排他的投資案の比較

［例題 15―11］

いま次期の設備投資予算が 7,000 万円であり，下記の投資案のうちBとB′とは相互排他的投資であって，資本コストは 8% であるとする。この場合，どの投資案を組み合わせれば，最大の利益がえられるであろうか。

投資案	投資額*	年平均 CIF*	n 年	IRR	PI	NPV*
A	3,000	1,159	4	20%	1.28	839
B	1,000	372	4	18	1.23	232
B′	4,000	1,401	4	15	1.16	640
C	3,000	926	4	9	1.02	67

なお CIF はキャッシュ・インフロー，n は耐用年数である。また * のついた項目の単位は万円である。

［解　答］

設備投資予算は 7,000 万円であるので，IRR（または PI）の高い順に投資案を組み合わせた案を甲案，相互排他的投資案について NPV の多い案を組み入れた案を乙案とする。

（甲　案）

投資案	投資額	年平均 CIF	n 年	IRR	PI	NPV
A	3,000	1,159	4	20%	1.28	839
B	1,000	372	4	18	1.23	232
C	3,000	926	4	9	1.02	67
合　計	7,000	2,457				1,138

(乙　案)

投資案	投資額	年平均 CIF	n 年	IRR	PI	NPV
A	3,000	1,159	4	20%	1.28	839
B′	4,000	1,401	4	15	1.16	640
合　計	7,000	2,560				1,479

甲，乙両案を比較してみれば，同じ投資総額でも，乙のほうの NPV が341万円も大きいので，乙のほうが有利である。その理由を検討してみよう。甲，乙両案に同じA案が含まれているので，A案を除いて両案の違いを比較してみれば，次のようになる。

乙案	甲案	乙案－甲案	投資額の差	NPV の差
B′	B + C	B′ － B	4,000 － 1,000 ＝ 3,000	640 － 232 ＝ 408
		－ C	3,000 － 3,000 ＝ 0	408 － 67 ＝ 341

BとB′とは，投資規模の異なる相互排他的投資である。もしB′の代わりにBを採用すると，投資資金が3,000万円節約される。そこでBとB′のどちらを採用すべきかは，結局，この差額投資額が，B′とBとの NPV の差408万円を上回る NPV を獲得できる有利な投資先があるか否かにかかってくる。この例では，Cが差額投資の対象であり，Cへ投資すれば67万円の NPV しかえられないので，B′に投資する乙案のほうが341万円だけ NPV が大となる。このように投資規模の異なる相互排他的投資案を比較するときは，差額投資から生ずる NPV を比較し選択すべきである。

(b)　耐用年数の異なる相互排他的投資案の比較

[例題 15-12]

下記の相互排他的投資案のうち，どちらが有利かを判定しなさい。資本コストは 10% とする。

投資案	T_0	T_1	T_2	T_3	(単位：千万円)
A	(10)	6	6		
B	(10)	4	4	4.75	

[解 答]

耐用年数の異なる相互排他的投資案を比較する場合には，投資の除却の時点で，反復投資（つまり同じ投資案に再投資）をするのか，あるいは別の異なる投資案に投資する予定なのかによって，比較方法を代えなければならない。

① 反復投資をする場合

1) 両案の最小公倍数の期間まで反復投資をすると仮定し，その期間の NPV を比較する方法

A案は2年，B案は3年なので，その最小公倍数は6年である。そこで，A案は3回，B案は2回再投資すると仮定し，両案の NPV を計算する。

投資案	T_0	T_1	T_2	T_3	T_4	T_5	T_6
A	(10)	6	6				
			(10)	6	6		
					(10)	6	6
B	(10)	4	4	4.75			
				(10)	4	4	4.75

$$NPV_A = (4.3553) \times 6 - 10 - 0.8264 \times 10 - 0.6830 \times 10$$
$$= 1.0378$$

$$NPV_B = (4.3553) \times 4 + 0.7513 \times 0.75 + 0.5645 \times 0.75 - 10$$
$$- 0.7513 \times 10 = 0.89505$$

上の計算の結果，A案のほうが有利と判定される。

2) 両案とも無限の反復投資を仮定し，その NPV を比較する方法

n 年間の耐用年数をもつ投資案Xの NPV を $NPV_X(n)$，この投資案の無限反復投資の NPV を $NPV_X(n, \infty)$，資本コストを c とすれば，

$$NPV_X(n, \infty) = NPV_X(n)\left[1 + \frac{1}{(1+c)^n} + \frac{1}{(1+c)^{2n}} + \cdots\cdots\right]$$

上式の［ ］のなかは，初項が1，公比が $1/(1+c)^n$ の無限等比級数の和であるから，その公式を利用して，

$$NPV_X(n, \infty) = NPV_X(n)\left[\frac{(1+c)^n}{(1+c)^n - 1}\right]$$

となる。そこでこの式を使って、両案の無限反復投資の NPV を計算すれば、次のようになる。

$$NPV_A(2, \infty) = \frac{(1.7355 \times 6 - 10)(1 + 0.1)^2}{(1 + 0.1)^2 - 1} \fallingdotseq 2.38$$

$$NPV_B(3, \infty) = \frac{(1.7355 \times 4 + 0.7513 \times 4.75 - 10)(1 + 0.1)^3}{(1 + 0.1)^3 - 1}$$

$$\fallingdotseq 2.05$$

この計算の結果も、A案のほうが有利と判定される。

3) 各案の NPV に資本回収係数を掛けて、年価に直す方法

NPV を年価に直すということは、下記の式から明らかなように、無限反復投資の NPV に、資本コストを掛けた値にほかならないので、計算は省略する。

$$NPV_X(n) \left[\frac{c(1 + c)^n}{(1 + c)^n - 1} \right] = c \cdot NPV_X(n, \infty)$$

② 除却時に別の投資案に投資する場合

仮に景気が回復しつつあり、1年度末、2年度末の予想再投資率が、それぞれ 14%、16% であると見込まれたとする。この場合には、耐用年数の長いB案の期間、すなわち3年度末まで、投資によって生ずる年々のキャッシュ・インフローを再投資し、その終価 (TV) を計算し、それを資本コストで割り引いて NPV を比較する。

A案のキャッシュ・インフローの終価 (TV_A) の計算を図示すれば次のようになる。

T_0	T_1	T_2	T_3
	6 ――――――→		6(1.14)(1.16)
		6 ――――→	6(1.16)
		終価合計	14.8944

$$TV_A = 6(1.14)(1.16) + 6(1.16) = 14.8944$$

$$TV_B = 4(1.14)(1.16) + 4(1.16) + 4.75 = 14.6796$$

次いで終価を NPV に直して比較する。

$NPV_A = 14.8944/(1 + 0.1)^3 - 10 \fallingdotseq 1.19$

$NPV_B = 14.6796/(1 + 0.1)^3 - 10 \fallingdotseq 1.03$

結果は，A案が有利と判定される。

(3) 資本配分を決定する場合

設備投資予算の制約のもとで，最適の投資案の組合せを決定する場合には，次のように意思決定モデルを使い分けるのがよい。すなわち多くの投資案のうち，そのなかに含まれる相互排他的投資案については正味現在価値法を使用して決定し，その結果，考慮すべき投資案は，すべて独立投資案にしておいて，それらの最適な組合せを決定するさいには，内部利益率法を使用するのである。この問題については，後述する。

5. その他の意思決定モデル

上記以外に，時間価値を考慮しない意思決定モデルが，実務上使用されている。

(1) 単純回収期間法 (time-unadjusted cash payback method)

これは，下記の式で投資の回収期間を計算し，回収期間の短い投資案を有利とする方法である。

$$投資の回収期間 = \frac{投資額}{投資から生ずる年間平均予想増分現金流入額}$$

たとえばB案 (p. 761) の回収期間を計算すれば次のようになる。

B案の回収期間 $= 3,041.95 \div [(1,000 + 2,000 + 1,000 + 500) \div 4]$
$\fallingdotseq 2.7 (年)$

単純回収期間法は，時間価値を考慮しないために，投資の意思決定モデルとしては不完全な方法であるが，投資案の安全性を判断する意味で，重要である。

(2) 単純投下資本利益率法 (time-unadjusted rate of return method)

これは，次に示す式で単純投下資本利益率を計算し，その大なる投資案を有利とする方法である。

$$単純投下資本利益率 = \frac{(増分現金流入額合計 - 投資額) \div 予想貢献年数}{投資額} \times 100$$

たとえば，B案（p. 761）の単純投下資本利益率を計算すれば次のようになる。

B案の単純投下資本利益率
$$= [(1,000 + 2,000 + 1,000 + 500 - 3,041.95) \div 4]$$
$$\div 3,041.95 \times 100 \fallingdotseq 12.0\%$$

第3節　設備投資に伴うキャッシュ・フローの予測

1. 予想増分キャッシュ・フロー

この章の初めにおいて，設備投資の意思決定モデルにインプットするデータとしては，ある投資案を採用する場合に発生すると予想される現金収支と，その案を採用しない場合に発生すると予想される現金収支との差額，すなわち予想増分キャッシュ・フローが適切なデータである，と説明した。つまりここで重要なポイントは，(1)設備投資によって将来発生する，(2)増分の，(3)キャッシュ・フローという点である。たとえば，新製品の製造・販売投資プロジェクトを検討中であるとする。この場合，この投資によって t 期に発生するキャッシュ・フローを CF_t とすれば，

$CF_t = $ ［投資を実施した場合の，この企業の CF_t］ － ［投資を実施しなかった場合の，この企業の CF_t］

である。投資を実施した場合を1，実施しなかった場合を0の添字をつけて区別すると，上の式は，

$$CF_t = CF_{1t} - CF_{0t} \quad \cdots\cdots\cdots\cdots\cdots\cdots\cdots\cdots\cdots\cdots\cdots\cdots\cdots\cdots ①$$

と表わすことができる。

2. 増分キャッシュ・フローと会計上の純利益

したがって増分キャッシュ・フローのデータは，発生主義会計における収益

や費用のデータとは明確に区別されねばならない。この点を説明するために，さらに次のように記号を定める。

S_t：この投資による t 期の製品売上収入

C_t：t 期の製造・販売に要する原材料費，労務費などの現金支出費用

D_t：t 期の減価償却費（非現金支出費用）

TR：法人税率

さて会計上の純利益の計算においては，減価償却費は期間費用として売上収入から差し引かれるが，キャッシュ・フロー計算上は，減価償却費は非現金支出費用なので，売上収入から差し引くべきではない。そこで会計上の純利益から，その期間のキャッシュ・フローを計算するには，すでに差し引いた減価償却費を加え戻さねばならない。他方，法人税は現金支出を伴うので，キャッシュ・フロー計算に含めねばならない。つまり，

CF_t ＝［会計上の純利益］－法人税＋減価償却費

　　　＝［会計上の純利益］－［会計上の純利益］×法人税率
　　　　＋減価償却費

　　　＝［会計上の純利益］（1 －法人税率）＋減価償却費

であるから，次の式がえられる。

$$CF_t = (S_t - C_t - D_t)(1 - TR) + (D_t)$$
$$= (S_t - C_t)(1 - TR) + TR \cdot D_t \quad \cdots\cdots\cdots\cdots ②$$

したがって理論的には，①と②とを組み合わせて次のように計算しなければならない。

$$CF_t = [(S_{1t} - S_{0t}) - (C_{1t} - C_{0t})](1 - TR) + TR \cdot (D_{1t} - D_{0t}) \quad \cdots\cdots ③$$

しかしながらもし新しい投資案が，その企業の既存のキャッシュ・フローに影響を及ぼさないとすれば，上記③式を簡略化したかたちとしての②式を使用することができる。したがって，

CF_t ＝（売上収入 － 現金支出費用）（1 － 法人税率）＋ 法人税率
　　　×減価償却費

という②式を使用することが多いので，この式に慣れておく必要がある。な

お，法人税率 × 減価償却費 の部分を，タックス・シールド (tax shield) という。課税利益の計算上，減価償却費の損金算入が認められているために，認められない場合と比較して，それだけ税金として現金の流出が防げるという意味である。

3. 予測の基本的前提条件の確認

設備投資に伴うキャッシュ・フローを予測するには，まず予測の基本的前提条件を確認し，それらを一覧表にしておくことが大切である。設備投資の意思決定で，重大な過ちをおかすのは，これらの基本的前提条件を正しく予想できなかったためであることが多い。また投資後，計画と実績とが大幅に離れた場合，これらの前提条件を明確にしておかないと，前提条件が変化したのか，業務活動の仕方が悪かったのかなど，差異の生じた原因を追求することができず，事態に弾力的に対処できない。次にその主なものを例示する。

(1) 世界経済，日本経済の動向，国民所得の伸び率
(2) 業界の趨勢，自社の市場占拠率の推移
(3) 一般物価水準の動向，インフレーションの伸び率
(4) 製品価格の推移，製品販売量の伸び率
(5) 主要原材料価格，燃料価格の動向，賃金水準の変化
(6) 設備稼働率，作業能率の推移
(7) 設備投資用の資金調達方針など

4. 投資実施段階別キャッシュ・フローの予測

設備投資に伴うキャッシュ・フローの予測は，かなり複雑であるので，重要な項目を洩れなく予測するために，設備投資のプロセスを，段階を追って，各項目ごとに見積もるのが賢明である。

(1) 投資額 (investment outflow) の見積

最初の投資額としては，

① 固定資産の取得原価（アウトフロー）

② 固定資産の引取費，据付費（アウトフロー）
③ その投資によって不要となる固定資産の処分価額（インフロー）
④ ③によって生ずる固定資産売却損（または益）の法人税にたいする影響（損のときはインフロー，益のときはアウトフロー）

などが主な項目である。設備の取得原価や据付費を予測するのは，比較的容易であろう。ただし投資案によっては，すでに取得済の土地を利用する場合がありうる。この場合の土地の評価額は，過去に支払った取得原価ではない。過去原価は，投資の意思決定に関係がないからである。それでは，すでに保有している土地なので，将来，現金を支払う必要がないから，その評価額はゼロでよいかといえば，そうではない。この土地を売却すれば，手数料や税金を差し引いてえられるはずの純手取額だけ，将来のキャッシュ・インフローを失うことになり，それだけ機会原価（opportunity cost）がかかっている。したがってこの機会原価は，投資の意思決定計算に計上しなければならない。

次に投資額の見積で見落としがちなのは，その投資によって生ずる運転資本の増加分にたいする投資額の見積である。たとえば新製品の製造・販売にかんする投資を行なえば，原材料，仕掛品，製品などの棚卸資産や，売掛金，受取手形が増加するであろう。他方，買掛金や支払手形も増加する。したがって流動資産の増加分から流動負債の増加分を差し引いた，流動資産の純増加分にたいする追加投資額を，業務活動を開始するさいの投資額に計上しなければならない。この運転資本の増加分にたいする投資額は，年々の売上高が等しければ，投資の最初の段階で必要となるのみで，その投資の終了時にキャッシュ・インフローとして回収される。しかし年々の売上高が変動する場合には，運転資本にたいする投資額も変動するので，その変動分は，次に述べる(2)の段階でも計上しなければならない。

(2) 年々のキャッシュ・フロー（periodic cash flow）の見積

投資によって生ずる年々のキャッシュ・インフローとアウトフローを見積もるさいには，すでに述べたように，製造原価や販売費は，現金支出費用と非現金支出費用（減価償却費）とに分けておき，売上高から総原価を差し引いて営

業利益を計算し、さらに法人税を差し引いて、税引後の純利益を算出し、最後に減価償却費を加え戻してキャッシュ・フローに修正するのがよい。

この場合注意を要するのは、その投資によって発生する既存のキャッシュ・フローにたいする影響である。たとえば新製品の販売計画において、新製品を販売することによって既存の製品の売上が落ちると予想されるときは、新製品の予想売上高から既存製品の予想売上減少額を差し引かねばならない。

また支払利息を現金支出費用として差し引くべきか否かが問題となる。一般的にいえば、投資の意思決定（investment decision）と資金調達の意思決定（financing decision）とは、区別されねばならない。ある投資案のキャッシュ・フローを見積もるさいに、支払利息を現金支出費用に計上するということは、その投資に要する資金を、負債によって調達することを前提とすることになる。そこで通常の意思決定計算では、ある投資案が有利か否かを、会社全体の加重平均資本コスト（その企業の長期的財務方針にもとづく自己資本と他人資本との最適な割合から計算した加重平均資本コストで、これについては後述する）を使用して判断し、次いで有利とわかれば、その資金調達の方法を検討することになる。したがって資金調達の方法を考えるまえに、ある投資案が採用に値するか否かを判断する場合には、支払利息を現金支出費用に計上してはならない。

さらに問題となるのは、その設備の耐用年数である。もしその設備の経済的耐用年数と税法上の耐用年数とが異なる場合には、キャッシュ・フローの見積には経済的耐用年数を採用し、タックス・シールド部分の減価償却費は、税法上の耐用年数で計算することになる。

(3) 投資終了時の見積

投資の終了時点では、固定資産の売却処分価額を見積もって、これをキャッシュ・インフローに計上する。もし設備の経済的耐用年数と税法上の耐用年数とが異なる場合、あるいは設備の耐用年数の途中で、その設備を売却処分する場合には、その設備の処分価格と帳簿価格とが異なる場合がありうる。もし処分価格のほうが帳簿価格より大であれば、固定資産売却益が発生し、その益に法人税率を乗じた額だけ、法人税としてキャッシュ・アウトフローを計上しな

ければならない。もちろんその逆に，固定資産売却損が発生する場合には，固定資産売却損に法人税率を乗じた額だけ，キャッシュ・インフロー（マイナスの法人税）を計上することになる。

その他，運転資本の回収額を計上するのを忘れてはならない。

5. 新規大規模投資におけるキャッシュ・フローの予測

次に例題によって，新規大規模投資における実施段階別に，どのような項目のキャッシュ・フローの見積が必要となるか，を理解してみよう。

[例題 15-13]

当社は，新製品Xの製造・販売プロジェクトを検討中である。下記の条件にもとづき，このプロジェクトの収益性および安全性を判定し，問題点を指摘しなさい。ただし収益性については，IRR および NPV を，安全性については，累積的現在価値による回収期間を計算しなさい。また資本コストは税引後で 12% とする。

[計算条件]

1. 投資額の見積（単位：百万円）

	19X0	19X1
固 定 資 産		
(1) 土　　　　地	600	—
(2) 建　　　　物	—	1,400*
(3) 設　　　　備	—	2,000*
(4) 固定資産合計	600	3,400
運 転 資 本		
(5) 売　掛　金	—	792
(6) 棚　卸　資　産	—	396
(7) 差引：買掛金	—	(528)
(8) 正味運転資本**	—	660
総投資額（＝(4)＋(8)）	600	4,060

* 建物および設備は，19X1年末までには，それぞれ建設または据え付けが完了し，その年末にその代金が支払われる。
** 正味運転資本は，19X2年の売上高の10%と見積もられた。これは，売掛金への投資が12%，棚卸資産へ6%，買掛金分が(8%)の合計である。操業は，19X2年から開始されるが，正味運転資本は，操業を可能にするための投資として，19X1年末の投資額に計上してある。

2. 年次損益とキャッシュ・フローの見積

	19X2	19X3	19X4	19X5	19X6
販売量(台)	5,500	6,500	7,000	6,000	5,000
販売単価(万円)	120	115	115	110	100
売上高(百万円)	6,600	7,475	8,050	6,600	5,000
変動費 (注a)	3,960	4,485	4,830	3,960	3,000
現金支出固定費	350	350	350	350	350
建物減価償却費 (注b)	126	126	126	126	126
設備減価償却費 (注c)	738	466	294	185	117
営業利益	1,426	2,048	2,450	1,979	1,407
法人税等 (注d)	570	819	980	792	563
税引後純利益	856	1,229	1,470	1,187	844
加算：減価償却費 (注e)	864	592	420	311	243
キャッシュ・フロー (注f)	1,720	1,821	1,890	1,498	1,087
正味運転資本追加投資額 (注g)	(88)	(58)	145	160	—
キャッシュ・フロー合計	1,632	1,763	2,035	1,658	1,087

(注a) 変動費は，売上高の60%と見積もられた。
(注b) 建物は，耐用年数10年，残存価額140百万円，減価償却は定額法，19X6年末の見積売却価格は，その年末の簿価に等しいとする。
　　　建物減価償却費 = (1,400百万円 − 140百万円) ÷ 10年
　　　　　　　　　　= 126百万円/年
　　　19X6年末の見積売却価額 = 1,400百万円 − 126百万円/年 × 5年 = 770百万円
(注c) 設備は，耐用年数5年，残存価額200百万円，減価償却は定率法による。定率法による各年の減価償却費(単位：百万円)は，次のとおりである。
　　　定率 = $1 - \sqrt[5]{0.1} = 1 - 0.631 = 0.369$
　　　19X2年の減価償却費 = 2,000 × 0.369 = 738

19X3年の減価償却費 = $(2,000 - 738) \times 0.369 = 466$
19X4年の減価償却費 = $(2,000 - 738 - 466) \times 0.369 = 294$
19X5年の減価償却費 = $(2,000 - 738 - 466 - 294) \times 0.369 = 185$
19X6年の減価償却費 = $(2,000 - 738 - 466 - 294 - 185) \times 0.369 = 117$

(注 d) 法人税等の税率は，40% とする。
(注 e) この減価償却費とは，建物および設備の減価償却費の合計である。
(注 f) このキャッシュ・フローは，(売上収入－現金支出費用)(1－法人税率)＋法人税率×減価償却費　によって計算できる。たとえば19X2年の場合の 1,720百万円は，$(6,600 - 3,960 - 350)(1 - 0.4) + 0.4 \times (126 + 738)$ で計算される。
(注 g) これは，翌年の売上増加額の 10% である。たとえば19X2年の場合は，88百万円 $[=(7,475百万円 - 6,600百万円) \times 10\%]$ のキャッシュ・アウトフローとなる。また 19X6 年のプロジェクト終了時点では，次に述べるように正味運転資本の累積投資額が回収される。

3. 投資終了時の見積 (単位：百万円)

	土　地	建　物	設　備	正味運転資本	合　計
見積売却額*	660	770	200	－	－
帳簿価額	600	770	200	－	－
固定資産売却損益	60	0	0	－	－
法人税	24	0	0	－	－
正味回収額	636	770	200	501**	2,107

* 土地，建物などを見積売却額で評価するのは，かならずしも売却を予定するとはかぎらない。その利用価値として，機会原価で評価する場合があるからである。なお土地は，10%値上がりすると予想されたとする。

** 正味運転資本の累積投資額は，501百万円（＝ 660 + 88 + 58 - 145 - 160）であって，19X6 年末に回収される。

[解　答]

(1) 正味キャッシュ・フロー (単位：百万円)

計算条件から正味キャッシュ・フローは，次のようになる。

19X0	19X1	19X2	19X3	19X4	19X5	19X6
(600)	(4,060)	1,632	1,763	2,035	1,658	3,194*

* $3,194 = 1,087 + 2,107$

(2) IRR の計算

① IRR の予想値

$4,660 \div \{(1,632 + 1,763 + 2,035 + 1,658 + 3,194) \div 6\} = 2.7193$

　　　…→$n = 6$ のとき，$r = 28\%$

したがって $r=28\%$ から試行錯誤で開始する。

図 15―1

② 補間法による IRR の計算

r	28%	29%
PV^*	31.5243	(53.4271)

$x:1 = 31.5243 : 84.9514$

$$x = \frac{31.5243}{84.9514} = 0.37108\cdots$$

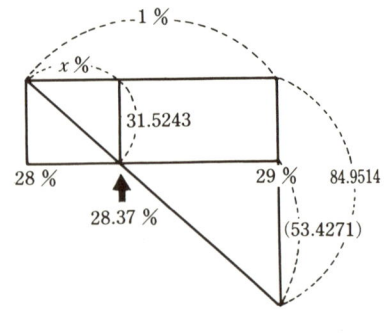

$\quad \fallingdotseq 0.37\%$

$IRR \fallingdotseq 28.37\%$

* n	CF	$r=28\%$ 現価係数	$r=28\%$ PV	$r=29\%$ 現価係数	$r=29\%$ PV
0	(600)	1.0000	(600.0000)	1.0000	(600.0000)
1	(4,060)	0.7813	(3,172.0780)	0.7752	(3,147.3120)
2	1,632	0.6104	996.1728	0.6009	980.6688
3	1,763	0.4768	840.5984	0.4658	821.2054
4	2,035	0.3725	758.0375	0.3611	734.8385
5	1,658	0.2910	482.4780	0.2799	464.0742
6	3,194	0.2274	726.3156	0.2170	693.0980
		合計	31.5243	合計	(53.4271)

⑶ NPV の 計 算

n	12 % の 現価係数	CF	PV	累積的 PV
0	1.0000	(600)	(600.0000)	(600.0000)
1	0.8929	(4,060)	(3,625.1740)	(4,225.1740)
2	0.7972	1,632	1,301.0304	(2,924.1436)
3	0.7118	1,763	1,254.9034	(1,669.2402)
4	0.6355	2,035	1,293.2425	(375.9977)
5	0.5674	1,658	940.7492	564.7515 ←PV による回収期間
6	0.5066	3,194	1,618.0804	2,182.8319

$NPV = 2,182.8319 > 0$

⑷ 累積的現在価値図表

投資額を，年々の増分現金流入額の現在価値で回収する状況は，次ページの累積的現在価値図表によって示される。この図は，上記 NPV の計算における累積的 PV の値をグラフにしたものである。

図 15—2

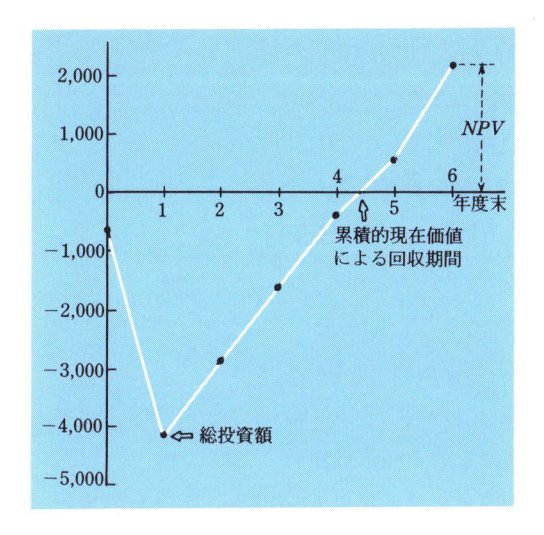

グラフ内ラベル: NPV、累積的現在価値による回収期間、総投資額、年度末

(5) 結　　論

　この投資案は，資本コストが 12％ であるのにたいし，IRR が約 28.37％，NPV が約 2,183百万円である。したがってきわめて有利な投資である。ただし全体が 6 年間の投資期間であるのにたいし，累積的現在価値による回収期間が，投資開始後 5 年目である点は，危険な投資であるといえよう。したがって収益性の点ではよいが，安全性の点で問題があり，投資案を再検討し，投資額の節減，新工場建設期間の短縮，新製品の垂直立ち上がりなどの方策を検討し，回収期間が 3～4 年になるような工夫が必要であると思われる。

6. 取替投資のキャッシュ・フロー予測と意思決定

　取替投資のキャッシュ・フローを予測する場合は，現有設備のキャッシュ・フローの予測に注意を要する。この点を例題で説明しよう。

［例題 15—14］

　当社は，現有設備を，いっそう能率のよい新設備に取り替えるべきか否かをめぐって，次の A 案と B 案を検討中である。正味現在価値法を使用し，どちらの案が有利かを計算しなさい。

(1) A案──新設備を購入する案
   ① 取得原価……3,000万円
   ② 耐用年数……5年
   ③ 5年後の残存価額……150万円
   ④ 年間の新設備稼働費現金支出額……3,300万円
(2) B案──現有設備をそのまま使用する案
   ① 取得原価……6,000万円
   ② 耐用年数……12年
   ③ 12年後の残存価額……300万円
   ④ 現有設備は，取得後7年経過し，耐用年数の残りは5年である。
   ⑤ 現在時点における売却価額……1,200万円
   ⑥ 年間の現有設備稼働費現金支出額……4,000万円
   ⑦ 現有設備を新設備に取り替えれば，現有設備の簿価と売却時価との差額だけ，特別損失が生ずるが，この特別損失の法人税に及ぼす影響は，第1年度中に発生するものの，年度末よりも年度初めに近いので，第1年度期首（T_0）に計上する。
(3) 共通の条件
   ① 両設備とも，必要となる正味運転資本は少額なので無視する。
   ② 資本コストは税引後で10％とする。
   ③ 法人税率は40％とする。なお当企業は黒字企業である。
   ④ 減価償却は定額法による。
   ⑤ 計算上生ずる端数は，万円未満を四捨五入しなさい。

[解 答]

A，B両案につき，増分現金支出額の正味現在価値をそれぞれ計算し，少ないほうの案を有利と考えればよい。

1. A案の正味現在価値計算表

項　目	T_0	T_1	T_2	T_3	T_4	T_5
① 取得原価	(3,000)					
② 税引後設備稼働費現金支出額 $(1-0.4)(-3,300)$ $+0.4 \times 570$*		(1,752)	(1,752)	(1,752)	(1,752)	(1,752)
③ 残存価額						150
④ 上記②と③の現在価値						
$3.7908 \times (-1,752)$	(6,641)					
0.6209×150	93					
⑤ 正味現在価値合計	(9,548)					

$* \ 570 = (3,000 - 150) \div 5$

2. B案の正味現在価値計算表

項　目	T_0	T_1	T_2	T_3	T_4	T_5
① 税引後設備稼働費現金支出額 $(1-0.4)(-4,000)$ $+0.4 \times 475$		(2,210)	(2,210)	(2,210)	(2,210)	(2,210)
② 残存価額						300
③ 上記①と②の現在価値						
$3.7908 \times (-2,210)$	(8,378)					
0.6209×300	186					
④ 現有設備を売却しないために発生する機会原価（現有設備の売却時価）	(1,200)					
⑤ 現有設備を売却しないために逸するタックス・シールド（節税額） 帳簿価額　2,675 売却時価　1,200 特別損失　1,475 タックス・シールド $0.4 \times (1,475)$	(590)					
⑥ 正味現在価値合計	(9,982)					

[説　明]

⑴　現有設備の年々の減価償却費は，(6,000万円 − 300万円) ÷ 12年 = 475万円である。

(2) 現有設備の減価償却累計額合計は，475万円×7年＝3,325万円であり，現有設備の簿価は，6,000万円－3,325万円＝2,675万円である。

(3) B案は現有設備をそのまま使用する案であるから，現有設備を売却しないために，売却すればえられたであろう売却時価分の機会原価が発生する。

(4) さらに現有設備を売却すれば，簿価と時価との差額だけ特別損失が発生し，この特別損失は，課税利益の計算上損金に算入できる。当企業は，黒字企業であるから，特別損失の損金算入は，全社的利益にたいし，法人税をそれだけマイナスする効果を生む。したがってB案は，現有設備を売却しないために，タックス・シールドを逸するわけであって，その機会原価も計上しなければならない。

3. 結　　論

A案 － B案 ＝（－9,548万円）－（－9,982万円）＝434万円

したがって増分現金支出額が434万円少ないA案のほうが有利であり，現有設備は新設備に取り替えるべきである。

[解説]

A案は，新設備を購入する案であって，新設備に取り替える案ではない点に注意すべきである。新設備に取り替える案は，（A－B）案である。もちろん最初から（A－B）を計算してもよい。具体的には，前述した両案の各項目の差額を，それぞれ計算することになる。たとえば新設備に取り替えると，税引後設備稼働費現金支出額は，（－1,752万円）－（－2,210万円）＝458万円のキャッシュ・インフロー（現金支出節約額であるから，利益にプラスの影響をもたらす）を計上することになる。計算を誤らぬかぎり，結果は同じになる。しかし最初から（A－B）を計算すると，計算を間違えたり，項目を洩らす恐れがある。それよりもこの解答で示したように，新設備を購入するA案を計算し，それと現有設備をそのまま使用するB案とを比較して，取り替えるべきか否かを判断するほうが，計算が簡単で誤る可能性が少ないと思われる。

7. 設備投資と損益分岐点の生産・販売量

[例題 15－15]

当事業部では，製品Zを含む数種の製品を製造・販売しており，Zの販売価格は1個当たり2万円である。来年度からZの製造を自動化するために，Z専用の自動設備購入を計画している。その候補として，P社製とQ社製の設備が考えられ，以下のデータを入手した。

(1) 自動設備の投資額と耐用年数に関するデータ

	P社製設備	Q社製設備
① 取得原価	6,000万円	4,100万円
② 耐用年数	3年	2年

なお耐用年数は，年間の製造・販売量とは無関係であり，経済的耐用年数と法定耐用年数とは等しいとする。また計算を簡略にするため，設備の残存価額は無視（ゼロと）する。

(2) Zの製造・販売に関する年間の原価データ（単位：万円）

	P社製設備の場合		Q社製設備の場合	
	Z1個当たり	年間固定費	Z1個当たり	年間固定費
製造直接費	0.4	—	0.5	—
製造間接費				
補助材料費	0.3	1,800	0.4	1,500
間接工賃金	0.2	600	0.1	650
設備減価償却費	—	2,000	—	2,050
その他	0.1	100	0.2	50
販売費・管理費	0.2	500	0.2	500
合　計	1.2	5,000	1.4	4,750

上記自動設備の減価償却費以外の原価（Z1個当たり変動費および年間固定費）は，すべて現金支出原価である。

(3) その他の条件

① 自動設備の減価償却は，定額法による。
② 両設備とも，耐用年数経過後は再投資される見込みが多い。
③ 法人税率は40％で，税引き後の資本コストは10％である。

[問1]

いま仮に，Q社製の設備を考慮外とし，P社製の自動設備を採用した場合，3年間にわたり，製品Zを年々同量ずつ製造・販売するものとして，毎年何個

以上の製品を製造・販売すれば，この投資の採算がとれるか。換言すれば，法人税の影響を考慮しつつ，この自動設備の投資額と資本コストを，年間の利益によって全額回収する損益分岐点の年間販売量を求めよ。

[問 2]

P社製とQ社製の自動設備を比較して，年間の製品製造量が何個以上であれば，どちらの設備のほうが，原価が低く有利であろうか。

[解　答]

[問 1]

(1) P社製の設備を採用した場合の，年間の現金支出差額原価は，次のとおりである。

	単位当たり変動費	年間固定費 (単位：万円)
製造直接費	0.4	—
製造間接費		
補助材料費	0.3	1,800
間接工賃金	0.2	600
その他	0.1	100
販売費・管理費	0.2	500
合　計	1.2	3,000

(2) 年間の製品製造・販売量を X 個とすれば，P社製設備の年間の税引後純現金流入額 (net cash inflow after tax; NCI_P) は，次のように計算される。

$$NCI_P = (1 - 0.4)(2.0\,X - 1.2\,X - 3{,}000) + (2{,}000 \times 0.4)$$
$$= 0.48\,X - 1{,}000$$

(3) 上記純現金流入額の3年分の現在価値から投資額を引いて，この投資の正味現在価値 (net present value; NPV_P) を計算すれば，

$$NPV_P = (0.48\,X - 1{,}000)\,a_{\overline{0.1}|3} - 6{,}000$$
$$= 1.193712\,X - 8{,}486.9$$

となる。なお $a_{\overline{0.1}|3}$ の記号は，$r = 10\%$，$n = 3$ 年の年金現価係数を意味する。そこで損益分岐点の販売量 X_{BE} は，次のように計算される。

$$X_{BE} = 8,486.9 \div 1.193712 = 7,109.6\cdots = 7,110 \text{ (個)}$$

[問 2]

両設備を比較する場合，販売価格および販売費・管理費は，どちらを選択しても変化しないので，分析から除外する。また両設備の耐用年数が異なり，しかも再投資される見込みなので，両設備の耐用年数の最小公倍数である 6 年間について，製造原価中の現金支出差額原価の現在価値合計を比較すればよい。

(1) $NCI_P = (1 - 0.4)(-1.0\,X - 2,500) + (2,000 \times 0.4)$
     $= -0.6\,X - 700$

(2) $NPV_P = (-0.6\,X - 700)a_{\overline{0.1}|6} - 6,000 - 6,000 \times 0.7513$
     $= -2.61318\,X - 13,556.51$

(3) $NCI_Q = (1 - 0.4)(-1.2\,X - 2,200) + (2,050 \times 0.4)$
     $= -0.72\,X - 500$

(4) $NPV_Q = (-0.72\,X - 500)a_{\overline{0.1}|6} - 4,100 - 4,100 \times 0.8264 - 4,100 \times 0.6830$
     $= -3.135816\,X - 12,466.19$

(5) 以上の計算により，P 設備の原価は，変動費率は低いが年間固定費が高く，Q 設備の原価は逆に，変動費率は高いが年間固定費が低いことがわかる。そこで両設備の原価の差がプラスとなる X を求める。

  Q 社製設備の原価 − P 社製設備の原価
  $= (3.135816\,X + 12,466.19) - (2.61318\,X + 13,556.51) > 0$
  $X > 2,086.19\cdots\cdots$

したがって求める答えは，年間生産量が $X \geq 2,087$ 個であれば，P 社製設備のほうが有利となる。

8. リースか購入かの意思決定

[例題 15−16]

(1) 当社は，取得原価 8,000 万円，法定耐用年数 5 年の設備を導入することにきめ，この設備をリースによるか，あるいは資金を銀行から借りて，

これを購入するか，を検討中である。なお法定耐用年数と経済的耐用年数とは等しいものとする。

(2) リースの場合は，年間のリース料はメンテナンスなど諸費用一切こみで 2,220 万円であり，第1年度末から第5年度末まで，同額ずつ各年度末に支払う。第5年度末に，この設備はリース会社に返却する。

(3) 購入の場合は，第1年度の初めに，8,000万円を銀行から借り入れ，その金で設備を購入する。元金は各年度末に，1,600万円ずつ5回の均等払いで返済し，利子は，各年度初めの元金未返済額について，14%の利子を各年度末に支払う。減価償却は定率法による。第5年度末における設備の予想処分価額は，取得原価の10%である。

(4) この投資案は平均的リスクをもち，リースによるとも購入によるとも，この投資案のリスクに影響はない。法人税等の課税率は45%であり，当社の資本コストは，税引後で18%である。

(5) 定率法による減価償却費の計算においては，$\sqrt[5]{0.1} = 0.631$ として計算する。

(6) 計算上生ずる端数は，万円未満を四捨五入すること。

［問1］

リース会社のセールスマンは，もしリースを利用すれば，法人税等を考慮外とすると，ほぼ12%の資金コストでこの設備を利用できるのにたいし，購入資金を銀行から借りれば，14%の支払利子率で借りなければならないので，リースのほうが有利であるという。セールスマンのいう12%は，どのように計算したものか，計算の根拠を示しなさい。

［問2］

この設備を，リースによるか，あるいは資金を銀行から借りて購入すべきかを，正味現在価値法によって判断しなさい。ただしリースと借入・購入の，それぞれの現在価値を計算する場合には，法人税の影響を考慮に入れて計算すること。

[解 答]
[問 1]

年間 2,220万円のリース料を5年間支払えば,取得原価 8,000 万円 の 設備を利用できるので,リース料を年金と考えれば,

　　2,220万円 × 年金現価係数 = 8,000万円

となる。したがって,

　　8,000万円 ÷ 2,220万円 ≒ 3.6036

をえる。年金現価係数表で,$n = 5$,年金現価係数 = 3.6036 となる r を求めれば,ほぼ $r = 12\%$ と判明する。

[問 2]

(1) リースの場合の正味現在価値の計算

リースの場合,税引後 の 現金流出額は 2,220万円 × (1 − 0.45) = 1,221万円である。したがって各年度末の現金流出額は,次のとおり。

T_0	T_1	T_2	T_3	T_4	T_5
—	(1,221)	(1,221)	(1,221)	(1,221)	(1,221)

これらの現在価値（PV）は次のように計算される。

　　$PV =$ (1,221万円) × 3.1272 ≒ (3,818万円)

(2) 借入・購入の場合の正味現在価値の計算

借入・購入の場合は,次のようになる。

	T_0	T_1	T_2	T_3	T_4	T_5
1. 原始投資額						
銀行借入金	8,000					
取得原価	(8,000)					
2. 減価償却による節税額 (注 a)		1,328	838	529	334	211
3. 銀行ローン返済						
元金返済		(1,600)	(1,600)	(1,600)	(1,600)	(1,600)
税引後利子 (注 b)		(616)	(493)	(370)	(246)	(123)
4. 設備除却処分額						800
合　計	(0)	(888)	(1,255)	(1,441)	(1,512)	(712)
現価係数(18%)	1.000	0.8475	0.7182	0.6086	0.5158	0.4371
現在価値	—	(753)	(901)	(877)	(780)	(311)
正味現在価値	(3,622)					

(3) 以上の計算の結果

　　　リース支出の現在価値 ＞ 借入・購入支出の正味現在価値
　　　　　(3,818万円)　　　　　　　　(3,622万円)

となるので，借入・購入のほうが有利である。

　(注 a) 減価償却費とタックス・シールドの計算
　　　　定率法で減価償却費を計算すれば，次のようになる。
　　　　　定率 $= 1 - \sqrt[5]{0.1} = 0.369$
　　　　　第1年度の減価償却費 $=$ 8,000万円 $\times 0.369 =$ 2,952万円
　　　　　第2年度の減価償却費 $=$ (8,000万円 $-$ 2,952万円) $\times 0.369 \fallingdotseq$ 1,863万円
　　　　　第3年度の減価償却費 $=$ (8,000万円 $-$ 2,952万円 $-$ 1,863万円) $\times 0.369$
　　　　　　　　　　　　　　　$\fallingdotseq$ 1,175万円
　　　　　第4年度の減価償却費 $=$ (8,000万円 $-$ 2,952万円 $-$ 1,863万円 $-$ 1,175万円) $\times 0.369 \fallingdotseq$ 742万円
　　　　　第5年度の減価償却費 $=$ (8,000万円 $-$ 2,952万円 $-$ 1,863万円 $-$ 1,175万円 $-$ 742万円) $\times 0.369 \fallingdotseq$ 468万円
　　　　次に減価償却によるタックス・シールド，すなわち節税額（＝減価償却費 × 税率）を求める。

年度	減価償却費	税率	節税額
1	2,952万円	0.45	1,328万円
2	1,863	0.45	838
3	1,175	0.45	529
4	742	0.45	334
5	468	0.45	211
小計	7,200万円		

	除却額	800		
	合　計	8,000万円		

(注 b)　税引後利子 [= 支払利子 × (1 − 0.45)] の計算

年度	期首未返済額	利子(14%)	税引後利子
1	8,000万円	1,120万円	616万円
2	6,400	896	493
3	4,800	672	370
4	3,200	448	246
5	1,600	224	123
		3,360万円	1,848万円

9. 設備投資とインフレーション

(1) インフレーションの投資利益率に及ぼす影響

これまでの説明では，インフレーションの問題を扱わなかった。しかしこの問題は，設備投資に重大な影響を与える。インフレーションとは，貨幣の一般購買力の下落を意味する。たとえば年初に 100 万円の資金をもつ投資家が，この資金を年利 4% で銀行に預金したとする。1 年後の元利合計は，104万円になるが，もし年間のインフレ率が 5% であると，年末の 104万円を年初の金に直せば，

$$\frac{104万円}{1.05} = 99.04\cdots 万円 \fallingdotseq 99万円$$

に相当するので，利益どころか 1 万円の損失になってしまう。もちろん投資家は，インフレーションの影響をよく承知しており，このような場合には，インフレ率を資本コストのなかに含めた目標投資利益率を設定する。

(2) 名目利率と実質利率

後述するように資本コストは，次のような構成になっている。

資本コストの名目利率 (nominal rate of interest) { 1. 実質利率 (real rate of interest) { 1—1 安全証券（たとえば長期国債）の利子率 / 1—2 リスク・プレミアム } / 2. インフレ率 (rate of inflation) }

そこでいま実質利率を K_r，インフレ率を i，名目利率を K_n とすれば，実質

利率と名目利率とは，次の関係にある。

$$1 + K_n = (1 + K_r)(1 + i) \quad \cdots\cdots\cdots\cdots\cdots\cdots\cdots\cdots\cdots\cdots ①$$

そこで名目利率によって，①式を整理すれば，

$$K_n = (1 + K_r)(1 + i) - 1$$
$$= 1 + K_r + i + K_r \times i - 1$$
$$= K_r + i + K_r \times i \quad \cdots\cdots\cdots\cdots\cdots\cdots\cdots\cdots\cdots\cdots ②$$

となる。②の式は，実質利率から名目利率を計算する式である。前述の投資家が，実質利率 4%，インフレ率 5% のとき，実質利率を確保したければ，

$$K_n = 0.04 + 0.05 + 0.04 \times 0.05 = 0.092 = 9.2\%$$

の名目利率をもつ投資先に投資しなければならなかったわけである。そのことは，次の式から明らかであろう。

$$\frac{100万円(1.092)}{1.05} = \frac{109.2万円}{1.05} = 104万円$$

他方，名目利率から実質利率を計算するには，①式を変形して次の式によればよい。

$$K_r = \frac{(1 + K_n)}{(1 + i)} - 1 \quad \cdots\cdots\cdots\cdots\cdots\cdots\cdots\cdots\cdots\cdots ③$$

(3) インフレーションの下でのキャッシュ・フローの予測と資本コスト

もしインフレがなければ，実質利率 K_r = 名目利率 K_n である。その場合には，もちろん t 期の予想実質キャッシュ・フロー（これを RCF_t とする）と t 期の予想名目キャッシュ・フロー（これを NCF_t とする）とは等しい。その場合キャッシュ・フロー全体の現在価値は，次のような関係になる。

$$PV = \sum_{t=0}^{n} \frac{RCF_t}{(1 + K_r)^t} = \sum_{t=0}^{n} \frac{NCF_t}{(1 + K_n)^t} \quad \cdots\cdots\cdots\cdots\cdots\cdots ④$$

さて，製品の販売価格や原価がすべて同じインフレ率 $i\%$ ($i > 0$) で上昇し，またあらゆる投資家が，市場の資本コストに同じインフレ率 $i\%$ をおり込んでいるとすれば，i 期の名目キャッシュ・フローは次の式で求められる。

$$NCF_t = RCF_t(1 + i)^t \quad \cdots\cdots\cdots\cdots\cdots\cdots\cdots\cdots\cdots\cdots ⑤$$

たとえば，1個 100円で売られている商品が，インフレ率 5% の場合には，

年々次のように値上がりしていくことを考えれば，明らかであろう。

| T_0 | T_1 | T_2 | T_3 |
| 100 | 105 | $(105)^2$ | $(105)^3$ |

そこで⑤を④の右辺の分子に，①を④の右辺の分母に代入すれば，インフレ時の PV を，次の式で計算することができる。

$$PV = \sum_{t=0}^{n} \frac{RCF_t(1+i)^t}{(1+K_r)^t(1+i)^t} \quad \cdots\cdots\cdots\cdots\cdots\cdots\cdots\cdots\cdots ⑥$$

⑥式の意味するところは重要である。つまりインフレーションの下では，設備投資によって年々生ずるキャッシュ・フローを割り引くさいには，2つの方法がある。第1の方法は，年々のキャッシュ・フローに $(1+i)^t$ を掛けて名目金額に修正し（⑥の分子），その名目金額を，名目資本コスト率で割り引く方法である。第2の方法は，⑥式の分子，分母から $(1+i)^t$ を相殺して，キャッシュ・フローの実質金額を，実質資本コスト率で割り引く方法である。どちらの方法も，同じ結果に到達するが，第1の方法のほうがわかりやすく，しかも設備投資後流入する金額は，名目金額で会計帳簿に記録されるため，計画値と実績値とを突き合わせることができる長所をもっている。そこで次に，第1の方法を，計算例によって説明しよう。

⑷ インフレ下の設備投資計算例題

[例題 15—17]

製品Aの生産に必要なB社製の設備がある。この設備を購入するのが有利か否かを，下記のデータを利用し，正味現在価値法によって判定しなさい。

⑴ 設備取得原価……3,000万円

⑵ 耐用年数……5年

⑶ 5年後の残存価額……300万円

⑷ インフレのない場合の年間平均予想増分キャッシュ・フロー
　年間現金売上収入…販売単価1万円 × 販売量 4,000個 = 4,000万円
　年間現金支出費用………………………………………………2,000万円

⑸ 減価償却は定額法による。したがって年間減価償却費 =（3,000万円 −

300万円) ÷ 5年 = 540万円である。
(6) 法人税率は，40% とする。
(7) 当社の実質資本コスト率は 20% であり，年間の予想インフレ率（販売価格，原価および資本コスト率のすべてに，同様に影響する）は，5% である。

[解　答]
1. インフレのない場合の税引後の純キャッシュ・インフロー

　　税引後の純キャッシュ・インフロー
　　= (1 − 0.4)(4,000万円 − 2,000万円) + 540万円 × 0.4
　　= 1,200万円 + 216万円

ここで注意を要するのは，1,200万円のほうはインフレの影響を受けるのにたいし，216万円のタックス・シールドは，インフレの影響を受けないことである。

2. 名目資本コスト率の計算

　　$K_n = 0.2 + 0.05 + 0.2 \times 0.05 = 0.26$

3. 純オペレィティング・キャッシュ・インフロー等の名目金額への修正

次に年々流入する 1,200万円をインフレ率で名目金額へ修正する。
なお設備除却時の処分価額の収入も名目金額へ修正しておく。

(a) 年末	(b) CF	(c) 累積インフレ率	(d) = (b)(c) 名目金額	(e) 26%の現価率	(f) = (d)(e) 名目金額の現在価値
0	—	—	—	—	—
1	1,200	1.05	1,260	0.7937	1,000
2	1,200	$(1.05)^2$	1,323	0.6299	833
3	1,200	$(1.05)^3$	1,389	0.4999	694
4	1,200	$(1.05)^4$	1,459	0.3968	579
5	1,200	$(1.05)^5$	1,532	0.3149	482
	300	$(1.05)^5$	383	0.3149	121
				合　計	3,709

4. タックス・シールドの現在価値

216万円のタックス・シールドが，5年間にわたって流入する。これを，26％の名目資本コスト率で割り引き，その現在価値を計算する。

216万円 × 2.6351 ≒ 569万円

5. 正味現在価値の計算

① 純オペレイティング・キャッシュ・インフローおよび除却時の処分価額の現在価値 …………………3,709万円
② タックス・シールドの現在価値 …………………… 569

　　　　　　　　　　　　　　　　　　合計……4,278万円
③ 設備取得原価 …………………………………………3,000

　　　　　　　　　　　差引：正味現在価値……1,278万円

上記計算の結果，この設備は有利と判定される。

[解説] 上記計算を式で表わせば，次のようになる。

$$NPV = \left\{ \sum_{t=1}^{5} \frac{1,200(1+0.05)^t}{(1+0.2)^t(1+0.05)^t} + \frac{300(1+0.05)^5}{(1+0.2)^5(1+0.05)^5} \right.$$
$$\left. + \sum_{t=1}^{5} \frac{216}{(1+0.2)^t(1+0.05)^t} \right\} - 3,000$$
$$= \left\{ \sum_{t=1}^{5} \frac{1,200(1+0.05)^t}{(1.26)^t} + \frac{300(1+0.05)^5}{(1.26)^5} \right.$$
$$\left. + \sum_{t=1}^{5} \frac{216}{(1.26)^t} \right\} - 3,000$$
$$\approx 1,278(万円)$$

この方法は，名目キャッシュ・フローを名目資本コスト率で割り引く方法であるから，上の式で示したように，純オペレイティング・キャッシュ・フローの1,200万円と，除却時の処分価額300万円は，インフレ率5％を使用して，名目金額に修正し，それを名目資本コスト率26％で割り引くのである。ただし，タックス・シールドの216万円は，インフレの影響を受けないので，そのまま名目資本コスト率で割り引くことになる。

これにたいし第2の方法は，実質キャッシュ・フローを実質資本コスト率で割り引くので，次の式による。

$$NPV = \left\{ \sum_{t=1}^{5} \frac{1,200(1+0.05)^t}{(1+0.2)^t(1+0.05)^t} + \frac{300(1+0.05)^5}{(1+0.2)^5(1+0.05)^5} \right.$$
$$\left. + \sum_{t=1}^{5} \frac{216}{(1+0.2)^t(1+0.05)^t} \right\} - 3,000$$
$$= \left\{ \sum_{t=1}^{5} \frac{1,200}{(1+0.2)^t} + \frac{300}{(1+0.2)^5} \right.$$
$$\left. + \sum_{t=1}^{5} \frac{216/(1+0.05)^t}{(1+0.2)^t} \right\} - 3,000$$

もちろん結果は一致する。注意すべきは，分子と分母の首尾一貫性を保つことであって，た

とえば名目キャッシュ・フローを実質資本コスト率で割り引いてはならない。
　最後に，インフレ率について一言しておきたい。これまでの説明では，インフレ率は，販売価格，原価および資本コスト率のすべてに，同率で影響を及ぼすことを仮定してきたが，原材料の値上がり率，人件費の値上がり率など，異なることがありうる。そのような場合には，個別的にインフレ率を見積もり，キャッシュ・フローや資本コスト率を予測しなければならない。

[練習問題 15—1]　ある省力化機械に 3,000 万円投資すると，年々人件費が，各年度末に 600 万円ずつ節約される。法人税の影響を考慮外とすると，機械の経済的耐用年数が何年以上ならば，この機械に投資する価値があるか。ただし資本の利率は 10% とする。

　[解　説]　年々の人件費節約額を年金と考え，この年金の現在価値合計が投資額を上回る年数を求めればよい。

[練習問題 15—2]　次の投資案の IRR を求めよ（単位：万円）。

T_0	T_1	T_2	T_3	T_4	T_5
(5,000)	1,000	2,500	3,000	1,000	500

[練習問題 15—3]　OK 製作所は，製造工程の手作業部分を自動化すべきか否かを検討中であり，次の資料を入手した。
　(1)　自動機械　取得原価 1,000 万円，耐用年数 5 年，5 年後の残存価額 100 万円，減価償却は定額法，なお経済的耐用年数と法定耐用年数とは等しいものとする。
　(2)　上記自動機械を導入すると，直接工 2 人が不要となり，その人員は他の作業に転用できるので，その年間賃金節約総額は 450 万円にも及ぶと思われる。しかし手作業の場合と比較すると，自動化すれば，新たに機械の年間運転コスト（機械油，切削油，電力料，修繕費など）が余分にかかり，その年間現金支出額は 140 万円と見積もられた。
　(3)　この投資案は平均的リスクの投資案で，この分析においては，直接工賃金，その他の費用の年々の値上がりの可能性はないものとする。
　(4)　当社の加重平均資本コストは 10% であり，法人税等の税率は 40% であって，当社は順調に収益をあげている。
　(5)　$r = 10\%$，$n = 5$ の年金現価係数は 3.7908 および $r = 10\%$，$n = 5$ の現価係数は 0.6209 である。
　以上の資料にもとづき，正味現在価値法によって自動化すべきか，あるいは手作業のままのほうが有利か，を判断しなさい。

第16章　資本予算——資本コストと資本配分

第1節　資本コストの意義と種類

1. 資本コストとは何か

　資本コスト (cost of capital) とは、設備投資に必要な資金のコストのことをいう。前章で述べたように、設備投資を行なう以上、その投資は資本コストを上回る利益をもたらす投資でなければならないから、資本コスト率は、その投資案が最低限獲得すべき必要投下資本利益率 (required rate of return) の意味をもち、各投資案が跳び越さねばならないハードル・レイト (hurdle rate) にほかならず、不利な投資案を棄却するための切捨率 (cut-off rate) の役割を果たす。したがって投資案の採否を決定するさいに、もし正味現在価値法を採用するのであれば、資本コスト率は、年々の予想キャッシュ・フローの割引率として使用され、また内部利益率法を採用するのであれば、その投資案の内部利益率が資本コスト率を上回るか否かの判定に使用される。

2. 資本コストの構成要素と影響要因

　前章で述べたように、資本コストは、(a)安全証券の利子率、(b)リスク・プレミアム、および(c)インフレ率から構成される。これらの構成要素と、構成要素に影響を及ぼす主たる要因との関係を考察しておこう。

(1) 一般的経済状態、戦争、災害など

　一般的経済状態が好況か不況か、あるいは戦争、災害などの要因が、市場全体の資金の需要と供給に影響を及ぼし、そのことが、安全証券（たとえば国債）の利子率に影響を及ぼすのみならず、特定企業の株式のリスク・プレミアムの水準を増減させる。他方これらの要因は、インフレーションを通じて、実質資本コスト率全体に影響を与える。

(2) 企業業種の特性

企業の業種によって，個別企業の投資利益率が大幅に変動する業種もあれば，安定している業種もある。そこでその企業の将来にたいする投資家の予想から，特定証券の市場性が影響を受ける。たとえば売ろうと思ってもなかなか売れない場合，あるいは証券価格がたえず変動する場合は，その証券に対しては，投資家は高い投資利益率を要求する。逆に，容易に売ることができ，しかも証券の価格が安定している場合には，低い投資利益率で投資家は満足する。このように，特定証券の市場性が，その企業の資本コストのリスク・プレミアムを増減させる。

(3) 企業経営者の経営および財務上の意思決定

事業の特性によるリスクと密接に関連して，経営者の意思決定が重要な影響要因となる。たとえば企業経営者が積極的に未知の危険な分野へ進出する決定をすれば，その結果は非常に儲かるかもしれないし，あるいは大幅な赤字になるかもしれない。したがってその場合，投資家が予想する経営資本営業利益率は大幅に変動する。そのことは，その企業のビジネス・リスク (business risk) を増加させる。また総資本に占める負債と優先株の割合を多くすれば，好況のときは自己資本経常利益率は高くなるが，不況のときは自己資本経常利益率が激減し（いわゆる「てこ」の作用），そのために財務リスク (financial risk) が増加する。ビジネス・リスクと財務リスクの増減が，リスク・プレミアムを大きく変動させる要因である。

(4) その企業の資本需要の規模

設備投資に必要な資金需要の規模も，リスク・プレミアムを変動させる要因である。資金需要が大きければ，証券の発行費が大きくなり，さらに資金の提供者はリスクを考慮して，高い投資利益率でなければ，巨額の資金を提供しないからである。

上述した資本コストに影響を与える主たる要因と，資本コストの構成要素との関係を図示すれば，次のようになる。

図 16—1

```
[影響要因]                    [資本コストの構成要素]    [資本コスト]
(1) 一般的経済状態，戦争，災害など
                              ┌─────────────┐
                              │インフレ率(2%)│──────┐
                              └─────────────┘       │
    市場全体の資金            ┌─────────────┐       │  ┌──────────┐
    需要の増減 ──────────────→│安全証券の    │       ├─→│名目資本   │
                              │利子率(5%)*   │──┐    │  │コスト率   │*
                              └─────────────┘  ↓    │  │(14.24%)  │
(2) 企業業種の特性                              ┌──────────┐  └──────────┘
       ↓                                       │実質資本   │
    特定証券の ──────────────────────────────→ │コスト率   │*
    市場性                                      │(12%)     │
                                                └──────────┘
(3) 企業経営者の経営および    ┌─────────────┐       ↑
    財務上の意思決定 ────────→│リスク・      │       │
        ├─ビジネス・リスク──→│プレミアム    │───────┘
        └─財務リスク ────────→│(7%)*         │
                              └─────────────┘
(4) その企業の資金需要の規模 ─┘
```

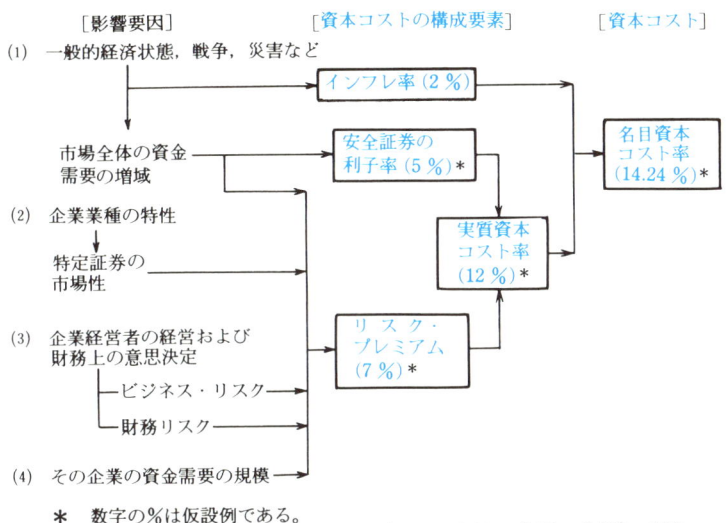

　　＊　数字の％は仮設例である。
　　　　また名目資本コスト率 14.24 % は，$(0.12 + 0.02 + 0.12 \times 0.02) \times 100$
　　　　によって計算した。

3. 資本コストの種類

(1) 調達資本コストと運用資本コスト

　資本コストは，種々の観点から分類される。まず，資本コストも原価の一種であるから，原価計算的に考えれば，原価の一般概念にしたがって，支出原価としての資本コストと機会原価としての資本コストに分類される。たとえば社債発行によって，投資に必要な資金を調達すれば，社債購入者に利子を将来支払わねばならない。その場合，将来支払う社債利子率が，支出原価としての資本コストであり，投資に必要な資金の調達資本コストである。これにたいし投資に必要な資金を内部留保利益によって賄う場合は，すでに資金を保有しているので，調達資本コストは不要である。この場合は，その資金を特定の投資案に投下するために，棄却される他の投資案のなかのもっとも有利な投資案からえられたはずの投資利益率が，資本コストとしてかかっている。この資本コストは，機会原価としての資本コストであり，資金の運用資本コストである。

(2) プロジェクト別資本コストと全社的資本コスト

次に資本コストは，プロジェクト別資本コスト（cost of capital for a specific project）と全社的資本コスト（company cost of capital）に分けられる。投資案には，危険なプロジェクトもあれば安全なプロジェクトもあろう。投資の意思決定では，意思決定者は危険愛好者ではなく，危険回避者であると仮定するのが一般的である。その場合は，危険な投資プロジェクトであればあるほど，その必要投下資本利益率は高くなければならない。したがって理論的には，投資の意思決定においては，投資プロジェクトのリスクに応じて，異なる投資コスト，すなわちプロジェクト別資本コストを使用しなければならないことになる。

他方，会社全体の資本は，さまざまな調達源泉から集められる。そこでそれらの調達源泉別資本コストの加重平均資本コスト（weighted average cost of capital；WACC）を，全社的資本コストという。実際の意思決定においては，プロジェクト別資本コストや特定の調達源泉（たとえば負債）の資本コストを使用せずに，全社的資本コストを使用するのが一般的である。そこで次に，全社的加重平均資本コストがなぜ通常使用されるのか，その理由を考えてみよう。

(3) 加重平均資本コストの論理

① 消極的理由――困難なプロジェクト別資本コストの測定

実際問題として，投資案ごとにそのリスクを測定するのは，至難の業である。したがって実務上は，投資の意思決定において，その投資案のリスクは，会社の保有する諸資産のリスクにほぼ等しいと仮定し，あるいはその投資案を採用しても，会社全体としての事業のリスクに重大な変化は生じないと仮定して，全社的資本コストを採用するのである。

② 積極的理由――最適資本構成の存在

実務上，ある投資案のキャッシュ・フローを，特定の資金調達源泉の資本コスト率（たとえば負債の利子率）で割り引いている例が見受けられる。しかしこの方法は誤りである。たとえばある企業において，社債の資本コスト率が8％，普通株の資本コスト率が12％であるとする。さらに本年度の設備投資で，予想投下資本利益率9％の投資案Aの採否を決定する場合，社債の利子

率8％を使用してA案の採用を決定したとしよう。社債の利子率を割引率として使用することは，その投資に必要な資金を社債発行によって賄うことを意味する。そうすると，この投資案の採用によって，負債による資金調達の枠を，いくらか使ってしまうことになる。同様に他の投資案も，社債の利子率でその採否を決定すると，やがては，負債による資金調達の限度に到達してしまう。資金調達を負債のみに依存すると，破産の危険が増加し，資本構成上，不健全になるので，いつかは自己資本によって投資の資金調達をせざるをえなくなる。その段階で，仮に，予想投下資本利益率11％の投資案Bの採否を普通株の資本コスト率12％で判断すると，A案よりも有利なB案を棄却する羽目になってしまい，まことに不合理な意思決定になる。

　上の例から明らかなように，設備投資の意思決定とその資金調達の意思決定とは，整合性を保たねばならない。設備投資が長期的見地からなされる以上，その資金調達も，長期的見地から調達した資金のプールのなかから取り出して，設備投資に使用すべきである。

　このことは，自己資本と他人資本との最適な構成割合が存在するという考え方にもとづくものといえよう。一般的にいえば，自己資本コストよりも，負債の資本コストのほうが低い。その理由は，自己資本とは違って，負債はビジネス・リスクを負担しないからである。そこで負債の利用を多くし，総資本中に占める負債の割合を多くすれば，全社的な加重平均資本コストは減少する。しかも支払利子は，税法上損金に算入できるので，法人税がそれだけ少なくなり，その結果，自己資本経常利益率は増加し，1株当たりの純利益が増加し，株価も上昇する。

　それでは資本全部を負債にすればよいかといえば，そうではない。負債の利用を増やすと，支払利子が増加し，資金繰りに困り，有利な投資機会を逃し，ビジネス・リスクが増加する。さらに負債の増加は，破産の危険につながるので，財務リスクも増加し，そのために貸手は高い支払利子率を要求するようになる。かくして，負債の利用がある限度を超えると，1株当たりの純利益の増加は鈍化し，加重平均資本コストは減少から増加に転じ，株価も下落する。そ

こで自己資本と他人資本との最適な構成割合が存在するはずであり，たとえその最適構成率を特定の％として正確に決定できないとしても，ある一定の幅として見積もることはできると考えるのである。

第 2 節　調達源泉別資本コストと加重平均資本コストの測定法

1. 負債の資本コスト

いま Kd：税引前新負債の支払利子率
　TR：法人税率
　　k_d：負債の資本コスト率

とすれば，

$$k_d = Kd(1 - TR)$$

で計算される。意思決定が問題であるから，以前に借りた支払利子率ではなく，これから新たに借りる負債（限界負債）の支払利子率を使用すべきである。

2. 留保利益の資本コスト

ここで留保利益と称するのは，過去から現在にいたるまでに内部留保された利益の総額のことではなく，当期の利益で，配当されずに内部留保された利益のことである。減価償却によって内部保留された資金もまた，重要な設備投資用の資金であるが，この資金は，上述した留保利益と同じ性質の資金であるので，減価償却による資金の資本コストは，留保利益の資本コストを適用すればよい。

さて，留保利益の資本コストの測定方法については，必ずしも見解の一致がみられていない。なぜならばこの資本コストは，すでに資金を保有しているために，機会原価としてその資本コストを測定せざるをえず，その測定は多少とも恣意的にならざるをえないからである。

アメリカの企業財務論では，この機会原価を通常，次のように説明する。すなわち経営者は，税引後の利益を配当として株主に支払ってもよければ，内部

留保して再投資してもよい。そこで利益を内部留保すれば，それには株主が配当として受け取り，それを同等のリスクをもつ証券に再投資すればえられたはずの投資利益率だけ，機会原価がかかっている。そしてその機会原価とは，その企業の普通株に最低限必要な予想投資利益率であるとする。なぜならば，もし経営者が少なくとも普通株に最低限必要な投資利益率で投資できなければ，株主に配当して，株主自身に投資させたほうがよいと考えられるからである。

それでは普通株に最低限必要な投資利益率を，どのように測定すべきか。これについては種々の方法が提案されているが，そのなかでも有力な方法は，配当割引モデル（discounted cash flow model; DCF 法）と資本資産評価モデル（capital asset pricing model；CAPM 法）である。ここでは，主としてこれら 2 方法について検討する．

(1) 配当割引モデルによる留保利益の資本コスト測定法

配当割引モデルでは，次のように説く．

D_0：最近の配当

D_1：1 年度末の配当

D_t：t 年度末の配当

P_0：現在の株価

g：配当の成長率 $[=(D_1-D_0)/D_0]$

$\widehat{K}_s$：普通株の予想投資利益率〔 $\widehat{}$（ハット）は予想値を示す〕

K_s：普通株に最低限必要な投資利益率

とすれば，現在の株価は，予想される将来の配当の現在価値に等しいので，次の式がなりたつ．

$$P_0 = \frac{D_1}{(1+\widehat{K}_s)^1} + \frac{D_2}{(1+\widehat{K}_s)^2} + \cdots\cdots + \frac{D_\infty}{(1+\widehat{K}_s)^\infty}$$

$$= \frac{D_0(1+g)^1}{(1+\widehat{K}_s)^1} + \frac{D_0(1+g)^2}{(1+\widehat{K}_s)^2} + \cdots\cdots + \frac{D_0(1+g)^\infty}{(1+\widehat{K}_s)^\infty}$$

$$= D_0\left[\frac{(1+g)^1}{(1+\widehat{K}_s)^1} + \frac{(1+g)^2}{(1+\widehat{K}_s)^2} + \cdots\cdots + \frac{(1+g)^\infty}{(1+\widehat{K}_s)^\infty}\right]$$

さて上式の［　　］内は，初項が $(1+g)/(1+\widehat{K}_s)$，公比が $(1+g)/(1+\widehat{K}_s)$

である無限等比級数の和であるから，その公式を利用して，

$$P_0 = D_0 \left[\frac{1+g}{1+\widehat{K}_s} \div \left(1 - \frac{1+g}{1+\widehat{K}_s}\right)\right]$$

となる。これをさらに整理すれば，

$$P_0 = \frac{D_0(1+g)}{\widehat{K}_s - g} = \frac{D_1}{\widehat{K}_s - g}$$

したがって，

$$\widehat{K}_s = \frac{D_1}{P_0} + g \quad (ただし \ \widehat{K}_s > g) \quad \cdots\cdots\cdots\cdots\cdots\cdots\cdots ①$$

の式がえられる。資本市場の均衡状態を考えると，$\widehat{K}_s = K_s$ となるので，上記①式が，留保利益の資本コスト率を求める式である。

またゼロ成長の株式の場合は，$g=0, D_0 = D_1 = \cdots\cdots = D_t = D$ となるので，①式は，次のようになる。(注1)

$$\widehat{K}_s = \frac{D}{P_0} \quad \cdots\cdots\cdots\cdots\cdots\cdots\cdots\cdots\cdots\cdots\cdots\cdots\cdots\cdots\cdots\cdots ②$$

DCF法による留保利益の資本コスト測定法は，自己資本の調達には将来の配当が必要なので，将来の配当を留保利益の機会原価としての資本コストと考え，それらのキャッシュ・フローの現在価値を求める方法にほかならない。設備投資の意思決定をDCF法（NPV法およびIRR法）によるのであれば，資本コストの測定法もDCF法によるのが理論的に首尾一貫するので，その意味で望ましい方法であるといえよう。

しかしながらこの方法は，従来のわが国の証券市場には不適当であった。その１つの理由は，企業間の株式の持合いである。わが国の企業では，個人株主

(注1) 優先株は，わが国ではあまり発行されないが，その資本コストは，②の式から次のように計算される。
　　　K_p：優先株の資本コスト率
　　　D_p：優先株にたいする配当金
　　　P_n：発行費を差し引いた純発行価額
　　とすれば，
　　　$$K_p = \frac{D_p}{P_n}$$

よりも法人株主が多かった。それは，資本の系列化や，取引を円滑にするためなど，種々の理由から相手企業の株を保有しているので，その株価が高くなっても，法人株主はその株を売らなかった。また法人株主が所有する以外の残りの株式を，機関投資家が豊富な資金で売買するので，日本の証券市場の株価は，異常に高かった。さらに第2の理由として，わが国では，低位安定配当政策をとる企業が多い。したがってDCF法で自己資本コスト率を計算してみると，異常に低く，実態を反映しない数値になってしまったのである。

しかし最近では，上で述べた日本の証券市場の特殊性が次第に解消されつつある。それは平成不況の進行，国際競争の激化，銀行の不良債権問題で銀行の地位が低下し，そのために企業の資金調達が間接調達から直接調達へ重点が移行し，株主重視の経営へ脱皮せざるをえなくなったためである。その結果，株式の持合いを解消し，株主を重視した配当政策を企業がとるようになってきた。そこでこれまでよりもDCF法による留保利益測定を可能にする基盤が整ってきたといえよう。

次にDCF法による計算例を1つあげておこう。いま手許にある「日経会社情報　季刊'97-Ⅱ春号」をみると，ソニーの1996年9月から97年2月までの株価の高値と安値が出ているので，この6か月間の平均株価は7,464.5円である。この会社の配当は，1994年から96年まで1株当たり50円であったが，97年3月期には55円の記念配当が予想され，98年3月期にも55円の配当が予想されたとすると，留保利益の資本コスト率の計算は次のようになる。

$$\hat{K}_s = \frac{55\text{円}}{7{,}464.5\text{円}} + \frac{55\text{円}-50\text{円}}{50\text{円}}$$
$$= 0.107368\cdots \to 10.74\%$$

すでに述べたように，この方法による計算結果は一つの参考値にすぎず，他の方法による計算結果と比較して留保利益の資本コスト率を判断すべきである。

(2) 資本資産評価モデルによる留保利益の資本コスト測定法

A. 資本資産評価モデル

資本資産評価モデルとは，ある株式の必要投下資本利益率を，安全証券の利子率（risk-free rate）に，その株式のリスク・プレミアムを上乗せして計算する方法のことである。

いま $E(\tilde{R}_i)$：株式 i の必要投下資本利益率

$\quad\quad\quad R_f$：安全証券の利子率

$\quad\quad E(\tilde{R}_m)$：均衡状態にある市場ポートフォリオの期待投資利益率

$\quad\quad\quad \beta_i$：i 証券のベータ係数

とすれば，CAPMは次の式で表わせる。

$$E(\tilde{R}_i) = R_f + [E(\tilde{R}_m) - R_f]\beta_i$$

上式において $[E(\tilde{R}_m) - R_f]$ は，その株式のリスクの価格を，β_i はその株式のリスクの量を意味し，それらを掛けてその株式のリスク・プレミアムを計算するのである。CAPMについては，章末に解説をつけておいたので参照されたい。

B. 実際ベータの測定と留保利益の資本コスト計算法

CAPMは予測モデルであるために，ベータの値を予測するのはむずかしい。しかしもし「将来は，過去と同じように推移する」と仮定できる状況にあれば，実際ベータの値を測定し利用することができる。いま仮に証券市場全体の株式の平均投資利益率（投資収益率ともいう）が，不況になったため10％減少したとしよう。これにたいしある株式の投資利益率は，20％も減少したとすると，その株式は普通の平均的株式に比べて2倍危険であるといえる。この例から明らかなように，ある株式のリスクは，その株式の投資利益率が証券市場全体の平均的投資利益率の変化にたいして，どのように変動するかによってリスクの量を測定できる。

次に計算例によって，実際ベータの測定方法を説明しよう。いま I 社の株式 i の投資利益率を R_i，証券市場（たとえば東京証券取引所）全体の平均的投資利益率を R_m とし，R_i と R_m の過去5年間の実績データが次のようであったと

表16-1

年	(1) $R_m(\%)$	(2) $R_i(\%)$	(3) R^2_m	(4) $R_m \cdot R_i$
1	21.0	19.6	441.00	411.6
2	2.1	12.4	4.41	26.04
3	12.0	8.3	144.00	99.6
4	23.0	26.2	529.00	602.6
5	29.4	17.5	864.36	514.5
合計	87.5	84.0	1,982.77	1,654.34
平均	17.5%	16.8%		

(注2)
する (表16-1)。

そこで R_m の変化にたいし R_i がどのように変化するかを予測するために，第9章原価予測の方法のなかで説明した単純回帰分析を行なって，その回帰線 ($R'_i = a + b R_m$) を求めてみよう。そのために表16-1の第3列の R^2_m と第4列の $R_m \cdot R_i$ の計算を行ない，それらの計算結果を正規方程式に入れれば，次のようになる。

$$\begin{cases} 84.0 = 5a + 87.5b \\ 1,654.34 = 87.5a + 1,982.77b \end{cases}$$

この連立方程式を解けば，約 $a = 9.62$，$b = 0.41$ がえられるので，求める回帰線は，

$R'_i = 9.62 + 0.41 R_m$

となる。実績データと回帰線との関係は，図16-2に示した。

さて，上で求めた回帰線の勾配 0.41 が，株式 i の実際ベータなのである。そこで CAPM によって，I社の留保利益の資本コストを計算してみよう。CAPM の式における安全証券としては，通常，国債が使用される。国債を採用するにしても，短期国債かあるいは長期国債かが問題となる。章末の解説で述べるように，CAPM は1期間モデルであるから，短期国債を使用すべきであるとする見解がある。しかしわれわれの使用目的が設備投資の意思決定に利

(注2) この計算例は仮設例であるが，実際の個別銘柄別投資利益率や市場投資利益率については，たとえば，年々発表される日本証券経済研究所「株式投資収益率」から入手できる。

図16-2

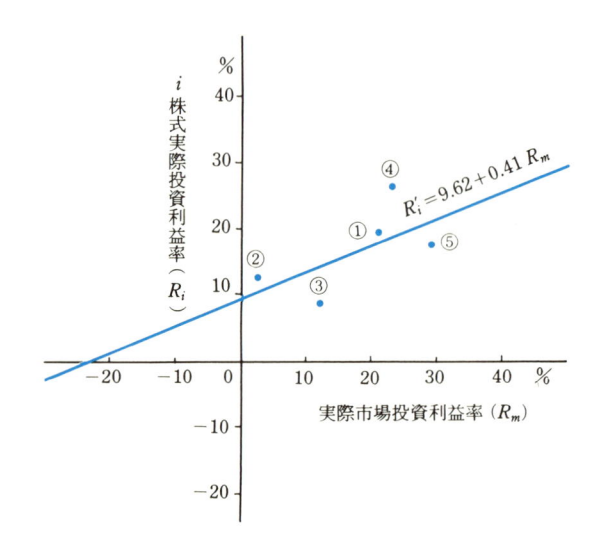

```
                    i
                   株  40 %
                   式
                   実  30                          ④
                   際
                   投  20                    ①        R'_i = 9.62 + 0.41 R_m
                   資         ②                    ⑤
                   利  10              ③
                   益
                   率
                  (R_i)
        -20  -10   0    10   20   30   40  %
                              実際市場投資利益率(R_m)
                     -10
                     -20
```

用する資本コストの計算にあり，長期投資を前提とするので，ここでは長期国債（10年，年利率5.6％）を採用することにしよう。さらに過去5年間の証券市場全体の平均投資利益率17.5％が，証券市場に上場されているすべての株式からなるポートフォリオ（市場ポートフォリオ）の均衡状態における投資利益率であるとすれば，I 社の留保利益の資本コストは，株式 i の必要投資利益率 R_i に等しく，それは次のように計算される。

$$R_i = 0.056 + (0.175 - 0.056) \times 0.41 = 0.10479 \fallingdotseq 10.5\%$$

なお上記計算例では，過去5年分の年間のデータからベータを計算した。これは計算方法を簡略に示すためであって，実際ベータを計算するには，過去5年間の月次市場投資利益率と i 株式の月次投資利益率のデータから計算するのが望ましい。したがってデータの数は，12か月×5年で60ずつとなる。東京証券取引所第1部上場企業の場合は，東証調査部「TOPIX（東証株価指数）データ集」のなかに，企業別のデータが発表されているので，それを利用すればよい。

筆者は，一橋大学　尾畑　裕教授の協力をえて，1991年1月から1995年12

月までの東京証券取引所上場企業1,252社の60か月分のデータから，各社のベータを計算してもらった。その結果を次に例示する。

会　社　名	ベ　ー　タ
トヨタ自動車	0.672310282
麒麟麦酒	0.836270376
ソニー	0.886898585
三菱電機	0.970495049

また同じ資料から，この期間における市場全体の平均投資利益率＝0.159333と計算された。他方，東洋経済統計年鑑により，この期間における長期国債（10年）の平均利子率＝0.047124であった。これらの資料を利用し，CAPMによって各社株式の投資利益率を計算してみると，トヨタ自動車の場合は次のようになる。

トヨタ自動車 $R_i = 0.047124 + (0.159333 - 0.047124)$
$$\times 0.672310282 = 0.12256\cdots \fallingdotseq 12.26\%$$

同様に計算して、麒麟麦酒　14.10％、ソニー　14.66％、三菱電機　15.60％をえた。

CAPMのモデルは，章末の解説に述べるように，多くの基本的仮定にもとづいている。したがってCAPMによって計算した留保利益の資本コストを，そのまま信頼するわけにはいかない。しかしながら大まかな見積方法としては，CAPMはきわめて有力な1方法であることは否定できない。

3．普通株発行による資金の資本コスト

(1) 配当割引モデルによる普通株発行の資本コスト

いま，K_e：普通株発行の資本コスト率
　　　　F：現在の株価に対する株式発行費の割合（％）

とすれば，

$$K_e = \frac{D_1}{P_0(1-F)} + g$$

によって計算される。しかし前述した理由から，これも CAPM による計算結果と比較して判断すべきである。

(2) CAPM による普通株発行の資本コスト

$$K_e = \frac{1 \text{株当たり普通株発行価額} \times CAPM \text{による必要投下資本利益率}}{1 \text{株当たり普通株発行費差引手取額}}$$

4. 加重平均資本コスト

調達源泉別の資本コストが判明すれば，加重平均資本コストを計算することができる。

w_d：総資本中に占める負債の割合
w_s：総資本中に占める留保利益の割合
w_e：総資本中に占める普通株の割合
K_a：加重平均資本コスト率

とすれば，

$$K_a = w_d K_d (1-TR) + w_s K_s + w_e K_e$$

である。したがってたとえば，総資本中に占める負債，留保利益および普通株の割合をそれぞれ，20％，10％，70％とし，各調達源泉別の資本コスト率をそれぞれ 8％，12％，14％，また法人税率を 40％ とすれば，加重平均資本コスト率は次のように計算される。

調達源泉	構成割合	資本コスト率	加重平均資本コスト率
負　　　債	20％	8％	0.96％*
留　保　利　益	10％	12％	1.20％
普　　通　　株	70％	14％	9.80％
合　　　計	100％		11.96％

*0.96％＝0.2×0.08×(1−0.4)×100

なお上述の式における w_d, w_s および w_e は，各調達源泉からえられる資金にたいするウエイトであるが，このウエイトのつけ方としては，(1)貸借対照表

に占める各種資金の簿価の割合とするか，(2)それらを市価で評価した割合とするか，(3)将来の財務計画にもとづく構成割合とするか，の3方法があり，理論的には，(3)の使用が望ましい。

第3節 資 本 配 分

1. 予算制約のある資本配分問題を解く簡便法

資本配分（capital rationing）の問題とは，設備投資予算などの制約条件下で，最大の投資利益がえられるような各種投資案の最適な組合せを決定する問題である。この問題においては，種々の制約条件を同時に考慮するとか，最適解を整数で求めるとか，あるいは1期間ではなく多期間の投資利益を最大にする解を求める必要上，理論的には数理計画法によるのがよい。[注3]

しかしながら実際問題として，精緻な数理計画法によっても，モデルに投入する予測データの質の関係で，必ずしも信頼しうる結果がえられるとはかぎらない。そこで実務上，予算制約のある資本配分問題を解くためには，次の簡便法によるのがよい。

(1) 多くの投資案がある場合，それらを相互排他的投資案と独立投資案に整理する。

(2) 相互排他的投資案については，正味現在価値法によって有利な案（正味現在価値の大なる案）をあらかじめ選択しておく。

(3) その結果，すべての投資案は独立投資案となる。そこでそれらの独立投資案について，内部利益率を計算する。次いで資本コストを上回る内部利益率をもつ投資案について，内部利益率の大なる投資案から設備投資予算の限度まで，順次採用する。

(4) 採用を決定した投資案の実施に必要な総投資額と設備投資予算額とが一

(注3) 数理計画法と多期間分析については，たとえば，
  Clark, J. J., T. J. Hindelang, and R. E. Pritchard, *Capital Budgeting: Planning and Control of Capital Expenditures* (Englewood Cliffs, N. J.：Prentice-Hall, 2nd ed., 1984) pp.286-382. を参照されたい。

致すればよいが，一致しない場合は，採用，不採用のボーダーライン上にある投資案を2，3入れ替えることによって，必要投資額と投資予算額の両者を近づけ，入替え部分のみにつき正味現在価値を計算し，その大なる入替え案を採用する。

2. 限界資本の加重平均資本コストと資本配分

最後に，資金調達源泉および資金調達額によって資本コスト率が変化する場合の資本配分問題を，計算例によって説明しよう。[注4]

[例題 16—1]

当社は，普通株6億円（1株当たりの市価500円×120万株），社債4億円（年利率8％），合計10億円の総資本の企業である。財務方針としては，負債構成率（総資本中に占める負債の割合）は40％を維持することにしている。当期の税引後の純利益は9,600万円であった。そこでその半分は内部留保し，残りの半分は配当金として支払うこととした。

(1) 投　資　案

さて来年以降の経営活動上，下記の投資案が提案されている。これらはすべて独立投資であり，同じ程度のリスクをもち，法人税率は40％である。

投資案	投資額	年平均キャッシュ・フロー	設備耐用年数	IRR
A	4,000万円	1,401万円	4年	15％
B	3,000	902	6	20
C	3,500	923	5	10
D	2,000	920	3	18
E	4,000	716	7	6
F	1,500	504	4	13

(注4) この計算例は，ブリガムの例を修正して作成したものである。
　　　Brigham, E.F., *Financial Management, Theory and Practice* (Hinsdale, Illinois：The Dryden Press, 3rd ed., 1982) pp.558-570.

(2) 投資の資金調達計画

① 投資資金としては、まず留保利益をあてる。留保利益の資本コスト率は、CAPMを利用し、過去の実績と将来の動向を勘案して、13.3％と見積もられた。

② 留保利益と組み合わせる他人資本を調達するには、社債を発行する。発行限度額は4,000万円で社債の年利率は8％である。社債発行限度額以上の資金調達は、長期借入金による。その年利率は12％である。

③ 財務方針を維持するために、留保利益以上必要となる自己資本を調達するためには、新株（普通株）を発行する。発行価額は1株500円で、発行価額にたいする新株発行費の割合は7.6％である。

以上の条件により、採用すべき投資案と、そのさいの最適投資額を決定しなさい。

[解 答]

(1) 第1段階の資本調達と加重平均資本コスト

留保利益の半額4,800万円（＝9,600万円÷2）が、最初の投資資金にあてられる。この留保利益にもとづく社債発行可能額は、（4,800万円÷0.6）－4,800万円＝3,200万円である。したがって第1段階の投資資金総額は、8,000万円で、そのうちの60％（4,800万円）が自己資本（留保利益）、残りの40％（3,200万円）が他人資本（社債）となる。したがって第1段階の加重平均資本コスト率は、0.4（8％）（1－0.4）＋0.6（13.3％）＝9.9％である。

(2) 第2段階の資金調達と加重平均資本コスト

社債発行限度額が4,000万円であるから、あと800万円の社債が発行可能である。社債発行限度額のときの資金調達総額は、4000万円÷0.4＝1億円で、このなかに占める自己資本は、6,000万円であり、すでに留保利益4,800万円がこれに充当されているので、新株発行による資金調達は、6,000万円－4,800万円＝1,200万円である。したがって第2段階の資金調達は、社債が800万円、新株発行が1,200万円で、合計2,000万円である。新株発行による資金の資本コスト率は、（500円×13.3％）÷500円（100％－7.6％）≒14.4％

であるから，第2段階の資金の加重平均資本コスト率は，0.4（8％）（1−0.4）＋ 0.6（14.4％）≒ 10.6％ である。

(3) 第3段階の資金調達と加重平均資本コスト

これ以上の社債発行は不可能なので，あとは長期借入金と新株発行とを組み合わせることになる。そのときの加重平均資本コスト率は，0.4（12％）（1−0.4）＋ 0.6（14.4％）≒11.5％ である。

そこで図 16−3 で示したように，限界資本の加重平均資本コスト率を上回る投資案で，IRR の高い順に採用すべき投資案を決定していけば，投資案B，D，A，F が採用され，そのときの投資総額（最適投資額）は，1億500万円である。投資案C, E は，加重平均資本コスト率を下回るので，不採用となる。

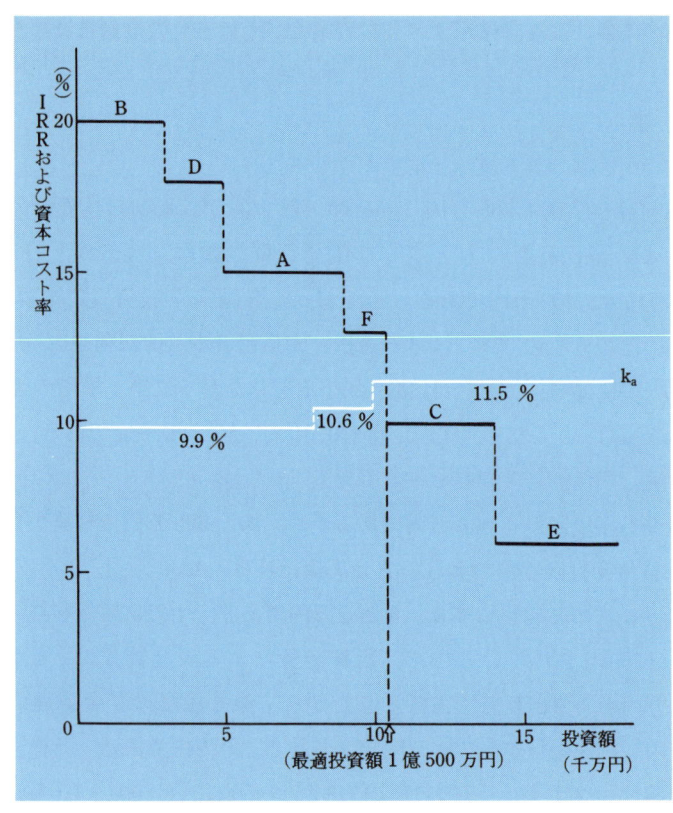

図 16−3

[解 説] 最適投資額の決定について

上の計算例では、ちょうど、投資案FとCの間を、加重平均資本コスト線が横切ったが、もしFの IRR が13%でなく、11.4%であれば、図16-4のようになる。この場合、Fを採用すべきか否かは、次のように判断すればよい。

Fの資金	資金の構成割合	加重平均資本コスト率	
1,000万円	2/3	× 10.6%	………… 7.07%
500	1/3	× 11.5	………… 3.83
1,500万円		Fの加重平均資本コスト率	………… 10.90%

かくしてFに使用する資金は、第2段階の資金が3分の2、第3段階の資金が3分の1であるため、その加重平均資本コスト率は、10.9%であるのにたいし、Fの IRR は11.4%であるから、Fは採用すべきであるということになる。

図 16-4

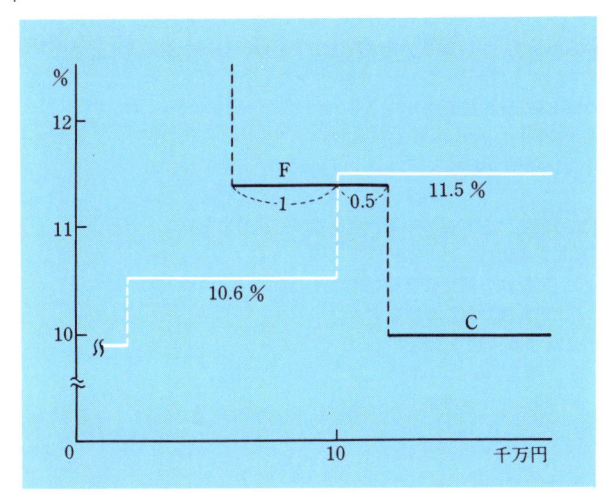

[解 説] 資本資産評価モデルについて

1. CAPM とは何か

資本資産評価モデル（capital asset pricing model；CAPM）は、株式や債券など、リスクを伴う投資資産に最低限必要な投資利益率を測定するモデルである。投資家が保有する証券の組合せをポートフォリオというが、CAPM は、H. Markowitz の提唱した複数証券の最適な組合せ（つまり一定のリスクのもとで、最高の投資利益率をあげる組合せ）を選択するポートフォリオ理論にもとづき、1964年から1966年にかけて W. F. Sharpe，J. Lintner および J. Mossin らによって構築された理論である。このモデルを理解するためには、企業財務論の基礎的知識が必要となる。

2. 確 率 分 布

仮に A，B，C，D の4社があり、来年の経済状態がどうなるか、つまり好況、正常、不況になるかどうかによって、各社の株式投資利益率が次のように変動すると予想されたとしよう。

経済状態	その起こる確率	各社の予想投資利益率			
		A 社	B 社	C 社	D 社
好 況	0.3	80%	15%	5%	6%
正 常	0.4	10	10	10	8
不 況	0.3	−60	5	15	7
	1.0				

上の表で，経済状態とその起こる確率に注目してほしい。そこでは，将来起こりうる事象のすべてがリスト・アップされ，それぞれの事象に起こりうる確率が付与されている。したがって確率の合計は1.0（＝100％）となる。このような表を確率分布（probability distribution）という。

3. 期待投資利益率

まずA，B 2社をとりあげてみよう。これらの企業の株式に投資すると，来年の投資利益率はどれほどになると予想されるだろうか。来年の経済状態が好況，正常，不況のいずれになるかがわからないので，これらの加重平均値が予想の目安になる。この加重平均値を期待投資利益率（expected rate of return）という。

A社の期待投資利益率＝0.3×0.8＋0.4×0.1＋0.3×（−0.6）
　　　　　　　　　　＝0.1（＝10％）
B社の期待投資利益率＝0.3×0.15＋0.4×0.1＋0.3（0.05）
　　　　　　　　　　＝0.1（＝10％）

そこで計算の結果，どちらの期待投資利益率も10％であることがわかった。ここで期待投資利益率の一般式を確認しておこう。

$E(\tilde{X})$：X株式の期待投資利益率，Xの頭に～（ティルデ）がついているのは，Xが確率変数であることを示す。

P_i：i事象の起こる確率

X_i：i事象の場合のX株式の予想投資利益率

N：起こりうる事象全体の数

とすれば，

$$E(\tilde{X}) = \sum_{i=1}^{N} P_i X_i \quad \cdots\cdots\cdots\cdots\cdots\cdots\cdots\cdots\cdots\cdots\cdots\cdots\cdots\cdots\cdots\cdots\cdots\cdots (1)$$

である。

4. リスクの測定——分散と標準偏差

さてA，B両社の株式の期待投資利益率は，ともに10％であるから，どちらの株式に投資してもかまわないであろうか。A社の株に投資すると，好況になればうんと儲かるが，逆に不況になると，非常に損をする可能性がある。B社の株に投資すると，好況になっても不況になっても，儲けはそれほど変化しない。この関係を，図16-5で示した。

この図から明らかなように，両社の期待投資利益率は等しくとも，個々の予想投資利益率は，A社の場合期待値から大きくバラついているのにたいし，B社の場合は期待値に近く集中している。ということは実際の投資利益率は，A社の場合期待投資利益率から遠く外れる可能性があるが，B社の場合はあまり外れないことを意味する。そこで個々の予想値が，それらの期待値（加重平均値）からバラついて発生するほど，投資のリスクは大きいと考えてよい。第7章標準原価計算において説明したように，平均からのバラツキないし散らばりの程度は，分散

図 16-5

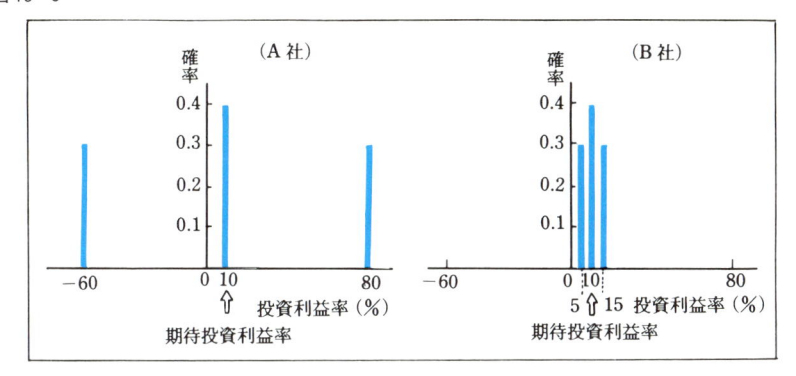

```
(A社)                           (B社)
確率                             確率
0.4 ┤    █                      0.4 ┤     █
0.3 ┤█       █                  0.3 ┤ █      █
0.2 ┤                           0.2 ┤
0.1 ┤                           0.1 ┤
    └─────┬───────────          ────┬─────────────
    -60   0 10    80  投資利益率(%)  -60    0  5 10 15      80  投資利益率(%)
          ↑                                 ↑
      期待投資利益率                      期待投資利益率
```

（variance）と標準偏差（standard deviation）によって測定される。$VAR(\tilde{X})$ を分散，$\sigma(\tilde{X})$ を標準偏差とすれば，その一般式は次のとおりである。

$$VAR(\tilde{X}) = E[(X_t - E(\tilde{X}))^2]$$
$$= \sum_{t=1}^{N} P_t(X_t - E(\tilde{X}))^2$$
$$= \sigma^2 \quad \cdots\cdots\cdots\cdots\cdots\cdots\cdots\cdots\cdots\cdots\cdots\cdots\cdots\cdots\cdots (2)$$
$$\sigma(\tilde{X}) = \sqrt{VAR(\tilde{X})} \quad \cdots\cdots\cdots\cdots\cdots\cdots\cdots\cdots\cdots\cdots (3)$$

(2)と(3)式にもとづき，A，B両社株式投資利益率の分散と標準偏差を計算しておこう。

$$VAR(\tilde{A}) = 0.3(0.8-0.1)^2 + 0.4(0.1-0.1)^2 + 0.3(-0.6-0.1)^2 = 0.294$$
$$\sigma(\tilde{A}) = \sqrt{0.294} = 0.542217\cdots\cdots \fallingdotseq 0.542 \ (=54.2\%)$$
$$VAR(\tilde{B}) = 0.3(0.15-0.1)^2 + 0.4(0.1-0.1)^2 + 0.3(0.05-0.1)^2 = 0.0015$$
$$\sigma(\tilde{B}) = \sqrt{0.0015} = 0.0387298\cdots\cdots \fallingdotseq 0.0387 \ (=3.87\%)$$

したがってA社よりB社の標準偏差ははるかに小さく，B社のリスクが小であることがわかる。B社株式の予想投資利益率の分布が正規分布であるとすれば，期待値から $\pm \sigma$ の幅のなかに，全体の約68.3％が発生すると予想されるので，実際投資利益率が6.13％（＝10％－3.87％）から13.87％（＝10％＋3.87％）の範囲で発生する確率は68.3％であるといえる。

5．危険回避者の仮定

CAPMでは，投資家は危険回避者（risk-averse individuals）であって，1期間の期待効用を最大化するように投資する，と仮定されている。前例の場合投資家は，A，B両社の株式投資においては，Bを選択することになる。そのことは，異なる種類の株式を組み合わせて投資する場合も同様である。投資家は，ポートフォリオの期待投資利益率とそのリスク（標準偏差）によってのみ，投資の意志決定を行なうわけで，もしリスクが同じならば期待投資利益率の大なるポートフォリオを選択するし，期待投資利益率が同じならば，リスクの小さいポートフォリオを選択することになる。

6．2種類の危険資産からなるポートフォリオの期待投資利益率とリスク

まず一番簡単な，2種類の株式（X, Y）からなるポートフォリオを考えてみよう。

$\tilde{X}, \tilde{Y}$：XおよびY株式の予想投資利益率
a, b：それらの株式の保有割合，$b\% = 1 - a\%$

$E(\tilde{R}_p)$：ポートフォリオの期待投資利益率

$VAR(\tilde{R}_p)$：ポートフォリオの分散

$COV(\tilde{X}, \tilde{Y})$：$X$ と Y の共分散

とすれば，

$$E(\tilde{R}_p) = aE(\tilde{X}) + bE(\tilde{Y}) \cdots\cdots\cdots\cdots\cdots\cdots\cdots\cdots (4)$$

$$VAR(\tilde{R}_p) = a^2 VAR(\tilde{X}) + b^2 VAR(\tilde{Y}) + 2ab COV(\tilde{X}, \tilde{Y}) \cdots\cdots\cdots (5)$$

である。以下これらの式の導き方を説明する。そのためには，次の性質を知らねばならない。

(性質 1)　$E(\tilde{X} + \tilde{Y}) = \sum_{i=1}^{N} P_i[(X_1+Y_1) + (X_2+Y_2) + \cdots\cdots + (X_n+Y_n)]$

$\qquad\qquad\qquad = \sum_{i=1}^{N} P_i[X_1 + X_2 + \cdots\cdots + X_n) + (Y_1 + Y_2 + \cdots\cdots + Y_n)]$

$\qquad\qquad\qquad = \sum_{i=1}^{N} P_i[\sum X_i + \sum Y_i]$

$\qquad\qquad\qquad = E\tilde{X} + E\tilde{Y}$

(性質 2)　$E(a\tilde{X}) = \sum_{i=1}^{N} P_i(aX_i)$

$\qquad\qquad\quad = P_1 aX_1 + P_2 aX_2 + \cdots\cdots + P_n aX_n$

$\qquad\qquad\quad = a \sum_{i=1}^{N} P_i X_i$

$\qquad\qquad\quad = aE(\tilde{X})$

これら 2 つの性質を利用すれば，(4)式を導くことができる。

$E(\tilde{R}_p) = E[a\tilde{X} + b\tilde{Y}]$

$\qquad\quad = E(a\tilde{X}) + E(b\tilde{Y})$

$\qquad\quad = aE(\tilde{X}) + bE(\tilde{Y})$

かくしてポートフォリオの期待投資利益率は，個々の銘柄の加重平均投資利益率の和であることがわかる。次に(5)式を導出してみよう。

$VAR(\tilde{R}_p) = E[\tilde{R}_p - E(\tilde{R}_p)]^2$

$\qquad\qquad = E[(a\tilde{X} + b\tilde{Y}) - E(a\tilde{X} + b\tilde{Y})]^2$

$\qquad\qquad = E[(a\tilde{X} + b\tilde{Y}) - aE(\tilde{X}) - bE(\tilde{Y})]^2$

$\qquad\qquad = E[(a\tilde{X}) - aE(\tilde{X}) + b\tilde{Y} - bE(\tilde{Y})]^2$

$\qquad\qquad = E[(a\{\tilde{X} - E(\tilde{X})\} + b\{\tilde{Y} - E(\tilde{Y})\}]^2$

$\qquad\qquad = E[a^2\{\tilde{X} - E(\tilde{X})\}^2 + b^2\{\tilde{Y} - E(\tilde{Y})\}^2$

$\qquad\qquad\quad + 2ab\{\tilde{X} - E(\tilde{X})\}\{\tilde{Y} - E(\tilde{Y})\}]$

$\qquad\qquad = a^2 E\{\tilde{X} - E(\tilde{X})\}^2 + b^2 E\{\tilde{Y} - E(\tilde{Y})\}^2$

$\qquad\qquad\quad + 2ab E\{\tilde{X} - E(\tilde{X})\}\{\tilde{Y} - E(\tilde{Y})\}$

$\qquad\qquad = a^2 VAR(\tilde{X}) + b^2 VAR(\tilde{Y}) + 2ab COV(\tilde{X}, \tilde{Y})$

なお $E\{\tilde{X} - E(\tilde{X})\}\{\tilde{Y} - \tilde{E}(\tilde{Y})\}$ を共分散（covariance）といい，σ_{xy} とも書く。これは 2 つの確率変数が互いに動き合う測度である。つまりもし共分散がプラスの値ならば 2 変数は同じ方向に動き，マイナスの値ならば 2 変数は反対の方向に動く。たとえば株式 X と株式 Y の共分散がマイナスであれば，好況で X の株式投資利益率は増加すると，Y の株式投資利益率は減少することを示すわけである。

7. 危険の分散

投資家は，保有する資金の全部を1銘柄の株式に投資せず，性質の異なる別の銘柄の株式にも分散して投資する。それは，リスクを分散（disperse；減少させる）ためである。この分散は σ^2 の意味の分散ではない点に注意されたい。

前例においてB社はサングラスを製造・販売する企業であり，好況を晴天の多い年，不況を雨天の多い年と読み変えよう。この会社にとって来年が晴天の多い年であると，好況になるわけである。これにたいしC社は雨傘を製造・販売する企業であって，晴天が多いと不況，雨天が多ければ好況になるとする。どちらの会社の株式も，期待投資利益率は10％，分散（σ^2）は0.15％であるが，両社の投資利益率は好況，不況によってまったく逆に変化する。そこでBとCの株式を，半分ずつもつ場合，そのポートフォリオの期待投資利益率と標準偏差は，前述の公式(4)と(5)を利用して，次のように計算できる。

$E(\widetilde{R}_p) = 0.5 \times 0.1 + 0.5 \times 0.1 = 0.1 \ (= 10\%)$

$VAR(\widetilde{R}_p) = (0.5)^2(0.0015) + (0.5)^2(0.0015) + 2(0.5)(0.5)(-0.0015)$
$= 0 \ (\to \text{リスクはゼロ！！となる})$

なお $VAR(\widetilde{R}_p)$ を計算するために必要な共分散は，次のとおりである。

$COV(\widetilde{B}, \widetilde{C}) = 0.3(0.15-0.1)(0.05-0.1) + 0.4(0.1-0.1)(0.1-0.1)$
$\quad\quad\quad\quad\quad + 0.3(0.05-0.1)(0.15-0.1)$
$\quad\quad\quad\quad = -0.0015$

また $r_{b,c}$ を相関係数（correlation coefficient）とすると，共分散は次の関係にあるので，この場合の相関係数の値を計算できる（以下，誤解を生ずる恐れのある場合を除き～は省略する）。

$COV(B, C) = r_{b,c} \cdot \sigma(B) \cdot \sigma(C)$
$\quad\quad\quad\quad = r_{b,c}\sqrt{0.0015} \cdot \sqrt{0.0015} = -0.0015$
$r_{b,c} = -1$

つまりBとCを組み合わせるポートフォリオは，両社の株式投資利益率が完全なる逆相関（$r_{b,c}=-1$）の関係にあるので，$VAR(R_p)=0$，換言すれば理論上は危険をゼロにすることができるわけである。

なお相関係数がゼロならば両社の株式は無関係（無相関），＋1ならば両社の株式は比例的に増減すること（完全なる順相関）を意味する。実際問題として，多くの株式同士はある程度順相関の関係にあり，相関係数は＋0.5から＋0.7の範囲にあるといわれる。ニューヨーク証券取引所の場合，ポートフォリオに組み入れる株式の銘柄数を増やしていくと，相関係数が＋1より小さければ，リスクは分散され減少する。最近のデータによると，平均的株式の1銘柄からなるポートフォリオの標準偏差 σ_1 は約28％，ポートフォリオに組み入れる銘柄の数をふやしていくと，リスクはしだいに減少し，40銘柄まで増やすと，ニューヨーク証券取引所全体の銘柄（1980年は1,576銘柄）を全部組み入れたポートフォリオ（これを市場ポートフォリオmarket portfolioという）の標準偏差 $\sigma_m = 15.1\%$ にきわめて接近するという。これらの関係を図16-6で示した（Brigham, E.F., *Financial Management, Theory and Practice*, N.Y.: The Dryden Press, 3rd ed., pp.129-136.）。

8. 企業固有のリスクと市場リスク

図16-6から明らかなように，市場全体の株式をポートフォリオに組み入れたとしても，分散不可能なリスクがある。つまり総リスクは，分散可能なリスク（diversifiable risk，非組織的リスクunsystematic riskともいう）と分散不可能なリスク（nondiversifiable risk，組織的リスクsystematic riskともいう）からなっている。前者は，企業固有のリスク（company specific risk）

図 16–6

$\sigma_p(\%)$

$\sigma_1=28\%$

ポートフォリオ・リスク

総リスク
企業固有のリスク
市場リスク
$\sigma_m=15.1\%$

ポートフォリオの銘柄数

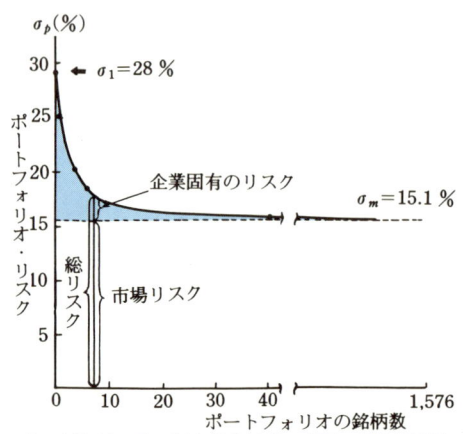

であって，その企業の新製品開発や販売促進活動の成否，新技術開発の成否，その他ストライキなど，その企業に固有な事情から発生するリスクである。この種のリスクは，一企業が儲かれば他企業は損をするというように相殺されるリスクである。

これにたいし後者は市場リスク（market risk）であって，戦争，インフレ，不況など，すべての企業が同時に影響を受ける要因から発生するリスクである。そこで分散ポートフォリオをもつ合理的な投資家にとっては，市場リスクのみを考慮すればよい。

9. 効率的ポートフォリオ

完全な逆相関の関係にある企業はまれであるので，次にB社とD社の株式を組み合わせたポートフォリオを考えよう。D社の株式の期待投資利益率，分散および標準偏差は，次のとおりである。

$E(D) = 0.3(0.06) + 0.4(0.08) + 0.3(0.07) = 0.071$

$VAR(D) = 0.3(0.06-0.071)^2 + 0.4(0.08-0.071)^2 + 0.3(0.07-0.071)^2$
$= 0.000069$

$\sigma(D) = \sqrt{0.000069} = 0.00830662\cdots(\fallingdotseq 0.831\%)$

またBとDのポートフォリオの共分散と相関係数は，次のとおり。

$COV(B, D) = 0.3(0.15-0.1)(0.06-0.071) + 0.4(0.1-0.1)(0.08-0.071)$
$+ 0.3(0.05-0.1)(0.07-0.071)$
$= -0.00015$

$r_{b,d} = -0.00015 \div (0.03873)(0.00831) \fallingdotseq -0.4661$

以上の計算にもとづき，B株式とD株式の保有割合を変化させたとき，それぞれの期待投資利益率と標準偏差を計算すれば次のようになる。

	B株式の 保有割合(%)	D株式の 保有割合	$E(R_p)$	$\sigma(R_p)$
①	100	0	10.00%	3.87%
②	75	25	9.28	2.81
③	50	50	8.55	1.78
④	25	75	7.83	0.87
⑤	11.7	88.3	7.44	0.66
⑥	0	100	7.1	0.83

上表で①はB株式のみ、⑥はD株式のみを保有する場合である。②はB株式を75％、D株式を25％保有する場合である。この場合の計算は次のとおり。

$E(R_p) = 0.75\,(0.1) + 0.25\,(0.071) \fallingdotseq 0.0928\,(=9.28\%)$
$VAR(R_p) = (0.75)^2\,(0.0015) + (0.25)^2\,(0.000069) + 2\,(0.75)\,(0.25)\,(-0.00015)$
$\qquad\quad = 0.0007918125$
$\sigma(R_p) = \sqrt{0.0007918125} \fallingdotseq 0.0281\,(=2.81\%)$

以下、③、④も同様に計算してある。⑤は、分散が最小となるポートフォリオ（minimum variance portfolio）の場合である。これは、分散の式を a（1株式の保有割合）で微分し、それをゼロとおいて、a の最適比率を求める。

$VAR(R_p) = a^2 VAR(X) + (1-a)^2 VAR(Y) + 2a(1-a) COV(X, Y)$

$\dfrac{dVAR(R_p)}{da} = 2a VAR(X) + 2a VAR(Y) - 2 VAR(Y) + 2 COV(X, Y)$
$\qquad\qquad\qquad - 4a COV(X, Y) = 0$

$a\{VAR(X) + VAR(Y) - 2COV(X, Y)\} - VAR(Y) + COV(X, Y) = 0$

$$a^* = \frac{VAR(Y) - COV(X, Y)}{VAR(X) + VAR(Y) - 2COV(X, Y)} \quad\cdots\cdots(6)$$

$X=B, Y=D$ なので、

$a^* = \dfrac{0.000069 - (-0.00015)}{0.0015 + 0.000069 - 2(-0.00015)} \fallingdotseq 0.117\,(=11.7\%)$

したがってB株式を11.7％、D株式を88.3％（＝100％－11.7％）保有すると、このポートフォリオの分散が最小となる。その場合の期待投資利益率と分散を計算する。

$E(R_p) = 0.117\,(0.1) + 0.883\,(0.071) \fallingdotseq 0.0744\,(=7.44\%)$
$VAR(R_p) = (0.117)^2\,(0.0015) + (0.883)^2\,(0.000069) + 2\,(0.117)\,(0.883)\,(-0.00015)$
$\qquad\quad = 0.00004333874$
$\sigma(R_p) = \sqrt{0.00004333874} \fallingdotseq 0.0066\,(=0.66\%)$

これらの関係を図示すれば、図16-7のようになる。この場合投資家は、①から⑤までのうちのどこかの組合せを選択するであろう。しかし、⑤をこえて⑥までの間の組合せを選択することはない。なぜならたとえば⑥を選択するよりも、⑥から垂線を上げて、④と⑤を結ぶ線と交わる点のほうが、ポートフォリオの標準偏差は同じでも、より高い期待投資利益率がえられるからである。

このように、標準偏差が等しければ最高の期待投資利益率、期待投資利益率が等しければ最低の標準偏差となるようなポートフォリオを効率的ポートフォリオ（efficient portfolio）といい、効率的ポートフォリオの集合を効率的フロンティア（efficient frontier）という。図16-7では①から⑤までの曲線が効率的フロンティアで、この曲線上の任意の点が効率的ポートフォリオである。

10. リスク・リターン無差別曲線

それでは投資家は、効率的フロンティアのうち、どのポートフォリオを選択するであろうか。それは、投資家のリスクとリターン（期待投資利益率）のトレード・オフ関係によって異なる。図16-8で示したように、投資家A氏は、安全な年利6％の国債に投資するポートフォリオと、$\sigma(\tilde{R}_p)=1\%$ で利回りは6.25％のポートフォリオ、$\sigma(\tilde{R}_p)=2\%$ で利回りは6.6％……というように、リスクが増したとき、どれほどの利回りがそのリスクを補償するか、換言すれば、どのポートフォリオをとってもよいと考えられるリスクとリターンの組合せが I_{A-1} であり、これをリスク・リターン無差別曲線（risk-return indifference curves）という。A氏の無差別曲線は、I_{A-2}、

図 16−7

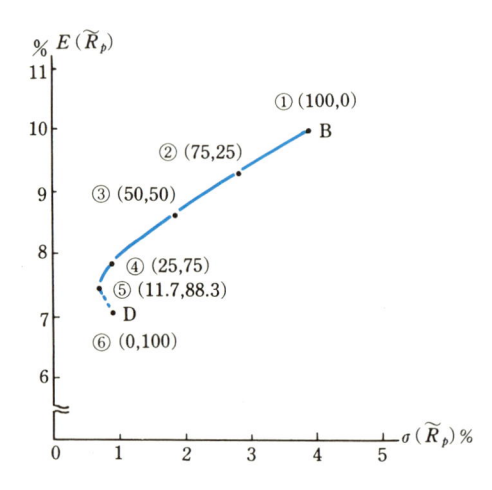

図 16−8

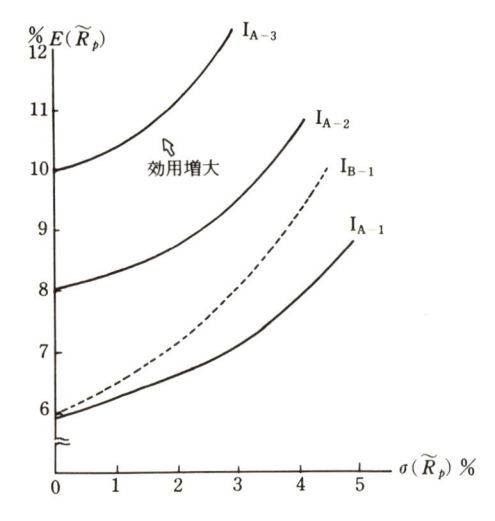

I_{A-3} というように, 無数に描くことができ, この曲線が上に位置するほど, A氏の効用は大となる。この曲線は個人によって異なり, 投資家B氏はより危険回避型の人であるので, I_{B-1} で示したように, A氏の無差別曲線よりは, 勾配が急になる。

図 16−9

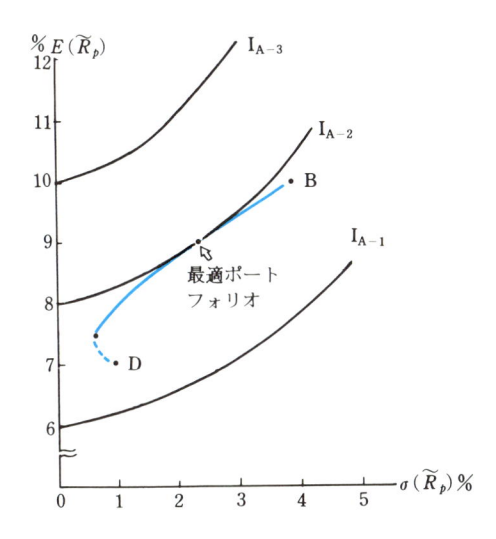

11. 最適ポートフォリオ

上述したB社とD社の株式を組み合わせたポートフォリオの場合，投資家Aにとっては，B，Dの効率的フロンティア曲線とA氏のリスク・リターン無差別曲線の接点こそ，最適ポートフォリオ（optimal portfolio）となり，リスクとリターンの視点から最高の満足がえられるポートフォリオとなる。この関係を，図 16−9で示した。この図は，図 16−7と図 16−8とを重ねた図である。もちろんB氏の場合は，より低い点（リスクもリターンもより低いポートフォリオ）で接することになる。

12. 多種類の危険資産からなるポートフォリオと安全資産の導入

これまでは，2証券（BとD）のポートフォリオを考えてきたが，株式の銘柄を3種類，4種類……とふやしたポートフォリオを考え，それぞれの銘柄の保有割合を変化させると，BD曲線は図 16−10で示したように，スペース（これを曲線内の黒点で表わしてある）に変化する。これらは危険資産のポートフォリオであるが，投資家は国債のような安全資産（risk-free asset）にも投資できるものとし，その利子率を R_f としよう。そして安全資産の利子率 R_f で無制限に資金を借りたり貸したりできるものと仮定する。この場合には，あらゆる投資家は，保有する資金を安全資産と危険資産に分けて投資するであろうが，その効率的ポートフォリオの組合せは，R_f MN 線上のどこかに定まる。投資家A氏は，より危険回避型であるため，リスク・リターン無差別曲線と R_f MN 線との接点は低い位置のポートフォリオを最善と考えるであろうし，投資家C氏は危険回避度が少ないために，高い位置の接点を最善として選択することになろう。ポートフォリオスペース内部の黒点や，ポートフォリオ曲線のM点以外の曲線上の点は，非効率的組合せであるため採用されない。MN 線上のポートフォリオは資金を借り入れて投資するので借入ポートフォリオ（borrowing portfolio），R_f M 線上のポートフォリオは保有資産で投資するので貸付ポートフォリオ（lending portfolio）と呼ばれる。

図 16−10

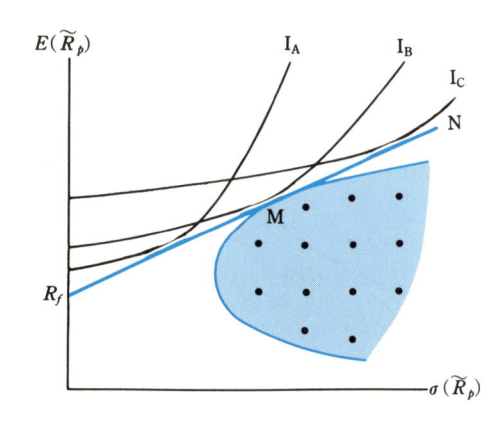

図 16−11

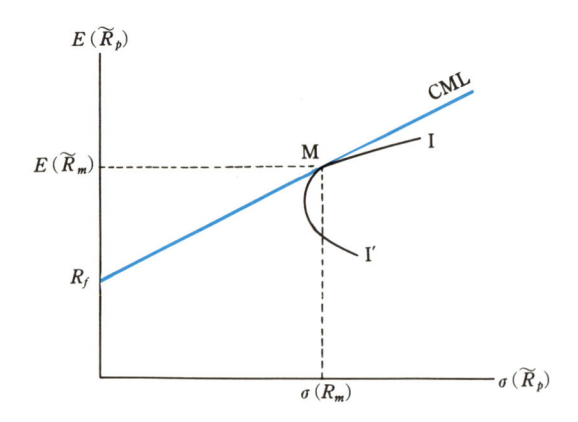

13. 資本市場線

　もしすべての投資家が，あらゆる資産から生ずる投資利益率の予想分布について同じ見積をもつと仮定すると，効率的ポートフォリオの組合せは同一になる。さらに，市場の均衡状態を仮定すると，図 16−10 のM点のポートフォリオは，市場にあるすべての証券について需要と供給が一致し，それらのすべてから構成される市場ポートフォリオ（market portfolio）となり，その座標は，市場における全株式からなるポートフォリオの期待投資利益率 $E(\widetilde{R}_m)$ と，その標準偏差 $\sigma(R_m)$ である。かくして R_f MN 直線は1つに定まり，すべての投資家にとって効率的であるので，資本市場線（capital market line；CML）と呼ばれる（図 16−11）。この直線は，R_f で Y 軸と交わり，直線の勾配は $[E(\widetilde{R}_m)-R_f]/\sigma(R_m)$ であるから，安全資産と市場ポートフォリオからなる組合せの期待投資利益率 $E(\widetilde{R}_p)$ は，次のように表わすことができ，この式が資本市場線の式にほかならない。

$$E(\widetilde{R}_p) = R_f + \frac{E(\widetilde{R}_m) - R_f}{\sigma(R_m)} \sigma(\widetilde{R}_p) \quad \cdots\cdots(7)$$

14. CAPMの仮定

CAPMは，仮構の世界を前提として開発されたモデルであって，主な仮定は次のとおりである。

(1) 投資家は危険回避者であって，1期間末の富の期待効用を最大化させる。
(2) 投資家は資産の投資利益率について同質的期待をもつ。このことは，すべての投資家が同じ効率的フロンティアを認識することを意味する。
(3) 安全資産が存在し，その利子率で無限に貸借できる。このことは，図16-10のR_fMと MN とが同じ直線，すなわち資本市場線を形成することを意味する。
(4) すべての資産は市場性をもち，完全に分割でき，その供給量は一定である。
(5) 市場摩擦はなく，情報はすべての投資家がコストなしに入手できる。
(6) 税金，売買規制などはない。

15. CAPMの導出

図16-11において IMI′は，危険資産 I と市場ポートフォリオ M との組合せ，つまり両者の保有割合を変化させた場合の組合せを示している。均衡状態における市場ポートフォリオには，すべての資産が均衡価格の割合で含まれている。I資産の市価 V_i が，市場全体の資産市価に占める割合 w_i は，次のように表わすことができる。

$$w_i = \frac{V_i}{\sum_{i=1}^{N} V_i} \quad \cdots\cdots(8)$$

この場合，保有資金を危険資産 I に a%投資し，$(1-a)$%を市場ポートフォリオに投資すると，この組合せのポートフォリオの期待投資利益率と標準偏差は，2資産のポートフォリオの場合と同様，次のようになる。

$$E(\widetilde{R}_p) = aE(\widetilde{R}_i) + (1-a)E(\widetilde{R}_m) \quad \cdots\cdots(9)$$

$$\sigma(\widetilde{R}_p) = [a^2\sigma_i^2 + (1-a)^2\sigma_m^2 + 2a(1-a)\sigma_{im}]^{1/2} \quad \cdots\cdots(10)$$

なおここで，市場ポートフォリオには，危険資産 I も w_i%含まれている点に注意されたい。さて I に投資する a% を変化させると，期待投資利益率と標準偏差の変化率は，次のようになる。

$$\frac{dE(\widetilde{R}_p)}{da} = E(\widetilde{R}_i) - E(\widetilde{R}_m) \quad \cdots\cdots(11)$$

$$\frac{d\sigma(\widetilde{R}_p)}{da} = \frac{1}{2}[a^2\sigma_i^2 + (1-a)^2\sigma_m^2 + 2a(1-a)\sigma_{im}]^{-1/2}$$
$$\times [2a\sigma_i^2 - 2\sigma_m^2 + 2a\sigma_m^2 + 2\sigma_{im} - 4a\sigma_{im}] \quad \cdots\cdots(12)$$

ところで市場ポートフォリオには，I資産は w_i% 含まれており，そのうえにさらに I 資産に a% 投資するのは，I 資産にたいする超過需要であり，均衡状態では $a=0$ となるはずである。そこで(11)と(12)式を $a=0$ として計算すれば次のようになる。

$$\left.\frac{dE(\widetilde{R}_p)}{da}\right|_{a=0} = E(\widetilde{R}_i) - E(\widetilde{R}_m) \quad \cdots\cdots(13)$$

$$\left.\frac{d\sigma(\widetilde{R}_p)}{da}\right|_{a=0} = \frac{1}{2}[\sigma_m^2]^{-1/2}[-2\sigma_m^2 + 2\sigma_{im}] = \frac{\sigma_{im} - \sigma_m^2}{\sigma_m} \quad \cdots\cdots(14)$$

(13)を(14)で割れば，市場均衡状態における M 点でのリスク・リターン・トレードオフ線の勾配が計算できる。

図 16–12

$$\left.\frac{dE(\widetilde{R}_p)/da}{d\sigma(\widetilde{R}_p)/da}\right|_{a=0} = \frac{E(\widetilde{R}_i) - E(\widetilde{R}_m)}{(\sigma_{im} - \sigma_m^2)/\sigma_m} \quad \text{………………………} (15)$$

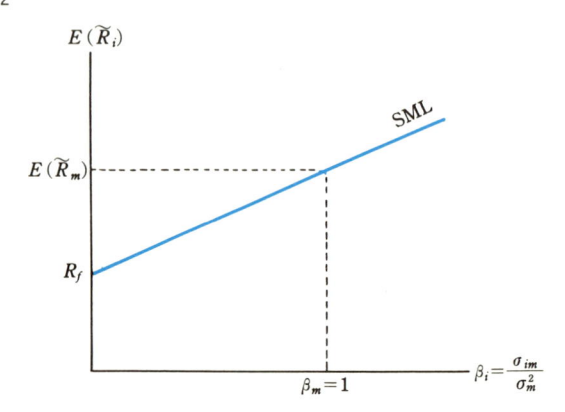

この勾配は，資本市場線 $R_f M$ の勾配に等しい。(7)式における $\sigma(R_m)$ を簡略に σ_m と書くことにすれば，

$$\frac{E(\widetilde{R}_m) - R_f}{\sigma_m} = \frac{E(\widetilde{R}_i) - E(\widetilde{R}_m)}{(\sigma_{im} - \sigma_m^2)/\sigma_m} \quad \text{…………………………} (16)$$

(16)式を $E(\widetilde{R}_i)$ で解けば，CAPM の式(17)がえられる。

$$E(\widetilde{R}_i) = R_f + [E(\widetilde{R}_m) - R_f] \frac{\sigma_{im}}{\sigma_m^2} \quad \text{………………………………} (17)$$

(17)は，図 16–12 で示したように，証券市場線（security market line；SML）とも呼ばれる。この線は，一般にある資産の必要投資利益率は，安全資産の利益率にリスク・プレミアムを加えたものに等しく，リスク・プレミアムは，リスクの価格（SML線の勾配）に，リスクの量 β_i を掛けたものに等しい，ことを表わしている。ベータは，次の式で示される。

$$\beta_i = \frac{\sigma_{im}}{\sigma_m^2} = \frac{COV(R_i, R_m)}{VAR(R_m)} \quad \text{……………………………………} (18)$$

市場ポートフォリオのベータは，次の式から1になることが明らかである。

$$\beta_m = \frac{COV(R_m, R_m)}{VAR(R_m)} = \frac{VAR(R_m)}{VAR(R_m)} = 1 \quad \text{…………………………} (19)$$

CAPM は，不確実性ないしリスクのもとにおける投資決定の理論として，原価計算の領域においても重要であるので，ここで解説をしておいた。

[参考文献]

Copeland T. E., and J. Fred Weston, *Financial Theory and Corporate Policy* (Reading, Massachusetts；Addison-Wesley Publishing Co., 2nd ed., 1983)．

Bringham, E. F., *Financial Management, Theory and Practice* (Hinsdale, Illinois：The Dryden Press, 3rd ed., 1982)．

大塚宗春「第4章ポートフォリオ理論とその展開」，石塚博司ほか「意志決定の財務情報分析」国元書房所載，1985 年。

第17章　企業環境の激変と原価計算の変貌

第 1 節　企業環境の変化とわが国製造企業の対応

1.　生産志向的環境から市場志向的，国際競争的経済環境へ

　第2次世界大戦後，わが国は，敗戦による国土の荒廃から立ち上がり，経済再建を目指して，国民全体が無我夢中で，食料，衣料その他生活必需品の生産に努力した。経済的資源に乏しいわが国は，原材料を外国から輸入し，これを製品に加工し輸出することによって，経済復興を遂げようとした。このような環境では，製造企業はまず製品を製造しさえすれば売ることができた。その後，競争が激しくなったが，市場は成長し続けていたので，激烈な競争に打ち勝つ企業戦略は，高品質の同じ製品を大量に生産してコストを下げることであった。こうした企業戦略は，国民の勤勉な性格と政府の企業優遇措置にも支えられて，相当な成果を収め，諸外国から奇跡の経済復興とまでいわれて，国民の生活水準も大幅に向上した。しかしながらその後，企業をめぐる環境は急激に変化した。その主な点を列挙すれば，次のようになろう。

(1)　生活水準の向上と人件費の高騰
(2)　価値観の多様化，消費者嗜好の多様化
(3)　商品のライフサイクルの短縮化
(4)　生産技術や情報処理技術の飛躍的進歩
(5)　対米貿易摩擦の激化
(6)　アジア NIES（新興工業経済群）の追い上げ
(7)　バブル崩壊，円高の進行と経済のグローバル化
(8)　平成不況の進行

2. わが国製造企業の生産革命

わが国の製造企業は，こうした企業環境の変化に対処するため，次に示す4つの生産革命を経て現在にいたっている。

(1) 第1次生産革命　昭和40年代には，わが国の製造企業は，少品種多量生産によるコスト引下げのため，専用機ラインを設置した。

(2) 第2次生産革命　人件費の高騰を抑制するため，昭和50年代には，省力化を意図した工場生産のロボット化が図られた。

(3) 第3次生産革命　昭和60年代には，消費者の嗜好の多様化，商品のライフサイクルの短縮化，円高に対処するため，多品種少量生産で，しかも70％操業に耐える体質作りを目指し，多くの企業でJIT方式，CAD/CAM，FMSを導入し，さらにはCIM化を図る企業が続出した。(注 1-4)

(注 1)　JIT (Just-in-Time)……トヨタ生産方式では，需要の変化に弾力的に対処するため，必要な物を，必要な時に，必要な量だけ生産するという思考が基本となっている。この考え方を実現するために，トヨタでは，生産の流れを逆から見る「引っ張り」方式 ("pull" or "demand-pull" approach) と「かんばん」方式 (Kanban systems) を採用した。

「引っ張り」方式とは，通常の生産方式 (材料が各工程で加工され，製品が押し出されていく「押し出し」方式；push approach) とは異なり，売れる分しか作らない，換言すれば，需要が製品を最終工程から引っ張る方式を意味する。したがって最終工程の前の工程では，引っ張られた製品の生産に必要な部品量しか作らないことになる。他方，かんばんとは，長方形のビニール袋に入ったカードであって，種々の種類があるが，工程間の生産情報伝達の手段として使用される。「引っ張り」方式では，生産すべき製品の時期と数量を，最終組立ラインだけに知らせる。最終組立ラインは，その製品生産に必要な部品の種類と量が記入された「引き取りかんばん」をもって，前工程にいき，指定量の部品を受け取る。そのさいに，前工程の部品箱に付けられた「生産指示かんばん」をはずし，これをかんばん受け取りポストに入れる。前工程では，かんばん受け取りポストにはいっている生産指示かんばんにもとづき，後工程に引き渡した部品量だけを生産する。そのために前工程は，さらに前々工程に生産に必要な材料を必要量だけ受け取りにいく……という具合に，生産の流れを「かんばん」により逆から (需要から) 管理するのである。通常の生産方式では，製品が売れなくなったことを知りながら，生産計画の変更が指示されるまで，みすみす無駄な生産を続けなければならない。

かんばんは，ジャストインタイム生産 (just-in-time production) のみならず，ジャストインタイム購入 (just-in-time purchasing) にも使用される。つまり資材の納入業者に，購入する材料の種類と量，搬入する日時をかんばんで指示し，生産現場に搬入させるので，材料倉庫は不要となる。

トヨタは，上述したジャストインタイム方式により，売れる分しか作らず，それに見合う分しか資材を買わないので，効率的な生産と在庫品の削減で大きな成果をあげた。そのために国内のみならず，外国においてもこの方式を採用する企業が続出している。

(4) **第4次生産革命**　FMS や CIM の導入と並行して，貿易摩擦やアジア NIES（新興工業経済群）の追い上げに対処するため，海外生産拠点への進出が盛んに行なわれ，国内生産の空洞化が問題となっている。とりわけバブル崩壊後の経済不況に，1ドル＝100円を大幅に切る円高の為替相場の変動が追い打ちをかけ，平成5年以降には，わが国の基幹企業で赤字をだす企業が続出した。そのために不採算部門の切り捨て，本社管理部門の圧縮など，組織再編成（リストラクチュアリング）やリエンジニアリング（業務の根本的革新）が，重要な課題となっている。

第2節　日本的経営の基礎を構築する小集団活動と5S，TQC，TPM

1.　小集団活動と5S

原価計算を勉強する者は，工場生産の実態を知らなければならない。わが国の工場における生産現場を見学すると，サークル・リーダー1名と数人の作業者からなる小集団が，工場生産の第一線で活躍しているのを目にする。後述する TQC を目標とする場合は QC サークル，TPM を目指す場合は PM サークルと称し，各サークルは，それぞれ自分たちのサークルに，お気に入りの名前（た

(注 2)　CAD/CAM（Computer-aided-design/Computer-aided-manufacturing）……CAD はコンピュータを使用して製品を設計する方法であり，CAM は，製品の設計図にもとづき，その製造のために必要な NC 機（数値制御工作機械）の制御用テープをコンピュータで作成し，このテープで NC 機を稼働させて生産を行なう方法である。CAD/CAM は，CAD と CAM を結合させた方法であり，設計と生産の効率を飛躍的に改善するのに役立っている。

(注 3)　FMS（Flexible Manufacturing Systems）……NC 機などを駆使して多品種少量生産を実現するシステム。生産ラインの形態は，少品種多量生産では専用機ラインが設定された。しかしこのラインでは1種類の製品加工しかできない。そこで生産する品種が増えるにつれ，3—5機種の汎用性をもった多軸々頭交換タイプの汎用専用機ラインによって中種中量生産を行なったが，このラインは段取りが長く，稼働率が低くなる。そこでさらに機械加工には NC 機を，溶接にはロボットを導入してフレキシブル・ラインを設定し，多品種少量生産を行なうように生産ラインが変革されてきた。

(注 4)　CIM（Computer-Integrated Manufacturing）……設計から製造までをコンピュータによって統合生産するシステムであるが，自動化・省力化は工場だけではなく，研究開発，設計，購買，生産，販売，事務管理の各部門を通信網でつなぎ，全社的な効率化を目指す企業が次第に増加している。

とえばあすなろサークル，ひまわりサークルなど）をつけ，徹底的な5S活動に取り組んでいる。

　5Sとは英語の何の頭文字かと思ったら，なんと整理，整頓，清掃，清潔，躾け（しつけ）の頭文字であって，それらの内容は次のとおりである。

　整　理……不用の物を捨てること。不用品を捨てないと，予備品倉庫は使えない部品で一杯となり，経理部のキャビネットは紙屑で一杯になってしまう。

　整　頓……分類方法，置き場所を確定し，いる物はすぐ取り出せるようにすること。工場の通路は，黄色いペンキで指定され，工具は番号をつけて，指定場所に掛けられていることが多い。仕掛品が工場の床に無造作に置かれているだけで，その工場の生産管理水準の低さがわかる。

　清　掃……ごみ，ほこり，油汚れを拭くこと。各サークルとも，出勤時間の15分前にでてきて，それぞれの職場を徹底的に掃除する。すると清掃困難箇所がわかり，その対策に取り組む。工場というと，われわれは油まみれの床や機械を想像するが，現代の一流の工場の床や機械はピカピカ光っている。汚れた工場からは，高品質の製品は生まれないからである。

　清　潔……蒸気，ガス，悪臭，騒音などの発生をなくし，衛生的な職場を確保すること。清掃困難箇所を特定し，その原因が油漏れとわかると，漏れない方法を考え，どうしても漏れるのであれば，その回収方法を考えて，循環材料にする。こうすれば材料の消費量が節約され，職場も衛生的になる。今日，3K(危険，汚い，きつい）職場は若い人に敬遠され，深刻な人手不足に陥るので，経営者もこうした活動を強く支持している。

　躾　け……設備操作基準や安全基準など，サークル活動で自主的にきめたことは，かならず守ること。設備操作で，ヒヤリとしたことがあったら，それをヒヤリ・カード（ハッとしたという意味でハット・カードと

もいう）に記入し，報告する。サークルでその対策を考え，操作基準を自主的に作ったり，どのような場合でも安全なように，いわゆるバカよけの工夫をする。万一，人身事故や災害事故が起こったならば，工場管理のあらゆる努力は無になるという意味で，躾けは5Sの最終仕上げの位置を占めている。

　PMサークルでは，7つのステップで5Sを実施する。第1ステップは，初期清掃である。ここでは，設備本体を中心にして，ごみ，汚れをいっせいに排除し，設備になじみ，設備に愛着心をもたせ，不具合点や潜在的欠陥を摘出する。第2ステップは，清掃困難箇所の特定，ごみ，汚れの発生源対策である。ここでは，身近なことから改善を手掛け，油漏れ，切粉の四散などの対策を考え，清掃時間の短縮を図る。第3ステップは，清掃・給油基準の作成である。ここでは，給油の知識を学び，油の種類によって給油管を異なる色のペンキを塗り，その油の中身を識別できるようにし，蓋を開けて見るオイル・ゲージは，通路から歩きながら見える位置に移すなどして，清掃・給油・増締めの基準を作成し，その維持を図る。第4ステップは総点検，第5ステップは自主点検，第6ステップは整理・整頓，第7ステップは自主管理である。各ステップに3—4か月かけ，工場長が診断し，合格と判定されたサークルには，合格マークを貼り，次のステップへ移る。第3ステップを終わるころから，設備故障件数が大幅に減少してくる。

　素人は，機械は順調に動くものと思うであろうが，それは大間違いである。実際には機械は不具合で，チョコチョコ止まる。5分以内の停止をチョコ停という。チョコ停を退治するため，機械の本体に機械の絵を貼っておき，チョコ停が起きたとき，その日時，停止時間，原因などを記入する。月末に，サークル全員で，原因別の発生件数を表わした棒グラフを作り，故障の主原因を議論し，その対策を会社側に提案する。会社側もオペレータに機械の構造を教え，機械の構成部品を作らせる。かくして3年間のTPM活動を行なった企業では，チョコ停の月間発生件数が，90％以上激減することもまれではない。他方，設備に強くなる人作りが行なわれるので，改善提案件数が増加し，重要設備が

自社開発されるようになる。このことは，きわめて重要である。なぜならば，既製の設備を外から買ってくるだけでは，原価管理の余地がきわめて少なくなるからである。

さて，わが国の製造企業において，小集団活動と5Sを基礎とし，経営活性化にたいし重大な役割を果たしてきたのが，TQCとTPMである。次にこれらの内容をみておこう。

2. T Q C

TQC（Total Quality Control，全社的品質管理ないし総合的品質管理）とは，品質管理をたんに製造工程のみならず，企業活動の全領域（市場調査，製品開発，生産準備，購買，外注，製造，品質保証，販売，財務，人事，教育など）に適用し，しかも経営者から現場の作業者まで，全員参加で実施する経営活性化の手法である。とりわけこの活動は，前述した小集団活動により，全従業員の英知を結集して大きな成果が実現される。

TQCの手法は，統計的品質管理（statistical quality control ; SQC）をその中核にしていることである。その基礎手法は，QC七つ道具といわれる，パレート図，特性要因図，基礎的なグラフ，チェックシート，ヒストグラム，管理図，散布図である。さらに応用手法としてガント・チャート，アロー・ダイヤグラムなど，高度手法としては実験計画法，多変量解析法，重相関分析法など，関連手法としてはIE, VE, ORなどがある。(注5)これらの方法を利用して，経営のQ (quality, 品質)，C (cost, 原価)，D (delivery, 納期)，S (safety, 安全)，M (moral, 士気) という経営の基本的使命の効果的遂行を図るが，とりわけ顧客が満足する品質(Q)の製品やサービスを，適正な価格，したがって安いコスト(C)で，顧客の要求する納期(D)どおりに提供するために，QCDが重視される。

TQCに取り組み，統計的品質管理の実施によって総合的な効果をあげ，将来とも進歩の可能性があると認定された企業には，デミング賞審査委員会から賞が与えられる。わが国の工場を歩くと，ZD (zero defects, 全員参加で仕損をゼロに)

(注5) 石原勝吉「TQC活動入門」日科技連, 1990年, p. 188.

第 17 章　企業環境の激変と原価計算の変貌　　827

と書かれた横断幕が掲げられているのを見ることが多い。TQC により作り出された日本製品の品質の高さが海外で認められ，品質管理を経営の基本戦略としたわが国企業の先見性が高く評価されている。

3.　T P M

TPM（Total Productive Maintenance，全員参加の生産保全）は，設備の生産保全（productive maintenance；PM）技法を中核とし，設備管理の側面から接近する経営活性化の技法である。QC も PM も，もともとはアメリカから輸入された手法であるが，わが国の製造企業のなかで，小集団活動による全員参加の枠組みのもとに，日本的な経営活性化の技法として見事な開花をとげた。TQC と TPM を比較してみると，TQC が製品やサービスの品質のバラツキに着目し，いわばアウトプットの統計的品質管理の側面から接近するのにたいし，TPM は，工学的な設備管理の側面，すなわち生産のインプットの側面から接近する点に，両技法の特徴の違いがある。(注 6)

　設備が工場生産の中心となるにつれ，設備の能力を最大限に発揮させるために，設備のメンテナンスが大切になってきた。ちょうど医学の領域で予防医学の重要性が認識されたのと同様に，設備管理の領域でも，故障してから直すという事後修理よりは，あらかじめ故障するまえに定期点検や定期保全を行なう予防保全（preventive maintenance）をすべきであるという考え方が生まれ，さらに故障しにくくなるよう，また保全しやすくするように設備を改良する改良保全（corrective maintenance；CM）が提唱され，設備の熱や振動を測定して構成部品の使用限度を予知する予知保全（predictive maintenance）や保全不要の設計を目指す MP（maintenance prevention）設計が行なわれるようになった。こうした保全技術の全体が生産保全（productive maintenance）としてアメリカで体系づけられた。

（注 6）　TPM については，中嶋清一・白勢国夫監修，日本プラントメンテナンス協会編「生産革新のための新・TPM 展開プログラム——加工組立編」日本能率協会マネジメントセンター，1992 年；鈴木徳太郎監修，日本プラントメンテナンス協会編「生産革新のための新・TPM 展開プログラム——装置工業編」日本能率協会マネジメントセンター，1992 年を参照されたい。

1951年，わが国では東亜燃料工業で初めてPMの技法を輸入し，その後PM実施会社20社でPM研究会を発足させた。この研究会が発展して現在の日本プラントメンテナンス協会になるのである。日本に輸入されたアメリカのPMは，わが国の製造企業に適合しなかった。その理由は，アメリカのPMが専門保全（保全部門の保全専門家が行なう保全）だったからである。日本プラントメンテナンス協会の中嶋清一副会長がいみじくも指摘したように，アメリカのPMは，製造現場のオペレータにとって，「私作る人，あなた直す人」であって，設備が故障すれば，オペレータは保全マンを呼んで，自分は休んで見ているだけであった。ところがわが国の製造企業では，人件費の高騰を抑えるため設備投資をし，多品種少量生産を可能にするためにFMSやCIM化を図っていたので，膨大な設備を保全マンだけでは，その面倒が見きれなかった。設備で製品の品質を作り込み，設備で製品の原価を作り込むという時代に，設備の保全が不完全では，設備の性能を完全に発揮させることができず，激烈な競争に打ち勝つことができない。

　そこで1969年，自動車部品総合メーカーである日本電装が，上は社長から下は現場のオペレータにいたるまで，全員が保全マンであるという意識で，全員参加のPM運動を展開し，経営体質を活性化させ，企業業績をいちじるしく進展させ，PM賞審査委員会から1971年度PM優秀事業場賞を受賞した。日本電装に始まったTPMは，その初期には生産部門のTPMであったが，その後その手法の適用を全社に拡大して全社的TPMを目指している。したがってTPMのトータルの意味は，生産システム効率のトータル化（総合的効率化）を目標とした全員参加の全社的運動であることを意味する。TPMの基礎はエンジニアリングにあり，それは，設備管理，機械工作法，作業工学，生産工学，電気エネルギー工学，精密工学，システム工学，プロセス工学，信頼性工学，安全工学，経済性工学などからなる。TPMを導入すると，工場は見違えるように綺麗になり，従業員の士気が高まり，企業業績も向上する。そこで「儲かるTPM」と評価され，国内の多くの一流企業の間で普及しつつあるのみならず，アジア，欧州，米国，南米など世界各国に広まっている。

第 3 節　職能別原価の拡大とライフサイクル・コスティング

1.　上流からの管理の重視——研究・開発費の登場

　企業内外の環境変化が伝統的な原価計算にたいして与えた重大な影響は，まず職能別原価の拡大となって現われた。原価計算は，製品の製造原価を計算する手法として出現したので，その計算対象は製造原価のみであった。その後，原価管理が重要となり，工場原価を厳重に管理するのみでは不十分であって，営業所や本社で発生する販売費および一般管理費も，原価管理をしなければならず，したがってこれら営業費も原価管理の対象とされるようになった。さらに技術革新が進み，新製品や新技術の開拓の費用が重要になるにつれ，わが国の「原価計算基準」では，企業全般にかんする技術研究費は本来は一般管理費であるが，その企業の将来にたいする前向きの姿勢を示す投資額を示すので，必要ある場合には，これを，販売費および一般管理費とは区別して別個の項目として記載することができるとした。したがって伝統的な原価計算では，原価を職能別に分類すれば，製造原価，販売費および一般管理費，（さらに技術研究費）となり，これらの職能別原価が，原価計算の計算対象となる原価のすべてであった。

　ところが企業の内外の環境が急激に変化した。消費者の嗜好が多様化し，長期にわたって同じ製品が売れるという時代ではなくなり，商品のライフサイクルが短縮したことは，すでに述べた。それに対応して製造企業も，生産設備のFMS化やCIM化を図り，生産が高度化して，ロボットによる夜間無人運転を行なう工場も多くなってきた。こういう状況では，まず何よりも顧客のニーズにピッタリと適合した製品，市場で売れる製品を企画しないと，企業は破産に直面する危険があった。原価計算の目的でいえば，経営の戦略的意思決定がよりいっそう重要になったといってよい。さらにいかなる製品をどのような設備で生産するかがきまれば，企業活動で発生する原価の大部分が確定してしまい，そうした状態では原価管理の余地がきわめて限られることも明白となった。さ

らに仕損を例にとればすぐわかるように，生産過程の完成に近い段階で仕損が発生するほど，補修可能な仕損品には多額の補修費がかかり，補修不能な仕損品については莫大な仕損損失が発生する。それならば仕損が発生しにくい製品設計，仕損が発生しないような設備の設計に最初から時間と金をかけておけば，巨額な損失の発生を有効に防ぐことができる。

こうして経営管理は，経営活動の全体を川の流れに見立てて，上流からの管理，ないし源流からの管理こそ，効果的であることが認識され，量産にはいるまえに発生する原価，すなわち研究・開発費が新しい職能別原価として登場した。なお技術研究費は企業全般にかんする基礎研究費であるが，ここでいう研究費は，特定の製品開発に直接関係する研究費である。

この現象は，わが国の自動車，電気機器，機械工業など加工組立型産業で，原価企画として広く普及している。原価企画については，項を改めて考察することとし，ここではもう少し職能別原価の拡大の方向を追ってみよう。

2. ライフサイクル・コスティング

職能別原価は上流に向けて拡大されたが，逆に下流に向けても拡大されつつある。私たちがマイホームを建てるとき，冷暖房用の空調システムとして，電気，ガス，灯油など，いろいろのエネルギーを利用したシステムを選択することができる。その場合，設備費だけを比較して選択するであろうか。そういうわけにはいかない。なぜならば，設備費のほかに，使用上かかる燃料費や電気代などのランニング・コスト，メンテナンス・コスト，そして最後に廃棄処分費がかかるので，取得から廃棄処分までにかかるすべてのコストの合計額と，その空調システムの機能とを比較するであろう。これとまったく同様に，長期間使用する生産財や消費財については，ユーザーがこれを購入後に使用する過程で，取得原価に比べてかなりの高額のランニング・コスト，メンテナンス・コストそして最後に廃棄費がかかるようになってきたため，ユーザーは，これらすべてのコストの合計が最小となる製品やシステムを選択するようになってきた。

第 17 章　企業環境の激変と原価計算の変貌　　831

　ライフサイクル・コスト（life-cycle cost ; LCC）とは，製品やシステムの，企画・開発から廃棄処分されるまで，換言すればその一生涯にわたってかかるコストのことであって，その主なコストは次のものである。^(注 7)

(1)　研究・開発コスト（市場分析，フィージビリティ・スタディなどの製品企画費，製品システムや製造工程の設計費，それらのソフトウエア・コスト，システムの試験・評価コストなど）

(2)　生産・構築コスト（製造用の材料費，労務費，経費などの生産コスト，生産施設，特殊試験施設，保全修理施設，貯蔵倉庫の購入費，新設費，改造費など）

(3)　運用・支援コスト（システムや製品の広告費，輸送費，倉庫費，顧客サービス・コストなどの販売費，システムや製品を使用者が購入後，使用者にとってかかる運用費，保全費，訓練費。したがってここでは，製品の生産者と使用者のコストを区別して把握する。）

(4)　退役および廃棄コスト（修理不能部品の廃棄，システムや製品の最終的退役コスト）

　これらのライフサイクル・コストを発生段階別に見積もり，各段階別の分布を表わすコスト・プロフィルを図示すれば，たとえば次ページのようになる（図17—1）。

　ここで注意を要するのは，(1)ライフサイクルの各段階で発生するコストの間に，たとえば生産・構築コストと運用・支援コストとの間にトレード・オフの関係が存在すること（たとえば，高い製品を購入すれば，ランニング・コストは安く，反対に安い製品を購入すれば，ランニング・コストが高くなるなど），しかも，(2)製品やシステムのライフサイクル・コストを，結局はユーザーがすべて負担するので，ユーザーとしては経済的なライフサイクル・コストを望むということである。

　そこで製造企業としても，自己の製品やシステムの研究・開発段階で，そのライフサイクル・コストを予測し，ユーザーの負担するコストを経済的にする

(注 7)　B.S. ブランチャード著，宮内一郎訳「ライフサイクル・コスト計算の実際」日本能率協会，1979 年, pp. 28—40.

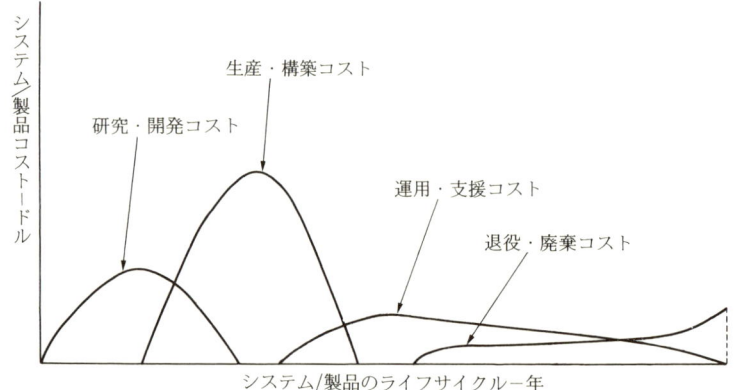

図 17—1 ライフサイクル・コストの各段階別発生状況

（縦軸）システム/製品コスト―ドル
（横軸）システム/製品のライフサイクル―年

ラベル：研究・開発コスト／生産・構築コスト／運用・支援コスト／退役・廃棄コスト

ために，その製品やシステムの効果性（機能，信頼性，保全性，安全性，製作性，補給支援などのパラメーターによって評価する）を一方で考慮しながら，他方でライフサイクル・コストをも製品やシステムの評価パラメーターに加え，各種の代替案のなかから最善の案を選択するという，いわばライフサイクル・コストを作り込むライフサイクル・コスティング（life-cycle costing ; LCCing）を実施するようになってきた。次に日本プラントメンテナンス協会の LCC 委員会による，ライフサイクル・コスティングの定義を示しておこう。(注 8)

　「ライフサイクル・コスティングとは，ユーザーの使用するシステム（設計）のライフサイクル・コストを経済的にするために，システムの開発段階でライフサイクル・コストを設計パラメーターとし，各種のトレードオフを徹底的に行うところのシステマティックな意思決定法である。」

このように，原価計算の計算対象とする原価が，企業内で発生する原価のみならず，製品やシステムのライフサイクル全体で発生する原価を計算対象とすることから，企業外部で発生する原価も包含されるように変化してきた。

3. ソーシャル・コストと環境会計

製品の生産過程や，製品の使用過程で，環境汚染などの社会コストが発生す

(注 8) 前掲書，生産革新のための新・TPM 展開プログラム――加工組立編，p. 280.

る。たとえば各種部品や半導体の洗浄液溶剤やクーラー，冷蔵庫向けの冷媒，樹脂の発泡剤向けに使用されているフロン，ハロン，トリクロロエタンなどは，地球のオゾン層を破壊する。20世紀は大量生産，大量消費の時代であり，それによって地球環境をいちじるしく破壊してしまった。こうした反省から，21世紀の重要な課題の1つは，地球環境の保全にあると考える人々が多い。各国政府，環境NGO（非政府組織），住民，消費者，金融機関，投資家たちは，企業を環境という側面から選別する姿勢を強めている。環境対策に熱心な企業を選んで投資する「エコファンド」といった投資信託も出現した。

　このような新たな事態に対処するため，企業は重要な経営戦略の一つに，環境対策にかける費用とその効果を定量化して示す「環境会計」（Accounting for the Environment）を導入し始めた。アメリカのIBMはすでに約10年前から環境会計を実施しており，わが国でも大手企業で富士通がはじめて1999年に環境報告書を公表した。それによれば99年3月期は，連結ベースで環境対策費用合計が140億円，その効果金額合計が180億円であったという。松下電器産業，ソニー，トヨタ，キリンビールなどの有力企業も続々と開示の準備を進めている。

　環境会計の問題点は，現行の企業会計が，環境という分類に対応していないので，計算の範囲，計算方法がまだ確立しておらず，とりわけ環境対策の効果金額測定に客観性が確保されない点にある。そのために環境会計の国際的な統一基準の制定が望まれる。トヨタでは，環境報告書に監査法人の審査による「第三者意見書」を添付する方向で，この問題に対処するという。いずれにしても環境会計は，原価計算研究者が真剣に取組むべき新しい領域となることは確実である。

4. 結　　び

　以上考察してきたように，企業環境の変化に伴って，原価計算の計算対象とする職能別原価の領域が，図17—2で示したように拡大しつつあり，また将来拡大する可能性をもっている。

図 17—2　職能別原価の拡大

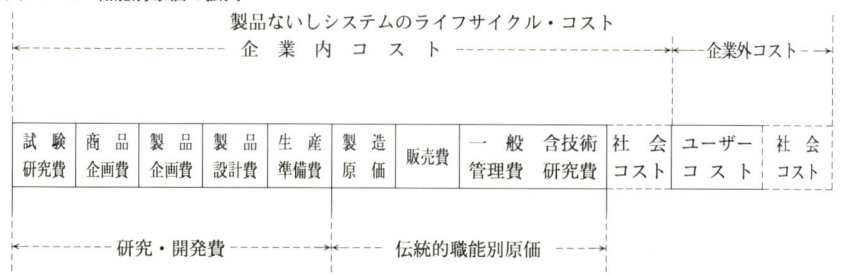

					製品ないしシステムのライフサイクル・コスト						
		←――――――――――――企　業　内　コ　ス　ト――――――――――――→	←企業外コスト→								
試験研究費	商品企画費	製品企画費	製品設計費	生産準備費	製造原価	販売費	一　般管理費	含技術研究費	社会コスト	ユーザーコスト	社　会コスト
	←―――研究・開発費―――→				←―――伝統的職能別原価―――→						

第 4 節　品質原価計算の現状と問題点

1.　品質原価計算とPAFアプローチ

　アメリカでは，製品の品質を確保することが，高品質の日本製品との激烈な競争に生き抜くための重要な戦略であるとする認識が高まり，品質保証にどれほどの原価をかけているかを知るための品質原価計算（quality costing）が，1950年代になって提唱され(注9)，次第に注目を集めた。そして1960年代の初頭にかけて品質原価（quality cost）を把握するための，「予防―評価―失敗アプローチ」（Prevention-appraisal-failure Approach ; PAF Approach）がアメリカ品質管理協会（American Society for Quality Control ; ASQC）によって採用されたために，この分類方法がアメリカで広く普及している。

　品質原価は，この方法では次のように分類されている。

A.　品質適合コスト（cost of conformance，製品の品質を，品質規格に一致させるためにかけるコスト）

　(1)　予防原価（prevention costs，製品の規格に一致しない製品の生産を予防するコスト）

　　　品質保証教育訓練費（社外，社内教育費，職場懇談会費）
　　　品質管理部門個別固定費

(注9)　Feigenbaum, A.V., "Control (design＋material＋product＋process)÷Costs (inspection＋rejects)×Customer Satisfaction＝Total Quality Control", *Harvard Business Review*, Vol.34, No.6, Nov./Dec. 1956.

製品設計改善費

製造工程改善費など

(2) 評価原価（appraisal costs，製品の規格に一致しない製品を発見するためのコスト）

購入材料の受入検査費

各工程の中間品質検査費

製品の出荷検査費

自社製品の出荷後のサンプリング，時系列による品質調査費

他社製品の品質調査費

B. 品質不適合コスト（cost of nonconformance，製品の品質を，品質規格に一致させられなかったために発生してしまったコスト）

(3) 内部失敗原価（internal failure costs，工場内で発生する部品，製品の仕損，補修のためのコスト）

仕損費（廃棄処分された仕損品の仕損費）

手直費（不合格品を合格品に手直しするために要した費用）など

(4) 外部失敗原価（external failure costs，欠陥製品の販売によって発生するコスト）

クレーム調査出張旅費

取替え・引取り運送費

返品廃棄処分費

損害賠償費

値引き・格下げ損失

製品補修費など

2. 品質原価計算の特徴

品質原価計算は，次の特徴をもっている。

(1) 品質保証活動原価の把握

この原価計算は，製品の品質そのものの原価を計算するのではなく，また品

質保証部の部門費を把握するわけでもない。上記の品質原価の分類から知られるように，購入部門，品質保証部，工場生産管理部，販売部，試験研究所など，企業内のさまざまな部門にわたる品質保証活動費（cost of quality programs）ないし製品品質関係費（product-quality-related costs）を把握しようとするものである。したがってこの原価計算の計算単位は，部門をこえて行なわれる，いわばクロス・ファンクショナルな品質保証活動にほかならない。

(2) 品質原価計算の目的

品質原価計算の目的は，品質保証活動費を構成する上記4つのカテゴリーの相互関係を把握することに主眼がある。つまり積極的に品質適合コスト（＝予防原価＋評価原価）をかければかけるほど，品質不適合コスト（＝内部失敗原価＋外部失敗原価）の発生を少なくすることができ，逆に品質適合コストを節約してしまうと，品質不適合コストが巨額に発生してしまうという関係である。そこで適合品質を維持しつつ，製品単位当たりの品質適合コストと品質不適合コストとの総額が最小となる最適点の品質原価（最適品質原価）を求めることが，この原価計算の目的である。この関係を図 17—3 で示した。

図 17—3　予防・評価原価と失敗原価のトレード・オフ

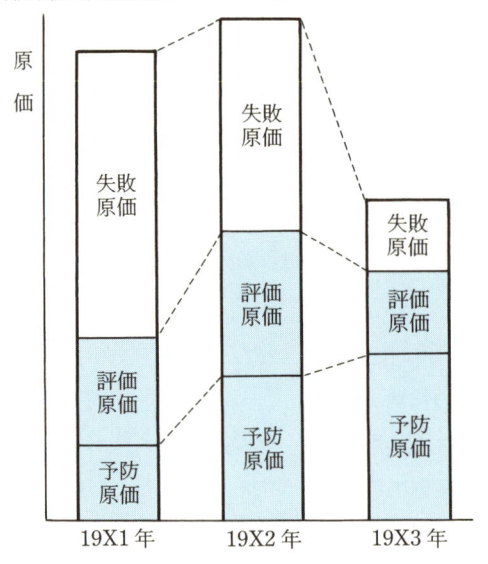

3. 品質原価計算の課題

品質原価計算は新しい計算手法なので，下記のようなまだ未解決の重要な課題を抱えている。

(1) 品質原価に含める原価の範囲とその測定方法

通常の原価計算制度では，原価を費目別，部門別，製品別に把握している。しかしこの品質原価計算は，品質保証活動別に原価を計算し直さなければならない。たとえば，ある製造工程のなかに自動的な製品検査作業が組み込まれている場合，経常的な原価計算制度では，製造工程別に原価を把握していても，その自動検査コストだけを，その製造工程の原価から分離して把握していないであろう。しかし品質原価計算では，品質保証活動を計算単位とする新たな原価計算が必要となる。このような意味で品質原価計算は，後述する活動基準原価計算（ABC）と密接に結びついている。

次に品質保証活動別に原価を把握する場合，それぞれの原価は全部原価か差額原価かが問題となる。この問題は，原価計算目的から検討すべきである。たとえば，A製品の失敗原価が巨額なので，この製品の予防原価予算を増額させ，その結果，失敗原価がどれほど減少したか，を知りたいのであれば，差額原価の見地から，新たに増額したA製品の予防原価と，それ以後に減少したA製品の失敗原価だけを把握して比較すればよい。これにたいして主力製品の長期的な収益性を確保する販売価格を設定する目的で，その製品の販売価格中に占める品質原価総額の割合を計算する場合は，全部原価の見地から，たとえば，品質保証部にある検査設備の減価償却費の，その製品にたいする配賦額をも含めるのが適切であろう。

以上述べたように，品質保証活動別に予防原価，評価原価，内部失敗原価および外部失敗原価を把握する場合に，それぞれのカテゴリーにどのような費目を含めるか，その費目をいかに把握するかは，今後さらに検討されなければならない。

(2) 品質原価計算の基本思考――短期最適思考

すでに述べたように品質原価計算では，品質適合コストと品質不適合コスト

とのトレード・オフ関係を把握し，製品単位当たりの品質原価が最小となる最適点を求めることが，この原価計算の目的である。この考え方は，不良品がある程度発生しても，製品単位当たりの品質原価が最小になればよいとする考え方であるから，ある意味ではアメリカの合理的ないしドライな計算思考であり，どちらかといえば短期的視点に立脚しているといえよう。

(3) **日本企業における品質管理**

わが国の工場を見て歩くと，ZD（Zero Defect 不良品ゼロ）と書いた横断幕が掲げられ，TPM活動やTQC活動が盛んに行なわれている。不良品ゼロを目指す考え方は，顧客に一度不良品を売って信用を失うと，以後は相手にしてもらえないとする考え方であって，長期の取引関係を大事にするウエットな計算思考であり，長期の収益性を大切にする経営姿勢といえよう。こうした考え方と日々の努力によって，日本製品の品質の高さは，世界的に認められるようになった。

(4) **アメリカの品質管理の変貌と品質原価計算の新たな課題**

地球規模での競争の激化と日本企業の成功によって，アメリカ企業も製品品質こそ重要な戦略要因であることに気づき，日本のTQCを積極的に導入し，さらにTQCをTQM（Total Quality Management）へ進化させて実施する企業がふえてきた。TQMの特徴は，不良品ゼロを目標とし，設計仕様と実際の製品品質とのずれを問題する「適合品質」よりも，むしろ顧客の要求品質と設計仕様とのずれを問題とする「設計品質」に品質管理の重点を移し，さらに製造現場における品質管理の専門技術は，経営者やエンジニアでなく現場オペレーターがもち，オペレータが品質管理の責任をもつとする全員参加などの諸点にあるとされ，かなり日本的TQCの特徴をもっている。しかし，TQMの本質的特徴は，これらの特徴をアメリカ的に統合して，顧客やその他外部の利害関係者にとって存在価値のある，企業市民としての経営システム全体の質の向上を目指す経営管理技術とする点にあると思われる。したがって従来の品質原価計算では，TQM活動をサポートできず，前節で述べたライフサイクル・コスティングや，後述する活動基準原価計算，さらに原価企画と結合した新しい品質原価

計算へ脱皮しなければならない。

第 5 節　バックフラッシュ原価計算 (backflush costing; 逆流原価計算)

1. バックフラッシュ原価計算とは何か

　企業がジャストインタイム生産方式を採用し，必要な物を必要な時に，必要な量だけ生産するようになると，期末在庫品（期末材料，期末仕掛品，期末製品）がいちじるしく減少する。自動車の生産にしても，営業所が顧客から注文を受けると，その営業所のコンピュータ端末から工場へオンラインで注文が送られ，受注生産が行われる。その結果，見込生産で大量の製品在庫を抱えるような状況ではなくなってきた。そこでもし，期末在庫品がゼロであれば，当期に発生した製造費用はすべて売上原価勘定へ借方記入できる。しかし一般には，期末在庫品が少しは残るであろう。こうした事態を踏まえて新たに工夫されたのが，バックフラッシュ原価計算である。

　バックフラッシュ原価計算とは，ジャストインタイム生産方式を採用する企業が，原価計算に要する手数と経費を節約するために工夫した原価計算であって，当期に発生した製造費用はすべて売上原価勘定に借方記入しておき，期末になって残った在庫品へ，製品単位当たり標準原価または予算原価を利用し，売上原価勘定からその製造費用をバックフラッシュ（逆流）させる，あるいは差し戻す原価計算方式をいう。

2. 期末在庫品ゼロの場合のバックフラッシュ原価計算

[計算例－1]

(1) 当社は製品Aを製造・販売し，ジャストインタイム生産方式を採用している。製品Aの原価標準は次のとおりである。

　　　　原料費　　200円/kg×5kg/個…………1,000円/個
　　　　加工費　2,000円/時×1／4時/個……　 500円/個
　　　　製品単位原価合計………………………1,500円/個

(2) 期首原料，仕掛品，製品はない。

(3) 当月受注，生産，販売量　製品A　1,000個

(4) 当月原料購入，消費　200円/kg×5,000kg ……1,000,000円

(5) 当月加工費発生額 …………………………………… 500,000円

(6) 期末原料，仕掛品，製品はない。

以上の条件にもとづき，バックフラッシュ原価計算の仕訳を示せば次のようになる．

(1) 原料の購入と消費

　　　（売上原価）　　1,000,000円　　（買掛金）　1,000,000円

(2) 加工費の発生

　　　（売上原価）　　　500,000円　　（加工費）　　500,000円

この例は期末原料，仕掛品，製品がなく，実際原価＝標準原価で標準原価差異が生じないという極端な例である。内部管理のため物量データでは，たとえば原料の購入→消費→仕掛品→製品→売上原価の流れを把握すべきであるが，外部報告目的にとっては原価計算上この流れを把握する必要はなく，原料の購入→売上原価として差し支えないことになる。

3.　期末在庫品が残る場合のバックフラッシュ原価計算

［計算例－2］

(1) 製品Aの原価標準は，［計算例－1］と同じとする。

(2) 期首原料，仕掛品，製品はない。

(3) 受注1,000個，当月完成990個，販売引渡985個

(4) 原料購入　＠200円×5,000kg……1,000,000円

(5) 原料消費　＠200円×4,975kg……　995,000円

(6) 加工費発生額　496,250円

(7) 期末原料在庫量25kg，期末仕掛品量5個（進捗度：原料費100％，加工費50％），期末製品在庫量5個

以上の条件で，伝統的全部原価計算方式による勘定連絡図と，バックフラッ

シュ原価計算方式による勘定連絡図とを次に示そう。

[計算例―2] 勘定連絡図
[全部原価計算方式]　　　　　　　　　　　　　　　　　　　　　　　　　〔単位：円〕

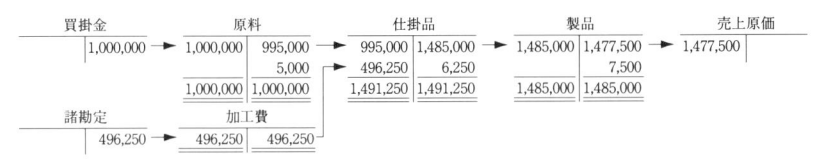

```
買掛金            原料              仕掛品            製品              売上原価
 1,000,000→1,000,000 995,000→ 995,000 1,485,000→1,485,000 1,477,500→1,477,500
                         5,000          496,250    6,250              7,500
                 1,000,000 1,000,000  1,491,250 1,491,250 1,485,000 1,485,000
諸勘定            加工費
   496,250      496,250   496,250
```

[バックフラッシュ原価計算方式]

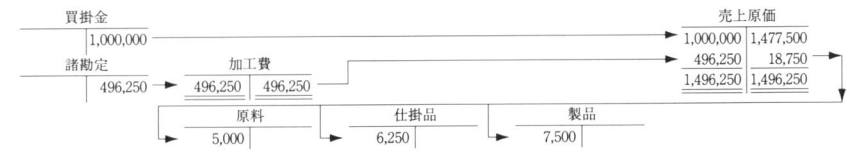

```
買掛金                                                          売上原価
 1,000,000 ─────────────────────────────→1,000,000 1,477,500
諸勘定      加工費                                                496,250   18,750
   496,250 496,250  496,250                                    1,496,250 1,496,250
                    原料        仕掛品        製品
                    5,000       6,250        7,500
```

期末在庫品原価の合計は18,750円であって，その内訳は次のようになる。

　期末材料……＠200円×25kg ……………………………………5,000円
　期末仕掛品…原料費　1,000円/個×5個×100%… 5,000円
　　　　　　　加工費　 500円/個×5個× 50%… 1,250円 ……6,250円
　期末製品　1,500円/個×5個……………………………………7,500円
　　　　　　　　　　　　期末在庫品合計　　18,750円

勘定連絡図から明らかなように，伝統的全部原価計算方式では経済的資源の消費とその価値移転過程を追求していくが，バックフラッシュ原価計算では当期の製造費用を全額，売上原価勘定へチャージし，期末になって18,750円を売上原価勘定から原料，仕掛品，製品勘定へそれぞれ差し戻すのである。したがってこれらの勘定は期末原料，期末仕掛品，期末製品勘定といってよい。それではこれらの期末有高は，次期にはどうするのであろうか。バックフラッシュ原価計算では，次期の期首にこれらの期末有高を売上原価勘定へ戻せばよい。

なおこの計算例でも，標準原価差異は発生しないものとしているが，もし発生すれば，原価差異勘定に振替へ，月々の借方差異，貸方差異を相殺して年度末になお残る差異については，少額の場合は売上原価勘定へ，多額の場合は関係する期末在庫品と売上原価勘定へ割り振ればよい。

4. バックフラッシュ原価計算の変り種

バックフラッシュ原価計算の本質は,その名称からして売上原価勘定からの逆流計算にあると解釈するのが妥当であろう(注10)。しかしこの原価計算の本質を,仕訳記録時点を延期する原価計算(delayed costing)と解する見解もある(注11)。

この見解に従えば,前述の計算例は,仕訳記録時点を販売まで延期した原価計算ということになる。ホーングレンはバックフラッシュ原価計算について,3つの計算例をあげて説明しているが,ここではその第2の計算例の方法を,紹介しておこう。この方法のポイントは,次のとおりである。

(1) 原料については,原料在庫高,仕掛品中に含まれる原料費,製品中に含まれる原料費を一括的に記録する在庫品統制勘定(inventory control a/c)を設ける。したがって原料勘定,仕掛品勘定,製品勘定を使用しない。

(2) 発生した加工費はすべて売上原価にチャージし,資産化しない。換言すれば,加工費は仕掛品と製品には配賦しない。

(3) 仕訳記録時点は,原料の購入時点と製品の販売時点である。

上記の方法をわれわれの [計算例-2] に適用すれば,次のようになる。

   1) 原料購入時　　　（在庫品）　1,000,000円　（買掛金）1,000,000円
   2) 加工費の発生　　（加工費）　　496,250円　（諸勘定）　496,250円
   3) 製品完成時　　　仕訳なし
   4) 製品販売時　　　（売上原価）1,477,500円　（在庫品）　985,000円
                                                          （加工費）　492,500円

    （注）　1,477,500円＝@1,500円×985個
           985,000円＝@1,000円×985個
           492,500円＝@　500円×985個

   5) 加工費差異の処理（少額なので内部管理計算上,売上原価勘定へチャージする。）

(注10) Maher, M., *Cost Accounting: Creating Value for Management* (Chicago: R. D. Irwin, 5 th ed., 1997) p.67.

(注11) Horngren, C. T., G. Foster, and S. M. Datar, *Cost Accounting: A Managerial Emphasis* (N. J.: Prentice Hall, Inc., 9th ed., 1997) p.726.

第 17 章　企業環境の激変と原価計算の変貌

　　　　（売上原価）　　　3,750円　　（加工費）　　　3,750円

以上の仕訳記入を勘定連絡図で示そう。

バックフラッシュ原価計算変わり種勘定連絡図

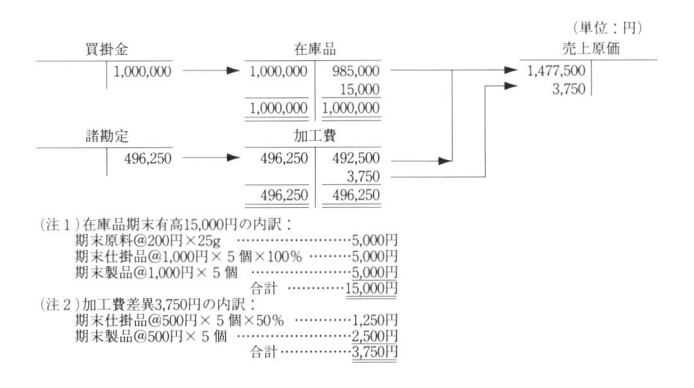

```
                                                      （単位：円）
     買掛金              在庫品                        売上原価
          1,000,000 ──→ 1,000,000 │  985,000 ─────→ 1,477,500
                                  │   15,000                3,750
                        ─────────  ─────────
                        1,000,000   1,000,000

     諸勘定              加工費
            496,250 ──→  496,250 │  492,500 ─────→
                                 │    3,750
                        ─────────  ─────────
                         496,250    496,250
```

（注1）在庫品期末有高15,000円の内訳：
　　　期末原料@200円×25g ……………………5,000円
　　　期末仕掛品@1,000円×5個×100% ………5,000円
　　　期末製品@1,000円×5個 …………………5,000円
　　　　　　　　合計 ……………15,000円
（注2）加工費差異3,750円の内訳：
　　　期末仕掛品@500円×5個×50% …………1,250円
　　　期末製品@500円×5個 …………………2,500円
　　　　　　　　合計 ……………3,750円

　ホーングレンによると，この種の原価計算をトヨタのケンタッキー工場で採用しているという。この方法の特徴は，加工費を全額期間費用とする点にあり，その結果，経営者は在庫品を余分に生産することによって計算上の利益をあげようとはせず，販売にいっそうの注意を集中するようになる。つまり加工費を仕掛品や製品に配賦すれば，その分だけ売上原価が減り，期間利益が増加するからである。したがってこの変り種の原価計算は，スーパー直接原価計算（supervariable costing）ともいわれる。なぜならば製品の製造原価を原料費ないし直接材料費だけで計算する直接原価計算と，期間利益的には一致するからである。もちろんこの方式は，外部報告目的には問題がある。しかし期末仕掛品，期末製品が僅少ならば，全部原価計算の利益に結果的にほぼ一致するし，もし僅少でなければ，期末に全部原価計算方式へ修正することは可能である。

第18章　経営戦略の策定と遂行のための原価計算

第 1 節　企業環境の激変と経営戦略のための会計情報

　前章で，1950〜1960年ころから，企業をめぐる経済的，社会的環境が激変してきた事実を述べた。企業は環境激変に対応できないと，生き残れないという事態に直面している。たとえば日本経済発展の牽引役を果たしてきた自動車産業をみてみよう。

　ドイツ人ゴッドリープ・ダイムラーとカール・ベンツがガソリン・エンジンを搭載した四輪自動車を作ったのが1886年である。その後自動車メーカーは，内燃機関のガソリン・エンジン開発に莫大な投資を続けてきた。20世紀は，大量生産，大量消費の時代といわれる。自動車の普及から環境汚染問題が深刻化した。1990年9月，アメリカのカリフォルニア州で排気ガス規制が成立した。

　大気資源委員会は，州内で年間3万台以上車を販売するメーカーにたいし，98年から州内販売量の2％分は排気ガスを出さないものにするよう義務づけ，2003年までにこの比率を10％まで引き上げるという決定を下した。石油資源は有限であり，将来値上がりするという予測もあって，自動車メーカーは，次世代車の開発競争に突入した。それは，ガソリン・エンジンから燃料電池への転換を意味する。自動車の製造で，最重要部品であるエンジンがなくなる時代が目前に迫っている。自動車メーカーに多くの機械部品メーカーが連なるという組織構造が一変する。電気・電子技術をもつ電気メーカーが，自動車産業に参入することになる。ここ数年のうちに，主力製品や経営組織構造が一変する業界は自動車業界のみではないであろう。

　こうした環境激変に対処するためには，経営戦略の策定と遂行に役立つ会計情報が不可欠である。しかしながら現状では，この会計情報の基本的枠組がまだ確立しておらず，個々の技法が別個に開発されてきているにすぎない。そこでこの章では，経営戦略とは何か，経営戦略にはどのような種類があるかを概

観したうえで，製品のライフ・サイクル段階別使命を考慮し，全社的経営資源配分の方法を解明したプロダクト・ポートフォリオ・マトリックス，個別事業の一般戦略として持続的競争優位を確保する方策，とりわけコスト・リーダーシップ戦略にとって効果的な方法である原価企画，原価維持および原価改善，さらに環境激変により陳腐化してしまった伝統的原価計算に代わり，製品戦略策定に不可欠な活動基準原価計算と活動基準管理をとりあげて検討しよう。

第 2 節　経営戦略の本質と種類

1.　経営戦略とは何か

企業環境の変化は，企業にとって脅威と機会の両側面をもつ。したがって企業活動をたえず予想される将来の企業環境に適合させなければならないが，そのための基本方策を経営戦略という。戦略という言葉は軍事用語からきている。局地戦において，個々の戦闘に勝つ方策を戦術 (tactics) というが，戦略 (strategy) とは各種の戦闘を総合し，戦争全体を終局的に勝利へ導く方策を意味している。軍事用語としての戦略の概念が初めて経営学の文献に現われたのは1960年代のアメリカにおいてである。当時，事業ないし製品をどのようにして多角化し，企業全体の成長を図るべきか，多角化した事業を管理するための経営組織として，事業部制をどのように運営すべきか，が大きな問題となった。A. D. チャンドラーはその著書「経営戦略と経営組織」[注1]のなかで，経営戦略を「企業の基本的長期目標の決定，とるべき行動方向の選択，これらの目標遂行に必要な資源の配分」[注2]と定義している。H. I. アンゾフもまたその著書「企業戦略論」[注3]のなかで企業における意思決定を戦略的決定，管理的決定および業務的決定に分け，戦略的決定を企業と環境との関係を確立する決定であるとした。個々の事業な

(注1)　Chandler, A. D., *Strategy and Structure*, MIT Press, 1962（三菱経済研究所訳「経営戦略と経営組織」実業之日本社，1967）

(注2)　*Ibid.*, p.13.

(注3)　Ansoff, H. I., *Corporate Strategy*, McGraw-Hill, 1965（広田壽亮訳「企業戦略論」産業能率大学出版部，1977）

いし製品は，成長→成熟→衰退というライフサイクルをたどるので，企業が存続と成長を図るためには，新たな事業ないし製品の追加がたえず必要であり，どのようにして製品や市場の多角化を図るかという問題に，チャンドラーとアンゾフの両者に共通する研究の核心があった。^(注4)

以上の考察にもとづき，本書では経営戦略を次のように定義しておく。

「経営戦略とは，企業の長期目標を実現するために，企業環境とのかかわり合いにおいて経営資源を配分し，企業の持続的競争優位を確保するために採るべき基本方針ないし方策をいう。」

2. 経営戦略のレベル

経営戦略には次の3つのレベルがある。

(1) 企業戦略（corporate strategy）……企業全体を構成するさまざまな事業ないし製品を，どのように選択すべきか，どのような組合せをもつべきか，それらにたいしいかに経営資源を配分すべきかについての基本方針ないし方策

(2) 事業戦略（business strategy）……企業内における個々の事業についてその競争ポジション，すなわちその事業が，長期にわたり業界の平均以上の収益性を実現する地位を確保するための基本方針ないし方策

(3) 職能戦略（functional strategy）……特定の事業内でのマーケティング戦略，研究開発戦略，財務戦略，人事戦略のように，特定の職能上の行動に関する基本方針ないし方策

3. 製品のライフ・サイクルとその段階別戦略

人の生涯と同様，製品にもそのライフ・サイクルがある。すなわち市場における導入期，成長期，成熟期，衰退期である。そこで各段階別の製品にたいし次の異なる戦略的使命を与えるのがよい。

(1) 構築使命（build mission）……導入期と成長期の製品には，短期の利益また

(注4) 石井淳蔵，奥村昭博，加護野忠男，野中郁次郎「経営戦略論」有斐閣，昭和60年，p.3.

はキャッシュ・フローを犠牲にしても，市場占有率の増大を目標とし，市場における地位を構築する使命を与える。

(2) 確保使命 (hold mission)……成長期から成熟期へ向かう製品には，市場占有率と競争上の地位を確保する使命を与える。この期には，キャッシュ・インフローとアウト・フローとがほぼ均衡するであろう。

(3) 収穫使命 (harvest mission)……成熟期から衰退期へ推移する製品には，市場占有率を犠牲にしても，短期の利益ないしキャッシュ・フローを最大化する収穫使命を与える。この期の製品は，他の期の製品にたいするキャッシュの供給源となる。

なお，導入期以前の商品企画，製品設計段階で適用される重要な戦略として，原価企画があるが，これについては後述する。

4. 個別事業の一般戦略 (generic strategies)

個々の事業が長期にわたり業界の平均以上の収益性を実現するための，持続的競争優位 (sustainable competitive advantage) を確保するための一般戦略としては次のものがある。

(1) コスト・リーダーシップ (cost leadership) 戦略……これは，規模の経済，経験曲線の利用，標準原価管理，予算管理，原価企画などにより，業界における最低のコストの生産者を目指す。BICのボールペン，タイメックスの時計，トヨタの小型乗用車などが，その例としてあげられよう。

(2) 差別化 (differentiation) 戦略……これは，他の事業者が提供できない独特の製品やサービスを顧客に提供し，顧客の高い評価をえる方策である。車のメルセデス・ベンツ，時計のローレックスなどが，その例としてあげられる。

(3) 集中 (focus) 戦略……これには，原価集中 (cost focus) 戦略と差別化集中 (differentiation focus) 戦略とがある。コスト・リーダーシップ戦略と差別化戦略は，どちらも広大な市場で競争優位を得るよう努力するが，集中戦略は狭いセグメントないしニッチ (niche, 収益性の高い市場の隙間) で競争相手

を排除する方向へ，その努力をむける点に違いがある。ニッチ戦略ともいわれる。たとえば貨物運送業のなかで宅急便というニッチを開拓したヤマト運輸がある。あるいは，ファースト・フード業界で，マクドナルドが大通りに出店し，安く，注文してすぐ食べられるハンバーガーを提供しているのにたいし，モスバーガーは，路地裏に出店し，和風で，注文してから時間がかかるが高品質のハンバーガーを提供しているので，後者をニッチ戦略の例としてあげてもよかろう。

5. コア・コンピタンス（競争力の中核）

最近では，経営戦略上，持続的競争優位を確保する中核となるコア・コンピタンス (core competence) が注目されている。企業が他企業に追いつき，さらに引き離すために採る方法としては，(1)事業部の再編成と人員削減→小さくなる（ダウンサイジング），(2)プロセスのリエンジニアリングと継続的原価改善→顧客にとっての付加価値活動を増加させ，低コストによる競争力をつける，といった方法がある。しかしながらこれだけでは不充分であって，さらに(3)将来，新しい産業を創出する能力を高めることが必要である。コア・コンピタンスはこの3番目に関連する。それは，個別的なスキルや技術ではなく，それらを統合した企業力であって，①顧客に価値が認められ，②他社に比べて数段優れたユニークな競争力をもち，③将来，新製品市場参入への基礎となるという条件を満たすものである。(注5)

たとえば，ホンダは世界的にも優秀な性能のよいエンジンや伝導装置を製造しているために，高い燃費効率，優れた加速，エンジン起動のスムースさ，低騒音，低振動といった統合技術力をもっており，それがホンダのコア・コンピタンスになっている。しかも二輪車で開発したエンジンの統合技術力を，自動車，発電機といった別の製品市場へうまく拡大してきた。モトローラにとっては，高速サイクルタイム生産がこの会社のコア・コンピタンスである。つまりそれ

(注5) G. ハメル&C.K. プラハラード，一条和生(訳)「コア・コンピタンス経営」日本経済新聞社，1995年，pp.258-265.

は，受注から注文の履行までに要する時間を最短にするため，生産ラインをできるだけ共通化する設計，フレキシブル生産システム，高度な受注システム，在庫管理システム，部品メーカー管理システムなどを統合したものである。富士フイルムにとっては，多層膜塗布技術をあげてよいであろう。カメラ用のフィルム製造技術をオーディオ・テープやビデオ・テープの生産へと展開している。また，ソニーの製品を小型化する統合技術力もコア・コンピタンスの例といえよう。ソニーではこれを世界最小のウォークマンや，パスポートサイズのデジタル・ビデオカメラの生産へと展開している。

経営戦略上，何がコア・コンピタンスであるか，ないかを識別することが大切である。現代企業において持続的競争力を維持するためには，コア・コンピタンスを構築し，これを育てていくことが重要であり，コア・コンピタンスでないものはアウトソーシング（外注）によって合理化するという傾向が，ますます高まっている。

第 3 節　プロダクト・ポートフォリオ・マトリックス（PPM）

ボストン・コンサルティング・グループ（Boston Consulting Group, 以下BCGと略す）の考案したプロダクト・ポートフォリオ・マトリックス（product portfolio matrix：PPM）は，経営資源，とりわけ投資資金の全社的配分方法のあり方を解明した技法として有名である。

1. ボストン・コンサルティング・グループの取り組んだ問題

彼らは，(1)企業の長期目標として企業の成長を選び，(2)成長のためには事業ないし製品の多角化が必要であって，(3)各事業ないし製品には，企画→市場への導入→成長→成熟→衰退といったライフサイクルがある点を考慮し，(4)どのような製品品種の組合せ（これをポートフォリオという。）が望ましいかという問題と取り組んだ。

2. 全社的資金の望ましい流れ

そこで彼らは，製品のポートフォリオを考えるさいに，資金を生み出す製品から資金を必要とする製品へという全社的な資金の望ましい流れに着目した。それではどのような製品が資金を供給することができ，その資金をどのような製品が必要とするであろうか。資金の需要程度と供給能力を示す指標として，彼らは市場成長率と市場占有率を選んだのである。売上高が年々増加する市場成長率の高い製品は，設備投資や運転資金で営業活動から生ずる資金を上回る資金を必要とする。これにたいし，売上高の伸びが止まった市場成長率の低い製品は，もはや余分の資金を必要としないであろう。したがって市場成長率は，製品の資金需要を示す指標として使用できる。

これにたいし市場占有率は，製品の資金供給能力を示す指標として使用できる。この点を理解するためには，経験曲線を知っておかねばならない。

経験曲線（experience curve）とは，累積生産量が倍になると，製品の単位原価が一定率で，たとえば10～30％程度減少するという現象である。これは，経験の学習，労働の専門化，生産量の増加によるスケールの影響などが相互に影響し合う結果であって，具体的に何％の定率で減少するかは，業種や個々の企業によって異なる。次に示したのは，20％原価削減曲線の例である。

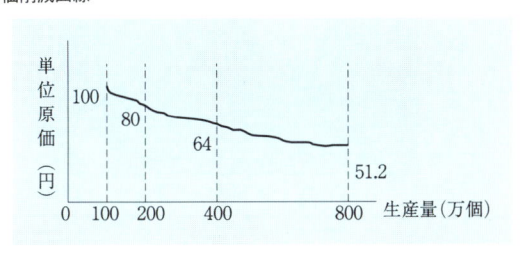

図18—1　20％原価削減曲線

市場占有率の高い製品は，経験曲線の知識から，単位原価は一定率で減少し続け，より高い収益性をもち，他の製品にたいする高い資金供給能力をもっている。逆に市場占有率の低い製品は，経験曲線の知識から，単位原価の削減はまだ不充分であって，その収益性は低く，他の製品へ資金を供給する能力は低い。

したがって市場占有率は，製品の資金供給能力を示す指標として使用できるわけである。

かくしてBCGは，(1)経験曲線にもとづき，(2)市場成長率と市場占有率を製品の資金需要と資金供給能力の代理指標として使用し，(3)製品のライフサイクル段階別使命とを組み合わせることによって，プロダクト・ポートフォリオ・マトリックス（成長ーシェア・マトリックス growth-share matrix ともいわれる。）を考案した。

3. プロダクト・ポートフォリオ・マトリックスの内容

次に示した図は，BCGのプロダクト・ポートフォリオ・マトリックスである。この図の縦軸には製品の市場成長率を，横軸には製品の市場占有率をとっている。

図18—2　BCGのプロダクト・ポートフォリオ・マトリックス

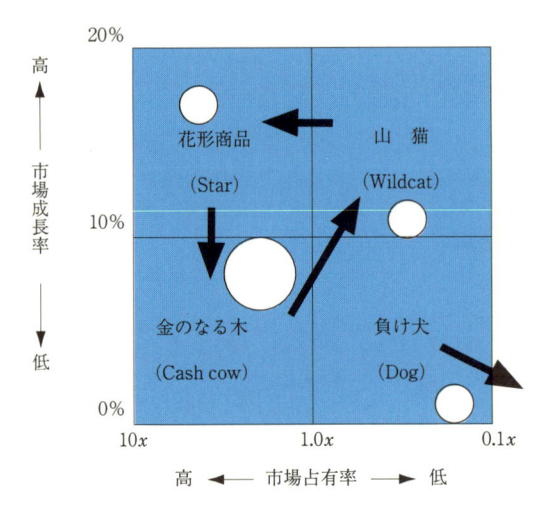

市場成長率は，インフレによる貨幣価値変動を修正した年率であり，この図では10％で区切っているが，景気の状態に応じて変えるほうがよい。横軸の市場占有率は，最大手競争企業の製品が占めるマーケット・シェアと対比した自社製品のマーケット・シェアで計算した相対的市場占有率である。横軸だけを

対数目盛にすると，最大手競争製品の市場占有率と自社製品の市場占有率とが等しい場合（$1.0\,x$）を中心として，その10分の1の場合（$0.1\,x$）と10倍（$10\,x$）の場合までが等間隔で示されるので，各種の製品はこのスペースの中に位置するであろうから，それらを効率的に表示できる。なおこの横軸は，通常と異なり，左へいくほど高く，右へいくほど低く目盛ってある点に注意してほしい。さて次に自社の取扱製品を，この図に目盛るわけであるが，各製品の座標ごとに，それぞれの売上高の大小を円の大小で表示する。

表示した各種製品を，市場成長率の高低，市場占有率の高低によって4つのグループに分類し，これらと製品ライフサイクル段階別の戦略的使命とを組み合わせれば，次のようになる。

(1) 山猫（Wildcat；問題児 Question Marks；Problem Children とも呼ばれる）グループ（高い市場成長率，低い市場占有率の製品グループ）……このグループに属する製品は導入期または成長期にある製品である。市場競争に負けないために設備投資が必要であり，資金を食う製品であって，構築使命をもつ。競争に勝って高い市場占有率を獲得すれば，花形商品へと転化する。

(2) 花形商品グループ（高い市場成長率，高い市場占有率の製品グループ）……この製品グループは成長期から成熟期へむかう製品であって，高い市場占有率を保持するという確保使命をもつ。市場成長率が鈍化すれば，やがては金のなる木となって，資金の供給側になるであろう。

(3) 金のなる木グループ（低い市場成長率，高い市場占有率の製品グループ）……この製品グループは成熟期の製品であって，市場の支配的地位を確保しており，新規の投資需要はないので収穫使命をもち，資金の供給者としての役割を果たす。

(4) 負け犬グループ（低い市場成長率，低い市場占有率の製品グループ）……この製品グループは，市場から撤退するほうがよい。なぜならこの位置から，市場の支配的地位を狙うには，あまりに高くつくからである．

(5) 成功する戦略ポートフォリオ……一般的には，個別企業にとって市場の成長率を高めることは難しい。また上で述べたように，製品にはいろいろ

な性質の製品グループがある。花形商品だけをもつ企業は，いずれは将来衰退してしまうし，そうかといって山猫グループだけしかもたない企業は，資金的に行き詰まってしまう。したがってある製品の長期的成長を支えるために必要な資金を，収益性の高い他の製品が創出する短期の資金で支えるといった均衡のとれた製品の組合せが望ましい。こうした点を考慮すると，金のなる木によって供給される資金を山猫へ投資し，それが成功すれば山猫が花形商品になり，やがては金のなる木へと循環するプロセスが，事業戦略を財務的に支えるという意味で，企業の持続的優位を確保することになる。このように反時計回りの循環プロセス（Cash cow→Wildcat→ Star → Cash cow）が事業戦略上成功する秘訣である。

　逆に時計回りの循環プロセス，たとえば花形商品が，市場の成長が鈍化したときに市場占有率を失って山猫へ転化したり，山猫が充分の支援が行なわれずに市場が成熟したとき負け犬に落ちてしまう事態は，絶対に避けねばならない。

4．PPM の 評 価

(1) PPM の 長 所

　PPM は，企業の持続的成長を図るための望ましいポートフォリオを明確に示しているため，経営戦略の策定にとって，きわめて説得力に富む有用な会計情報である。とりわけ経営資源の配分上，経営の長期および短期資金の望ましい流れを示した点は，高く評価されてよい。

(2) PPM の 短 所

　PPM についてしばしば指摘される難点は，たとえば「負け犬」とレッテルを貼られた事業部長は，意気消沈し，やる気を失ってしまう点である。また「金のなる木」の事業部長は，そこであげた利益としての資金をすべて「山猫」へ提供してしまうと，やはり不満の種になろう。したがって，その事業部での利益の蓄積がある程度必要である。こうした難点は，いずれも PPM が経営戦略の策定に役立つ情報であるが，経営戦略の遂行に役立

つ情報ではないことに起因する。

　もし「負け犬」の事業部に赴任する部長にたいし，むこう2年間で，できるだけ損失を防ぎながら，「負け犬」の撤退に成功すれば，次は「花形商品」の部長に栄転させると確約するならば，充分やる気を起こさせるであろう。したがってPPMは，事業部長の業績評価と報奨制度との適切な方法と密接に結びつけて実施すれば，大きな効果が得られると思われる。

第4節　戦略的コスト・マネジメント

1.　標準原価計算の原価管理機能低下

　企業内外の環境変化が伝統的な原価計算に及ぼした重大な影響について，ここでは，標準原価計算の原価管理機能低下と新しい**戦略的コスト・マネジメント**(strategic cost management) を形成する新原価管理体系，すなわち原価企画 (target costing)，原価維持 (cost control ; cost sustainment) および原価改善 (cost improvement ; Kaizen costing) の登場を検討しよう。

　従来，標準原価計算は原価管理にもっとも効果的な原価計算手法と考えられてきた。しかしながらこの計算手法が原価管理に効果的に適用されるためには①製造技術が安定している状態にあり，②生産の担い手が熟練工に依存しており，③科学的管理に使用される自然科学の手法は，熟練工の動作研究や時間研究といった生産工学 (industrial engineering ; IE) が主であって，④量産する製品が確定し，その製品の最良の製造技術が確定した後の（つまり量産態勢にはいった後に適用される）原価管理用の原価計算手法であった。ところがすでに述べたように，環境が激変して，製造技術や情報処理技術の進歩するスピードが飛躍的に増加し，生産の担い手が熟練工よりも設備や機械にその重点が移行し，生産管理に適用される工学の内容も，IEのほかに設備管理工学，信頼性工学，システム工学，プロセス工学などが現われ，そして何よりも量産態勢にはいるまえの，上流からの管理こそ，もっとも有効な原価管理であるとされるようになったため，標準原価計算が適用される前提条件が，かなり崩れ去ってしまったのである。

しかしながら標準原価計算が原価管理機能をまったく失ったと誤解してはならない。後述するように標準原価計算は，設備管理と結合して，原価企画・原価維持・原価改善における原価維持段階で原価管理機能を立派に果たしているといえよう。したがって公平にいえば，標準原価計算の原価管理機能は全体のなかの1つのプロセスを担当するようになり，その原価管理上果たす役割は従来よりも低下したというべきである。

2. 戦略的コスト・マネジメント
——原価企画・原価維持・原価改善の相互関係

原価企画とは，新製品開発にさいし，商品企画から開発終了までの段階において，目標利益を確保するために設定された目標原価を作り込む活動のことである。一般的には原価企画は新製品原価企画を指しているが，新製品であれ，既存製品であれ，新設備の企画から稼働までに，その製品の目標原価を作り込む活動を，とくに新設備原価企画ということがある。次に原価維持は，原価企画により設定された目標原価を，標準原価管理や予算管理によって維持する活動をいう。さらに原価改善とは，長期ないし中期経営計画，年次経営計画で策定された目標利益を実現するために，目標原価改善額を決定し，これを工場や部門に割り当て，小集団活動による個別改善活動などを通じて原価改善目標を実現する活動をいう。原価改善の成果は，直ちに標準化し，原価維持活動に組み込んでおかないと，元に戻ってしまう危険性がある。これら利益管理と結合した一連の原価管理活動の関係を図示すれば，図18—3のようになる。

第 18 章 経営戦略の策定と遂行のための原価計算

図 18—3　原価企画・原価維持・原価改善の相互関係

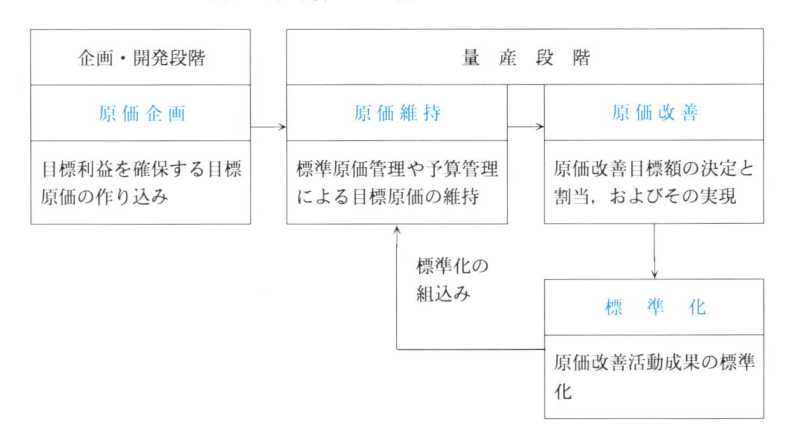

```
┌─────────────────────┐  ┌─────────────────────────────────────────────────┐
│  企画・開発段階      │  │                量　産　段　階                    │
├─────────────────────┤  ├─────────────────────┬───────────────────────────┤
│   原 価 企 画        │→ │   原 価 維 持        │   原 価 改 善              │
├─────────────────────┤  ├─────────────────────┼───────────────────────────┤
│ 目標利益を確保する目 │  │ 標準原価管理や予算管 │ 原価改善目標額の決定と     │
│ 標原価の作り込み     │  │ 理による目標原価の維 │ 割当，およびその実現       │
│                     │  │ 持                   │                           │
└─────────────────────┘  └─────────────────────┴───────────────────────────┘
                                    ↑                        ↓
                                標準化の           ┌───────────────────┐
                                組込み             │   標　準　化       │
                                                   ├───────────────────┤
                                                   │ 原価改善活動成果の │
                                                   │ 標準化             │
                                                   └───────────────────┘
```

第 5 節　原 価 企 画

原価企画 (target cost management ; target costing) は，トヨタ自動車が 1960 年代から独自に開発した戦略的利益管理・原価管理方式で，その優れた効果のために，わが国のみならず欧米の一流企業の間で急速に普及した。この管理方式は，さまざまな発展段階をへながら変貌をとげており，その活動はいろいろな側面をもっているので，会計的側面のみからではその全貌を説明しつくせないが，本書では，原価計算の観点から原価企画を目標原価計算 (target costing) としてとらえ，これを検討することにする。[注 6]

1.　原価企画の本質

原価企画の本質は，次の諸要素から構成されている。

(注 6)　原価企画については日本会計研究学会特別委員会 (委員長小林哲夫教授) の優れた研究がある。日本会計研究学会「原価企画研究の課題」森山書店，1996 年。なおこの研究会によれば，原価企画は，究極的には，「製品の企画・開発にあたって，顧客ニーズに適合する品質・価格・信頼性・納期等の目標を設定し，上流から下流までのすべての活動を対象としてそれらの目標の同時的達成を図る，綜合的利益管理活動」として行われるとする (同書, p.23)。

(1) 顧客重視の市価主導型原価計算

この管理方式の基本思考は，顧客重視の市価主導型原価計算（price led costing）という点にある。

従来の伝統的原価計算や損益計算では，

売上高－原価＝利益

とする考え方であって，原価は発生するもの，その原価を回収して利益を獲得すると考えていた。これにたいし原価企画では，顧客の希望する製品の品質，原価，納期（QCD：quality, cost, delivery time）を重視し，顧客層は誰か，いかなる市場で売れるのか，顧客は製品にどのような特性を期待するか，故障や不具合について，どの程度の品質や信頼性を顧客はその製品に望んでいるか，製品の使用に伴う保全性はどうか，その製品のリサイクル可能性はどうか，そしてそのような性能の製品に対し顧客はいくら支払うか，などを検討したうえで，

予想競争市価－所要利益＝許容原価

という計算方式を考える。つまり，顧客の希望を反映する市場価格がすべての企業内における計画や活動を規制するとし，さらに原価は発生するものではなく，製品の設計・開発段階で原価を製品へ作り込むもの（designing out costs）と考え，上述の計算式によって利益管理を，原価の作り込み活動へ転換する方式を採用したのである。許容原価（allowable cost）は，目標原価（target cost）ともいわれる。原則として許容原価＝目標原価とすべきである。しかし実務上，設計段階で許容原価の達成が不可能な場合は，許容原価を実現可能な目標水準へ修正して新たな目標原価を設定し，未達成額の実現は量産段階での継続的原価改善活動に委ねることとなる。

(2) 源流管理

仕損を例にとれば，製造工程の比較的早い段階で発見された仕損より，後の段階で発見された仕損のほうが，原材料費や加工費が余計にかかっているため企業にとって損失が大であり，いわんや顧客に販売した後で，顧客からクレームがつけられたときは，いっそう損失が大きい。したがって製造・販売過程を川の流れにたとえれば，川の上流ないし源流から管理するほうが，その効果が

大である。わが国の製造企業では，早くから源流管理の重要性が指摘されてきた。この考え方を突き詰めてみれば，量産体制にはいるまえの商品の企画，製品の設計，生産準備の段階に余計に時間とエネルギーをかけたほうが，はるかに効果的ということになる（図18—4）。

図 18—4　量産体制以前の活動

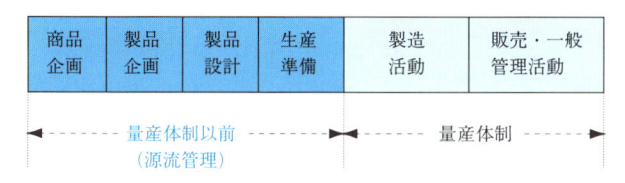

商品企画	製品企画	製品設計	生産準備	製造活動	販売・一般管理活動

◀------ 量産体制以前 ------▶◀----- 量産体制 -----▶
　　　　（源流管理）

　この点は，CAM-I（Computer Aided Manufacturing-International）の研究により，明らかにされた。(注7) それによれば，多くの原価は製造段階で発生するが，原価の大部分は設計段階で，その発生額が決まってしまう。図 18—5 では，発生原価（incurred costs）と決定原価（committed costs）との関係を概念的に示した。たとえば製品の材料費は製造段階で発生するが，実は設計段階ですでにいくら発生するかは，設計図によって決定してしまい，あとでその発生額を変更することは難しい。

図 18—5　発生原価と決定原価との関係

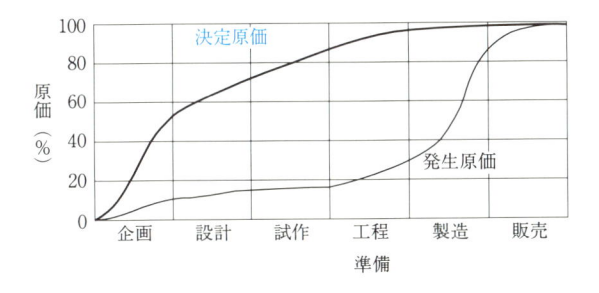

(注 7)　図18—5は概略である。CAM-I/CMS, *Cost Management for Today's Advanced Manufacturing System* (Arlington, Texas：CAM-I/CMS, 1991), p.140.

(3) 量産体制以前における目標原価の作り込み

原価企画では，顧客に魅力的な製品を企画・設計し，その予想競争市価から所要利益を差し引いて許容原価を計算し，これを達成目標と定める。他方，現在の製造技術水準と方法を前提として，その製品を製造・販売するために要する原価（これを成行原価 current cost という。）を見積もり，目標原価と成行原価とを比較して，原価の削減目標額を計算する。

目標原価（許容原価）－成行原価＝原価削減目標額

原価企画の核心は，製品の設計・開発段階で，顧客の望む製品の特性を維持しつつ，原価削減の方法を追求し目標原価を作り込む点にある。

(4) 原価削減の方法としての価値工学（value engineering；VE）

原価企画では，原価削減を実現する手段として，価値工学（VE）の技法を活用する。VE はアメリカで価値分析（value analysis；VA）として，1947 年，ゼネラル・エレクトリック社で工夫され，その後名称が VE に変化した。VA 誕生の契機は，電気製品の塗装作業中，床にペンキがこぼれ，これに引火すると危険なので，床に不燃材のアスベスト（石綿）を敷く規則になっていたが，当時，アスベストが品薄でしかも高価であった。そこで同じ不燃性をもち，しかもはるかに安い他の材料に変更したことから，当時の副社長の命令で購買担当課長であったマイルズ（L.D. Miles）により研究が始められた。このように VE は，「物」より「機能」（つまり物の働き）を重視し，使用価値の向上を追求する技法である。この場合の価値は，

価値（Value）＝機能（Function）／原価（Cost）

で表される。たとえば上述のアスベストの例でいえば，同じ不燃機能を果たす安い別の材料に変えれば，価値は上昇することになる。上の式は，VE の基本式なので，もう少し説明しておこう。たとえば，消費者が洗濯機を買おうとしたとする。ここで重要なのは，消費者は洗濯機自体がほしいのではなく，汚れを落とす機能がほしいわけである。消費者にとって上式の分母（原価）は，洗濯機の価格である。他方，分子の機能は，基本的には何 kg の洗濯物を洗えるか，つまり洗濯容量であるが，上式の計算を行なうためには洗える能力としての機能

を金額で評価しなければならない。評価の方法には種々の方法があるが，ここでは実績値による方法をあげよう。たとえば，7.0 kgの洗濯容量をもつ各社の洗濯機の価格を比較し，そのうちの最低価格をもって機能の評価額とする。そして，機能の評価額を買おうとする洗濯機の価格で割って，その価値（または価値指数ともいわれる）を計算するのである。原価企画において目標原価を達成するために行なわれる原価削減活動では，VEが重大な役割を果たすこととなり，VEなくしては原価企画は誕生しなかったといっても過言ではない。(注8)

(5) 職能横断的チーム活動

原価企画を実施するときは，新製品開発プロジェクトとして，設計，生産技術，購買，製造，販売，経理など関係各部門から専門家を集めるとともに，プロジェクト活動全体を統合管理する責任者プロダクト・マネジャー（PM，なお名称は主管，主査など各企業により異なる）をおき，その責任者のリーダーシップのもとに英知を結集して職能横断的チーム活動 (cross-functional team activities) を行なう。たとえば，マーケティングの専門家が把握した顧客の望む製品特性を新製品のなかに盛り込むためには，エンジニアリングの専門家がこれらの特性を製品構成部品の製造へ転換しなければならない。この転換にあたり，工程専門家の意見を聞かずに設計してしまうと，生産準備の段階で実行不可能とわかり，設計を変更せざるをえず，莫大な費用が発生するうえに量産が遅れ，市場への導入が遅れ，競争企業に遅れをとることになるかもしれない。したがって新製品の設計・開発のあらゆる段階において，各部門の専門家が一つのチームとして共同で作業をしてはじめて，大きな成果をあげることができる。

(6) 価値連鎖とライフサイクル・コスティング

原価企画では，量産段階以前の企画・設計といった源流管理を重視する点に特質があるわけであるが，この考え方を推し進めると，さらに上流に遡り，企業外部の原材料や部品の納入業者との協力関係が原価企画活動にとって重要と

(注8) VEの定義を示しておこう。「VEとは最低のライフサイクル・コストで，必要な機能を確実に達成するために，製品・サービス・システム等の機能分析にそそぐ組織的活動である。」田中雅康著「原価企画の理論と実践」中央経済社，平成7年，p.140. なお本書は，原価企画研究上の必読書である。

なる。たとえば自動車メーカーでは，原価企画チームのなかに，部品メーカーの専門家をも参加させている。彼らとの協力により，たとえば購入部品の設計を変更するなどの方法によって，いっそう購入部品の原価を削減させ，その成果を自動車メーカーと部品メーカーとが分け合う協力関係を作っている。他方，企業活動の下流に下って，製品が顧客の手に渡り，顧客が製品を使用するさいに発生する原価や，製品を終局的に廃棄処分し，あるいはリサイクルするさいに発生する原価も，原価企画活動にとって重要である。なぜなら製品の企画・開発から廃棄処分されるまでの，その全生涯にわたってかかる原価（ライフサイクル・コスト）を最小にするように，製品設計を行なうことが，競争戦略上重要だからである。

　顧客にとって製品の価値を創り出す一連の活動を価値連鎖（value chain）というが，価値連鎖の分析視野を上流に拡大させて原材料納入業者と協力関係を作り，下流に拡大させて卸売，小売業者さらにはリサイクル業者とも協力関係を確立して原価企画活動を行なうことが，持続的競争優位を確保するために重要となってきた。

2. 原価企画の実施プロセス

　次に示したのは，トヨタ系企業における原価企画実施プロセスの一例である。

図 18―6　原価企画実施プロセス

実施プロセス	実施内容	コンカレント活動
商品企画	開発テーマの検討・決定 商品企画の検討・決定	
製品企画	製品化日程検討，顧客の要求性能， 製品品質目標確認（DR1），研究試作設計	CER1
製品設計	製品企画審査（DR2） 製品化試作設計・評価	CER2
生産準備	設計審査（DR3），生産化の検討・決定 工程検討，工程審査（DR4）	

図18—6で，DR1〜4は，設計審査（design review）が反復して行なわれることを意味する。また，商品企画から生産準備までの開発期間を短縮するとともに，スムースに製造・販売活動へ移行する目的で，設計を中心に，生産管理，購買，品質保証，経理などの代表者が集まって，同時並行的な開発活動を行なう。これをコンカレント・エンジニアリング（concurrent engineering：CE）といい，元来アメリカで工夫された製品開発活動の方式であるが(注9)，わが国の企業でも，製品開発活動を強化する目的でCEを採用することが多い。CER（CE review）1〜2は，次のステップへ移行して良いか否かの確認を行なう活動を意味する。また図18－7が示すように，たとえば製品企画活動が終了してから製品設計へ移るのではなく，各ステップは，相互に重複して同時並行的に行なわれる。このような方式をラグビー方式という。

図18—7　ラグビー方式

```
製品企画
   製品設計
        生産準備
```

3. 目標原価計算の計算例

原価計算の観点からすれば，原価企画の核心は，量産体制以前における目標原価の作り込み活動にある。次にCAM-IのS. L. Ansariらの計算例を参考にして目標原価計算の内容を，計算例によって説明しよう(注10)。なおこの計算例は，計算方法を説明するための例であって，構成部品の原価や機能の相互の関係などは，筆者が勝手に設定したものである。

(1) クロス・ファンクショナル・チームによる新商品構想の樹立

当社は，トースター，コーヒーメーカー，ジューサーなど台所用品を製造・

(注9) 谷武幸編著「製品開発のコストマネジメント―原価企画からコンカレント・エンジニアリングへ」中央経済社，平成9年，p.115.

(注10) Ansari, S. L., J. E. Bell, and the CAM-I Target Cost Core Group, *Target Costing: The Next Frontier in Strategic Cost Management* (Chicago：IRWIN Professional Publishing, 1997) Chapter 11.

販売している。市場調査と競争分析により，若い世代の消費者が，家庭でグルメタイプの食事に関心をもっていることを発見し，当社は「家庭グルメ」市場ニッチに，新しいコーヒーメーカーを売り込むことにした。そこで新商品構想とその実現可能性を検討するため，原価企画担当責任者を指名し，関係各部門から代表者を集め，クロス・ファンクショナルなチームを編成した。このチームで検討した結果，新商品としてのコーヒーメーカーは，豆を挽くコーヒーミルとドリップ方式を1つに組み込んだもので，市販されているエスプレッソ／カプチーノ・メーカーほど操作が複雑でなく，通常のノーマル・モード（ドリップ→保温）に加えてファジー・モード（予熱→蒸らし→ドリップ→保温）により，エスプレッソ的高品質のコーヒーをドリップして作る性能をもつものである。

(2) 顧客の求める製品特性とその相対的重要性

市場調査の結果，顧客の求める製品特性とそれぞれの重要度が判明した（表18—1）。重要度は，顧客に面接して非常に重要と思う製品特性は5，重要でないと思う製品特性は1とし，5段階評価で答えてもらった。

表18—1 製品特性の相対的重要性

顧客の求める製品特性	顧客の評価	相対的重要性
エスプレッソのような味と香り	5	25％[注11]
操作が簡単	4	20
8杯分作る能力	4	20
でき上がりをブザーで知らせる	2	10
保温能力がある	3	15
形と色がよい	2	10
合　計	20	100

(3) 目標原価の決定

新製品の特性，競争企業の製品価格，当社の目標市場占有率，顧客の支払能

（注 11） 25％＝5÷20

力などを勘案し，当社の新製品の価格は15,000円と定めた。また業界の平均売上高経常利益率は6％～10％であることから，目標価格の10％を所要利益とし，許容原価を下記のように13,500円と計算した。またこの許容原価は実現可能と判断し，これを目標原価として採用した。

　　　新製品目標価格15,000円－所要利益15,000円×10％
　　　　＝許容原価13,500円→目標原価13,500円

(4) 目標原価と成行原価との差額の計算

ここで注意を要することは，目標原価13,500円は，製造原価だけの目標ではなく，新製品のライフサイクル・コスト（試験研究・開発費，製造原価，販売費，一般管理費，リサイクル・コスト）の合計ということである。そこで説明を簡潔にするため，以下ではライフサイクル・コストのなかの製造原価に限定して説明する。仮に，製造原価の占める許容構成率がライフサイクル・コストの40％であるとする（表18—2）。そしてこの新製品を現在の技術水準で製造すればかかる原価，すなわち成行製造原価が7,000円であるとしよう（表18—3）。

表 18—2　ライフサイクル・コストの許容構成率

ライフサイクル	許容構成率（％）
試験研究・開発	10
製造	40
販売	20
顧客サービス	10
一般管理	15
リサイクル	5
合　計	100

表 18—3　成行製造原価明細表

構成部品	機能	原価 金額（円）	原価 構成率（％）
ミル関係部品	豆を挽く	1,050	15.00
フィルター関係部品	ドリップする	420	6.00
ガラス容器	コーヒーを蓄える	380	5.43
保温プレート	コーヒーを保温する	500	7.14
タンク	水を補給する	700	10.00
本体	部品を結合する	1,180	16.86
電子制御パネル	動作を制御する	2,770	39.57
成行製造原価合計		7,000	100.00

そこで目標製造原価は 13,500 円×0.4＝5,400 円であり，成行製造原価との比較は次のようになる。

目標製造原価	成行製造原価	差額
5,400 円	7,000 円	1,600 円

したがって製造原価にかんするかぎり，1,600円の原価削減が必要となる。

(5) 品質機能展開マトリックスの作成

それでは，顧客の望む製品特性を維持しながら，どこをどうやって1,600円の製造原価を削減したらよいであろうか。そのためには，まず品質機能展開マトリックス (Quality Function Deployment Matrix; QFD Matrix) を作成する（表 18—4）。

表18-4　コーヒーメーカーのＱＦＤマトリックス

製品特性＼構成部品または機能	ミル	フィルター	ガラス容器	保温プレート	タンク	本体	電子制御パネル
味と香り	○	△					◎
操 作 性	△	△				◎	
8杯作れる			○		○	△	
ブ ザ ー							◎
保　　温			△	◎			○
形 と 色						◎	○

(注)　◎　強い関係(60〜100％), ○　中程度の関係(30〜60％未満), △　弱い関係(0〜30％未満)

表 18—4 は，顧客の望む製品の特性と，新製品の構成部品または機能との関係を明らかにした表である。たとえば，顧客はエスプレッソ並みの味と香りのするコーヒーを淹れる製品を望むが，製造企業としては味と香りをよくするためには，コーヒーメーカーのどの構成部品または機能と密接な関係をもつか，いい換えれば，どの構成部品または機能に資金を投下し，それを改善すれば，味と香りがよくなるかを知らなければならない。仮に味と香りは電子制御パネルと強い関係をもち，ミルと中程度の関係，フィルターと弱い関係をもつと，技術者たちが分析し判断したとしよう。というのは，たとえば電子制御パネルの場合，これにファジィ・テースト・モード機能を付加すると，たんにコーヒーの豆を挽き，ドリップするだけではなく，ガラス容器を温め，豆を蒸らし，間歇ドリップ方式でおいしさを引き出し，保温するといった工程を制御するので，競争企業のコーヒーメーカーよりも，いっそう味と香りのよいコーヒーを淹れることができるからである。したがって，電子制御パネルは味と香りに貢献する程度が大であると判断された。同様にミルとフィルターも味と香りに関係するが，その貢献の程度は電子制御パネルほどではない。このようにして，味と香りのほか，操作性などその他の製品特性と構成部品または機能との関係も，表 18—4 に示したとおりであったとする。

(6) 機能原価分析 (Functional Cost Analysis)

次のステップは，顧客の重視する製品特性とそれらの重要性にもとづき構成部品または機能が製品特性にどの程度貢献するかを，分析しなければならない。そのためには表 18—5 を作成する。

表 18—5 コーヒーメーカーの機能原価分析表

製品特性	構成部品または機能								相対的重要性
	ミル	フィルター	ガラス容器	保温プレート	タンク	本体	電子制御パネル	
味と香り	25%×0.3 =7.5%	25%×0.1 =2.5%					25%×0.6 =15%	25%
操作性	20%×0.2 =4%	20%×0.2 =4%				20%×0.6 =12%		20%
8杯作れる			20%×0.4 =8%		20%×0.4 =8%	20%×0.2 =4%		20%
ブザー							10%×1 =10%	10%
保温			15%×0.1 =1.5%	15%×0.6 =9%			15%×0.3 =4.5%	15%
形と色						10%×0.6 =6%	10%×0.4 =4%	10%
製品特性への貢献度	11.50%	6.50%	9.50%	9.00%	8.00%	22.00%	33.50%	100%
部品または機能別目標原価 (円)	621	351	513	486	432	1,188	1,809	5,400

たとえば製品特性においてエスプレッソ並みの味と香りは，表 18—1 からその重要性は，製品特性全体の 25% を占めるとした。そこで味と香りは，表 18—4 から電子制御パネルと強い関係，ミルと中程度の関係，フィルターと弱い関係をもつことが知られているので，技術者たちの協議により，それぞれの構成部品または機能が味と香りのよさにたいする貢献度は，電子制御パネルが 60%，ミルが 30%，フィルターが 10% と判定されたとしよう。このウエイトのつけ方がまさに企業の技術力に依存し，顧客の要求する製品特性の重要性とともに，この目標原価計算の核心部分を形成する。さて上記ウエイトが定まると，製品特性の1つである「味と香り」にたいするミル，フィルターおよび電子制御パネルの貢献度は，それぞれ次のように計算される。

   ミルの貢献度   =25%×0.3 = 7.5%
   フィルターの貢献度 =25%×0.1 = 2.5%
   電子制御パネルの貢献度=25%×0.6 = 15.0%

これらの計算は，表 18—5 における「味と香り」の行で行なわれているのを

確認してほしい。同様にして操作性などの他の製品特性についても計算し、これらを縦に合計すれば、構成部品別または機能別の製品特性にたいする貢献度が判明する。たとえば電子制御パネルは、味と香りに15％、ブザーに10％、保温に4.5％、形と色に4％貢献するので、製品特性全体にたいし33.5％貢献することが明らかとなる。表18―5の最右端の列である「相対的重要性」は、顧客がそれぞれの製品特性をどの程度重要視するかを示し、この列を縦に合計すれば100％になる。他方、この表の最下行である製品特性への貢献度を横に合計すれば、これも100％となる。かくしてこの表は、**製品特性にたいする顧客の要求を構成部品または機能へ転換する表**にほかならない。

したがって次のように考えることができる。すなわちこのコーヒーメーカーの目標製造原価が5,400円であるから、たとえば電子制御パネルはその33.5％、すなわち5,400円×33.5％＝1,809円で製造すべきであると。

(7) 目標原価と成行原価との構成部品別または機能別比較

表18―6における「目標原価」の金額欄は、表18―5の最下行にある目標原価を転記した金額である。同様に表18―6における「成行原価」の金額欄は、表18―3のデータを転記したものである。「差異」の金額欄は、目標原価から成行原価を差し引いた金額である。

表18―6 目標原価と成行原価との比較計算表

構成部品（機能）	目標原価		成行原価		差　異		価値指数
	金額	％	金額	％	金額	差異率	
ミル（豆を挽く）	621	11.50	1,050	15.00	−429	−0.41	0.59
フィルター（ドリップする）	351	6.50	420	6.00	−69	−0.16	0.84
ガラス容器（コーヒーを蓄える）	513	9.50	380	5.43	133	0.35	1.35
保温プレート（コーヒーを保温する）	486	9.00	500	7.14	−14	−0.03	0.97
タンク（水を補給する）	432	8.00	700	10.00	−268	−0.38	0.62
本体（部品を結合する）	1,188	22.00	1,180	16.86	8	0.01	1.01
電子制御パネル（動作を制御する）	1,809	33.50	2,770	39.57	−961	−0.35	0.65
合　　計	5,400	100.00	7,000	100.00	−1,600	−0.23	0.77

(注)　差異率＝差異÷成行原価、価値指数＝目標原価÷成行原価。

この表から，次のことが明らかとなる。
① 新製品の目標製造原価は5,400円であるのにたいし，その成行製造原価は7,000円であるから，総額で1,600円の原価削減が必要である。
② 金額的に大きく削減すべきは電子制御パネルであり（961円），次いでミル（429円），さらにタンク（268円）の順序で検討しなければならない。
③ 本体は現状でまずまずである。ガラス容器はいっそう良質の割れにくいガラスに変えるなどして，むしろ原価を133円程度増加させてよい。
④ 差異率＝差異÷成行原価で計算されている。たとえば合計欄でみると，
　　　$-1,600円 \div 7,000円 \fallingdotseq -0.23$

である。このことは，成行原価の約23％相当の金額だけ，原価が高すぎること，換言すれば約23％だけこの製品の価値が低いことを意味する。VEでは，製品の価値＝機能÷原価で求められる。本例の合計欄でいえば，新製品の価値＝目標原価÷成行原価＝$5,400円 \div 7,000円 \fallingdotseq 0.77$である。この値が表18—6における価値指数（value index）欄に示されている。製品の機能評価額とその機能を入手するために支払う原価とが等しければ，製品の価値指数は1となる。価値指数と差異率との関係は，価値指数－1＝差異率　の関係にある。合計欄でいえば，$0.77-1=-0.23$である。つまりこのコーヒーメーカーの価値は，成行原価の77％しかなく，成行原価の23％を削減しなければならないことを意味する。他方，ガラス容器を例にとれば，その価値指数は1.35であって，差異率は0.35である。このことは，ガラス容器の成行原価はその35％相当額133円だけ目標原価を下回ること，したがってここには約133円原価をさらにかけて機能を改善し，他社の製品と差別化できる余地があることを意味している。

(8) ブレーン・ストーミングによる原価削減方法の探求

目標原価と成行原価との構成部品別または機能別の比較により，どこをいくら製造原価を削減すべきかが判明したので，次は原価企画チームの総合力を発揮して，削減方法を探求しなければならない。製品の機能レベルを維持しながら製造原価を削減するための一般的な方法としては，部品数を削減すること，

組立を簡素化すること，共通部品ないし標準部品を使用すること，デザインを単純にすること，すぐ陳腐化する部品を使用しないこと，顧客が望む以上の過度の高品質の物作りをしないこと，などがあげられる。これらの独創的アイディアは，原価企画チーム全員が参加するブレーン・ストーミングによるのが有効である。ある人がアイディアを出しているときは，他の人は批判するな。また発想は自由奔放に，そしてできるだけ多く出せ。出されたアイディアに，別の人が改善を加えてさらによいアイディアにせよ。こうした議論の進め方により，玉石混交のアイディアが出され，その中から大きな成果を実現する効果的な方法に到達するのが，ブレーン・ストーミングの技法である。

なおここで，「構成部品または機能」という言葉をしばしば使用してきた点について説明しておきたい。たとえば表18—6では，第1列は構成部品（機能）になっている。これは計算例をわかりやすくするためであり，本来は機能を見出しにするほうがよい。なぜならVEで独創的な原価削減方法を模索するさいに，「電子制御パネル」で961円の原価を削減せよといわれると，どうしてもいままでの電子制御パネルの形，材質，性能などに制約されて，自由奔放な発想が妨げられるからである。それよりもコーヒーメーカーの「動作を制御する機能」を1,809円以内で作れといわれたほうが，大胆な発想が可能となるであろう。また一つの構成部品が単一の機能を果たすとは限らず，2つ以上の機能を果たす場合もありうる点に注意すべきである。

(9) 目標原価の達成と未達成

原価削減方法などが確定し，目標原価の達成に成功すれば，新製品最終設計，生産準備へと移行する。もし達成できなければ，製品の売価を引き上げるか，製品機能の一部を省くといった方策も考えられるが，多くの企業では未達成のまま，見切り発車して量産体制へ移り，未達成額の実現は，継続的原価改善活動に委ねている。

(10) 目標原価計算の計算プロセス要約

以上述べた目標原価計算の主要な計算プロセスを図示してみよう。

(注12) Ansari, S. L. and others, *ibid.*, p.156.

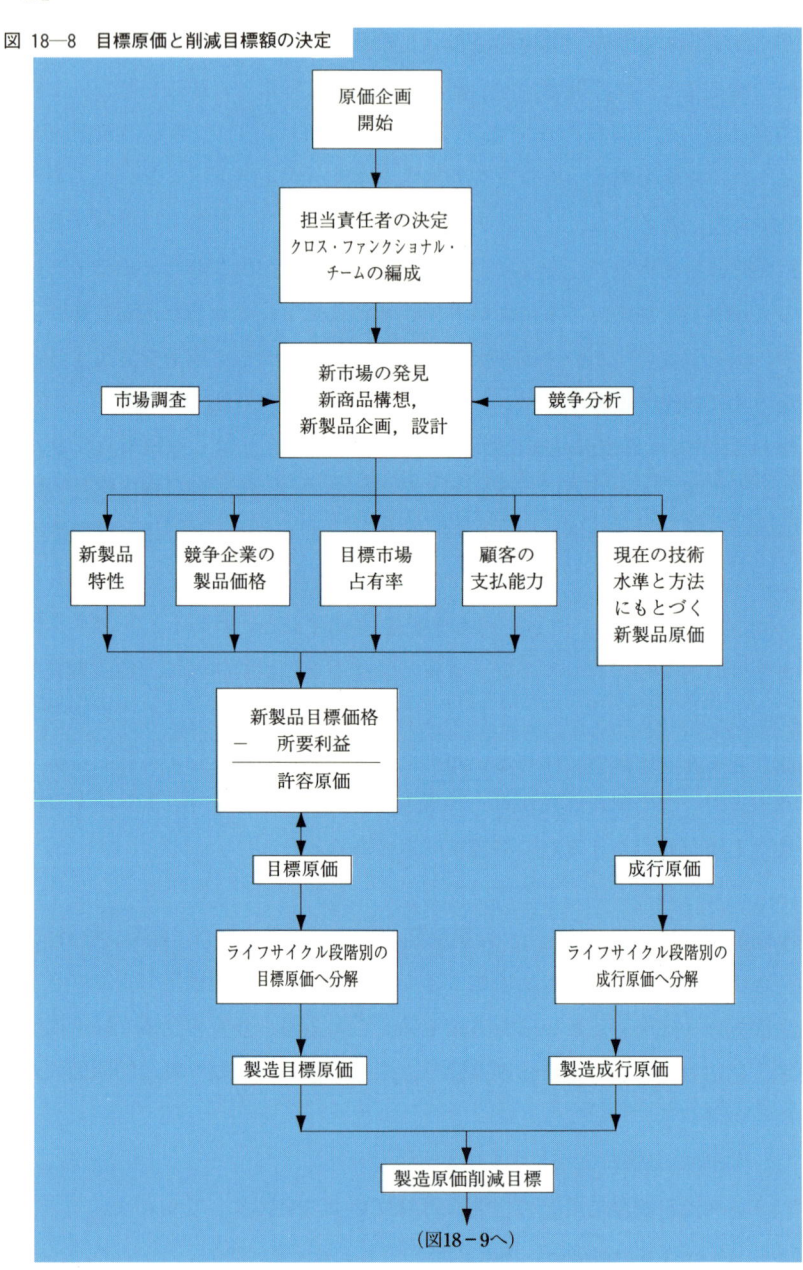

図 18—8　目標原価と削減目標額の決定

```
                    ┌──────────┐
                    │ 原価企画  │
                    │  開始    │
                    └────┬─────┘
                         ↓
                ┌──────────────────┐
                │ 担当責任者の決定  │
                │クロス・ファンクショナル・│
                │  チームの編成    │
                └────────┬─────────┘
                         ↓
  ┌────────┐   ┌──────────────────┐   ┌────────┐
  │市場調査│──→│   新市場の発見   │←──│競争分析│
  └────────┘   │   新商品構想，   │   └────────┘
               │新製品企画，設計  │
               └────────┬─────────┘
                        ↓
   ┌──────┬──────────┬──────────┬──────────┬──────────┐
   ↓      ↓          ↓          ↓          ↓
┌──────┐┌────────┐┌────────┐┌────────┐┌──────────┐
│新製品││競争企業の││目標市場││顧客の  ││現在の技術│
│特性  ││製品価格  ││占有率  ││支払能力││水準と方法│
│      ││          ││        ││        ││にもとづく│
│      ││          ││        ││        ││新製品原価│
└──┬───┘└────┬───┘└────┬───┘└────┬───┘└────┬─────┘
   ↓         ↓         ↓         ↓         │
   └─────────┴────┬────┴─────────┘         │
                  ↓                          │
         ┌────────────────┐                 │
         │ 新製品目標価格 │                 │
         │ －　所要利益   │                 │
         │ ──────────── │                 │
         │   許容原価     │                 │
         └────────┬───────┘                 │
                  ↓                          ↓
             ┌────────┐                 ┌────────┐
             │目標原価│                 │成行原価│
             └────┬───┘                 └────┬───┘
                  ↓                          ↓
         ┌────────────────┐         ┌────────────────┐
         │ライフサイクル段階別の│   │ライフサイクル段階別の│
         │ 目標原価へ分解 │         │ 成行原価へ分解 │
         └────────┬───────┘         └────────┬───────┘
                  ↓                          ↓
           ┌──────────┐               ┌──────────┐
           │製造目標原価│              │製造成行原価│
           └─────┬────┘               └─────┬────┘
                 └────────────┬──────────────┘
                              ↓
                   ┌────────────────┐
                   │ 製造原価削減目標 │
                   └────────┬───────┘
                            ↓
                       （図18－9へ）
```

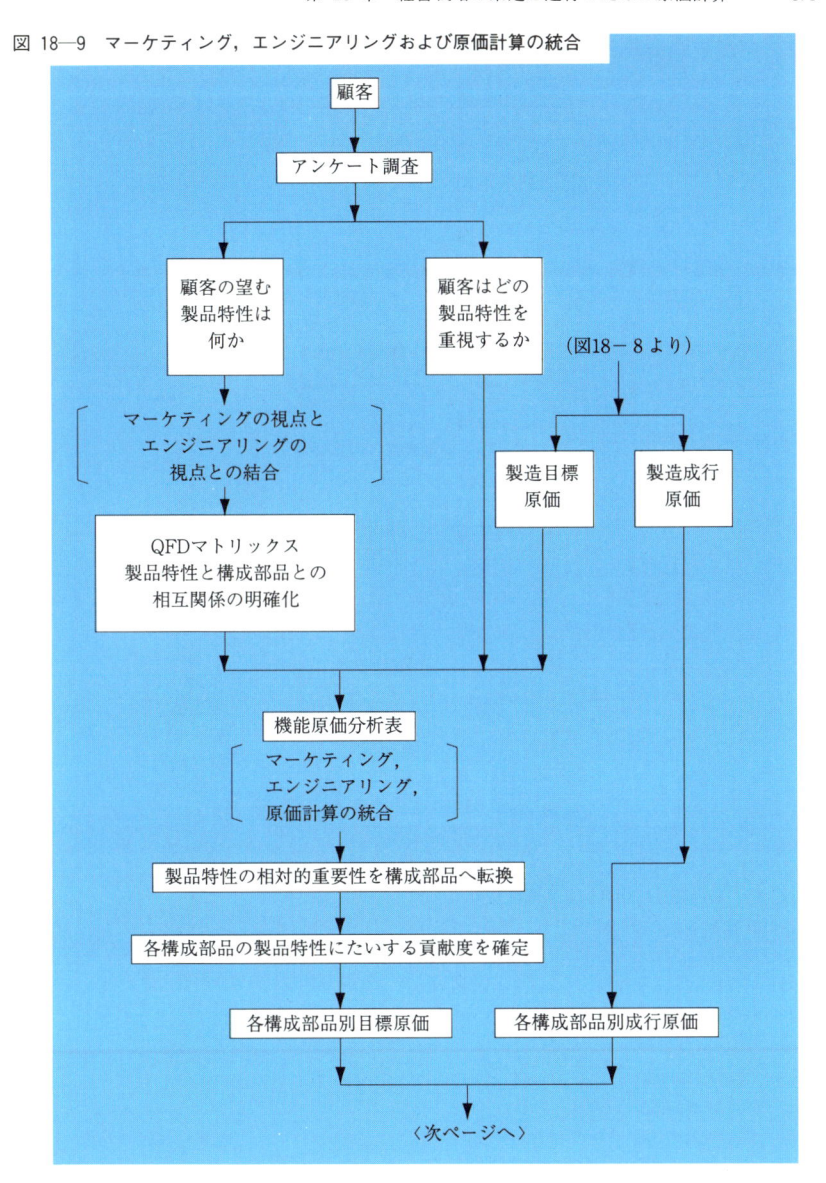

第 18 章　経営戦略の策定と遂行のための原価計算　　873

図 18—9　マーケティング，エンジニアリングおよび原価計算の統合

```
                              ┌──────┐
                              │ 顧客 │
                              └──┬───┘
                                 ↓
                         ┌──────────────┐
                         │ アンケート調査 │
                         └───┬──────┬───┘
                             │      │
              ┌──────────────┘      └──────────────┐
              ↓                                    ↓
      ┌──────────────┐                    ┌──────────────┐
      │ 顧客の望む    │                    │ 顧客はどの    │
      │ 製品特性は    │                    │ 製品特性を    │
      │ 何か          │                    │ 重視するか    │         （図18−8より）
      └──────┬───────┘                    └──────┬───────┘              ↓
             │                                   │              ┌───────┴───────┐
  ⎧ マーケティングの視点と ⎫                     │              ↓               ↓
  ⎨ エンジニアリングの     ⎬              ┌──────────┐   ┌──────────┐
  ⎩ 視点との結合           ⎭              │ 製造目標 │   │ 製造成行 │
             ↓                             │ 原価     │   │ 原価     │
   ┌──────────────────┐                    └────┬─────┘   └────┬─────┘
   │ QFDマトリックス  │                         │                │
   │ 製品特性と構成部品との │                   │                │
   │ 相互関係の明確化 │                         │                │
   └────────┬─────────┘                         │                │
            │                                   │                │
            └───────────────┬───────────────────┘                │
                            ↓                                    │
                   ┌──────────────┐                              │
                   │ 機能原価分析表 │                             │
                   └──────┬───────┘                              │
                 ⎧ マーケティング，   ⎫                           │
                 ⎨ エンジニアリング， ⎬                           │
                 ⎩ 原価計算の統合     ⎭                           │
                          ↓                                       │
         ┌────────────────────────────────┐                      │
         │ 製品特性の相対的重要性を構成部品へ転換 │                │
         └────────────────┬───────────────┘                      │
                          ↓                                       │
         ┌────────────────────────────────┐                      │
         │ 各構成部品の製品特性にたいする貢献度を確定 │            │
         └────────────────┬───────────────┘                      │
                          ↓                                       │
               ┌──────────────────┐              ┌──────────────────┐
               │ 各構成部品別目標原価 │           │ 各構成部品別成行原価 │
               └────────┬─────────┘              └────────┬─────────┘
                        │                                 │
                        └─────────────┬───────────────────┘
                                      ↓
                                〈次ページへ〉
```

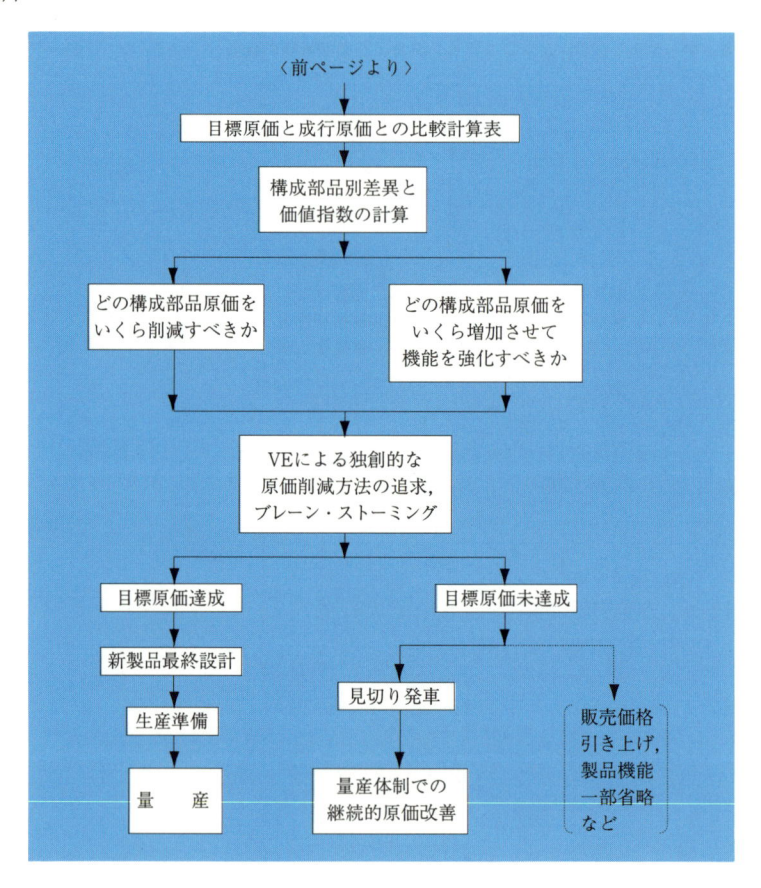

```
                    〈前ページより〉
                          ↓
              ┌─────────────────────────┐
              │ 目標原価と成行原価との比較計算表 │
              └─────────────────────────┘
                          ↓
                ┌───────────────────┐
                │ 構成部品別差異と      │
                │ 価値指数の計算       │
                └───────────────────┘
                    ↓           ↓
        ┌───────────────┐   ┌───────────────┐
        │ どの構成部品原価を │   │ どの構成部品原価を │
        │ いくら削減すべきか │   │ いくら増加させて  │
        │                │   │ 機能を強化すべきか │
        └───────────────┘   └───────────────┘
                    ↓           ↓
                ┌───────────────────┐
                │ VEによる独創的な     │
                │ 原価削減方法の追求,  │
                │ ブレーン・ストーミング │
                └───────────────────┘
                    ↓           ↓
            ┌───────────┐   ┌───────────┐
            │ 目標原価達成 │   │ 目標原価未達成 │
            └───────────┘   └───────────┘
                 ↓              ↓
            ┌───────┐       ┌───────┐      ┌─────────┐
            │新製品最終設計│   │ 見切り発車 │     │ 販売価格  │
            └───────┘       └───────┘      │ 引き上げ, │
                 ↓              ↓           │ 製品機能  │
            ┌───────┐       ┌─────────┐    │ 一部省略  │
            │ 生産準備 │       │ 量産体制での │    │ など     │
            └───────┘       │ 継続的原価改善│    └─────────┘
                 ↓            └─────────┘
            ┌───────┐
            │ 量 産  │
            └───────┘
```

[付記1] 製品特性の相対的重要度決定方法

　上述の計算例において，顧客がもつ製品特性の相対的重要性の決定方法は五段階評価法によったが，このほか持ち点配分法やFD（Forced Decision 強制決定）法などがある[注13]。持ち点配分法は，複数の評価者が各自100点をもち，それぞれの判断によってその100点を各製品特性へ割り当て，その平均値から製品特性の重要度を計算する方法である。次にFD法の計算例を表18—7で示す。

（注13）　小川政夫「VEがやさしくわかる本—低コストで価値ある商品を作り出す具体的進め方」
　　　　日本実業出版社，1994年，pp.172〜175，p.179．本書は小冊子ながらVEの核心をよく解
　　　　説している．

第 18 章　経営戦略の策定と遂行のための原価計算　　875

表 18—7　FD（Forced Decision）法

製品特性	1．味と香り	2．操作性	3.8杯作れる	4．ブザー	5．保温	6．形と色	肯定数＋1	重要性	順位
1．味と香り		1	1	1	1	1	5→6	0.29	①
2．操作性	0		1	1	1	1	4→5	0.24	②
3.8杯作れる	0	0		1	1	1	3→4	0.19	③
4．ブザー	0	0	0		0	1	1→2	0.09	⑤
5．保温	0	0	0	1		1	2→3	0.14	④
6．形と色	0	0	0	0	0		0→1	0.05	⑥
						合　計	15→21	1.00	

［表の作成方法］
1．この表の縦の製品特性と横の製品特性とを比較し，縦の製品特性のほうが重要と考えれば1，重要でないと考えれば0と記入する。
　　たとえば左から第1列2行目，「1.味と香り」と第1行3列の「2.操作性」を比較し，「味と香り」のほうが重要と判断したので，1と記入してある。
2．「肯定数＋1」の欄では，1の数を合計し，その合計数に1を足す。
3．「重要性」の欄では，たとえば「味と香り」の重要性は6÷21＝0.29と計算する。
4．ブザーの重要性は四捨五入すれば0.10であるが，合計を1.00にするため0.09とした。

［付記2］　S. L. Ansariらの計算例における難点
　筆者の計算例は，（注10）で示したAnsariらの優れた計算例に負うところが大である。しかし彼らの計算例では，どの部品原価を削減すべきかを発見するために，価値指数表を作成している。価値指数は，ある部品について顧客の考える重要性を，その部品の成行原価における構成割合で割った値である。われわれの計算例においてミルを例にとれば，表18—6から明らかなように，
（ミルの目標原価構成割合）（ミルの成行原価構成割合）　　（価値指数）
　　　　11.50％　　　　÷　　　15.00％　　　　≒　0.77
である。価値指数が1より小さい部品の原価は削減すべきであり，1より大である部品の原価は増加させるべきであるとする（「前掲書」，154～155ページ）。しかしながら仮にミルの目標原価構成割合が15.00％であって，ミルの成行原価構成割合と等しい場合もありうる。その場合は，価値指数が1となり，ミルの原価削減は必要なしという結論になるが，たとえ構成割合が等しくとも，許容原価総額は5,400円，成行原価総額は7,000円であるから，ミルの成行原価は削減しなければならない。これは要するに，比率間の比較だけではえられる情報内容に限界があり，どの部品原価をいくら削減すべきかが明らかとならない。したがって筆者の計算例では，目標原価と成行原価との比較計算表（表18—6）を作成したのである。

第6節　原価維持

1.　原価維持の方法

原価維持とは，新製品の目標原価，既存製品の予算原価ないし標準原価を，発生する場所別，責任者別に割り当て，それらの発生額を一定の幅のなかに収まるように，伝統的な標準原価管理および予算管理によって管理することである。

(1)　標準化の進め方

顧客嗜好の多様化，その結果としての商品のライフサイクルの短縮化といった要因のために，製品が多様化し，しかも変動するので，製品の原価標準を設定することは困難であり，したがって標準原価による原価管理は不可能である，とする論者がいるが，このように考えるのは，あまりに皮相な観察にもとづくものである。確かに単種量産時代よりも，製品の原価標準設定は困難になっており，標準化の重要性は，業種によって異なるであろう。しかしながら一般的にいえば標準化は，コストダウンの有力な手法である。製品が多様化したために，製品レベルで標準化が困難であれば，製品を構成するコンポーネント，さらにそれを構成する部品レベルで，多様化した種類を整理・統合し，標準化を図ればよい。それらの適切な組合せによって，顧客の要求に応えればよいわけである。あるいは顧客の要求により，ある部品の大きさ，数量を変えざるをえない場合は，その変更によって他の部品に及ぼす変化，すなわち寸法，材質，個数，構造について変化する部分と変化しない部分に整理し，変化しない部分を標準化し，変化する部分も，同種製品や類似製品の部品のなかから，同じように変化する部品を発見し，標準化の対象にすればよい。あるいは製品をモジュール化し，プレハブ段階までを標準化する方法もある。バブル崩壊後，自動車産業でも広げすぎた車種を整理し，部品の共有化を図ってコスト削減を実現しようと努力している。このような場合は，設計段階で部品を共有化し，標準化しているわけである。標準化が進めば，それだけ製造しやすく，品質が高

まり，信頼性が増し，コストが低下することは明らかである。

(2) 変動費の管理

さて原価は，変動費，準変動費および固定費に分け，変動費は標準原価によって管理する。標準原価管理の核心は，標準消費量による管理であり，実務上は，材料の歩留管理，工程や作業の原単位管理，工数管理などによる。これらの管理は，いずれも経済的資源の投入量と，それからえられた部品や製品の産出量との比較にもとづく管理である。いま1枚1kgの鉄板からプレス部品20個を打ち抜き，えられた部品の総重量が850gであったとすれば，この材料の歩留りは85%である。歩留りには，各工程ごとの歩留り（工程歩留）と，素材から製品になるまでの全工程を通した歩留り（製品歩留）とがあり，製品歩留は，各工程歩留を掛け合わせて求められる。工程歩留と製品歩留について，それぞれ標準歩留と実際歩留とをたえず比較し，その変動要因を分析して，実際歩留が標準歩留に一致する条件を確定し，安定的な生産を確保すべきである。副資材，消耗品，電気，ガス，蒸気なども，各工程の作業1単位当たりの標準消費量を定め，実際消費量と比較するのが，作業原単位管理である。販売費のうちの注文履行費は，同様に標準原価によって管理する。

(3) 準変動費および固定費の管理

準変動費は変動予算により，固定費は固定費予算によって責任センター別，費目別に管理する。

(4) 自由裁量固定費（discretionary fixed costs）の管理

固定費のなかでも広告費，試験研究費，従業員訓練費，交際費などの自由裁量原価は，ゼロ・ベース予算（zero-base budgeting；ZBB）で管理するのもよいであろう。通常の予算制度では，ある予算がいったん認められると，翌年度以降は自動的に認められたり，増加要求額だけが入念に検討され，あるいは資金繰りが厳しいと，一律にたとえば5％削減ときめられることが多い。これにたいしゼロ・ベース予算とは，毎年，その予算があたかも初めてであるかのように，基礎（ゼロ・ベース）から，その正当性が入念に検討される仕組みの予算である。この予算の起源は古いが，1962年にアメリカ農務省が採用し，1960

年代の終わりにテキサス・インストルメンツ社がこれを採用して成功し，さらにジョージア州の知事であったジミー・カーターが大統領になり，連邦政府機関にZBBを採用するように指示したので有名になった。ZBBでは組織の最小単位ごとに予算が設定されるが，その単位ごとにその組織の管理者によって策定されるデシジョン・パッケージ (decision package) と呼ばれる業務計画案に，ZBBの最大の特徴がある。つまりデシジョン・パッケージには，その組織の長期目標と短期目標，主要な業務活動，業務活動の代替案，そしてそれぞれの代替案ごとの予算案が明記される。

業務活動の代替案について，地方自治体の行なっているゴミ収集を例にとって説明しよう。現在，週1回のゴミの収集が行なわれているとする。この場合，サービスを向上させようとすれば，週2回，週3回のゴミ収集サービス案が考えられる。他方，逆にサービスを低下させる場合，最低のサービス・レベルとしては，2週間で1回のゴミ収集が考えられたとする。デシジョン・パッケージでは，最低レベル，現行レベル，改善レベル1，改善レベル2の4案について，それぞれの予算要求額が明記される。上位の管理者は，これらのデシジョン・パッケージに示された代替案と予算要求額を，組織目標実現に及ぼす効果を考慮しながら，それらを組み合わせて全部門の予算を決定する。たとえばA課は現行レベル，B課は最低レベル，C課は改善レベル1というように組み合わせて決定するのである。

ZBBの欠陥は，この予算策定に金と時間がかかることである。したがって，毎年すべての部門に，この予算を適用するのは得策ではない。数年おきにローテーションで，適用部門を変えていく方法によるならば，ZBBは自由裁量固定費を管理する方法として役に立つと思われる。

2. 設備管理と標準原価計算との結合
(1) 脱皮を必要とする標準原価計算

企業環境の激変で，標準原価計算の原価管理機能が低下したことは事実であるが，原価計算の研究者も実務家も，標準原価計算を環境変化にたいして適応

させる努力を怠ってきたことも，原価管理機能低下の一因であるといわなければならない。

標準原価計算は，会計担当者とエンジニアとが協力して生み出した手法であった。当時，熟練工が工場生産の主たる担い手であったために，そこで使用された工学的技法は，動作研究と時間研究であった。ところが現在では，製造の主たる担い手は設備に変わり，作業者は副次的ないし間接的な役割を果たすのみで，直接労務費自体も製造原価に占める割合が激減する場合が多くなってきた。このような時代に，旧態依然たる標準原価計算を使用しようとするほうが，時代錯誤であろう。したがって標準原価計算の脱皮が必要不可欠であるといわなければならない。

(2) 設備総合効率の意義

工場生産の主たる担い手が設備に変わった以上，設備管理がエンジニアリングの重要な手法である。工場現場では，設備管理の中心的指標として，設備総合効率を使用し，設備をどれほど効率的に利用したかを判断している。設備総合効率とは，次の式により示される。

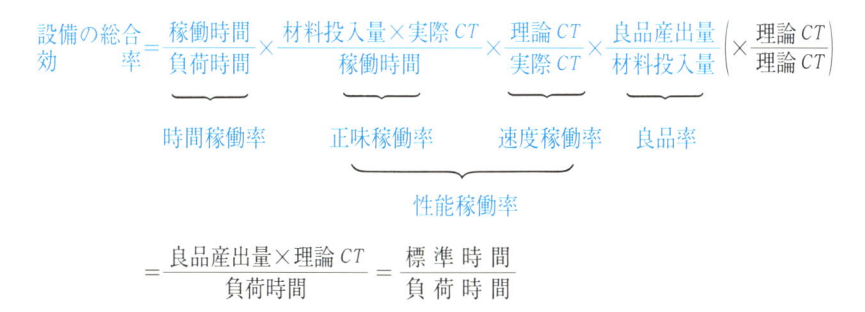

$$\text{設備の総合効率} = \underbrace{\frac{\text{稼働時間}}{\text{負荷時間}}}_{\text{時間稼働率}} \times \underbrace{\underbrace{\frac{\text{材料投入量} \times \text{実際}CT}{\text{稼働時間}}}_{\text{正味稼働率}} \times \underbrace{\frac{\text{理論}CT}{\text{実際}CT}}_{\text{速度稼働率}}}_{\text{性能稼働率}} \times \underbrace{\frac{\text{良品産出量}}{\text{材料投入量}}}_{\text{良品率}} \left(\times \frac{\text{理論}CT}{\text{理論}CT} \right)$$

$$= \frac{\text{良品産出量} \times \text{理論}CT}{\text{負荷時間}} = \frac{\text{標準時間}}{\text{負荷時間}}$$

［説　明］

① 負荷時間とは，設備に仕事をさせるべく計画した時間であって，実際には稼働した時間と停止した時間からなる。

② 設備総合効率は，上に示したように，分母，分子に理論CTをかけてやると，この式は，結局，標準時間／負荷（計画）時間を意味する。なお理

論 CT（サイクル・タイム）とは，その設備で部品1単位を加工するに要すべき時間である。

③ 設備総合効率を構成する第1の要素は，時間稼働率（＝稼働時間／負荷時間）であって，これは，計画した時間にたいし，どの程度その設備が実際に稼働したかを示す比率である。

④ 設備総合効率を構成する第2の要素は，正味稼働率（＝材料投入量×実際CT÷稼働時間）である。実際CTとは，部品1単位をその設備で加工するのに実際に要した時間である。この時間は，サンプル調査によって調査する。材料投入量×実際CT とは，投入した部品の全量を加工するのに要したはずの実際時間である。したがってこの式の分母（稼働時間……実際に稼働した時間）と分子（材料投入量×実際CT……実際に稼働したはずの時間）は，本来一致すべきであるが，一致しなかった分（分母から分子を差し引いた差額）は，設備がチョコ，チョコ停止した時間，小トラブルで停止した時間，調整に要して停止した時間を表わす。したがって分子と分母の比である正味稼働率はチョコ停ロスなどがどの程度なかったか，その設備がどの程度長時間安定して稼働したかを示す。

⑤ 設備総合効率を構成する第3の要素は速度稼働率であって，これはその設備の設計仕様上もつ能力のスピードと実際のスピードとの割合を示す比率である。

⑥ 正味稼働率と速度稼働率との積を，性能稼働率と称する。

⑦ 設備総合効率を構成する第4の要素は良品率であって，これについては説明を要しないであろう。

このように設備総合効率は，設備全体としての効率を測定するのみならず，それが改善（または悪化）した原因を4つに分析して解明することができる。TPMでは，設備総合効率の最大化を目指して小集団活動を行なうのである。次に計算例によって，設備総合効率を計算してみよう。

[例題 18—1]

ある工程の設備について，次のような月間のデータを仮定する。

1. 勤務時間　8時/日 × 60分 × 25日 ……………………12,000分
2. 休憩など設備計画停止時間　20分/日 × 25日 ……500分
3. 許容段取・調整時間　12分/日 × 25日 …………300　　800
4. 差引：計画稼働時間（負荷時間）………………………11,200分
5. 当月段取・調整超過時間………………………125分
   当月設備故障停止時間………………………325　　450
6. 差引：実際稼働時間………………………………………10,750分
7. 理論サイクル・タイム…………0.5分/個
   実際サイクル・タイム…………0.6分/個
8. 当月の材料投入量………16,750個
   良品算出量……………16,250
   仕　損　品……………　500個
9. 正常仕損は工程の終点で検査により発見され，正常仕損率は良品の2％である。

以上の条件にもとづき，この設備の総合効率を計算しなさい。

[解　答]

$$設備総合効率 = \frac{10{,}750 \text{分}}{11{,}200 \text{分}} \times \frac{16{,}750 \text{個} \times 0.6 \text{分/個}}{10{,}750 \text{分}} \times \frac{0.5 \text{分/個}}{0.6 \text{分/個}} \times \frac{16{,}250 \text{個}}{16{,}750 \text{個}}$$

$$\fallingdotseq \quad 0.960 \quad \times \quad \underbrace{0.935 \quad \times \quad 0.833}_{0.779} \quad \times \quad 0.970$$

$$\fallingdotseq \quad 0.725$$

以上の計算により，この設備の総合効率は72.5％であることがわかる。TPM活動ではこの指標の改善を目標として，全工場をあげて努力する。たとえばTPM活動を行なうと，3年間でチョコ停発生件数がTPM開始以前に比較

して，92％ないし96％も激減する企業が少なくない。(注14) このようにTPMによれば，設備総合効率が目ざましく向上し，企業の活性化が可能となる。

(3) 標準原価計算にたいする設備総合効率の導入

設備総合効率は，比率で計算されるため，このままでは，標準原価計算と結合し難い。そこで設備総合効率のデータを％から金額に直してみよう。前述の計算例における設備の稼働時間の内容は，次のように分析できる。

月間勤務時間　12,000分							
計画停止時間 500分	許容段取・調整 300分	計画稼働時間　11,200分（負荷時間）					
	段取・調整ロス 125分	故障停止ロス 325分	実際稼働時間 10,750分				
	設備停止時間 450分						
			空転・チョコ停ロス 700分	速度低下ロス 1,675分	異常仕損ロス 87.5分	総標準稼働時間 8,287.5分 ④	
						正常仕損 162.5分	純標準稼働時間 8,125分
			①	②	③	⑤	⑥

(注)

① 700分 = 10,750分 − 16,750個 × 0.6分/個

　なお 16,750個 × 0.6分/個（= 10,050分）は，サンプル調査によって測定した，投入材料に要したはずの実際時間である。

(注14) たとえば東海ゴム小牧工場では，昭和53年10月，月1,063件あったチョコ停を，TPM活動により，昭和56年3月には，月わずか43件に減少させた。トヨタ車体でも，昭和58年，月7,300件あったチョコ停を，昭和61年6月には月615件に減少させるという成果をあげた。

第 18 章　経営戦略の策定と遂行のための原価計算　　　883

② 1,675 分 =（0.6 分/個 − 0.5 分/個）× 16,750 個
　　これは，設備が安定的に稼働したとしても，設計値どおりに稼働しなかったために生じたロスタイムである。
③ 87.5 分 =（500 個 − 16,250 個 × 0.02）× 0.5 分/個
　　実際に発生した仕損のうち，16,250 個 × 0.02 = 325 個は正常仕損である。
④ 8,287.5 分 = 16,250 個 × 0.5 分/個（1 + 0.02）
⑤ 162.5 分 = 16,250 個 × 0.02 × 0.5 分/個
⑥ 8,125 分 = 16,250 個 × 0.5 分/個

　このように設備総合効率を構成する設備稼働時間を分解しておけば，これを標準原価差異分析に導入することができる。その方法を計算例で示そう。

[設備総合効率を導入した標準原価差異分析]

[例題 18—2]
(1) 例題 18—1 の設備に集計した加工費予算は，次のとおりである。
　　　変動加工費率……………………500 円/分
　　　月間固定加工費…………………4,480,000 円/月
　　したがってこの設備の加工費変動予算を Y，設備稼働時間を X とすれば，
　　　$Y = 500$ 円/分・$X + 4,480,000$ 円　である。
(2) 当月実際加工費発生額……………9,870,000 円
以上の条件により，標準原価差異分析を行ないなさい。

[解　答]
(1) 標準加工費配賦率 = 500 円/分 + 4,480,000 円 ÷ 11,200 分
　　　　　　　　　 = 900 円/分
(2) 総　差　異 = 9,870,000 円 − 900 円/分 × 8,125 分
　　　　　　　 = 9,870,000 円 − 7,312,500 円
　　　　　　　 = 2,557,500 円（借）
(3) 予 算 差 異 = 9,870,000 円 −（500 円/分 × 10,750 分 + 4,480,000 円）
　　　　　　　 = 9,870,000 円 − 9,855,000 円 = 15,000 円（借）
(4) 能 率 差 異 =（10,750 分 − 8,125 分）× 900 円/分
　　　　　　　 = 2,625 分 × 900 円/分
　　　　　　　 = 2,362,500 円（借）

内　訳：
　　正常仕損差異　　　　　＝　　162.5 分 × 900 円/分 ＝　　146,250 円
　　異常仕損差異　　　　　＝　　 87.5 分 × 900 円/分 ＝　　 78,750 円
　　速度低下ロス差異　　　＝ 1,675　分 × 900 円/分 ＝ 1,507,500 円
　　空転・チョコ停ロス差異 ＝　 700　分 × 900 円/分 ＝　 630,000 円
　　　合　　　計　　　　　　　　　　　　　　　　　　　2,362,500 円

(5) 操業度差異 ＝ (11,200 分 － 10,750 分) × 400 円/分
　　　　　　　＝ 450 分 × 400 円/分
　　　　　　　＝ 180,000 円（借）

内　訳：
　　段取・調整ロス差異 ＝ 125 分 × 400 円 ＝ 50,000 円
　　故障停止ロス差異　 ＝ 325 分 × 400 円 ＝ 130,000 円
　　　合　　　計　　　　　　　　　　　　　　180,000 円

(6) 検　証：予 算 差 異　　 15,000 円（借）
　　　　　　能 率 差 異　2,362,500 円（借）
　　　　　　操業度差異　　180,000 円（借）
　　　　　　総　差　異　2,557,500 円（借）

なお良品の標準製造加工費は，
　　純標準製造加工費　　900 円/分 × 8,125　分………7,312,500 円
　　正　常　仕　損　費　900 円/分 ×　162.5 分……… 　146,250 円
　　　合　　　計　　　　900 円/分 × 8,287.5 分………7,458,750 円

以上が，設備総合効率と標準原価計算との結合にかんする筆者による提案である。この方法によれば，能率差異のなかで速度低下ロス差異と空転・チョコ停ロス差異を，操業度差異のなかで段取・調整ロス差異と故障停止ロス差異を明らかにすることができる。このような情報は，設備管理と結びついた原価管理情報であり，設備を主体とする現代の工場生産に相応しい標準原価計算の適応の仕方ではあるまいか。

第 7 節　原価改善とその経済的効果測定

　原価企画は源流での原価の作り込み活動であるのにたいし，原価改善は日常活動を中心とする継続的な原価低減活動であり，主として小集団活動によって行なわれる。

　たとえばベアリングのホーニング仕上げ面の不良として，たえず 1—2 ％の粗目残りが発生することがある。こうした慢性ロスは，設備の信頼度（与えられた条件で，規定の期間中，要求された機能を果たす確率）が低いために発生する。この信頼度は，固有信頼度（設備の設計，製作の段階できまる信頼度）と使用信頼度（使用条件，使用方法のまずさに起因する信頼度）に分けられるが，一般的には，使用信頼度に起因するものが多いといわれる。

　慢性ロスを解決するためには，まず(1)現象を明確化する，(2)現象の物理的解析を行なう，(3)現象の成立する条件を整理する，(4)成立する各条件について，設備，材料，方法との関連性を検討し，因果関係のあると思われる要因をリストアップする，(5)各要因について，調査方法を検討する，(6)各調査項目ごとに，不具合点を摘出する，(7)不具合点につき改善案を立案する，というステップをとる。この場合，慢性化した不具合現象を物理的に解析し，不具合現象のメカニズムを明らかにし，それらに影響すると考えられるすべての要因をリストアップする分析手法を，PM 分析と称している。この PM とは，生産保全の PM ではなく，現象（phenomena）を，物理的（physical）に解析し，現象や設備のメカニズム（mechanism）を理解し，設備（machine），人（man），材料（material），方法（method）との関連性を追求する要因解析の考え方を意味する PM である。小集団活動において，徹底的な「なぜなぜ分析」が行なわれ，その改善策の可能性が追求される。[注15]

　わが国製造企業の原価改善活動は，欧米においても高く評価され，継続的改

（注 15）　中嶋清一・白勢国夫監修，日本プラントメンテナンス協会編「生産革新のための新 TPM 展開プログラム——加工組立編」日本プラントメンテナンス協会，1992 年，pp. 58—80.

善 (continuous improvement) とか，あるいは Kaizen として，その導入の必要性が叫ばれている。しかしながら，こうした改善活動による成果を経済的にどのように測定すべきかは，日本の企業においても，各社各様の方法で行なわれており，検討すべき点が多く残されている。

[例―1] 製造原価改善は，(1)時間当たり出来高の向上，(2)材料仕損費の低減，(3)労働生産性の向上，(4)原単位の向上による投入費用の削減として現われる。これらのうち，労働生産性の向上をとって考えてみよう。トヨタ系の Y 企業では，作業改善利益を次の式で計算している。

$$作業改善利益 = \left(\frac{当月能率}{前年平均能率} - 1\right) \times 月末人数 \times 月間労務費$$

同社では，改善活動の効果としては，この要素が最大で，年間 50 億円に達するという。この式の能率とは，標準時間÷実際時間 であるので，ある製造部門で，仮に前年平均能率が 80％，当月能率が 85％，月間労務費が 1 人当たり 40 万円，月末人数を 100 人とすれば，

$$\begin{aligned}作業改善利益 &= \left(\frac{0.85}{0.80} - 1\right) \times 100 人 \times 40 万円 \\ &= 6.25 人 \times 40 万円 \\ &= 250 万円\end{aligned}$$

となる。

この計算で，0.25 人という端数が現実にありうるかどうかは別として，仮にこの部門の生産量にたいする需要が一定であったとする。その場合，能率の増加により 6 人が不要になったわけで，他部門にその 6 人が転用されれば，この作業改善の効果は，立派に実現したことになる。そうではなくて 6 人分の作業の節約から，94 人でできる仕事量を 100 人でゆっくりやったとか，あるいは 100 人が従来よりも早く帰宅したという結果になった場合は，この作業改善の効果は未実現となる。誤解のないようにいっておきたいが，未実現だから悪いといっているのではない。後者の場合，利益の実現と結びつかないことを指摘しているのである。他方，この部門の生産量にたいする需要が能力を上回る

ならば,作業改善により,作業能力が増大し,実際にも6人分の作業を余計に実施したのであれば,この作業改善の効果は,実現したことになる。

[例—2] チョコレートの原液を生産しているF製油のON工場(チョコ用油脂の分別工場)で,その原料処理量の増産対策として,①濾過不良による結晶の改善,②ラインの閉塞防止,③濾布ヤブレ防止といった改善を行ない,その効果金額を次のように計算している(数値は,筆者がやや変えてある)。

a. 原料処理量のアップ

(60トン — 50トン)× 20日/月 × 0.6 = 120トン/月

120トン/月 × 200千円 × 0.45 × 12か月 = 129,600千円/年

(注) 原料の処理量が1日10トン増え,この設備は月20日操業,0.6は歩留率で,残り0.4は循環材料となる。この改善により中間製品が120トン増産され,それを中間製品の市価から計算した貢献利益200千円/トンで評価している。0.45は配合率である。

b. 電力節減

1,200トン/月 ×(200 kw-h — 160 kw-h)× 9.55円/kw-h × 12か月

≒ 5,501千円

(注) 改善により,1,200トンの月間原料処理量につき,電力の消費量がトン当たり40 kw-h節減され,その節減を電力単価で評価し,年間の効果金額を計算した。

c. 燃料節減

1,200トン/月 ×(100ℓ — 70ℓ)× 27.27円/ℓ × 12か月

≒ 11,781千円

(注) 改善により,1,200トンの月間原料処理量につき,燃料の重油消費量がトン当たり30ℓ節減され,その節減を重油単価で評価し,年間の効果金額を計算した。

この会社では,直接原価計算を採用しており,TPM活動による改善効果金額を計算した損益計算書を作成している。原料処理量アップによる製品の増産は,販売量の増加に結びついているので,実現差額収益とした。また電力節減と燃料節減は,ともに変動製造原価節約による実現差額収益に計上してある。なおこの改善には,55,000千円の投資を実施しており,その減価償却費,金利,火災保険料,固定資産税,修繕費などは,差額費用に計上し,TPM活動による年々の差額利益を計算している。

[例—3] 例—2は，現金支出変動費の節減例である。改善金額の測定が難しいのは，非現金支出固定費を節減した場合である。仮にポンプ故障，モーター焼損，ベアリング破損，軸折損などで1回に5分以上設備が休止するのを，TPMによって改善したとしよう。そこで故障停止ロス改善金額を測定することとなる。この場合は，①全部原価計算基準か，または直接原価計算基準か，②改善によって生産・販売量が増加したか，しないかに区別して考えてみる必要がある。当然のことながら，故障停止ロス改善のために要したコストがあれば，これを別に計算して，改善効果金額からマイナスしなければならない。

① 全部原価計算基準

1) 生産量は一定または減少した場合

　　この場合は，固定加工費率×故障停止ロス改善時間　で計算する。

　しかしこの改善は生産量の増加に結びつかないので，故障停止ロスは遊休生産能力ロスに転化したことを意味する。したがって改善効果は未実現である。ただし将来需要が増加すれば，利益獲得の可能性が従来よりも増加しているので，実現金額と区別した効果金額に算入してよい。

　なおいつから改善されたかにより，年間改善時間合計の計算方法が異なる。

2) 生産量が増加した場合

　　故障停止ロスの改善→改善時間だけ実際稼働時間が増加→実際・生産販売量が増加する。故障停止ロスの改善により，実際稼動時間が増加すると，操業度差異が減少し，固定費の期間負担額が減少する。

　A．故障停止ロス改善による固定費の期間負担減少額

　　　＝固定加工費率×(改善前の故障停止時間－改善後の故障停止時間)

　　次に実際稼動時間が増加すると，それだけ生産・販売量が増加する。

　B．故障停止ロス改善による生産・販売増加量

　　　＝(改善前の故障停止時間－改善後の故障停止時間)

　　　　÷(基準年度の実際 CT)

　　上記2つの結果が影響して，営業利益が増加する。

故障停止ロス改善による営業利益の増加額（実現）＝A＋B
＝（基準年度の製品単位当たり売価－予算売上原価－予算販売費）
　×（故障停止ロス改善による生産・販売増加量）
　＋（故障停止ロス改善による固定費の期間負担減少額）

② 直接原価計算基準

直接原価計算では固定費は期間費用であるから，操業度差異の考え方はない。故障停止ロスを改善しても，固定費の発生額に影響がないかぎりコスト的には影響しない。しかし故障停止ロスの改善は生産・販売の機会が増加する。

1) 生産量が一定または減少した場合

生産・販売増加可能量×基準年度の製品単位当たり予算貢献利益
　→未実現

2) 生産量が増加した場合

生産・販売増加量×基準年度の製品単位当たり予算貢献利益→実現

③ 故障停止ロス改善金額の計算例－改善により生産・販売量が増加する場合

次に，上述した改善金額の計算式が正しいことを，簡単な月間の改善利益の計算例によって示そう。

[計算条件－全部原価計算]

1. 製品X売価300円
2. 製品単位当たり製造原価

　原料費　　　　　　　　　　　　102円
　変動加工費　60円/時×0.8時/個　 48円
　固定加工費　100円/時×0.8時/個　80円
　　製造原価計　　　　　　　　　 230円

3. 販売費および一般管理費

　変動販売費　10円/個
　月間固定費　12万円

4. 月間正常機械稼動時間　8,000時間
5. 故障停止ロスの改善

　　　　　　　　　　　（改善前）　　　（改善後）

　故障停止ロス　　　400時間→　　80時間（320時間の改善）

　実際稼動時間　　　5,600時間→5,920時間（320時間増加）

　実際生産・販売量　7,000個　→7,400個　（320時間÷0.8時間/個＝400個）

6. 操業度差異は売上原価に賦課する。

[全部原価計算基準]　　　　　　　　　　　　　　　　　　　　　（単位：万円）

	改善前損益計算書		改善後損益計算書	
売上高	300円×7,000個	210	300円×7,400個	222.0
売上原価	230円×7,000個	161	230円×7,400個	170.2
停止ロス	100円×400時	4	100円×80時	0.8
休止ロス	100円×2,000時 20	24	100円×2,000時 20.0	20.8
修正売上原価		185		191.0
売上総利益		25		31.0
変動販売費	10円×7,000個	7	10円×7,400個	7.4
固定販売・管理費	12	19	12.0	19.4
営業利益		6		11.6

改善利益＝(300円－230円－10円)×(7,400個－7,000個)
　　　　＋100円×(400時－80時)＝5.6万円＝11.6万円－6万円

[直接原価計算基準]　　　　　　　　　　　　　　　　　　　　　（単位：万円）

	改善前損益計算書		改善後損益計算書	
売上高	300円×7,000個	210万円	300円×7,400個	222.0万円
変動費	160円×7,000個	112	160円×7,400個	118.4
貢献利益	140円×7,000個	98	140円×7,400個	103.6
固定費		92		92.0
営業利益		6		11.6

改善利益＝(400時間－80時間)÷0.8時/個×140円/個
　　　　＝5.6万円＝11.6万円－6万円

　以上説明したように，原価改善の効果金額を計算するさいには，公開財務諸表の数値と結びつくように心掛けることが大切である。そのためには，可能なかぎり，収入，支出と結びつく計算でなければならず，収益の増加額や原価節約額は，実現か，未実現か，に区別することが大切である。そのようにせず，安易に機会原価で評価すると，それらを全社的に積み上げた場合，天文学的数値になって，経営者を驚かせる結果となる。またすでに指摘したように，未実現利益にかんする資料も重要である。それは，将来の潜在的な収益獲得能力を示すからである。[注16]

第8節　活動基準原価計算

1. 活動基準原価計算の生成

(1) 活動基準原価計算（ABC）とは何か

　活動基準原価計算（activity-based costing：ABC）は，企業環境の激変により伝統的原価計算が陳腐化したため，近年アメリカで工夫された戦略的原価計算である。この原価計算の主目的は，戦略的プロダクト・ミックスを決定することにあり，その計算方法は，まず原価（間接費）を，経済的資源を消費する活動（activity）へ跡付け，次いでその原価を，活動から生み出された原価計算対象（cost object，たとえば製品，顧客，サービス，販売チャネル，プロジェクトなど）へ割り当てる計算を行なう。ABCの基本思考を示すモデルを図18—10で示した。

(注16) 筆者は設備管理学会の委嘱を受け，TPM活動による経済的効果金額の測定法につき，実務家の協力をえて委員会を組織し，1年間研究してその成果を公表した。今後とも，この領域での研究が望まれる。拙稿「TPMの経済的効果測定方法に関する研究」（その1），日本設備管理学会誌3巻2号，1991年10月，（その2）同誌3巻3号，1992年2月。

図 18—10　ABCのモデル

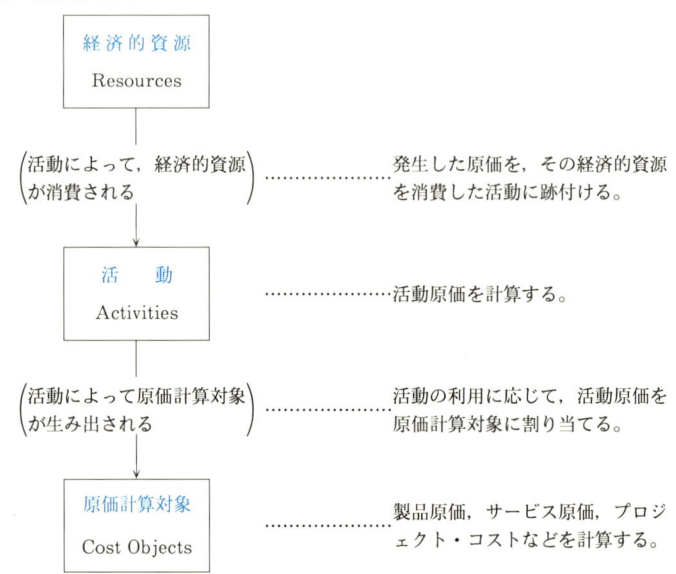

```
           ┌──────────┐
           │ 経済的資源 │
           │ Resources │
           └──────────┘
                │
(活動によって，経済的資源)……………発生した原価を，その経済的資源
( が消費される           )              を消費した活動に跡付ける。
                ↓
           ┌──────────┐
           │   活　動   │……………活動原価を計算する。
           │ Activities │
           └──────────┘
                │
(活動によって原価計算対象)……………活動の利用に応じて，活動原価を
( が生み出される         )              原価計算対象に割り当てる。
                ↓
           ┌──────────┐
           │ 原価計算対象│……………製品原価，サービス原価，プロジ
           │Cost Objects│              ェクト・コストなどを計算する。
           └──────────┘
```

　アメリカの製造企業では，激変する経済環境に対応して，その製造現場では生産ラインにFMSやCIMを導入し，JITを採用するなど，種々の対応策を実施してきたが，経理部では環境変化への対処を怠り，その管理会計システムは陳腐化してしまったと，ハーヴァード大学教授R.S.キャプランらが警鐘を鳴らした。彼らによれば，アメリカの管理会計システムは，実質的には1925年までに開発され，進歩はその時点で止まってしまったので，製品が多角化し，製造工程が複雑化した現在では，経営管理に有用な情報を提供していないと批判した。[注17] こうした事態を克服するため，キャプランらは，管理会計技法革新の手がかりを求めるため，アメリカの一部の進歩的な企業実務の実態調査を開始し，その調査のなかから，製品戦略策定のために有用であると認められた新しい原価計算技法を発見した。それが活動基準原価計算である。

(注 17)　Johnson, H.T., and R.S. Kaplan, *Relevance Lost, The Rise and Fall of Management Accounting* (Boston, Massachusetts：Harvard Business School Press, 1987)；鳥居宏史訳「レレバンス・ロスト—管理会計の盛衰」白桃書房，1992年。

活動基準原価計算は，将来，どのような展開をとげるかは，まだ未知数である。しかし現在の段階では，コントロールを目的とした経常的原価計算であるよりも，戦略的プロダクト・ミックスを検討するために有用な，特殊調査の製品原価計算という性格をもっており(注18)，それは，個別原価計算や総合原価計算，あるいは全部原価計算や直接原価計算と組み合わせて実施される原価計算であるといえよう。さらに生産・販売活動の継続的改善を図るために，活動基準原価データを利用した活動基準管理（activity-based management ; ABM）が提唱されている。ABM は製品原価計算ではなく，業務活動の分析とその管理活動であって，ABC と ABM を合わせて活動基準会計（activity-based accounting ; ABC/ABM）と呼ばれるようになってきた。

(2) 企業環境の激変と原価構造の変化

キャプランらによると，伝統的原価計算システムによる製品原価情報はきわめて不正確であって，その情報を使用すると，製品戦略に重大な支障をきたすという(注19)。その理由は，企業環境が激変したこと，その結果，企業の原価構造が変化したことにある。

19世紀の終わりから20世紀の初頭にかけて，アメリカの製造企業は正規の原価計算システムを採用し始めた。その当時の製造原価では，その約50％を直接労務費が占めており，直接材料費の占める割合も大きかったので，製造間接費の占める割合は小さかったといわれる。このような原価構造を前提として工夫された原価計算システムでは，製品へ製造間接費を配賦する基準として，直接労務費基準，直接作業時間基準，生産量基準などの業務量関係配賦基準（volume-related allocation basis）が多く採用され，実際にも役に立つ原価情報が提供されていた。

しかしながら企業環境が激変し，企業の原価構造が変化した。とりわけ

① 製造原価中に占める直接労務費の割合が減少した。

(注 18) Cokins, G., A. Stratton, and J. Helbling, *An ABC Manager's Primer : Straight Talk on Activity-Based Costing* (Montvale, NJ. : Institute of Management Accountants, 1993), p.14.

(注 19) Cooper, R., and R.S. Kaplan, "How Cost Accounting Distorts Product Costs", *Management Accounting*, Vol.69, No.10, April 1988.

②　製品の多様化と製造工程の複雑化によって，生産・販売支援活動費が増大した。

という2点に目立って現われている。次にこれらの点を説明しよう。

　まず，製造原価中に占める直接労務費の割合であるが，製造企業の生産が機械化され，ロボットが多く使用され，さらに工場の夜間無人運転が行なわれるようになると，製造原価の原価要素別構成割合は，業種によって異なるものの，直接労務費が10％を切り，直接材料費が65％前後，製造間接費が25％程度を占める企業が多くなってきた。とりわけエレクトロニクス産業では，直接労務費がしばしば5％以下となることが多いといわれる。製造原価全体で，わずか5％しか占めない直接労務費を基準として，25％も占める製造間接費を各製品へ配賦すれば，きわめて不正確な製品原価が計算されることは明白である。そこでは，直接労務費と製造間接費の相関関係が希薄になっているからである。またこの方法によると，製品の直接労務費を引き下げれば，その製品にたいする製造間接費の配賦額が少なくなると考えて，製造間接費自体を引き下げられるような錯覚に陥りがちであった。

　次に支援活動費の増大について説明しよう。消費者の価値観や嗜好が多様化したので，企業の生産形態が少品種多量生産から多品種少量生産へと変化した。また激烈な競争に打ち勝つために，企業のセールスマンは，たとえそれが特殊な小ロットの注文であろうと引き受けてくるので，企業の製品構成がますます多様化し，生産工程が複雑になる。そうすると標準製品だけを量産していたときとは違って，それだけ受注処理に時間がかかり，特別な生産日程計画を組み，必要となる特殊部品を調達し，頻繁に段取替えをしなければならず，監督にも気を配り，製品検査や配送にも余分な時間が必要となる。さらに販売した後に，以前よりも余計に製品の使用方法を説明したり，修繕サービスを行なわなければならなくなる。このようにして現代企業は，消費者嗜好の多様化→多品種少量生産→生産・販売活動の複雑化→生産・販売支援活動費 (support activity costs) の増大という問題に直面することとなった。増大した支援活動費が製品原価に及ぼす影響は，非常に大きいといわなければならない。

仮にA工場とB工場とがあり，両工場とも1箱130gのチョコレートを100,000箱，月々生産しているとしよう。ただしA工場では，1種類のミルクチョコレートだけを製造しているのにたいし，B工場ではミルクチョコレートのほかにブラック，イチゴ風味，オレンジ風味，クルミ入り，アーモンド入り，ブランデー入りの7種類のチョコレートを，それぞれ40,000箱，30,000箱，10,000箱，7,000箱，6,000箱，4,000箱，3,000箱を製造しているとする。この場合，両工場とも同じ設備で同量のチョコレートを製造しているが，B工場における製品の単位当たり製造原価はA工場よりもはるかに高くなることは容易に想像できよう。カカオ豆，砂糖，全粉乳などの主原材料は同じであるが，イチゴ，オレンジ，クルミ，アーモンド，ブランデーといった材料を別々の仕入先から購入し，倉庫に貯蔵しなければならない。生産計画や工程管理にも余計時間がかかるのみならず，チョコレートの種類が変わるごとに，機械をセットし直し，味，風味などの品質検査が必要となる。またチョコレートの箱や包装も，その種類ごとに変えて包装し，配送しなければならない。したがってB工場の製品のほうが，生産・販売のために支援活動費が余計に必要となるからである。

(3) 原価構造の変化による伝統的原価計算の陳腐化

次に段取工賃金を例にとって，支援活動費の増大が伝統的原価計算を陳腐化させた問題を考えてみよう。段取り (setup) とは，製品の製造準備作業のことであって，製造する製品に合わせて金型を取り替えたり，機械を調整する作業などをいう。製造企業の生産形態が，標準製品の量産から多品種少量生産へと移行すると，製品品種を変更するごとに段取作業が必要となり，段取工賃金という支援活動費が増加することになる。

[計 算 例]

X社は製品Aを量産していたが，顧客の嗜好が多様化したため，製品BおよびCも，ロット別に生産するようになった。1日の生産は次のとおりである。

1日の生産

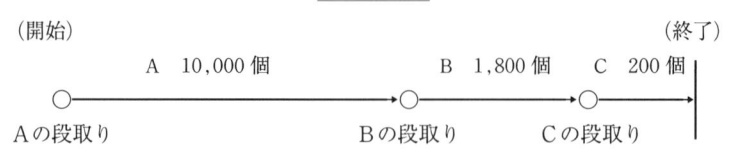

(開始)　　　　　　　　　　　　　　　　　　　　　　　　　　　　　(終了)
　　　　　　A　10,000個　　　　　　　B　1,800個　　C　200個
　○────────────────○──────────────○────────┤
　Aの段取り　　　　　　　　　Bの段取り　　　　　Cの段取り

なお段取りは5人の工具で行なうが，標準製品Aの段取りは1回当たり0.1時間，特殊製品B，Cの段取りは，1回当たりそれぞれ，0.2時間と0.3時間を必要とし，工具の賃率は2,000円/時であり，1か月の作業日数は25日とすると，段取賃金は下記のように計算される。

(1)	(2)	(3)	(4)=(2)×(3)×5人	(5)	(6)	(7)	(8)=(2)×(7)
製品	月間段取回数	1回当たり段取時間	月間段取時間合計	賃率/時	月間段取工賃金	1ロットの生産量	月間生産量
A	25	0.1時	12.5時	2,000円	25,000円	10,000個	250,000個
B	25	0.2時	25.0時	2,000円	50,000円	1,800個	45,000個
C	25	0.3時	37.5時	2,000円	75,000円	200個	5,000個
			75.0時		150,000円		300,000個

a．伝統的原価計算の場合

さて上記の条件において伝統的原価計算では，段取工賃金は各製品に共通に発生する製造間接費と考え，業務量関係基準，たとえば生産量を基準にして各製品に配賦する。

　　配賦率 ＝ 150,000円 ÷ 300,000個 ＝ 0.5円/個
　　製品Aにたいする配賦額 ＝ 0.5円/個 × 250,000個 ＝ 125,000円
　　製品Bにたいする配賦額 ＝ 0.5円/個 × 45,000個 ＝ 22,500円
　　製品Cにたいする配賦額 ＝ 0.5円/個 ×   5,000個 ＝   2,500円
　　　　　　　　　　　　　　　　　　　　　合　計　　150,000円

この計算によれば，どの製品も1個当たり0.5円という同額の段取工賃金が負担させられている。しかしながらこの計算は，不合理である。なぜならば段取工賃金は，生産量とは無関係に発生するロットないしバッチ・レベルで発生する原価であり，製品Aを1ロット10,000個生産する場合も1回の段取りが必要であり，製品Cを1ロット200個生産する場合も1回の段取りが必要と

なる。したがって段取工賃金は，生産量ではなく，段取回数と1回当たり段取時間の積で計算される段取時間合計に比例して発生する原価であるから，段取時間合計にもとづいて各製品に直接に賦課すべきである。

b．活動基準原価計算の場合

活動基準原価計算では，段取工賃金は各製品に直課する。その結果，各製品1個当たりの段取工賃金は，次のように計算される。

	（段取工賃金直課額）		（ロット生産量）		（1個当たり段取工賃金）
製品A	25,000 円	÷	250,000 個	＝	0.1円/個
製品B	50,000 円	÷	45,000 個	≒	1.1円/個
製品C	75,000 円	÷	5,000 個	＝	15.0円/個

活動基準原価計算の結果と比較すれば，伝統的原価計算では，製品Aは段取工賃金を1個当たり0.1円負担すればよいところを，0.5円も負担させられており，したがって5倍も多く負担させられている。これにたいし製品Cは段取工賃金を1個当たり15.0円負担すべきところを0.5円の負担に軽減されており，したがって30分の1しか負担していない。これを要するに，伝統的原価計算では，製品相互間で原価の内部補助が行なわれ，各製品の固有の収益性を正しく反映するような原価計算が行なわれていない。したがってそのような原価計算では，どの製品が儲かり，どの製品が儲からないかについて，誤った製品原価情報を経営者に提供していることになり，経営者は的確な製品戦略を立てることができない。

2．活動基準原価計算の方法

⑴　なぜ活動なのか──顧客思考と価値連鎖

ABCでは，原価を活動へ跡付け，次いで活動から原価を製品へ割り当てる。伝統的な部門別原価計算でも，原価を部門へ跡付け，次いで部門から原価を製品へ割り当てる。したがって両者とも，2段階計算を行なう点では同じである。それではなぜ，部門でなく活動なのか。ここに両者の本質的な違いがある。

製造企業は通常，職能別組織（functional organization）制を採用しており，企

業活動をその職能にしたがって製造部門，販売部門などに分け，製造部門をさらに鋳造部，鍛造部，機械加工部などに分類する。この職能別組織は，生産者の立場から，生産・販売活動を能率的に行なうために，分業態勢をとるための組織である。この組織の長所は，専門化による業務活動の能率向上にあるが，他方，短所は，企業活動の流れを縦割りにし，自分の担当する業務以外は，知識もなければ関心もないという割拠主義に陥りがちなことである。したがって職能別組織を採用する立場は生産者中心主義の立場といってよい。

しかしながら近年における企業環境の激変によって，顧客のニーズを読み間違えた企業は，大競争時代には生き残れないことが明白となった。企業が持続的競争優位を保持するためには，生産者中心主義から顧客中心主義へ転換し，顧客が望む多種多様の製品を効率的に製造し販売しなければならない。製造企業の活動は，経済的資源を顧客の必要とする製品やサービスに転換する活動であるから，これら一連の転換活動は，顧客にとっての価値を付加する活動であり，こうした一連の価値付加活動を価値連鎖（value chain）という。企業が地球規模的な大競争時代において持続的競争優位を確保するためには，企業活動を見直し，顧客の目から不必要な活動を排除し，最小限の価値連鎖活動を精選し，その活動を，競争相手よりも効率よく，できるだけ低コストで行なうことが不可欠となったのである。

この価値連鎖の考え方は，M. E. Porter の戦略論において明らかにされた。彼は企業の価値連鎖を，図 18—11 で示すように相互に関連する 9 つの主活動と支援活動に分けている。[注 20]

(注 20) Porter, M. E., *Competitive Advantage : Creating and Sustaining superior Advantage* (N. Y. : Free Press, 1985) p.37.

図 18-11 ポーターの価値連鎖

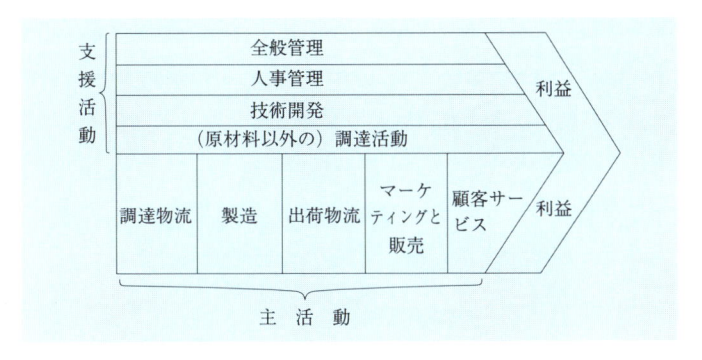

```
支  ┌──────────────────────────┐
援  │         全般管理          │＼
活  ├──────────────────────────┤ ＼利益
動  │         人事管理          │ ／
    ├──────────────────────────┤／
    │         技術開発          │
    ├──────────────────────────┤
    │   （原材料以外の）調達活動  │
    ├─────┬────┬─────┬────┬────┐＼
    │調達 │製造│出荷 │マーケ│顧客サー│ ＼利益
    │物流 │    │物流 │ティング│ビス   │ ／
    │     │    │     │と販売 │        │／
    └─────┴────┴─────┴────┴────┘
         └──────── 主 活 動 ────────┘
```

主活動（Primary Activities）

① （原材料などの）調達物流（inbound logistics）…原材料等の購買，検収，保管，支払など

② 製造（operations）…製品製造，エンジニアリング，品質保証，工場管理など

③ 出荷物流（outbound logistics）…製品の顧客むけ物流

④ マーケティングと販売…市場調査，広告，販売，販売管理など

⑤ 顧客サービス…製品保証，顧客苦情処理，顧客管理，代金回収など

支援活動（Support Activities）

① 全般管理（firm infrastructure）…企画，総務，秘書など

② 人事管理…人事や従業員の医療など

③ 技術開発…基礎技術研究など

④ （原材料以外の）調達（procurement）…製造・販売に直接関係しない資材やサービスの調達

(2) 企業活動の構造──価値連鎖プロセス，経営プロセス，活動およびタスク

活動基準原価計算では，図 18—12 で示したように，価値連鎖プロセスを経営プロセス（business process），活動（activity），タスク（task）へ分割する。実務上はこれらの単位は，天下り方式と現場の意見を取り入れた積上げ方式との両方を勘案して設定される。

図 18—12　企業活動の構造とその具体例

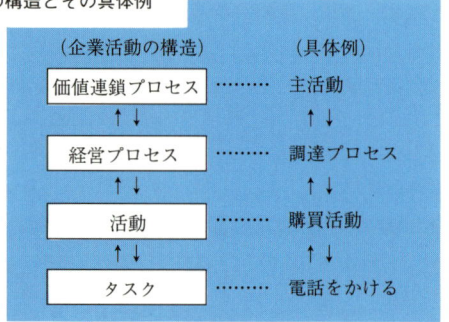

	（企業活動の構造）		（具体例）
	価値連鎖プロセス	………	主活動
	↑↓		↑↓
	経営プロセス	………	調達プロセス
	↑↓		↑↓
	活動	………	購買活動
	↑↓		↑↓
	タスク	………	電話をかける

活動基準原価計算では，企業活動の構造における「活動」が計算単位となる。従来の職能部門は企業活動を縦割りにしたものと考えれば，活動基準原価計算における活動は企業活動を仕事の流れに従って横割りにしたものである。1つの部門と1つの活動が一致する場合もあれば，1つの部門がいくつかの活動に分割される場合もあろう。しかしここで重要なことは，活動は一連の仕事の流れであるから，従来の職能別部門をまたがって行なわれることが多いという点である。調達プロセスを例にとれば図 18—13 のようになる。

図 18—13　調達プロセスにおける活動と職能部門との関係

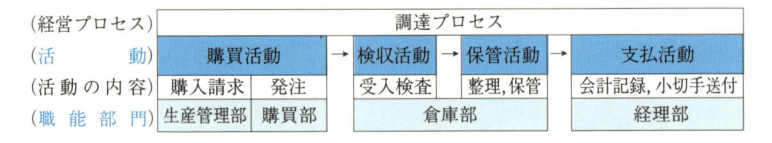

（経営プロセス）	調達プロセス			
（活　　　動）	購買活動 →	検収活動 →	保管活動 →	支払活動
（活動の内容）	購入請求／発注	受入検査	整理，保管	会計記録，小切手送付
（職　能　部　門）	生産管理部／購買部	倉庫部		経理部

(3) コスト・ドライバー──資源ドライバーと活動ドライバー

活動基準原価計算では，経済的資源の消費によって発生する原価を，資源を消費した活動へ，資源ドライバー（resource driver）にもとづいて跡付け，次い

図 18—14 資源ドライバーと活動ドライバー

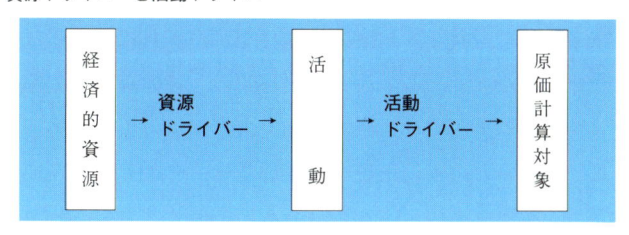

```
経済的資源 → 資源ドライバー → 活動 → 活動ドライバー → 原価計算対象
```

で活動によって発生した原価を，その活動によって生み出された原価計算対象へ，活動ドライバー（activity driver）にもとづいて割り当てる。この関係を図18—14によって示した。

ドライバーとは，動かす者（物，要因）という意味であって，コスト・ドライバーとは，原価を発生させる要因，あるいはその要因の量を測定する物量尺度を意味し，ドイツ原価理論における原価作用因（Kosteneinflussgrössen）に相当する言葉である。資源ドライバーも活動ドライバーも，コスト・ドライバーの一種であって，resource cost driver, activity cost driver といわれることがある。次に2, 3の例をあげよう。

経済的資源	資源ドライバー	活動	活動ドライバー	原価計算対象
倉庫係賃金 →	作業時間 →	保管活動 →	部品別1日当たり在庫金額×在庫日数 →	各種部品
段取工賃金 →	(直　課) →	段取活動 →	段取回数 →	各種製品
電算機費用 →	端末台数 →	設計活動 →	設計時間 →	各種製品
トラックガソリン代 →	(直　課) →	配送活動 →	走行距離 →	顧客

次に，購買部門における購買担当者の給料を例にとって，ABCモデルの計算を具体的に説明しよう。

当購買部門の購買係は5名であり，その給料月額は合計で200万円であるとしよう。購買係は，共通部品購入，特殊部品購入，補助材料購入，機械・設備購入活動に従事し，その従事した割合は，注文処理時間（＝注文件数×1件当たり処理時間）の割合によって測定され，それぞれ25％, 50％, 10％ および 15％

であったとしよう。この場合，注文処理時間が資源ドライバーである。購買係の給料は，注文活動で消費され，注文処理時間がかかればかかるほど，多くその活動に消費されるからである。注文処理時間は，特殊調査で実際に測定してもよいが，アメリカの実例では，原価計算担当者が購買係にヒアリングでその割合を聞くことが多いという。正確な不適切なデータよりも，不正確な適切なデータのほうが，有用であるという意識である。かくして200万円の給料は，各購買活動へ跡付けられる。

次に特殊部品の購買活動に注意をむけてみよう。当月の特殊部品の購買活動で，特殊部品を合計で500点購入したとし，その製品別特殊部品の使用点数が，製品Xには20点，製品Yには100点，製品Zには380点であったとする。製品Xは，標準製品なので特殊部品をあまり必要とせず，製品Zは，顧客の特別の注文で，特殊部品を多く使用しなければならないわけである。この場合，製品別特殊部品の使用点数が活動ドライバーである。使用点数が多ければ多いほど，特殊部品の購買活動が必要となるからである。かくして特殊部品の購買

図18—15

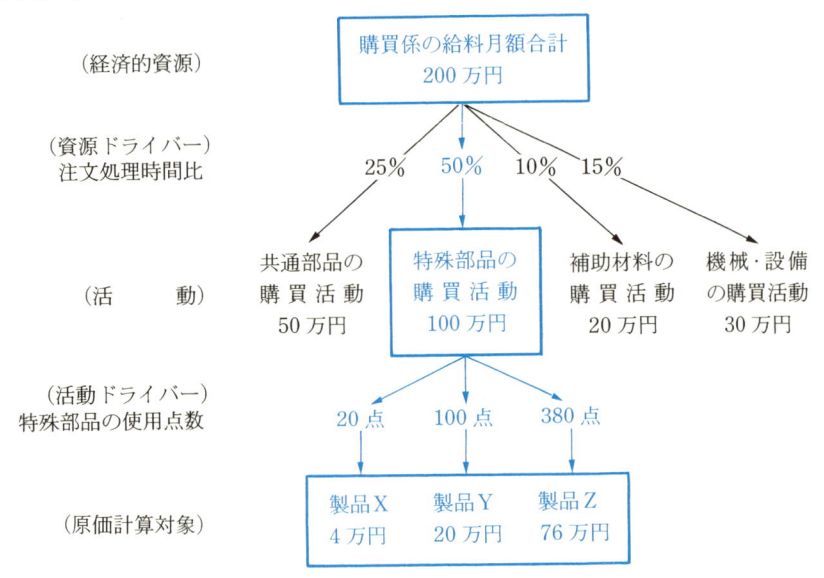

（経済的資源）	購買係の給料月額合計 200万円
（資源ドライバー）注文処理時間比	25%　50%　10%　15%
（活　　動）	共通部品の購買活動 50万円／特殊部品の購買活動 100万円／補助材料の購買活動 20万円／機械・設備の購買活動 30万円
（活動ドライバー）特殊部品の使用点数	20点　100点　380点
（原価計算対象）	製品X 4万円／製品Y 20万円／製品Z 76万円

活動へ跡付けられた購買係の給料は，特殊部品の使用点数を基準にして，各製品へ割り当てられる。以上の関係を図 18—15 で示した。

共通部品の購買活動は，注文の内容は簡単で，注文は定期的に行なわれ，1回当たりの注文量は多いので，共通部品が負担する購買活動原価は少ない。その結果，共通部品を多く使用する製品が負担すべき購買活動原価は低い。これにたいし特殊部品の購買活動は，注文の内容が複雑で，注文は必要となるつど行なわれ，1 回当たりの注文量は少ないので，特殊部品が負担する購買活動原価は高い。その結果，特殊部品を多く使用する製品が負担すべき購買活動原価は高くなる。活動基準原価計算では，製品や製造工程の複雑さに起因する支援活動原価の差を，製品原価データのなかに正しく反映させることができる。これらの原価データを見せられた設計者は，新製品設計において，できるだけ共通部品を使用する製品を設計するように心掛けるであろう。

(4) 支援活動の階層とコスト・ドライバー

支援活動は，その活動により，また発生する原価の階層によって次のように分類するのが有用である。

① 製品単位関係活動（unit-related activities）　これは，その活動量が製造・販売する製品単位量と比例するか，あるいは直接作業時間，機械作業時間などのように製品単位量と比例する活動である。たとえば製品の全数検査あるいは全製品の 10％ 抜取検査に従事する検査工賃金は，支援活動費ではあるが，製品生産量に比例して発生する。機械の潤滑油，電力料なども機械作業時間に比例して発生する。したがってこの種の支援活動費は，製品単位関係のコスト・ドライバーを使用することができる。

② バッチ関係活動（batch-related activities）　これは，その活動量が製品の生産量よりもむしろ，バッチ（1 回分の購入，1 回分の製造などをいい，ロットともいわれる）の回数に比例する活動である。たとえば段取活動は，新しいバッチの製品製造を開始するごとに必要であり，そのバッチのサイズが100 個であれ，10,000 個であれ，1 回の段取が必要となる。したがって機械の段取費は，製品の生産量ではなく，段取回数，段取時間に比例して発

生する。同様に材料の発注費は，発注する材料の個数ではなく，注文回数，注文書作成枚数に比例するし，生産計画作成費も生産量より工場で仕込む製造ランの回数に比例して発生する。

③ 製品支援活動（product-sustaining activities）　これは，その活動量が製品の生産量よりも，製品の種類に比例する活動である。たとえば製品の設計費は，製品の生産量よりも製品の種類が多ければそれだけ多く発生する。また特定の製品品種の設計変更費は，その製品品種のみが負担すべき費用であり，他の製品品種とは無関係である。したがってこれらの費用は，製品設計時間数，製品設計変更通知書発行数などにより，製品品種別に負担させるべきである。

④ 施設支援活動（facility-sustaining activities）　これは，製造・販売活動全般を支援する活動であって，製品の生産量，製造バッチの仕込回数，製品品種とは直接関係しない管理活動である。したがってこの活動から発生する費用，たとえば工場長の給料，工場建物の減価償却費，固定資産税，火災保険料などは，製品などの原価計算対象へ跡付ける合理的なコスト・ドライバーを見出すことは難しい。したがってこれらの費用は，直接作業時間，機械作業時間などにより製品別に配賦するか，あるいは製品別に直課した支援活動費と合理的なコスト・ドライバーで製品別に跡付けた支援活動費の合計額を基準として，製品別に配賦するよりほかはない。

(5)　活動基準原価計算の手続

活動基準原価計算の手続は，ほぼ次のとおりである。

① まず企業の活動を主活動と補助活動に分類する。主活動の具体例をあげれば，調達プロセス（購買活動，検収活動，保管活動，支払活動），製造プロセス（鋳造活動，機械加工活動，組立活動，生産技術活動，品質保証活動，生産管理活動，製品保管活動など），マーケティング・プロセス（マーケット・リサーチ活動，広告活動，販売活動，販売管理活動など），物流プロセス（製品配送活動，物流管理活動など），顧客サービス・プロセス（顧客管理活動，集金活動など）である。補助活動の具体例をあげれば，試験研究活動，人事管理活動，情

報処理活動，一般管理活動などである。

② 次に製造直接費は関係製品へ直課し，製造間接費，販売費および一般管理費（支援活動費）は，主活動と補助活動の各活動へ直課または資源ドライバーにもとづいて配賦する。

③ 補助活動へ集計された原価は，関係する製造および販売の主活動へ配賦する。ただし一般管理費のように，主活動と関連性が希薄な原価は，あえて主活動へ配賦をせずに，月次損益に賦課する。

④ 製造関係の主活動へ集計された製造間接費は，製品へ活動ドライバーにもとづき配賦する。実務上は，個々の活動別に配賦をせず，同じ活動ドライバーを使用する活動原価は，それらを合計してコスト・プールを作り，その合計額を配賦する。製品別に配賦された製造間接費は，製造直接費と合計することにより，製品の製造原価を計算する。

⑤ 販売関係の主活動へ集計された販売費は，顧客別あるいは販売チャネル別に集計し，営業費分析に利用する。

⑥ 最後に月次損益を計算する。(注21)

3. 活動基準原価計算の例題

[例題18—3]

OK工業では，主力製品X，Yおよび特殊受注製品Zを生産・販売している。

[問1] 下記の条件にもとづき，伝統的全部原価計算によりX，Y，Zの製品単位当たり総原価を計算しなさい。

(1) 製品単位当たり製造直接費に関する当期予算資料

製品品種	X	Y	Z
直接材料費	600円	1,000円	500円
直接作業時間	0.8時間	1.0時間	0.4時間

直接工の賃率は1,000円/時である。なお段取作業時間は，上記直接作業時間

(注21) 活動基準原価計算の計算手続を概観するには，Glad, E., and H. Becker, *Activity-Based Costing and Management* (N. Y.：John Wiley & Sons, 1966) が参考になる。

には含まれていない。

(2) 当期計画生産・販売量　X…2,000個，Y…4,000個，Z…500個

(3) 製造間接費，販売費および一般管理費の当期予算総額…7,250,000円，これらの原価は，各製品品種別直接作業時間を基準にして予定配賦している。

[問2]　OK工業では，[問1]で求めた製品単位当たり総原価を基準にして，製品別の売上高営業利益率が20％になるように各製品の目標販売単価を設定している。各製品の目標販売単価を計算しなさい。

[問3]　OK工業では，[問2]で求めた目標販売単価で営業活動を行なったところ，製品Xはほぼ目標販売単価で実際に売れたが，製品Yは大幅な値下げをしなければ売ることができなかった。他方，製品Zには注文が殺到し，販売単価を倍に値上げしても注文がくるという奇妙な状態に陥った。そこで経理部長は製品単位原価の正確性に疑問をもち，最近の講習会で聞いた活動基準原価計算を導入する許可を社長から得て，プロジェクトチームを編成し，業務活動を分析した結果，製造間接費，販売費および一般管理費は次のコスト・プールに集計できることがわかった。

		金　　額
1.	機械作業コスト・プール	3,000,000円
2.	段取作業コスト・プール	130,000円
3.	生産技術コスト・プール	1,200,000円
4.	材料倉庫コスト・プール	545,000円
5.	品質保証コスト・プール	
	Z専用検査機械減価償却費	80,000円
	その他の品質保証費	255,000円
6.	包装出荷コスト・プール	880,000円
7.	管理活動コスト・プール	1,160,000円
	合計	7,250,000円

第 18 章 経営戦略の策定と遂行のための原価計算　　907

次にこれらのコストをX, Y, Zに賦課するには，直接に製品品種に跡づけられるコストは直課し，その他のコストは，下記のコスト・ドライバーのなかから適切なものを選んで配賦することとした。ただし管理活動コスト・プールには適切な基準がないので，上述の直接作業時間を基準として採用することとした。なおこれらコスト・ドライバーのデータで，製品単位当たりのデータ以外は，すべて当期の合計データである。？の部分は各自計算しなさい。

活動ドライバー	X	Y	Z
直接作業時間	?	?	?
段取時間（＝段取回数×1回当たり段取時間）	10 時間	20 時間	100 時間
製品仕様書作成時間	500 時間	700 時間	800 時間
機械運転時間	1.25 時/個	1.0 時/個	2.0 時/個
直接材料出庫金額	?	?	?
抜取検査回数	20 回	40 回	25 回
出荷回数	4 回	8 回	10 回

上記の資料および［問1］で示された直接材料費，直接労務費の関係資料を使用して，活動基準原価計算を行ない，製品X, Y, Zの単位当たり総原価を計算しなさい。

［問4］　下記の文章において，（　）の中には計算した金額を，□の中には適切な一語を記入しなさい。

「伝統的全部原価計算によって製品品種別に計算した単位原価から，活動基準原価計算によって計算した製品品種別の単位原価をそれぞれ差し引くと，製品品種別に原価の歪（ゆが）みが判明する。この単位当たりの原価の歪みに販売量をそれぞれ掛けると，製品間で原価の内部補助がどれほど行なわれていたかが明らかとなる。

　すなわち製品Zは，総額で（　①　）円も原価が過　②　に負担させられているのにたいし，製品Xは（　③　）円，製品Yは（　④　）円も原価が過　⑤　に負担させられている。そのことはこれらの原価の歪みを合計すれ

ば，その合計額は（　⑥　）円となることから明らかである。」

(日商簿記1級原価計算試験問題)

[解　答]

本問は，伝統的全部原価計算と活動基準原価計算の結果を比較する問題である。

[問1]　まず製造間接費，販売費および一般管理費（以下間接費と称する）の予定配賦率を計算する。

予算直接作業時間＝0.8時間×2,000個＋1.0時間×4,000個＋0.4時間×500個＝5,800時間

予定配賦率＝7,250,000円÷5,800時間＝1,250円

Xの予定配賦額…1,250円×0.8＝1,000円，Y，Zも同様に計算すれば，製品単位当たり総原価は，次のようになる。

(単位：円)

製品品種	X	Y	Z
直接材料費	600	1,000	500
直接労務費	800	1,000	400
間接費	1,000	1,250	500
合　計	2,400	3,250	1,400

[問2]　製品単位当たり総原価をC，総原価にたいする利益率をxとすれば，

$$\{C(1+x)-C\} \div C(1+x) = 0.2$$
$$x = 0.25$$

したがって単位当たり総原価に1.25を掛ければ，目標販売単価を計算できる。

目標販売単価　X…2,400円×1.25＝3,000円
　　　　　　　Y…3,250円×1.25＝4,062.5円
　　　　　　　Z…1,400円×1.25＝1,750円

[問3]　活動基準原価計算を行なう場合，まず各コスト・プール別にそれぞれ適切な活動ドライバーを選択する。

		金　　額	活動ドライバー	X	Y	Z
1.	機械作業コスト・プール	3,000,000円	機械運転時間	2,500時	4,000時	1,000時
2.	段取作業コスト・プール	130,000円	段取時間	10時間	20時間	100時間
3.	生産技術コスト・プール	1,200,000円	製品仕様書作成時間	500時間	700時間	800時間
4.	材料倉庫コスト・プール	545,000円	直接材料出庫金額	120万円	400万円	25万円
5.	品質保証コスト・プール					
	Ｚ専用検査機械減価償却費	80,000円	（Ｚに直課）			
	その他の品質保証費	255,000円	抜取検査回数	20回	40回	25回
6.	包装出荷コスト・プール	880,000円	出荷回数	4回	8回	10回
7.	管理活動コスト・プール	1,160,000円	直接作業時間	1,600時間	4,000時間	200時間
	合　計	7,250,000円				

　次に活動コスト・プール別に各製品へそれぞれの原価を賦課する。

　その表は次ページに示す。

(単位：円)

	X	Y	Z

1. 機械作業コスト・プール
   3,000,000円÷（1.25×2,000＋1.0×4,000＋2×500）
   ＝400円/時
   400円/時×1.25 …………………………………………………… 500
   400円/時×1.0 ……………………………………………………………… 400
   400円/時×2.0 …………………………………………………………………………… 800
2. 段取作業コスト・プール
   130,000円÷（10＋20＋100）＝1,000円/時
   1,000円/時× 10時÷2,000個 ………………………………………… 5
   1,000円/時× 20時÷4,000個 ……………………………………………… 5
   1,000円/時×100時÷　500個 ……………………………………………………… 200
3. 生産技術コスト・プール
   1,200,000円÷（500＋700＋800）時＝600円/時
   600円/時×500時÷2,000個 ……………………………………… 150
   600円/時×700時÷4,000個 …………………………………………… 105
   600円/時×800時÷　500個 ……………………………………………………… 960
4. 材料倉庫コスト・プール
   545,000円÷5,450,000円＝0.1
   0.1×1,200,000円÷2,000個 ……………………………………… 60
   0.1×4,000,000円÷4,000個 ……………………………………………… 100
   0.1×　250,000円÷　500個 ……………………………………………………… 50
5. 品質保証コスト・プール
   Z専用検査機械減価償却費80,000円÷500個 ……………………………………… 160
   その他255,000円÷85回＝3,000円/回
   3,000円/回×20回÷2,000個 ……………………………………… 30
   3,000円/回×40回÷4,000個 ……………………………………………… 30
   3,000円/回×25回÷　500個 ……………………………………………………… 150
6. 包装出荷コスト・プール
   880,000円÷22回＝40,000円/回
   40,000円/回× 4回÷2,000個 …………………………………… 80
   40,000円/回× 8回÷4,000個 ………………………………………… 80
   40,000円/回×10回÷　500個 ……………………………………………………… 800
7. 管理活動コスト・プール
   1,160,000円÷5,800時＝200円/時
   200円/時×0.8時 …………………………………………………… 160
   200円/時×1.0時 ………………………………………………………… 200
   200円/時×0.4時 ……………………………………………………………… 80

	X	Y	Z
単位当たり間接費合計	985	920	3,200
直接材料費	600	1,000	500
直接労務費	800	1,000	400
活動基準原価計算による製品単位当たり総原価	2,385	2,920	4,100

第 18 章　経営戦略の策定と遂行のための原価計算　　911

[問 4]　　　　　　　　　　　　　　　　　　　　　　　　　　（単位：円）

	X	Y	Z
伝統的全部原価計算による単位当たり総原価	2,400	3,250	1,400
活動基準原価計算による単位当たり総原価	2,385	2,920	4,100
差引：単位当たり原価の歪み	15	330	(2,700)
×販売量	2,000	4,000	500
原価の歪み総額	30,000	1,320,000	(1,350,000)

以上の計算から

①＝1,350,000，②＝小または少，③＝30,000，④＝1,320,000，⑤＝大または多，⑥＝0 である。

第 9 節　活動基準管理

1.　活動基準管理 (ABM) とは何か

活動基準管理とは，企業の持続的競争優位を確保するために，企業活動を顧客の観点から見直し，顧客にとって無駄な非付加価値活動を除去し，付加価値活動のみを効率的に実施するように業務活動の根本的改革を行ない，それによって継続的原価改善を実現する管理活動である。

ABM の基本思考を示す ABM モデルを，図 18—16 に示した。

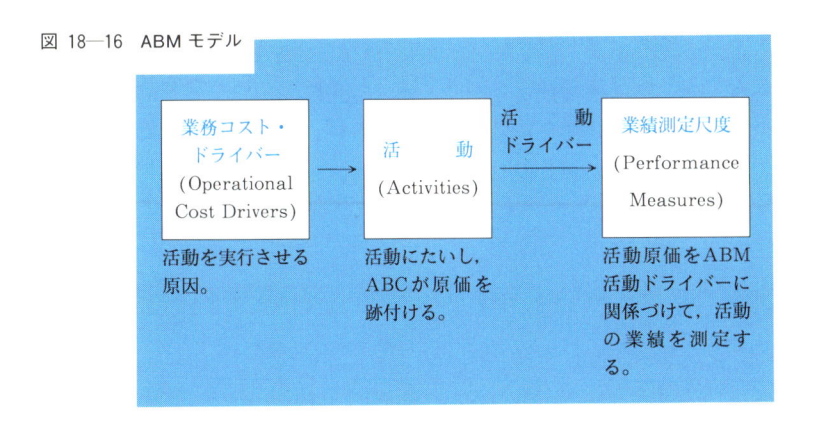

図 18—16　ABM モデル

業務コスト・ドライバー (Operational Cost Drivers) → 活動 (Activities) → 活動ドライバー → 業績測定尺度 (Performance Measures)

活動を実行させる原因。

活動にたいし，ABC が原価を跡付ける。

活動原価を ABM 活動ドライバーに関係づけて，活動の業績を測定する。

この図において業務コスト・ドライバー（operational cost drivers）とは業務活動を実行させる原因であり，活動の仕事量を決定する要因を意味する。特殊部品の購買活動を例にとれば，顧客の注文を受け，それに応じて特別の製品を製造するために特殊部品が必要となる。その結果，特殊部品の購入請求書が発行されるが，この特殊部品の月間購入請求書発行枚数が業務コスト・ドライバーであり，この請求書発行枚数が特殊部品の購買活動を実施させ，購買活動量を決定する。

他方，ABCでは資源ドライバーを使用して，特殊部品の購買活動に原価を跡付ける。ABMでは，この購買活動原価を利用し，ABMの活動ドライバーとしてたとえば特殊部品の年間注文回数を選び，特殊部品の購買活動原価÷年間注文回数 によって，1回当たりの特殊部品購買活動原価を計算し，この指標によって特殊部品の購買活動の業績を測定する。この指標が高いことは，原価低減の必要性を示すわけである。業績測定は，コストのみならず，時間（たとえば1回当たり注文処理時間）や活動品質（たとえば発注エラーの発生頻度）についても検討する必要がある。

ABMモデルから明らかなように，活動基準管理の重要課題は，コスト・ドライバー分析（cost driver analysis），活動分析（activity analysis；経営プロセス分析 business process analysis ともいわれる），および業績測定（performance measurement）からなる。また活動基準原価計算では活動に原価を集計するので，その原価情報を利用すると，原価低減の観点から，どの活動にどれほど無駄があるか，その活動を改善すると原価はどれほど引き下げられるか，といった有益な情報がえられるので，活動基準管理を効果的に実施するには，活動基準原価計算と結合して行なうのが有益である。

2. 経営プロセスにおける活動分析

企業内における価値連鎖は，試験研究→製品開発→購買→製造→マーケティング→製品配送→顧客サービス→リサイクルの諸活動からなる(注22)。これらの経営プロセスについて，次のステップで活動分析を行なう。

(1) その活動の目的は何か。顧客の観点から，その活動になにを期待するか。なおここで顧客というのは，外部の顧客のみならず，次工程のようにその活動の産出物を使用する内部の顧客をも含む。

(2) その活動の内容と作業時間を，始めから終わりまで記録する。

(3) それぞれの活動を付加価値活動（value-added activities）と非付加価値活動（nonvalue-added activities）に分類する。

(4) 非付加価値活動は，これを除去するか，あるいは削減する。付加価値活動は，これを能率的に実施するよう継続的に改善し，経営プロセスにおける価値連鎖を再結合する。

以上の内容を図示すれば，図 18—17 のようになる。

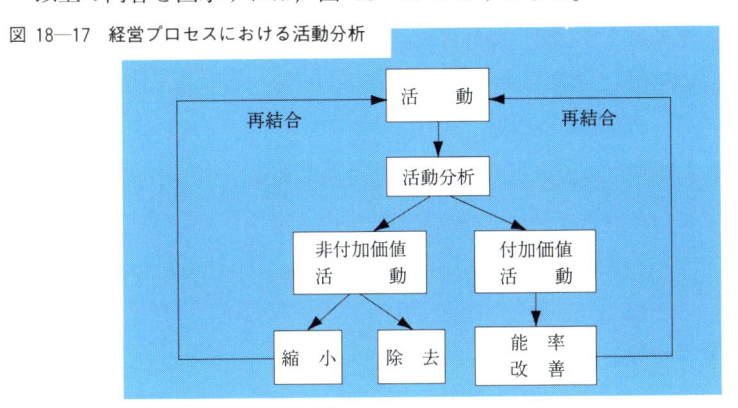

図 18—17 経営プロセスにおける活動分析

(注22) 価値連鎖分析（value chain analysis）には，水平的分析と垂直的分析がある。企業内における価値連鎖分析は価値連鎖の水平的分析であって，ここでいう経営プロセス分析に相当する。これにたいし，個別企業の枠組を超えて，その企業が購入する原材料を生産する他企業や，その企業が製品を販売する他企業，さらにそれから最終消費者にいたるプロセス全体を分析の対象とする垂直的分析がある。価値連鎖分析といえば，後者を指すことが多い。持続的競争優位を確保するためには，垂直的価値連鎖分析も重要である。Shank, J. K., and V. Govindarajan, *Strategic Cost Management : The New Tool for Competitive Advantage* (N. Y. : The Free Press, 1993) pp.51–53. を参照されたい。

3. 非付加価値活動の例示

それでは非付加価値活動には，どのようなものがあるか。次にいくつかを例示しよう。

(1) 原材料，仕掛品，製品の貯蔵活動（在庫ロス）　これらは，JIT購入，JIT生産によって排除しなければならない。

(2) 工場内あるいは工場間の材料，部品，仕掛品の移動，運搬活動（運搬ロス）　このロスは工程の再配置，工場間の製品生産分担などを再検討することにより除去すべきである。トヨタ系のある企業では，工程と工程とをつなぎ，部品を移動させながら，その間も加工作業を継続するという「ながら生産」（移動しながら生産）によってこれを解決していた。

(3) 段取時間（段取ロス）　これについては，内段取と外段取（工程を停止させず，工程の外部であらかじめ段取作業を行っておくこと。）を区別し，内段取をできるだけ外段取へ移し，内段取時間を短縮しなければならない。

(4) 工具の作業における戻り歩行，空歩行など（動作ロス）　これらのムリ，ムラ，ムダのある作業は，動作分析により改善すべきである。

(5) 不良品の手直し（手直しロス）　不良品を発生させない対策が必要である。

(6) 部品待ち，指示待ち，部品の箱待ち（手待ちロス）　これらは，管理ロスであって，生産計画，日程計画を改善すべきである。

企業活動には，このように非付加価値活動が無数に含まれており，継続的原価改善の宝庫となっている。

4. 活動分析の例示

[例—1]　顧客からの受注処理活動についての分析

処理時間(分)	担当部門：業務内容	非処理時間(分)	
1.0	顧客サービス部：受注書類作成	待機	2.0
		移動	5.0
0.5	信用調査部：信用枠の確認	待機	2.5
		移動	4.0

5.0	生産技術部：技術的可能性の検討	待機	20.0
		移動	10.0
2.0	製品企画部：構成部品の確認	待機	7.0
		移動	3.0
4.0	製品企画部：生産スケジュールの調整	待機	40.0
		移動	3.0
0.5	製品企画部：発送日の確定	移動	2.0
1.5	顧客サービス部：発送日を顧客に通知	待機	5.0
計 14.5			計 103.5

サイクル効率＝$14.5 \div (14.5 + 103.5) \times 100 \fallingdotseq 12.3\%$

　上例では，受注を処理する一連の活動のうち，処理時間はわずか12.3％であって，あとは非付加価値活動である。とりわけ製品企画部でその注文を生産スケジュールに組み込むときの待機時間や，生産技術部での待機，移動時間が大きい。これを削減することが，サイクル効率をあげ，顧客満足をえるために重要である。このようにサイクル効率が悪いプロセス，複雑なプロセス，支援部門のプロセスでサイクルの長いプロセスほど，改善の対象となる。

[例—2]　ダイカスト工場における巣不良とバリ取り作業の除去

　わが国の製造企業では，動作分析はTPM（全員参加の生産保全）活動の一環として行なわれることが多い。次に示した例は，自動車のアルミ部品（シリンダー・ヘッドカバー，トランスミッション・ケースなど）を製造する企業の例である。

　この企業の製造プロセスは，アルミ・インゴット→配合→溶解→保温→配湯→ダイカスト鋳造→トリミング→バリ取り→熱処理→機械加工→検査→出荷となっている。ダイカスト鋳造では，金型にアルミを溶解した湯を注入し，圧力をかけてアルミ部品を鋳造する。そのさいにできあがったアルミ部品の断面に，ガスが逃げきれずにボツボツの穴ができてしまう状態を「巣」といい，巣のできた部品は不良品である。そこで業界の常識では，鋳造圧力を高くして巣をつぶすのがよいとされるが，高圧で鋳造すると，バリ（金型の枠から，アルミの湯がはみ出して固まったもの）が発生してしまう。そこで8名の工員がバリ取

り作業をしなければならなかった。他方，鋳造作業を終えたとき，部品を金型から取り出しやすくするために，あらかじめ離型剤を金型の内部に塗布しておくのであるが，巣不良の発生原因を分析してみると，離型剤塗布量のバラツキで巣が発生することがわかった。

そこで業界の常識に挑戦し，鋳造圧力を試行錯誤で下げてみた。そのためには，スリーブ径拡大による減圧，大量ガス抜き技術の開発，金型冷却の改善などが必要であった。他方，離型剤塗布量を制御するため，電磁弁とタイマーをつけ，さらに流量計をつけて，流量を検出し，塗布量を制御した。そしてモニター機をも設置し，流量を絶えず表示させ，流量の不足，過多を検出できるようにした。こうした努力の成果は実に見事であって，低い鋳造圧力で巣をゼロに，しかもバリレス（多少のバリは残るものの，研磨剤を入れた空気を吹き付ければそのバリは取れてしまう程度）の状態を実現し，8人の工員によるバリ取り作業を不必要とし，しかもハイサイクルで鋳造することができるようになったのである。

顧客の注文を受けてから，その製品を製造し，顧客に製品を引き渡すまでの時間を顧客応答時間（customer response time）という（図18—18）。[注23]

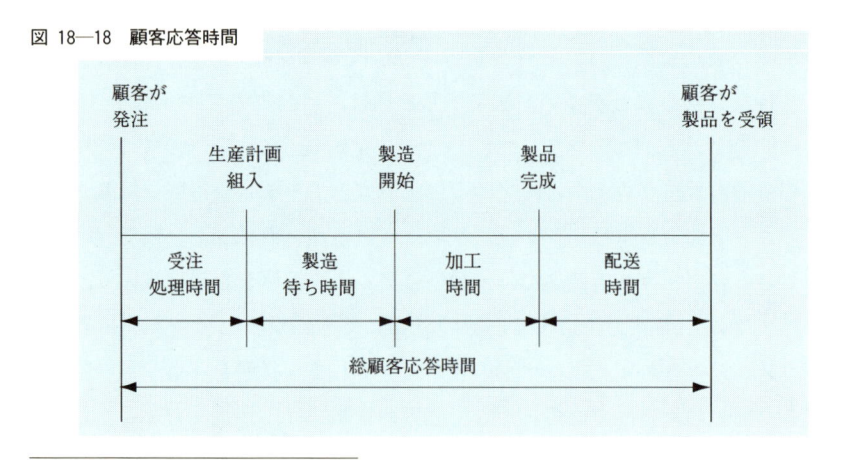

図 18—18　顧客応答時間

（注23）　Maher, M., *Cost Accounting : Creating Value for Management* (Chicago : R. D. Irwin, 5th ed., 1997) p.270.

上述のダイカスト工場における例では，TPM 活動により，不良品をなくし，しかもバリ取り作業を除去することに成功した。したがって顧客応答時間を短縮し，製造原価が削減され，生産が増加し，顧客満足を獲得し，企業利益が増加したわけである。

第 10 節　ABC と ABM のまとめ

1.　ABC と ABM の相互関係——原価割当視点とプロセス視点

次に ABC と ABM の相互関係を検討しよう。そのためには，上述した ABC モデルと ABM モデルとを結合させればよい。その結果，ターニイ（Peter B.B. Turney）とラフィッシュ（Norman Raffish）の考えた，いわゆる ABC クロス（ABC Cross）がえられる。

図 18—19 を見てほしい。ABC は，これまでの説明から明らかなように，原価を活動に跡付け，さらに活動から原価計算対象へ原価を割り当てるので，この図を垂直的に見ていく部分が ABC に相当する。したがって ABC は，原価割当視点（cost assignment view）に立脚する方法である。これにたいし ABM は，ABC の活動情報を利用し，業務プロセスを分析する方法であって，この図を水平的に見ていく部分が ABM に相当する。したがって ABM は，プロセス視点（process view）に立脚する方法である。ここでプロセスというのは，顧客に製品やサービスを提供するために必要な業務活動の連鎖を意味する。ABC が，正確な製品原価計算を通じて製品別，顧客別，プロジェクト別の収益性を分析する役割を果たすのにたいし，ABM は，プロセスの分析を通じて，業務活動を見直し，業務活動のリエンジニアリング（業務の根本的革新）を行ない，製品のサイクルタイムを短縮し，原価低減を図るなど，継続的原価改善を行なう役割を果たすのである。

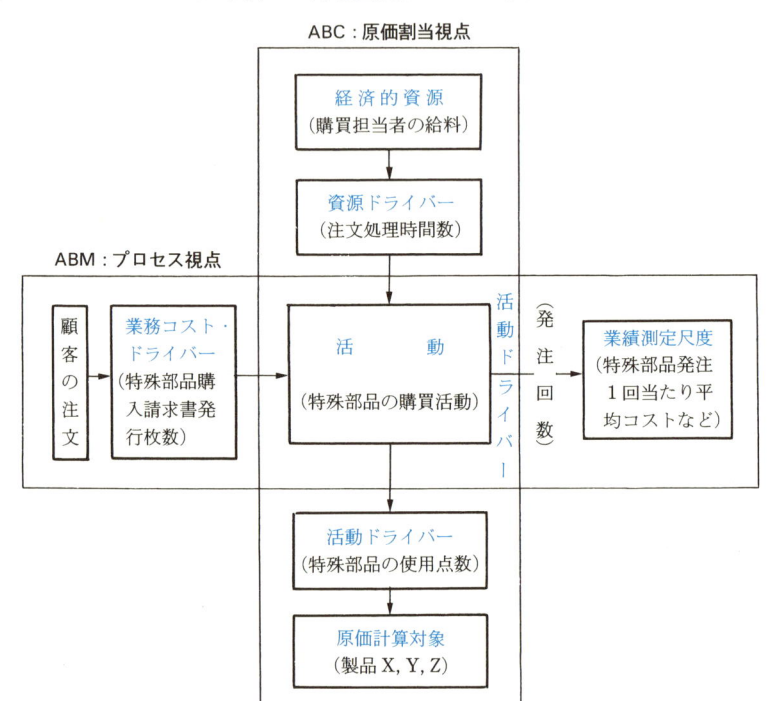

図 18—19 ABC と ABM との関係——原価割当視点とプロセス視点

```
                      ABC：原価割当視点
              ┌─────────────────────┐
              │   経 済 的 資 源    │
              │ (購買担当者の給料) │
              └─────────┬───────────┘
                        ↓
              ┌─────────────────────┐
              │   資源ドライバー    │
              │ (注文処理時間数)   │
              └─────────┬───────────┘
                        ↓
ABM：プロセス視点       │
┌──────┬──────────┬─────┼──────┬──┬──────────┐
│顧客の│業務コスト・│     │活動ド│(発│業績測定尺度│
│ 注文 │ドライバー │ 活 動│ライ  │注 │(特殊部品発注│
│      │(特殊部品購│(特殊部│バー  │回 │1回当たり平 │
│      │入請求書発│品の購買│      │数)│均コストなど)│
│      │行枚数)   │活動)  │      │   │            │
└──────┴──────────┴─────┼──────┴──┴──────────┘
                        ↓
              ┌─────────────────────┐
              │   活動ドライバー    │
              │ (特殊部品の使用点数)│
              └─────────┬───────────┘
                        ↓
              ┌─────────────────────┐
              │   原価計算対象      │
              │ (製品 X, Y, Z)     │
              └─────────────────────┘
```

2. ABC と ABM の評価

ABC と ABM については，アメリカでは学会も実務界も，この計算・管理手法にたいし大いに注目し，そして期待している。これにたいしわが国では，ABC にたいしては，どちらかといえばその反応は冷ややかであり，むしろ ABM に着目するといった声が聞かれる。この計算・管理手法が将来どのように発展するかは，いぜんとして未知数であるが，筆者としては現段階では次のように考えている。

(1) ABC の提供する製品戦略情報

ABC がわが国であまり人気がないといわれるのは，間接費の配賦基準を精緻にしても，あまり積極的な成果はえられないと考えたり，ABC によると，

特殊な新製品の原価が高く計算され，新製品の導入が阻害されるといった点にあるようである。しかしこの考え方には賛成できない。ABCでは増大した間接費を，製品単位関係活動，バッチ関係活動，製品支援活動，施設支援活動の各階層に分け，それぞれの階層ごとに因果関係をもつコスト・ドライバーを選択し，原価計算対象へ跡付ける点は，伝統的原価計算方法よりもはるかに優れており，この点は高く評価してよい。その結果，取扱製品の収益性が明確になり，プロダクト・ミックスにかんする有益な製品戦略を策定することができる。もしABCによって特殊な新製品の原価が高く計算されるならば，それは事実として受け入れるべきであり，そのことと新製品の販売価格設定政策とは明確に区別しなければならない。

(2) 持続的競争優位を確保するためのABM

ABCとABMはどちらも企業の経営プロセスに着目し，顧客の目から活動を見直すわけであるが，とりわけABMは顧客にとって付加価値活動を効率的に遂行する活動へ企業活動全体を再構成し，継続的に原価改善を試みる。ABMはこの点で，高く評価されてよい。およそ原価の発生を改善するには，原価は経済的資源の消費によって発生するので，経済的資源の消費の仕方，したがって活動そのものの仕方を変えなければ実現できない。活動を合理的に変更するには，コスト・ドライバー分析，活動分析のみならず，TPMやTQCの技法と組み合わせて利用し，それらの活動を円滑に継続するために，合理的な業績測定方法と結合する必要がある。

(3) 問題の鍵は設定する活動の精粗

ABCとABMが成功するか否かは，設定する活動の精粗にかかっている。もし粗く設定すれば，ABCでは製品相互間で原価の内部補助が行なわれ，伝統的原価計算の計算結果となんら異ならず，ABMでは異なる種類の活動が混じり合い，改善すべき活動が不明確になってしまう。他方，活動分析によって経営プロセスをあまりに精緻に細分すれば，有益な情報がえられるにしても，計算それ自体にかかる手数と費用が莫大になってしまうであろう。したがって活動の精粗についての費用と便益との均衡点を探さねばならない。そのために

は，まずプロジェクト・チームを発足させ，経営プロセス全体の流れを概観したうえで，問題と感じる特定範囲のプロセスに限定し，試行錯誤的に活動を設定してみるのがよかろう。それでうまくいけば，仕事の流れに注目し，横展開を図って，経営全体のプロセスへ拡大するのである。経営の部分，部分の活動の効率化だけでは不充分であって，それらを全体にまとめあげ，総顧客応答時間，あるいはスループット・タイム（throughput time：原材料の投入から製品の引き渡しまでの時間）を把握し，経営活動全体の効率を管理する仕組みへと発展させねばならない。このプロジェクト・チームには，原価計算担当者も参加すべきである。活動に原価を集計することによって，1回の購入活動，1回の段取活動，1回の鋳造活動で，原価がいくらかかっているか，継続的原価改善活動の効果金額がいくらか，といった貨幣評価金額の情報がないと，経営者の全面的支持がえられないからである。

(4) ABCは経常計算か特殊原価調査か

設定する活動の精粗は，ABCを経常計算として行なうか，あるいは特殊原価調査として行なうかという問題と密接に結びついている。ABCは経営内部報告目的の特殊調査として行なわれることが多い。しかし経常計算として行なう例もないわけではない。

ABMはその狙いから，ABCよりも細分した活動の設定が必要である。しかも設定した活動をたえず，改変し，再結合することになる。これにたいしABCは，コスト・ドライバーが同じであるならば，1つのコスト・プールにまとめてよい。したがって活動の単位はABMより大きいので，経常計算として実施することは可能であるかもしれない。しかしこの場合，経常計算として行なったABCの計算結果と，伝統的全部原価計算の計算結果とは異なることがあるので，両者の調整計算が必要となる。たとえばABCでは，調達プロセスを購買，検収，保管，支払の諸活動へ製造間接費を集計し，各活動から材料や部品へ原価を割り当て，さらに製品へ原価を跡付けるとすると，材料副費がすべて材料へ集計されるし，経理部の支払活動が主活動として材料や製品へ割り当てられることとなる。したがって調整計算の結果，両者が一致することを

第 18 章　経営戦略の策定と遂行のための原価計算　　921

確認しないと，経営者の支持がえられないであろう。

第 11 節　バランス・スコアカード

1. バランス・スコアカードとは何か

バランス・スコアカード（Balanced Scorecard : BSC）とは，ハーバード・ビジネス・スクールの会計学担当教授である Robert S. Kaplan と，国際的コンサルタント会社ルネッサンス・ソリューションズ社の社長 David P. Norton が開発した，経営戦略を遂行するための業績評価システムである。

彼らがこの業績評価システムを開発したのは，工業化時代にゼネラル・モーターズ，デュポン，ゼネラル・エレクトリックなどが開発した投下資本利益率などの財務指標は，企業環境が急激に変化し，情報化時代に突入した現代では，業績指標としては，それだけでは不完全な指標になってしまったという反省からであった。工業化時代の競争から情報化時代の競争へ移った現代企業では，持続的競争優位を確保するためには，策定した全社的経営戦略を，企業を構成する各部門の具体的かつ多元的な目標，実行方法，業績測定尺度，実績の測定といった要素へ転換し，それらを結合する新たな仕組が必要となると考えたのである。
(注 24)

2. ビジョンと戦略を 4 つの視点へ転換

バランス・スコアカードの特徴は，経営の全社的ビジョンと戦略を，4 つの視点，すなわち財務的視点，顧客の視点，社内ビジネス・プロセスの視点および学習と成長の視点へ転換し，それぞれの視点から各部門の具体的目標，業績測定尺度などを明らかにした点にある。これらの関係を図 18—20 に示した。この図では省略されているが，各視点ごとに，それぞれ目標，業績評価指標，ターゲット，具体的提案プログラムが明確に記入されるようになっている。

(注 24)　バランス・スコアカードについて詳しくは，ロバート S. キャプラン，デビッド P. ノートン著，吉川武男訳「バランス・スコアカード」生産性出版，1997 年を参照されたい。

図 18—20 ビジョンと戦略を四つの視点へ転換

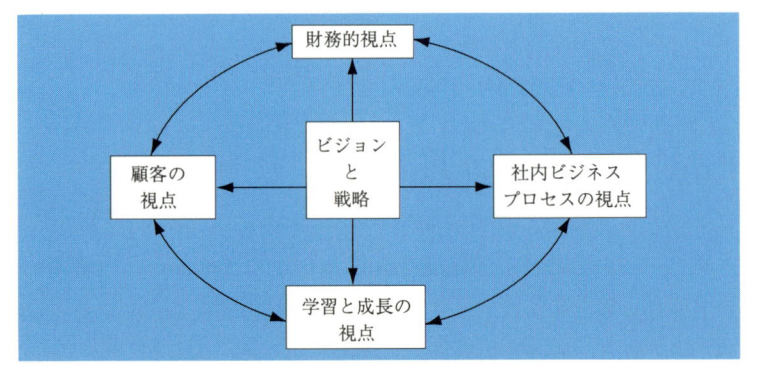

[図：中央に「ビジョンと戦略」、周囲に「財務的視点」「顧客の視点」「社内ビジネスプロセスの視点」「学習と成長の視点」が配置され、双方向の矢印で結ばれている]

　経営の全社的ビジョンと戦略を，各部門の業務活動へリンクするためには，多元的な業績測定尺度が必要であり，しかもそれらが全体としてバランスがとれていなければならない。

　まず財務的視点（financial perspective）は，各部門が行なった戦略的業務活動が企業の最終成果にどの程度貢献したかを要約する指標として必要であり，具体的には営業利益，使用総資本利益率，最近では経済付加価値によって業績が測定される。顧客の視点（customer perspective）は，経営者がターゲットとする市場セグメントを識別し，その顧客層の価値観にもとづき戦略的業務活動を行なうが，その成果は，顧客満足度，顧客定着率，新規顧客獲得率，顧客収益性，市場占有率などで測定される。社内ビジネス・プロセスの視点（internal business process perspective）は，ターゲットとする顧客層のサイズやニーズにもとづき，製品を企画，設計し，これを生産し販売して，アフター・サービスを行なうプロセスからなるが，経営者はどのプロセスが競争上，核心的に重要かを識別しなければならない。これらの業績は，一般的には品質，納期，コスト，新製品導入率などで測定される。学習と成長の視点（learning and growth perspective）は，激変する企業環境のなかにあって，たえず企業が長期的成長と進歩をとげるために，従業員，情報システムおよび業務処理手続にたいし，積極的に投資し改善して，企業の自己変革と改善能力を高めることである。これらの業績は，従業員満足度，従業員定着率，従業員生産性，戦略的情報の入

手可能性，顧客情報データベースの精度，環境的成果指標などで測定される。

3. 顧客の視点におけるターゲット，価値提案プログラムおよび業績評価指標

ここでは，4つの視点すべてを詳細に紹介する余裕はないので，読者の理解を容易にするために，顧客の視点を例に取り上げ，その構造を図18—21によって説明しよう。(注25)

この図では，顧客を現在の顧客と潜在的顧客に分け，市場をセグメント化し，従来は比較的低所得層を中心に業務活動を行なってきたが，高所得層をターゲットとする戦略を策定し，高所得層にとって魅力的な価値提案プログラムを作成する例を示した。このプログラムを実行する場合，業績評価指標は2つに分かれる。その1つは，事前的指標としてのパフォーマンス・ドライバーである。このドライバーにより，他社との差別化を強化することができる。これにたいしいま1つは事後的指標としての主要業績評価指標であって，この指標により戦略的業務活動の実行成果を測定することができる。

4. 4つの視点の結合関係

上記4視点における業績評価指標は，それぞれ原因と成果という因果関係で結合されている点に注意してほしい。図18—22はその一例である。(注26)

このようにしてバランス・スコアカードでは，経営全体のビジョンと戦略を4つの視点へ転換することにより，(1)企業の短期目標と長期目標とのバランス，(2)株主や顧客といった外部者の評価指標と，社内における決定的に重要なビジネス・プロセスや学習と成長といった企業内部の評価指標とのバランス，(3)望ましい成果とその成果を生み出す価値創造要因としてのパフォーマンス・ドライバーとのバランス，(4)ハードな客観的評価指標と，よりソフトな主観的評価指標とのバランスをとることができる，と彼らは主張する。少し重複する

(注25) この図は，Kaplan, R. S., and A. A. Atkinson, *Advanced Management Accounting* (N.J.: Prentice Hall, Inc., 3rd ed., 1998) pp.368-371. を参考にした。

(注26) *Ibid.*, p.377.

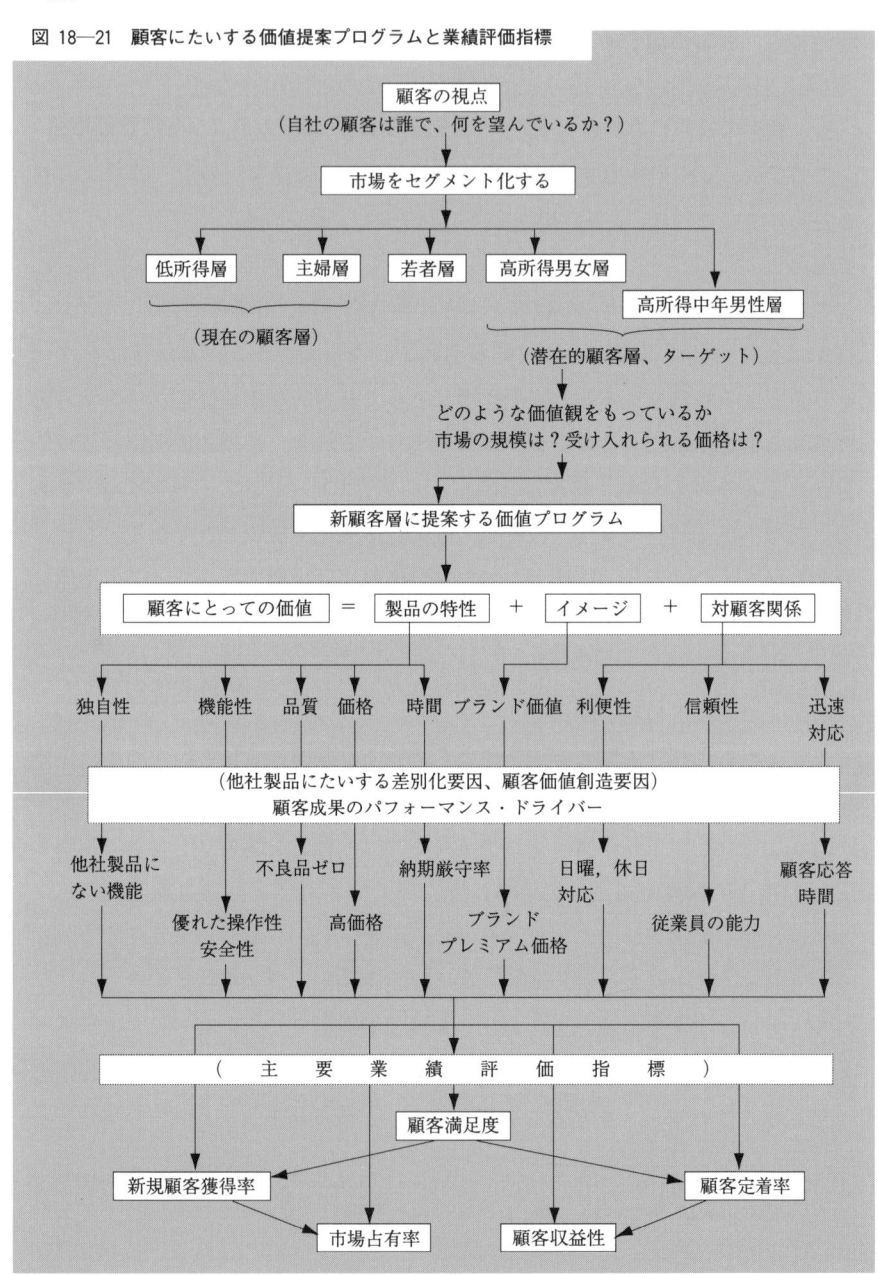

図 18—21 顧客にたいする価値提案プログラムと業績評価指標

```
                    顧客の視点
        (自社の顧客は誰で、何を望んでいるか？)
                         ↓
                  市場をセグメント化する
          ┌──────┬──────┼──────┬──────┐
      低所得層  主婦層  若者層  高所得男女層  高所得中年男性層
      └──┬──┘          └──────┬──────┘
     (現在の顧客層)         (潜在的顧客層、ターゲット)
                              ↓
                  どのような価値観をもっているか
              市場の規模は？受け入れられる価格は？
                              ↓
                  新顧客層に提案する価値プログラム
                              ↓
        顧客にとっての価値 = 製品の特性 + イメージ + 対顧客関係
         ↓      ↓     ↓    ↓    ↓      ↓      ↓      ↓      ↓
       独自性 機能性 品質 価格 時間 ブランド価値 利便性 信頼性 迅速対応

         (他社製品にたいする差別化要因、顧客価値創造要因)
              顧客成果のパフォーマンス・ドライバー

   他社製品に  不良品ゼロ  納期厳守率  日曜,休日        顧客応答
   ない機能                          対応              時間
         優れた操作性  高価格    ブランド    従業員の能力
         安全性               プレミアム価格

              (  主 要 業 績 評 価 指 標  )
                         ↓
                      顧客満足度
         ↓                ↓              ↓
    新規顧客獲得率       市場占有率       顧客定着率
                    顧客収益性
```

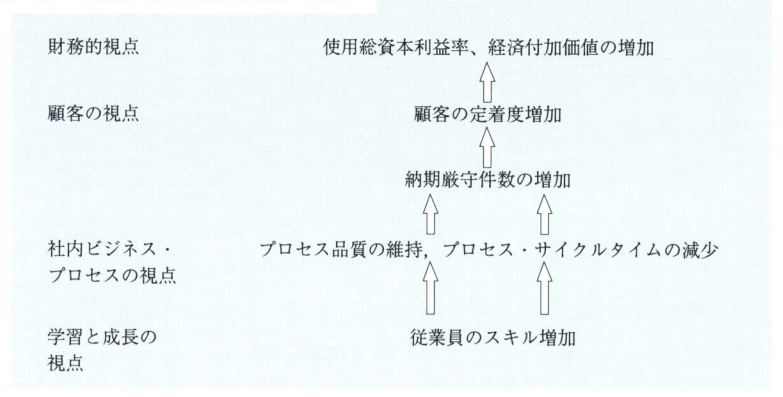

図 18—22　4視点における原因と成果の関係

財務的視点　　　　　　　　使用総資本利益率、経済付加価値の増加
　　　　　　　　　　　　　　　　↑
顧客の視点　　　　　　　　顧客の定着度増加
　　　　　　　　　　　　　　　　↑
　　　　　　　　　　　　　納期厳守件数の増加
　　　　　　　　　　　　　　　　↑
社内ビジネス・　　　　　プロセス品質の維持，プロセス・サイクルタイムの減少
プロセスの視点　　　　　　　↑　　　　　　　　　　↑
学習と成長の　　　　　　　従業員のスキル増加
視点

が，(5)財務的業績評価指標と非財務的業績評価指標とのバランスを加えてもよかろう。

戦略の策定ではなく，その遂行過程を問題として取り上げるとき，バランス・スコアカードはそのための重要な手がかりを提供している。

第12節　経済付加価値（EVA）——新しい企業環境と業績評価基準

企業環境の急速な変化によって，企業全体の業績評価基準さらに企業を構成する事業部の業績評価基準に，新しい基準が注目されつつある。そこでなぜ新しい基準が生まれてきたのか，その内容は何かについて考察しよう。

1.　投資資金のボーダレス化とアメリカン・スタンダードの浸透

現代の経済社会では，テレコミュニケーションとコンピュータの発展によって，国際的投資資金が瞬時に国境を超えて駆けめぐるようになった。そのために株主価値（shareholder value ; SHV）を重視するアメリカン・スタンダードが世界的に浸透しつつある。これが，企業の新しい業績評価基準へ移行する一般的な背景である。ところがわが国でも，次に述べる企業環境変化によって，この新しい業績評価基準を受け入れる環境が次第に整ってきた。

2. 企業の資金調達方法の変化——間接金融から直接金融へ

従来，わが国企業の資金調達は，メインバンク制であって，主力銀行から借り入れる形をとっていたが，銀行の不良債権問題で銀行の地位が低下すると，企業は証券市場から資金を直接調達するようになってきた。たとえば最近における東芝の資金調達では，直接調達比率が70％となっているとのことである。

3. 株式市場における企業の格付けと株価の重要性

さらに最近における北海道拓殖銀行，山一証券，日本長期信用銀行，日本債券信用銀行をめぐる諸問題は，株式市場で企業の格付けが低下すると，その企業の株式は投資家から見放され，株価は低落の一途をたどり，ついには株券はたんなる紙切れになってしまうという冷厳な事実を，わが国の企業経営者の目の前に突きつけた。これらの事件ほど，企業経営者にたいし，株主の意向を無視した経営は成り立たないことを如実に示したものはないといえよう。かくして株主価値を企業業績指標として受け入れる企業環境が，わが国にも整ってきた。

4. 従来の企業業績測定方法の欠陥

これまで企業業績評価は損益計算書と貸借対照表から得られる情報，とりわけ期間利益あるいは1株当たり利益（EPS：earning per share）によって行なわれてきた。しかしながらこれらの業績評価基準については，次の欠陥が指摘されるようになった。

(1) 一般に認められた会計原則（generally accepted accounting principles：GAAP）は国によって異なる。会計上の利益は客観的な事実というよりも，1つの意見にすぎない。

(2) EPSが重視されすぎてきた。多くのエコノミストの調査によると，過去における1株当たり利益の実績と株価動向の間にはほとんど相関がない。

5. 株主重視の業績評価指標

アメリカでは，1990年代の初頭からいくつものコンサルタント会社が，企業業績評価指標として最適な指標を，顧客企業へ売り込む必死の努力を行なってきた。それらの指標のなかから，多くの企業の最高財務責任者（chief financial officer : CFO）たちの支持を獲得した指標は，経営コンサルタント会社であるスターン・スチュアート社が提唱する経済付加価値（Economic Value Added : EVA）と，金融コンサルタント会社のホルト社が提唱するキャッシュ・フロー投下資本利益率（Cash Flow Return on Investment : CFROI）である。これら2つの指標は，いずれも株主価値を重視する指標であるが，やや趣を異にする。

経済付加価値の基本思考は，株主から資金を調達する以上，株主の期待する最低所要投下資本利益率を上回る利益率を獲得する経営を行なわねばならないとする。したがって企業が加重平均資本コスト率を上回るリターンをあげたときのみ，株主に対し価値を付け加えたと考えるのである。したがってこの指標は，金額で測定される。

他方，株主はたんに値あがり益や配当の形で短期の利益だけを望んでいるのではない。株主，とりわけ個人年金を委託された機関投資家や証券アナリストは長期的な企業成長の展望，将来計画や経営戦略を知りたいと考えている。そのために経営者の戦略的意思決定，したがって企業の業績を，長期にわたるキャッシュ・フローの割引現在価値で評価すべきであるとする。キャッシュ・フロー投下資本利益率では，企業の投下資本と毎年生まれるキャッシュ・フローの現在価値合計とが等しくなる割引率をもって業績評価指標とする。この方法は，設備投資の意思決定におけるIRRの方法にほかならず，したがってこの指標（内部利益率）は比率で計算される。

以下，経済付加価値を取り上げてさらに検討しよう。

6. 経済付加価値（EVA^R）の計算方法

経済付加価値は一種の残余利益であって，次の式で計算される。

$$EVA = (投下資本利益率 - 加重平均資本コスト率) \times 投下資本$$

上の式から知られるように，企業の使用資金コストを上回る利益を，株主にとっての付加価値とするものである。ただしここで注意すべきは，この計算で使用するデータは，会計データを経済的実態に合うよう修正したデータにもとづいて計算することである。[注27]

まず上の投下資本利益率は，一定期間において事業活動で獲得した税引後キャッシュ利回りの尺度を表す。すなわち

　　　　投下資本利益率＝（税引後営業利益 NOPAT）÷（投下資本）×100

による。営業利益を重視するのは，積極的な本来の事業活動から獲得したリターンの正確な指標を得たいためである。そこで税引後営業利益（Net Operating Profit After Tax：NOPAT）は，次のようにして計算する。

　　　NOPAT＝損益計算書上の営業利益＋貸倒引当金の増加額
　　　　　　＋Lifo引当金の増加額＋営業権償却＋純資本化R&Dの増加額
　　　　　　－営業利益にたいするキャッシュ・フローベースの支払税金

上の式で，純資本化R&Dの増加額を加える意味が明らかでないが，おそらくその増加額をもって，現金支出額とするのであろう。しかしR&Dを費用計上している場合，経済実態に合わせ，R&Dの費用計上額を加え戻し，その取得原価相当額を固定資産に計上し，5年間で均等償却をするものとして，当期の償却分を営業利益からマイナスすることが必要となろう。

他方，投下資本は，ゴーイング・コンサーンとしての事業活動に投資されたすべてのキャッシュの，経済簿価概算値であって，次の式で示される。

　　　投下資本＝総資産－流動負債＝流動資産－流動負債＋固定資産
　　　　　　　＝運転資本＋固定資産

総資産から流動負債を差し引くのは無利子流動負債を差し引くという意味もあろうが，運転資本＋固定資産＝使用総資金を算出するためである。流動資産において，売上債権に貸倒引当金をプラスし，棚卸資産にLifo引当金をプラスし，市場性ある有価証券と建設仮勘定をマイナスする。また営業権に営業権

(注27) G. ベネット・スチュワート，Ⅲ著，日興リサーチセンター／河田，長掛，須藤訳「EVA創造の経営」東洋経済新報社，1998年，p.442.

償却累計額をプラスする。

このような修正計算を見ていくと，一期間のキャッシュ・フローを正確に計算しているわけではないことに気づく。一期間のキャッシュ・フローは，通常，次の方法で概算することが多い。

一期間のキャッシュ・フロー
＝営業利益－実効税率による税額＋減価償却費等非現金支出費用－設備投資など±正味運転資本増減（増加はマイナス，減少はプラス）

上の式と EVA の算式とを比較すると，たとえば EVA における NOPAT の計算では，減価償却費を加え戻していない。つまり EVA の計算では，減価償却費は売上高から費用として差し引かれており，投下資本では，固定資産は減価償却累計額を差し引いた簿価で計算されているのである。したがって EVA の計算はキャッシュ・フロー的計算ではあるが，スターン・スチュアート社独自の判断による経済実態に即した計算というべきであろう。

EVA で使用される加重平均資本コスト率は，資本資産評価モデルによって計算される。次に簡単な EVA の計算例をあげておこう。

[例題18－4]
ある企業の総資本は 1,000 万円であって，その構成は負債が 400 万円，自己資本が 600 万円である。この資本構成は，同社の長期財務方針と一致している。税引前の資本営業利益率は 30 %，法人税率は 40 % とする。またこの企業では，資本コスト率は資本資産評価モデルで計算している。安全証券（長期国債）の利子率は 5 %，株式市場の平均投資利益率は 16 %，この企業の株式の β は 0.9 である。また新規負債（限界負債）の利子率は 6 % とする。以上の条件にもとづき，この企業の経済付加価値を計算しなさい。

[解　答]
1.　加重平均資本コスト率の計算

自己資本(株主資本)の資本コスト率を資本資産評価モデルにより計算すれば，次のようになる。

自己資本コスト率＝5％＋(16％－5％)×0.9＝14.9％

したがって加重平均資本コスト率は，下記のように計算される。

調達源泉	構成割合	資本コスト率	加重平均資本コスト率
負　債	40％	6.0％	1.44％(注)
自己資本	60％	14.9％	8.94％
合　計	100％		10.38％

（注）　1.44％＝(1－0.4)×6.0％×0.4

2. 投下資本利益率(税引後)の計算

税引後営業利益(NOPAT)＝1,000万円×0.3×(1－0.4)＝180万円

投下資本利益率(税引後)＝180万円÷1,000万円×100＝18％

3. 経済付加価値(EVA)の計算

EVA＝(18％－10.38％)×1,000万円＝76.2万円

あるいは同じことであるが次のように計算してもよい。

EVA＝180万円－10.38％×1,000万円＝76.2万円

[例題18―5]

上記の企業において，新規投資プロジェクトの採否を検討中である。この新規投資プロジェクトは投資額1,000万円，税引後で15％のリターンが見込まれる。このプロジェクトを採用するほうが有利か否かを，投下資本利益率および経済付加価値を計算して判断しなさい。

[解　答]

1. 新規プロジェクトを採用した場合の投下資本利益率

新投下資本利益率＝(180万円＋150万円)÷(1,000万円＋1,000万円)
　　　　　　　　＝16.5％

したがって採用前の投下資本資本利益率18％が新規投資の採用により16.5％に下落するので，経営者はこのプロジェクトを採用したがらないであろう。しかしこの判断は誤りである。なぜならこの新規投資プロジェクトの投資利益率は15％であるから，加重平均資本コスト率10.38％を上回るので，利益額

はその採用によって増加するからである。この点は，EVAの計算によって明らかとなる。

2. 新規プロジェクトを採用した場合のEVA

　　新EVA＝(16.5％－10.38％)×2,000＝122.4万円

したがって採用前のEVA 76.2万円より46.2万円（＝122.4万円－76.2万円）もEVAが増加するので，この新規投資プロジェクトは採用すべきである。

7. わが国の有力企業におけるEVAの浸透

日本経済新聞の伝えるところによれば，日本の有力企業間でEVAや，EVAに似た指標を採り入れる企業が相次いでおり，その狙いは，「株主の利益」を重視した企業文化を社内に浸透させることで，収益力強化を目指した事業再編のテコにすると同時に，株価の上昇を通じて企業の合併・買収（M&A）などの戦略展開を容易にするところにあるという。[注28]

ソニーや花王などは，スターン・スチュアート社とコンサルティング契約を結び，EVA経営に乗り出し，松下電器産業，松下電工，HOYA，旭硝子，TDK，オリックスなども独自に算出したEVA的経営指標を導入した。上述したようにEVAの計算には，会計データの細かな修正が必要なので，社内的に修正計算について合意を取り付け，その会社独自のEVA的指標を使用する方法も，一つの行き方であろう。またEVA使用の効果を確保するために，事業部長やその他の管理職の賞与を，EVA指標の改善度に応じて決める企業も多くなってきた。実は，1990年代初頭から，アメリカの有力企業，たとえばイーストマン・コダック，コカ・コーラ，AT&Tなどが相次いで経営業績指標にEVAを導入し，報酬制度と結びつけて経営改革と株価の上昇に成功したことがある。こうしたアメリカの実績が，わが国の有力企業におけるEVAの導入に拍車をかけていると思われる。

(注28)　大和総研マーケットアナリスト三宅淳司氏稿，日本経済新聞，1999年8月18日朝刊。

第19章　原価計算の過去，現在，将来

1. 主要な原価計算目的の変遷と原価計算技法の変化

　原価計算は，産業革命の一産物であるといわれる。それは，近代的な工場制度をとる製造企業において，製品の製造原価を計算する技法として，19世紀後半のイギリスに誕生した。そしてその技法が，フランス，ドイツ，アメリカなどの各国に伝わり，日本には主としてアメリカおよびドイツから伝わってきた。原価計算が役立つ目的は，時代と共に変化している。それぞれの経済社会の要請に応じて，原価計算はその目的に役立つ原価情報の提供に努力してきた。

図19—1　主要な原価計算目的の変遷と原価計算技法の変化

[主要な原価計算目的]	[原価計算技法]
1. 製品製造原価の計算 　　製品の価格決定 　　期間損益計算	（商的工業簿記） 　　　↓ 見積原価計算 　　　↓ 実際個別原価計算 　　　↓ 実際総合原価計算
2. 原　価　管　理	標準原価計算
3. 利　益　管　理	ＣＶＰ分析 直接原価計算 営業費分析
4. 経営意思決定	差額原価収益分析
5. 経営戦略の策定と 　　遂行	ＰＰＭ 原価企画 活動基準原価計算 など

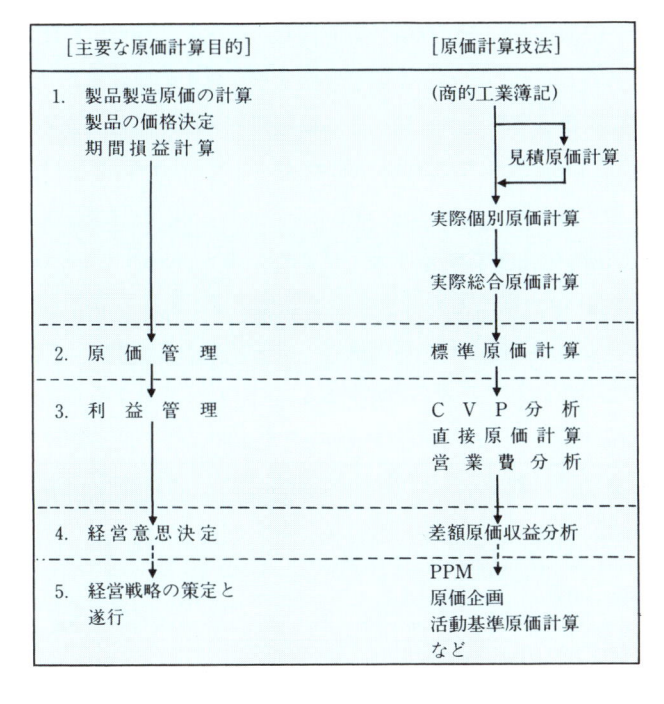

こうした原価計算の発展を，主要な原価計算目的の変遷と原価計算技法の変化の観点から整理すると，前ページのようになる（図19—1）。

さて，過去から現在にいたる原価計算の発展を見渡すとき，われわれは，このような発展を全体としてどのように理解したらよいのであろうか。その理解によってわれわれは，現在，どこに立っており，どちらの方向へ向かっているのかを，考察することができる。

2. われわれはどこにいるのか？——原価計算理論の現状認識

(1) ホーングレン教授による原価計算理論の歴史的発展段階説

スタンフォード大学のホーングレン教授によれば，原価計算ないし管理会計理論の歴史的発展は，次の3段階をへて今日にいたっているという。(注1)

A. 第1段階——絶対的真実原価アプローチ（Absolute Truth Approach）

原価計算が生成した初期の段階では，実際にかかった原価が真実の原価であると考え，実際原価をいかに発見し，記録し，伝達するかが，原価計算理論研究の任務であるとされた。つまり実際原価こそ，真実の原価であり，真実の原価である実際原価さえ把握すれば，その原価データは，あらゆる原価計算目的に役立つ，という考え方である。したがってこの接近方法は，True Cost Approachとか，あるいはHistorical Communication Approachとも呼ばれる。

B. 第2段階——相対的真実原価アプローチ（Conditional Truth Approach）

これにたいし1920年ごろから，実際原価は必ずしもあらゆる目的に役立つわけではないことが痛感され，原価計算の目的によって使用する原価を使い分けなければならないとする考え方が生成し，その後，「異なる目的には異なる原価を」（Different Costs for Different Purposes）を旗印として，1950年代から60年代にかけて原価計算理論研究は飛躍的に発展した。この接近方法は，User De-

---

(注1) Horngren, C.T., "Management Accounting : Where Are We?" in W.S. Albrecht, ed., *Management Accounting and Control* (Madison : Graduate School of Business, University of Wisconsin, 1975).

Horngren, C.T., "Cost and Management Accounting : Yesterday and Today", *The Jornal of Management Accounting Research*, Vol.1, Fall 1989.

cision Model Approach とも呼ばれる。

C. 第3段階──費用・便益アプローチ (Cost-Benefit Approach)

ところが1960年代において相対的真実原価アプローチの欠陥が強く意識された。この接近方法は、①意思決定者は1人である。②情報収集にコストはかからない。③情報は容易に入手できる。④予測データは確実性を仮定する。⑤企業は利潤の最大化を目指す，といった接近方法上の特徴をもっているが，現実には、①意思決定者は多数で，組織を通じて決定する。②情報も他の経済財と同様，その入手にはコストがかかる。③入手する情報量は管理者によって異なる（情報の非対称性）。④将来は不確実である。⑤企業は，満足的利潤を目指す，というように，相対的真実原価アプローチは現実にそくさない。さらにこの接近方法は，原価計算ないし管理会計全体を統合する概念的枠組みが欠けており，情報システムを評価する方法がない，と批判された。この接近方法は，情報経済学的接近方法 (Information Economics Approach) とか，Costly Truth Approach とも呼ばれ，現在にいたっているとする。

以上のホーングレン教授の歴史的認識を図示すれば，図19─2のようになろう。

図19─2　ホーングレン教授による原価計算理論発展段階説

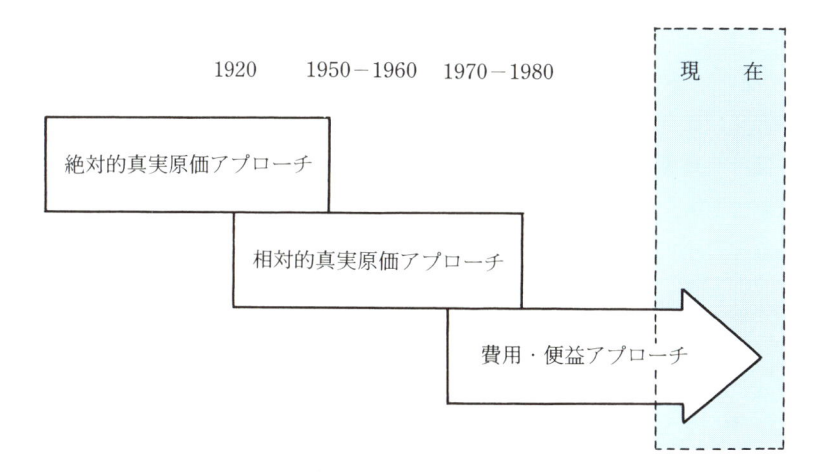

さてわれわれが，もし原価計算理論の発展の歴史をこのように認識するならば，われわれの現代的課題は，情報経済学，組織論，行動科学を研究し，エイジェンシー理論の枠組みのなかで，原価計算理論の新しい道を模索することになる。

(2) 筆者による原価計算理論の歴史的発展にたいする認識

ホーングレン教授による原価計算理論の歴史的発展段階説は，われわれに有益な示唆を与えてくれる。しかしながら費用・便益アプローチは，はたして原価計算理論の発展段階として，一時期を画するものと認定できるであろうか。なるほど，ある計算目的にどれほど有用な情報であっても，その情報の入手と提供にコストがかかりすぎるならば，現実には役立たないことは明らかである。しかしながらその場合，情報の入手と提供に要するコストの測定は可能であるとしても，その情報によって，どれほどの便益がえられるかについては，その測定方法はまだ確立されていない。したがってホーングレン教授の指摘する発展方向の可能性を否定するものではないが，全面的にその説を支持するわけにはいかない。

筆者の認識によれば，「異なる目的には異なる原価を」という相対的真実原価アプローチは，現在もいぜんとして続いていると思う。ただし1950年代から60年代にかけて確立した(注2)この接近方法は，1970年代以降，反省期にはいったと考えるのが妥当であると思われる。さらに筆者の考えでは，絶対的真実原価アプローチもまだ依然として生き続けていると思う。このアプローチは，実際原価こそ真実の原価である，とする考え方から出発して，標準原価こそ真実の原価である，とする考え方に受け継がれ，さらに直接原価計算こそ，内部目的のみならず，外部目的にも適切である，とする考え方につながっている。つまり，それらを通じて見られる支配原理は，「異なる目的にも，一つの原価を」

(注2) 筆者は，相対的真実原価アプローチは，マックファーランド報告書によって確立したと考えている。

McFarland, W.B., *Concepts for Management Accounting* (NY：National Association of Accountants, 1966), 染谷恭次郎監訳「管理会計の基礎」アメリカ管理会計シリーズ16, 日本生産性本部, 昭和42年。

とする考え方であって，この思考と，「異なる目的には，異なる原価を」とする思考とが，相互に影響しあって原価計算理論発展の歴史を構成してきた，とするのが，筆者の考え方である。これを図19—3に示した。(注3)

図19—3 筆者による原価計算理論発展の歴史的認識

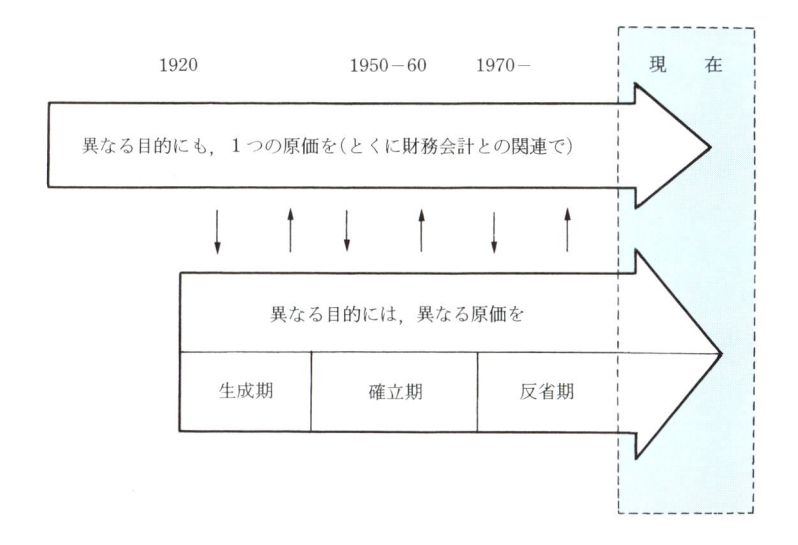

```
        1920        1950-60   1970-      現　在

  →[異なる目的にも，1つの原価を(とくに財務会計との関連で)]→

   ↓   ↑   ↓   ↑   ↓   ↑

     →[異なる目的には，異なる原価を]→
       | 生成期 | 確立期 | 反省期 |
```

3．「異なる目的には，異なる原価を」の理論体系

原価計算理論の歴史的発展を筆者のように認識するならば，原価計算理論研究の現代的課題は，まず「異なる目的には，異なる原価を」の理論体系を再確認したうえで，その内容を反省してみることが必要となる。

相対的真実原価説にあっては，原価計算技法は原価計算目的に依存すると考える。原価は，客観的に存在するものではない。原価は，人間が作りだした一種の道具であって，道具は，使用目的に合わせて作り，それらを使い分けなければならない，とするのである。

原価計算においては，計算する以上，まず会計単位（accounting unit；account-

（注3）アメリカにおける管理会計理論の発展については，広本敏郎「米国管理会計論発達史」森山書店，1993年を参照されたい。

ing entity），つまり計算する単位を確定しなければならない。会計単位を確定しないと，計算するデータの範囲がきまらず，データの性質がきまらないからである。たとえば工員の受け取る賃金をとって考えてみると，会計単位を企業とし，企業の立場で計算すれば，それは労務費となる。しかし会計単位を家計とし，工員の家計の立場で計算すると，それは収入になる。このように，同一のものが，計算単位によって，コストにもなれば，収入にもなるのである。したがって原価計算にとって，計算単位の確定はきわめて重要である。

　会計単位が確定すると，計算の対象とする期間，すなわち会計期間（accounting period）を定めなければならない。会計期間が定まらないと，いつまで計算してよいかわからないからである。会計期間が定まると，計算目的に適切な原価や利益の概念（concepts of relevant cost and profit）を明らかにしなければならない。つまり計算する目的に役立つ原価や利益でなければ，計算する意味がなく，まったく見当はずれの原価や利益を計算しても，計算目的に役立たないからである。こうして計算目的に適切な原価や利益の概念が定まると，それらの概念を具体的に数値として計算し，分析する会計技法（accounting technique）を明らかにしなければならない。

　このようにして，原価計算の理論的枠組みは，原価計算目的→会計単位→会計期間→適切な原価・利益の概念→会計技法　というように，一貫した体系でなければならない。次に示したのは，筆者の理解する相対的真実原価説の理論体系である（表19—1）。

表 19—1　相対的真実原価説の理論体系

原価計算目的	会 計 単 位	会 計 期 間	適切な原価・利益の概念	会 計 技 法
構造的意思決定	個別プロジェクト単位	プロジェクトの全期間	増分キャッシュ・インフローとアウトフロー	時間価値を考慮した差額原価収益分析
業務的意思決定	個別プロジェクト単位	プロジェクト適用期間（1回限り，半年など）	差額原価，差額収益，差額利益	時間価値を考慮しない差額原価収益分析
短期利益計画	製品，市場単位	財務報告期間（1年，3か月，1か月など）	変動費，固定費，貢献利益	CVP分析，予算編成（直接または全部原価計算）
短期利益統制	利益責任単位	財務報告期間（1年，3か月，1か月など）	管理可能費，管理不能費，管理可能利益	予算統制（直接または全部原価計算）
原価管理	原価責任単位	財務報告期間（1か月，1週間，毎日など）	管理可能費，管理不能費	標準原価計算，変動予算（直接または全部原価計算）
公開財務諸表作成	製品，業務単位	財務報告期間（1年，半年）	製品原価，期間原価，売上総利益，営業利益	実際全部原価計算

4．原価計算理論研究の現代的課題

以上われわれは，「異なる目的には，異なる原価を」を旗印とする相対的真実原価説の理論体系を理解した。これが，伝統的原価計算の理論体系である。次に，この体系を出発点として，現在，原価計算理論研究は，どのような課題に直面しているかを考察してみよう。

(1) 「経営戦略の策定と遂行のための原価計算」の理論的枠組の構築

本書の最後の2章において，企業環境が1960年代から今日にいたるまで激変しつつあり，その変化に応じて原価計算も大きく変貌しつつある事実を指摘した。とりわけ企業環境の激変するなかにあって，企業が持続的競争優位を確保するための方策が重要となり，この目的に役立つさまざまな原価計算手法，たとえば原価企画，活動基準原価計算，活動基準管理，品質原価計算，ライフサイクル・コスティング，プロダクト・ポートフォリオ・マトリックス，バランス・スコアカード，バリュー・チェーン・アナリシス，活動分析，コスト・

ドライバー分析，経済付加価値などが続々と登場してきた。研究者としては，これら個々の技法を，経営戦略の策定と遂行目的という観点から統一的に理解するための理論的枠組を構築しなければならない。この問題こそ，原価計算研究者の直面するもっとも重要な課題であると思われる。しかし残念ながら筆者も，この課題については未解決である。試みに，構造的意思決定目的の原価計算と経営戦略の策定と遂行目的の原価計算とを対比してみれば，次のようになろう。

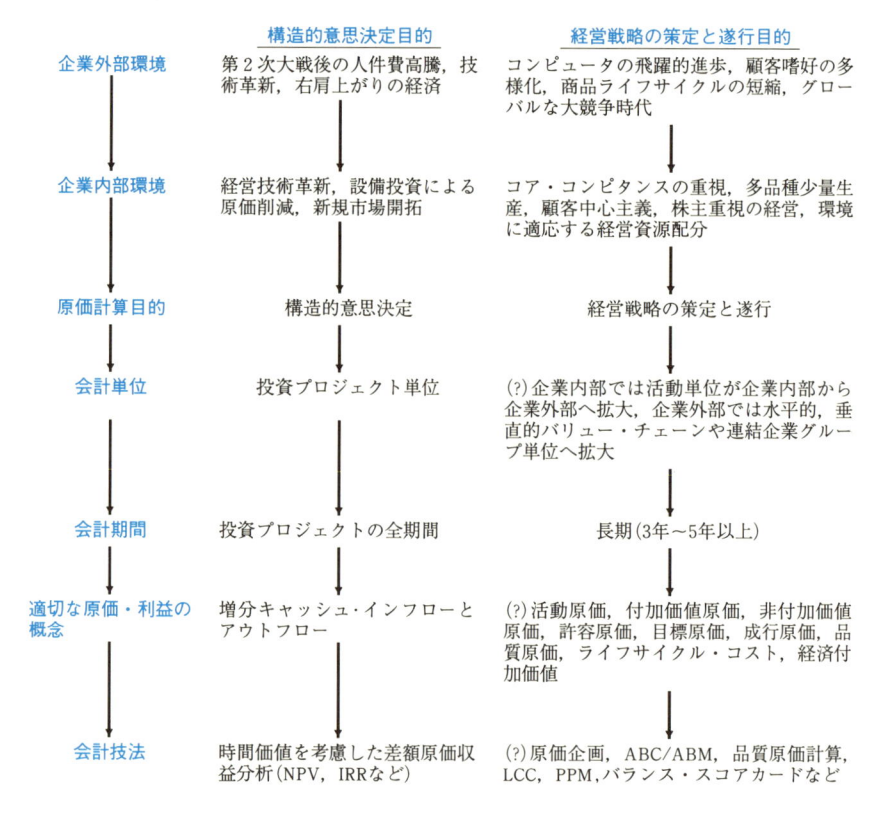

	構造的意思決定目的	経営戦略の策定と遂行目的
企業外部環境	第2次大戦後の人件費高騰，技術革新，右肩上がりの経済	コンピュータの飛躍的進歩，顧客嗜好の多様化，商品ライフサイクルの短縮，グローバルな大競争時代
企業内部環境	経営技術革新，設備投資による原価削減，新規市場開拓	コア・コンピタンスの重視，多品種少量生産，顧客中心主義，株主重視の経営，環境に適応する経営資源配分
原価計算目的	構造的意思決定	経営戦略の策定と遂行
会計単位	投資プロジェクト単位	(?)企業内部では活動単位が企業内部から企業外部へ拡大，企業外部では水平的，垂直的バリュー・チェーンや連結企業グループ単位へ拡大
会計期間	投資プロジェクトの全期間	長期(3年～5年以上)
適切な原価・利益の概念	増分キャッシュ・インフローとアウトフロー	(?)活動原価，付加価値原価，非付加価値原価，許容原価，目標原価，成行原価，品質原価，ライフサイクル・コスト，経済付加価値
会計技法	時間価値を考慮した差額原価収益分析(NPV, IRRなど)	(?)原価企画，ABC/ABM，品質原価計算，LCC, PPM, バランス・スコアカードなど

上で示したように，「経営戦略の策定と遂行のための原価計算」の理論的枠組は，まだ流動的であって(?)の付した部分は筆者の考え方がまだ固まっていない。これらについては今後の展開を待たねばならない。

(2) 経営戦略と環境会計

原価計算研究者が今後取り組まねばならない課題としては，環境会計 (accounting for the environment) がある。これは，環境保全にかける費用とそれから生じた効果を定量化して比較する会計であり，アメリカのIBM，わが国のトヨタ自動車，ソニーなど大手多国籍企業が相次いで環境会計とそれを開示する環境報告書に取り組み始めた。次に示したのは，IBMが公開した連結ベースでの最新の環境報告書である。[注4]

IBMが公開した97年分の環境会計

環境対策関連費用		節約効果と費用の回避	
管理・人件費	41.3	事業所の汚染防止活動	33.1
顧問料	2.9	施設内リサイクル	15.7
研究費	4.3	梱包材の改善と削減	35.8
許認可費	1.1	省エネルギー効果	32.4
廃棄物処理費	19.1	事前対応による土壌汚染施設および事業所の修復費節約	12.5
水質・排水処理管理費	22.9	保険の節約	10.9
大気中への放出管理費	3.7	流出改善費の回避(有害化学物質の早期流出防止による費用節約)	30.0
地下水観測管理費	1.1		
環境システム改善費	1.3		
廃棄物と原材料のリサイクル費用	4.4	法規制準拠費の回避	64.2
土壌汚染施設および旧IBM事業所の修復(浄化)費用	8.4	合計	234.6
その他の環境改善費用	3.6		
合計	114.1		

(単位：億円，1ドル＝120円換算)

富士通も日本の大手企業で初めて環境会計の結果を公表した(日本経済新聞，1999年5月20日朝刊)。それによれば，99年3月期は連結ベースで費用は140億円，効果は180億円であったという。こうした大手企業の動向にたいし筆者

(注4) 日本経済新聞，1999年3月31日朝刊

は，次の3点を指摘しておきたい。

　第1に，環境会計は環境保全にかける費用と効果の比較計算であり，因果関係のあるインプトとアウトプットとの比較を主要課題としてきた原価計算としては，当然取り組むべき領域である，という点である。現行の原価計算制度では，環境という分類に対応していないので，環境保全費の把握方法の改善が必要であり，さらにその効果金額の測定も，現状ではかなり主観的にならざるをえないので，この領域における原価計算研究者の貢献が大いに期待される。

　第2に，環境会計がもつ企業の経営戦略上の意義についてである。欧米の大手銀行では，投融資の判断基準として，企業の環境対策を重視している。その具体例が「エコファンド」である。これは，環境保全対策が進んだ企業を銘柄選別の基準とする投資信託であって，スイスの大手銀行UBSの「エコパフォーマンス・ポートフォリオ」などが知られている。わが国でも，日興証券が初めてエコファンドを導入した。エコファンドに組み入れられるということは，その企業の環境格付けが優良と認められたことを意味し，今後とも環境対応に優れた企業への選別投資がますます高まるであろう。またわが国の企業では，国際規格としてよく知られているISO（国際標準化機構）の環境管理規格「ISO 14001」の認証を獲得する動きが盛んである。消費者としても，環境保全に努力する企業の製品に好意をもち，優先的にその製品を購入するであろう。各国政府の規制強化や消費者の環境意識の高まりから，環境会計の公表は，投資家に環境保全を強力にアピールする手段となり，その企業の環境格付けを引き上げ，株価を上昇させ，資金調達を容易にする効果をもつ。したがって企業の長期戦略に環境会計を組み込む必要性を絶対に見逃してはならない。

　第3に，環境会計の研究は効率的企業経営にとって重要である，という点である。企業は単に政府や地方自治体の環境法規制に対応するのみではなく，製品のすべてのライフサイクル段階で，企業活動が環境に与える影響や効果を詳細に把握していなければならない。その場限りの環境対策ではなく，長期的に継続して環境保全投資を行なうために，その費用と効果にかんする判断材料が必要となる。こうした材料は環境会計の絶えざる研究と蓄積以外にはえられな

(3) 利益配分のための原価計算

近年，日本経済が経験したバブル崩壊で，非常に虚しい思いをしたのは，筆者だけであろうか。われわれは，端的にいえば，企業利益獲得に役立つ情報提供に専念してきた。しかるに企業は，獲得した利益を，株主，従業員，消費者，一般社会に配分せず，アメリカの土地買い占めなどに使ってしまい，その結果，国際的非難をあび，しかも大損をしたのである。このような事態を経験してみると，原価計算ないし管理会計は，企業利益配分の指針を経営者に提供する役割をも担うべきではあるまいか。そこで経営者の代表職能を支援する情報提供の一環として，利益配分のための原価計算の可能性を検討したい。

この研究領域については，すでに付加価値計算を中心にして企業の社会的責任会計として研究されてきたが，実務ではあまり普及していない。それならば付加価値計算を企業の目標管理と結合させ，あくまでも原価計算領域の拡大として位置づけるほうが，実現可能性が大であると思われる。事実，わが国の企業で，そのように実行している企業がある。

その会社は，昭和21年の創業から，仕事を通じて社会に奉仕し，仕事を通じて立派な人間をつくるという創業の理想をかかげ，この理想を実現する手段として，昭和39年から独特の目標管理と成果配分方式を実施してきた。(注5)

その成果配分方式は，昭和39年にラッカー・プランからヒントをえて開始し，現在は次のようになっているという。

各製造部門では，設備総合効率を使った管理指標とともに，

$$製造部門の労働生産性 = \frac{売上 - 変動費}{総工数/7.58時間 \times 22日}$$

によって管理している。これは，製造部門従業員月間1人当たりの貢献利益であって，この指標を目標管理に使用していた。

他方，貢献利益≒付加価値　の関係を利用し，次のように成果配分につなげている。

(注5) 詳しくは，松本　功「わが社の目標管理と成果配分——昭和57年度の反省を含め」全日本能率連盟第35回全国能率大会研究論文集，昭和58年6月を参照されたい。

売上高 － 変動費 ＝ 粗付加価値（＝ 貢献利益，目標管理に使用）

粗付加価値 － 労務費（賞与引当金を含まず）－ 固定費（修繕費，減価償却費，租税課金，通信費など）＝ 純付加価値（＝ 営業利益 ＋ 賞与）

さて，純付加価値を100％とすると，そのうち，会社と従業員が平等に26％ずつ分け合う。26％は過去の実績統計資料から算定されている。会社の受け取る26％は，内部留保であり，新製品開発や事業拡張に使用する。37％ {＝ (100％ － 賞与26％) ÷ 2} は，税金として国が受け取る。残り11％が株主が配当としてもらう。この場合の配当性向は約30％ {＝ 11 ÷ (100 － 26 － 37)} になるので，まずまずとみたとのことであった。以上述べた配分比率は基本原則であって，企業環境の変化によって弾力的に運用しなければならない。とりわけ最近では，株主重視の経営を反映して，配当性向は増加しつつある。しかしながら会社と従業員が利益を平等に分け合うこと，またその比率は，あらかじめ会社が従業員に約束する点に，この配分方法の最大の特徴がある。その内容が競争企業に漏れてしまってもかまわない。会社と従業員との信頼関係のほうが重要である，と経営者は語った。以上述べた関係を図示すれば，次のとおりである（図19―4）。

図19―4　貢献利益概念と付加価値概念との結合

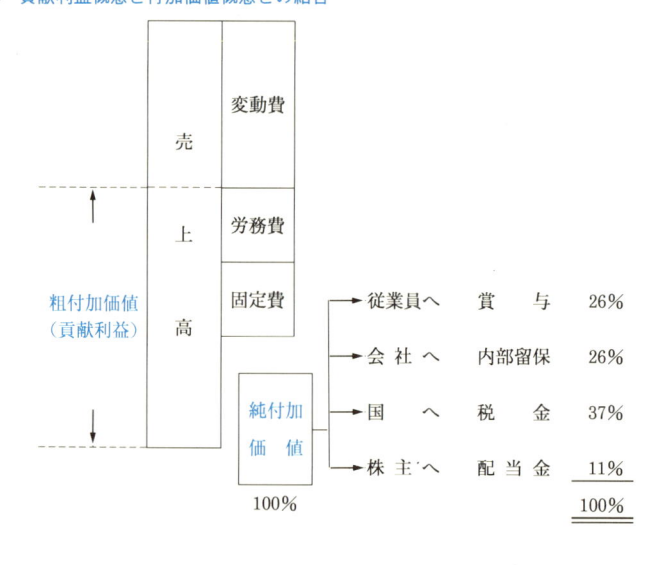

この方式では，従業員は粗付加価値の増大を目指して努力するように，強く動機づけられる。粗付加価値が増加すれば，純付加価値も増加し，その一定比率の配分が約束されているからである。しかも会社と平等に分け合うことで，お互いに合意しており，労使は信頼感で結ばれているという。経営者によれば，理想的には配分比率は，従業員＝会社＝株主　として，それぞれが 20％ ずつ受け取り，税金 40％ にもっていきたいとのことであった。このような実例は，内部管理方式と利益配分方式とを結合する方法として，利益配分のための原価計算を研究するわれわれにとって，重要な参考資料となる。

5. 結　び——原価計算の将来

以上われわれは，原価計算の過去から現在にいたる長い道のりを概観してきた。しかしながら長いといっても，他の伝統のある学問と比較すれば，それはきわめて新しい短い歩みにすぎない。原価計算が歩み始めたのは，せいぜい 19 世紀の後半からであり，20 世紀の初めにおいても，人々の印象では，原価計算というと，木造の，隙間だらけの汚い工場の事務室で，老人が黄色いセルロイドの目庇しのついたキャップをかぶり，洋服が擦り切れないように肘宛てをつけ，黴臭い帳簿に，ブルブル震える手で鵞鳥の羽のペンをもち，工具の賃金を記録するといった光景が浮かんだものであった。そうしたころからわずか 100 年，——今では優秀な若者がコンピュータを駆使し，企業の命運をかけた戦略的意思決定や，経営管理者の業績評価に重要な情報を提供するまでに成長したのである。それぞれの時代における経済社会の要請に応え，新しい情報要求を新しい原価計算目的としてとらえ，その目的に適切な原価概念や利益概念を創造し，それらにもとづく経済的情報を提供する仕組みを工夫してきた。人類の長い歴史から見て，このような短期間にこれだけ飛躍的に発展した学問は，他にその類を多くは見ないであろう。原価計算研究は，現在も着実に続けられている。

「原価計算の将来は，バラ色である。」

という言葉で，読者諸賢に心からの敬意を表しつつ，本書を結ぶことにしたい。

付録 I　現価係数表

$$(1+r)^{-n}$$

$n\setminus r$	1%	2%	3%	4%	5%	6%	7%	8%	9%	10%
1	0.9901	0.9804	0.9709	0.9615	0.9524	0.9434	0.9346	0.9259	0.9174	0.9091
2	0.9803	0.9612	0.9426	0.9246	0.9070	0.8900	0.8734	0.8573	0.8417	0.8264
3	0.9706	0.9423	0.9151	0.8890	0.8638	0.8396	0.8163	0.7938	0.7722	0.7513
4	0.9610	0.9238	0.8885	0.8548	0.8227	0.7921	0.7629	0.7350	0.7084	0.6830
5	0.9515	0.9057	0.8626	0.8219	0.7835	0.7473	0.7130	0.6806	0.6499	0.6209
6	0.9420	0.8880	0.8375	0.7903	0.7462	0.7050	0.6663	0.6302	0.5963	0.5645
7	0.9327	0.8706	0.8131	0.7599	0.7107	0.6651	0.6227	0.5835	0.5470	0.5132
8	0.9235	0.8535	0.7894	0.7307	0.6768	0.6274	0.5820	0.5403	0.5019	0.4665
9	0.9143	0.8368	0.7664	0.7026	0.6446	0.5919	0.5439	0.5002	0.4604	0.4241
10	0.9053	0.8203	0.7441	0.6756	0.6139	0.5584	0.5083	0.4632	0.4224	0.3855

$n\setminus r$	11%	12%	13%	14%	15%	16%	17%	18%	19%	20%
1	0.9009	0.8929	0.8850	0.8772	0.8696	0.8621	0.8547	0.8475	0.8403	0.8333
2	0.8116	0.7972	0.7831	0.7695	0.7561	0.7432	0.7305	0.7182	0.7062	0.6944
3	0.7312	0.7118	0.6931	0.6750	0.6575	0.6407	0.6244	0.6086	0.5934	0.5787
4	0.6587	0.6355	0.6133	0.5921	0.5718	0.5523	0.5337	0.5158	0.4987	0.4823
5	0.5935	0.5674	0.5428	0.5194	0.4972	0.4761	0.4561	0.4371	0.4190	0.4019
6	0.5346	0.5066	0.4803	0.4556	0.4323	0.4104	0.3898	0.3704	0.3521	0.3349
7	0.4817	0.4523	0.4251	0.3996	0.3759	0.3538	0.3332	0.3139	0.2959	0.2791
8	0.4339	0.4039	0.3762	0.3506	0.3269	0.3050	0.2848	0.2660	0.2487	0.2326
9	0.3909	0.3606	0.3329	0.3075	0.2843	0.2630	0.2434	0.2255	0.2090	0.1938
10	0.3522	0.3220	0.2946	0.2697	0.2472	0.2267	0.2080	0.1911	0.1756	0.1615

$n\setminus r$	21%	22%	23%	24%	25%	26%	27%	28%	29%	30%
1	0.8264	0.8197	0.8130	0.8065	0.8000	0.7937	0.7874	0.7813	0.7752	0.7692
2	0.6830	0.6719	0.6610	0.6504	0.6400	0.6299	0.6200	0.6104	0.6009	0.5917
3	0.5645	0.5507	0.5374	0.5245	0.5120	0.4999	0.4882	0.4768	0.4658	0.4552
4	0.4665	0.4514	0.4369	0.4230	0.4096	0.3968	0.3844	0.3725	0.3611	0.3501
5	0.3855	0.3700	0.3552	0.3411	0.3277	0.3149	0.3027	0.2910	0.2799	0.2693
6	0.3186	0.3033	0.2888	0.2751	0.2621	0.2499	0.2383	0.2274	0.2170	0.2072
7	0.2633	0.2486	0.2348	0.2218	0.2097	0.1983	0.1877	0.1776	0.1682	0.1594
8	0.2176	0.2038	0.1909	0.1789	0.1678	0.1574	0.1478	0.1388	0.1304	0.1226
9	0.1799	0.1670	0.1552	0.1443	0.1342	0.1249	0.1164	0.1084	0.1011	0.0943
10	0.1486	0.1369	0.1262	0.1164	0.1074	0.0992	0.0916	0.0847	0.0784	0.0725

$n\setminus r$	31%	32%	33%	34%	35%	36%	37%	38%	39%	40%
1	0.7634	0.7576	0.7519	0.7463	0.7407	0.7353	0.7299	0.7246	0.7194	0.7143
2	0.5827	0.5739	0.5653	0.5569	0.5487	0.5407	0.5328	0.5251	0.5176	0.5102
3	0.4448	0.4348	0.4251	0.4156	0.4064	0.3975	0.3889	0.3805	0.3724	0.3644
4	0.3396	0.3294	0.3196	0.3102	0.3011	0.2923	0.2839	0.2757	0.2679	0.2603
5	0.2592	0.2495	0.2403	0.2315	0.2230	0.2149	0.2072	0.1998	0.1927	0.1859
6	0.1979	0.1890	0.1807	0.1727	0.1652	0.1580	0.1512	0.1448	0.1386	0.1328
7	0.1510	0.1432	0.1358	0.1289	0.1224	0.1162	0.1104	0.1049	0.0997	0.0949
8	0.1153	0.1085	0.1021	0.0962	0.0906	0.0854	0.0806	0.0760	0.0718	0.0678
9	0.0880	0.0822	0.0768	0.0718	0.0671	0.0628	0.0588	0.0551	0.0516	0.0484
10	0.0672	0.0623	0.0577	0.0536	0.0497	0.0462	0.0429	0.0399	0.0371	0.0346

付　録　II　年金現価係数表

$$\frac{1-(1+r)^{-n}}{r}$$

$n \backslash r$	1%	2%	3%	4%	5%	6%	7%	8%	9%	10%
1	0.9901	0.9804	0.9709	0.9615	0.9524	0.9434	0.9346	0.9259	0.9174	0.9091
2	1.9704	1.9416	1.9135	1.8861	1.8594	1.8334	1.8080	1.7833	1.7591	1.7355
3	2.9410	2.8839	2.8286	2.7751	2.7232	2.6730	2.6243	2.5771	2.5313	2.4869
4	3.9020	3.8077	3.7171	3.6299	3.5460	3.4651	3.3872	3.3121	3.2397	3.1699
5	4.8534	4.7135	4.5797	4.4518	4.3295	4.2124	4.1002	3.9927	3.8897	3.7908
6	5.7955	5.6014	5.4172	5.2421	5.0757	4.9173	4.7665	4.6229	4.4859	4.3553
7	6.7282	6.4720	6.2303	6.0021	5.7864	5.5824	5.3893	5.2064	5.0330	4.8684
8	7.6517	7.3255	7.0197	6.7327	6.4632	6.2098	5.9713	5.7466	5.5348	5.3349
9	8.5660	8.1622	7.7861	7.4353	7.1078	6.8017	6.5152	6.2469	5.9952	5.7590
10	9.4713	8.9826	8.5302	8.1109	7.7217	7.3601	7.0236	6.7101	6.4177	6.1446

$n \backslash r$	11%	12%	13%	14%	15%	16%	17%	18%	19%	20%
1	0.9009	0.8929	0.8850	0.8772	0.8696	0.8621	0.8547	0.8475	0.8403	0.8333
2	1.7125	1.6901	1.6681	1.6467	1.6257	1.6052	1.5852	1.5656	1.5465	1.5278
3	2.4437	2.4018	2.3612	2.3216	2.2832	2.2459	2.2096	2.1743	2.1399	2.1065
4	3.1024	3.0373	2.9745	2.9137	2.8550	2.7982	2.7432	2.6901	2.6386	2.5887
5	3.6959	3.6048	3.5172	3.4331	3.3522	3.2743	3.1993	3.1272	3.0576	2.9906
6	4.2305	4.1114	3.9975	3.8887	3.7845	3.6847	3.5892	3.4976	3.4098	3.3255
7	4.7122	4.5638	4.4226	4.2883	4.1604	4.0386	3.9224	3.8115	3.7057	3.6046
8	5.1461	4.9676	4.7988	4.6389	4.4873	4.3436	4.2072	4.0776	3.9544	3.8372
9	5.5370	5.3282	5.1317	4.9464	4.7716	4.6065	4.4506	4.3030	4.1633	4.0310
10	5.8892	5.6502	5.4262	5.2161	5.0188	4.8332	4.6586	4.4941	4.3389	4.1925

$n \backslash r$	21%	22%	23%	24%	25%	26%	27%	28%	29%	30%
1	0.8264	0.8197	0.8130	0.8065	0.8000	0.7937	0.7874	0.7813	0.7752	0.7692
2	1.5095	1.4915	1.4740	1.4568	1.4400	1.4235	1.4074	1.3916	1.3761	1.3609
3	2.0739	2.0422	2.0114	1.9813	1.9520	1.9234	1.8956	1.8684	1.8420	1.8161
4	2.5404	2.4936	2.4483	2.4043	2.3616	2.3202	2.2800	2.2410	2.2031	2.1662
5	2.9260	2.8636	2.8035	2.7454	2.6893	2.6351	2.5827	2.5320	2.4830	2.4356
6	3.2446	3.1669	3.0923	3.0205	2.9514	2.8850	2.8210	2.7594	2.7000	2.6427
7	3.5079	3.4155	3.3270	3.2423	3.1611	3.0833	3.0087	2.9370	2.8682	2.8021
8	3.7256	3.6193	3.5179	3.4212	3.3289	3.2407	3.1564	3.0758	2.9986	2.9247
9	3.9054	3.7863	3.6731	3.5655	3.4631	3.3657	3.2728	3.1842	3.0997	3.0190
10	4.0541	3.9232	3.7993	3.6819	3.5705	3.4648	3.3644	3.2689	3.1781	3.0915

$n \backslash r$	31%	32%	33%	34%	35%	36%	37%	38%	39%	40%
1	0.7634	0.7576	0.7519	0.7463	0.7407	0.7353	0.7299	0.7246	0.7194	0.7143
2	1.3461	1.3315	1.3172	1.3032	1.2894	1.2760	1.2627	1.2497	1.2370	1.2245
3	1.7909	1.7663	1.7423	1.7188	1.6959	1.6735	1.6516	1.6302	1.6093	1.5889
4	2.1305	2.0957	2.0618	2.0290	1.9969	1.9658	1.9355	1.9060	1.8772	1.8492
5	2.3897	2.3452	2.3021	2.2604	2.2200	2.1807	2.1427	2.1058	2.0699	2.0352
6	2.5875	2.5342	2.4828	2.4331	2.3852	2.3388	2.2939	2.2506	2.2086	2.1680
7	2.7368	2.6775	2.6187	2.5620	2.5075	2.4550	2.4043	2.3555	2.3083	2.2628
8	2.8539	2.7860	2.7208	2.6582	2.5982	2.5404	2.4849	2.4315	2.3801	2.3306
9	2.9419	2.8681	2.7976	2.7300	2.6653	2.6033	2.5437	2.4866	2.4317	2.3790
10	3.0091	2.9304	2.8553	2.7836	2.7150	2.6495	2.5857	2.5265	2.4689	2.4136

付録 Ⅲ　原価計算基準

大蔵省企業会計審議会中間報告

(昭和37年11月8日)

目　　次

原価計算基準の設定について …………………………………………………… 952
原価計算基準 ……………………………………………………………………… 953

第1章　原価計算の目的と原価計算の一般的基準 ……………………… 953

1　原価計算の目的 …………………………………………… 953
2　原価計算制度 ……………………………………………… 953
3　原価の本質 ………………………………………………… 954
4　原価の諸概念 ……………………………………………… 954
5　非原価項目 ………………………………………………… 955
6　原価計算の一般的基準 …………………………………… 955

第2章　実際原価の計算 ……………………………………………………… 956

7　実際原価の計算手続 ……………………………………… 956

第1節　製造原価要素の分類基準 ………………………………… 956

8　製造原価要素の分類基準 ………………………………… 956

第2節　原価の費目別計算 ………………………………………… 957

9　原価の費目別計算 ………………………………………… 957
10　費目別計算における原価要素の分類 …………………… 957
11　材料費計算 ………………………………………………… 958
12　労務費計算 ………………………………………………… 958
13　経費計算 …………………………………………………… 959
14　費目別計算における予定価格等の適用 ………………… 959

第3節　原価の部門別計算 ………………………………………… 959

15　原価の部門別計算 ………………………………………… 959
16　原価部門の設定 …………………………………………… 959
17　部門個別費と部門共通費 ………………………………… 959
18　部門別計算の手続 ………………………………………… 959

第4節　原価の製品別計算 ………………………………………… 960

19　原価の製品別計算および原価単位 ……………………… 960
20　製品別計算の形態 ………………………………………… 960
21　単純総合原価計算 ………………………………………… 960
22　等級別総合原価計算 ……………………………………… 960
23　組別総合原価計算 ………………………………………… 960

	24	総合原価計算における完成品総合原価と期末仕掛品原価…………961
	25	工程別総合原価計算………………………………………………961
	26	加工費工程別総合原価計算………………………………………961
	27	仕損および減損の処理……………………………………………961
	28	副産物等の処理と評価……………………………………………961
	29	連産品の計算………………………………………………………962
	30	総合原価計算における直接原価計算……………………………962
	31	個別原価計算………………………………………………………962
	32	直接費の賦課………………………………………………………962
	33	間接費の配賦………………………………………………………962
	34	加工費の配賦………………………………………………………963
	35	仕損費の計算および処理…………………………………………963
	36	作業くずの処理……………………………………………………963
第5節	販売費および一般管理費の計算…………………………………963
	37	販売費および一般管理費要素の分類基準………………………963
	38	販売費および一般管理費の計算…………………………………964
	39	技術研究費…………………………………………………………964
第3章	標準原価の計算……………………………………………………964
	40	標準原価算定の目的………………………………………………964
	41	標準原価の算定……………………………………………………964
	42	標準原価の改訂……………………………………………………965
	43	標準原価の指示……………………………………………………965
第4章	原価差異の算定および分析………………………………………966
	44	原価差異の算定および分析………………………………………966
	45	実際原価計算制度における原価差異……………………………966
	46	標準原価計算制度における原価差異……………………………966
第5章	原価差異の会計処理………………………………………………967
	47	原価差異の会計処理………………………………………………967

原価計算基準の設定について

　わが国における原価計算は、従来、財務諸表を作成するに当たって真実の原価を正確に算定表示するとともに、価格計算に対して資料を提供することを主たる任務として成立し、発展してきた。

　しかしながら、近時、経営管理のため、とくに業務計画および原価管理に役立つための原価計算への要請は、著しく強まってきており、今日、原価計算に対して与えられる目的は、単一でない。すなわち、企業の原価計算制度は、真実の原価を確定して財務諸表の作成に役立つとともに、原価を分析し、これを経営管理者に提供し、もって業務計画および原価管理に役立つことが必要とされている。したがって、原価計算制度は、各企業がそれに対して期待する役立ちの程度において重点の相違はあるが、いずれの計算目的にもともに役立つように形成され、一定の計算秩序として常時継続的に行なわれるものであることを要する。ここに原価計算に対して提起される諸目的を調整し、原価計算を制度化するため、実践規範としての原価計算基準が、設定される必要がある。

　原価計算基準は、かかる実践規範として、わが国現在の企業における原価計算の慣行のうちから、一般に公正妥当と認められるところを要約して設定されたものである。しかしながら、この基準は、個々の企業の原価計算手続を画一に規定するものではなく、個々の企業が有効な原価計算手続を規定し実施するための基本的なわくを明らかにしたものである。したがって、企業が、その原価計算手続を規定するに当たっては、この基準が弾力性をもつものであることの理解のもとに、この基準にのっとり、業種、経営規模その他当該企業の個々の条件に応じて、実情に即するように適用されるべきものである。

　この基準は、企業会計原則の一環を成し、そのうちとくに原価に関して規定したものである。それゆえ、すべての企業によって尊重されるべきであるとともに、たな卸資産の評価、原価差額の処理など企業の原価計算に関係ある事項について、法令の制定、改廃等が行なわれる場合にも、この基準が充分にしん酌されることが要望される。

　　昭和37年11月8日

企業会計審議会

原価計算基準

第1章　原価計算の目的と原価計算の一般的基準

1　原価計算の目的

原価計算には、各種の異なる目的が与えられるが、主たる目的は、次のとおりである。

(1) 企業の出資者、債権者、経営者等のために、過去の一定期間における損益ならびに期末における財政状態を財務諸表に表示するために必要な真実の原価を集計すること。

(2) 価格計算に必要な原価資料を提供すること。

(3) 経営管理者の各階層に対して、原価管理に必要な原価資料を提供すること。ここに原価管理とは、原価の標準を設定してこれを指示し、原価の実際の発生額を計算記録し、これを標準と比較して、その差異の原因を分析し、これに関する資料を経営管理者に報告し、原価能率を増進する措置を講ずることをいう。

(4) 予算の編成ならびに予算統制のために必要な原価資料を提供すること。ここに予算とは、予算期間における企業の各業務分野の具体的な計画を貨幣的に表示し、これを総合編成したものをいい、予算期間における企業の利益目標を指示し、各業務分野の諸活動を調整し、企業全般にわたる総合的管理の要具となるものである。予算は、業務執行に関する総合的な期間計画であるが、予算編成の過程は、たとえば製品組合せの決定、部品を自製するか外注するかの決定等個々の選択的事項に関する意思決定を含むことは、いうまでもない。

(5) 経営の基本計画を設定するに当りこれに必要な原価情報を提供すること。ここに基本計画とは、経済の動態的変化に適応して、経営の給付目的たる製品、経営立地、生産設備等経営構造に関する基本的事項について、経営意思を決定し、経営構造を合理的に組成することをいい、随時的に行なわれる決定である。

2　原価計算制度

この基準において原価計算とは、制度としての原価計算をいう。原価計算制度は、財務諸表の作成、原価管理、予算統制等の異なる目的が、重点の相違はあるが相ともに達成されるべき一定の計算秩序である。

かかるものとしての原価計算制度は、財務会計機構のらち外において随時断片的に行なわれる原価の統計的、技術的計算ないし調査ではなくて、財務会計機構と有機的に結びつき常時継続的に行なわれる計算体系である。原価計算制度は、この意味で原価会計にほかならない。

原価計算制度において計算される原価の種類およびこれと財務会計機構との結びつきは、単一でないが、しかし原価計算制度を大別して実際原価計算制度と標準原価計算制度とに分類することができる。

実際原価計算制度は、製品の実際原価を計算し、これを財務会計の主要帳簿に組み入れ、製品原価の計算と財務会計とが、実際原価をもって有機的に結合する原価計算制度である。原価管理上必要ある場合には、実際原価計算制度においても必要な原価の標準を勘定組織のわく外において設定し、これと実際との差異を分析し、報告することがある。

標準原価計算制度は、製品の標準原価を計算し、これを財務会計の主要帳簿に組み入れ、製品原価の計算と財務会計とが、標準原価をもって有機的に結合する原価計算制度である。標準原価計算制度は、必要な計算段階において実際原価を計算し、これと標準との差異を分析し、報告する計算体系である。

企業が、この基準にのっとって、原価計算を実施するに当っては、上述の意味における実際原価計算制度または標準原価計算制度のいずれかを、当該企業が原価計算を行なう目的の重点、その他企業の個々の条件に応じて適用するものとする。

広い意味での原価の計算には、原価計算制度以外に、経営の基本計画および予算編成における選択的事項の決定に必要な特殊の原価たとえば差額原価、機会原価、付加原価等を、随時、統計的、技術的に調査測定することも含まれ

る。しかしかかる特殊原価調査は，制度としての原価計算の範囲外に属するものとして，この基準には含めない。

3 原価の本質

原価計算制度において，原価とは，経営における一定の給付にかかわらせて，は握された財貨または用役（以下これを「財貨」という。）の消費を，貨幣価値的に表わしたものである。

(1) 原価は，経済価値の消費である。経営の活動は，一定の財貨を生産し販売することを目的とし，一定の財貨を作り出すために，必要な財貨すなわち経済価値を消費する過程である。原価とは，かかる経営過程における価値の消費を意味する。

(2) 原価は，経営において作り出された一定の給付に転嫁される価値であり，その給付にかかわらせて，は握されたものである。ここに給付とは，経営が作り出す財貨をいい，それは経営の最終給付のみでなく，中間的給付をも意味する。

(3) 原価は，経営目的に関連したものである。経営の目的は，一定の財貨を生産し販売することにあり，経営過程は，このための価値の消費と生成の過程である。原価とは，かかる財貨の生産，販売に関して消費された経済価値であり，経営目的に関連しない価値の消費を含まない。財務活動は，財貨の生成および消費の過程たる経営過程以外の，資本の調達，返還，利益処分等の活動であり，したがってこれに関する費用たるいわゆる財務費用は，原則として原価を構成しない。

(4) 原価は，正常なものである。原価は，正常な状態のもとにおける経営活動を前提として，は握された価値の消費であり，異常な状態を原因とする価値の減少を含まない。

4 原価の諸概念

原価計算制度においては，原価の本質的規定にしたがい，さらに各種の目的に規定されて，具体的には次のような諸種の原価概念が生ずる。

(1) 実際原価と標準原価

原価は，その消費量および価格の算定基準を異にするにしたがって，実際原価と標準原価とに区別される。

1 実際原価とは，財貨の実際消費量をもって計算した原価をいう。ただし，その実際消費量は，経営の正常な状態を前提とするものであり，したがって，異常な状態を原因とする異常な消費量は，実際原価の計算においてもこれを実際消費量と解さないものとする。

実際原価は，厳密には実際の取得価格をもって計算した原価の実際発生額であるが，原価を予定価格等をもって計算しても，消費量を実際によって計算する限り，それは実際原価の計算である。ここに予定価格とは，将来の一定期間における実際の取得価格を予想することによって定めた価格をいう。

2 標準原価とは，財貨の消費量を科学的，統計的調査に基づいて能率の尺度となるように予定し，かつ，予定価格又は正常価格をもって計算した原価をいう。この場合，能率の尺度としての標準とは，その標準が適用される期間において達成されるべき原価の目標を意味する。

標準原価計算制度において用いられる標準原価は，現実的標準原価又は正常原価である。

現実的標準原価とは，良好な能率のもとにおいて，その達成が期待されうる標準原価をいい，通常生ずると認められる程度の減損，仕損，遊休時間等の余裕率を含む原価であり，かつ，比較的短期における予定操業度および予定価格を前提として決定され，これら諸条件の変化に伴い，しばしば改訂される標準原価である。現実的標準原価は，原価管理に最も適するのみでなく，たな卸資産価額の算定および予算の編成のためにも用いられる。

正常原価とは，経営における異状な状態を排除し，経営活動に関する比較的長期にわたる過去の実際数値を統計的に平準化し，これに将来のすう勢を加味した正常能率，正常操業度および正常価格に基づいて決定される原価をいう。正常原価は，経済状態の安定している場合に，たな卸資産価額の算定のために最も適するのみでなく，原価管理のための標準としても用いられる。

標準原価として，実務上予定原価が意味される場合がある。予定原価とは，将来における財貨の予定消費量と予定価格とをもって計算した原価をいう。予定原価は，予算の編成に適するのみでなく，原価管理およびたな卸資産価額の算定のためにも用い

られる。
　原価管理のために時として理想標準原価が用いられることがあるが，かかる標準原価は，この基準にいう制度としての標準原価ではない。理想標準原価とは技術的に達成可能な最大操業度のもとにおいて，最高能率を表わす最低の原価をいい，財貨の消費における減損，仕損，遊休時間等に対する余裕率を許容しない理想的水準における標準原価である。

(2) 製品原価と期間原価
　原価は，財務諸表上収益との対応関係に基づいて，製品原価と期間原価とに区別される。
　製品原価とは，一定単位の製品に集計された原価をいい，期間原価とは，一定期間における発生額を，当期の収益に直接対応させて，は握した原価をいう。
　製品原価と期間原価との範囲の区別は相対的であるが，通常売上品およびたな卸資産の価額を構成する全部の製造原価を製品原価とし，販売費および一般管理費は，これを期間原価とする。

(3) 全部原価と部分原価
　原価は，集計される原価の範囲によって，全部原価と部分原価とに区別される。
　全部原価とは，一定の給付に対して生ずる全部の製造原価又はこれに販売費および一般管理費を加えて集計したものをいい，部分原価とは，そのうち一部のみを集計したものをいう。
　部分原価は，計算目的によって各種のものを計算することができるが，最も重要な部分原価は，変動直接費および変動間接費のみを集計した直接原価（変動原価）である。

5 非原価項目

　非原価項目とは，原価計算制度において，原価に算入しない項目をいい，おおむね次のような項目である。

(1) 経営目的に関連しない価値の減少，たとえば
　1　次の資産に関する減価償却費，管理費，租税等の費用
　　① 投資資産たる不動産，有価証券，貸付金等
　　② 未稼動の固定資産
　　③ 長期にわたり休止している設備
　　④ その他経営目的に関連しない資産

　2　寄付金等であって経営目的に関連しない支出
　3　支払利息，割引料，社債発行割引料，社債発行費償却，株式発行費償却，設立費償却，開業費償却，支払保証料等の財務費用
　4　有価証券の評価損および売却損

(2) 異常な状態を原因とする価値の減少，たとえば
　1　異常な仕損，減損，たな卸減耗等
　2　火災，震災，風水害，盗難，争議等の偶発的事故による損失
　3　予期し得ない陳腐化等によって固定資産に著しい減価を生じた場合の臨時償却費
　4　延滞償金，違約金，罰課金，損害賠償金
　5　偶発債務損失
　6　訴訟費
　7　臨時多額の退職手当
　8　固定資産売却損および除却損
　9　異常な貸倒損失

(3) 税法上とくに認められている損金算入項目，たとえば
　1　価格変動準備金繰入額
　2　租税特別措置法による償却額のうち通常の償却範囲額をこえる額

(4) その他の利益剰余金に課する項目，たとえば
　1　法人税，所得税，都道府県民税，市町村民税
　2　配当金
　3　役員賞与金
　4　任意積立金繰入額
　5　建設利息償却

6 原価計算の一般的基準

　原価計算制度においては，次の一般的基準にしたがって原価を計算する。

(1) 財務諸表の作成に役立つために，
　1　原価計算は，原価を一定の給付にかかわらせて集計し，製品原価および期間原価を計算する。すなわち，原価計算は原則として
　　① すべての製造原価要素を製品に集計し，損益計算書上売上品の製造原価を売上高に対応させ，貸借対照表上仕掛品，半製品，製品等の製造原価をたな卸資産として計上することを可能にさせ，
　　② また，販売費および一般管理費を計算し，これを損益計算書上期間原価として当該期間の売上高に対応させる。

2 原価の数値は、財務会計の原始記録、信頼しうる統計資料等によって、その信ぴょう性が確保されるものでなければならない。このため原価計算は、原則として実際原価を計算する。この場合、実際原価を計算することは、必ずしも原価を取得価格をもって計算することを意味しないで、予定価格等をもって計算することもできる。また必要ある場合には、製品原価を標準原価をもって計算し、これを財務諸表に提供することもできる。

3 原価計算において、原価を予定価格等又は標準原価をもって計算する場合には、これと原価の実際発生額との差異は、これを財務会計上適正に処理しなければならない。

4 原価計算は、財務会計機構と有機的に結合して行なわれるものとする。このために勘定組織には、原価に関する細分記録を統括する諸勘定を設ける。

(2) 原価管理に役立つために、

5 原価計算は、経営における管理の権限と責任の委譲を前提とし、作業区分等に基づく部門を管理責任の区分とし、各部門における作業の原価を計算し、各管理区分における原価発生の責任を明らかにさせる。

6 原価計算は、原価要素を、機能別に、また直接費と間接費、固定費と変動費、管理可能費と管理不能費の区分に基づいて分類し、計算する。

7 原価計算は、原価の標準の設定、指示から原価の報告に至るまでのすべての計算過程を通じて、原価の物量を測定表示することに重点をおく。

8 原価の標準は、原価発生の責任を明らかにし、原価能率を判定する尺度として、これを設定する。原価の標準は、過去の実際原価をもってすることができるが、理想的には、標準原価として設定する。

9 原価計算は、原価の実績を、標準と対照比較しうるように計算記録する。

10 原価の標準と実績との差異は、これを分析し、報告する。

11 原価計算は、原価管理の必要性に応じて、重点的経済的に、かつ、迅速にこれを行なう。

(3) 予算とくに費用予算の編成ならびに予算統制に役立つために、

12 原価計算は、予算期間において期待されうる条件に基づく予定原価または標準原価を計算し、予算とくに、費用予算の編成に資料を提供するとともに、予算と対照比較しうるように原価の実績を計算し、もって予算統制に資料を提供する。

第2章 実際原価の計算

7 実際原価の計算手続

実際原価の計算においては、製造原価は原則として、その実際発生額を、まず費目別に計算し、次いで原価部門別に計算し、最後に製品別に集計する。販売費および一般管理費は、原則として、一定期間における実際発生額を、費目別に計算する。

第1節 製造原価要素の分類基準

8 製造原価要素の分類基準

原価要素は、製造原価要素と販売費および一般管理費の要素に分類する。

製造原価要素を分類する基準は、次のようである。

(1) 形態別分類

形態別分類とは、財務会計における費用の発生を基礎とする分類、すなわち原価発生の形態による分類であり、原価要素は、この分類基準によってこれを材料費、労務費および経費に属する各費目に分類する。

材料費とは、物品の消費によって生ずる原価をいい、おおむね次のように細分する。

1 素材費（または原料費）
2 買入部品費
3 燃料費
4 工場消耗品費
5 消耗工具器具備品費

労務費とは、労働用役の消費によって生ずる原価をいい、おおむね次のように細分する。

1 賃金（基本給のほか割増賃金を含む）
2 給料
3 雑給
4 従業員賞与手当
5 退職給与引当金繰入額
6 福利費（健康保険料負担金等）

経費とは、材料費、労務費以外の原価要素をいい、減価償却費、たな卸減耗費および、福利施設負担額、賃借料、修繕料、電力料、旅費交通費等の諸支払経費に細分する。

原価要素の形態別分類は、財務会計における費用の発生を基礎とする分類であるから、原価計算は、財務会計から原価に関するこの形態別分類による基礎資料を受け取り、これに基づいて原価を計算する。この意味でこの分類は、原価に関する基礎的分類であり、原価計算と財務会計との関連上重要である。

(2) 機能別分類

機能別分類とは、原価が経営上のいかなる機能のために発生したかによる分類であり、原価要素は、この分類基準によって、これを機能別に分類する。この分類基準によれば、たとえば、材料費は、主要材料費、および修繕材料費、試験研究材料費等の補助材料費、ならびに工場消耗品費等に、賃金は、作業種類別直接賃金、間接作業賃金、手待賃金等に、経費は、各部門の機能別経費に分類される。

(3) 製品との関連における分類

製品との関連における分類とは、製品に対する原価発生の態様、すなわち原価の発生が一定単位の製品の生成に関して直接的に認識されるかどうかの性質上の区別による分類であり、原価要素は、この分類基準によってこれを直接費と間接費とに分類する。

1　直接費は、これを直接材料費、直接労務費および直接経費に分類し、さらに適当に細分する。

2　間接費は、これを間接材料費、間接労務費および間接経費に分類し、さらに適当に細分する。

必要ある場合には、直接労務費と製造間接費とを合わせ、又は直接材料費以外の原価要素を総括して、これを加工費として分類することができる。

(4) 操業度との関連における分類

操業度との関連における分類とは、操業度の増減に対する原価発生の態様による分類であり、原価要素は、この分類基準によってこれを固定費と変動費とに分類する。ここに操業度とは、生産設備を一定とした場合におけるその利用度をいう。固定費とは、操業度の増減にかかわらず変化しない原価要素をいい、変動費とは、操業度の増減に応じて比例的に増減する原価要素をいう。

ある範囲内の操業度の変化では固定的であり、これを越えると急増し、再び固定化する原価要素たとえば監督者給料等、又は操業度が零の場合にも一定額が発生し、同時に操業度の増加に応じて比例的に増加する原価要素たとえば電力料等は、これを準固定費または準変動費となづける。

準固定費又は準変動費は、固定費又は変動費とみなして、これをそのいずれかに帰属させるか、もしくは固定費と変動費との合成されたものであると解し、これを固定費の部分と変動費の部分とに分解する。

(5) 原価の管理可能性に基づく分類

原価の管理可能性に基づく分類とは、原価の発生が一定の管理者層によって管理しうるかどうかによる分類であり、原価要素は、この分類基準によってこれを管理可能費と管理不能費とに分類する。下級管理者層にとって管理不能費であるものも、上級管理者層にとっては管理可能費となることがある。

第2節　原価の費目別計算

9　原価の費目別計算

原価の費目別計算とは、一定期間における原価要素を費目別に分類測定する手続をいい、財務会計における費目計算であると同時に、原価計算における第一次の計算段階である。

10　費目別計算における原価要素の分類

費目別計算においては、原価要素を、原則として、形態別分類を基礎とし、これを直接費と間接費とに大別し、さらに必要に応じ機能別分類を加味して、たとえば次のように分類する。

直接費
　直接材料費
　　主要材料費（原料費）
　　買入部品費
　直接労務費
　　直接賃金（必要ある場合には作業種類別に細分する。）
　直接経費
　　外注加工賃
間接費
　間接材料費
　　補助材料費
　　工場消耗品費
　　消耗工具器具備品費
　間接労務費
　　間接作業賃金
　　間接工賃金
　　手待賃金
　　休業賃金
　　給料

従業員賞与手当
退職給与引当金繰入額
福利費（健康保険料負担金等）
間接経費
福利施設負担額
厚生費
減価償却費
賃借料
保険料
修繕料
電力料
ガス代
水道料
租税公課
旅費交通費
通信費
保管料
たな卸減耗費
雑　費

間接経費は，原則として形態別に分類するが，必要に応じ修繕費，運搬費等の複合費を設定することができる。

11　材　料　費　計　算

(1)　直接材料費，補助材料費等であって出入記録を行なう材料に関する原価は，各種の材料につき原価計算期間における実際の消費量にその消費価格を乗じて計算する。

(2)　材料の実際の消費量は，原則として継続記録法によって計算する。ただし，材料であって，その消費量を継続記録法によって計算することが困難なもの又はその必要のないものについては，たな卸計算法を適用することができる。

(3)　材料の消費価格は，原則として購入原価をもって計算する。

　同種材料の購入原価が異なる場合，その消費価格の計算は，次のような方法による。
　1　先入先出法
　2　移動平均法
　3　総平均法
　4　後入先出法
　5　個別法

　材料の消費価格は，必要ある場合には，予定価格等をもって計算することができる。

(4)　材料の購入原価は，原則として実際の購入原価とし，次のいずれかの金額によって計算する。
　1　購入代価に買入手数料，引取運賃，荷役費，保険料，関税等材料買入に要した引取費用を加算した金額
　2　購入代価に引取費用ならびに購入事務，検収，整理，選別，手入，保管等に要した費用（引取費用と合わせて以下これを「材料副費」という。）を加算した金額　ただし，必要ある場合には，引取費用以外の材料副費の一部を購入代価に加算しないことができる。

　購入代価に加算する材料副費の一部又は全部は，これを予定配賦率によって計算することができる。予定配賦率は，一定期間の材料副費の予定総額を，その期間における材料の予定購入代価又は予定購入数量の総額をもって除して算定する。ただし，購入事務費，検収費，整理費，選別費，手入費，保管費等については，それぞれに適当な予定配賦率を設定することができる。

　材料副費の一部を材料の購入原価に算入しない場合には，これを間接経費に属する項目とし又は材料費に配賦する。

　購入した材料に対して値引又は割戻等を受けたときには，これを材料の購入原価から控除する。ただし，値引又は割戻等が材料消費後に判明した場合には，これを同種材料の購入原価から控除し，値引又は割戻等を受けた材料が判明しない場合には，これを当期の材料消費等から控除し，又はその他適当な方法によって処理することができる。

　材料の購入原価は，必要ある場合には，予定価格等をもって計算することができる。

　他工場からの振替製品の受入価格は，必要ある場合には，正常市価によることができる。

(5)　間接材料費であって，工場消耗品，消耗工具器具備品等，継続記録法又はたな卸計算法による出入記録を行なわないものの原価は，原則として当該原価計算期間における買入額をもって計算する。

12　労　務　費　計　算

(1)　直接賃金等であって，作業時間又は作業量の測定を行なう労務費は，実際の作業時間又は作業量に賃率を乗じて計算する。賃率は，実際の個別賃率又は，職場もしくは作業区分ごとの平均賃率による。平均賃率は，必要ある場合には，予定平均賃率をもって計算することができる。

　直接賃金等は，必要ある場合には，当該原

価計算期間の負担に属する要支払額をもって計算することができる。
(2) 間接労務費であって，間接工賃金，給料，賞与手当等は，原則として当該原価計算期間の負担に属する要支払額をもって計算する。

13 経 費 計 算
(1) 経費は，原則として当該原価計算期間の実際の発生額をもって計算する。ただし，必要ある場合には，予定価格又は予定額をもって計算することができる。
(2) 減価償却費，不動産賃借料等であって，数カ月分を一時に総括的に計算し又は支払う経費については，これを月割り計算する。
(3) 電力料，ガス代，水道料等であって，消耗量を計量できる経費については，その実際消費量に基づいて計算する。

14 費目別計算における予定価格等の適用
費目別計算において一定期間における原価要素の発生を測定するに当たり，予定価格等を適用する場合には，これをその適用される期間における実際価格にできる限り近似させ，価格差異をなるべく僅少にするように定める。

第3節 原価の部門別計算

15 原価の部門別計算
原価の部門別計算とは，費目別計算において把握された原価要素を，原価部門別に分類集計する手続をいい，原価計算における第二次の計算段階である。

16 原価部門の設定
原価部門とは，原価の発生を機能別，責任区分別に管理するとともに，製品原価の計算を正確にするために，原価要素を分類集計する計算組織上の区分をいい，これを諸製造部門と諸補助部門とに分ける。製造および補助の諸部門は，次の基準により，かつ，経営の特質に応じて適当にこれを区分設定する。
(1) 製造部門
製造部門とは，直接製造作業の行なわれる部門をいい，製品の種類別，製品生成の段階，製造活動の種類別等にしたがって，これを各種の部門又は工程に分ける。たとえば機械製作工場における鋳造，鍛造，機械加工，組立等の各部門はその例である。
副産物の加工，包装品の製造等を行なういわゆる副経営は，これを製造部門とする。
製造に関する諸部門は，必要ある場合には，さらに機械設備の種類，作業区分等にしたがって，これを各小工程又は各作業単位に細分する。
(2) 補助部門
補助部門とは，製造部門に対して補助的関係にある部門をいい，これを補助経営部門と工場管理部門とに分け，さらに機能の種類別等にしたがって，これを各種の部門に分ける。
補助経営部門とは，その事業の目的とする製品の生産に直接関与しないで，自己の製品又は用役を製造部門に提供する諸部門をいい，たとえば動力部，修繕部，運搬部，工具製作部，検査部等がそれである。
工具製作，修繕，動力等の補助経営部門が相当の規模となった場合には，これを独立の経営単位とし，計算上製造部門として取り扱う。
工場管理部門とは，管理的機能を行なう諸部門をいい，たとえば材料部，労務部，企画部，試験研究部，工場事務部等がそれである。

17 部門個別費と部門共通費
原価要素は，これを原価部門に分類集計するに当たり，当該部門において発生したことが直接的に認識されるかどうかによって，部門個別費と部門共通費とに分類する。
部門個別費は，原価部門における発生額を直接に当該部門に賦課し，部門共通費は，原価要素別又はその性質に基づいて分類された原価要素群別にもしくは一括して，適当な配賦基準によって関係各部門に配賦する。部門共通費であって工場全般に関して発生し，適当な配賦基準の得がたいものは，これを一般費とし，補助部門費として処理することができる。

18 部門別計算の手続
(1) 原価要素の全部又は一部は，まずこれを各製造部門および補助部門に賦課又は配賦する。この場合，部門に集計する原価要素の範囲は，製品原価の正確な計算および原価管理の必要によってこれを定める。たとえば，個別原価計算においては，製造間接費のほか，直接労務費をも製造部門に集計することがあり，総合原価計算においては，すべての製造原価要素又は加工費を製造部門に集計することがある。
各部門に集計された原価要素は，必要ある場合には，これを変動費と固定費又は管理可能費と管理不能費とに区分する。
(2) 次いで補助部門費は，直接配賦法，階梯式

配賦法，相互配賦法等にしたがい，適当な配賦基準によって，これを各製造部門に配賦し，製造部門費を計算する。

一部の補助部門費は，必要ある場合にはこれを製造部門に配賦しないで直接に製品に配賦することができる。

(3) 製造部門に集計された原価要素は，必要に応じさらにこれをその部門における小工程又は作業単位に集計する。この場合，小工程又は作業単位には，その小工程等において管理可能の原価要素又は直接労務費のみを集計し，そうでないものは共通費および他部門配賦費とする。

第4節　原価の製品別計算

19 原価の製品別計算および原価単位

原価の製品別計算とは，原価要素を一定の製品単位に集計し，単位製品の製造原価を算定する手続をいい，原価計算における第三次の計算段階である。

製品別計算のためには，原価を集計する一定の製品単位すなわち原価単位を定める。原価単位は，これを個数，時間数，度量衡単位等をもって示し，業種の特質に応じて適当に定める。

20 製品別計算の形態

製品別計算は，経営における生産形態の種類別に対応して，これを次のような類型に区分する。

(1) 単純総合原価計算
(2) 等級別総合原価計算
(3) 組別総合原価計算
(4) 個別原価計算

21 単純総合原価計算

単純総合原価計算は，同種製品を反復連続的に生産する生産形態に適用する。単純総合原価計算にあっては，一原価計算期間（以下これを「一期間」という。）に発生したすべての原価要素を集計して当期製造費用を求め，これに期首仕掛品原価を加え，この合計額（以下これを「総製造費用」という。）を，完成品と期末仕掛品とに分割計算することにより，完成品総合原価を計算し，これを製品単位に均分して単位原価を計算する。

22 等級別総合原価計算

等級別総合原価計算は，同一工程において，同種製品を連続生産するが，その製品を形状，大きさ，品位等によって等級に区別する場合に適用する。

等級別総合原価計算にあっては，各等級製品について適当な等価係数を定め，一期間における完成品の総合原価又は一期間の製造費用を等価係数に基づき各等級製品にあん分してその製品原価を計算する。

等価係数の算定およびこれに基づく等級製品原価の計算は，次のいずれかの方法による。

(1) 各等級製品の重量，長さ，面積，純分度，熱量，硬度等原価の発生と関連ある製品の諸性質に基づいて等価係数を算定し，これを各等級製品の一期間における生産量に乗じた積数の比をもって，一期間の完成品の総合原価を一括的に各等級製品にあん分してその製品原価を計算し，これを製品単位に均分して単位原価を計算する。

(2) 一期間の製造費用を構成する各原価要素につき，又はその性質に基づいて分類された数個の原価要素群につき，各等級製品の標準材料消費量，標準作業時間等各原価要素又は原価要素群の発生と関連ある物量的数値等に基づきそれぞれの等価係数を算定し，これを各等級製品の一期間における生産量に乗じた積数の比をもって，各原価要素又は原価要素群をあん分して，各等級製品の一期間の製造費用を計算し，この製造費用と各等級製品の期首仕掛品原価とを，当期における各等級製品の完成品とその期末仕掛品とに分割することにより，当期における各等級製品の総合原価を計算し，これを製品単位に均分して単位原価を計算する。

この場合，原価要素又は原価要素群別に定めた等価係数を個別的に適用しないで，各原価要素又は原価要素群の重要性を加味して総括し，この総括的等価係数に基づいて，一期間の完成品の総合原価を一括的に各等級製品にあん分して，その製品原価を計算することができる。

23 組別総合原価計算

組別総合原価計算は，異種製品を組別に連続生産する生産形態に適用する。

組別総合原価計算にあっては，一期間の製造費用を組直接費と組間接費又は原料費と加工費とに分け，個別原価計算に準じ，組直接費又は原料費は，各組の製品に賦課し，組間接費又は加工費は，適当な配賦基準により各組に配賦する。次いで一期間における組別の製造費用と期首仕掛品原価とを，当期における組別の完成品とその期末仕掛品とに分割することにより，当

期における組別の完成品総合原価を計算し，これを製品単位に均分して単位原価を計算する。

24 総合原価計算における完成品総合原価と期末仕掛品原価

単純総合原価計算，等級別総合原価計算および組別総合原価計算は，いずれも原価集計の単位が期間生産量であることを特質とする。すなわち，いずれも継続製造指図書に基づき，一期間における生産量について総製造費用を算定し，これを期間生産量に分割負担させることによって完成品総合原価を計算する点において共通する。したがって，これらの原価計算を総合原価計算の形態と総称する。

総合原価計算における完成品総合原価と期末仕掛品原価は，次の手続により算定する。

(1) まず，当期製造費用および期首仕掛品原価を，原則として直接材料費と加工費とに分け，期末仕掛品の完成品換算量を直接材料費と加工費とについて算定する。

期末仕掛品の完成品換算量は，直接材料費については，期末仕掛品に含まれる直接材料消費量の完成品に含まれるそれに対する比率を算定し，これを期末仕掛品現在量に乗じて計算する。加工費については，期末仕掛品の仕上り程度の完成品に対する比率を算定し，これを期末仕掛品現在量に乗じて計算する。

(2) 次いで，当期製造費用および期首仕掛品原価を，次のいずれかの方法により，完成品と期末仕掛品とに分割して，完成品総合原価と期末仕掛品原価とを計算する。

1 当期の直接材料費総額（期首仕掛品および当期製造費用中に含まれる直接材料費の合計額）および当期の加工費総額（期首仕掛品および当期製造費用中に含まれる加工費の合計額）を，それぞれ完成品数量と期末仕掛品の完成品換算量との比により完成品と期末仕掛品とにあん分して，それぞれ両者に含まれる直接材料費と加工費とを算定し，これをそれぞれ合計して完成品総合原価および期末仕掛品原価を算定する（平均法）。

2 期首仕掛品原価は，すべてこれを完成品の原価に算入し，当期製造費用を，完成品数量から期首仕掛品の完成品換算量を差し引いた数量と期末仕掛品の完成品換算量との比により，完成品と期末仕掛品とにあん分して完成品総合原価および期末仕掛品原価を算定する（先入先出法）。

3 期末仕掛品の完成品換算量のうち，期首仕掛品の完成品換算量に相当する部分については，期首仕掛品原価をそのまま適用して評価し，これを超過する期末仕掛品の完成品換算量と完成品数量との比により，当期製造費用を期末仕掛品と完成品とにあん分し，期末仕掛品に対してあん分された額と期首仕掛品原価との合計額をもって，期末仕掛品原価とし，完成品にあん分された額を完成品総合原価とする（後入先出法）。

4 前三号の方法において，加工費について期末仕掛品の完成品換算量を計算することが困難な場合には，当期の加工費総額は，すべてこれを完成品に負担させ，期末仕掛品は，直接材料費のみをもって計算することができる。

5 期末仕掛品は，必要ある場合には，予定原価又は正常原価をもって評価することができる。

6 期末仕掛品の数量が毎期ほぼ等しい場合には，総合原価の計算上これを無視し，当期製造費用をもってそのまま完成品総合原価とすることができる。

25 工程別総合原価計算

総合原価計算において，製造工程が二以上の連続する工程に分けられ，工程ごとにその工程製品の総合原価を計算する場合（この方法を「工程別総合原価計算」という。）には，一工程から次工程へ振り替えられた工程製品の原価を，前工程費又は原料費として次工程の製造費用に加算する。この場合，工程間に振り替えられる工程製品の計算は，予定原価又は正常原価によることができる。

26 加工費工程別総合原価計算

原料がすべて最初の工程の始点で投入され，その後の工程では，単にこれを加工するにすぎない場合には，各工程別に一期間の加工費を集計し，それに原料費を加算することにより，完成品総合原価を計算する。この方法を加工費工程別総合原価計算（加工費法）という。

27 仕損および減損の処理

総合原価計算においては，仕損の費用は，原則として，特別に仕損費の費目を設けることをしないで，これをその期の完成品と期末仕掛品とに負担させる。

加工中に蒸発，粉散，ガス化，煙化等によって生ずる原料の減損の処理は，仕損に準ずる。

28 副産物等の処理と評価

総合原価計算において，副産物が生ずる場合には，その価額を算定して，これを主産物の総合原価から控除する。副産物とは，主産物の製造過程から必然に派生する物品をいう。

副産物の価額は，次のような方法によって算定した額とする。

(1) 副産物で，そのまま外部に売却できるものは，見積売却価額から販売費および一般管理費又は販売費，一般管理費および通常の利益の見積額を控除した額
(2) 副産物で，加工の上売却できるものは，加工製品の見積売却価額から加工費，販売費および一般管理費又は加工費，販売費，一般管理費および通常の利益の見積額を控除した額
(3) 副産物で，そのまま自家消費されるものは，これによって節約されるべき物品の見積購入価額
(4) 副産物で，加工の上自家消費されるものは，これによって節約されるべき物品の見積購入価額から加工費の見積額を控除した額

軽微な副産物は，前項の手続によらないで，これを売却して得た収入を，原価計算外の収益とすることができる。

作業くず，仕損品等の処理および評価は，副産物に準ずる。

29 連産品の計算

連産品とは，同一工程において同一原料から生産される異種の製品であって，相互に主副を明確に区別できないものをいう。連産品の価額は，連産品の正常市価等を基準として定めた等価係数に基づき，一期間の総合原価を連産品にあん分して計算する。この場合，連産品で加工の上売却できるものは，加工製品の見積売却価額から加工費の見積額を控除した額をもって，その正常市価とみなし，等価係数算定の基礎とする。ただし，必要ある場合には，連産品の一種又は数種の価額を副産物に準じて計算し，これを一期間の総合原価から控除した額をもって，他の連産品の価額とすることができる。

30 総合原価計算における直接原価計算

総合原価計算において，必要ある場合には，一期間における製造費用のうち，変動直接費および変動間接費のみを部門に集計して部門費を計算し，これに期首仕掛品を加えて完成品と期末仕掛品とにあん分して製品の直接原価を計算し，固定費を製品に集計することができる。

この場合，会計年度末においては，当該会計期間に発生した固定費額は，これを期末の仕掛品および製品と当年度の売上品とに配賦する。

31 個別原価計算

個別原価計算は，種類を異にする製品を個別的に生産する生産形態に適用する。

個別原価計算にあっては，特定製造指図書について個別的に直接費および間接費を集計し，製品原価は，これを当該指図書に含まれる製品の生産完了時に算定する。

経営の目的とする製品の生産にさいしてのみではなく，自家用の建物，機械，工具等の製作又は修繕，試験研究，試作，仕損品の補修，仕損による代品の製作等にさいしても，これを特定指図書を発行して行なう場合は，個別原価計算の方法によってその原価を算定する。

32 直接費の賦課

個別原価計算における直接費は，発生のつど又は定期に整理分類して，これを当該指図書に賦課する。

(1) 直接材料費は，当該指図書に関する実際消費量に，その消費価格を乗じて計算する。消費価格の計算は，第2節 11 の (3) に定めるところによる。

自家生産材料の消費価格は，実際原価又は予定価格等をもって計算する。
(2) 直接労務費は，当該指図書に関する実際の作業時間又は作業量に，その賃率を乗じて計算する。賃率の計算は，第2節 12 の (1) に定めるところによる。
(3) 直接経費は，原則として当該指図書に関する実際発生額をもって計算する。

33 間接費の配賦

(1) 個別原価計算における間接費は，原則として部門間接費として各指図書に配賦する。
(2) 間接費は，原則として予定配賦率をもって各指図書に配賦する。
(3) 部門間接費の予定配賦率は，一定期間における各部門の間接費予定額又は各部門の固定間接費予定額および変動間接費予定額を，それぞれ同期間における当該部門の予定配賦基準をもって除して算定する。
(4) 一定期間における各部門の間接費予定額又は各部門の固定間接費予定額および変動間接費予定額は，次のように計算する。

  1 まず，間接費を固定費および変動費に分類して，過去におけるそれぞれの原価要素の実績をは握する。この場合，間接費を固定費と変動費とに分類するためには，間接費要素に関する各費目を調査し，費目によ

って固定費又は変動費のいずれかに分類する。準固定費又は準変動費は，実際値の変化の調査に基づき，これを固定費又は変動費とみなして，そのいずれかに帰属させるか，もしくはその固定費部分および変動費率を測定し，これを固定費と変動費とに分解する。

2　次に，将来における物価の変動予想を考慮して，これに修正を加える。

3　さらに固定費は，設備計画その他固定費に影響する計画の変更等を考慮し，変動費は，製造条件の変更等変動費に影響する条件の変化を考慮して，これを修正する。

4　変動費は，予定操業度に応ずるように，これを算定する。

(5)　予定配賦率の計算の基礎となる予定操業度は，原則として，一年又は一会計期間において予期される操業度であり，それは，技術的に達成可能な最大操業度でなく，この期間における生産ならびに販売事情を考慮して定めた操業度である。

操業度は，原則として直接作業時間，機械運転時間，生産数量等間接費の発生と関連ある適当な物量基準によって，これを表示する。

操業度は，原則としてこれを各部門に区分して測定表示する。

(6)　部門間接費の各指図書への配賦額は，各製造部門又はこれを細分した各小工程又は各作業単位別に，次のいずれかによって計算する。

1　間接費予定配賦率に各指図書に関する実際の配賦基準を乗じて計算する。

2　固定間接費予定配賦率および変動間接費予定配賦率に，それぞれ各指図書に関する実際の配賦基準を乗じて計算する。

(7)　一部の補助部門費を製造部門に配賦しないで，直接に指図書に配賦する場合には，そのおのおのにつき適当な基準を定めてこれを配賦する。

34　加工費の配賦

個別原価計算において，労働が機械作業と密接に結合して総合的な作業となり，そのため製品に賦課すべき直接労務費と製造間接費とを分離することが困難な場合その他必要ある場合には，加工費について部門別計算を行ない，部門加工費を各指図書に配賦することができる部門加工費の指図書への配賦は，原則として予定賦率による。予定加工費配賦率の計算は，予定間接費配賦率の計算に準ずる。

35　仕損費の計算および処理

個別原価計算において，仕損が発生する場合には，原則として次の手続により仕損費を計算する。

(1)　仕損が補修によって回復でき，補修のために補修指図書を発行する場合には，補修指図書に集計された製造原価を仕損費とする。

(2)　仕損が補修によって回復できず，代品を製作するために新たに製造指図書を発行する場合において

1　旧製造指図書の全部が仕損となったときは，旧製造指図書に集計された製造原価を仕損費とする。

2　旧製造指図書の一部が仕損となったときは，新製造指図書に集計された製造原価を仕損費とする。

(3)　仕損の補修又は代品の製作のために別個の指図書を発行しない場合には，仕損の補修等に要する製造原価を見積ってこれを仕損費とする。

前記 (2) 又は (3) の場合において，仕損品が売却価値又は利用価値を有する場合には，その見積額を控除した額を仕損費とする。

軽微な仕損については，仕損費を計上しないで，単に仕損品の見積売却価額又は見積利用価額を，当該製造指図書に集計された製造原価から控除するにとどめることができる。

仕損費の処理は，次の方法のいずれかによる。

(1)　仕損費の実際発生額又は見積額を，当該指図書に賦課する。

(2)　仕損費を間接費とし，これを仕損の発生部門に賦課する。この場合，間接費の予定配賦率の計算において，当該製造部門の予定間接費額中に，仕損費の予定額を算入する。

36　作業くずの処理

個別原価計算において，作業くずは，これを総合原価計算の場合に準じて評価し，その発生部門の部門費から控除する。ただし，必要ある場合には，これを当該製造指図書の直接材料費又は製造原価から控除することができる。

第5節　販売費および一般管理費の計算

37　販売費および一般管理費要素の分類基準

販売費および一般管理費の要素を分類する基準は，次のようである。

(1) 形態別分類

販売費および一般管理費の要素は，この分類基準によって，たとえば，給料，賃金，消耗品費，減価償却費，賃借料，保険料，修繕料，電力料，租税公課，運賃，保管料，旅費交通費，通信費，広告料等にこれを分類する。

(2) 機能別分類

販売費および一般管理費の要素は，この分類基準によって，たとえば，広告宣伝費，出荷運送費，倉庫費，掛売集金費，販売調査費，販売事務費，企画費，技術研究費，経理費，重役室費等にこれを分類する。

この分類にさいしては，当該機能について発生したことが直接的に認識される要素を，は握して集計する。たとえば広告宣伝費には，広告宣伝係員の給料，賞与手当，見本費，広告設備減価償却費，新聞雑誌広告料，その他の広告料，通信費等が集計される。

(3) 直接費と間接費

販売費および一般管理費の要素は，販売品種等の区別に関連して，これを直接費と間接費とに分類する。

(4) 固定費と変動費
(5) 管理可能費と管理不能費

38 販売費および一般管理費の計算

販売費および一般管理費は，原則として，形態別分類を基礎とし，これを直接費と間接費とに大別し，さらに必要に応じ機能別分類を加味して分類し，一定期間の発生額を計算する。その計算は，製造原価の費目別計算に準ずる。

39 技 術 研 究 費

新製品又は新技術の開拓等の費用であって企業全般に関するものは，必要ある場合には，販売費および一般管理費と区別し別個の項目として記載することができる。

第3章 標準原価の計算

40 標準原価算定の目的

標準原価算定の目的としては，おおむね次のものをあげることができる。

(1) 原価管理を効果的にするための原価の標準として標準原価を設定する。これは標準原価を設定する最も重要な目的である。
(2) 標準原価は，真実の原価として仕掛品，製品等のたな卸資産価額および売上原価の算定の基礎となる。
(3) 標準原価は，予算とくに見積財務諸表の作成に，信頼しうる基礎を提供する。
(4) 標準原価は，これを勘定組織の中に組み入れることによって，記帳を簡略化し，じん速化する。

41 標準原価の算定

標準原価は，直接材料費，直接労務費等の直接費および製造間接費について，さらに製品原価について算定する。

原価要素の標準は，原則として物量標準と価格標準との両面を考慮して算定する。

(1) 標準直接材料費

1 標準直接材料費は，直接材料の種類ごとに，製品単位当たりの標準消費量と標準価格とを定め，両者を乗じて算定する。

2 標準消費量については，製品の生産に必要な各種素材，部品等の種類，品質，加工の方法および順序等を定め，科学的，統計的調査により製品単位当たりの各種材料の標準消費量を定める。標準消費量は，通常生ずると認められる程度の減損，仕損等の消費余裕を含む。

3 標準価格は，予定価格又は正常価格とする。

(2) 標準直接労務費

1 標準直接労務費は，直接作業の区分ごとに製品単位当たりの直接作業の標準時間と標準賃率とを定め，両者を乗じて算定する。

2 標準直接作業時間については，製品の生産に必要な作業の種類別，使用機械工具，作業の方式および順序，各作業に従事する労働の等級等を定め，作業研究，時間研究その他経営の実情に応ずる科学的，統計的調査により製品単位当たりの各区分作業の標準時間を定める。標準時間は，通常生ずると認められる程度の疲労，身体的必要，手待等の時間的余裕を含む。

3 標準賃率は，予定賃率又は正常賃率とする。

(3) 製造間接費の標準

製造間接費の標準は，これを部門別（又はこれを細分した作業単位別，以下これを「部門」という。）に算定する。部門別製造間接費の標準とは，一定期間において各部門に発生すべき製造間接費の予定額をいい，これを部門間接費予算として算定する。その算定方法は，第2章第4節33の(4)に定める実際原価の計算における部門別計算の手続に準ず

る。部門間接費予算は，固定予算又は変動予算として設定する。
1　固定予算
　　製造間接費予算を，予算期間において予期される一定の操業度に基づいて算定する場合に，これを固定予算となづける。各部門別の固定予算は，一定の限度内において原価管理に役立つのみでなく，製品に対する標準間接費配賦率の算定の基礎となる。
2　変動予算
　　製造間接費の管理をさらに有効にするために，変動予算を設定する。変動予算とは，製造間接費予算を，予算期間に予期される範囲内における種々の操業度に対応して算定した予算をいい，実際間接費額を当該操業度の予算と比較して，部門の業績を管理することを可能にする。
　　変動予算の算定は，実査法，公式法等による。
　(1)　実査法による場合には，一定の基準となる操業度（以下これを「基準操業度」という。）を中心として，予期される範囲内の操業度を一定間隔に設け，各操業度に応ずる複数の製造間接費予算をあらかじめ算定列記する。
　　　この場合，各操業度に応ずる間接費予算額は，個々の間接費項目につき，各操業度における額を個別的に実査して算定する。この変動予算における基準操業度は，固定予算算定の基礎となる操業度である。
　(2)　公式法による場合には，製造間接費要素を第2章第4節33の(4)に定める方法により固定費と変動費とに分け，固定費は操業度の増減にかかわりなく一定とし，変動費は，操業度の増減との関連における各変動費要素又は変動費要素群の変動費率をあらかじめ測定しておき，これにそのつどの関係操業度を乗じて算定する。
(4)　標準製品原価
　　標準製品原価は，製品の一定単位につき標準直接材料費，標準直接労務費等を集計し，これに標準間接費配賦率に基づいて算定した標準間接費配賦額を加えて算定する。標準間接費配賦率は固定予算算定の基礎となる操業度ならびにこの操業度における標準間接費を基礎として算定する。

　　標準原価計算において加工費の配賦計算を行なう場合には，部門加工費の標準を定める。その算定は，製造間接費の標準の算定に準ずる。

42　標準原価の改訂
　標準原価は，原価管理のためにも，予算編成のためにも，また，たな卸資産価額および売上原価算定のためにも，現状に即した標準でなければならないから，常にその適否を吟味し，機械設備，生産方式等生産の基本条件ならびに材料価格賃率等に重大な変化が生じた場合には，現状に即するようにこれを改訂する。

43　標準原価の指示
　標準原価は，一定の文書に表示されて原価発生について責任をもつ各部署に指示されるとともに，この種の文書は，標準原価会計機構における補助記録となる。標準原価を指示する文書の種類，記載事項および様式は，経営の特質によって適当に定めるべきであるが，たとえば次のようである。
(1)　標準製品原価表
　　標準製品原価表とは，製造指図書に指定された製品の一定単位当たりの標準原価を構成する各種直接材料費の標準，作業種類別の直接労務費の標準および部門別製造間接費配賦額の標準を数量的および金額的に表示指定する文書をいい，必要に応じ材料明細表，標準作業表等を付属させる。
(2)　材料明細表
　　材料明細表とは，製品の一定単位の生産に必要な直接材料の種類，品質，その標準消費数量等を表示指定する文書をいう。
(3)　標準作業表
　　標準作業表とは，製品の一定単位の生産に必要な区分作業の種類，作業部門，使用機械工具，作業の内容，労働等級，各区分作業の標準時間等を表示指定する文書をいう。
(4)　製造間接費予算表
　　製造間接費予算表は，製造間接費予算を費目別に表示指定した費目別予算表と，これをさらに部門別に表示指定した部門別予算表とに分けられ，それぞれ予算期間の総額および各月別予算額を記載する。部門別予算表において，必要ある場合には，費目を変動費と固定費又は管理可能費と管理不能費とに区分表示する。

第4章 原価差異の算定および分析

44 原価差異の算定および分析

原価差異とは実際原価計算制度において，原価の一部を予定価格等をもって計算した場合における原価と実際発生額との間に生ずる差額，ならびに標準原価計算制度において，標準原価と実際発生額との間に生ずる差額（これを「標準差異」となづけることがある。）をいう。

原価差異が生ずる場合には，その大きさを算定記録し，これを分析する。その目的は原価差異を財務会計上適正に処理して製品原価および損益を確定するとともに，その分析結果を各階層の経営管理者に提供することによって，原価の管理に資することにある。

45 実際原価計算制度における原価差異

実際原価計算制度において生ずる主要な原価差異は，おおむね次のように分けて算定する。

(1) 材料副費配賦差異

材料副費配賦差異とは，材料副費の一部又は全部を予定配賦率をもって材料の購入原価に算入することはよって生ずる原価差異をいい，一期間におけるその材料副費の配賦額と実際額との差額として算定する。

(2) 材料受入価格差異

材料受入価格差異とは，材料の受入価格を予定価格等をもって計算することによって生ずる原価差異をいい，一期間におけるその材料の受入金額と実際受入金額との差額として算定する。

(3) 材料消費価格差異

材料消費価格差異とは，材料の消費価格を予定価格等をもって計算することによって生ずる原価差異をいい，一期間におけるその材料費額と実際発生額との差額として算定する。

(4) 賃率差異

賃率差異とは，労務費を予定賃率をもって計算することによって生ずる原価差異をいい，一期間におけるその労務費額と実際発生額との差額として算定する。

(5) 製造間接費配賦差異

製造間接費配賦差異とは，製造間接費を予定配賦率をもって製品に配賦することによって生ずる原価差異をいい，一期間におけるその製造間接費の配賦額と実際額として算定する。

(6) 加工費配賦差異

加工費配賦差異とは，部門加工費を予定配賦率をもって製品に配賦することによって生ずる原価差異をいい，一期間におけるその加工費の配賦額と実際額との差額として算定する。

(7) 補助部門費配賦差異

補助部門費配賦差異とは，補助部門費を予定配賦率をもって製造部門に配賦することによって生ずる原価差異をいい，一期間におけるその補助部門費の配賦額と実際額との差額として算定する。

(8) 振替差異

振替差異とは，工程間に振り替えられる工程製品の価額を予定原価又は正常原価をもって計算することによって生ずる原価差異をいい，一期間におけるその工程製品の振替価額と実際額との差額として算定する。

46 標準原価計算制度における原価差異

標準原価計算制度において生ずる主要な原価差異は，材料受入価格，直接材料費，直接労務費および製造間接費のおのおのにつき，おおむね次のように算定分析する。

(1) 材料受入価格差異

材料受入価格差異とは，材料の受入価格を標準価格をもって計算することによって生ずる原価差異をいい，標準受入価格と実際受入価格との差異に，実際受入数量を乗じて算定する。

(2) 直接材料費差異

直接材料費差異とは，標準原価による直接材料費の実際発生額との差額をいい，これを材料種類別に価格差異と数量差異とに分析する。

1 価格差異とは，材料の標準消費価格と実際消費価格との差異に基づく直接材料差異をいい，直接材料の標準消費価格と実際消費価格との差異に，実際消費数量を乗じて算定する。

2 数量差異とは，材料の標準消費数量と実際消費数量との差異に基づく直接材料費差異をいい，直接材料の標準消費数量と実際消費数量との差異に，標準消費価格を乗じて算定する。

(3) 直接労務費差異

直接労務費差異とは，標準原価による直接労務費と直接労務費の実際発生額との差額をいい，これを部門別又は作業種類別に賃率差

異と作業時間差異とに分析する。
　　　1　賃率差異とは，標準賃率と実際賃率との差異に基づく直接労務費差異をいい，標準賃率と実際賃率との差異に，実際作業時間を乗じて算定する。
　　　2　作業時間差異とは，標準作業時間と実際作業時間との差異に基づく直接労務費差異をいい，標準作業時間と実際作業時間との差異に，標準賃率を乗じて算定する。
　　(4)　製造間接費差異
　　　製造間接費差異とは，製造間接費の標準額と実際発生額との差額をいい，原則として一定期間における部門間接費差異として算定し，これを能率差異，操業度差異等に適当に分析する。

第5章　原価差異の会計処理

47　原価差異の会計処理
　(1)　実際原価計算制度における原価差異の処理は，次の方法による。
　　　1　原価差異は，材料受入価格差異を除き，原則として当年度の売上原価に賦課する。
　　　2　材料受入価格差異は，当年度の材料の払出高と期末在高に配賦する。この場合，材料の期末在高については，材料の適当な種類群別に配賦する。
　　　3　予定価格等が不適当なため，比較的多額の原価差異が生ずる場合，直接材料費，直接労務費，直接経費および製造間接費に関する原価差異の処理は，次の方法による。
　　　　①　個別原価計算の場合
　　　　　次の方法のいずれかによる。
　　　　　イ　当年度の売上原価と期末におけるたな卸資産に指図書別に配賦する。
　　　　　ロ　当年度の売上原価と期末におけるたな卸資産に科目別に配賦する。
　　　　②　総合原価計算の場合
　　　　　当年度の売上原価と期末におけるたな卸資産に科目別に配賦する。
　(2)　標準原価計算制度における原価差異の処理は，次の方法による。
　　　1　数量差異，作業時間差異，能率差異等であって異常な状態に基づくと認められるものは，これを非原価項目として処理する。
　　　2　前記1の場合を除き，原価差異はすべて実際原価計算制度における処理の方法に準じて処理する。

和文索引

あ

ＩＥ法	515, 516
アウトプット法	399, 434
アクティビティ・コスト	51
後入先出法	283
安全資産	817
安全証券	785
安全証券の利子率	800
安全率	496

い

生ける原価	18
意思決定	715
意思決定用の原価	12
異常減損	289
異常仕損	289, 311
一括調整法	569
一般管理費	14, 691, 696
一般戦略	848
一般に認められた会計原則	926
移動平均法	112
インセンティブ誘発職能	627
インプット法	399, 434
インフレ率	785

う

受入事業部	674
内段取	914
売上価格差異	643
売上数量差異	644
売上総利益差異分析	643
売上高差異	643
売上高の一定の割合の希望営業利益をあげる売上高	495
売上高の差異分析	708
売上高の予算・実績差異分析	649
売上品元帳	97
運送費	695
運転資本	769
運搬ロス	914
運用・支援コスト	831
運用資本コスト	793

え

ABCクロス	917
ABCのモデル	892
ABC分析	127
A.H.チャーチ	537
F.W.テイラー	380
FD法	874
MP設計	827
営業所長の貢献利益	710
営業費	14, 691
営業費と製造原価との比較	692
営業費の分類	693
営業量	47
営業量の変化にもとづく原価の分類	47
エコファンド	833, 942

お

送り状	101
「押し出し」方式	822

か

買入部品費	100
回帰線	522
回帰直線の信頼度	529
回帰分析法	515, 522
会計管理	125
会計期間	938
会計技法	938
会計上の責任	124
会計情報システム	1
会計資料の多元的分類	37
会計単位	937
会計的方法	518
外注加工賃	147
外注加工品受払帳	149, 151
階梯式配賦法	239
外部失敗原価	835
改良保全	827
価格決定	582
科学的管理法	380
加給金	133
学習と成長の視点	922
確定モデル	500

970

確保使命	848
確率分布	809
掛売集金費	696
影の価格	616
加工費	14
加工費工程別組別総合原価計算	346
加工費工程別単純総合原価	335
加工費法	335
過去原価	716
貸方差額	178
貸方票	110
貸付ポートフォリオ	817
加重平均資本コスト	794, 804
価値移転的原価計算	158
価値回収的原価計算	159
価値工学	860
価値指数	870
価値提案プログラム	923
価値プログラム	924
価値分析	860
価値連鎖	862, 898
価値連鎖分析	913
活動	892, 900
活動基準会計	893
活動基準管理	893, 911
活動基準原価計算	891
活動ドライバー	901
活動分析	912
金のなる木	852
可能解	599
可能領域	599
株主価値	925
借入ポートフォリオ	817
借方差額	176
借方票	110
環境会計	833, 941
環境報告書	941
勘定科目精査法	518
勘定科目分類表	37
完成品換算総量	265
完成品換算量	264, 265
完成品製造原価	60
完成品総合原価	267
間接経費	16, 153
間接工賃金	16
間接材料費	16, 99
間接費	13
間接費準備金	189

間接労務費	16, 134
感度分析	502
かんばん	822
「かんばん」方式	734, 735, 822
管理可能営業利益	666
管理可能固定費	554
管理可能差異	414
管理可能投下資本利益率	666
管理可能投資額	670
管理可能費	44
管理可能利益	554, 555, 556
管理費	14
管理標準の下限	467
管理標準の上限	467
管理不能固定費	554
管理不能費	44
管理要素単位	699
関連原価	716

き

機会原価	11, 610
機会原価にもとづく操業度差異分析	197
機械作業時間基準	160
期間原価	23, 24, 82
期間の後入先出法	117
期間的対応	84
企業固有のリスク	813
企業実体	740
企業戦略	847
企業予算	481, 623
危険回避者	811
危険の分散	813
技術的変動費	48
技術的予測法	515
基準操業度	164, 165, 193
基準標準原価	385
稀少資源の割当て	626
奇数価格	589
帰属価格	616
期待実際操業水準	387
期待実際操業度	165, 190
期待実際操業度基準の正常配賦	190
期待実際能率水準	387
期待投資利益率	810
機能原価分析	867
機能原価分析表	868
希望営業利益を獲得する売上高	495
希望利益	482

和文索引 971

基本予算……………………627
基本予算編成手続……………628
逆計算法……………………107
逆相関………………………813
客体的対応……………………84
逆流原価計算…………………839
キャッシュ・フロー投下資本利益率……927
キャパシティ・コスト…………51,489
QC七つ道具…………………826
給付……………………………2
給与…………………………132
給与計算期間…………………143,144
給与支給総額…………………135
給料…………………………16,132
協議価格……………………682
供給事業部……………………674
強制決定法……………………874
業績測定……………………912
業績測定尺度…………………911
業績評価指標…………………923,924
共通固定費……………………547,550
共通費…………………………46
共分散………………………812
業務活動原価…………………489
業務コスト・ドライバー………911,912
業務の意思決定………………715
業務量…………………………47
業務量関係配賦基準……………893
業務量差異……………………580
許容原価……………………858
切捨率………………………752,791
勤務時間……………………139

く

偶然的原価……………………379
空転・チョコ停ロス差異………884
組別総合原価計算……………31,342

け

経営活動………………………9
経営給付………………………9
経営戦略……………………846
経営プロセス…………………900
経営レバレッジ係数……………496
計画…………………………625
計画職能……………………625
経験曲線……………………851
経済的資源……………………892

経済的情報……………………1
経済的発注量…………………129
経済的発注量モデル……………730,734
経済付加価値…………………925,927
計算目的に適切な原価や利益の概念……938
継続企業……………………740
継続記録法……………………106
継続製造指図書………………30,343
継続的後入先出法………………115
継続的予算……………………625
形態別分類……………………13
経費……………………………13
月次総平均法…………………113
決定係数……………………529
決定原価……………………859
月末仕掛品原価………………267
原価……………………………2
限界原価基準…………………675
限界原価計算……………………25
限界原価または変動費基準………679
原価維持……………………855
限界資本の加重平均資本コスト……806
限界利益……………………484
原価・営業量・利益関係………481
原価改善……………………855,885
原価管理……………………384
原価管理標準…………………395
原価企画……………………855,857
原価記録……………………89,96
原価計算………………………1
原価計算期間…………………20,143,144
原価計算期間と給与計算期間の不一致……144
原価計算基準における原価差異の会計処理……472
原価計算基準における原価の一般概念……8
原価計算基準による原価差異の会計処理……191
原価計算制度…………………21
原価計算制度上の一般原価概念……8
原価計算対象…………………892
原価計算的対応…………………84
原価計算の意義…………………1
原価計算の形態…………………28
原価計算の種類…………………21
原価計算の定義…………………7
原価計算の目的…………………3
原価計算票……………………86,87
現価係数……………………744
原価作用因……………………901
原価集中戦略…………………848

減価償却による資金の資本コスト……796
原価計算票……87
原価(責任)センター……33
原 価 態 様……484
原 価 単 位……20
原価中心点別機械時間率……210
原価通算の原理……80
原 価 低 減……384
原価と給付との比較計算……2
原価の一般概念……8
原価の管理可能性にもとづく分類……44
原価の基礎的分類……12
原価の固変分解……515
原価の正常性……80
原価の発生源泉……51
原価発生源泉……489
原 価 標 準……381
原価標準の設定……390
原 価 部 門……211
原 価 見 積……69
原 価 元 帳……90, 97
原 価 予 測……515
原価割当視点……917
研究・開発コスト……831
現 金 支 給 額……135
現 金 割 引……105
現 在 価 値……744
減債基金係数……748
原 始 記 録……96
現実的標準原価……387, 388
減 損……288
現場販売費……694
源流からの管理……830
源 流 管 理……858
原料配合差異……448, 452
原料費の差異分析……451
原 料 歩 留……449
原料歩留差異……449, 453

こ

コア・コンピタンス(競争力の中核)……849
航空運賃差異……654
貢献損益計算書……490
貢 献 利 益……484
貢献利益図表……491, 548
貢献利益線……548
貢献利益的接近方法……22, 494
貢献利益法……550, 701, 703

貢献利益率……490
広告および販売促進費……694
公式法変動予算……168
工場管理部門……212
工場消耗品費……16, 100
合 成 市 価……681
厚生年金法……133
厚 生 費……133
構造的意思決定……715
拘束固定費……50
構 築 使 命……847
工 程……31
高 低 点 法……515, 519
工 程 歩 留……877
工程別組別総合原価計算……342
工程別単純総合原価計算……317
行 動 計 画……623
購入原料価格差異……451
購入材料価格差異……435
交付材料差益勘定……151
効率的フロンティア……815
効率的ポートフォリオ……814
5　　S……824
顧客応答時間……916
顧客中心主義……898
顧客の視点……922
国際標準化機構……942
故障停止ロス差異……884
故障停止ロス改善金額……888
コスト・コントロール・サイクル……383
コスト・センター……212
コスト・ドライバー……901
コスト・ドライバー分析……912
コスト・ビヘイビアー……47
コスト・ビヘイビアーの類型……48
コスト・フロー……17
コスト・リーダーシップ戦略……848
固 定 費……48
固定費調整……563, 564
固定費調整の勘定処理……570
固定費能率差異……414
固定費の段階的差引計算……550
固 定 予 算……166, 177
固定予算と3分法……416
異なる目的には,異なる原価を……5, 934
個別原価計算……28
個別固定費……550
個 別 賃 率……137

和文索引 973

個別費……46
個別法……108
コミッテッド・コスト……552,553
コミュニケーション職能……626
「ころがし」計算……379,564
転がし予算……625
コンカレント・エンジニアリング……863
混合差異……407

さ

サービス・ポテンシャル……561
サイクル効率……915
在庫ロス……914
最小自乗法……515,522,523,524
再調達時価（取替原価）……672
最低価格……591
最低所要投下資本利益率……752
最適解……597,599
最適資本構成……794
最適投資額……808
最適ポートフォリオ……817
財務活動……9
財務記録……89,96
財務計画……623
財務的視点……922
財務費……9,691
財務予算……627
財務リスク……792
材料受入価格差異……191
材料受入価格差異報告書……459
材料価格差異……406,460
材料倉出請求書……86
材料購入請求書……101
材料実際消費単価……108
材料実際消費量……106
材料仕様書……87,106
材料数量差異……461
材料数量（消費量）差異……406
材料取扱・保管費……105
材料の会計管理……107,124
材料の購入代価……105
材料の実地棚卸……125
材料費……13,106
材料費会計……99
材料引取費用……105
材料副費……105
材料戻入票……432
材料元帳……96

差額原価……717
差額原価基準……679
差額原価収益分析……715,716
差額法……720
差額利益……717
先入先出法……109,272
先入先出法と番場方式……286
作業屑……198
作業時間票……140
作業時間報告書……96,140,141
作業の交替制……164
指図書別原価計算……29
雑給……132
差別化集中戦略……848
差別化戦略……848
残余利益……666

し

CAPMの仮定……819
CAPMの導出……819
C/M比率……490
CVPの関係……482
CVPの感度分析……502
J.N. ハリス……572
支援活動……899
支援活動費……894
市価……677
仕掛品の進捗度……264
市価基準……676
市価差引基準……677
市価主導型原価計算……858
時間価値……718,741,743
時間稼働率……879
時間記録係……140
事業戦略……847
事業部固定資産の評価……672
事業部自体の業績測定尺度……669
事業部制組織……661
事業部損益計算書……665
事業部長の業績……663
事業部長の業績測定尺度……665
事業部の業績……663
事業部の業績測定……661
事業部の資本コスト率……669
シグマ……465
資源ドライバー……900
試行錯誤法……229
事後原価計算……27

事後ないし原因別原価管理	383
資材所要量計画	631
資　　産	17
支 出 差 異	414
市場生産経営	29
市場占拠率差異	708
市場占有率差異	656
市場総需要量差異	656, 708
市場ポートフォリオ	813
市場リスク	814
自製か購入かの意思決定	723
施設支援活動	904
死せる原価	18
事前原価管理	383
事前原価計算	27
持続的競争優位	848
仕　損	288
仕 損 費	198, 288
仕 損 品	288
実 際 原 価	26, 79
実際原価計算	26, 79
実際原価計算の欠陥	377
実際正常原価	80
実際正常原価計算	80, 81
実際製造間接費	156
実際製造間接費の部門別集計	245
実 在 高	124
実際的生産能力	164
実際的生産能力基準の正常配賦	173
実際的生産能力基準の正常配賦率	174, 175
実際的生産能力水準	387
実査法変動予算	169
実 質 利 率	785
実地棚卸計算表	125
支 払 経 費	153
支 払 原 価	11
支 払 賃 金	132, 135
支 払 利 子	9
支 払 利 息	770
資本回収係数	749
資本コスト	752, 791
資本資産評価モデル	797, 800, 809
資本市場線	818
資本的支出	83
資本の限界効率	756
資本配分	752, 805
資本予算	739
事務用消耗品	104

ジャストインタイム購入	822
ジャストインタイム生産	822
社内ビジネス・プロセスの視点	922
収 益 性	666
収益性指数法	759
収益センター	33
収益的支出	83
収益との関連における原価の同質性	23
終　価	744
収 穫 使 命	848
終 価 係 数	743
従業員賞与・手当	134, 145
就 業 時 間	139
集権的組織	661
自由裁量固定費	49, 553
自由裁量変動費	48
習 熟 曲 線	393
修正先入先出法	276, 277
修正パーシャル・プラン	419
修正パーシャル・プラン勘定連絡図	424
従属投資案	743
従 属 変 数	522
集 中 戦 略	848
主 活 動	899
主 製 品	360
受注生産経営	28
出 荷 物 流	899
出 庫 票	86, 96
取得原価総額	673
主要材料費	100
順位づけの問題	751
純 益 法	701
準 固 定 費	50
純粋先入先出法	276, 278
純粋総合原価計算	31, 263
順 相 関	813
準 変 動 費	50
証 券 市 場 線	820
小集団活動	823
仕 様 書	28
商的工業会計	57
消 費 差 異	457
常 備 材 料	99
消費材料価格差異	435
消 費 賃 金	137
消 費 賃 率	137
少品種多量生産	822
情報経済学的接近方法	935

正味稼働率　879
正味現在価値　753
正味現在価値法　753
正味簿価　673
消耗工具器具備品費　16, 100
賞与手当　16
上流からの管理　830
職種別平均賃率　138
職長　212
職能横断的チーム活動　861
職能戦略　847
職能部門制組織　661
職能別原価分類　22
職能別組織　897
シングル・プラン　385, 399, 431, 459
シングル・プランと作業屑の処理　439
進捗度　265
浸透戦略　583
シンプレックス基準　607
シンプレックス表　605
シンプレックス法　604
心理的価格　589

す

数学的計画法　684
数学的分解法　515, 519
数字コーディング・システム　37
スーパー直接原価計算　843
スキャッター・チャート法　515, 522
すくい取り戦略　583
スラック変数　603, 608
スループット・タイム　920

せ

正規分布　464
正規方程式　525, 526
生産・構築コスト　831
生産指示かんばん　822
生産者中心主義　898
生産保全　827
生産ロット　79
正常価格水準　386
正常減損　289
正常減損が工程の始点で発生した場合　295
正常減損が工程の始点または途中で発生した場合　292
正常減損が工程の終点で発生した場合　294, 297
正常減損が工程の途中の一定点で発生した場合　299
正常減損が工程を通じ平均的に発生した場合　302
正常減損度外視の方法　290
正常減損非度外視の方法　295
正常減損費の処理方法　290
正常減損率が安定している場合　304
正常市価基準　362
正常仕損　289, 311
正常仕損度外視の方法　312
正常仕損非度外視の方法　313
正常仕損品の処分価額　312
正常生産量　164
正常操業圏　49, 518
正常ないし予定配賦率　88
正常能率水準　387
正常標準原価　387, 388
製造間接費会計　152
製造間接費の正常配賦　92
製造間接費正常配賦の難点　536
製造間接費正常配賦の理論　163
製造間接費正常配賦率　91
製造間接費総差異　177, 180, 187
製造間接費統制勘定　153
製造間接費能率差異　457
製造間接費の差異分析　409, 437, 457
製造間接費の実際配賦　88
製造間接費の実際配賦率　88
製造間接費の正常配賦　92, 161
製造間接費の正常配賦率　88
製造間接費の製品別配賦基準　157
製造間接費の配賦　87
製造間接費配賦表　96, 244
製造間接費費目指定番号　123
製造間接費標準　394
製造間接費歩留差異　457
製造間接費元帳　153, 154
製造間接費元帳試算表　157
製造間接費予算　166
製造間接費予算・実績比較表　411
製造原価　15
製造原価明細書　98
製造原価要素分類表　15
製造工業原価計算要綱に規定する相互配賦法　229
製造指図書　28, 85
製造指図書番号　87
製造直接費の直課　87

製造部門	212	全部原価計算の損益分岐分析	508
成長―シェア・マトリックス	852	全部標準原価加算基準	681
性能稼働率	879	戦略	846
税引後営業利益	928	戦略的コスト・マネジメント	855

そ

税引前管理可能残余利益	667	総額法	721,722
製品原価	23,82	総括配賦率	161,207
製品原価中心点	210	相関係数	530,813
製品原価標準	396	操業水準	164
製品貢献利益	552	操業度	48
製品支援活動	904	操業度差異	178,180,187,188,411,414,461
製品単位当たり貢献利益	493	操業度差異の再検討	194
製品単位関係活動	903	総原価	15
製品特性への貢献度	868	総合原価計算	29,263
製品との関連における分類	13	総合予算	625,627
製品の固有費を回収する価格	591	相互排他的投資案	743
製品品質関係費	836	相互配賦法	229
製品品種別分析	701	倉庫費	695
製品歩留	877	相対的真実原価アプローチ	934
製品別計算	20	総発券枚数差異	655
製品元帳	90,97	総平均賃率	137
セールス・ミックス	505	素価	157
セールス・ミックス差異	655	測定経費	156
責任会計	32,34	測定尺度標準原価	386
責任会計報告書	36	速度稼働率	879
セグメント別損益計算	546	速度低下ロス差異	884
セグメント・マージン	550	組織再編成	823
設計審査	863	組織図	32
設計品質	838	組織的リスク	813
絶対的真実原価アプローチ	934	組織便覧	32
設備総合効率	879	租税公課	17
設備投資案	739	外段取	914
設備投資案の分類	742	損益分岐図表	485,486
設備投資とインフレーション	785	損益分岐点	487
設備投資と損益分岐点	778	損益分岐点の売上高	487,494
設備投資の意思決定モデル	751,753	損益分岐点の売上量	493
設備投資プロジェクトの損益計算	741	損益分岐点分析	482
設備投資予算	627	損益分岐分析による価格決定	586
ゼロ・ベース予算	877	損益分岐分析の仮定	500
線型計画（法）	597	損益分岐分析の計算公式	492
全原価要素工程別組別総合原価計算	346	損益予算	627
全社的資本コスト	794	損失	18

た

戦術	846	退役および廃棄コスト	831
前提投資案	743	大綱的短期利益計画	481
全般管理	899	退職給付引当金繰入額	16,133,694
全部原価基準	678		
全部原価基準による価格決定	583		
全部原価計算	22,25		
全部原価計算の営業利益	543		

和 文 索 引　977

代　替　案 …………………………… 716
耐用年数の異なる相互排他的投資案の比較 … 762
多桁型変動予算 ……………………… 169
多元共線性 …………………………… 523
多重回帰分析 ………………………… 522
タ　ス　ク …………………………… 900
タックス・シールド ………………… 768
達成可能高能率水準 ………………… 387
棚卸計算法 …………………………… 107
棚卸計算方法 ………………………… 60
棚卸減耗費 …………………………… 17
棚卸差額修正勘定 …………………… 111
棚卸差額報告書 ……………………… 125
棚　卸　票 …………………………… 125
多品種少量生産 ……………………… 822
多品種製品のCVP分析 ……………… 505
単一工程組別総合原価計算 ………… 342
単一工程単純総合原価計算 ………… 263
短期限界思考 ………………………… 561
短期現金支出原価 …………………… 489
短　期　予　算 ……………………… 625
単純回帰分析 ………………………… 522
単純回収期間法 ……………………… 765
単純個別原価計算 …………………… 85
単純市価基準 ………………………… 677
単純総合原価計算 …………………… 31
単純投下資本利益率法 ……………… 765
端　　　点 …………………………… 601
段　取　り …………………………… 895
段　取　時　間 ……………………… 139
段取・調整ロス差異 ………………… 884
段　取　ロ　ス ……………………… 914

ち

地区別貢献利益 ……………………… 552
注意喚起情報 ………………………… 34
注文獲得費 …………………………… 694
注文引受可否の意思決定 …………… 718
注文履行費 …………………………… 695,697
超過現在価値 ………………………… 753
超過材料庫出請求書 ……………… 432,434
長期非現金支出原価 ………………… 489
長期平均思考 ………………………… 561
長　期　予　算 ……………………… 625
調整職能 ……………………………… 626
調達源泉別資本コスト ……………… 796
調達資本コスト ……………………… 793
調達物流 ……………………………… 899

帳簿残高 …………………………… 106,124
直　接経　費 ………………………… 147
直接経費標準 ………………………… 394
直接原価基準による価格決定 ……… 589
直接原価計算 ……………………… 22,533
直接原価計算の営業利益 …………… 543
直接原価計算の生成 ………………… 536
直接原価計算の発展 ………………… 546
直接原価計算方式の損益計算書 …… 490
直接原価計算論争 …………………… 557
直接工間接賃金 …………………… 134,139
直接材料費 …………………………… 99
直接材料費基準 ……………………… 159
直接材料費の差異分析 ……………… 406
直接材料費標準 ……………………… 391
直接作業時間基準 …………………… 160
直接配賦法 …………………………… 226
直接販売費 …………………………… 694
直　接　費 …………………………… 13
直接標準原価計算 …………………… 572
直接標準原価計算における予算・実績
　差異分析 …………………………… 573
直接労務費 ………………………… 134,137
直接労務費基準 ……………………… 160
直接労務費の差異分析 ………… 408,436,455
直接労務費標準 ……………………… 393
直線下の損益分岐分析 ……………… 500
チョコ停 ……………………………… 825
賃　　　金 …………………………… 131

つ

追加投入原材料 ……………………… 324
追加投入原材料による製品の増量 … 327
2ビン・システム …………………… 128
月割経費 ……………………………… 153

て

DCF　法 ……………………………… 756
定時間外作業（残業）手当 ………… 133
適　合　品　質 ……………………… 838
デシジョン・パッケージ …………… 878
手直しロス …………………………… 914
手待時間 ……………………………… 139
手待時間票 …………………………… 139
手持ちロス …………………………… 914
伝統的接近方法 ……………………… 22

と

等価係数	348
投下資本利益率	666
等価比率	348
当期製品製造原価	98
当期総製造費用	60, 98
等級製品	347
等級別総合原価計算	31, 347
統計的管理図表	463
統計的標準原価計算	398
統計的品質管理	826
当 在 高	124
当座価格水準	386
当座標準原価	385
動作ロス	914
投資規模の異なる相互排他的投資案の比較	761
投資（責任）センター	33
投資センター	662
統制勘定	89
統制職能	626
等比級数の和を求める公式	746
特殊原価調査	21
特殊調査	716
特定製品製造指図書	28
独立投資案	743
独立変数	522
土地の評価額	769
特許権使用料	147
凸集合	601
取替投資	775
丼勘定方式	57, 69

な

内部失敗原価	835
内部振替価格	674
内部振替価格決定の問題	674
内部振替取引の会計処理	684
内部利益率法	756
ながら生産	914
成行原価	860

に

二重価格基準	683
日常的原価管理	383
日給月給	132
ニッチ	848

ね

年間期待操業度	165
年　金	745
年金現価係数	747
年金終価係数	745

の

能率差異	413, 462
能力原価	489

は

パーシャル・プラン	385, 399, 403, 459
パーシャル・プランの原価計算関係勘定連絡図	418
ハードル・レイト	791
配当性向	482
配当割引モデル	797
配賦差額の処理	184, 189
配賦洩れ製造間接費	176
バックフラッシュ原価計算	839
発券枚数差異	654
発生経費	156
発生原価	859
発生主義会計	741
バッチ	28, 305
バッチ関係活動	903
ハット・カード	824
花形商品	852
パフォーマンス・ドライバー	923, 924
バランス・スコアガード	921
販売価格差異	581, 708
販売事務費	696
販売地域の貢献利益	710
販売地域別分析	709
販売費	14, 691, 694
販売費差異	645
販売費分析	700
販売部門の差異分析	642
販売予測の方法	630
販売量差異	708

ひ

PM分析	885
P/V比率	490
引当材料	99
「引き取りかんばん」	822
非原価項目	8, 10

和文索引

ビジネス・リスク……………………792
非組織的リスク………………………813
非通算方式……………………………381
「引っ張り」方式……………………822
必要投下資本利益率…………………791
1株当たり利益………………………926
非反復的………………………………715
非付加価値活動………………………913
ピボット・エレメント………………611
費目別計算………………………………19
費目別精査法…………………………515,518
ヒヤリ・カード………………………824
費　　　用………………………………18
評価原価………………………………835
費用・収益の期間的対応……………741
標準売上原価価格差異………………645
標準売上原価数量差異………………644
標準売上総利益差異…………………643
標準原価改訂差異勘定………………475
標準原価…………………………26,381
標準原価委員会………………………390
標準限界原価または変動費加算基準…682
標準原価カード………………………391
標準原価計算……………………26,317
標準原価計算制度……………………398
標準原価計算の方法…………………398
標準原価差額の会計処理……………471
標準原価差額の原因分析……………458
標準原価差額発生原因………………460
標準原価主義者…………………471,473
標準原価の種類………………………385
標準差額原価加算……………………682
標準差額原価加算基準………………682
標準総合原価計算における減損と仕損…441
標準の改訂……………………………474
標準の厳格度…………………………386
標準偏差…………………………464,810
費用・便益アプローチ………………935
非累加法…………………317,330,331
品質機能展開マトリックス…………866
品質原価計算…………………………834
品質，原価，納期……………………858
品質適合コスト………………………834
品質不適合コスト……………………835
品質保証活動費………………………836

ふ

付加価値活動…………………………913

複合経費…………………………………14
副産物…………………………………360
複数基準配賦法………………………217
複利元利率……………………………743
複利計算………………………………744
福利施設負担額………………………133
負債の資本コスト……………………796
普通株発行による資金の資本コスト…803
不働時間票……………………………139
不働能力差異………………183,414,457
部分原価計算……………………………25
部門共通費……………………………213
部門共通費の配賦基準………………214
部門個別費……………………………213
部門費の第1次集計…………………213
部門費の第2次集計…………………216
部門別計算………………………………19
部門別原価計算………………………207
部門別製造間接費正常配賦率………243
部門別製造間接費の正常配賦………243
部門別製造間接費配賦差額の分析…248
部門別配賦率…………………………208
不利な差額……………………………176
不良品ゼロ……………………………838
ブレーン・ストーミング……………871
プロジェクト別資本コスト…………794
プロセス視点…………………………917
プロダクト・ポートフォリオ・
　マトリックス………………………850
プロダクト・ミックス…………………79
分権的組織……………………………661
分　　　散……………………………810
分散が最小となるポートフォリオ…815
分散可能なリスク……………………813
分散不可能なリスク…………………813
分離点後の個別費……………………361

へ

平均操業水準…………………………387
平均操業度……………………………165
平均操業度基準の正常配賦…………186
平均操業度基準の正常配賦率………186
平均の性質……………………………524
平　均　法……………………………269
平均法を加味した先入先出法………277
ベータ係数……………………………800
偏　　　差……………………………465
変動販売費差異………………………645

変動販売費数量差異……………645
変動販売費予算差異……………645
変動費……………………………48
変動費基準………………………675
変動費能率差異…………………414
変動費率…………………………490
変動予算……………………167, 179
変動予算（公式法）と 2 分法……413
変動予算（公式法）と 3 分法……409
変動予算（公式法）と 4 分法……414
返品発送指図書…………………110

ほ

法定福利費…………………16, 133
ポーターの価値連鎖……………899
ポートフォリオ…………………809
ポートフォリオの期待投資利益率……812
ポートフォリオの分散…………812
補完投資案………………………743
補　充　率………………………177
補助経営部門……………………212
補助材料費…………………16, 100
補　助　部　門…………………212
補助部門間の用役の授受………224
補助部門費の単一基準配賦法…219
補助部門費の配賦………………216
補助部門費の配賦と責任会計…220
補　助　元　帳……………………89
ボストン・コンサルティング・グループ……850

ま

埋　没　原　価…………………716
前　工　程　費…………………324
負　　け　　犬…………………852
マネジド・コスト…………552, 553

み

見　積　原　価………………26, 69
見　積　原　価　計　算………26, 69
未来原価回避説…………………558
未来原価回避能力………………561
未来収益稼得能力………………561

む

無関連原価………………………716
無限反復投資の NPV……………764
無　償　支　給…………………148
無　　相　　関…………………813

め

名　声　価　格…………………589
名　目　利　率…………………785

も

目　的　関　数…………………597
目　標　価　格…………………592
目　標　原　価…………………858
目標原価計算……………………857
問　題　解　決…………………716
問　題　児………………………853

や

夜　業　手　当…………………133
山　　　　猫……………………852

ゆ

遊　休　時　間…………………179
遊休生産能力……………………724
有　償　支　給…………………150
有利な差額………………………178

よ

要綱の相互配賦法………………230
要　支　払　額………………143, 144
予算管理システム………………624
予算許容額………………………177
予　算　差　異……178, 180, 187, 410, 414, 462
予算・実績差異分析……………639
予算・実績比較表………………183
予算操業度………………………165
予　算　統　制…………………624
予　算　編　成…………………624
予想増分キャッシュ・フロー…766
予想増分現金流出額……………742
予想増分現金流入額……………742
予　知　保　全…………………827
予　定　原　価………………26, 388
予定原価計算………………………26
予定操業度………………………165
予　防　原　価…………………834
予防―評価―失敗アプローチ…834
予　防　保　全…………………827

ら

ライフサイクル・コスティング……832, 861
ライフサイクル・コスト………831

ラグビー方式‥‥‥‥‥‥‥‥‥‥‥‥‥863

り

リースか購入か‥‥‥‥‥‥‥‥‥‥‥781
利益（責任）センター‥‥‥‥‥‥‥‥33
利益センター‥‥‥‥‥‥‥‥‥‥‥‥662
利殖係数‥‥‥‥‥‥‥‥‥‥‥‥‥‥743
リスクの測定‥‥‥‥‥‥‥‥‥‥‥‥810
リスク・リターン無差別曲線‥‥‥‥‥815
理想価格水準‥‥‥‥‥‥‥‥‥‥‥‥386
理想能率水準‥‥‥‥‥‥‥‥‥‥‥‥386
理想標準原価‥‥‥‥‥‥‥‥‥‥387,388
リニアー・プログラミング‥‥‥‥594,597
留保利益の資本コスト‥‥‥‥‥‥‥‥796
良品率‥‥‥‥‥‥‥‥‥‥‥‥‥‥‥879
理論的生産能力‥‥‥‥‥‥‥‥‥‥‥164
理論的生産能力水準‥‥‥‥‥‥‥‥‥387

る

累加法‥‥‥‥‥‥‥‥‥‥‥‥‥317,331
累積的現在価値図表‥‥‥‥‥‥‥‥‥774

れ

例外管理‥‥‥‥‥‥‥‥‥‥‥‥‥‥381

暦日差異‥‥‥‥‥‥‥‥‥‥‥‥‥‥185
歴史的原価‥‥‥‥‥‥‥‥‥‥‥‥‥80
歴史的原価主義者‥‥‥‥‥‥‥‥‥‥472
連結原価‥‥‥‥‥‥‥‥‥‥‥‥‥‥359
連産品の原価計算‥‥‥‥‥‥‥‥‥‥359
連続配賦法‥‥‥‥‥‥‥‥‥‥‥229,233
連立方程式法‥‥‥‥‥‥‥‥‥‥229,237

ろ

労働災害補償保険法‥‥‥‥‥‥‥‥‥133
労働時間差異‥‥‥‥‥‥‥‥‥‥408,461
労働時間差異分析日報‥‥‥‥‥‥‥‥460
労働賃率差異‥‥‥‥‥‥‥‥408,455,461
労働歩留差異‥‥‥‥‥‥‥‥‥‥‥‥456
労務主費‥‥‥‥‥‥‥‥‥‥‥‥‥‥132
労務費‥‥‥‥‥‥‥‥‥‥‥‥‥‥‥13
労務費会計‥‥‥‥‥‥‥‥‥‥‥‥‥131
労務副費‥‥‥‥‥‥‥‥‥‥‥‥‥‥133
ロット‥‥‥‥‥‥‥‥‥‥‥‥‥‥‥28
ロット別個別原価計算‥‥‥‥‥‥‥‥29

わ

割当予算‥‥‥‥‥‥‥‥‥‥‥‥‥‥698
割引計算‥‥‥‥‥‥‥‥‥‥‥‥‥‥744

欧 文 索 引

A

ABC ··· 891
ABC/ABM ·· 893
ABC Cross ·· 917
ABC plan ··· 127
ABM ·· 893,911
abnormal spoilage ··································· 289
abnormal waste ····································· 289
Absolute Truth Approach ·························· 934
absorption costing ····································· 22
accidental costs ····································· 379
account classification method ···················· 518
accountability ······································· 124
accounting control ·································· 125
accounting entity ··································· 937
Accounting for the Environment ········· 833,941
accounting method ································· 518
accounting period ·································· 938
accounting technique ······························ 938
accounting unit ····································· 937
accrual basis of accounting ······················· 741
action plan ··· 623
Activities ··· 892
activity ··· 900
activity analysis ···································· 912
activity-based accounting ························· 893
activity-based costing ······························ 891
activity-based management ······················ 893
activity cost driver ································· 901
activity costs ································· 51,489
activity driver ······································· 901
activity level ·· 164
activity variance ···································· 580
actual burden rate ···································· 88
actual cost accounting ······························· 79
actual costs ··································· 26,79
actual normal costs ·································· 80
actual overhead application ························ 88
administrative expenses ····························· 14
advertising and sales promotion ················ 694
allocating resources ································ 626
allowable cost ······································· 858
alternative course of action ······················ 716

analysis by territories ······························ 709
appraisal costs ······································· 835
appropriation budget ······························· 698
Äquivalenzziffern ··································· 348
assets ··· 17
attainable good performance level ············· 387
average capacity ···································· 165
average capacity level ···························· 387
average capacity rate ······························ 186

B

backflush costing ··································· 839
Balanced Scorecard ································ 921
basic plan ·· 419
basic standard cost ································· 385
batch ··· 305
batch-related activities ···························· 903
BCG ·· 850
bill of materials ······························· 87,106
blanket rate ································· 161,207
bogy standard cost ································· 386
book inventory ······································ 106
borrowing portfolio ································· 817
Boston Consulting Group ························· 850
break-even chart ···································· 486
break-even point ··································· 487
break-even point analysis ························· 482
break-even sales ···································· 487
BSC ·· 921
budget allowance ··································· 177
budget planning ···································· 624
budget variance ···································· 410
budgetary control ·································· 624
budgeted activity ··································· 165
budgeting system ·································· 624
build mission ·· 847
burden budget variance ··························· 178
business budget ····································· 623
business entity ····································· 740
business process ···································· 900
business process analysis ························· 912
business risk ·· 792
business strategy ··································· 847
business volume ····································· 47

欧文索引 983

buying division	674
by-products	360

C

CAD/CAM	823
calendar variation	185
CAM-I	859
capacity costs	51, 489
capacity decision	715
capital asset pricing model	797, 809
capital budgeting	739
capital charges	83
capital expenditure budget	627
capital market line	818
capital rationing	752, 805
capital recovery factor	749
CAPM	797, 809
Cash cow	852
cash discount	105
Cash Flow Return on Investment	927
CE	863
centralized organization	661
CFROI	927
change of standards variance a/c	475
chart of accounts	37
CIM	823
class cost system	352
CM	827
CML	818
coefficient of correlation	530
coefficient of determination	529
commercial expenses	15, 691
committed costs	553, 859
committed fixed costs	50
common costs	46
common fixed costs	547, 550
communication	626
company cost of capital	794
company specific risk	813
complementary project	743
compounding	744
comprehensive budget	627
Computer Aided Manufacturing-International	859
Computer-aided-design	823
Computer-aided-manufacturing	823
Computer-Integrated Manufacturing	823
concepts of relevant cost and profit	938

concurrent engineering	863
Conditional Truth Approach	934
continued distribution method	229
continuous budget	625
continuous production order	30, 343
contribution approach	22, 701
contribution income statement	490
contribution margin	484
contribution margin approach	494
contribution margin ratio	490
contribution to fixed costs and profit	25
control account	89
control factor unit	699
controllable costs	45, 555
controllable investment	670
controllable operating profit	666
controllable profit	555, 556
controllable variance	414
conversion costs	14
convex set	601
coordination	626
core competence	849
corporate strategy	847
corrective maintenance	827
correlation coefficient	813
cost accounting	1
cost accounting system	21
cost assignment view	917
cost behavior	47, 484
cost behavior patterns	48
Cost-Benefit Approach	935
cost beyond split-off point	361
cost center	33, 212
cost center machine hour rate	210
cost control	384, 855
cost driver analysis	912
cost estimate	69
cost estimation	515
cost focus	848
cost improvement	855
cost leadership	848
cost ledger	90
Cost Objects	892
cost of capital	752, 791
cost of capital for a specific project	794
cost of conformance	834
cost of nonconformance	835
cost of quality programs	836

cost reduction ······································ 384
cost standard ·· 381
cost sustainment ···································· 855
cost unit ·· 20
costing unit ·· 20
Costly Truth Approach ···························· 935
costs for decision making························· 12
cost-volume-profit analysis ····················· 482
cost-volume-profit relationship················· 482
covariance·· 812
credit and cellection expense ··················· 696
credit memo·· 110
credit variance ······································ 178
cross-functional team activities················ 861
cumulative method ································ 317
current cost·· 860
current cost control ······························· 383
current price level ································· 386
current standard cost ····························· 385
customer perspective ····························· 922
customer response time ·························· 916
cut-off rate·································· 752,791

D

DCF·· 797
debit memo··· 110
debit variance ······································· 176
decentralized organization······················· 661
decision package ··································· 878
defective unit ······································· 288
degree of operating leverage ···················· 496
denominator level··································· 165
departmental rate··································· 208
dependent project··································· 743
design review·· 863
deterministic model ······························· 500
deviation·· 465
Different Costs for Different Purposes ······· 6,934
differential and comparative cost analysis ····· 716
differential cost and revenue analysis············ 716
differential costs···································· 717
differential profit··································· 717
differentiation ······································ 848
direct costing ································ 22,533
direct departmental overhead costs ············ 213
direct distribution method························ 226
direct expense ······································ 147
direct fixed costs ·································· 550

direct materials ····································· 99
direct selling expense ···························· 694
direct standard costing··························· 572
discount factor ····································· 744
discounted cash flow method ··················· 756
discounted cash flow model ····················· 797
discounting··· 744
discretionary fixed costs ·················· 49,553
discretionary variable costs ···················· 48
distribution costs ··························· 14,691
district contribution to common fixed costs
  and profit··· 552
diversifiable risk ·································· 813
divisional performance ··························· 661
divisionalized organization ······················ 661
Dog·· 852
DR·· 863
dual method of allocation ······················· 217
dual pricing system ······························· 683

E

earning per share·································· 926
economic information ······························ 1
economic lot size···································· 129
economic order quantity model··················· 730
Economic Value Added ··························· 927
effective effort······································ 265
effectiveness variance ··························· 414
efficiency variance ······························· 413
efficient frontier ··································· 815
efficient portfolio ·································· 815
engineered variable costs························ 48
engineering method ······························· 515
EOQ model ··· 730
EPS ·· 926
equivalent effort ··································· 265
equivalent production ···························· 265
equivalent unit ····································· 265
equivalent whole unit····························· 265
estimate cost ································ 26,69
estimated cost accounting system ············· 69
EVA ·· 927
excess present value ····························· 753
expected actual activity ························· 165
expected actual performance level············· 387
expected actual standard cost ················· 388
expected actual volume level ··················· 387
expected actual volume of production ········· 190

欧 文 索 引　985

expected annual activity	165
expected incremental cash-inflow	742
expected incremental cash-outflow	742
expected rate of return	810
expense	18
experience curve	851
expired costs	18
external failure costs	835
extreme point	601

F

facility-sustaining activities	904
factory costs	14
factory overhead control a/c	153
factory overhead ledger	153
factory supplies	100
favorable variance	178
feasible region	599
feasible solution	599
Fifo	109
financial budget	627
financial costs	691
financial perspective	922
financial plan	623
financial risk	792
finished goods ledger	90
firm infrastructure	899
first-in, first-out method	109
fixed budget	166, 177
fixed costs	48
fixed efficiency variance	414
flexible budget	167, 179
flexible budget-columnar type or table method	169
flexible budget-formula method	168
Flexible Manufacturing Systems	823
FMS	823
focus	848
Forced Decision	874
foreman	212
full costing	22
Functional Cost Analysis	867
functional cost classification	23
functional organization	897
functional strategy	847
functionalized organization	661

G

GAAP	926
general accounting for marketing	696
general administrative expenses	14, 691
generally accepted accounting principles	926
generic strategies	848
going concern	740
Grenzkalkulation	25
gross margin analysis	643
growth-share matrix	852
Grundsatz der Kostendurchrechnung	80

H

handling and storage costs	105
Harris, J. N.	537
harvest mission	848
high-low point method	519
Historical Communication Approach	934
historical costs	26, 80
homogeneity of costs in relation to revenue	23
hold mission	848
hurdle rate	791

I

ideal performance level	386
ideal price level	386
ideal standard cost	388
idle capacity variance	183, 414
idle hour	179
idle time	139
idle time card	139
imputed price	616
inbound logistics	899
income charges	83
incremental costs	717
incurred costs	859
independent project	743
indirect departmental overhead costs	213
indirect materials	99
industrial-engineering method	515
Information Economics Approach	935
internal business process perspective	922
internal failure costs	835
internal rate of return method	756
intracompany or transfer pricing problem	674
inventory adjustment a/c	111
inventory sheet	125

inventory tag ··· 125
inventory variation report ························ 125
investment center ·······························33,662
investment decision model ····················· 751
investment project ·································· 739
invoice ·· 101
invoice price ·· 105
IRR ··· 756
irrelevant costs ······································ 716
ISO ··· 942
Istbestand ·· 124
Istkosten ·· 79
Istkostenrechnung ·································· 79

J

JIT ·· 735,822
job cost sheet ··· 87
job ticket ·· 140
job-lot costing ··· 29
job-order cost system ····························· 28
job shop··· 28
joint capacity costs ································ 547
joint costs ··· 360
joint products ·· 360
joint variance ··· 407
Just-in-Time ·· 822
just-in-time approach ···························· 735
just-in-time production ·························· 822
just-in-time purchasing·························· 822

K

Kaizen costing ······································· 855
Kanban systems ···································· 822
Kosteneinflussgrössen ··························· 901
Kostenrechnung ·· 1
Kostenstellenrechnung ··························· 19

L

labor-hour variance ······························· 408
labor-rate variance ······························· 408
LCC ·· 831
LCCing ··· 832
learning and growth perspective··········· 922
learning curve ······································· 393
Leistungseinheit······································ 20
lending portfolio ····································· 817
life-cycle cost ··· 831
life-cycle costing ···································· 832

linear break-even analysis ···················· 500
logistics costs··· 697
long-run, non-out-of-pocket costs ··············· 489
loss ·· 18
lot costing ·· 29
lower control limit ································· 467
LP ·· 597

M

M,S ·· 496
main products ······································· 360
make or buy decision ···························· 723
managed costs ······································· 553
managed or programmed fixed costs ············· 50
management by exception ······················ 381
manufacturing costs ································ 14
margin of safety ···································· 496
marginal cost basis································ 675
marginal productivity of capital ············ 756
marginal profit ······································ 484
marginal profit ratio ······························ 490
market portfolio ····································· 813
market price ·· 677
market risk ··· 814
marketing administration expense ············· 696
marketing cost analysis ························ 700
marketing costs ····································· 691
master budget ······································· 627
matching from cost accounting viewpoint········· 84
material mix or blend variance ·················· 448
material purchasing and freight-in costs ······· 105
material requirement planning ··············· 631
material yield variance··························· 449
material-price variance ························ 406
material-quantity variance ···················· 406
method of least squares ························ 522
method of neglect ·································· 290
minimum desired rate of return ···················· 752
minimum variance portfolio ······················· 815
mixed costs ··· 50
modified Fifo ··· 276
modified partial plan ····························· 419
monthly average method ······················· 113
motivation cost control ·························· 383
moving average method ························ 112
MRP ·· 631
M/S ·· 496
multicollinearity ···································· 523

multiple regression analysis ······ 522
mutually exclusive project ······ 743

N

negotiated price ······ 682
Net Operating Profit After Tax ······ 928
net present value ······ 753
net present value method ······ 753
net profit approach ······ 701
net spoiled costs ······ 288
next-high, next-low point method ······ 520
niche ······ 848
night shift bonus ······ 133
nominal rate of interest ······ 785
non-cumulative method ······ 317
nondiversifiable risk ······ 813
non-manufacturing costs ······ 14,691
nonrecurring decision ······ 715
nonvalue-added activities ······ 913
normal activity ······ 165
normal burden rate based on practical capacity ······ 174
normal distribution ······ 464
normal or predetermined burden rate ······ 89
normal performance level ······ 387
normal price level ······ 386
normal range of activity ······ 49,518
normal spoilage ······ 289
normal standard cost ······ 388
normal volume of production ······ 164
normal waste ······ 289
Normalcharakter der Kosten ······ 80
NOPAT ······ 928
NPV ······ 753

O

objective function ······ 597
odd prices ······ 589
office supplies ······ 104
operating budget ······ 627
operating decision ······ 715
operating leverage factor ······ 496
Operational Cost Drivers ······ 911
operational cost drivers ······ 912
opportunity costs ······ 11,610
optimal portfolio ······ 817
optimal solution ······ 597,599
order-filling costs ······ 697

order-getting costs ······ 697
organization chart ······ 32
organization manual ······ 32
origin of costs ······ 51,489
outbound logistics ······ 899
outlay costs ······ 11
overall or net variance ······ 177
overtime premium ······ 133

P

PAF Approach ······ 834
partial plan ······ 399
past costs ······ 716
penetration strategy ······ 583
percentage of capacity ······ 48
performance measurement ······ 912
Performance Measures ······ 911
period costs ······ 24,82
period matching ······ 84
periodic last-in, first-out method ······ 117
periodic Lifo ······ 117
periodic matching cost with revenue ······ 741
perpetual last-in, first-out method ······ 115
perpetual Lifo ······ 115
PI ······ 759
pivot element ······ 611
Plankostenrechnung ······ 377
planning ······ 625
plant-wide rate ······ 161
PM ······ 827
post or causal cost control ······ 383
PPM ······ 850
practical capacity ······ 164
practical capacity level ······ 387
predetermined costs ······ 26
predictive maintenance ······ 827
prerequisite project ······ 743
present value ······ 744
present value interest factor for an annuity ······ 747
prestige prices ······ 589
prevention costs ······ 834
Prevention-appraisal-failure Approach ······ 834
preventive maintenance ······ 827
price led costing ······ 858
pricing decision ······ 582
Primary Activities ······ 899
prime costs ······ 157
probability distribution ······ 810

Problem Children 853
problem solving 716
process 31
process cost system 29
process production order 30,343
process view 917
producing department 212
product contribution to common fixed costs
　　and profit 552
product cost center 210
product costs 82
product matching 84
product portfolio matrix 850
production order 28
production order cost system 29
production order number 87
productive maintenance 827
product-line analysis 701
product-quality-related costs 836
product-sustaining activities 904
profit center 33,662
profitability 666
profitability index method 759
programmed costs 553
providing incentives 627
psychological prices 589
"pull" or "demand-pull" approach 822
purchase requisitions 101
pure Fifo 276
push approach 822
PV 744

Q

QCD 858
QFD Matrix 866
quality, cost, delivery time 858
quality costing 834
Quality Function Deployment Matrix 866
Question Marks 853

R

rate of inflation 785
rate of return investment 666
Raymond P. Marple 558
real rate of interest 785
reciprocal distribution method 229
regression analysis 522
regression line 522

relevant costs 716
relevant range 49
relevant range of volume 518
required rate return 791
reserve for burden 189
residual income 666
resource cost driver 901
resource driver 900
Resources 892
return shipping order 110
revenue center 33
revolving budget 625
RI 666
risk-averse individuals 811
risk-free asset 817
risk-free rate 800
risk-return indifference curves 815
ROI 666
rolling budget 625

S

scatter-chart method 522
security market line 820
selling costs 14
selling division 674
selling expenses 691
selling price variance 581
semi-fixed costs 50
semi-variable costs 50
sensitivity analysis 502
service department 212
setup 895
set-up time 139
shadow price 616
shareholder value 925
short-run, out-of-pocket costs 489
should cost 27
SHV 925
σ (sigma) 465
simple regression analysis 522
simplex criterion 607
simplex method 604
simplex tableau 605
simultaneous equation method 229
single plan 399
single product, single process costing ... 31,263
sinking fund factor 748
skimming strategy 583

欧文索引　989

slack variable ……… 603
SML ……… 820
Sollbestand ……… 124
special cost studies ……… 21
special production order ……… 28
special studies ……… 716
specific capacity costs ……… 550
specific costs ……… 46
specific identificated method ……… 108
specific order cost system ……… 29
spending variance ……… 414
spoilage ……… 288
spoiled unit ……… 288
SQC ……… 826
stage of completion ……… 265
standard cost ……… 26, 381
standard cost accounting ……… 377
standard cost card ……… 391
standard deviation ……… 465, 811
standing order number ……… 123
Star ……… 852
static budget ……… 166, 177
statistical control chart ……… 463
statistical quality control ……… 826
step costs ……… 50
step ladder distribution method ……… 239
strategic cost management ……… 855
strategy ……… 846
subsidiary ledger ……… 89
sunk costs ……… 716
supervariable costing ……… 843
supplementary rate ……… 177
Support Activities ……… 899
support activity costs ……… 894
sustainable competitive advantage ……… 848
synthetic market price ……… 681
systematic risk ……… 813

T

tactics ……… 846
target cost ……… 858
target cost management ……… 857
target costing ……… 855, 857
task ……… 900
tax shield ……… 768
Teilkostenrechnung ……… 25
terminal value ……… 744
terminal value factor ……… 744

theoretical capacity ……… 164
theoretical capacity level ……… 387
theory of normal burden ……… 163
throughput time ……… 920
tightness ……… 386
time keeper ……… 140
time ticket ……… 140
time value ……… 718
time value of money ……… 741
time-unadjusted cash payback method ……… 765
time-unadjusted rate of return method ……… 765
total costs ……… 15
Total Productive Maintenance ……… 827
Total Quality Control ……… 826
Total Quality Management ……… 838
TPM ……… 827
TQC ……… 826
TQM ……… 838
traceable costs ……… 46
traceable fixed costs ……… 550
traditional approach ……… 22
transportation expense ……… 695
trial and error method ……… 229
True Cost Approach ……… 934
two bases of distribution of service cost ……… 217
two-bin system ……… 128
types of cost system ……… 28

U

uncontrollable costs ……… 45
underabsorbed burden ……… 176
unexpired costs ……… 18
unfavorable variance ……… 176
uniform series final worth factor ……… 745
unit contribution margin ……… 493
unit-related activities ……… 903
unsystematic risk ……… 813
upper control limit ……… 467

V

VA ……… 860
value-added activities ……… 913
value analysis ……… 860
value chain ……… 862, 898
value chain analysis ……… 913
value engineering ……… 860
value index ……… 870
variable budget ……… 167, 179

variable cost basis	675
variable costing	22, 533
variable costs	48
variable efficiency variance	414
variable-cost percentage	490
variance	811
VE	860
visual fit method	522
Vollkostenrechnung	25
volume level	164
volume variance	178, 411
volume-related allocation basis	893

W

WACC	794
wages	131
warehousing expense	695
waste	288
weighted average cost of capital	794
"what-if" analysis	502
Wildcat	852
will cost	27
work shift system	164

Z

ZBB	877
ZD	826, 838
Zero Defect	838
zero defects	826
zero-base budgeting	877

著者略歴

昭和29年	一橋大学商学部卒業
昭和35年	同大学商学研究科博士課程修了
昭和36年	一橋大学商学部専任講師
昭和39年	一橋大学商学博士，同大学助教授
昭和40年	フルブライト交換教授研究員プログラムによりミシガン大学留学
昭和44年	日本会計研究学会学会賞受賞
昭和46年	一橋大学教授，原価計算および管理会計担当
昭和48年	本書「原価計算」により日経・経済図書文化賞受賞
昭和51年	公認会計士第2次試験委員（昭和55年まで）
昭和56年	日本商工会議所簿記検定試験専門委員
昭和58年	一橋大学商学部長（昭和60年まで）
昭和60年	東京大学経済学部非常勤講師（平成2年まで）
昭和61年	公認会計士第3次試験委員（昭和63年まで）
平成3年	日本原価計算研究学会会長
平成5年	停年制により一橋大学を退官，一橋大学名誉教授，東京国際大学教授
平成6年	東京国際大学大学院商学研究科長，第16期日本学術会議会員
平成11年	東京国際大学副学長
平成12年	東京国際大学学長（平成14年まで）
平成14年	東京国際大学名誉教授，金子教育団常務理事（平成21年まで）
平成21年	秋の叙勲で，瑞宝中綬章を授章

主要著書・論文

「管理会計における情報と測定」会計93巻2号，昭和43年
米国標準原価計算発達史，白桃書房，昭和44年
原価計算基準の研究（編著），国元書房，昭和56年
管理会計の基礎知識（編著），中央経済社，昭和57年
ハイテク会計（共著），同友館，昭和63年
「原価計算の原点とその原則の展望」会計135巻1号，昭和64年
「TPMの経済的効果測定方法に関する研究」（その1）日本設備管理学会誌3巻2号，平成3年，（その2）同誌3巻3号，平成4年
「管理会計の現状と課題」会計149巻4号，平成8年
「米国原価計算発達史序説」東京国際大学論叢―商学部編，第55号，平成9年
管理会計（共著），中央経済社，平成15年
原価計算問題集，国元書房，平成17年

原 価 計 算（六訂版）

＜検印省略＞　　　　　　　　　≪禁無断転載≫

昭和48年4月30日	初版発行	昭和50年4月20日	12刷発行
昭和51年4月10日	二訂版発行	昭和53年10月10日	25刷発行
昭和55年3月25日	三訂版発行	平成元年3月20日	37刷発行
平成2年5月25日	四訂版発行	平成5年8月15日	20刷発行
平成6年4月25日	五訂版発行	平成10年10月1日	13刷発行
平成12年4月10日	六訂版発行	平成28年2月15日	20刷発行

著　者　　岡　本　　清
発行者　　國　元　孝　臣
発行所　　株式会社　国　元　書　房

郵便番号［113-0034］
東京都文京区湯島3―28―18―605
電話（03）3836-0226　FAX（03）3836-0027
http://www.kunimoto.co.jp　E-mail：info@kunimoto.co.jp

Ⓒ　岡　本　清　2000年　　印刷所：㈱ブロケード
　　　　　　　　　　　　　　製本所：協栄製本㈱
Printed in Japan　　　　　　デザイン：㈲岡村デザイン

ISBN 4―7658―1009―7

会 計・経 営

一橋大学／東京国際大学	岡本　清 著	原　価　計　算（六訂版）	A5判	1036頁 ¥9,450
一橋大学／東京国際大学	岡本　清 著	原　価　計　算　問　題　集	A5判	272頁 ¥2,520
横浜市立大学	田島四郎 著	原　価　計　算 —理論と実務—	A5判	314頁 ¥3,150
早稲田大学	青木茂男 著	現代管理会計論（新版）	A5判	320頁 ¥3,150
創価大学	中村　忠 著	財　務　会　計　論	A5判	338頁 ¥3,360
早稲田大学	小川　洌 編著	現代資金会計の動向	A5判	242頁 ¥3,045
横浜市立大学	田島四郎 著	四訂 会 計 学 —理論と実務—	A5判	252頁 ¥3,360
慶應義塾大学	会田義雄 著	会　　計　　学（新版）	A5判	340頁 ¥2,940
高千穂商科大学	若杉　明 著	企業会計の論理（改訂増補版）	A5判	272頁 ¥3,360
北九州市立大学	西澤健次 著	負　債　認　識　論	A5判	155頁 ¥2,415
横浜国立大学	大雄　智 著	事　業　再　編　会　計	A5判	296頁 ¥3,780
早稲田大学	染谷恭次郎 著	資　金　管　理　の　基　礎	A5判	320頁 ¥3,675
関西大学	末政芳信 著	利　益　図　表　の　展　開	A5判	328頁 ¥3,045
専修大学	佐々木重人 著	近代イギリス鉄道会計史	A5判	298頁 ¥3,255
早稲田大学	染谷恭次郎 著	経　営　分　析（三訂版）	A5判	328頁 ¥3,360
早稲田大学	村松林太郎 著	新版 生産管理の基礎	A5判	380頁 ¥3,990
早稲田大学	鳥羽至英 著	財務諸表監査【基礎篇】・【発展篇】	B5判	各篇 ¥4,410
早稲田大学	鳥羽至英 著	内部統制の理論と制度	A5判	488頁 ¥4,410
	ティモシー・B・ベル他 著／鳥羽至英 他監訳	21世紀の公開会社監査	A5判	152頁 ¥2,625
慶應義塾大学	永見　尊 著	条　件　付　監　査　意　見　論	A5判	248頁 ¥3,675
日本経済調査協議会	越智信仁 著	IFRS公正価値情報の測定と監査	A5判	264頁 ¥3,675

簿記・財務諸表

所属	著者	書名	判型	頁数	価格
早稲田大学	染谷恭次郎 著	簿　　　　　記（新訂版）	A5判	264頁	¥2,625
慶応義塾大学 慶応義塾大学	会田義雄 会田一雄 共著	簿記テキスト	A5判	256頁	¥2,520
関西大学	植野郁太 編	企業簿記システム（二訂版）	A5判	248頁	¥3,255
早稲田大学	染谷恭次郎 著	財務諸表三本化の理論	A5判	320頁	¥3,675
関西大学	会計学研究室 編	簿記システムの基礎（改訂版）	B5判	160頁	¥2,940
関西大学	柴　健次 他編	簿記システムの基礎(2級商業簿記編改訂版)	B5判	175頁	¥2,625

日本商工会議所・各地商工会議所主催　簿記検定受験用

竹　内　勇　著

日商簿記合格コース（練習問題編　解答・解説編の2分冊セット）
　　2　級（商業簿記）　　2　級（工業簿記）
　　3　級（商業簿記）　　　　　3級 ¥1,575　2級 各¥1,575

マーケティング

所属	著者	書名	判型	頁数	価格
慶応義塾大学 名誉教授	村田昭治 著	村田昭治のマーケティング・ゼミナール	四六判	288頁	¥2,310
慶応義塾大学 名誉教授	村田昭治 著	こころときめくマーケティング	四六判	312頁	¥2,100
慶応義塾大学	嶋口充輝 編	村田昭治マーケティング研究への旅	A5判	456頁	¥5,250

日本マーケティング協会推薦図書

所属	編著者	書名	判型	頁数	価格
慶応義塾大学 東京国際大学	井関利明 室井鐵衛 編著	生活起点発想とマーケティング革新	A5判	348頁	¥2,854

新マーケティング学シリーズ・村田昭治監修

所属	著者	書名	判型	頁数	価格
慶応義塾大学 名誉教授	村田昭治 著	マーケティング・フィロソフィー	A5判	216頁	¥2,625
札幌学院大学	西川　徹 著	価値創造のマーケティング	A5判	248頁	¥2,835
東京国際大学	室井鐵衛 編著	地域とマーケティング	A5判	236頁	¥2,650
多摩大学	星野克美 編著	文化・記号のマーケティング	A5判	252頁	¥2,854
中央大学	小坂　恕 著	グローバル・マーケティング	A5判	264頁	¥3,255
淑徳大学 金城学院大学	藤江俊彦 舘　輝和 共著	経営とイメージ戦略	A5判	230頁	¥2,940